제7판 **생애발달 I**

영·유아기에서 아동기까지

Laura E. Berk 지음

김민희 · 김연수 · 김지연 · 노수림
맹세호 · 이승진 · 이정윤 옮김

생애발달 I : 영·유아기에서 아동기까지, 제7판

발행일 | 2020년 6월 25일 1쇄 발행
      2024년 2월 1일 2쇄 발행

지은이 | Laura E. Berk
옮긴이 | 김민희, 김연수, 김지연, 노수림, 맹세호, 이승진, 이정윤
발행인 | 강학경
발행처 | (주)시그마프레스
디자인 | 우주연
편 집 | 문승연

등록번호 | 제10-2642호
주소 | 서울특별시 영등포구 양평로 22길 21 선유도코오롱디지털타워 A401~402호
전자우편 | sigma@spress.co.kr
홈페이지 | http://www.sigmapress.co.kr
전화 | (02)323-4845, (02)2062-5184~8
팩스 | (02)323-4197

ISBN | 979-11-6226-270-2

Development Through the Lifespan, 7th Edition

＊ 책값은 책 뒤표지에 있습니다.

이 도서의 국립중앙도서관 출판예정도서목록(CIP)은 서지정보유통지원시스템 홈페이지 (http://seoji.nl.go.kr)와 국가자료종합목록 구축시스템(http://kolis-net.nl.go.kr)에서 이용하실 수 있습니다. (CIP제어번호 : CIP2020021876)

역자 서문

로라 E. 버크의 *Development Through the Lifespan*은 4판이 2009년 국내에서 처음으로 번역되어 그동안 발달심리학 교재로 사용되어 왔다. 물론 전 생애 발달 관점에서 저술된 발달 교재들이 많지만, 버크의 *Development Through the Lifespan*은 이 분야를 선도하는 교재이다. 버크는 발달심리학 영역에서 뛰어난 학자일 뿐 아니라 저술가로도 명망이 높은 사람으로, 특히 이 책은 평자들로부터 최고 평점을 받고 있다. 이 책은 발달의 순서에 따라 심리학 및 인접 학문 분야의 흥미로운 연구 결과들을 친절하게 소개하였으며, 사회적 이슈, 문화적 영향, 생물학적 영향과 환경적 영향 등을 관련지어 논의하였다. 지난 10년 동안 이 책을 교재로 학생들과 공부하면서 매우 만족스러웠으며 동시에 최신의 연구들을 포함한 개정판에 대한 필요성을 느끼게 되었다.

그동안 몇 차례의 개정판이 나왔지만 그때마다 역서를 발간하기에는 어려움이 있어 미루고 있던 차에 2017년에 시그마프레스로부터 7판이 출판되었는데 번역해보는 게 어떻겠냐는 제안을 받고, 번역을 하기로 결정하였다. 역자진이 4판과는 달라졌는데, 4판 번역에 참여하였던 선생님들의 대다수가 퇴임을 하셨고, 선생님들이 당신들보다는 오히려 젊은 선생님들이 번역에 참여하는 것이 좋겠다는 아이디어를 주셨기 때문이다. 이에 발달심리학을 전공하는 선생님 몇 분에게 함께 번역해보는 것이 어떻겠느냐고 의논을 했고 흔쾌히 동의해주셔서 번역에 착수하게 되었다. 최종적으로 7명의 역자진이 구성되었고, 역자진의 바쁜 일정 때문에 좀 늦어지기는 했으나 드디어 7판의 번역본이 나오게 되었다.

4판과 마찬가지로 7판도 내용이 상당히 방대해서 두 권으로 나누어 발간하기로 하였다. 첫 번째 권은 원서의 1장부터 10장까지로 발달이론과 연구방법, 그리고 발달의 초기부터 아동기까지를 포함하였고 두 번째 권은 원서의 11장부터 19장까지로 청소년기, 성인 초기, 중년기, 노년기, 그리고 죽음을 포함하였다. 많은 대학의 교과과정에서 발달 과목이 아동 발달, 청소년 발달, 성인 발달, 중ㆍ노년 발달 등으로 세분화되어 있다. 따라서 강의를 하는 강사들은 해당 교과목에 적합하게 『생애발달 I』 혹은 『생애발달 II』를 선택해서 사용할 수 있으므로 효율적일 것이다. 학부 수업에서 발달심리학에 두 학기를 할당하여 첫 학기에 『생애발달 I』을, 다음 학기에 『생애발달 II』를 강의한다면 인간의 전 생애 발달을 모두 다루는 것이 된다.

각 역자들이 담당한 부분은 다음과 같다.

I권의 제 1, 2, 3장은 맹세호 교수, I권의 제 4, 5, 6장은 김연수 교수, I권의 제 7, 8, 9 장은 이승진 교수, I권의 제10장과 II권의 제1, 2장은 김지연 박사, II권의 제 3, 4, 5장은 이정윤 박사, II권의 제 6, 7장은 노수림 교수, II권의 제 8, 9장은 김민희 교수가 번역하였다. 끝으로 이 책이 나올 수 있도록 많은 도움을 주신 (주)시그마프레스 관계자 분들에게 감사드린다.

역자 대표

저자 서문

나는 30년 이상 아동 발달을 강의해 오면서, 여러분과 마찬가지로 전공, 미래 목표, 관심사와 욕구가 다양한 수천 명의 대학생들을 만나 왔다. 그중 일부는 나의 전공 분야인 발달과 관련 있는 학생이었지만, 많은 학생들은 교육학, 사회학, 인류학, 가족학, 사회복지학, 간호학, 생물학 등 다른 전공 분야의 학생들이었다. 매 학기, 내 강의를 듣는 학생들의 포부는 그들의 전공 분야만큼 다양하였다. 많은 학생들은 상담, 보육, 간호, 사회복지, 학교 심리학, 프로그램 관리자와 같은 응용 분야의 직업을 갖기를 기대한다. 어떤 학생은 가르치는 일을, 소수는 연구하기를 원한다. 대부분은 언젠가는 부모가 되기를 원하는 반면, 어떤 사람들은 이미 부모로서 자녀들을 더 잘 이해하고 양육하기를 원하여 수업을 듣는다. 그리고 대부분은 어떻게 자신이 작은 영아에서 오늘날의 자신과 같이 복잡한 인간으로 발달하였는지에 관해 깊은 호기심을 가지고 있다.

이번 7판을 준비하는 동안 나의 목표는 여러분의 개인적 관심사와 욕구뿐 아니라 여러분을 가르치는 강사의 목표도 충족시킬 수 있는 교과서를 쓰는 것이었다. 이러한 목표를 이루기 위해, 나는 고전적인 그리고 최근의 이론과 연구를 신중하게 골랐다. 게다가 이 교재는 발달의 전 생애 관점과 생물학과 환경이 상호작용하여 한 개인의 발달에 미치는 영향을 강조하였다. 또한 인종 집단과 문화 간의 유사성과 차이점을 설명하였고, 우리가 발달해 가는 넓은 사회적 맥락에 대해서도 논의하였다. 이 책은 독특한 교육 프로그램을 제공하고 있는데, 여러분이 정보를 숙달하고, 발달의 다양한 측면을 통합하고, 논쟁적인 주제를 비판적으로 고찰하고, 배운 것을 적용하고, 여러분 자신의 삶에 그 정보를 관련짓는데 도움을 줄 것이다.

내가 수년에 걸쳐 발견했던 것처럼 인간 발달에 대해 배우는 것이 여러분에게도 도움이 될 것으로기대한다.

Laura E. Berk

요약 차례

차례

제3장
태내발달, 출생, 신생아

제4장
영아기와 걸음마기의 신체 발달

제4부 아동 초기 : 2~6세

제5부   아동 중기 : 6~11세

제9장
아동 중기의 신체 및 인지 발달

제10장
아동 중기의 정서 및 사회성 발달

생애발달 Ⅰ

영 · 유아기에서 아동기까지

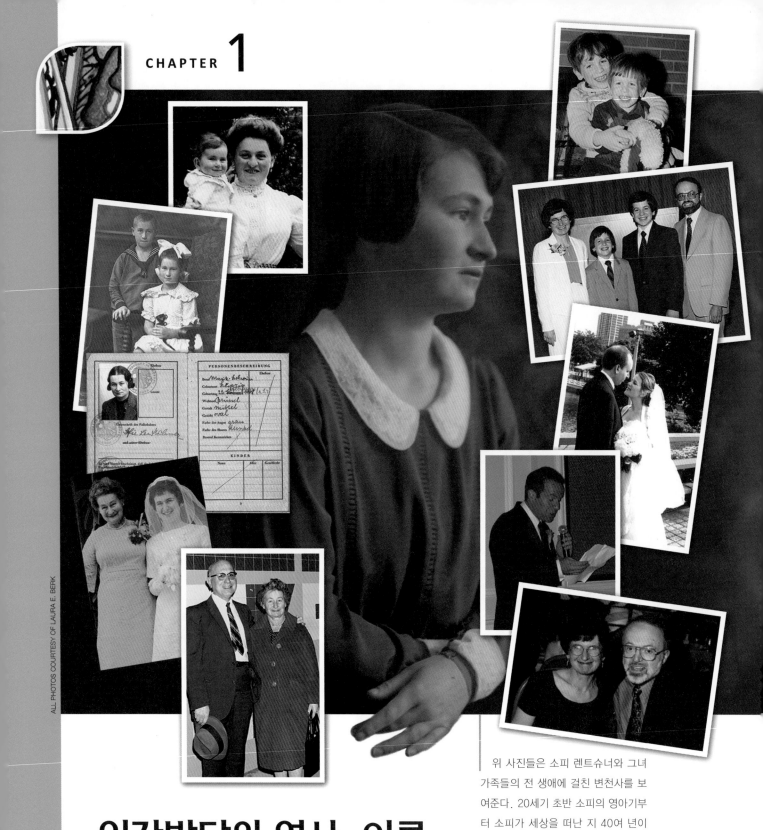

인간발달의 역사, 이론 그리고 연구방법

위 사진들은 소피 렌트슈너와 그녀
가족들의 전 생애에 걸친 변천사를 보
여준다. 20세기 초반 소피의 영아기부
터 소피가 세상을 떠난 지 40여 년이
지난 21세기 초 그녀의 손자의 결혼식
사진까지 담겨 있다.

1908년 소피 렌트슈너는 상업이 번성하고 문화유산이 풍부한 도시인 독일의 라이프치히에서 유대인 부부의 둘째로 태어났다. 소피의 아버지는 성공한 사업가였고 그 지역사회의 유지였으며, 소피의 어머니는 매력 있고 아름답고 친절한 사교계의 명사였다.

소피는 아기였을 때부터 결단력과 끈기를 나타냈으며, 아마도 이러한 특성은 그녀의 전 생애 동안 지속되었을 것이다. 그녀는 작은 물체를 오랫동안 눈과 손으로 탐색하면서 앉아 있었다. 거실의 피아노 소리만이 그녀의 시선을 멈추게 할 수 있었다. 소피는 기어 다닐 수 있게 되자마자 꾸준히 손가락을 건반에 올렸고 그 건반에서 나는 소리에 놀라워했다.

소피는 초등학교에 들어갈 때까지 내성적인 아이였고, 가족의 사회적 위치 때문에 참석해야만 하는 파티를 불편해했다. 그녀는 학교생활에 충실했으며, 특히 초등학교와 중학교 교과과정의 외국어 교과에서 뛰어난 수행을 보였다. 일주일에 두 번 라이프치히의 유명한 교사에게 피아노 레슨을 받았다. 고등학교를 졸업하던 때 소피는 영어와 프랑스어를 유창하게 구사할 수 있었으며, 실력 있는 피아니스트가 되었다. 그 시대 대부분의 독일 소녀들은 20세 이전에 결혼을 했지만 소피는 대학진학을 위해 결혼을 미뤘다. 그녀의 부모님들은 공부하기 좋아하는 딸이 가정에 정착할 수 있을지 걱정하기 시작했다.

학업에 대한 소망만큼 결혼에 대한 생각도 있었지만, 소피의 계획은 정치적인 혼란 때문에 무산될 수밖에 없었다. 1930년대 초반 권력을 거머쥔 히틀러로 인해, 소피의 아버지는 아내와 아이들의 안전이 위협받는 것이 두려워 벨기에로 이사했다. 유대인들의 유럽에서의 삶은 급속도로 위협받았다. 나치는 소피의 집을 강탈하고 그녀 아버지의 사업을 몰수했다. 1930년대 말 소피는 이모, 삼촌, 사촌, 어렸을 때 친구를 제외한 다른 사람은 거의 만날 수 없었다. 이들 대부분은 나치의 죽음의 수용소로 끌려갔다. 1939년에 반유대법이 통과되고 나치의 잔학성이 극심해지면서 소피의 가족은 미국으로 건너갔다.

소피가 30세 되던 해, 그녀의 부모는 소피가 결혼을 하지 않을 경우 경제적 안정을 위해 직업을 가질 필요가 있고, 학업을 계속할 수 있도록 지원하는 데 동의했다. 소피는 음악과 사서학에서 두 개의 석사학위를 취득했다. 그 후 그녀는 한 모임에서 미군 장교인 필립을 만났다. 필립의 차분하고 신사적인 성품은 소피의 강하고 현실적인 면을 보완해 주었다. 6개월이 지나 그들은 결혼을 했다. 그 후 4년 동안 두 명의 딸과 한 명의 아들을 낳았다.

제2차 세계대전이 끝나자 필립은 군대를 제대하고 작은 남성복 가게를 열었다. 소피는 시간을 쪼개어 아이들을 돌보고 가게에서 필립을 도와줘야 했다. 40세가 된 소피는 여전히 헌신적인 어머니였지만 그 나이까지 어린 아이들을 양육하고 있는 그녀 또래의 여자들은 별로 없었다. 필립이 사업에 고전하면서 더 많은 시간을 사업에 쏟게 되었고 소피는 자주 외로움을 느꼈다. 그녀는 피아노를 거의 만지지 않았는데, 이는 전쟁으로 산산조각 난 젊은 시절의 인생 계획에 대한 고통스러운 기억을 떠오르게 하기 때문이었다. 소피는 고독감과 충족되지 않은 느낌 때문에 자주 화를 냈다. 밤늦게까지 소피와 필립은 싸움을 하곤 했다.

소피의 자녀들이 좀 더 컸을 때, 소피는 학교로 돌아가 교사 자격증을 취득했다. 마침내 50세에 이르러 그녀는 직업을 가지게 되었고, 고등학교에서 독일어와 프랑스어를 가르쳤고 이민자에게 영어를 가르쳤다. 이로 인해 가족의 경제적 어려움이 해소되었고, 소피는 성취감과 생산성에 충족감을 느꼈다. 이 시기가 소피의 삶에서 가장 활기 넘치고 만족스러운 시간이었다. 소피는 가르치는 일에 대해 무한한 열정을 가지고 있었다. 그녀는 능숙한 언어 능력, 증오와 압제를 직접 체험해 얻은 지식, 새로운 나라에서의 삶에 적응하는 방법에 대해 터득한 바를 학생들에게 전해주려 했다. 소피는 어릴 때 전쟁의 정신적 충격을 경험하지 않은 자녀들이 자신의 가치를 수용하고 실행에 옮기는 것과 적령기에 결혼생활을 시작하고 직업을 가지는 것을 지켜보았다.

소피는 낙관인 모습으로 60세를 맞았다. 소피와 필립은 자녀의 대학교육을 위한 재정 부담에서 해방되면서 여가생활을 더 많이 할 수 있었다. 서로에 대한 애정과 존중은 깊어 갔다. 소피는 다시 피아노를 치기 시작했다. 그러나 이렇게 만족스러운 시간은 그다지 오래 가지 않았다.

어느 날 아침 소피는 팔 아래에서 혹이 만져졌다. 며칠 후에 주치의는 암진단을 내렸다. 급변하는 삶에 적응했던 정신력과 능력으로 병마에 대항할 수 있었다. 그녀는 암을 싸워서 극복해야

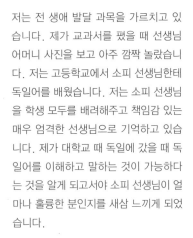

할 대상으로 생각했으며 5년을 더 살게 되었다. 방사선 치료로 극도로 지쳐 있어도 소피는 가르치는 스케줄을 완전히 소화했고 나이 든 엄마를 계속 방문해 잔심부름을 해주었다. 그러나 그녀는 육체적으로 쇠약해지면서 더 이상 학급을 맡을 체력이 남아 있지 않았다. 소피의 병은 점차 악화되었으며, 그녀는 마지막 몇 주 동안 누워 있다가, 필립 옆에서 조용히 숨을 거두었다.

소피의 장례식에는 소피의 학생들 수백 명으로 가득했다. 소피의 세 자녀 중 하나인 로라는 이 책의 저자이다. 소피가 세상을 떠나기 1년 전에 결혼한 로라와 그녀의 남편 켄은 결혼식 전날 그들에게 건넸던 소피의 말을 종종 떠올린다. "나의 삶과 결혼생활로부터 얻은 교훈은 삶을 함께 만들어 가고, 또한 각자의 독자적인 삶을 살아야 한다는 거야. 서로에게 시간과 공간을 할애하고, 스스로의 정체감을 연마하도록 도와주고, 자신을 자기 나름대로 표현하고 상대방에게 애정과 신뢰를 줘야 하며, 그중 가장 중요한 것은 서로에 대한 존중이야."

로라와 켄은 일리노이주립대학교 가까이에 있는 중서부의 작은 도시에 정착해, 현재까지 로라는 심리학과에서 켄은 수학과에서 학생들을 가르치고 있다. 그들은 데이비드와 피터라는 두 아들을 두었는데, 로라는 아이들에게 소피의 삶에 대해 많은 이야기를 해주고 삶의 유산을 전해주었다. 데이비드는 할머니처럼 가르치는 것을 무척 좋아해 초등학교 3학년을 담당하는 교사로 재직하고 있다. 변호사인 피터는 소피처럼 음악을 매우 좋아했으며, 부인인 멜리사는 소피와 같이 언어와 음악 모두 뛰어난 재능을 나

타냈다. 피터가 멜리사에게 청혼할 때 집안의 가보를 멜리사의 손가락에 끼워줬다. 그 반지는 나치의 죽음의 수용소에서 추위에 떨며 죽은 이모의 약혼반지였다. 반지가 들어있던 상자에는 소피와 소피가족의 이야기가 적혀 있었다.

소피는 그녀의 학생들에게 일생에 걸친 영향을 주었다. 최근에 인간발달을 담당한 교수가 로라에게 다음과 같은 편지를 썼다.

저는 전 생애 발달 과목을 가르치고 있습니다. 제가 교과서를 폈을 때 선생님 어머니 사진을 보고 아주 깜짝 놀랐습니다. 저는 고등학교에서 소피 선생님한테 독일어를 배웠습니다. 저는 소피 선생님을 학생 모두를 배려해주고 책임감 있는 매우 엄격한 선생님으로 기억하고 있습니다. 제가 대학교 때 독일에 갔을 때 독일어를 이해하고 말하는 것이 가능하다는 것을 알게 되고서야 소피 선생님이 얼마나 훌륭한 분인지를 새삼 느끼게 되었습니다.

소피의 이야기는 인생사에 매우 흥미로운 주제를 던져준다.

- 신체적인 특징, 정신적인 능력, 흥미, 행동 등에서 소피가 다른 사람과 공유하는 특질, 또는 그녀만이 가지는 특질은 무엇인가?
- 무엇 때문에 소피가 전 생애에 걸쳐 같은 기질을 지속적으로 유지할 수 있었고, 또 무엇 때문에 변할 수 있었는가?
- 소피가 겪었던 과거의 상황이나 문화적 경험, 즉 그녀의 아동기 가정을 파괴하고, 가족이나 친구를 죽게 하고, 그녀의 가족을 미국으로 도망가게 한 박해는 전 생애에 걸쳐 소피의 행복감에 어떤 영향을 주었는가?
- 사건이 일어난 시점, 예를 들어 일찍부터 외국어를 접한 것, 결혼, 자녀, 직업을 늦게 가진 것은 발달에 어떤 영향을 주는가?
- 개인적 요인과 환경적 요인 중 어떤 요인이 소피를 예상보다 더 빨리 죽음에 이르게 했는가?

이러한 질문은 전 생애 동안 변하지 않고 유지되는 특성과 변화하는 특성을 이해하고자 하는 연구 영역인 **발달과학**(developmental science)에서 탐구하고자 하는 중요한 질문들이다(Lerner et al., 2014; Overton & Molenaar, 2015). 인간 발달을 연구하는 사람들은 매우 다양한 관심과 흥미를 가진다. 그러나 이들은 모두 공통된 하나의 목표, 즉 출생에서 죽음에 이르기까지 사람들이 보이는 일관성과 변화에 영향을 주는 요인들을 찾아내려는 목표를 가진다. ●

과학, 응용, 학제 간 영역으로서 인간발달

1.1 발달과학이란 무엇이며, 어떤 요인들이 이들 영역으로 확장가능한가?

앞에서 열거한 질문은 단순히 과학적인 흥미만을 불러일으키는 것이 아니다. 각 질문은 **응용적** 또는 실제적 중요성을 가진다. 실제로, 과학적 흥미는 인간발달이 오늘날과 같이 흥미로운 연구 영역이 될 수 있게 해준 요인 중 하나이다. 발달 연구는 사람들의 삶을 증진시키기 위해 사회적 압력으로 작용하기도 한다. 예를 들어 20세기 초반에 공교육이 시작되면서 연령이 다른 아동들에게 무엇을 어떻게 가르쳐야 하는지를 알 필요가 있었다. 사람들의 건강을 증진시키는 데 관심을 가진 의학 전문가들은 신체 발달, 영양, 질병을 이해할 필요가 있었다. 정서적 문제를 다루고, 이혼, 실직, 전쟁, 자연재해 또는 사랑하는 사람의 죽음과 같은 삶의 주요한 사건에 적응하도록 도움을 주려는 사회봉사 전문가들은 성격과 사회성 발달에 대한 지식을 필요로 한다. 그리고 부모는 자녀들이 행복하고 성공적인 삶을 영위할 수 있게 해주는 자녀 양육에 대해 전문가의 조언을 끊임없이 요구한다.

인간발달은 학제 간 영역의 특징을 가진다. 인간발달에 대한 정보는 여러 영역의 연구를 통합하려는 시도를 통해 축적된다. 모든 연령에서 일상적인 문제를 해결할 필요가 있기 때문에 심리학, 사회학, 인류학, 생물학, 신경과학 분야 연구자들은 교육학, 가족학, 약학, 공중보건학, 사회복지학 전문가들과 협동 연구를 시도해 왔다. 이러한 여러 영역의 연구자들은 오늘날 과학적으로 중요하고 유용한 지식 영역을 만들어냈다.

기본 쟁점

1.2 인간발달의 세 가지 쟁점을 이해하라.

인간발달에 대한 연구는 비교적 최근에 활발해졌다. 아동 연구는 19세기 후반에서 20세기 초반이 되어서야 비로소 시작되었다. 성인 발달, 노화, 전 생애 과정에서의 변화에 대한 연구들은 1960년대와 1970년대에 출현했다(Elder & Shanahan, 2006). 수 세기 동안 인간의 성장과 변화에 대한 연구가 있었다. 이러한 연구를 바탕으로 발달 **이론**들이 만들

어지게 되었다. **이론**(theory)은 행동을 기술하고, 설명하고, 예언하는 통합된 진술이다. 예를 들어 영아와 양육자 간 애착을 잘 설명하는 이론은 (1) 6~8개월 사이의 영아들이 친숙한 어른으로부터 정서감과 안락감을 찾고자 할 때 보이는 이 영아들의 행동을 기술하고, (2) 영아가 양육자와 결속되려는 이 강한 바람을 왜, 어떻게 발달시키는지를 설명하고, (3) 전 생애에 걸쳐 관계에 대한 이러한 정서적 유대감이 가져오는 결과를 예측한다.

이론은 두 가지 이유에서 중요하다. 첫째, 사람들을 관찰하기 위한 조직화된 틀을 제공한다. 다시 말해 그들은 우리가 보는 세계에 대해 안내하고 **의미**를 부여해준다. 둘째, 연구를 통해 증명된 이론들은 실제적인 행동을 설명하는 근거를 제공해준다. 이론이 발달을 이해하도록 도와준다면, 우리는 아동과 성인의 삶을 증진시키는 방법을 더 잘 알게 될 것이다.

이론은 문화적 가치와 그 시대의 믿음 체계에 영향을 받는다. 그러나 이론은 단순한 의견이나 신념과는 중요한 점에서 다르며, 이론이 계속 존재할 수 있는지는 과학적 **검증**에 달려 있다. 모든 이론은 과학계가 동의하는 연구 절차들로 검증되어야 하고, 반복검증이 가능해야 한다.

하지만 발달 연구에서는 각 연구자들의 관점이 다르기 때문에 절대적으로 옳은 명제는 존재하지 않는다. 또한 인간은 신체적, 정신적, 정서적 그리고 사회적인 변화로 인해 복잡한 존재이기 때문이다. 단 하나의 이론이 이 모든 것을 설명할 수 없다. 그러나 연구자들은 끊임없이 이렇게 다른 관점들을 지지하거나, 부정하거나, 통합하려고 하기 때문에, 많은 이론들이 존재한다는 사실은 지식의 발전을 도와준다.

이 장에서는 인간발달의 주요 이론들과 이 이론들을 검증하는 데 사용되는 연구방법을 소개할 것이다. 그다음에는 중요한 이론이지만 조금은 덜 거대한 이론들을 소개하고 이 이론들을 보다 세부적으로 살펴볼 것이다. 많은 이론이 있지만 이 이론들은 모두 세 가지 기본적인 쟁점에 근거하기 때문에 쉽게 구조화될 수 있다 — (1) 발달 과정은 연속적인가 비연속적인가? (2) 하나의 발달 과정으로 모든 사람의 특징을 보여줄 수 있는가, 아니면 다수의 과정들이 있을 가능성이 있는가? (3) 유전적 요인과 환경적 요인 중 어느 것이 발달에 더 많은 영향을 미치는가? 이러한 쟁점들을 하나씩 더 자세히 살펴보기로 한다.

발달은 연속적인가 비연속적인가?

영아, 아동, 청소년, 성인 사이의 능력 차이를 어떻게 하면 가장 잘 기술할 수 있는가? 그림 1.1에서 볼 수 있듯이 주요 이론들은 두 가지 가능성을 인정한다.

　영아와 학령전기 아동들이 성인과 같은 방식으로 세상에 대해 반응한다고 주장하는 관점이 있다. 미숙한 사람과 발달이 충분히 이루어진 사람 사이의 차이는 단순히 양이나 복잡성에서의 차이라는 것이다. 예를 들어 소피가 아기였을 때 피아노 멜로디를 지각하고 과거 사건을 기억하고 대상을 범주화해서 구별하는 능력은 어른과 비슷했었다. 아마도 그녀의 기술에서의 제한점은 어른들이 가질 수 있는 정도의 정보나 정확성을 가지지 못한다는 점일 것이다. 이것이 사실이라면 소피의 사고에서의 변화는 **연속적**(continuous) 과정이며 태어날 때부터 가지고 있었던 같은 유형의 기술을 점진적으로 증대시키는 과정이라 볼 수 있다.

　두 번째 관점에 따르면, 영아와 아동은 성인과는 아주 다른 독특한 방식으로 사고하고, 감정을 느끼고, 행동한다는 것이다. 그렇다면 발달은 **비연속적**(discontinuous)으로서, 특정 시점에서 새로운 다른 방식으로 세상을 이해하고 반응하는 과정이다. 이 관점에서 보면 어린 소피는 충분히 발달한 사람들처럼 지각하고 기억하고 경험을 구조화할 수 없다. 대신 소피는 일련의 발달 단계를 거치는데, 가장 높은 수준의 기능에 도달할 때까지 각 단계는 독특한 특질을 보인다. 비연속적인 관점을 받아들이는 이론들은 발달이 **단계**(stages)적으로 일어나며, 이러한 단계는 발달의 특정 기간을 특징짓고 사고, 감정, 행동에서의 질적인 변화를 가정한다. 단계 이론에서 발달은 계단을 올라가는 것에 비유될 수 있는데, 각 계단은 보다 성숙하고 재구조화된 기능을 갖게 된다. 단계 개념은 또한 사람들이 한 단계에서 다음 단계로 올라갈 때 빠른 변화의 시기를 지나게 된다고 가정한다. 다시 말해 변화는 점진적이고 지속적으로 일어나기보다는 갑작스럽게 일어난다.

　발달은 실제로 분명하고 일정한 순서의 단계로 일어나는가? 야심적인 이 가정은 심각한 도전을 받기도 한다. 이 장에서는 영향력 있는 단계 이론들을 살펴볼 것이다.

발달의 과정은 하나인가 혹은 다양한가?

발달의 단계 이론가들은 인류가 동일한 발달 단계를 거친다고 가정한다. 그러나 인간발달 영역에서는 아동과 성인이 서로 다른 **맥락**(contexts)에서 살고 있고, 개인과 환경의 독특한 상호작용에 따라 변화 경로가 다르게 나타날 수 있다는 인식이 증가하게 되었다. 예를 들어 사회적 만남을 두려워하는 수줍음이 많은 사람들은 다른 사람들을 쉽게 찾아 나서는 외향적인 사람들과는 매우 다른 맥락에서 발달한다. 서구가 아닌 작은 마을에서 사는 아동과 성인은 서구의 대도시에 사는 사람들과는 가정이나 지역사회에서 매우 다른 경험을 한다. 이렇게 다른 환경은 지적 능력, 사회적 기술, 자신과 다른 사람에 대한 감정과 관련된 능력들을 다르게 발달시킨다 (Kagan, 2013a; Mistry & Dutta, 2015).

그림 1.1 발달은 연속적인가 비연속적인가?
(a) 몇몇 이론들은 발달이 연속적인 과정이라 주장한다. 인간은 능력들을 점진적으로 발달시켜 나간다. (b) 다른 이론들은 발달이 비연속적인 단계를 가진다고 주장한다. 발달이 다음 단계로 진행할 때 급격한 변화가 나타나며 각 단계는 질적으로 다른 형태로 세상을 인식하고 반응한다. 또 다른 이론들은 발달이 연속적인 형태와 비연속적인 형태를 동시에 나타낸다고 주장한다.

영아기　　　성인기
(a) 연속적 발달

영아기　　　성인기
(b) 비연속적 발달

현대의 이론가들은 발달을 복잡하고 다층적인 구조로 되어 있는 맥락의 관점으로 이해한다. 개인적 측면은 유전과 생물학적 특성을 포함하고 있다. 환경적 측면은 가정, 학교, 이웃과 같은 가까운 환경뿐만 아니라 일상생활과는 더 멀리 떨어진 환경, 즉 지역사회 자원, 사회적 가치, 역사적 시점 등을 다 포함한다. 더불어 개인과 개인이 속한 맥락의 관계에 대한 새로운 증거들이 발견되면서, 인간의 발달은 개인적인 측면뿐만 아니라 인간이 속한 맥락의 영향도 강조되고 있다(Elder, Shanahan, & Jennings, 2015). 결국 연구자들은 인간의 발달에서 이전보다 문화적 다양성을 더 많이 고려하고 있다.

본성과 양육의 상대적 영향력

인간의 발달 과정에 대한 기술에 있어 각 이론들은 발달의 근본적인 원인에 대한 물음을 제기한다. 유전적 요인과 환경적 요인 중 무엇이 더 중요한가? 이는 오랫동안 제기되어 왔던 **본성-양육 논쟁**(nature-nurture controversy)이다. 본성은 부모로부터 받은 유전적인 정보를 말한다. 양육은 출생 전후에 생물학적 기질과 심리적 경험에 영향을 주는 물리적, 사회적 세계의 복합적인 영향력을 말한다.

모든 이론이 적어도 본성과 양육 모두에 대한 역할을 일부 인정하지만 강조점이 다르다. 다음 질문에 답해보자. 복잡한 방식으로 생각하는 능력이 발달하는 것은 생득적인 성숙 예정표의 결과인가, 아니면 부모나 교사로부터 받은 자극의 영향 때문인가? 아동은 유전적으로 언어를 습득하는 경향이 있기 때문에 습득할 수 있는가, 아니면 부모가 어릴 때부터 아동을 가르쳤기 때문인가? 키, 몸무게, 신체 협응, 지능, 성격, 사회적 기술 등 사람들 사이에서 나타나는 엄청난 개인차는 무엇으로 설명할 수 있는가?

본성과 양육의 역할에 대한 이론적 입장은 개인차를 설명하는 방식에 영향을 준다. 언어 능력, 불안, 사회성과 같은 특성이 높은 사람들은 나이가 들어도 높은 채로, 또 낮은 사람들은 나이가 들어도 낮은 채로 변하지 않는다는 안정성을 강조하는 이론가들은 유전의 중요성을 강조한다. 이들은 환경적인 요인에 대해 언급하긴 하지만 생애 초기 경험이 전 생애에 걸쳐 영향을 미친다는 점을 강조한다. 이들은 생의 초기에 경험한 강력한 부정적인 사건은 후에 많은 긍정적인 사건을 경험하더라도 충분히 극복될 수 없다고 주장한다. (Bowlby, 1980; Sroufe, Coffino, & Carlson, 2010). 다른 이론

가들은 보다 낙관적인 관점을 취하는데, 이들은 주요한 경험에 의해 변화의 가능성이 열려 있는 **가소성**(plasticity)을 강조한다(Baltes, Lindenberger, & Staudinger, 2006; Overton & Molenaar, 2015).

이 책 전반에 걸쳐 연구자들은 안정성 대 가소성의 질문에 대해 분명히 다른 견해를 가지고 있다는 것을 볼 것이다. 이들의 답은 종종 발달의 영역이나 요소에 따라 달라진다. 소피의 일화를 다시 생각해보면, 소피의 언어 능력과 도전에 대해 끈질기게 대응하는 방식은 전 생애에 걸쳐 안정적으로 나타난다. 반면, 소피의 심리적인 행복감과 생의 만족감은 상당히 변화했다.

전 생애적 관점 : 절충적 관점

1.3 발달의 전 생애적 관점을 설명하라.

지금까지 인간발달의 기본 쟁점을 본성 대 양육, 또는 연속성 대 비연속성 등 어느 한 관점을 선호하는 극단적인 입장에서 논의했다. 그러나 이 영역에 대한 설명을 살펴볼 때, 많은 이론가들의 입장이 약화된 것을 볼 수 있다. 일부 현대 이론가들은 연속적인 변화와 비연속적인 변화가 다 일어난다고 믿는다. 또한 이미 알려진 바처럼 발달은 보편적인 특질과 개인이 속한 맥락의 특질의 영향을 모두 받는다는 것을 인정한다. 유전과 환경이 섞여 있다고 생각하는 이론가들이 증가하고 있고, 각 요인은 다른 요인의 잠재력에 영향을 주어 아동의 특질과 능력에 변화를 가져오도록 해준다(Lerner et al.,

1960년대 이후로 연구자들은 아동 연구에서 전 생애발달 연구로 옮겨 가기 시작했다. 이 여성과 동료들은 현대의 대부분 노인들처럼 건강을 위해 래프팅 여행을 하고 있다.

2014; Overton & Molenaar, 2015).

이와 같은 절충적 견해는 생후 첫 20년 동안만을 집중적으로 연구하던 것에서 성인기 발달을 포함하는 방향으로 연구가 확대됨으로써 나타났다. 20세기 초반에는 주로 발달이 청소년기에 멈출 것이라고 간주되었다. 영아기와 아동기는 빠른 변화의 시기로, 성인기는 정지기로, 노년기는 쇠퇴의 시기로 간주되었다. 북미의 인구 특성이 변화하면서 연구자들은 기능의 습득이 전 생애에 걸쳐서 진행된다는 생각을 하게 되었다. 영양, 위생, 의학지식이 증가함으로써 20세기의 평균 수명(특정 해에 출생한 사람이 살 것으로 기대되는 햇수)은 이전 5,000년보다 더 늘어났다. 미국의 경우 1900년대의 기대수명은 50세였지만 2000년에는 76.8세로 증가했다. 현재의 기대수명은 78.8세로 이웃의 캐나다를 포함한 다른 산업화된 국가들보다 높은 기대수명을 나타내고 있다. 기대수명은 점점 증가할 것이며 미국의 경우 2050년에는 84세에 도달할 것으로 예측하고 있다. 결과적으로 노인들이 많아질 것이며 이러한 경향은 산업화국가에서 현저하게 나타날 것이다. 65세 이상 사람들은 1900년에 북미 인구의 4%, 1950년에는 7%, 2013년에는 14%를 차지했다(U.S. Census Bureau, 2015d).

노인들은 수가 많아질 뿐만 아니라 더 건강하고 더 적극적이 되어 간다. 노쇠한 사람이라는 이전의 고정관념을 깨면서 노인들은 인간의 변화와 그 변화 이면에 있는 요인들에 대한 견해를 많이 바꾸어주었다. 연구자들은 점차적으로 발달을 역동적인 체계로 간주하게 되었는데, 이 관점에서는 발달을 수정에서 죽음까지 영속적으로 진행되는 과정으로서 생물학적, 심리학적, 사회적 영향이 복합적으로 작용하면서 형성되는 것으로 본다(Lerner, 2015). 이러한 변화는 발달을 **전 생애적 관점**(lifespan perspective)으로 이끈다. 이 광범위한 관점은 네 가지 가정을 기초로 한다. 발달은 (1) 전 생애에 걸쳐 진행되고, (2) 다차원적이고 다방향적이며, (3) 아주 유연하고, (4) 여러 가지 상호작용하는 힘에 의해 영향을 받는다(Baltes, Lindenberger, & Staudinger, 2006; Smith & Baltes, 1999; Staudinger & Lindenberger, 2003).

생애 전반에 걸친 발달

전 생애 관점에 따르면, 생의 과정에서 영향을 특별히 크게 받는 시기는 없다. 오히려 표 1.1에 정리된 것처럼 각 시기에 일어나는 사건이 미래의 변화에 미치는 영향의 강도는 동일할 수 있다. 각 시기마다 신체적, 인지적, 정서적/사회적 세 가지 영역에서 변화가 일어나는데, 편의상 이 세 영역을 구별해 논의할 것이다(각각을 기술하기 위해 그림 1.2를 참조하라). 하지만 이러한 영역들은 실제로 구분되지는 않으며 겹치기도 하고 상호작용하기도 한다.

각 시기는 각 시기만의 고유한 특성이 있고, 각 시기만의 고유한 발달을 위한 과업과 기회를 가지는데 이것은 많은 사

표 1.1 인간발달의 주요 시기

시기	연령	설명
태아기	수정에서 출생까지	단세포 유기체가 자궁 밖의 삶에 적응할 수 있는 놀라운 능력을 가진 아기로 변형된다.
영아기와 걸음마기	출생~생후 2년	신체와 뇌의 뚜렷한 변화로 광범위한 운동, 지각, 지적 능력이 출현하고 타인과 처음으로 친밀한 관계를 갖게 된다.
아동기 초기	2~6세	'놀이 시기' 동안에 운동기술이 정교화되고 사고와 언어가 놀라운 속도로 확장된다. 도덕성이 발달하고 또래와 관계를 맺기 시작한다.
아동기 중기	6~11세	학령기는 운동 능력, 논리적 사고, 처리 과정, 기본적인 문해력, 작문, 수학 등 기타 학업적 지식 및 기술이 좋아지고, 자아, 도덕성, 우정, 또래집단에 대한 이해가 증가하는 시기이다.
청소년기	11~18세	사춘기는 성인과 같은 신체 크기와 성적 성숙이 일어난다. 사고는 추상적·이상적 형태로 발달하고, 학업 성취가 중요해진다. 청년들은 개인적 가치와 목표를 정의하고 가족으로부터 독립해 자율적이 되는 데 몰두한다.
성인 초기	18~40세	대부분의 젊은이는 가정을 떠나 교육을 마치고 직업을 갖기 시작한다. 주요한 관심은 경력을 갖고 사랑하는 상대를 만나 결혼을 하고 자녀를 양육하거나 또는 다른 삶의 스타일을 추구하는 것이다.
성인 중기	40~65세	많은 사람들은 성공의 정점에 있고 리더의 위치를 차지한다. 그들은 또한 자녀들이 독립적으로 살아가도록, 그리고 부모들이 나이 들어 가는 것에 적응하도록 도와준다.
노년기	65세~죽음	사람들은 자신이 죽음을 피할 수 없다는 것을 깨닫게 된다. 은퇴, 신체나 건강의 쇠약, 배우자의 죽음에 적응한다. 그들은 자신의 삶의 의미를 회고한다.

신체 발달
신체 크기, 비율, 외모, 신체 체계의 기능, 지각과 운동 능력, 신체적 건강에서의 변화

인지발달
주의집중, 기억, 학업지식과 일상지식, 문제 해결, 상상, 창의성, 언어와 같은 지적 능력에서의 변화

정서 및 사회성 발달
정서적 의사소통, 자기이해, 타인에 대한 지식, 대인관계기술, 우정, 친밀한 관계, 도덕적 추론과 행동에서의 변화

그림 1.2 발달의 주요 영역 세 가지 영역은 완전히 구분되지 않고 서로 겹치고 상호작용한다.

람들을 유사하게 발달하도록 해준다. 그럼에도 불구하고 생을 통해 사람들이 직면하는 도전과 그에 대한 적응의 시기와 패턴은 매우 다양하다.

발달의 다차원성과 다방향성

소피의 삶으로 돌아가서 그녀가 끊임없는 새로운 요구와 기회에 어떻게 직면했는지를 생각해보자. 전 생애 관점에서 발달의 도전과 적응은 **다차원적**이며, 생물학적, 심리학적, 사회적 힘이 복합적으로 뒤섞여서 영향을 준다.

생애발달은 적어도 두 가지 점에서 **다방향적**이다. 첫째, 발달은 증진된 수행에만 국한되지 않는다. 오히려 각 시기마다 성숙과 쇠퇴가 함께 나타난다. 소피가 학교 다닐 때 언어와 음악을 배우는 것에 에너지를 쏟아부었을 때 그녀는 충분히 배울 수 있었던 다른 기술 배우기를 포기했다. 후에 그녀가 교사가 되기로 했을 때 다른 직업의 가능성을 포기했다. 기술을 얻는 것은 생의 초기에, 그리고 잃어버리는 것은 생의 마지막 시기에 주로 일어나지만, 모든 연령대의 사람들은 현재의 기술을 증진시키고 새로운 기술을 습득하며, 이러한 기술은 감소된 기능을 보상해준다(de Frias, 2014; Stine-Morrow et al., 2014). 예를 들어 대부분의 노인들은 기억이 점점 나빠지는 것을 보상할 수 있는 방법을 고안해낸다. 그들은 달력

이나 메모와 같은 외적인 도움에 더 많이 의존하거나, 약속을 지키거나 약을 복용하기 위해 어디에서 무엇을 해야 하는지를 정확하게 시각화하는 것과 같은 새로운 내적 책략을 만들어낸다.

둘째, 시간이 지나면서 발달이 다방향적이 되는 것과 더불어, 변화는 발달의 각 영역 내에서도 다방향적이다. (기억과 같은) 소피의 인지 기능의 일부는 성숙된 시기에도 질적으로 감소되었을지도 모르지만, 영어와 프랑스어에 대한 지식은 의심할 여지없이 그녀의 생애를 통해 성장했다. 그리고 그녀는 또한 새로운 형태의 사고를 발달시켰다. 예를 들어 다양한 문제에 대처하는 경험과 능력이 풍부해지면서 실제적인 일을 능숙하게 처리하게 되었고, 이는 추론의 한 종류인 **지혜**로 볼 수 있다. 결혼식 전날 소피가 로라와 켄에게 해주었던 현명한 충고를 떠올려보자.

발달의 가소성

전 생애 발달 연구자들은 발달이 모든 연령에서 가소성을 가진다는 것을 강조한다. 예를 들어 아동기 때 소피가 가졌던 사회적 불운과 성인 초기에 결혼보다는 공부하기로 결정했던 것을 생각해보자. 30대에 새로운 기회가 찾아왔을 때 소피는 결혼을 하여 자녀를 양육하는 방향으로 쉽게 자신의 결

생물학적 영향과 환경적 영향

탄력성

존과 그의 가장 친한 친구인 게리는 황폐하고 범죄가 들끓는 빈민가에서 자랐다. 10세가 될 때까지 이들은 여러 해 동안 가정 갈등을 겪었고 그 후에 둘 다 부모가 이혼했다. 남은 아동기와 청년기 동안 엄마가 가장 역할을 하는 가정에서 자라게 되었기에 존과 게리는 아버지를 볼 기회가 거의 없었다. 이 둘은 고등학교를 그만두고 경찰서를 들락거리며 지냈다.

그 후 존과 게리의 경로는 달라졌다. 존은 30세에 결혼하지 않은 채 두 아이의 아버지가 되었고, 감옥에 들어갔고, 직업을 갖지 못했고, 심하게 술을 마셨다. 반면 게리는 학교로 돌아가서 고등학교 과정을 끝마쳤고 전문대학에서 자동차기계학을 공부해 자동차 정비소의 매니저가 되었다. 결혼 후 두 아이를 가졌고, 저축해서 집을 샀다. 행복하고 건강했고 생에 잘 적응했다.

가난, 부정적인 가족 상호작용, 부모의 이혼, 실직, 정신적 질병, 약물 남용과 같은 환경적 위험은 아동이 미래에 문제를 가질 경향을 높여준다는 많은 증거가 있다(Masten, 2013). 게리는 어떻게 '불리한 조건을 딛고 일어서서' 성

공적인 삶을 살 수 있었는가?

스트레스가 많은 삶의 조건이 주는 해로운 영향으로부터 젊은이들을 보호할 수 있는 방법을 찾기 위해 발달에 대한 위험이 있을 때 효과적으로 그 위험에 대처하는 능력인 **탄력성**(resilience)에 대한 연구에 관심이 증가하고 있다. 이에 대한 관심은 아동기의 스트레스 요인과 청년기와 성인기의 역량 및 적응과의 관계에 대한 연구들에 의해 오랫동안 고무되어 왔다(Werner, 2013). 이러한 연구에서 보면, 어떤 사람들은 부정적인 결과로부터 보호되지만 또 다른 사람들은 지속적으로 문제를 일으킨다. 스트레스가 많은 생의 사건이 주는 해로운 영향으로부터 보호해주는 네 가지 요인은 다음과 같다.

성격 특성

아동은 유전적으로 부여받은 특성 때문에 위험에 적게 노출되거나 초기의 스트레스 사건을 보상해주는 경험을 갖게 된다. 높은 지능과 사회적으로 가치를 인정받는 재능(예를 들면 음악이나 운동에서)들은 지역사회와 학교에서 보상받는 경험을 증가시켜서 스트레스가 많은 가정

할아버지와 친밀한 관계를 맺는 것은 10대들의 탄력성을 증진하는 데 도움이 된다. 가족과의 강한 유대관계는 생활 속 스트레스로 인한 피해를 방지할 수 있다.

생활의 영향을 상쇄한다. 기질은 강력한 영향력을 미친다. 느긋하고 사교적인 경향을 가진 아동들은 인생에 대해 긍정적인 견해와 변화에 잘 적응하는 능력을 가지는데, 이는 타인으로 하여금 긍정적인 반응을 불러일으킨다. 이에 반

정을 바꾼다. 부모의 역할을 감당하는 것과 경제적 어려움이 소피와 필립의 행복을 위태롭게 하는 듯했지만 그들의 관계는 점점 더 풍요로워지고 충만해졌다.

가소성에 대한 증거는 노화가 이전에 생각했던 것처럼 '난파선'이 아니라는 것을 분명하게 보여준다. 대신 변형과 계속되는 잠재력을 보여주는 '나비'의 은유는 한 생애의 변화하는 모습을 보다 더 정확하게 표현해준다. 가소성은 개인차를 가진다. 어떤 사람들은 다른 사람들보다 다양한 생활환경을 경험한다. 위의 '생물학적 영향과 환경적 영향' 글상자에서 보여주듯이 어떤 사람은 다른 사람보다 변화하는 조건에 쉽게 적응한다.

발달은 상호작용하는 다양한 힘에 영향을 받는다

전 생애 관점에 따르면, 발달이 생물학적, 역사적, 사회적,

문화적 등 다양한 힘에 영향을 받기 때문에 변화의 경로는 매우 다양해진다. 이러한 광범위한 영향을 3개의 범주로 묶을 수 있는데, 이것은 독특한 방식으로 결합되어 작용하면서 개별적인 생의 과정을 만들어 간다.

연령에 따른 영향 어떤 사건들은 연령과 강하게 관련되어서 언제 일어나고 얼마나 지속될지를 예측해줄 수 있는데 이러한 사건들을 **연령에 따른 영향**(age-graded influence)이라고 부른다. 예를 들어 대부분의 사람들은 돌이 지난 직후에 걷고, 학령기 동안에 모국어를 습득하고, 12~14세경에 사춘기에 도달하고, (여자들은) 40대 후반에서 50대 초반까지 월경을 한다. 이 이정표는 생물학의 영향을 받지만, 사회적 관습도 마찬가지로 연령에 따라 다른 영향을 끼친다. 6세경에 학교에 입학하고, 16세경에 운전면허증을 따고, 18세경에 대학에

해, 감정적으로 반응하고 짜증을 내고 충동적인 아동들은 주변 사람들의 인내심을 필요로 한다 (Wang & Deater-Deckard, 2013). 예를 들어 존과 게리는 모두 아동기 동안 몇 번이나 이사 했다. 그때마다 존은 걱정하고 화를 냈다. 하지만 게리는 새로운 친구를 사귀고 새로운 이웃을 만날 것을 기대했다.

따뜻한 부모 관계

적어도 부모 중 한 명이라도 따뜻하고, 적절한 기대를 하며, 아동의 활동을 눈여겨보고, 구조화된 가정환경을 제공하며, 또 그 부모와 가까운 관계를 유지한다면 탄력성이 높아질 것이다 (Shonkoff & Garner, 2012; Taylor, 2010). 그러나 이 요인은(다음 요인과 마찬가지로) 아동의 개인적 특성과 무관하지 않다는 것을 주지하라. 느긋하고, 사회적 반응을 자주 보이고 변화에 적응을 잘하는 아동의 경우, 양육이 더 쉽고 부모나 다른 사람과 긍정적인 관계를 가질 가능성이 더 많다. 동시에, 일부 아동들은 부모의 따뜻함과 관심의 결과로 더 매력적인 기질을 발달시키게 된다(Luthar, Crossman, & Small, 2015).

가정 밖의 사회적 지원

탄력성이 높은 아동들의 가장 일관된 특성은 유능하고 뒷바라지해주는 성인과 강한 유대감을 가진다는 점이다. 부모와 친밀한 관계를 형성하지 못했다 하더라도 조부모, 고모, 이모, 삼촌, 또는 교사와의 특별한 관계는 탄력성을 증진시킨다(Masten, 2013). 게리는 청년기에 게리의 걱정을 잘 들어 주고 문제를 해결하도록 도와주는 할아버지의 도움을 많이 받았다. 게리의 할아버지는 안정된 결혼생활을 하고 직업을 가지고 있었으며 스트레스를 잘 처리했다. 결과적으로 효과적인 대처모델의 역할을 했던 것이다.

학업 성취를 중요하게 생각하는 또래와 오래 우정을 지속시키는 것 또한 탄력성과 관련된다 (Furman & Rose, 2015). 성인과 긍정적인 관계를 맺고 있는 아동들은 또래들과도 긍정적인 관계를 가질 가능성이 높다.

지역사회 자원과 기회

이웃 성인의 도움, 높은 수준의 아동복지, 공공학교, 편리하고 감당할 수 있는 비용의 의료 서비스, 사회복지사업, 도서관, 레크리에이션 센터와 같은 지역사회 지원이 부모와 아동복지를 향상시킨다. 더불어 지역사회 생활에 참여하는 기회는 나이 든 아동과 청년들이 역경을 극복하도록 도와준다. 학교에서의 과외 활동, 교회 청년부, 스카우트 활동, 그 밖의 다른 조직 활동은 협동, 리더십, 다른 사람의 복지를 도와주는 것 등 중요한 사회적 기술을 가르쳐준다. 이러한 활동을 통해 참여자들은 자존감과 책임의식을 갖고 지역사회에 참여하게 된다(Leventhal, Dupéré, & Shuey, 2015). 대학생이 된 게리는 저소득층 이웃들에게 거처할 집을 지어 주는 비영리 단체인 해비타트운동 (Habitat for Humanity : 무주택 서민의 주거해결을 위한 단체)에서 자원봉사를 했다. 지역사회의 참여는 게리에게 탄력성을 강화하는 의미 있는 관계를 맺는 데 도움을 주었다.

탄력성에 대한 연구는 유전과 환경이 복잡하게 얽혀 있음을 강조한다. 타고난 자질, 바람직한 양육 경험, 또는 이 둘로부터 긍정적인 성격을 갖게 된 아동이나 청소년들은 스트레스를 감소시키는 활동을 한다.

그럼에도 불구하고 많은 위험이 축적되면 그것을 극복하기가 어려워진다(Obradović et al., 2009). 따라서 위험의 부정적인 영향을 예방하기 위해서 중재 프로그램은 위험을 감소시키는 것뿐만 아니라 가정, 학교 그리고 지역사회에서 아동의 보호적인 관계를 강화해야 한다. 이는 개인의 능력을 강화하면서 위험한 경험을 감소시키는 것으로 사람과 환경 둘 다에 주의를 기울인다는 것을 의미한다.

들어가는 것이 좋은 예다. 연령에 따른 영향은 아동기와 청년기에 특히 우세한데, 왜냐하면 이 시기에는 생물학적 변화가 빠르게 일어나고, 많은 연령과 관련된 경험이 문화에 의해 가능해져서 젊은이들이 사회 참여에 필요한 기술을 습득할 수 있게 되기 때문이다.

역사적 시점의 영향 발달은 또한 특정한 시대에만 있을 수 있는 독특한 영향을 받기도 한다. 전염병, 전쟁, 경제적 호황시기 또는 공황시기, 텔레비전, 컴퓨터, 인터넷 스마트폰과 태블릿 등의 기술 발전, 여성이나 소수 민족 혹은 노년층에 대한 태도 변화와 같은 변화하는 문화적 가치 등이 그 예이다. 이러한 **역사적 시점의 영향**(history-graded influence)은 왜 동시대에 태어난 사람들(동년배)이 비슷한 경향이 있고 다른 시대에 태어난 사람과 구별되는지를 설명해준다.

베이비부머는 서구 국가에서 제2차 세계대전 이후인 1946~1964년 사이에 태어난 사람들을 말한다. 미국의 경우 1960년에 급격한 증가를 보였으며 전쟁 전의 출생률보다 2배를 기록했다. 이러한 베이비부머들은 강력한 사회적 영향력을 가지게 되었으며, 오늘날에는 중년 혹은 노년기에 대한 인식을 변화시키는 계기가 되었다('문화적 영향' 글상자를 참조하라).

살펴보기

자신의 삶에서 역사적 시점의 영향을 살펴보고 자신의 연령대에 어떤 영향을 미쳤는지 추측해보라. 그리고 한 세대 혹은 두 세대 이전의(아버지 혹은 할아버지) 역사적 영향에 대해 알아보라.

문화적 영향

베이비부머의 생애 과정 변화

1946년에서 1964년까지, 가임기 연령의 미국 여성 전체의 92%가 출산했으며, 평균 8초에 1명꼴로 신생아가 태어났다 (Croker, 2007). 거의 20년 동안 이어진 탄생의 번성은 종종 세계를 변화시키는 것으로 여겨지는 독특한 세대를 낳았다. 오늘날 베이비부머는 미국 인구의 23%인 7,400만 명에 이른다(Colby & Ortman, 2014). 대부분은 중년이며, 가장 나이가 많은 사람들은 노년기에 접어들었다.

몇 가지 상호 연관된 요소로 제2차 세계대전 후 베이비붐이 촉발되었다. 1930년대의 대공황 기간 동안 결혼과 부모 역할을 연기한 많은 사람들은 경제가 호전된 1940년대에 가족을 꾸리기 시작했다. 제2차 세계대전이 끝나 돌아온 병사들도 아이들을 갖기 시작했다. 이 두 집단은 출산에 중점을 두었고, 10~15년 사이에 아기를 낳았다. 1950년대 경제적 번영이 가속화되면서 더 큰 가족을 가능하게 만들면서 더 많은 사람들이 더 어린 연령대에 결혼 생활을 하고 터울이 많이 지지 않게 자녀를 여럿 낳아

1960년대까지 베이비붐이 지속되었다 (Stewart & Malley, 2004). 마지막으로 전쟁이 끝나면 아기를 키우려는 욕망이 일반적으로 강화된다. 막대한 인구 손실을 대체할 뿐만 아니라, 새로운 출생은 인간의 삶이 견딜 것이라는 희망을 의미한다.

이전 세대와 비교했을 때, 더 많은 젊은 베이비부머는 경제적으로 특권을 누렸다. 그들은 또한 우울증과 전쟁으로 박탈을 당한 부모로부터 깊은 정서적인 투자를 받는 사람들이었다. 베이비부머의 부모들은 종종 어린이를 성인생활의 가장 지속적인 혜택으로 평가했다. 이러한 요소들은 낙관주의, 신빙성, 자격 부여 감각을 조성했을지도 모른다 (Elder, Nguyen, & Caspi, 1985). 동시에, 학교 교실에 넘쳐나는 엄청난 숫자가 개인의 인식을 위해 치열한 투쟁을 촉발했을 수도 있다. 베이비부머가 초기 성인이 되었을 때, 이 일련의 특성들은 비평가들로 하여금 그들을 자

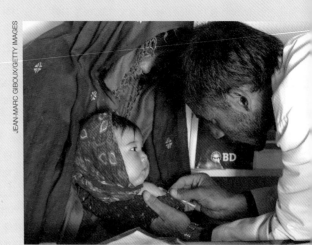

'트레일링 에지' 베이비부머 간호사는 아프가니스탄의 중앙 산간지에 있는 마을 클리닉에서 유아에게 예방주사를 놓는다. 그 나라는 세계에서 두 번째로 유아 사망률이 높다. 서비스 역할은 이 코호트가 사회에 기여하는 한 가지 방법일 뿐이다.

기애적이며 탐닉적인 '나'세대로 분류하게 했다.

1960년대 중반부터 1970년대 초반까지, '최첨단' 베이비부머(1940년대 후반과 1950년대

비규준적인 영향   연령에 따른 영향과 역사적 시점의 영향은 각각 비슷한 방식으로 많은 사람들에게 영향을 미치기 때문에 이 영향은 규준적이다. **비규준적인 영향**(nonnormative influence)은 불규칙적인 사건이며, 이 영향은 한 사람 또는 소수의 사람에게 미치고 예정된 시간표를 따르지 않는다. 그 결과 발달이 다방향적으로 일어나게 된다. 소피의 인생 방향을 이끄는 데 주요했던 비규준적인 영향은 아동기 때 용기를 북돋아준 선생으로부터 받은 피아노 레슨, 늦춰진 결혼, 부모가 된 것, 직업 갖기, 암과의 투병 등이다. 그것들은 불규칙하게 발생했기 때문에 연구자들이 비규준적 사건을 포착해 연구하기가 어렵다. 그러나 비규준적 사건은 우리 각자가 자신의 경험을 통해 검증할 수 있기에 자신에게 강력한 영향을 줄 수 있다. 현대의 성인 발달에서 비규준적 영향이 더 커지고 연령에 따른 영향은 감소하고 있다. 소피의 시대에 비해 오늘날은 교육을 마치고 직업전선에 뛰어들고, 결혼을 하

고 자녀를 갖고 은퇴하는 시기가 훨씬 더 다양하다. 사실, 소피가 한 세대 또는 두 세대 후에만 태어났어도 그녀가 '연령에 맞지 않게' 성취한 것은 이례적인 일이 아니었을 것이다. 그래도 연령은 일상 경험을 강력하게 구성해주고, 연령에 따른 기대가 완전히 사라진 것은 아니다. 하지만 연령이 주는 영향은 희미해졌고 민족집단과 문화에 따라 다르기도 하다. 삶의 과정에서 비규준적 사건의 역할이 커지는 것이 전 생애 발달을 더욱 유동적이게 해준다.

전 생애 관점은 발달이 단일 방향으로 진행되기보다는 많은 잠재적 경로와 결과가 있다는 점을 강조한다. 이러한 발달은 다양한 방향으로 뻗어 나가는 나뭇가지처럼 그릴 수 있는데, 여기에는 연속적인 변화와 단계적 변형이 다 포함될 수 있다(그림 1.3 참조). 변화의 다양한 요소를 다루는 주요 이론들을 소개하기 전에 이 영역의 역사적 기초를 소개하고자 한다.

초반 출생)는 기록적인 수의 대학 및 대학교에 진학했는데 이는 베트남 전쟁기간 동안 징병이 유예되었기 때문이었다. 베이비부머는 이전 세대보다 교육 수준이 높아졌다. 이 집단은 자기중심적이고 사회적으로 인식하고 구별을 찾기 위해 부모의 가족 및 결혼 중심의 생활 방식을 벗어났다. 1960년대 중반부터는 결혼율이 떨어지고, 첫 결혼 연령이 오르고, 이혼율이 증가했다. 그리고 베이비부머는 1963년 케네디 대통령의 암살, 베트남 전쟁, 반전, 시민권 및 여성 운동을 동원해 일련의 학생 활동가를 양성함으로써 인종적 긴장감이 커지면서 당시의 난류에 대응했다.

1950년대 후반과 1960년대 초반에 태어난 '트레일링 에지'부머가 생길 무렵에는 이러한 움직임이 오랫동안 지속되었다. 가족 생활과 경력 개발로 나아가자마자, 베이비부머들은 개인적인 의미, 자기표현, 사회적 책임을 추구하기를 계속했다. 중년기에 이르러서는 사회적으로 관심이 많은 작가, 교사, 영화 제작자, 노동 및 지역사회 주최자, 혁신적인 음악가 및 예술가(Cole & Stewart, 1996)가 비정상적으로 많았다. 그리고 수많은 일반 시민들이 사회조직을 발전시키기 위해 노력했다.

베이비붐 여성이 노동 시장에 진입하고 경력 향상과 평등을 위해 고심하는 가운데 자신감이 커졌고 다음 세대를 위한 길을 열었다. 평균적으로 젊은 여성들은 훨씬 더 이른 나이에 똑같은 수준의 자신감을 얻었다(Twenge, 2001). 성 평등과 인종 평등을 요구하는 베이비붐 활동가들이 국가 정책에 영향을 미쳤다. 1960년대에는 고용 관행, 공공 시설에 대한 인종적 접근, 주택 매매 또는 임대에서 차별을 금지하는 법이 통과되었다. 1970년대에는 시민 권리의 진전이 게이 및 레즈비언 권리 운동의 도약기 역할을 했다.

베이비부머는 건강이 좋고, 교육 수준이 높으며, 이전 중년 또는 후기 코호트(New Strategist Editors, 2015)보다 재정적으로 유리하다. 자기계발 및 혁신성에 대한 감각은 근로자의 개인적 의미를 높이고 사회적 원인과의 평생 참여를 심화하기 위한 노력을 촉발했다. 베이비붐 중산층의 또 다른 관심사는 노화의 육체적 변화를 통제하려는 강렬한 욕망이다(Hooyman, Kawamoto, & Kiyak, 2015). 그들의 선구자들보다 훨씬 더 오래된 노화에 저항한다. 화장품에서부터 보톡스, 성형 수술에 이르기까지 다양한 안티 에이징 제품과 절차에 관심이 많다.

그럼에도 불구하고 베이비부머는 세대에 따라 우위에 있지만 건강 상태와 삶에 대한 통제감각이 다양하다는 점에 유의하는 것이 중요하다. 교육과 소득 수준이 높은 사람들은 훨씬 더 유리하다. 그리고 퇴직 저축은 2007년에서 2009년 사이의 경기침체로 크게 타격을 받았고, 고정급여 보장이 보장된 연금 계획은 근로자의 취업 연도 동안 감소했으며, 많은 사람들이 계획한 것보다 오랫동안 일하고 있다.

매년 거듭되는 이 거대한 인구 중 수백만 명이 후기 성인으로 전환된다. 대부분의 분석가들은 사회보장 및 의료비용 상승과 같은 사회적 부담에 중점을 둔다. 동시에 나이 든 베이비부머는 이전 세대의 노인들보다 자신의 세계를 돌보는 데 더 많은 관련 경험을 가지고 있다. 60대와 70대에 속도를 늦추기보다는 많은 사람들이 자신의 경력에 몰두해 새로운 사업을 시작하거나 도전적인 자원봉사와 서비스 역할을 추구한다(Farrell, 2014). 베이비부머가 전통적인 은퇴를 제쳐 놓으면서, 그들은 삶의 마지막 1/3을 사회에 대한 지속적인 참여, 의미 및 공헌의 시기로 재정의하고 있다.

그림 1.3 발달에 대한 전 생애 관점 단계이든 연속적인 변화이든 단일방향을 그려보는 대신에(그림 1.1 참조) 전 생애 이론가들은 발달을 다양한 방향으로 뻗어가는 나뭇가지처럼 생각한다. 개인 삶의 과정에 영향을 주는 맥락에 따라 많은 잠재적인 경로가 가능하다. 이 나무와 같은 그림에서 각각의 가지는 발달의 주요 영역 중 하나에서 가능한 기술을 보여준다. 가지들의 교차는 신체적·인지적·정서적·사회적 영역이 상호작용한다는 것을 나타낸다.

묻고 대답하기

연관지어보기 전 생애 발달에서 연령에 따른 영향, 역사적 시점에 따른 영향, 비규준적 영향의 차이를 구분해보고 소피의 이야기에서 이들의 예시를 찾아보라.

적용해보기 학교 상담 선생님인 안나는 학급에서의 학습과 직업훈련을 통합하는 학습 프로그램을 만들었다. 이 프로그램은 학교를 그만둘 위험에 처한 청소년들에게 계속 학교에 다닐 수 있도록 도와주고 직업생활로 원활하게 전환할 수 있도록 도와준다. 발달에서 안정성과 가소성에 대한 안나의 입장은 무엇인지 설명해보라.

생각해보기 부모나 조부모가 여러분 나이였을 때 그들의 발달과 여러분의 발달이 어떻게 다른지 기술해보라. 전 생애 관점이 강조하는 영향을 고려해 발달에서 이러한 다양성을 설명해보라.

과학적 연구의 시작

1.4 발달의 과학적 연구에 영향을 준 초기 이론들을 설명하라.

발달 연구는 19세기 후반과 20세기 초반 동안 빠르게 진행되었다. 인간 변화에 대한 초기의 관찰 후에 개선된 방법과 이론이 나오게 되었다. 각각의 발전은 오늘날 이 영역의 기반을 굳건하게 하는 데 공헌했다.

다윈 : 과학적 아동 연구의 선구자

영국의 자연주의자 찰스 다윈(Charles Darwin, 1809-1882)은 식물과 동물 종에서의 다양한 변이를 관찰했다. 그는 또한 종 내에서 어떤 개체도 똑같지 않다는 것을 발견했다. 이러한 관찰에 근거해 다윈은 유명한 진화론을 만들게 되었다.

이 이론은 **자연선택**과 **적자생존**이라는 두 가지 연관된 원리를 강조했다. 다윈은 특정 종들이 주변 환경에 적합하고 적응적인 특성을 가지고 있기 때문에 특정 환경에서 생존한다고 설명했다. 다른 종들은 환경에 적합하지 않기 때문에 멸종된다. 환경의 생존 요구를 가장 잘 충족시키는 종 내 개체가 재생산할 수 있도록 오래 살아서 다음 세대에 보다 더 이로운 특성을 전달한다. 다윈(1859/1936)이 신체 특성과 행동의 적응적 가치를 강조한 것은 중요한 발달 이론으로 발전할 수 있는 길을 열어주었다.

다윈은 연구를 통해 초기 태내에서의 성장이 여러 종에서 놀랄 정도로 비슷하다는 것을 발견했다. 다른 과학자들은 다윈의 관찰로부터 아동 발달이 인간 종의 진화와 같은 일반적 계획을 따른다고 결론지었다. 이러한 생각은 결국 맞지 않는 것으로 밝혀졌지만, 아동 성장과 인류 진화 사이의 유사성을 밝히려는 노력 덕분에 연구자들은 아동 행동의 모든 요소를 꼼꼼하게 관찰하게 되었다. 발달에 대한 생각을 기록한 이러한 첫 번째 시도 속에서 과학적인 아동 연구가 탄생했다.

규준적 시기

20세기 초반의 가장 영향력 있는 미국 심리학자 중 한 명인 그랜비 스탠리 홀(G. Stanley Hall, 1844-1924)은 일반적으로 아동 연구 운동의 창시자로 알려져 있다(Cairns & Cairns, 2006). 그는 또한 그 시대에 노년기에 대한 책을 저술함으로써 전 생애 연구의 시조가 되었다. 다윈의 저술에 영감을 받은 홀과 그의 잘 알려진 제자 아놀드 게젤(Arnold Gesell,

다윈의 진화론은 신체 특성과 행동의 적응적 가치를 강조한다. 가족들 사이의 애정과 배려는 생존과 심리적 안녕을 증진하며, 전 생애에 걸쳐 적응적 가치를 가진다. 위 사진에서는 손녀가 할머니와 친밀한 시간을 가지는 것을 보여준다.

1880-1961)은 진화적인 아이디어에 기반을 둔 이론을 만들었다. 그들은 발달을 꽃과 같이 자동적으로 나타나는, 유전적으로 결정된 과정으로 보았다(Gesell, 1933; Hall, 1904).

홀과 게젤은 발달의 모든 요소를 기술하려 많은 노력을 기울였다는 점이 부각되고, 그들의 이론이 한쪽으로 치우친 시각을 가지고 있었다는 점은 많이 기억되지 않는다. 그들은 **규준적 접근**(normative approach)을 시작했는데, 여기에서는 많은 사람들의 행동을 측정하고 전형적인 발달을 보여주기 위해 연령과 관련된 평균을 계산했다. 이러한 절차를 사용해 홀은 여러 연령대의 아동들에게 자신에 대해 말할 수 있는 모든 것, 즉 흥미, 두려움, 상상 친구, 꿈, 우정, 일상생활 지식 등을 물어보는 정교한 질문지를 만들었다. 정교한 관찰과 부모와의 면접을 통해 게젤은 영아와 아동의 운동 성취, 사회적 행동, 성격 특징에 대한 자세한 규준 정보를 수집했다.

게젤은 또한 부모가 알아야 할 아동 발달에 대한 지식을 정리한 첫 번째 사람이었다. 발달의 시간표가 수백만 년에 걸쳐 온 진화의 산물이라면 아동들은 자신의 요구를 자연적으로 알게 될 것이다. 게젤은 아동의 신호에 민감한 아동 양육을 제안했다. 벤저민 스포크의 아기와 아동 양육(Baby and Child Care)과 더불어, 게젤의 책들은 부모를 위한 아동 발달 문헌을 빠르게 확산시키는 데 중심적인 역할을 하게 되었다.

심리검사의 시작

홀과 게젤이 미국에서 이론과 방법을 발달시키고 있는 동안, 프랑스 심리학자 알프레드 비네(Alfred Binet, 1857-1911) 또한 다른 이유로 아동 발달에 대한 규준적 접근을 시도하고 있었다. 1900년대 초반에 비네와 그의 동료인 테오도르 시몽(Theodore Simon)은 특수학급에 배치될 필요가 있는, 학습에 문제가 있는 아동들을 구별해낼 수 있는 방법을 찾아 달라는 부탁을 받았다. 이러한 실제적인 교육적 관심에 접근하기 위해 그들은 최초의 지능검사를 만드는 데 성공했다.

1916년에 비네 검사는 스탠퍼드대학교에서 영어를 사용하는 아동들에게 사용할 수 있도록 수정되었다. 그 이래로 영어판은 스탠퍼드-비네 지능척도로 알려졌다. 학업 성취를 성공적으로 예측할 수 있는 점수를 제공해주는 것 이외에, 비네 검사는 발달에서의 개인차에 엄청난 흥미를 불러일으켰다. 성, 인종, 출생순, 가정 배경 등의 특성이 다른 사람들의 점수를 비교하는 것이 연구의 주요한 초점이 되었다. 그리고 지능검사는 본성-양육 논쟁의 중심이 되었다.

20세기 중반 이론들

1.5 20세기 중반 인간발달 연구에 영향을 준 이론은 무엇인가?

20세기 중반에 인간발달은 본격적인 학문 영역으로 확대되어 갔다. 인간발달에 대한 흥미가 증가하면서 다양한 이론이 출현했고, 오늘날에도 각 이론을 계속 따르는 사람들이 있다. 이러한 이론들에는 개인의 내적 사고와 정서에 대해 관심 있는 유럽과 과학적 정확성과 구체적인 관찰가능한 행동에 관심 있는 미국의 심리학 이론들이 있다.

정신분석적 관점

1930년대와 1940년대에 많은 사람들이 정서적인 문제를 다루기 위해 전문가에게 도움을 구하게 되면서 새로운 질문이 제기되었다. 사람들은 어떻게 그리고 왜 지금의 모습을 갖게 되었는가? 심리적인 문제를 다루기 위해 정신과 의사와 사회복지사들은 개인의 독창적인 삶의 역사를 강조하는 성격 이론에 관심을 갖게 되었다. **정신분석적 관점**(psychoanalytic perspective)에 따르면, 사람들은 일련의 단계를 거쳐 발달하는데, 각 단계에서 생물학적 추동과 사회적 기대 사이에서의 갈등을 경험한다. 사람들이 학습하고 다른 사람과 어울리고

불안에 대처하는 능력은 이러한 갈등이 해결되는 방식에 따라 결정된다. 많은 사람들이 정신분석적 관점에 심취했지만 그중 두 사람, 정신분석학 운동의 창시자인 지그문트 프로이트와 에릭 에릭슨이 특히 많은 영향을 끼쳤다.

프로이트의 이론 비엔나의 의사였던 프로이트(Sigmund Freud, 1856-1939)는 정서적으로 손상을 입은 사람들에게 아동기의 고통스러웠던 사건을 자유롭게 말하게 함으로써 치료했다. 그들이 회상한 내용에 근거해 환자들의 무의식적 동기를 탐색해 **심리성적 이론**(psychosexual theory)을 만들었는데, 그 이론은 생의 초기에 부모가 아동의 성적인 추동과 공격적인 추동을 어떻게 다루는지가 건강한 성격 발달에 중요하다는 것을 강조했다.

프로이트 이론에서 성격의 세 구조인 원초아, 자아, 초자아는 5단계를 거쳐 통합되는데 이것은 표 1.2에 요약되어 있다. 마음의 가장 큰 부분을 차지하는 **원초아**(id)는 기본적인 생물학적 욕구와 욕망의 근원이다. 성격의 의식적이고 합리적인 부분인 **자아**(ego)는 원초아의 충동을 다른 곳으로 향하게 하기 위해 영아기 초기에 출현하며, 원초아의 추동을 적합한 방식으로 충족시킨다. 3∼6세 사이에, **초자아**(superego) 또는 양심은 아동이 사회의 가치를 따를 것을 강요하는 부모와의 상호작용을 통해서 발달한다. 이제 자아는 원초아의 요구, 외부세계, 양심을 조화롭게 만드는 보다 복잡한 과제에 직면한다. 예를 들어 갖고 싶은 장난감을 친구에게서 빼앗는 원초아의 충동에 대해 초자아는 그러한 행동이 잘못되었다고 경고한다. 프로이트에 따르면 학령전기 동안 원초아, 자아, 초자아 사이의 관계는 개인의 기본 성격을 결정한다.

프로이트(1938/1973)는 아동기 동안 성적 충동이 집결되는 곳이 구강에서 항문으로, 그리고 생식기로 변한다고 생각했다. 각 단계에서 부모들은 지나치게 많지도 적지도 않은 적절한 선에서 아동의 기본적인 욕구를 충족시켜 준다. 부모가 적절하게 균형을 맞추어준다면 아동은 성숙한 성적 관심을 갖고 가정생활을 잘 영위하도록 노력하는 적응적인 성인으로 성장할 것이다.

프로이트 이론은 발달에 대한 초기 부모-아동 관계의 영향을 강조한 첫 번째 이론이었다. 그러나 그의 이론은 결국 비판을 받게 되었다. 첫째, 프로이트 이론은 발달에서 성적인 영향을 지나치게 강조했다. 둘째, 성적으로 억압된 부유한 성인의 문제에 근거를 두었기 때문에, 19세기 빅토리아

사회가 아닌 다른 문화에는 적용하기 어려웠다. 마지막으로, 프로이트는 아동을 직접적으로 연구하지 않았다.

에릭슨의 이론 프로이트 학파의 일부는 프로이트 이론에서 필요한 부분을 취해 자신의 방식으로 수정했다. 신프로이트 학파 중 가장 중요한 사람은 인간발달의 단계를 확장한 에릭 에릭슨(Erik Erikson, 1902-1994)이다. 에릭슨은 그의 **심리사회적 이론**(psychosocial theory)에서 자아가 원초아 충동과 초자아 요구 사이를 중재하는 것만이 아니라 자아는 개인을 사회에 적극적으로 공헌하는 구성원으로 만드는 태도와 기술을 습득한다고 주장했다. 긍정에서 부정으로 이어지는 연속선에서 해결되는 기본적인 심리적 갈등은 각 단계에서 건강

한 결과와 부적응적인 결과를 가져온다. 표 1.2에 제시되어 있듯이 에릭슨의 첫 다섯 단계는 프로이트의 발달 단계를 따르지만 에릭슨은 3개의 성인기 단계를 추가했다.

프로이트와는 달리 에릭슨은 정상 발달을 개별 문화의 생활 상황과 관련해 이해해야 한다는 것을 지적했다. 예를 들어 1940년대에 에릭슨은 미국 북서부 해안의 유록 인디언들이 출생 후 처음 10일 동안 아기에게 젖을 먹이지 않고 대신 가벼운 국물을 먹인다는 것을 관찰했다. 6개월경에는 어머니를 며칠 동안 어딘가로 보내면서까지 갑자기 젖을 뗀다. 우리의 문화적 관점에서 볼 때 이러한 경험은 잔인해 보인다. 그러나 에릭슨은 유록 인디언은 1년에 한 번 연어가 강으로 모이는 세계에서 생존을 위해 자기억제를 많이 해야 한다고 설명

표 1.2   프로이트의 심리정적 발달단계와 에릭슨의 심리사회적 발달 단계의 비교

연령	프로이트의 심리성적 발달단계	에릭슨의 심리사회적 발달단계
출생~1세	*구강기*: 모유나 젖병을 통해 빠는 행위의 구강적 욕구가 충족되지 않으면 이후 엄지 빨기, 손톱 물기, 과식 혹은 흡연을 할 수 있다.	*기본 신뢰 대 불신*: 따뜻하고 섬세한 양육을 받으면 영아들은 세상이 긍정적이라는 신뢰감 또는 확신을 갖게 된다. 불신감은 무시되거나 학대를 받았을 때 발생한다.
1~3세	*항문기*: 걸음마기와 학령전기 아동들은 소변이나 대변을 참았다가 누는 것을 즐긴다. 만약 부모가 아동이 준비되기 전에 훈련시키려고 애쓰거나, 반대로 방치한다면, 항문 통제에 대한 갈등이 지나치게 정돈하는 깔끔한 성격 혹은 지저분하고 무질서한 성격으로 나타나게 될 수 있다.	*자율성 대 수치심과 회의*: 새로운 정신기술과 운동기술을 사용하면서 아동은 스스로 선택 혹은 결정하기를 원한다. 부모가 아동에게 자유롭게 선택하도록 하고 강요하거나 수치심을 주지 않을 때 자율성이 발달한다.
3~6세	*남근기*: 학령전기 아동들이 성기 자극에 쾌감을 느낄 때 소년에게는 프로이트의 오이디푸스 콤플렉스, 소녀에게는 엘렉트라 콤플렉스가 일어난다. 아동들은 이성 부모에게 성적 욕구를 가지게 된다. 처벌을 피하기 위해 이러한 욕망을 포기하고 동성 부모의 특성과 가치를 받아들인다. 그 결과 초자아가 만들어지고 아동들은 이 기준을 위배할 때마다 죄책감을 느낀다.	*주도성 대 죄의식*: 상상놀이를 통해 아동은 자신이 될 수 있는 사람을 탐색한다. 열망과 책임감을 포함하는 주도성은 부모가 아동의 새로운 목표를 지지해줄 때 발달한다. 부모가 지나친 자기통제를 요구할 때 아동은 과도한 죄책감을 가진다.
6~11세	*잠복기*: 성적인 본능이 사라지고 초자아가 발달하면서 아동은 성인과 가족 외에 동성 친구들에게 새로운 가치를 발견한다.	*근면성 대 열등감*: 학교에서 아동은 공부하고 다른 아동과 협력하는 능력을 발달시킨다. 열등감은 가정, 학교 혹은 친구들에게서 부정적인 경험을 하거나 무능감을 느낄 때 발생한다.
청소년기	*성기기*: 사춘기를 지나면서 생식 단계의 성적 충동이 다시 나타난다. 이전 단계 동안 성공적인 발달을 이루었다면 결혼, 성숙한 성생활, 아이를 낳고 양육하게 된다. 이 단계는 성인기로 확장된다.	*자아정체감 대 역할 혼미*: 가치와 직업적인 목표를 탐색하면서 청소년들은 정체감을 형성하기 시작한다. 부정적인 결과는 미래의 성인 역할에 대한 혼란이다.
성인 초기		*친밀감 대 고립감*: 성인 초기에는 친밀한 관계를 형성한다. 초기 대인관계에서 실망하게 되면 가까운 관계를 형성하지 못하고 고립된다.
중년기		*생산성 대 침체감*: 생산성은 양육, 다른 사람 돌보기 혹은 생산적인 일을 통해 다음 세대에 공헌하는 것을 말한다. 생산성을 획득하지 못한 사람들은 의미 있는 성취감을 획득하지 못한다.
노년기		*자아통합 대 절망*: 자아통합은 삶이 그 자체로 살 가치가 있다는 것에 대한 생각이다. 자신의 삶에 만족하지 못한 사람들은 죽음을 두려워한다.

© JON ERIKSON/THE IMAGE WORKS

에릭 에릭슨

육식이 적은 카자흐스탄 민족 식단에 필수적인 작은 동물을 사냥하기 위해 몽골의 카자흐 민족 어린이들은 할아버지로부터 독수리를 훈련시키는 법을 배운다. 에릭슨이 주장한 대로 이러한 실습은 카자흐 문화에서 가치 있고 필요한 역량으로 볼 수 있다.

했다. 에릭슨은 이런 식으로 아동 양육이 개별 사회가 필요로 하고 가치를 부여하는 능력과 관련해서만 이해될 수 있다는 것을 보여주었다.

정신분석 이론의 공헌과 제한점 정신분석적 관점의 특별한 강점은 개인의 독창적인 삶의 역사를 연구하고 이해할 가치가 있다는 점을 강조했다는 데 있다. 이러한 관점에 따라 정신분석학 이론가들은 **임상적 방법** 또는 **사례연구**를 받아들이는데, 이것은 다양한 출처로부터 정보를 모아서 개인의 성격을 자세히 기술하게 해준다. (이 장의 마지막 부분에서 임상적 방법에 대해 좀 더 자세히 논의할 것이다.) 또한 영아-양육자 애착, 공격성, 형제 관계, 아동 양육, 도덕성, 성역할, 청년기 정체성 등과 같은 정서 발달 및 사회성 발달의 많은 요소들에 대한 풍부한 연구들이 정신분석학 이론의 영감을 받아 수행되었다.

정신분석학적 접근은 커다란 공헌을 했음에도 불구하고, 더 이상 인간발달 연구에서 주된 흐름을 차지하지 못한다. 정신분석학 이론가들은 다른 방법을 고려하지 않고 임상적 접근만을 지나치게 고집했기 때문에 이 영역에서 고립되어 버렸다. 또한 심리성적 단계와 자아 기능하기와 같은 많은 정신분석학적 아이디어는 너무 애매해서 경험적으로 검증하기 어렵거나 불가능했다(Crain, 2010).

그럼에도 불구하고 에릭슨이 전 생애 변화를 폭넓게 개괄한 것은 생의 과정에서 각 주요 시기 동안의 성격 발달 본질을 보여준다. 이에 대해서는 다음 장에서 다시 살펴볼 것이다.

행동주의와 사회학습이론

정신분석학 이론이 주목을 받고 있을 때 인간발달은 아주 다른 관점에 의해서도 영향을 받았다. **행동주의**(behaviorism)는 직접적으로 관찰할 수 있는 사건들(자극과 반응)을 연구의 적절한 대상으로 여겼다. 북미에서 행동주의는 20세기 초 객관적인 과학으로서 심리학을 만들고자 존 왓슨(John Watson, 1878-1958)에 의해 시작되었다.

전통적인 행동주의 왓슨은 러시아의 생리학자인 이반 파블로프의 동물학습 연구에서 영감을 얻었다. 파블로프는 개에게 음식을 줄 때 개가 본능적인 반사로 침을 분비한다는 것을 알았다. 그러나 그는 그 개가 자기에게 먹이를 주러 오는 훈련자를 볼 때, 즉 음식을 맛보기도 전에 침을 흘리고 있다는 것을 알아챘다. 파블로프는 그 개들이 중성적인 자극(훈련자)과, 반사 반응(침)을 일으키는 다른 자극(음식)을 연합하는 것을 학습했음에 틀림없다고 추론했다. 이러한 연합의 결과로 중성적인 자극은 반사와 닮은 반응을 불러일으킬 수 있었던 것이다. 이러한 생각을 열심히 검증했던 파블로프는 개에게 종소리와 음식 주는 것을 연합시킴으로써 종소리가 날 때 침을 흘리는 것을 성공적으로 학습시켰다. 즉 고전적 조건형성을 발견했던 것이다.

왓슨은 고전적 조건형성이 아동 행동에 적용될 수 있는지를 발견하고자 했다. 고전적인 실험에서, 그는 11개월 된 영아인 알버트에게 부드러운 털이 있는 하얀 쥐를 아기들을 겁나게 하는 날카롭고 큰 소리와 함께 제시해, 중성 자극인 쥐를 두려워하는 것을 가르쳤다. 처음에는 털이 있는 쥐를 만지려고 손을 뻗곤 했던 아기 알버트는 쥐가 보이면 울면서 고개를 돌리기 시작했다(Watson & Raynor, 1920). 실제로 알버트의 공포는 너무 강력해 연구자들은 결국 이와 같은 연구에서 윤리적 문제에 당면했다. 왓슨은 환경이 발달에 지대한 영향력을 가진다고 결론지었으며, 자극-반응 연합을 조심스럽게 통제함으로써 아동의 행동을 만들 수 있다고 생각했다.

다른 형태의 행동주의는 B. F. 스키너(B. F. Skinner, 1904-1990)의 조작적 조건형성 이론이다. 스키너에 따르면 행동의 빈도는 행동 다음에 음식, 칭찬, 친절한 미소 등과 같은 강화

자극을 통해 증가할 수 있고, 거부 혹은 철회와 같은 **처벌**을 통해 감소시킬 수 있다고 주장했다. 스키너의 연구 결과로 조작적 조건형성은 널리 적용되는 학습 원리가 되었다. 제4장에서 이 조건형성 기술을 좀 더 자세히 살펴볼 것이다.

사회학습이론   심리학자들은 행동주의가 정신분석학 이론의 덜 정교한 개념들보다 사회 행동 발달을 더 잘 설명할 수 있는지에 관심을 갖게 되었다. 이것은 아동과 성인이 새로운 반응을 어떻게 습득하는지에 대한 관점을 확대시키면서 조건형성 원리에 기반을 둔 접근을 출현시켰다.

몇 종류의 **사회학습이론**(social learning theory)이 출현했다. 가장 영향력 있는 이론은 알버트 반두라(Albert Bandura)가 창안한 것인데, 이 이론은 발달의 강력한 근원으로 모방 또는 관찰학습으로 알려진 모델링을 강조한다. 엄마가 손뼉을 친 후에 그 행동을 따라 하는 아기, 화가 날 때 집에서 벌을 받는 방법과 똑같이 친구를 때리는 아동, 학교에서 친구와 같은 옷을 입고 같은 머리 모양을 하는 십대는 모두 관찰학습을 보여주고 있다. 반두라의 초기 연구에서는 모방에 대한 아동의 동기에 영향을 주는 다양한 요인을 발견했다. 그들의 고유한 강화 혹은 처벌의 경험은 행동뿐만 아니라 관찰만으로도 미래의 강화와 처벌을 예측할 수 있다.

반두라의 연구는 사회성 발달 연구에 지속적으로 영향을 주고 있다. 하지만 오늘날 반두라의 이론은 인지 혹은 사고를 보다 강조하고 있다. 실제로 반두라(1992, 2001) 이론의 가장 최근 수정판은 우리가 자신과 다른 사람에 대해 어떻게 생각하는지를 강하게 강조하고 있기에 그것은 사회학습 접근이라기보다는 사회-인지 접근으로 봐야 할 것이다.

반두라의 수정된 관점에 따르면, 아동은 자신이 모방할 것을 점차적으로 선택하게 된다. 다른 사람을 지켜봄으로써 자기칭찬이나 자기비난을 하게 되고 자기 행위의 가치에 대한 피드백을 통해 아동은 행동에 대한 개인적 기준과 자기효능감을 발달시킨다. 이것은 자신의 능력과 특성이 자신을 성공하게 도와줄 것이라는 믿음이다. 이러한 인지는 특정 상황에서의 반응을 인도한다(Bandura, 2001, 2001). 예를 들어 "이 일이 어렵더라도 이 일을 계속하는 게 즐거워"라고 말하며 인내심의 가치를 설명하고, "네가 그 숙제를 잘할 수 있을 거라는 걸 내가 잘 알지"라고 말하면서 격려하는 부모를 생각해보라. 아동은 자신을 열심히 공부하고 높은 성취를 하는 모습으로 보기 시작하고 이러한 특성을 가진 사람을 모델로 선

사회학습이론은 아동이 모델링을 통해 다양한 기술을 습득한다고 주장한다. 아버지의 행동을 관찰하고 모방을 통해 위 사진의 아동은 중요한 기술을 배우고 있다.

택할 것이다. 이런 식으로 개인은 태도, 가치, 스스로에 대한 확신을 갖게 되면서 자신의 학습과 행동을 통제한다.

행동주의와 사회학습이론의 공헌과 제한점   행동주의와 사회학습이론은 다양한 적응 문제를 다루는 데 도움이 되었다. **응용행동분석**(applied behavior analysis)은 개인의 행동과 관련된 환경적 사건을 면밀히 관찰해, 조건화와 모델링을 통해 체계적인 변화를 만드는 것이다. 이 분석의 목적은 원치 않는 행동을 없애고 바람직한 행동을 증가시키는 것이다. 이 방법은 다양한 시간관리나 원치 않는 습관에서부터 언어발달 지연, 공격성 혹은 극도의 공포와 같은 심각한 문제들을 경험하는 아동과 성인들의 다양한 문제를 해결하기 위해 사용되었다(Heron, Hewar, & Cooper, 2013).

그럼에도 불구하고 많은 이론가들은 행동주의와 사회학습이론이 환경적 영향에 대해 너무 좁은 관점을 가지고 있다고 생각한다. 환경적 영향은 즉각적인 강화, 처벌, 사람들의 풍부한 물리적·사회적 세계에 대한 모델화된 행동 이상으로 확대될 수 있다. 또한 행동주의와 사회학습이론은 사람들이 자신의 발달에 대해 공헌하는 바를 무시했다는 비판을 받아왔다. 반두라는 행동주의 전통을 따르는 이론가들 중에서 유일하게 인지를 강조하고, 아동과 성인에게 자신의 학습에 적극적인 역할을 부여한다.

피아제의 인지발달이론

아동 발달 연구에 많은 영향을 끼친 사람을 꼽자면 누구보

다도 스위스의 인지이론가인 장 피아제(Jean Piaget, 1896-1980)를 생각할 것이다. 북미 연구자들은 1930년 이래로 피아제의 연구를 인식해 왔다. 그러나 피아제의 생각이 20세기 중반에 북미 심리학에 주된 흐름이었던 행동주의에 반대되었기 때문에 1960년대가 되기 전까지는 피아제 연구에 커다란 관심을 기울이지 않았다(Watrin & Darwich, 2012). 피아제는 아동의 학습이 성인으로부터 받는 보상과 같은 강화자에 의존한다고 생각하지 않았다. 그의 **인지발달이론**(cognitive-developmental theory)에 따르면 아동은 세상을 조작하고 탐색하면서 지식을 적극적으로 구성한다.

피아제의 단계 발달에 대한 피아제의 관점은 초기 생물학에서 받은 훈련으로부터 많은 영향을 받았다. 적응이라는 생물학적 개념이 그의 이론의 중심이다(Piaget, 1971). 신체 구조가 환경에 적합하도록 적응하는 것과 마찬가지로 마음의 구조도 외부 세계에 적합하도록 또는 외부 세계를 표상하도록 발달한다. 영아기와 초기 아동기에 피아제는 아동이 이해하는 것이 성인이 이해하는 것과 다르다고 주장했다. 예를 들어 그는 어린 아기들이 시야에서 숨겨진 물체, 심지어는 좋아하는 장난감이나 엄마조차도 계속 존재한다는 것을 알지 못한다고 생각했다. 그는 또한 학령전기 아동들의 생각은 잘못된 논리로 가득하다고 결론지었다. 예를 들어 7세보다 어린 아동들은 보통 다른 모양의 그릇에 액체를 부었을 때 그

양이 달라진다고 말한다. 피아제에 따르면 아동들은 내적인 구조와 일상 세계에서 접하는 정보 사이의 **평형상태**, 또는 균형을 계속해서 유지하려는 시도를 하면서 결국 이러한 부정확한 생각을 수정한다. 피아제 이론에서 뇌가 발달하고 아동의 경험이 확대되면서 그들은 4개의 단계를 거치게 되는데, 각 단계의 특징은 질적으로 다른 사고방식으로 표현된다. 표 1.3은 피아제의 단계를 간략하게 기술해준다. 인지발달은 아기들이 세계를 탐색하는 감각과 운동을 사용하는 감각운동기로 시작된다. 이러한 행동 패턴은 전조작기에서 학령전기 아동들의 상징적이지만 비논리적인 사고로 발전하게 된다. 그 다음에 학령기 아동들의 보다 조직화된 추론으로 인지가 변형되는 구체적 조작기가 온다. 마지막으로 형식적 조작기에서 청소년과 성인들의 사고는 보다 복잡하고 추상적인 추론 체계가 된다.

피아제는 아동이 어떻게 생각하는지를 탐색하는 특별한 방법을 고안했다. 그는 자신의 세 자녀를 면밀하게 관찰했는데, 이 자녀들에게 손에 쥐고 입에 넣고 발로 차고 찾아낼 수 있는 장난감과 같은 일상적인 문제를 제시했다. 피아제는 자녀들의 반응을 보고 첫 2년 동안 인지가 변화한다는 생각을 갖게 되었다. 피아제는 아동기와 청소년기의 생각을 연구하기 위해서, 아동이 자신의 생각을 기술할 수 있는 능력을 이용했다. 그는 정신분석학의 임상적 방법을 이용해, 개방적인 질문으로 구성된 임상적 면접법을 실시했다. 이 방법에서는

표 1.3 피아제의 인지발달 단계

단계	발달시기	기술
감각운동기	출생~2세	영아들은 눈, 귀, 손, 입으로 세상에 대해 작용함으로써 생각한다. 그 결과 그들은 뮤직박스의 소리를 듣기 위해 줄을 잡아당기고, 숨겨진 장난감을 찾고 그릇에 물건을 놓고 치우는 등 단순한 문제를 해결하는 방법을 찾아낸다.
전조작기	2~7세	학령전기 아동들은 이전에 감각운동적으로 발견한 것을 표상하기 위해 상징을 사용한다. 언어발달과 상상놀이가 나타난다. 그러나 사고는 다음 두 단계에서 보이는 논리가 결여되어 있다.
구체적 조작기	7~11세	아동의 추론은 논리적이고 보다 조직화된다. 학령기 아동들은 일정량의 레모네이드나 찰흙의 겉모습이 달라지더라도 양의 변화가 없다는 것을 이해한다. 이들은 대상을 범주 혹은 하위 범주의 위계에 따라 구조화할 수 있다. 그러나 아이들은 구체적인 정보나 직접적으로 인식할 수 있는 대상에 한해서 논리적인 사고가 가능하다.
형식적 조작기	11세 이후	청소년들이 문제에 직면했을 때 추상적이고 체계적으로 사고할 수 있는 능력 덕분에 가설을 세우고, 검증가능성을 추론하며, 추론을 위해 변수를 분리하고 결합할 수 있게 된다. 청소년들은 실제 세계의 상황을 참조하지 않고 언어적 진술의 논리를 평가할 수 있다.

장 피아제

피아제의 형식적 조작기 청소년은 체계적이고 추상적인 사고를 할 수 있다. 위의 고등학생들은 로봇경연대회에 참여하면서 작동 과정에 대한 가설을 생성하고 체계적인 실험을 통해 문제를 해결하고 있다.

과제에 대한 아동의 첫 반응을 기반으로 하여 다음 질문이 만들어졌다. 이 장에서 연구방법을 논의할 때 이 기술을 좀 더 자세히 살펴볼 것이다.

피아제 이론의 공헌과 제한점 피아제의 인지발달 관점은 아동이 적극적인 학습자로서 그들의 마음이 풍부한 지식 구조로 구성되어 있다는 것을 확인해주었다. 피아제는 아동의 물리적 세계에 대한 이해뿐만 아니라, 사회적 세계에 대한 추론을 탐색했다. 피아제의 단계는 아동이 자신, 다른 사람, 그리고 인간관계에 대해 가지는 개념에 대한 연구를 점화시키는 역할을 했다. 실제적인 측면에서, 피아제 이론은 교육 철학을 발달시키고 발견 학습을 강조하고 환경과의 직접적인 접촉을 강조하는 프로그램을 만들게 해주었다. 피아제 이론은 인지발달에 대단한 공헌을 했음에도 불구하고 도전을 받게 되었다. 최근 연구들은 피아제가 영아와 학령전기 아동의 역량을 과소평가했다고 지적한다. 어린 아동에게 조금 더 쉽고 또 일상적인 경험에 적절한 과제를 준다면, 이 아이들의 이해는 피아제가 생각했던 것보다 좀 더 나이 든 아동과 성인의 이해에 가까울 것이다. 더불어 청소년들은 일반적으로 충분히 경험하고 교육받은 영역에서 그들이 가진 지적 잠재력

의 최대치에 도달할 수 있다. 이러한 발견들은 많은 연구자들로 하여금 인지적 성숙이 표집된 지식의 복잡성과 과제의 친숙함에 달려 있는 것으로 결론짓게 되었다(Miller, 2011).

또한 많은 연구들은 피아제 과제에 대한 아동의 수행이 훈련으로 증진될 수 있다는 것을 보여주며, 이러한 발견은 어른이 가르쳐주는 것보다 발견 학습이 발달을 촉진하는 가장 좋은 방법이라는 그의 가정에 의문을 제기하게 한다(Klahr, Matlen, & Jirout, 2013; Siegler & Svetina, 2006). 피아제의 설명은 발달에 대한 사회적 또는 문화적 영향에 충분히 주의를 기울이지 않았다는 비판도 있다. 마지막으로, 일부 전 생애 이론가들은 청년기 후에 더 이상의 중요한 인지 변화가 일어나지 않는다는 피아제의 결론에 동의하지 않으며, 일부 연구들은 성인기에도 중요한 변화가 있다고 제안한다(Heckhausen, Wrosch, & Schulz, 2010; Moshman, 2011; Perry, 1970/1998).

오늘날 인간발달 영역은 피아제의 생각을 추종하는지 또는 추종하지 않는지에 따라 갈리게 되었다. 피아제의 단계 접근에 장점이 있다고 생각하는 사람들은 사고에서의 변화가 피아제가 생각한 것보다 더 점진적으로 변한다는 다소 수정된 관점을 취한다(Case, 1998; Halford & Andrews, 2011; Mascolo & Fischer, 2015). 다른 연구자들은 아동의 인지에서 연속적으로 얻어지는 것을 강조하는 정보처리 접근을 취한다. 또 다른 연구자들은 아동의 사회적·문화적 맥락의 역할에 초점을 맞춘 이론들을 제시한다. 다음 절에서 이 접근들을 살펴볼 것이다.

묻고 대답하기

연관지어보기 사회학습이론은 사회성 발달에, 피아제 이론은 인지발달에 초점을 맞추지만 각각의 이론은 다른 영역을 더 풍성하게 이해하게 해준다. 각각의 이론이 다루는 추가적인 영역을 기술해보라.

적용해보기 한 4세 아동은 어둠이 무서워 밤에 자러 가지 않으려 한다. 이 문제가 생긴 것에 대한 정신분석학자와 행동주의자의 견해는 어떻게 다르겠는가?

생각해보기 다른 사람을 관찰하고 피드백을 받은 것을 통해 자신의 능력과 특성이 자신의 성공을 도울 것이라는 자기효능감을 강화한 개인적인 경험을 토대로 반두라의 주장을 설명해보라.

최근의 이론적 관점

1.6 인간발달에 대한 최근의 이론적 관점들을 설명하라.

발달하는 개인을 이해하는 새로운 방법은 이전 이론들이 발

견한 것에 의문을 제기하고 그것을 반석으로 새로운 것을 덧붙이고 강화하는 것을 통해 끊임없이 출현한다. 오늘날 새로운 접근방법과 연구의 강조점이 전 생애에 대한 이해를 확장시키고 있다.

정보처리이론

1970년대와 1980년대에 연구자들은 사고의 발달을 이해하는 방법으로서 인지심리학 영역으로 관심을 돌렸다. 문제를 해결하기 위해 수학적으로 단계를 설정하는 컴퓨터 설계를 통해 심리학자들은 인간 마음을 정보를 처리하는 상징-조작 체계로 이해했으며, 이를 **정보처리**(imformation processing) 관점이라 부른다(Munakata, 2006). 정보가 감각기관에 입력되는 시점부터 그것이 행동 반응으로 출력되는 때까지 정보는 적극적으로 부호화되고, 변형되고, 조직화된다.

정보처리 연구자들은 개인이 문제를 해결하고 과제를 완성하기 위해 사용하는 일련의 단계를 정교하게 보여주는 흐름도를 사용하는데, 이것은 컴퓨터가 일련의 '정신적 조작'을 수행하도록 프로그래머가 고안한 계획에 해당한다. 정보처리적 관점은 기억용량과 가용한 지식이 수행에 영향을 주는지와 같은 과제의 특성과 인지적 한계에 대해 명확한 설명을 하고자 한다(Birney & Sternberg, 2011). 이러한 접근의 유용성에 대해 살펴보자.

문제 해결 연구에서 연구자들은 다리를 만들기에는 짧은 크기, 모양, 무게가 다른 블록들을 학령기 아동에게 주고 (마루 매트에 그려진) '강'을 건너는 다리를 만들게 했다

(Thornton, 1999).

그림 1.4는 이 문제를 해결할 수 있는 한 가지 방법을 보여준다. 2개의 넓적한 블록을 붙여서 다리를 만들 수 있는데, 다리 양 끝에 무거운 블록을 쌓아서 맞닿은 블록이 각각 평형을 유지하게 할 수 있었다. 나이 든 아동들은 이와 같이 다리를 성공적으로 만들 수 있었던 반면에 5세에서는 오직 한 아동만이 성공했다. 이 아이가 시도하는 과정을 자세히 살펴보았을 때, 아이는 2개의 널빤지를 밀고 양 끝을 눌러서 고정시키려는 책략을 반복적으로 시도했다. 하지만 이 책략은 실패하곤 했다. 그러나 이런 시도를 통해 이 아이는 평형을 유지하기 위해 블록을 사용할 수 있다는 생각을 하게 되었다. 이러한 잘못된 절차를 시도하면서 이 아이는 왜 이런 방법이 평형을 유지하게 해주는지를 이해하게 된 것이다.

정보처리이론에는 다양한 모델이 있다. 앞에서 고려한 것과 같은 일부 모델은 하나 또는 몇 개의 과제에 대한 아동의 수행을 살펴본다. 또 다른 모델은 인간 인지 체계를 전체적으로 기술한다(Gopnik & Tenenbaum, 2007; Ristic & Enns, 2015; Westermann et al., 2006). 이러한 일반적인 모델들은 사고에서의 넓은 변화에 대한 질문을 위한 지침으로 사용된다. 문제를 해결하는 능력이 나이에 따라 더 조직화되고 더 계획적으로 되어 가는가? 왜 나이 든 사람들의 정보처리는 젊은 사람들보다 더 느려지는가? 노년기 동안 기억 감소가 모든 유형의 과제에서 나타나는가, 아니면 일부 과제에서만 나타나는가?

피아제의 인지발달이론처럼, 정보처리 접근은 인간을 적

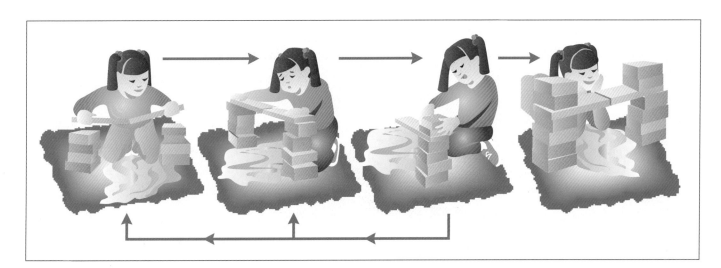

그림 1.4 5세 아동이 다리를 만드는 문제를 해결하는 데 사용한 단계를 보여주는 정보처리 흐름도 아동의 과제는 크기, 모양, 무게가 다른 블록, 어떤 것들은 널빤지 같은 블록들을 사용해 (바닥 매트에 그려진) 하나의 블록으로는 만들기에는 넓은 강을 건너는 다리를 만드는 것이다. 화살표는 성공적으로 평형을 맞춘 후에도 왜 균형이 맞았는지 이해하기 위해 이전의 실패한 책략으로 돌아간다는 것을 보여준다(Thornton, 1999).

극적이고 납득할 수 있는 존재로 본다(Halford & Andrews, 2011; Munakata, 2006). 피아제 이론과는 달리 정보처리 접근은 발달을 단계로 구분하지 않는다. 대신 지각, 주의, 기억, 계획 책략, 정보의 범주화, 글로 쓰였거나 낭송된 시를 이해하는 것 등의 사고 과정이 모든 연령에서 비슷하지만 정도의 차이는 나타난다고 본다. 따라서 발달을 연속적인 변화로 보는 관점 중 하나이다.

정보처리 접근의 가장 큰 장점은 엄격한 연구방법을 사용했다는 점이다. 이 접근은 아동과 성인이 많은 인지 과제를 어떻게 다루는지를 정확하게 설명하기 때문에, 이 접근에서의 결과는 교육에 중요한 시사점을 준다. 현대의 연구자들은 아동과 성인의 생각과 정서 그리고 행동을 조절하는 '실행' 능력의 발달에 많은 관심을 가지고 있다. 이러한 능력들은 자기통제, 자기조절, 실행 기능, 계획하기, 만족지연과 같이 목표를 달성하기 위해 상황을 극복하기 위해 필요한 기본적인 능력들로 불린다(Carlson, Zelazo, & Faja, 2013; Chevalier, 2015; Müller & Kerns, 2015). 다음 장에서 실행 능력들이 학업 성취, 사회적 유능성, 삶에서의 성공 그리고 심리적 안녕감을 예측할 수 있음을 확인할 것이다.

그러나 정보처리 관점은 몇 가지 단점이 있다. 정보처리 관점은 사고를 구성요소로 분석하기에는 좋지만 그것들을 포괄한 이론으로 다시 종합하기가 어렵다. 또한 이 접근은 선형적이거나 창의성 혹은 상상과 같은 논리적이지 않은 인지의 요소들을 무시한다.

발달신경과학

지난 30년 동안 정보처리 연구는 **발달인지신경과학**(developmental cognitive neuroscience)이라는 새로운 연구 영역으로 확장했다. 이 영역에는 뇌의 변화와, 발달하는 개인의 인지처리 과정 및 행동 패턴 사이의 관계를 연구하기 위해서 심리학, 생물학, 신경과학, 약학으로부터 연구자들이 모였다.

아동과 성인이 여러 가지 과제를 수행하는 동안에 뇌의 활동을 분석하는 방법이 개선되면서 뇌 기능과 행동 사이의 관계에 대한 지식이 광범위하게 증가했다(de Haan, 2015). 뇌 신경과학자들은 이러한 뇌 영상 기술(제4장에서 살펴볼 것이다)이 갖춰지면서 다음과 같은 질문을 다루었다. 유전적인 조합과 특정한 경험이 뇌 성장과 구조화에 어떤 영향을 주는가? 뇌의 어떤 변화 때문에 청소년과 성인이 아동보다 제2언어 습득을 더 어려워하는가? 어떤 신경학적 변화가 노년기

사고의 속도, 기억, 인지처리의 다른 요소들의 감소와 관련되는가?

발달사회신경과학(developmental social neuroscience) 분야는 뇌와 정서 혹은 사회성 발달 간의 관계를 연구하는 완전히 새로운 분야다. 발달사회신경과학은 아동과 성인이 타인과 상호작용하는 사회적 상황에서 뇌 활동을 측정해야 하기 때문에 인지신경과학 분야보다 늦게 출현했다(Zelazo & Paus, 2010). 연구자들이 심리학 분야의 민감성을 만족할 만큼 심박, 혈압 혹은 호르몬 수준 등 신경생물학적 측정을 보다 쉽게 시작하면서 사회신경과학 연구들이 뒤따르게 되었다.

발달사회신경과학에서 측정하게 되는 활동들에는 유아의 모방능력을 가능하게 하는 기저 체계의 식별, 청소년기의 위험감수 행동, 충동성, 사회성, 불안, 공격성과 우울의 개인차들이 있다. 특히 고아 및 학대, 방임 등의 박탈된 환경에서 자란 아동들의 인지, 정서 및 사회성 기술에 미치는 부정적인 영향에 대한 연구들이 활발하게 진행되고 있다(Anderson & Beauchamp, 2013; Gunnar, Doom, & Esposito, 2015). 또한 뇌 구조와 연결의 장애로 인해 사회적 기술 장애 및 언어 지연, 반복행동의 특성을 나타내는 자폐증의 신경학적 기초를 밝히는 데 초점을 맞추고 있다(Stoner et al. , 2014). 이러한 노력의 결과로 연구자들은 인지와 사회신경과학 사이의 연결고리와 두 영역에 모두 영향을 미치는 뇌 구조를 확인했다. 뇌 발달을 촉진하거나 감퇴시키는 다양한 경험에 대한 연구들이 빠르게 진행되면서 인지 및 사회적 기능을 향상시키는 효과적인 개입방법들에 기여하고 있다. 오늘날 연구자들은 뇌 기능 및 행동에 대한 훈련 및 치료 기법의 영향에 대해 연구하고 있다(Johnson & de Haan, 2015; Lustig & Lin, 2016). 비록 아직까지 발견되지 않은 부분이 많지만 발달신경과학을 통해 발달과 전 생애를 가로지르는 실질적인 응용법에 대한 이해를 넓힐 수 있다.

그럼에도 불구하고, 신경과학 연구는 인간 행동의 밑바탕이 되는 뇌의 속성이 양육, 교육, 가정과 지역사회의 경제적 불균형과 같은 강력한 환경의 영향에 대해 과도한 중요성을 부여하는 위험을 제기할 수 있다는 점이 있다. 대부분의 신경과학자들은 유전, 개인적 경험 그리고 뇌 발달 사이의 복잡한 상호작용을 고려하고 있지만, 이들의 발견은 생물학적 과정에 중점을 두고 있다(Kagan, 2013b).

다행히도 많은 이론들을 가지고 있다는 이점은 인간의 삶에서 등한시되었던 부분들을 고려하도록 한다는 점이다. 앞

치료자는 6세의 자폐증 아이에게 알파벳을 익히고 사회적인 상호작용이 가능하도록 격려하고 하이파이브를 하고 있다. 발달신경과학자들은 자폐증의 신경학적 기초를 확인하고 이를 이용해 효과적인 개입을 고안하는 데 많은 관심이 있다.

으로 논의할 마지막 세 관점은 발달의 맥락에 초점을 둔 것이다. 이 견해 중 첫 번째는 인간의 진화 역사를 통해 환경이 다양한 능력의 발달에 영향을 준다는 것을 강조한다.

동물행동학과 진화발달심리학

동물행동학(ethology)은 행동의 적응적 또는 생존 가치와 그것의 진화적 역사에 관심을 가진다. 동물행동학의 근원은 다윈의 연구로 거슬러 올라갈 수 있다. 유럽의 동물학자인 콘라트 로렌츠(Konrad Lorenz)와 니코 틴버겐(Niko Tinbergen)이 현대적인 기반을 쌓았다. 자연 서식처에서 다양한 동물종을 관찰함으로써 로렌츠와 틴버겐은 생존을 증진시키는 행동 패턴을 관찰했다. 이 중 가장 잘 알려진 것이 거위와 같은 새들이 생후 어머니를 따라가는 행동인 각인으로, 어린 새끼들은 이런 행동을 함으로써 어미와 가까이 있을 수 있고 그리하여 먹이를 먹을 수 있고 위험으로부터 보호받을 수 있게 된다. 각인은 발달 초기의 제한된 시기에 일어난다(Lorenz, 1952). 이 시기에 어미 거위는 없지만 어미 거위와 아주 닮은 대상이 있다면 거위 새끼는 그 대상을 각인한다. 각인을 관찰함으로써 인간발달에서 결정적 시기라는 주요한 개념을 만들게 되었다. 결정적 시기는 개인이 특정한 적응적 행동을 습득하도록 생물학적으로 준비된 제한적인 시기로, 적절하게 자극을 주는 환경의 지원을 필요로 한다. 많은 연구자들은 복잡한 인지적 · 사회적 행동이 특정 시기에 학습되어야

하는지를 연구했다. 예를 들어 아동이 생의 초기에 적절한 음식이나 물리적 · 사회적 자극을 받지 못한다면 지능이 손상될까? 언어가 아동기 초기에 습득되지 않으면 언어를 습득하는 능력이 감소될까?

다음 장에서 민감기라는 용어가 엄격한 의미의 결정적 시기보다 인간발달에 더 잘 적용된다는 것을 볼 수 있다(Knudsen, 2004). **민감기**(sensitive period)는 특정한 능력이 출현하는 적정의 시기로서, 사람이 환경의 영향에 특별히 민감하게 반응을 보이는 시기이다. 그러나 그것의 경계는 결정적 시기보다 더 잘 정의되지 않는다. 발달은 후에 일어날 수 있지만 발달을 일으키는 것은 더 어렵다는 의미로 해석될 수 있다.

각인의 관찰에서 영감을 얻어 영국 정신분석학자인 존 볼비(John Bowlby, 1969)는 인간의 영아와 양육자 간의 관계에 대한 이해에 동물행동학적 이론을 적용했다. 그는 영아의 미소 짓기, 옹알이, 꽉 쥐기, 울기 등이 양육자를 아기에게 다가오게 하여 돌보게 하고, 아기와 상호작용하게 해주는 내재된 사회적 신호라고 주장했다. 이러한 행동으로 부모와 계속 가까이 있게 됨으로써 영아는 젖을 먹을 수 있고 위험으로부터 보호되고 건강한 성장에 필요한 자극과 애정을 받을 것이 확보된다. 인간의 애착 발달은 오랜 시간에 걸쳐 진행되는 과정으로 아기들과 양육자 사이에 깊은 애정 관계를 형성하게 해준다(Thompson, 2006). 볼비는 이러한 결속이 인간관계에서 일생에 걸쳐 영향을 준다고 생각했다. 뒷장에서 이러한 가정을 평가하는 연구들을 살펴볼 것이다.

동물행동학자들의 관찰은 인간의 정서 표현, 공격성, 협동, 사회적 놀이 등 사회적 행동의 많은 요소들이 가까운 영

동물행동학은 행동의 적응성, 생존 가치 그리고 인류의 행동과 유사한 종, 특히 영장류의 친척과의 유사성에 초점을 둔다. 침팬지 새끼를 껴안고 있는 어미 침팬지 관찰은 양육자와 유아의 관계를 이해하는 데 도움이 될 수 있다.

장류와 닮았다는 것을 보여주었다. 최근에 연구자들은 **진화 발달심리학**(evolutionary developmental psychology)이라는 새로운 연구 분야에서 이 점을 보여주려는 노력을 확대 시도했다. 이 연구 분야에서는 인지, 정서, 사회적 역량이 연령에 따라 변화할 때 이러한 역량의 적응적 가치를 다양한 종에 걸쳐 이해하고자 한다(King & Bjorklund, 2010; Lickliter & Honeycutt, 2013). 진화발달심리학자들은 다음과 같은 질문을 제기한다. 얼굴처럼 보이는 자극에 대한 신생아의 시각적 선호는 생존을 위해 어떤 역할을 하는가? 이러한 선호는 낯선 사람과 친숙한 양육자를 구별하는 영아들의 능력을 지지해주는가? 왜 아동들은 성에 따라 나뉘어 노는 것일까? 남성은 지배적이고 여성은 양육을 맡는 것과 같은 성인의 성 유형화된 행동을 보여주는 놀이를 하면서 아이들은 무엇을 배울까?

이러한 예들이 보여주듯이, 진화심리학자들은 단지 발달의 생물학적 기초에만 관심을 갖는 것은 아니다. 그들은 점점 더 복잡해지는 사회적·기술적 환경을 지배할 필요로 인간의 뇌가 커지고 아동기가 길어지게 되었다는 것을 인식하고, 그리하여 학습에도 관심을 갖게 되었다(Bjorklund, Causey, & Periss, 2009). 또한 현대의 삶은 청소년기의 생명의 위협, 남성 대 남성의 폭력과 같은 것이 더 이상 적응적이지 않듯, 우리의 진화론적 조상들과 근본적으로 다르다(Blasi & Bjorklund, 2003).

최근에 진화심리학자들은 성인들이 자신의 자녀들을 키운 후 자신의 수명의 1/4 혹은 1/3까지 살아갈 수 있는지에 대한

인류의 장수는 적응적 가치를 가진다. 조부모는 어린 손자를 양육하는 데 있어 더 높은 출생과 생존율을 증진시킨다.

인간의 수명 적응성에 대해 설명하고 있다(Croft et al., 2015). 일반적인 설명으로 높은 출생률과 아동의 생존율로 인한 조부모(특히 할머니)가 어린 손자들을 양육하는 것을 들 수 있다. 다른 설명으로는 우리의 진화적 과거에 소녀와 나이 든 여성 모두 번식을 위한 자원의 부족을 들 수 있다.

결론적으로 진화 발달심리학은 개인-환경 체계를 전 생애적 관점으로 이해하고자 한다. 다음에 제시될 맥락적 관점인 비고츠키의 사회문화적 이론은 발달에 대한 사회문화적 맥락을 강조하기 때문에 동물행동학을 보완해주는 역할을 훌륭하게 담당할 것이다.

비고츠키의 사회문화이론

최근 발달과학 분야에서 인간의 발달과 문화적 관련성에 대한 연구들이 급증하고 있다(Mistry & Dutta, 2015). 이는 러시아의 심리학자인 레프 비고츠키(Lev Vygotsky, 1896-1934)와 그의 동료들이 기여한 바가 크다.

비고츠키(1934/1987)의 **사회문화이론**(sociocultural theory)은 문화적 가치, 신념 그리고 사회적 집단의 기술들이 어떻게 다음 세대로 전이되는지에 대해 관심을 갖는다. 비고츠키에 따르면, 사회적 상호작용, 특히 그 사회에서 지식이 더 많은 구성원과의 협동적인 대화는 아동이 지역사회의 문화를 형성하는 사고나 행동 방식을 습득하는 데 필요하다. 비고츠키는 성인이나 보다 더 능숙한 기술을 가진 또래가 아동들이 문화적으로 의미 있는 활동을 터득하도록 도와준다고 믿었고, 그들 사이의 의사소통이 아동 사고의 일부가 된다고 생각했다. 아동이 이러한 대화의 본질적인 특질을 내면화하면서 그들은 자신의 생각이나 행동을 이끌고 새로운 기술을 습득하도록 그들 내부에 있는 언어를 사용할 수 있게 된다(Lourenço, 2012; Winsler, Fernyhough, & Montero, 2009). 어린 아동은 퍼즐을 풀거나 저녁식사를 준비하며 혹은 수학 문제를 푸는 것과 같이 문화적으로 중요한 과제들을 수행하면서 예전에 성인이 도와주었던 경험을 바탕으로 문제를 해결하는 데 도움을 주는 안내를 스스로 생성한다.

비고츠키의 이론은 인지발달 연구에 영향을 미쳤다. 비고츠키는 아동은 적극적이고 구성적인 존재라는 피아제의 의견에 동의했다. 하지만 세상을 이해하는 아동의 독립된 노력을 강조한 피아제와는 달리 비고츠키는 아동은 새로운 과제를 수행할 때 성인과 보다 성숙된 또래가 제공하는 도움에 의존하는 사회적으로 중재되는 과정으로 보았다. 비고츠

선생님의 지도로 중국 어린이는 서예를 연습한다. 그녀는 나이가 많고 숙련된 서예가와 상호작용하면서 문화적으로 가치 있는 기술을 습득한다.

키 이론에서 아동은 단계적인 변화를 거친다. 예를 들어 언어가 습득되면 다른 사람과의 대화에 참여하는 능력이 크게 향상되고 문화적 가치가 부여되는 역량이 크게 증대한다. 아동이 학교에 들어가면 언어, 문해 능력, 그 밖의 다른 개념을 논의하는 데 많은 시간을 보내게 되는데, 이러한 경험은 아이들이 자신의 생각을 숙고할 수 있는 기회를 준다(Kozulin, 2003). 그 결과, 아이들은 추론과 문제 해결에서 놀랄 만한 증진을 보인다.

또한 비고츠키는 전문가와의 대화가 다양한 문화권에서도 사고의 연속적인 성장을 이끈다는 점을 강조한다. 이러한 관점과 더불어 핵심 주제는 문화가 사회 구성원을 위한 과제를 선택하고 이러한 과제를 중심으로 사회적 상호작용이 일어날 때 특정 문화에서 성공할 수 있는 근본적인 역량을 키우게 된다는 것이다. 예를 들어 산업국가에서 교사는 사람들이 읽고, 운전하고, 컴퓨터를 사용하는 것을 배울 수 있도록 도와준다. 멕시코 남부에 사는 지나칸테코 인디언들 중에서 성인은 어린 소녀가 복잡하게 직물을 짜는 기술을 습득하도록 인도한다(Greenfield, 2004). 브라질에서는 거리에서 사탕을 파는 아동이 학교 교육을 조금 받거나 또는 거의 받지 못했어도 정교한 수학 능력을 발달시키는데, 이는 도매상에서 사탕을 사서 어른이나 경험이 있는 또래와 같이 그것의 가격을 정하고 거리에서 고객들에게 판 결과이다(Saxe, 1988).

비고츠키 이론에 의해 고무된 연구들은 모든 문화에서 사람들은 나름대로의 강점을 발달시킨다는 것을 보여준다. 하지만 비고츠키는 문화와 사회적 경험을 강조함으로써 발달의 생물학적 측면을 간과해 버렸다. 그는 유전과 뇌 성장의 중요성을 인식했지만 인지 변화에서 그것들의 역할에 대해서는 거의 말하지 않았다. 또한 비고츠키가 지식의 사회적 전달을 강조하는 것은 다른 이론가들보다 스스로 발달하는 아동의 능력을 덜 강조한다는 것을 의미한다. 비고츠키의 주장을 따르는 사람들은 아동이 속한 발달적 맥락 속에서 아동들이 사회적 관계에 몰두하고, 대화에 적극적으로 참여하며, 사회적 활동을 할 것을 강조한다(Daniels, 2011; Rogoff, 2003). 현재의 사회문화적 이론가들은 개인과 사회에 보다 절충적 관점을 취하고 있다.

생태학적 체계 이론

유리 브론펜브레너(Urie Bronfenbrenner, 1917-2005)가 제안한 인간발달에 대한 접근은 발달에 대한 맥락 영향을 가장 차별성이 있고 완전하게 설명했기 때문에 이 분야에서 가장 중요한 위치를 차지하게 되었다. **생태학적 체계 이론**(ecological systems theory)은 인간이 다양한 수준의 주변 환경에 의해 영향을 받는 관계로 구성된 복잡한 체계 내에서 발달한다고 본다. 발달하기 위해 아동의 생물학적 기질이 환경적인 힘과 결합하기 때문에, 브론펜브레너는 최근에 그의 관점을 생물생태학적 모델이라고 특징지었다(Bronfenbrenner & Morris, 2006).

브론펜브레너는 사람들이 일상생활을 영위하는 가정, 학교, 이웃, 일터 등의 환경이 일련의 동심원적 구조로 확장된다고 생각했다(그림 1.5 참조). 환경의 각 층은 발달에 강력한 영향을 미치는 것으로 간주된다.

미시체계 환경의 가장 내부에 있는 수준은 **미시체계**(micro-system)로서, 개인을 가장 가깝게 둘러싸고 있는 상황에서 활동과 상호작용 패턴으로 구성된다. 브론펜브레너는 이 수준에서 발달을 이해하기 위해 모든 관계가 **양방향적**이라는 것을 명심해야 한다고 강조했다. 예를 들어 성인은 아동의 행동에 영향을 주지만, 신체적 특성, 성격, 능력과 같은 아동의 생물학적 또는 사회적으로 영향을 받는 특성 또한 성인의 행동에 영향을 준다. 친절하고 주의를 잘 기울이는 아동은 부모로부터 긍정적이고 허용적인 반응을 불러온다. 반면에 활동적이고 주의산만한 아동들은 부모의 구속이나 처벌을 받게 될 가능성이 높다. 시간의 흐름에 따라 자주 일어나는 양방향적 상호작용은 발달에 지속적인 영향을 준다(Crockenberg & Leerkes, 2003).

제3자—미시체계에 있는 사람들—는 누구든 두 사람이 맺는 관계의 질에 영향을 준다. 그들이 지지적이면 상호작용은 증진된다. 예를 들어 부모가 서로에게 자녀 양육 역할을 격려해준다면 보다 효과적인 부모 역할을 담당하게 될 것이다. 반면에 결혼생활에 갈등이 있으면 아동을 일관성 없이 훈육하고 적대적으로 대할 가능성이 높다. 이에 대한 반응으로 아동은 적대적이 되고 부모와 아동 모두 적응 문제를 겪게 된다(Cummings & Davies, 2010; Low & Stocker, 2012).

중간체계   브론펜브레너 모델의 두 번째 수준인 **중간체계** (mesosystem)는 미시체계 사이를 연결해준다. 예를 들어 아동의 학업 증진은 교실에서 하는 활동에만 달려 있는 것이 아

니라 부모가 학교생활에 얼마나 참여하는지, 그리고 학업 학습이 집에서 어느 정도 이루어지는지에 달려 있다(Wang & SheikhKhalil, 2014). 성인들의 경우, 집에서 배우자로서 또 부모로서 역할을 얼마나 잘 담당하는가는 직장에서의 관계에 영향을 받고, 그 반대도 가능하다(Strazdins et al., 2013).

외체계   **외체계**(exosystem)는 발달하는 개인을 포함하지 않지만 근접 환경에서의 경험에 영향을 주는 사회적 환경으로 구성된다. 외체계에는 개인의 일터, 종교단체, 혹은 지역사회의 건강복지센터 같은 공식적인 조직들이 있다. 유연한 작업 스케줄, 유급출산휴가, 아동이 아플 때 부모가 병가를 내는 것은 부모의 자녀 양육을 도와줄 수 있는 작업환경이 되고, 이것은 간접적으로 성인과 아동의 발달을 증진시킨다. 외체계는 또한 비공식적일 수도 있다. 아동은 충고를 해주고, 우정을 나누고, 심지어 재정적으로 도움을 줄 수 있는 부모의 사회적 관계, 친구 혹은 친척들의 영향을 받을 수 있다. 연구들은 외체계 활동이 깨질 때 부정적인 영향을 주는 것을 확인했다(Tomyr, Ouimet, & Ugnat, 2012). 실업 혹은 사회적으로 고립된 가정의 경우 갈등과 아동 학대의 비율이 높은 것으로 나타났다. '사회적 이슈 : 건강' 글상자에서 가족 기능과 아동

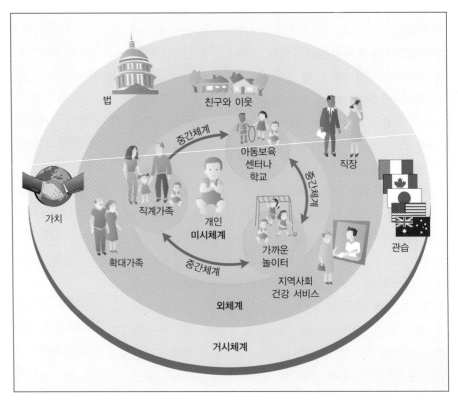

그림 1.5 생태학적 체계 이론에서 환경 구조 *미시체계*는 발달하는 개인과 직접적인 환경 사이의 관계를 설명한다. *중간체계*는 직접적인 환경 사이의 연결이다. *외체계*는 발달하는 개인에게 영향을 주지만 개인을 포함하지 않는 사회적 배경이다. *거시체계*는 모든 내부 층에서 활동과 상호작용에 영향을 주는 문화의 가치, 법, 관습, 자원 등이다. 그림에 없는 *시간체계*는 특정한 맥락이 아니다. 이는 환경의 역동적이고 변화하는 성질을 의미한다.

사회적 이슈 : 건강

양육자와 자녀의 건강과 행복을 저해하는 가족 혼란

우리의 어린 시절을 회상해보면 우리 부모님의 직업 변화, 가족의 질병 또는 방과 후 체육활동이 바빠지면서 식사시간, 취침시간, 숙제시간 및 부모-자녀 독서 및 놀이 시간 등 가족의 일상이 혼란에 빠지게 된다. 하지만 어떤 가정은 일상의 구조가 거의 존재하지 않아 건강한 발달을 저해하는 혼란스러운 가족의 삶이 발생한다(Fiese & Winter, 2010). 정돈된 가족생활은 부모 자녀의 안녕에 필수적인 따뜻하고 상호적인 맥락을 제공한다.

가족 혼란은 제한된 소득을 가진 미혼모가 교통, 직업, 불안정한 보육 및 기타 일상적인 혼란을 해결하는 것 같이 경제적으로 어려운 상황에서 발생한다. 그러나 혼란은 이런 가정에만 국한되지 않는다.

조사에 따르면, 지난 40년간 자녀와 아버지가 보내는 시간이 증가한 반면 어머니와 아이들이 보내는 시간은 상당히 안정적인 것으로 나타났다(Pew Research Center, 2015c). 그러나 많은 부모들이 그 시간을 보내는 방식이 바뀌었다. 소득 수준과 인종에 걸쳐 어머니와 아버지 모두 직장에 다니지만, 어머니는 자녀를 돌보는 데 숙제를 도와주면서 저녁을 준비하거나 업무 메일을 읽으면서 자녀에게 책을 읽어주는 것처럼 여러 가지 일을 동시에 처리(멀티태스킹)한다고 보고한다(Bianchi, 2011; Offer & Schneider, 2011). 멀티태스킹 상황이 많은 어머니는 심리적인 스트레스를 더 많이 경험한다.

오늘날 부모와 자녀가 함께 보내는 시간이 적은 이유는 양육자의 멀티태스킹으로 가족의 일상이 방해받기 때문일 것이다. 예를 들어 미국 가정의 절반만이 정기적으로 함께 식사를 한다고 보고되었다(Child Trends, 2013; Opinion Research Corporation, 2009). 가족의 식사빈도는 아동기의 경우 언어발달과 학업 성취, 문제행동 감소, 수면시간과 관련이 있으며, 청소년기에는 성적인 위험 감수행동 감소, 술, 마약 사용 그리고 심리적 건강 등 긍정적 결과와 관련이 있다. 또한 가족의 식사시간은 건강한 식단과 비만 방지 그리고 청소년기의 섭식장애를 예방할 수 있다(Fiese & Schwartz, 2008; Lora et al., 2014). 이러한 결과에서 알 수 있듯이 규칙적인 가족의 식사시간은 체계화된 가족의 삶과 부모의 참여에 대한 일반적 지표라 할 수 있다.

그러나 가족이 공동 활동에 참여하는 경우에도 가족 혼란이 발생할 수 있다. 가혹하거나 방임적인 부모의 양육방식 혹은 적대적이거나 무례한 의사소통은 아동기와 청년기의 적응 문제를 발생시킨다(Fiese, Foley, & Spagnola, 2006, Milkie, Nomaguchi, & Denny, 2015). 가족과 보내는 시간이 강요되고 압도적으로 많아질수록 따뜻한 부모 자녀 관계가 감소하면서 가족의 질서가 붕괴되고 부모의 스트레스가 증가한다.

다양한 상황이 제한된 부모의 정서적 자원을 고갈시키며 가족 혼란을 불러일으킨다. 미시체계와 중간체계의 영향(정신건강 문제를 가진 부모, 부모의 별거와 이혼, 적은 혹은 지지적 관계가 없는 한 부모 가정)뿐만 아니라 외체계도 강력한 영향을 미친다. 부모가 통근하는 데 하루에 몇 시간씩 소비하거나, 보육시설에 맡기지 못했을 때, 또는 직장에서의 업무 과중이나 실직과 같은 외적인 영향력에 휘둘릴 경우 가족의 일상은 위협을 받는다.

가족 혼란은 자녀의 양육 효능감에 부정적인 영향을 미치는 것 이상으로 아동의 문제행동에 영향을 미친다(Fiese & Winter, 2010; Martin, Razza, & BrooksGunn, 2012). 혼란스러운 환경은 자녀들에게 불안과 낮은 자존감과 같은 무력감과 불편한 감정들을 유발한다.

직장 환경, 호의적인 가족정책, 높은 수준의 아동 보육 환경과 같은 외체계와 거시체계의 지원은 가족의 혼란을 예방할 수 있다. 한 지역사회의 아동보육센터에서는 저녁식사 주문(take-home dinner) 프로그램을 시작했다. 바쁜 부모들은 건강하고 합리적인 가격의 가족식사를 하루의 끝에 준비함으로써 아동의 발달을 향상시킬 수 있도록 가족의 규칙적인 저녁식사를 만들어주고 있다.

© JANINE WIEDEL PHOTOLIBRARY/ALAMY

가족 혼란은 따뜻하고 편안한 부모 자녀 상호작용을 방해하고 행동 문제를 야기한다. 과도한 직장 스트레스와 같은 외체계의 영향은 가족 일상의 와해를 유발할 수 있다.

어머니가 유치원에 아이를 데려다줄 때 작별을 고한다. 유치원(미시체계)과 어머니의 직장에서의 경험(외체계)은 부모-자녀 관계에 영향을 준다.

발달에 영향을 주는 외체계의 영향력에 대해 설명했다.

거시체계　브론펜브레너 모델에서 가장 가장자리에 있는 수준인 **거시체계**(macrosystem)는 특정한 맥락이 아니라 문화적 가치, 법, 관습, 자원들로 구성된다. 거시체계가 아동과 성인이 필요한 것 중 어떤 것을 우선적으로 생각하는가는 이들이 환경의 내부 수준에서 어떤 지원을 받을 수 있는지에 영향을 준다. 예를 들어 아동 양육 수준과 직장을 가진 부모의 작업 수당 수준이 높은 나라에서 아동들은 근접 환경에서 좋은 경험을 할 가능성이 높다. 또 정부가 후한 은퇴연금 계획을 가지고 있을 때 노인의 행복감을 증진시킨다.

살펴보기

자녀를 양육하는 데 있어 가장 어려웠던 부분을 부모님께 물어보라. 브론펜브레너의 생태학적 모델의 각 단계에서 부모의 스트레스를 완화하고 아동의 발달을 촉진할 수 있는 지원 방법을 설명해보라.

역동적 변화 체계　브론펜브레너에 따르면 환경은 일정한 방식으로 사람들에게 영향을 주는 고정된 영향력을 가지지 않는다. 대신 역동적이고 늘 변화한다. 개인이 그들의 삶에서 역할이나 환경을 추가하거나 없앨 때마다 미시체계의 범위가 변한다. 생애를 통해 맥락에서의 이러한 변화, 즉 브론펜브레너가 **생태학적 변환**이라 부른 변화는 발달에서 중요한 전환점

묻고 대답하기

연관지어보기 생태학적 체계 이론은 발달이 전 생애에 걸쳐 나타나고 다방향적이고 유연하고 여러 가지 상호작용하는 힘의 영향을 받는다는 전 생애 관점의 발달과 같은 의견을 가지는가? 설명해보라.

적용해보기 마리오는 다른 연령의 아동들이 이야기를 어떻게 회상하는지 알고 싶어 한다. 데지레는 다른 문화권에서 성인과 아동의 의사소통이 아동의 이야기 만들기에 어떤 영향을 주는지에 관심이 있다. 마리오는 어떤 이론적 관점을 선택하겠는가? 데지레는 어떤가? 생각해보자.

생각해보기 생태학적 체계 이론에서 시간체계를 설명하기 위해 이사를 했거나, 잊을 수 없는 선생님과의 만남 혹은 부모의 이혼 등 여러분의 아동기에 발생한 중요한 사건을 선택해보자. 그 사건이 여러분에게 어떤 영향을 미쳤는가? 사건이 발생했을 당시보다 다섯 살이 더 어렸다면 그 영향은 얼마나 달라졌겠는가? 혹은 다섯 살이 더 많았다면 어땠겠는가?

이 된다. 학업을 시작하고, 직장에 들어가고, 결혼하고, 부모가 되고, 이혼을 하고, 이사하고, 은퇴하는 것이 그 예다.

브론펜브레너는 이 모델의 시간적 차원을 **시간체계**(chronosystem)라 했다(chrono라는 접두어는 '시간'을 의미한다). 생의 변화는 외적으로 일어날 수도 있고 이와 반대로 개인은 자신의 환경이나 경험의 많은 부분을 선택하고 수정하고 만들기 때문에, 변화는 개인 내부로부터 일어날 수도 있다. 이러한 변화들은 신체적, 정신적 성격의 특성과 환경의 기회에 따라 다르다. 따라서 생태학적 체계 이론에서 발달은 환경적 상황에 의해 통제되는 것도 아니고, 내적 성향에 의해 일어나는 것도 아니다. 사람들은 환경을 만들어내는 존재인 동시에 또 환경이 만들어준 산물이기 때문에, 사람과 환경 모두 상호의존적인 효과를 주는 망을 구성한다. 10~11쪽의 탄력성에 대한 논의가 이러한 생각을 보여준다. 뒷장에서 보다 더 많은 예들을 보게 될 것이다.

이론의 비교 및 평가

1.7　각 주요 이론에 근거해 인간발달의 세 가지 기본 쟁점에 대해 설명하라.

앞 절에서 인간발달 연구의 주요한 이론적 관점을 살펴보았다. 그 이론들은 여러 면에서 다르다. 첫째, 이론들은 발달의 다른 영역에 초점을 맞춘다. 정신분석학 관점과 동물행동학에서는 정서 및 사회성 발달을 강조한다. 피아제의 인지발달이론, 정보처리이론, 비고츠키의 사회문화이론은 사고의 변화를 강조한다. 행동주의, 사회학습이론, 진화발달심리학, 생태학적 체계 이론, 전 생애 관점에서는 인간이 기능하

는 많은 요소들을 논의한다. 둘째, 모든 이론은 발달에 대한 나름의 관점을 가진다. 이론적 관점의 개괄에서 결론지었듯이, 이 장을 시작할 때 제시된 논쟁적인 쟁점에 대해 각 이론이 취하는 입장을 구별하라. 그리고 표 1.4에 대한 분석을 점검해보라.

마지막으로, 모든 이론은 강점과 제한점을 가진다. 아마도 여러분은 어떤 이론에는 매료되지만 다른 이론에 대해서는 의문을 가지게 될 것이다. 앞으로 발달에 대해 더 많은 것을 알게 되면서, 좋아하는 이론과 싫어하는 이론을 증거에 비추어 검증한 것을 기록해보는 것이 유용하다는 것을 알게 될 것이다. 발달의 과학적 연구가 시작된 이래로 이론가들이 그랬던 것처럼 여러분도 생각을 여러 번 바꾸더라도 놀랄 것은 없다.

발달 연구하기

1.8 인간발달 연구에서 사용되는 방법론을 기술하라.
1.9 상관 연구와 실험 연구 설계의 차이점, 강점 및 한계를 설명하라.
1.10 발달 연구를 위한 설계를 알아보고, 각 설계의 강점 및 한계를 설명하라.

모든 과학에서 연구는 이론을 바탕으로 한 가설로부터 얻어진다. 그러나 이론과 가설은 인간 발달의 분명한 증거가 되는 많은 행동을 가져오기도 한다. 과학적으로 수용된 절차에 따른 연구를 수행하는 것은 많은 단계와 선택을 포함한다. 연구자들은 어떤 참여자를 포함시킬 것인지, 그리고 얼마나 많이 포함시킬 것인지를 결정해야 한다. 그리하여 그들은 참

표 1.4 인간발달의 기본 쟁점에 대한 주요 이론들의 입장

이론	발달은 연속적인가, 비연속적인가?	하나의 발달과정인가, 다수의 발달과정인가?	본성과 양육의 상대적 영향력
정신분석학적 관점	*비연속적* : 심리성적 발달과 심리사회적 발달은 단계적으로 일어난다.	*하나의 단계* : 단계는 보편적인 것으로 가정된다.	*본성과 양육 모두 강조* : 생득적인 충동은 아동의 양육 경험을 통해 정제되고 통제된다. *초기 경험은 이후의 발달 과정을 설정한다.*
행동주의와 사회학습이론	*연속적* : 발달은 학습된 행동의 증가를 포함한다.	*가능한 다수의 과정* : 강화를 받거나 모델이 되는 행동의 개인차가 존재한다.	*양육을 강조* : 발달은 조건형성과 모델링의 결과이다. *초기와 후기의 경험 모두 중요하다.*
피아제의 인지발달 이론	*비연속적* : 인지발달은 단계적으로 일어난다.	*하나의 과정* : 단계는 보편적인 것으로 가정된다.	*본성과 양육 모두 강조* : 아동의 뇌가 성숙하고, 자극적인 환경에서 현실을 탐색하기 위해 자신의 생득적 능력을 발휘함에 따라 발달이 일어난다. *초기와 후기의 경험 모두 중요하다.*
정보처리이론	*연속적* : 아동과 성인의 지각, 주의, 기억, 문제 해결 능력은 점진적으로 증진된다.	*하나의 과정* : 변화는 모든 아동과 성인에게서 나타난다.	*본성과 양육 모두 강조* : 아동과 성인은 적극적으로 정보를 이해하려는 존재로, 뇌가 성숙하고 새로운 환경적 요구에 직면할 때 그들의 사고를 수정한다. *초기와 후기의 경험 모두 중요하다.*
동물행동학과 진화발달심리학	*연속적이고 비연속적* : 아동과 성인은 넓은 범위의 적응적 행동을 점진적으로 발달시킨다. 민감기에는 질적으로 다른 능력이 갑자기 나타난다.	*하나의 과정* : 적응행동과 민감기는 모든 종에게서 나타난다.	*본성과 양육 모두 강조* : 진화와 유전이 행동에 영향을 미치고, 학습은 이러한 행동에 더 큰 적응성을 부여한다. 민감기의 *초기 경험*은 이후 발달과정을 결정한다.
비고츠키의 사회문화이론	*연속적이고 비연속적* : 언어발달과 학교 교육은 단계적 발달을 나타낸다. 보다 뛰어난 구성원과 상호작용을 통해 문화마다 다른 연속적인 변화를 이끌어낸다.	*가능한 다수의 과정* : 사회(문화)에 의해 조절된 사고와 행동이 다양하게 나타난다.	*본성과 양육 모두 강조* : 유전, 뇌 성숙, 그리고 보다 뛰어난 구성원과의 사회적 상호작용의 연합이 발달에 기여한다. *초기와 후기의 경험 모두 중요하다.*
생태학적 체계 이론	*분명하지 않음*	*가능한 다수의 과정* : 생물학적 원인은 환경적인 영향과 다양한 수준에서 연합되어 고유한 발달을 일으킨다.	*본성과 양육 모두 강조* : 개인의 특성과 타인의 반응이 상호작용한다. *초기와 후기의 경험 모두 중요하다.*
전 생애 관점	**연속적이고 비연속적** : 새로운 기술을 습득할 때 연속적으로 습득되거나 감소하기도 하고 단계에 따라 나타나기도 한다.	**가능한 다수의 과정** : 발달은 다양하고 상호작용하는 생물학적·심리적·사회적 영향에 의해 나타나며, 발달은 개인차가 있으며 다양한 경로를 가진다.	**본성과 양육 모두 강조** : 발달은 다방향적이고, 유전과 환경적 영향이 복잡하게 얽혀 있다. 모든 연령대에서 가소성을 강조한다. *초기와 후기의 경험 모두 중요하다.*

여자들에게 무엇을 물어볼 것인지, 그리고 언제, 어디서, 몇 번이나 행할 것인지를 생각해내야 한다. 마지막으로 그들은 조사를 하여 데이터로부터 결론을 내려야 한다.

다음 절에서 인간발달을 연구할 때 많이 사용되는 연구방법을 살펴볼 것이다. 검사를 받거나, 질문지에 답하거나, 면접에 응하거나, 또는 관찰되는 것과 같이 참여자가 해야 하는 특정 활동인 **연구방법**으로부터 시작한다. 그리고 나서 연구자의 가설을 가장 잘 검증하게 해주는 것이 목적인 연구의 전체적인 계획인 **연구 설계**를 살펴볼 것이다. 마지막으로, 사람을 피험자로 연구를 할 때 고려해야 할 윤리적 쟁점을 논의한다.

왜 연구방법을 배우는가? 왜 이 일을 연구 전문가에게 맡겨두지 않고, 아동 발달에 대해 알려진 것과 이러한 지식이 어떻게 적용될 수 있는지에 관심을 갖는가? 여기에는 두 가지 이유가 있다. 첫째, 우리는 지식을 현명하고 비판적으로 사용해야만 하기 때문이다. 여러 가지 연구방법의 강점과 제한점을 아는 것은 잘못된 결론을 내리게 하는 정보를 구별하게 해주기 때문에 중요하다. 둘째, 아동과 성인을 직접 연구하는 사람들은 단독으로 또는 경험이 많은 연구자들과 공동으로 연구를 수행함으로써 연구와 실제를 연결하는 위치에 있다. 학교, 정신건강 시설, 공원, 레크리에이션 프로그램과 같은 지역사회기관들은 때때로 발달을 향상시키고자 하는 중재 프로그램을 계획하고, 실시하고, 평가하기 위해 연구자들과 협동한다(Guerra, Graham, & Tolan, 2011). 이러한 시도를 확장시키기 위해 연구 과정의 기본적인 이해가 필요하다.

살펴보기

> 교사, 상담자, 사회복지사 혹은 간호사에게 연구자가 해결하기를 희망하는 발달 관련 질문을 해보라. 이 장의 나머지 부분을 읽고 해당 질문들에 대한 가장 적합한 연구 전략을 세워보라.

일반적인 연구방법

연구자들은 정보 수집에 대한 기본 접근을 어떻게 선택할까? 일반적인 방법은 체계적 관찰, (질문지나 면접과 같은) 자기 보고, 개별적인 임상 연구 또는 사례 연구, 특정 집단 사람들의 생활환경의 민족지학을 포함한다. 표 1.5는 이러한 방법들의 강점과 제한점을 각각 요약하고 있다.

체계적 관찰   아동과 성인의 관찰은 여러 가지 방법으로 행해질 수 있다. 한 가지 접근은 현장 또는 자연 환경에 들어가서 관심 있는 행동을 기록하는 것이다. 이 방법은 **자연 관찰**(naturalistic observation)이라고 한다. 또래의 고통에 대한 학령전기 아동들의 반응 연구가 좋은 예이다(Farver & Branstetter, 1994).

아동보육센터에서 3세와 4세 아동을 관찰해, 연구자들은 우는 행동과 가까이에 있는 아동의 반응, 다른 아동의 슬픔을 무시하는지, 지켜보는지, 언급하는지, 야단치거나 놀리는지, 슬픔을 같이 나누는지, 도와주는지, 동정심을 표현하는지를 기록했다. 성인의 민감성이 아동의 양육 반응과 관련되는지를 보기 위해 양육자의 행동을 기록하는데, 여기에는 왜 아동이 울고, 갈등을 일으키고, 안락감을 주는지를 설명하는 것이 포함된다. 이 둘 사이에 강한 관련성이 나타났다. 자연 관찰의 가장 큰 장점은 연구자들이 설명하고자 하는 일상 행동을 직접 관찰할 수 있다는 점이다.

자연 관찰에는 중요한 제한점이 있다. 일상생활에서 특정 행동을 보일 기회가 모든 사람에게 동일하지 않다. 앞에서 기술한 연구에서 일부 아동들은 다른 아동들보다 우는 아동을 더 자주 봐 왔거나, 긍정적으로 반응하도록 양육자로부터 직접적인 자극을 더 많이 받아 왔을 수도 있다. 이러한 이유로 더 많은 동정을 보이는 것인지 모른다.

연구자들은 **구조화된 관찰**(structured observation)을 하여 이러한 어려움을 처리하는데, 이 관찰에서 연구자들은 관심 있는 행동을 일으키는 실험실 상황을 설정해 모든 피험자가 그 반응을 보일 기회를 동등하게 만든다. 한 연구에서 2세 아동에게 헝겊으로 만든 인형을 주고 그것을 집어 들었을 때 다리가 떨어지도록 한 후, 이 인형을 돌보라고 하면서 자신이 입혔다고 생각한 상해에 대한 정서 반응을 관찰했다. 아동이 자신의 과실이라고 느끼게 하기 위해서 다리가 떨어졌을 때 성인은 인형에 대해 "아이고!"라고 말을 했다. 연구자들은 다친 인형에 대해 슬퍼하고 염려하는 얼굴표정, 인형을 도와주려는 노력, 신체 긴장, 양심의 가책을 보이는 반응, 불행을 보상하려는 바람 등을 기록했다. 그 외에 엄마에게는 자녀들과 정서에 대해 짧은 대화를 하도록 했다(Garner, 2003). 엄마가 정서의 원인과 결과를 자주 설명해준 걸음마기 아동들은 다친 인형에 대해 염려를 표현할 가능성이 더 높았다.

체계적인 관찰을 수집하는 데 사용된 절차는 제기된 연구

표 1.5 일반적인 연구방법의 강점과 한계

방법	기술	강점	한계
체계적 관찰			
자연 관찰	자연 상황에서 행동 관찰	참여자의 일상을 반영	참여자가 관찰되는 조건을 통제할 수 없음
구조화된 관찰	모든 참여자에게 조건을 동일하게 하는 실험실에서의 행동 관찰	관심의 대상인 행동을 관찰할 수 있도록 각 참여자에게 동등한 기회를 부여	참여자의 일상생활에서 나타나는 전형적인 행동을 관찰하지 못할 수 있음
자기보고			
임상적 면접	참여자의 생각에 대한 완전한 설명을 얻을 수 있는 유연한 면접 절차	참여자가 일상생활에서 생각하는 방식과 가능한 가까워질 수 있음. 깊고 넓은 정보를 짧은 시간 동안 얻을 수 있음	정보의 부정확함과 유연한 절차로 인해 개인의 반응을 비교하기 어려움
구조화된 면접, 질문지, 검사	각 참여자에게 같은 질문을 같은 방식으로 하는 자기보고 도구	참여자들의 반응을 비교해 효과적인 데이터를 수집할 수 있음. 연구자들은 참여자들이 개방형 면접에서 생각하지 못한 대안적 답변을 상술할 수 있음	임상적 면접과 같이 깊이 있는 정보를 얻지 못할 수 있음 부정확한 정보의 문제를 가지고 있음
임상적 방법 또는 사례연구			
	면접, 관찰, 검사 점수를 종합해 얻은 개인의 심리적 기능에 대한 종합적인 기술	발달에 영향을 주는 요인에 대해 풍부하고 기술적인 통찰 제공	연구자의 이론적 선호에 의해 결과의 편향 가능성이 있음 결과가 다른 참여자에게 적용되지 못할 수도 있음
민족지학적 방법			
	참여자가 문화 또는 개별 사회집단을 관찰함 광범위한 현장노트를 작성함으로써 문화의 고유한 가치화 사회적 과정을 포착할 수 있음	관찰을 위한 일회성 방문, 인터뷰 또는 설문조사보다 충분한 설명을 제공함	연구자의 이론적 선호에 의해 결과의 편향 가능성이 있음 결과가 다른 개인 혹은 상황에 적용되지 못할 수도 있음

자연 관찰에서 연구자는 현장에서 관심 있는 행동을 기록한다. 위 그림의 연구 조교는 유치원에서 아이들의 행동을 관찰하고 있다. 그녀는 아이들의 놀이친구 선택, 협력, 도움 혹은 갈등을 관찰하고 있을 수 있다.

문제에 따라 달라진다. 일부 연구자들은 아동이 특정 기간 말하고 행한 모든 것, 즉 행동의 전체 흐름을 기술해야 한다. 한 연구에서 영아기와 이른 아동기의 양육자 민감성이 6세의 공식적인 학교 준비성에 어떤 영향을 미치는지 밝히고자 했다. 6개월에서 4.5세 아이들이 어머니와 놀이하는 장면을 비디오로 담았다. 그리고 어머니의 긍정적 정서, 지지, 놀이에 흥미를 더하거나 아동의 자율성을 존중해주는 행동들을 기록했다. 위와 같은 민감성의 요소들은 아동이 유치원에 진학했을 때 보다 나은 언어 및 학습 능력을 예측했다.

연구자들은 파악하기 어려운 행동을 관찰하는 독창적인 방법을 고안했다. 예를 들어 괴롭히는 행동의 예를 기록하기 위해서, 일련의 연구자들은 교실과 놀이터를 볼 수 있도록 비디오 카메라를 설치하고 4~6학년 학생들에게 원격 조정할 수 있는 작은 마이크와 호주머니에 들어갈 정도의 송신기를 부착했다(Craig, Pepler, & Atlas, 2000). 괴롭히는 행동은 자주, 교실에서는 시간당 2.4에피소드의 비율로, 놀이터에서는 시간당 4.5에피소드의 비율로 일어났다. 교사는 오직 15~

18% 정도만 괴롭히는 행동을 저지했다.

체계적인 관찰은 아동과 성인이 실제로 어떻게 행동하는 지에 대해 매우 귀중한 정보를 제공하지만 그 반응이 일어난 이유에 대해서는 거의 알려주지 않는다. 연구자들은 이유를 알기 위해서 자기보고 기술을 사용해야만 한다.

자기보고 자기보고는 연구 피험자들에게 그들의 지각, 사고, 능력, 느낌, 태도, 신념, 과거 경험에 대한 정보를 제공할 것을 요구한다. 자기보고는 비교적 거의 구조화되지 않은 면접부터 고도로 구조화된 면접, 질문지, 검사에 이르기까지 다양하다.

임상적 면접(clinical interview)에서 연구자들은 피험자의 관점을 탐색하기 위해 유연하고 대화적인 스타일을 사용한다. 다음 예에서 피아제는 5세 아동에게 꿈을 이해한 것에 대해 질문했다.

> 꿈은 어디에서 올까? — 나는 선생님이 너무 잘 자서 꿈을 꾼다고 생각해요. — 꿈은 우리 안에서 올까 아니면 밖에서 올까? — 밖에서요. — 네가 침대에서 꿈을 꿀 때 꿈은 어디에 있을까? — 내 침대예요. 담요 밑에요. 잘 모르겠어요. 내 위속에 있다면, 뼈에 가려서 볼 수 없을 거예요. — 잠을 잘 때 꿈이 거기에 있을까? — 네, 내 옆의 침대 안에 있어요(Piaget, 1926/ 1930, pp. 97-98).

1명 이상의 참여자와 임상적 면접을 하는 연구자는 공통 과제임을 보장하기 위해 각 참여자에게 처음에는 같은 질문을 하지만, 각 개인이 추론하는 내용을 충분히 알게 하기 위해 개별화된 질문도 한다.

임상적 면접은 두 가지 주요 장점을 가진다. 첫째, 이 방법은 사람들이 일상생활에서 생각하는 방식에 가깝게 자기 생각을 표현하도록 해준다. 둘째, 아주 짧은 시간에 많은 양의 정보를 제공할 수 있다(Sharp et al., 2013). 예를 들어 1시간 길이의 회기 동안에, 부모로부터 자녀 양육 또는 노인들로부터 생의 환경에 대한 정보를 같은 시간 동안 관찰을 하여 얻을 수 있는 것보다 더 많이 얻을 수 있다.

임상적 면접의 주요 제한점은 사람들이 자신의 생각, 느낌, 경험을 보고하는 정확성과 관련된다. 일부 참여자들은 면접자를 만족시키려 실제 생각과 다른 답을 하기도 한다. 과거 사건에 대해 물어봤을 때, 일부 피험자들은 일어난 것

을 정확하게 회상하는 것을 어려워하기도 한다. 임상적 면접은 언어 능력과 표현력에 달려 있기 때문에 자신의 생각을 말로 표현하는 것이 어려운 사람들의 능력을 과소평가할지도 모른다.

또한 임상적 면접은 유연성 때문에 비판을 받아 왔다. 각 피험자에게 다른 질문을 했을 때 그 주제에 대해 사람들이 실제로 생각하는 방식에서의 차이보다는 면접하는 방식 때문에 반응이 달라질 수 있다.

각 피험자에게 같은 방식으로 같은 종류의 질문을 묻는 **구조화된 면접**(structured interviews)(검사 혹은 설문지 포함)은 이러한 문제점을 없앤다. 이 도구는 또한 훨씬 더 효율적이다. 대답은 더 간결하고, 연구자들은 전체 집단의 아동과 성인들로부터 동시에 기록된 반응을 얻을 수 있다. 또한 대안적인 답을 열거함으로써 연구자들은 관심 있는 활동이나 행동을 세부적으로 상술할 수 있으며, 개방형 면접에서는 생각하지 못했던 것들을 알아볼 수 있다. 예를 들어 부모에게 자녀가 인생에서 준비해야 될 가장 중요한 것이 무엇인지를 물어본 한 연구에서, '묻고 대답해보기'라는 답지가 목록에 있을 때는 62%가 이를 체크했다. 하지만 임상적 면접 동안에는 오직 5%만이 이것을 생각했다(Schwarz, 2008).

그럼에도 불구하고 구조화된 면접을 통해서는 임상 면접만큼 깊이 있는 정보를 얻을 수 없다. 그리고 구조화된 면접은 부정확한 보고에 의해 영향을 받을 수 있다.

임상적 방법 또는 사례연구 정신분석학 이론에서 출발한 **임상적 방법 또는 사례연구**(clinical method or case study)는 면접, 관찰, 때로는 검사 점수 등 한 사람에 대한 많은 정보를 수집한다. 이 방법의 목적은 개인의 심리적 기능과 그러한 기능을 가져온 경험을 가능한 한 완전하게 기술하는 것이다. 임상적 방법은 적은 수나, 매우 다양한 특성을 보이는 개인 유형의 발달을 연구하는 데 적합하다. 예를 들어 10세 전에 한 영역에서 성인 정도의 역량을 보이는 극단적으로 우수한 천재 아동의 성취에 관여하는 것이 무엇인지를 발견하는 데 사용되어 왔다(Moran & Gardner, 2006).

한 연구에서 미술, 음악 및 수학에서 뛰어난 8명의 영재를 연구하기 위해 이 방법을 사용했다(Ruthsatz & Urbach, 2012). 이들 중 한 아이는 28개월에 바이올린을 연주하기 시작했으며, 5세 때 지역 경연에서 우승했고, 7세에는 뉴욕 카네기 홀과 링컨센터에서 단독 연주를 했다. 다른 아이는 영

임상 혹은 사례연구 방법을 통해 연구자는 3세 아동을 가정방문해 상호작용을 하고 있다. 인터뷰와 관찰은 아동의 심리적 기능에 대한 심층적 이해에 기여할 것이다.

아기 때 글을 읽을 수 있었으며, 8세 때 대학과정 수업을 듣기 시작했고, 13세 때 수학 저널에 논문을 게재했다. 8명의 사례에서 연구자는 평균 이상의 지능, 기억과제에서 높은 수행과 높은 주의집중 능력과 같은 흥미로운 패턴을 발견했다. 또한 이러한 영재들은 자폐증과 관련이 있으며, 극단적으로 세부적인 것에 주의를 집중하는 경향이 있다. 연구자들은 어린 영재들이 자폐증으로 인한 인지 및 사회적 결손을 보이지 않는다 하더라도 두 그룹은 뇌의 영역에서 특정 기능에 영향을 미치는 유전적 특질을 공유하기 때문에 높은 인식과 주의력을 높일 수 있다고 결론지었다.

임상적 방법은 발달에 영향을 주는 많은 요인을 찾아낼 수 있는 효과적인 사례를 자세히 기술해준다. 그러나 다른 방법과 마찬가지로 단점이 있다. 정보가 비체계적으로 그리고 주관적으로 수집되어, 연구자들이 선호하는 이론을 지지하는 방향으로, 편향적으로 관찰과 해석을 하게 하기도 한다. 또한 연구자들은 그들의 결론이 연구된 사람이 아닌 다른 사람에게 적용 또는 일반화된다고 가정할 수 없다(Stanovich, 2013). 패턴이 여러 사례에서 나타났다 할지라도 다른 연구책략으로 이를 확인하는 것이 현명하다.

문화 연구 방법 문화의 영향을 연구하기 위해 연구자들은 비교문화적 혹은 다문화 연구를 위해 특별한 절차를 고안했다. 연구자가 어떤 접근을 선택하는가는 그들의 연구 목적에 달려 있다.

연구자들은 보편적이라고 생각되지만 사회에 따라 어느 정도 달라지는 특성에 관심을 가진다. 어떤 문화의 부모들은 다른 문화의 부모들보다 더 온정적이거나 지시를 더 많이 내리는가? 나라마다 성 유형성의 강도는 얼마나 다른가? 각 예에서 몇 개의 문화집단이 비교될 것이고, 모든 피험자는 같은 방식으로 질문을 받거나 관찰되어야만 한다. 따라서 연구자들은 앞에서 살펴본 자기보고나 관찰 절차를 번역해 각 문화적 맥락에서 이해될 수 있도록 만들어 사용한다. 예를 들어 실질적인 양육의 문화적 다양성을 연구하기 위해 "학교에서 무슨 일이 있었는지에 대해 부모님과 이야기한다" 혹은 "내가 어떤 일로 기분이 좋지 않을 때 나는 부모님께 이야기할 수 있다" 같은 문항을 사용할 수 있다(Qin & Pomerantz, 2013). 그러나 연구자는 연구 결과를 편향시킬 수 있는 관찰에 대한 친숙성과 자기보고 도구에 대한 문화적 차이를 염두에 두어야 한다(van de Vijver, 2011).

연구자들은 아동과 성인 행동의 문화적 의미를 그들의 생활방식에 친숙한 상황 속에서 밝히고 싶어 한다. 연구자들은 이 목표를 달성하기 위해, 인류학의 한 영역인 **민족지학**(ethnography)으로부터 빌린 방법을 사용한다. 임상 방법과 같이 민족지학적 연구는 대체로 기술적이고 질적인 방법을 사용한다. 개개인을 이해하는 데 목적을 두는 대신, 참여 관찰을 통해서 하나의 문화나 사회적 집단을 이해하려 한다. 연구자들은 문화 공동체에서 일상생활을 영위하면서 수개월

서양의 연구원은 민족지학 방법을 사용해 멕시코 치아파스에 있는 지나칸테코 마야(Zinacantec Mayan) 아동과 일상활동을 통해 학습하는 방법에 대한 자료를 수집하고 있다.

또는 수년을 보내곤 한다. 관찰, 문화 구성원의 자기보고, 연구자들의 자세한 해석을 종합해 그 문화에 대해 포괄적으로 기록한다(Case, Todd, & Kral, 2014). 그 후 그 지역사회의 독특한 가치와 사회적 과정을 파악하려는 기술과 이러한 기록을 통합한다.

민족지학적 방법은 사회적 집단과 가깝게 접촉함으로써 관찰, 면접, 또는 질문지로는 알아낼 수 없는 구성원들의 신념과 행동을 이해할 수 있다고 가정한다. 한 팀의 연구자들이 미국의 작은 마을에서 성장하는 것에 대해 기술할 때 했던 것처럼, 일부 민족지학 연구자들은 경험의 여러 측면을 살펴본다. 예를 들어 경제적으로 어려운 알래스카 원주민 청소년의 탄력성이나 아프리카계 카리브인 성인의 고혈압 혹은 심장질환의 위협을 증가시키는 신호에 대한 진단과 같은 하나 혹은 보다 많은 측면들에 초점을 맞출 수 있다(Higginbottom, 2006; Peshkin, 1997; Rasmus, Allen, & Ford, 2014). 민족지학적 방법은 효과적인 개입방법을 만드는 데 중요하다. 뒤 페이지의 '문화적 영향' 글상자에서 볼 수 있듯이, 연구자들은 문화적 차이에 독특한 의미가 내재되어 있다고 생각되면, 전통적인 자기보고나 관찰법을 민족지학으로 보완할지도 모른다.

민족지학자들은 그들이 연구하고 있는 문화의 일부가 됨으로써 그 문화에 대한 영향을 최소화하려고 노력한다. 그럼에도 불구하고 임상적 연구에서처럼 연구자들이 가지고 있는 문화적 가치와 이론에 대한 고집 때문에 선택적으로 관찰하게 되거나 그들이 본 것을 잘못 해석하게 되기도 한다. 또한 민족지학 연구들의 결과는 연구가 수행되는 환경이나 수행하는 사람을 넘어서 일반화될 수 있다고 가정할 수 없다.

대한 모든 연구에서 사용되는 두 가지 주요한 설계는 상관 설계와 실험 설계이다.

상관 설계 상관 설계(correlational design)에서 연구자들은 일반적으로 자연적인 상황에서, 경험을 변경하지 않고 개인에 대한 정보를 수집한다. 그후 참여자의 성격과 행동이나 발달 사이의 관계를 살펴본다. 다음과 같은 질문에 답을 하고자 한다고 생각해보자. 자녀와 상호작용하는 부모의 스타일이 자녀의 지능과 어떤 관련이 있는가? 아기를 갖는 것이 부부 만족에 영향을 주는가? 노년기에 배우자의 죽음이 살아 있는 파트너의 신체적·심리적 건강에 영향을 주는가? 이와 같은 많은 다른 예들에서 관심의 대상이 되는 조건을 정비하거나 통제하기가 어렵거나 불가능하기에, 현재의 상태로만 연구되어야 한다.

상관 연구는 인과관계를 추론할 수 없다는 주요한 제한점이 있다. 예를 들어 부모의 상호작용은 아동의 지능과 관련이 있다는 것을 발견했다고 가정해보자. 그러나 부모 행동이 실제로 아동들의 지능 차이를 일으키는 원인이 되는지는 알 수 없을 것이다. 실제로 반대도 가능하다. 아주 높은 지능을 가진 아동의 행동은 매우 호감을 갖게 하기에 부모들은 그 아이들과 더 호의적으로 상호작용하게 될지도 모른다. 또는 가정에서의 소음이나 주의분산의 정도와 같은 고려되지 않은 세 번째 변인이 엄마와의 상호작용과 아동의 지능 모두에 변화를 일으킬지도 모른다.

상관 연구나 다른 조사 연구 설계에서 연구자들은 2개의

일반적인 연구 설계

연구 설계를 결정할 때, 연구자들은 자신의 가설을 가장 확실하게 검증할 수 있는 연구방법을 선택한다. 인간 행동에

퇴직자들이 크로아티아 스플리트의 강둑에서 사교활동을 하고 있다. 노인들의 우정이 그들의 안녕감에 어떤 영향을 미칠까? 상관 설계를 사용해 위의 질문에 답변할 수는 있지만 연구자가 정확한 원인을 파악하기는 어려울 것이다.

문화적 영향

청소년 이민자 : 새로운 나라에서의 적응

지난 수십 년 동안 자신들 조국의 전쟁과 학살을 피해서, 또는 보다 나은 삶의 기회를 얻기 위해 북미로 이민 온 사람들의 수가 늘어 가고 있다. 오늘날 미국 청소년 인구의 1/4은 대부분 라틴아메리카, 카리브해, 아시아와 아프리카 출신의 외국 태생 부모를 두고 있다. 일부는 부모와 함께 이동했고, 이민 가정의 젊은이들 중 80% 이상이 미국 시민권자이다(Hernandez, Denton, & Blanchard, 2011; Hernandez et al., 2012).

현재 가장 빠르게 성장하고 있는 미국의 청소년 이민자들이 새로운 나라에 얼마나 잘 적응하고 있을까? 이를 밝히기 위해 연구자들은 학업 성취, 심리적응을 평가하는 질문지, 그리고 민족지학 연구 등 다양한 연구방법을 사용한다.

학업 성취와 적응

교육자 혹은 일반인들도 새로운 국가로 이주하는 것이 심리적 안녕감에 부정적 영향을 미친다고 가정하지만 이민 온 부모의 자녀들이 놀라울 정도로 잘 적응한다는 것을 보여준다. 외국에서 태어나 그들의 부모와 같이 이민 오거나 부모가 이민을 온 후 미국에서 태어난 학생들은 모국인 부모의 자녀들만큼, 또는 그들보다 더 나은 학업 성취를 보인다(Hao & Woo, 2012; Hernandez, Denton, & Blanchard, 2011). 더불어 이민 가정의 청소년들은 그들 나이 또래보다 비행이나 폭력 행위를 적게 보이고, 약물이나 알코올도 적게 사용하고, 성관계를 일찍 가질 가능성과 질병으로 인한 결석 혹은 비만을 겪을 가능성이 낮다. 그리고 그들은 모국 태생 부모를 가진 젊은이들처럼 스스로에 대해 호의적이고 때로는 더 높은 자존감을 보고한다(Saucier et al., 2002; Supple & Small, 2006).

이러한 결과는 중국, 필리핀, 일본, 한국, 동인도에서 온 젊은이들에게서 가장 크게 나타났고, 다른 민족적 배경을 가진 아이들에게서는 더 적게 나타났다(Fuligni, 2004; Louie, 2001; Portes & Rumbaut, 2005). 적응의 차이는 멕시코, 중앙 및 남동부 아메리카에서 가장 크게 나타났다. 아시아계(몽고, 캄보디아, 라오스, 타이, 베트남) 젊은이들은 학교를 그만두거나 비행, 10대 부모 그리고 마약 사용이 높은 것으로 나타났다(García Coll & Marks, 2009; Pong & Landale, 2012). 부모의 경제적 자원, 교육수준, 영어실력과 자녀에 대한 지원이 이러한

경향을 반영한다.

그러나 부모가 경제적으로 어렵고 영어를 거의 사용하지 않는 많은 1세대와 2세대 청소년들이 성공적으로 적응하고 있다(Hao & Woo, 2012). 가족의 가치와 민족공동체의 끈끈함은 소득 이외의 요소로 작용한다.

가정과 민족 지역사회의 영향

민족지학은 이민자 부모가 교육이 삶의 기회를 증진시키는 가장 확실한 방법이라 생각하는 것을 보여준다(García Coll & Marks, 2009). 그들은 모국에서 교육의 기회를 얻을 수 없고 평범한 직업에 그친다는 것과 그 때문에 열심히 노력해야 한다고 자신의 자녀들에게 강조한다. 이민 온 부모들은 자녀들이 헤쳐 나가야 할 어려움을 알기에, 열심히 노력하는 것이 중요하다는 것을 강조한다. 그들은 고국에서는 이러한 교육의 기회를 가질 수 없어서, 천한 일을 할 수밖에 없었다는 것을 자녀들에게 상기시킨다.

이들은 동년배의 이민 온 곳의 부모보다 교육에 대한 부모의 가치를 더 강하게 내재화한다(Fuligni, 2004; Su & Costigan, 2008). 소수민족은 대개 개인의 목표에 비해 가족 및 지역사회에 속하는 것을 강조하기 때문에 이민 청소년은 부모에 대한 강한 의무감을 느끼기 때문이다. 이민 청소년들의 학교에서의 성공은 그들 부모가 겪었던 어려움에 대해 보답하는 중요한 방식으로 볼 수 있다(Bacallao & Smokowski, 2007; van Geel & Vedder, 2011). 이러한 가족 간의 유대와 학교에서의 성취는 이민 청소년들을 위험행동으로부터 보호하는 역할을 한다(10~11쪽의 '생물학적 영향과 환경적 영향' 글상자 참조).

성공적인 이민자 젊은이들의 부모들은 일반적으로 소수민족 공동체와 긴밀한 유대관계를 형성하며, 젊은이들의 활동에 대한 모니터링과 가치의 공감대를 통해 또 다른 통제를 가한다. 다음과 같은 진술은 가정과 지역사회의 이러한 힘을 잘 보여준다.

중앙아메리카 출신의 16세 소녀는 이웃의 지지적인 성인에 대해 다음과 같이 기술했

티베트계 미국 어린이들이 뉴욕의 국제 이민자 퍼레이드에서 행진을 하고 있다. 가족 및 지역사회에 유대를 이끄는 문화적 가치는 높은 성취를 촉진하고, 이민 청소년을 위험행동으로부터 보호한다.

다 : 학교에서 필요한 것이 무엇인지 물어봅니다. 내가 문구점에 갔을 때 노트를 보고 있다면 그들은 그것이 필요한지 묻습니다. 나에게 조언을 해주고 친구를 잘 선택해야 한다고 말합니다. 그리고 준비가 될 때까지 학교를 계속 다녀야 한다고 말합니다. 내가 똑똑하다고 이야기해주고 저를 격려해줍니다(Suárez-Orozco, Pimental, & Martin, 2009, p. 733).

멕시코 출신 10대 소년은 그들의 문화에서 가족이 가장 중요하다고 이야기한다 : 히스패닉 문화권에서는 가족과의 친밀함이 가장 큰 부분을 차지하고 가족은 모든 것에 있어 우선순위가 되어야 합니다. 나는 사람들이 "네 가족이 있는 파티에 가는 이유가 뭐야? 그들과 떨어져 있고 싶지 않아?"라고 물어보는 것을 싫어합니다. 알다시피 나는 가족과 있는 것이 지루하지 않습니다. 나는 항상 가족과 가깝게 지냅니다. 부모와의 긴밀한 연결은 내가 그들에게 말할 수 있는 믿음이 있고 나를 멕시코인으로 있게 해줍니다(Bacallao & Smokowski, 2007, p. 62).

잘 적응된 이민 청소년들의 경험은 문제가 되지 않는다. 하지만 많은 경우 인종, 민족에 대한 편견과, 가족 가치와 새로운 문화의 도전에 대한 긴장 경험에 직면하게 된다. 하지만 장기적으로 가족과 지역사회의 응집력, 감독과 높은 기대는 긍정적인 결과를 가져온다.

측정치, 또는 변인들이 서로 어떻게 연합되어 있는지를 보여주는 수치인 **상관계수**(correlation coefficient)로 관계를 조사한다. 책에서 조사 연구의 결과를 논의할 때 상관계수를 사용할 것인데, 그것이 무엇이고 어떻게 해석되는지를 볼 것이다. 상관계수는 +1.00~−1.00 사이의 수치를 가진다. 수의 크기는 관계의 강도를 보여준다. 상관이 0인 것은 관계가 없다는 것을 나타내지만, +1.00이나 −1.00에 가까우면 관계가 강하다는 것을 나타낸다(그림 1.6 참조). 예를 들어 −.78의 상관은 높고, −.52는 중간 정도이고 −.18은 낮다. 그러나 +.52와 −.52의 상관은 같은 정도의 관련성을 보여준다는 것을 주목하라. 숫자 앞의 '+' 또는 '−' 부호는 관계의 방향성을 나타낸다. 플러스 부호(+)는 한 변인이 증가하면 다른 변인도 증가한다는 것을 의미한다. 마이너스 부호(−)는 한 변인이 증가하면 다른 변인은 감소한다는 것을 나타낸다.

상관계수가 어떻게 작용하는지에 대한 몇 가지 예를 살펴보자. 한 연구자는 엄마의 언어자극 측정치와 두 살 된 아동의 어휘크기 사이에 +.55의 상관을 보고했다(Hoff, 2003). 이는 중간 정도의 상관으로 말을 많이 하는 엄마를 둔 아동의 언어발달이 더 앞선다는 것을 보여준다. 2개의 다른 연구에서, 엄마의 민감성은 아동의 협동심에 중간 정도로 상관되어 있었다. 첫째, 놀이를 하는 동안 엄마가 따뜻하게 격려해 주는 것이 두 살 난 아동이 장난감을 치우라는 어머니의 지시에 따르려는 의지와 +.34의 정적 상관을 보였다(Feldman & Klein, 2003). 둘째, 4세 아동의 놀이에 어머니가 간섭하

고 통제하는 정도는 남아의 순응과 −.31의 부적 상관을 보였고 여아의 순응과 −.42의 부적 상관을 보였다(Smith et al., 2004).

이 모든 연구들은 자녀 양육과 아동 행동 사이의 상관을 발견했다. 여러분은 어머니의 행동이 아동의 반응에 영향을 미친다고 결론짓고 싶어지는가? 연구자들은 그럴지도 모른다고 추측했지만 어떤 연구도 원인과 결과를 보여주지 않는다. 다른 가능성을 생각해볼 수 있을까? 상관 연구에서 발견된 관련성은 보다 강력한 실험 책략을 사용해 원인을 밝혀낼 필요를 제안해준다.

실험 설계 **실험 설계**(experimental design)는 원인과 결과에 대한 추론을 가능하게 해주는데, 그 이유는 연구자들이 2개 이상의 처치 조건에 사람들을 할당하는 절차를 사용하기 때문이다. 실험에서 관심의 대상이 되는 사건과 행동은 독립변인과 종속변인 두 가지 유형의 변인으로 나뉜다. **독립변인**(independent variable)은 다른 변인에서 변화를 일으킬 것으로 기대되는 변인이다. **종속변인**(dependent variable)은 독립변인의 영향을 받을 것으로 기대되는 변인이다. 연구자가 피험자를 처치 조건에 노출시킴으로써 독립변인에서의 변화를 직접 통제하거나 조작하기 때문에 인과관계를 확인할 수 있다. 그리고 연구자는 종속변인의 측정치에 대한 수행을 비교한다.

실험실 연구에서 연구자들은 성인이 화를 내는 상호작용에 따른 아동의 적응에 대한 실험연구를 실시했다(El-Sheikh, Cummings, & Reiter, 1996). 그들은 화내는 사람이 어떤 행동으로 끝냈는가(독립변인)가 아동의 정서적 반응(종속변인)에 영향을 줄 것이라고 가정했다. 4~5세 아동들을 엄마와 함께 한 번에 한 명씩 실험실로 데리고 왔다. 한 집단에서는 두 명의 성인 연기자가 방으로 들어와서 논쟁을 벌이지만 의견 차이를 좁히지 못하는 해결되지 않는 분노 처치를 받았다. 다른 집단에서는 성인들이 사과하고 타협하면서 그들의 논쟁을 끝내는 해결된 분노 처치를 보게 했다. 성인이 갈등을 보인 후 해결된 분노 처치를 본 집단의 아동들이 불안한 표정, 얼어붙은 행동, 어머니에게 붙어 있으려는 행동들을 덜 보였으며, 덜 괴로워하는 것으로 나타났다. 이 실험은 분노 해결이 아동에 대한 성인 갈등의 스트레스 효과를 감소시킬 수 있었다는 것을 보여준 것이다.

실험 연구에서, 연구자들은 결과의 정확성을 감소시킬 수 있는 피험자의 특성을 통제하기 위해 특별한 주의를 기울여

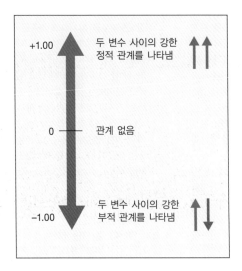

그림 1.6 상관계수의 의미 숫자의 크기는 관계의 강도를 나타낸다. 숫자 앞의 기호(+ 또는 −)는 관계의 방향을 나타낸다.

야 한다. 예를 들어 앞에서 언급한 연구에서 부모 사이에 갈등이 많은 가정의 아동들이 해결되지 않는 분노 처치 집단에 더 많이 할당된다면, 독립변인과 아동의 배경 중 어느 것이 이러한 결과를 가져왔는지를 말할 수 없을 것이다. 이러한 문제를 제거하기 위해 연구자들은 처치 조건에 피험자를 **무선 할당**(random assignment)한다. 모자 속에서 숫자를 뽑거나 동전을 던지는 편파적이지 않은 절차를 사용함으로써, 연구자들은 피험자의 특성이 처치 조건에 동등하게 분포될 기회를 증진시킨다.

수정된 실험 설계 : 현장 실험과 자연적 실험   대부분의 실험은 연구자가 처지 조건에 대해 통제를 가장 잘할 수 있는 실험실에서 행해진다. 하지만 앞에서 지적했듯이 실험실에서 얻은 결과는 일상적인 상황에 항상 적용되지 못할지도 모른다. 현장 실험에서, 연구자들은 자연 상황의 처치 조건들에 피험자들이 무작위로 할당될 것이라는 것을 강조한다. 앞서 기술한 실험에서 성인이 만든 정서적 분위기가 실험실에서 아동 행동에 영향을 준다고 결론지을 수 있다. 그러나 일상생활에서도 그럴까?

이 질문에 대한 답은 다른 연구에서 찾아볼 수 있다. 2세 아동이 있는 인종적으로 다양하고 경제적으로 어려운 가정을 방문해 설문과 자녀와의 상호작용을 비디오로 녹화하는 것을 통해 가족 기능 및 아동의 문제행동을 평가했다. 그 후 가족들을 가족검진(Family Check-Up)이라 불리는 간단한 개입 조건과 개입이 없는 통제집단으로 구분했다. 개입은 컨설턴트가 자녀 양육 방식과 자녀의 적응에 대해 부모에게 피드백을 제공하고, 부모의 개선에 대한 의지와 각 가정에 적합한 지역사회 서비스를 확인 후, 육아 실습과 기타 관심사에 대한 후속 회기를 제공했다(Brennan et al., 2013; Dishion et al., 2008). 연구 결과 가족검진 개입 집단의 경우 긍정적인 양육 방식을 습득했으며, 자녀의 문제행동이 감소했고, 아동이 학령기에 접어들었을 때 높은 학업 성취를 예측했다.

연구자들이 무작위로 피험자를 할당하고 조건을 조작할 수 없는 경우가 실제 상황에는 종종 있다. 그들은 때때로 다른 가정 환경, 학교, 일터, 은퇴한 사람들이 모여 사는 마을과 같이 이미 존재하는 처치들을 비교하는 것을 통해 자연적 실험 또는 반자연적 실험을 수행함으로써 타협을 한다. 이러한 연구들은 피험자 집단의 특성이 가능하면 같도록 선택된다는 점에서 상관 연구와 다르다. 이런 방식으로 연구자들은

처치 효과를 다르게 설명할 가능성을 배제하고자 한다. 그러나 이러한 노력에도 불구하고, 자연적 실험은 진짜 실험 연구의 엄격성과 정확성을 확보할 수 없다.

상관 설계와 실험 설계를 비교하기 위해 표 1.6에 강점과 제한점을 요약해 놓았다. 또한 이 표는 우리가 앞으로 살펴볼 발달 연구 설계를 개관하고 있다.

발달 연구를 위한 설계

인간발달에 관심을 가진 과학자들은 연구 참여자가 시간이 흐르면서 변화하는 방식에 대한 정보를 얻고 싶어 한다. 발달에 대한 질문에 답하기 위해서, 그들은 다른 연령대에서의 측정치를 포함하도록 상관 접근과 실험 접근을 확대해야 한다. 종단 설계와 횡단 설계는 특별한 발달적 연구 책략이다. 이 각각에서 연령 비교는 연구 계획의 기초가 된다.

종단 설계   **종단 설계**(longitudinal design)에서는 참여자들이 연령 증가에 따라 반복적으로 연구되고 변화가 기록된다. 연구되는 시간은 비교적 짧기도 하고(몇 달에서 몇 년), 또는 아주 길기도 하다(10년 또는 전 생애에 걸쳐). 종단 접근은 두 가지 강점을 가진다. 첫째, 개개인의 수행을 시간의 흐름에 따라 추적하기 때문에 연구자들은 발달에서의 개인차뿐만 아니라 공통된 패턴을 알 수 있다. 둘째, 종단연구는 연구자들에게 초기와 후기 사건과 행동 사이의 관계를 조사하도록 해준다. 이 생각의 실례를 살펴보자.

한 집단의 연구자들은 극단적인 성격 스타일(화를 잘 내고 격정적인 성격 스타일 또는 수줍어하고 위축된 성격 스타일)을 보이는 아동들이 성인이 되어서도 같은 성향을 유지하는지에 관심을 가졌다. 그 밖에 이 연구자들은 어떤 종류의 경험이 성격의 안정성, 또는 변화를 증진시키는지, 그리고 격정성과 수줍음이 장기적 적응에 어떤 결과를 가져오는지를 알고 싶어 했다. 이 질문에 답하기 위해, 연구자들은 1928년에 캘리포니아대학교 버클리 캠퍼스에서 시작되어 수십 년 동안 계속되어 온 종단연구인 Guidance Study의 자료를 철저히 조사했다(Caspi, Elder, & Bem, 1987, 1988).

연구 결과 이 두 성격 스타일은 중간 정도의 안정성을 보였다. 8~30세 사이의 일부 사람들은 실질적인 변화를 보였지만 많은 사람들은 같은 성격을 유지했다. 안정성은 아동들은 자기 성향이 유지될 수 있도록 성인과 또래들로부터 반응을 유발하는 '눈덩이 효과' 때문에 나타난 것으로 보였다. 감

표 1.6 연구 설계의 강점과 한계

설계	기술	강점	한계
일반적 설계			
상관	연구자들은 경험을 바꾸지 않고(어떠한 조작이나 처치를 하지 않고) 참여자에 대한 정보를 획득한다.	변수들 사이의 관계를 연구하게 해준다.	인과관계에 대한 추론이 가능하지 않다.
실험	참여자를 처치 조건에 무작위로 할당함으로써 연구자들은 독립변수를 조작하고 종속변수에 대한 효과를 조사한다. 실험실 혹은 자연 상황에서 수행될 수 있다.	인과관계에 대한 추론을 가능하게 한다.	실험실에서 진행된 연구 결과는 실제 세계에 일반화되지 않을 수 있다. 현장 실험에서는 실험실보다 처치에 대한 통제가 적게 이루어질 수 있다. *자연상황 실험 혹은 유사 실험에서는 무선 할당이 어렵기 때문에 연구의 정확성이 떨어질 수 있다.*
발달적 설계			
종단연구	연구자들은 동일 집단 참여자를 다른 연령대에 걸쳐 반복적으로 연구한다.	발달의 공통된 패턴과 개인차 그리고 초기의 사건과 후기의 행동 간의 관계를 연구하게 해준다.	연령과 관련된 변화는 참여자의 탈락과 연습 효과 그리고 동시대집단 효과에 의해 왜곡될 수 있다.
횡단연구	연령이 다른 집단들을 동일한 시점에 연구한다.	종단연구보다 효과적이다. 연습 효과나 참여자 탈락과 같은 문제들에 영향을 받지 않는다.	개별발달에 대한 경향을 연구할 수 없다. 동시대집단 효과로 인해 연령차가 왜곡될 수 있다.
계열연구	연구자는 몇 개의 횡단연구 혹은 종단(계열)연구를 수행한다. 같은 연령대의 참여자를 서로 다른 기간에 걸쳐 연구할 수 있고, 서로 다른 연령대의 참여자를 같은 기간 동안 연구할 수도 있다.	연구 설계가 종단적인 계열을 포함한다면 종단연구와 횡단연구를 비교할 수 있게 해준다. 동시대집단 효과를 밝힐 수 있다. 종단연구보다 연령에 따른 변화를 보다 효과적으로 추적할 수 있다.	종단 및 횡단연구와 같은 문제를 가질 수 있지만 설계 자체는 문제를 찾아내는 데 도움을 줄 수 있다.

정을 폭발시키는 젊은이들은 분노로 다루어지는 경향이 있었으나 수줍은 아이들은 무시되기 쉬운 것으로 나타났다. 그 결과, 두 유형의 아동들은 사회적 세계를 다르게 보게 되었다. 격정적인 아동들은 타인을 적대적으로 간주했고, 수줍은 아동들은 타인을 불친절한 것으로 간주했다(Caspi & Roberts, 2001). 이러한 요인들 때문에 격정적인 아동들은 제멋대로인 행동을 유지 또는 증가시키게 되고 수줍은 아동들은 계속 위축 행동을 보이게 된다.

극단적인 성격 스타일이 지속되는 것은 성인의 적응에 많은 영향을 준다. 남자들의 경우 초기 격정성은 직장생활에서 상사와의 갈등, 잦은 이직, 실업 등으로 뚜렷하게 나타난다. 이 연구가 시작되던 시점의 표본에서 결혼 후 직장생활을 하는 여성은 거의 없었기 때문에 여성들의 경우에는 가정생활이 가장 영향을 많이 받은 것으로 나타났다. 격정적인 소녀들은 불같은 성격의 아내와 엄마가 되었고, 이혼을 하는 경향이 높았다. 오랫동안 수줍어한 결과에서 성차는 더욱 컸다. 아동기에 위축된 남자들은 결혼, 아빠 되기, 안정된 직업을 갖는 것이 늦었다. 그러나 위축되고 주장하지 않는 스타일이 여성들에게는 수용적인 특성이 되어, 수줍은 성격을 가진 여자들은 특별한 적응 문제를 보이지 않았다.

종단연구 수행의 문제점 종단연구는 이러한 강점에도 불구하고 많은 문제점을 내포하고 있다. 예를 들어 참여자들은 여러 가지 이유로 연구에서 빠지거나 탈락한다. 이렇게 되면 원래 표본이 변하게 되기에, 연구자들이 결과를 일반화하고 싶어 하는 모집단을 더 이상 대표하지 않게 된다. 또한 반복된 연구로 인해 사람들은 자신의 생각, 감정, 행동을 더 잘 인식하게 되어 연령과 관계없는 변화를 일으키게 될 수도 있다. 또한 그들은 '검사에 현명해'질 수도 있다. 그들의 수행은 발달에 공통적으로 연합된 요인들 때문이 아니라, 검사를 받는 기술이 더 나아지고 그 검사에 대한 친숙성이 높아져서 생긴 훈련 효과로 증진된 것인지도 모른다.

종단연구 결과를 위협하는 가장 널리 논쟁이 되는 효과는 **동년배 효과**(chohort effect)이다(10~11쪽 참조). 같은 시기에 태어난 사람들은 특정한 역사적 · 문화적 조건에 의해 영향을 받는다. 한 동년배에서 나온 결과를 다른 시기에 발달하는 사람에게 적용할 수 없다. 예를 들어 앞 절에서 언급한 여성의 수줍음에 대해 1950년대에 수집한 결과를 보자. 서구사회의 성역할 변화로 인해 오늘날 여성들의 수줍음은 적응을 잘 하지 못하는 것으로 볼 수 있다. 남자든 여자든 수줍은 성인은 같은 나이 또래의 사람들보다 우울감을 더 잘 느끼고, 사회적 지원을 더 적게 받으며, 교육이나 직업을 더 잘 얻지 못한다(Asendorpf, Denissen, & van Aken, 2008; Karevold et al., 2012; Mounts et al., 2006). 마찬가지로 전 생애발달의 종단연구는 21세기 초반이나, 제2차 세계대전이 일어났던 시기나, 1930년대 대공황 시기에 수행되었는지에 따라 아주 다른 결과를 보일 것이다.

동년배 효과가 모든 세대에 널리 작용하지는 않는다. 또한 특정 경험이 같은 세대의 어떤 집단의 사람들에게는 영향을 주지만 다른 사람들에게는 영향을 주지 않을 때도 있다. 예를 들어 2001년 9월 11일 테러를 목격한 아동(그라운드 제로 가까이에 있었거나 또는 TV에서 부상자와 사망자를 보았거나) 혹은 재난으로 부모를 잃은 아이들은 다른 아이들보다 강한 공포, 불안, 우울 등의 지속적인 정서적 문제를 보일 가능성이 훨씬 높다(Mullett-Hume et al., 2008; Rosen & Cohen, 2010).

횡단 설계 종단연구에서는 행동 변화를 보기 위해 걸리는 시간이 길기 때문에, 연구자들은 발달을 보다 편리하게 연구할 수 있는 방법에 관심을 돌리게 되었다. **횡단 설계**(cross-

내전을 피해 탈출한 수백만 명의 시리아 난민들이 그리스에 상륙하는 데 도움을 받고 있다. 이들의 삶은 전쟁과 이주로 인해 극적으로 변화했고 이는 현 시대의 가장 큰 동년배 효과라 할 수 있다.

sectional design)에서는 연령이 다른 집단을 같은 시점에 연구한다. 참여자들을 오직 한 번 측정하기에 연구자들은 참여자 탈락이나 훈련효과와 같은 어려움을 염려할 필요가 없다.

3, 6, 9, 12학년 학생들이 자신의 형제 관계에 대한 질문지에 답하는 연구는 좋은 예를 보여준다(Buhrmester & Furman, 1990). 형제들은 연령이 증가하면서 보다 더 동등하게 상호작용했고, 힘을 과시하는 것이 적어졌다. 또한 형제 간의 친밀감이 청소년기 동안 감소했다. 연구자들은 몇 가지 요인이 이러한 연령차에 기여한다고 생각했다. 뒤에 태어난 아동들이 더 유능하고 독립적이 됨에 따라 손위 형제의 지시를 더 이상 필요로 하지 않고 받아들이려 하지 않는다. 청소년들은 가족에 대한 심리적 의존에서 또래와 친밀해지는 방향으로 옮겨 가면서, 형제들과 함께 보내는 시간이나 정서적 요구가 줄어든다.

횡단연구 수행의 문제점 횡단연구는 편리하긴 하지만 발달에 대한 증거를 개별적인 수준에서 정확하게 제공하지 못한다. 예를 들어 앞에서 논의한 형제 관계에 대한 횡단연구에서 연령집단의 평균만을 제한적으로 비교한다. 중요한 개인차가 있었는지는 말할 수 없다. 사실 종단연구 결과는 청소년들의 형제 관계가 질적으로 달라질 때 많은 변화가 있다는 것을 보여준다. 많은 청소년들의 형제 관계가 소원해진다 하더라도 지지적이고 친밀한 관계를 유지하는 청소년들도 있고, 더 경쟁적이고 적대적이 되는 경우도 있다(Kim et al., 2006; McHale, Updegraff, & Whiteman, 2012).

횡단연구, 특히 넓은 연령대를 다루는 횡단연구에는 다른 문제가 있다. 종단연구처럼 동년배 효과의 위협을 받을 수 있다. 예를 들어 25세 동년배, 50세 동년배 그리고 75세 동년배의 출생, 양육, 교육을 비교하는 것은 연령에 따른 변화를 실질적으로 보여주지 못할 수 있다(MacDonald & Stawski, 2016). 대신, 그것들은 그 연령 집단이 자란 역사적 시대와 연합된 독특한 경험을 반영할지도 모른다.

발달연구의 설계 개선하기 연구자들은 종단연구와 횡단연구의 약점을 최소화하고 강점에 기반을 둔 방법을 고안해 왔다. 그 결과 몇 가지 수정된 발달 설계를 갖게 되었다.

계열 설계 전통적인 발달 설계의 일부 제한점을 극복하기 위해, 연구자들은 때때로 **계열 설계**(sequential design)를 사용하

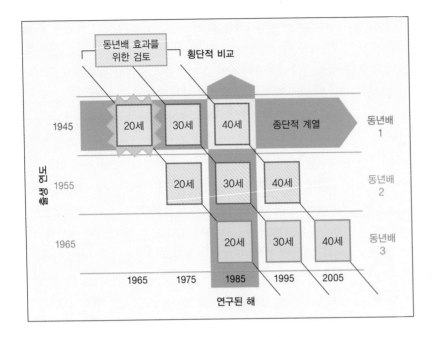

그림 1.7 계열 설계의 예 1945년(파란색), 1955년(분홍색), 1965년(초록색)에 태어난 3개의 동년배를 20대에서 40대까지 종단적으로 추적 연구했다. 위의 설계는 다른 연령대에서 태어난 같은 연령을 비교함으로써 동년배 효과를 확인할 수 있다. 위의 연구에서 동년배 1의 20세는 동년배 2 및 3의 20대와 상당히 달랐으며, 강력한 역사적 영향을 나타냈다. 이 설계는 종단연구와 횡단연구를 비교할 수 있다. 유사한 결과의 발견이 결과에 대한 확신을 더해준다.

는데, 이는 여러 시점에서 비슷한 몇 개의 횡단연구나 종단 연구(계열이라 부름)를 수행하는 것을 말한다. 그림 1.7에 첫 번째 예시를 제시했다. 또한 일부 계열 연구 설계는 종단적 책략과 횡단적 책략을 결합하는데, 이 접근에는 두 가지 장점이 있다.

- 다른 해에 태어난 같은 연령의 참여자를 비교해 동년배 효과를 조작해낼 수 있는지를 찾아볼 수 있다. 예를 들어 그림 1.7의 예에서 20, 30, 40세의 세 종단 표본을 비교할 수 있다. 이것들이 다르지 않다면 동년배 효과를 배제할 수 있다.
- 종단적 그리고 횡단적 비교를 할 수 있다. 둘의 결과가 비슷하면, 연구 결과에 대해 확신할 수 있다.

그림 1.7의 설계를 사용한 연구에서, 연구자들은 성인 성격 발달이 에릭슨의 심리사회이론이 예언한 것처럼 진행되는지를 밝혀보고자 했다(Whitbourne et al., 1992). 에릭슨의 단계를 측정하는 질문지를 20세가 된 시점에서 동년배에게 배부했는데, 각 동년배는 10년 차이로 태어났다. 동년배는 10년 간격으로 다시 평가되었다. 에릭슨의 이론과 마찬가지로 자아정체감과 친밀감이 20~30세 사이에 종단 및 횡단적으로 획득되었으며, 초기 성인기의 정체성과 친밀감은 중년기의 심리적 안녕감을 예측하는 것으로 나타났다. 그러나 근면성 확립에는 강한 동년배 효과가 나타났으며,

20세 때 동년배 1은 동년배 2와 3보다 훨씬 떨어지는 점수를 받았다. 그림 1.7에서 동년배 1의 구성원들이 1960년대 중반에 20세가 되었다는 것을 주목하라. 그들은 대학생 시절, 직업윤리 의식에 환멸을 느끼던 정치적 저항의 시대를 살았다. 대학을 졸업하면서 그들은 직업 세계의 압력을 경험하면서 다른 동년배의 구성원들과 비슷해졌다. 연구 참여자들이 54세가 된 2001년 추적 연구에서 동년배 1은 정체성에 대한 초점이 감소했고 자아통합이 증가한 것으로 나타났다(Sneed, Whitbourne, & Culang, 2006; Sneed et al., 2012). 이러한 경향성은 늦은 성인기까지 지속되는 것으로 기대되었다. 동년배 효과를 극복하면서 계열 설계는 발달의 다양성을 설명하는 데 도움을 주었다. 그러나 계열 설계로 수행된 연구는 많지 않았다.

실험과 발달 설계를 결합하기 하지만 이론을 검증하고 발달을

묻고 대답하기

연관지어보기 37쪽의 가족검진에 대해 살펴보라. 발달적 실험 설계의 무엇과 관련있는지 설명해보라. 독립변수와 종속변수는 무엇인가? 종단연구인가, 횡단연구인가?

적용해보기 한 연구자는 만성적인 심장질환을 가진 노인과 심각한 건강 문제가 없는 사람을 비교해 첫 번째 집단이 정신능력 검사에서 더 낮은 점수를 받은 것을 발견했다. 연구자는 심장질환이 성인 후기의 지적 감소를 일으킨다고 결론지을 수 있을까?

생각해보기 연구자가 여러분의 아이를 10년간의 종단연구에 참여시킬 것을 부탁한다. 무엇 때문에 여러분은 참여한다고 동의할 것인가? 여러분의 대답은 종단연구의 편향된 표본에 대한 답을 내려줄 것인가?

증진시키는 방법을 찾기 위해서는 인과적 정보가 필요하다. 때때로 연구자들은 경험을 실험적으로 조작해 경험과 발달 사이의 인과적 고리를 찾을 수 있다. 그 결과, 발달이 증진되면 인과적 연합에 대한 강한 증거를 갖게 된다. 오늘날 종단적 접근이나 횡단적 접근과 실험 방법을 결합시킨 연구는 점점 보편화되고 있다.

전 생애 연구에서 윤리

1.11 인간발달 연구에서 고려되는 윤리적 이슈는 무엇이 있는가?

불행하게도 과학지식을 얻기 위한 질문이 때로는 사람을 이용할 수 있기 때문에, 인간발달에 대한 연구는 윤리적 쟁점을 일으킨다. 이로 인해 미국의 경우 연구비 제공기관인 미국 연방정부와 미국심리학회(2010), 아동발달학회(2007)와 같은 학회들은 연구를 위한 특별한 지침을 만들었다. 표 1.7은 위의 지침에 따른 기본적인 연구 원리를 요약하고 있다. 이를 잘 살펴본 후 심각한 윤리적 딜레마를 포함한 다음의 연구 상황을 읽어보라. 각 예시에서 어떤 주의를 해야 하는가?

- 도덕 발달 연구에서, 한 연구자는 아동에 대한 지식 없이 아동의 행동을 비디오로 촬영해 유혹에 저항하는 아동의 능력을 평가하고자 한다. 이 연구자는 7세 아동에게 어려운 퍼즐 문제를 풀면 상을 주겠다고 약속하고 방 뒤에 학급 친구의 정답을 의도적으로 놓아두고는 그 답을 보아서는 안 된다고 말한다. 아동에게 커닝하는 것을 연구한다거나 그들의 행동이 탐지될 것이라고 미리 말해주게 된다면 연구의 목적을 성취하지 못할 것이다.

- 한 연구자는 양로원에서 매일 조금씩 운동하는 것이 노인 환자들의 신체 및 정신 건강에 미치는 효과에 대해 연구하고자 한다. 그는 양로원 소속 의사들에게 규칙적인 운동이 해롭지 않을 것이라는 확인을 받았다. 그러나 노인들의 동의를 얻고자 할 때, 그는 많은 사람들이 이 연구의 목적을 이해하지 못한다는 것을 발견했다. 일부는 고립감이나 고독감을 완화하기 위해 단순히 동의하는 듯했다.

이 예들이 보여주듯이, 아동이나 노인들이 연구에 참여할 때 윤리적 문제는 더욱 복잡해진다. 아동들은 미성숙하기 때문에 연구에 참여하는 것이 무엇을 의미하는지 잘 알지 못한다. 일부 아주 나이 든 노인들은 정신적 손상이 있을 수 있기 때문에 자발적인 선택이나 올바른 선택을 할 수 없다(Dubois et al., 2011; Society for Research in Child Development, 2007). 다른 사람의 삶의 상황 때문에 이들은 유난히도 참여에 대한 압력을 받기 쉽다.

연구의 윤리적 원리를 제정하는 모든 단체는 실제로 연구 상황에서 일어나는 갈등이 단순히 옳다거나 틀렸다고 판단해 해결될 문제가 아니라고 결론짓는다. 연구가 윤리적으로 완전하기 위한 궁극적인 책임은 연구자들에게 있다. 그러나 연구자들은 다른 사람의 충고를 찾아보라는 충고를—보통은 요구를—받는다. 대학, 대학교, 기타 기관은 이러한 목적으로 특별한 위원회를 구성한다. 기관심사위원회(IRBs)는 인간의 삶을 보다 나은 방향으로 이끌고 지식을 발전시키는 연구의 가치와 연구가 참여자를 불편하게 하거나 물리적 혹은 정신적 위험을 끼치는 것 사이의 균형을 고려해 연구 참여자의 보호를 위한 지침을 따른다. 연구가 정당화하지 못하는 참여자의 안전이나 복지에 대한 어떤 위험이 있다면, 항상 참여자들의 이익을 우선적으로 생각해야 한다.

고지에 입각한 동의에 대한 윤리적 원리는 참여자가 연구 목적과 활동을 충분히 인식할 수 없을 때 특별한 해석을 요구한다. 부모의 동의는 아직 성숙하지 않은 아동의 안전을 보호하기 위한 것이다. 또한 연구 목적을 이해할 수 있는 나이가 된다면 7세경부터는 부모 동의 외에도 아동 자신의 정보에 입각한 동의가 필요하다. 이 시기 아이들의 사고 변화는 과학적 원리와 타인의 의도를 더 잘 이해할 수 있다. 연구자는 이러한 아이들의 새로운 역량을 인정하고 고양하기 위해 이해할 수 있는 언어로 연구 활동에 대한 완전한 설명을 제공해야 한다(Birbeck & Drummond, 2015). 아동들이 제공하는 정보의 비밀이 보장되고 참여자들은 언제든 그만둘 수 있다는 것을 아동에게 말해주는 추가적인 배려가 있어야 한다. 청년들조차도 이러한 약속을 이해하지 못하거나 때로는 믿지 못한다(Bruzzese & Fisher, 2003). 특성 소수민족집단에서 권위에 대한 존중과 손님(연구자)의 요구를 충족시키는 것에 가치가 있을 경우 아동과 부모는 그렇지 않을 경우보다 쉽게 동의 혹은 승인할 수 있다(Fisher et al., 2002).

대부분의 나이 든 성인들은 고지에 입각한 동의 절차만을 요구한다. 그래도 많은 연구자들은 노인들을 대상으로 하는 연구에서 나이의 상한선을 설정해 가장 나이 든 노인들을 제

표 1.7   연구 참여자의 권리

연구 참여자의 권리	설명
피해로부터 보호	연구 참여자는 신체적 또는 심리적 위해로부터 보호받을 권리가 있다. 연구의 유해한 영향에 대해 의문이 있으면, 연구자는 다른 연구자들의 의견을 구해야 한다. 피해가 예상되는 경우, 연구자는 원하는 정보를 얻을 수 있는 다른 방법을 탐색하거나 연구를 중단해야 한다.
동의	어린이와 노인을 포함한 모든 참가자에게는 연구 참여 의사에 영향을 줄 수 있는 연구의 세부사항에 대한 고지가 당사자들의 이해 수준에 적합한 언어로 설명될 권리가 있다. 아동이 참가자인 경우, 학부모를 비롯해 자녀를 대리하는 다른 사람(예 : 교직원, 교사)의 아동 연구 참여에 대한 서면 혹은 구두 동의를 받아야 한다. 인지적으로 장애가 있는 아동의 경우 대리결정권자(보호자)를 임명하도록 요청해야 한다. 대리결정권자 요청이 불가할 경우 친척 혹은 연구 참여자의 상태에 대해 자세히 알고 있는 전문가와 신중하게 상담한 후 생명윤리위원회(IRB)에 보고해야 한다. 모든 참가자는 언제든지 연구 참여를 중단할 권리가 있다.
개인정보 보호	연구 참여자는 연구 과정에서 수집된 모든 정보에 대해 자신의 개인식별정보를 숨길 권리가 있다. 또한 서면 보고서와 연구에 대한 비공식 토론과 관련한 권리를 갖는다.
결과에 대한 지식	연구 참여자는 자신의 이해 수준에 적합한 언어로 된 연구 결과를 알 권리가 있다.
유익한 치료	연구에서 사용되는 실험적 조치가 연구 참여자에게 유익한 것으로 여겨질 경우, 대조집단의 참여자들은 연구가 종료된 후 대안적인 유익한 치료(가능한 경우) 혹은 동일한 치료(효과가 있을 경우)를 제공받을 권리를 가진다.

출처 : American Psychological Association, 2010; Society for Research in Child Development, 2007.

고령자는 연구에서 임의로 제외되서는 안 된다. 대부분 전형적인 정보에 입각한 절차만 필요하며, 고령자의 참여는 개인적 · 과학적 이득을 가져온다. 그러나 만성적 질병을 가지고 있거나 일부 사람들은 대리인의 도움이 필요할 수 있다.

노인들이 동의할 수 없고 연구의 위험이 작은 게 아니고 참여자들에게 직접적인 유익을 줄 수 없다면, 그 연구를 수행해서는 안 된다(Dubois et al., 2011).

마지막으로, 모든 윤리적 지침서는 연구자들이 사람들을 일방경 뒤에서 관찰하고, 수행에 대해 잘못된 피드백을 주고, 그 연구의 목적을 사실대로 말해주지 않는 경우와 같이 속이거나 감추는 방법을 사용할 때 특별히 주의할 것을 충고한다. 성인을 대상으로 이러한 종류의 절차가 사용될 때, 연구가 끝난 후 활동을 완전히 설명하고 그 이유를 말해주는 사후 보고회를 갖는다. 아동들에게도 보고회를 갖기는 하지만 거의 잘 되지 않는데, 설명을 해주어도 아동들은 어른들이 정직하지 않다고 생각하며 연구 상황을 떠난다. 연구자들이 그렇게 하는 것이 필요하다고 위원회를 설득하면 윤리적 기준은 속이는 것을 허용한다. 그럼에도 불구하고 속이는 것은 일부 어린이들에게 심각한 정서적 결과를 가져오기 때문에, 연구 윤리에 있어 많은 전문가들은 아동 참여 연구에서는 위협을 최소화해야 한다고 주장한다.

외한다(Bayer & Tadd, 2000). 노인들을 연구 활동 참여를 직접 결정하는 능력이 부족한 사람으로 상투적으로 보아서는 안 된다. 그렇지만 인지적으로 손상된 사람이나 만성적인 질환을 앓고 있는 사람들을 보호하기 위해 추가적인 측정을 해야 한다. 참여하는 것이 개인적으로나 과학적으로 유익하다면, 참여를 무조건 보류해서는 안 된다. 이러한 경우 잠재적으로 참여가 가능한 사람들의 경우에는 대리로 결정할 사람을 지정할 것을 요청해야 한다. 그렇게 할 수 없다면 그 사람을 잘 아는 친척이나 전문가들에게 자세히 물어본 후에 기관 심사위원회에 이름을 올려야만 한다. 좀 더 주의를 하자면,

묻고 대답하기

연관지어보기 37쪽의 가족검진과 같은 현장 연구의 영향에 대해 살펴보라. 연구가 종료된 후 개입을 하지 않은 집단에 대해 개입을 제공하는 것이 윤리적으로 중요한 이유는 무엇인가?(힌트 : 표 1.7 참조)

적용해보기 한 연구원이 요양원에서 인지기능장애를 가진 여러 노인들의 활동을 관찰하는 중에 어떤 한 사람이 "나를 보지 말라"고 말한다. 연구원은 어떻게 응답해야 하며, 왜 그렇게 해야 하는가?

생각해보기 아이들을 기만하는 연구를 수행하는 데 있어 어떠한 윤리적 안전장치를 고려해야 하는가?

요약

과학, 응용, 학제 간 영역으로서 인간발달

1.1 발달과학이란 무엇이며, 어떤 요인들이 이들 영역으로 확장가능한가?

■ **발달과학**은 인간의 전 생애에 걸친 안정성과 변화를 이해하는 데 전념하는 학제 간 영역이다. 인간발달 연구는 인간의 삶을 향상시키기 위해 과학적 호기심과 사회적 관심을 받고 있다.

기본 쟁점

1.2 인간발달의 세 가지 기본 쟁점을 이해하라.

■ 인간발달의 **이론**들은 세 가지 근본적인 쟁점에 대한 입장을 가지고 있다 — (1) 발달은 **연속적**인가 **비연속적인 단계**인가? (2) 하나의 일반적인 발달 과정이 개인을 특징 짓는가? 아니면 다양한 과정이 존재하는가? (3) 유전 혹은 환경적 요인 중 어떤 요인이 발달에 더 중요한 영향을 미치는가?(**본성과 양육 논쟁**) 개인차는 안정적인가 혹은 **가소성**을 가지며 변화하는가?

전 생애적 관점 : 절충적 관점

1.3 발달의 전 생애적 관점을 설명하라.

■ **전 생애적 관점**은 발달 시스템 관점에서 인간의 변화를 탐색한다. 발달은 지속적이고 다차원적이며(생물학적, 심리적, 사회적 영향 등), 다방향(성장과 쇠퇴) 및 가소성(새로운 경험에 대한 개방성)을 가진다고 가정된다.

■ 전 생애 관점에 의하면, 인간의 삶은 다양한 힘에 의해 영향을 받는다 — (1) 예측가능한 사건의 발생 시점과 지속기간과 같은 **연령에 따른 영향**, (2) 특정 역사의 고유한 영향과 같은 **역사적 시점의 영향**과 (3) 소수의 개인에게 고유한 **비규준적 영향**이 있다.

과학적 연구의 시작

1.4 발달의 과학적 연구에 영향을 준 초기 이론들을 설명하라.

■ 다윈의 진화론은 발달 이론과 과학적인 아동 연구에 주요한 영향을 미쳤다. 20세기 초 홀과 게젤은 대규모 집단의 행동을 측정해 발달에 대한 기술을 제공할 수 있는 **규준적 접근법**을 소개했다.

■ 비네와 시몬은 발달의 개인차에 대한 관심과 본성과 양육에 대한 논쟁을 불러일으킨 최초의 지능검사를 개발했다.

20세기 중반 이론들

1.5 20세기 중반 인간발달 연구에 영향을 준 이론은 무엇인가?

■ 1930년대와 1940년대에는 정신과 의사와 사회복지사들이 **정신분석적 관점**을 사용해 사람들의 정서적 문제를 치료했다. 프로이트의 **심리성적 이론**에서 개인은 5개의 발달 단계를 거치며 성격의 세 가지 요인(원초아, 자아, 초자아)이 통합된다고 했다. 에릭슨의 **심리사회적 이론**은 프로이트의 이론을 확장했으며, 문화적으로 관련있는 태도와 기술을 발달시키며 전 생애발달을 강조했다.

■ 정신분석 관점이 힘을 얻게 되면서, 자극과 반응, 조건화 및 모델링과 같은 직접적으로 관찰가능한 사건에 초점을 둔 **행동주의**와 **사회학습이론**이 나타나게 되었다. 이러한 접근들에 의해 바람직하지 않은 행동을 제거하고 바람직한 반응을 이끌어내기 위해 조건화 및 모델링 절차가 사용된 **응용행동분석** 방법이 출현했다.

■ 피아제의 **인지발달이론**은 영아의 감각운동 행동을 시작으로 청소년과 성인의 추상적이고 체계적인 사고까지 아동이 자발적으로 지식을 구성하면서 4단계의 발달을 거친다고

했다. 피아제의 연구로 인해 아동의 사고에 대한 후속연구들이 활발하게 진행되었으며, 아동의 탐색활동을 강조한 교육 프로그램들의 개발이 이루어졌다.

최근의 이론적 관점

1.6 인간발달에 대한 최근의 이론적 관점들을 설명하라.

■ **정보처리이론**은 인간의 마음을 컴퓨터와 같이 복잡한 상징(정보)들을 조합하는 시스템으로 간주한다. 이 관점은 아동과 성인이 어떻게 인지과제를 수행하는지에 대한 정확한 설명을 제공하며, 연구의 발견들은 교육에 중요한 함의를 제공한다.

■ **발달인지신경과학**자들은 뇌의 변화와 인지과정의 발달 및 행동 패턴들의 관련성을 연구한다. 최근의 **발달사회신경과학**은 뇌의 변화와 정서 및 사회적 발달의 관련성을 연구한다. 다양한 연령대의 뇌 발달에 영향을 미치는 경험에 대한 연구는 인지 및 사회적 능력을 향상시키는 개입방법 개발에 기여할 수 있다.

■ 다음 3개의 최근 이론들은 발달의 맥락을 강조한다. 첫째, **동물행동학**은 행동의 적응적 가치를 강조하며, **민감기**에 대한 개념을 강조했다. **진화발달심리학**의 경우 연령에 따라 변화하는 다양한 종의 적응 능력을 연구한다.

■ 두 번째 관점인 비고츠키의 **사회문화이론**은 사회적 상호작용을 통해 문화가 한 세대에서 다음 세대로 어떻게 전달되는지에 초점을 맞추며, 인지발달을 사회적인 중재 과정으로 보는 관점이다. 보다 유능한 사회 구성원들과의 협력과 대화를 통해 아동은 언어를 사용해 자신의 생각과 행동을 문화적으로 관련있는 지식과 기술로 이끈다.

- 세 번째 관점인 **생태학적 체계 이론**은 개인이 여러 개의 중첩된 계층 — **미시체계, 중간체계, 외체계, 거시체계** — 의 영향을 받으며 발달한다고 주장한다. **시간체계**는 개인과 개인의 경험의 역동적이고 지속적인 변화를 나타낸다.

이론의 비교 및 평가

1.7 각 주요 이론에 근거해 인간발달의 세 가지 기본 쟁점에 대해 설명하라.

- 이론들은 발달의 서로 다른 영역과 이론적 관점에 따라 발달이 어떻게 이루어지는지, 그리고 이론들의 강점과 약점을 설명하고 있다(전체 요약은 29쪽 표 1.4 참조).

발달 연구하기

1.8 인간발달 연구에서 사용되는 방법론을 기술하라.

- **자연 관찰**은 연구자가 설명하려는 일상의 행동들을 통해 수집된다. **구조화된 관찰**은 실험실에서 사용되며, 모든 참여자에게 연구자가 관심 있는 행동을 나타낼 동등한 기회가 주어진다.
- **자기보고 방법**은 **임상적 방법**처럼 유연하고 개방적이므로, 참여자가 일상에서 생각하는 방식과 유사한 방식으로 자신의 생각을 표현할 수 있다. **구조화된 면접**은 (검사와 설문을 포함해) 개방된 면접보다 효율적으로 참여자가 표현하지 못했던 활동과 생각에 대한 자료를 수집할 수 있다. 연구자는 **임상적 방법** 및 **사례연구**를 통해 개인에 대한 깊이 있는 자료를 얻을 수 있다.
- 연구자는 자기보고 방법을 사용해 문화적 차이를 직접 비교할 수 있다. 행동의 문화적 차이를 탐색하기 위해 연구자들은 참여 관찰을 통한 **민족지학** 방법을 사용한다.

1.9 상관 연구와 실험 연구 설계의 차이점, 강점 및 한계를 설명하라.

- **상관 설계**는 참여자의 경험을 변화시키지 않고 변수들의 관계를 검증한다. 상관계수는 변수들 간의 관계를 나타낸다. 상관연구는 인과관계를 나타내지 않으나 보다 강력한 실험방법으로 탐색할 만한 가치가 있는 관계를 식별하는 데 도움을 준다.
- **실험 설계**를 통해 인과관계를 파악할 수 있다. 예를 들어 연구자는 2개 이상의 처치조건에 연구 참여자를 할당함으로써 **독립변수**를 조작할 수 있다. 이후 독립변수가 **종속변수**에 미치는 영향을 파악한다. 처치조건의 **무선 할당**은 참가자의 특성이 실험 결과에 영향을 미칠 가능성을 감소시킨다.
- 현장, 자연 혹은 유사실험방법은 일상적인 환경에서 처치방법의 차이를 비교할 수 있다. 이러한 접근은 실험실 실험보다 덜 엄격하게 진행된다.

1.10 발달 연구를 위한 설계를 알아보고, 각 설계의 강점 및 한계를 설명하라.

- **종단 설계**는 연구 참여자를 일정 시간 반복적으로 연구하는 것으로, 초기와 후기의 사건과 행동 간의 개인차와 발달의 일반적인 패턴을 확인할 수 있다. 종단연구는 표집의 편향, 연습효과 및 하나의 동년배의 결과를 다른 역사적 배경을 가지고 있는 사람들로 일반화하기 어려운 동년배 효과의 한계를 가지고 있다.
- **횡단 설계**는 각기 다른 연령의 집단을 동일한 시점에 연구하는 것으로 발달을 연구하는 데 보다 효율적인 방법이나, 단지 연령집단의 평균을 비교하거나 동년배 효과에 취약한 단점이 있다.
- **계열 설계**는 다른 해에 태어난 같은 연령대의 연구 참여자를 비교하는 것으로 동년배 효과를 확인할 수 있다. 계열 설계가 종단 및 횡단연구와 결합될 때 연구는 연구 결과의 유사성 확인을 통해 결과에 대한 확인을 가지게 된다.
- 실험 및 발달 설계를 통해 연구자는 발달의 인과적 영향을 탐색할 수 있다.

전 생애 연구에서 윤리

1.11 인간발달 연구에서 고려되는 윤리적 이슈는 무엇이 있는가?

- 과학에 대한 탐구가 인간을 착취할 가능성이 있기 때문에 인지적 손상 혹은 만성적인 질환이 있는 노인 혹은 아동의 경우 정보에 입각한 동의가 필요하다.
- 아동 연구에서 속임기법을 사용한 것은 성인의 정직성에 대한 기본적인 믿음을 약화시킬 수 있기 때문에 위험하다.

주요 용어 및 개념

가소성	민감기	시간체계	자연 관찰
거시체계	민족지학	실험 설계	전 생애적 관점
계열 설계	발달과학	심리사회적 이론	정보처리
구조화된 관찰	발달사회신경과학	심리성적 이론	정신분석적 관점
구조화된 면접	발달인지신경과학	역사적 시점의 영향	종단 설계
규준적 접근	본성–양육 논쟁	연령에 따른 영향	종속변인
단계	비규준적 발달	연속적 발달	중간체계
독립변인	비연속적 발달	외체계	진화발달심리학
동년배 효과	사회문화이론	응용행동분석	탄력성
동물행동학	사회학습이론	이론	행동주의
맥락	상관계수	인지발달이론	횡단 설계
무선 할당	상관 설계	임상적 면접	
미시체계	생태학적 체계 이론	임상적 방법 또는 사례연구	

유전 및 환경적 기초

유전과 환경은 복잡한 방식으로 결합되어, 확장된 가족 구성원들의 신체적·행동적 특징을 같거나 혹은 다르게 만든다.

부모들이 자기 아이를 놀라운 눈으로 바라보고 있을 때 의사가 울고 있는 작은 아이를 손에 들고 "딸입니다!" 하고 알려준다. "딸이군요! 이름을 사라라고 할 거예요!" 하고 아빠가 새로운 가족 구성원을 기다리고 있던 친척들에게 자랑스럽게 외쳤다.

부모가 되면서 아이가 어떻게 생겨났고 또 장래에 어떻게 될지를 생각할 때 여러 가지 질문에 부딪히게 된다. 어떻게 2개의 작은 세포의 결합으로부터 세상에서 살아가는 데 필요한 모든 것을 갖춘 아이가 생길 수 있을까? 무엇이 사라가 다른 아이들과 비슷한 시기에 뒤집고, 물건을 잡고, 걷고, 말하고, 친구를 만들고, 학습하고, 상상하고, 무언가를 만들 수 있게 할까? 왜 이 아이가 남자가 아닌 여자이고, 머리칼 색깔이 금발이 아니라 검은색이고, 뻣뻣하고 활동적이지 않고 차분하고 귀여울까? 사라가 어떤 가정, 지역사회, 국가와 문화에 속하게 된 것이 다른 곳에 속하게 된 것과 어떻게 다를까?

이러한 질문에 답하기 위해 이 장에서는 발달의 기초-유전과 환경-를 상세하게 살펴볼 것이다. 자연이 우리를 생존할 수 있게끔 준비시켜 주었으므로 인류에게는 공통점이 있다. 그러나 개개인은 고유한 특징이 있다. 친구들과 친구들 부모 사이의 신체적·행동적 유사성을 생각해보자. 양쪽 부모를 적당하게 닮은 친구, 한쪽 부모만 닮은 친구, 어떤 부모도 닮지 않은 친구를 찾아보라. 이처럼 직접적으로 관찰할 수 있는 특징을 **표현형**(phenotypes)이라고 한다. 표현형은 부분적으로는 개인의 **유전자형**(genotypes)에 달려 있으며, 유전자형은 우리 종을 결정하고, 우리의 독특한 모든 특징에 영향을 주는 복잡한 유전정보로 이루어진다. 그러나 표현형은 또한 개인의 긴 인생 역사의 영향도 받는다.

우리는 외모와 행동의 유사점과 차이점을 설명하기 위해 한 개인의 유전적 구조가 만들어지는 기초적 유전법칙을 살펴보겠다. 그리고 일생 동안 강력하게 영향을 미치는 환경의 측면을 살펴볼 것이다. 그리고 우리의 논의가 진행됨에 따라 놀라운 사실들을 발견할 것이다. 위험한 환경에 의해 손상이 발생할 수도 있다. 하지만 어떤 것도 사실이라고 단정할 수 없다. 유전과 환경은 서로 상호작용하며 발달 과정에 영향을 미친다. 이 장의 마지막에서 우리는 본성과 양육이 어떻게 상호작용하는지 살펴볼 것이다.

유전적 기초

2.1 유전자는 무엇이고 한 세대에서 다음 세대로 어떻게 전이되는가?
2.2 유전자-유전자 상호작용의 다양한 패턴을 알아보라.
2.3 주요 염색체 이상에 대해 알아보고 어떻게 발생하는지 설명하라.

인간의 신체를 구성하는 수없이 많은 세포들(적혈구 제외)은 핵이라고 불리는 통제센터가 있는데 여기에 **염색체**(chromosome)라고 부르는 막대처럼 생긴 구조가 들어 있어서 유전정보를 저장하고 전달한다. 인간의 염색체는 23개의 쌍으로 구성되어 있다(남성은 XY로 구성되어 있는데 이는 추후에 논의할 것이다). 각 쌍의 한쪽은 다른 쪽과 크기, 모양 및 유전적 기능이 동일하다. 하나의 염색체는 어머니에게서 물려받고 다른 하나는 아버지에게서 물려받는다(그림 2.1 참조).

유전부호

염색체는 **디옥시리보핵산**(deoxyribonucleic acid) 또는 **DNA**라고 불리는 화학물질로 구성된다. 그림 2.2에서처럼 DNA는 뒤틀린 사다리처럼 보이는 이중나선 형태의 분자로 구성되어 있다. 사다리의 각 가로장은 두 쪽을 같이 묶는 염기라고 부르는 특수한 화학물질 쌍으로 구성된다. 이 염기서열이 유전적 지시를 한다. **유전자**(gene)는 염색체 길이를 따라 있는 DNA의 부분이다. 유전자는 크기가 다를 수 있어서 100가로장이나 수천 가로장이 될 수 있다. 인간의 신체적 특성에 직접적인 영향을 미치는 약 21,000개의 **단백질 염색 유전자**(protein-coding genes)가 인간의 염색체를 구성하고 있다. 이들은 세포핵을 둘러싸고 있는 세포질에 풍부한 단백질을 만들기 위한 신호를 전달한다. 몸 전체의 화학적 반응을 일으키는 단백질은 인간의 특징을 만들어내는 생물학적 기초라 할 수 있다. 더불어 18,000개의 **조절유전자**(regulator genes)는 단백질 염색 유전자에 의해 주어진 신호를 수정해 유전자의 영향을 복잡하게 만든다(Pennisi, 2012).

우리 유전자 가운데 일부의 구성은 박테리아나 곰팡이와 같은 가장 단순한 유기체와 비슷하지만 대부분의 유전자 구성은 다른 포유동물, 특히 영장류와 비슷하다. 인간과 침팬지의 유전자는 약 95% 유사하다. 또한 사람들 사이의 유전자 차이는 보다 적다 ─ 전 세계 인류는 유전적으로 99.6% 동일하다(Tishkoff & Kidd, 2004). 그러나 이러한 단순한 비교는 오류를 내포하고 있다. 침팬지와 유사해 보이는 인류의 DNA 분절은 다른 분절들과 복잡하게 재구성되어 있다. 실제로 인간의 직립보행과 언어 및 인지 능력과 같이 인간을 인간답게 만드는 특성을 담당하는 종 특유의 유전물질은 광범위하게 존재한다(Preuss, 2012). 더불어 인간의 특성과 능력에 영향을 미치기 위해서는 단 한 쌍의 DNA만 변하면 된다. 그와 같은 작은 변화가 여러 유전자에 걸쳐 독특한 방식으로 조합되어 인간들 사이의 다양성을 크게 만든다.

과학자들이 생각했던 것보다 훨씬 적은 수의 유전자(단지 벌레나 파리의 2배)를 가지고 인간이 그렇게 복잡한 존재로 발달할 수 있을까? 그 답은 우리 유전자가 만드는 단백질에 있는데, 단백질은 엄청나게 다양하게(약 1,000~2,000만) 분리되고 또다시 조합된다. 더 단순한 종은 훨씬 더 적은 단백

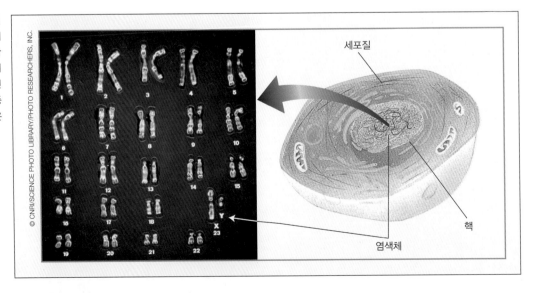

그림 2.1 인간 염색체의 핵형 및 사진 왼쪽에 있는 46개의 염색체는 체세포에서 분리해 염색한 후 확대했고, 각 염색체의 위쪽 '팔' 크기에 따라 순서대로 배열했다. 23번째 염색체 쌍 XY를 보라. 세포기증자는 남성이다. 여성의 23번째 쌍은 XX이다.

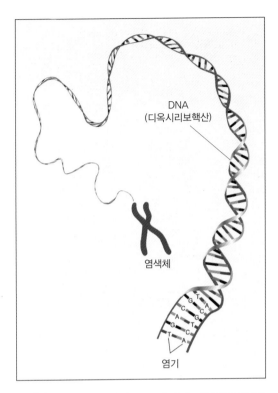

그림 2.2 DNA의 사다리 구조 유전자는 염색체의 길이를 따라 나열되어 있는 DNA의 부분으로 100개에서 수천 개의 사다리 가로장으로 구성되어 있다. 사다리 가로장의 조합은 매우 구체적이다. 아데닌(A)은 항상 티민(T)과 나타나고, 사이토신(C)은 항상 구아닌(G)과 나타난다.

질을 가지고 있다. 게다가 유전자 활동을 조정하는 세포핵과 세포질 사이의 소통은 단순한 유기체보다는 인간에서 더 복잡하다. 마지막으로 세포 안에서도 다양한 환경적 요인이 유전자 표현에 영향을 미친다. 최근 연구에 따르면 다양한 외적 영향이 인간에게 독특한 뇌 발달 영향을 미친다는 것이 밝혀졌다(Hernando-Herraez et al., 2013). 따라서 이런 미시적 수준에서도 생물학적 변화는 유전적 요인과 비유전적 요인 모두의 결과라 할 수 있다.

성세포

새로운 인간은 **생식 세포**(gametes) 또는 성세포 — 정자와 난자 — 라고 부르는 2개의 특수 세포가 결합되어 생겨난다. 생식 세포에는 23쌍의 염색체가 있는데 이는 정상 체세포의 절반이다. 생식 세포는 **감수분열**(meiosis)이라 부르는 세포분열 절차에 의해 형성되는데 이 과정에서 체세포에 있는 염색체의 수가 반으로 줄어든다. 정자와 난자가 수정되면 **접합체**(zygote)라고 부르는 세포가 생기는데 이 세포에는 염색체가 46개이다.

감수분열에서는 염색체가 짝을 짓고 일부를 서로 교환하기 때문에 한쪽에서 오는 유전자는 다른 쪽에서 오는 유전자로 교체된다. 그러고 나면 각 쌍의 어느 짝이 서로 모여서 동일한 생식 세포를 만들게 되는지는 우연에 의해 결정된다. 따라서 쌍생아가 아닌 형제가 유전적으로 동일할 확률은 700조분의 1이 된다(Gould & Keeton, 1996). 따라서 감수분열은 유전적 변이를 일으키는 데 적응적이라 할 수 있다. 감수분열은 적어도 종의 어떤 구성원이 끊임없이 변화하는 환경에 적응해 생존할 가능성을 증가시킨다.

남성에서는 감수분열이 완료되면 정자가 4개 생겨난다. 또한 정자를 만드는 세포는 일생 동안 연속적으로 생산된다. 그렇기 때문에 건강한 남성은 성적 성숙기가 지나도 언제나 아이를 가질 수 있다. 여성에서는 감수분열이 완료되면 난자가 1개 생겨난다. 게다가 여성의 경우 난소에 난자가 존재하지만 최근 연구에 따르면 난소 줄기세포에서 새로운 난소가 발생할 수 있다고 한다(Virant-Klun, 2015). 게다가 더 많은 여성 생식 세포들이 존재한다. 출생 시에 100~200만 개 정도 되고, 청소년기가 되면 4만 개가 남고, 가임기에는 약 350~450개 정도가 성숙한다(Moore, Persaud, & Torchia, 2016b).

남아 혹은 여아?

그림 2.1로 돌아가서, 23쌍의 염색체 가운데 22쌍이 서로 같은 쌍으로 이를 **상염색체**(autosome, 성염색체가 아닌 것)라고 부른다. 23번째 염색체가 **성염색체**(sex chromosome)이다. 여성에서는 이 쌍을 XX라고 부르고 남성에서는 XY라고 부른다. X는 비교적 큰 염색체이며 Y는 짧고 유전인자가 별로 없다. 남성에서 생식 세포가 만들어지면 X와 Y염색체가 다른 정자 세포로 분리된다. 여성에서 만들어지는 생식 세포에는 모두 X염색체가 들어 있다. 따라서 새로운 유기체의 성은 X염색체 혹은 Y염색체를 가진 정자 가운데 어느 염색체를 가진 정자가 난자를 수정시키는지에 달려 있다.

다출산

루스와 피터는 수년 동안 아이를 갖기 위해 애를 썼지만 성공하지 못했다. 루스가 33세가 되자 의사가 배란촉진제를 처방해주었고 제니와 제이슨 쌍둥이가 태어났다. 이 아이들은 **이란성 쌍생아**(fraternal 또는 dizygotic twins)인데 가장 흔한 유형의 다출산으로 2개의 난자가 방출되어 수정된 결과이다. 따라서 제니와 제이슨은 유전적으로는 일반 형제들 정도로 비

표 2.1 이란성 쌍생아와 관련있는 어머니 요인

요인	설명
인종	아시아인과 히스패닉계 출생 1,000명당 6~9명, 백인 유럽인 출생 1,000명당 9~12명, 흑인 아프리카계 출생 1,000명당 11~18명 이상으로 나타남[a]
쌍생아 가족력	어머니와 자매가 이란성 쌍생아를 출산한 여성들에게 더 자주 발생함
연령	어머니의 연령에 따라 증가해, 35~39세 사이에 최고점에 이르다 급격히 감소함
영양	영양을 충분히 공급받지 못한 여성들에게 덜 나타남 몸이 마른 여성보다 과체중 또는 정상체중이면서 키가 큰 여성에게서 더 많이 나타남
출산횟수	출산이 한 번씩 거듭될 때마다 가능성이 증가함
임신촉진제와 시험관 수정	임신촉진제를 사용하거나 시험관 수정(58~59쪽 참조)을 했을 때 나타날 가능성이 크며 이 경우 더 많은 쌍생아가 태어날 수 있음

[a] 임신촉진제로 인한 것을 제외한 다출산의 세계적 비율.

출처 : Kulkarni et al., 2013; Lashley, 2007; Smits & Monden, 2011.

일란성 쌍생아는 하나의 접합체가 2개의 세포로 분리되면서 만들어지며, 이들은 동일한 유전자 구성을 가진 개체로 발달한다.

숫하다. 표 2.1에 이란성 쌍생아의 출산 확률을 높이는 유전적·환경적 요인들이 요약되어 있다. 지난 수십 년 동안 산업화국가에서 이란성 쌍생아의 극적인 증가는 결혼 연령의 증가, 약물 그리고 시험관 수정으로 나타났다. 최근 미국에서 이란성 쌍생아의 출생은 33명 중 1명으로 나타났다(Martin et al., 2015).

쌍생아는 다른 방식으로 나타날 수 있다. 때로는 분열을 시작한 접합체가 2개의 세포덩어리로 나뉘어 두 사람이 된다. 이를 **일란성 쌍생아**(identical 또는 monozygotic twins)라고 하며 유전적 구성이 동일하다. 일란성 쌍생아의 수는 전 세계적으로 비슷해 350~400명 중 1명꼴이다(Zach, Pramanik, & Ford, 2001). 동물연구에 의하면 일란성 쌍생아를 출산하게 하는 환경적 요인은 온도 변화, 산소 수준 변화 및 난자의 늦은 수정 등 다양한 요인이 있다(Lashley, 2007). 소수의 경우 가족력에 의한 일란성 쌍생아가 출생되긴 하지만 유전보다는 우연히 발생하는 것으로 볼 수 있다. 생애 초기 쌍생아보다 혼자 태어난 아이들이 보다 건강하고 더 빨리 발달한다. 제니와 제이슨은 일반적인 쌍생아와 마찬가지로 루스의 출산 예정일보다 3주 일찍 태어났다. 또한 제3장에서 보게 되겠지만 일찍 태어난 다른 아이들처럼 출산 후 특별한 보호가 필요했다. 쌍생아가 병원에서 돌아왔을 때 루스와 피터는 그들의 시간을 할애해 두 아이들을 돌봐야 했다. 어느 아

이도 혼자 태어난 아이만큼 어머니의 관심을 받지 못했기 때문에 제니와 제이슨은 다른 아이들보다 몇 달 늦게 걷고 말하기 시작했지만 아동기 중기가 되면서 이런 차이는 사라졌다(Lytton & Gallagher, 2002; Nan et al., 2013). 세 쌍생아를 낳으면 부모들의 에너지는 더 소진되며 이 아이들의 초기 발달은 두 쌍생아보다 더 느리다(Feldman, Eidelman, & Rotenberg, 2004).

유전자-유전자 상호작용의 패턴

제니의 머리는 부모와 같이 검은 직모이고, 제이슨의 머리는 곱슬거리는 금발이다. 유전의 형태, 즉 두 부모에게서 온 유전자가 상호작용하는 방식이 이러한 결과를 설명한다. 남성의 XY쌍을 제외하고 모든 염색체는 같은 쌍이라는 사실을 기억하라. 염색체의 같은 위치에 어머니와 아버지에게서 온 각 유전자가 나타난다. 각 유전자를 **대립유전자**(allele)라고 한다. 양쪽 부모에게서 온 대립유전자가 같으면 아동은 **동형접합체**(homozygous)이고 유전된 특성을 나타내 보인다. 그러나 대립유전자가 다르면 아동은 **이형접합체**(heterozygous)이고 대립유전자 사이의 관계가 어떤 특성이 나타나게 될지를 결정한다.

우성-열성 유전 많은 이형접합체에서는 **우성-열성 유전**(dominant-recessive inheritance)이 발생한다. 하나의 대립유전

자만 아동의 특성에 영향을 미친다. 이를 **우성**이라고 하고 아무런 영향을 미치지 않는 두 번째 대립유전자를 **열성**이라고 한다. 머리카락의 색깔이 좋은 예다. 검은색 머리카락에 대한 대립유전자는 우성이고(대문자 D로 표시할 것이다), 금발에 대한 대립유전자는 열성이다(소문자 b로 표시할 것이다). 같은 우성 대립유전자 쌍(DD)을 받은 아동과 이형 대립유전자 쌍(Db)을 받은 아동은 유전자형은 다르지만 외형상으로는 모두 검은색 머리카락일 것이다. (제이슨과 같은) 금발은

2개의 열성 대립유전자(bb)가 있을 때만 나타난다. 그러나 열성 대립유전자(Db)가 하나뿐인 이형접합체는 그 특성을 자녀에게 전달할 수 있다. 이들을 특성의 **보유자**(carrier)라고 부른다.

대부분의 금발, 대머리, 혹은 근시 등 열성 대립 유전자는 발달적으로 중요한 영향을 미치지 않는다. 그러나 표 2.2에 제시된 것처럼 일부 열성 유전자는 장애와 질병을 유발할 수 있다. 가장 흔하게 나타나는 열성 질병 가운데 하나는 페닐

표 2.2 우성-열성 질병의 예

질병	기술	유전양상	발병률	처치
상염색체 질병				
지중해 빈혈	영아기부터 얼굴이 창백하고 신체 발달 지연 및 둔감한 행동이 시작됨	열성	부모가 지중해 지역 후손인 경우 500명 중 1명	잦은 수혈 합병증으로 인해 청소년기 이전에 사망
낭포성 섬유증	폐, 간, 췌장에 액을 많이 분비해 호흡과 소화곤란 유발	열성	유럽계 미국인 출생 2,000~2,500명 중 1명 아프리카계 북미 출생 후손 16,000명 중 1명	기관지 배출, 호흡기 감염의 신속한 치료 및 식사관리 의료기술의 발달로 높은 삶의 질을 유지하며 성인기까지 생존 가능
페닐케톤뇨증 (PKU)	단백질이 많이 들어 있는 아미노산인 페닐알라닌을 대사하지 못해 출생 첫해에 심각한 중추신경 손상 발생	열성	북미 출생 10,000~20,000명 중 1명	특수한 식이요법 제공 시 정상 지능을 가지고 정상적으로 생활 가능 기억, 계획, 의사결정 및 문제 해결에 미약한 결함
겸상적혈구성 빈혈	적혈구 세포가 비정상적으로 겸상 적혈구화되어 산소결핍, 통증, 부종, 조직손상 발생 빈혈 및 감염이 쉬우며 특히 폐렴에 감염되기 쉬움	열성	아프리카계 북미 출생 후손 500명 중 1명	수혈, 진통제, 신속한 감염치료 알려진 치료법 없음 55세경 50% 사망
테이삭스병	6개월에 중추신경계가 쇠퇴하기 시작해, 근력 감퇴, 실명, 청력 손상 및 경련 발생	열성	유럽계 유태인 혹은 프랑스계 캐나다인 후손 출생 3,600명 중 1명	치료법 없음 3~4세 이전 사망
헌팅턴병	충추신경계가 쇠퇴하면서 근육통합이 어려워지고, 낮은 지능과 성격의 변화가 나타남 35세 혹은 그 이후까지 증상이 나타나지 않음	우성	북미 출생자 18,000~25,000명 중 1명	치료법 없음 증상 발현 후 10~20년 후 사망
마르팡증후군	키가 크고, 몸이 마르고, 팔다리가 가늘고 길며, 심장에 결함이 있음 눈, 특히 수정체가 비정상적임 신체가 지나치게 길어져서 여러 가지 골격 이상이 나타남	우성	5,000~10,000명 중 1명	심장과 눈의 결함을 간혹 치료할 수 있음 흔히 성인 초기에 심장마비로 사망
X 관련 질병				
뒤시엔느 근위축 증후군	근육이 쇠퇴하는 질병으로 걸음걸이가 이상해지며 7~13세 사이에 걷지 못하게 됨	열성	남성 3,000~5,000명 중 1명	치료법 없음 대개 청소년기에 호흡기 감염 혹은 심장근육의 약화로 사망
혈우병	혈액이 정상적으로 응고되지 않으며, 심각한 내부출혈과 조직손상이 발생할 수 있음	열성	남성 4,000~7,000명 중 1명	수혈 다치는 것을 예방하는 것
요붕증	바소프레신 호르몬이 부족해 갈증을 많이 느끼고 소변을 자주 봄 탈수로 인한 중추신경계의 손상	열성	남성 2,500명 중 1명	호르몬 대체

주 : 위에 열거된 질병은 자녀를 갖기 전 혈액검사나 유전분석을 통해 미리 보유 상태를 파악할 수 있으며, 태내진단도 가능함(57쪽 참조)
출처 : Kliegman et al., 2015; Lashley, 2007; National Center for Biotechnology Information, 2015.

케톤뇨증(PKU)으로 음식에 포함된 단백질 분해에 문제를 가진다. 두 열성 대립유전자를 가지고 있는 영아들은 단백질을 구성하는 기본 아미노산 가운데 하나(페닐알라닌)를 신체 기능에 결정적으로 중요한 부산물(티로신)로 전환하는 효소가 부족하다. 이 효소가 없으면 페닐알라닌은 금방 해로운 수준까지 축적되어 중추 신경계에 손상을 주게 된다. 1세가 되면 PKU를 가진 영아는 영구적으로 정신지체가 된다.

이처럼 심각한 손상이 나타날 수 있지만, PKU는 나쁜 유전자를 물려받았다고 하여 항상 치료할 수 없는 상태가 되지 않음을 보여주는 좋은 예다. 미국의 모든 주에서는 신생아에서 PKU 검사를 실시하고 있다. 질병이 발견되면 의사는 아동에게 페닐알라닌이 낮은 식품을 처방한다. 이런 처방을 받은 아동들은 기억, 계획하기와 문제 해결 같은 일부 인지 영역에서는 약한 결함을 보이는데 이는 페닐알라닌은 적은 양이라도 뇌 기능을 방해하기 때문이다(DeRoche & Welsh, 2008; Fonnesbeck et al., 2013). 그러나 일찍 이런 식이요법을 시작해 계속하면 PKU 아동들은 정상 수준의 지능을 회복하고 수명도 정상으로 회복된다.

우성-열성 유전에서 부모들의 유전적 구성을 알면 가족 내에서 어떤 특성을 보이는 아이들과 그 특성을 보유한 아이들의 비율을 예측할 수 있다. 그림 2.3에 PKU에 대한 설명이

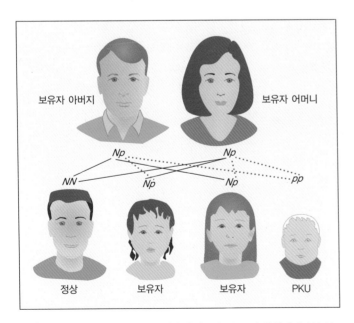

그림 2.3 PKU를 예로 한 우성-열성 유전 양쪽 부모가 열성 유전자의 이형접합체일 경우 자손의 25%가 정상(NN), 50%가 보유자(Np), 25%가 장애(pp)를 물려받을 가능성이 있다. 그의 형제들에 비해 PKU의 영향을 받은 아동은 머리카락 색이 옅다. PKU 열성 유전자는 한 가지 이상의 특성에 영향을 미쳐 머리카락 색을 옅게 한다.

제시되어 있다. 아동에게 이 특성이 유전되려면 각 부모가 열성 대립유전자를 가지고 있어야 한다. 그러나 조절유전자의 활동으로 인해 페닐알라닌이 조직에 축적되는 정도와 치료에 반응하는 정도가 다를 수 있다. 우성 대립유전자로 인한 심각한 질병은 거의 발생하지 않는다. 잘 생각해보자. 우성 대립유전자는 항상 질병을 진행시킨다. 이들은 자손을 볼 만큼 오래 살 수 없기 때문에 우성 대립유전자는 한 세대 내에 가족 유전자에서 사라진다. 하지만 몇몇 우성 장애는 지속되기도 한다. 예를 들면 중추신경계가 퇴화하는 헌팅턴병(Huntington's disease)이 있다. 이 병은 증상이 대개 35세나 그 이후가 되어야 나타나기 때문에 우성 대립유전자가 자녀들에게 이미 전달되었다.

불완전 우성 패턴 일부 이형 대립유전자의 경우에는 우성-열성 관계가 완전하게 유지되지 않는다. 대신 **불완전 우성**(incomplete dominance)이 나타나는데 두 대립유전자가 모두 표현되어서 두 특성이 조합되어 나타나거나 또는 두 특성의 중간이 나타난다.

많은 미국 흑인들에서 나타나는 **겸상적혈구성 빈혈**이 그 예이다. 아동이 2개의 열성 유전자를 물려받으면 겸상적혈구성 빈혈(표 2.2 참조)이 완벽하게 나타난다. 보통 둥근 적혈구 세포가 겸상(초승달 모양)이 되는데 특히 산소가 적을 때 심하게 나타난다. 겸상 세포는 혈관을 막아서 피의 흐름을 방해해 통증, 부종, 조직 손상을 일으킨다. 의학의 발전 덕분에 병에 걸린 아동들의 85%가 성인기까지 생존하지만 겸상적혈구성 빈혈을 가진 북미 사람들의 평균 수명은 55세 정도이다(Chakravorty & Williams, 2015). 이형 대립유전자를 가진 사람들은 대부분의 상황에서 질병에 걸리지 않는다. 그러나 산소가 결핍되면—예를 들어 고도가 높은 곳이나 운동을 심하게 하고 난 다음—하나의 열성 대립유전자가 힘을 발휘해 병이 일시적으로 경미하게 나타난다.

겸상 대립유전자가 미국 흑인에게 흔하게 나타나는 데는 특별한 이유가 있다. 이들은 정상 적혈구에 대한 2개의 대립유전자를 가진 사람보다 말라리아에 더 잘 견딘다. 말라리아가 많은 아프리카에서는 보유자가 더 많이 생존해 자손을 낳았기 때문에 이 유전자가 흑인 집단에서 그대로 유지되고 있다. 그러나 말라리아의 위험이 낮은 지역에서는 유전자의 빈도가 감소하게 된다. 예를 들어 아프리카의 흑인은 20%가 보유자인 반면 미국의 흑인은 8%만 보유하고 있다(Centers for

Disease Control and Prevention, 2015m).

X 관련 유전 남자와 여자가 PKU와 겸상적혈구성 빈혈과 같이 상염색체가 전달하는 열성 질병을 물려받을 가능성은 거의 동일하다. 그러나 X염색체가 해로운 대립유전자를 전달할 때는 **X 관련 유전**(X-linked inheritance)이 적용된다. 남자들은 성염색체가 다르기 때문에 영향을 더 쉽게 받는다. 여자들에서는 한 X염색체에 있는 어떤 열성 대립유전자도 다른 X염색체에 있는 우성 유전자에 의해 억압될 가능성이 크다. 그러나 Y염색체는 X염색체의 1/3 정도 길이기 때문에 X염색체에 있는 유전자들을 억압할 유전자들이 부족하다. 그 예가 혈액이 정상적으로 응고되지 않는 혈우병이다. 그림 2.4에는 어머니가 비정상적 대립유전자를 가지고 있을 때 아들이 유전받을 가능성이 더 큼을 보여준다.

X염색체와 관련된 장애 이외에도 남아들이 불리함이 더 많이 나타나고 있다. 유산율, 영아사망률, 출산결함, 학습장애, 행동장애, 정신지체 모두 남아들에서 더 많이 나타난다 (Boyle et al., 2011; MacDorman & Gregory, 2015). 이러한 성차는 유전적 부호에 의한 것일 가능성이 높다. 여성은 2개의 X염색체를 가지고 있기 때문에 다양한 유전자로부터 도움을 받는다. 그러나 자연이 남아들의 불리한 상황을 잘 조정하고 있는 것으로 보인다. 세계적으로 여아 100명당 남아 약 103명이 태어나고 자연유산과 임신중절에 관한 통계를 살펴보면 여아보다 남아들이 훨씬 더 많이 임신된다(United Nations, 2015).

남아선호사상이 강한 문화권에서는 남성과 여성의 출생 성비가 더 크게 나타난다. 중국의 경우 태아의 성별을 확인할 수 있는 초음파 기술의 확산과 1980년대에 시작된 인구 증가 통제 정책으로 인해 선택적 낙태를 극적으로 증가시켰다. 2015년 중국은 한 자녀 정책 대신 두 자녀 정책을 발표했다. 그럼에도 불구하고 많은 중국인 부모들은 한 명의 자녀를 원하고 있다(Basten & Jiang, 2015; Chen, Li, & Meng, 2013). 오늘날 중국의 출생 성비는 여아 100명당 남아 117명으로 범죄율 증가, 결혼을 위한 남성들의 경쟁 등 사회적 결과를 낳는 성비 불균형을 나타내고 있다.

반면에 미국, 캐나다, 그리고 유럽을 포함한 서구권에서는 남아 출산율이 감소하고 있다. 일부 연구들은 이런 현상은 남아들의 자연유산을 증가시키는 생활 조건의 스트레스가 증가하기 때문이라고 본다(Catalano et al., 2010). 이 가설을 검증하기 위해 1990년대에 진행된 캘리포니아 연구는 남아의 태아 사망률이 수개월 동안 증가한 것이 일반적인 수준 이상의 실업(주요 스트레스 요인)으로 인해 나타난 것이라 밝혔다(Catalano et al., 2009).

유전적 각인 1,000개 이상의 인간 특성들이 우성-열성 유전 원리와 불완전 우성 유전의 원리를 따른다(National Center for Biotechnology Information, 2015). 이 경우에는 어느 부모가 아동에게 유전자를 물려주든지 유전자가 동일한 방식으로 반응한다. 그러나 유전학자들은 일부 예외가 되는 경우를 발견했다. **유전적 각인**(genomic imprinting)에서는 대립유전자가 각인되거나 화학적으로 표시가 되어 그 구성에 관계없이 그 쌍의 한쪽(어머니나 아버지)이 활성화된다(Hirasawa & Feil, 2010). 각인은 일시적인 경우가 많으며, 다음 세대에서는 지워지기도 하고 모든 개인에게 나타나지도 않는다.

유전적 각인을 받는 유전자의 수는 1% 미만으로 적게 나타난다. 그럼에도 불구하고 이 유전자들은 각인의 분열이 드러남에 따라 두뇌 발달과 신체 건강에 중요한 영향을 미치게 된다. 예를 들어 유전적 각인은 아동기의 암과 지적장애와 심각한 비만을 동반하는 프래더윌리 증후군(Prader-Willi syndrome)과 관련성이 있다. 유전적 각인은 어머니가 아닌

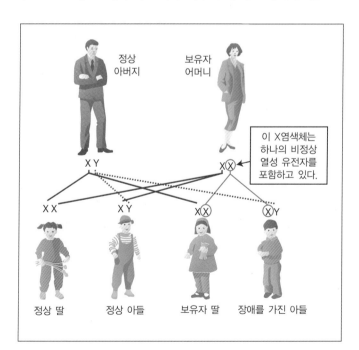

정상 아버지　　　보유자 어머니

이 X염색체는 하나의 비정상 열성 유전자를 포함하고 있다.

X Y　　　　　　⊗X

X X　　　X Y　　　X⊗　　　⊗Y

정상 딸　　정상 아들　　보유자 딸　　장애를 가진 아들

그림 2.4 X 관련 유전 위의 예시에서 아버지의 X염색체 위에 있는 대립유전자는 정상이다. 어머니의 X염색체 위에 있는 유전자 하나는 정상이고 다른 하나는 비정상 열성 유전자이다. 부모의 가능한 대립유전자 조합을 보면, 이들 부모의 아들 가운데 50%가 장애를 가지고 딸 가운데 50%는 보유자가 된다.

아버지가 당뇨일 때 자녀가 당뇨에 잘 걸리는지, 천식이나 건초열(hay fever)이 있는 사람은 아버지가 아닌 어머니가 질병에 걸리는지를 설명해준다(Ishida & Moore, 2013).

유전적 각인은 정신지체의 가장 흔한 원인인 취약 X증후군에서 보여주듯이 성염색체 수준에서 나타난다. 4,000명의 남성 중 1명, 6,000명의 여성 중 1명에게 영향을 미치는 이 질환은 X염색체에서 DNA 염기서열이 비정상적으로 반복되어 특정 유전자를 손상시킨다. 인지적 장애 외에도 취약 X증후군을 앓고 있는 대부분의 사람들은 주의력 결핍과 극심한 불안을 경험하고 30~35%는 자폐 증상을 동반한다(Wadell, Hagerman, & Hessl, 2013). 취약한 부분에서 결함이 있는 유전자는 어머니에게서 아이로 전달될 때에만 나타난다 (Hagerman et al., 2009). 왜냐하면 이러한 장애가 X 관련(X-linked)이기 때문에 남성들은 보다 강하게 영향을 받는다.

돌연변이   임신 중 3% 미만이 유전적으로 이상을 가진 아이를 출산하지만, 이 어린이들은 영아 사망의 약 20%를 차지하고 신체적·정신적 손상을 가지게 된다(Martin et al., 2015). 해로운 유전자는 어떻게 만들어질까? 그 답은 **돌연변이** (mutation)이다. 돌연변이는 DNA의 일부분이 갑자가 영구적으로 변하는 것이다. 돌연변이는 1개나 2개의 유전자에만 영향을 미치거나 또는 앞으로 논의하게 될 염색체 이상에서처럼 많은 유전자와 관련된다. 일부 돌연변이는 우연히 발생한다. 혹은 위험한 환경적 요인에 의해 발생할 수 있다.

이온화되지 않은 방사선—전자파와 극초단파—은 DNA에 영향을 미치지 않지만 이온화된(고에너지) 방사선은 돌연변이의 원인이 된다. 임신 전에 반복적으로 이온화된 방사선에 노출된 여성은 유산할 가능성이나 유전적으로 결함이 있는 아동을 출산할 가능성이 크다. 신체 기형과 아동기 암과 같은 유전적 이상의 빈도는 직업상 방사선에 노출된 아버지들의 자녀에서 더 높다. 그러나 방사선에 자주 노출되지 않거나 약하게 노출되면 유전적 손상이 일어나지 않는다 (Adelstein, 2014). 오랜 기간 많은 양에 노출되면 DNA 손상이 일어난다.

앞에서 든 예들은 생식 세포 돌연변이(germline mutation)를 보여주는데 이 돌연변이는 성세포를 만드는 세포에서 일어난다. 이들이 결혼을 하면 결함이 있는 DNA를 다음 세대에 전달하게 된다. 두 번째 유형은 체세포 돌연변이(somatic mutation)로 정상 체세포에서 일어나며 일생 중 언제라도 일어날 수 있다. DNA 결함은 손상된 체세포로부터 온 모든 세포에서 나타나며 궁극적으로는 암과 같은 질병이나 장애를 일으킬 정도로 널리 퍼진다.

어떻게 생식 세포 돌연변이가 가족에게 유전되는 장애를 일으키는지 쉽게 볼 수 있다. 그러나 체세포 돌연변이도 또한 이런 장애와 관련이 있을 수 있다. 어떤 사람들은 촉발 사건이 있을 때 세포들이 쉽게 돌연변이가 되는 유전적 민감성을 가지고 있을 수 있다(Weiss, 2005). 이것이 왜 어떤 사람들은 담배, 오염물질에 대한 노출, 또는 심리적 스트레스 때문에 심각한 질병을 일으키는지 혹은 질병을 일으키지 않는지를 설명한다.

체세포 돌연변이는 우리들이 하나의 영구적인 유전형을 가지고 있지 않음을 보여준다. 오히려 각 세포의 유전적 구성은 시간에 따라 변화한다고 볼 수 있다. 체세포 돌연변이는 연령에 따라 증가해 연령에 따라 질병이 증가하게 할 뿐 아니라 노화 과정에도 역할을 한다(Salvioli et al., 2008).

마지막으로 연구에 따른 모든 돌연변이가 해롭지만 자발적 돌연변이(예 : 말라리아 지역의 겸상적혈구 대립유전자)는 필요하며 바람직할 수 있다. 이는 유전적 다양성을 증가시킴으로써 환경적 어려움에 적응할 수 있도록 도와준다. 과학자들은 뛰어난 재능 혹은 견고한 면역체계와 같은 유리한 특성을 가진 돌연변이를 찾지 않는다. 대신 건강과 생존을 위협하는 바람직하지 않은 유전자를 감별하고 제거하는 데 더 많은 관심이 있다.

다중유전인자 유전   앞에서는 사람들이 어떤 특성을 나타내 보이거나 또는 보이지 않는 유전의 형태에 대해 살펴보았다. 이런 명백한 개인차는 한 차원에서 차이가 나는 키, 몸무게, 지능, 성격과 같은 특성보다는 그 유전적 기원을 추적하기 쉽다. 이러한 특성은 다중유전인자 유전에 의한 것으로 많은 유전자가 한 특성에 영향을 준다. **다중유전인자 유전** (polygenic inheritance)은 복잡하며 이에 대해 아직 많은 것이 알려져 있지 않다. 이 장의 마지막 부분에서 우리는 연구자들이 유전의 정확한 형태를 알지 못할 때 어떻게 인간 특성에 대한 유전의 영향을 추론하는지를 논의할 것이다.

염색체 이상

해로운 열성 대립유전자 이외에 염색체 이상이 심각한 발달 문제의 중요한 원인이다. 많은 염색체 결함은 정자와 난자가

오른쪽 소년은 다운증후군 아동으로 장애가 없는 학급 친구와 놀이를 하고 있다. 지적 발달의 한계에도 불구하고 이 소년은 또래들과 상호작용하고 환경 자극에 반응하면서 잘 자라고 있다.

만들어지는 감수분열이 일어나는 동안에 발생하는 실수로 인해 생긴다. 염색체 쌍이 적절하게 분리되지 못하거나 또는 염색체 일부가 떨어져 나간다. 이런 실수에는 하나의 유전자로 인한 문제보다 훨씬 더 많은 DNA가 관련되므로 보통 많은 신체적 · 정신적 증상을 일으킨다.

다운증후군 700명 중 1명 정도 나타나는 가장 흔한 염색체 장애가 다운증후군(Down syndrome)이다. 다운증후군의 95%는 감수분열이 일어나는 동안 21번째 염색체가 잘 분리되지 못해서 태아가 2개가 아니라 3개를 물려받기 때문에 생긴다. 덜 흔한 다른 경우는 21번째 염색체의 부러진 조각이 하나 더 나타나서 생긴다. 덜 빈번한 형태는 21번째 염색체의 남은 부분의 부서진 조각이 다른 부분에 부착된 것으로 전위 유형(translocation pattern)이라고 부른다. 또는 초기 태아 세포 복제 중 오류가 발생해, 모든 체세포는 아니지만 일부 체세포의 염색체 구성에 결함을 일으키는 모자이크 유형이 있다(U.S. Department of Health and Human Services, 2015f). 모자이크 유형에는 유전인자가 덜 포함되기 때문에 장애의 증상이 덜 극단적이다.

다운증후군에서는 지적장애, 기억과 말하기의 문제, 제한된 어휘를 보이고, 운동 발달이 느리다. 뇌의 전기적 활동 측정을 통해 다운증후군 환자의 뇌가 일반적인 뇌보다 덜 조율된 방식으로 기능한다는 것을 확인했다(Ahmadlou et al.,

2013). 다운증후군은 몸체가 짧고 땅딸막하고, 얼굴이 납작하며, 혀의 돌출, 아몬드 모양의 눈과 (50%의 경우) 손을 가로지르는 이상한 주름이 있다. 게다가 다운증후군 영아들은 백내장, 심장결함과 장결함을 가지고 태어난다(U.S. Department of Health and Human Services, 2015f).

의학의 진보로 다운증후군 환자의 수명이 크게 증가했으며, 오늘날에는 60세까지 생존한다. 그러나 40세 이후 약 70%는 치매의 한 형태인 알츠하이머 증상을 나타낸다(Hartley et al., 2015). 21번 염색체 유전자는 이러한 질환과 관련있다.

다운증후군 영아들은 잘 웃지 않고, 눈을 잘 마주치지 못하고, 물체를 계속 찾지 못한다(Slonims & McConachie, 2006). 그러나 부모들이 영아들에게 주변 사물과 상호작용을 하도록 도와주면 다운증후군 아동들은 훨씬 더 잘 성장한다. 또한 영아와 학령전 아동들을 위한 중재 프로그램의 도움을 많이 받는데 지적 발달보다는 정서적, 사회적, 운동기술이 더 발달한다(Carr, 2002). 다운증후군 아동들이 얼마나 성공적으로 성장하느냐에 환경적 요인들이 중요하게 작용한다.

그림 2.5에서 볼 수 있듯이 다운증후군을 가진 아이와 다른 염색체 이상의 위험은 산모의 나이에 따라 급격히 증가한다. 그러나 고령의 산모가 감수분열 오류로 난자를 방출할 가능성이 더 큰 이유는 아직 밝혀지지 않았다(Chiang,

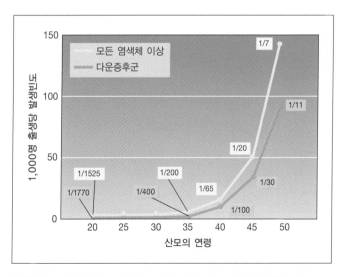

그림 2.5 다운증후군 등 염색체 이상을 가진 아기를 출산할 위험과 산모의 나이 산모의 나이가 35세에 이르면서 위험이 증가한다(출처 : L. Schonberg, 2012, "Birth Defects and Prenatal Diagnosis," from *Children with Disabilities*, 7th ed., M. L. Batshaw, N. J. Roizen, & G. R. Lotrecchiano, eds., p. 50. Baltimore: Paul H. Brookes Publishing Co, Inc.).

Schultz, & Lampson, 2012). 약 5%의 경우 아버지로부터 부가적인 유전인자가 오기도 한다. 일부 연구에서는 아버지의 연령에 의한 것으로 주장되지만 다른 연구들에서는 아버지의 연령에 의한 효과가 나타나지 않았다(De Souza, Alberman, & Morris, 2009; Dzurova & Pikhart, 2005; Vranekovic et al., 2012).

성염색체 이상 다운증후군 이외의 상염색체 장애는 대개 발달을 심각하게 방해해 아기가 유산된다. 아기가 태어나도 보통 아동기 초기까지 생존하지 못한다. 대조적으로 성염색체 이상은 사춘기까지는 알 수 없고 일부 경우에는 사춘기가 지연된다. 가장 흔한 문제는 염색체가 더 있거나(X 또는 Y) 여성에게 두 개의 X염색체 가운데 하나의 X염색체가 없는 것이다.

연구에 의하면 대중들이 성염색체 장애에 대해 가지고 있는 많은 생각은 잘못된 것이다. 예를 들어 XYY 증후군을 가진 남성이 XY 남성보다 항상 더 공격적이고 반사회적인 것은 아니다(Stochholm et al., 2012). 또한 성염색체 이상을 가진 대부분의 아동들은 정신지체가 아니다. 오히려 그들의 지적 문제는 아주 독특하다. 언어적 문제 – 예를 들어 읽기와 어휘 – 는 XXX 증후군 여아들과 클라인펠터 증후군 남아들에서 가장 흔하게 나타나는데 이들에게는 모두 X염색체가 하나 더 있다. 대조적으로 터너 증후군 여아들에게는 X염색체가 하나 없는데 이들은 공간관계에 어려움이 있어서 그림 그리기, 오른쪽과 왼쪽 구별하기, 방향에 대한 지시 따르기, 얼굴 표정의 변화 파악하기를 어려워한다(Otter et al., 2013; Ross et al., 2012; Temple & Shephard, 2012). 뇌영상 연구에 따르면 X염색체 수가 변하면 특정 지적 결함을 일으키는 뇌 구조의 변화가 나타난다고 한다(Bryant et al., 2012; Hong et al., 2014).

묻고 대답하기

연관지어보기 생태학적 체계 이론(제1장 25~28쪽)을 참조해 유전질환을 보유한 아동의 부모가 스트레스를 경험하는 이유를 설명해보라. 가족 안팎의 어떤 요소가 이들 부모가 자녀의 발달을 지원할 수 있도록 도울 수 있는가?

적용해보기 길버트의 유전자 구성은 검은 머리에 동형접합체이다. 잰은 금발머리에 동형접합체이다. 두 사람의 자녀가 검은 머리가 될 비율은 어느 정도인가? 설명해보라.

생각해보기 유전질환의 발달에 있어 환경적 영향에 대해 지금까지 논의된 바를 바탕으로 설명해보라.

자녀를 갖는 방법

2.4 부모가 건강한 자녀를 갖는 데 도움이 되는 절차는 무엇인가?

결혼하고 2년이 지난 후 테드와 메리앤은 첫아이를 낳았다. 켄드라는 건강해 보였지만 4개월부터 성장이 지연되었고 테이삭스병 진단을 받았다(표 2.2 참조). 켄드라가 2세에 사망하자 테드와 마리안느는 너무 충격을 받았다. 그들은 똑같은 어려움을 겪을 아이를 다시 낳고 싶지 않았지만 정말 아이를 가지고 싶었다. 과거에는 가족에 유전적 장애가 있으면 비정상인 아이를 갖는 위험을 감수하기보다는 아이를 낳지 않는 경우가 많았다. 오늘날에는 유전 상담과 태내진단으로 임신, 유산하지 않기, 또는 아이 입양에 대해 충분한 정보를 가지고 결정을 하도록 도울 수 있다.

유전 상담

유전 상담(genetic counseling)은 부부들에게 유전적 장애가 있는 아이를 출산할 가능성을 평가해주고, 위험과 가족들의 목표 관점에서 최상을 선택하도록 돕기 위해 고안되었다. 상담을 받는 사람들은 유산의 반복으로 아이를 임신하기 어려운 사람들이나 가족 내에 유전적 문제가 있음을 알고 있는 사람들이다. 더불어 출산을 미룬 성인의 경우 유전 상담을 받을 경우가 있다. 산모의 연령이 35세가 넘어가면 다운증후군과 염색체 이상의 가능성이 급격이 증가한다(그림 2.5 참조). 아버지 또한 나이가 많을수록 DNA 변이의 위험성이 커진다. 40세 이후의 출산은 심각한 심리적 장애와 관련이 있다고 보고되었다(Zitzmann, 2013). 이러한 증상들에는 자폐증(제1장 23쪽 참조), 조현병으로 특징지어지는 환각, 망상 그리고 비합리적인 행동들, 혹은 조증과 울증을 반복하는 양극성 장애들이 포함된다. 하지만 어린 나이에 출산하는 사람들도 유전적으로 결함이 있는 아이들을 출산하고 있으며 이들이 수적으로 더 많다. 따라서 일부 전문가들은 나이를 기준으로 유전 상담을 받기보다 부모의 필요에 따라 결정해야 한다고 주장한다(Berkowitz, Roberts, & Minkoff, 2006).

지적장애, 심리적 장애, 신체적 결함 혹은 유전된 질병에 대한 가족력이 있는 경우 유전 상담자가 부부와 상담해 영향을 받은 친척들을 확인하는 가계도를 준비해야 한다. 가계도는 앞에서 논의한 유전원리를 이용해 부부가 이상이 있는 아이를 가질 확률을 추정하는 데 사용된다. 많은 장애의 경우에 혈액검사나 유전분석을 통해 부모가 해로운 유전자의 보유자인지를 파악할 수 있다. 표 2.2에 열거된 모든 열성 장애와 다른 장애뿐 아니라 취약 X 증후군에 대한 보유자를 파악할 수 있다.

자폐증, 조현병, 양극성 장애는 염색체에 분포된 일련의 DNA서열(유전자 마커)과 관련이 있다. 이러한 유전 표지자를 찾는 새로운 유전자 검사는 유전 상담사가 위험을 평가할 수 있게 해준다. 하지만 유전자 마커는 소수의 사람들에게 영향을 미치기 때문에 일반적으로 추정치는 낮은 것으로 보고된다. 또한 유전자 마커는 정신질환과 항상 관련있는 것은 아니다. 이 장의 마지막에서 설명하겠지만 이러한 질환들은 환경적 영향과도 관련이 있다. 최근 유전학자들은 정신질환과 더 일관된 관련성을 나타내는 DNA 염기를 확인하기 시작했다(Gershon & Alliey-Rodriguez, 2013). 이러한 발견들을 통해 심리적 장애를 부모에게서 물려받을 가능성을 보다 정확히 예측할 수 있게 되었다.

관련된 정보들이 모두 있으면 유전 상담자가 부부가 적절한 대안을 선택하도록 도울 수 있다. 여기에는 위험을 감수하는 것, 임신하는 것, 다양한 수정공학(뒤 페이지 '사회적 이슈 : 건강' 글상자 참조) 가운데에서 선택하는 것, 또 입양하는 것 등이 포함된다.

태내진단과 태내의학

결함이 있는 아이를 임신한 부부가 아이를 낳기로 결정한다면 여러 가지 **태내진단법**(prenatal diagnostic methods)—출산 전에 문제를 파악하는 의학적 절차—을 쓸 수 있다(표 2.3 참조). 나이가 많은 여성들이 양수 검사나 융모막 검사의 주요 대상자들이다. 산모의 혈액검사를 제외한 태아기 진단은 태아에게 손상을 줄 가능성이 많기 때문에 자주 시행해서는 안 된다.

태내진단으로 인해 태아의학이 발달하게 되었다. 예를 들어 자궁에 바늘을 삽입해 태아에게 약을 줄 수 있게 되었다. 심장, 폐, 횡경막 기형, 요로폐색, 신경결함과 같은 문제를 해결하기 위해 수술이 실시되기도 한다(Sala et al., 2014). 혈액장애를 가지고 있는 태아는 새로운 혈액을 수혈받을 수 있다. 또한 면역 결함이 있는 태아는 골수이식을 받아서 정상적으로 기능하는 면역체계를 만드는 데 성공했다(Deprest et

표 2.3 태내진단법

방법	기술
양수 검사	가장 많이 사용되는 방법이다. 어머니의 복부를 통해 주사기를 삽입해 자궁 내 용액의 샘플을 채취한다. 세포로 유전적 결함이 있는지를 검사한다. 수정 후 15주 이후에 하는 것이 안전하다. 검사 결과가 나오기까지는 1~2주 정도가 걸린다. 매우 적은 확률이나마 유산의 위험이 있다.
융모막 검사	임신 초기에 검사 결과가 필요할 때 사용되는 절차이다. 어머니 질을 통해 자궁으로 작은 관을 삽입하거나 어머니 복벽을 통해 주사기를 삽입한다. 성장하고 있는 유기체를 둘러싼 막에 있는 머리털 같은 조직인 융모 끝에서 작은 조직 덩어리를 채취한다. 세포로 유전적 결함이 있는지를 검사한다. 검사는 수정 후 9주에 행해지고 결과는 24시간 안에 알 수 있다. 양수 검사보다 유산의 위험이 더 크고 태아가 사지기형이 될 가능성도 약간 있는데, 이런 위험성은 검사가 일찍 이루어질수록 더 커진다.
태아경 검사	영상 장치가 있는 가는 관을 자궁에 삽입해 태아의 얼굴과 사지에 이상이 있는지를 검사한다. 태아의 혈액 샘플을 채취할 수 있어서 신경 이상뿐 아니라 혈우병과 겸상적혈구성 빈혈과 같은 장애도 진단할 수 있다. 보통 수정 후 15~18주에 실시되며 5주에도 실시할 수는 있다. 유산 가능성이 조금 있다.
초음파 검사	고주파의 음파를 자궁에 보낸다. 그 반사파의 파형이 비디오 스크린에 영상으로 표시되는데 이를 통해 태아의 크기, 모양, 위치를 알 수 있다. 그 자체로 태아연령, 복합임신, 태아의 신체적 결함을 볼 수 있으며 양수 검사, 융모막 검사, 태아경 검사를 돕기 위해서도 사용된다. MRI(아래 설명 참조)와 함께 시행되어 매우 정확하게 신체적 기형을 탐지해내기도 한다. 다섯 번 이상 사용할 경우 저체중아 출산의 위험이 있다.
어머니 혈액 검사	임신 2개월에 이르면 성장하는 유기체의 세포 일부가 어머니 피로 들어온다. 알파-페토프로틴의 수준이 높으면 신장질환, 식도의 기형적 폐색, 무뇌증(대부분의 뇌가 없음)과 척추피열(척추에서 척수가 부풀어 나오는 상태)과 같은 신경관 이상이 있을 가능성을 의미한다. 분리된 세포들을 통해 다운증후군과 같은 유전적 결함을 검사할 수도 있다.
초고속 자기공명 영상(MRI)	뇌 및 다른 기형을 탐지하는 초음파 검사의 보조적 도구로 사용되기도 하는데 자기공명영상은 더 높은 진단적 정확성을 갖는다. 스캐너를 이용해 태아의 신체 구조에 대한 자기적 기록 사진을 얻을 수 있으며 태아의 신체 구조에 대한 자세한 파악이 가능하다. 초고속 기법을 사용하면 태아의 움직임으로 인해 영상이 흐릿해지는 것을 방지할 수 있다. 부정적인 영향은 없다.
착상 전 유전 진단	인공 수정과 접합체의 복제 후 8~10개의 세포가 생성되면 1~2개의 세포를 꺼내어 유전적 결함을 검사할 수 있다. 채취된 샘플에서 유전적 결함이 발견되지 않는 경우에만 수정된 난자를 자궁에 착상시킨다.

출처 : Akolekar et al., 2015; Jokhi & Whitby, 2011; Kollmann et al., 2013; Moore, Persaud, & Torchia, 2016b; Sermon, Van Steirteghem, & Liebaers, 2004.

사회적 이슈 : 건강

대안적 임신 방법에 대한 찬반양론

어떤 부부들은 유전적 질병 때문에 임신을 포기하고 임신하지 않기로 결정한다. 어떤 사람들—실제 임신을 원하는 부부의 1/6—은 불임이다. 또한 독신과 동성부부들도 자녀를 갖고 싶어 한다. 오늘날 부모가 되게 해주지만 뜨거운 논쟁의 대상이 되고 있는 여러 가지 대안적 임신 방법에 기대를 거는 사람들의 수가 증가하고 있다.

기증자 수정과 시험관 수정

약 50년 동안 익명의 남성 정자를 여성에게 투여하는 *기증자 수정*이 남성들의 불임을 해결하는 방법으로 사용되어 왔다. 최근 들어 남성 파트너가 없어도 여성들이 임신하도록 허용되었다. 기증자 수정은 약 70%의 성공률을 보이며, 미국에서만 1년에 4만 명이 임신하고 5만 2,000명의 신생아들이 태어나고 있다(Rossi, 2014).

*시험관 수정*은 점점 더 많이 사용되고 있는 또 다른 수정 방법이다. 1978년 영국에서 첫 번째 시험관 아기가 태어난 이래로 매해 선진국 아동들 가운데 1%—미국의 약 6만 5,000명의 아기—가 이와 같은 방법으로 태어나고 있다(Sunderam et al., 2015). 시험관 수정에서는 여성에게 호르몬을 주사해 여러 개의 난자를 성숙시킨다. 이를 수술적 방법으로 떼어내 영양분이 담긴 접시에 올려놓고 정자를 주입한다. 일단 난자가 수정되어 여러 개의 세포로 분열되기 시작하면 어머니의 자궁에 집어넣는다.

배우자 가운데 한쪽 또는 양쪽 모두가 수정에 문제가 있을 때 접합체를 만들어서 임신을 할 수 있다. 시험관 수정은 나팔관이 영구적으로 손상된 여성들을 치료하는 데 일반적으로 사용된다. 그러나 최근에는 하나의 정자를 직접 난자에 주사하는 기술이 개발되어 대부분의 남성들의 수정 문제를 해결하고 있다. 그리고 '성 선별' 방법으로 (보통 남성들에게 더 영향을 미치는) X유전자와 관련된 질병이 있는 부부가 딸을 낳도록 도울 수 있다. 수정된 난자와 정자는 건강한 접합체가 노화되거나 질병으로 인해 생식능력에 문제가 생겼을 때를 대비해 냉동해 태아은행에 보관할 수도 있다.

대안적 임신 방법의 전반적인 성공률은 50% 정도이다. 그러나 31~35세 사이 여성들의 성공률은 55%인 데 반해 43세 여성의 경우 8%로 연령이 증가할수록 성공률은 낮아진다(Cetinkaya, Siano, & Benadiva, 2013; Gnoth et al., 2011).

게다가 아이가 유전적으로 부모 모두 또는 어느 한쪽과 아무 관련이 없을 수 있다. 게다가 시험관 수정으로 아이를 갖게 된 대부분의 부모들은 자녀에게 그들이 어떻게 임신되었는지 말하지 않는다. 유전적으로 관련이 없거나 이런 방법을 비밀에 부치기 때문에 부모-자녀 관계가 나쁠까? 부모가 되겠다는 욕망이 강하기 때문에 기증자 수정이나 시험관 수정으로 임신하게 된 부모들이 아기를 더 따뜻하게 양육할 수도 있다. 시험관 수정으로 태어난 아기는 부모들에게 안정 애착을 형성하고, 아동이나 청소년이 되어도 정상 임신된 청소년과 유사하게 적응을 잘한다(Punamäki, 2006; Wagenaar et al., 2011). 그러나 다른 연구에서는 자신의 출생정보에 대해 알지 못하는 학령기 아이들이 어머니와 긍정적인 상호작용을 덜 경험하는 것으로 나타났다(Golombok et al., 2011, 2013). 이는 가족 간의 열린 대화가 중요하다는 것을 보여준다.

대안적 임신 방법이 많은 장점을 가지고 있지만 사용에 있어 심각한 문제들이 제기된다. 미국을 포함한 많은 국가들에서 심각한 질병에 따른 유전적 배경을 알아야 함에도 불구하고, 의사들이 기증자의 특징에 대한 기록을 보관하는 것이 의무화되지 않고 있다(Murphy, 2013). 또 다른 우려는 시험관 '성 선별' 방법으로 부모가 아동의 성을 선택해 양성의 아기들이 똑같이 귀중하다는 도덕적 가치가 불식된다는 것이다.

시험관 수정은 자연적 임신보다 영아의 생존과 건강한 발달에 있어 더 큰 위험을 가지고 있다. 시험관 수정의 26%는 다출산이다. 대부분 쌍생아지만 간혹 세 쌍생아 혹은 그 이상의 쌍생아들도 태어날 수 있다. 결과적으로 시험관 수정으로 태어난 아이들은 저체중 비율이 일반 모집단의 4배 가까이 된다. 이에 따라 어머니의 자궁 내로 주사된 수정된 난자의 수를 2개 이하로 줄이고 있다(Kulkarni et al., 2013; Sunderam et al., 2015). 시험관 수정의 생물학적 영향과 불임치료를 원하는 나이가 많은 사람들로 인해 임신합병증, 유산 및 출생 시 결함의 위험들이 증가하고 있다.

al., 2010).

하지만 이러한 기술들에는 어려움이 나타나는데, 조산과 유산이 가장 흔하다(Danzer & Johnson, 2014). 그러나 부모들은 성공 가능성이 아주 희박해도 가능한 모든 방법을 시도해보려고 한다. 현재는 의료 전문가들이 부모들에게 태아 수술에 대한 모든 정보를 제공하고 결정을 하도록 돕고 있다.

유전공학의 진보는 또한 유전적 결함을 치료하는 데 대한 희망을 주고 있다. 인간게놈프로젝트—인간 유전인자의 화학적 구성을 밝히려는 목적을 가진 야심 찬 국제적 프로젝트의 일환—에서 연구자들은 인간의 모든 DNA 염기 서열을 밝혀냈다. 이 정보를 사용해 모든 유전자, 그 유전자들의 기능, 그들의 단백질 산물과 그들이 하는 역할을 밝혀냈다. 주요 목적은 약 4,000종의 인간 장애, 즉 하나의 유전자에 의한 장애뿐 아니라 여러 유전자와 환경적 요인 사이의 복잡한 상호작용에 의해 발생하는 장애를 이해하는 것이다. 지금까지 심장, 소화기, 혈액, 안구, 그리고 신경계와 여러 형태의

대리모

의학적 도움을 받는 방법보다 더 논쟁이 되는 임신의 형태는 *대리모* 방법이다. 이 과정에서 부부의 수정란을 대리인에게 임신시키기 위해 시험관 수정이 사용될 수 있다. 혹은 부인이 불임인 경우 남편의 정자를 사용해 출산 후 아버지에게 아기를 양도하는 데 동의한 대리모를 임신시킨다. 그리고 그 아이는 부인에게 입양된다. 두 경우 모두 대리모에게는 비용이 지불된다.

이러한 절차들은 가족이 잘 기능하고, 대리모의 자녀들에게 사실을 알리고, 대리인과 긍정적인 관계를 유지하며, 대리인이 유전적으로 관련이 있을 경우에 제한적으로 부드럽게 진행된다(Golombok et al., 2011, 2013; Jadva, Casey, & Golombok, 2012). 적은 수의 사례들이 잘 적응하는 것으로 나타났다.

그럼에도 불구하고 대리모 절차에서 자녀를 원하는 계약자는 부유하고 대리모는 경제적으로 불리한 위치에 있기 때문에 경제적으로 어려운 여성의 착취를 조장할 가능성이 있다. 더불어 대부분의 대리모들은 이미 자녀가 있으며, 어머니가 아이를 낳아서 다른 사람에게 준다는 것을 본다면, 자신들의 가정환경 안정성에 대한 걱정을 할 수도 있다.

수정공학의 첨단

현재 전문가들은 다른 수정방법에 대해 논쟁을 벌이고 있다. 의사들은 폐경된 여성들의 임신을 돕기 위해 젊은 여성 기증자의 난자와 시험관 수정을 같이 사용하고 있다. 대부분의 수혜자들은 40대지만 50대와 60대, 심지어는 70대도 있다. 이러한 사례들은 어머니와 아이의 건강상 위험을 증가시키고, 자녀가 성인이 될 때까지 부모가 살지 못하는 아이들을 출산하는 것이다. 미국의 평균 수명 자료에 의하면 55세에 아이를 갖는 어머니 3명 가운데 1명과 아버지 2명 가운데 1명은 자녀가 대학에 들어가기 전에 사망한다(U.S. Census Bureau, 2015d).

오늘날 기증자 은행의 고객은 신체적 특성과 IQ를 기준으로 난자 또는 정자를 선택할 수 있다. 더불어 과학자들은 난자와 정자 및 태아의 DNA를 유전적인 장애로부터 보호하기 위한 방법 혹은 선호되는 특성을 만들 수 있는 방법을 고안하고 있다. 많은 사람들은 이런 절차가 '맞춤 아기' – 유전자를 조작해 자손들의 특성들을 통제하는 – 를 통해 선택교배로 가는 위험한 단계라고 걱정한다.

비록 수정공학이 많은 불임 부부들에게 건강한 아이를 가질 수 있게 해주었지만 이런 절차를 통제하는 법이 마련되어야 한다. 호주, 뉴질랜드와 유럽에서는 시험관 수정에서 기증자와 신청자는 면밀한 조사를 받아야 한다(Murphy, 2013). 덴마크와 프랑스, 이탈리아에서는 폐경 여성의 시험관 수정을 금지하고 있다. 이 분야에서 일하고 있는 사람들의 압력으로 미국에서도 곧 유사한 정책이 마련될 예정이다. 대리모의 경우, 윤리적 문제가 너무 복잡해서 미국의 13개 주와 워싱턴 DC가 이 절차를 크게 제한하고 있다(Swain, 2014).

호주와 캐나다를 포함한 대부분의 유럽 국가에서는 대리모가 경제적 이득을 취하지 않는 이타주의적 대리모 과정이 허용된다. 현재 이러한 절차로 태어난 아기들의 결과는 잘 알려지지 않았다. 나중의 건강상태와 자신들이 어떻게 만들어졌는지를 알고 그에 대해 어떻게 느끼는지를 포함해 이런 아기들이 어떻게 성장하는지에 대한 연구가 이런 공학의 장점과 단점을 저울질하는 데 아주 중요하다.

불임치료제와 시험관 수정은 다출산을 발생시킨다. 사진의 네 쌍생아는 건강하지만 대안적 임신 방법에 의해 태어난 아이들은 저체중 출산의 위험이 높다.

암과 관련된 유전자를 포함해 수천 개의 유전자가 확인되었다(National Institutes of Health, 2015). 그 결과, 유전자 치료와 같은 새로운 치료법이 연구되고 있는데 이는 세포에 기능적 유전자를 가지고 있는 DNA를 제공해 유전적 이상을 치료하는 방법이다. 혈우병 증상을 완화하고 심각한 면역계 기능 장애, 백혈병 및 여러 형태의 암을 치료하기 위한 유전자 요법들이 개발되고 있다(Kaufmann et al., 2013). 또한 프로테오믹스(proteomics)라 불리는 접근법은 생물학적 노화와 질병에 관련된 유전자의 특정 단백질을 변형시켜 이러한 문제들을 해결하려고 한다(Twyman, 2014). 그러나 유전적 치료법은 단일유전자로 인해 발생하는 장애도 치료하기 어렵고 여러 유전자가 관련되거나 또는 유전자와 환경이 복잡하게 얽혀 있는 여러 유전자에 기인하는 질병을 치료하기에는 아직 갈 길이 먼 것으로 보인다. 뒤에 나올 '배운 것 적용하기'에 예비 부모들이 유전적으로 건강한 아이를 가지기 위해 임신 전에 조심해야 할 일들을 단계적으로 정리했다.

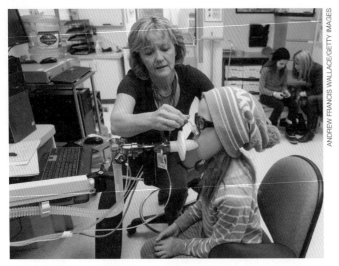

낭포성 섬유증을 앓고 있는 9세의 소녀가 폐 기능을 검사받고 있다. 오늘날, 연구자들이 폐의 내벽을 재생하는 유전자 치료를 시험 중에 있으며 이러한 시도는 소녀의 질병과 같은 열성 장애의 증상을 덜어줄 것으로 기대된다.

입양

불임이거나, 유전적 장애를 물려줄 가능성이 크거나, 나이가 많고 독신이지만 가족을 원하는 사람들이 입양하는 사례가 점점 증가하고 있다. 이미 출산을 통해 자녀가 있는 사람들도 때로는 입양을 통해 가족을 확대한다. 입양기관에서는 가능하면 아이와 인종적, 종교적 배경이 유사하고 가능하면 생물학적 부모와 연령이 비슷한 부모를 찾으려고 노력한다. (과거보다 미혼모들이 자녀를 포기하는 경우가 감소하고 있어서) 입양할 수 있는 건강한 아기들이 감소하고 있기 때문에 미국과 서유럽의 부모들은 다른 나라에서 입양을 하거나 영아기를 지난 아이들을 입양하거나 발달적 문제가 있는 아이들을 입양한다(Palacios & Brodzinsky, 2010).

입양된 아동들과 청소년들은—입양된 나라에서 태어났든 아니든—다른 아동들보다 학습의 어려움과 정서적 어려움을 더 많이 경험하고 그러한 차이는 입양 시 나이가 많을수록 더 커진다(van den Dries et al., 2009; van IJzendoorn, Juffer, & Poelhuis, 2005; Verhulst, 2008). 입양된 아이들이 어려움을 많이 겪는 데는 여러 가지 이유가 있다. 생물학적 어머니가 부분적으로 유전적이라고 생각되는 알코올 중독증이나 심각한 우울증과 같은 문제 때문에 아이를 돌볼 수 없었을 수 있으며 이러한 경향을 자녀에게 전달했을 수도 있다. 어머니가 스트레스, 영양부족, 또는 임신한 동안 적절한 의료적 배려를 받지 못했을 수도 있는데 이런 요인들은 모두 아동에게 영향을 미친다(제3장에서 볼 것이다). 게다가 영아기 이후에 입양되는 아동들은 입양되기 전 가정에서 가족관계 갈등이 심하고, 부모의 사랑을 충분히 받지 못하고, 또 무시되거나 학대당한 경우가 많다. 마지막으로 유전적으로 아무 관계가 없

 배운 것 적용하기

건강한 아기를 낳기 위해 예비 부모들이 임신 전에 해야 할 일들

제안	근거
신체검사를 받는다.	임신하기 전에 신체검사를 받으면 수정을 방해하거나 임신이 시작된 후에는 치료하기 어렵거나 태아의 발달에 영향을 미치는 질병 및 다른 의학적 문제를 미리 발견할 수 있다.
자신의 유전적 구성을 고려한다.	가계에 유전적 질병이나 장애가 있는 자녀가 있는지 확인하고 만약 그렇다면 임신하기 전에 유전 상담을 받아야 한다.
자신이 통제할 수 있는 독소를 감소시키거나 제거한다.	태아는 임신 이후 몇 주 동안에는 파괴적인 환경적 요인들에 매우 민감하기 때문에(제3장 참조) 임신하려는 부부는 약, 알코올, 담배, 방사선, 오염, 집이나 직장의 화학물질 및 감염성 질병을 피해야 한다. 아울러 돌연변이를 일으킨다고 알려진 전리방사선과 가정 및 산업 현장의 일부 화학물질들과의 접촉에 주의해야 한다.
적절한 영양을 섭취한다.	임신하기 전부터 의사가 권하는 비타민 및 미네랄을 복용하면 많은 출생 이전의 문제를 예방할 수 있다. 신경관 결함, 성숙의 지체, 저체중을 막는 데는 엽산이 중요하다.
12개월 동안 임신하려는 노력에도 성공하지 못한 경우에는 의사와 상담한다.	오랫동안 지속된 불임은 부부 어느 한쪽의 유전적 결함에 의한 진단되지 않은 자연 유산일 수 있다. 신체검사에서 생식기관에는 문제가 없다고 진단되면 유전 상담을 받아야 한다.

입양은 불임이거나 유전적 장애 가족력을 가지고 있는 경우 선택할 수 있는 하나의 방법이다. 중국에서 딸들을 입양한 이 부부는 자녀에게 모국의 문화를 가르침으로써 그녀들의 적응을 돕고 있다.

묻고 대답하기

연관지어보기 입양연구는 탄력성에 대해 무엇을 밝혀주는가? 탄력성과 관련된 어떤 요인이(제1장 10~11쪽 참조) 입양 아동들의 긍정적인 발달에 중요한 영향을 미치겠는가?

적용해보기 불임을 치료하기 위해 기증된 난자를 이용해 시험관 수정을 고려하고 있는 부부를 상담한다고 생각해보라. 어떠한 의학적, 윤리적 문제가 있는가?

생각해보기 여러분이 취약 X 증후근의 보유자이고 아이를 가지고 싶다고 생각해보자. 임신, 입양, 혹은 대리모 중 어떤 것을 선택할 것인가? 만약 임신을 한다면 태내진단을 받을 것인가? 여러분의 결정을 설명해보라.

는 입양한 부모들과 아동들이 생물학적 친척보다 지능과 성격적 특성에서 더 차이가 나기 때문에 이런 차이가 가족들 간의 조화를 위협할 수 있다.

이러한 어려움에도 불구하고 입양 전에 가진 문제가 있었던 아동들도 민감한 양육을 통해 인지적·사회적으로 빠른 발달을 나타낸다(Arcus & Chambers, 2008; Juffer & van IJzendoorn, 2012). 전반적으로 국제 입양의 경우 출생국가에 남아 있는 형제 혹은 또래들보다 긍정적으로 발달하는 것으로 나타났다(Christoffersen, 2012). 또한 가족 문제가 있고 나이가 많을 때 입양된 아이들도 사랑받고 지지받는 것을 느낀다면 입양부모들을 신뢰하는 것으로 나타났다(Veríssimo & Salvaterra, 2006). 제4장에서 보게 되겠지만, 나이가 많을 때 입양된 아이들(초기 여러 역경을 경험한 아이들)은 인지적·정서적·사회적 문제가 지속될 가능성이 높다.

사춘기에 접어들면서 입양된 아동들은 자신의 뿌리에 대한 호기심으로 생각이 복잡해질 수 있다. 그들은 양부모 가정과 친부모 가정을 새로운 정체성에 통합하는 과정을 통해 자기 자신을 정의하는 도전에 직면하게 된다. 부모가 입양에 대한 의사소통을 할 때 따뜻하고 개방적이고 지지적일 경우 아이들은 자기에 대한 긍정적인 인식을 가지게 된다(Brodzinsky, 2011). 입양 아동들이 아동기에 자신의 문화나 전통을 배울 수 있도록 부모들이 도와주면 다른 문화나 인종집단으로 입양되어 온 아동들도 자신의 출생 배경과 성장 배경을 잘 통합해 건강한 정체성을 확립하게 된다(Nickman et al., 2005; Thomas & Tessler, 2007). 그럼에도 불구하고 대개 성인기 초기가 되어야 친부모를 찾으려는 결정을 하고 결혼

과 자녀의 출생이 이를 재촉하게 된다.

자녀를 갖는 방법의 선택에 대한 논의를 마무리하면서 테드와 메리앤이 어떻게 될지 궁금할 것이다. 유전 상담을 통해 메리앤은 어머니 쪽 가족에 테이삭스 질병력이 있고 테드에게도 이 장애로 사망한 먼 친척이 한 명 있음을 알았다. 유전 상담자는 이 질병을 가진 아이를 낳을 확률이 1 : 4 정도라고 설명했다. 테드와 메리앤은 위험을 감수하기로 결정했다. 그들의 아들 더글러스는 이제 12세이다. 그는 열성 대립유전자를 보유하고 있지만 정상이고 건강하다. 몇 년 후 테드와 메리앤은 아들에게 그의 유전력에 대해 이야기할 것이고 그가 아이를 갖기 전에 반드시 유전 상담과 검사를 받아야 한다고 말해줄 예정이다.

발달의 환경적 맥락

2.5 생태학적 관점에서 가족의 안녕과 발달을 지원하는 외적 영향으로서 가족의 기능을 기술하라.

유전이 복잡한 것처럼, 아동들을 둘러싸고 있는 환경도 복잡해 여러 수준의 환경이 신체적 발달과 심리적 발달을 돕거나 방해한다. 잠시 자신의 아동기를 생각해보고 여러분의 발달에 지대하게 영향을 미쳤다고 생각하는 사건이나 사람에 대해 짧게 기술해보라. 학생들에게 이렇게 하라고 하자 대부분의 학생들은 가족을 이야기했다. 가족이 발달의 가장 처음 그리고 가장 오랫동안 지속되는 맥락이므로 가족을 강조하는 것은 전혀 놀라운 일이 아니다. 일반적으로 학생들이 영향을 받았다고 보고하는 상위 10개에는 친구, 이웃, 학교, 직장, 공동체, 종교단체 등이 포함되어 있다.

제1장에서 논의했던 브론펜브레너의 생태학적 체계 이론을 다시 생각해보자. 이 이론은 **미시체계**나 방금 이야기한 직접적 환경을 넘어서 확대되는 환경들이 발달에 강력하게 영

향을 미친다고 강조한다. 실제 학생들은 중요한 한 가지 환경은 전혀 언급하지 않았다. 이는 거시체계 혹은 방대한 사회적 분위기로 인간의 발달을 보호하고 지지하는 가치관 혹은 프로그램이라 할 수 있다. 모든 사람들은 일생 동안 각 발달 단계의 요구를 충족하기 위해 거처할 적절한 장소, 건강보험, 안전한 이웃, 좋은 학교, 좋은 레크리에이션 설비, 질 좋은 아동보육센터, 그리고 사람들이 가정과 직장에서 책임을 다할 수 있게 해주는 다른 서비스 등과 같이 다른 사람의 도움이 필요하다. 일부 사람들은 가난과 개인적 불운 때문에 다른 사람보다 도움을 더 많이 필요로 할 수 있다.

지금부터 발달을 위한 이런 맥락들을 하나씩 살펴보겠다. 이는 모든 연령과 변화의 모든 측면에 영향을 미치기 때문에 나중에 다른 장에서도 다시 다루어질 것이다. 이 장에서는 유전뿐 아니라 환경이 발달의 위험을 증가시킬 수 있다는 사실만을 강조하겠다.

가족 내의 관계는 상호의존적으로 한 구성원의 행동이 다른 구성원의 행동에 영향을 준다. 사진의 가족이 게임을 즐기고 있는 모습처럼 따뜻하고 사려 깊은 부모의 말과 행동은 자녀가 협조적인 태도를 보이도록 하고 부모는 이러한 자녀에게 더 깊은 온정과 보살핌을 주게 된다.

가족

영향의 강도와 범위에 있어서 가족과 같은 미시체계 맥락은 존재하지 않는다. 가족은 사람들 사이에 독특한 유대를 만든다. 부모와 형제에 대한 애착은 일반적으로 일생 동안 지속되면서 이후 맺게 되는 인간관계의 모델이 된다. 가족 내에서 아동들은 언어, 기술, 사회적 및 도덕적 가치를 학습한다. 그리고 모든 연령의 사람들은 가족 구성원들로부터 정보와 도움을 얻고 또 그들과 즐거운 상호작용을 나눌 수 있다. 따뜻하고 가족들 사이의 유대가 만족스러우면 신체적으로나 심리적으로 건강하게 발달한다(Khaleque & Rohner, 2012). 그러나 가족으로부터 고립되거나 소외되면 발달에 문제가 나타날 수 있다.

현대의 연구자들은 가족을 상호의존적 관계망으로 본다(Bronfenbrenner & Morris, 2006; Russell, 2014). 생태학적 체계 이론에서는 **양방향적 영향**을 가정해 가족 구성원들이 서로에게 영향을 미친다고 제안했던 점을 상기하라. 실제로 시스템이라는 용어 자체가 상호의존적 관계의 망을 의미한다. 이런 체계는 직접적으로 작용하지만 동시에 간접적으로도 작용한다.

직접적 영향 다음에 가족 구성원들이 상호작용하는 것을 볼 기회가 있으면 자세히 살펴보라. 친절하고, 인내심을 가지고 의사소통을 하면 상대방이 협동하고 조화로운 반응을 보이

지만 가혹하고 인내심 없이 의사소통을 하면 상대방이 화를 내고 저항적으로 행동한다. 이런 반응들은 역으로 상호작용의 흐름에 새로운 영향을 미친다. 첫 번째 예에서는 긍정적 메시지가 뒤따르지만, 두 번째 예에서는 부정적이고 회피적인 메시지가 뒤따른다.

이러한 관찰은 가족 시스템에 대한 많은 연구 결과와 일치한다. 다양한 인종의 가족에 대한 연구를 보면 부모가 따뜻하게 요구하면 아동들은 협조하는 경향을 보인다. 아동이 말을 잘 들으면 부모들은 더 따뜻하고 부드러워진다. 그러나 부모가 가혹하고 인내심 없이 아동들을 대하면 아이들은 말을 듣지 않거나 반항한다. 아동들이 애를 먹이면 부모들이 힘들기 때문에 벌을 더 많이 사용하게 되고 그러면 아동들은 더 말을 듣지 않게 된다(Lorber & Egeland, 2011; Shaw et al., 2012). 이런 원칙이 다른 가족관계, 즉 남자형제와 여자형제, 부부, 부모와 성인 자녀에도 적용된다. 모든 경우에 어떤 가족 구성원이 다른 가족 구성원과 행복을 증진시키는 방식으로 상호작용할지 또는 행복을 해치는 방식으로 상호작용할지는 다른 가족 구성원의 행동에 달려 있다.

간접적 영향 발달에 미치는 가족관계의 영향은 두 사람의 상호작용이 그 상황에 있는 다른 사람에 의해 영향을 받는다는 점을 생각하면 더 복잡해진다. 제1장에서 브론펜브레너는 이런 간접적 영향을 제3자의 영향이라고 불렀다.

제3자는 발달의 지원자가 될 수도 있지만 방해자가 될 수도 있다. 예를 들어 부부관계가 따뜻하고 서로 배려할 때, 어

머니와 아버지는 서로의 양육 행동을 지원하며 효과적인 양육을 할 가능성이 더 크다. 이러한 부모들은 더 따뜻하고, 칭찬을 많이 하며, 자녀들을 자극하고, 잔소리를 덜 하고 덜 꾸짖는다. 즉 **효과적인 양육**(coparenting)은 긍정적인 결혼생활을 촉진할 수 있다(Morrill et al., 2010). 반대로 결혼생활이 긴장되고 적대적인 부모는 부적절한 양육을 실시할 가능성이 있다. 이들은 서로의 육아에 대한 노력을 방해하고, 자녀의 신호에 덜 반응적이며, 비난, 분노 표현 및 처벌의 가능성이 더 높다(Palkovitz, Fagan, & Hull, 2013; Pruett & Donsky, 2011).

만성적으로 분노와 해결되지 않는 부부 갈등에 노출된 아동들은 심각한 정서적 문제에 따른 행동 문제를 나타낼 수 있다(Cummings & Miller-Graff, 2015). 여기에는 불안과 공포를 가지고 부모들의 관계를 회복시키려고 노력하는 **내재화 문제**와 분노와 공격성을 포함한 **외현화 문제**가 모두 포함된다(Cummings, Goeke-Morey, & Papp, 2004; Goeke-Morey, Papp, & Cummings, 2013). 이런 아동 문제들은 부모들의 관계를 더 나쁘게 할 수 있다.

그러나 제3자가 가족관계를 어렵게 만들어도 다른 구성원이 상호작용을 효과적으로 만들 수 있다. 예를 들어 조부모는 자녀에게 따뜻하게 반응하는 직접적인 방식과 자녀 양육에 조언하고, 양육기술의 모델 및 경제적 지원을 하는 직접적인 방식으로 도움을 줄 수 있다. 물론 다른 간접적 영향과 마찬가지로 조부모가 때로는 해로울 수 있다. 조부모와 부모의 관계가 나쁠 때에는 부모-자녀 의사소통에 방해가 될 수 있다.

변화에 적응하기 브론펜브레너 이론의 **시간체계**를 다시 생각해보자(제1장 참조). 가족 내 힘의 상호작용은 역동적이고 계속 변한다. 아기의 출생, 직장의 변화, 또는 늙고 병든 부모가 식구로 들어오는 것과 같이 중요한 사건들은 기존의 관계를 변화시킨다. 그러한 사건들이 가족 상호작용에 어떤 영향을 미치는지는 다른 가족 구성원들이 제공하는 지원과 그들의 발달 수준에 달려 있다. 예를 들어 아기가 새로 태어나면 학령기 아동보다는 걸음마기 아동이 영향을 많이 받는다. 육아를 하지 않는 같은 나이대의 성인들보다, 나이 많은 부모를 돌보며 육아까지 해야 하는 성인들은 더 많은 스트레스를 경험한다.

역사적 시기 또한 역동적 가족체계에 영향을 미친다. 최근 수십 년 동안 출산율 저하, 이혼율 증가, 여성의 역할 확대,

동성애 수용의 증가 및 부모 역할의 연기 등으로 인해 가족의 규모가 줄어들었고, 한부모, 재혼 및 동성 부모, 어머니의 취업 및 맞벌이 가정이 증가했다. 이와 더불어 수명의 연장으로 인해 여러 세대가 생존하고 가족 안의 젊은이들의 수가 작아지는 '위가 무거운' 가족 구조가 되었다. 오늘날의 젊은 사람들은 어느 시대보다도 나이 많은 친척을 가질 가능성이 높은데 이런 상황은 여러 가지로 도움이 되기도 하지만 긴장을 유발하기도 한다. 요약하면, 시간이 가면서 이런 복잡한 세대 간 체계의 구성원들이 외부 압력과 자신들이나 다른 사람들의 발달에 적응하면서 관계가 계속적으로 변한다.

살펴보기

> 부모들에게 자녀의 정규수업과 방과 후 프로그램을 조사해보라.
> 그리고 자녀의 참여를 장려하거나 방해하는 가정 및 주변 요인에 대해 물어보라.

이러한 변화에도 불구하고 가족 기능의 일부 일반적 패턴은 그대로 남아 있다. 미국, 캐나다와 다른 서구 국가에서는 이렇게 변하지 않는 부분 가운데 중요한 하나가 사회경제적 지위이다.

사회경제적 지위와 가족 기능

산업화된 사회에 사는 사람들은 직장에서 무엇을 하는지와 얼마나 버는지 — 사회적 지위와 경제적 능력 — 에 의해 구분이 된다. 연구자들은 **사회경제적 지위**(socioenomic status, SES)라고 부르는 지표에 의해 연속선상에서 가족의 위치를 평가하는데 이는 서로 관련되지만 중복되지 않는 세 가지 변인들인 (1) 교육기간, (2) 사회적 지위를 가늠할 수 있는 직업의 위상과 직업에서 요구하는 기술, (3) 경제적 지위를 평가하는 수입이 결합된 것이다. 사회경제적 지위가 올라가거나 내려가면 사람들은 가족 기능에 심각하게 영향을 미치는 환경의 변화를 경험하게 된다.

사회경제적 지위는 결혼, 자녀출산 그리고 가족의 규모에 영향을 미친다. 숙련직이나 반숙련직에 종사하는 사람들(예 : 건설노동자, 트럭 운전사, 수위)은 화이트칼라나 전문직에 종사하는 사람들보다 아이를 더 많이 낳을 뿐 아니라 더 일찍 결혼하고 아이도 더 일찍 낳는다. 두 집단은 또한 가치관이나 기대에서도 차이가 난다. 예를 들어 자녀들에게 바라는 특성을 말하게 하면 사회경제적 지위가 낮은 부모들은

복종, 예의 바름, 단정함과 깨끗함 같이 외적 특성을 강조한다. 대조적으로, 사회경제적 지위가 높은 부모들은 호기심, 행복, 자기목표, 인지적 및 사회적 성숙과 같이 심리적 특성을 강조한다(Duncan & Magnuson, 2003; Hoff, Laursen, & Tardif, 2002).

이러한 차이가 가족 상호작용에도 반영된다. 사회경제적 지위가 높은 부모들은 영아들에게 더 많은 말을 하고 더 많이 읽어주며, 학령전기 아동에게는 탐색의 자유를 더 많이 제공하는 방식으로 자녀들을 자극한다. 또한 청소년들에게는 보다 따뜻하고 설명과 언어적 칭찬을 통해 더 높은 학업 성취와 다른 발달적 목표를 가지게 하고 자녀들이 더 많은 결정을 내릴 수 있게 한다. 명령("내가 말하니까 해야 돼"), 비판, 체벌은 사회경제적 지위가 낮은 가정에서 더 많이 나타난다(Bush & Peterson, 2008; Mandara et al., 2009).

교육도 자녀 양육 방식의 차이에 지대하게 영향을 미친다. 사회경제적 지위가 높은 부모들은 언어적 자극을 제공하고 내적 특성을 키워주는 데 관심이 많은데 이는 자신들이 교육을 받으면서 추상적·주관적 아이디어에 대해 생각하는 것을 배웠기 때문이다(Mistry et al., 2008). 동시에 경제적인 안정은 부모로 하여금 더 많은 시간과 에너지 그리고 물질적 자원을 자녀의 심리적 특성을 육성하는 데 사용할 수 있게 해준다(Duncan, Magnuson, & Votruba-Drzal, 2015).

사회경제적 지위가 낮은 부모들은 교육을 많이 받지 못했고 사회적 지위도 낮기 때문에 무력감을 느끼고 가정 바깥에서의 관계에 영향력이 부족하다고 느낀다. 예를 들어 직장에서 그들은 힘과 권위를 가진 사람의 규칙에 순종해야 한다. 집에 돌아오면 부모-자녀 상호작용에서 이런 경험을 반복하지만 이제는 권위자의 입장이 된다. 경제적 불안정으로 촉발된 높은 수준의 스트레스로 인해 부모 자녀 간 발달을 촉진하는 상호작용과 활동을 감소시키고, 강압적인 훈육을 더 많이 사용하게 된다(Belsky, Schlomer, & Ellis, 2012; Conger & Donnellan, 2007). 대조적으로 사회경제적 지위가 높은 부모들은 자신의 삶에 대해 더 큰 통제권을 가진다. 직장에서도 독립적으로 결정하고 다른 사람들에게 자신의 관점을 이해시키는 일을 많이 한다. 집에서도 자녀들에게 이와 같은 기술을 가르친다.

빈곤

가족이 경제적인 위기에 빠지면 아동의 발달에 심각한 위협

이 된다. PBS 영화 제작자는 유년기 빈곤에 관한 TV 다큐멘터리에서 가족의 고난과 함께 여러 미국 어린이의 일상생활을 관찰했다(Frontline, 2012). 가난에 대해 10살 케일리는 "하루에 세끼를 먹지 않아요. 때로는 시리얼이 있지만 우유 없이 먹을 때도 있어요."라고 말했다. 케일리는 대부분의 시간을 배가 고픈채로 보낸다며 덧붙였다. "우리가 돈을 낼 수 없어서 나와 오빠가 굶어죽을까 두려워요."

케일리는 12살인 오빠 타일러와 우울과 공황장애 때문에 일을 할 수 없는 어머니와 같이 살고 있다. 아이들은 이웃들이 버린 고철 깡통을 수집해서 약간의 생활비를 마련할 수 있다. 집세를 낼 수 없을 때 케일리의 가족은 작은 집에서 장기체류 모텔로 이동했다. 케일리의 가족은 이사하기 전에 반려견을 보호소로 보내야만 했다.

가족의 짐이 쌓여 있는 비좁은 모델방에서 케일리는 불평했다. "나는 친구도 없고 놀 장소도 없어. 시간을 그냥 보낼 수밖에 없어." 그녀의 어머니는 새로운 학교구역의 이동주택 구역으로 이사할 것을 기대하면서 아이들의 학교등록을 연기했다. 케일리와 타일러의 집에는 책도 없고 실내에서 놀 만한 것도 없었다. 자전거, 야구방망이, 야구공, 롤러스케이트 같은 실외에서 놀 수 있는 기구도 없었고, 수영이나 음악수업 혹은 청소년단체의 활동과 같은 여가 활동 역시 없었다. 케일리에게 미래를 상상해보라고 했을 때 케일리는 희망적이지 않았다. "내 미래는 불행할 거예요. 거리에서 혹은 상

주거지가 없는 상태는 긍정적인 가족관계와 신체적·정신적 건강에 매우 큰 장애물이다. 사진의 어머니는 그녀의 어린 세 자녀를 데리고 집을 떠나 그녀의 남자 친구, 아버지와 함께 기거할 모텔 방으로의 이사를 준비하고 있다.

자 속에서(홈리스) 사람들에게 구걸하고 물건을 훔치겠죠. 나는 세상을 돌아다니고 싶지만, 그렇게는 못할 것 같아요."

미국의 빈곤율은 1990년대에 약간 감소했지만 21세기 초반에 증가한 채로 유지되고 있다. 오늘날 미국 인구의 약 15%, 4,600만 명의 미국인이 빈곤에 처해 있다. 가장 힘든 사람들은 어린 자녀가 있는 25세 이하의 부모들과 혼자 사는 노인들이다. 또한 소수인종과 여성들에게 빈곤이 더 확산되고 있다. 예를 들어 미국 아동의 21%는 빈곤층에 속해 있으며, 히스패닉계 아동의 경우 32%, 미국 원주민 아동은 36%, 아프리카계 미국 아동의 경우 38%까지 증가한다. 또한 미취학 아동이 있는 미혼모와 혼자 사는 노인 여성의 빈곤율은 50% 가까이 나타난다(U.S. Census Bureau, 2015d).

여성들의 높은 실직과 이혼율, 남성보다 낮은 재혼율, 사별, (뒤에서 보겠지만) 가족들의 필요에 맞지 않는 정부 프로그램 때문에 이렇게 수치가 높아졌다. 빈곤은 다른 연령집단보다 아동집단에서 가장 높게 나타난다. 특히 극심하게 가난한 아동들의 비율이 서구 여러 나라 가운데 미국에서 가장 높게 나타났다. 미국 아동의 10%는 (최저 생활기준에 필요한 수입 수준보다 훨씬 더 낮은) 극심한 빈곤 상태에서 살고 있다. 이와 대조적으로 북부 및 중부 유럽국가에서는 수십 년 동안 아동 빈곤율이 10% 이하로 유지되고 있으며, 극심한 빈곤을 경험하는 아동들이 드문 것으로 나타났다(UNICEF, 2013). 가난이 일찍 시작될수록 더 심해지고, 가난이 오래 지속될수록 그 결과가 더 파괴적이다. 빈곤한 아동은 다른 아동에 비해 신체적으로 건강하지 못하고, 지속적으로 인지 및 학업 성취에서 결함을 나타내며, 고등학교 중퇴, 정신질환, 충동성, 공격성, 그리고 반사회적 행동을 더 많이 나타낸다(Duncan, Magnuson, & Votruba-Drzal, 2015; Morgan et al., 2009; Yoshikawa, Aber, & Beardslee, 2012).

가난으로 스트레스가 계속되면 가족 시스템이 점차적으로 약화된다. 가난한 가족에게는 매일 일어나는 어려움이 많다. 예를 들면 제한된 복지, 실업수당의 상실, 청구서 비용을 낼 수 없기 때문에 기본적인 서비스인 전화, TV, 전기, 온수의 공급이 중단되고, 끼니를 해결할 수 없는 것 등이 있다. 일상적인 위기가 증가하면, 가족 구성원들은 우울, 짜증, 산만함 및 적대적인 상호작용이 증가하며, 이는 아동의 발달을 어렵게 한다(Conger & Donnellan, 2007; Kohen et al., 2008).

이러한 부정적인 결과는 경제적 어려움에 대처하는 사람들을 돕는 사회적 지원이 줄어들면서 특히 한부모 가정과 취약한 거주공간, 위험한 이웃에서 살아야 하는 가정의 일상생활을 더욱 어렵게 만들고 있다(Hart, Atkins, & Matsuba, 2008; Leventhal, Dupéré, & Shuey, 2015). 평균적으로 도시 지역보다 케일리와 타일러가 살고 있는 교외 지역에서 빈곤율이 더 높고 공동체의 해체가 빈번하며, 지역사회 서비스가 부족하다(Hicken et al., 2014; Vernon-Feagans & Cox, 2013). 이와 같은 상황은 가족의 기능 상실과 전 생애에 걸쳐 신체적 · 정신적 적응에 대한 위험을 높일 수 있다. 또한 이러한 문제들은 많은 아동과 성인들의 생존을 어렵게 만들고 있다.

최근 보고에 따르면 미국의 경우 약 580,000명의 홈리스가 있는 것으로 나타났다(Henry et al., 2014). 대부분이 혼자 지내는 성인들이고 이들 가운데 많은 사람들은 정신질환을 앓고 있다. 그러나 홈리스의 약 1/4은 아동과 청소년이다. 홈리스는 두 가지 원인에 의해 발생한다. 가격이 낮은 주택의 부족과 정신질환자들이 일상생활에 적응하도록 돕는 지역사회 치료 프로그램을 늘리지 않은 채 이들을 시설에서 퇴원시키는 것이다.

대부분의 집 없는 가족들은 5세 이하의 어린아이가 있는 여성들이다. (대부분의 집 없는 사람들에게 영향을 미치는) 건강 문제 이외에 많은 집 없는 아동들은 일상생활이 가혹하고 불안정하기 때문에 만성적으로 정서적 스트레스를 느낀다(Kilmer et al., 2012). 대략 23%의 학령기 아동들이 학교에 가지 않거나 출석이 불규칙하다. 홈리스 아동들은 낮은 출석률과 잦은 전학, 그리고 신체적 · 정서적 건강의 문제로 인해 다른 빈곤한 아이들보다 낮은 성취를 나타낸다(Cutuli et al., 2010; National Coalition for the Homeless, 2012).

빈곤에 시달리는 자녀들과 경제적으로 더 나은 자녀들 사이의 전반적인 건강 및 성취의 격차는 상당하지만 재정적으로 압박감을 느끼는 가족의 상당수가 탄력성을 나타내며 잘 적응해 간다. 어린이와 청소년들이 빈곤의 위험을 극복할 수 있도록 개입하는 단체들이 있다. 이들 중 몇몇은 가족의 기능과 육아 문제를 다루며, 다른 단체들은 학업, 정서 및 사회적 기술들에 개입한다. 빈곤에 시달린 아동들은 많은 역경을 경험하기 때문에 다각적인 접근을 통해 이들에게 개입해야 한다(Kagan, 2013a). 이 책의 뒷부분에서 개입에 대해 논의할 것이다.

부유함

교육을 많이 받았고 경제적으로 풍요로운 부모들 가운데 많은 부모들이 가족들과 시간을 보내지 못하고 자녀들을 잘 발달하도록 키우지 못한다. 많은 연구자들이 부유한 지역에서 성장한 아동들의 적응을 추적해 연구했다. 중학교 1학년이 되면 많은 아동들이 심각한 문제를 보이고 이 문제는 고등학교에 가면 더 나빠진다(Luthar & Barkin, 2012; Racz, McMahon, & Luthar, 2011). 학업 성취가 낮으며, 일반적인 청소년들보다 술, 마약, 비행, 그리고 높은 수준의 불안과 우울을 나타낸다.

왜 많은 부유한 청소년들이 이러한 문제를 나타낼까? 적응적인 또래들과 비교해볼 때 잘 적응하지 못하는 유복한 청소년들은 부모들이 직업적으로 또 사회적으로 너무 바빠서 부모와 가깝다고 느끼지 못하고 감독도 받지 못한다고 보고한다. 전체적으로 볼 때 부유한 부모는 경제적으로 어려운 부모들만큼 아이들 옆에 있어 주지 못한다. 동시에 이런 부모들은 성취에 대해 과도한 요구를 하며, 자녀가 완벽하게 행동하지 않을 때 비판적이다(Luthar, Barkin, & Crossman, 2013). 부모가 자녀들의 자질보다는 성취를 중요하게 볼 때 청소년들은 학업상으로나 정서적으로 문제를 더 많이 보인다.

유복한 청년들과 사회경제적 지위가 낮은 청년들에게는 부모와 같이 식사하는 것과 같은 단순한 일과가 양육의 많은 다른 측면을 통제하고 난 다음에도 적응상의 어려움 감소와 관련된다(그림 2.6 참조)(Luthar & Latendresse, 2005). 유복한 부모들에게 경쟁적이고, 지나치게 일을 많이 하고, 가족들과 시간을 보내지 못하는 것에 따르는 값이 크다는 사실을 깨닫도록 도와주는 중재가 필요하다.

가족을 넘어서 : 이웃과 학교

생태학적 체계 이론에서 중간체계와 외체계의 개념이 분명하게 보여주었듯이 가족과 지역사회 사이의 연결이 심리적 행복에 아주 중요하다. 가난에 대한 이전의 논의에서 왜 그런지를 이미 알았을 것이다. 가난이 심한 도시지역에서는 지역사회 생활이 보통 방해를 받는다. 가족들은 이사를 자주 가고, 공원과 운동장은 어지럽고, 여가시간을 즐길 수 있는 조직화된 활동을 제공하는 지역사회센터도 존재하지 않는다. 이런 이웃에서는 가족폭력, 아동학대와 방치, 아동 및 청소년 문제의 내면화 및 외현화, 성인들의 범죄행동, 노인의 우울 및 인지 기능 저하들이 많이 나타난다(Chen, Howard, & Brooks-Gunn, 2011; Dunn, Schaefer-McDaniel, & Ramsay, 2010; Ingoldsby et al., 2012; Lang et al., 2008). 대조적으로,

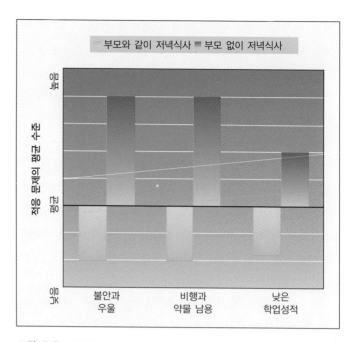

그림 2.6 유복한 가정의 아동들이 부모와 규칙적으로 저녁식사를 같이하는 것과 적응 및 문제행동의 관계 양육의 여러 측면을 통제했을 때도 부모들과 저녁식사를 자주 하는 6학년들에 비해 그렇지 않은 아동들이 불안, 우울, 비행, 약물 남용을 더 많이 보였고 학교 성적도 더 낮았다(Luthar & Latendresse, 2005).

가족들이 주변의 사회적 맥락과 강한 유대를 가지면―친구와 친척들을 자주 만나고 정기적으로 교회, 사원이나 모스크에 참여―가족 스트레스가 줄어들고 적응을 잘하게 된다.

이웃 이웃을 중심으로 아동과 성인들의 삶에 대한 지역사회의 역할을 면밀히 살펴보자. 집 주위에 있는 뜰, 거리, 공원에서 아동기 경험이 어떠했는가? 시간을 어떻게 보냈고, 누구를 알게 되었고, 이런 순간들이 여러분에게 얼마나 중요했는가?

이웃은 아동 발달에 중요한 역할을 하는 자원과 사회적 연결을 제공한다. 이웃의 이동에 관한 실험적 연구에서 사회경제적 지위가 낮은 가족들은 무작위로 할당된 바우처를 사용해 공공주택으로부터 유복한 정도가 다양한 이웃들이 사는 동네로 이주했다. 가난에 찌든 지역에 남아 있었던 또래들에 비해 덜 가난한 지역으로 이사 간 아동들과 청년들의 신체적·정신적 건강과 학업 성취가 훨씬 더 나아졌다(Goering, 2003; Leventhal & Brooks-Gunn, 2003; Leventhal & Dupéré, 2011). 새로운 지역의 사회 생활에 적응할 수 있는 저소득 가정의 능력은 이러한 긍정적 결과의 핵심이라 할 수 있다.

이웃의 자원은 잘사는 사람들보다는 경제적으로 어려운

사람들에게 더 큰 영향을 준다. 사회경제적 지위가 높은 가족들은 사회적 지지, 교육, 여가활동에 대해 주변에 덜 의존한다. 그들은 집에서 멀리 갈 수 있고, 아이들을 레슨과 놀이에 데려갈 수 있고 필요하면 지역사회에서 멀리 떨어져 있는 학교에 보낼 수도 있다. 수입이 적은 가족들이 사는 지역에서는 예술, 음악, 스포츠 및 기타 학업수행을 증진시킬 수 있는 활동을 제공하는 학교 및 방과 후 프로그램들이 초등 및 중학교의 학업 성취를 증진시키고 정서 및 행동 문제를 감소시킬 수 있다(Durlak, Weissberg, & Pachan, 2010; Kataoka & Vandell, 2013; Vandell, Reisner, & Pierce, 2007). 각 종교의 청년그룹과 동아리와 같은 이웃 공동체는 청소년들의 자신감을 증가시키고, 학업 성취와 교육적 포부의 증가와 같은 긍정적인 발달에 기여할 수 있다(Barnes et al., 2007).

그러나 위험하고 공동체가 와해된 지역에서는 아동과 청소년을 위한 활동이 없다. 이러한 활동이 있더라도 범죄와 사회적 무질서는 청소년들이 이러한 활동에 접근하는 것이 제한되고, 부모들은 경제적인 어려움과 다른 스트레스의 압박으로 인해 이러한 프로그램에 자녀들이 참여하는 것을 장려하지 않을 수 있다(Dearing et al., 2009). 따라서 이를 필요로 하는 아동과 청소년들은 이러한 활동들을 놓치기 쉽다.

캐나다 온타리오주의 '더 나은 시작, 더 나은 미래 프로젝트(The Better Beginnings, Better Futures Project)'는 이웃 빈곤

5세의 아동이 미국 소년 소녀 클럽에서 후원하는 공동체 정원에서 자원봉사자와 함께 일하고 있다. 이웃의 지원과 지지는 특히 경제적으로 취약한 아동과 청소년의 발달에 중요하다.

살펴보기

부모들에게 자녀의 정규수업과 방과 후 프로그램을 조사해보라. 그리고 자녀의 참여를 장려하거나 방해하는 가정 및 주변 요인에 대해 물어보라.

의 문제를 예방하기 위한 정부지원 시범 사업이다. 이 사업의 가장 큰 성공은 4~8세 사이의 어린이들에게 학교 및 방과 후 및 여름방학 활동을 제공할 수 있게 되었다는 것이다. 사업의 관리자가 각 아동의 부모들을 정기적으로 방문해 지역사회의 자원에 대해 알리고 학교와 지역사회의 활동 참여를 독려했다. 리더십 교육, 성인들을 위한 교육, 지역안전 계획 및 특별 이벤트와 축제 등 지역을 살기 좋은 곳으로 개선하는 데 중점을 둔 공동체 기반 구성요소들을 개선했다(Peters, 2005; Peters, Petrunka, & Arnold, 2003). 또한 참여자가 3, 6, 9, 12학년에 이르는 동안 종단적 관찰을 통해 위와 같은 프로그램이 없는 빈곤한 지역에 비해 많은 긍정적 효과를 나타내는 것으로 확인되었다(Peters et al., 2010; Worton et al., 2014). 이러한 긍정적 효과들에는 학업 성취, 사회적응 능력, 청소년 비행 감소, 부모 역할의 긍정적 변화, 자녀 양육 방식 및 공동체 의식들이 포함되어 있다.

성인 후반기에는 집에서 보내는 시간이 많기 때문에 이웃의 역할이 더욱 중요해진다. 고령자를 위한 계획주택이 있음에도 불구하고, 은퇴 후에도 이주하지 않고 이들의 약 90%는 일반 주거지역에서 거주하는 것으로 나타났다(U.S. Census Bureau, 2015d). 친척 및 친구들과의 친밀감은 인생 후반기에 이주 여부의 중요한 요소이다(Hooyman, Kawamoto, & Kiyak, 2015). 가까운 가족이 없을 경우 노인들은 신체적 및 사회적 지원을 위해 이웃 혹은 가까운 친구들에게 의지한다고 말한다.

학교 가족, 이웃 같이 비공식적인 환경과 달리 학교는 생산적인 사회 구성원이 되기 위해 필요한 지식과 기술을 습득하는 공식적인 기관이다. 선진국의 아동과 청소년들은 고등학교 졸업까지 약 14,000시간이 걸리며, 많은 시간을 학교에서 보낸다. 더불어 오늘날 5세 이하의 많은 어린이들도 학교 같은 보육원 혹은 유치원에 다니기 때문에 학교 교육은 보다 이른 시기에 영향을 미친다. 학교는 복잡한 사회 체계로 아동의 발달에 많은 영향을 미친다. 학교는 학생

의 신체, 학급당 인원수, 놀이와 학습공간과 같은 물리적인 환경이 다르다. 또한 교사들이 학생들을 교육에 의해 형성되는 수동적 학습자인지, 자신의 학습을 결정하는 활동적이고 호기심 많은 존재인지, 또는 새로운 기술에 대한 지식을 안내하는 성인 전문가의 협력 파트너로 생각하는지에 따라 교육 철학이 달라진다. 마지막으로, 학교생활은 학생들이 협력하고 경쟁하는 정도, 서로 다른 능력, 사회경제적 지위, 그리고 인종적 배경을 가진 학생들이 함께 배우는 것, 그리고 인도적 혹은 괴롭힘과 같은 환경의 안전성에 따라 다양하다(Evans, 2006). 이와 같은 학교 교육의 다양한 측면은 뒷장에서 논의할 것이다.

초등 및 중등학교에서 좋은 성적은 대학의 입학과 성취에 있어 필수적이다. 1960년대 초부터 대학의 학위가 숙련되고 급여가 좋은 직장을 얻기 위한 주된 경로가 되었다. 사회경제적 지위를 결정하는 변수들 중 좋은 직장과 소득뿐만 아니라 고등교육은 삶의 만족과 수명에 기여하는 것으로 나타났다. 교육을 잘 받은 사람은 보다 큰 사회적 네트워크를 가지고 있고, 이에 따라 더 많은 사회적 지원을 받을 수 있다. 교육은 건강행동과 가족 기능의 영역에 대한 지식과 의사결정 기술을 강화할 수 있다. 높은 교육 수준은 낮은 흡연, 과도한 음주, 위험한 운전습관 혹은 비만과 과체중의 가능성과 관련성이 있다(Cutler & Lleras-Muney, 2010). 교육 수준이 낮은 사람들과 비교했을 때 대학 졸업생들은 대부분 결혼을 했으며, 더 안정적인 결혼생활을 하는 것으로 나타났다(Cancian & Haskins, 2013; Pew Research Center, 2010a).

사회경제적 지위와 가족 기능과 더불어, 발달과 삶의 기회에 영향을 미치는 교육과 학업 성취는 시간이 지남에 따라 강화된다. 더불어 이러한 맥락 요인들은 상호 연관되어 있다—저소득층 혹은 빈곤한 지역에 사는 아이들은 예산이 부족한 학교에 다닐 수 있으며 질 낮은 교육을 받을 가능성이 높다. 때문에 경제적으로 불리한 아동을 위한 교육 경험과 학교에서의 수행을 증진시키기 위한 교육 개입은 초기에 시행하는 것이 가장 효과적이다(Crosnoe & Benner, 2015). 그러나 대학에 진학하지 않는 청소년들에게 직업교육을 제공하는 것 같이 특정한 교육 문제를 목표로 하는 개입은 나중에 실시되어도 도움이 된다.

학부모들이 학교 활동에 참여하거나 학부모-교사 회의에 참석하는 것을 통해 학생들의 더 나은 학업 성취를 이끌 수 있다. 높은 사회경제적 지위를 가진 부모와 같이 교사와 배경과 가치가 유사한 부모들은 정기적인 관계를 유지할 가능성이 높다. 반대로 낮은 사회경제적 지위나 소수민족 부모들은 학교에 오는 것에 불편함을 느낄 수 있으며, 일상의 스트레스가 학교 활동에의 참여 의지를 감소시킬 수 있다(Grant & Ray, 2010). 따라서 교사와 행정가들은 낮은 사회경제적 지위와 소수민족 가정들의 가족-학교 간 지지적 관계를 구축하기 위해 특별한 조치를 강구해야 한다.

이러한 노력들이 긍정적인 양육과 교육의 문화로 이루어질 때 학생들의 성공에 도움을 줄 수 있다. 예를 들어 부모들이 학교 활동에 높은 참여를 보일 경우 자녀들은 높은 성취를 나타낸다(Darling & Steinberg, 1997). 그리고 학교, 행정가, 지역사회 구성원들의 협력은 좋은 교육이 학습에 미치는 영향을 강화하고 이러한 효과는 더 많은 학생들에게 도움이 될 수 있다(Hauser-Cram et al., 2006).

문화적 맥락

제1장의 논의에서 인간발달을 더 큰 문화적 맥락에서 보아야 완전하게 이해할 수 있다고 강조했다. 다음에는 이 주제를 더 확장해 발달에서 거시체계의 역할을 살펴보겠다. 첫째, 문화적 가치와 실제가 발달을 위한 환경적 맥락에 어떻게 영향을 미치는지 살펴보겠다. 다음으로 발달이 건강하게 이루어지려면 사람들을 위험으로부터 보호하고 그들의 행복을 보장하는 법과 정부 프로그램이 얼마나 중요한지를 살펴보겠다.

문화적 가치와 실제   문화는 가족 상호작용과 가정을 넘어선 지역사회 상황들, 즉 일상적인 삶의 거의 모든 측면에 영향을 미친다. 다른 사람들의 문화적 유산과 비교해보기 전까지 우리들은 우리 자신의 문화적 유산을 잘 인식하지 못한다.

다음 질문들을 생각해보자. "아이를 키우는 책임이 누구에게 있는가?" 이 질문에 대해 어떻게 대답할 것인가? 전형적인 대답들은 다음과 같다. "부모가 아이를 가지기로 결정했다면 아이를 돌볼 준비가 되어 있어야 한다.", "대부분의 사람들은 다른 사람이 자신들의 가정생활에 침입하는 것을 싫어한다." 이는 미국 사람들의 전형적인 의식이 반영된 것으로 아이를 돌보고 키우고, 그것에 필요한 돈을 지불하는 것은 부모들, 단지 부모들만의 의무라고 본다. 이러한 견해는 오랜 역사를 가지고 있어서 북미에서는 독립성, 자립, 가족생활의 자유가 중심 가치이다(Dodge & Haskins, 2015;

문화적 영향

아프리카계 미국인 확대가족

아프리카계 미국인 확대가족은 대부분의 흑인 미국인들의 아프리카계 유산이다. 많은 아프리카 사회에서는 결혼해도 새로운 가정을 시작하지 않는다. 대신, 큰 확대가족들과 같이 살면서 생활의 모든 부분에 대해 다른 구성원들의 도움을 받는다. 이처럼 친척들 사이의 연결을 유지하는 전통이 노예제도 시대에 북미에 건너왔다. 그 이래로 이런 가족제도가 아프리카계 미국인 가족들이 가난과 인종편견을 견뎌내도록 보호해 왔다. 오늘날 한 가구 내에 자녀가 아닌 친척들과 같이 사는 흑인 성인들이 백인 성인들보다 더 많다. 아프리카계 미국인 부모들은 친척들과 더 가까이 살고, 친구와 이웃들과도 마치 가족과 같은 관계를 형성하고, 주중에 친척들을 더 많이 만나고, 친척들을 자신의 삶에서 더 중요한 인물로 지각한다(Boyd-Franklin, 2006; McAdoo & Younge, 2009).

정서적 지원을 제공하고 필요한 자원을 같이 나누기 때문에 아프리카계 미국인 확대가족은 가난과 독신 부모가 되는 것으로 인한 스트레스를 줄이는 데 많은 도움을 준다. 확대가족 구성원들은 자녀의 안녕에 도움이 되는 요인인 자녀 양육에 도움을 주기 때문에 혼자 사는 청소년 어머니보다는 확대가족에서 사는 청소년 어머니들이 학교를 더 많이 졸업하고 직장을 가지게 된다(Gordon, Chase-Lansdale, & Brooks-Gunn, 2004).

어머니가 혼자 아동과 청소년을 양육하는 경우 확대가족생활은 긍정적인 어머니–아동 간의 상호작용과 관련되어 있다. 더불어 독립을 한 후에도 종종 가족이나 친구들을 초대해 함께 지낸다. 이러한 친척들의 지원은 자녀의 학업 성취와 사회기술의 향상 및 반사회적 행동을 감소시키는 효과적인 양육을 증가시킨다(Taylor, 2010; Washington, Gleeson, & Rulison, 2013).

마지막으로, 확대가족은 아프리카계 미국인 문화유산을 후손에게 전달하는 데 중요한 역할을 한다. 핵가족(부모와 자녀들로만 이루어진)과 비교해서 확대가족에서는 협동과 도덕적·종교적 가치를 강조한다. 조부모와 증조부모와 같이 나이가 많은 흑인 성인들은 아동들에게 아프리카 전통을 전하는 것을 아주 중

가족 3대가 모여 소풍을 즐기고 있다. 확대가족 구성원 간의 강한 유대는 빈곤과 인종적 편견의 파괴적인 영향으로부터 많은 아프리카계 미국인 아동을 보호하는 데 도움이 되었다.

요하게 생각한다(Mosely-Howard & Evans, 2000; Taylor, 2000). 이러한 영향이 가족들 사이의 유대를 강화하고, 아동들을 보호해 잘 발달하게 하고, 확대가족의 생활방식이 다음 세대로 전달될 가능성을 증가시킨다.

Halfon & McLearn, 2002). 이것이 대중이 질 높은 자녀 보육과 같이 정부가 모든 가족들에게 제공하는 혜택을 잘 받아들이지 않는 이유 가운데 하나이다. 또한 그러한 이유로 가족 구성원들이 유급으로 고용되어 있음에도 불구하고 미국 내 많은 가정은 여전히 가난하다(Gruendel & Aber, 2007; UNICEF, 2013).

한 문화를 전체적으로 볼 때 독립성과 사생활을 가치 있게 보지만 모든 시민들이 동일한 가치를 공유하지는 않는다. 일부 사람들은 **하위 문화**(subculture), 즉 더 큰 문화와는 다른 믿음과 관습을 가진 문화에 속한다. 미국의 많은 소수인

종 집단의 가족 구조는 협동적이어서 구성원들을 빈곤의 나쁜 영향으로부터 보호한다. '문화적 영향' 글상자에 나타난 것처럼, 부모와 자녀가 다른 성인 친척 1명 이상과 함께 살고 있는 아프리카계 미국인 **확대가족 가구**(extended-family households)의 전통은 흑인 가정의 독특한 특징으로 오랜 인종적 편견과 경제적 빈곤의 역사에도 불구하고 그 구성원들이 살아남게 했다.

아시아, 미국 인디언 및 히스패닉계 하위 문화에서는 활동적이고 응집성 있는 확대가족이 특징이다. 이러한 가족 내에서 조부모들은 젊은 세대를 지도하는 데 중요한 역할을 한

다. 고용, 결혼, 자녀 양육에 어려움을 겪는 어른들은 도움과 정서적 지원을 받고, 자녀와 나이 든 어른들을 위한 양육이 강화된다(Jones & Lindahl, 2011; Mutchler, Baker, & Lee, 2007). 예를 들어 히스패닉 확대가족은 아프리카계 미국인 조부모보다 자녀 모두에게 신체적, 정서적 건강 혜택을 주는 협력적인 육아에 더 많이 참여할 가능성이 있다(Goodman & Silverstein, 2006). 이는 세대 간 협력적 양육이 친밀하고 조화로운 가족관계와 가족의 필요를 충족시키는 데 특히 높은 우선순위를 두는 히스패닉 문화적인 가족주의와 일치하기 때문이다.

이러한 논의들은 문화와 하위 문화가 공통적으로 비교되는 집단주의와 개인주의의 두 가지 광범위한 가치들을 반영한다(Triandis & Gelfand, 2012). 집단주의를 강조하는 문화에서는 개인의 목표보다 집단의 목표를 강조하고, 사회적인 조화, 복종과 타인에 대한 책임 그리고 공동의 노력과 같은 상호의존적 자질을 중요시한다. 반대로 개인주의를 강조하는 문화에서는 개인의 욕구와 가치 그리고 독립성(탐색, 발견, 성취 그리고 관계의 선택)에 큰 관심을 가진다. 집단주의와 개인주의는 문화를 비교하는 일반적인 틀이지만 두 문화의 집합이 다양한 문화에 존재하기 때문에 논란의 여지가 있다. 그럼에도 불구하고 국가 간 비교에 있어 집단주의와 개인주의의 차이는 여전히 존재한다. 예를 들어 미국의 경우 집단주의에 더 큰 비중을 두고 있는 서구 유럽국가보다 더 개인주의적인 성향을 가지고 있다. 이러한 가치들은 아동, 가족, 노인들의 복지를 보호하기 위한 국가적 접근에 영향을 준다.

공공정책과 전 생애 발달 가난, 무주택, 기아, 질병과 같은 사회적 문제가 증가할수록 국가는 **공공정책**(public policy), 즉 현재 상태를 더 낫게 만들기 위한 법과 정부 프로그램을 통해 이런 문제를 해결하려고 노력한다. 예를 들어 가난이 심각해지고 사람들이 집을 잃게 되면 국가에서 더 저렴한 가격의 집을 짓고, 최저 임금을 올리고, 복지혜택을 늘린다. 많은 아동들이 학교에서 공부를 잘 하지 못하면 연방정부, 주정부나 지역정부에서 세금으로 걷은 돈을 더 보내어 더 좋은 교사를 양성하고, 도움이 필요한 아동들이 반드시 도움을 받을 수 있게끔 배려한다. 노인들이 물가인상 때문에 생계가 어려워지면 국가에서 사회보장 수당을 올린다.

하지만 미국의 경우 아동들과 청소년들을 보호하는 공공정책이 노인을 위한 공공정책보다 뒤처지고 있다. 더불어 다른 선진국들과 비교했을 때 두 정책 모두 미국에서는 늦게 책정되고 있다.

아동, 청소년, 가족을 위한 정책 이미 북미의 많은 아동들이 잘 지낸다는 사실을 보았지만 여전히 많은 아동들이 발달을 위협하는 환경에서 성장하고 있다. 표 2.4에 나타나듯이, 미국은 아동들의 건강과 행복을 측정하는 지표에서 별로 순위가

표 2.4 다른 국가와 미국의 아동 건강과 행복 지표 비교

지표	미국 순위[a]	미국이 순위를 뒤쫓는 국가들
(산업화된 20개국 가운데) 아동기 가난	20위	캐나다, 독일, 아이슬란드, 노르웨이, 스웨덴, 영국[b]
(산업화된 39개국 가운데) 출생 첫해 동안의 영아 사망률	39위	캐나다, 그리스, 헝가리, 아일랜드, 싱가포르, 스페인
(산업화된 20개국 가운데) 10대 임신율	20위	호주, 캐나다, 체코 공화국, 덴마크, 헝가리, 아이슬란드, 폴란드, 슬로바키아
(산업화된 32개국 가운데) 국내총생산[c] 중 교육비 지출 비율	13위	벨기에, 프랑스, 아이슬란드, 뉴질랜드, 포르투갈, 스페인, 스웨덴
(산업화된 34개국 가운데) 국내총생산 중 초기 아동기 교육비 지출 비율	21위	오스트리아, 프랑스, 독일, 이탈리아, 네덜란드, 스웨덴
(산업화된 34개국 가운데) 국내총생산 중 건강에 대한 지출 비율	34위	호주, 오스트리아, 캐나다, 프랑스, 헝가리, 호주, 아이슬란드, 스위스, 뉴질랜드

[a] 1=가장 높은 순위
[b] 미국의 아동기 가난은 21%이며 이는 미국과 생활 수준이 비슷한 해당 국가들을 월등히 앞서는 수치다. 예를 들어 캐나다의 아동기 가난 비율은 13%, 영국은 12%, 아일랜드는 11%, 스웨덴은 7%, 노르웨이는 6%이다. 캐나다에서 심각한 아동기 가난을 경험하는 아동은 불과 2.5%에 그치며 나머지 나라들에서는 1% 정도이다. 반면 미국의 아동들은 10%가 심각한 가난을 겪으며 살아간다.
[c] 국내총생산은 특정 기간에 한 국가에서 생산된 재화 및 서비스의 총액이며 그 국가의 전체적 부를 나타내는 측정치이다.

출처 : OECD, 2013a, 2015c; Sedgh et al., 2015; UNICEF, 2013; U.S. Census Bureau, 2015d.

높지 않다.

아동과 청년들의 문제는 표에 나타난 지표 이상이다. 2010년에 제정된 오바마케어(ACA)에 따라 저소득층 가정의 모든 아동에게 정부 지원 의료보험이 확대되었다. 그러나 부모를 포함해 성인을 포함한 저소득 성인을 위한 보험 적용 범위가 주마다 필수 사항은 아니며 성인의 13%가 혜택을 받지 못한다. 보험에 가입하지 않은 대부분의 부모들은 자녀를 보험에 등록하는 방법을 잘 모르기 때문에 연방 지원 아동건강보험프로그램(CHIP) 대상자 중 11%(500만 명 이상)는 보험 혜택을 받지 못한다(Kaiser Family Foundation, 2015). 게다가 미국은 아동 보육을 위한 국가적 기준과 자금을 마련하는 데 있어서 느린 편이다. 저렴한 치료법은 공급이 부족하며, 그나마도 대부분 질적으로 낮은 수준이다(Burchinal et al., 2015; Phillips & Lowenstein, 2011). 이혼 가정에서는 자녀 양육비 지급이 약화되면서 모성 가정의 빈곤이 가중된다. 그리고 16~24세 사이의 학생들 중 7%가 고등학교를 중퇴 후 졸업하지 않는 것으로 나타났다(U.S. Department of Education, 2015).

왜 미국에서는 아동과 청년들을 돕기 위한 시도가 실현되기 어려울까? 여기에는 복잡한 정치적·경제적 역학이 관련되어 있다. 자립과 개인생활의 보장을 중요하게 여기기 때문에 정부가 가정의 문제에 개입하기 어렵다. 게다가 좋은 사회 프로그램은 아주 비싸고 국가의 경제적 지원을 받기 위해서는 경쟁을 해야 한다. 그런데 아동들은 성인들처럼 투표에 참여하지 못할 뿐 아니라 자신들의 이익을 위해 집회를 하지 않기 때문에 눈에 잘 띄지 않는다(Ripple & Zigler, 2003). 그들이 정부의 우선적으로 중요한 순위가 되려면 다른 사람들의 호의에 의지하는 길밖에 없다.

노인을 위한 정책 20세기가 되기까지 미국에서도 노인 인구를 보호하기 위한 정책이 자리를 잡지 못했다. 예를 들어 이전에 고용되어 사회에 기여했던 은퇴한 노인들을 위한 사회보장 수당이 1930년대 후반까지 주어지지 않았다. 그러나 대부분의 서구 국가에서는 사회보장제도가 10여 년 또는 그 이전에 시작되었다(Karger & Stoesz, 2014). 1960년대에는 미국 연방정부가 노인들을 위해 쓰는 예산이 급격히 증가했다. 부분 의료비를 지불하는 노인들을 위한 국민건강보험프로그램(Medicare)이 실시되었다. 이는 저소득 노인을 위한 건강 지출의 1/3 정도를 민간보험, 정부의 건강보험으로 보충하는

많은 미국의 노년층 소수인종들이 가난에 시달린다. 나바호의 보호구역에서 살던 아메리카 원주민이 왕진 의사로부터 정기 건강검진을 받고 있다.

것이다(Davis, Schoen, & Bandeali, 2015).

노인을 위한 사회보장과 국민건강보험은 미국 연방예산의 97%를 차지했다. 결과적으로 미국의 건강보험프로그램은 사회적 서비스를 소홀하게 다룬다는 비판을 받아 왔다. 이러한 문제를 해결하기 위해 노인들을 위한 지원을 계획하고, 조정하고, 제공하는 전국적인 망이 형성되었다. 노인을 위한 약 655개의 지역기관이 지역 수준에서 활동하면서 공동체의 필요를 평가하고, 지역사회 및 가정을 위한 배달식단, 자기 돌봄 교육, 노인학대 예방 및 다른 폭넓은 사회적 서비스를 제공한다. 그러나 자금이 한정되어 있기 때문에 지역기관은 필요한 사람들 가운데 아주 일부만을 돕고 있다.

앞에서 지적했듯이, 많은 노인들—특히 여성, 소수민족, 독거자—은 경제적으로 아주 어려운 형편에 처해 있다. 직업이 없고, 직업이 있어도 보험이 없고, 일생 동안 가난하게 산 사람은 사회보장을 받지도 못한다. 65세 이상의 모든 미국인이 연방정부가 생계를 유지하는 데 필요한 것으로 책정한 최저 소득 보장을 받지만 이는 빈곤을 구분하는 금액보다 낮게 책정되어 있다. 게다가 사회보장 수당이 은퇴 이후 유일한 수입인데 그 액수가 너무 작아서 다른 연금이나 저축으로부터 충당을 받아야 한다. 그러나 미국 노인들 가운데 상당수는 이런 자원이 없다. 따라서 그들은 다른 연령집단에 비해 '극빈에 가까울' 가능성이 더 높다(U.S. Department of Health and Human Services, 2015e).

그럼에도 불구하고 미국 노인 집단들은 과거에 비해 경제적으로 훨씬 나은 셈이다. 오늘날 노인집단은 크고, 힘이 있

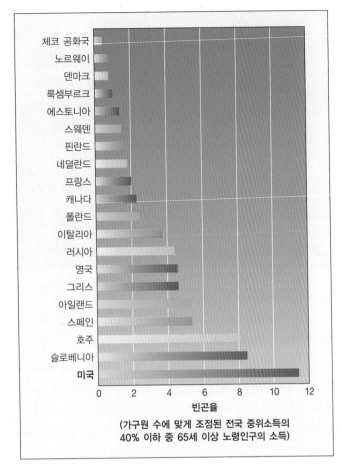

그림 2.7 산업화된 20개국의 노인 빈곤 비율 열거된 국가 중 미국은 가장 높은 노인 빈곤율을 보인다. 가난한 노인을 위한 사회보장제도의 공공재 지출과 수입 보장은 다른 국가들이 미국보다 훨씬 높다(Luxembourg Income Study, 2015).

노인들의 행복에 관심을 두고 있는 많은 영향력 있는 이익단체들이 나타났다.

미국에서는 아동보호펀드(CDF, www.childrensdefense. org)는 공립 교육과 관련된 비영리 단체이며 아동을 위한 정책을 개선하기 위해 다른 단체, 지역사회 및 선출직 공무원과 협약을 맺고 있다. 또 다른 단체로 관련 연구들을 정책 입안자에게 보고하는 것을 통해 저소득층 가정 아동의 경제적 안전, 보건 및 복지 증진에 힘을 쏟고 있는 NCCP(National Center for Children in Poverty, www.nccp.org)가 있다.

은퇴했거나 일하는 50세 이상 미국인의 거의 절반이 AARP (American Association of Retired Persons, www.aarp.org)의 구성원이다. 노인들에게 주어지는 모든 종류의 국가 수당을 증가시키기 위해 열정적으로 로비하는 인력들로 구성된다. AARP 프로그램 가운데 하나는 노인 유권자들을 결집시켜 입법하는 사람들이 노인들에게 영향을 미치는 정책 제안에 많은 관심을 갖도록 하는 것이다.

발달을 긍정적인 방향으로 이끄는 정책은 연구에 기초하며, 이런 연구에서는 정책의 필요를 기술하고 발달의 변화를 일으킨 프로그램을 평가한다. 오늘날 더 많은 연구자들이 자기 연구의 사회적 의미를 증가시키기 위해 지역사회 및 정부기관과 협동하고 있다. 더불어 웹사이트 및 언론과의 협력을 통해 공무원 및 일반 시민들에게 자신들의 조사 결과를 정확하고 효과적으로 전달하기 위한 업무를 수행하고 있다 (Shonkoff & Bales, 2011). 이러한 방법으로 연구자들은 가족,

으며, 잘 조직되어 있어서 아동들이나 저소득 계층 가족들에 비해 정치가들의 지원을 더 잘 끌어낸다. 그 결과, 가난한 노인들의 수가 1960년대에는 3명 가운데 1명에서 21세기 초기에는 10명 가운데 1명으로 감소했다(U.S. Census Bureau, 2015d). 하지만 그림 2.7에서 보듯이 미국의 노인들은 노년층에 더 많은 정부 보조금을 지급하는 다른 서구 국가에 비해 여전히 어렵다.

미래에 대한 예측 많은 아동, 가족, 노인들의 상황이 우려스럽지만 그들의 상황을 개선하기 위한 노력이 많이 이루어지고 있다. 이 책에서 사회적 약자를 위해 보다 확대되어야 할 성공적인 프로그램들에 대해 논의할 것이다. 또한 사람들을 더 잘살게 하기 위해 우리의 이론과 현실의 차이에 대한 인식이 증가하면서 많은 발달 전문가들이 보다 효과적인 정책을 도출하기 위해 시민들과 연대하고 있다. 그 결과, 아동이나

AARP의 회원들이 캐나다로부터 저렴한 약품들을 합법적으로 수입할 수 있도록 요구하는 탄원서를 미국 상원의원들에게 보내고 있다. 정책 변화를 위해 영향력을 행사하는 것도 AARP가 노인들의 필요와 요구를 관철하기 위해 취하는 하나의 방법이다.

묻고 대답하기

연관지어보기 가족과 지역사회의 연결은 전 생애발달을 촉진한다. 이와 관련된 예시와 연구 결과들을 제시해보라.

적용해보기 지역신문이나 한두 개의 국영방송 웹사이트에서 아동, 가족 그리고 노인들의 기사가 얼마나 나오는지 살펴보라. 왜 연구자들이 일반 대중들에게 위의 집단의 안녕에 대해 이야기하는 것이 중요한가?

생각해보기 정부가 가족의 삶에 개입해서는 안 된다는 태도에 동의하는가? 설명해보라.

노인들의 상황의 절박함을 알려서 사회가 행동하도록 돕고 있다.

유전과 환경의 관계 이해하기

2.6 다양한 특성에 영향을 미칠 수 있는 유전과 환경의 결합에 대해 설명하라.

지금까지 우리는 다양한 유전적·환경적 영향에 대해 논의했는데 이들은 발달 과정을 변화시킬 수 있다. 그러나 같은 가정에서 태어난 (따라서 유전과 환경을 공유하고 있는) 사람들도 특징에서 차이가 있는 경우가 많이 있다. 또한 개인에 따라 가족, 이웃, 지역사회의 영향을 받는 정도가 다름을 알고 있다. 유전과 환경이 여러 가지 다른 방식으로 작용할 때 과학자들은 그 영향을 어떻게 설명할까?

행동유전학(behavioral genetics)은 인간의 다양한 특성에 천성과 양육이 미치는 영향을 밝히는 학문이다. 현대의 모든 과학자들은 유전과 환경 모두가 발달에 영향을 미친다는 데 동의한다. 그러나 지능이나 성격과 같이 여러 유전자에 기인하는 다중유전자 특성에 대해서는 과학자들도 유전의 영향이 어떻게 작용하는지에 대해 정확하게 파악하지 못하고 있다. 복잡한 특성과 관련된 DNA 배열에서 여러 가지 차이를 확인하는 데 진보를 보이고 있지만, 이러한 유전적 표식은 인간 행동에서의 차이 일부와 대부분의 심리적 장애의 일부만을 설명한다(Plomin, 2013). 대부분의 경우에 과학자들은 복잡한 특성에 유전자가 미치는 영향을 단지 간접적으로 탐구하는 정도에 그친다.

일부는 각 요인들이 사람들 사이의 차이를 어느 정도 설명하는지의 질문에 대답하는 것이 유용하고 또 가능하다고 생각한다. 그러나 많은 사람들은 그런 질문에 대답하는 것이 불가능하다는 데 동의한다. 이런 연구자들은 유전과 환경의 영향을 분리할 수 없다고 믿는다(Lickliter & Honeycutt, 2015;

Moore, 2013). 그들이 중요하다고 보는 질문은 유전과 환경이 어떻게 같이 작용하는지다. 각 입장에 대해 차례로 알아보겠다.

'얼마나?'의 질문

연구자들은 복잡한 인간 특성에서 유전의 역할을 추측하기 위해 유전가능성 추정을 사용한다. 이 방법이 제공하는 정보를 그 한계점과 함께 살펴보자.

유전가능성 유전가능성 추정치(heritability estimate)는 특정 모집단에서 복잡한 특성에서 나타나는 개인차가 유전적 요인들에 기인하는 정도를 측정한다. 지능과 성격에 대한 유전가능성에 대한 발견을 간단히 살펴보고 다음 장에서 이 문제를 더 상세하게 다루겠다. 유전가능성에 대한 추정치는 **친족관계 연구**(kinship studies)에서 얻을 수 있는데 여기에서는 가족 구성원들의 특성을 비교한다. 가장 흔한 유형의 친족관계 연구에서는 모든 유전자를 공유하는 일란성 쌍생아와 절반의 유전자를 공유하는 이란성 쌍생아와 비교한다. 유전적으로 서로 더 비슷한 사람들이 지능과 성격에서 더 비슷하면 연구자들은 유전이 중요한 역할을 한다고 결론짓는다.

지능에 대한 친족관계 연구는 인간 발달 분야의 연구 결과 가운데 가장 논쟁의 여지가 많다. 일부 전문가들은 강한 유전적 영향을 주장하고 일부 전문가들은 유전이 별로 중요하지 않다고 주장한다. 현재 대부분의 친족관계 연구 결과는 유전의 영향이 중간 정도라고 보고 있다. 많은 쌍생아 연구들을 살펴보면 일란성 쌍생아 사이의 상관은 이란성 쌍생아 사이의 상관보다 유의하게 높다. 1만 쌍 이상의 결과를 요약해보면 지능의 경우 일란성 쌍생아의 상관은 .86이고 이란성 쌍생아의 상관은 .60이다(Plomin & Spinath, 2004).

연구자들은 이 상관들을 비교하기 위해 복잡한 통계절차를 사용해 유전가능성에 대한 추정치가 0~1.00 사이임을 밝혔다. 산업화된 서구 사회의 쌍생아 표본에서 산출한 지능에 대한 값은 .50이며, 이는 유전적 차이가 지능 차이의 반 정도를 설명함을 의미한다. 그러나 유전가능성은 영아기에서 .20, 아동기에서 .40, 청소년기에서 .60, 성인기에 이르면 .80까지 연령에 따라 증가하는 것으로 나타난다(Plomin & Deary, 2015). 나중에 보겠지만 이러한 현상에 대한 한 가지 설명은 아동들에 비해 성인들이 책을 읽거나 어려운 문제를 해결하는 데 어느 정도 시간을 보내는지를 스스로 통제한다.

입양된 아동들의 지능검사 점수는 양부모보다 생물학적 부모와 더 강한 관련성을 보이는데 이는 유전의 역할을 지지하는 또 다른 증거이다(Petrill & Deater-Deckard, 2004).

유전가능성 연구는 유전적 요인들이 성격에도 중요함을 보여준다. 아동, 청소년, 성인 쌍생아들에게서 얻어진 사회성, 불안, 우호성, 그리고 활동 수준과 같이 많이 연구되는 특성들의 유전가능성 추정치는 .40~.50으로 중간 정도의 추정치를 나타낸다(Vukasović & Bratko, 2015). 그러나 지능과 달리 성격의 유전가능성은 일생 동안 증가하지 않는다(Loehlin et al., 2005).

조현병, 양극성장애, 자폐와 관련된 쌍생아 연구에 따르면 이들 질환은 약 .70 이상의 높은 유전가능성 추정치를 가진다. 반사회성 행동과 주요우울장애의 경우 .30~.40 사이의 낮은 유전가능성을 가진다(Ronald & Hoekstra, 2014; Sullivan, Daly, & O'Donovan, 2012). 입양아 연구에서도 이러한 결과들은 일관되게 나타난다. 조현병, 양극성장애 혹은 자폐증상을 가진 입양아들의 생물학적 친척이 입양 친척보다 같은 장애를 가질 가능성이 더 크다(Plomin, DeFries, & Knopik, 2013).

유전가능성의 한계 유전가능성 추정치의 정확성은 연구에 사용된 쌍생아 쌍들이 모집단의 유전적, 환경적 차이를 반영하는 정도에 달려 있다. 하나의 모집단 안에서 가정, 학교 및 지역사회 경험이 아주 유사하고 지능과 성격의 개인차가 유전적 요인이 크다면, 유전가능성 추정치는 1.00에 가깝게 나타날 것이다. 반대로 환경이 다양해질수록 개인차를 설명하는 유전가능성 추정치는 낮아진다. 쌍생아 연구에서 대부분의 쌍생아들은 유사한 환경에서 양육된다. 연구를 위해 분리되어 양육된 쌍생아가 있다 하더라도 사회서비스기관에서 여러 측면에서 서로 비슷한 유복한 집에 배치시키는 경우가 많다(Richardson & Norgate, 2006). 대부분의 쌍생아 쌍들의 환경은 일반 모집단의 환경보다 덜 다양하기 때문에 유전가능성 추정치는 유전의 역할을 과장할 가능성이 크다.

유전가능성 추정치는 오용될 가능성이 크다. 예를 들어 높은 유전가능성은 백인 아동들에 비해 흑인 아동들의 수행이 낮은 것과 같이 인종에 따른 지능의 차이가 유전적임을 시사하는 것으로 이해될 수 있다(Jensen, 1969, 2001; Rushton, 2012; Rushton & Jensen, 2006). 그러나 백인 쌍생아 표본으로 계산한 유전가능성은 인종에 따른 검사 점수의 차이를 설

폴란드 바르샤바의 카시아 오프만스키가 출생 당시 실수로 헤어진 일란성 쌍생아인 니나(오른쪽)와 쌍생아로 추정되나 함께 자란 에디타(왼쪽)의 사진을 들고 있다. 17세에 쌍생아 자매를 처음 만났을 때 카시아는 "그녀는 나와 같았어요"라고 설명했다. 그들은 매우 유사했다―신체적으로 활동적이며, 외향적이고 학교에서 비슷한 성적을 받았다. 유전은 성격 특성에 분명한 기여를 하는 것으로 볼 수 있으나, 쌍생아 연구에서 일반적인 집단으로의 일반화는 논란의 여지가 있다.

명하지 못한다. 우리는 앞서 많은 사회경제적 차이가 관련되어 있다는 것을 확인했다. 제9장에서는 흑인 아동들이 어린 나이에 경제적으로 유복한 집으로 입양되면 그들의 점수는 평균을 훨씬 상회하고 열악한 가정에서 성장한 아동들의 지능보다 상당히 높다는 사실을 볼 것이다. 아마도 유전가능성 추정치에 대한 가장 심각한 비판은 그들의 제한된 유용성과 관련된다. 유전이 광범위한 인간의 특성에 기여한다는 것을 확인했지만 이 통계 자료는 지능과 성격이 어떻게 발달하는지, 또는 아동의 발달을 돕기 위해 고안된 환경에 어떻게 반응하는지에 대한 정확한 정보를 제공하지 못한다(Baltes, Lindenberger, & Staudinger, 2006). 불리한 환경에서 아동들은 그들의 잠재가능성을 실현하지 못한다. 그래서 부모 교육과 질 좋은 유아교육기관과 같은 중재로 경험을 풍부하게 하면 발달에 더 큰 영향을 미치게 된다(Bronfenbrenner & Morris, 2006; Phillips & Lowenstein, 2011).

'어떻게?'의 질문

오늘날 대부분의 연구자들은 발달을 유전과 환경 사이의 역동적 상호작용 결과로 본다. 유전과 환경이 어떻게 상호작용할까? 여러 가지 개념이 이 질문에 답을 하고 있다.

유전과 환경의 상호작용 이러한 생각들의 첫 번째는 **유전-환경 상호작용**(gene-environment interaction)으로, 환경에 대해 유전적으로 결정되는 각 개인의 독특한 반응이다(Rutter, 2011). 그림 2.8을 살펴보자. 유전자-환경의 상호작용은 어떠한 특징에도 적용될 수 있다. 지능을 예로 들어보자. 환경이 아주 자극이 없는 데서부터 아주 풍요롭게 변하면 벤의 지능은 점진적으로 증가하고, 린다의 지능은 급격하게 증가하다가 감소하고, 론의 지능은 환경이 적절하게 자극적일 때부터 증가하기 시작한다.

유전과 환경의 상호작용에는 두 가지 중요한 시사점이 있다. 첫째, 우리 각각의 유전적 구성이 독특하므로 동일한 환경에 다르게 반응한다는 것이다. 그림 2.8에서 어떻게 열악한 환경으로 인해 세 사람이 모두 비슷하게 낮은 점수를 얻게 된 것을 보자. 그러나 환경이 적절한 자극을 주었을 때 린다는 뛰어난 수행을 나타낸다. 그리고 환경이 아주 풍요로울 때는 벤이 가장 잘하고, 그다음이 론, 그다음이 린다이

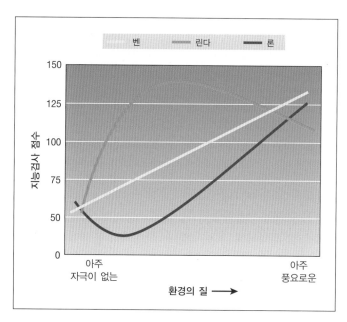

그림 2.8 유전과 환경의 상호작용을 환경의 질이 다른 세 아동의 경우에 지능을 지표로 하여 알아본 결과 환경은 매우 자극이 없는 환경부터 매우 자극이 풍부한 환경까지 다양한데 벤의 지능검사 점수는 꾸준히 증가했고 린다의 점수는 급격하게 떨어졌으며 론의 점수는 환경에서 자극의 양이 일정 정도에 달했을 때부터 증가하기 시작한다.

다. 둘째, 때로는 유전-환경 조합이 달라도 두 사람이 동일할 수도 있다! 예를 들어 린다가 최소한으로 풍요로운 환경에서 성장한다면 지능 점수가 일반 사람들의 평균인 100이 된다. 벤과 론도 이 점수를 얻을 수 있지만 그렇게 하기 위해서는 그들은 아주 풍요로운 환경에서 자라야 한다(Gottlieb, Wahlsten, & Lickliter, 2006).

최근 연구자들은 성격 발달에 있어 유전자 환경의 상호작용을 확인하는 데 진전을 이루었다. 제6장에서는 특정 유전자를 가진 아동이 양육의 질에 따라 정서적으로 반응적인 기질의 위험을 증가시키는 것을 보게 될 것이다(Bakermans-Kranenburg & van IJzendoorn, 2015). 양육이 긍정적일 때 이들은 다른 아이들보다 자신의 정서를 잘 통제하고 적응할 수 있다. 그러나 바람직하지 않을 경우, 유전적 위험이 없는 아동들보다 더 짜증을 내고, 달래기 힘들며, 적응이 어려워진다.

유전과 환경의 상관 유전과 환경을 분리하려고 할 때 가장 어려운 문제는 그 둘이 서로 상관되어 있다는 점이다(Rutter, 2011; Scarr & McCartney, 1983). **유전-환경 상관**(gene-environment correlation)의 개념에 따르면 우리의 유전자는 우리가 노출되는 환경에 영향을 미친다. 그리고 이러한 영향은 연령에 따라 변화한다.

수동적·촉발적 상관 나이가 어릴 때에는 두 가지 유형의 유전-환경 상관이 흔히 나타난다. 첫 번째는 수동적 상관으로 아동이 전혀 통제할 수 없다. 일찍부터 부모들이 자녀들에게 제공하는 환경은 부모들 유전의 영향을 받는다. 예를 들어 운동을 잘하는 부모는 바깥 활동을 강조하고 자녀들에게 수영과 체조 같은 활동을 하도록 한다. '운동적' 환경에 노출되는 것 이외에도 아동들은 부모들의 운동 능력을 물려받는다. 그 결과, 그들은 유전적 이유와 환경적 이유 모두 때문에 훌륭한 스포츠맨이 된다.

두 번째 유형의 유전-환경 상관은 촉발적이다. 아동들은 자신들의 유전의 영향을 받은 반응을 유발하고 이런 반응은 아동의 원래 스타일을 강화한다. 예를 들어 협동적이고 조심성 있는 아동은 조심성 없고 쉽게 주의가 산만해지는 아동보다 부모와 더 참을성 있고 민감한 상호작용을 한다. 이러한 아이디어를 지지하는 현상으로, 형제들이 유전적으로 덜 비슷할수록 부모들은 온정과 부정성의 측면에서 아이들

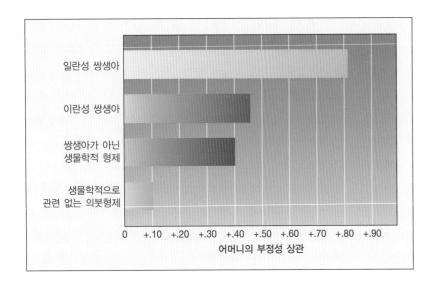

그림 2.9 유전적 연관성 정도가 다른 두 자녀에 대한 어머니의 상호작용 유사성 나타난 상관은 어머니의 부정성을 반영한다. 패턴은 유전자와 환경의 상관을 연상시킨다. 일란성 쌍생아는 어머니로부터 유사한 반응을 이끄는데 이것은 그들의 비슷한 유전적 특질 때문이다. 형제 간 유전적 특질의 유사성이 떨어질 때 상관의 정도는 약해진다. 어머니는 각각의 자녀를 대할 때 그들 각자의 고유한 유전적 구성을 고려해 폭넓은 상호작용을 구사한다(Reiss, 2003).

(막대그래프) 일란성 쌍생아 / 이란성 쌍생아 / 쌍생아가 아닌 생물학적 형제 / 생물학적으로 관련 없는 의붓형제
가로축: 0 +.10 +.20 +.30 +.40 +.50 +.60 +.70 +.80 +.90
어머니의 부정성 상관

을 다르게 양육할 수 있다. 따라서 부모들은 일란성 쌍생아를 아주 유사하게 양육하는 데 반해 이란성 쌍생아와 쌍생아가 아닌 형제는 일란성 쌍생아보다 덜 유사하게 양육한다. 또한 부모의 온정과 부정적 반응 측면에서 혈연관계가 없는 형제를 양육하는 방식은 아주 다르게 나타난다(그림 2.9 참조)(Reiss, 2003). 이와 유사하게, 일란성 쌍생아 쌍은 이란성

쌍생아들보다 사회성이 더 유사하기 때문에 새로운 놀이친구와 친숙해지는 경향이 유사하다(DiLalla, Bersted, & John, 2015).

적극적 상관 나이가 많아지면 적극적 유전-환경 상관이 흔해진다. 아동의 경험이 직계 가족을 넘어서고 선택의 자유가 주어지면서 아동은 자신의 유전적 경향성에 더 일치하는 환경을 찾는다. 근육이 잘 발달하고, 신체를 잘 조정하는 아동은 방과 후에 운동을 더 많이 하고, 음악적으로 재능이 있는 아동은 학교 오케스트라에 참여해 바이올린을 연주하고, 지적 호기심이 많은 아동은 지역 도서관의 단골이다.

자신의 유전에 맞는 환경을 적극적으로 찾는 경향성을 **적소 찾기**(niche-picking)라고 부른다(Scarr & McCartney, 1983). 영아들과 어린 아동들은 성인들이 환경을 선택해주기 때문에 적소 찾기를 많이 하지 않는다. 대조적으로 나이가 많은 아동, 청소년, 성인들은 자신의 환경을 스스로 더 많이 선택한다.

적소 찾기 아이디어는 왜 아동기에 헤어져서 성인이 되어 만난 일란성 쌍생아들이 취미, 좋아하는 음식, 직업이 같은지를 잘 설명하며, 이런 경향은 쌍생아의 환경적 기회가 유사했을 때 특히 더 강하게 나타난다. 적소 찾기는 또한 나이가 들면서 왜 일란성 쌍생아들의 지능은 서로 더 비슷해지고 이란성 쌍생아와 입양된 형제들의 지능은 서로 덜 비슷해지는지를 잘 설명한다(Bouchard, 2004). 더불어 적소 찾기는 왜 이란성 쌍생아와 다른 성인들에 비해 일란성 쌍생아들이 키, 몸무게, 성격, 정치적 태도와 다른 특징에서 서로 더 비

야외 스포츠에 대한 자신들의 열정과 재능을 자녀들과 나누고 있는 부모. 자녀는 아마도 부모의 그러한 열정과 재능을 물려받았을 것이다. 유전과 환경은 함께 작용하므로 하나의 영향을 다른 하나로부터 분리해 측정하는 것은 불가능하다.

숫한 배우자와 친구를 선택하는지도 잘 설명한다(Rushton & Bons, 2005).

유전과 환경의 영향은 일정하지 않고 시간에 따라 변한다. 연령이 증가하면서 유전적 요인들은 우리가 경험하고 우리 스스로를 위해 선택하는 환경에 더 중요한 영향을 주게 된다.

유전자 표현형에 미치는 환경의 영향 방금 살펴본 개념들에서 유전이 얼마나 우선권을 가지고 있었는지에 주목하라. 유전자-환경의 상호작용에서 유전은 특정한 환경에 대한 반응에 영향을 미친다. 유사하게, 유전자와 환경의 상관관계는 전적으로 유전에 의해 나타나는 것으로 보이며 유전적 구성이 아동들이 타고난 경향성을 실현할 수 있는 경험을 받아들이고, 촉발하고, 탐색하게 만든다(Rutter, 2011).

많은 학자들이 유전의 지배에 대해 문제를 제기하고 있으며, 아동들의 경험이나 발달을 엄격하게 지배하지 않는다고 주장한다. 예를 들어 핀란드의 대규모 입양 연구에서 정신병에 대한 유전적 경향이 있는 아동(조현병으로 진단된 생모)은 건강한 입양 부모에 의해 양육되고 있었지만 생물학적으로 부모 자녀인 그룹과 양부모 그룹을 통제한 후에도 정신적 장애가 거의 나타나지 않았다. 대조적으로, 조현병 및 기타 심리적 장애는 생물학적 양부모와 양부모 모두 정신적으로 장애가 있을 경우 입양아들에게 증상이 나타났다(Tienari, Wahlberg, & Wynne, 2006; Tienari et al., 2003).

또한 부모 혹은 아동을 돌보는 다른 어른들은 유전적 표현을 수정할 수 있는 긍정적 경험의 제공을 통해 바람직하지 않은 유전자와 환경의 상관을 제거해 긍정적인 발달로 이끌 수 있다. 5년 동안 일란성 쌍생아의 발달을 추적한 한 연구에서 아이들은 유사한 공격성을 나타냈다. 그들이 반사회적 행동을 더 많이 보일수록, 어머니는 더 비난을 많이 하고 더 적대적이었다(유전-환경 상관). 그럼에도 불구하고 어떤 어머니는 그들에게 다르게 행동했다. 7세까지 추적하자 어머니의 부정성을 더 많이 받은 쌍생아들은 반사회적 행동에 더 빠졌다. 대조적으로, 어머니가 잘 대해준 아이들의 적대성은 감소했다(Caspi et al., 2004). 좋은 양육으로 인해 그들은 반사회적 발달 과정에서 보호받을 수 있었다.

많은 증거들에 의하면 유전과 환경 사이의 관계는 유전자에서 환경으로 그리고 행동으로 가는 일방향이 아닌 것으로 나타났다. 오히려 이 장과 다른 장에서 살펴본 것처럼 양방향적이다. 유전자가 사람들의 행동과 경험에 영향을 미치

지만 그들의 경험과 행동도 역시 유전자 발현에 영향을 미친다. 유전과 환경 사이의 이러한 관계를 **후성설**(epigenesis)이라 부르며, 그림 2.10에 이들의 관계를 제시했다. 후성설은 발달이 유전과 모든 수준의 환경 사이에서 진행 중인 양방향적 상호교환을 통해 일어나는 것을 의미한다(Cox, 2013; Gottlieb, 1998, 2007).

생물학자들은 환경이 DNA 서열을 바꾸지 않고 유전자 발현을 바꿀 수 있는 기전을 밝히는 **후성유전학**(epigenetics)이라 불리는 분야에 대한 연구를 시작했다. 이러한 메커니즘 중 하나인 **메틸화**(methylation)는 특정 경험에 의해 유발된 생화학적 과정으로, 메틸 화합물이라고 불리는 화합물이 유전자 위에 놓여 그 영향을 변화시키고 표현을 감소시키거나 혹은 나타나지 않게 할 수 있다. 메틸화 수준은 측정할 수 있으며, DNA 서열에서 정확히 같은 쌍둥이가 때로는 연령에 따라 현저하게 다른 표현형을 나타내는 이유를 설명할 수 있다.

한 쌍의 성인 일란성 쌍생아 연구를 살펴보자. 연구자들은 이들이 어린 시절부터 지능과 성격이 상당히 유사하다고 보고했다. 하지만 고등학교 이후 쌍생아 중 한 명은 집에 있기를 좋아하고, 법학을 공부하고 결혼 후 자녀를 가지게 되었다. 반면 다른 쌍생아는 집을 떠나 많은 사람들이 부상을 입거나 다치는 상황을 보고 생명에 위협을 마주하는 종군기자가 되어 세상을 돌아다니게 되었다. 40세가 되어 이 둘은 다시 만나게 되었는데 지능은 여전히 동일했다. 그러나 종군기자인 쌍생아는 법학을 공부한 쌍생아와 달리 음주나 도박과

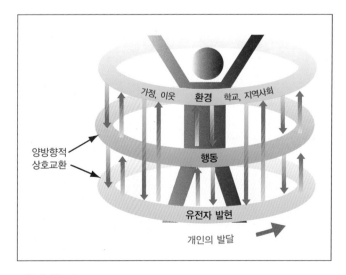

그림 2.10 후성설 발달은 다양한 환경 사이에서 진행 중인 양방향 상호작용에 의해 이루어진다. 유전자는 행동과 경험에 영향을 미치고 행동과 경험은 유전자 발현에 영향을 미친다(Gottlieb, 2007).

생물학적 영향과 환경적 영향

투치족 대량 학살과 모성 스트레스의 후성유전학적 전이

19 94년 르완다의 투치족에 대한 후투족의 대량학살로 약 3개월 동안 거의 100만 명이 사망했다. 공포가 너무 극심해서, 대량학살을 경험한 르완다인의 40~60%가 몇 년간 *외상후 스트레스장애*(PTSD) 증상을 보였다(Neugebauer et al., 2009; Schaal et al., 2011). PTSD 증상에는 사건의 재경험, 악몽, 불안, 과민, 분노 발작 및 집중의 어려움으로 인한 심각한 고통, 신체 증상과 일상생활 및 대인관계에 대한 관심의 상실 등이 있다.

부모의 PTSD는 아동의 PTSD의 강력한 예측변수이다(Brand et al., 2011; Yehuda & Bierer, 2009). PTSD는 아동과 성인 모두에게서 비정상적인 혈중 스트레스 호르몬 수치로 인한 스트레스 반응 체계의 장애를 가져온다. 적절한 수준의 스트레스 호르몬은 우리의 뇌가 스트레스를 효과적으로 관리하는 데 도움을 준다. 하지만 PTSD 환자의 경우 스트레스 호르몬 수치가 빈번하게 너무 높거나 혹은 너무 낮아 지속적인 스트레스 조절이 어렵다.

극심한 고통에 노출되면 스트레스 호르몬 조절에 핵심적인 역할을 하는 GR이라고 불리는 5번 염색체의 메틸화가 증가한다는 증거가 있다. 이러한 후성유전적 과정을 통해 PTSD가 자녀에게 전달되는 것일까?

이 질문에 답하기 위해 대량학살 기간에 임신 중이었던 50명의 투치족 여성을 연구했다(Perroud et al., 2014). 이들 중 절반은 외상에 직접 노출되었고 나머지 반은 나라 밖에 있었기 때문에 대량학살에 직접 노출되지 않았다. 18년 후 어머니와 청소년 자녀들은 심리학자들에 의해 PTSD와 우울증에 대한 심리검사를 받았다. 혈액표본을 통해 유전자의 메틸화와 스트레스 호르몬 수치에 대한 유전자 검사를 진행했다(이는 제3장에서 자세히 논의할 것이다).

분석 결과 직접적으로 노출되지 않은 어머니와 비교했을 때 대량학살을 직접 경험한 어머니들은 PTSD 점수가 상당히 높았으며, 두 그룹의 자녀들도 어머니들과 유사하게 다른 결과가 나타났다. 또한 그림 2.11에 제시되었듯이 대량학살에 노출된 어머니와 자녀들은 GR유전자의 강한 메틸화가 나타났다. 그리고 메틸화가 유전자 발현에 미치는 영향과 동일하게 외상에 노출된 어머니와 자녀들은 노출되지 않은 대조군보다 스트레스 호르몬 수치가 훨씬 낮게 나타났다.

이러한 결과는 동물과 사람 모두에게서 일관되게 나타났으며, 태내기 동안 어머니의 심각한 스트레스로 인한 생물학적 변화에 노출될 경우, 메틸화를 통해 신체의 스트레스 반응 체계의 손상을 가져오는 후성유전학적 변화를 야기할 수 있다(Daskalakis & Yehuda, 2014; Mueller & Bale, 2008). 투치족의 어머니들과 자녀들에게서 대량학살의 충격은 20년이 지난 후에도 심각한 심리적 장애들을 유발하고 있다.

연구를 통해 어머니의 외상 노출이 투치족 아이들

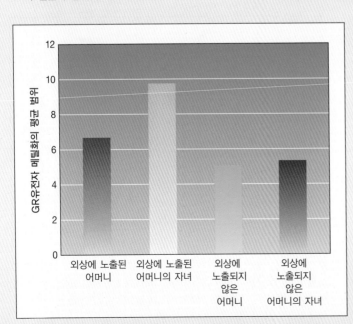

이 르완다 어머니는 투치족 대량학살 직후 자녀를 출산했다. 9년 후 그녀는 반복적인 성폭행과 어머니 및 형제와 2명의 자매가 학살되고 잔학한 행위에 대한 직접적인 경험으로 인한 PTSD로 고통 받고 있다. 그녀의 딸의 PTSD와 우울증은 유전적 변이로 인한 스트레스 반응 체계의 장애로 태내에서 어머니의 스트레스에 따른 후성유전학적 변화로 볼 수 있다.

의 스트레스 관리 능력을 어떻게 손상시켰는지에 관해 더 많은 것들이 밝혀졌다. 후성유전학적 과정은 출생 전에 영향을 미치는 것뿐만 아니라 보다 장기적인 영향을 미칠 수 있다. 또한 어머니의 불안, 과민성, 분노와 우울이 양육의 질을 떨어뜨린 것이 영향을 미쳤을 가능성도 있다. 후성유전적 변화와 부적절한 육아, 그리고 부정적인 환경적 요소들이 결합되어 투치족 아이들이 PTSD와 우울증을 나타낼 위험이 높다. 제3장에서 사회적 지원을 통해 부정적인 영향이 완화되거나 예방될 수 있음을 보여주는 증거들을 포함해 태내기 스트레스 요인에 대해 보다 자세한 논의를 할 것이다.

그림 2.11 투치족 어머니와 자녀의 외상 노출과 비외상 노출의 GR유전자의 메틸화 르완다 투치족 대학살에 직접 노출된 어머니와 그들의 아이들은 신체 스트레스 반응 시스템의 기능에 중요한 역할을 하는 GR유전자의 메틸화가 높게 나타났다(Perroud et al., 2014).

같은 위험한 행동을 더 많이 보였다(Kaminsky et al., 2007). DNA 분석 결과 종군기자 쌍생아에게 충동 조절에 영향을 주는 것으로 알려진 유전자의 메틸화가 더 크게 나타났는데 이는 일란성 쌍생아가 나타낼 수 있는 전형적인 차이보다 훨씬 컸다. 유전자 발현의 환경적 변형은 태아기를 포함해서 모든 연령에서 발생할 수 있다.

메틸화에 의해 변이된 DNA로 인해 제3장에서 다루어질 어머니의 흡연을 포함한 다른 유해한 산전환경의 요인들이 발달을 저해할 수 있다(Markunas et al., 2014). 또한 '생물학적 영향과 환경적 영향' 글상자에서 볼 수 있듯이, 임신 중 어머니의 심각한 스트레스는 유전자의 메틸화와 같은 바람직하지 않은 결과를 통해 자녀의 스트레스 관리 능력에 장기간의 손상을 일으킬 수 있다.

장기적인 빈곤과 같은 가혹한 환경은 후성적으로 생물학적 잔여물(biological residue)을 남기게 되며, 이로 인해 신체적, 정신적 건강의 잠재력을 손상시킬 수 있다(Miller et al., 2009). 또한 동물 연구는 메틸화된 유전자가 임신 초기에 자녀에게 계승되어 이후 세대의 발달에 영향을 미칠 수 있다는 것을 보여준다(Grossniklaus et al., 2013).

하지만 후성유전적 과정이 긍정적으로 작용할 수 있다는 것을 염두에 두어야 한다. 긍정적인 양육 경험은 발달이 긍정적인 방향으로 나타날 수 있도록 유전자의 발현을 변화시킨다. 그리고 일부 부정적인 후성유전학적 변형은 신

묻고 대답하기

연관지어보기 다음 개념들이 인간의 특성에 대한 유전적 영향이 일정하지 않고 연령에 따라 변한다는 결론을 지지하는지를 설명하라 – 체세포 돌연변이(54쪽), 적소 찾기(76쪽), 후성유전학(77쪽).

적용해보기 비앙카의 부모는 유명한 음악가이다. 비앙카는 4세부터 피아노 레슨을 받기 시작했다. 10세 때 학교 합창단에서 연주를 했고, 14세 때 예고 음악과에 진학하고 싶다고 이야기했다. 어떻게 유전–환경 상관이 비앙카의 재능을 발전시켰는지 설명해보라.

생각해보기 여러분의 발달의 어떤 측면, 예를 들어 흥미, 취미, 대학전공, 또는 직업 선택이 적소 찾기에 의한 것인지 설명해보라.

중하게 계획된 개입을 통해 되돌릴 수 있다(van IJzendoorn, Bakermans-Kranenburg, & Ebstein, 2011). 후성유전학의 개념은 유전자가 정적인 상태가 아니라 끊임없이 변화하는 환경을 반영하고 또 환경에 영향을 미친다는 것을 상기시킨다.

후성유전학은 아직 초기 단계이며, 이러한 메커니즘을 밝히는 것은 DNA 염기 서열 변이를 이해하는 것보다 더 많은 노력이 필요할 것이다(Duncan, Pollastri, & Smoller, 2014). 그러나 우리가 이미 알고 있는 것에서 분명한 교훈이 있다. 발달은 본성과 양육 간의 일련의 복잡한 상호작용 과정이라는 것이다. 비록 사람들을 우리가 원하는 방향으로 변화시킬 수는 없지만, 환경은 유전적 영향을 변화시킬 수 있다. 발달을 증진시키려는 시도의 성공 여부는 변화시키고자 하는 특성, 개인의 유전적 구성, 그리고 개입의 시점에 달려 있다.

요약

유전적 기초

2.1 유전자는 무엇이고 한 세대에서 다음 세대로 어떻게 전이되는가?

- 개인의 **표현형** 혹은 직접 관찰가능한 특성들은 **유전자형**과 환경의 산물이다. 세포핵 안의 막대 모양 구조인 **염색체**는 인간의 유전정보를 가지고 있다. 염색체 길이를 따라 **DNA**의 부분인 유전자가 위치해 있다. **단백질 염색 유전자**는 세포질에 단백질을 만들기 위한 신호를 전달하고 **조절유전자**는 단백질 염색 유전자에 의해 주어진 신호를 수정한다. 다양한 환경적 요인이 유전자의 표현을 달리 할 수 있다.

- **생식 세포** 혹은 성세포는 **감수분열** 과정을 통해 염색체의 수가 반으로 줄어든다. 부모로부터 전달받은 고유한 유전자는 감수분열을 통해 유전자가 섞여 새로운 조합을 만들게 된다. 정자와 난자가 만나 접합체가 되면 완전한 염색체를 가지게 된다.

- X염색체를 가진 정자가 수정된다면 여자아이가, Y염색체를 가진 정자가 수정된다면 남자아이가 태어날 것이다. **이란성 쌍생아**는 2개의 난자가 방출되어 각각 수정이 이루어진 것이다. **일란성 쌍생아**는 세포 분열 초기에 접합체가 2개로 나뉠 때 발생할 수 있다.

2.2 유전자-유전자 상호작용의 다양한 패턴을 알아보라.

- **우성-열성 유전**과 **불완전 우성 유전**에 따라 하나의 대립유전자만 특성에 영향을 미친다. **동형접합체**는 동일한 **대립유전자**를 가진다. **이형접합체**의 경우 하나의 우성 유전자와 하나의 열성 유전자를 가지며 열성 특성을 전달할 수 있다. **불완전 우성**은 두 대립유전자가 모두 표현된다.
- **X 관련 유전**은 열성 질병이 X염색체에 의해 전달될 때 발생하며, 남성이 보다 쉽게 영향을 받는다. **유전적 각인**은 부모의 대립유전자가 활성화된다면 자녀의 유전자 구성과 관계없이 대립유전자가 활성화되는 것이다.
- 해로운 유전자는 자발적 혹은 환경에 의한 **돌연변이**에 의해 나타난다. 생식 세포의 돌연변이는 성세포를 만드는 세포에서 발생하고 체세포 돌연변이는 정상세포에서 일생 중 언제라도 나타날 수 있다.
- 다중유전인자 유전(다양한 유전자에 의한 영향)에 따른 결과 같이 인간의 지능과 성격은 연속선상에서 매우 다양하게 나타난다.

2.3 주요 염색체 이상에 대해 알아보고 어떻게 발생하는지 설명하라.

- 대부분의 염색체 이상은 감수분열 중 발생한다. 염색체 이상 중 가장 흔하게 발생하는 다운증후군은 신체적 및 지적 장애를 유발한다. **성염색체** 이상은 **상염색체** 이상보다 경미하며, 특정한 인지적 결함을 유발한다.

자녀를 갖는 방법

2.4 부모가 건강한 자녀를 갖는 데 도움이 되는 절차는 무엇인가?

- **유전 상담**은 부부들에게 유전적 장애가 있는 자녀를 출산할 위험에 대해 도움을 줄 수 있다. **태내진단법**은 발달적 문제를 조기에 발견할 수 있다. 유전공학과 유전자 치료는 유전과 관련된 질병을 치료하는 데 희망을 주고 있다.
- 기증자 수정, 시험관 수정 및 대리모와 같은 대안적 임신 방법은 자녀를 갖지 못하는 부모들이 자녀를 가질 수 있게 해주지만 법적 및 윤리적 우려가 제기되고 있다.
- 불임 혹은 유전질환을 자녀에게 전달할 수 있는 성인들은 입양을 선택하기도 한다. 일반적인 아이들보다 입양된 아이들은 학습 혹은 정서와 관련된 문제를 나타내기도 하지만 장기적으로 대부분 잘 적응하게 된다. 따뜻하고 민감한 양육은 긍정적인 발달을 예측할 수 있다.

발달의 환경적 맥락

2.5 생태학적 관점에서 가족의 안녕과 발달을 지원하는 외적 영향으로서 가족의 기능을 기술하라.

- 발달에 있어 가장 중요한 맥락은 각 구성원의 행동이 다른 구성원에게 양방향 영향을 특징으로 하는 역동적인 체계로서 가족이다. 직접 혹은 간접적 영향에 의한 새로운 사건과 구성원의 변화하는 가족 체계 내에서 지속적으로 적응해야 한다. **효과적인 양육**을 지원하는 따뜻하고 만족스러운 가족 유대는 자녀의 심리적인 발달을 돕는다.
- **사회경제적 지위**(SES)는 가족 기능에 큰 영향을 미친다. 높은 사회경제적 지위를 가진 가족의 경우 심리적 특성을 강조하고, 아동과 따뜻하고 언어적 자극을 통한 상호작용을 많이 하는 경향이 있다. 낮은 사회경제적 지위를 가진 가족의 경우 외적인 특성에 집중하고, 지시적·비판적이며, 신체적 처벌을 하는 경향이 있다.
- 부유한 가정의 경우 부모의 신체적·정서적 가용성의 부재로 아이들의 발달이 저해될 수 있다. 빈곤 혹은 홈리스의 경우 심각한 발달의 문제가 발생할 수 있다.
- 가족과 공동체의 지지적인 유대는 심리적인 안녕에 중요한 역할을 한다. 안정적이고 사회적으로 응집력 있는 이웃들은 건설적인 여가와 풍부한 활동을 통해 아동과 성인들의 긍정적인 발달을 이끈다. 높은 수준의 교육과 학업 성취는 삶의 기회에 중대한 영향을 미치며, 시간이 지날수록 영향력은 강화된다.
- 문화 및 **하위 문화**의 가치와 실제는 일상생활의 모든 측면에 영향을 미친다. 소수민족에서 흔히 볼 수 있는 **확대가족**은 빈곤 및 기타 스트레스들의 부정적 영향으로부터 가족 구성원을 보호할 수 있다.
- *집단주의*와 *개인주의* 국가의 차이는 사회 문제를 해결하기 위한 **공공정책** 수립의 접근방식에 강력한 영향을 미친다. 미국의 경우 개인주의적인 가치가 강하기 때문에 아동과 고령자 보호 정책들이 다른 선진국에 비해 뒤떨어져 있다.

유전과 환경의 관계 이해하기

2.6 다양한 특성에 영향을 미칠 수 있는 유전과 환경의 결합에 대해 설명하라.

- **행동유전학**은 인간의 특성과 능력에 대한 천성과 양육이 기여하는 정도를 알 수 있게 해준다. 몇몇 연구자들은 **친족관계 연구**를 통해 지능과 성격 같은 복잡한 특성에 유전이 미치는 영향인 **유전가능성 추정치**를 계산한다. 그러나 정확성과 유용성에 있어 도전을 받는다.

- **유전-환경 상호작용**에서 유전은 개인이 가지는 고유한 환경에 대한 반응에 영향을 미친다. **유전-환경 상관**과 **적소 찾기**는 유전자가 개인이 노출되는 환경에 어떻게 영향을 미치는지를 설명한다.
- **후성유전학**은 발달이 유전과 다양한 수준의 환경 간의 복잡한 일련의 상호작용으로 이해된다는 것을 알려준다. 후성유전학 연구는 환경이 유전자 발현을 수정할 수 있는 **메틸화**와 같은 생화학적 과정을 밝히고 있다.

주요 용어 및 개념

감수분열	불완전 우성	유전자형	친족관계 연구
공공정책	사회경제적 지위(SES)	유전-환경 상관	태내진단법
다중유전인자 유전	상염색체	유전-환경 상호작용	표현형
단백질 염색 유전자	생식 세포	유전적 각인	하위 문화
대립유전자	성염색체	이란성 쌍생아	행동유전학
돌연변이	염색체	이형접합체	확대가족 가구
동형접합체	우성–열성 유전	일란성 쌍생아	효과적인 양육
디옥시리보핵산(DNA)	유전 상담	적소 찾기	후성설
메틸화	유전가능성 추정치	접합체	X관련 유전
보유자	유전자	조절유전자	

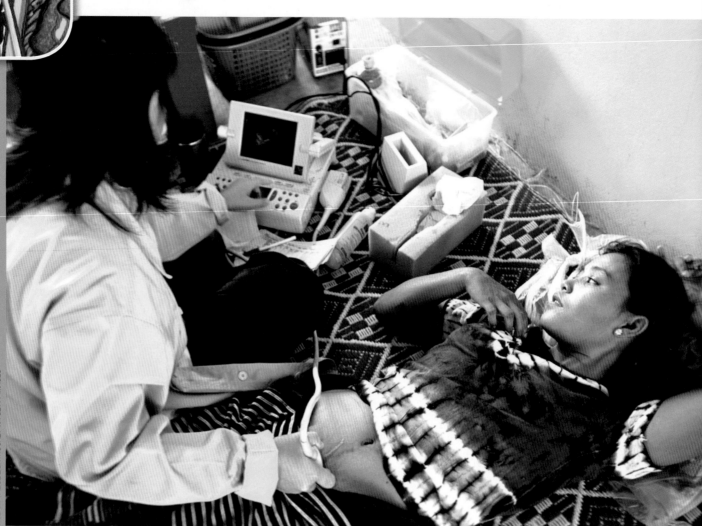

태내발달, 출생, 신생아

간호사가 휴대용 초음파 기기로 태아의 건강상태를 검진하는 동안 임산부가 이를 면밀히 관찰하고 있다. 태국–미얀마 국경 지역 치료소에서 제공되는 양질의 산전관리는 이 지역에서 빈번히 발생하는 심각한 질병으로부터 산모를 보호한다.

어느 가을 저녁, 나의 아동 발달 수업을 듣는 욜란다와 제이를 만났을 때 욜란다는 임신 2개월이었다. 이들은 30대 초반에 결혼해 몇 년 동안 결혼생활을 지속했고 직업적 안정을 찾으면서 아이를 갖기로 결심했다. 이들은 매주 수업에 수많은 질문을 가지고 왔다. "아기는 태어나기 전에 어떻게 자라나요? 언제 각 기관들이 형성되죠? 언제 심장이 뛰기 시작하나요? 우리 존재를 듣거나 느낄 수 있나요?"

무엇보다도 욜란다와 제이는 아기가 건강하게 태어날 수 있도록 가능한 모든 것을 하고 싶어 했다. 욜란다는 자신이 먹는 음식에 대해 궁금해했고, 운동을 계속 해야 하는지에 대해 궁금해하기 시작했다. 그리고 두통 때문에 복용한 아스피린, 저녁에 마신 와인 한 잔, 공부하는 동안 마신 커피 몇 잔이 해로웠던 건 아닌지 나에게 물었다.

이 장에서는 출생 전에 일어나는 다양한 일에 대해 과학자들이 제기한 질문들과 함께 욜란다와 제이가 했던 질문들에 답할 것이다. 우선 태내발달을 알아볼 것인데, 특히 건강한 성장을 위한 환경적 지원에 관심을 두고, 아동의 건강과 생존을 위협하는 해로운 영향에 대해서도 살펴볼 것이다. 태내기인 9개월 동안의 변화는 매우 놀랍고 태내 환경은 아이의 신체적·정신적 건강에 강력하고 지속적으로 긍정적 혹은 부정적 영향을 미칠 수 있기 때문이다.

다음으로는 출산 과정을 살펴볼 것이다. 오늘날 산업 국가 여성은 그 이전까지의 여성보다 아기를 낳는 방법과 장소에 대한 선택권을 가지게 되었으며, 오늘날의 병원들은 대개 새 아기가 태어나는 것을 가치가 있고 가족이 중심이 되는 행사로 만드는 데 모든 노력을 다하고 있다.

임신 기간에 욜란다와 제이는 아들인 조슈아의 욕구에 대해 세심하게 주의했다. 조슈아가 태어났을 때 조슈아는 강하고 각성되어 있으며 건강했다. 그렇지만 출산 과정이 항상 순탄한 것은 아니다. 우리는 산모와 아기의 건강을 보호하고 힘든 출산을 편하게 해주는 진통제와 외과적 분만 같은 의료 개입에 대한 찬반양론을 고찰할 것이다. 또한 태내기가 끝나기 전에 너무 일찍 태어나거나 저체중으로 태어난 영아의 발달에 초점을 맞추어 논의할 것이다. 그리고 신생아의 놀랄 만한 능력을 자세히 살펴보면서 이 장을 끝맺을 것이다. ●

태내발달

3.1   태아기 세 단계의 주요 이정표를 알아보라.

새로운 개체를 형성하기 위해 결합하는 정자와 난자는 오직 생식에만 적합하도록 되어 있다. 난자는 작은 구 모양이고 직경이 1/175인치이며 문장 끝에 있는 마침표 크기의 점 같이 육안으로는 거의 볼 수 없는 크기다. 그러나 미시세계에서는 인체에서 가장 큰 세포이다. 이러한 난자의 크기는 겨우 1/500인치인 더 작은 정자가 목표로 삼기에 이상적이다.

임신

약 28일마다 일어나는 여성의 월경주기 중반쯤에, 여성의 배 안쪽 깊은 곳에 자리 잡은 호두 크기의 기관인 난소 두 곳 중 한 곳에서 난자가 배출되어 나팔관 두 개 중 하나로 빨려 들어간다. 나팔관은 길고 얇은 구조인데, 속이 비어 있는 부드러운 구획의 자궁으로 연결되어 있다(그림 3.1 참조). 난자가 이동하는 동안 난자가 방출된 난소에서 황체라 불리는 덩어리가 수정된 난자를 받기 위해 자궁점막을 부드럽고 두껍게 하는 호르몬을 분비한다. 임신이 되지 않으면 황체가 줄어들어

서 배란이 일어난 지 2주 후에는 자궁점막이 떨어져 나간다.

남성은 하루 평균 3억 개 정도의 엄청난 양의 정자를 정소에서 배출하는데, 정소는 음경의 바로 뒤에 위치한 음낭 안에 있는 두 개의 분비기관이다. 정자 성숙의 마지막 과정에서 각 정자의 꼬리가 자라는데 이 꼬리는 자궁경부(자궁의 입구)를 따라 수정이 일어나는 장소인 나팔관으로 가는 먼 길을 헤엄쳐 거슬러 올라가도록 한다. 그 여행은 험난해서 많은 정자가 죽는다. 겨우 300~500개의 정자만이 난자에 도달한다. 정자는 최대 6일까지 사는데, 나팔관으로 배출된 후 하루 동안만 생존하는 난자를 기다릴 수 있다. 그러나 대부분의 임신은 배란일로부터 3일 동안 또는 배란일보다 2일 앞서 성교가 이루어졌을 때 이루어진다(Mu & Fehring, 2014).

임신과 함께 태내 발달 과정이 전개되기 시작한다. 임신 38주 동안 일어나는 많은 변화는 세 단계, 즉 (1) 접합기, (2) 배아기, (3) 태아기로 나뉜다. 각 단계에서 일어나는 것들을 고찰하면서, 태내발달의 중요한 사건들을 요약한 표 3.1을 참조하는 것이 매우 유용할 것이다.

접합기

접합기는 수정란의 수정과 형성부터 접합체가 난관 아래로

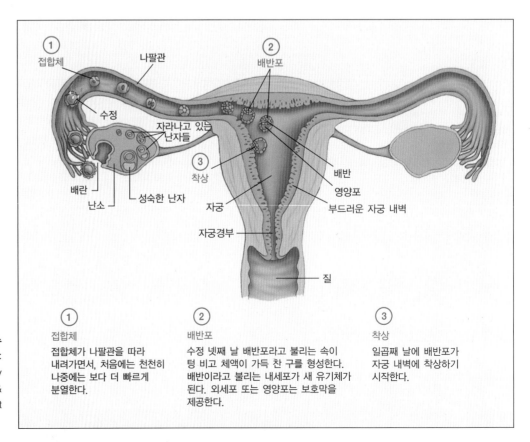

그림 3.1 여성 생식기관에서의 수정, 초기 세포 분열, 착상 (출처 : *Before We Are Born*, 9th ed., by K. L. Moore, T. V. N. Persaud, & M. G. Torchia, p. 33. Copyright © 2016 Elsevier, Inc.)

① 접합체
접합체가 나팔관을 따라 내려가면서, 처음에는 천천히 나중에는 보다 더 빠르게 분열한다.

② 배반포
수정 넷째 날 배반포라고 불리는 속이 텅 비고 체액이 가득 찬 구를 형성한다. 배반이라고 불리는 내세포가 새 유기체가 된다. 외세포 또는 영양포는 보호막을 제공한다.

③ 착상
일곱째 날에 배반포가 자궁 내벽에 착상하기 시작한다.

표 3.1 태내발달의 이정표

분기	시기	기간(주)	키와 체중	주요 발달
1분기	접합기	1		단세포 접합체가 나뉘어 배반포가 된다.
		2		배반포가 자궁벽에 착상된다. 자라고 있는 유기체를 보호하고 영양분을 제공하는 구조인 양막, 융모막, 난황주머니, 태반, 탯줄이 형성되기 시작한다.
	배아기	3~4	6mm	원시 뇌와 척수가 나타난다. 심장, 근육, 갈비뼈, 등뼈, 소화관이 발달하기 시작한다.
		5~8	2.5cm 4g	많은 외부 신체기관(얼굴, 팔, 다리, 발가락, 손가락)과 내부 장기들이 형성되고 뇌의 뉴런들이 생성되고 연결되며 촉각이 발달하기 시작하고 신체를 전체적으로 움직일 수 있게 된다.
	태아기	9~12	7.6cm 28g	크기가 급격하게 커진다. 신경계, 기관, 근육이 조직적으로 연결되고 온몸에 걸쳐 촉각 민감성을 갖게 된다. 새로운 행동 능력(차기, 엄지손가락 빨기, 입 벌리기, 호흡 연습)을 갖게 되며 외부 생식기가 형성되어 태아의 성이 분명해진다.
2분기		13~24	30cm 820g	태아는 계속해서 급격히 성장한다. 이 시기의 중간 무렵에 어머니는 태아의 움직임을 느낄 수 있다. 태지와 솜털이 양수로 인한 태아의 피부 손상을 막아준다. 24주경에는 대부분의 뇌세포가 자리를 잡고 태아의 눈은 빛에 민감해지며 소리에도 반응하게 된다.
3분기		25~38	50cm 3,400g	이 시기에 출생하는 태아는 생존가능성이 있다. 태아의 크기가 커지고 폐가 성숙하며 빠르게 발달하는 뇌는 감각 능력과 행동 능력을 확장한다. 이 시기의 중간 무렵 피부 아래에 지방층이 생긴다. 어머니에게서 태아에게로 질병을 예방해주는 항체가 전달되는 것도 이 시기 안에 이루어진다. 대부분 태아는 머리를 아래쪽으로 향하게 하여 출생에 대비한다.

출처 : Moore, Persaud, & Torchia, 2016a.

사진(위에서 아래로) : ⓒ Claude Cortier/Photo Researchers, Inc.; ⓒ G. Moscoso/Photo Researchers, Inc.; ⓒ John Watney/Photo Researchers, Inc.; ⓒ James Stevenson/Photo Researchers, Inc.; ⓒ Lennart Nilsson, *A Child Is Born*/TT Nyhetsbyrån.

빠져나와 자궁벽에 착상할 때까지 약 2주간 지속된다. 접합체의 첫 세포 분열은 임신 후 30시간 후에야 종료된다. 이후 차츰 더 빠른 속도로 새로운 세포가 추가된다. 4일째가 되면 60~70개의 세포들이 속이 빈 체액으로 가득 찬 구, 즉 **배반포**(blastocyst)(그림 3.1 참조)를 형성한다. 배반이라 불리는 배반포 안쪽 세포들이 새 유기체를 형성하고, 배반포를 감싸고 있는 바깥쪽 세포인 **영양포**는 보호막과 영양분을 공급한다.

착상 수정 후 7~9일 사이에 **착상**(implantation)이 일어나면 배반포가 자궁 안쪽에 파고든다. 어머니의 혈액 보충으로 배반포가 본격적으로 성장하기 시작한다. 처음에 영양포(보호 외층)가 가장 빠르게 성장한다. **양막**(amnion)은 양수 속의 유기체를 에워싸는데, 이는 태내 온도를 일정하게 유지하고 어머니의 움직임에 대한 완충물의 역할을 한다. 혈구를 만드는 난황주머니는 간장, 비장, 골수가 혈구를 만드는 기능을 이어받을 만큼 충분히 성숙하게 되면 나타난다(Moore, Persaud, & Torchia, 2016a).

이렇게 첫 2주 동안 일어나는 일들은 미미하고 불확실하다. 30%나 되는 접합체가 이 기간에 살아남지 못한다. 정자와 난자가 적절하게 결합하지 못하기도 한다. 또 어떤 경우

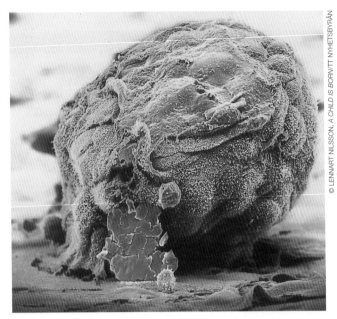

접합기 : 7~9일 수정된 난자는 수정 후 4일까지 속이 빈 세포 구 혹은 배반포를 형성하면서 빠르게 분열한다. 사진 속 배반포는 수천 배 확대한 것으로 7~9일 째에 자궁벽으로 파고든다.

에는 세포 분열 자체가 일어나지 않는다. 이러한 경우 자연은 착상을 막음으로써 대부분의 태내 이상을 빠르게 제거한다(Sadler, 2014).

태반과 탯줄 2주의 마지막쯤 영양포 세포들이 또 다른 보호막, 즉 양막을 둘러싸는 **융모막**(chorion)을 형성한다. 융모막에서 매우 가느다란 **융모**나 혈관이 나타나기 시작한다.[1] 이 융모들이 자궁벽에 파고들면서 태반이라 불리는 특별한 기관이 발달하기 시작한다. 배아의 혈액과 어머니의 혈액을 밀접하게 접합시켜서, **태반**(placenta)은 음식과 산소를 유기체에게 전달하고 그로 인해 생기는 부산물들을 버린다. 세포막은 막 사이로 음식과 산소를 교환할 수 있지만 어머니의 혈액과 배아의 혈액이 바로 섞이는 것은 막는다.

탯줄(umbilical cord)에 의해 유기체와 태반이 연결된다. 탯줄은 처음에 작은 줄기의 형태를 하고 있으나 30~90cm의 길이로 길어진다. 탯줄은 영양분이 실린 혈액을 운반하는 하나의 큰 정맥과 부산물을 가져가는 2개의 동맥을 담고 있다. 탯줄을 따라 흐르는 혈액의 힘이 탯줄을 단단하게 해서 배아가 마치 우주를 걷는 우주비행사처럼 체액이 가득 찬 방을 자유롭게 둥둥 떠 다니는 동안 줄이 엉키지 않게 한다(Moore,

Persaud, & Torchia, 2016a).

접합기 말경까지 유기체는 발달을 위해 먹을 것과 머무를 곳을 찾게 된다. 대부분의 어머니들이 자신이 임신했다는 사실을 알기 전에 이런 극적인 일들이 일어난다.

배아기

배아(embryo)기는 착상부터 임신 8주까지 지속된다. 가장 빠른 태내 변화가 일어나는 6주간의 짧은 기간에 모든 신체 구조와 내부기관 발달의 토대가 마련된다.

임신 1개월 후반 이 기간의 첫 주 동안 배반이 (1) 신경계와 피부가 될 **외배엽**, (2) 근육, 골격, 순환계 및 기타 내부기관으로 발달하는 **중배엽**, (3) 소화기관, 폐, 비뇨 및 분비기관이 될 **내배엽**으로 3개의 세포층을 형성한다. 이 세 층은 신체 모든 부위의 기본이 된다.

처음에 신경계가 빠르게 발달한다. 외배엽은 **신경관**(neural tube)을 형성하는데, 이것은 후에 척수와 뇌가 된다. 3주 반이 지나면 가장 위쪽이 부풀어 오르며 뇌를 형성한다. 신경 체계가 발달하는 동안 심장은 혈액을 공급시키며, 근육, 골격, 갈비뼈 및 소화기관이 나타나기 시작한다. 한 달이 지나면 배아의 길이는 6mm가 되며, 수백만 개의 세포군을 구성하게 된다.

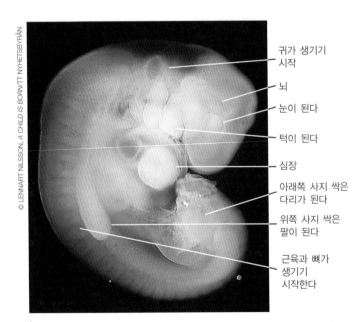

귀가 생기기 시작

뇌

눈이 된다

턱이 된다

심장

아래쪽 사지 싹은 다리가 된다

위쪽 사지 싹은 팔이 된다

근육과 뼈가 생기기 시작한다

배아기 : 4주 4주가 된 배아의 신장은 6mm밖에 안 되지만 이미 신체 구조가 형성되고 있다.

---

[1] 57쪽 표 2.3의 융모막 검사는 수정 후 9주부터 이른 시기에 실시할 수 있는 태내진단 검사이다.

배아기 : 7주 배아의 자세가 전보다 더 똑바르게 선다. 눈, 코, 팔, 다리, 그리고 내부 장기와 같은 신체 구조가 더 뚜렷해진다. 배아는 촉각에 반응하고 움직일 수 있지만 크기가 워낙 작아서(2.5cm도 안 되는 신장과 28g의 몸무게) 어머니는 배아의 움직임을 느낄 수 없다.

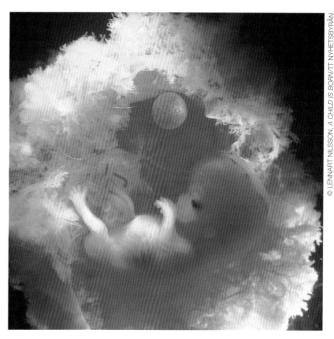

태아기 : 11주 태아는 급격하게 성장한다. 11주에 이르면 뇌와 근육이 잘 연결된다. 태아는 차고, 팔을 구부리고, 손과 입을 열거나 닫고, 엄지손가락을 빨 수 있다. 내부 장기가 혈구를 생산하는 역할을 맡게 되면서 이전까지 그 역할을 하던 난황주머니의 크기는 줄어들게 된다.

임신 2개월 2개월에 접어들면 급격한 성장이 나타난다. 눈, 귀, 코, 턱 그리고 목이 형성되고, 작은 싹처럼 보이는 것들이 팔과 다리, 손가락, 발가락으로 성장하며, 내부기관은 보다 뚜렷해진다. 내장기관이 성장하고, 심장에는 개별적인 방이 형성되며, 간과 비장이 혈구를 생산하기 시작해 난황주머니가 더 이상 필요하지 않게 된다. 신체 비율의 변화로 인해 배아가 바로 서게 된다.

5주 차에는 신경관 내부에서 분당 250,000개 이상의 놀라운 속도로 **뉴런**(정보를 저장하고 전달하는 신경세포)이 생성되기 시작한다(Jabès & Nelson, 2014). 뉴런이 생성되면, 작은 실을 따라 특정 위치(뉴런이 도달할 영구적인 위치)로 이동하기 시작하며, 뇌의 주요 부분을 형성한다.

이 기간이 끝날 무렵 배아의 길이는 2.5cm, 무게는 4g이 되며, 외부 세상을 감지할 수 있게 된다. 특히 입 부분과 발바닥의 접촉에 반응한다. 더불어 어머니가 느끼기에는 미약하지만 약간이나마 움직일 수 있게 된다(Moore, Persaud, & Torchia, 2016a).

태아기
9주에서 임신기의 마지막까지인 **태아**(fetus)기는 태내 기간 중 가장 길다. 이 '성장과 마무리' 단계 동안 유기체의 크기가 급격히 커진다.

임신 3개월 3개월부터 기관, 근육, 신경계가 조직되고 연결되기 시작한다. 접촉에 대한 감각은 모든 신체 부위로 확장된다(Hepper, 2015). 뇌가 보내는 신호에 의해 태아는 발을 구르고, 팔을 구부리며, 주먹을 만들고, 발가락을 꼬며, 머리를 젖히고 입을 열며, 심지어 엄지손가락을 빨고, 기지개를 켜고, 하품도 한다. 작은 폐는 초기 숨쉬기 운동의 연습으로 확장되고 수축되기 시작한다. 12주가 되면 외부 생식기가 형성되고 초음파로 태아의 성별을 확인할 수 있다(Sadler, 2014). 마지막으로 손톱, 발톱, 치아조직, 열렸다 닫혔다 하는 눈꺼풀이 나타난다. 이제 청진기를 통해 심장박동을 들을 수 있다.

태내발달은 3개의 분기로 나뉜다. 3개월의 말경에 1분기가 끝난다.

2분기 2분기 중반인 17~20주 사이 새 생명체는 어머니가 움직임을 느낄 수 있을 정도로 충분히 크게 자란다. 이때 태아는 활동적이어서 하루 중 30%의 활동량을 나타내며 이러한 활동은 관절과 근육을 강화하는 데 도움을 준다(DiPietro et al., 2015). **태지(vernix)**라 불리는 하얗고 치즈 비슷한 물질이 양수에서 보내는 기나긴 몇 달 동안 피부가 트는 것을 방지한다. 또한 태지가 피부에 잘 붙도록 하얗고 부드러운 **배냇솜털(lanugo)**이 몸 전체에 걸쳐 나타난다.

2분기 말경에 많은 기관이 잘 발달된다. 뇌 속 수천만 개의 뉴런들이 대부분 자리를 잡고, 이 시기 이후에는 거의 만들어지지 않는다. 그러나 뉴런을 유지시키는 신경아교세포는 출생 후뿐 아니라 임신 내내 빠른 속도로 계속 증가한다. 결과적으로 뇌의 중량은 20주부터 출생할 때까지 10배 증가한다(Roelfsema et al., 2004). 동시에 뉴런은 빠른 속도로 시냅스 연결을 형성하기 시작한다.

뇌 성장은 새로운 행동 능력을 의미한다. 20주가 된 태아는 소리에 자극을 받을 수 있다. 만일 의사가 태아경(57쪽 표 2.3 참조)으로 자궁 안을 살펴보면 태아가 빛을 인식하면서 손으로 빛을 막아 눈을 방어하려고도 한다(Moore, Persaud, & Torchia, 2016a). 그렇지만 이 시기에 태어난 태아는 생존할 수 없다. 이 시기 태아의 폐는 미성숙해 아직 뇌가 호흡과 체온을 조절할 수 없기 때문이다.

3분기 마지막 분기에 일찍 태어난 태아는 생존할 가능성이 있다. 태아가 처음으로 생존할 수 있는 시기를 **생존가능연령(age of viability)**이라고 하는데, 흔히 22~26주 사이다(Moore, Persaud, & Torchia, 2016a). 그러나 아기가 7~8개월 사이에 태어난다면 대개 호흡을 하기 위해서 인공호흡기의 도움이 필요하다. 이는 뇌의 호흡중추는 성숙했지만 폐에 있는 작은 폐포는 아직 이산화탄소를 산소로 바꿔주고 폐를 부풀게 할 준비가 되어 있지 않기 때문이다.

뇌의 발달은 지속적으로 커다란 진전을 이어간다. 지능의 핵심인 대뇌피질이 커지며, 신경조직의 연결과 빠른 증가로 태아는 더 많은 시간 동안 깨어 있게 된다. 20주에는 아직 태아의 각성을 나타내는 심박수의 변화가 나타나지 않는다. 그러나 28주경 태아는 11%의 시간을 깨어 있으며, 출생 직전에는 16%까지 증가한다(DiPietro et al., 1996). 30~34주 사이 태아는 기타 조직의 점진적인 발달과 함께 수면과 각성의 일정한 패턴을 나타낸다(Rivkees, 2003). 약 36주경 태아의 심박과 운동 활동의 동기화가 나타난다. 급격한 운동 활동 후 5초 이내에 심박수의 증가가 나타난다(DiPietro et al., 2006,

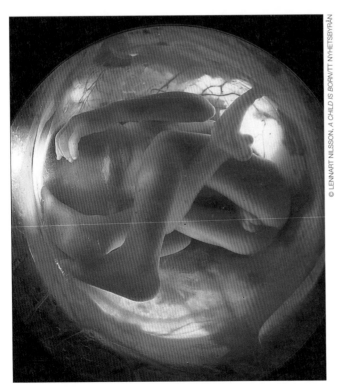

태아기 : 22주 이 시기의 태아는 신장이 30cm이고 몸무게는 450g보다 조금 더 나간다. 태아의 움직임은 어머니가 쉽게 느낄 수 있으며 다른 사람이 어머니의 배에 손을 얹고 있으면 함께 느낄 수 있는 정도이다. 만약 이때 태어난다면 태아의 생존 가능성은 희박하게나마 존재한다.

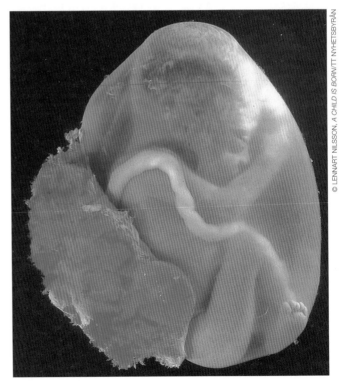

태아기 : 36주 이 시기의 태아는 자궁에 꽉 찰 정도의 크기로까지 자란다. 영양을 공급하기 위해 태반과 탯줄이 커져 있는 상태이다. 피부에 붙은 태지가 피부가 트는 것을 막아준다. 출생 후 온도 조절을 위해 지방층이 축적된다. 이로부터 2주가 지나면 태아는 출생에 이르게 된다.

2015). 이는 뇌에서 신경 네트워크가 형성되었다는 명확한 증거라 할 수 있다.

출산 전까지 태아의 성격이 형성된다. 태아의 활동은 영아의 기질과 관련이 있다. 한 연구에서, 3분기 동안에 보다 활동적인 태아는 1세 때 좌절을 더 잘 견디고 2세 때 실험실에서 낯선 어른이나 장난감과 더 쉽게 상호작용하며 덜 두려워하는 것으로 나타났다(DiPietro et al., 2002). 아마도 태아의 활동이 아동기의 적응성을 길러 주는 건강한 신경학적 발달의 징후가 되는 것으로 보인다. 그러나 앞에서 기술된 관계들은 강하지 않은 정도일 뿐이다. 제6장에서 보게 되겠지만 민감한 양육이 새로운 경험에 적응하는 것을 어려워하는 아동의 기질을 바꿔줄 수 있다.

3분기는 자극에 대해 더 큰 반응성을 보인다. 이후 신생아의 능력 부분에서 보게 되겠지만 태아의 몸은 양수(어머니가 섭취하는 것에 따라 달려 있음)에 담겨 있고 양수를 삼키는 것에서 맛과 향에 대한 선호를 습득하게 된다. 23~30주 사이에 대뇌피질과 통증 민감성과 관련된 뇌 영역이 연결된다. 이 시기부터 태아에 대한 외과적 절차에 진통제를 사용해야만 한다(Lee et al., 2005). 약 28주경 태아는 소리에 반응해 눈을 깜박인다(Saffran, Werker, & Werner, 2006). 30주 들어서는 태아는 어머니의 복부에서 발생하는 반복적인 청각자극에 반응해 심박수가 증가하고, 뇌파를 측정할 수 있으며 신체를 움직인다. 이러한 반응성은 점차적으로 감소하는데 이는 소리에 적응하는 것으로 볼 수 있다. 하지만 새로운 청각자극이 제시되면 심박과 뇌파가 다시 높은 수준으로 나타나며, 이는 태아가 기존의 소리와 새로운 소리를 구분해 인식한다는 것을 말한다(Hepper, Dornan, & Lynch, 2012; Muenssinger et al., 2013). 이는 또한 태아가 짧은 기간 동안 기억이 가능하다는 것을 나타낸다. 이후 6주 이내에 태아는 서로 다른 목소리와 소리의 음과 박자를 구분할 수 있게 되며, 이는 언어발달을 위한 발판 역할을 하게 된다. 태아는 어머니의 목소리와 아버지 혹은 다른 사람의 목소리뿐만 아니라 모국어(영어)와 외국어(중국어), 친근한 멜로디(하강음)와 친근하지 않은 멜로디(상승음)에 대해 서로 다른 심박과 뇌파의 변화를 나타낸다(Granier-Deferre et al., 2003; Kisilevsky & Hains, 2011; Kisilevsky et al., 2009; Lecanuet et al., 1993; Lee & Kisilevsky, 2013; Voegtline et al., 2013). 한 연구에서, 어머니가 임신 마지막 6주 동안 수스 박사의 모자 쓴 고양이(The Cat in the Hat)를 큰 소리로 읽었다. 아이는 출생 후 어

묻고 대답하기

연관시켜보기 뇌 발달은 태아의 능력과 행동에 어떤 관련성이 있는가? 태아 행동의 개인차는 출생 후 유아의 기질에 어떤 영향을 미치는가?

적용해보기 임신 2개월인 에이미는 배아가 어떻게 영양분을 섭취하고 신체의 어느 부분이 형성되었는지 궁금해한다. "아직 임신한 것 같지 않아요. 아직 발달하지 않은 걸까요?" 여러분은 에이미에게 어떻게 대답할 것인가?

머니의 녹음된 목소리에 반응해 젖병을 빠는 것을 학습했다(DeCasper & Spence, 1986). 신생아들은 어머니의 뱃속에 있을 때 들었던 모자 쓴 고양이를 들었을 때 젖병을 더 강하게 빨았다.

마지막 3개월 동안 태아의 몸무게는 약 2.2kg 증가하고 약 18cm가 자란다. 8개월에는 솜털이 빠지고 체온을 조절하기 위해 지방층이 생겨난다. 또한 태아의 면역체계가 출생 후 몇 개월까지는 잘 작용하지 않기 때문에 질병에 저항하기 위해 어머니의 혈액에서 항체를 받는다. 마지막 주에 대부분의 태아는 자궁의 형태와 머리가 하체보다 무겁기 때문에 뒤집힌 자세를 취한다. 이 시기에는 성장이 더뎌지며 출생이 가까워진다.

태내 환경의 영향

3.2 기형 발생에 영향을 미치는 요인들을 밝히고, 알려진 혹은 의심되는 기형발생물질에 대해 논의하라.

3.3 태내기 발달에 어머니가 미치는 영향을 기술하라.

3.4 태내기의 조기 및 정기적인 건강관리가 왜 중요한가?

태내 환경은 자궁 밖 세상과 달리 일정한 환경을 유지하지만 많은 요인이 배아와 태아에게 영향을 미칠 수 있다. 욜란다와 제이는 부모가, 보다 전체적으로는 사회가 출생 전 발달에 안전한 환경을 만들어주기 위해 할 수 있는 것들이 많다는 것을 배웠다.

기형발생물질

기형발생물질(teratogen)은 태내기 동안 손상을 일으키는 모든 환경적 매개물을 지칭한다. 과학자들은 심한 손상을 가지고 태어난 영아의 사례를 통해 해로운 태내 영향에 대해 처음 알았기 때문에 이 명칭을 선택했다(그리스어 *teras*에서 나왔는데, '기형' 또는 '기괴함'을 의미함). 하지만 항상 단순한 이유로 기형발생물질에 의해 손상이 나타나지는 않는다. 손상은 다음과 같은 요인들에 달려 있다.

- **복용량.** 특정 기형발생물질에 대해 논의하는 과정에서, 장기간에 걸쳐 더 많은 양의 약물을 복용하는 것이 일반적으로 더 부정적인 결과를 나타낸다는 것을 보게 될 것이다.
- **유전.** 어머니와 자라고 있는 유기체의 유전적 구성이 중요한 역할을 한다. 어떤 사람은 다른 사람에 비해 해로운 환경에 더 잘 저항할 수 있다.
- **기타 부정적인 영향.** 영양실조, 의료혜택의 부족, 부가적인 기형발생물질과 같은 몇몇 부정적 요인들이 함께 존재하는 것은 단일한 위험요소의 영향력을 더 크게 할 수 있다.
- **연령.** 기형발생물질의 효과는 기형발생물질에 노출되는 유기체의 연령에 따라 다양하다. 우리가 제1장에서 소개한 민감기 개념을 생각한다면 이 마지막 개념이 잘 이해될 수 있다. 민감기는 신체나 행동의 일부가 빠르게 발달하기 위해 생물학적으로 준비된 한정된 기간이다. 이 기간에는 주변 환경에 특히 민감하다. 이 기간의 환경이 해로우면 손상이 일어나며 회복이 어렵고 때로 회복이 불가능하다.

그림 3.2는 태내 민감기를 간략하게 나타내고 있다. 착상 전인 **접합기**에는 기형발생물질이 거의 어떠한 영향도 미치지 않는다. 만일 영향을 미친다면 작은 세포덩어리가 대부분 심하게 손상되어 죽을 것이다. 배아기에는 모든 신체 부위의 토

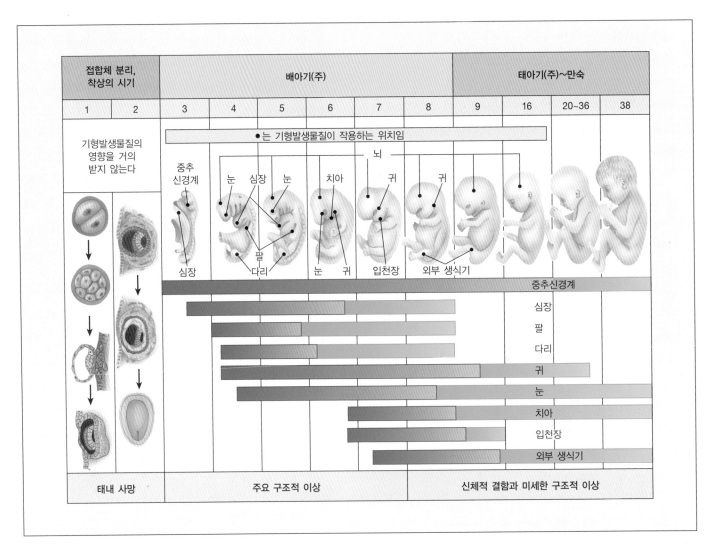

그림 3.2 태내발달의 민감기 각각의 장기와 구조들은 발달에 치명적인 손상을 입는 민감기를 갖는다. 푸른색 막대는 가장 민감한 시기를 가리키고 초록색 막대는 손상될 수는 있어도 기형발생물질에 대해 다소 덜 민감한 시기이다(*Before We Are Born*, 9th ed., by K. L. Moore, T. V. N. Persaud, & M. G. Torchia, p. 313. Copyright ⓒ 2016 Elsevier, Inc.).

대가 결정되기 때문에 심각한 결함이 발생할 가능성이 가장 많은 시기이다. 태아기 동안에는 기형발생물질의 손상이 대체로 적은 편이다. 그러나 뇌, 눈, 생식기 같은 기관들이 여전히 강하게 영향을 받을 수 있다.

기형발생물질의 효과는 직접적인 신체적 손상에 국한되지 않는다. 건강에 미치는 몇몇 영향은 지연되고 수십 년 동안 나타나지 않을 수 있다. 더불어 신체적인 손상으로 인한 심리적인 영향이 간접적으로 발생할 수 있다. 예를 들어 임신 기간 중 복용한 약으로 인해 발생한 손상은 아동이 환경을 탐색하는 능력뿐만 아니라 아동에 대한 타인의 반응에도 영향을 줄 수 있다. 시간이 지남에 따라 부모-자녀 상호작용, 또래관계, 인지적, 정서석, 사회적 발달에 부정적인 영향을 미칠 수도 있다. 또한 태내기에 기형발생물질에 노출된 아동들은 한부모 가정, 부모의 정서적 곤란 혹은 부적절한 양육 등과 같은 환경적 위험에 직면할 경우 덜 탄력적일 수 있다(Yumoto, Jacobson, & Jacobson, 2008). 결과적으로 장기적인 적응이 손상될 수 있다.

우리가 앞 장에서 논의한 발달에 관한 중요 개념들이 아동과 환경의 **상호작용**이 어떠한 효과를 미치는지에 주목하라. 지금부터 연구자들이 밝혀낸 다양한 기형발생물질을 살펴보자.

처방약과 비처방약 1960년대 초반, 세계는 약물과 태내발달에 대한 비극적인 교훈을 얻었다. 그 당시 **탈리도마이드**라고 불리는 진통제가 캐나다, 유럽, 남미에서 널리 사용되고 있었다. 임신 4~6주 된 어머니가 이 약물을 복용했을 때 배아의 팔과 다리에 심한 기형이 생겼고, 흔하진 않지만 귀, 심장, 신장, 생식기에도 손상이 나타났다. 전 세계적으로 대략 7,000명의 영·유아가 영향을 받았다(Moore, Persaud, & Torchia, 2016a). 탈리도마이드에 노출된 아이가 성장하면 많은 경우 지능이 평균 이하였다. 아마도 약물이 중추신경계를 직접적으로 손상시켰을 수 있다. 혹은 심하게 기형이 된 아이들의 양육 환경이 지적 발달을 손상시켰을 수 있다.

또 다른 약물인 **디에틸스틸베스트롤**(diethylstilbestrol, DES)이라 불리는 합성 호르몬이 1945~1970년 사이에 유산을 방지하기 위해 널리 처방되었었다. 이 약물을 복용한 어머니의 딸들이 청소년기와 성인기 초기가 되었을 때 외음부 암, 자궁 기형, 불임 등의 확률이 현저하게 높게 나타났다. 이들이 아이를 임신했을 때 DES에 노출되지 않은 여성들보다 미숙아, 저체중아 및 유산이 더 많이 발생했다. 남자아이들은

성인이 되었을 때 생식기 이상과 고환암의 위험이 증가했다(Goodman, Schorge, & Greene, 2011; Reed & Fenton, 2013).

현재 가장 널리 사용되고 있는 가장 강력한 기형발생물질은 심한 여드름을 치료하기 위해 사용되는 비타민 A 유도제인 **이소트레티노인**(isotretinoin)으로 산업화된 국가에서 수십만 명의 가임기 여성이 복용하고 있다. 1분기 동안 이 약물에 노출되면 눈, 귀, 두개골, 뇌, 심장, 면역계 이상이 초래된다(Yook et al., 2012). 이소트레티노인을 처방하기 위한 미국의 처방지침에 따르면 여성이 사용할 경우 두 가지 피임방법을 사용해 임신을 피하라고 경고하고 있다.

태반 장벽을 침투하기에 충분히 작은 분자로 이루어진 모든 약물은 배아나 태아의 혈류로 들어갈 수 있다. 그러나 많은 임산부들은 의사와 상담을 하지 않고 계속해서 약을 복용하고 있다. 아스피린은 가장 흔한 비처방 약품 중 하나이다. 몇몇 연구에 따르면 아스피린의 사용은 뇌손상에 따른 운동조절장애, 부주의 및 과잉행동과 관련이 있다고 보고되었으나, 다른 연구들에서는 확인되지 않았다(Barr et al., 1990; Kozer et al., 2003; Thompson et al., 2014; Tyler et al., 2012). 커피, 차, 콜라와 코코아에는 자주 소비되는 카페인이 들어 있다. 높은 용량은 저체중 출산의 위험을 증가시킨다(Sengpiel et al., 2013). 항우울제의 지속적 복용은 조기분만, 저체중, 출생 시 호흡곤란, 운동발달지연 등과 관련이 있지만 반대의 증거도 존재한다(Grigoriadis et al., 2013; Huang et al., 2014; Robinson, 2015).

위와 같은 발견들은 아동의 생명과 관련된 문제이기 때문에 신중히 받아들여야 한다. 동시에, 우리는 흔히 사용되는 약물이 언급된 문제들을 실제로 일으킨다는 것을 확신할 수도 없다. 흔히 산모들은 하나 이상의 약물을 복용한다. 따라서 만일 배아나 태아가 손상을 입으면 그것이 어떤 약물 때문인지, 또 복용한 약물들과 다른 어떤 요인들이 상관되어 잘못을 일으킨 것인지 알기가 어렵다. 우리가 더 많은 정보를 갖게 될 때까지 가장 안전한 행동 방침은 욜란다가 취했던 '약물들은 다 피하자'는 것이다.

불행히도 많은 여성들은 약물(및 다른 기형발생물질)의 노출에 가장 취약한 배아 초기에는 임신 사실을 알지 못한다. 하지만 심각한 우울이 있는 산모가 항우울제를 복용하는 것은 위험보다 약물치료의 이점이 더 클 수 있다.

불법 약물 코카인, 헤로인과 같이 매우 중독성이 있고 감

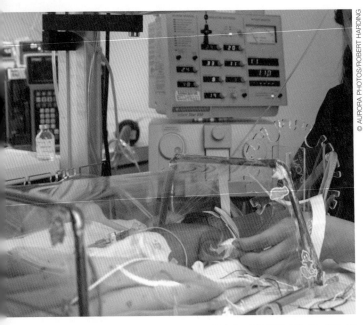

예정일보다 훨씬 일찍 태어난 이 아기는 호흡기의 도움을 받아 숨을 쉬고 있다. 아기의 미성숙과 미달 체중은 어머니의 약물 남용이나 흡연 등 임신 기간의 다양한 환경적 영향으로부터 유발될 수 있다.

정상태를 바꾸는 약물의 복용은 특히 저소득층 거주 지역에 만연해 있으며, 이는 희망이 없는 일상생활에서의 일시적인 도피를 제공한다. 미국 임산부의 6%가 이러한 약물을 복용하고 있다(Substance Abuse and Mental Health Services Administration, 2014).

코카인, 헤로인 또는 메타돈(헤로인을 끊게 하기 위해 사용된 중독성이 적은 약물)은 조산, 출생 시 저체중, 뇌의 이상, 신체적 결함, 호흡곤란 등 여러 가지 문제를 일으킬 수 있다(Bandstra et al., 2010; Behnke & Smith, 2013). 게다가 이 아이들은 약물에 중독된 채로 태어난다. 이들은 종종 열이 나고 과민하며, 수면에 어려움을 겪는다. 또한 울음소리는 비정상적으로 날카롭고 찢어지는 듯한데 이는 스트레스를 받는 신생아의 공통된 특성이다(Barthell & Mrozek, 2013). 자신의 문제를 많이 가지고 있는 어머니가 진정시키고 꼭 껴안고 젖을 주기 어려운 아기를 보살펴야 할 때 이런 행동 문제가 지속될 가능성이 있다.

1년 내내 헤로인과 메타돈에 노출된 아기는 노출되지 않은 아기에 비해 환경에 대한 주의력이 떨어지며 운동 기능 발달이 느리다. 영아기 이후에 어떤 아이들은 좋아지지만 어떤 아이들은 신경과민하고 부주의한 상태로 남는다(Hans & Jeremy, 2001). 양육의 차이가 어떤 아이에게는 문제가 지속되지만 다른 어떤 아이에게는 지속되지 않는가를 설명할 수

있다.

코카인에 대한 증거는 태어나기 전 코카인에 노출된 아기들이 지속적인 문제를 가지게 된다는 것을 보여준다. 다량의 코카인은 15분 동안 혈관을 수축시키기 때문에 태아에게 공급되는 산소가 급격히 떨어진다. 또한 코카인은 뉴런의 생산과 기능을 바꾸며, 태아 뇌 안의 화학적 균형을 바꾼다. 이러한 코카인과 관련된 영향은 중추신경계와 심장, 뇌출혈 및 발작, 성장 지체 등과 같은 신체적 기형에 영향을 미칠 수 있다(Cain, Bornick, & Whiteman, 2013; Li et al., 2013). 몇몇 연구들은 지각, 운동, 주의력, 기억력, 언어 및 충동 조절 문제가 청소년기까지 지속된다고 보고한다(Bandstra et al., 2011; Coyle, 2013; Singer et al., 2015).

하지만 다른 연구들에서는 출산 전 코가인의 노출에 따른 부정적인 효과가 나타나지 않았다(Ackerman, Riggins, & Black, 2010; Buckingham-Howes et al., 2013). 이 반대되는 결과들은 불법적인 약물로 인해 생긴 손상을 정확히 파악하는 것이 얼마나 어려운 것인지를 나타낸다. 코카인을 복용하는 사람들마다 그들이 복용하는 코카인의 양, 효능, 순도가 매우 다양하다. 또한 그들은 몇 가지 약물을 함께 복용하고, 다른 고위험성 행동을 하고, 가난과 그 외 스트레스로 고통을 받으며 민감하지 않은 양육을 하기 때문에 이러한 요인들이 결합되어 아동에게 미치는 부정적인 영향을 더욱 악화시킨다(Molnar et al., 2014). 그러나 연구자들은 왜 어떤 연구에서는 코카인 관련 손상이 있고 다른 연구에서는 없는지에 대해 아직 정확하게 파악하지 못하고 있다.

마리화나라는 또 다른 약물은 일부 미국 주에서 의료 및 레크리에이션 용으로 합법화되어 있다. 연구자들은 마리화나의 태아 노출이 아동기와 청소년기의 주의, 기억, 학업 성취의 어려움, 충동 및 과잉행동, 그리고 우울뿐만 아니라 분노와 공격성이 관련되어 있다고 밝혔다(Behnke & Smith, 2013; Goldschmidt et al., 2004; Gray et al., 2005; Jutras-Aswad et al., 2009). 하지만 헤로인 및 코카인과 마찬가지로, 지속인 결과는 입증되지 않았다. 전반적으로 불법적 약물의 영향은 앞으로 살펴볼 두 가지 법적인 물질인 담배와 알코올의 영향보다 훨씬 덜 일관적이다.

담배 서구권의 흡연율은 감소하고 있지만 미국 여성의 11%가 임신 중에 흡연을 하고 있다(Centers for Disease Control and Prevention, 2015n). 태내기에 미치는 흡연의 효과 중

가장 잘 알려진 것은 출생 시 저체중이다. 그러나 유산, 조산, 구순 및 구개열, 혈관이상, 심박 이상과 수면 중 호흡장애, 영아사망 그리고 아동기 이후 천식이나 암과 같은 다른 심각한 결과의 가능성도 증가하고 있다(Geerts et al., 2012; Havstad et al., 2012; Howell, Coles, & Kable, 2008; Mossey et al., 2009). 어머니가 담배를 많이 피울수록 아기가 영향을 받을 가능성은 더 커진다. 만일 임신한 여성이 어느 때라도, 그 시기가 마지막 3분기라 하더라도 금연할 결심을 한다면 자신의 아이가 체중 미달로 태어나거나 이후에 일어날 문제로 고통을 겪을 가능성을 줄일 수 있다(Polakowski, Akinbami, & Mendola, 2009). 보다 일찍 금연을 시작하면 더 나은 효과가 나타날 수 있다.

흡연하는 어머니의 아기가 좋은 신체 조건으로 태어나는 것처럼 보여도 약간의 행동 이상이 아동의 발달을 위협할 수 있다. 흡연하는 어머니가 낳은 신생아는 소리에 덜 주의하고, 더 많은 근육긴장을 보이고, 만지거나 시각적으로 자극했을 때 더 흥분하기 쉬우며, 더 자주 운다(지속적인 울음). 이러한 발견들은 흡연이 아이의 뇌 발달에 미묘하게 부정적인 영향을 미친다는 것을 보여준다(Espy et al., 2011; Law et al., 2003). 이러한 견해와 같이, 내태기 담배의 노출은 짧은 주의 폭, 충동성과 과잉행동의 어려움, 낮은 기억력, 낮은 지능과 학업 성취, 파괴적이고 공격적인 행동들과 같은 문제를 나타낸다(Espy et al., 2011; Thakur et al., 2013).

정확히 흡연이 어떻게 태아에게 영향을 미치는가? 담배에 포함된 중독성 물질인 니코틴은 혈관을 수축시켜 자궁으로의 혈류를 감소시키기 때문에 태반을 비정상적으로 자라게 한다. 이러한 것들이 영양분의 전달을 줄이는데, 결과적으로 태아의 체중이 증가하는 정도가 작아진다. 또한 니코틴은 어머니와 태아 모두의 혈류에서 일산화탄소의 농도를 높인다. 일산화탄소는 적혈구에서 산소를 제거하고 중추신경에 손상을 입혀 태아의 성장을 지연시킨다(Behnke & Smith, 2013). 담배에 있는 또 다른 화학물질인 시안화물 및 카드뮴들도 유해한 영향을 줄 수 있다.

흡연을 하지 않는 산모의 1/3~1/2 정도가 담배를 피우는 남편, 친척, 동료 때문에 '수동적 흡연자'가 된다. 수동적 흡연도 저체중, 영아 사망, 소아기 호흡기 질환, 장기간의 주의력, 학습 및 행동 문제와 관련이 있다(Best, 2009; Hawsawi, Bryant, & Goodfellow, 2015). 산모들이 담배 연기가 자욱한 환경을 피해야 하는 것은 명백하다.

알코올 다트머스대학교 인류학 교수인 마이클 도리스(1989)는 그의 부서진 끈(The Broken Cord)이라는 책을 통해 생모가 임신 내내 술을 많이 마셨고 아이가 태어난 지 얼마 되지 않아 알코올 중독으로 사망한 입양 아들인 아담의 성장에 대해 기술했다. 수(Sioux) 인디언인 아담은 산전 알코올 노출로 인한 신체적, 정신적, 행동적 문제를 포함한 **태아알코올스펙트럼장애**(fetal alcohol spectrum disorder, FASD)을 가지고 태어났다. FASD를 앓고 있는 아이들은 3개의 심각도가 다른 진단 중 하나가 내려진다.

1. **태아알코올증후군(FAS)** : (a) 느린 신체 성장, (b) 세 가지 패턴의 얼굴 이상(짧은 눈꺼풀, 얇은 윗입술, 부드럽거나 납작한 인중 혹은 코의 아랫부분부터 윗입술까지 평평함), (c) 뇌손상, 작은 머리와 기억, 언어와 의사소통, 주의 폭과 활동 수준(과활동), 계획하기와 사고, 운동협응능력, 사회적 기술 중 적어도 세 가지 영역에서의 손상의 특징을 가진다. 그밖에 눈, 코, 목, 심장, 생식기, 비뇨기 또는 면역체계의 결함이 있을 수 있다. 아담은 FAS로 진단되었다. 아담의 어머니는 임신 기간 동안 술을 아주 많이 마셨으며 이 질환에서는 흔히 있는 일이다.

2. **부분적 태아알코올증후군(p-FAS)** : (a) 위에서 언급한 3개 중 2개의 얼굴특징을 나타냄, (b) 앞서 말한 뇌손상, 기능손상에서 적어도 3개의 영역에 해당하는 것으로 특징지어진다. p-FAS를 가진 아이들의 어머니는 일반적으로 소량의 알코올을 섭취했으며, 아이들의 결함은 노출의 시기와 기간에 따라 다르다. 더불어 최근 연구들에 의하면, 임신 초기에 아버지의 알코올 사용은 유전자의 발현을 변화시켜 위의 증상들을 유발할 수 있다고 한다(Alati et al., 2013; Ouko et al., 2009).

3. **알코올 관련 신경발달장애(ARND)** : 일반적인 신체 성장을 나타내며 안면 이상이 없음에도 불구하고 위에 언급된 정신 기능 중 최소 3개의 영역에서 손상을 나타낸다. 태내기 알코올 노출로 인한 알코올 관련 신경발달장애의 경우 FAS보다 증상이 경미하다(Mattson, Crocker, & Nguyen, 2012).

풍족한 영양이 제공될 때에도 FAS 아동은 영아기와 아동기 동안 보통 아이의 신체 크기를 따라가지 못한다. 세 가지

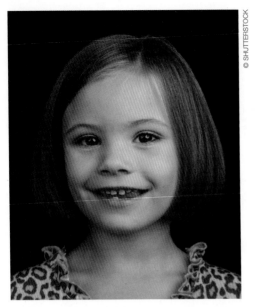

(왼쪽) 이 5세 여아의 어머니는 임신기간 동안 과음을 지속했다. 아동의 넓은 미간, 얇은 윗입술, 납작한 인중은 태아알코올 증후군의 전형적인 증상이다. (오른쪽) 이 12세 여아는 태아알코올증후군의 작은 머리와 안면 기형을 나타낸다. 아이는 태아알코올증후군이 동반하는 인지적 손상과 발달지연을 나타낸다.

FASD 진단의 정신적 능력의 손상은 지속적이다. 아담은 10대와 20대에 일상적인 일에 집중하고 이를 유지하는 데 어려움을 겪었으며, 이러한 타인의 판단으로 고통 받았다. 예를 들어 물건을 산 후 잔돈을 받지 않는다거나 일하던 중간에 다른 데로 빠지기도 했다. 그는 23세에 교통사고로 사망했다.

임신 동안 더 많은 알코올을 사용할수록 아이는 학령전기와 학령기 동안 운동협응, 정보처리 속도, 추리력, 지능, 학업시험 점수가 더 떨어지는 것으로 나타났다(Burden, Jacobson, & Jacobson, 2005; Mattson, Calarco, & Lang, 2006). FASD는 청소년기와 초기 성인기의 주의집중과 운동협응능력의 결핍과 저조한 학교 수행, 법적인 문제를 발생시키고, 우울과 스트레스에 대한 높은 정서적 반응성을 나타낸다(Bertrand & Dang, 2012; Hellemans et al., 2010; Roszel, 2015).

알코올은 왜 이렇게 치명적인 결과를 발생시킬까? 첫째, 알코올은 원시 신경관에서 일어나는 뉴런의 생산과 이동을 방해한다. 뇌영상 연구에 따르면 알코올에 의해 뇌 성장의 정지, 뇌의 구조적 손상, 뇌의 한 부분에서 다른 부분으로 메시지를 보내는 것과 관련된 전기적·화학적 활동에서의 비정상성이 있음을 보여주고 있다(de la Monte & Kril, 2014; Memo et al., 2013). 둘째, 동물 연구를 통해 뇌 기능의 결핍에 기여하는 많은 유전자들이 메틸화된 것을 포함해, 알코올 섭취에 따른 후성적 변화가 나타남을 밝히고 있다(Kleiber et

al., 2014). 셋째, 알코올 대사를 위해서는 많은 양의 산소가 필요하다. 임신한 여성이 많은 양의 알코올을 섭취했을 경우 자라나는 유기체의 세포 성장에 필요한 산소를 빼앗게 된다.

25%의 미국 어머니들이 임신기간 동안 음주 경험이 있다고 보고하고 있다. 헤로인과 코카인 그리고 알코올 남용은 빈곤에 시달리는 여성들에게서 많이 나타난다. 특히 아메리카 원주민들에게서 FAS를 가진 아이들이 태어나는 비율이 20~25배 더 높다(Rentner, Dixon, & Lengel, 2012). 불행하게도 FAS 여아들이 성인이 된 후에 임신을 할 경우 증후군으로 인한 낮은 판단력으로 인해 자신이 알코올을 피해야만 하는 이유를 이해하기 어려울 수 있다. 때문에 이러한 비극적인 순환은 다음 세대에서 반복될 가능성이 있다.

어느 정도의 알코올이 임신기간 동안 안전할까? 하루에 한잔 이하의 가벼운 음주라도 작은 머리 크기(뇌 발달의 척도)와 신체 성장의 지체, 그리고 문제행동을 유발할 수 있다(Flak et al., 2014; Martinez-Frias et al., 2004). 유전적 요인과 환경적 요인들로 인해 일부 태아들이 기형발생물질에 더 취약할 수 있다는 점을 기억하라. 그러므로 알코올을 섭취하지 않는 것이 안전하다. 임신을 계획하는 부부와 산모들은 알코올을 완전히 피해야 한다.

방사능 방사능 때문에 생기는 결함은 제2차 세계대전 동안 히로시마와 나가사키의 원폭투하에서 살아남은 여성이 낳은 아동에게서 비극적으로 드러났다. 1986년 우크라이나의 체르노빌에 있는 핵발전소 사고 9개월 후에도 비슷한 이상이 나타났다. 재난 발생 후 유산, 뇌손상, 신체 기형 및 신체 발달 지체가 급격히 증가했다(Double et al., 2011; Schull, 2003). 2011년 3월 지진과 쓰나미로 인해 피해를 입은 일본의 원자력 발전소 근처 주민들의 대피는 이러한 치명적인 결과를 방지하기 위해서였다.

방사선에 노출된 아기가 정상적으로 보일지라도 문제는 나중에 나타날 수도 있다. 예를 들어 산업현장에서의 방사능 누출이나 의료 X선에서 나오는 낮은 수준의 방사능도 소아암의 위험을 증가시킬 수 있다(Fushiki, 2013). 태아기에 방사능에 노출된 체르노빌의 아이들은 아동 중기에 뇌파 활동의 이상과 낮은 지능점수, 언어 및 정서장애의 비율이 주변지역에서 방사능에 노출되지 않은 아동들보다 2~3배 높았다. 더불어 급하게 대피해야 했던 것과 방사능에 노출된 지역에서 사는 것에 대한 걱정으로 부모가 더 많은 긴장을 보고할수록 자녀의 정서적 기능이 떨어졌다(Loganovskaja & Loganovsky, 1999; Loganovsky et al., 2008). 스트레스가 많은 양육 환경은 아동의 발달을 손상시키는 태내 방사능의 해로운 효과를 더욱 악화시키는 것으로 볼 수 있다.

환경오염 산업화된 국가에서 위험할 수 있는 수많은 화학물질이 버려지고 있으며, 해마다 새로운 오염물질이 증가하고 있다. 미국의 여러 지역 병원에서 제대혈 분석을 위해 무작위로 10명의 신생아를 선발했으며, 287종의 산업 오염물질이 검출되었다(Houlihan et al., 2005). 연구자들은 태내 발달뿐 아니라 이후에 삶을 위협하는 질병과 건강 문제를 일으킬 가능성이 높은 화학물질에 많은 아기가 '오염된 채로 태어난' 것으로 결론 내렸다.

특정한 오염은 태내손상을 일으킨다. 1950년대 일본의 미나마타(Minamata)라는 도시에 있는 산업 공장들이 해산물과 물을 제공하는 작은 만에 수은 함량이 높은 쓰레기를 버렸다. 당시 태어난 많은 아이들은 신체 기형, 지적장애, 언어장애, 씹고 삼키는 것의 어려움, 비협응적 움직임을 나타냈다. 높은 수준의 태내 수은 노출은 뉴런의 생산과 이동을 방해해 뇌손상을 일으킨다(Caserta et al., 2013; Hubbs-Tait et al., 2005). 임산부의 해산물 섭취로 인한 내태 수은 노출은 학령기 동안의 인지적 처리 속도와 주의, 기억의 결함을 예측한다(Boucher et al., 2010, 2012; Lam et al., 2013). 임신한 여성은 수은이 다량 축적된 황새치, 참치, 상어와 같이 오래 사는 육식어종을 먹지 않는 것이 현명하다.

폴리염화비페닐(PCBs)이 수은처럼 수로로 흘러가고 식량으로 공급된다는 것이 밝혀지기 전까지 PCBs는 전기 기구를 절연하는 데 수년 동안 사용되어 왔다. 대만에서는 현미유에 들어 있는 높은 수준의 PCBs에의 태내 노출이 출생 시 저체중, 변색된 피부, 잇몸과 손톱·발톱의 기형, 뇌파 이

사진의 산모는 생활을 위협하는 수준의 싱가포르의 스모그로부터 보호를 위해 마스크를 착용하고 있다. 오염된 공기에 지속적으로 노출될 경우 태내 발달에 위험을 가져올 수 있다.

상, 인지발달의 지연을 일으켰다(Chen & Hsu, 1994; Chen et al., 1994). 지속적인 낮은 수준의 PCBs의 노출 역시 해롭다. PCBs에 오염된 어류를 자주 먹는 여성의 자녀는 어류를 전혀 먹지 않거나 거의 먹지 않는 사람에 비해 저체중, 작은 머리, 그리고 아동기의 지속적인 주의 및 기억의 문제와 낮은 지능검사 점수를 나타냈다(Boucher, Muckle, & Bastien, 2009; Polanska, Jurewicz, & Hanke, 2013; Stewart et al., 2008).

또 다른 기형발생물질인 납은 산업용으로 사용되는 특정 물질과 오래된 건물 벽의 벗겨진 페인트에 포함되어 있다. 높은 수준의 태내 납 노출은 미숙아, 저체중, 뇌손상 등 다양한 신체적 결함과 관련이 있다. 적은 양이라도 노출이 된다면 아동은 신체 및 정신능력의 발달이 떨어진다(Caserta et al., 2013; Jedrychowski et al., 2009).

소각할 때 발생하는 유독성 물질인 다이옥신의 태내 노출은 유아의 갑상선 이상과 여성의 유방암과 자궁암 발병과 관련이 있으며, 이는 다이옥신이 호르몬 수준을 변화시키기 때문으로 추측된다(ten Tusscher & Koppe, 2004). 아버지의 혈액 속의 매우 적은 양의 다이옥신이라도 자녀의 성비를 극

표 3.2   임신기간 질병의 영향

질병	유산	신체 기형	지적장애	출생 시 저체중과 미숙아
바이러스성				
후천성면역결핍증(AIDS)	✓	?	✓	✓
수두	✓	✓	✓	✓
사이토메갈로바이러스	✓	✓	✓	✓
단순포진 제2형(음부 포진)	✓	✓	✓	✓
유행성 이하선염	✓	✗	✗	✗
풍진(독일 홍역)	✓	✓	✓	✓
세균성				
클라미디아	✓	?	✗	✓
매독	✓	✓	✓	?
결핵	✓	?	✓	✓
기생충성				
말라리아	✓	✗	✗	✓
톡소플라스마증	✓	✓	✓	✓

✓=검증된 결과, ✗=현재 증거 없음, ?=확실히 검증되진 않았지만 가능한 영향.

출처 : Kliegman et al., 2015; Waldorf & McAdams, 2013.

적으로 변화시킨다. 다이옥신에 노출된 남성은 아들보다 딸이 2배 더 많다(Ishihara et al., 2007). 다이옥신은 수정 이전에 Y유전자를 손상시키는 것으로 볼 수 있다.

마지막으로 지속적인 대기오염으로 내태기에 손상을 입을 수 있다. 차량의 배기가스와 스모그는 영아의 머리 크기를 작게 하고, 저체중, 영아기 사망률을 증가시키며, 폐와 면역 기능을 손상시키고 이후의 호흡기계 질병을 발생시킨다(Proietti et al., 2013; Ritz et al., 2014).

전염병 산업화된 국가의 여성 중 5%가 임신 중 전염병에 감염된다. 일반적인 감기와 같은 대부분의 질병은 아무런 영향을 미치지 않지만 표 3.2에 제시되어 있는 일부 질병은 심각한 손상을 초래할 수 있다.

바이러스 1960년대 중반 미국에서는 **풍진**(독일 홍역)으로 인해 심각한 결함이 있는 2만 명 이상의 아이들이 출생했으며 13,000명의 태아 및 신생아가 사망했다. 민감기 이론에 따라 배아기 동안 풍진에 감염되었을 경우 가장 큰 피해가 발생했다. 배아기 동안 풍진에 감염된 어머니의 아이들 중 50% 이상이 청각장애, 백내장을 포함한 안구 기형, 심장, 생식기, 비

뇨기, 내장기관, 뼈 및 치아결손과 지적장애를 나타냈다. 태아기의 감염은 덜 심각하지만 출생 시 저체중, 청각 손상 및 골결손이 발생할 수 있다. 태아 풍진에 의한 기관 손상은 심각한 정신질환, 당뇨병, 심혈관 질환, 갑상선 및 면역체계 기능장애 등 전 생애에 걸친 건강의 이상을 가져온다(Duszak, 2009; Waldorf & McAdams, 2013). 유아기와 아동기에 백신 접종을 한다면, 산업화된 국가에서는 풍진이 발생하지 않을 것이다. 그러나 예방접종 프로그램이 부실한 아프리카 및 아시아의 개발도상국가에서는 매년 10만 건의 태내기 감염사례가 보고되고 있다(World Health Organization, 2015e).

후천성면역결핍증(AIDS)을 초래하는 인체면역결핍바이러스(HIV)에 지난 30년 동안 많은 여성이 감염되었다. 개발도상국에서는 95%의 새로운 감염이 발생하는데 약 반 이상의 감염자가 여성이다. 예를 들어 남아프리카에서는 30%의 임산부가 HIV 양성이다(South Africa Department of Health, 2013). 치료받지 않은 HIV 감염 임산부는 이 치명적인 바이러스를 자라나는 유기체에게 전달할 확률이 10~20%에 이른다.

AIDS는 영아에게 급격히 진행된다. 6개월경 체중이 줄어들고, 설사, 반복적인 호흡기 질환이 흔하다. 이 바이러스는

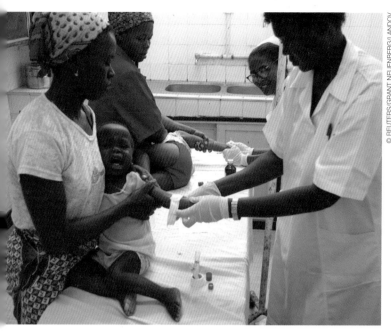

아프리카의 모잠비크에서 아기들이 HIV 바이러스 검사를 받고 있다. 출생 이전에 항레트로바이러스 약물을 투여하면 어머니로부터 아기로의 AIDS 감염률을 1~2% 이하로 줄일 수 있다.

발작, 뇌 무게의 점진적 감소, 지연된 인지 및 운동발달로 나타나는 뇌손상을 일으킨다. 태내기 때 AIDS에 감염되어 치료받지 않은 아이들은 대부분 3세경 사망한다(Siberry, 2015). 항레트로바이러스 약물치료는 산모의 전염률을 1~2%까지 감소시키며 태아에게 해를 끼치지 않는다. 이러한 치료제로 인해 서구 국가에서는 HIV가 급격히 감소했다. 최근에는 출생 2일 내에 공격적인 레트로바이러스 치료를 시작한 HIV를 가지고 태어난 아이들의 경우 질병이 없어지는 것으로 나타났다(McNeil, 2014). 이러한 치료가 늘어가고 있지만 항레트로바이러스 치료제는 개발도상국의 1/3 이상이 사용할 수 없다(World Health Organization, 2015a).

표 3.2에서 볼 수 있듯이 자라고 있는 유기체에게 백신이나 치료법이 없는 헤르페스 바이러스 계열은 특히 주의가 필요하다. 이들 중 **사이토메갈로바이러스**(호흡기나 성관계를 통해서 가장 흔하게 일어나는 태내 감염)와 **단순포진 2형**(성관계 시 전달)이 특히 위험하다. 두 바이러스는 임신 또는 출생 시에 아기에게 전염된다.

세균성 및 기생충성 질환 표 3.2에는 몇몇 세균성 질환과 기생충성 질환도 포함되어 있다. 이들 중 가장 흔한 것은 톡소플라스마증으로 주변의 많은 동물에서 발견된다. 임산부는 정원을 가꾸다 오염된 흙을 통해 감염될 수 있고, 감염된 고양이의 배설물과 접촉하거나 생고기 또는 덜 익힌 고기, 또는 씻지 않은 채소를 먹다가 감염될 수 있다. 40%의 여성이 자라나는 유기체에게 이 질병을 전달한다. 첫 번째 분기에 뇌졸중이 발생하며 눈과 뇌에 손상을 일으킬 수 있다. 이후의 감염은 경도의 시각 및 인지적 결함과 관련이 있다(Wallon et al., 2013). 임산부는 그들이 먹는 고기가 잘 익었는지 확인하고, 애완동물 고양이가 질환이 있는지 검사하며, 쓰레기통과 정원 관리를 다른 가족들에게 넘기는 것을 통해 원충병을 피할 수 있다.

기타 어머니 요인들

기형발생물질을 피하는 것 외에 출산을 앞둔 부모들은 태아기 발달을 다른 방식으로 지원할 수 있다. 신체적으로 건강한 여성이 걷기, 수영, 자전거 타기, 에어로빅 체조와 같이 규칙적으로 적당한 운동을 하는 것은 태아의 심혈관 기능 향상, 출생 시 체중 증가 및 체중이 더 나가는 아기를 출산하며 임신 중 당뇨, 조산과 같은 특정 합병증의 위험을 감소시킨다(Artal, 2015; Jukic et al., 2012). 그러나 대부분의 여성들은 자신과 아이의 건강을 위해 임신 중 충분한 운동을 하지 않는다. 신체적으로 건강한 임산부들은 임신 마지막 주에 신체적 불편감을 덜 경험한다.

이제 영양, 정서적 스트레스, 혈액형 그리고 연령과 같은 기타 어머니의 요인들에 대해 알아볼 것이다.

영양 발달 과정 중 그 어느 때보다 급격히 자라고 있을 때인 태내기 동안 태아는 영양분을 얻기 위해 어머니에게 전적으로 의지한다. 건강한 식단은 어머니의 체중을 10~13.5kg 증가시키고 어머니와 아이의 건강을 안전하게 해준다.

태내 영양부족은 중추신경계의 심각한 손상을 불러올 수 있다. 어머니의 식단이 불량해지면, 특히 3분기 동안에 영양부족이 일어날 경우 아기의 뇌 중량 손실이 더 크다. 이 시기에는 뇌의 크기가 급격히 커지기 때문에 어머니가 기초영양분을 많이 섭취하는 것이 아기의 뇌가 충분히 자라는 데 필수적이다. 또한 임신기간의 부적절한 음식 섭취는 간장, 신장, 췌장과 같은 기관들의 구조를 어긋나게 하여 이후 건강 문제를 초래할 수 있다. 그림 3.3에서 볼 수 있듯이 대규모 연구 결과에 따르면 태아의 출생 전후 다양한 건강의 위험요소들을 통제한 후에도 저체중 출산과 높은 혈압, 심혈관 질환 그리고 성인기의 당뇨와 일관된 관련성이 밝혀졌다(Johnson &

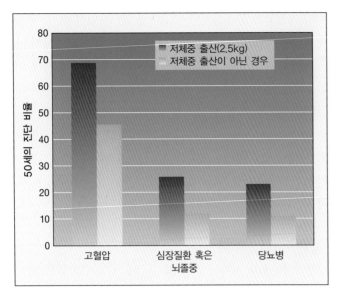

그림 3.3 출생 시 저체중과 성인기 질병 위험과의 연관성 2,000명 이상의 미국인을 대상으로 출생 시부터 50세까지를 추적 조사한 결과 출생 시의 저체중은 태내 혹은 출생 직후의 다른 건강 위험이 적절히 다루어진 후에도 성인기에 이르러 고혈압, 심장병, 뇌졸중, 당뇨병 등의 발병을 상당히 높이는 것으로 나타났다(Johnson & Schoeni, 2011).

Schoeni, 2011).

영양결핍은 면역체계의 발달을 억제하기 때문에 영양실조로 태어난 아이들은 종종 호흡기 질환을 보인다. 또한 이들은 종종 짜증을 잘 내며 자극에 반응적이지 않은 모습을 보여준다. 빈곤한 가정에서는 이러한 영향들이 스트레스가 많은 가정생활과 빠르게 결합한다. 연령이 증가할수록 운동, 주의, 기억발달의 지연이 나타나고, 낮은 지능점수와 심각한 학습 문제들이 점점 분명해진다(Monk, Georgieff, & Osterholm, 2013).

많은 연구들은 임신한 여성에게 적절한 음식을 제공하는 것이 아기의 건강에 지대한 영향을 미침을 보여주고 있다. 비타민과 미네랄을 풍부하게 하는 것 또한 중요하다. 예를 들어 임신기간 동안 엽산 보충제를 복용하는 것은 **무뇌증**(anencephaly)과 **이분척추**(spina bifida)와 같은 신경관의 이상을 70%가량 감소시킬 수 있다(57쪽 표 2.3 참조). 또한 임신 초기 엽산 보충제를 사용하면 구순 및 구개열, 순환계 및 비뇨기 이상과 사지 기형 등 신체적 결함의 위험이 감소한다. 더불어 마지막 임신 10주 동안 적절한 엽산의 섭취는 조산과 저체중 출산의 위험을 절반으로 감소시킨다(Goh & Koren, 2008; Hovdenak & Haram, 2012).

이런 결과들 때문에 미국 정부 지침에서는 가임기 여성 모두 하루 0.4mg의 엽산을 섭취할 것을 권고한다. 왜냐하면 많

은 미국 사람들이 계획된 임신을 하지 않기 때문에 정부의 지침에 따라 빵, 밀가루, 쌀, 파스타와 그 외 곡물 식품에 엽산이 강화되고 있다. 비록 태내 영양부족은 가난한 국가에서 가장 높지만 개발도상국에만 국한되지는 않는다. 미국 저소득층의 임신한 여성들 중 90%는 여성·영아·아동을 위한 특별 영양 보조 프로그램(WIC)에서 음식과 영양교육을 제공받을 자격이 된다. 하지만 영양개입이 필요한 더 많은 미국 여성들은 WIC의 지원을 받을 수 없다.

정서적 스트레스 여성이 임신기간에 심한 정서적 스트레스를 경험할 때 아기는 다양한 어려움에 처하게 된다. 첫 2분기 동안 강한 불안은 유산, 조산, 출생 시 저체중, 유아의 호흡기 및 소화기관 장애, 산통(끊임없는 울음), 수면장애 및 아동의 첫 3년 동안의 과민성과 관련이 있다(Dunkel-Shetter & Lobel, 2012; Field, 2011; Lazinski, Shea, & Steiner, 2008). 빈곤으로 인한 만성적인 스트레스, 가족의 이혼 혹은 죽음과 같은 부정적인 사건, 지진과 테러와 같은 재난, 임산부 자신과 아이의 건강 및 생존에 대한 지속적인 불안을 포함한 임신과 출산에 대한 두려움과 같은 태내기의 스트레스 요인들은 향후 신체적·심리적 건강을 손상시킨다. 중요한 것은 적당한 일상의 스트레스는 악영향을 미치지 않는다는 것이다.

어머니의 심한 스트레스는 발달하는 유기체에게 어떻게 영향을 미칠까? 이 과정을 이해하기 위해서는 마지막으로 스트레스를 많이 받았을 때 자신이 느끼던 변화를 생각해보자. 우리가 공포와 불안을 경험할 때 '도망치거나 싸움을 위한' 호르몬으로 알려진 에피네프린(아드레날린)과 코르티솔 같은 스트레스 호르몬이 혈류에 방출되며, 이는 우리에게 '행동태세'를 갖게 한다. 많은 양의 혈류는 뇌, 심장, 팔과 다리의 근육, 몸통 등 방어와 관련된 신체 부위로 흘러 들어간다. 자궁을 포함한 다른 기관으로의 혈류는 감소한다. 결과적으로 태아는 산소를 포함한 영양분을 공급받지 못한다.

어머니의 스트레스 호르몬은 태반을 가로질러 태아의 스트레스 호르몬(양수에 분명히 존재하는)과 심박, 혈압, 혈당 및 활동 수준을 급격히 증가시킨다(Kinsella & Monk, 2009; Weinstock, 2008). 과도한 태아의 스트레스는 태아의 신경 기능을 영구적으로 변화시켜, 이로 인해 이후의 생활에서 스트레스 반응성이 높아질 수 있다. 제2장에서 후성학적 변화(유전자의 메틸화)가 부분적으로 이러한 변화를 설명하는 것으로 볼 수 있다. 심각한 태내기 불안을 경험한 영아와 어머니

는 코르티솔 수준이 비정상적으로 높거나 낮게 나타나며, 이는 스트레스를 관리하기 위한 생리적 능력이 감소되었다는 것을 나타낸다.

임신 중 흡연, 출산 시 저체중, 출산 후 어머니의 불안과 낮은 사회경제적 지위와 같은 다른 위험요소들의 영향뿐만 아니라 임신 중 어머니의 정서적 스트레스는 불안, 짧은 주의집중, 분노, 공격성, 과잉행동, 낮은 지능점수를 포함한 아동기와 청소년기의 부정적인 행동 문제와 관련되어 있다(Coall et al., 2015; Monk, Georgieff, & Osterholm, 2013). 더불어 태아기의 영양결핍과 마찬가지로, 어머니의 스트레스 호르몬에 압도된 태아는 심혈관 질환 및 성인기의 당뇨병을 포함한 후기의 질병에 대한 감수성이 높아진다(Reynolds, 2013).

그러나 스트레스와 관련된 태내 합병증은 어머니에게 사회적인 지원을 제공할 수 있는 배우자와 다른 가족 구성원 및 친구가 있을 때 크게 감소한다(Bloom et al., 2013; Luecken et al., 2013). 사회적 지원과 긍정적인 임신 결과의 관계는 일상생활에서 심한 스트레스를 받는 저소득층 여성에게서 특히 강하다('사회적 이슈 : 건강' 글상자 참조).

어머니와 태아의 Rh 인자 불일치 어머니와 태아의 유전적인 혈액형이 다를 때 가끔 심각한 문제가 발생한다. 이 어려움의 가장 흔한 원인이 **Rh 인자 불일치**(Rh factor imcompatibility)이다. 어머니가 Rh 음성(Rh 혈액 단백질 부족)이고 아빠가 Rh 양성(Rh 혈액 단백질 있음)일 때 아기는 아빠의 Rh 양성을 물려받게 된다. 만일 적은 양의 태아의 Rh 양성 혈액이 태반을 거쳐 Rh 음성 어머니의 혈류에 들어가면 어머니는 이질적인 Rh 단백질에 대한 항체를 형성하기 시작한다. 또 이 항체가 태아에게 들어가면 항체가 태아의 적혈구를 파괴해 각 기관들과 조직에의 산소 공급이 줄어들게 된다. 그로 인해 지적장애, 유산, 심장 손상, 유아 사망이 발생할 수 있다.

어머니가 Rh 항체를 만들어내는 데 시간이 걸리기 때문에 첫아이는 거의 병에 걸리지 않는다. 그 뒤 임신이 될 때마다 위험이 증가한다. 다행스럽게도 Rh 불일치는 대부분의 경우 예방할 수 있다. Rh 양성 아기를 낳은 후에 Rh 음성 어머니가 항체의 축적을 막는 백신을 맞는 것이다.

어머니의 연령 제2장에서 우리는 30대와 40대가 될 때까지

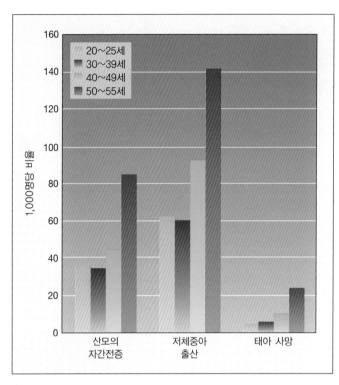

그림 3.4 어머니의 나이와 태내 및 출산 합병증의 연관성 합병증은 40세 이후의 어머니에게서 증가하며 어머니의 나이 50~55세 사이에 급격한 증가 양상을 보인다. 자간전증에 대한 설명을 참고하라(Salihu et al., 2003).

출산을 늦추는 여성은 불임, 유산, 염색체 이상의 위험이 증가한다는 것을 보았다. 그 밖의 임신 합병증도 나이 든 어머니에게서 더 흔한가? 연구들은 일관적으로 건강한 30대 여성의 경우 태내 합병증과 출산 합병증의 확률이 20대 여성과 대략 같다는 결과를 보여주고 있다. 그림 3.4에서 볼 수 있듯이 폐경기(월경의 끝)와 생식기의 노화로 인해 자연적으로 임신할 가능성이 거의 없는 50~55세 여성에게서 합병증 확률이 급격하게 증가한다(Salihu et al., 2003; Usta & Nassar, 2008).

10대 어머니의 경우 신체의 미성숙이 태내 합병증을 유발하는가? 10대에게서 태어난 신생아는 문제의 비율이 더 높지만, 어머니의 나이가 직접적인 영향을 미친 것은 아니다. 임신한 10대의 대부분은 스트레스를 받으며 영양이 부족하고 건강 문제를 갖고 있는 저소득층이다. 또한 대부분의 경우

살펴보기

학업성적과 사회적 적응을 저해할 수 있는 태아기 환경 요인을 기술해보라. 부모가 되기를 바라는 성인들에게 태내기 영향을 주는 각 요인들에 대해 알고 있는지 물어보라. 태내기에 대한 교육의 필요성은 얼마나 되는가?

사회적 이슈 : 건강

간호사-가족의 파트너십 : 사회적 지지를 통한 어머니의 스트레스 감소와 자녀의 발달

고교 중퇴 후 실업 상태에 대해 탐탁지 않아 하는 부모와 함께 사는 데니스는 17세의 나이에 타라를 낳았다. 임신 중 도움을 청할 사람이 없었기 때문에 데니스는 오랜 시간 동안 불안을 느꼈다. 타라는 조숙했고, 통제불가능하게 울었으며, 불규칙한 수면 패턴과 1년 내내 사소한 질병으로 고통 받았다. 타라가 학령기에 이르렀을 때 학업을 유지하는 데 어려움을 겪었으며, 선생님은 그녀를 산만하고 화가 나 있으며 가만히 있지 못하고 비협조적이라 설명했다.

현재 미국 43개 주와 6개의 부족 공동체, 미국령 버진 아일랜드 및 호주, 캐나다, 네덜란드, 영국 등 전 세계 수백 개의 자치주에서 시행되고 있는 간호사-가족 파트너십은 데니스와 같은 첫 출산, 저소득 산모를 위한 가정방문 복지 프로그램이다. 이 프로그램의 목표는 임신과 출산 합병증을 줄이고, 유능한 조기 양육을 증진하며, 아이들이 지속적인 적응상의 어려움을 겪지 않도록 가족 환경을 개선하는 것이다.

등록된 간호사는 임신 후 첫 1개월 동안 매주 2회, 임신기간과 두 번째 해의 중반까지 월 2회 방문하며, 2세까지 매월 1회 방문한다. 이러한 개입을 통해 간호사는 공감적인 듣기라는 집중적인 사회적 지원을 제공한다. 또한 건강 및 다른 공동체 서비스를 이용할 수 있도록 도와주고 고등학교를 마치고, 직업을 가지고, 가족의 미래계획에 참여하기도 한다.

이 프로그램의 효과성을 평가하기 위해 연구자들은 10대 임신, 빈곤 및 기타 부정적인 생활 조건으로 인한 높은 산전 스트레스 때문에 간호사 방문 서비스를 이용하는 위기에 처한 집단과 대조군으로 단순한 산전관리 혹은 산전관리와 발달 문제에 대한 영아 관리를 받는 집단의 대규모 샘플을 모집했다. 이 가족들은 한 실험에서 학령기부터 청소년기까지 추적 관찰되었다(Kitzman et al., 2010; Olds et al., 2004, 2007; Rubin et al., 2011).

간호사-가족 파트너십은 등록된 간호사가 첫 출산, 저소득 어머니들을 정기적으로 방문한다. 추적 관찰 연구에서 가정방문 어머니의 아이들은 대조군 집단의 아이들보다 인지, 정서, 사회적으로 보다 나은 발달을 나타냈다.

유치원에서 간호사-가족 파트너십 프로그램에 참여한 아이들은 언어와 지능점수에서 높은 점수를 받았다. 그리고 6세와 9세에 임신기간 동안 낮은 정신건강을 나타냈던 가정방문 어머니의 자녀들은 대조군 집단의 아이들보다 높은 학업 성취를 보였으며, 행동 문제가 적게 나타났다. 또한 아기의 출생부터 가정방문 어머니 집단은 보다 나은 삶을 살게 되었다. 이들은 출산 횟수가 적어졌고, 출산 간격이 길어졌으며, 아버지와의 접촉빈도가 높아졌고, 친밀한 파트너십이 안정적으로 나타났으며, 복지 서비스에 대한 의존이 낮아졌다. 또한 자녀의 발달을 보호하고 어머니의 스트레스를 감소시키는 그들 자신의 삶에 대한 통제력이 높아졌다. 이러한 이유로 가정방문 어머니의 청소년 자녀는 학업 성취에서 지속적인 우위를 나타냈고, 알코올 문제, 약물 사용이 대조군보다 낮은 것으로 보고되었다.

다른 연구 결과에 의하면 전문 간호사는 훈련받은 조무사보다 새로운 자극에 대한 영아의 공포와 지연된 심리적 발달을 포함한 산전 스트레스를 예방하는 데 더 효과적인 것으로 나타났다(Olds et al., 2002). 또한 전문 간호사는 각 가정이 직면한 강점과 문제에 적합하게 프로그램을 개별화하는 데 더 능숙했다. 그들은 또한 스트레스를 받는 어머니들의 관점에서 전문가로서의 고유한 적합성을 가지고 있었기 때문에 타라와 같은 발달적 문제들을 지속적으로 유발할 수 있는 임신 합병증을 줄이기 위한 조치를 취할 수 있도록 어머니들을 보다 쉽게 설득할 수 있었다.

간호사-가족 파트너십은 비용 면에서도 매우 효과적이다(Miller, 2015). 1달러를 쓰면, 임신합병증, 조산, 아동 및 청소년의 건강, 학습과 행동 문제에 대해 공공지출과 비교해 5배 이상을 절약할 수 있다.

의료시설을 찾기를 두려워한다. 미국에서는 오바마케어가 임신한 청소년을 위한 건강보험 가입을 크게 증가시켰지만, 모든 것을 보장해주지는 않는다.

산전 건강관리의 중요성

욜란다는 임신기간 동안 대부분의 사람들처럼 합병증이 나타나지 않았다. 그러나 산모에게 건강 문제가 있다면 예기치 않은 어려움이 나타날 수 있다. 예를 들어 당뇨병이 있는 5%의 임산부는 주의 깊은 모니터링이 필요하다. 당뇨병이 있는 어머니의 혈류에 여분의 당이 남아 있다면 태아가 평균보다 더 크게 성장하며, 임신과 출산 문제가 더 흔하게 발생할 수 있다. 어머니의 높은 혈당은 태아의 뇌 발달을 손상시킬 수 있다. 이는 영아기와 아동기 초기의 기억력과 학습 능력의 저하와 관련되어 있다(Riggins et al., 2009). 임산부의 5~10%가 경험하는 또 다른 합병증은 자간전증(독혈증이라고도 함)으로 임신 중반기에 급격한 혈압 상승과 얼굴 및 손발이 붓는

증상이 나타난다. 자간전증을 치료하지 않는다면 어머니는 경련을 일으키고 태아는 사망할 수 있다. 일반적으로 입원, 장기 요양, 약물로 혈압을 안전한 수준까지 낮출 수 있다(Vest & Cho, 2012). 그렇지 않으면 아이를 즉시 분만해야 한다.

불행히도 미국의 6% 산모는 첫 분기가 끝날 때까지 산전관리를 받기 위해 기다리거나 전혀 받지 못하고 있다. 적절하지 않은 관리는 청소년과 저소득층, 그리고 소수민족의 어머니들에게서는 흔한 일이다. 이들의 아기는 초기에 의료 처치를 받은 어머니의 아기에 비해 체중미달로 태어날 가능성이 3배, 사망할 가능성이 5배가 된다(Child Trends, 2015c). 저소득 임산부를 위한 정부 보조 의료 서비스는 확대되었지만 일부는 자격에 미달되거나 본인부담금을 내야 한다. 출산 합병증에서 다루겠지만, 호주, 캐나다, 일본 및 유럽의 국가들과 같이 저렴한 의료를 보편적으로 이용가능한 국가에서는 늦은 산전관리와 영아의 건강 문제가 크게 줄어들었다.

재정적인 어려움 외에도 산모가 조기 산전관리를 받지 못

배운 것 적용하기

건강한 임신을 위해 해야 할 것과 하지 말아야 할 것

해야 할 것	하지 말아야 할 것
임신하기 전에 풍진과 같이 배아와 태아에게 위험한 전염병을 예방하는 백신을 접종했는지 확인한다. 대부분의 백신은 임신기간에는 안전하지 않다.	의사와의 상의 없이는 어떠한 약물도 복용하지 않는다.
임신으로 의심이 되면 바로 의사를 찾아간다. 그리고 임신 내내 정기적인 의료 검진을 꾸준히 받는다.	흡연을 하지 않는다. 만일 흡연자라면 담배를 줄여야 하며 끊으면 더 좋다. 간접흡연을 피한다. 만일 가족 중 한 사람이 흡연자라면 담배를 끊거나 밖에서 필 것을 권한다.
균형 잡힌 식사를 하고 의사의 처방을 받은 비타민, 미네랄 등의 영양제를 임신 이전과 임신 동안에 복용한다. 11~14kg 정도 체중을 꾸준히 늘린다.	임신하기로 결심한 순간부터 술을 마시지 않는다.
적당한 운동을 통해 신체적으로 건강을 유지한다. 가능하다면 예비 어머니를 위한 운동 교실에 참여한다.	자라고 있는 유기체가 방사능이나 오염물질 같은 환경적 위험에 노출될 가능성이 있는 활동에 참가하지 않는다. 이러한 환경에서 근무하는 경우 보다 안전한 보직으로 변경이나 휴직을 요청한다.
정서적 스트레스를 피한다. 만일 미혼인 예비 어머니라면 정서적 지원에 도움이 되는 친구나 친척을 찾는다.	배아 혹은 태아를 톡소플라스마증과 같은 해로운 전염병에 노출시킬 수 있는 활동에 참여하지 않는다.
충분한 휴식을 취한다. 과로하는 어머니는 합병증의 위험이 있다.	임신기를 다이어트를 시작하는 기간으로 선택하지 않는다.
의사, 도서관, 서점에서 태내발달에 대한 관련 자료를 얻는다. 그리고 의사에게 걱정되는 것에 대해 묻는다.	임신 기간에 너무 많이 살이 찌지 않도록 한다. 과도한 체중은 합병증과 연관이 있다.
남편이나 친구와 함께 태교와 출산 교육에 관한 교실에 등록한다. 무엇을 기대할 수 있는지를 알 수 있다면 출산 전 9개월은 인생에서 가장 즐거운 기간이 될 수 있다.	

© MARK PETERSON/REDUX

출산을 앞둔 어머니들이 그룹 산전관리 회기에서 질문을 하고 있다. 임신기간에 문화적으로 특화된 보살핌을 받는 소수인종의 어머니들은 건강 지향적인 행동을 하도록 고무되고 더 건강한 아기를 낳을 수 있다.

하는 다른 이유가 있다. 이는 **상황에 따른 장벽**(의사를 찾기 어렵거나, 진료예약과 교통수단을 찾기 어려움), 개인적인 장벽(심리적 스트레스, 다른 자녀를 돌보아야 하는 상황, 임신에 대한 양가적 태도와 가족 위기) 때문이다. 또한 많은 여성들이 흡연과 약물 남용과 같은 고위험 행동을 하며 이러한 것을 의사들에게 알리고 싶지 않기 때문이다(Kitsantas, Gaffney, & Cheema, 2012). 대부분의 임신기간에 의료 처치를 받은 적이 없는 여성들이 어느 누구보다 의료 처치를 가장 필요로 하는 사람들이다!

분명한 것은 모든 임신한 여성을 위한 초기의 지속적인 산전 의료관리의 중요성에 대한 공교육이 반드시 필요하다는 것이다. 어리거나, 교육 수준이 낮거나, 저소득 혹은 스트레스를 받고 부적절한 산전관리를 받을 위험이 있는 여성들에게 진료예약을 하는 데 도움을 주고, 보육시설을 운영하며, 무료 혹은 저렴한 교통수단을 제공하기 위해 노력해야 한다.

문화적으로 민감한 건강관리도 매우 큰 도움이 된다. 그룹

묻고 대답하기

연관지어보기 제1장에서 배운 연구 설계를 바탕으로 마약과 공해와 같은 환경적 요인들이 태아기에 미치는 영향을 밝히는 것이 왜 어려운지 설명해보자.

적용해보기 첫 임신을 한 노라는 하루에 몇 개비의 담배와 1잔의 와인은 해롭지 않을 것이라 생각한다. 연구 결과들을 기반으로 노라에게 흡연과 음주를 하지 말아야 하는 이유를 설명해보자.

생각해보기 건강한 태아기 발달을 촉진하기 위한 캠페인을 홍보하기 위해 다섯 가지 환경적 영향을 선택해야 한다면 어떤 것을 선택할 것인가?

산전관리라고 불리는 방법은 건강검진 후 훈련된 리더가 소수민족의 임산부에게 그들의 언어로 실시되는 그룹토의 시간을 제공하고 중요한 건강 문제에 관해 이야기하도록 권장한다. 질문할 기회가 거의 없이 간략한 결과만 알 수 있는 일반적인 진료와 비교했을 때, 참가자들의 건강 증진 행동은 증가했으며, 미숙아 혹은 저체중 출산이 감소했다(Tandon et al., 2012). 산전 환경에 대한 지금까지의 논의를 바탕으로 건강한 임신을 위해 우리가 '해야 할 것과 하지 말아야 할 것'을 기술하고, 적용해보자.

출산

3.5 진통, 분만 그리고 신생아의 출생으로 이어지는 출산의 세 단계에 대해 알아보라.

욜란다와 제이는 아기가 태어나기 3개월 전에 나의 수업을 끝냈었지만, 자신들의 경험을 공유하기 위해 내 수업에 다시 참여하기로 했다. 생후 2주 된 조슈아가 함께 왔다. 욜란다와 제이의 이야기는 출산이 인간이 하는 경험 중 가장 극적이고 감동적인 사건 중 하나라는 것을 보여주었다. 제이는 욜란다가 진통을 하고 분만을 하는 내내 욜란다와 함께 있었다. 욜란다가 설명했다.

> 오전쯤 우리는 제가 진통 중이라는 걸 알게 되었어요. 그때가 목요일이어서 매주 있는 진료를 받으려고 평소처럼 병원에 갔어요. 의사가 하는 말이 "네, 아기가 나오려고 하는데, 좀 더 있어야 될 겁니다"라고 하는 거예요. 의사가 우리에게 집에 가서 휴식을 취하고 3~4시간 뒤에 병원에 다시 오라고 했어요. 우리는 오후 3시에 입원했고, 조슈아는 다음 날 오전 2시에 태어났어요. 드디어 제가 분만을 할 준비가 된 그때 30분 정도 빨리 분만을 시작한 거예요. 그리고 약간 힘주어 눌렀더니 조슈아가 있었어요! 조슈아의 얼굴은 빨갛고 불룩했고요. 머리는 이상하게 생겼었지만, 암튼 난 이렇게 생각했지요. "오오 너무 예쁘다. 아기가 정말 여기 있다니 믿을 수가 없어!"

또한 제이도 조슈아의 탄생으로 고무되었다. "굉장했죠, 믿을 수 없었어요. 아이를 보며 웃음을 짓지 않을 수 없었어요." 제이는 조슈아를 어깨에 받쳐들고 찬찬히 토닥여주며 입맞춤을 하면서 말했다. 이제 부모와 아기 양쪽 모두의 관점에서 출산 과정을 살펴보자.

출산 과정

출산이 흔히 고생(labor)으로 불리는 것은 놀라운 일이 아니다. 그것은 여성이 이제까지 했던 일 중에서 가장 힘든 육체적인 일이다. 어머니와 태아 사이의 복잡한 호르몬 변화로 인해 출산 과정이 시작되는데, 출산 과정은 자연스럽게 세 단계로 나뉜다(그림 3.5 참조).

1. 자궁경부의 확장과 소실. 이 시기는 가장 긴 분만 단계인데, 평균적으로 첫 출산은 12~14시간, 이후 출산은 4~6시간 지속된다. 자궁 근육의 수축이 점점 더 빈번해지고 강력해지면서, 자궁경부가 넓어지고 얇아져 결국 소실된다. 이것은 자궁에서 산도 혹은 질로 통하는 경로를 깨끗하게 해준다.

2. 아기를 분만하기. 이 단계는 가장 짧아서, 첫 출산은 약 50분 정도, 이후 출산은 20분 정도 지속된다. 강한 자궁 근육 수축이 계속되지만 어머니가 자신의 복부근육을 조이고 누르고자 하는 생리적 욕구를 느낀다. 어머니는 근육 수축에 따라 조이고 누르면서 아기를 밖으로 내보내려 한다.

3. 태반을 분만하기. 분만은 마지막 약간의 수축과 밀어냄으로 끝난다. 이 모든 과정이 태반이 자궁벽에서 떨어져 나가게 하며, 대략 5~10분 정도 소요된다.

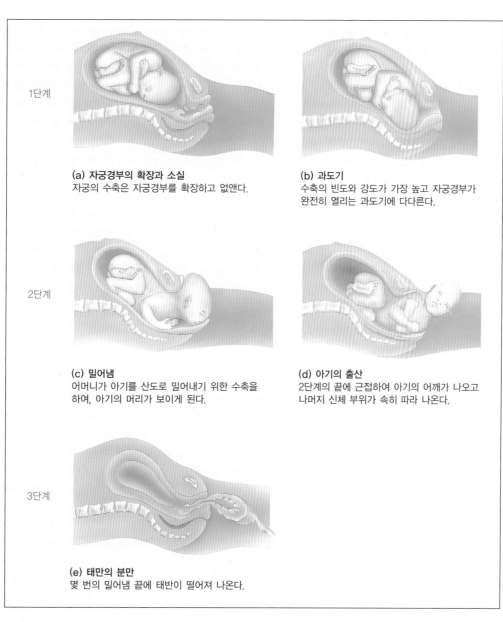

(a) 자궁경부의 확장과 소실
자궁의 수축은 자궁경부를 확장하고 없앤다.

(b) 과도기
수축의 빈도와 강도가 가장 높고 자궁경부가 완전히 열리는 과도기에 다다른다.

(c) 밀어냄
어머니가 아기를 산도로 밀어내기 위한 수축을 하여, 아기의 머리가 보이게 된다.

(d) 아기의 출산
2단계의 끝에 근접하여 아기의 어깨가 나오고 나머지 신체 부위가 속히 따라 나온다.

(e) 태만의 분만
몇 번의 밀어냄 끝에 태반이 떨어져 나온다.

그림 3.5 분만의 3단계

진통과 분만에 대한 아기의 적응

언뜻 보아 진통과 분만은 아기에게 위험한 시련으로 보인다. 강한 수축이 조슈아의 머리를 많이 압박하고, 태반과 탯줄을 반복적으로 쥐어짰다. 그때마다 조슈아에게 산소 공급이 일시적으로 감소했다. 다행스럽게도 건강한 아기는 이러한 외상을 잘 견뎌내도록 적절히 발달되어 있다. 수축의 힘은 아기의 스트레스 호르몬 수준이 높아지도록 한다. 임신기간과 달리 출생 시 스트레스로 인한 높은 수준의 코르티솔이나 다른 스트레스 호르몬은 적응적이다. 스트레스 호르몬은 아기의 뇌와 심장에 혈액을 풍부하게 공급해 산소 박탈을 견디도록 돕는다(Gluckman, Sizonenko, & Bassett, 1999). 또한 스트레스 호르몬은 폐에 남아 있는 액체를 흡수하고 기관지(폐로 향하는 관)를 확장해 효과적으로 숨을 쉴 수 있는 준비를 할 수 있게 한다. 마지막으로 스트레스 호르몬은 아기를 자극해 각성하게 만든다. 조슈아는 정신이 초롱초롱한 상태로 태어나 주변 세계와 상호작용할 준비가 되어 있었다.

신생아의 외양

부모들은 그들이 생각한 이야기책에서의 아기 이미지와 많이 다른 신생아를 보고 놀랄 때가 있다. 신생아는 평균 50cm, 체중이 약 3.4kg이다. 남아는 여아보다 약간 키가 더 크고 무거운 경향이 있다. 짧고 굽은 몸통과 다리에 비해 머리가 크다. 큰 머리(잘 발달된 뇌)와 작은 몸의 조합은 인간 영아가 인생의 첫 달에 빠르게 배운다는 것을 의미한다. 그러나 대부분의 다른 포유류들과 다르게 인간 아기는 훨씬 더 늦게까

잘 발달한 뇌를 포함하고 있는 신생아의 머리는 몸통과 다리보다 매우 크다. 이 신생아는 처음 몇 번의 호흡 후 피부가 분홍색이 되었다.

지 스스로 돌아다닐 수 없다.

신생아가 이상해 보일지는 몰라도 몇 가지 특징이 신생아를 매력적이게 한다(Luo, Li, & Lee, 2011). 둥근 얼굴, 통통한 볼, 넓은 이마, 큰 눈은 어른들이 아기를 들어 올려서 껴안고 싶은 느낌이 들게 한다.

신생아의 건강상태 평가 : 아프가 척도

자궁 안의 삶에서 자궁 밖의 삶으로 이행하는 것을 힘들어하는 아기는 그 즉시 특별한 도움을 받아야 한다. 신생아의 건강상태를 신속히 평가하기 위해 의사와 간호사는 **아프가 척도**(Apgar Scale)를 사용한다. 표 3.3에서 볼 수 있듯이 다섯 가지 특성 각각에 대해 0, 1, 2점으로 평정하는데, 출생 1분 후에 한 번, 5분 후에 다시 한 번 평정한다. 아프가 척도 점수가

표 3.3 아프가 척도

징후[a]	점수		
	0	1	2
심장박동수	없음	분당 100회 이하	분당 100~140회
호흡	60초 동안 호흡 없음	불규칙하고 얕은 호흡	강한 호흡과 울음
반사 흥분성(재채기, 기침, 얼굴 찡그림)	반응 없음	약한 반사 반응	강한 반사 반응
근 긴장도	완전히 늘어짐	팔과 다리의 약한 움직임	팔과 다리의 강한 움직임
피부 색깔[b]	몸통, 팔, 다리가 푸른색	몸통은 핑크빛이고 팔과 다리는 푸른색	몸통, 팔, 다리가 모두 분홍색

[a] 위의 징후들을 암기하기 위해 고유 명칭을 다음과 같이 다시 붙여 정리하면 도움이 될 것이다 : 피부 색깔=appearance; 심장박동수=pulse; 반사 흥분성=grimace; 근 긴장도=activity; 호흡=respiration. 이들의 첫 번째 철자를 이어 붙이면 'Apgar'가 된다.
[b] 백인이 아닌 아기의 피부 색깔은 '분홍색' 기준을 적용하기 힘들다. 하지만 어떤 인종의 신생아든 신체 조직을 지나는 산소의 흐름 때문에 연한 분홍색을 띠는 것은 사실이다.
출처 : Apgar, 1953.

7점 이상이면 아기가 좋은 건강상태에 있음을 나타낸다. 점수가 4~6점이면, 아기에게 호흡과 그 외에 혈압, 체온, 맥박을 안정시키기 위한 도움이 필요하다. 점수가 3점 이하면 아기가 심각한 위험에 놓여 있으며 응급 처치를 필요로 한다(Apgar, 1953). 어떤 아기들은 처음에는 적응을 힘들어하지만 몇 분 후에는 아주 잘 적응하기 때문에 일정 시간 간격을 두고 두 번의 평가가 이루어진다.

출산 방법

3.6 자연출산과 가정분만을 기술하고 각 방법의 장점과 고려해야 할 점에 대해 알아보라.

출산 과정은 가족의 삶의 다른 측면처럼 문화의 영향력이 크다. 많은 부족사회에서 예비 어머니는 출산 과정을 잘 알고 있다. 예를 들어 남아메리카에 있는 자라라족과 태평양제도에 있는 푸카푸카족은 출산을 일상생활의 필수적인 부분으로 간주한다. 자라라의 어머니는 어린아이를 포함한 전체 공동체가 보이는 곳에서 아이를 낳는다. 푸카푸카 소녀에게는 진통과 분만과 같은 일이 너무 친숙해서 일종의 놀이로 보일 수 있다. 뱃속의 아기를 표현하기 위해 코코넛을 옷 안에 집어넣고, 아기를 낳으려고 애쓰는 어머니의 모습을 따라 하며, 그리고 적절한 시점에 코코넛을 떨어뜨린다. 아직 산업화되지 않은 대부분의 문화에서 여성은 출산 과정 동안 의료인이 아닌 사람들에게 도움을 받는다. 시에라리온의 멘데 지역에서는 촌장이 지명한 산파가 진통 중에 빠른 출산을 위해 출산 전후 산모를 방문해 복부마사지와 쪼그려 앉는 자세를 도와주는 것과 같은 전통적인 출산 과정에서 행해지는 방법들을 연습하고 또 조언해준다(Dorwie & Pacquiao, 2014).

서구 국가의 출산은 지난 세기 동안 급격히 변화했다. 1800년대 후기 이전까지 출산은 대개 집에서 이루어졌고 가족 중심의 행사였다. 산업화가 진행되면서 도시에 인구가 밀집하고 새로운 건강 문제들이 발생했다. 결과적으로 산모와 아이의 건강을 보호할 수 있도록 출산은 집에서 병원으로 옮겨졌다. 의사가 출산의 책임을 지게 되면서 출산에 대한 여성의 지식이 줄게 되었고 친척과 친구들이 출산에 참여하는 것은 더 이상 환영받지 못하게 되었다(Borst, 1995).

1950년대와 1960년대쯤 여성은 진통과 분만 동안에 일상적으로 사용하게 되는 의료절차에 대해 궁금해하기 시작했

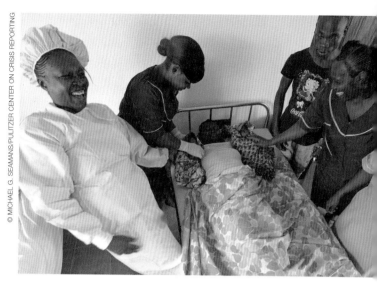

시에라리온에서 쌍생아를 출산한 어머니가 편하게 휴식을 취하고 있다. 어머니는 인근의 분만 보조자의 도움을 받으며 자신의 첫 번째 쌍생아를 가정에서 출산했다. 합병증상이 나타난 후 분만 보조자는 어머니를 의료기관에 인계했고 그곳에서 어머니는 의료진과 분만 보조자의 도움으로 두 번째 쌍생아를 출산했다. 문화에 따라 출산 과정도 달라진다.

다. 많은 사람들은 강한 약물과 분만 도구의 일상적인 사용이 그들에게서 소중한 경험을 빼앗아 가고, 아기에게 필수적이거나 안전한 것이 아니라고 느끼게 되었다. 점차적으로 자연분만 운동이 유럽에서 일어나기 시작했고 그것은 북미까지 퍼졌다. 자연분만 운동의 목적은 병원에서의 출산을 가능한 안락하고 어머니에게 보람된 경험이 되도록 하자는 것이다. 오늘날, 대부분의 병원이 가족이 중심이 되는 내 집 같은 분위기의 분만 센터를 제공하고 있다. 독립 분만 센터는 분만에 대해 어머니가 선택할 수 있도록 하는데, 원하는 분만 자세, 가족 구성원이나 친구와 함께할 것인지, 부모와 아기가 처음에 접촉을 할 것인지와 같은 것에 대해 선택할 수 있다. 일부 북미 여성들은 기관에서의 분만을 전적으로 거부하고 집에서의 분만을 선택하고 있다.

자연분만 혹은 준비된 분만

욜란다와 제이는 고통과 의료의 개입을 줄이고 분만을 가능한 보람된 경험으로 만드는 것을 목표로 하는 **자연분만**(natural childbirth) 혹은 **준비된 분만**(prepared childbirth)을 택했다. 대부분의 자연분만 프로그램은 영국의 그랜틀리 딕-리드(Grantly Dick-Read, 1959)와 프랑스의 페르낭 라마즈(Fernand Lamaze, 1958)에 의해 개발된 방법을 가장 많이 이용한다. 이 두 의사는 문화적 태도가 여성이 출산을 두려워하게끔 만들었다고 생각했다. 분만 중인 여성이 불안해하고

두려움에 떨면 근육이 긴장되어 때로 강한 수축을 동반하는 가벼운 통증이 심한 통증으로 바뀐다.

일반적인 자연분만 프로그램에서 임산부와 동반자(배우자, 친척 또는 친구)는 세 가지 활동에 참여한다.

- 수업. 욜란다와 제이는 진통과 분만의 해부학과 생리학에 대한 수업을 들었다. 출산 과정에 대한 지식이 어머니의 고통을 줄여준다.
- 이완과 호흡 기법. 각 수업에서 욜란다는 자궁 수축의 고통을 상쇄시켜 주는 이완 운동과 호흡 운동을 배웠다.
- 분만 코치. 제이는 욜란다가 출산을 하는 동안 욜란다가 이완하고 숨쉬는 것을 상기시켜 주는 것, 등의 긴장을 풀어주는 것, 몸을 받쳐주는 것, 격려와 애정이 담긴 말을 해주는 것으로 욜란다를 돕는 방법을 배웠다. 사회적 지원은 자연분만기술이 성공하는 데 중요한 부분이다.

분만을 하는 동안 일상적으로 환자를 고립시키는 과테말라와 미국의 병원에서, 몇몇 임산부들은 진통과 분만 과정 내내 자신의 옆에서 어머니와 이야기하고, 손을 잡아주며, 이완을 돕기 위해 등을 만져주는 둘라(doula, 그리스어로 훈련받은 간병인의 의미)를 무작위로 배정받았다. 둘라를 배정받은 산모들은 배정받지 못한 산모들보다 출산 합병증이 더 적고 진통이 더 짧았다. 또한 지원를 받은 과테말라 어머니들은 분만 후에 아기와 이야기하고, 아기에게 미소 짓고, 아기를 부드럽게 어루만졌다(Kennell et al., 1991; Sosa et al., 1980).

다른 연구에서는 둘라 훈련을 받은 친구 혹은 친척, 또는 산파에게 진통과 분만 중 도움을 받은 산모들이 기구의 도움이나 제왕절개 혹은 통증조절을 위한 투약을 덜 이용했다. 또한 아이의 아프가 점수가 더 높았으며, 2개월간의 추적 관찰을 통해 모유수유를 더 많이 하는 것으로 나타났다(Campbell et al., 2006, 2007; Hodnett et al., 2012; McGrath & Kennell, 2008). 또한 사회적 지원으로 인해 출산 시 가족과 공동체 구성원들로부터 도움을 받는 것이 관습적인 지역의 여성들이 서양의 병원 출산 문화를 더 잘 받아들일 수 있다.

가정분만

가정분만은 영국, 네덜란드, 스웨덴과 같이 산업화된 국가에서 항상 인기가 있었다. 북미 여성 중 집에서 아기를 낳고자 하는 여성의 수는 1970~1980년대 사이에 증가했지만, 그럼

가정에서의 출산 후 산파와 분만 보조자가 어머니를 돕고 있다. 건강한 여성의 경우 산파와 의사에 의해 잘 감독된다면 가정에서의 출산도 병원에서의 출산만큼 안전하다.

에도 불구하고 약 1%로 적은 비율이다(Martin et al., 2015). 가정분만은 어느 정도 의사가 하기도 하지만 간호 조산원에 의해 더 많이 이루어지는데, 간호 조산원은 간호학 분야의 학위를 취득한 후 추가로 조산 분야의 전문교육을 받고 자격증을 취득한 사람이다.

집에서 출산하는 것이 병원에서 하는 것처럼 안전할까? 건강한 여성의 경우 잘 훈련받은 의사나 조산사의 도움을 받았을 때 합병증이 거의 발생하지 않기 때문에 안전한 것으로 판단된다(Cheyney et al., 2014). 그러나 만일 의사나 조산원이 완벽하게 훈련받지 않고 응급상황을 처리할 준비가 되어 있지 않다면 영아가 사망하는 비율이 높다(Grünebaum et al., 2015). 또한 어머니가 합병증의 위험이 있을 때 진통과 분만에 적절한 장소는 생명을 구하는 치료가 가능한 병원이다.

의료 개입

3.7 출산 중 일반적인 의료 개입, 이러한 의료 개입이 필요한 시점, 그리고 각 상황과 관련된 위험성에 대해 알아보라.

네 살이 된 멜린다는 절뚝대고 뒤뚱거리며 걷고, 균형을 유지하는 것을 힘들어한다. 멜린다는 출생 전이나 출생 과정

혹은 출생 직후의 뇌손상으로 인해 생긴 근육 협응의 여러 가지 손상을 총칭하는 **뇌성마비**를 갖고 있다. 미국인 500명 중 1명은 뇌성마비가 있다. 멜린다는 진통과 분만 중에 **산소 결핍증**(anoxia) 혹은 불충분한 산소 공급 때문에 뇌손상이 생긴 10%의 뇌성마비 아동 중 한 명이다(Clark, Ghulmiyyah, & Hankins, 2008; McIntyre et al., 2013). 멜린다는 엉덩이 혹은 발을 밑으로 하고 있는 **둔위 자세**(breech position)를 하고 있었고, 탯줄이 목을 감고 있었다. 멜린다의 어머니는 우발적으로 임신했기 때문에 두려웠고 혼자였다. 때문에 마지막 몇 분을 남겨두고 병원을 찾아왔다. 멜린다의 어머니가 병원에 일찍 찾아왔더라면, 의사가 멜린다의 상태를 보고 멜린다를 괴롭게 조이는 탯줄을 즉시 외과적으로 처리했을 것이고, 그렇게 함으로써 멜린다의 뇌손상을 줄이거나 혹은 뇌손상을 처음부터 막을 수 있었을 것이다.

멜린다와 같은 경우, 의료 개입이 분명히 정당화된다. 그러나 다른 경우에 의료 개입은 분만을 방해하고 심지어 새로운 위험성을 지닐 수 있다. 다음 부분에서 분만 과정에 일반적으로 사용되는 몇 가지 의료 처치에 대해 살펴볼 것이다.

태아 모니터링

태아 모니터(fetal monitors)는 분만되는 동안 태아의 심장박동을 확인하는 전기 장치이다. 비정상적인 심장박동은 아기가 산소결핍 때문에 괴로워하고 있으며 아기가 그 즉시 분만되어야 함을 나타낸다. 미국에 있는 대부분의 병원들은 태아 모니터링 장치를 사용하고 있으며, 미국인 85% 이상이 출산 중 태아 모니터를 사용한다(Ananth et al., 2013). 가장 많이 사용되는 모니터링 장치는 분만하는 내내 어머니의 배에 기록 장치를 부착하는 유형이다. 두 번째는 더 정확한 방법으로, 자궁경부를 통해 아기의 두피 바로 아래 기록 장치를 놓는 방법이다.

태아 모니터링은 고위험 상황에 있는 많은 아기의 생명을 구한 안전한 의료적 처치다. 하지만 건강한 임신의 경우에는 태아 모니터링이 이미 낮은 뇌손상과 영아 사망의 비율을 더 줄이지는 않는다. 게다가 대부분의 유아는 분만되는 동안에 비정상적인 심장박동을 보이므로, 비판적인 사람들은 사실상 태아 모니터링 장치가 위험에 빠지지 않은 많은 아기를 위험한 것으로 잘못 인식할 수 있을 것이라고 우려한다. 태아 모니터링은 우리가 앞으로 간단히 논의할 제왕절개술 횟수의 증가와 관련이 있다(Alfirevic, Devane, & Gyte, 2013). 더구나 몇 여성들은 감시 장치가 불편하고 몸을 편하게 움직이지 못하게 하며 정상적인 분만 과정을 방해한다고 불평한다.

그러나 미국에서는 태아 모니터링이 불필요하더라도 일상적으로 사용될 것이다. 태아 모니터링을 사용하지 않는다면 유아가 사망하거나 문제를 가지고 태어날 경우 의료과실로 고소를 당했을 때 아이를 보호하기 위한 모든 조치를 취했다는 것을 보여줄 수 없기 때문이다.

진통과 분만 시 약물의 사용

80% 이상의 북미 사람들이 분만 시 몇 가지 약물을 사용한다(Declercq et al., 2014). 통증을 경감시키는 데 사용되는 **진통제**는 분만 도중 산모가 긴장을 푸는 것을 돕기 위한 강도가 세지 않은 약이다. **마취제**는 감각을 상실시키는 가장 강한 종류의 진통제이다. 현재 분만 중에 통증을 조절하기 위해 가장 흔하게 사용되는 방법은 **경막 외 진통법**인데, 이것은 하부 척추에 있는 작은 공간에 도관을 통과시켜 지속적으로 국소 진통제를 놓는 방법이다. 몸의 하부 전체가 감각을 잃는 척추 신경근 차단 처치와 다르게, 경막 외 진통법은 고통 감소가 허리 부분으로 제한된다. 산모가 수축하는 힘을 느끼고 자신의 몸통과 다리를 움직일 수 있는 능력을 계속 유지하기 때문에 분만 2단계 동안에 밀어낼 수 있다.

진통제는 여성이 분만을 할 때 도움을 주고, 의사가 필수적인 의료 개입을 할 수 있도록 하지만, 문제도 일으킬 수 있다. 예를 들어 경막 외 진통법은 자궁 수축을 약화시킨다. 결과로 분만 시간이 길어지며 도구를 사용하는 분만 혹은 제왕절개 시술을 증가시킨다. 그리고 약물이 태반을 빠르게 지나가기 때문에 신생아는 호흡곤란의 위험에 노출될 수 있다(Kumar et al., 2014). 또한 아프가 점수가 낮고, 느리고 수줍어하고, 젖을 잘 빨지 못하며, 깨어 있을 때 예민해지는 경향이 있다(Eltzschig, Lieberman, & Camann, 2003; Platt, 2014). 비록 발달에 지속적인 영향을 미치는 결과는 없지만 신생아 적응에 미치는 부정적인 영향으로 인해 현재는 약물 사용을 제한하는 경향이 있다.

제왕절개

제왕절개(cesarean delivery)는 수술에 의한 분만으로, 의사가 산모의 배를 절개해 아기를 자궁 밖으로 끌어내는 것이다. 40년 전에는 제왕절개가 드물었다. 그 이후 제왕절개율은 전 세계적으로 증가해, 핀란드 16%, 뉴질랜드 24%, 캐나다 26%, 호주 31%, 미국에서는 33%에 이른다(Martin et al., 2015; OECD, 2013b).

제왕절개는 Rh 불일치, 자궁 내 태반의 조기 분리, 산모의 심각한 질병이나 감염(예 : 자연분만 동안 아기에게 감염될 수 있는 단순포진 제2형 바이러스)처럼 항상 의학적 응급상황에서 실시되고 있다. 제왕절개는 또한 둔위 출산일 때 실시되는데, 둔위 출산의 경우 아기는 머리 손상이나 산소결핍(멜린다의 사례처럼)의 위험이 있다. 그러나 아기의 정확한 자세에 따라 차이가 나며, 어떤 둔위 자세의 아기는 제왕절개뿐만 아니라 정상 분만도 잘될 수 있다(Vistad et al., 2013). 의사가 분만 초기 동안에 머리가 아래로 향하게 천천히 아기의 위치를 바꿀 수 있는 경우가 종종 있다.

최근까지, 한 번 제왕절개를 했던 많은 여성들은 다음 임신 때 자연분만을 할 것인지 선택할 수 있었다. 그러나 새로운 증거들은 반복해서 제왕절개를 한 경우와 비교했을 때, 제왕절개 분만 후의 자연분만이 자궁 파열과 태아 사망 증가율과 약간 관련이 있음을 보여주고 있다(Hunter, 2014). 결과적으로, '일단 제왕절개를 하면, 항상 제왕절개를 해야 한다'는 규칙이 다시 적용되고 있다.

그러나 반복된 제왕절개가 전 세계적인 제왕절개 출산의 증가를 설명하지는 못한다. 그보다는 분만에 대한 의료적 통제가 제왕절개 출산이 증가하고 있는 현상의 상당 부분을 설명해준다. 필요 없이 많은 제왕절개가 실시되기 때문에, 산모는 의사를 선택하기 전에 분만 절차에 대해 질문을 해야 마땅하다. 비록 수술 자체가 안전하다 하더라도, 수술을 하면 산모와 아기가 회복하는 데 더 많은 시간이 필요하다. 마취제가 태반을 통과해 신생아를 잠들게 하고 둔감하게 만들며, 가장 위험한 경우는 호흡을 어렵게 만들 수도 있다(Ramachandrappa & Jain, 2008).

묻고 대답하기

연관지어보기 자연분만은 어떻게 부모와 신생아의 관계에 긍정적인 영향을 미치는가? 생태학적 체계 이론에서 강조한 부모와 자녀 사이의 상호작용을 바탕으로 설명해보라.

적용해보기 담배를 많이 피우는 사론이 진통을 느껴 병원에 도착했다. 이 장에서 논의되었던 의사가 사용할 수 있는 정당한 의료적 개입 방법에는 어떤 것이 있는가?(92~93쪽의 흡연의 영향을 참고해 답하라.)

생각해보기 만약 여러분이 예비 부모라면 가정분만을 선택할 것인가? 왜 선택했는지 혹은 왜 선택하지 않았는지 답해보자.

조산과 저체중

3.8 조산 및 저체중과 관련된 위험을 기술하고 효과적인 개입방법에 대해 알아보라.

임신 만 38주가 되기 3주 전이나 그 이상 일찍 태어나는 아기 혹은 체중이 2,500g 이하인 아기들은 오랫동안 '미숙아'라고 불렸다. 많은 연구들에 따르면 미숙아들이 많은 위험에 노출되어 있다고 보고하고 있다. 출생 시의 체중이 영아의 생존과 건강한 발달에 가장 유용한 지표이다. 1,500g 이하의 많은 신생아들은 극복할 수 없는 문제를 경험하며, 출생 시의 체중이 더 가벼울수록 그 영향은 더 강력해진다(그림 3.6 참조)(Bolisetty et al., 2006; Wilson-Ching et al., 2013). 뇌의 이상, 신체 발달 지연, 잦은 병치레, 감각 손상, 열악한 운동협응 능력, 과잉활동, 언어 지연, 낮은 지능검사 점수, 학습 부진, 그리고 정서와 행동상의 문제는 아동기와 청소년기 동안 지속되고 성인기까지 계속된다(Hutchinson et al., 2013; Lawn et al., 2014; Lemola, 2015).

미국에서는 영아들의 약 11%가 조산이고 8%가 저체중으로 태어난다. 이 두 위협은 예기치 않게 갑자기 그리고 동시에 발생할 수 있다. 더불어 이러한 문제들은 빈곤한 여성들

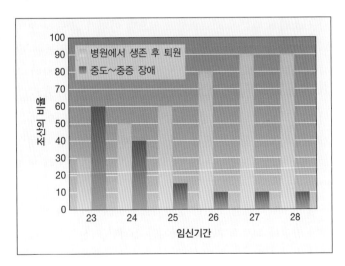

그림 3.6 임신기간에 따른 아기의 생존율과 아동의 장애 23~28주 사이에 태어난 2,300명의 아기를 추적 연구한 결과 임신기간이 짧을수록 아기의 생존율은 낮아지고 중도 혹은 중증의 장애(취학 전년에 측정)가 있을 가능성은 커지는 것으로 나타났다. 중증 장애에는 뇌성마비(걷지 못함), 심각한 정신발달 지연, 청각장애, 시각장애 등이 포함된다. 중도 장애에는 뇌성마비(도움을 받아 걸을 수 있음), 심각하지 않은 정신발달 지연, 보청기에 의해 교정 가능한 청각 결함 등이 포함된다(Bolisetty et al., 2006).

에게서 가장 높게 나타난다(Martin et al., 2015). 앞서 언급한 바와 같이 이러한 어머니들은 영양실조에 걸리고 또 다른 위험한 환경 영향에 노출되기가 더 쉽다. 더불어 적절한 산전 관리를 받지 못할 가능성이 높다.

미숙아가 쌍생아에게서 더 자주 나타난다는 제2장의 내용을 상기하라. 두 쌍생아의 55%, 세 쌍생아의 90%가 조산이며 저체중으로 태어난다(Martin et al., 2015). 이는 자궁 내 공간이 제한되어 있기 때문에, 임신 후반기에 단일 태아보다 체중이 덜 증가한다.

조산과 미숙

저체중 아기가 건강한 발달에 장애가 되는 많은 난관에 직면하나, 대부분은 정상적인 삶을 살아가게 된다. 임신 23~24주에 태어난 450g밖에 안 되는 아이들의 절반은 아무런 결함이 없다(그림 3.6을 다시 보라). 왜 일부 아기들은 다른 아기들보다 더 나은지를 보다 잘 이해하기 위해, 연구자들은 이들을 두 집단으로 나누었다. **조산아**(preterm infant)는 예정된 날보다 몇 주 이상 일찍 태어나는 아기들이다. 비록 이들은 작긴 하지만, 이 아기들의 몸무게는 자궁에서 보낸 시간의 양과 일치한다. **미숙아**(small-for-date infant)는 임신기간을 고려했을 때 체중이 미달이다. 일부 미숙아들은 실제로 자궁에서 충분한 시간을 보냈다(full-term). 다른 일부 미숙아들은 저체중인 조산아이다.

미숙아 중 조산인 미숙아가 보통 더 심각한 문제를 가진다. 첫해 동안 사망 가능성이 높고, 감염될 가능성이 크며, 또 뇌손상의 증거를 보일 가능성이 높다. 아동 중기에는 대개 키가 작고, 낮은 지능검사 점수를 보이며, 주의력이 부족하며, 학교에서의 학업 성취 수행이 낮고, 사회적으로 미성숙하다(Katz et al., 2013; Sullivan et al., 2008; Wilson-Ching et al., 2013). 미숙아들은 출생 전 적절하지 않은 영양섭취를 했을 가능성이 높다. 어머니가 적절하게 먹지 못했거나, 태반이 정상적으로 기능하지 못했거나, 또는 아기 스스로 정상적인 성장을 방해하는 결함을 가졌을 가능성이 있다. 결과적으로 미숙아들은 스트레스를 조절하는 능력을 영구적으로 취약하게 만드는 태내기의 신경학적 손상으로 고통 받을 가능성이 특히 높다(Osterholm, Hostinar, & Gunnar, 2012). 심각한 스트레스는 이후 신체적·정신적 건강 문제의 감수성을 높이는 것을 기억하라.

임신기간에 적합한 몸무게를 가진 조산아들도 7~14일(34주부터 35주 혹은 36주) 이후에 태어난다면, 질병비율과 의료적 개입에 드는 비용과 입원비용들을 줄일 수 있다(물론 정상적으로 태어나는 아이들보다 더 많은 의료적 개입이 필요하다)(Ananth, Friedman, & Gyamfi-Bannerman, 2013). 상대적으로 장애의 위험이 적은 34주 차의 조산은 평균 이하의 신체 발달, 아동기 초기와 중기에 경도에서 중도의 인지발달 지연이 나타난다(Morse et al., 2009; Stephens & Vohr, 2009). 120,000건의 뉴욕시 출생을 조사한 결과 1~2주 일찍 태어난 아이들이 어머니의 뱃속에서 충분한 시간을 보낸 아이들보다 3학년의 읽기와 수학 점수가 미세하게 낮은 것으로 나타났다(Noble et al., 2012). 이러한 결과는 출생 체중과 사회경제적 지위와 같은 성취와 관련된 다른 요인들을 통제한 후에도 동일하게 나타났다. 그러나 의사들은 아기들이 발달적으로 성숙했다는 잘못된 생각으로 몇 주 앞당겨 조기출산을 시도하기도 한다.

양육에 따른 결과

여러분의 손 크기만큼밖에 안 되는 앙상하고 피골이 상접한 아기를 상상해보라. 여러분은 아기를 쓰다듬으면서 부드럽게 말을 걸며 아기와 놀아주려 하지만, 아기는 잠만 자고 반응이 없다. 여러분이 아기에게 우유를 먹일 때, 아기는 잘 빨지 못한다. 아기는 잠시 잠깐 깨어 있는 동안에도 대개는 칭얼댄다.

조산아의 외모와 행동은 부모로 하여금 아기를 돌볼 때 덜 민감하고 덜 반응하게 만든다. 만숙아와 비교해서, 조산아, 특히 출생 시 매우 건강이 안 좋았던 아픈 조산아에게는 덜 가까이 하고, 덜 어루만지며, 말을 덜 걸게 된다. 때때로 조산아의 어머니들은 아기에게서 더 많은 반응을 끌어내기 위해 콕콕 찌르거나 말로 요구하기도 한다(Feldman, 2007; Forcada-Guex et al., 2006). 이것은 왜 조산아가 아동학대의 위험에 있는지를 설명해줄 수 있다.

연구에 따르면 스트레스를 받고 정서적으로 반응이 없는 조산아는 양육의 질에 영향을 받기 쉽다. 9개월 된 조산아 표본에서 영아의 부정성과 분노 혹은 지시적 양육의 연합은 2세의 높은 행동 문제를 나타냈다. 그러나 따뜻하고 민감한 양육은 스트레스를 받는 조산아들의 행동 문제를 낮추는 것으로 나타났다(Poehlmann et al., 2011). 풍부한 영양섭취, 건강 관리와 양육을 제공할 수 없는 고립된 빈곤층 어머니에게서 태어날 때 좋지 않은 결과가 나타날 가능성이 증가한다. 반대로, 안정된 생활 환경과 사회적 지원을 받는 부모는 대개 조산아를 양육하는 스트레스를 극복할 수 있다(Ment et al., 2003). 이런 경우, 아픈 조산아들조차 중기 아동기 무렵에는 발달을 따라잡을 기회를 가지게 된다.

이러한 결과들은 조산아가 얼마나 잘 발달할 것인가는 부모와 아이 간의 관계에 따라 크게 달라진다는 것을 시사한다. 결과적으로 부모와 아이 양측을 지원하는 개입이 조산아의 발달에 더 도움이 될 것이다.

조산아에 대한 개입

조산아는 격리실이라 불리는 특수한 플렉시 유리로 덮인 침대에서 치료된다. 이들은 자신의 체온을 효과적으로 조절할 수 없기 때문에 이곳에서 온도가 조절된다. 아기를 감염으로부터 보호하기 위해 공기가 격리실로 들어가기 전에 정화된다. 조산아가 인공호흡장치를 사용해 호흡하고, 위에 관을 삽입해 우유를 먹고, 정맥주사를 이용해 약물치료를 받을 때, 격리실은 실제로 아주 고립된 곳이 될 수 있다! 친밀한 접촉과 다른 사람과의 자극을 유발할 수 있었을 신체적 욕구가 기계를 통해 충족되는 것이다.

영아에게 특별한 자극 주기 적절하게만 한다면 어떤 종류의 자극은 조산아의 발달을 도울 수 있다. 어떤 집중치료실에서는, 어머니의 자궁에 있는 동안 경험했을 적당한 움직임을 대신하기 위해 고안된 물침대나 해먹에 조산아를 넣고 살살 흔들거나, 빠른 체중 증가, 보다 안정적인 수면 패턴, 그리고 각성 상태를 촉진하는 부드러운 음악을 들려주기도 한다(Arnon et al., 2006; Marshall-Baker, Lickliter, & Cooper, 1998). 한 실험에서 출생 전 25~32주 사이에 태어난 조산아들에게 어머니의 목소리 혹은 심장박동 소리와 일상적인 병원의 소음을 하루에 몇 시간 동안 노출시켰다. 생후 1개월에 초음파 검사를 한 결과 어머니의 소리를 들은 그룹에서 뇌 청각 영역의 현저한 성장을 확인했다(그림 3.7 참조)(Webb et al., 2015). 예측할 수 없는 병원장비들의 소리와 달리 익숙하고 리드미컬한 어머니의 소리가 뇌의 발달을 촉진한 것으로 볼 수 있다.

아기 동물의 경우, 피부 접촉이 신체 성장을 촉진하는 뇌의 화학물질을 방출하는데, 그 효과가 인간에게서도 나타나는 것으로 보인다. 조산아를 병원에서 하루에 수 차례씩 마사지를 해주면 체중이 더 빨리 증가하고, 1년쯤 되면 이러한 자극을 받지 않은 조산아보다 정신과 운동 발달에서 앞선다

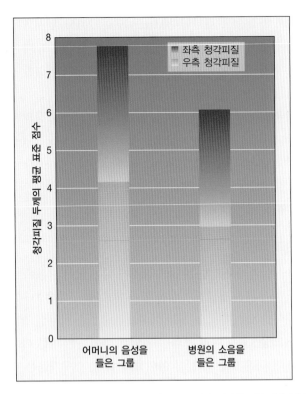

그림 3.7 어머니의 음성과 심장박동을 듣는 것이 심각한 미숙아의 뇌 발달을 돕는다 25~32주 사이에 태어난 아기 중 일부에게는 어머니의 음성이나 심장박동 녹음을 하루에 몇 시간씩 들려주고 나머지 아기들은 병원의 일상적이고 패턴 없는 소음에만 노출시켰다. 초음파 측정 결과 몇 달 동안 집중치료실에서 어머니의 소리에 노출된 아기들은 병원 소음에 노출된 아기들과는 달리 양측 청각피질이 매우 두꺼워진 것으로 나타났다. 이 연구는 효과적인 의료 개입에 대해 시사할 뿐 아니라 태내에서도 어머니의 부드럽고 리듬감 있는 목소리가 아기의 뇌 발달에 도움을 줄 것이라고 제안한다(Webb et al., 2015).

(Field, 2001; Field, Hernandez-Reif, & Freedman, 2004).

의료 서비스를 언제나 받을 수 없는 개발도상국의 경우, 피부 대 피부 '캥거루 케어'는 조산아의 생존과 회복을 위해 가장 쉽게 효과를 볼 수 있는 개입이다. 이것은 부모의 몸이 인간 인큐베이터 역할을 하도록 어머니의 가슴 사이 혹은 아버지의 가슴(부모의 옷 안에)에 아기를 수직으로 위치시키는 것이다. 신체적·심리적 이점이 많기 때문에, 캥거루 케어 기법은 병원의 집중 케어 대체방법으로 서양에서도 자주 사용된다.

캥거루 피부 대 피부 접촉은 아기 몸에 산소 공급, 체온 조절, 수면, 모유수유, 체중 증가, 그리고 영아 생존을 촉진한다(Conde-Agudelo, Belizan, & Diaz-Rossello, 2011; Kaffashi et al., 2013). 게다가 캥거루 위치는 아기에게 모든 감각 양상, 즉 청각(부모의 목소리를 통해), 후각(부모의 신체와 근접성을 통해), 촉각(피부 대 피부 접촉을 통해), 시각(위쪽을 향한 위치를 통해)에 적당한 자극을 준다. 캥거루 케어 훈련을 받

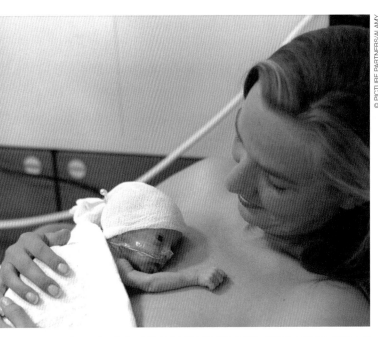

서구 국가들에서는 병원의 집중적인 치료를 보완하는 방법으로 '캥거루 케어'를 이용한다. 이 미국인 어머니는 의료적 도움이 필요한 허약한 신생아를 돌보고 있다.

은 어머니와 아버지들은 연약한 자신의 아기를 돌보는 데 더 자신감을 가지며 아기에게 더 민감하고 더 친밀감을 느낀다(Dodd, 2005; Feldman, 2007).

이런 요인들 모두가 생후 초기 몇 주 동안 캥거루 케어를 받은 조산아들이 적게 혹은 전혀 받지 않은 조산아들에 비해서 첫 1년 동안 정신과 운동발달 측정에서 더 높은 점수를 받고 새로운 장난감을 탐색하는 활동이 더 많은 이유를 설명해준다(Bera et al., 2014; Feldman, 2007). 10세까지 조산아들을 추적한 연구에서 일치된 대조군과 비교하여, 캥거루 양육을 받은 아이들은 스트레스 반응의 코르티솔이 적응적이며, 일관된 수면 패턴, 긍정적인 어머니-자녀 상호작용, 그리고 인지발달이 강화되는 것으로 나타났다(Feldman, Rosenthal, & Eidelman, 2014). 이와 같은 수많은 장점으로 미국 병원의 보육병동에서는 부모와 조산아에게 캥거루 케어를 제공하고 있다.

부모에게 양육기술 훈련시키기 조산아의 부모를 지원하는 개입은 일반적으로 영아의 특성에 대해 가르치고 양육기술을 알려주는 것이다. 조산아를 돌볼 수 있는 경제적 자원과 인적 자원을 가진 부모의 경우, 부모와 영아의 상호작용을 강화하는 몇 회기의 코칭만으로도 영아의 울음을 감소시키고 수면시간을 일정하게 하며, 2세 때 보다 빠른 언어발달을 나

타내고, 아이의 정신능력 검사 수행 점수가 점진적으로 증가했으며, 아동기 중기에는 어머니의 뱃속에서 충분한 시간을 보내고 나온 아이들과 같은 수준이 되었다(Achenbach, Howell, & Aoki, 1993; Newnham, Milgrom, & Skouteris, 2009).

조산아가 스트레스가 많고 소득이 적은 가정에서 생활할 때는 발달상의 문제를 줄이기 위해 장기적이고 집중적인 개입이 필요하다(Guralnick, 2012). 영아 건강발달 프로젝트에서, 빈곤층에서 태어난 조산아들은 포괄적인 개입을 제공받았다. 위의 개입에는 의학적인 후속조치와 더불어, 1~3세까지 양육과 일상의 문제 해결, 인지적으로 아이를 자극하는 개입을 주간 방문을 통해 제공받았다. 개입 아동들은 3세 정도에 통제집단의 4배 이상으로(39% 대 9%) 지능, 심리적 적응, 신체 성장이 정상 범주에 속했다(Bradley et al., 1994). 더구나 개입 집단의 어머니들은 그들의 아이들에게 놀이와 인지적 숙달을 더 자주 북돋아주었고 더 애정이 깊었는데, 이는 그들의 3세 아동들이 그렇게 바람직하게 발달할 수 있었던 한 가지 이유가 된다(McCarton, 1998).

정기적으로 3년에 걸쳐 350일 이상 양육 프로그램에 참여한 아동들은 5세와 8세경에도 지속적으로 더 나은 지적 능력을 보였다. 반대로, 가끔씩 참여한 아동들은 조금밖에 점수를 얻지 못했거나 심지어 나빠지기도 했다(Hill, Brooks-Gunn, & Waldfogel, 2003). 이러한 결과들은 조산과 경제적 불이익 모두를 가진 아기들이 **집중적 개입**을 필요로 함을 확인해준다. 그리고 특별한 성인-아동 상호작용과 같이 특별한 전략들이 저체중으로 태어난 아동들의 지속적인 변화를 이끄는 데 필요할 수도 있다.

최상의 양육 환경이라 할지라도 극단적인 조산과 저체중 출산과 같은 생물학적 위험과 관련된 문제들을 항상 극복할 수는 없다. 가장 좋은 조치는 예방이다. 산업화된 사회에서

묻고 대답하기

연관지어보기 이 장에서 다루었던 저체중 출산 확률을 증가시키는 요인들을 나열해보라. 임산부의 건강관리를 통해 예방할 수 있는 요인들이 무엇인가?

적용해보기 세실리아와 안나는 1,360g의 7주 이른 조산아를 출산했다. 세실리아는 한부모가정이고 복지 서비스를 받아야 한다. 안나와 그의 배우자는 행복한 결혼을 했고 소득이 높다. 각 아이들이 잘 성장할 수 있도록 적합한 개입을 계획해보라.

생각해보기 많은 사람들은 심각한 발달적 문제에 대한 높은 위험 때문에 극단적으로 저체중인 아이들의 생명을 구하기 위한 예외적인 의학적 개입을 반대한다. 이러한 의견에 동의하는가, 동의하지 않는가? 이에 대해 설명해보라.

가장 낮은 순위를 보이는 미국의 저체중 출산률은 114~115쪽의 '사회적 이슈 : 건강' 글상자에 기술된 것처럼 건강과 사회적 환경을 개선하는 것을 통해 크게 감소시킬 수 있다.

신생아의 능력

3.9 신생아의 반사 및 각성상태, 수면특성 및 우는 아이를 달래주는 방법들을 알아보라.
3.10 신생아의 감각능력에 대해 알아보라.
3.11 신생아의 행동평가가 유용한 이유는 무엇인가?

갓난아기들은 생존과 성인으로부터 주의와 보살핌을 얻어내는 데 놀라운 능력을 가지고 있다. 물리적인 세계와 관계를 맺고 첫 사회적 관계를 형성하는 데 있어서 아기들은 처음부터 적극적이다.

반사

반사(reflex)는 특정 형식의 자극에 대한 타고난 자동적인 반응이다. 반사는 신생아의 가장 분명한 조직화된 행동 패턴이

다. 제이가 조슈아를 교실에 있는 테이블 위에 놓았을 때 우리는 여러 가지를 보았다. 제이가 테이블의 측면에 부딪쳤을 때 조슈아는 팔을 넓게 펼쳤다가 몸 쪽으로 다시 모으면서 반응했다. 욜란다가 죠슈아의 빰을 건드렸을 때 조슈아는 머리를 욜란다 쪽으로 돌렸다. 표 3.4를 보면서 조슈아가 보인 신생아의 반사가 무엇인지 생각해보라.

몇몇 반사행동은 생존적 가치를 가지고 있다. 젖 찾기 반사는 모유수유를 하는 아기들이 어머니의 유두를 찾도록 해준다. 아기들은 배가 고플 때나 다른 사람이 자신에게 접촉할 때만 이 반사를 보이며 자신의 몸이 닿았을 때는 나타내지 않는다(Rochat & Hespos, 1997). 출생 시 아기들은 어머니의 유두에서 모유를 쉽게 먹기 위해 빨기 압력을 조절한다. (Craig & Lee, 1999). 만약 빨기가 자동적이지 않다면, 우리는 한 세대 이상 생존할 수 없을 것이다.

다른 반사들도 진화적으로 우리의 생존을 도왔을 것이다. 예를 들어 모로(Moro) 혹은 '포옹'반사는 유아가 어머니에게 하루종일 매달려 있는 데 도움이 되었다고 볼 수 있다. 아기가 우연히 어머니를 놓치게 되면, 반사행동이 유아에게 안

표 3.4 신생아의 반사

반사	자극	반응	소멸되는 나이	기능
눈 깜빡임	눈에 밝은 빛을 비추거나 머리 가까이에서 손뼉을 친다.	아기가 빠르게 눈을 감는다.	소멸하지 않음	강한 자극으로부터 아기를 보호한다.
젖 찾기	입가의 빰을 건드린다.	머리를 자극이 가해진 쪽으로 돌린다.	3주(이 시기에는 수의적으로 돌린다)	아기가 유두를 찾도록 돕는다.
빨기	아기의 입에 손가락을 넣는다.	아기가 손가락을 리듬감 있게 빤다.	4개월 후 수의적인 빨기로 대체된다.	수유를 가능하게 한다.
모로	아기를 수평으로 들어 올려 머리가 약간 아래쪽으로 향하도록 하거나 갑자기 큰 소리를 들려준다.	등을 구부리면서 다리를 뻗고 팔을 바깥쪽으로 벌린 후 다시 팔을 몸쪽으로 가져와 마치 '껴안는' 듯한 동작을 한다.	6개월	인간의 진화 과정에서 아기가 어머니에게 매달리도록 했을 것이다.
잡기	아기의 손에 손가락을 놓고 손바닥을 누른다.	아기는 자동적으로 손가락을 잡는다.	3~4개월	아기가 수의적인 잡기를 하도록 준비시킨다.
긴장성 목 반사	아기가 깬 상태에서 반듯이 누워 있을 때 아기의 머리를 한쪽으로 돌린다.	아기는 '펜싱 자세'를 취한다. 머리가 돌려진 방향의 눈앞으로 한쪽 팔을 뻗고 다른 팔은 구부린다.	4개월	아기들이 수의적인 뻗기를 준비하도록 하는 것일 수 있다.
걷기	팔 사이를 안고 맨발이 평평한 바닥에 닿도록 한다.	걷듯이 양발을 번갈아 들어 올린다.	몸무게 증가가 빠른 아기들에게서는 2개월 만에 사라지나 가벼운 아기들에게서는 지속된다.	아기가 수의적으로 걷도록 준비시킨다.
바빈스키	발가락에서 발뒤꿈치 쪽으로 발바닥을 건드린다.	발가락을 펼쳤다가 오므리고 발은 비튼다.	8~12개월	알려지지 않았다.

출처 : Knobloch & Pasamanick, 1974; Prechtl & Beintema, 1965; Thelen, Fisher, & Ridley-Johnson, 1984.

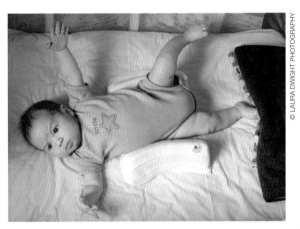

모로 반사를 보이는 아기. 몸을 지지하는 것이 없어지거나 갑작스럽게 시끄러운 소리가 나면 아기는 몸을 구부리고 팔을 바깥쪽으로 뻗었다가 다시 자신을 껴안듯 팔을 몸쪽으로 가져간다.

잡기 반사는 출생 후 첫 주 동안에 매우 강해서 아기들은 이 반사를 사용해 자신의 전체 체중을 지탱할 수 있다.

팔 사이를 안아 몸을 똑바로 세워 주었을 때 신생아는 반사적으로 걷는 동작을 보인다.

는 행동을 하게 만들고, 손바닥반사(첫 주 동안 자신의 체중을 지탱할 수 있음)가 어머니의 몸을 꼭 잡게 된다.

　어떤 반사들은 부모와 아기의 즐거운 상호작용을 하도록 도와준다. 아이가 젖꼭지를 성공적으로 찾고, 수유 중 쉽게 빨며, 손이 닿았을 때 손을 잡는 행동들은 부모가 사랑스럽게 반응하고 양육자로서 유능함을 느끼게 한다. 반사는 영아가 스트레스와 자극의 양을 조절해주기 때문에 양육자들이 아이를 편안하게 하도록 도움을 줄 수 있다. 예를 들어 조슈아와 외출하는 길에 욜란다는 고무젖꼭지를 가지고 나갔다. 조슈아가 신경질적이 되면 고무젖꼭지를 물려 수유할 때까지 안정을 찾을 수 있게 했다. 또한 다른 반사들은 이후에 발달될 복잡한 운동기술을 위한 기반을 형성한다. 예를 들어 긴장성 목 반사(tonic neck reflex)는 자발적인 뻗기를 위한 준비 과정으로 볼 수 있다. 영아가 '펜싱 자세'로 누워 있으면, 자연스럽게 자신의 눈 앞에 있는 손을 응시한다. 이 반사는 시각과 팔운동이 결합되어 물체를 잡을 수 있도록 한다.

　잡기 반사와 걷기 반사는 이른 시기에 사라지나 관련된 운동 기능으로 이후에 다시 나타난다. 걷기 반사는 원시인이 걷는 것처럼 보인다. 출생 후 몇 주가 지나 몸무게가 빨리 늘어난 신생아의 경우 허벅지와 종아리의 근육이 아기들의 통통한 다리를 들어 올릴 만큼 튼튼하지 않기 때문이다. 그러나 만약 신생아의 하체를 물에 담그면 물의 부력이 아기의 근육에 미치는 하중을 가볍게 하기 때문에 반사가 다시 나타난다(Thelen, Fisher, & Ridley-Johnson, 1984). 걷기 반사를 정

기적으로 연습할 경우, 연습을 하지 않는 경우보다 아기들은 반사적인 걸음 동작을 더 많이 하고 또 몇 주 더 빨리 걷기 시작하는 경향이 있다(Zelazo et al., 1993). 그러나 모든 정상적인 아기들이 정해진 때에 걷기 때문에 아기들이 걷기 반사를 특별히 연습할 필요는 없다.

　다시 표 3.4를 보면 처음 6개월 동안에 신생아 반사의 대부분이 사라진다는 것을 볼 수 있는데 이는 뇌피질이 발달함에 따라 수의적인 조절이 점진적으로 증가하기 때문인 것으로 볼 수 있다. 반사는 아기의 신경계 건강을 나타낼 수 있기 때문에 소아과 의사들은 반사를 세심하게 검사한다. 반사가 약하거나 나타나지 않는 것, 반사가 고정적이거나 과장되는 것, 정상적으로는 사라져야 하는 발달 시점에서도 반사가 지속되는 것은 뇌손상을 시사할 수 있다(Schott & Rossor, 2003).

각성의 상태

낮과 밤을 통해 신생아들은 표 3.5에 설명되어 있는 것처럼 다섯 가지 **각성상태**(states of arousal)인 수면과 각성 단계를 번갈아 경험한다. 첫 달 동안 이 상태가 자주 번갈아 나타난다. 조용하게 깨어 있는 시간은 순식간에 지나가 버리고, 아기들은 주로 울거나 보채거나 한다. 그러나 피곤한 부모로서는 다행스럽게도, 신생아들은 잠자는 데 상당한 시간을, 즉 하

사회적 이슈 : 건강

부모와 신생아를 위한 건강관리와 그 외의 건강 관련 정책에 대한 여러 국가의 관점

영아 사망률(infant mortality)은 한 국가 아동의 전반적인 건강을 측정하기 위해 세계적으로 널리 사용되는 지표로 신생아 1,000명당 생후 1년 이내에 사망한 아동 수이다. 미국이 세계에서 가장 현대적인 건강관리 기술을 가지고 있음에도 불구하고 많은 다른 국가들보다 영아 사망률이 크게 낮지 않다. 과거에서 현재까지 미국의 영아 사망률 국제 순위를 살펴보면 1950년 7위, 2015년에는 39위로 하락한 것은 사실이다. 영아 사망률 문제에서 가장 취약한 집단은 소수인종인데 아프리카계 미국인의 영아 사망률은 백인 미국인의 영아 사망률보다 2배나 높다(U.S. Census Bureau, 2015c, 2015d).

미국에서는 *신생아 사망률*, 즉 태어난 아기가 1개월 이내에 사망하는 경우가 영아 사망률의 67%를 차지한다. 신생아 사망에는 두 가지 중요한 요인이 있는데 첫째는 아기가 예방할 수 없는 심각한 신체 결함을 이미 가진 경우이다. 아기에게 심각한 신체 결함이 있을 확률은 모든 인종과 수입 수준을 걸쳐 같다. 두 번째 주된 요인은 출생 시 저체중인데 이는 개입과 방지가 충분히 가능한 영역이다.

만연한 가난과 어머니와 아기를 위한 부적절한 건강관리 프로그램이 높은 영아 사망률과 신생아 사망률의 원인이라 볼 수도 있다. 영아 생존에서 미국을 앞서가는 국가들(그림 3.8 참조)에서는 모든 시민에게 제공되는 정부 지원 건강관리 혜택 외에도 임신 여성과 아기의 균형 잡힌 영양, 질 높은 의료 개입, 효율적인 부모 역할을 위한 사회경제적 지원 등 별도의 조치들이

행해지고 있다.

한 예로 모든 서유럽 국가들은 저렴한 비용 혹은 비용을 전혀 내지 않고 일정 횟수의 산전 진료를 받을 수 있도록 보장하고 있다. 아기가 태어난 후에는 건강 전문가가 양육에 대한 정보와 지속적인 의료 서비스를 제공하기 위해 주기적으로 가정을 방문한다. 가정 지원은 특히 네덜란드에서 폭넓게 시행되고 있다(Lamkaddem et al., 2014). 약간의 비용만 들이면 모든 어머니는 출산 후 8~10일 동안 특별히 훈련받은 도우미로부터 아기 돌보기, 장보기, 살림하기, 음식 만들기, 다른 손위 아동 돌보기와 같은 도움을 받을 수 있다.

유급 휴가는 새내

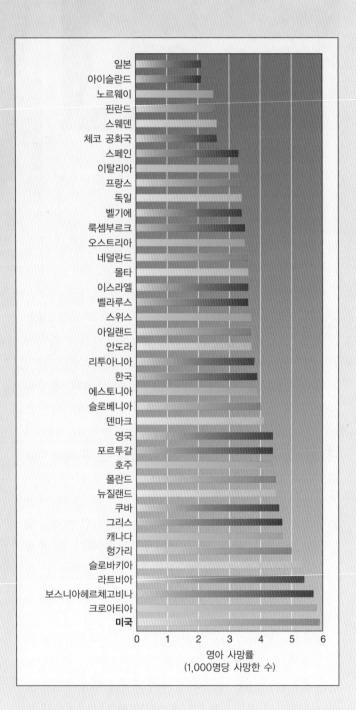

그림 3.8 여러 국가의 영아 사망률 앞서 있는 건강관리기술에도 불구하고 미국의 순위는 좋지 않다. 미국에서는 1,000명당 5.8명의 영아가 사망하며 순위는 39위이다(U.S. Census Bureau, 2015c).

루에 약 16~18시간을 보낸다. 태아는 어머니의 휴식과 활동에 동기화되기 때문에 신생아는 낮보다 밤에 더 많이 잠을 잔다(Heraghty et al., 2008). 그럼에도 불구하고, 어린 아기의 수면-각성주기는 주변의 어둡고 밝은 정도보다는 배부름과 배고픔의 영향을 더 많이 받는다(Davis, Parker, & Montgomery, 2004).

기 부모에겐 또 하나의 중요한 사회적 개입이다. 스웨덴은 출산 휴가에 있어 세계에서 가장 관대한 정책을 쓰고 있는데 어머니는 출산 예정 60일 전부터 휴가를 낼 수 있으며 출산 후에는 6주 동안 휴직할 수 있다. 아버지는 2주의 출산 휴가를 보장받는다. 이에 더해 어머니나 아버지 중 한 명은 15개월 동안 아기를 돌보기 위해 휴가를 받을 수 있으며 이때 기존 월급의 80%를 지급받는다. 필요하다면 정부가 정한 일정 금액을 받으며 3개월을 연장할 수 있다. 또한, 어머니나 아버지 중 한 명은 무급으로 18개월을 휴직할 수 있다. 경제적으로 매우 풍족하지는 않은 국가들에서도 부모가 아기를 돌볼 조건을 조성하기 위해 정책적 장치들을 마련해 놓고 있다. 불가리아에서는 출산한 어머니가 11개월의 유급 휴가를 가질 수 있게 하며 아버지의 경우 3주의 휴가를 준다. 더 나아가 여러 국가에서 기본적인 유급 휴가에 덧붙여 추가적인 배려를 준비해 놓고 있다. 독일에서는 어머니나 아버지가 3개월 동안 월급의 100%가 지급되는 유급 휴가를 가질 수 있으며 이에 덧붙여 1년 동안 일정 금액이 지급되는 유급 휴가를 또 신청할 수 있고 아동이 3세에 이르기 전에는 추가적인 무급 휴가도 가능하다(Addati, Cassirer, & Gilchrist, 2014).

미국 연방정부는 최소 50인 사업장에서 피고용인에게 *단 12주의 무급 휴가만을* 주도록 하고 있다. 그러나 여성들은 50인 미만의 소규모 사업장에서 일하며 무급 휴가 해당 사업장에서 일하더라도 수입 없이 12주를 지낼 능력이 없는 경우가 대부분이다. 경제적인 압박 때문에 출산을 한 어머니의 대다수가 12주 전체 휴가를 쓰지 못하고 부분적으로 휴가를 내고 있다. 출산 1년 이내에 아버지가 휴가를 내면 아버지의 아기 돌보기 개입이 증가하는 긍정적 현상이 나타남에도 불구하고 아버지는 거의 휴가를 내지 못하고 있는 것이 현실

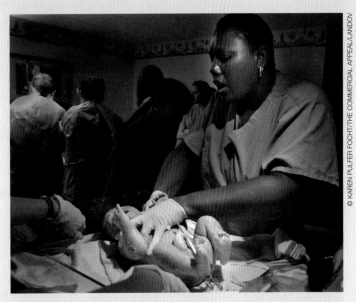

고위험군 산모의 분만을 돕고 있는 의사. 이 산모는 가난에 시달려 왔으며 산전관리를 거의 받지 못했다. 가난한 가정의 비율이 낮고 임신한 어머니와 아기를 위한 정부 지원의 질 높은 건강관리가 행해지고 있는 국가들의 영아 생존율은 미국보다 높다.

이다(Nepomnyaschy & Waldfogel, 2007). 2002년에 캘리포니아는 사업장의 규모와 상관없이 어머니나 아버지 중 한 명이 월급의 절반을 받으며 6주의 휴가를 낼 것을 보장하는 첫 번째 주가 되었다. 이후로 워싱턴 DC, 하와이, 뉴저지, 뉴욕, 로드아일랜드, 워싱턴, 푸에르토리코에서도 유사한 내용의 제정법이 통과되었다.

이러한 움직임에도 불구하고 6주의 출산 휴가(미국의 법)는 충분치 않다는 의견이 많다. 6~8주 이내의 휴가는 어머니의 불안, 우울, 역할 부담(가정과 직장에서의 책임 사이의 갈등), 아기와의 부정적인 상호작용을 일으킬 수 있기 때문이다. 12주 이상의 휴가는 바람직한 신체적·정신적 건강상태, 지지적인 배우자와의 상호작용, 민감한 양육 행동 등을 예측하는 것으로 나타났다(Chatterji & Markowitz, 2012;

Feldman, Sussman, & Zigler, 2004).

한부모 여성들과 그 아기들은 국가의 유급 휴가 정책의 부재로 더 큰 타격을 입는다. 이러한 어머니들은 보통 자신이 가족을 부양하는 유일한 수입원이므로 직장을 쉴 여유가 없다.

낮은 영아 사망률을 보이는 국가의 예비 부모들은 아기의 발달을 지원하는 건강관리와 그 외의 자원들을 어떻게 어디에서 받을 수 있을 것인지를 걱정할 필요가 없다. 어머니와 아기를 위한 대체로 높은 수준의 건강관리, 관대한 휴가 정책, 그 외의 사회적 서비스 등이 이미 어머니와 아기를 위한 특화된 지원 정책을 정당화하고 있기 때문이다. 이러한 상황 지각 속에서 미국의 건강보험개혁법은 각각의 주에 지원금을 주어 위험 가정의 어머니, 아기, 아동들이 검증된 가정 방문 프로그램을 통해 양질의 도움을 받을 수 있도록 하고 있다.

그러나 일일 리듬에 있어서 개인차가 상당하며, 그 개인차는 부모의 아기에 대한 태도와 상호작용에 영향을 미친다. 오랜 시간 자는 신생아는, 부모가 휴식을 잘 취할 수 있어서 세심하고 반응적으로 보살펴줄 수 있는 에너지를 가질 수 있다. 어떤 아기들은 많이 우는데, 그 부모들은 아이를 달래기 위해서 전력을 다해야 한다. 부모가 그러한 일을 잘하지 못

표 3.5 아기의 각성 상태

상태	설명	지속 시간
규칙적 혹은 NREM 수면	아기는 편하게 쉬고 있거나 거의 또는 전혀 신체 움직임을 보이지 않는다. 눈은 감고 있고 안구 운동도 없으며 얼굴은 이완되어 있다. 호흡이 느리고 규칙적이다.	8~9시간
불규칙적 혹은 REM 수면	손과 발을 부드럽게 움직이고 가끔 몸을 튼다. 얼굴을 찡그리기도 한다. 눈은 감고 있는 상태에서 안구 운동은 활발하다. 호흡이 불규칙적이다.	8~9시간
졸림	아기는 잠이 들거나 깨어 있는 상태이다. 몸의 움직임은 불규칙적인 수면보다는 덜 활동적이지만 규칙적인 수면보다는 활동적이다. 눈을 뜨거나 감는다. 눈을 떴을 경우 시선이 흐릿하다. 호흡은 고른 편이지만 규칙적인 수면보다는 좀 빠르다.	다양함
조용한 각성	비교적 비활동적이나 눈을 뜨고 있고 주의를 집중한다. 호흡이 고르다.	2~3시간
깨어서 활동 혹은 울기	자주 부조화된 신체 활동을 갑작스럽게 보인다. 호흡은 매우 불규칙하고 얼굴은 이완되어 있거나 긴장하고 있거나 찡그린다. 울기도 한다.	1~4시간

출처 : Wolff, 1966.

하면, 자신이 아기에 대해서 덜 유능하고 덜 긍정적이라고 느낄 수 있다.

더불어 출생부터 각성 패턴은 인지발달에 영향을 미친다. 더 많이 깨어 있는 아이들은 더 많은 사회적 자극과 탐색의 기회를 얻고 정신적 성장에 있어서 약간의 이점을 가질 수 있다. 또한 성인과 마찬가지로 수면은 아기의 학습과 기억을 향상시킨다. 한 연구에서 눈깜박임 반응과 뇌파 연구를 통해 자고 있는 신생아의 눈앞에 공기를 불어넣은 후에 신호음이 따라온다는 것을 빠르게 학습한다는 것을 밝혀냈다(Fifer et al., 2010). 어린 영아들은 잠을 자는 데 많은 시간을 보내며, 자는 동안 발생하는 외부 자극을 학습하는 능력은 주변 환경에 적응하는 데 필수적인 것으로 볼 수 있다. 연구자들은 표 3.5에 나열된 여러 상태 중 두 양극인 수면 상태와 울음 상태에 많은 관심이 있다. 각각은 우리에게 정상적이고 비정상적인 초기 발달에 대한 것을 알려준다.

수면 어느 날 욜란다와 제이는 조슈아가 자는 동안 왜 눈꺼풀과 몸에 경련이 일어나는지, 호흡상태가 변하는지에 놀랐다. 수면은 최소한 두 상태로 구성된다. 불규칙적인 **REM 수면**(rapid-eye movement sleep) 동안 뇌의 활동은 각성상태의 뇌 활동과 상당히 유사하다. 눈이 눈꺼풀 아래에서 빠르게 움직이며, 심장박동, 혈압 및 호흡이 고르지 않고, 약간의 신체 운동이 일어난다. 이에 반해 **NREM 수면**(non-rapid-eye-movement sleep) 동안에는 신체가 거의 움직이지 않고 심장박동, 호흡, 뇌파 활동이 느리고 고르다.

아동과 성인처럼 신생아들은 REM 수면과 NREM 수면을 번갈아 갖는다. 그러나 신생아의 REM 수면 시간은 인생의 어떤 시기에서보다 길다. REM 수면은 신생아 수면 시간의 50%에 달한다. 3~5세 즈음, 성인과 같이 20%로 감소하게 된다(Louis et al., 1997).

왜 어린 신생아들은 REM 수면의 시간이 길까? 더 나이가 든 아동과 성인에게 REM 상태는 꿈과 관계가 있다. 아기들은 아마도 우리가 꿈을 꾸는 것과 같은 방식으로는 꿈을 꾸지 않을 것이다. 그러나 연구자들은 REM 수면에 대한 자극이 중추신경계의 성장에 필수적이라고 믿고 있다(Tarullo, Balsam, & Fifer, 2011). 신생아들은 환경으로부터 입력을 받을 수 있는 깨어 있는 상태에서 보내는 시간이 매우 적기 때문에 어린 아기들에게는 REM 수면에 대한 자극이 특별하게 필요한 것으로 보인다. 산달이 차서 출생한 신생아보다 외부 자극을 활용하는 데 있어서 더 불리한 태아와 조산아에게서 REM 수면의 비율이 특별히 크다는 것이 이러한 생각을 지지한다(Peirano, Algarin, & Uauy, 2003).

신생아의 정상적인 수면행동은 조직화되어 있기 때문에 수면 상태를 관찰하는 것은 중추신경계의 비정상성을 확인하는 데 도움이 될 수 있다. 뇌를 다쳤거나 심한 출산 외상을 경험한 아기들에게서는 혼란스러운 REM-NREM 수면 주기가 종종 발생한다. 좋지 않은 수면 패턴을 가지고 있는 아기들은 행동이 산만하기 쉬우며, 그 결과 발달을 촉진하는 양육자와 상호작용하는 것을 배우거나 상호작용하는 데 문제가 생기기 쉽다. 유치원 기간 동안 추적 관찰에서 이들은 운동, 인지, 언어발달의 지연이 나타났다(Feldman, 2006; Holditch-Davis, Belyea, & Edwards, 2005; Weisman et al.,

2011). 그리고 신생아 수면의 불규칙성에 내재하는 뇌 기능의 문제들은 영아 사망의 주요 원인인 영아돌연사증후군을 발생시킬 수 있다(118쪽의 '생물학적 영향과 환경적 영향' 글상자 참조).

울음 울음은 아기들이 의사소통을 하는 첫 번째 방식으로, 음식, 위안, 혹은 자극이 필요하다는 것을 부모에게 알린다. 출생 후 몇 주 동안 모든 아기들은 달래기 힘든 까탈 부리는 시간을 어느 정도 보낸다. 그러나 대부분의 경우, 부모들은 울음을 터뜨리게 한 사건과 울음의 속성에서 우는 이유를 알게 된다. 아기의 울음은 훌쩍이는 것에서부터 전면적인 고통의 메시지까지 그 강도 면에서 다양하다(Wood, 2009). 처음 몇 주에도 모든 신생아는 각기 고유한 목소리 '특징'을 가지고 있어서 부모들은 멀리서도 아기를 찾을 수 있다(Gustafson, Green, & Cleland, 1994).

어린 신생아들은 대개 배고프다는 신체적인 필요 때문에 운다. 그러나 아기들은 옷을 벗었을 때의 체온 변화, 갑작스러운 소음 또는 고통스러운 자극에 대해서도 울 수 있다. 신생아(6개월인 아이들까지도)는 다른 아기가 우는 소리를 듣고 운다(Dondi, Simion, & Caltran, 1999; Geangu et al.,

우는 아기를 달래기 위해서 아버지가 아기를 안고 아기에게 부드러운 목소리로 말하면서 살살 흔들고 있다.

2010). 몇몇 연구자들은 이 반응은 다른 사람들의 고통에 반응하는 선천적인 능력을 나타내는 것이라고 생각한다. 더

배운 것 적용하기

우는 아이 달래기

방법	설명
부드럽게 말하거나 리듬 있는 소리 들려주기	지속적이며 단조롭고 리듬이 있는 소리(예 : 시곗바늘 움직이는 소리, 선풍기 팬 돌아가는 소리, 조용한 음악 소리)는 간헐적으로 끊기는 단발적 소리보다 더 효과적이다.
고무젖꼭지 물리기	빠는 행위를 함으로써 아기들은 스스로 자신의 각성 수준을 통제할 수 있다.
아기의 몸을 마사지해주기	지속적으로 부드럽게 아기의 몸과 팔다리를 어루만지면 아기의 근육이 이완된다.
포대기로 싸기	움직임을 제한하고 따뜻하게 해주는 것은 아기를 달래는 데 도움이 된다.
아기를 안고 흔들거나 걷기	신체적 접촉, 똑바로 선 자세, 그리고 이동이 함께 제공되는 이 방법을 통해 아기는 조용한 상태에서 각성을 유지할 수 있다. 효과적인 달래기 기술이다.
짧은 시간 자동차에 태워 드라이브하거나 유모차에 태우고 걷기 (요람에 아기를 눕히고 흔들기)	강하지 않고 리듬이 있는 움직임은 아기를 달래고 재우는 데 도움을 준다.
이상의 방법 중 여러 가지를 함께 사용하기	몇 가지 감각을 동시에 자극하는 것은 하나의 감각을 자극하는 것보다 효과적이다.
만약 이상의 방법이 효과가 없다면 잠시 아기를 울게 놔두자	가끔 아기를 그대로 두는 것이 더 효과적일 때가 있다. 아기는 울다가 몇 분 후 잠들어 버릴 것이다.

출처 : Dayton et al., 2015; Evanoo, 2007; St James-Roberts, 2012.

생물학적 영향과 환경적 영향

불가사의한 비극, 영아돌연사증후군

밀리는 어느 날 아침 깜짝 놀라며 일어나 시계를 보았다. 7시 30분이었다. 사샤는 지난 밤 깨지 않고 계속 잤으며 새벽에도 젖을 먹지 않았다. 사샤가 밤사이 괜찮은지 궁금해하며 밀리와 그녀의 남편 스튜어트는 방으로 살금살금 걸어 들어갔다. 사샤는 움직임 없이 누워 담요 밑에 웅크리고 있었다. 사샤는 자다가 조용히 숨을 거둔 것이다.

사샤는 **영아돌연사증후군(SIDS)**의 희생자였다. 1세 이하의 영아들에게 주로 밤에 발생하는 예기치 않은 죽음은 철저한 연구에도 불구하고 아직 설명되지 않은 채로 남아 있다. 산업화된 국가에서 SIDS는 1~12개월 영아 사망의 주된 원인이며 미국의 경우 영아 사망의 20%를 차지한다(Centers for Disease Control and Prevention, 2015i).

SIDS의 희생자들은 대개 초기부터 신체적 문제가 있다. SIDS 아기들의 초기 의료 기록은 고도의 미성숙, 낮은 출생 시 몸무게, 좋지 않은 아프가 척도 점수, 약한 근육 긴장을 보고하고 있다. 비정상적인 심장박동과 호흡, 수면-각성에서의 장애, REM 수면-NREM 수면 패턴의 문제도 아울러 포함하고 있다(Cornwell & Feigenbaum, 2006; Garcia, Koschnitzky, & Ramirez, 2013). 사망 시 많은 SIDS 아기들이 가벼운 호흡기 감염 증상을 나타낸다(Blood-Siegfried, 2009). 이는 이미 건강상태가 취약한 아기를 호흡곤란 상태로 빠뜨리는 것으로 보인다.

연구 결과에 의하면 손상된 뇌 기능이 SIDS의 주된 원인이라고 추정되기도 한다. SIDS가 가장 많이 발생하는 2~4개월은 반사 반응이 감소하면서 이것들이 서서히 수의적인 운동과 학습된 반응으로 대체되는 시기이다. 신경학적인 결함은 SIDS 아기들이 방어적인 반사 반응을 대신해 학습한 행동을 취하는 것을 방해한다(Rubens & Sarnat, 2013). 그 결과 수면 중 호흡곤란이 발생했을 시 취약한 아기들은 깨거나 몸을 들거나 도움을 청하기 위해 우는 행동을 하지 못한다. 그로 인해 그들은 산소 결핍 상태에 이르고 결국 죽음을 맞게 되는 것이다. 이러한 해석을 지지하는 증거로 부검 결과 SIDS 아기의 뇌에서 매우 적은 양의 세로토닌

(생존을 위협받을 때 각성을 일으키기 위해 분비되는 뇌의 화학물질)과 호흡 및 각성을 통제하는 뇌 영역의 기형이 발견되었다(Salomonis, 2014).

SIDS와 관련된 환경 요인들에 대해 밝혀진 바가 있다. 임신기간 및 출산 후 어머니의 흡연, 다른 양육자의 흡연은 장애의 위험을 2배 증가시킨다. 흡연에 노출된 아기들은 각성 상태에 이르는 데 어려움을 겪고 호흡기가 감염될 가능성이 크다(Blackwell et al., 2015). 부모의 약물 남용(알코올, 아편제, 신경 안정제)은 중추신경계의 기능을 약화하고 SIDS의 발생 위험을 15배 높인다(Hunt & Hauck, 2006). 약물을 남용하는 어머니의 아기는 특히 SIDS 관련 뇌 기형을 보일 확률이 높다(Kinney, 2009).

아기의 수면 자세도 SIDS의 요인 중 하나이다. 수면 중 호흡곤란 등의 문제를 겪을 때 엎드려 자는 아기, 담요로 따뜻하게 폭 덮인 아기는 각성 상태에 이르기가 그렇지 않은 아기보다 힘들다. 이러한 차이는 아기에게 이미 생물학적 취약함이 있을 때 더 두드러진다(Richardson, Walker, & Horne, 2008). 건강한 아기도 푹신푹신한 침구에 얼굴을 묻고 수면 중일 때 숨을 내뱉지 못하고 질식해 사망할 수 있는데 이러한 경우가 SIDS로 오판되기도 한다.

SIDS 발생률은 가난에 시달리는 소수인종 집단에서 특히나 높다(U.S. Department of Health and Human Services, 2015b). 이러한 가정들은 부모의 스트레스, 약물 남용, 건강관리에의 낮은 접근성, 아기 수면에 대한 정보의 부족 등을 함께 겪고 있다.

SIDS의 발생률을 낮추기 위해서는 공공교육이 결정적이다. 미국 정부의 캠페인은 부모들에게 아기가 안전하게 잘 수 있는 환경을 알리고 실천하게 하며 미국소아과학회에서 제공하는 다른 추가적 예방 조치들을 취하도록 하고 있다(Barsman et al., 2015). 금연하고, 아기들을 바로 눕혀 재우고, 가벼운 재질의 잠옷을 입히고, 아기가 눕는 면이 단단한지 살피고, 푹

여러 서구 국가들은 공공교육 캠페인을 통해 부모들에게 아기를 엎드려 눕히지 않고 바로 눕히는 것이 영아돌연사증후군의 발생률을 절반 이하로 낮춘다는 것을 알려왔다.

신푹신한 침구를 사용하지 않는 것 등이 여기에 포함된다. 약 20%의 SIDS 감소는 단지 가정 내에서의 금연을 통해 달성할 수 있다. 아기를 엎어 재우는 위험성에 대한 정보의 보급은 서구 국가들에서 SIDS의 발생률을 절반으로 줄였다(Behm et al., 2012). 다른 예방적 방법으로는 고무젖꼭지를 사용하는 것을 권한다. 고무젖꼭지를 빨면서 자는 아기는 호흡이나 심장의 이상에 반응하기 위해 더 쉽게 각성할 수 있게 된다(Li et al., 2006).

SIDS로 아기를 잃을 때 나머지 가족 구성원들은 갑작스럽고 예상치 못했던 죽음을 극복하기 위해서 많은 도움을 필요로 한다. 사샤가 죽은 후 6개월이 흘러 밀리가 "사샤의 죽음은 우리가 이제껏 경험한 것 중에 가장 힘든 위기였어요. 우리에게 가장 힘이 되었던 것은 같은 비극을 겪은 사람들이 해준 위안의 말이었죠"라고 말한 것에서 알 수 있듯이.

욱이, 우는 것은 전형적으로 생애 초기 몇 주 동안 증가했다가 약 6주 정도에 절정에 달하고 그 이후에 감소한다(Barr, 2001). 이러한 경향은 아기를 돌보는 관습이 서로 다른 여러 문화에서 공통적으로 나타나기 때문에, 연구자들은 중추신경계의 정상적인 재적응이 울음의 기초가 된다고 생각한다.

아기가 우는 것을 듣게 되면, 자신의 반응에 주목해보라. 아기 울음 소리는 혈액 내의 코르티솔 분비를 급격히 상승시키고, 부모와 다른 사람들에게 각성과 불편함을 유발한다(de Cock et al., 2015; Yong & Ruffman, 2014). 이 강력한 반응은 아기들이 생존에 필요한 보호와 보살핌을 받게 만드는 것으로 아마도 인간에게 선천적으로 프로그램되어 있을 것이다.

우는 아이 달래기 아기가 우는 이유를 부모가 항상 정확하게 해석하지 못한다 할지라도, 그 정확성은 경험에 의해 향상된다. 동시에 울음의 이유는 매우 다양하다. 공감 능력(타인의 고통을 타인 관점에서 볼 수 있는 능력)이 높고 '자녀 집중적' 태도에 기반한 양육(예 : 자녀를 어르고 달랜다고 해서 버릇이 나빠지지 않을 것이라는 믿음)은 민감하고 신속한 대응을 할 가능성이 크다(Cohen-Bendahan, van Doornen, & de Weerth, 2014; Leerkes, 2010).

더욱이 먹이고 기저귀를 갈아주는 것 이외에도 아기를 달래는 방법이 많이 있다(117쪽 '배운 것 적용하기' 내용 참조). 서양의 부모들이 가장 먼저 시도하는 방법은 주로 어깨 쪽으로 아기를 들어 올리고 흔들거나 걷는 것인데, 이것이 가장 효과적이다. 다른 일반적인 달래기 방법은 포대기로 싸는 것으로, 아기를 담요로 편안하게 싸는 것이다.

살펴보기

> 공공장소에서 부모들이 아이를 달래는 것을 관찰해보자. 부모는 어떤 방법을 사용했으며, 얼마나 성공적이었는가?

춥고 고도가 높은 페루의 사막 지역에 사는 케추아족은 머리와 몸까지 담요와 옷을 여러 겹 겹쳐서 어린 아기에게 입히는데 이는 아기의 울음을 잦아들게 하고 잠이 들게 한다(Tronick, Thomas, & Daltabuit, 1994). 또한 아기가 페루의 거친 고산지역에서 초기 성장을 위한 에너지를 보존하도록 한다.

많은 부족과 촌락 사회 그리고 비서구 선진국(예 : 일본)의

중동의 베두인족은 아기가 보채는 것을 줄이고 잠을 잘 재우기 위해 아기를 포대기 등으로 단단히 둘러 싸맨다.

영아들은 양육자와 가까운 신체적 접촉을 하며 거의 모든 시간을 보낸다. 이들 문화에서는 미국의 아이들보다 우는 시간이 짧다(Barr, 2001). 서양 부모들이 아이를 전반적으로 가까이 두는 '밀착 보살핌'을 사용한다면 초기 몇 개월 동안 울음의 양이 1/3로 줄어든다(St James-Roberts, 2012). 다행히 연령이 증가하면서 울음은 감소한다. 사실 모든 연구자들은 연령이 증가하면서 아기가 자신의 욕구를 몸짓이나 목소리 내기와 같이 보다 성숙한 방법으로 표현하도록 부모가 북돋아줌으로써 울어야 할 필요성을 감소시킬 수 있다는 데 동의한다.

비정상적인 울음 반사와 수면 패턴처럼, 아기의 울음은 중추신경계 이상에 대한 단서를 제공한다. 뇌가 손상된 아기들과 태내에서 또는 출생 시 합병증을 경험한 아기의 울음은 날카롭고 귀를 찢는 듯하며 건강한 아기의 울음보다 지속시간이 짧다(Green, Irwin, & Gustafson, 2000). 콜릭성(colic) 또는 지속적인 울음과 같이 상당히 일반적인 문제를 가진 신생아

들도 고음의 거친 소리로 우는 경향이 있다(Zeskind & Barr, 1997). 콜릭성 울음의 원인은 잘 알려지지 않았지만, 불쾌한 자극에 특히 강하게 반응하는 신생아들은 콜릭성 울음을 보이기 쉽다. 이러한 아기들의 울음은 격렬하기 때문에, 다른 아기들보다 진정하기가 더 힘들다(St James-Roberts, 2007). 일반적으로 콜릭성 울음은 3~6개월 사이에 가라앉는다.

거의 모든 부모들은 아기가 우는 것에 특별하고 민감하게 반응하려고 노력하지만 울음이 너무 불편하고 아기를 달래는 것이 너무 어려워서 부모가 좌절하고, 짜증을 내고 화를 내게 되는 경우도 있다. 특히 조산아와 아픈 아기들은 스트레스 수준이 높은 부모들로부터 학대받기 쉬우며, 이 부모들은 고음의 귀에 거슬리는 울음소리가 자신들이 통제력을 상실하고 아기에 해를 주는 행동을 하게 만드는 한 요인이라고 이야기한다(Barr et al., 2014; St James-Roberts, 2012). 제8장에서 아동학대에 미치는 많은 영향들에 대해 논의할 것이다.

감각능력

내 수업에 조슈아가 들어왔을 때, 조슈아는 내가 입고 있는 밝은 분홍색 블라우스를 눈을 크게 뜨고 쳐다봤으며, 어머니의 목소리가 나자 그쪽으로 주의를 돌렸다. 수유하는 동안, 조슈아는 젖을 빠는 리듬을 통해 물보다 모유의 맛을 더 좋아한다는 것을 어머니에게 알려줬다. 분명히 조슈아는 잘 발달된 감각 능력을 갖고 있다. 이 절에서는 신생아의 촉각, 미각, 후각, 청각, 시각자극에 대한 신생아의 반응성에 대해 알아볼 것이다.

촉각 조산아에 대한 논의에서, 우리는 신체 접촉이 초기 신체 성장을 자극하는 데 도움이 된다는 것을 보았다. 제6장에서 보게 될 것처럼, 신체 접촉은 정서발달에도 매우 중요하다. 더불어 표 3.4에 있는 반사가 나타난다는 것은 촉각에 대한 민감성이 출생 시부터 잘 발달되어 있다는 것은 놀라울 바가 없다. 신생아들은 촉각으로 세상을 탐색한다. 작은 물체를 손바닥에 올려놓았을 때, 이들은 모양(프리즘과 실린더)과 질감(부드러움과 거침)을 구분할 수 있고, 친숙하지 않은 물체보다 친숙한 물체의 모양 혹은 질감을 더 오래 쥐고 있는 경향을 나타낸다(Lejeune et al., 2012; Sann & Streri, 2007).

출생 시 아기들은 고통에 굉장히 민감하다. 남자 신생아에게 포경수술을 할 때, 너무 어린 아기에게 마취제를 투약하는 것이 위험할 수 있기 때문에 마취제를 사용하지 않는 경우가 종종 있다. 아기들은 고음의 긴장된 울음을 울며, 심장박동과 혈압이 상승하고 손바닥에 땀이 나고, 동공이 확장되며 근육 긴장이 극적으로 상승하게 된다(Lehr et al., 2007; Warnock & Sandrin, 2004). 뇌영상 연구들은 조산아의 경우 특히 남아들이 중추신경계의 미성숙으로 인해 의학적 치료에서 고통을 더 강렬하게 느끼는 것으로 나타났다(Bartocci et al., 2006).

신생아를 위한 특정 국소마취제는 이러한 수술의 고통을 덜어준다. 통증을 완화하는 약물의 보조 수단으로 설탕물이 나오는 젖꼭지를 제공하는 것도 도움이 된다. 이는 조산아와 산달이 차서 출생한 어린 아기들 모두 울음을 빠르게 감소시키고, 불쾌감을 줄여준다(Roman-Rodriguez et al., 2014). 또한 모유가 특히 효과적일 수 있다. 또한 어머니의 모유 냄새는 다른 어머니의 모유 혹은 모유와 비슷한 향을 가진 합성물보다 정기적인 혈액검사에서 스트레스를 감소시키는 것으로 나타났다(Badiee, Asghari, & Mohammadizadeh, 2013; Nishitani et al., 2009). 그리고 부모가 부드럽게 안은 상태에서 단 액체를 주는 것은 고통을 더 감소시킨다. 새끼 포유류에 대한 연구는 신체 접촉이 진통을 가라앉히는 뇌의 화학물질인 엔도르핀을 분비시킨다고 보고하고 있다(Gormally et al., 2001).

신생아가 심한 고통을 계속 경험하도록 놔두면 스트레스 호르몬으로 인해 신경계가 압도당한다(Walker, 2013). 그 결과 고통에 대한 민감성이 높아지게 되고 수면장애와 수유장애 및 화났을 때 가라앉히기 어렵게 된다.

미각과 후각 얼굴 표정은 신생아들이 몇 가지 기본적인 맛을 구별할 수 있다는 것을 보여준다. 어른들처럼 신생아들은 단맛에 대한 반응으로 얼굴 근육을 이완시키고, 신맛에 대해서는 입을 오므리며, 쓴맛일 때는 독특한 아치 모양으로 입을 벌리는 것을 볼 수 있다. 맛처럼 특정 향에 대한 선호도 출생 시부터 나타난다. 예를 들어 바나나 초콜릿 냄새는 편안한 표정을 나타내는 반면, 썩은 달걀의 악취는 영아의 얼굴을 찌푸리게 한다(Steiner, 1979; Steiner et al., 2001). 이러한 반응들은 생존에 중요하다. 아기들의 초기 성장에 가장 큰 도움이 되는 음식은 단맛이 나는 모유이다. 아기들은 4개월이 되어서야 비로소 보통의 아무런 맛이 없는 물보다 짠맛을 더 좋아하게 되며, 이러한 변화는 딱딱한 고체 음식을 받아들일 준비를 하는 것이다(Mennella & Beauchamp, 1998).

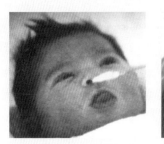

(a) 아니스를 먹은 어머니의 아기 반응

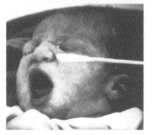

(b) 아니스를 먹지 않은 어머니의 아기 반응

그림 3.9 임신 말기에 아니스 향이 포함된 음식 또는 포함되지 않은 음식을 섭취한 어머니들의 아기가 아니스 향에 대해 보여준 표정의 예 (a) 아니스 향이 포함된 음식을 섭취한 어머니의 아기들은 아니스 향 쪽으로 얼굴을 돌려 빨거나 핥거나 씹는 반응을 더 오래했다. (b) 아니스 향이 포함된 음식을 섭취한 적이 없는 어머니의 아기들은 아니스 향 반대쪽으로 얼굴을 돌리고 부정적인 표정을 지었다(B. Schaal, L. Marlier, & R. Soussignan, 2000, "Human Foetuses Learn Odours from Their Pregnant Mother's Diet," *Chemical Senses*, 25, p. 731. © 2000 Oxford University Press, Inc.; permission conveyed through Copyright Clearance Center, Inc.).

임신기간에는 어머니가 다양한 음식을 섭취하므로 신생아의 선호에 영향을 주는 초기 경험인 양수는 맛과 냄새가 풍부하다. 아니스가 자주 향신료로 사용되는 프랑스의 알자스 지역에서 진행된 연구에서, 연구자들은 아니스 향에 대한 신생아들의 반응을 테스트했다(Schaal, Marlier, & Soussignan, 2000). 일부 아기의 어머니들은 출산 전 2주 동안 아니스를 규칙적으로 먹었고, 다른 어머니들은 아니스를 전혀 먹지 않았다. 아기가 태어날 때 아니스 향이 나게 했는데, 이때 아니스를 먹지 않은 어머니들의 아기들은 고개를 돌리는 경향이 더 강했다(그림 3.9 참조). 이러한 반응 차이는 이후 모든 어머니들이 아니스를 먹지 않았음에도 불구하고 4일 동안 계속 나타났다.

그렇지만 신생아들은 처음 먹었을 때 중립적이거나 부정적인 반응을 일으켰던 맛을 쉽게 좋아하게 될 수 있다. 예를 들어 우유에 알레르기 반응을 보이는 아기에게는 두유나 채소 대체식(대체로 매우 강하고 쓴맛이 나는)을 주게 되는데

이 아기들은 곧 그 맛을 우유보다 선호하게 된다. 몇 달 후 처음으로 고형의 음식을 먹었을 때, 이 영아들은 쓴맛을 내는 곡물에 특이한 선호를 나타냈다(Beauchamp & Mennella, 2011). 맛의 선호도는 4~5세에 더욱 분명해지며, 생애 초기 야채를 베이스로 만든 음식에 노출되지 않았던 동년배 아이들보다 신맛과 쓴맛에 더 긍정적인 반응을 나타냈다.

인간을 포함한 많은 포유동물들에서, 후각은 섭식 외에도 어머니와 아기가 서로를 확인할 수 있게 해준다. 2~4일 된 모유수유 중인 아이들은 익숙하지 않은 다른 어머니의 모유보다 자신의 어머니의 모유와 수유부 냄새를 선호한다(Cernoch & Porter, 1985; Marin, Rapisardi, & Tani, 2015). 더불어 젖병 수유한 3~4일 된 아이들은 분유보다 익숙하지 않은 모유 쪽으로 얼굴을 돌리는데(심지어 이들은 출생 후 모유수유를 하지 않았음) 이는 신생아에게 모유의 냄새가 더 선호되는 것으로 볼 수 있다(Marlier & Schaal, 2005). 신생아들이 자신의 어머니의 냄새와 젖이 분비되는 가슴의 냄새에 끌리는 것은 적절한 먹거리를 찾아내게 하는 데 유용하다.

청각 신생아들도 다양한 소리를 들을 수 있으며, 소리에 대한 민감성은 생후 첫 수개월 동안 크게 향상된다(Johnson & Hannon, 2015). 출생 시, 영아는 단순한 음보다는 소음과 사람의 목소리처럼 복잡한 소리를 선호한다. 그리고 생후 수일 된 아기도 몇 가지 소리 패턴을 변별할 수 있다. 올라가는 음과 내려가는 음, 리드미컬한 강한 박자(음악 같은)와 그렇지 않은 것의 음색, 3개 음절과 2개 음절의 발화, 단어의 강세 패턴, 정서적으로 부정적이거나 중성적인 음색과 행복한 음색의 말소리의 변별, 심지어 이중언어(프랑스어와 러시아어)를 사용하는 사람이 말할 때 나타내는 언어가 가진 독특한 리듬감을 구분할 수 있다(Mastropieri & Turkewitz, 1999; Ramus, 2002; Sansavini, Bertoncini, & Giovanelli, 1997; Trehub, 2001; Winkler et al., 2009).

어린 아기들은 그 소리가 구조적으로는 비슷하더라도 말이 아닌 소리보다 사람의 말소리를 더 오래 듣는다(Vouloumanos, 2010). 그리고 아기들은 인간 언어의 어떤 말소리도 탐지할 수 있다. 신생아들은 여러 말소리들을 아주 민감하게 구분한다. 예를 들어 'ba' 소리가 나오는 젖꼭지를 주면 아기들은 힘차게 빨다가 이후 익숙해지면 점차 천천히 빨았다. 'ga'로 소리가 바뀌면 다시 힘차게 빨았는데 이것은 아기들이 이런 미묘한 차이를 탐지한다는 것을 보여준다. 이

방법을 이용해, 연구자들은 신생아들이 변별할 수 있는 몇 가지 말소리를 발견했다. 모국어로 발화되지 않는 소리를 인지할 수 있는 능력은 성인보다 정확하다(Aldridge, Stillman, & Bower, 2001; Jusczyk & Luce, 2002). 이 같은 능력은 아이가 언어를 획득하는 경이로운 과업에 놀라울 만큼 미리 준비되어 있다는 것을 나타낸다.

어린아이에게 말할 때 스스로 주의 깊게 들어 보라. 여러분은 아마도 말 흐름의 가장 중요한 부분을 강조하는 식으로 말할 것이다. 느린 고음의 표현력 있는 목소리로 말하며, 구와 문장의 끝에서 음조가 올라가고, 말을 계속하기 전에 잠깐 멈출 것이다. 이런 방식으로 말했을 때 아기들이 집중을 더 잘한다는 것을 우리가 알고 있기 때문에 이런 방법으로 대화하는 것이다. 실제로 신생아는 이러한 특징이 있는 말소리를 더 선호한다(Saffran, Werker, & Werner, 2006). 신생아는 또한 낯선 여자의 목소리보다 어머니의 목소리를 듣기 위해, 외국어보다 모국어를 듣기 위해 젖꼭지를 더 많이 빨았다(Moon, Cooper, & Fifer, 1993; Spence & DeCasper, 1987). 이런 선호성은 태어나기 전부터 약하게 울리는 어머니의 목소리를 들었기 때문일 것이다.

시각   시각은 신생아의 감각 중 가장 늦게 발달하는 감각이다. 눈과 뇌의 시각적 구조는 아직 충분히 성숙하지 않았다. 예를 들어 빛을 포착해서 이를 신호로 전환해 뇌로 보내는 눈 안쪽의 **망막세포**는 덜 성숙되었으며 그 밀도도 높지 않다. 이 신호를 중계하는 시신경과 다른 통로, 그리고 이 메시지를 받는 뇌의 시각 중추는 수년 동안에도 성인들 수준이 되지 못한다. 그리고 다양한 거리에 초점을 맞추도록 조절하는 수정체 근육도 약하다(Johnson & Hannon, 2015).

결과적으로, 신생아들은 초점을 잘 맞출 수 없고 **시력**(visual acuity), 즉 시각 변별의 정밀성도 제한되어 있다. 성인들이 약 180m 앞에서 선명하게 지각할 수 있는 물체를 아기들은 6m의 거리에서 선명하게 지각할 수 있다(Slater et al., 2010). 게다가 가까이 있는 물체를 가장 선명하게 지각하는 성인들과는 달리, 신생아들은 넓은 범위의 거리에 걸쳐서 물체를 선명하게 보지 못한다(Banks, 1980; Hainline, 1998). 결과적으로, 가까이서 보더라도 신생아들에게는 부모의 얼굴이 흐릿하게 보인다.

신생아들은 잘 볼 수는 없지만, 움직이는 물체를 추적하고 흥미 있는 장면을 자세히 쳐다봄으로써 주변 환경을 활발하게 탐색한다. 그렇지만 신생아의 눈 움직임은 느리고 정확하지 못하다(von Hofsten & Rosander, 1998). 조슈아가 내 핑크색 블라우스에 매료된 것은 조슈아가 밝은색 물체에 끌린다는 것을 보여준다. 신생아는 회색빛보다 색감 있는 자극을 더 좋아하기는 하지만 색을 잘 구분하지는 못한다. 색체시각이 향상되기 위해서는 1~2개월 정도가 걸린다(Johnson & Hannon, 2015).

신생아 행동 측정

의사, 간호사, 연구자들이 신생아의 행동을 진단하는 데 사용하는 도구는 다양하다. 가장 널리 사용되는 도구는 브레즐튼(T. Berry Brazelton)의 **신생아행동평정척도**(Neonatal Behavioral Assessment Scale, NBAS)로 신생아의 반사, 상태 변화, 물리적·사회적 자극에 대한 반응성, 그리고 기타 반응들을 평가한다(Brazelton & Nugent, 2011). 이와 유사한 도구로 신생아 집중치료 신경행동척도(Neonatal Intensive Care Unit Network Neurobehavioral Scale, NNNS)는 출산 시 저체중, 조산, 태내기 약물 노출 혹은 기타 위험한 상황에서 발달에 문제가 있는 신생아를 위해 고안되었다(Tronick & Lester, 2013). 검사 점수는 적절한 개입을 제공하고 부모가 아기의 특별한 요구를 충족할 수 있도록 안내를 제공하는 데 사용된다.

NBAS는 전 세계 많은 영아들에게 사용되어 왔다. 그 결과 NBAS를 통해 연구자들은 신생아의 행동이 개별적으로, 또 문화적으로 어떻게 다른지에 대해, 그리고 아동 양육 방식이 아기의 반응을 유지시키는지 또는 변화시키는지에 대해 알게 되었다. 예를 들어 아시아와 아메리카 원주민 아기들의 NBAS 점수는 유럽계 미국인 아기들보다 과민성이 낮은 것으로 나타난다. 이 문화권의 어머니들은 아기가 불쾌한 신호를 보내면 바로 안아주고 수유해 아기가 차분한 성향을 가질 수 있도록 한다(Muret-Wagstaff & Moore, 1989; Small, 1998). 케냐의 농촌 지역인 킵시기스(Kipsigis)에서는 영아의 운동 능력의 성숙을 가치 있게 여기기 때문에 정기적으로 마사지를 해주고 생후 얼마 되지 않아서 걷기 반사를 연습시킨다. 이러한 관례는 킵시기스 아동이 태어난지 5일 만에 강하고 유연한 근육량에 기여한다(Super & Harkness, 2009). 밀착된 어머니-영아의 접촉은 아프리카 잠비아의 영양부족 상태에 있는 신생아의 저조한 NBAS 점수를 빨리 변화시킬 수 있다. 생후 일주일에 다시 진단했을 때, 이전에는 반응이 없었던 신

잠비아의 여성들과 비슷하게 사진 속의 케냐 북부 엘몰로족 어머니는 아기를 하루 종일 데리고 다니며 밀착된 신체적 접촉을 하고 풍부하고 다양한 자극을 제공한다. 또한, 아기가 배고픈 기색을 보이면 언제든지 젖을 먹인다.

생아가 민감하고 마음이 편해진 것으로 나타났다(Brazelton, Koslowski, & Tronick, 1976).

신생아의 행동과 부모의 양육이 상호작용해 발달에 영향을 미치기 때문에 첫 주 혹은 둘째 주(한 번 측정한 점수보다 두 번의 점수)까지의 점수 변화가 출생의 스트레스로부터 회복하는 능력을 가장 잘 측정해준다. 또 NBAS '회복곡선'은 지능과 정서적 문제 및 행동적 문제를 학령전기까지는 어느 정도 잘 예측한다(Brazelton, Nugent, & Lester, 1987; Ohgi et al., 2003a, 2003b).

어떤 병원에서는, 건강 전문가들이 NBAS로 진단한 신생아의 능력을 토대로 부모들에게 아이에 대해 설명하고 교육하고 또 의견을 나눈다. 이런 프로그램에 참여한 조산아의 부모, 그리고 산달을 다 채우고 나온 신생아 부모들은 아기들과 더 신뢰성 있고 효과적으로 상호작용했다(Browne & Talmi, 2005; Bruschweiler-Stern, 2004). 비록 발달에 미치는 지속적인 효과는 입증되지 않았지만 NBAS에 기초한 개입은 부모-아기 간의 관계가 좋은 관계로 시작될 수 있게 도와준다.

묻고 대답하기

연관지어보기 신생아의 다양한 능력들은 그들의 첫 사회적 관계에 어떻게 기여하는가? 가능한 많은 예를 들어보라.

적용해보기 출산 과정이 힘들었던 재키는 NBAS 진단으로 자신의 생후 2일 된 딸 켈리를 관찰했다. 켈리는 많은 항목에서 낮은 점수를 받았다. 재키는 이것이 켈리가 정상발달을 하지 못할 것임을 의미하는지 궁금해했다. 재키의 걱정에 대해 여러분은 어떻게 대답할 것인가?

생각해보기 이 장을 읽기 전에 여러분이 생각했던 것보다 신생아가 더 유능해 보이는가? 가장 놀라운 신생아의 능력은 무엇인가?

새로운 가족 구성에 적응하기

3.12 아기가 태어난 후 전형적인 가족의 변화에 대해 알아보라.

아기의 생존과 최적의 발달에 부모의 양육이 매우 중요하기 때문에 출산을 앞둔 어머니와 아버지는 본능적으로 새로운 역할을 준비하게 된다. 출산이 다가오면, 어머니는 자궁을 수축하게 하는 옥시토신을 더 많이 분비하며, 이는 모유가 생성되도록 하고 이완된 기분, 침착함을 유도하며 아기에 대한 반응성을 높여준다(Gordon et al., 2010).

출산 무렵에 어머니들에게서 나타나는 호르몬의 변화와 유사한 호르몬 변화가 아버지에게서도 나타나는 것으로 밝혀졌으며, 특히 프로락틴(여성에게 모유를 생산하도록 자극하는 호르몬)과 에스트로겐(여성에게 더 많이 생성되는 성호르몬)이 경미하게 증가하고 안드로겐(남성에게 더 많이 생성되는 성호르몬)이 감소했다(Delahunty et al., 2007; Wynne-Edwards, 2001). 어머니와 아기 그리고 아버지의 접촉에 의한 이러한 변화는 영아에 대한 민감하고 긍정적인 정서적 반응을 예측한다(Feldman et al., 2010; Leuner, Glasper, & Gould, 2010).

출산 관련 호르몬들은 양육행동을 촉진할 수 있지만 호르몬 분비와 그 효과는 긍정적인 부부 관계와 임신한 부인에 대한 남편의 친밀한 접촉과 같은 경험의 영향을 받을 수 있다. 더욱이 인간은 아이를 입양해 성공적으로 키울 수 있는 것처럼, 출생과 관련된 호르몬의 변화 없이도 효과적으로 아기를 양육할 수 있다. 사실 입양된 아이와 어머니 사이 같이 생물학적 연결이 없는 유아와 상호작용할 때에도 옥시토신이 분비된다(Bick et al., 2013; Galbally et al., 2011). 그리고 옥시토신의 분비가 많을수록 유아에 대한 애정과 즐거움이 더 많이 표현될 수 있다.

사실 출산 후 초기 몇 주는 중요하고 난해한 문제들로 가득 차 있다. 어머니는 출산으로부터 건강을 회복할 필요가 있다. 만약 어머니가 모유수유를 한다면 에너지를 이 친밀한 관계에 쏟아부어야 한다. 아버지는 어머니가 건강을 회복하도록 도와야 하며, 이 새로운 3인 가족의 한 부분이 되어야 한다. 이때 아버지는 어머니의 관심을 끊임없이 요구하는 아이에게 이중적인 감정을 느끼게 된다. 그리고 제6장에서 보게 될 것처럼 형제 · 자매, 특히 나이 어린 손위 형제 · 자매들은 동생에게 자신의 자리를 빼앗긴 것 같은 소외된 느낌이 당연히 들 것이다. 형제 자매들은 때때로 아기에 대해 질투와 분노를 나타낼 수 있다.

이 모든 일이 진행되는 동안, 아기는 먹여 달라, 기저귀를 갈아 달라, 또 밤낮으로 자주 보살펴 달라는 등 긴급한 신체적 욕구를 강력하게 주장한다. 가족의 일상은 불규칙하고 불확실하게 되며, 부모의 수면 부족과 그로 인한 낮 시간의 피로가 주요 문제가 된다(Insana & Montgomery-Downs, 2012). 욜란다와 제이는 경험했던 변화에 대해 솔직하게 다음과 같이 이야기했다.

조슈아를 집으로 데리고 왔을 때 조슈아는 너무 작고 무력해 보였고, 우리가 과연 조슈아를 잘 보살필 수 있을지 걱정이 됐어요. 처음 기저귀를 가는 데 20분이나 걸렸지 뭐예요! 저는 매일 밤 서너 번씩 일어나야 했고, 깨어 있는 대부분의 시간에는 조슈아의 리듬에 맞추고 요구를 들어줘야 했기 때문에 거의 쉴 수 없었어요. 만약 제이가 조슈아를 붙잡고 걷는 데 도움을 주지 않았다면, 저는 훨씬 더 힘들어졌을 거예요.

부모의 관계가 긍정적이고 협동적이며, 사회적 지원이 가능하고, 가족의 수입이 충분하다면, 아기의 탄생으로 인한 스트레스 관리가 보다 수월할 것이다. 이러한 가족의 환경은 유년기와 그 이후에도 지속적으로 유리한 발달에 기여할 것이다.

요약

태내발달

3.1 태아기 세 단계의 주요 이정표를 알아보라.

■ **접합기**는 수정에서 다세포 낭포로 자궁 내벽에 **착상**하기까지의 초기 2주를 말한다. **태반**과 **탯줄** 등 출생 전 발달을 지원할 구조들이 갖추어지기 시작한다.

■ 2주에서 8주에 걸친 **배아기**에는 신체의 기초 구조가 자리 잡는 시기이다. **신경관**이 형성되고 신경계가 발달하기 시작한다. 다른 기관들도 빠르게 발달하기 시작한다. 이 시기의 끝 무렵에 배아는 촉각 반응을 하고 움직이기 시작한다.

■ 임신기의 끝까지 지속되는 **태아기**는 몸이 급속도로 성장하고 생리적 구조들이 빠르게 완성되어 가는 시기이다. 임신 중기부터 6개월경 사이 태아의 활발한 움직임은 근육과 관절을 강화한다. 전체 임신 기간의 2/3에 이를 즈음에는 대부분의 뉴런이 자리를 잡는다.

■ 태아는 22~26주 정도 되면 **생존가능연령**이 된다. 뇌는 빠르게 발달하고 냄새와 맛에 대한 선호, 통증 민감성, 각기 다른 목소리와 소리의 높낮이 및 리듬을 구분하는 능력 등 새로운 감각과 행동 능력이 갖춰지게 된다.

점차 폐의 기능도 발달하면서 태아는 자궁을 꽉 채우는 크기로 성장하고 곧 있을 출생을 준비한다.

태내 환경의 영향

3.2 기형 발생에 영향을 미치는 요인들을 밝히고, 알려진 혹은 의심되는 기형발생물질에 대해 논의하라.

■ **기형발생물질**은 노출의 길이와 양, 어머니와 태아의 유전적 조합도, 다른 유해 매체의 출현, 그리고 유기체의 월령에 따라 다양하다.

■ 가장 널리 알려진 기형발생물질은 이소트레티노인으로 이것은 심한 여드름 치료제이다. 흔히 사용되는 약물(예 : 아스피린) 혹은 물질(예 : 카페인)이 출생 전 태아의 상태에 영향을 끼치는지 여부를 확인하기는 어려운데 많은 상관 요소들이 개입되기 때문이다.

■ 코카인, 헤로인, 메타돈 등의 사용자로부터 출생한 아기는 조산, 저체중, 뇌의 이상, 신체의 결함, 호흡곤란, 사산 혹은 출생 직후 사망 등 많은 위험 가능성을 갖게 된다. 그러나 코카인의 부정적 영향은 명확히 규명되지는 않고 있다.

■ 흡연하는 부모의 영아는 저체중으로 태어나는 경우가 많고 신체적 결함이 있을 수 있으며 장기적 주의 불가, 학습과 행동의 문제 등을 가질 수 있다. 어머니의 알코올 섭취는 **태아알코올스펙트럼장애(FASD)**로 이어지기도 한다. 임신기간 어머니의 과도한 알코올 음용으로 빚어지는 **태아알코올증후군(FAS)**은 신체적 성장을 더디게 하고 안면 기형, 정신적 결함 등을 동반한다. 어머니의 알코올 섭취가 극도로 많지 않을 시 위의 경우보다는 심각하지 않은 상태를 유발하는데 여기에는 **부분적 태아알코올증후군(p-FAS)**과 **알코올 관련 신경발달장애(ARND)** 등이 포함된다.

■ 방사선, 수은, 폴리염화비페닐, 납, 다이옥신 등에의 출생 전 노출은 신체적 기형과 심각한 뇌손상을 초래한다. 노출의 정도가 심하지 않으면 인지적 결함과 정서 및 행동장애를 초래한다. 장기간 오염된 공기에 노출되는 것은 낮은 출생 시 체중 및 폐와 면역체계 기능의 손상과 연관이 있다.

■ 전염되는 질병 중 풍진은 광범위한 이상을 일으킨다. 부모로부터 유전된 HIV를 가진 아기는 빠르게 AIDS에 전염되고 사망하거나

뇌의 손상을 겪는다. 항레트로바이러스 약물 치료는 출생 전 전염을 효과적으로 감소시킨다. 사이토메갈로바이러스, 단순포진 제2형, 톡소플라스마증은 배아와 태아에 치명적인 영향을 줄 수 있다.

3.3 태내기 발달에 어머니가 미치는 영향을 기술하라.

- 임신기간에 어머니가 운동을 하면 태아의 심혈관 기능이 향상되고 임신 합병증의 위험이 감소한다.
- 태내의 영양실조는 출생 시 낮은 몸무게의 원인이 되며 뇌와 다른 장기의 손상 및 면역체계 발달의 억제를 일으킨다. 엽산을 비롯한 비타민, 미네랄 보충제는 임신 및 출산 합병증을 막아줄 수 있다.
- 어머니의 극심한 정서적 스트레스는 임신 시기 합병증과 연관이 있으며 태아의 신경적 기능을 영구적으로 변화시킴으로써 아동이 스트레스를 다루는 능력을 약화하고 추후의 각종 병리 가능성도 높인다. 스트레스와 관련해 출생 전 발생하는 부정적 영향들은 어머니에게 사회적 지지가 제공됨으로써 감소할 수도 있다. **Rh 인자 불일치**, 즉 Rh 음성 어머니가 Rh 양성 태아를 임신한 경우에는 산소 결핍에 의한 뇌와 심장의 손상, 영아 사망 등의 위험이 있다.
- 나이가 많은 어머니일수록 유산, 아기의 염색체 이상 위험이 커지며 어머니의 나이가 40세를 넘으면 임신 합병증의 확률이 높다. 좋지 않은 건강과 가난 등의 환경적 위험 요소로 인해 청소년기에 임신한 어머니는 높은 임신 합병증 가능성이 있다.

3.4 태내기의 조기 및 정기적인 건강관리가 왜 중요한가?

- 자간전증(임신 후반에 일어나는 독소혈증) 등의 규명되지 않는 어려움은 어머니가 원래 가지고 있던 건강 문제로 인해 발생하기도

한다. 건강관리에 소홀하기 쉬운 어리고, 교육 수준이 낮으며, 수입이 적은 어머니들에게 임신기간 건강관리는 특히나 중요하다.

출산

3.5 진통, 분만 그리고 신생아의 출생으로 이어지는 출산의 세 단계에 대해 알아보라.

- 첫 단계에서는 수축이 자궁경부를 넓고 얇게 만든다. 두 번째 단계에서 어머니는 산도를 통해 아기를 밀어내는 노력을 하기 시작한다. 마지막 단계에서는 태반이 나온다. 출산의 과정 중에 영아는 높은 수준의 스트레스 호르몬을 생산하는데 이는 산소 부족을 견디고 호흡을 위해 폐를 깨끗이 하고 출산의 순간에 높은 각성도를 유지할 수 있게 한다.
- 신생아는 머리가 매우 크며 몸통은 머리와 비교해 작고 얼굴의 모습은 성인들이 주의를 기울이고 보호하도록 귀엽게 생겼다. **아프가 척도**는 출생 시 아기의 신체적 상태를 측정한다.

출산 방법

3.6 자연출산과 가정분만을 기술하고 각 방법의 장점과 고려해야 할 점에 대해 알아보라.

- **자연분만** 혹은 **준비된 분만**에서 어머니와 보조자는 분만과 출산에 대한 강의를 듣고 산통에 대응하는 이완법과 호흡법을 익히며 출산 과정에 대해 준비한다. 출산 경험이 있는 여성이 어머니에게 주는 조언과 사회적 지지는 분만에 걸리는 시간과 출산 합병증의 가능성을 줄이고 아기의 적응력을 향상한다.

- 건강한 어머니가 출산 조언자와 의사에게 훈련받아 집에서 출산하는 것은 별 문제가 없으나 합병증의 위험이 있는 어머니들은 병원에서 출산하는 것이 바람직하다.

의료 개입

3.7 출산 중 일반적인 의료 개입, 이러한 의료 개입이 필요한 시점, 그리고 각 상황과 관련된 위험성에 대해 알아보라.

- 임신과 출산 합병증이 있는 경우 **태아 모니터**는 많은 아기의 생명을 구하는 데 도움을 준다. 남용될 경우 실제로는 위험에 처하지 않은 아기를 위험에 처했다고 오판할 수도 있다.
- 통증을 줄이기 위해 진통제와 마취제를 사용하면 그것이 출산에 이르기까지의 불가피한 선택이라 해도 분만을 오래 걸리게 하고 신생아에게 부정적인 영향을 줄 수 있다.
- **제왕절개 분만**은 의료적 응급 상황이나 심각한 어머니의 질병 상태를 고려해 혹은 아기가 **둔위 자세**의 경우 이루어진다. 그러나 많은 경우 꼭 필요하지 않은 분만에도 제왕절개가 시행되고 있다.

조산과 저체중

3.8 조산 및 저체중과 관련된 위험을 기술하고 효과적인 개입방법에 대해 알아보라.

- 가난에 시달리는 어머니에게 흔히 출생하는 저체중아는 신생아 사망, **영아 사망**, 발달적 문제의 주된 원인이다. 어머니의 자궁 속에 있었던 기간에 적절한 몸무게의 **조산아**와 개월 수에 미달하는 몸무게의 **미숙아**를 비교하면 적정 몸무게에 못 미치는 영아가 더 지속하는 문제들을 갖게 된다.
- 의료 개입이 필요한 영아들은 집중치료실에서 특별한 자극과 처치들을 받게 된다. 부모들은 그들의 아기를 어떻게 돌보고 상호작용해야 하는지를 전문가로부터 배운다. 미숙아에게 오랜 시간 집중적인 조치를 위하는 것은 수입이 충분치 않은 가정에 큰 부담이다.

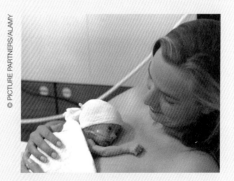

신생아의 능력

3.9 신생아의 반사 및 각성상태, 수면특성 및 우는 아이를 달래주는 방법들을 알아보라.

- **반사** 운동은 신생아의 가장 두드러진 조직화된 행동 양태이다. 반사 운동 중 일부는 생존에 꼭 필요하며 그 나머지는 부모와 영아가 만족스러운 상호작용을 하도록 돕거나 더 복잡한 운동 기능을 갖추는 기반이 된다.
- 신생아의 **각성상태**는 다섯 가지로 나눌 수 있으나 대부분의 시간 아기는 잠을 잔다. 수면 상태는 2개의 상태로 나눌 수 있는데 하나는 **급속안구운동(REM) 수면**이고 다른 하나는 **비급속안구운동(NREM) 수면**이다. 신생아의 수면 상태 중 50%가 REM 수면에 해당하는데 이는 신생아에게 중추신경계의 발달에 꼭 필요한 자극들을 제공한다.

- 우는 아기는 근처에 있는 어른이 강한 불편감을 느끼게 한다. 일단 수유를 하고 기저귀를 갈아준 후 보다 효과적인 방법으로 아기를 달래기 위해 아기를 올려 안아 흔들거나 걷는다. 집중적인 부모-영아 간의 신체 접촉은 몇 개월 안 된 아기를 달래는 데 매우 중요한 역할을 한다.

3.10 신생아의 감각능력에 대해 알아보라.

- 촉각, 미각, 후각, 청각 등은 출생 시에 이미 잘 발달되어 있다. 신생아는 자기 주변의 환경을 탐색하기 위해 촉각을 사용하고 고통에 민감하며 달콤한 맛과 냄새를 선호하고 어머니의 젖 냄새를 향해 몸을 돌릴 줄 안다.
- 신생아는 다양한 소리 패턴을 구분할 수 있으며 복잡한 소리를 더 좋아

한다. 신생아는 사람 목소리에 특별히 반응하고 언어를 말한다는 것을 알아차릴 수 있으며 어머니의 목소리를 선호한다.
- 시각은 신생아에 있어 가장 발달이 덜 되어 있는 감각이다. 출생 시 초점을 맞추는 능력과 **시력**은 제한적이다. 시각자극들을 탐색하는 경우 신생아는 밝은 사물을 선호하나 아직 색채를 분별하는 데는 어려움이 있다.

3.11 신생아의 행동평가가 유용한 이유는 무엇인가?

- 가장 널리 사용되는 신생아 행동 평가 도구는 브레즐튼 **신생아행동평정척도(NBAS)**인데 이것은 연구자들이 신생아의 개인적 및 문화적 행동 차이를 이해하는 데 도움을 준다. 간혹 이 척도는 부모에게 아기의 능력을 알려주는 데 사용되기도 한다.

새로운 가족 구성에 적응하기

3.12 아기가 태어난 후 전형적인 가족의 변화에 대해 알아보라.

- 아기의 탄생은 흥분되는 기쁨인 동시에 갖가지 부담을 가져다주는 사건이기도 하다. 어머니는 산후조리를 하고 다른 가족 구성원들은 이전과는 달리 불규칙하고 불확실한 일상의 흐름에 적응한다. 부모가 긍정적 관계들을 형성하고 사회적 지지를 받으며 충분한 수입이 있으면 아기의 탄생과 관련한 적응 문제들은 일시적인 문제로 순탄하게 지나가게 된다.

주요 용어 및 개념

각성상태	비급속안구운동(NREM) 수면	양막	태반
급속안구운동(REM) 수면	산소 결핍증	영아돌연사증후군(SIDS)	태아
기형발생물질	생존가능연령	영아 사망률	태아 모니터
둔위 자세	시력	융모막	태아알코올스펙트럼장애(FASD)
미숙아	신경관	자연분만 혹은 준비된 분만	태아알코올증후군(FAS)
반사	신생아행동평정척도(NBAS)	제왕절개	태지
배냇솜털	아프가 척도	조산아	탯줄
배아	알코올 관련 신경발달장애	착상	Rh 인자 불일치
부분적 태아알코올증후군	(ARWD)		
(p-FAS)			

CHAPTER 4

영아기와 걸음마기의 신체 발달

걷기 시작하면서 14개월 영아의 손은 자유롭게 물건을 나르고, 관심을 끌게 하는 물리적 세상을 탐색하는 데 완전히 새로운 관점을 가지게 되며, 물체를 보여주거나 안아주는 등 새로운 방식으로 양육자와 상호작용할 수 있게 된다. 즉 생애 첫 두 번째 해에 운동, 지각, 인지 및 사회성 발달은 서로에게 영향을 미친다.

화창한 6월의 어느 아침, 생후 16개월 된 케이틀린은 어머니 캐롤라인과 아버지 데이비드가 일하는 동안 주중을 보내기 위해 어린이집에 갈 준비를 마친 다음 현관문을 나섰다. 한 손으로는 곰 인형을 안고 다른 한 손으로는 어머니의 손을 잡고 케이틀린은 계단을 내려가기 시작했다. "하나! 둘! 세에엣!" 캐롤라인은 케이틀린이 계단을 내려가는 것을 도와주며 외쳤다. "정말 많이 자랐구나." 캐롤라인은 얼마 전까지만 해도 갓난아기로 품에 안겨 있었던 아이를 바라보며 흐뭇한 생각에 잠겼다. 첫 걸음마 이후, 케이틀린은 영아기를 지나 생애 두 번째 해에 해당하는 걸음마기로 접어들었다. 처음 케이틀린은 좌우로 비틀거리고 자주 넘어지는 어색한 걸음걸이로 '걸음마'를 시작했다. 그러나 케이틀린의 얼굴은 새로운 기술을 습득하는 흥분으로 가득 차 있었다.

차를 향해 걸어가던 중에 캐롤라인과 케이틀린은 이웃집 마당에 있는 엘리(3세)와 그의 아버지 케빈을 보았다. 엘리는 밝은 노란색 봉투를 흔들며 그들을 향해 달려왔다. 캐롤라인은 허리를 굽혀 봉투를 받고 그 안에 들어 있는 카드를 꺼냈다. 카드에는 "캄보디아 출신, 생후 16개월, 그레이스 앤의 도착을 알립니다."라고 쓰여 있었다. 캐롤라인은 케빈과 엘리를 번갈아 보며 말했다. "좋은 소식이군요! 언제쯤 그레이스를 볼 수 있죠?"

"며칠만 더 기다리면 될 것 같아요." 케빈이 말했다. "오늘 아침 모니카가 그레이스를 의사에게 데려갔다는군요. 아이가 저체중에 영양실조랍니다." 케빈은 모니카와 그레이스가 미국으로 오기 전 프놈펜의 호텔에서 함께 보낸 첫날 밤을 이야기해 주었다. 그레이스는 겁에 질려 침대에 웅크린 채로 누워 있었다. 결국 아이는 양손에 크래커를 움켜쥐고 잠이 들었다.

캐롤라인은 케이틀린이 더 이상 참지 못하고 자기 옷자락을 잡아당기는 것을 느꼈다. 그들은 어린이집으로 향했다. 그때 바네사는 생후 18개월인 아들 티미를 어린이집에 방금 맡긴 참이었다. 얼마 지나지 않아 티미와 케이틀린은 보모 지네트의 도움을 받으며 모래상자에서 플라스틱 컵과 양동이에 모래를 퍼 넣고 있었다.

몇 주 뒤, 그레이스는 어린이집에서 케이틀린, 티미와 함께 어울리게 되었다. 비록 여전히 작고 제대로 기거나 걷지는 못하지만, 그레이스는 키가 자라고 체중도 늘었다. 아이의 공허하고 슬픈 시선은 이제 야무진 표정, 밝은 미소, 열정적으로 모방하고 탐험하고 싶어 하는 욕구로 바뀌었다. 케이틀린이 모래상자로 향할 때 그레이스는 손을 뻗으며 지네트에게 자기도 데려가 달라고 요구했다. 얼마 지나지 않아 그레이스는 기회만 있으면 스스로 일어나려고 노력했다. 마침내 18개월이 되었을 때 그레이스는 걸었다!

이 장에서는 발달이 가장 현저하고 빠른 시기 중 하나인 생후 첫 2년간의 신체 성장을 다룬다. 우리는 영아의 신체와 뇌에서의 빠른 변화가 학습, 운동 기술, 지각 능력을 어떻게 지원하는지 볼 것이다. 케이틀린과 그레이스와 티미가 신체 발달에서 보이는 개인차와 환경의 영향을 함께 예시할 것이다. ●

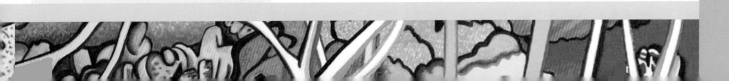

신체 성장

4.1   생후 첫 두 해에 걸쳐 일어나는 신체 성장에서의 주된 변화들을 기술하라.

다음 번에 여러분이 집 근처를 거닐거나 쇼핑몰에 가면, 영아와 걸음마기 아동들 간의 신체적 능력에 주목해보라. 아동이 생후 첫 2년 동안 커다란 차이를 보이는 한 가지 이유는 그들의 신체가 생후 그 어떤 시기보다도 엄청나게 빨리 변하기 때문이다.

신체 크기와 근육-지방 구성의 변화

출생 후 첫해의 마지막 무렵 전형적인 영아의 키는 81cm 정도로 태어날 때보다 약 50% 이상 자란다. 생후 2년이 되면 거의 75% 자란다(91cm). 유사하게, 체중은 생후 5개월에 2배(약 6.8kg)가 되고, 한 살이 되면 3배(약 10kg)가 되며, 두 살이 되면 4배(약 13.6kg)가 된다.

그림 4.1은 신체 크기의 이런 급격한 증가를 보여준다. 그러나 영아와 걸음마 유아는 꾸준히 자라기보다는 작은 성장 급등들을 거치면서 자란다. 한 연구에서 아동들을 생후 21개

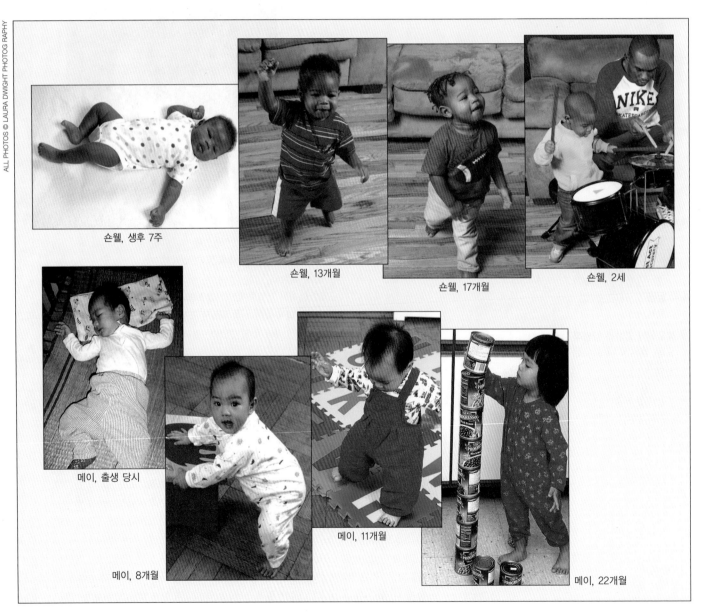

손웰, 생후 7주

손웰, 13개월

손웰, 17개월

손웰, 2세

메이, 출생 당시

메이, 8개월

메이, 11개월

메이, 22개월

그림 4.1 생후 첫 2년 동안의 신체 성장 이 사진들은 두 아이, 즉 남아인 손웰과 여아인 메이의 영아기 및 걸음마기 동안의 신체 크기와 비율의 극적인 변화를 보여준다. 생후 첫해 동안 머리는 신체의 나머지 부분에 비해서 무척 크고, 키와 몸무게는 매우 빠르게 늘어난다. 두 번째 해 동안 하체가 빠르게 성장해 따라잡는다. 또한 두 아이 모두 생후 몇 달 동안 젖살이 붙어 있다가 빠지면서 날씬해지는 것에 주목하라. 이런 추세는 아동기 중반까지 지속된다.

월까지 추적했을 때, 그들은 7~63일 동안 전혀 성장하지 않다가 그 후 24시간 동안 약 1cm나 자랐다! 부모들은 아기들이 성장 박차가 가해지기 전날에는 거의 언제나 보채면서 매우 배고파했다고 기술했다(Lampl, 1993; Lampl & Johnson, 2011).

영아의 모습에서 가장 명백한 변화 중 하나는 생후 첫해의 중반에 둥글둥글하고 통통하게 변하는 것이다. 이렇게 초기에 '젖살(baby fat)'이 오르는데, 9개월경에 최고조에 이르며, 체구가 작은 영아가 체온을 유지하는 데 도움을 준다. 두 번째 해에 대부분 걸음마기 유아들은 살이 빠지는데, 이러한 경향은 아동기 중반까지 지속된다(Fomon & Nelson, 2002). 이와 대조적으로, 근육 세포는 영아기 동안 매우 천천히 증가하고 청소년기가 될 때까지 최고조에 달하지 않는다. 아기들은 근육질의 존재가 아니다. 그들의 힘과 신체 협응은 제한되어 있다.

신체 비율의 변화

아동의 전체적인 몸집이 커지면서 신체의 각 부위는 서로 다른 비율로 성장한다. 두 가지 성장 패턴이 이러한 변화를 기술해준다. 첫 번째는 **두미 방향**(cephalocaudal trend)이다. 라틴어로 '머리부터 꼬리까지'라는 뜻이다. 태아기 동안 머리는 몸의 아랫부분보다 더 빨리 발달한다. 태어날 때, 머리는 전체 몸길이의 1/4을 차지하고, 다리는 고작 1/3을 차지한다. 그림 4.1에서 몸의 하체 부분이 어떻게 따라잡는지 볼 수 있다. 두 살이 되면, 몸의 길이에서 머리는 고작 1/5에 불과하고 다리 길이는 거의 절반을 차지한다.

두 번째 패턴은 **중심말단 방향**(proximodistal trend)이다. 말 그대로 '가까운 곳에서부터 먼 곳으로', 즉 몸의 중심에서 바깥쪽으로 성장이 진행되는 것을 의미한다. 태아기 동안 머리, 가슴, 몸통이 먼저 자라고, 그다음에 팔과 다리가, 그리고 마지막으로 손과 발이 자란다. 영아기와 아동기에는 팔과 다리가 손과 발보다 지속적으로 약간 먼저 자란다. 우리가 나중에 보겠지만, 예외가 있기는 해도 운동 발달 또한 이러한 일반적인 방향을 따른다.

개인차와 집단차이

발달의 모든 측면에서 볼 때, 아동은 신체 크기와 근육-지방 구성에 차이가 있다. 영아기에는 여자아이들이 남자아이들보다 약간 더 키가 작고 몸무게가 가벼우며 근육 대비 지

방 비율이 더 높다. 이와 같은 약간의 성차는 아동기 초기와 중기까지 지속되며 청소년기에 그 차이가 훨씬 커지게 된다. 신체 크기의 인종 차이는 명백하다. 그레이스는 성장표준(또래 아동의 평균 키와 몸무게)보다 낮았다. 비록 어릴 적의 영양실조 탓도 있었겠지만, 그 이후에 상당히 많이 따라잡았음에도 그레이스는 북아메리카의 표준보다 여전히 낮았다. 이것은 아시아계 아동들의 전형적인 추세이다. 이와 대조적으로, 아프리카계 미국 아동들이 그렇듯이 티미는 평균보다 약간 웃돌았다(Bogin, 2001).

같은 나이 또래의 아동들은 또한 신체 성장 비율도 다르다. 어떤 아이는 다른 아이들보다 더 빨리 자란다. 현재의 신체 크기는 아동의 신체 성장이 얼마나 빠르게 변할지 가르쳐주지 않는다. 예를 들어 티미는 케이틀린이나 그레이스보다 더 크고 몸무게가 더 나가지만, 티미가 신체적으로 더 성숙한 것은 아니다. 곧 그 이유를 알게 될 것이다.

아동의 신체 성숙도를 추정하는 가장 좋은 방법은 뼈의 발달 정도의 측정치인 골 연령(skeletal age)을 사용하는 것이다. 그것은 몸에 있는 긴 뼈들에 X선을 투사해 부드럽고 유연한 연골이 얼마나 딱딱한 뼈로 변했는지를 알아보는 것이다. 이 과정은 점진적이며 청소년기에 끝난다. 골 연령을 측정해보면, 모든 연령대에서 아프리카계 미국 아동들이 백인 아동들보다 약간 앞서는 경향을 보인다. 그리고 여자아이들이 남자아이들보다 상당히 앞선다. 출생 시에 성차는 약 4~6주 정도이다. 그 차이는 영아기와 아동기를 거치면서 확대되는데, 이는 여자아이들이 남자아이들보다 자신의 신체 크기의 최대치에 몇 년 먼저 도달한다는 사실을 설명한다(Tanner, Healy, & Cameron, 2001). 여자아이들은 신체적 성숙이 빨리 진행됨으로써 유해한 환경의 영향에 보다 잘 버티게 될 것이다. 제2장에 언급했던 것처럼, 여자아이들은 남자아이들보다 발달 과정에서 어려움을 덜 겪으며 영아기와 아동기 사망률이 남자아이에 비해 낮은 편이다.

뇌의 발달

4.2 영아기와 걸음마기 동안의 대뇌 발달, 대뇌 기능을 측정하는 현재의 방법론과 대뇌의 잠재력을 지원하기 위해 적절한 자극법을 기술하라.

4.3 수면과 각성의 조직화는 생애 첫 두 해에 걸쳐 어떻게 변화하는가?

출생 당시, 뇌의 신체는 다른 부분보다 어른의 크기와 매우 가깝다. 그리고 그것은 영아기와 걸음마기를 거쳐서 놀라운

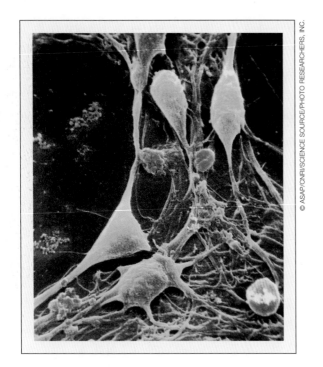

그림 4.2 뉴런과 뉴런의 연결 섬유들   이 몇 개의 뉴런 사진은 배율이 높은 현미경으로 찍은 것이다. 이 사진은 이웃 세포들과 형성한 정교한 시냅스 연결을 보여준다.

뉴런의 발달

인간의 뇌는 1,000~2,000억 개의 **뉴런**(neuron), 즉 정보를 저장하고 전달하는 신경세포를 가지고 있다. 그중 다수가 다른 뉴런들과 수천 개의 직접적인 연결을 갖는다. 뉴런은 서로 단단하게 연결되어 있지 않다는 점에서 다른 체세포와는 다르다. 뉴런들 사이에는 작은 틈새, 즉 **시냅스**(synapse)가 있다. 시냅스에는 다른 뉴런으로부터 신경섬유가 가까이 와 있지만 서로 닿아 있지는 않다(그림 4.2 참조). 뉴런은 시냅스를 통과하는 **신경전달물질**(neurotransmitters)이라는 화학물질을 방출함으로써 다른 뉴런에게 정보를 전달한다.

뇌 성장의 기본적인 이야기는 어떻게 뉴런이 발달하면서 이렇게 정교한 의사소통 체계를 형성하는가에 관한 것이다. 그림 4.3은 뇌 발달의 주요 이정표를 요약하고 있다. 태아기에 뉴런은 태아의 원시적인 신경관에서 만들어진다. 거기서부터 뉴런들을 안내해주는 세포들의 연결망으로 이루어진 끈을 따라 이동해 뇌의 주요 부분을 형성한다(제3장 87쪽 참조). 일단 뉴런들이 자리를 잡으면, 뉴런들은 이웃하고 있는 세포들과 시냅스 연결을 형성하기 위해 신경섬유들을 확장함으로써 고유한 기능을 확립하면서 분화한다. 생후 2년 동안 신경섬유와 시냅스는 놀라운 속도로 증가한다(Gilmore et al., 2012; Moore, Persaud, & Torchia, 2016a). 뉴런의 발달에는 이와 같이 연결 구조를 위한 공간이 필요하기 때문에, 뇌

속도로 계속 발달한다. 우리는 두 가지 유리한 점에서 살펴봄으로써 뇌의 성장을 가장 잘 이해할 수 있다 — (1) 개별 뇌세포들의 미시적 수준, (2) 고도로 발달한 인간 지능을 뒷받침해주는 대뇌피질의 큰 수준.

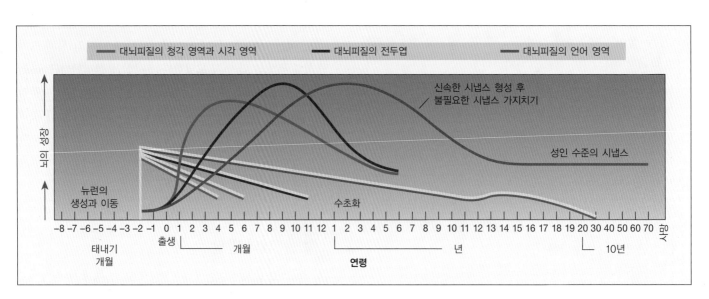

그림 4.3 뇌 발달의 주요 이정표   시냅스의 형성은 생후 첫 2년 동안, 특히 대뇌피질의 청각 영역, 시각 영역, 언어 영역에서 급속하게 진행된다. 전두엽은 보다 확장된 시냅스 성장을 경험한다. 각각의 영역에서 시냅스가 과잉 생산되면 불필요한 시냅스 가지치기 과정이 뒤따르게 된다. 전두엽은 성인 수준의 시냅스 연결이 가장 최종적으로 — 청소년기 중반에서 후반까지 발달이 이루어지는 영역 중 하나이다. 수초화는 생후 첫 2년 동안 급격한 속도로 진행되다가 아동기와 청년기를 지나면서 속도가 늦춰지게 된다. 여러 개의 노란색 선은 수초화의 시기가 뇌 영역들 간에 다르다는 것을 보여준다. 예를 들어 시각 영역과 청각 영역에서보다 언어 영역에서, 그리고 특히 전두엽에서 신경섬유의 수초화가 더 오랜 기간에 걸쳐 진행된다(Thompson & Nelson, 2001).

성장의 경이로운 측면은 **예정된 세포 죽음**(programmed cell death)인데, 이는 이러한 연결된 구조들에게 공간을 마련해 준다—시냅스가 형성됨에 따라 시냅스를 둘러싸고 있는 많은 뉴런들이 죽는다(부위에 따라서 40~60%에 이름)(Jabès & Nelson, 2014). 다행히 태아기 동안 신경관은 평생 쓰고 남을 만큼 많은 뉴런을 생성한다.

뉴런이 연결을 형성함에 따라 **자극**(stimulation)은 생존에 필수적인 것이 된다. 주위환경으로부터의 입력에 자극을 받은 뉴런은 계속해서 시냅스를 형성한다. 이렇게 하여 뉴런은 더욱 복잡한 능력을 지원해주는 점점 더 정교한 의사소통 체계를 형성한다. 별로 자극을 받지 못하는 뉴런은 곧 시냅스를 잃어버린다. 이 과정을 불필요한 **시냅스 가지치기**(synaptic pruning)라고 부르는데, 현재 필요하지 않은 뉴런들을 비활성화시켜서 미래의 발달을 지원할 수 있게 한다. 성인 수준에 도달하기 위해 모두 약 40%의 시냅스가 아동기와 청소년기 동안 제거된다(Webb, Monk, & Nelson, 2001). 이러한 과정이 진행되기 위해서는 시냅스의 형성이 최고조에 이를 때 아동의 뇌에 적절한 자극을 가해주는 것이 필수적이다(Bryk & Fisher, 2012).

만약 태아기 이후에 뉴런이 거의 생성되지 않는다면, 생후 첫 2년 동안 뇌 크기의 급격한 성장을 가져오는 것은 무엇인가? 뇌 부피의 반은 **교세포**(glial cells)로 이루어져 있다. 교세포는 (수초라고 불리는) 지방질의 덮개로 신경섬유를 둘러싸서 메시지의 전달속도를 높여주는 **수초화**(myelination)를 책임진다. 교세포는 임신 말기부터 생후 2년까지 급격하게 증가하며, 아동기 중반부터 그 속도가 줄어들고 다시 청소년기 때 그 속도가 가속된다. 신경섬유의 극적인 증가와 수초화는 뇌의 전체 크기가 갑자기 증가하는 원인이 된다. 출생 시 뇌 무게는 성인 뇌 무게의 30% 정도이며, 두 살이 되면 성인 뇌 무게의 70%에 도달한다(Johnson, 2011). 성장은 생애 첫 번째 해 동안 특히 극적인데, 이때 뇌는 크기에서 2배 이상이 된다.

뇌의 발달은 '살아 있는 조각품'을 빚어내는 것에 비유될 수 있다. 첫째, 뉴런과 시냅스가 과잉으로 생산된 후, 세포의 사멸과 불필요한 시냅스 가지치기로서 성숙한 뇌를 만드는 데 초과된 재료들을 깎아낸다. 이 과정은 유전적으로 프로그램된 사건과 아동의 경험으로부터 모두 영향을 받는다. 그결과 빚어진 조각상은 각기 특수한 기능을 가지고 있는 부위들이 서로 연결된 형태를 하고 있다. 이것은 지구상에 존재하는 각기 다른 나라들이 서로 의사소통하는 것과 비슷하다(Johnston et al., 2001). 이러한 뇌의 '지리'는 연구자로 하여금 신경생물학적 기술을 이용해 대뇌 부위의 조직화와 활성화를 연구하도록 한다.

대뇌 기능의 측정

표 4.1은 대뇌기술에 대한 주요 측정치들을 기술하고 있다. 이러한 방법들 가운데 두 가지가 가장 빈번하게 대뇌피질에서 전기적 활동에서의 변화를 탐지할 때 사용된다. EEG 뇌파 패턴에서, 연구자들은 성숙한 피질 기능을 나타내는 안정성

표 4.1 뇌 기능을 측정하는 방법들

방법	기술
뇌전도(EEG)	두피에 전극을 테이프로 붙이고 뇌의 외층인 대뇌피질의 전기적인 뇌파활동을 기록하는 것이다.
사건 관련 전위(ERPs)	EEG를 사용해 특정 자극(그림, 음악 또는 언어음)에 반응하는 뇌파의 빈도와 진폭을 대뇌피질의 특정 영역에서 기록하는 것이다.
기능적 자기공명영상(fMRI)	자기장을 창출하는 장치 안에 사람이 누워 있을 때, 특정 자극에 반응하는 뇌의 영역에서 혈류와 산소 신진대사가 증가하는 것을 스캐너가 자기적으로 탐지하는 것이다. 그 결과 뇌의 (외층만이 아니라) 모든 영역에서 일어나는 활동을 컴퓨터로 영상화한다.
양전자 방출 단층촬영(PET)	사람이 방사성 물질을 주사 맞거나 흡입한 뒤 미세한 X선을 방출하는 스캐너가 있는 장치 안에 누워 있을 때, 그것이 특정 자극에 반응하는 뇌의 영역에서 혈류와 산소 신진대사가 증가하는 것을 탐지하는 것이다. fMRI와 더불어 그 결과는 뇌의 어느 곳에서든지 일어나는 활동을 컴퓨터로 영상화하는 것이다.
근적외선분광분석법(NIRS)	모자를 통해 두피에 부착된 가늘고 잘 구부러지는 광섬유를 이용해 눈에는 보이지 않는 적외선을 가해 자극 변화에 따라 대뇌 부위의 혈류와 산소 신진대사가 어떻게 달라지는지를 보여준다. 결과는 대뇌피질에서 활성화된 영역의 컴퓨터화된 활동 사진으로 표현된다. fMRI나 PET와는 달리, NIRS는 검사 동안 제한된 범위 내에서만 움직일 수 있는 영아와 어린 아동들에게 적절하다.

주 : 정교한 기계장치에 대한 아동과 성인의 반응은 측정의 정확도에 영향을 준다. 참가자들이 검사 전에 모의 경험을 하도록 함으로써 불안을 완화할 수 있다.

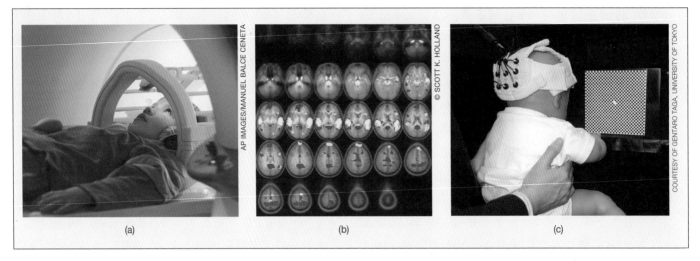

그림 4.4   기능적 자기공명영상(fMRI)을 사용한 뇌 활동의 측정   (a) 이 여섯 살짜리 소년은 fMRI를 사용해 소년의 뇌가 빛과 움직임을 어떻게 처리하는지 알아내기 위한 연구에 참여한다. (b) fMRI 영상은 소년이 변화하는 시각 자극을 보는 동안 뇌의 어느 영역에서 활동이 일어나는지를 보여준다. (c) 여기서, NIRS는 시각 자극에 대한 2개월 영아의 반응을 탐색하기 위해 사용된다. 검사 시행 동안, 영아는 제한된 범위 내에서는 자유롭게 움직일 수 있다(사진 출처 : G. Taga, K. Asakawa, A. Maki, Y. Konishi, & H. Koisumi, 2003, "Brain Imaging in Awake Infants by Near-Infrared Optical Topography," *Proceedings of the National Academy of Sciences, 100*, p. 10723. Reprinted by permission).

과 조직성을 측정할 수 있다. 아동이 자극을 처리할 때, ERP로 대뇌피질의 뇌파 활동 위치를 탐지할 수 있다―이 방법은 언어 이전기 영아들의 다양한 자극에 대한 반응성, 대뇌 측정 부위의 국재화에 미치는 경험의 영향, 학습과 정서 문제를 지닌 개인들에서 나타나는 비전형적인 대뇌 기능을 연구하기 위해 종종 사용된다(DeBoer, Scott, & Nelson, 2007; Gunnar & de Haan, 2009).

전체 뇌의 3차원적인 그림을 보여 주는 뉴로이미징 기법은 뇌의 어느 부위가 특정 능력에 전문화되었는지에 관한 가장 정확한 정보를 제공해준다. 그런 방법 중 가장 효과적인 것은 fMRI이다. PET와 달리 fMRI는 방사성 물질을 투여해야 하는 X선 촬영기술에 의존하지 않는다. 그 대신 fMRI는 아동이 자극에 노출되었을 때 혈류의 변화를 자력을 통해 탐지함으로써 활동 영역의 컴퓨터 영상을 만든다(그림 4.4a 참조).

PET와 fMRI는 참여자들이 상당 시간 동안 가능한 움직이지 않고 누워 있어야 하므로, 영아와 어린 아동들에게는 적합하지 않다. 영아기와 아동 초기에 적합한 신경영상 기법은 근적외선분광분석법(near-infrared spectroscopy, NIRS)인데, 이 방법에서는 아동이 자극에 주의를 기울이는 동안 혈류와 산소 신진대사를 측정하기 위해 보이지 않는 적외선이 대뇌피질 영역에 가해진다(표 4.1 참조). 그 장비는 모자를 이용해 두피에 밀착되는 가늘고 잘 구부러지는 광섬유로 구성되어 있기 때문에, 그림 4.4c에 나타나 있는 바와 같이 영

아는 부모의 무릎에 앉아 검사 동안 움직일 수 있다(Hespos et al., 2010). 그러나 대뇌 전반에 걸쳐 활성화 변화를 보여주는 PET나 fMRI와는 달리, NIRS는 대뇌피질의 기능만을 탐색한다.

지금까지 살펴본 측정치들은 대뇌와 심리적 발달 간의 관계를 밝혀내기 위한 강력한 도구들이다. 그러나 모든 연구 방법과 마찬가지로, 이러한 방법들에는 한계가 있다. 하나의 자극이 일관된 대뇌활동 패턴을 산출한다 하더라도, 연구자들은 한 개인이 그 자극을 특정한 방식으로 처리한다고는 확신할 수 없다(Kagan, 2013b). 또한 정보처리 과정의 한 지표로서 대뇌활동에서의 변화를 탐지한 연구자는 그러한 변화가 배고픔, 지루함, 피로 혹은 신체 움직임으로 인한 것이 아님을 확실히 해야 한다. 결과적으로 결과의 의미를 명확히 하기 위해서는 뇌파와 뇌영상화 결과와 같은 다른 방법들이 반드시 결합되어야 한다(de Haan & Gunnar, 2009). 지금부터 대뇌피질의 조직화 발달을 살펴보도록 하자.

대뇌피질의 발달

뇌를 둘러싸고 있는 것은 껍질을 반만 벗긴 호두를 닮은 **대뇌피질**(cerebral cortex)이다. 그것은 가장 크고 가장 복잡한 뇌의 구조이다. 뇌 무게의 85%를 차지하며 가장 많은 양의 뉴런과 시냅스를 가지고 있고 인간 종의 높은 지능에 기여한다. 대뇌피질은 가장 늦게 성장이 멈추는 구조이기 때문에 뇌의 다

른 어떤 부분보다도 더 오랫동안 환경의 영향에 민감하다.

피질의 영역들 그림 4.5는 대뇌피질의 영역별 특수한 기능을 보여준다. 예를 들면 감각기관의 정보를 수용하고, 신체의 움직임을 지시하고, 사고하는 기능 등이다. 피질의 영역들이 발달하는 순서는 아이들이 자라면서 나타나는 다양한 능력과 일치한다. 예를 들어 ERP와 fMRI 측정에 따르면 생후 첫 1년 동안 청각피질과 시각피질, 신체 운동을 담당하는 영역에서(시냅스 성장과 수초화를 의미하는) 활동의 폭발적 증가가 일어난다. 이 기간은 청지각과 시지각과 운동기술의 숙달이 극적으로 습득되는 시기이다(Gilmore et al., 2012). 언어 영역은 언어발달이 활발해지는 영아기 후반부터 학령전기까지 특히 활동적이다(Pujol et al., 2006).

발달 기간이 가장 긴 피질 부위는 전두엽이다. 몸의 움직임을 제어하는 영역 앞에 위치하는 전전두피질은 충동의 억제, 정보와 기억의 통합, 추론, 계획, 문제 해결 전략 등을 포함하는 복잡한 사고, 특히 의식과 다양한 '실행' 과정을 담당한다. 생후 2개월부터 이 영역은 더욱 효과적으로 기능한다. 그러나 학령전기와 학령기 동안 전두엽에서는 급속한 수초화와 시냅스의 형성 및 가지치기가 일어나고 청소년기 중반에서 후반에 이를 때까지 성인 수준의 시냅스 연결을 완성시킨다(Jabès & Nelson, 2014; Nelson, Thomas, & de Haan, 2006).

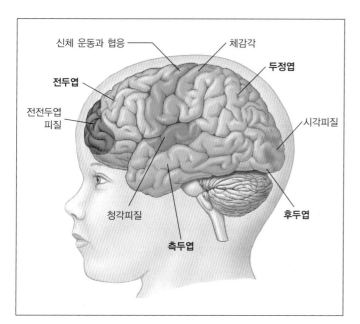

그림 4.5 대뇌피질 영역을 보여주는 인간 뇌의 좌반구 피질은 상이한 엽들로 나뉘어 있으며, 각각의 엽들은 특정 기능을 가진 다양한 영역을 포함하고 있다. 몇 개의 주요 영역이 여기에 표시되어 있다.

피질의 편재화와 가소성 대뇌피질은 서로 기능이 다른 2개의 반구, 즉 좌반구와 우반구로 구성된다. 어떤 과제는 주로 좌반구에서 이루어지고 또 어떤 과제는 우반구에서 이루어진다. 예를 들어 각 반구는 반대편 신체로부터 감각정보를 받아들이며 오직 그쪽만 통제한다.[1] 대부분의 경우 좌반구는 언어 능력(예 : 언어를 말하거나 쓰는 것)과 긍정적 정서(예 : 기쁨)를 주로 담당한다. 우반구는 공간 능력(예 : 거리를 판단하고, 지도를 읽고, 기하학적 형태를 인지하는 것)과 부정적 정서(예 : 괴로움)를 다룬다(Banigh & Heller, 1998; Nelson & Bosquet, 2000). 이러한 경향은 왼손잡이 사람들에겐 반대일 수 있다. 그러나 흔히 왼손잡이의 대뇌피질은 오른손잡이의 것보다 뚜렷한 전문화가 덜 발달되어 있다.

왜 능력과 행동은 **편재화**(lateralization)라고 불리는 두 반구에 전문화되어 있는가? fMRI 연구에 따르면 좌반구가 연속적이고 분석적(조목조목 따지기)으로 정보를 처리하는 데 더 능숙해서 의사소통 관련 정보인 구어(언어)와 정서(즐거운 미소)를 모두 다루는 데 적합하다. 이와 대조적으로 우반구는 전체적이고 통합적으로 정보를 처리하는 데 능숙해서 공간정보를 이해하고 부정적 정서를 조절하는 데 이상적이다. 편재화된 뇌는 변화하는 환경의 요구에 인간이 더 잘 대처할 수 있도록 해주기 때문에 진화되어 왔을 수 있다(Falk, 2005). 그것은 양쪽 모두 같은 방식으로 정보를 처리할 때보다 더 넓은 범위의 기능을 효과적으로 수행할 수 있도록 해주기 때문이다.

연구자들은 **뇌 가소성**(brain plasticity)에 대해 더 알기 위해서 언제 뇌의 편재화가 일어나는지 연구한다. 가소성이 높은 피질 내의 많은 영역이 아직 특정 기능을 하도록 전문화되어 있지 않다. 따라서 피질은 학습을 위한 고도의 가능성을 가지고 있다. 여기에 덧붙여, 뇌의 일부가 손상되어도 그 부분이 다루어야 할 과제를 다른 부분이 대신할 수 있다. 그러나 일단 반구가 편재화되었을 때 특정 영역에 손상이 가해지면 기존 영역이 담당하는 기능과 똑같은 수준까지 회복되기는 힘들다.

출생 당시, 반구는 이미 전문화되어 있다. 대부분의 신생아는 언어음을 듣거나 긍정적인 각성 상태를 나타낼 때 좌반구에서 더 큰 ERP 뇌파 반응을 보인다. 이와는 대조적으로,

---

[1] 눈은 예외다. 양쪽 눈에서 오른쪽 망막의 메시지는 우반구로 가고 왼쪽 망막의 메시지는 좌반구로 간다. 따라서 양쪽 반구 모두 양쪽 눈으로부터 시각정보를 얻는다.

우반구는 비언어음이나 부정적인 반응을 일으키는 자극(예 : 신맛이 나는 액체)에 더 강하게 반응한다(Fox & Davidson, 1986; Hespos et al., 2010).

그럼에도 불구하고 뇌손상을 입은 아동과 성인에 관한 연구는, '생물학적 영향과 환경적 영향' 글상자에 요약되어 있듯이, 어린 뇌의 상당한 가소성에 대한 극적인 증거를 제공한다. 더욱이 초기 경험은 대뇌피질의 조직화에 큰 영향을 미친다. 예를 들어 영아기나 아동기에 수화(공간적 기술)를 배운 청각장애 성인들은 정상 성인들보다 언어를 처리하는 데 우반구에 더 많이 의존한다(Neville & Bavelier, 2002). 그리고 언어발달이 빠른 걸음마기 유아들은 발달이 더 느린 또래들보다 언어에 대한 좌반구의 전문화를 더 많이 보여준다(Luna et al., 2001; Mills et al., 2005). 명백하게, 언어와 그 외의 기술들을 습득하는 과정은 편재화를 가속화시킨다.

요약하면, 생의 초기 몇 년 동안에 뇌는 일생을 통틀어 가소성이 가장 높다. 과잉 형성된 시냅스 연결은 뇌의 가소성을 도와주며, 따라서 어린 아동의 생존에 필수적인 학습 능력을 지원한다(Murphy & Corbett, 2009). 그리고 처음부터 피질은 반구 전문화를 위해 프로그램되어 있기는 하지만, 경험이 반구 전문화의 발달속도와 성공에 크게 영향을 준다.

뇌 발달의 민감기

뇌가 가장 급성장하는 기간에 뇌에 자극을 가해주는 것은 필수적이다. 동물 연구는 초기의 극단적인 감각 박탈이 영구적인 뇌손상과 기능 손실을 초래한다는 것을 보여준다. 이러한 결과는 뇌 발달에 민감기가 있다는 것을 입증한다. 예컨대 초기의 다양한 시각 경험은 뇌의 시각 중추가 정상적으로 발달하는 데 꼭 필요하다. 만약 생후 1개월의 새끼고양이에게 3, 4일 정도 단기간만 빛을 박탈해도 뇌의 시각 영역은 퇴화한다. 만약 새끼고양이를 생후 넷째 주에 일주일 동안 혹은 그 이상 어둠 속에 있게 하면 그 손상은 심각하고 영구적으로 지속된다(Crair, Gillespis, & Stryker, 1998). 초기 환경의 일반적인 질은 뇌 성장에 전반적으로 영향을 미친다. 태어날 때부터 신체적·사회적으로 자극이 풍부한 환경에서 자란 동물을 고립되어 자란 동물과 비교해보면 자극을 많이 받은 동물의 뇌가 훨씬 밀도 높은 시냅스 연결들을 갖는다(Sale, Berardi, & Maffei, 2009).

인간의 증거 : 박탈된 초기 환경의 희생자들 윤리적인 이유로

인해, 우리는 영아들의 정상적인 양육 경험을 의도적으로 박탈해 그들의 뇌와 능력에 미치는 영향을 관찰할 수는 없다. 그 대신, 아동이 초기에는 박탈된 환경의 희생자였으나 나중에는 자극이 풍부하고 민감한 양육에 노출된 자연 실험에 의지하는 수밖에 없다. 이와 같은 연구들은 위에서 기술된 동물에서의 증거와 일관되는 증거들을 밝혀 왔다.

예컨대 아기들이 두 눈에 백내장을 지니고 태어났을 때, 4~6개월 이내에 교정 수술을 받은 영아들은 정상적으로 발달하기 위해서는 우반구에 초기의 시각적 입력을 요구하는 얼굴지각의 미묘한 측면을 제외하고는 시각에서 급속한 증진을 보여준다(Maurer & Lewis, 2013; Maurer, Mondloch, & Lewis, 2007). 백내장 수술이 영아기 이후로 미뤄질수록 시각 기술에서의 회복은 덜 완벽하게 이루어진다. 그리고 만일 수술이 성인기까지 지연된다면, 시각은 심각하고 영구적으로 손상된다(Lewis & Maurer, 2005).

고아원에서 자라다가 이후 정상적인 가정 양육에 노출된 영아들에 대한 연구들은 심리적 발달에 대한 전반적으로 자극적인 환경의 중요성을 확실히 보여준다. 한 연구에서 연구자들은 출생 시부터 3.5세 사이에 극도로 박탈된 루마니아의 고아원에서 영국 가정으로 입양된 아동들로 이루어진 대규모 표본의 경과를 추적했다(Beckett et al., 2006; O'Connor et al., 2000; Rutter et al., 1998, 2004, 2010). 영국에 처음 도착했을 때, 아동들 대부분은 발달의 모든 영역에서 뒤처져 있었다. 인지적인 격차 해소는 생후 6개월 이전에 입양된 아동들의 경우 인상적이었는데, 그들은 아동기와 청소년기 동안 평균 지능 점수에 도달했으며 조기 입양된 영국 출생 아동 집단과 유사하게 수행했다.

그러나 시설에서 보낸 시간이 6개월 이상이었던 루마니아 아동들은 심각한 지적 결손을 보였다(그림 4.6 참조). 비록 그들이 아동 중기와 청소년기 동안 지능검사에서 향상을 보였음에도 불구하고, 그들은 기본적으로 평균 아래에 머물렀다. 그리고 대부분의 아동들은 부주의, 과잉활동성, 다루기 힘든 행동, 자폐유사 증상(사회적 흥미 부족, 상동증적 행동)과 같은 적어도 세 가지 심각한 정신건강 문제를 보였다(Kreppner et al., 2007, 2010).

신경생리학적 연구 결과들은 조기의, 지속적인 시설 양육은 대뇌피질, 특히 복잡한 인지 및 충동 통제를 관장하는 뇌 부위인 전두엽에서의 전반적으로 감소된 크기와 감소된 활동을 초래한다는 것을 보여준다. 전두엽과 정서의 통제에

생물학적 영향과 환경적 영향

뇌의 가소성 : 뇌손상을 입은 아동과 성인에 대한 연구로부터의 통찰

생의 초기 몇 년 동안 뇌의 가소성이 높다. 어린 뇌는 성숙한 뇌가 할 수 없는 방식으로 특정 기능에 전문화되도록 영역들을 재편성할 수 있다. 영아기와 초기 아동기에 뇌손상을 입었던 성인은 나중에 손상을 입은 성인보다 인지적 손상을 적게 보인다(Huttenlocher, 2002).

그럼에도 불구하고 어린 뇌가 완벽하게 유연한 것은 아니다. 손상을 입었을 때, 뇌의 기능은 타협한다. 가소성의 정도는 손상 시의 연령, 손상 부위, 기술 영역을 포함해 다수의 요인과 관련이 있다. 더욱이 가소성은 아동기에 국한된 것이 아니다. 성숙한 뇌에서도 손상 후 약간의 재조직화가 일어난다.

영아기와 초기 아동기 뇌의 가소성

태어나기 전이나 생후 6개월 이내에 대뇌피질에 손상을 입은 아동들을 대상으로 한 대규모 연구에서, 이들이 청소년기가 될 때까지 언어와 공간기술을 반복해서 평가했다(Stiles, Reilly, & Levine, 2012; Stiles et al., 2005, 2008, 2009). 아동들은 모두 초기에 뇌발작이나 뇌출혈을 경험했다. fMRI와 PET 기법은 손상의 정확한 부위를 밝혀냈다.

좌반구 손상이든 우반구 손상이든 상관없이, 아동들은 언어발달의 지연을 보였는데 그것은 약 3.5세가 될 때까지 지속되었다. 어느 반구든 손상이 가해지면 초기 언어 능력이 영향을 받는다는 사실로 볼 때, 처음에 언어 기능은 뇌에 전반적으로 분포되어 있는 것임을 알 수 있다. 그러나 5세가 되었을 때 아동들은 단어와 문법기술을 습득했다. 좌반구든 우반구든 손상되지 않은 영역이 이러한 기능을 대체했다.

언어와 비교해볼 때, 공간기술이 초기 뇌손상으로 더 많이 훼손되었다. 학령전기에서부터 청소년기까지의 아동들에게 디자인을 베껴 보라고 했을 때, 일찍이 우반구에 손상을 입은 아동들은 전체적인 처리, 즉 정확하게 전체 형태를 표현하는 것에 어려움을 겪었다. 반면에 좌반구에 손상을 입은 아동들은 기본적인 형태는 재현할 수 있었지만 세부적인 부분들은 생략했다. 그러나 아동들은 나이가 들어 가면서 그림 실력이 향상됐다. 반면에 뇌손상을 입은 성인들

은 그러지 못했다(Stiles, Reilly, & Levine, 2012; Stiles et al., 2003, 2008, 2009).

어린 시절 뇌손상 후의 회복은 공간기술에서보다 언어에서 분명히 더 잘 이루어진다. 그 이유는 무엇일까? 인간 진화의 역사에서 공간적 처리 능력이 언어 능력보다 더 오래된 것이어서 태어날 때 더 편재화되어 있기 때문인 것으로 연구자들은 추측한다(Stiles et al., 2008). 그러나 언어와 공간기술 모두에서 이른 시기에 입은 뇌손상은 나중에 입은 뇌손상에 비해 충격이 훨씬 덜하다. 요약하면 어린 뇌는 대단히 유연하다는 것이다.

어린 뇌의 높은 가소성으로 인한 대가

언어와 공간기술(언어 능력에 비해서는 뒤떨어지지만)의 놀라운 회복에도 불구하고, 이른 나이에 뇌손상을 입은 아동들은 학교에 다니는 동안 수많은 복잡한 정신 능력에서 결함을 보인다. 예를 들어 그들의 읽기와 수학 진도는 느리다. 그리고 뇌손상을 입지 않은 또래들과 비교해서 이야기하는 것이 더 단순하다(Anderson, Spencer-Smith, & Wood, 2011; Stiles, Reilly, & Levine, 2012).

뇌의 높은 가소성은 대가를 요구한다고 연구자들은 설명한다. 건강한 뇌의 부위가 손상된 부분의 기능을 대체하게 되면 '혼잡 효과'가 발생한다. 다수의 과제가 평소보다 작은 용량의 뇌 조직에 의해서 수행되어야 하기 때문이다(Stiles, 2012). 복잡한 정신 능력들을 수행하려면 대뇌피질 내에 상당한 공간이 필요하기 때문에 많은 제약을 받게 된다.

성인기 뇌의 가소성

훨씬 제한적이기는 하지만, 성인기에도 뇌의 가소성이 일어날 수 있다. 예를 들어 성인 뇌졸중 환자들은 특히 언어와 운동기술의 자극에 반응해 종종 상당한 회복세를 보인다. 영구히 손상된 영역 부근의 구조나 혹은 그와 반대편 대뇌

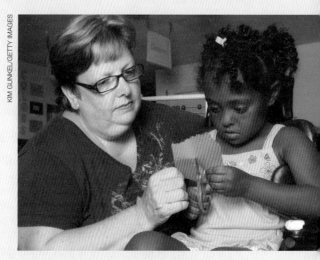

영아기에 뇌손상을 입은 이 학령전기 아동은 어린 시절의 뇌는 가소성이 크기 때문에 대량의 손상을 면할 수 있었다. 그녀의 선생님은 기본 도형을 오리도록 격려하고 있다. 이는 초기 대뇌 손상 이후에 언어보다는 더 많이 손상되어 온 공간기술을 강화한다.

반구의 구조가 손상된 능력을 지원하기 위해서 재조직되는 것이 뇌영상 기법으로 밝혀졌다(Karla & Ratan, 2007; Murphy & Corbett, 2009).

영아기와 아동기 동안 뇌 성장의 목표는 필수적인 기술을 익힐 수 있도록 해주는 신경 연결들을 형성하는 것이다. 나이가 들면, 전문화된 뇌 구조가 자리 잡는다. 성인의 뇌는 적은 수의 새로운 뉴런을 생성할 수 있다. 그리고 개인이 적합한 과제를 연습하면, 뇌는 기존의 시냅스를 강화시키고 새로운 시냅스를 형성한다.

그럼에도 불구하고 뇌손상이 광범위할 때, 아동과 성인 모두 회복은 매우 어렵다. 또한 손상이 특정 영역(예 : 전두엽)에 일어날 때, 회복 또한 제한된다(Pennington, 2015). 사고에서의 실행적 역할과 뇌 전반에 걸친 연결 때문에 전두엽의 능력은 다른 피질 영역으로 대체되기 어렵다. 결과적으로 초기 전두엽 손상은 대부분 지속적이고 전반적인 지적 결핍을 야기한다(Pennington, 2015). 명백하게, 대뇌 가소성은 복잡하며 뇌 전반에 걸쳐 동일하지 않은 과정이다.

관여하는 다른 뇌구조를 연결하는 신경 섬유들도 수축된다 (Hodel et al., 2014; McLaughlin et al., 2014; Nelson, 2007). 그리고 긍정적 정서를 좌우하는 좌반구의 활성화는 부정적인 정서를 좌우하는 우반구의 활성화와 비교해볼 때 상대적으로 축소된다(McLaughlin et al., 2011).

부가적인 증거는 어린 시절 고아원에서 박탈된 양육으로 인한 만성적인 스트레스가 뇌의 스트레스 관리 능력을 방해함으로써 신체적 · 정서적 건강에 장기적인 결과를 초래하는 것임을 보여준다. 또 다른 연구에서는 캐나다 가정으로 입양된 아동들의 발달을 추후 조사했다. 이 아동들은 루마니아 시설에서 생후 첫 8개월 혹은 그 이상의 기간을 지냈다 (Gunnar & Cheatham, 2003; Gunnar et al., 2001). 출생 후 얼마 지나지 않아 입양되었던 또래들과 비교했을 때, 이 아동들은 스트레스에 극도로 민감한 반응을 보였다. 이 반응의 지표는 타액에 스트레스 호르몬인 **코르티솔**의 농도가 높은 것이다. 이것은 질병, 신체 성장의 지체 및 주의력 결핍, 분노, 충동에 대한 통제력 부족을 포함하는 학습과 행동의 문제와 관련된 생리적 반응이다. 입양 후 6년 반이 지난 후에도 고아원에 더 오래 있었던 아동들의 코르티솔 수준이 더 높았다.

다른 연구에서도, 미국 가정에 의해 이후에 입양된 세계

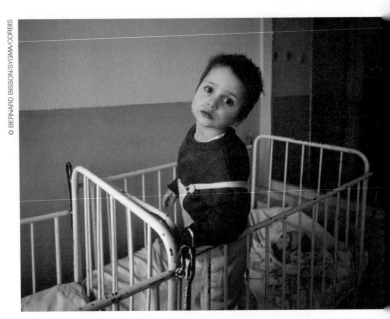

이 루마니아 아동은 성인과의 접촉이나 자극을 거의 경험하지 못한다. 이 아동이 이러한 환경에 노출되는 시간이 길어질수록 그의 대뇌 손상의 위험과 발달의 모든 영역에서의 지속된 손상 위험은 커진다.

다른 지역의 고아원 아동들은 비정상적으로 낮은 코르티솔 수준을 보였는데 이는 무딘 생리학적 반응으로서, 스트레스를 관리하는 능력에서의 손상을 보여주는 것이다(Koss et al., 2014; Loman & Gunnar, 2010). 지속되는 비정상적으로 높거나 낮은 코르티솔 수준은 이후의 학습, 정서, 내현화 및 외현화 행동 문제와 관련된다.

적절한 자극 방금 기술한 고아원 아동들과는 달리, 모니카와 케빈 부부가 생후 16개월 때 캄보디아에서 입양했던 그레이스는 상당히 좋은 발달을 보였다. 2년 먼저 그들은 그레이스의 오빠인 엘리를 입양했다. 엘리가 두 살이었을 때, 모니카와 케빈은 아이의 생모에게 밝고 행복한 아이의 모습을 담은 사진과 편지를 보냈다. 그다음 날, 그녀는 울먹이는 목소리로 입양기관에 자기 딸을 엘리와 그의 미국인 가족에게 보낼 수 없겠냐고 물어 왔다. 그레이스의 초기 환경은 대단히 빈곤했지만 아이의 생모가 부드럽게 안아 주고, 따스하게 말하고 모유를 먹이는 등, 사랑으로 보살폈으므로 만회할 수 없을 정도의 뇌손상은 방지할 수 있었을 것이다.

Bucharest 조기개입 프로젝트에서, 136명의 시설에 수용된 루마니아 영아들은 6~31개월 사이에 보통의 입양 환경 혹은 양질의 입양 환경 둘 중 하나에 무선적으로 할당되었다. 특별하게 훈련받은 사회복지사들이 부모들에게 상담과 지원을 제공했다. 2.5~12세 사이의 후속연구 결과 양질의 돌

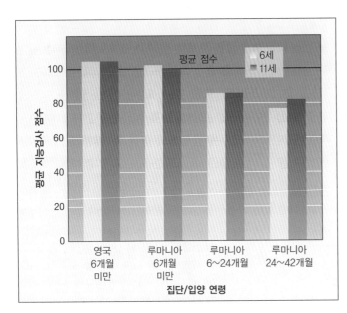

그림 4.6 영국과 루마니아 입양아들의 입양 연령과 6세 및 11세 때의 인지 손상과의 관계 생후 첫 6개월 이내에 루마니아 고아원에서 영국 입양 가정으로 옮겨 온 아동들은 영국에서 초기에 입양된 아동들만큼 잘 적응했다. 이것은 그들이 초기의 극단적인 박탈로부터 충분히 회복되었음을 보여준다. 생후 6개월 이후에 입양된 루마니아 아동들은 평균 수준 이하로 수행했다. 그리고 비록 2세 이후 입양된 아동들은 6세와 11세 사이에 수행 증진을 보였음에도 불구하고 심각한 지적 손상이 지속적으로 나타났다(Beckett et al., 2006).

봄집단은 시설 수용 집단보다 지능검사 점수, 언어적 기술, 정서적 반응성, 사회적 기술, 대뇌 발달의 EEG 및 ERP 평가, 적응적인 코르티솔 수준에서 더 뛰어났다(Fox, Nelson, & Zeanah, 2013; Nelson, Fox, & Zeanah, 2014; McLaughlin et al., 2015). 초기의 민감기와 일관되게, 모든 측정치에서, 초기의 경험은 이후의 결과를 예측했다.

빈곤한 환경에 덧붙여, 아동의 현재 능력을 넘어서는 기대로 아동을 압도하는 환경 또한 뇌의 잠재력을 침해한다. 최근 들어 '교육적' 태블릿과 DVD, 값비싼 조기학습센터들이 확산되고 있다. 그곳에서 영아들은 교육용 글자, 숫자 플래시 카드 등으로 훈련을 받고, 그보다 약간 나이 든 걸음마기 유아들은 읽기, 수학, 과학, 미술, 음악, 체육 등 본격적인 교육 과정을 이수받는다. 이런 프로그램들이 보다 똑똑하고 영리한 '영재 아기'를 만들어낸다는 증거는 없다(Principe, 2011). 오히려 영아들에게 아직 받아들일 채비가 되어 있지 않은 자극을 퍼붓는 것은 영아들을 질리게 만들어서 학습에 대한 흥미를 위협하고 자극 박탈과 흡사한 조건을 만들게 될 수 있다!

그렇다면 과연 어린 시절에 적절한 자극을 어떻게 규정할 수 있는가? 이 질문에 대답하기 위해서 연구자들은 뇌 발달의 두 가지 유형을 구분한다. 첫째, **경험-기대 뇌 성장**(experience-expectant brain growth)은 어린 뇌의 급속하게 발달하는 조직을 지칭하는 것이다. 이것은 사물을 보고 만질 수 있는 기회, 언어 및 다른 소리를 들을 수 있는 기회, 돌아다니면서 주변 환경을 탐색할 수 있는 기회와 같은 일상적인 경험에 의존한다. 수백만 년에 걸친 진화의 결과로 모든 영아, 걸음마기 유아, 어린 아동들의 뇌는 이런 경험들과 만날 것을 기대한다. 만약 그럴 수 있다면 아이들은 정상적으로 자란다. 두 번째 뇌 발달 유형은 **경험-의존 뇌 성장**(experience-dependent brain growth)으로서 우리의 일생 동안 일어난다. 이것은 개인과 문화에 따라 차이가 많이 나는 특수한 학습 경험의 결과로서, 기존 뇌 구조의 부가적인 성장과 정교화로 이루어진다(Greenough & Black, 1992). 읽기와 쓰기, 컴퓨터 게임하기, 복잡한 융단을 짜기, 바이올린을 연주하기 등이 이에 해당한다. 바이올린 연주자의 뇌는 시인의 뇌와 어떤 점에서 다르다. 왜냐하면 그들은 오랫동안 뇌의 다른 영역을 훈련하기 때문이다(Thompson & Nelson, 2001).

경험-기대 뇌 성장은 일찍이 자연스럽게 일어난다. 양육자가 아기와 학령전 아동에게 적절한 놀잇감을 제공해주고, 식사를 함께하고, 까꿍놀이를 함께하며, 잠자리에 들기 전에 목욕을 하고, 그림책에 관해 이야기하고, 노래를 부르는 등의 일과를 날마다 즐길 수 있도록 해줄 때 가능하다. 그 결과

경험-기대 뇌 성장은 일상적이고 자극이 풍부한 경험을 통해서 자연스럽게 일어난다. 경험은 경험-의존 대뇌 성장을 위한 기반을 제공한다. 예컨대 ABC를 익히는 것은 어린 대뇌가 최적으로 성장하기 위해 필요한 일상의 경험에의 접근과 관련될 수 있다.

로 나타나는 성장은 차후에 일어날 경험-의존 발달의 기초를 제공한다(Belsky & de Haan, 2011; Huttenlocher, 2002). 생애 첫 몇 년 동안이 책 읽기, 악기 연습 혹은 신체활동과 같은 기술 숙달이 집중적인 훈련에 좌우되는 민감기라는 그 어떤 증거도 없다. 조기 학습을 서두르는 것은 뇌의 신경 회로를 압도함으로써 뇌에 손상을 입히고, 건강한 삶의 시작에 필요한 일상의 경험에 대한 대뇌의 민감성을 경감시킬 수 있다.

각성상태의 변화

급속한 뇌 성장으로 출생에서부터 2세 사이에 수면과 각성의 조직화가 상당히 변화하며, 보채고 우는 시간도 줄어든다. 신생아는 하루 종일 16~18시간 정도 잠을 잔다. 전체 수면시간은 서서히 줄어든다. 평균적인 2세 아동은 아직 12~13시간의 수면이 필요하다. 하지만 잠자는 시간이 줄어들고 깨어 있는 시간이 늘어나게 되면서, 수면-각성 패턴이 점차 밤낮의 주기에 일치하게 된다. 18개월 무렵이 되면 대부분의 영아는 낮잠을 한 번만 잔다(Galland et al., 2012). 3~5세 사이에, 낮잠은 줄어든다.

이처럼 변화하는 각성 패턴은 뇌 발달에 기인한 것이지만, 또한 사회적 환경의 영향을 받는다(Super & Harkness, 2002). 예컨대 네덜란드 부모들은 수면 규칙성을 미국 부모보다 더 중요하게 생각한다. 그리고 미국 부모들은 예측가능한 수면 스케줄을 자연스럽게 출현하는 것으로 간주하는 반면, 네덜란드 부모들은 그와 같은 스케줄이 반드시 훈련되어야 하는 것으로 본다(Super & Harkness, 2010; Super et al., 1996). 6개월경 네덜란드 아기들은 미국 영아들보다 매일 2시간 일찍 잠자리에 들고 잠을 잔다.

서구 국가에서 많은 부모들은 아기들이 약 4개월 무렵 잠들기 전에 고형식을 먹임으로써 밤새 잘 수 있도록 해준다. 그러나 낮 동안 더 많은 우유나 고형식을 먹은 영아들은 그들이 밤에 덜 먹음에도 불구하고 깨지 않는 것은 아니다(Brown & Harries, 2015). 어린 영아들이 밤 동안 자도록 하기 위해 시도하는 것은 그들의 신경학적 능력을 교란시킨다 — 생애 첫해의 중반이 될 때까지 멜라토닌이 분비되지 않는다. 멜라토닌은 뇌 속의 호르몬으로 낮 동안보다 밤에 훨씬 더 졸음을 촉진한다(Sadeh, 1997).

'문화적 영향' 글상자에서 보여주듯이, 수면을 촉진하기 위해 유아를 혼자 두는 것은 서구를 제외한 세계의 다른 곳에서는 극히 드문 현상이다. 아기가 부모와 함께 잘 때, 1~8개월까지 영아의 평균 수면기간은 3시간 정도로 일정하게 유지된다. 생후 1년이 다 될 무렵에서야 비로소 REM 수면(보통 각성을 유발하는 상태)이 줄어들면서, 영아는 성인과 같은 수면-각성 주기의 방향으로 이동한다(Ficca et al., 1999).

밤새 잠을 자게 된 후에도 영아들은 계속해서 가끔 깬다. 오스트레일리아, 영국, 이스라엘에서의 수면 관찰과 부모들의 설문지 조사에서 밤에 깨는 것은 1.5~2세 사이에 점차 증가했다(Armstrong, Quinn, & Dadds, 1994; Scher, Epstein, & Tirosh, 2004; Scher et al., 1995). 제6장에서 보게 되겠지만, 걸음마기의 도전들, 즉 친숙한 양육자로부터 벗어나서 행동 반경을 좀 더 넓히는 능력과 타인과 분리된 존재로서 자기를 보다 분명하게 인식하는 능력 등은 불안을 불러일으키고 잠을 설치거나 칭얼거리게 만든다. 부모가 다독여주면 그런 행동은 잦아든다.

마지막으로, 잠자리 습관은 생애 두 번째 해처럼 이른 시

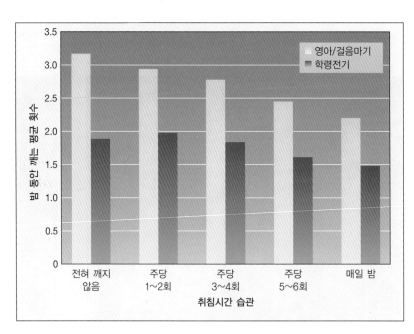

그림 4.7 영아기/걸음마기 및 학령전기 동안 취침시간 습관과 밤 동안 깨기 간 관련성 13개 서구 및 아시아 국가 어머니들의 대규모 표집에서, 보다 일관되게 취침시간 습관을 사용한다고 보고할수록 영아, 걸음마기 아동 및 학령전기 아동들이 밤에 덜 자주 깨어난다고 보고했다. 쉽게 잠드는 것과 밤잠의 양에서도 유사한 연구 결과가 보고되었다(J. A. Mindell, A. M. Li, A. Sadeh, R. Kwon, & D. Y. T. Goh, 2015, "Bedtime Routines for Young Children: A Dose-Dependent Association with Sleep Outcomes," Sleep, 38, p. 720. Copyright © 2015 by permission of the Associated Professional Sleep Societies, LLC. Reprinted by permission.).

문화적 영향

영아 수면 환경의 문화적 다양성

새로 아기가 태어나기를 기다리는 동안 북미의 부모들은 대개 아기 방을 잠자는 곳으로 꾸민다. 몇십 년 동안 아동 양육의 전문가들은 밤 시간에는 부모와 아기가 서로 떨어져 잘 것을 강하게 권장했다. 예를 들면 벤저민 스포크 박사의 『아기와 육아(Baby and Child Care)』 최신판은 생후 3개월까지는 영아를 아기 방으로 옮겨 주도록 권장한다. "6개월이 되면 규칙적으로 부모와 함께 자는 아이들은 이러한 배치에 의존적으로 될 수 있다"(Spock & Needlman, 2012, p. 62)고 설명한다. 그리고 미국소아학회(American Academy of Pediatrics, 2012b)는 부모-영아가 함께 자는 것이 영아 돌연사 증후군(sudden infant death syndrome, SIDS)과 질식의 위험을 증가시킨다는 논쟁적인 경고에 대해 논쟁해 왔다.

그러나 세계 인구의 약 90%에서는 부모와 영아가 '함께 자는 것'이 일반적이다. 일본, 과테말라의 마야족, 캐나다 북서부의 이누이트족, 아프리카 보츠나와의 쿵족과 같이 다양한 문화에서 부모와 아이는 함께 잔다. 일본과 한국의 아동들은 영아기와 초기 아동기 동안 대개 어머니 곁에서 자며, 많은 아동들이 청소년기에 이를 때까지 부모나 다른 가족구성원들과 계속 함께 잔다(Yang & Hahn, 2002). 마야족 가운데서 어머니와 영아가 함께 자는 것이 방해받는 것은 동생이 태어나는 경우이다. 동생이 태어나면 손위 아이는 아버지 곁으로 옮기거나 같은 방에서 다른 침대를 사용하게 된다(Morelli et al., 1992). 함께 자는 것은 북미의 하위 문화에서도 흔하다(McKenna & Volpe, 2007). 아프리카계 미국인 아동들은 자주 부모와 함께 잠이 들며 밤의 일부 동안 혹은 밤새도록 함께 자기도 한다(Buswell & Spatz, 2007).

문화적 가치는 영아의 잠자리 배치에 강력한 영향을 미친다. 한 연구에서 연구자들은 잠자는 습관에 관해 과테말라 마야족 어머니들과 미국의 중류층 어머니들을 인터뷰했다. 마야족 어머니들은 집합주의 관점을 강조했다. 그들은 함께 자는 것이 친밀한 부모-자녀 유대관계를 형성하는 데 도움이 된다고 설명했다. 이 유대관계는 아동이 주위 사람들의 방식을 학습하는 데 필수적이라고 했다. 이와는 대조적으로 미국 어머니들은 조기 독립의 중요성을 언급하고, 나쁜 습관을 방지하고, 자기 자신의 사생활을 보호하면서, 개인주의 관점을 전했다(Morelli et al., 1992).

과거 20년 동안 함께 자는 관행이 북미와 다른 서구 국가들에서도 급격하게 증가했다. 미국 영아의 약 11%가 거의 매일 양육자와 함께 자며 30~35%가 종종 그렇다(Buswell & Spatz, 2007; Colson et al., 2013). 찬성하는 이들은 그것이 영아가 잠드는 것을 도우며, 모유 수유를 보다 용이하게 만들고, 유대감을 나누는 시간을 제공한다고 말한다(McKenna & Volpe, 2007).

밤에 함께 자는 아기들은 혼자 자는 아기들보다 젖을 3배 정도 더 오래 먹는다. 영아가 어머니 옆에서 함께 잘 때 젖을 먹기 위해 더 자주 깨기 때문에 영아돌연사증후군(SIDS)의 위험이 있는 아기를 안전하게 보호하는 데 실제로 도움이 될 수 있다고 어떤 연구자들은 믿는다(제3장 참조). 캄보디아, 중국, 일본, 한국, 태국, 베트남을 포함해 함께 잠자기가 널리 퍼져 있는 아시아 문화권에서 SIDS는 드물다(McKenna, 2002; McKenna & McDade, 2005).

비판자들은 영아와 부모가 함께 자는 것은 정서적 문제, 특히 과도한 의존성을 조장할 수 있다고 경고한다. 그러나 임신 말기에서부터 18세에 이르기까지의 장기적인 종단연구에 의하면, 적응의 모든 측면에서 어린 시절에 부모와 함께 잠자기를 했던 아동들과 그렇지 않았던 아동들 사이에 차이가 없다는 것이다(Okami, Weisner, & Olmstead, 2002). 또 다른 심각한 염려는 영아들이 부모의 몸에 깔리거나 혹은 푹신한 침구 등으로 질식하지 않을까 하는 것이다. 비만한 부모나 혹은 술, 담배나 불법 약물을 하는 부모들은 잠자는 아기들에게 심각한 위험을 초래한다. 침대 덮개와 두꺼운 이불 등을 사용하는 경우 또한 위험하다(American Academy of Pediatrics, 2012b; Carpenter et al., 2013).

그러나 적절한 예방조치를 하면 부모와 영

베트남 어머니와 영아가 함께 자는 모습. 함께 잠자기는 세계 도처에서 흔한 문화적 습관이다. 가족은 단단한 나무침상 등에서 잠을 자는데, 그것이 함께 자는 아이가 푹신한 침대에서 숨이 막힐 위험으로부터 보호해준다.

아는 안전하게 함께 잘 수 있다(Ball & Volpe, 2013). 함께 잠자기가 널리 퍼져 있는 문화에서, 부모와 영아는 대체로 딱딱한 바닥에서 가볍게 덮고 잔다. 딱딱한 매트리스, 마루에 까는 요, 나무침상에서 함께 자거나 아니면 영아는 부모의 침대 옆에 놓인 요람이나 해먹에서 잔다(McKenna, 2002). 또한 영아들은 바로 누워 잔다. 등을 대고 자면 호흡이 곤란해질 때 쉽게 깰 수 있으며, 부모와 아기가 자주 쉽게 의사소통하는 데 도움이 된다.

마지막으로 모유 수유를 하는 어머니들은 대개 다른 수면 자세를 취한다—그들은 영아와 얼굴을 마주보고 무릎으로 아기의 발을 받치고 팔로 아기의 머리를 감싼다. 이러한 자세는 수유를 촉진시키는 것 이외에도 영아가 이불이나 베개 아래로 미끄러지는 것을 예방한다(Ball, 2006). 이러한 자세는 또한 유인원 암컷에게서도 관찰되므로 연구자들은 이것이 영아의 안전을 증진시키기 위해 진화되어 왔을 수 있다고 믿는다. 몇몇 연구자들은 따로 잠자는 것에 대해 과도하게 강조하는 것은 위험한 결론을 가져올 수 있다고 가정한다(Bartick & Smith, 2014). 소아과 의사들은 문화적 가치와 동기를 채택하면서 영아의 수면 환경 안전성을 논하는 것이 중요하다고 본다(Ward, 2015). 다음으로 그들은 안전한 수면 환경을 만드는 틀 내에서 잘 작동할 수 있다.

묻고 대답하기

연관지어보기 너무 적은 자극과 과도한 자극을 하는 것 모두가 어떻게 생애 초기 동안 인지적·정서적 발달을 손상시킬 수 있는지 설명해보라.

적용해보기 영아 능력 향상 프로그램 중에서 여러분은 다음 중 어떤 것을 선택할 것인가? 부드럽게 말하기와 접촉, 사회적 게임을 강조하는 프로그램을 선택할 것인가? 아니면 읽기와 숫자연습과 고전음악 수업을 포함하는 프로그램을 선택하겠는가?

생각해보기 부모와 영아가 함께 자는 것에 대한 여러분의 태도는 어떤 것인가? 그런 태도가 여러분의 문화적 배경에 의해 영향을 받는가? 그 이유를 설명해보라.

기에 수면을 촉진한다. 한 연구에서, 서구 및 아시아 13개국의 10,000명의 어머니들은 그들의 잠자리 습관과 그 자녀의 출생~5세까지의 수면의 질에 대한 질문을 받았다. 일관된 잠자리 습관, 예컨대 영아기 동안 다독이기와 노래 불러주기, 걸음마기와 아동기 동안 이야기 책 읽어주기 등과 같은 행동들은 보다 쉽게 잠드는 것, 덜 깨는 것, 전 연령 시기 동안 밤 시간에 잘 자는 것과 관련이 있었다(그림 4.7 참조)(Mindell et al., 2015). 자녀가 영아기 및 걸음마기 동안에 규칙적인 잠자리 습관을 형성한 어머니들은 아동 초기에 그와 같은 습관을 더 잘 유지하는 경향이 있었다.

초기 신체 성장에 영향을 미치는 요인

4.4 유전과 영양섭취 모두 초기 신체적 성장에 기여한다는 증거를 제시하라.

발달의 다른 측면과 마찬가지로 신체 성장은 유전적 요인과 환경적 요인 사이의 지속적이고 복잡한 상호작용의 결과이다. 유전, 영양, 정서적 안녕 모두가 초기 신체 성장에 영향을 미친다.

유전

일란성 쌍생아는 이란성 쌍생아보다 신체 크기가 훨씬 더 유사하기 때문에, 우리는 유전이 신체 성장에 중요하다는 것을 알고 있다(Dubois et al., 2012). 식사와 건강이 적절한 경우 키와 신체 성장속도는 주로 유전에 의해 결정된다. 실제로 영양 부족, 질병과 같은 부정적인 환경 영향이 심각하지 않은 한, 일단 조건이 개선되면 아동과 청소년은 전형적으로 성장 회복(catch-up growth), 즉 유전적인 영향을 받는 성장 경로로의 복귀를 보여준다. 그러나 뇌에서 심장, 소화기관에 이르기까지 많은 장기들은 영구적으로 손상을 받을 수 있다(제3장에서 태아기 부적절한 영양상태의 결과는 장기적인 건강

에 영향을 미친다고 한 것을 기억하라).

유전적 구성은 몸무게에도 영향을 미친다. 입양된 아동들의 체중은 입양한 부모의 체중보다는 생물학적 부모의 체중과 더욱 강한 상관을 갖는다(Kinnunen, Pietilainen, & Rissanen, 2006). 동시에 환경, 특히 영양섭취는 특별히 중요한 역할을 한다.

영양섭취

아기의 뇌와 신체가 급속하게 성장하기 때문에 생후 첫 2년 동안 발달에서 영양섭취는 특히 중요하다. 몸무게 1kg당 영아는 성인보다 2배나 많은 에너지를 필요로 한다. 유아의 전체 칼로리 섭취 중 25%는 성장에 사용된다. 게다가 아기들은 신속하게 발달하는 기관들이 적절히 기능할 수 있도록 하기 위해 여분의 칼로리가 더 필요하다(Meyer, 2009).

모유 수유 대 우유병 수유 아기들은 충분한 음식이 필요할 뿐만 아니라 제대로 된 음식을 필요로 한다. 초기 영아기에 모유 수유는 아기들의 필요에 가장 이상적이며 아기용 우유는 모유를 모방한 것이다. 144쪽의 '배운 것 적용하기'는 주요 영양과 건강에서 모유 수유의 장점을 요약한다.

이런 이점 때문에 비록 세계의 빈곤지역이라고 할지라도 모유 수유를 한 아기들은 영양실조가 될 가능성이 훨씬 낮으며, 생후 첫 1년 동안에 생존할 확률이 6~14배 정도 더 높다. 세계보건기구(WHO)는 2세가 될 때까지는 모유 수유를 하도록 권장한다. 생후 6개월부터는 고형식을 병행한 모유 수유를 장려한다. 이런 관행들이 널리 보급된다면 해마다 80만 명 이상의 영아들을 살릴 수 있을 것이다(World Health Organization, 2015f). 불과 몇 주 동안만이라도 모유 수유를 하는 것이 호흡기와 내장 기관을 감염으로부터 보호하는 데 도움이 된다. 개발도상국에서는 이런 질병이 어린 아동들에게 치명적일 수 있다. 또한 모유 수유를 하는 어머니들이 임신할 가능성이 낮아지므로 그로 인한 자녀들 사이의 터울이 커짐으로써, 모유 수유는 가난이 만연한 나라들에서 영아기와 아동기 사망률을 줄이는 데 주요한 요소가 된다(그러나 모유 수유가 믿을 만한 산아 제한 방법은 아님에 주목하라).

개발도상국의 많은 어머니들은 모유 수유의 혜택을 잘 알지 못한다. 아프리카, 중동, 라틴 아메리카에서 대부분의 아기들은 모유 수유를 받지만, 40% 미만의 영아들은 첫 6개월 동안만 모유 수유를 받고, 1/3은 1세 이전에 모유를 뗀다

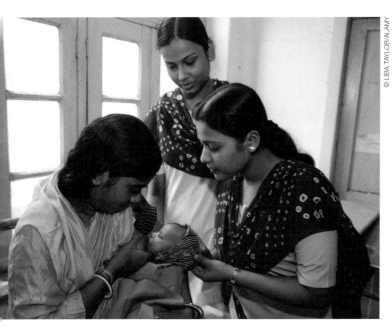

인도의 여성들이 어머니가 영아에게 모유 수유하는 것을 배우도록 돕고 있다. 모유 수유는 생명을 위협하는 감염과 조기사망으로부터 아기들을 보호하도록 도울 수 있기 때문에 개발도상국에서 특히 중요하다.

(UNICEF, 2015). 모유 대신 어머니들은 아기들에게 상업용 분유나 혹은 영양가가 낮은 미음이나 대단히 묽은 소젖이나 염소젖을 먹인다. 불결한 위생처리의 결과로 이런 음식은 오염되기 일쑤이며 종종 질병을 일으킨다. UN은 개발도상국의 모든 병원과 산과병동에 어머니가 전염성 질환(HIV나 결핵과 같은)으로 아기에게 감염시킬 위험이 없는 한 모유 수유를 장려하도록 권장해 왔다. 오늘날 대다수 개발도상국들은 신생아들의 어머니들에게 상업용 분유를 무상으로 혹은 보조금을 주면서 보급하는 것을 금하고 있다.

　일부 자연분만 운동의 결과로 모유 수유는 산업화된 나라들에서, 특히 교육 수준이 높은 어머니들 사이에서 더욱 널리 보급되었다. 오늘날 79%의 미국 어머니들은 출생 직후 모유 수유를 시작하지만, 그중 절반이 6개월이 지나면 모유 수유를 중단한다(Centers for Disease Control and Prevention, 2014a). 당연히 직장으로 빨리 되돌아가야 하는 어머니들은 아기를 빨리 이유시켜야 하기 때문이다(Smith & Forrester, 2013). 그러나 하루 종일 자녀와 함께 있을 수 없는 어머니들은 모유 수유와 우유 수유를 병행한다. 미국보건복지부(2011)는 첫 6개월 동안의 모유 수유와 적어도 1세까지 부분적인 모유 수유를 권고하고 있다.

　모유 수유를 하지 않는 여성들은 가끔 건강한 심리적 발달에 필수적인 경험을 아기들로부터 박탈하는 것은 아닌가 하고 걱정한다. 하지만 산업화된 나라들에서 모유 수유를 한 아동들과 우유병 수유를 한 아동들은 정서적 적응에서 차이가 없다(Jansen, de Weerth, & Riksen-Walraven, 2008; Lind et al., 2014). 몇몇 연구에서는 어머니의 지능, 사회경제적 지위, 그리고 다른 요인들을 통제한 다음에도 모유 수유한 아동과 청소년들이 지능검사 점수가 약간 높다고 보고한다(Belfort et al., 2013; Kanazawa, 2015). 그러나 다른 연구에서는 인지적인 이점이 나타나지 않았다(Walfisch et al., 2013).

통통한 아기들은 나중에 과체중과 비만이 될 위험이 있는가?
초기 영아기부터 티미는 먹성이 좋아서 원기왕성하게 젖을 먹고 신속하게 체중이 늘었다. 5개월 무렵 그는 부모의 접시에 있는 음식에 손을 뻗기 시작했다. 바네사는 자신이 티미에게 과도하게 수유를 해서 아이가 영구히 과체중이 될 확률을 높인 것인지 알고 싶었다.

　통통한 아기들 대다수는 걸음마기와 초기 아동기 동안 살이 빠진다. 체중 증가속도가 둔화되면서 보다 활동적이 된다. 영아와 걸음마기 유아들은 과체중이 될 위험성 없이 자유롭게 영양가 높은 음식을 먹을 수 있다. 그러나 최근의 증거에서 영아기의 급격한 체중 증가와 나중의 비만 사이에 강한 관계가 있음을 보여주고 있다(Druet et al., 2012). 이런 추세는 점점 과체중과 비만 부모의 숫자가 늘어나는 데 기인한 현상으로 볼 수도 있다. 4~24개월 자녀를 둔 미국 부모 1,500명에 대한 인터뷰 결과, 이들은 자녀들에게 정기적으로 감자튀김, 피자, 캔디, 설탕이 듬뿍 든 과일음료, 소다수 등을 먹이는 것으로 드러났다. 평균적으로, 영아는 필요로 하는 것보다 20%, 걸음마기 아동은 30%를 초과한 칼로리를 섭취하고 있었다(Siega-Riz et al., 2010). 동시에 1/3은 과일이나 야채를 전혀 먹지 않았다.

　그렇다면 부모들은 어떻게 자기 아이들이 과체중 아동이나 과체중 성인이 되는 것을 방지할 수 있을 것인가? 한 가지 방법은 생후 첫 6개월 동안 모유 수유를 하는 것이다. 모유 수유는 초기 점진적인 체중 증가, 초기 아동기 동안 더 날씬한 몸, 그리고 이후 시기에서 10~20% 낮은 비만 위협과 관련된다(Gunnarsdottir et al., 2010; Koletzko et al., 2013). 또 다른 방법은 설탕, 소금, 포화지방이 잔뜩 든 음식을 아기가 피하도록 만드는 것이다. 일단 걸음마기 아동이 걷고 기어오르고 달리는 법을 배우고 나면, 부모는 활동적인 놀이를 할 기회를 제공할 수 있다. 마지막으로, 연구들은 과도한 TV 시

모유 수유를 해야 하는 이유

영양과 건강에서의 장점	설명
지방과 단백질의 올바른 균형을 제공한다.	다른 포유류의 젖과 비교해볼 때, 모유는 고지방 저단백질이다. 모유에 포함된 고유한 단백질과 지방과 함께 이러한 균형은 신경계를 신속하게 수초화하는 데 이상적이다.
완벽한 영양을 보장한다.	모유 수유를 하는 어머니는 아기가 6개월이 될 때까지 다른 영양공급을 할 필요가 없다. 모든 포유류의 젖은 철분함량이 낮지만, 모유에 든 철분은 아기의 몸속에 쉽게 흡수된다. 결과적으로 우유병 수유를 하는 영아들에게는 철분강화 우유를 먹여야 한다.
건강한 신체 성장을 보장한다.	생후 첫 몇 개월 동안 모유 수유 영아는 우유병 수유 영아에 비해 키와 체중이 약간 더 빨리 증가한다. 우유병 수유 영아는 1년 정도가 되어야 그 간격을 따라잡는다. 1년 된 모유 수유 아기는 몸매가 홀쭉해(지방에 비해 근육의 백분율이 높음), 이러한 성장 패턴은 나중에 과체중과 비만을 방지하는 데 도움이 된다.
많은 질병으로부터 보호한다.	모유 수유로 인해 어머니로부터 아이에게 항체들과 그 외의 감염에 대한 저항인자들이 이전되어서 면역체계의 기능을 향상시킨다. 그 결과, 우유병 수유와 비교해볼 때, 모유 수유 아기들은 알레르기 반응이 적고 호흡기와 내장기관 질병이 적은 편이다. 모유 수유는 또한 염증에 대한 저항 효과를 가지고 있어서 심각한 질병 증상을 감소시켜 준다.
잘못된 턱 발달과 충치를 예방해준다.	인공적인 젖꼭지를 빠는 대신 엄마의 젖꼭지를 빨게 됨으로써 부정교합을 방지하는 데 도움이 된다. 부정교합이란 위턱과 아래턱이 제대로 맞지 않는 것을 의미한다. 모유 수유는 또한 우유병을 물고 잠들게 됨으로써 단 액체가 입안에 남아 있는 것을 방지해줌으로써 충치를 예방한다.
소화 능력을 보장한다.	모유 수유 아기들은 우유병 수유 아기들에 비해 내장에서 다른 종류의 박테리아가 자라게 됨으로써 변비나 혹은 다른 위장의 문제를 일으키지 않는다.
고형식으로 이행을 수월하게 한다. (이유가 용이하다.)	모유 수유 영아들은 우유병 수유 영아들에 비해 새로운 고형식을 쉽게 받아들인다. 그것은 아마도 어머니의 식사로부터 모유로 전해지는 다양한 맛을 보다 잘 경험했기 때문인 것으로 보인다.

출처 : American Academy of Pediatrics, 2012a; Druet et al., 2012; Ip et al., 2009; Owen et al., 2008.

청과 나이 든 아동의 비만 간 관련성을 보여주고 있기 때문에, 부모들은 매우 어린 아동들이 TV 앞에서 시간을 보내는 것을 제한해야 한다.

영양실조

오시타는 두 살짜리 에티오피아 아이인데, 그의 어머니는 아이의 과체중을 걱정할 필요가 없었다. 그녀는 아이가 생후 1년이 되어 이유를 했으며, 풀 같은 쌀가루 케이크 이외에는 아이에게 먹일 것이 거의 없었다. 얼마 가지 않아 아이의 배가 부풀어 올랐고, 발도 부어올랐고, 머리카락은 빠졌고, 피부에 반점이 나타났다. 호기심으로 반짝이던 눈빛은 사라지고 아이는 초조하고 생기 없고 멍해졌다.

음식 자원이 한정된 개발도상국들과 전쟁으로 분열된 지역들에는 영양실조가 만연해 있다. 영양실조는 전 세계 영아와 초기 아동의 1/3, 즉 연간 약 210만 명이 사망하는 원인이다. 또한 영양실조는 5세 이하 아동 1/3의 발육장애의 원인이기도 하다(WHO, 2015c). 심각하게 고통 받는 8%는 섭식 관련 두 가지 질병에 시달리고 있다.

마라스무스(marasmus, 소모증)는 모든 필수 영양소가 부족한 식사로 인해 몸이 허약해진 상태이다. 아기의 어머니가 너무 영양실조 상태여서 모유가 충분히 나오지 않을 때 생후 첫 1년 동안 보통 나타나는 증상이다. 그런 어머니의 굶주린 아기는 극도로 마르게 되고 사망의 위험에 처한다.

오시타는 **콰시오커**(kwashiorkor, 단백 열량 부족증)에 걸린 상태이다. 이 병은 단백질 함량이 너무 낮은 불균형 식사로 인한 것이다. 이 병은 보통 1~3세 사이, 이유 후에 걸린다. 아동이 오로지 녹말음식에서 칼로리의 거의 전부를 취하고 단백질을 거의 취하지 못하는 지역에서 흔히 일어난다. 아동

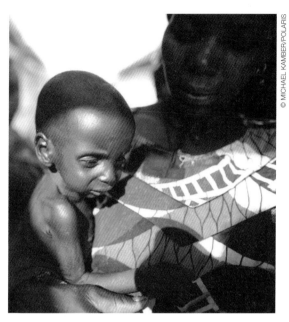 

(왼쪽) 이 아프리카 아기는 마라스무스, 즉 모든 필수 영양소가 부족한 식사로 인해 몸이 허약해진 상태이다. (오른쪽) 이 걸음마기 아동의 부풀어 오른 배와 생기 없는 행동은 콰시오커의 전형적인 증상이다. 이는 단백질 열량이 너무 낮은 불균형 식사로 인한 것이다. 이러한 아동들이 생존한다면, 그들은 발육 이상, 영구적인 기관 손상과 심각한 인지적·정서적 손상을 경험할 위험이 크다.

의 몸에 있는 단백질이 해체됨으로써 오시타가 경험한 것과 같은 부종과 다른 증상이 초래된다.

이러한 극단적인 형태의 영양실조에서 살아남은 아동들은 대뇌, 심장, 폐, 췌장 및 다른 장기들의 영구적 손상으로 인해 고통 받는다(Müller & Krawinkel, 2005; Spoelstra et al., 2012). 식사가 개선되면 그들은 흔히 과체중이 된다(Black et al., 2013). 영양실조 상태의 신체는 낮은 기초대사량을 확립함으로써 스스로를 보호하는데, 영양상태가 개선된 뒤에도 그런 식으로 유지될 수 있다. 또한 영양실조로 뇌에 있는 식욕통제중추가 붕괴되어서 음식이 풍부해질 때 아동이 과식하도록 할 수 있다.

학습과 행동에도 심각한 문제가 발생한다. 동물연구 결과 결핍된 섭식은 대뇌 무게를 가볍게 하고 대뇌에서의 신경전달물질의 생산을 방해한다는 것이 밝혀졌다(Haller, 2005). 마라스무스 혹은 콰시오커를 경험한 아동들은 저조한 미세운동협응 능력을 보여주었으며, 주의를 기울이는 데 곤란을 경험하고, 성인기부터 지능검사에서 낮은 점수를 받았다(Galler et al., 1990, 2012; Waber et al., 2014). 그들은 또한 공포를 야기하는 상황에서 보다 심각한 스트레스 반응을 보인다. 아마도 지속된 굶주림의 고통으로 인해 그런 증상을 보이는 것 같다(Fernald & Grantham-McGregor, 1998).

제3장에서의 태아기 동안의 영양실조에 대한 우리의 논의

를 기억해보면 영양부족 아동의 과민성과 수동성은 좋지 않은 섭식의 발달적 결과와 혼입된다. 이러한 행동들은 영양결핍이 매우 경미하거나 보통 정도라도 나타날 수 있다. 정부 지원 식료품 프로그램이 그 서비스를 필요로 하는 모든 가정에 적용되지 못하기 때문에 미국 아동의 19%는 음식 불안전을 경험하는 것으로 추산된다. 음식 불안전이란 건강하고 활기찬 생활을 영위하는 데 충분한 음식에 확실하게 접근할 수 없는 상태를 일컫는다. 음식 불안전은 특히 편부모 가정(35%)과 저소득 소수민족 가정—예를 들면 아프리카계 미국인과 히스패닉계 가정(각각 26%, 22%)—에서 위험성이 높다(U.S. Department of Agriculture, 2015a). 비록 이러한 아동의 극소수가 마라스무스나 콰시오커를 경험함에도 불구하고, 그들의 신체적 성장과 학습 능력은 여전히 영향을 받는다.

묻고 대답하기

연관지어보기 부모와 아이 사이에 서로 주고받는 영향은 영양실조가 심리적 발달에 미치는 부정적인 효과와 어떻게 관련되는가?

적용해보기 8개월 된 션은 키도 평균 이하이고 심각하게 말랐다. 그는 두 가지 심각한 성장장애 중 하나를 앓고 있었다. 그 장애의 이름은 무엇인가? 션이 무슨 장애인지 구별하기 위해 어떤 단서를 찾아보겠는지 명시해보라.

생각해보기 여러분이 신생아의 부모라고 상상해보라. 과체중과 비만을 방지하기 위해서 여러분은 아이에게 어떤 음식을 줄 것이고 어떤 것은 피할 것인지 기술해보라.

학습 능력

4.5 영아 학습 능력과 학습 능력이 발휘될 수 있는 조건들, 그리고 각각의
독특한 가치를 기술하라.

학습이란 경험의 결과로 행동이 변화되는 것을 지칭한다. 아기들은 경험으로부터 즉각적인 혜택을 얻을 수 있도록 해주는 선천적인 학습 능력을 가지고 세상에 태어난다. 영아들은 두 가지 기본적인 학습 능력을 가지고 있다. 제1장에서 소개된 고전적 조건형성과 조작적 조건형성이 그것이다. 그들은 또한 새로운 자극을 선호하는 자연스러운 성향으로 인해 학습한다. 마지막으로, 출생 직후 아기들은 타인을 관찰함으로써 배운다. 그들은 곧 어른들의 얼굴표정과 제스처를 모방할 수 있게 된다.

고전적 조건형성

제3장에서 논의했던 신생아 반사는 어린 영아들에게 **고전적 조건형성**(classical conditioning)이 가능하도록 해준다. 이런 학습 형태에서 중성 자극은 반사 반응을 일으키는 자극과 짝을 이룬다. 일단 아기의 신경계가 두 자극 사이에 연결을 형성하게 되면, 중성 자극은 그 자체로 행동을 산출하게 될 것이다. 고전적 조건형성은 영아들에게 일상생활에서 어떤 사건들이 보통 함께 발생하는지를 깨닫도록 하는 데 도움을 준다. 그래서 다음에 무슨 일이 일어날지를 예측할 수 있게 된다. 결과적으로 환경은 더욱 질서 있고 예측가능하게 된다. 고전적 조건형성의 단계들을 보다 자세히 살펴보도록 하자.

캐롤린은 케이틀린에게 젖을 먹이려고 흔들의자에 편하게 자리를 잡을 때마다 자주 아기의 이마를 쓰다듬었다. 곧 캐롤린은 매번 그럴 때마다 케이틀린이 빠는 동작을 한다는 것을 알게 되었다. 케이틀린은 고전적 조건형성이 되었던 것이다. 그림 4.8은 어떻게 그런 일이 일어났는지를 보여준다.

1. 학습이 일어나기 전에, **무조건 자극**(unconditioned stimulus, UCS)이 반사 반응 혹은 **무조건 반응**(unconditioned response, UCR)을 일관성 있게 생산해야 한다. 케이틀린의 경우 달콤한 모유(UCS)가 빨기 반응(UCR)을 일으켰다.
2. 학습이 일어나려면, 반사를 일으키지 않는 중성 자극이 UCS의 바로 직전이나 UCS와 거의 동시에 제시되어야 한다. 캐롤린은 매번 젖을 먹이기 직전에 케이틀린의

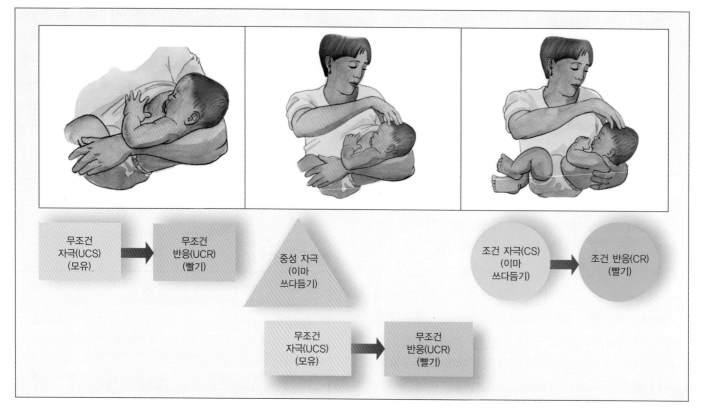

그림 4.8   고전적 조건형성의 단계 이 예는 어머니가 수유를 시작할 때 어떻게 아이의 이마를 쓰다듬어서 빠는 동작을 하도록 고전적으로 조건형성시켰는지를 보여준다.

이마를 쓰다듬어 주었다. 쓰다듬는 것(중성 자극)이 모유의 맛(UCS)과 짝 지어졌다.

3. 학습이 일어났다면, 중성 자극은 혼자서 반사 반응과 비슷한 반응을 만들어내게 된다. 그렇게 되면 중성 자극은 **조건 자극**(conditioned stimulus, CS)이 된다. 그리고 조건 자극이 유발하는 반응을 **조건 반응**(conditioned response, CR)이라고 한다. 우리는 케이틀린이 고전적으로 조건형성되었다는 것을 안다. 왜냐하면 수유를 하지 않더라도 이마를 쓰다듬으면(CS) 빠는 반응(CR)이 나타나기 때문이다.

만약 UCS와 짝 짓지 않고 CS만 여러 번 제시한다면, CR은 더 이상 일어나지 않는다. 그 결과를 소거라고 한다. 즉 캐롤린이 젖을 먹이지 않으면서도 반복해서 케이틀린의 이마를 쓰다듬어 준다면, 케이틀린은 점차적으로 쓰다듬는 자극에 반응해 빠는 것을 멈추게 될 것이다.

어린 영아들은 두 가지 자극 사이의 연합이 생존가치가 있을 때 가장 쉽게 고전적으로 조건형성될 수 있다. 어떤 자극이 규칙적으로 수유를 동반하는지를 학습하는 것은 영아가 음식을 구해서 생존할 수 있는 능력을 향상시킨다(Blass, Ganchrow, & Steiner, 1984).

이와는 대조적으로, 공포와 같은 반응은 어린 아기에게 고전적으로 조건형성시키는 것이 무척 어렵다. 영아가 불쾌한 사건을 피할 수 있는 운동기술을 가지게 될 때까지 이러한 연합을 형성하려는 어떤 생물학적 욕구도 갖지 않기 때문이다. 그러나 생후 6개월 이후에는 공포가 쉽게 조건형성된다. 제6장에서는 우리는 공포와 더불어 다른 정서 반응의 발달에 관해 논의할 것이다.

조작적 조건형성

고전적 조건형성에서, 아기들은 환경 내의 자극 사건들에 대한 기대를 형성하지만, 일어나는 자극 자체에 영향을 미치지는 않는다. **조작적 조건형성**(operant conditioning)에서는 영아가 환경에 대한 행동 혹은 조작이 증가된다. 그들의 행동에 뒤따르는 자극이 그런 행동이 다시 일어날 확률을 변화시킨다. 반응이 일어날 확률을 증가시키는 자극을 **강화물**(reinforcer)이라고 부른다. 예를 들어 달콤한 액체는 신생아에게 빠는 반응을 강화한다. 어떤 반응이 일어나는 것을 줄이기 위해 바람직한 자극을 제거하거나 혹은 불쾌한 자극을 제시

하는 것을 **처벌**(punishment)이라고 부른다. 신맛이 나는 액체는 신생아의 빨기 반응에 대한 처벌이다. 이런 처벌로 인해 신생아는 입술을 오므리고 빨기를 완전히 중지한다.

음식 외에 많은 자극들이 영아 행동의 강화물로 기능할 수 있다. 예컨대 신생아들은 젖꼭지를 빠는 비율에 따라 다양한 흥미로운 광경과 소리를 산출할 수 있을 때 더 빨리 젖꼭지를 빤다(Floccia, Christophe, & Bertoncini, 1997). 이런 결과가 제시하듯이, 조작적 조건형성은 아기가 어떤 자극을 지각하는지와 어떤 자극을 선호하는지를 알아낼 수 있는 강력한 도구이다.

영아가 나이 들어 감에 따라 조작적 조건형성은 점점 더 넓은 범위의 반응과 자극을 포함하게 된다. 예를 들어 특수한 모빌을 2~6개월 된 아기의 침대 위에 매달아 두었다. 아기의 발과 모빌을 긴 끈으로 연결시켜 놓아서 아기가 발차기를 하면 모빌이 돌아가게 했다. 이런 조건하에서 아기가 활발하게 발차기를 시작하기까지는 몇 분밖에 걸리지 않았다(Rovee-Collier, 1999; Rovee-Collier & Barr, 2001). 제5장에서 보게 되겠지만, 모빌을 가지고 하는 조작적 조건형성은 유아의 기억력과 유사한 자극들을 범주로 묶는 능력을 연구하는 데 자주 사용된다. 일단 아기가 반응을 학습하게 되면, 연구자들은 원래 모빌에 다시 노출되거나 다른 모양의 모빌들에 노출될 때 아기가 얼마나 오랫동안 그리고 어떤 조건에서 학습된 반응을 유지하는가를 알 수 있다. 조작적 조건형성은 또한 사회적 관계를 형성하는 데 핵심적인 역할을 한다. 아기가 어른의 눈을 들여다볼 때 어른이 마주 보면서 미소 지으면 아기도 쳐다보면서 미소 짓는다. 한 파트너의 행동은 상대방의 행동을 강화하며, 양자는 유쾌한 상호작용을 계속한다. 제6장에서 우리는 이러한 유관적인 반응성이 영아-양육자의 애착 발달에 기여하는 것을 살펴볼 것이다.

습관화

출생 시 인간의 뇌는 새로운 것에 끌리도록 준비되어 있다. 영아는 자기 환경에 등장하는 새로운 요소들에 대해 보다 강하게 반응하는 경향이 있다. **습관화**(habituation)는 반복된 자극으로 인해 반응의 강도가 점차 줄어드는 것을 지칭한다. 쳐다보기, 심장 박동률, 호흡률이 모두 감소하게 되는데, 이것은 흥미의 상실을 의미한다. 일단 습관화가 일어나면 새로운 자극, 즉 환경의 변화가 반응성을 다시 높은 수준으로 되돌아가도록 해준다. 이런 증가를 **회복**(recovery)이라고 부른

다. 예를 들어 친숙한 공간에서 걷고 있을 때, 새롭고 다른 것들, 즉 최근에 벽에 걸어 놓은 그림이나 혹은 위치를 옮긴 가구 등이 여러분 눈에 들어온다. 습관화와 회복은 우리가 전혀 모르는 환경의 어떤 측면에 대해 주의를 집중할 수 있도록 함으로써 보다 효율적으로 학습할 수 있게 해준다.

영아의 세상에 대한 이해를 조사하는 연구자들은 다른 어떤 학습 능력보다 습관화와 회복에 많이 의존한다. 예를 들어 처음에 하나의 시각 패턴(아기의 사진)에 습관화가 되었다가 다시 새로운 패턴(대머리 아저씨의 사진)에 회복하게 된 아기는 최초의 자극을 기억하고 두 번째 자극을 새롭고 다른 패턴으로 지각하는 것으로 보인다. 영아 지각과 인지를 연구하는 이 방법은 그림 4.9에 제시되어 있는데 조산아를 포함한 신생아에게도 사용할 수 있다(Kavšek & Bornstein, 2010). 이것은 임신 3분기의 태아가 외부 자극에 보이는 감수성을 연구하는 데도 사용되었다. 예를 들어 다양한 소리를 반복해서 제시하고 뒤이어 새로운 소리를 제시했을 태아의 심장 박동률의 변화를 측정했다(제3장 참조).

새로운 자극에 대한 회복 혹은 새로운 것 선호는 영아의 최근 기억을 평가하는 데 사용된다. 오랫동안 보지 못했던 장소로 되돌아갔을 때, 무슨 일이 일어나는지를 한번 생각해보라. 새로운 것에 주목을 하는 것 대신, 친숙한 것에 먼저 시선이 갈 것이다. "그래 저게 뭔지 알아. 전에 여기 와본 적이 있어!" 이와 유사하게, 시간이 경과하면 영아들은 새로운 것 선호에서 친숙한 것 선호로 이동하게 된다. 즉 아기들은 새로운 자극보다는 친숙한 자극에 대해 회복한다(그림 4.9 참조)(Colombo, Brez, & Curtindale, 2013; Flom & Bahrick, 2010; Richmond, Colombo, & Hayne, 2007). 그러한 이행(shift)에 집중함으로써, 연구자들은 영아들이 몇 주 전이나 몇 개월 전에 노출되었던 자극을 기억하는 것, 즉 먼 기억을 평가하는 데도 습관화를 사용할 수 있다.

제5장에서 보게 되겠지만, 습관화 연구는 아기들이 광범위한 자극들을 얼마나 오랫동안 기억하는지를 이해하는 데 많은 보탬이 되었다. 그리고 자극 특성들을 변화시킴으로써, 연구자들은 자극을 범주화하는 영아의 능력을 연구하는 데에도 습관화와 회복을 사용할 수 있다.

모방

신생아는 타인의 행동을 복사하는 **모방**(imitation)을 통해 학습할 수 있는 원시적인 능력을 가지고 세상에 태어난다. 그림

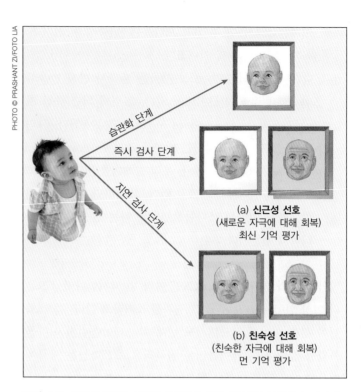

그림 4.9   영아의 기억과 지식을 연구하기 위해 습관화를 사용하기 습관화 단계에서 영아는 아기 사진을 보다가 점점 보지 않게 된다. 검사 단계에서 영아에게 아기의 사진을 다시 보여준다. 하지만 이번에는 대머리 남자의 사진과 함께 보여준다. (a) 검사 단계가 습관화 단계 직후(영아의 나이에 따라서 몇 분 내, 몇 시간 내, 혹은 며칠 내에) 일어나게 되면, 아기의 얼굴을 기억하고 아기의 얼굴과 남자의 얼굴을 구별하는 영아들은 새로운 것에 대한 선호를 나타낸다. (b) 검사 단계가 몇 주 혹은 몇 개월 동안 지체된 후에 실시되면 아기 얼굴을 지속적으로 기억하고 있는 영아는 친숙한 것에 대한 선호로 이동한다. 영아들은 새로운 남자의 얼굴보다는 친숙한 아기의 얼굴에 대해 주의를 회복한다.

4.10은 생후 2일에서부터 몇 주까지의 영아와 침팬지가 성인의 얼굴표정을 모방하는 것을 보여준다(Meltzoff & Moore, 1977). 신생아의 모방 능력은 머리와 둘째 손가락의 움직임과 같은 특정한 몸짓으로까지 확대되며, 많은 인종 집단과 문화에서 증명되었다(Meltzoff & Kuhl, 1994; Nagy et al., 2005). 그림이 보여주듯이, 진화적으로 우리의 가장 가까운 선조인 침팬지의 신생아 또한 어떤 얼굴표정을 모방할 수 있다(Ferrari et al., 2006; Myowa-Yamakoshi et al., 2004).

그럼에도 불구하고, 몇몇 연구(예 : Anisfeld et al., 2001)에서 인간에 관한 실험 결과를 재현하지 못했기 때문에, 어떤 연구자들은 모방 능력은 반사와 유사한 자동 반응에 불과하다고 간주한다. 그리고 신생아의 입과 혀 움직임은 자극화에서의 각성 변화에서 증가된 비율로 나타나기 때문에(생생한 음악이나 빛 비춤과 같은), 몇몇 연구자들은 특정 신생아들의 '모방적' 반응은 실제로는 모방이 아니라 흥미로운 자극에 대한 보편적인 초기 탐색 반응이라고 주장한다(Jones, 2009).

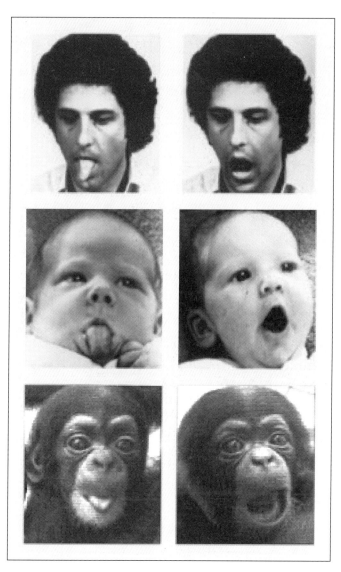

그림 4.10 인간과 침팬지 신생아의 모방 가운데 줄을 보면 혀를 내미는 모습, 입을 벌리는 모습을 생후 2∼3주의 아기가 모방한다. 생후 2주 된 침팬지 역시 이 두 가지 얼굴표정을 모방한다(A. N. Meltzoff & M. K. Moore, 1977, "Imitation of Facial and Manual Gestures by Human Neonates," *Science, 198*, p. 75. Copyright © 1977 by AAAS. Reprinted with permission of the American Association for the Advancement of Science conveyed through Copyright Clearance Center, Inc., and Dr. Andrew Meltzoff. And from M. Myowa-Yamakoshi et al., 2004, "Imitation in Neonatal Chimpanzees [Pan Troglodytes]." *Developmental Science, 7*, p. 440. Copyright © 2004 by John Wiley & Sons. Reprinted with permission of John Wiley & Sons conveyed through Copyright Clearance Center, Inc.).

더욱이, 모방은 출생 직후보다는 2∼3개월 영아에게 끌어내기가 더 어렵다. 그러므로 영아 모방에 대한 회의론자들은 신생아들의 모방 능력은 연령 증가에 따라 감소하는 반사와 유사한 자동적인 반응이라고 믿는다(Heyes, 2005).

다른 연구자들은 신생아가 명백하게 노력하고 결정해서

많은 얼굴표정을 모방한다고 주장한다. 심지어 성인이 그런 행동을 시범하기를 중지한 후에도 흉내 내려고 애쓴다는 것이다(Meltzoff & Williamson, 2013; Paukner, Ferrari, & Suomi, 2011). 더욱이 이러한 연구자들은 반사와는 달리 모방은 감소되지 않는다고 주장한다. 인간 영아들은 성인의 행동을 즉각적으로 모방하지 않는데, 그들은 친숙한 사회적 게임—상호적 눈 맞춤, 목 울리기, 미소 짓기, 손 흔들기 등—을 하려고 우선 시도하기 때문이다. 그러나 성인 모델이 반복적으로 제스처를 취하면, 나이 든 인간 영아들은 곧 모방하기 시작한다(Meltzoff & Moore, 1994). 유사하게, 모방은 아기 침팬지에게서도 9주경 감소하기 시작하는데 이 시기는 어머니-아기 상호 눈 맞춤과 다른 면대면 교환이 증가한다.

앤드루 멜조프에 따르면, 신생아는 나이 든 아동들과 성인들이 모방하는 것과 비슷한 정도로 모방한다. 그들이 본 몸동작과 그들 자신이 한다고 느끼는 몸동작을 일치시키려고 노력한다(Meltzoff & Williamson, 2013). 나중에 우리는 어린 영아들이 감각 체계들 사이의 정보를 통합하는 데 매우 정통하다는 증거와 만나게 될 것이다.

한 걸음 더 나아가, 과학자들은 영장류 대뇌피질의 많은 영역에서 이런 능력들의 기초가 되는 전문화된 세포들, 즉 **거울뉴런**(mirror neuron)을 확인했다. 거울뉴런은 영장류가 어떤 행동을 듣거나 볼 때와 자기 나름대로 그런 행동을 수행할 때 동일하게 점화한다(Ferrari & Coudé, 2011). 뇌영상 연구는 인간 영아에서의 기능적인 신경-반영 체계는 생애 첫해부터 작동해 그들이 다른 사람의 행동을 관찰할 수 있도록 만들고 (뚜껑을 두드리거나 종을 울리는 것 등), 이는 그들 자신의 대뇌에서 행동을 모사하도록 한다(Shimada & Hiraki, 2006). 이러한 체계는 모방하기, 정서를 공감하기, 다른 사람의 의도를 이해하기와 같은, 다양한 상호 관련되고 복잡한 사회적 능력의 생물학적 기반으로 여겨진다.

신생아 모방을 자발적인 능력으로 보는 멜조프의 견해는 여전히 논란의 여지가 있다. 거울뉴런은 아마도 상당한 발달 기간을 필요로 할 수 있다. 그러나 출생 시의 모방 능력이 아무리 제한적이라고 할지라도, 모방은 학습의 강력한 수단이 된다. 모방을 사용해 어린 영아들은 자신들의 사회적 세계를 탐구하고 사람들과 그들의 행동 상태를 조화시킴으로써 사람들을 알아간다(Ray & Heyes, 2011). 연구자들은 신생아들이 그들 자신이 행위라는 것을 보기 위해, 다른 사람의 반응을 관찰하기 위해, 그리고 양육자와 모방 게임에 관여하기 위해 모방할 수 있다고 믿으며, 보다 숙달된 모방가가 되어 간다고 주장한다(Marshall & Meltzoff, 2011). 이러한 관점과 일치하게, 인간의 신경-반사 체계는 출생 직후부터 기능할 수 있으며 이후 연령에서도 발달한다(Ferrari et al., 2013; Heyes, 2010). 그리고 우리가 제5장에서 보게 되겠지만, 모방하는 능력은 생애 첫 두 해에 걸쳐 매우 발달한다. 출생 당시에 제한되지만, 모방은 학습의 강력한 도구이다. 모방을 이용해 영아들은 사회적 세계를 탐색하며, 다른 사람들로부터 배운다. 그들이 그들 자신의 행위와 타인의 행위 사이의 유사성을 깨닫게 됨에 따라, 그들은 다른 사람들을 '나와 같다'고 경험하며 그들 자신에 대해서 배운다(Meltzoff & Williamson, 2013). 어른들은 영아들의 모방 능력을 개발해 영아들에게 바람직한 행동을 표현하도록 유도할 수 있다. 마지막으로, 양육자는 자신의 얼굴표정과 행동을 모방하는 아기에게서 큰 즐거움을 맛본다. 모방은 영아가 부모와 처음부터 좋은 관계를 맺도록 도움을 주는 능력의 하나로 보인다.

묻고 대답하기

연관지어보기 어떤 학습 능력이 영아의 첫 번째 사회적 관계에 기여하는가? 설명하고 예를 들어보라.

적용해보기 9개월 된 바이런은 크고, 여러 가지 색깔의, 누를 수 있는 버튼이 달린 장난감을 가지고 있다. 매번 버튼을 누를 때마다 아이는 동요를 듣게 된다. 장난감 회사는 영아의 어떤 학습 능력을 이용하고 있는 것인가? 바이런이 장난감을 가지고 노는 것이 그가 소리 패턴을 지각하는 것에 대해 무엇을 보여줄 수 있는가?

운동 발달

4.6 운동 발달의 역동적 체계이론을 기술하고, 생애 첫 두 해 동안 운동 능력의 발달에 영향을 미치는 요인들을 나열하라.

캐롤린, 모니카, 바네사는 각자 육아일기를 써 왔다. 그들은 자랑스럽게 자기 아이들이 언제 처음으로 고개를 들었고, 물건을 향해 손을 뻗었으며, 혼자 힘으로 앉게 되었는지, 그리고 혼자 걷게 되었는지를 기록해 두었다. 부모들이 자기 아이들의 새로운 운동기술에 대해 흥분하는 것은 충분히 이해할 만하다. 그런 운동기술들은 아기들이 자기 몸과 환경을 새로운 방식으로 터득할 수 있게 해준다. 예를 들어 똑바로 앉는 것은 영아들에게 세상에 대한 새로운 조망을 제공해준다. 물건에 손을 뻗는 것은 대상에 행위를 가함으로써 새로운 것을 발견할 수 있게 해준다. 영아가 자기 스스로 움직일

수 있게 될 때, 사물에 대해 탐구할 수 있는 기회가 증폭된다.

아기들의 운동 기능 성취는 그들의 사회적 관계에 막강한 영향을 미치게 된다. 케이틀린이 7개월 반에 기게 되었을 때, 캐롤린과 데이비드는 "안 돼"라고 말하고 가벼운 초조함을 나타내면서 아기의 움직임을 제한하기 시작했다. 케이틀린이 첫돌이 지난 지 사흘 후 걷게 되었을 때, 최초의 '의지의 시험'이 일어났다(Biringen et al., 1995). 엄마의 경고에도 불구하고, 케이틀린은 가끔 금지된 선반에서 물건들을 끄집어냈다. "내가 말했지, 그러면 안 된다고." 캐롤린은 단호하게 말하고서는 케이틀린의 손을 잡아끌면서 관심의 방향을 다른 곳으로 돌렸다.

그와 동시에 캐롤린과 데이비드는 놀이 활동을 증가시켰다(Clearfield, 2011; Karasik et al., 2011). 케이틀린과 숨바꼭질을 하면서 아기가 찾아냈을 때 기뻐해주고 안아주면서 즐겁게 대했다. 얼마 지나지 않아 케이틀린은 부모와 함께 그림의 이름을 말하면서 책장을 넘겼다. 케이틀린이 즐겁게 새로운 운동 능력을 시도하는 것은 타인에게서 유쾌한 반응을 이끌어냈고, 그런 반응은 케이틀린이 더욱 노력하도록 격려했다(Karasik et al., 2008). 운동기술, 사회적 능력, 인지, 언어는 함께 발달하면서 서로를 지원했다.

운동 발달의 순서

대근육 운동 발달은 영아가 환경에서 돌아다니는 것을 도와주는 행동, 즉 기기, 서기, 걷기와 같은 행동의 조절을 의미한다. 이와는 대조적으로 소근육 운동 발달은 보다 작은 운동들, 즉 닿기와 붙잡기와 같은 운동과 관련이 있다. 표 4.2는 북미의 영아와 걸음마기 아동들이 다양한 대근육 운동기술과 소근육 운동기술을 성취하는 평균 연령을 보여준다. 대부분의(전부는 아니라도) 아동은 이 순서를 따른다. 표 4.2는 또한 다수의 아기들이 각각의 기술을 성취하는 연령 범위를 제시한다. 비록 운동 발달의 순서는 상당히 일정하지만, 운동 발달의 속도에는 큰 폭의 개인차가 존재한다. 하지만 다수의 운동기술이 심각하게 지체현상을 보이지 않는 한 아동의 발달에 대해 그다지 염려하지 않아도 될 것이다.

역사적으로 연구자들은 운동기술이 선천적인 능력이며 사전에 계획된 바에 따라 고정된 순서로 나타난다고 가정했다. 이러한 관점은 의심받아 왔다. 그보다는 운동기술들은 상호 관련되어 있다. 오히려 각각의 운동기술은 앞선 운동기술의 성취의 산물이며 또한 새로운 운동기술의 성취에 이바지하

표 4.2 생후 2년 동안 대근육 운동 발달과 소근육 운동 발달

운동기술	평균 성취 연령	90%의 유아가 이 기술을 성취하는 연령 범위
똑바로 안을 때 고개를 가눔	6주	3주~4개월
엎드려서 팔에 의지해 몸을 들어 올림	2개월	3주~4개월
옆으로 누웠다가 굴러서 바로 눕기	2개월	3주~5개월
입방체를 잡기	3개월 3주	2~7개월
옆으로 누웠다가 굴러서 옆으로 눕기	4개월 반	2~7개월
혼자 앉기	7개월	5~9개월
기기	7개월	5~11개월
붙잡고 서기	8개월	5~12개월
짝짜꿍 놀이	9개월 3주	7~15개월
혼자 서기	11개월	9~16개월
혼자 걷기	11개월 3주	9~17개월
두 개의 입방체 쌓기	11개월 3주	10~19개월
활발하게 낙서하기	14개월	10~21개월
도움을 받아 계단 오르기	16개월	12~23개월
제자리에서 뛰기	23개월 2주	17~30개월
발끝으로 걷기	25개월	16~30개월

주 : 이 이정표들은 전반적인 연령 경향을 나타낸다. 각 이정표가 획득되는 정확한 연령에는 개인차가 존재한다.
출처 : Bayley, 1969, 1993, 2005.

는 것이다. 그리고 아동은 대단히 개별적인 방식으로 운동기술을 습득한다. 예를 들어 그레이스는 입양되기 전에는 대부분의 시간을 해먹에서 누워 보냈기 때문에 기려고 노력하지 않았다. 왜냐하면 그녀가 혼자 힘으로 움직일 수 있도록 해주는 단단한 표면에서 보낸 시간이 거의 없었기 때문이었다. 그 결과, 그레이스는 기기도 전에 물건을 잡고 일어서서 걸었다! 아기들은 구르기, 앉기, 기기, 그리고 걷기와 같은 기술들을 다양한 순서로 발달시킨다는 것을 보여준다(Adolph & Robinson, 2013).

역동적 체계로서의 운동기술

운동 발달의 역동적 체계이론(dynamec systems theory of motor develoment)에 따르면, 운동기술의 획득은 점차 복잡한 활동체계를 획득하는 것을 포함한다. 운동기술이 하나의 체계로

작용할 때, 분리된 능력들은 합쳐진다. 각각의 능력은 환경을 탐색하고 통제하는 데 보다 효과적인 방식을 산출하기 위해 다른 능력들과 협력한다. 예를 들어 머리와 가슴 위쪽의 통제가 결합되면 도움을 받아서 앉을 수 있게 된다. 발차기, 네 발 모두 흔들어 움직이기, 닿기가 결합해서 기기가 된다. 그러다가 기기, 서기, 걸음 옮기기가 합쳐져서 걷기가 된다(Adolph & Robinson, 2015; Thelen & Smith, 1998).

각각의 새로운 기술은 네 가지 요소가 결합된 산물이다 — (1) 중추신경계 발달, (2) 몸의 운동 능력, (3) 아동이 마음에 두고 있는 목표, (4) 기술에 대한 환경적 지원 등. 이 중 어느 한 요소라도 변화가 있으면 체계는 보다 덜 안정적이 된다. 그러면 아동은 새롭고 보다 효과적인 운동 패턴을 탐색하고 선택하기 시작한다.

보다 넓은 물리적 환경 또한 운동기술에 심각한 영향을 미

친다. 계단이 있는 집 안에서 양육된 영아들은 더 이른 연령에서 계단을 기어서 올라가는 것을 학습하며, 쉽게 뒤로 내려오는 책략을 숙달시킬 것이다(Berger, Theuring, & Adolph, 2007). 만약 아동이 중력이 약한 달에서 양육된다면, 걷기나 달리기보다는 점프하는 것을 더 선호할 것이다!

살펴보기

> 새롭게 기거나 걷기 시작한 아기를 관찰하라. 그 아기가 움직이도록 동기화하는 목표에 주목하라. 그 기술의 숙달을 촉진하는 양육행동과 환경의 특성을 기술하라.

어떤 기술을 처음으로 습득했을 때, 영아들은 그것을 다듬어야 한다. 예를 들어 이제 기기 시작한 아기는 종종 배를 바닥에 대면서 맥없이 무너지기도 하고 앞으로 가는 대신 뒤로 가기도 했다. 얼마 지나지 않아 아기는 교대로 팔로 끌어당기고 발로 밀면서 앞으로 나갈 수 있는 요령을 터득했다. 그런 실험을 통해 아기는 완벽하게 기어다닐 수 있는 방법을 만들어냈다. 아기가 새로운 기술을 시도함에 따라, 이전에 획득된 기술들은 때로는 덜 안정적으로 된다. 걷기 초보자가 두 개의 작은 움직이는 발 사이에서 균형을 맞추는 실험을 함에 따라, 앉아 있는 동안 균형을 맞추는 것은 일시적으로 덜 안정적이 될 수 있다(Chen et al., 2007).

운동기술을 숙달하는 것은 집중적인 훈련을 포함한다. 걷는 방법을 배울 때 걸음마기 유아는 하루에 6시간 이상을 연습한다. 그것은 축구장 29개의 길이를 걷는 것과 맞먹는 시간이다! 점차적으로 아기들의 작고 불안정한 걸음걸이는 보폭이 넓어지고, 두 발은 더 가깝게 이동하고, 발끝은 앞쪽을 향하고, 두 다리는 균형을 이루어 협응하도록 변화한다(Adolph, et al., 2012). 같은 동작을 수천 번 반복하게 되면서 아기들은 뇌에서 운동 패턴을 지배하는 새로운 연결을 증진시킨다.

역동적 체계이론은 왜 운동 발달이 유전적으로 결정될 수 없는지를 보여준다. 새로운 과제를 터득하려는 탐구심과 욕망이 운동 발달을 유발하기 때문에, 유전은 단지 일반적인 수준에서 운동 발달을 계획할 수 있을 뿐이다. 각각의 기술은 앞서 성취한 것을 아동이 목표에 도달할 수 있게 해주는 좀 더 복잡한 체계와 결합시킴으로써 습득된다. 결과적으로, 동일한 운동기술에 이르는 다른 경로들이 존재하게 된다(Adolph & Robinson, 2015; Spencer, Perone, & Buss, 2011).

행위에서의 역동적 운동 체계 아기들이 운동 능력을 어떻게 습득하는지 알아내기 위해, 일부 연구들은 새로운 기술에 대한 첫 시도에서부터 힘들이지 않고 수월하게 할 수 있을 때까지 추적했다. 한 연구에서 연구자들은 소리가 나는 장난감을 교대로 아기의 손 앞에 두었다가 아기의 발치에 두었으며, 아기가 관심을 보일 때부터 익숙하게 손을 뻗어 잡을 때까지 반복했다(Galloway & Thelen, 2004). 그림 4.11에 나타나 있는 바와 같이, 영아는 두미 방향을 위반하는데, 일찍이 8주에 처음으로 장난감을 향해 발을 뻗었다. 그것은 손을 뻗는 것보다 적어도 한 달은 앞선 것이다!

왜 아기는 '발부터 먼저' 내밀었을까? 엉덩이 관절이 다리의 움직임을 억제하는 것이 어깨 관절이 팔의 움직임을 억제하는 것보다 덜 자유롭기 때문에 영아들은 다리 운동을 보다 쉽게 통제할 수 있었다. 아기가 처음에 손을 뻗어 물건을 잡으려고 할 때, 그의 팔은 실제로 물건에서 멀어지는 쪽으로 움직였다! 결과적으로, 손을 뻗어 물건에 닿는 것은 발을 뻗는 것보다 훨씬 더 많은 연습이 필요했다. 이런 결과가 확인해주는 것처럼, 운동기술이 발달하는 순서는 엄격한 두미 방향 패턴을 따르기보다는 오히려 사용되는 몸 부위의 구조, 주변 환경, 그리고 아기의 노력에 달려 있다.

더욱이, 더 효과적인 역동적 체계를 확립하는 데 있어서,

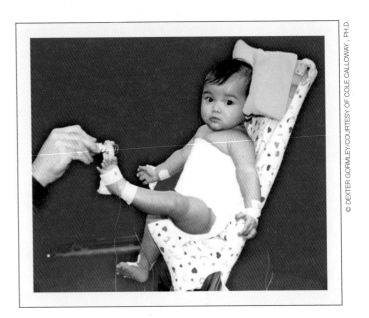

그림 4.11 '발부터 먼저' 뻗어 물건에 닿기 소리 나는 장난감을 아기의 손과 발 앞에 가져갔을 때, 아기는 일찌감치 8주 정도부터 발을 뻗어 물건에 닿았다. 이것은 손을 뻗어 물건에 닿기보다 1개월 혹은 그 이상 빠른 것이다. 이것은 분명히 두미 방향 패턴에 위배된다. 이 두 달 반 된 아기는 능숙하게 발을 사용해 대상을 탐색한다.

아기들은 때때로 어떤 한 운동기술에서의 진전을 지원하기 위해 보다 진전된 운동기술을 이용하기도 한다. 예컨대 자유롭게 걷기 시작하면서 손은 무언가를 운반하게 되며 새로운 걸음마기 아동은 그것들을 옮기기를 좋아하게 된다(Karasik, Tamis-LeMonda, & Adolph, 2011). 새롭게 걷기 시작한 영아에 대한 관찰 결과, 놀랍게도 그들은 손이 비어 있을 때보다는 물건을 옮길 때 걸음마에 덜 실패한다(Karasik et al., 2012). 걸음마기 아동들은 그들의 물건 나르기 기술을 그들의 새로이 출현하는 '걷기 체계'와 통합해 균형을 맞추는 데 이용한다.

운동 발달의 문화적 다양성 비교문화 연구는 초기 운동의 기회와 자극을 주는 환경이 운동 발달에 어떻게 기여하는지를 좀 더 잘 보여준다. 거의 반세기 전, 웨인 데니스(Wayne Dennis, 1960)는 운동기술을 습득하도록 자극하는 주변 환경이 박탈되었던 이란 고아원의 영아들을 관찰했다. 이런 아기들은 온종일 아기 침대에 등을 대고 바로 누워서 시간을 보냈다. 가지고 놀 장난감도 없었다. 결과적으로 대부분의 아기들이 2년이 될 때까지 자기 스스로는 움직이지 않았다. 마침내 그들이 움직이게 되었을 때, 등을 대고 계속 누워 있던 경험으로 말미암아 손과 무릎을 사용해 기지 못하고 앉은 자세로 돌진했다. 앉아서 돌진하는 아기는 손이 아니라 발이 가구에 닿기 때문에, 걷기의 준비동작인 붙잡고 일어서기를 거의 하지 않았다. 게다가 3~4세까지 걸은 이란 고아들은 불과 15%뿐이었다.

영아 양육 관행에서의 문화적 다양성 또한 운동 발달에 영향을 미친다. 부모들이 일하고 있는 동안 안전을 보장하고 쉬운 용변 보기를 위해서, 중국 북동부의 시골 지역 어머니들은 영아들을 2세가 될 때까지 온종일 등에 샌드백처럼 업고 있다. 다른 영아들과 비교할 때, 샌드백처럼 매달려서 양육된 아기들은 앉는 것과 걷는 것이 매우 지연된다(Mei, 1994). 대조적으로, 남부 멕시코의 치나칸테코 인디언과 케냐의 구시족 사이에서는 빠른 운동 발달이 적극적으로 저지된다. 요리하는 화로와 베 짜는 직기 근처에 가지 말아야 한다는 것을 충분히 알 만한 나이가 되기 전에 걷는 아기들은 본인들에게 위험할 뿐만 아니라 어른들에게도 성가신 일이라고 생각하기 때문이다(Greenfield, 1992). 지나칸테코와 구시족의 부모들은 적극적으로 영아들의 대근육 운동을 저지한다.

이와는 대조적으로, 케냐의 킵시기스족과 자메이카 서

이 자메이카 서부 인디언 어머니는 걷기의 초기 숙달을 위한 질서정연한 노력의 일환으로 아기의 몸을 세워 '걷도록' 하고 있다.

부 인디언의 아기들은 고개를 들고, 혼자 앉고, 걷는 것이 북미 영아들보다 상당히 빠르다. 이 두 사회 모두에서 부모들은 초기 운동 능력의 성숙을 강조하며 특정 기술 습득을 촉진하기 위해서 연습을 시킨다(Adolph, Karasik, & Tamis-LeMonda, 2010). 생후 첫 몇 개월 동안, 아기들을 몸을 지탱하기 위해 담요를 몸에 돌돌 말아서 땅에 파놓은 구멍에 세운다. 발로 자주 튀어 오르는 아기들은 빨리 걷게 된다(Hopkins & Westra, 1988; Super, 1981). 이런 문화의 부모들이 아기들이 직립하고 바닥에 드물게 내려놓음에 따라, 그들의 영아들은 서구 국가에서 중요한 것으로 간주되는 운동기술인 기기를 대개 생략하면서 발달한다!

마지막으로, 현재 서구에서 SIDS로부터 아기를 보호하기 위해 등을 대고 누워서 자도록 하는 관행(제3장 참조)은 '배밀이 시기'에 노출되는 것을 감소시키기 때문에 구르기, 앉기, 기기와 같은 대근육 운동 이정표의 발달을 지체시킨다(Scrutton, 2005). 배를 바닥에 대는 동작에 규칙적으로 노출되는 영아들은 이러한 지연을 덜 보인다.

소근육 운동 발달 : 닿기와 잡기

모든 운동기술 중에서 닿기(reaching)는 영아의 인지발달에 가장 큰 역할을 할 수 있다. 사물을 쥐고 뒤집어 보고 놓아주었을 때 무슨 일이 일어나는지를 관찰함으로써 영아들은 사물에 대한 시각, 청각, 촉각 등에 관해 많은 것을 배우게 된다. 특정 대근육 운동기술의 성취가 영아를 둘러싸고 있는 그들의 관점을 광범위하게 변화시키기 때문에, 대근육 운동 기술은 손의 협응을 촉진한다. 아기들이 앉을 때, 그리고 그들이 서고 걸을 때에는 더더욱 그들은 전체 방의 파노라마를 본다(Kretch, Franchak, & Adolph, 2014). 이러한 자세에서, 영아들은 주로 주변 사물의 광경과 소리에 초점을 맞추고 그것들을 탐색하기를 원한다.

다른 많은 운동기술들처럼 닿기와 잡기는 거칠고 산만한 동작에서부터 시작해 섬세한 동작을 터득하는 방향으로 나가게 된다. 그림 4.12는 생후 첫 9개월까지 자발적인 닿기 이정표를 예시한다. 신생아는 자기 앞에 있는 물건을 향해 팔을 휘두르거나 흔드는 등 제대로 협응되지 않은 **닿기 전 동작**을 한다. 신생아는 팔과 손을 통제할 수 없으므로, 물건과 접촉하기 힘들다. 신생아 반사와 마찬가지로 닿기 전 동작은 생후 7주 무렵 마침내 없어진다(von Hofsten, 2004). 그러나 이와 같은 초기의 행동들은 아기가 탐색활동에서 눈과 손을 협응시키도록 생물학적으로 준비가 되어 있다는 것을 시사한다.

약 3~4개월 무렵 영아가 필요한 응시와 머리와 어깨의 통제를 발달시킬 때 닿기가 다시 출현해 점차적으로 정확한 동작으로 향상된다(Bhat, Heathcock, & Galloway, 2005). 5~6개월까지는 영아는 닿기 동작을 하는 동안 전구의 스위치를 내려 불을 꺼 버린 어두운 방에서도 물건에 닿을 수 있다(Clifton et al., 1994; McCarty & Ashmead, 1999). 이 기술은 그 후 몇 개월 동안 향상된다. 일찍부터 시각은 닿기와 같은 기본적인 행위로부터 자유롭기 때문에, 시각은 보다 복잡

한 적응에 초점을 맞출 수 있다. 7개월까지 팔은 더욱 독립적으로 움직일 수 있게 된다. 영아는 두 팔을 다 뻗기보다는 단지 한 팔을 뻗어서 물건에 손이 닿을 수 있게 된다(Fagard & Pazé, 1997). 그다음 몇 개월 동안 영아는 움직이는 물체에도 잘 닿을 수 있게 된다. 돌고 있는 물체, 방향을 바꾸고 있는 물체, 가까이 다가오거나 혹은 멀어져 가는 물체들에 가 닿을 수 있다(Fagard, Spelke, & von Hofsten, 2009; Wentworth, Benson, & Haith, 2000).

일단 영아가 손을 뻗어서 닿을 수 있게 되면, 그는 잡는 것을 수정한다. 신생아의 잡기 반사는 척골 잡기로 변하게 된다. 척골 잡기는 손가락이 손바닥 가까이로 향하는 서투른 동작을 의미한다. 그러나 심지어 3개월 된 아기들도 쉽사리 물건의 크기와 모양에 따라 잡는 방식을 조절할 수 있다. 이 능력은 생후 첫 1년 동안 향상된다(Rocha et al., 2013; Witherington, 2005). 4~5개월 무렵에 영아가 앉기 시작하면, 물체를 탐색하는 데 두 손을 협응해 사용하게 된다. 아기들은 물건을 한 손으로 잡고 다른 손의 손가락 끝으로 살펴볼 수 있게 된다. 또한 이 손에서 저 손으로 물건을 자주 옮긴다(Rochat & Goubet, 1995). 생후 첫 1년이 되면 영아들은 엄지와 검지를 사용해 잘 협응된 **집게처럼 잡기**를 할 수 있게 된다. 그렇게 되면 물체를 조작할 수 있는 능력이 크게 확장된다. 생후 1년이 된 아기들은 건포도와 풀잎을 집을 수 있고, 문의 손잡이를 돌릴 수 있고, 작은 상자를 열고 닫을 수 있게 된다.

8~11개월 사이에 닿기와 잡기를 열심히 연습함으로써 운

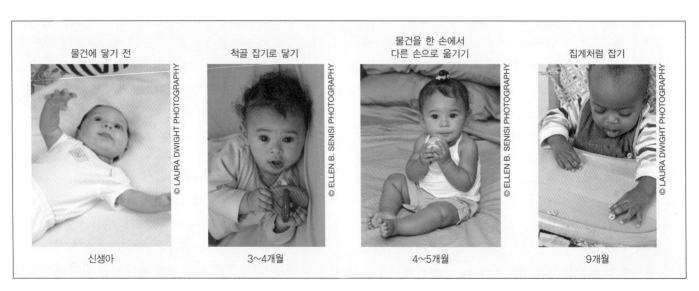

물건에 닿기 전	척골 잡기로 닿기	물건을 한 손에서 다른 손으로 옮기기	집게처럼 잡기
신생아	3~4개월	4~5개월	9개월

그림 4.12   자발적인 닿기의 이정표   각 기술이 습득되는 평균 연령(Bayley, 1969; Rochat, 1989에 나온 연령).

동기술에 집중되었던 관심을 물건을 얻기 전과 후에 일어나는 사건에 대한 관심으로 이동할 수 있게 된다. 예를 들어 10개월 된 아기는 다음 행동을 예상해 닿기 행동을 쉽게 조절한다. 아기들은 공을 조심스럽게 구멍 속으로 넣으려고 할 때보다 던지려고 할 때 공에 더 빠르게 닿는다(Claxton, Keen, & McCarty, 2003; Kayed & Van der Meer, 2009). 또한 이 무렵에 영아들은 닿기를 포함하는 쉬운 문제들을 해결하기 시작한다. 예를 들어 감춰 놓은 장난감을 찾아서 발견할 수 있다.

마지막으로, 한 대상을 조작하기 위해 닿는 능력은 성인이 물체를 향해 손을 뻗고 가지고 노는 방식에 대한 영아의 주의를 증가시킨다(Hauf, Aschersleben, & Prinz, 2007). 아기들이 다른 사람이 무엇을 하는지를 관찰함에 따라, 그들은 타인의 행동에 대한 그들의 이해를 확장시키며, 다양한 대상에 행할 수 있는 행위의 범위에 대한 이해도 넓게 된다.

묻고 대답하기

연관지어보기 운동 발달이 영아의 사회적 경험에 어떤 영향을 미치는지 여러 가지 사례를 제시해보라. 결국 사회적 경험은 운동 발달에 어떤 영향을 미치는가?

적용해보기 닿기, 잡기, 앉기, 기기와 같은 동작들을 터득하는 데 도움이 되는 일상적인 경험을 열거해보라. 양육자는 왜 어린 영아들이 깨어 있을 때 여러 가지 자세를 잡아 주어야 하는가?

생각해보기 기기, 걷기, 계단 오르기 등과 같은 운동기술을 아기들에게 일찍부터 체계적으로 훈련시키는 것을 선호하는가? 선호한다면 그 이유는 무엇인가? 선호하지 않는다면 그 이유는 무엇인가?

지각 발달

4.7 청각, 깊이와 패턴 지각, 감각 간 지각에서 영아기 동안 무슨 변화가 일어나는가?

4.8 지각 발달의 분화이론을 설명하라.

제3장에서 여러분은 시각을 제외하고 촉각, 미각, 후각, 청각이 출생 시에 놀랄 정도로 잘 발달되어 있다는 점을 배웠다. 이제 그와 관련된 질문으로 되돌아가 보자. 지각은 생후 첫 1년 동안 어떻게 변화하는가? 청각과 시각을 중심으로 논의하게 될 것이다. 거의 모든 연구가 이 두 가지 지각 발달의 측면에 관해 거론한다. 제3장에서 이런 능력들을 이야기할 때 **감각**(sensation)이라는 단어가 사용되었다는 것을 상기하라. 이제 우리는 **지각**(perception)이라는 단어를 사용한다. '감각'은 상당히 수동적인 과정임을 암시한다. 아기의 감각 수용기

들이 자극에 노출될 때 비로소 탐지하는 것이다. 반면 '지각'은 능동적이다. 우리는 지각할 때 자신이 보는 것을 조직하고 해석한다.

우리가 영아기의 지각적인 성취를 개관할 때, 여러분은 어디서 지각이 끝나고 사고가 시작하는지 구분하기가 어렵다는 것을 깨닫게 될 것이다. 우리가 논의하려는 연구는 제5장의 주제, 즉 생후 첫 2년 동안 일어나는 인지발달에 관련해 탁월한 연결고리를 제공한다.

청각

티미의 첫돌에 바네사는 몇 개의 동요 테이프를 샀다. 그녀는 아기가 낮잠을 자는 오후 시간에 날마다 동요를 틀어 주었다. 얼마 지나지 않아 티미가 좋아하는 곡조를 바네사는 알게 되었다. 그녀가 〈반짝 반짝 작은 별〉을 틀어 주면 티미는 아기침대에서 일어나서 칭얼거리며 보챘다. 〈잭 앤 질〉을 틀어 줄 때까지 그랬다. 티미의 행동은 생후 첫 1년 동안 청각의 가장 큰 변화를 예시한다. 즉 아기들은 소리를 점점 더 복잡한 패턴으로 조직화한다.

4~7개월 사이 영아들은 음악의 악절에 대한 감각이 있다. 아기들은 어색한 단절이 있는 악절보다는 악절과 악절 사이에 휴지가 있는 모차르트의 미뉴에트를 선호한다(Krumhansl & Jusczyk, 1990). 6~7개월 무렵, 영아들은 리듬 패턴에서의 변화에 기초한 음조를 구별할 수 있다(Hannon & Johnson, 2004). 영아들은 또한 서로 상이한 목적에서 사용되는 친숙한 유형의 노래들에 민감하다(Tsang & Conrad, 2010). 첫해가 끝날 무렵, 아기들은 다른 조로 연주한 동일한 멜로디를 알아듣는다. 음조의 순서가 약간만 변해도 아기들은 멜로디가 더 이상 같은 것이 아니라는 것을 구별할 수 있다(Trehub, 2001). 우리가 다음에서 보게 되겠지만, 6~12개월은 사람 말소리에서의 구별 가능한 차이를 안다 — 그들은 소리의 규칙성을 탐지할 준비가 되어 있으며, 이는 이후의 언어 학습을 촉진하는 것이다.

소리 지각   제3장에서 신생아들이 인간 언어의 거의 모든 음을 구분할 수 있고 사람 말소리를 듣기를 선호하며 모국어를 듣기를 선호한다고 한 것을 떠올려보라. 뇌영상 연구 증거들은 어린 영아들에서, 말소리의 변별은 청각 영역과 운동 영역을 모두 활성화시킨다는 것을 보여준다(Kuhl et al., 2014). 연구자들은 말소리를 지각하는 동안 아기들은 그들을 소리

를 산출할 수 있도록 준비시키는 내적인 운동 계획 또한 활성화시킨다고 주장했다.

영아들은 주변에서 사람들이 말하는 것을 계속해서 듣게 됨으로써, 의미 있는 음의 변화에 집중하는 것을 학습한다. ERP 뇌파기록은 5개월 무렵에 영아들이 모국어의 음절 강세에 민감하게 되는 것을 보여준다(Weber et al., 2004). 6~8개월 사이에 영아들은 모국어에서 사용되지 않는 음들을 '걸러내기' 시작한다(Albareda-Castellot, Pons, & Sebastián-Gallés, 2010; Curtin & Werker, 2007). '생물학적 영향과 환경적 영향' 글상자에 소개되었듯이, 모국의 말소리에 대한 이러한 증가된 반응성은 생후 6개월 이후의 일반적인 '튜닝' 과정의 일부이다. 이 시기는 영아들이 사회적으로 중요한 정보들을 뽑아내기 위해 필요한, 다양한 지각적 기술을 습득하는 민감기이다.

얼마 지나지 않아서 영아들은 보다 큰 말의 단위들에 초점을 맞춘다. 그들은 영아들은 말하는 것을 들으면서 친숙한 단어들을 식별하고, 단어 같은 단위들에서 말의 흐름을 지각하기 시작하고, 구와 절의 분명한 경계가 있는 말을 더 오랫동안 듣게 된다(Johnson & Seidl, 2008; Jusczyk & Hohne, 1997; Soderstrom et al., 2003). 약 7~9개월경 영아들은 말소리 구조에 대한 그러한 민감성을 개별 단어들로 확장시킨다―그들은 말소리 흐름을 단어 비슷한 단위들로 쪼개기 시작한다(Jusczyk, 2002; MacWhinney, 2015).

말소리 흐름을 분석하기 영아들이 언어 구조를 지각하는 데 어떻게 그처럼 빠른 진전을 보일까? 연구는 아기들이 음의 패턴에 대해서 대단한 **통계적 학습 능력**(statistical learning capacity)을 가지고 있다는 것을 보여준다. 반복적으로 일어나는 소리의 순서인 말소리 흐름을 패턴으로 분석함으로써, 영아들은 12개월 무렵 말하기를 시작하기 오래전부터 이후 의미를 학습하기 위한 한 무더기의 말소리 구조를 획득한다.

예를 들어 통제된 무의미 철자들이 제시될 때, 5개월 정도의 어린 영아들은 통계적 규칙성을 듣는다―단어들을 탐지할 때 아기들은 빈번히 함께 일어나는 음절(같은 단어에 속한다는 것을 의미함)과 드물게 함께 일어나는 음절(단어 경계임을 의미함)을 구분한다(Johnson & Tyler, 2010). 영어 단어 순서 pretty#baby를 살펴보자. 1분 동안 말소리 흐름을 들은 뒤에, 아기들은 단어-내적 철자 쌍(pretty)을 단어-외적 철자 쌍(ty#ba)과 구별할 수 있다. 그들은 단어-내적 패턴을

유지하는 새로운 말소리를 듣는 것을 선호한다(Saffran, Aslin, & Newport, 1996; Saffran & Thiessen, 2003).

일단 영아들이 단어들을 인식하기 시작하면, 7~8개월경 그들은 규칙적인 자음-강세 패턴을 보여주는 단어들, 예컨대 영어에서 앞 자음에 강세가 오는 것은 새로운 단어의 신호가 되는 단어들(hap-py, rab-bit)에 초점을 맞춘다(Thiessen & Saffran, 2007). 10개월경부터, 아기들은 단어 이전과 이후에 소리 규칙성을 들음으로써 약한 자음으로 시작하는 단어들, 예를 들면 'surprise'를 탐지할 수 있다(Kooijman, Hagoort, & Cutler, 2009).

명백하게, 아기들은 연속적인 언어 자극으로부터 규칙성을 추출하는 막강한 능력을 분명히 가지고 있다. 그들의 탁월한 통계적 학습 능력은 또한 시각적 자극으로 확장되며 그것은 생애 첫 주에 이미 존재한다(Aslin & Newport, 2012). 통계적 학습은 영아들이 복잡한 자극을 분석하기 위해 사용하는 일반적인 능력으로 보인다.

마지막으로, 보다 신속하게 10개월 영아들은 말소리 흐름 내에 있는 단어들을 탐지하며(ERP 기록에서 보여지는 것처럼), 2세경 그들의 어휘집은 더 커진다(Junge et al., 2012). 때

6개월 영아는 탁월한 말소리 흐름 분석가이다. 어머니가 말하는 소리를 듣는 동안, 그녀는 이후 자신이 의미를 학습할, 소리 패턴을 탐지하고 단어와 단어 순서를 변별한다.

생물학적 영향과 환경적 영향

친밀한 말, 얼굴, 음악에 대한 '튜닝' : 문화특정적 학습의 민감기

가족 및 지역사회 구성원들과 경험을 공유하기 위해, 아기들은 반드시 그들의 문화에서 의미 있는 것들을 지각적으로 구별하는 기술을 습득해야 한다. 우리가 보아 왔듯이, 처음에 아기들은 모든 말소리에 민감하지만, 6개월 무렵, 그들은 자신이 듣고 곧 배울 언어에 초점을 맞춘다.

얼굴을 지각하는 능력은 유사한 **지각적 협소화 효과**(perceptual narrowing effect)를 보여준다. 지각적 협소화란 연령 증가에 따라 가장 빈번하게 경험하는 정보에 증가된 초점을 맞추는 현상을 의미한다. 그림 4.13에 있는 각 얼굴쌍 중 하나에 습관화된 후, 6개월 영아들은 친숙한 얼굴과 새로운 얼굴을 보게 된다. 각 쌍에 대해서 그들은 새로운 얼굴에 주의 회복을 보이며, 이는 그들이 사람과 원숭이의 개별 얼굴을 똑같이 잘 변별할 수 있음을 보여주는 것이다(Pascalis, de Haan, & Nelson, 2002). 그러나 9개월에, 영아들은 더 이상 원숭이 얼굴쌍을 볼 때에는 신근성 선호를 보이지 않는다. 성인과 마찬가지로 그들은 사람 얼굴만을 구별할 수 있다. 유사한 발견이 양 얼굴에 대한 연구에서도 보고된다—4~6개월 영아들은 양 얼굴을 쉽게 변별하지만, 9~11개월 영아들은 더 이상 변별하지 못한다(Simpson et al., 2011).

이러한 지각적 협소화 효과는 음악 리듬 지각에서도 다시 나타난다. 서구 성인들은 서구 음악 구조에 매우 익숙하지만 전형적인 서구 리듬 형태를 따르지 않는 이국적인 음악을 들려주었을 때는 리듬 패턴을 파악하는 데 실패한다. 대조적으로 6개월 영아들은 서구와 비서구 음악의 멜로디를 모두 변별할 수 있다. 그러나 서구 음악에 대한 노출이 누적된 이후인 12개월부터 그들은 더 이상 이국적인 음악 리듬의 변산을 잘 의식하지 못한다(Hannon & Trehub, 2005b).

외국어 사용자와의 규칙적인 상호작용이 몇 주 동안 이루어지고 매일 비서구 음악을 들을 기회를 제공하면, 12개월 영아들의 광범위한 말소리와 음악 리듬에 대한 민감성은 충분히 복원된다(Hannon & Trehub, 2005a; Kuhl, Tsao, & Liu, 2003). 유사하게, 종의 이름인 '원숭이'라는 명명만으로 훈련을 받는 대신 개별 원숭이 얼굴을 각 이미지와 함께 별개의 이름을 불러 변별하는 훈련('카를로스', '이오나')을 3개월 동안 받았던 6개월 영아들은 9개월 때 그들의 원숭이 얼굴 변별 능력을 잘 유지했다(Scott & Monesson, 2009). 대조적으로, 유사한 집중적 경험을 한 성인들은 지각적 민감성에서 극히 미미한 증진만을 보여주었을 뿐이다.

종합하면, 이러한 연구 결과들은 6~12개월이 민감기임을 시사한다. 이때 아기들은 생물학적·사회적으로 의미 있는 지각적 구분을 하는 데 '원점 상태'로 존재한다. 어떻게 6~12개월에 영아들이 여러 영역(말소리, 얼굴, 음악)에 걸쳐 특히 급속하게 학습하게 되며 경험에 의해 쉽게 수정되는지에

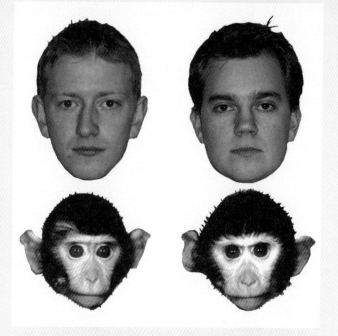

그림 4.13 사람 얼굴과 원숭이 얼굴의 변별 위의 얼굴쌍 중 무엇이 구별하기 더 쉬운가? 각 쌍 중 하나에 습관화된 다음에, 영아들은 친숙한 사진과 새로운 사진을 본다. 각 쌍에 대해서, 6개월 영아들은 새로운 얼굴에 주의의 회복을 보이며 이는 그들이 사람 얼굴과 원숭이 얼굴을 둘 다 잘 변별할 수 있음을 보여준다. 12개월경부터, 아기들은 원숭이 얼굴을 변별하는 능력을 잃어버린다. 성인과 마찬가지로, 그들은 사람 얼굴 자극에 대해서만 신근성 선호를 보여주었다(O. Pascalis et al., 2002, "Is Face Processing Species-Specific During the First Year of Life?" *Science, 296,* p. 1322. Copyright © 2002 by AAAS. Republished with permission of American Association for the Advancement of Science conveyed through Copyright Clearance Center, Inc.).

주목하라. 이는 광범위한 신경학적 변화를 시사한다. 아마도 이 시기는 아기들이 모든 종류의 자극들은 그들 자신의 문화적 커뮤니티에 참여하도록 준비시키는 방식으로 분석하는 경험−기대 뇌 성장의 특정 시기인 것 같다.

때로 한 단어 발화를 포함하고 동일한 단어들에 의해 뒤따르는 아기에 대한 부모의 말("멍멍이!" "저 큰 멍멍이를 봐!")은 단어 변별을 돕는다(Lew-Williams, Pelucchi, & Saffran, 2011). 제5장에서 보겠지만, 영아와 의사소통하는 성인의 스타일은 말소리의 구조 분석을 강력하게 촉진한다.

시각

주변 환경을 탐구하기 위해 인간은 다른 어떤 감각보다도 시

각에 의존한다. 비록 처음에 아기의 시각 세계는 단편적이지만, 생후 첫 7~8개월 사이에 시각은 현저하게 발달한다.

시각 발달은 눈과 대뇌피질에 있는 시각중추의 급속한 성숙에 의해 지원을 받는다. 제3장에서 신생아가 색깔을 집중해서 보지 못하고 제대로 지각하지 못한다는 것을 회상하라. 2개월 무렵에 영아는 거의 성인만큼 대상에 초점을 맞추고 4개월경 색깔을 식별할 수 있게 된다(Johnson & Hannon, 2015). 시각 예민성(식별의 정밀함)은 생후 첫해 동안 꾸준히 향상되어 6개월 정도면 약 20/80 수준에 다다르고, 만 4세 무렵이 되면 20/20으로 거의 성인 수준에 이르게 된다(Slater et al., 2010). 영아가 눈의 움직임을 보다 잘 통제하고 지각 세계를 조직화함에 따라, 환경을 살펴보고 움직이는 물체를 추적하는 능력이 처음 6개월 동안 향상된다(Johnson, Slemmer, & Amso, 2004; von Hofsten & Rosander, 1998).

아기들이 그들의 시각장을 탐색함에 따라, 그들은 대상의 특징과 그것들이 어떻게 공간에 배치되어 있는지를 파악한다. 아기들이 어떻게 그렇게 하는지 이해하기 위해서 시각의 두 가지 측면, 즉 깊이 지각과 패턴 지각의 발달을 검토해보자.

깊이 지각 깊이 지각은 물체들 사이의 거리와 물체와 우리 사이의 거리를 판단할 수 있는 능력이다. 그것은 환경의 배치를 이해하고 운동 활동을 안내하는 데 중요하다. 물체에 닿으려면 아기들은 어느 정도 깊이 감각을 가져야 한다. 나중에 영아가 기어다닐 때 깊이 지각은 가구에 부딪치거나 계단에서 굴러 떨어지지 않도록 하는 데 도움이 된다.

그림 4.14는 엘리너 깁슨과 리처드 워크(Eleanor Gibson & Richard Walk, 1960)가 고안한 **시각 절벽**을 보여준다. 시각 절벽은 깊이 지각에 관한 초기 연구에서 사용되었다. 이것은 두꺼운 유리로 덮어 놓은 탁자로서 중앙에 단이 있으며, 단의 한쪽은 유리 바로 아래에 바둑판무늬가 놓여 있는 '얕은' 쪽이고, 다른 한쪽은 유리로부터 몇 피트 아래에 바둑판무늬가 있는 '깊은' 쪽으로 구성되어 있다. 연구자들은 기어다니는 아기들이 얕은 쪽으로는 쉽게 건너갔지만, 깊은 쪽에 대해서는 대다수가 두려운 반응을 보인 것을 발견했다. 따라서 연구자들은 유아가 기어다닐 무렵이면 대부분 얕은 표면과 깊은 표면을 식별할 수 있고 낭떠러지를 피한다고 결론을 내렸다.

깁슨과 워크의 연구는 기는 것과 낭떠러지를 피하는 것이 연관이 있음을 보여준다. 하지만 이 연구만으로는 양자가 어떻게 관련되어 있는지 혹은 깊이 지각이 언제 처음 나타나는

© MARK RICHARDS/PHOTOEDIT

그림 4.14 시각 절벽 두꺼운 유리가 깊은 쪽과 얕은 쪽 위에 덮여 있다. 이 영아는 깊은 쪽으로 건너가는 것을 거부하고 얕은 쪽을 선호함으로써 깊이를 지각하는 능력이 있음을 보여준다.

지를 말해줄 수 없다. 깊이 지각의 발달을 보다 잘 이해하기 위해서 연구자들은 아기가 기어다닐 필요가 없는 방법을 사용해 특정한 깊이 단서를 탐지하는 아기의 능력을 연구하는 쪽으로 방향을 돌렸다.

운동은 영아가 감지하는 최초의 깊이 단서이다. 3~4주 된 아기는 물체가 그들의 얼굴을 향해 다가오면 마치 그것이 부딪치려고 하는 것처럼 방어적으로 눈을 깜빡인다(Nánez & Yonas, 1994). 양안 깊이 단서는 우리의 두 눈이 시각장에 대해 서로 약간 다른 조망을 갖기 때문에 생긴다. 뇌는 이 두 이미지를 혼합함으로써 깊이를 지각하게 된다. 한 눈에 확실하게 하나의 이미지만 받아들이도록 하기 위해 아기에게 특수 안경을 씌우고 아기의 앞에 2개의 상을 겹쳐서 투사한 연구에 양안 단서에 대한 민감성이 2~3개월 사이에 나타나며 처음 1년 동안 신속하게 향상되는 것으로 나타난다(Brown &

Miracle, 2003). 마지막으로, 아기들은 그림 깊이 단서, 즉 화가가 그림을 3차원적으로 보이도록 하기 위해서 사용하는 깊이 단서에 민감하게 되는데 이러한 민감성은 3~4개월 무렵 시작되고 5~7개월에 강화된다. 그 예로는 원근법의 착각을 불러일으키며 멀어지는 선들, 결의 변화(가까이에 있는 것이 멀리 있는 것보다 더 상세하다), 물체의 중첩(일부가 다른 물체에 가려진 물체는 보다 멀리 있는 것으로 지각된다) 등이 포함된다(Kavšek, Yonas, & Granrud, 2012).

깊이 단서의 지각이 방금 기술한 순서로 나타나는 이유는 무엇인가? 연구자들은 운동 발달과 관련이 있는 것으로 추측한다. 예를 들어 생후 몇 주 동안 머리의 통제는 아기들이 운동 단서와 양안 단서를 인지하는 데 도움을 줄 수 있다. 5~6개월 무렵 물체의 표면을 돌려보고, 찔러보고, 느껴볼 수 있는 능력은 그림 단서의 지각을 촉진시킬 수 있다(Bushnell & Boudreau, 1993; Soska, Adolph, & Johnson, 2010). 다음에 보게 되겠지만, 운동 발달의 한 측면인 스스로 이동하기는 깊이 지각을 정교하게 만드는 데 핵심적인 역할을 한다.

스스로 이동하기와 깊이 지각　6개월이 되자 티미는 기기 시작했다. "쟤는 겁이 없어!"라고 바네사가 외쳤다. "침대 한가운데 내려 놓으면 곧장 침대 가장자리까지 기어간다니까요. 계단에서도 마찬가지고요." 티미가 기는 경험을 더 많이 하게 되면 침대 가장자리와 계단을 보다 조심하게 될까? 연구에 의하면 그렇게 될 것이다. 기는 경험을 더 많이 한 영아들이 (언제 기기 시작했는지는 상관없이) 시각 절벽의 깊은 쪽으로 건너가기를 거부할 가능성이 훨씬 더 높다(Campos et al., 2000).

일상적인 경험이 확장됨에 따라 아기는 추락의 위험을 탐지하기 위해 깊이 단서를 사용하는 방법을 점차적으로 터득하게 된다. 그러나 몸의 균형을 제대로 잡지 못해 떨어지는 경우는 자세에 따라 매우 다르기 때문에, 아기들은 각각의 자세마다 따로 배워야 한다(Adolph & Kretch, 2012). 한 연구에서 앉는 경험은 많이 했지만 기어다니는 데는 초보자인 9개월 된 아기를 거리를 조절할 수 있는 얕은 경사면의 가장자리에 앉혀 놓았다(Adolph, 2008). 익숙한 앉는 자세에서 영아는 저 멀리 놓여 있는 매력적인 장난감을 집으려고 몸을 내밀다 넘어지는 것을 피할 수 있었다. 하지만 익숙하지 않은 기는 자세에서는 거리가 굉장히 멀 때조차도 경사면 가장자리 너머로 몸을 내밀었다! 나중에 아기들이 걷게 되면서는

직립하는 새로운 방식으로 표면을 지각하는 방법을 다시 배워야 한다(Kretch & Adolph, 2013). 그들은 또한 충분한 자세 적응 없이 경사면과 불균질한 표현을 내려가는 법을 배운다(Adolph et al., 2008; Joh & Adolph, 2006). 그러나 그들은 빈번하게 미끄러진다. 영아들과 걸음마기 아동들이 상이한 자세와 상황에서 떨어지는 것을 피하는 방법을 발견함에 따라, 그들의 깊이에 대한 이해는 확장된다.

스스로 이동하기는 3차원을 이해하게 되는 또 다른 측면을 촉진시킨다. 예를 들어 기는 경험을 쌓은 아기는 경험이 없는 같은 또래보다 물건의 위치를 기억하고 숨겨진 물건을 찾는 것을 더 잘한다(Campos et al., 2000). 그들은 또한 새로운 각도로부터 대상을 보았을 때 이전에 보았던 움직이는 대상의 정체를 더 잘 인식한다(Schwarzer, Freitag, & Schum, 2013).

기는 것이 왜 그와 같은 차이를 만드는가? 여러분 자신의 경험과 비교해보라. 여러분 스스로 걷거나 운전하는 것이 아니라 남의 차를 타고 이곳에서 저곳으로 이동할 때 주변 환경을 어떻게 경험하는가? 여러분 스스로 움직일 때는 도로표

8개월 영아가 기기에 능숙해짐에 따라, 아기의 경험은 3차원 이해를 촉진한다(예를 들면 대상 위치 기억과 관점에 따라 다르게 보이는 모습 등).

지판과 여행 경로 등을 훨씬 더 의식하게 되고 사물이 다른 관점에서 어떻게 보일지를 훨씬 더 주목하게 된다. 그 점은 영아들도 마찬가지다. 대뇌피질에서 보다 조직화된 EEG 뇌파 활동이 나타나는 것을 볼 때, 사실상 기는 것은 뇌 조직화의 새로운 수준을 촉진한다. 아마도 기는 것이 특정한 신경연결, 특히 시각과 공간 이해에 관련된 신경연결을 강화하는 것으로 보인다(Bell & Fox, 1996). 아마도 기기는 특정한 신경연결을 강화하며, 특히 시각과 공간 이해에 관여하는 것으로 보인다.

패턴 지각 신생아도 무늬 없는 자극보다는 무늬가 있는 자극을 보기를 선호한다. 예를 들어 흑백의 타원형 그림보다 사람 얼굴 그림이나 얼굴의 특징들이 뒤섞인 그림을 선호한다 (Fantz, 1961). 영아는 나이가 들어 감에 따라 보다 복잡한 패턴을 선호한다. 생후 3주 된 영아들은 소수의 큰 사각형으로 된 흑백 바둑판무늬를 가장 오래 들여다본다. 반면 8주와 14주가 된 아기들은 사각형이 많이 그려진 바둑판무늬를 선호한다(Brennan, Ames, & Moore, 1966).

대비 민감성(contrast sensitivity)이라고 불리는 일반적인 원칙은 이와 같은 초기의 패턴 선호를 설명해준다(Banks & Ginsburg, 1985). 대비는 패턴 내의 인접한 지역 사이에 빛의 양의 차이를 지칭하는 것이다. 만약 아기들이 2개나 그 이상의 패턴에 있는 대비에 민감하다면(탐지할 수 있다면), 아기들은 대비가 뚜렷한 패턴을 선호한다. 이런 생각을 이해하려면 그림 4.15의 상단에 있는 바둑판무늬들을 보라. 작은 사각형이 많이 있는 바둑판무늬가 대비적 요소가 더 많다. 이제 하단을 보라. 이 바둑판무늬들이 태어난 지 몇 주 되지 않은 영아들에게 어떤 모습으로 보이는지를 보여준다. 매우 어린 아기들은 시력이 나쁘기 때문에 보다 복잡한 패턴에 있는 특징들을 제대로 포착할 수가 없다. 그래서 아기들은 보다 크고 두드러진 바둑판무늬를 보기를 선호한다. 2개월 무렵에 섬세한 세부적인 것들을 탐지하는 능력이 향상되면 영아들은 복잡한 패턴 속의 대비에 민감하게 되고 그런 패턴을 더 오랫동안 보게 된다(Gwiazda & Birch, 2001).

생후 첫 몇 주 동안 영아들은 패턴의 분리된 부분들에 반응을 보인다. 그들은 단일하고 대비가 뚜렷한 특징을 응시하면서 흥미로운 다른 자극으로 시선을 돌리는 것이 무척 힘들다(Hunnius & Geuze, 2004a, 2004b). 예를 들어 사람 얼굴 그림을 탐색하면서 1개월 된 아기는 자극의 가장자리, 즉 머리

크고 두드러진 바둑판 · 무늬가 복잡한 바둑판

매우 어린 영아들이 보는 바둑판

그림 4.15 생후 몇 주 되지 않은 영아가 복잡성 정도가 다른 두 바둑판무늬를 보는 방식 매우 어린 영아는 시력이 나쁘기 때문에 복잡한 바둑판무늬의 섬세한 세부사항들을 분석할 수 없다. 복잡한 바둑판무늬는 회색바탕과 같이 흐릿하게 보인다. 크고 두드러진 바둑판무늬가 더 많은 대비를 보이므로 아기들은 그것을 보기를 선호한다(M. S. Banks & P. Salapatek, 1983, "Infant Visual Perception", in M. M. Haith & J. J. Campos[Eds.], *Handbook of Child Psychology: Vol 2. Infancy and Developmental Psychobiology*[4th ed.], New York : Wiley, p. 504. Copyright ⓒ 1983 by John Wiley & Sons.).

선과 턱에 집중한다. 훑어보는 능력과 대비 민감성이 향상되는 2~3개월이 되면, 영아는 패턴의 각 부분을 보기 위해 잠깐씩 멈추면서 패턴의 내적 특징들을 철저하게 탐색하게 된다(Bronson, 1994).

아기가 일단 패턴의 모든 측면을 수용할 수 있게 되면, 패턴을 통일된 전체로 통합한다. 4개월 무렵 아기들은 패턴 조직화를 탐지하는 데 능숙해져서 실제로는 존재하지 않는 주관적 경계선까지도 지각한다. 예를 들어 그림 4.16(a)의 중앙에 있는 사각형을 아기들은 여러분과 마찬가지로 지각한다(Ghim, 1990). 나이가 들수록 영아들은 주관적 형태에 대한 반응성을 더욱 향상시킨다. 예를 들어 9개월 된 아기는 조직화된 일련의 움직이는 빛의 형태들 중 인간이 걷는 모습을 닮은 것을 거꾸로 된 모습이나 뒤섞인 모습보다 훨씬 더 오랫동안 본다(Bertenthal, 1993). 12개월 된 영아는 불완전한 그림을 보고, 심지어 그림 2/3가 지워진 것을 보고도 그 그림이 나타내는 대상을 탐지할 수 있다[그림 4.16(b) 참조]

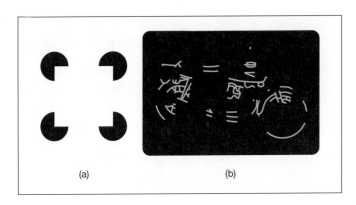

그림 4.16 시각 패턴 속의 주관적 경계선 여러분은 그림 (a) 한가운데 있는 사각형을 지각하는가? 4개월 된 영아들도 사각형을 지각한다. 전체 윤곽의 2/3가 사라지고 없는 그림 (b)는 여러분에게 무엇처럼 보이는가? 12개월 된 영아는 오토바이 모양을 탐지한다. 영아가 미완성 오토바이 모양에 습관화된 후에, 완전한 오토바이 형태와 새로운 형태를 짝지어 보여주었다. 12개월 된 아이는 새로운 형태에 회복했는데(보다 더 오랫동안 보았다), 이것은 최소한의 시각적인 정보에 바탕하고 있는 이 오토바이 패턴을 인지하고 있다는 것을 나타낸다 (Ghim, 1990; Rose, Jankowski, & Senior, 1997).

(Rose, Jankowski, & Senior, 1997). 이런 발견들이 보여주듯이, 영아의 대상과 활동에 대한 지식의 증가는 패턴 지각을 지원한다.

얼굴 지각 패턴이 있는 자극에서 구조를 추구하는 경향성은 얼굴 지각에도 또한 적용된다. 신생아는 부자연스러운(거꾸로나 비스듬한) 형태보다는 자연스럽게(똑바로) 배치된 형태의 단순하고, 얼굴 모양과 같은 자극을 더 선호한다[그림 4.17(a) 참조](Cassia, Turati, & Simion, 2004; Mondloch et al., 1999). 영아들은 또한 다른 자극들을 추적하는 것보다 자신들의 시각장을 가로질러서 이동하는 얼굴 패턴을 더 멀리 추적한다(Johnson, 1999). 비록 내부 특징들에 근거해서 진짜 얼굴을 구별할 수 있는 능력은 제한되어 있지만, 출생 직후의 아기들은 눈을 뜨고 똑바로 응시하고 있는 얼굴 사진을 더 선호했다(Farroni et al., 2002; Turati et al., 2006). 또 다른 놀라운 능력은 덜 매력적인 얼굴보다 어른들이 매력 있다고 판단하는 얼굴을 훨씬 더 오래 쳐다보는 경향이 있다는 점이다. 이런 선호도는 신체적으로 매력적인 사람들을 선호하는 널리 퍼져 있는 사회적 편견의 기원이 될 수도 있다(Quinn et al., 2008; Slater et al., 2010).

어떤 연구자들은 이런 행동이 많은 아기 동물들이 그러는 것과 마찬가지로, 같은 종의 구성원을 지향하는 신생아의 타고난 능력을 반영하는 것이라고 주장한다(Johnson, 2001; Slater et al., 2011). 그러나 다른 연구자들은 신생아가 아무

자극이나 그림 4.17(b)의 '눈들' 같이 가장 두드러진 요소들이 패턴의 위쪽에 수평으로 배치되어 있는 것을 선호한다고 주장한다(Cassia, Turati, & Simion, 2004). 그러나 얼굴 패턴을 선호하는 편견이 그런 선호도를 촉진시킬 가능성도 있다. 또 다른 연구자들은 신생아들이 다른 어떤 자극보다 얼굴에 더 자주 노출되는데 그러한 초기 경험이 얼굴을 탐지하고 매력적인 얼굴을 선호하도록 뇌에 빠르게 '배선'한다고 주장한다(Bukacha, Gauthier, & Tarr, 2006).

신생아가 일반적인 얼굴과 흡사한 구조에 반응을 보이기는 하지만, 복잡한 얼굴 패턴을 똑같이 복잡한 다른 패턴과 구별하지는 못한다[그림 4.17(c) 참조]. 그러나 자기 어머니의 얼굴에 반복해서 노출됨으로써 아기들은 낯선 여성의 얼굴

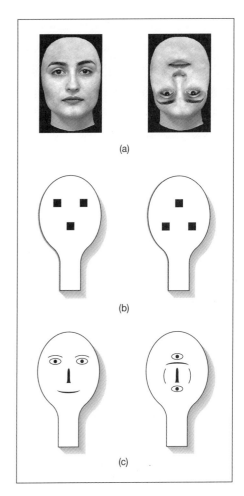

그림 4.17 초기 얼굴 지각 신생아는 얼굴 (a)와 얼굴을 닮은 단순한 패턴 (b)를 아래위가 거꾸로 된 패턴 (c)보다 보기를 선호한다. 왼쪽에 있는 복잡한 얼굴 그림과 오른쪽에 있는 똑같이 복잡하지만 뒤섞여 있는 얼굴 그림이 신생아의 시각장을 가로질러서 움직일 때, 신생아는 제대로 된 얼굴을 더 오랫동안 쳐다본다. 그러나 두 자극이 모두 정지되어 있으면 영아는 2~3개월이 될 때까지 얼굴에 대한 선호를 보이지 않는다(Cassia, Turati, & Simion, 2004; Johnson, 1999; Mondloch et al., 1999).

보다 익숙한 어머니의 얼굴을 선호하는 것을 빠르게 학습한
다. 물론 그들은 어머니 얼굴의 대강 윤곽에 반응을 보이는
것이기는 하다. 2개월 무렵 아기가 전체 자극을 훑어보고 그
요소들을 조직된 전체로 결합시킬 수 있을 때, 어머니의 세
부적인 얼굴 특징을 식별하고 선호하게 된다(Dannemiller &
Stephens, 1988). 그리고 아기는 다른 자극 배열보다 사람 얼
굴의 그림을 선호하게 된다(Bartrip, Morton, & de Schonen,
2001).

3개월 전후, 영아들은 상이한 얼굴들의 특징들을 정교하
게 구별할 수 있다. 예컨대 그들은 두 얼굴이 상당히 유사
할 때조차도 두 낯선 사람의 사진을 변별할 수 있다(Farroni
et al., 2007). 5개월에 영아들은 의미 있는 전체로서 정서 표
현을 지각한다. 그들은 긍정적인 얼굴들(행복한 얼굴과 놀
란 얼굴)을 부정적인 얼굴(슬픈 얼굴과 공포스러운 얼굴)과
는 다른 것으로 취급한다(Bornstein & Arterberry, 2003). 그리
고 7개월경부터, 그들은 행복, 놀람, 슬픔, 공포, 분노 등을
포함해 다양한 얼굴표정들을 변별한다(Witherington et al.,
2010).

경험은 얼굴 지각에 영향을 미치며 아기들이 집단 편향
을 형성하도록 이끈다. 3개월 정도로 어릴 때 영아들은 남
자 얼굴들보다는 여자 얼굴들을 선호하며 보다 쉽게 변별한
다(Ramsey-Rennels & Langlois, 2006). 남성이 일차 양육자인
아기들은 남성 얼굴을 선호하기 때문에 일반적으로 영아들
은 더 많은 시간을 여성 성인과 보낸다는 점이 이러한 효과를
설명한다. 더욱이 대부분 자신과 같은 인종 구성원에 노출
되는 3~6개월 영아들은 그 인종의 얼굴을 보는 것을 선호하
며, 6~9개월에 다른 인종 얼굴을 변별하는 능력은 약화된다
(Kelly et al., 2007, 2009). 이러한 자기 인종 편향은 다른 인종
구성원과 빈번한 접촉을 가진 아기들에게서는 나타나지 않
으며, 그것은 인종적 다양성에의 노출을 통해 역전될 수 있
다(Anzures et al., 2013; Heron-Delaney et al., 2011). 157쪽에
있는 '생물학적 영향과 환경적 영향' 글상자에서 어떻게 초기
경험이 성별과 인종 정보에 반응해 지각적 협소화를 촉진하는
지에 주목하라.

우반구에 국재화된 얼굴 지각 영역의 발달과 함께 집중적
인 양육자와의 면대면 상호작용은 영아의 얼굴 지각을 정교
화하는 데 확실히 도움을 준다. 얼굴 확인은 아동기 동안 계
속해서 발달한다(Stiles et al., 2015). 10~11세까지 아동은 성
인처럼 빠르고 정확하게 일상에서 만나는 얼굴들을 변별하

지는 못한다.

이 시점에 이르기까지 우리는 영아의 감각 체계를 하나씩
차례로 살펴보았다. 이제 그런 감각들이 상호 협응하는 것을
살펴보도록 하겠다.

감각 간 지각

우리의 세계는 풍부하고 지속적인 통합 자극을 제공한다. 즉
자극이 하나 이상의 감각 체계에 동시에 입력된다. **감각 간
지각**(intermodal perception)에서 우리는 대상과 사건을 통일
된 전체로 지각함으로써 빛, 소리, 촉감, 냄새, 맛 정보의 흐
름을 의미 있는 것으로 이해한다.

신생아가 소리가 나는 일반적인 방향으로 고개를 돌리고,
원시적인 방식으로 대상에 닿으려는 것을 상기하라. 이런 행
동은 영아가 시각, 청각, 촉각이 함께할 것을 기대한다는 것
을 시사한다. 연구에 의하면 아기들은 공통 감각 특성을 탐
지함으로써 상이한 감각 체계들로부터의 입력을 하나의 통
합된 방식으로 지각한다. **공통 감각 특성**이란 속도, 리듬, 지
속성, 강도, 시간적 공시성 등과 같이 둘 이상의 감각 체계에
중복되는 정보를 의미한다. 공이 튀는 것을 보는 것과 듣는
것, 혹은 말하는 사람의 얼굴과 목소리를 한번 생각해보라.
각각의 사건에서 시각정보와 청각정보는 동일한 속도, 리듬,
지속성, 강도를 가지고 동시에 일어난다.

신생아들조차도 감각한 속성을 인상적으로 잘 지각한다.
눈을 가리고 (실린더와 같은) 어떤 대상을 만진 후에 신생아
들은 그것을 시각적으로 인식하며 다른 상이한 형태의 대상
과 변별한다(Sann & Streri, 2007). 그리고 그들은 리듬감 있
게 딸랑거리는 딸랑이와 같은 장난감의 모습과 소리의 연합
을 단 한 번의 노출을 통해 학습한다(Morrongiello, Fenwick,
& Chance, 1998).

생후 첫 반 년 이내에 영아들은 대단히 넓은 범위의 통합
적 관계를 터득한다. 예를 들어 3~5개월 된 아기는 아동이나
성인의 움직이는 입술을 보고 그에 상응하는 발음을 연결시
킬 수 있다. 6개월 무렵, 영아들은 비친숙한 성인들의 독특한
얼굴-목소리 조합을 지각하고 기억할 수 있다(Flom, 2013).

어떻게 감각 간 지각이 그처럼 신속하게 발달할 수 있는
가? 어린 영아들은 공통의 정보에 집중하는 능력이 생물학적
으로 준비된 것처럼 보인다. 예를 들어 시각과 청각에 공통
된 템포와 리듬 같은 공통의 관계를 탐지하는 능력은 좀 더
특수한 감각 간의 대응, 즉 특정한 사람의 얼굴과 그 사람의

© LAURA DWIGHT PHOTOGRAPHY

탬버린을 가지고 놀고 있는 이 걸음마기 아동은 소리와 시각적 외형 간의 감각 간 지각 관련성을 이미 탐지하고 있다.

목소리 사이의 관계 혹은 대상과 그것의 언어적 명칭 사이의 관계 등을 탐지하는 토대를 제공할 수 있다(Bahrick, 2010).

통합감각적 민감성은 지각 발달에 매우 중요하다. 생후 첫 몇 개월 동안 많은 자극이 낯설고 혼란스러울 때, 통합적 감수성으로 인해 아기들은 감각 입력들 사이에 의미 있는 상관관계를 깨닫고 주변 환경을 신속하게 이해할 수 있게 된다.

이에 더해 감각 간 지각은 또한 사회적 처리와 언어 처리를 보다 용이하게 해준다. 예컨대 3~4개월 영아들은 성인의 얼굴을 응시할 때, 긍정적 정서 표현과 부정적 정서 표현을 구별하기 위해서 처음에는 목소리 입력과 시각적 입력을 필요로 한다(Flom & Bahrick, 2007). 연령이 증가한 후에야 각 감각에서 영아들은 긍정적 정서와 부정적 정서 표현을 변별할 수 있다. 처음에는 목소리(5개월경), 다음에는 얼굴(7개월경부터)의 순서로 변별 가능하다(Bahrick, Hernandez-Reif, & Flom, 2005). 더욱이, 영아에게 말할 때, 부모들은 때때로 단어들, 대상의 움직임, 그리고 터치 간의 동시성을 제공하곤 한다. 예컨대 그들은 인형을 움직이면서 '인형'이라고 말하고 인형으로 영아를 터치한다. 이는 아기들이 단어와 대상 간의 연합을 기억할 기회를 증가시킨다(Gogate & Bahrick, 2001).

살펴보기

> 부모와 영아가 상호작용하는 것을 관찰하는 동안, 부모의 감각 간 자극화와 의사소통의 순간들을 기록하라. 그 아기가 각각 감각한 경험으로부터 사람, 대상, 혹은 언어에 대해 무엇을 배우게 되는가?

요약하면, 감각 간 지각은 심리적 발달의 모든 측면을 촉진한다. 양육자가 여러 공존하는 장면, 소리와 촉감을 제공할 때 아기들은 보다 많은 정보를 처리하고 더 빨리 학습한다(Bahrick, 2010). 감각 간 지각은 영아들이 질서 있고 예측 가능한 세상을 이해하기 위한 그들의 적극적인 노력을 도와주는 또 다른 근본적인 능력이다.

지각 발달의 이해

이제까지 우리는 영아의 지각 능력 발달을 검토해 왔는데, 이 놀라운 성취의 다양한 요소를 어떻게 종합할 수 있을까? 널리 인정받은 대답은 엘리너 깁슨과 제임스 깁슨이 제공한 것이다. 깁슨의 **분화이론**(differentiation theory)에 따르면, 영아는 끊임없이 변하는 지각세계에서 안정적으로 유지되는 환경의 **일정한 특징**(invariant features)을 적극적으로 찾는다. 예를 들어 패턴 지각의 경우 처음에 아기들은 혼란스러운 자극의 덩어리와 마주하게 된다. 하지만 매우 빠르게 아기들은 자극의 경계선을 따라 두드러진 특징을 찾아내고 엉성하게 얼굴을 나타내는 이미지로 향한다. 조만간 아기들은 내부적인 특징들을 탐색하고 그런 특징들 사이의 **안정된 관계**를 알아낸다. 결과적으로, 아기들은 복잡한 디자인과 얼굴과 같은 패턴들을 탐지한다. 통합 지각의 발달 또한 이런 원칙을 반영한다(Bahrick & Lickliter, 2012). 아기들은 일정한 관계들을 찾아낸다. 예를 들어 동시에 발생하는 시각과 청각에서 리듬과 같은 공통의 특성을 찾아낸다. 점차적으로 아기들은 보다 세밀한 감각 간의 연합을 지각하게 된다.

깁슨 부부는 그들의 이론을 분화(여기서 '분화하다'는 분석하다 혹은 분류하다를 의미한다)로 기술한다. 시간이 지나면서 아기는 자극들 가운데서 점점 더 섬세하고 일정한 특징들을 탐지하기 때문이다. 분화는 패턴 지각과 감각 간 지각에 덧붙여서 깊이 지각에도 적용된다. 어떻게 운동과 양안 단서에 대한 민감성이 섬세한 그림 특징의 탐지에 선행하는지를 상기하라. 지각 발달을 이해하는 한 가지 방식은 질서와 일관성을 추구하려는 선천적인 경향성이 있는 것으로 생각하는 것이다. 그런 능력은 나이가 들어 감에 따라 점점 더 정교화된다(Gibson, 1970; Gibson, 1979).

영아들은 환경이 행위의 기회를 제공해줄 방식을 끊임없이 찾는다(Gibson, 2003). 아기들은 돌아다니면서 환경을 탐색함으로써 어떤 대상이 쥘 수 있는지, 누를 수 있는지, 튈 수 있는지, 혹은 쓰다듬을 수 있는지, 그리고 언제 표면이 안전

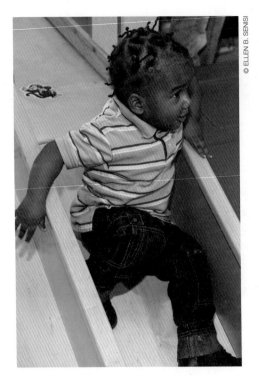

아기들의 기기 운동기술은 그들이 표면을 지각하는 방식을 변화시킨다. (왼쪽) 이제 막 걷기 시작한 12개월 된 영아가 떨어질 위험 성이 높다는 것을 모른 채 먼저 가파른 경사면을 걸어 내려간다. (오른쪽) 걷기 경험이 풍부한 18개월짜리 아동은 앉아서 비탈길을 걷는 것이 가장 좋다는 것을 알고 있다.

해서 건널 수 있는지 혹은 넘어질 가능성이 있는지를 이해한 다(Perone et al., 2008). 그 결과, 아기들은 새로운 방식으로 세계를 분화시키고, 보다 유능하게 활동한다.

이 장에서 논의했던 운동 이정표와 지각 발달 사이의 연계 를 다시 한 번 돌이켜 생각해보라. 아기들이 길 때, 그리고 다 시 그들이 걸을 때, 그들은 점진적으로 경사진 표면이 미끄 러질 가능성을 내포한다는 것을 깨닫게 된다. 이후 몇 주 동안 각 기술을 연습함에 따라 영아들은 위험해 보이는 경사면에 서는 기기나 걷기를 주저한다. 다양한 표현에서 균형을 유지 하도록 시도하는 경험은 영아가 자신의 움직임의 결과를 더 잘 인식하도록 만든다.

영아들은 경사면에 대한 그들의 학습을 기기로부터 걷기 로 전이하지 않는데 왜냐하면 각 자세의 행동 유도성이 상이 하기 때문이다(Adolph, Kretch, & LoBue, 2014). 학습은 점진 적이고 효과적인데 새로 기거나 걷는 영아들은 매일 집에서 많은 유형의 표면을 건너기 때문이다. 그들이 균형과 자세 적응을 경험함에 따라서, 그들은 표면이 그들 자신의 움직임 을 안내하는 새로운 방식을 지각한다. 그 결과 그들은 보다 유능하게 행동한다.

이 장을 마무리하면서, 아기들이 일정한 특징들을 추구함

으로써 경험을 이해하는 것 이상을 할 수 있다고 믿는 연구 자들도 있다는 것에 주목해야 공평할 것이다. 단순히 특징을 탐지해서 경험을 이해하는 대신에, 아기들은 주변 환경 속 의 대상과 사건의 범주들을 구성하면서 자신들이 지각한 것 에 의미를 부여한다(Johnson & Hannon, 2015). 우리는 이런 인지적 관점을 이 장에서 어렴풋이 보았다. 예를 들어 나이가 든 아기는 친숙한 얼굴을 기쁨과 애정의 원천으로서, 깜박이 는 빛으로 된 패턴을 움직이는 인간으로서 해석한다. 이와 같 은 인지적 관점 또한 영아기의 성취를 이해하는 데 보탬이 된 다. 사실상 많은 연구자들이 이러한 두 가지 입장을 결합해 영아 발달이 생후 1년에 걸쳐서 지각을 강조하는 것으로부터 인지를 강조하는 것으로 진행된다고 간주한다.

묻고 대답하기

연관지어보기 물리적 및 사회적 세계에 대한 영아들의 이해를 증진시키기 위해 감각 간 지각이 왜 필수적인지 예를 들어 설명해보라.

적용해보기 기기 시작한 몇 주일 뒤, 벤은 가파른 경사면에서 고개를 먼저 내미 는 것을 피하게 되었다. 이제 벤은 걸음마를 시작했다. 벤의 부모들은 벤이 급 경사진 표면에서 걸음마를 떼려고 하지 않을 것이라고 믿을 수 있을까? 설명해 보라.

생각해보기 여러분이 습득한 새로운 운동기술을 생각해보라. 지각 능력과 인지 능력을 어떻게 변화시켰다고 생각하는가?

요약

신체 성장

4.1 생후 첫 두 해에 걸쳐 일어나는 신체 성장에서의 주된 변화들을 기술하라.

- 키와 체중 증가는 출생 이후 그 어떤 시기보다 생애 첫 두 해 동안 가장 크다. 체지방은 첫 9개월 동안 신속하게 증가하는 반면 근육 발달은 느리고 점진적이다. 신체 비율은 성장이 **두미 방향**과 **중심말단 방향**으로 일어남에 따라 변화한다.

뇌의 발달

4.2 영아기와 걸음마기 동안의 대뇌 발달, 대뇌 기능을 측정하는 현재의 방법론과 대뇌의 잠재력을 지원하기 위해 적절한 자극법을 기술하라.

- 발달 초기, 대뇌는 그 어떤 신체 기관보다 빠르게 성장한다. 일단 **뉴런**들이 자리를 잡기 시작하면 뉴런은 급속도로 신경섬유를 확장해 **시냅스**를 형성한다. 뉴런은 다른 뉴런과 의사소통하기 위해 시냅스를 건너는 **신경전달물질**이라고 불리는 화학물질을 전달한다. **예정된 세포 죽음**은 신경섬유와 시냅스에 공간을 만들어준다. 가끔 자극된 뉴런은 **시냅스 가지치기**라는 과정에서 시냅스를 잃는다. 수초화에 중요한 교세포는 두 번째 해 동안 급속하게 급증하며, 이는 대뇌 무게를 증가시키는 데 영향을 미친다.

- 대뇌 기능의 측정은 대뇌피질에서 전기적 활동에서의 변화를 탐지하는 방법(EEG, ERP), 전체 뇌의 3차원적인 그림을 보여주는 뉴로이미징 기법(PET, fMRI)과 영아와 어린 아동에게 적합한 NIRS를 통해 이루어진다.

- **대뇌피질**은 가장 크고 가장 복잡한 대뇌 구조이며 가장 나중에 성장을 멈춘다. 전두엽은 **전전두 피질**을 포함하는데 이는 복잡한 사고와 관련이 있다. 점차적으로, 대뇌반구는 **편재화**라는 과정을 통해 특화된다. 그러나 생애 첫 몇 해 동안 **뇌 가소성**은 매우 높다. 많은 영역이 아직까지는 특정 기능에 개입하지 않으며 학습 능력은 매우 높다.

- 유전과 초기 환경 모두가 대뇌 조직화에 영향을 미친다. 대뇌의 자극은 민감기 동안 핵심적인데, 이 시기는 대뇌가 가장 급속하게 발달하는 시기이다. 지속된 초기의 박탈은 대뇌피질, 특히 전전두 피질의 발달을 방해할 수 있으며, 스트레스를 조절하는 대뇌의 능력을 방해하고 장기적 신체적 및 심리적 영향을 미친다.

- 적절한 초기의 자극은 **경험-기대 뇌 성장**을 촉진하는데 이는 일상적인 경험에 달려 있다. 생애 첫 몇 해 동안 **경험-의존 뇌 성장**에 대한 민감기라는 어떤 증거도 없다. 경험-의존 뇌 성장은 특정한 학습 경험에 의존한다. 실제로 부적절하게 증진된 기대로 아동을 압도하는 환경은 대뇌의 잠재력을 깎아내린다.

© ROBERTO WESTBROOK/CORBIS

4.3 수면과 각성의 조직화는 생애 첫 두 해에 걸쳐 어떻게 변화하는가?

- 영아들의 변화하는 각성 패턴은 대뇌 성장에 의해 일차적으로 영향을 받지만, 사회적 환경 또한 역할을 한다. 수면과 각성 주기는 적어지지만 길어지고 점차적으로 밤낮 스케줄을 형성하기 시작한다.

- 서구 국가의 부모들은 아기와 함께 자는 다른 문화의 부모들보다 대부분 아기들이 일찍부터 밤 동안 자도록 하기 위해 시도한다. 규칙적인 잠자리 습관은 영아와 걸음마기 아동에게서 수면을 촉진한다.

초기 신체 성장에 영향을 미치는 요인

4.4 유전과 영양섭취 모두 초기 신체적 성장에 기여한다는 증거를 제시하라.

- 쌍생아 연구와 입양아 연구는 유전이 신체 크기와 신체적 성장의 속도에 기여한다는 점을 밝힌다.

- 모유 수유는 영아의 성장 요구에 이상적으로 적합한 방법이다. 모유 수유는 빈곤 지역에서 질병, 영양실조, 영아 사망으로부터 보호하는 기능을 한다.

- 대부분의 영아와 걸음마기 아동들은 비만해지는 위험 없이 영양 많은 음식을 자유롭게 먹을 수 있다. 그러나 영아기 동안 급속한 체중 증가와 이후의 비만 간의 관련성은 강력

해지고 있는데, 이는 건강하지 못한 부모의 섭식 습관 증가 때문이다.

- **마라스무스와 콰시오커**는 영양실조 때문에 나타나는데, 많은 개발도상국의 아동들에게 영향을 미친다. 만일 지속된다면, 마라스무스와 콰시오커 모두 신체 성장과 대뇌 발달을 영속적으로 방해할 수 있다.

학습 능력

4.5 영아 학습 능력과 학습 능력이 발휘될 수 있는 조건들, 그리고 각각의 독특한 가치를 기술하라.

- **고전적 조건형성**은 영아가 보통 함께 일어나는 사건들을 연합시키는 영아의 능력에 기반한다. 영아들은 **무조건 자극**과 **조건 자극**의 연합이 생득적 가치가 있을 때 대부분 쉽게 고전적으로 조건형성된다.

- **조작적 조건형성**에서 영아들은 환경에 따라 행동하며 그들의 행동 다음에 선행하는 행동의 출현을 증가시키는 **강화** 혹은 반응을 감소시키기 위한 유쾌한 자극의 제거 혹은 불유쾌한 자극의 제시인 **처벌**이 따른다. 어린 영아들에서, 흥미로운 광경과 소리, 즐거운 양육자와의 상호작용은 효과적인 강화물로 작용한다.

- **습관화**와 **회복**은 출생 당시부터 아기들이 새로움에 매력을 느낀다는 것을 보여준다. 신근성 선호는 최신 기억을 측정하는 반면 친숙성 선호는 먼 기억을 측정한다.

- 신생아들은 성인의 얼굴표정과 몸짓을 모방하는 일차적인 능력을 가지고 있다. **모방**은 학습의 강력한 도구이며, 이는 부모-자녀 유대에 기여한다. 과학자들은 영아들의 모방 능력에 기저하는 **거울뉴런**을 밝혀냈다.

운동 발달

4.6 운동 발달의 역동적 체계이론을 기술하고, 생애 첫 두 해 동안 운동 능력의 발달에 영향을 미치는 요인들을 나열하라.

- **운동 발달의 역동적 체계이론**에 따르면, 아동들은 새로운 운동기술을 이미 존재하는 기술을 점점 더 복잡한 행위의 체계로 통합함으로써 습득한다. 각각의 새로운 기술은 중추 신경 발달, 신체의 움직임 가능성, 아동의 목표, 환경적 지원 모두의 산물이다.

- 움직이는 기회와 자극적 환경은 운동 발달에 기본적으로 영향을 미친다. 기기와 걷기에

대한 영아의 학습은 맥락에 따라 다르다. 문화적 변산과 아동 양육 관습 또한 운동기술의 출현과 정교화에 영향을 미친다.

■ 첫 번째 해 동안, 영아들은 닿기와 잡기에 완벽해진다. 닿기는 점차 정확하고 융통성 있어지고 잡기는 점차 정교해진다.

지각 발달

4.7 청각, 깊이와 패턴 지각, 감각 간 지각에서 영아기 동안 무슨 변화가 일어나는가?

■ 영아들은 **지각적 협소화 효과**의 한 부분으로 소리들을 점점 더 복잡한 패턴으로 조직화하고 첫해 중반부터 모국어에서는 사용되지 않는 소리들을 걸러내기 시작한다. 인상적인 **통계적 학습 능력**은 아기들이 규칙적인 소리 패턴들을 탐지하도록 하고 이는 그들이 이후 의미를 학습하는 데 도움을 준다.

■ 눈과 대뇌의 시각 영역의 급속한 성숙은 첫해 초반 동안 초점 맞추기, 색깔 변별, 시각적 예민성에 영향을 미친다. 환경을 스캔하고 움직이는 물체를 추적하는 능력 또한 발달한다.

■ 깊이 지각에 대한 연구는 운동 단서에 대한 반응성이 처음으로 발달하고 뒤이어 양안 단서에 대한 민감성과 다음으로 회화적 단서에 대한 반응이 발달한다는 것을 밝혔다. 독립적인 움직임을 경험하는 것은 깊이 지각과 다른 3차원 이해의 측면들을 촉진하지만 아기들은 각 신체 자세에 대해서 추락하지 않는 법을 배워야 한다.

■ **대비 민감성**은 영아들의 초기 패턴 선호를 설명한다. 처음에 아기들은 단일한, 고대비 특성을 선호한다. 시간 경과에 따라 그들은 점점 더 복잡하고 의미 있는 패턴들을 변별한다.

■ 신생아들은 단순하고 얼굴과 유사한 자극을 응시하고 따라 보는 것을 선호하지만 연구자들은 신생아들이 인간 얼굴을 향해 지향하려는 선천적인 경향성을 가지고 있는지 여부에 대해서는 논쟁한다. 2개월경, 아기들은 어머니의 얼굴을 선호하고, 3개월경 그들은 상이한 얼굴의 특질들을 변별한다. 그리고 7개월부터 그들은 기쁨, 슬픔, 놀라움을 포함해 다양한 얼굴표정을 변별한다.

■ 시작부터 영아들은 감각 간 지각의 능력을

가지고 있다. **감각 간 지각**이란 여러 감각 기관을 통해 들어오는 정보들을 결합하는 능력이다. (흔한 박자나 리듬과 같은) 단일 감각적 관련성의 탐지는 다른 감각 간 매칭을 탐지하기 위한 기초를 제공한다.

4.8 지각 발달의 분화이론을 설명하라.

■ **분화이론**에 따르면, 지각 발달은 일정하게 변화하는 지각적 세계에서 불변하는 특질들을 탐지하는 것의 문제이다. 세상에서 행동하는 것은 지각적 분화에서 주된 역할을 한다. 인지적 관점으로부터 영아들은 그들이 지각하는 것이 무엇을 의미하는지를 또한 파악한다. 많은 연구자들은 이러한 두 가지 아이디어를 결합시킨다.

주요 용어 및 개념

감각 간 지각	대뇌피질	수초화	조건 자극
강화물	대비 민감성	습관화	중심말단 방향
거울뉴런	조작적 조건형성	시냅스	지각적 협소화 효과
경험-기대 뇌 성장	두미 방향	시냅스 가지치기	처벌
경험-의존 뇌 성장	마라스무스	신경전달물질	콰시오커
고전적 조건형성	모방	예정된 세포 죽음	통계적 학습 능력
교세포	무조건 반응(UCR)	운동 발달의 역동적 체계이론	편재화
뉴런	무조건 자극(UCS)	전전두 피질	회복
뇌 가소성	분화이론	조건 반응	

CHAPTER 5

ROMONA ROBBINS PHOTOGRAPHY/GETTY IMAGES

영아기와
걸음마기의
인지발달

한 아버지가 자녀의 호기심과 발견의 즐거움을 격려하고 있다. 따뜻한 성인의 민감한 지원으로, 영아와 걸음마기 아동의 인지와 언어는 급속도로 발달한다.

케이틀린, 그레이스, 티미가 지네트의 어린이집에 모였을 때, 놀이방은 활기가 넘쳤다. 18개월이 다 되어 가는 3명의 원기왕성한 탐험가들은 발견에 열중하고 있었다. 그레이스는 지네트가 붙잡고 있는 플라스틱 상자에 있는 구멍들에 모양 블록들을 넣었고, 넣기 어려운 것들도 매끄럽게 잘 들어가도록 조정했다. 일단 몇 개의 모양 블록들이 상자 안에 들어가자 그레이스는 상자를 잡아채 흔들었으며, 뚜껑이 열리면서 모양 블록들이 자기 주변 여기저기에 떨어지자 즐거운 소리를 질렀다. 그 시끄러운 소리는 티미의 관심을 끌었고, 티미는 자기도 얼른 모양 블록 하나를 집어 들어 그것을 지하실로 내려가는 층계 난간으로 가져와 위에 떨어뜨리고 그 뒤를 이어 곰 인형과 공, 자신의 신발 한 짝, 그리고 숟가락도 하나 떨어뜨렸다. 한편, 케이틀린은 서랍을 잡아당겨 열고 한 세트의 나무 그릇들을 꺼내서 그것들을 쌓아 올렸다가 무너뜨리고 나서 그 중 두 개의 그릇을 서로 맞부딪쳤다.

걸음마기 유아들은 이와 같은 실험을 하는 동안 나는 언어─세상에 영향을 미칠 수 있는 새로운 수단─가 시작되고 있다는 것을 알 수 있었다. 티미가 밝은 빨간색 공을 지하실 계단으로 던지고 있을 때, 케이틀린은 "다 없어졌어, 와!"라고 외쳤다. 공이 시야에서 사라지고 있을 때, 손을 흔들면서 그레이스도 "빠빠이"라고 장단을 맞췄다. 그 이후 그레이스는 가장놀이를 할 때도 단어와 몸짓을 사용할 수 있다는 것을 보여주었다. 가장놀이를 할 때에는 언제 그리고 어디에서 잠을 잘지를 자신이 결정할 수 있다는 데 만족해하면서 그녀는 바닥에 눕고 눈을 감으면서 "잘자"라고 말했다.

생후 첫 두 해 동안 작고 반사적인 신생아는 간단한 문제들을 해결하고 가장 놀라운 인간의 능력인 언어에 숙달하기 시작하면서 목적을 가지고 자기주장을 하는 존재가 된다. 이러한 일이 어떻게 그렇게 빨리 일어날까? 부모들은 종종 이것을 의아하게 여긴다. 이 질문은 또한 연구자들을 사로잡았으며, 수많은 발견들과 더불어 영아와 걸음마기 유아 인지의 놀라운 속도를 어떻게 설명할 수 있는지에 대한 활발한 논쟁도 낳았다.

이 장에서, 우리는 초기 인지발달에 대한 세 가지 관점을 살펴볼 것이다─피아제의 *인지발달이론*, *정보처리이론*, 비고츠키의 *사회문화이론*. 또한 우리는 영아와 걸음마 유아들의 지적 발달을 측정할 수 있는 검사들의 유용성 또한 살펴볼 것이다. 마지막으로, 우리의 논의는 언어의 시작을 알아볼 것이다. 우리는 걸음마, 유아들의 첫 단어들이 어떠한 방식으로 초기의 인지적 성취를 기반으로 학습되고, 새로운 단어와 표현들이 어떻게 아동 사고의 속도와 유연성을 급속도로 증진시키는지를 살펴볼 것이다. 발달 전반에 걸쳐서 인지와 언어는 서로를 지원해준다. ●

피아제의 인지발달이론

5.1   피아제에 따르면, 도식은 발달의 과정에 걸쳐 어떻게 변화하는가?

5.2   감각운동기 동안의 주요 인지적 성취들을 기술하라.

5.3   후속연구는 영아기 인지발달과 피아제의 감각운동기 개념의 정확성에 대해서 무엇을 말하는가?

스위스의 이론가 장 피아제는, 환경에 직접적으로 행동함으로써 사고가 발달하는 분주하고 동기가 높은 탐색가로서 아동을 바라보는 관점을 제시했다. 자신의 전공과목이었던 생물학의 영향을 받아 그는 아동의 심리적 구조가 외적 환경에 보다 잘 부합되도록 형성되고 변화한다고 믿었다. 제1장에 제시된 피아제 이론에서 아동들은 영아기에서 청소년기까지 4단계를 거친다는 것을 떠올려보자. 피아제에 의하면 인지의 모든 측면은 유사한 방식으로 동시에 변화하는 것과 같은 통합된 방식으로 발달한다.

피아제의 첫 번째 단계인 **감각운동기**(sensorimotor stage)는 생애 첫 2년에 걸쳐 있다. 피아제는 영아들과 걸음마기 유아들이 자신의 눈, 귀, 손 그리고 다른 감각운동 장치들을 통해서 '생각'한다고 믿었다. 그들은 머리로는 아직 많은 활동들을 수행하지 못한다. 그러나 걸음마기가 거의 끝날 무렵 아동들은 실제 일상의 문제들을 해결할 수 있고 자신의 경험을 언어, 몸짓, 놀이를 통해서 나타낼 수 있다. 이러한 엄청난 변화들이 어떻게 일어나는지 피아제의 관점에서 이해하기 위해서 몇 가지 중요한 개념을 살펴보자.

인지적 변화에 관한 피아제의 견해

피아제에 의하면, 특정 심리학적 구조 — **도식**(schemes)이라고 불리는, 경험을 이해하고자 하는 조직화된 방식 — 는 연령에 따라 변한다. 처음 영아의 도식은 감각운동적 활동 경향을 띤다. 예를 들어 6개월 때 티미는 단순히 딸랑이나 치아 발육기를 손에 쥐었다 놓아 버린 후 이를 흥미롭게 관찰하면서 물건들을 일정한 방식으로 떨어뜨렸다. 18개월이 되었을 때 그의 '떨어뜨리기 도식'은 보다 의도적이고 창의적이 된다. 물건들을 지하실 계단 아래로 던질 때 그는 공중으로 던지거나 벽에 튕겨 내려가도록 하고 살며시 또는 세게 던지기도 했다. 이후 영아들은 물건에 단순하게 영향을 미치기보다는 행동하기 전에 사고한다는 증거를 보인다. 피아제에 있어 이러한 변화는 감각운동기에서 전조작기적 사고로의 전환을 나타내는 징조들이다.

피아제의 이론에서, 첫 번째 도식은 감각운동적 행위 패턴들이다. 이 12개월 영아는 그의 떨어뜨리기 도식을 이용해 실험함에 따라 행동은 점차 더 정교화되고 다양해진다.

피아제의 이론에 의하면, 다음의 **적응**과 **조직화**의 두 가지 과정이 도식 변화의 원인이 된다.

적응   다음에 기회가 된다면, 영아들과 걸음마기 유아들이 흥미로운 결과를 가져오는 행동들을 어떤 식으로 지칠 줄 모르고 반복하는지에 주목해보라. **적응**(adaptation)은 환경과의 직접적인 상호작용을 통해서 도식을 세우는 일과 관련되어 있다. 이것은 2개의 상호보완적인 활동인 동화와 조절을 포함한다. **동화**(assimilation)될 때, 우리는 외부 세계를 해석하기 위해서 우리가 현재 가지고 있는 도식들을 사용한다. 예를 들어 티미가 물건을 떨어뜨릴 때, 그는 자신의 감각운동 '떨어뜨리기 도식'에 그것들을 동화시킨다. **조절**(accommodation)할 때, 우리는 현재의 사고방식으로는 환경을 완전하게 이해하지 못함을 알아차린 후에 새로운 도식을 창조하거나 옛날 도식들을 수정한다. 티미가 서로 다른 방식으로 물건을 떨어뜨렸을 때, 그는 물건의 다양한 특성을 고려해서 자신의 떨어뜨리기 도식을 조정했다.

피아제에 의하면 동화와 조절 간의 균형은 시간에 걸쳐 변화한다. 인지 구조가 더 많은 변화 과정에 있지 않을 때, 조절보다는 동화가 더 많이 일어난다. 피아제는 이를 안정적이고 편안한 상태라 하며 인지적 평형이라 했다. 그러나 급격한 인지적 변화가 일어나는 동안 아동들은 **불균형**의 상태나 인지적 불안 상태에 있게 된다. 그들은 새로운 정보가 현재 그들이 가지고 있는 도식에 맞지 않음을 알아차리고, 동화에서 조절로 옮겨 간다. 일단 자신의 도식을 수정하면, 그들은 이를 근거로 동화를 시작해 새롭게 바꾼 구조들을 수정해야 할 필요가 있을 때까지 계속해서 사용한다.

매번 이러한 평형과 불균형 사이의 움직임이 일어날 때마다, 더 효과적인 도식들이 산출된다. 가장 커다란 조절들이 일어나는 시기는 생애 초반이기 때문에 감각운동기는 피아제의 발달 단계 중 가장 복잡한 시기이다.

조직화   도식들은 또한 **조직화**(organization)를 통해서 변화하는데, 이는 환경과의 직접적 접촉과는 별도로 내면에서 일어나는 과정이다. 아동들은 일단 새로운 도식들을 형성하면 그것들을 재배열하고 강하게 상호 연관된 인지 체계를 구축하기 위해서 다른 도식들과 연결시킨다. 예를 들어 결국 티미는 '떨어뜨리기'를 '던지기'와 연결시키고, 이것들을 이제 막 생성되기 시작한 지식인 '가까운 정도'와 '멀리 있는 정도'와도 연결을 시킬 것이다. 피아제에 의하면 도식들은 주변 세계에 공통적으로 적용시킬 수 있는 광대한 구조들의 조직의 일부가 되었을 때에야 진정한 평형화 상태에 이르는 것이다 (Piaget, 1936/1952).

다음 절에서, 우리는 우선 피아제가 본 것처럼 영아 발달을 기술할 것이다. 다음으로 우리는 몇몇 방식에서 아기들의 인지적 능력이 피아제가 믿었던 것보다 더 뛰어나다는 증거를 고려할 것이다.

감각운동기

신생아와 두 살 된 영아 간의 차이는 너무나 커서 감각운동기는 6단계의 하위 단계로 나뉘어 있다(요약된 내용을 보기 위해서는 표 5.1 참조). 피아제는 자신의 세 자녀를 관찰해 발달적 변화 순서에 대한 기초를 마련했다. 피아제는 자신의 아들과 두 딸을 꼼꼼하게 관찰했으며, 이들이 세상에 대해 이해하고 있는 것을 드러내는 (숨겨진 물건들과 같은) 일상의 문제들을 아이에게 제시했다.

피아제에 의하면, 탄생 당시에 영아들은 세상에 대해서 알고 있는 것이 거의 없기 때문에 의도적으로 충분하게 탐색을 하지는 못한다고 한다. **순환반응**(circular reaction)은 그들의 첫 도식을 적용할 수 있는 특별한 수단을 제공한다. 이는 영아가 자신의 운동 활동에 의해서 우연히 발생한 새로운 경험을 겪게 되는 일과 관련된다. 그 반응이 '순환적'인 이유는 영아가 그 사건을 반복적으로 일어나게 하려고 노력하면서 처음으로 우연히 일어난 감각운동적 반응이 새로운 도식으로 강화되기 때문이다. 2개월 때에 우연히 음식을 먹은 후에 쩝쩝거리는 소리를 낸 케이틀린의 경우를 고려해보자. 그 소리가 흥미롭다는 것을 발견한 후에, 케이틀린은 입으로 쩝쩝거리는 소리를 내는 데 꽤 전문가가 될 때까지 그 소리를 반복하려고 노력했다.

처음에는 순환반응이 주로 영아 자신의 몸을 중심으로 발생한다. 곧 순환반응은 외부로, 즉 대상의 조작으로 변하게 된다. 그리고 생후 두 번째 해에, 영아의 순환반응은 새로운 결과를 일으키는 데 목적을 둔 실험적이고 창의적인 일이 된다. 영아들이 새롭고 흥미로운 행동을 억제하는 것이 어려운 것은 순환반응 때문일지도 모른다. 이러한 억제 미숙은 새로운 기술들 간의 통합이 이루어지기 전까지는 방해받지 못하도록 돕는다는 점에서 적응적인 듯하다(Carey & Markman, 1999). 피아제는 순환반응 내에서의 변화들을 매우 중요하게 여겨서 표 5.1에 나와 있는 바와 같이 감각운동기의 하위 단계들의 명칭을 순환반응들의 이름을 따라 명명했다.

우연적 행동들의 반복   피아제는 신생아의 반사반응들을 감각운동적 지능을 구성하는 기본 요소로 보았다. 제1하위단계에서, 영아들은 어떠한 경험을 하는지와 관계없이 비슷한 방식으로 빨고, 잡고, 바라본다.

1개월이 되었을 무렵, 영아들이 제2하위단계에 진입함에 따라, 주로 기본적 욕구에 의해서 발생한 우연적 행동들을 반복하는 일차 순환반응을 통해서 자신들의 행동을 임의적으로 통제하기 시작한다. 이는 자신의 손이나 엄지손가락을 빠는 것과 같은 몇 가지 단순한 운동 습관들로 이어진다. 이 단계의 영아들은 또한 환경적 요구에 대한 응답으로 자신의 행동을 다양하게 바꾸기 시작한다. 예를 들어 그들은 숟가락을 입에 넣기 위해 입을 벌릴 때와는 다른 모양으로 젖꼭지를 빨기 위해서 입을 벌린다. 어린 영아들은 또한 사건을 예측하기 시작한다. 3개월인 티미는 낮잠에서 깨어나 배가 고파 울었다. 그러나 바네사가 방에 들어오자마자 그는 울음을 멈췄다. 그는 곧 우유를 먹게 될 것임을 알고 있었다.

표 5.1 피아제의 감각운동기에 대한 요약

감각운동기의 하위단계	전형적인 적응적 행동
1. 반사 도식(출생~1개월)	신생아의 반사반응(제3장 참조)
2. 일차 순환반응(1~4개월)	영아 자신의 몸을 중심으로 단순한 운동 습관, 사건들에 대한 제한적 기대
3. 이차 순환반응(4~8개월)	주변 환경에서의 흥미로운 효과들을 반복시키는 데 목적을 둔 행동들, 유사 행동에 대한 모방
4. 이차 순환반응들의 통합(8~12개월)	의도적 혹은 목적 지향적 행동, 초기에 숨겨진 장소에서 숨겨진 물건을 찾을 수 있는 능력(대상 영속성), 사건들에 대한 향상된 기대, 영아가 대개 수행하는 것과는 조금 다른 행동들의 모방
5. 삼차 순환반응(12~18개월)	새로운 방식으로 물건을 다룸으로써 물건의 특성에 대한 탐색을 함, 새로운 행동에 대한 모방, 숨겨진 물건을 찾기 위해서 몇 가지 장소를 탐색할 수 있는 능력(정확한 A–B 탐색)
6. 심적 표상(18개월~2세)	문제에 대한 갑작스러운 해결책, 자리에 없는 동안 치워 놓은 물건을 찾을 수 있는 능력, 지연 모방, 가장놀이에서 암시한 것처럼 물건과 사건에 대한 내면적 조사

제3하위단계에서, 4~8개월 사이에 영아들은 앉아서 물건을 잡기 위해 손을 뻗기도 하고 조작하기도 한다. 이러한 운동적 성취들은 그들의 관심을 환경으로 향하게 하는 데 주요한 역할을 한다. 이차 순환반응을 사용함으로써 그들은 자신의 행동을 통해서 흥미로운 사건을 반복하려고 노력한다. 예를 들어 4개월 된 케이틀린은 우연히 자기 앞에 매달아 놓은 장난감을 쳐서 멋지게 흔들거리는 움직임을 만들어냈다. 그다음 3일 동안 케이틀린은 이 효과를 반복하려고 했으며, 성공했을 때 새롭게 발견한 '치기' 도식을 즐겁게 반복했다. 자신의 행동에 대한 통제의 향상은 영아들이 다른 사람들의 행동을 보다 효과적으로 모방할 수 있도록 한다. 그러나 피아제는 4~8개월 된 영아들이 새로운 행동을 모방할 만큼 유연하고 신속하게 적응하지 못한다는 점에 주목했다. 비록 그들은 손바닥 치기 놀이를 하는 어른의 모습을 즐겁게 관찰할지

3개월 영아가 자기 앞에 매달려 있는 장난감을 우연히 쳤을 때, 이러한 흥미로운 효과를 다시 경험하기 위해 반복적인 시도를 한다. 이 과정에서 영아는 새로운 '치기 도식'을 형성한다.

라도 아직 함께 참여하지는 못한다.

의도적 행동 제4하위단계에서, 8~12개월 된 영아들은 도식을 연합시켜 보다 복잡하고 새로운 행동 과정으로 만든다. 이제 새로운 도식들로 이어지는 행동들은 더 이상 성공과 실패의 문제(우연히 입안에 손가락을 넣거나 장난감을 어쩌다가 치는 수준)가 아니다. 그보다는 8~12개월 된 영아들은 간단한 문제들을 해결하기 위해서 도식을 신중하게 결합시키는 **의도적**(intentional) 혹은 **목표 지향적 행동**(goal-directed behavior)을 한다. 영아에게 매력적인 장난감을 보여준 뒤에 자신의 손이나 덮개 밑에 그것을 숨기는 피아제의 유명한 대상 숨기기 과제를 고려해보자. 이 하위단계에 해당되는 영아들은 2개의 도식을 연합함으로써 물건을 찾을 수 있다—방해물을 옆으로 '밀기'와 장난감을 '잡기'. 피아제는 이러한 행동 과정들이 모두 문제 해결의 기초가 된다고 간주한다.

숨겨진 물건들을 되찾아온다는 것은 영아들이 물건이 보이지 않더라도 계속해서 존재한다는 것을 이해한다는 **대상 영속성**(object permanence)을 이해하기 시작했다는 것을 보여준다. 그러나 대상 영속성에 대한 자각은 아직 완성되지 않았다. 만약 영아가 물건이 처음 숨겨졌던 장소에 계속해서 손을 내민 후(A), 그 물건이 두 번째 장소로 이동했다는 것을 본 후에도(B) 계속해서 첫 번째 숨겨졌던 장소에서 물건을 찾으려 한다면(C) 말이다. 이와 같이 영아들은 B가 아닌 A에서 찾기 오류를 저지르기 때문에 피아제는 물건이 시야에서 숨겨졌을 때에는 영아들이 그것을 계속 존속하는 물건으로서의 뚜렷한 이미지를 형성하지 못했다고 결론을 내렸다.

사건들에 대한 예측을 보다 잘 할 수 있는 제4하위단계에

장난감 냄비 안에 감추어진 장난감들을 찾기 위해, 이 10개월 영아는 의도적이고 목표 지향적인 행동을 하고 있다. 이러한 행동은 모든 문제 해결의 기초이다.

는 능력은 대상 영속성에 대한 보다 향상된 이해의 향상으로 이어진다. 걸음마기 유아들은 숨겨진 장난감을 찾기 위해서 서너 군데를 찾음으로써 정확한 A-B 탐색을 보여준다. 그들의 보다 유연한 행동 양식들은 또한 그들로 하여금 블록 쌓기, 종이에 낙서하기, 재미있는 표정 짓기와 같은 보다 많은 행동들을 모방할 수 있도록 만든다.

심적 표상 제6하위단계는 **심적 표상**(mental representation) — 뇌가 조작할 수 있는 정보들의 내적인 묘사 — 을 형성할 수 있는 능력을 가져온다. 가장 강력한 정신적 표상은 다음 두 가지이다 — (1) 대상, 사람, 공간에 대한 이미지, 혹은 심상, (2) 유사한 대상들 혹은 사건들을 하나로 묶은 개념들 혹은 범주들. 우리들은 무엇인가를 어디에 두었는지 잊어버렸거나 우리가 관찰하고 오랜 시간이 지난 후에 누군가의 행동을 모방하고자 할 때 심상을 이용해서 우리의 행적을 추적하는 데 사용할 수 있다. 그리고 그것을 개념과 범주로 생각함으로써 (한 예로, '공'을 놀이에 사용되는 동그랗고, 움직일 수 있는 대상으로 정의 내리는 것), 우리들은 우리의 다양한 경험을 의미 있고 관리 가능하고 중요한 단위로 조직화하는 보다 능

있는 영아들은 사건을 바꾸기 위해서 의도적 행도을 할 수 있는 능력을 종종 사용한다. 10개월 된 티미는 바네사가 코트를 입을 때 그녀를 향해 기어가면서 우는 소리를 냄으로써 떠나지 못하게 하려고 했다. 또한 영아들은 자신이 수행하지 않던 행동들도 모방할 수 있게 된다. 다른 사람을 관찰한 후 그들은 숟가락으로 컵 안을 휘젓거나 장난감 자동차를 컵 안으로 밀어 넣거나 건포도를 컵 안에 떨어뜨린다. 여기서도 그들은 관찰한 행동에 맞추기 위해 의도적 행동을 하면서 도식들을 변경시킨다(Piaget, 1945/1951).

제5하위단계인 12~18개월 사이 걸음마 유아들은 다양하게 행동을 반복하는 삼차 순환반응을 보인다. 티미가 지하실 계단에 물건들을 떨어뜨리기 위해 이런저런 행동들을 한 것을 상기해보자. 그들은 이와 같은 신중한 탐색적 방법으로 세상에 접근하기 때문에 보다 나은 문제 해결사가 된다. 예를 들어서 그레이스는 모양 블록이 모양 상자 안에 들어갈 때까지 그것을 뒤집고 돌림으로써 모양 블록을 구멍에 끼워 넣는 법을 알아내고 손에 닿지 않는 장난감들을 갖기 위해서 막대기를 사용했다. 피아제에 의하면 이러한 실험을 할 수 있

심적 표상 능력은 이 20개월 영아가 가장놀이의 첫 번째 행위를 하는 것을 가능케 한다.

률적인 사고를 하는 사람이 될 수 있다.

피아제는 18~24개월 된 영아들이 시행착오 행동의 반복보다는 갑작스러운 해법을 찾는다는 것에 주목했다. 이렇게 함으로써 아동은 자신의 머릿속에 든 활동들을 실험하는 듯하다―이는 자신의 경험을 정신적으로 나타낼 수 있다는 증거이다. 예를 들어 19개월 된 그레이스는―누르면 소리가 나는 새로운 장난감을 벽에다 한 번 누른 후에―'생각'을 하는 듯 잠시 멈췄다가 장난감을 바로 다른 방향으로 돌렸다.

표상은 연령이 더 높은 걸음마 유아들이 보이지 않는 상태에서 자리를 이동시키는―장난감을 덮개로 덮은 상태에서 작은 상자로 이동시키는 것과 같이 영아가 보지 못하는 상태에서 이동시켜 버린 장난감을 찾는 것―고급 수준의 대상 영속성 문제를 해결할 수 있도록 해준다. 이는 또한 **지연 모방**(deferred imitation)―현재 일어나지 않은 행동을 기억하고 모방할 수 있는 능력―을 허용한다. 그리고 그것은 아동들이 일상적인 그리고 상상력을 요하는 활동을 하는 **가장놀이**(make-believe play)를 가능하게 만든다. 감각운동기가 끝나가면서 정신적 상징들은 사고의 주요 도구가 된다.

영아의 인지발달에 관한 후속연구

많은 연구들은 피아제가 믿었던 것보다 더 일찍 영아들이 폭넓은 이해를 보인다고 제안한다. 제4장에서 재검토했던 신생아들이 흥미로운 장면과 소리들을 불러일으키기 위해 젖꼭지를 힘차게 빠는 사례를 든 조작적 조건형성 연구를 상기해 보라. 피아제의 이차 순환반응과 많이 비슷한 이러한 행동은 영아들이 4~8개월보다 훨씬 이전에 외부 세계를 탐색하고 통제하려고 노력한다는 사실을 암시한다. 실제로 그들은 태어났을 때부터 그러하다.

영아들이 숨겨진 물건과 물리적 현실의 다양한 측면에 관해서 무엇을 알고 있는지 알아내는 주요 방법은 제4장에서 논의했던 습관화이다. **기대 위배 기법**(violation-of-expectation)에서 연구자들은 영아들을 물리적 사건에 습관화시킨다(그들이 바라보는 시간이 줄어들 때까지 사건을 그들에게 노출시킨다). 그런 다음 다음 영아들이 **기대한 사건**(물리적 법칙을 따르는 첫 번째 사건의 변종 사건)에 대해 회복을 했는지(더 오래 보는지), 아니면 **기대하지 못한 사건**(물리적 법칙에 어긋나는 변종 사건)에 대해서 회복을 했는지를 결정한다. 기대하지 못했던 사건에 대한 응시 기간의 회복은 물리적 현실에서 벗어남에 영아가 '놀라' 증가된 관심을 보이는

것이며, 이는 그러한 물리적 세계의 측면에 대해 영아가 알고 있음을 시사한다.

기대 위배 기법은 논란의 여지가 있다. 몇몇 연구자들은 그것이 단지 물리적 사건들에 대한 제한적이고 잠재적인(무의식적인) 탐지를 나타내는 것이지, 숨겨진 물건들을 탐색하는 것과 같이 영아들이 자신의 주변 환경에 행동하기를 요구하는 피아제가 초점을 둔 완전한 의식적 이해는 아니라고 믿는다(Campos et al., 2008). 다른 이들은 이 방법이 그들의 경험에 대한 이해를 드러내는 것이 아니라 단지 영아들의 새로움에 대한 지각적 선호를 드러낼 뿐이라고 주장한다(Bremner, 2010; Bremner, Slater, & Johnson, 2015). 최근 증거에 입각해서 이러한 논쟁을 검토해보자.

대상 영속성   기대 위배 기법을 사용한 일련의 연구들에서 르네 바야르종과 동료들은 생후 첫 몇 개월 동안에도 대상 영속성이 존재한다는 증거가 있다는 것을 주장한다. 바야르종의 연구들 중 하나는 그림 5.1에 제시되어 있다(Aguiar & Baillargeon, 2002; Baillargeon & DeVos, 1991).

기대 위배 기법을 사용한 다른 연구들도 유사한 결과들을 산출했으며 이는 영아들이 숨겨친 물체가 관련된 기대하지 않았던 다양한 범위의 사건들을 더 오래 쳐다본다는 것을 제시하는 것이었다(Newcombe, Sluzenski, & Huttenlocher, 2005; Wang, Baillargeon, & Paterson, 2005). 앞에서 살펴본 바와 같이 여전히, 비판자들은 이러한 응시 선호가 우리에게 아기들의 실제 이해에 대해서 무엇을 말해주는지에 대해서는 의문을 제기한다.

그러나 또 다른 유형의 응시행동은 어린 영아들이 어떤 물체가 시야에서 사라졌을 때에도 그 물체가 존재함을 인식하고 있음을 보여준다. 4~5개월 영아들은 굴러가는 공이 사라졌다가 장애물 뒤에서 다시 나타남에 따라 그 경로를 따를 수 있으며, 심지어는 공이 출현할 것이라고 기대하는 그 위치를 응시할 수 있다. 그와 같은 인식이 가능하다는 추가적인 지지증거로, 5~9개월 영아들은 컴퓨터 스크린에서 보이는 공이 장애물의 모서리에서 갑자기 사라지거나 급속하게 크기가 줄어들 때보다는 장애물 뒤로 점차 굴러서 사라질 때 예상 경로를 더 잘 알아차린다(Bertenthal, Gredebäck, & Boyer, 2013; Bertenthal, Longo, & Kenny, 2007). 연령 증가에 따라, 아기들은 공이 다시 나타나는 예상된 장소에 시선을 고정하며 그것을 기다린다. 이는 대상 영속성에 대한 증가하는 안

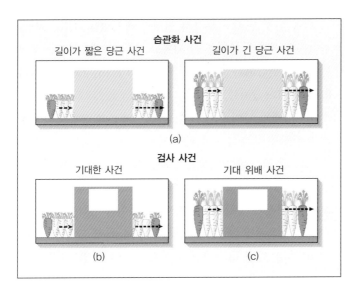

습관화 사건

길이가 짧은 당근 사건   길이가 긴 당근 사건

(a)

검사 사건

기대한 사건   기대 위배 사건

(b)   (c)

그림 5.1 기대 위배 기법을 사용해서 어린 영아들의 대상 영속성에 대한 이해 시험하기 (a) 처음에 영아들은 2개의 사건들에 습관화가 된다 — 교대로 스크린 뒤를 이동하는 길이가 짧은 당근과 긴 당근, 영아들이 창문을 알아차릴 수 있도록 스크린의 색을 바꿨다. (b) *기대한 사건*에서, 창문의 아래쪽 가장자리보다 높이가 낮았던 당근은 파란색 스크린 뒤로 이동했다가 다른 쪽에 재등장했다. (c) *기대하지 않았던 사건*에서, 창문의 아래쪽 가장자리보다 높이가 높았던 당근은 스크린 뒤로 이동한 뒤에 창문에 모습이 나타나지 않았지만, 다른 쪽에서 원래의 모습으로 다시 나타났다. 어리게는 2개월 반에서 3개월 반이된 영아들은 기대하지 않았던 사건에 대해서 회복을 함으로써(더 오래 바라봄으로써), 그들이 대상 영속성에 대해 얼마간의 이해를 가지고 있음을 나타냈다(R. Baillargeon & J. DeVos, 1991, "Object Permanence in Young Infants : Further Evidence," *Child Development, 62*, p. 1230. ⓒ 1991, John Wiley and Sons. Reproduced with permission of John Wiley & Sons Ltd. conveyed through Copyright Clearance Center, Inc.).

정적 이해의 증거이다.

만일 어린 영아들이 대상 영속성을 이해한다면, (손을 뻗어서 집을 수 있는 능력을 가진) 더 높은 연령의 영아들이 숨겨진 물건들을 찾으려고 노력하지 않는다는 피아제의 주장을 우리는 어떻게 설명할 수 있을까? 기대 위배 과제들에서의 응시 반응과 비교할 때 숨겨진 물체를 찾는 것은 보다 많은 인지적 능력을 요구하는 과제이다 — 아기는 반드시 어디에 숨겨진 물체가 있는지를 이해해야 한다. 이러한 생각과 일관되게, 영아들의 수행은 대상 숨기기 과제의 종류에 따라 달라진다. 예를 들어 8~10개월 영아들은 완전히 덮인 물체를 찾기 전에 부분적으로 숨겨진 물체로부터 덮개를 제거한다(Moore & Meltzoff, 2008). 부분적으로 숨겨진 물체에 대한 경험은 영아의 일상에서 매우 흔하며, 이는 영아들로 하여금 완벽하게 덮인 물체는 계속해서 존재하고 있으며 꺼내질 수 있다고 이해하도록 도울 수 있다.

8~12개월 된 영아들이 숨겨진 물건들을 찾기 시작했다 하

더라도, 그들은 B가 아닌 A 오류를 저지른다. 몇몇 연구들은 그들이 B(물건이 최근에 숨겨진 장소)가 아닌 A(그들이 예전에 물건을 찾았던 장소)에서 찾는 이유가 그들이 예전에 보람 있었던 반응을 억제하는 데 어려움을 겪기 때문이라고 한다(Diamond, Cruttenden, & Neiderman, 1994; Ruffman & Langman, 2002). 또한 A에서 서너 번 물건을 찾은 후에 물건을 B에 숨길 때 그들의 관심이 B에 기울여지지 않았기 때문일 가능성도 있다. 보다 포괄적인 설명은 요인들의 복잡하고 역동적인 체계 — A를 향해서 손을 뻗는 습관을 만들고, A를 계속해서 바라보고, 숨겨진 장소 B가 A와 비슷하게 보이게 만들고, 일정한 자세를 유지하는 것 — 가 영아가 B가 아닌 A 오류를 저지를 가능성을 높인다는 것이다. 연구의 결과는 이러한 요인들 중 어느 하나라도 억제하게 만드는 것이 10개월 된 영아들의 B에서의 정확한 찾기를 증가시켰다는 것을 보여주었다(Thelen et al., 2001). 이에 더해, 나이 든 영아들은 여전히 닿기와 잡기를 완벽하게 수행한다(Berger, 2010)(제3장 참조). 만일 이러한 운동기술이 도전적인 어린 월령에서, 아기들은 A를 향해 손을 뻗는 습관을 억제하는 데 덜 주의를 기울이게 될 것이다.

살펴보기

아기가 흥미를 느낄 만한 장난감과 천을 이용해 여러 물체 숨기기 과제를 8~14개월 영아에게 제시해보라. 그들의 탐색행동은 연구 발견과 일치하는가?

요컨대, 대상 영속성을 완전히 이해하는 것은 점진적인 과정이다. 아기들의 이해는 연령 증가에 따라 점점 더 복잡해진다 — 그들은 장애물과 대상을 변별해야 하며, 대상의 위치 변화의 경로를 추적해야 하고, 대상을 얻기 위해 이러한 지식을 이용해야 한다(Moore & Meltzoff, 2008). 대상 탐색 과제에서의 성공은 대뇌피질 중 전두엽의 급속한 발달과 동기에 일어난다(Bell, 1998). 중요한 것은 대상들을 지각하고 이에 대해 행동하고 기억하는 폭넓고 다양한 경험들이다.

심적 표상 피아제의 이론에 의하면, 영아들은 순수하게 감각운동적 삶을 이어 나간다. 그들은 18개월 이전까지는 경험을 정신적으로 표상하지 못한다. 그럼에도 불구하고 숨겨진 대상의 위치를 1분 이상의 지연 후에 회상할 수 있는 8개월 영아들의 능력과 하루 이상 지연된 후 회상할 수 있는 14

개월 영아의 능력은 영아들이 대상과 그것의 소재에 대한 정신적 표상을 구성할 수 있음을 암시한다(McDonough, 1999; Moore & Meltzoff, 2004). 그리고 지연 모방과 문제 해결에 관한 새로운 연구들은 표상적 사고가 보다 이른 시기에도 분명히 존재한다는 사실을 보여준다.

지연 모방 피아제는 자신의 세 자녀가 그들의 일상에서 모방 행동을 보일 때마다 이를 기록해 연구했다. 이러한 상황에서 영아들이 모델의 과거 행동을 표상하는 일이 요구되는 지연 모방이 일어났는지 확신하기 위해서는 영아의 일상생활에 관해 상당히 많은 지식을 갖고 있어야 한다.

실험실 연구는 지연 모방이 생후 6주에도 가능하다는 것을 제안한다. 한 연구에서 친숙하지 않은 성인의 표정을 본 영아들은 다음 날 동일한 성인에게 노출되었을 때 그것을 모방했다(Meltzoff & Moore, 1994). 운동 능력이 향상될수록 영아들은 대상을 향한 행동 또한 그대로 따라 한다. 성인이 6개월 된 영아들에게 꼭두각시 인형으로 일련의 새로운 행동들을 보여줬다. 인형의 장갑을 벗기고 장갑 속의 종을 울리기 위해서 그것을 흔들고 장갑을 다른 것으로 바꾸었다. 하루 뒤 검사를 실시했을 때 새로운 행동을 관찰한 영아들이 그런 행동을 할 가능성이 높았다(그림 5.2 참조). 그리고 연구자가 시범을 보여주기 1~6일 전에 두 번째 움직이지 않는 꼭두각

시 인형을 첫 번째 꼭두각시 인형과 짝지었을 때, 6~9개월 영아들은 새로운 행위를 이 새롭고 매우 다르게 보이는 인형에 일반화했다(Barr, Marrott, & Rovee-Collier, 2003; Giles & Rovee-Collier, 2011).

12~18개월 사이 걸음마 아동들은 자신의 감각운동적 도식의 범위를 보다 넓히기 위해 지연 모방을 능숙하게 사용한다. 그들은 모델링한 행동들을 최소 몇 달 동안 유지했고, 성인뿐 아니라 또래들의 행동도 따라 했으며 여러 상황적 변화들에 걸쳐 모방했다. 예를 들어 보육원이나 텔레비전에서 학습한 행동을 집에서도 재현했다(Meltzoff & Williamson, 2010; Patel, Gaylord, & Fagen, 2013). 나이 든 영아들이 모델 행동을 회상하는 능력은 생애 두 번째 해 동안 더 강력해진다(Bauer, 2006; Rovee-Collier & Cuevas, 2009). 그리고 걸음마기 아동들이 정확한 순서로 모방할 때, 그들은 더 많은 행동들을 기억한다(Knopf, Kraus, & Kressley-Mba, 2006).

심지어 나이 든 영아와 걸음마기 아동들은 다른 이들의 의도를 합당하게 추리해 모방한다! 그들은 우연적 행동보다는 의도적 행동을 더 많이 모방한다(Hamlin, Hallinan, & Woodward, 2008; Thoermer et al., 2013). 그리고 그들은 그들의 모방행위를 모델의 목표에 맞게 적응시킨다. 만일 12개월 영아들이 한 성인이 재미를 위해 특이한 행동을 하는 것을 본다면(장난감 집의 문이 활짝 열려 있는데도 장난감 강아지를

(a)   (b)

그림 5.2 지연 모방 능력 시험하기 연구자들이 새로운 일련의 행위를 한 인형에 대해 수행한 후에, 6개월 영아들은 그 행위를 하루가 지난 후에 모방했다─(a) 장갑 벗기기, (b) 장갑을 벗기고 장갑 속의 종을 울리기 위해서 그것을 흔들기. 월령 증가에 따라 더 오랜 지연 후에 다른 사람의 행동에 대한 지연 모방 수행은 더 높아진다.

굴뚝을 통해 집 안에 넣는 행동), 영아들은 그 행동을 모방한다. 그러나 만일 그 성인이 그 방법밖에 없기 때문에 이상한 행동을 한다면(장난감 집의 문으로 넣으려고 시도하다가 잠겨 있는 것을 발견해서 장난감 강아지를 굴뚝을 통해 집 안에 넣는 행동) 12개월 영아들은 전형적으로 보다 효율적인 행위를 모방한다(강아지를 문을 통해 넣음)(Schwier et al., 2006). 14~18개월에, 걸음마기 아동들은 점점 더 성인이 미처 실현시키지는 못했지만 산출하기를 시도한 행위들을 모방하는 데 능숙해진다(Bellagamba, Camaioni, & Colonnesi, 2006; Olineck & Poulin-Dubois, 2009). 이따금, 지네트는 종종 작은 주머니 안에 건포도를 쏟아 넣으려고 했지만 실패해 주머니 밖으로 쏟곤 했다. 잠시 후 그레이스는 건포도를 주머니 안에 집어넣기 시작했는데, 이는 그가 지네트의 목표를 추론했음을 암시한다.

문제 해결 피아제가 주장했듯이, 7~8개월 무렵 영아들은 천의 가장자리에 있는 장난감을 잡기 위해 천을 잡아당기는 것과 같은 단순한 문제를 해결하기 위해서 의도적 행동의 순서를 개발한다(Willatts, 1999). 이러한 대상 대 대상의 관계에 대한 탐색으로부터, 문제 해결에서 도구를 사용하는 능력, 즉 목표를 달성하기 위한 도구로 대상을 융통성 있게 이용하는 능력이 출현한다(Keen, 2011).

예를 들어 반복적으로 같은 방향(손잡이를 한쪽으로 한) 숟가락을 제시받은 12개월 된 영아들은 숟가락을 다른 방향으로 제시했을 때(손잡이를 다른 방향으로 했을 때) 손쉽게 자신의 운동 동작들을 적응시키며 음식을 성공적으로 자신의 입에 넣는다(McCarty & Keen, 2005). 연령 증가에 따라, 아기들은 더 진전된 방식으로 수저의 방향을 자신의 손에 맞추는 데 능숙해지며, 도구를 이용해 하고 싶은 일을 위해 계획을 세운다.

10~12개월경 영아들은 유추, 즉 한 문제에 대한 해결 전략을 이와 관련되는 다른 문제들에도 적용하는 것을 이용해서 문제들을 해결할 수 있다. 한 연구에서 이 연령대의 영아들에게 3개의 유사한 문제들이 주어졌는데 각 문제는 공통적으로 매력적인 장난감을 갖기 위해서는 장애물을 넘어 끈을 잡아 그것을 잡아당기는 행동을 요구했다. 첫 번째 문제에서 부모가 해결법을 보여주었고 영아가 모방하도록 격려했다(Chen, Sanchez, & Campbell, 1997). 영아들은 추가적인 다른 문제를 풀어 감에 따라 장난감을 보다 쉽게 손에 넣었다.

이러한 발견들은 1세가 될 무렵의 영아들은 대상을 잡기 위해 도구들을 어떻게 사용하는지에 관한 유연한 정신적 표상을 형성한다는 것을 제시한다. 영아들은 시행과 오류 실험을 벗어나 해결책을 정신적으로 표상하고 이를 새로운 맥락에서 사용할 수 있는 약간의 능력을 갖고 있다.

상징 이해 가장 중대한 초기의 인지적 성취 중 하나는 첫 번째 생일 무렵 출현하는 단어가 소위 **변형된 참조**(displaced reference)로 불리는, 물리적으로 존재하지 않는 것들의 심적 이미지를 나타내기 위해 사용될 수 있음을 인식하는 상징적 능력의 습득이다. 이는 12개월 전후에 출현한다. 상징 이해는 다른 사람들과의 의사소통을 통해 세계에 대해서 학습하는 걸음마기 아동들의 능력을 크게 향상시킨다. 12~13개월 영아에 대한 관찰 결과, 그들은 어떤 물건이 보통 놓여 있던 장소를 바라보거나 가리킴으로써 지금은 없는 장난감의 명명에 반응했다(Saylor, 2004). 기억 능력과 어휘력이 발달함에 따라 이러한 기술은 점점 더 확장된다.

그러나 처음에 걸음마기 아동들은 지금은 존재하지 않는

17개월 영아가 책의 그림을 가리키고 있다. 이는 그림의 상징적 기능에 대한 영아의 인식의 시작을 보여주는 것이다. 그러나 걸음마기 아동들이 이 그림들을 상징적으로 취급하기 위해서는 매우 현실적이어야 한다.

대상에 대해서 새로운 정보를 습득하는 데 언어를 이용하는 것에 있어서 곤란을 겪는다. 한 연구에서, 한 성인이 10~22개월 영아들에게 개구리 인형의 이름이 '루시'라고 가르쳤다. 다음으로 그 개구리를 시야에서 사라지게 한 다음, 각 아동은 물이 쏟아져 "루시가 모두 젖었네!"라는 말을 들었다. 마지막으로, 그 성인은 걸음마기 아동들에게 세 가지 인형, 즉 젖은 개구리, 젖지 않은 개구리, 돼지 인형을 제시하고 "루시를 집어 봐!"라고 말했다(Ganea et al., 2007). 비록 모든 아동이 루시가 개구리였음을 기억했지만 22개월 아동들만이 젖은 개구리가 루시라고 답했다. 유동적인 상징적 도구, 즉 존재하는 심적 표상을 수정하고 풍부하게 하는 도구로서 언어를 이용하는 능력은 2~3세 사이에 향상된다.

그림의 상징적 기능에 대한 처음의 인식 또한 생애 첫 번째 해에 출현해 두 번째 해에 강화된다. 신생아조차도 어머니의 사진을 보기를 선호하는 것처럼 그림과 그 참조물 사이의 관련성을 지각한다(제4장 참조). 9개월 무렵 혹은 그 이전부터, 대다수의 영아들은 실제 대상은 움켜쥘 수 있지만 대상의 그림은 그럴 수 없음을 이해한다. 대부분의 영아들은 사진을 만지고 비비고 두드리지만 그것을 움켜잡으려는 시도는 거의 하지 않는다(Ziemer, Plumert, & Pick, 2012). 이런 행동들은 9개월 영아들이 실제 사물과 그림을 혼동하지는 않지만, 아직 그것을 하나의 상징으로 이해하지는 못한다는 것을 보여준다. 그림에 대한 손 탐색은 9개월 이후 감소해 18개월 무렵에는 거의 나타나지 않는다(DeLoache & Ganea, 2009).

이 시기를 전후해, 걸음마기 아동들은 그림이 실제 대상과 매우 비슷하다고 하더라도 명백하게 그림을 상징으로 취급한다. 새로운 명칭('블리켓')이 비친숙한 대상의 컬러 사진에 적용되는 것을 들은 다음에 대부분의 15개월 영아와 24개월 영아들은 실제 대상과 그 사진이 주어지고 무엇이 '블리켓'인지 가리켜보라는 질문에 상징적 반응을 보인다(Ganea et al., 2009). 그들은 사진만 블리켓이라고 하는 것이 아니라 실제 대상 혹은 실제 대상과 사진 모두를 블리켓이라고 답했다.

생애 두 번째 해 중반부터, 걸음마기 아동들은 종종 그림을 다른 사람과 의사소통하고 새로운 지식을 얻는 도구로 사용한다. 그들은 그림을 가리키고 명명하고 이야기하며, 책으로부터 실제 대상을 배우기도 하고 그 반대도 경험한다(Ganea, Ma, & DeLoache, 2011 ; Simcock, Garrity, & Barr, 2011).

양육자들이 때때로 그림과 실제 대상 간의 관련성에 아기

의 주의를 돌리곤 하는 그림이 풍부한 환경은 그림 이해 능력의 발달을 촉진한다. 아동들이 초등학교 입학 전에는 어떤 그림에의 노출도 받지 못하는 아프리카 탄자니아의 시골 지역에서 수행된 한 연구에서, 성인이 1.5세 영아에게 그림책 상호작용을 통해 낯선 물체의 새로운 이름을 가르쳤다(Walker, Walker, & Ganea, 2012). 이후 한 세트의 실제 물체들을 제시하고 명명된 대상을 골라보도록 했을 때, 3세 탄자니아 아동은 미국의 15개월 영아와 유사한 수행을 보였다.

그림의 상징적 속성을 이해하기 시작한 이후에도 어린 아동들은 몇몇 그림의 의미를 이해하는 데 곤란을 겪곤 한다(제8장에서 살펴볼 것이다). 영아와 걸음마기 아동들은 어떻게 다른 매체들을 이해할까? '사회적 이슈 : 교육' 글상자를 살펴보도록 하자.

감각운동기에 대한 평가

표 5.2는 우리가 좀 전에 검토한 놀라운 영아들의 인지적 능력을 요약한 것이다. 이 표를 표 5.1에 있는 피아제의 감각운동기 하위단계들에 대한 설명과 비교해보라. 여러분은 피아제가 설정한 시간 범위 내에서 영아들이 사건을 기대하고, 적극적으로 숨겨진 대상을 찾고, A-B 대상 찾기에 성공하고, 자신들의 감각운동적 도식들을 유연하게 바꾸고, 가장 놀이에 참여하는 것을 볼 수 있을 것이다. 그러나 다른 능력들(이차 순환반응, 대상의 특징에 대한 이해, 대상 영속성에 대한 첫 조짐, 지연 모방, 유추에 의한 문제 해결)은 피아제가 예측했던 것보다 이른 시기에 시작된다. 이러한 결과들은 영아기의 인지적 능력들이 피아제가 가정했던 것처럼 모두 정돈된 단계적 방식으로 발달하지 않는다는 것을 밝혀준다.

피아제의 관찰과 최근 연구 결과들 간의 불일치는 영아의 발달이 어떻게 이루어지는지에 관한 논쟁이 될 만한 물음들을 불러일으킨다. 피아제의 생각과 일관되게 감각운동적 행동은 영아들이 얼마간의 지식 형태를 구성할 수 있도록 돕는다. 예를 들어 제4장에서 우리는 기어다니는 경험이 깊이 지각과 숨겨진 대상을 찾는 능력을 향상시킨다는 것을 보았다. 그러나 우리는 또한 영아들이 운동행동을 할 수 있기 전에도 상당히 많은 것을 이해할 수 있다는 것을 보았다. 그렇다면 우리는 영아들의 놀라운 인지적 성취들에 관해 어떻게 설명할 수 있을까?

대안적 설명들   어린 영아들이 모든 정신적 표상 내용을 감각

사회적 이슈 : 교육

TV와 비디오로부터의 영아의 학습 : 비디오 결손 효과

아동들은 부모와 나이 든 형제가 시청하는 TV 프로그램이나 베이비 아인슈타인과 같은 아기용 프로그램에 노출됨으로써 영아 초기부터 처음으로 TV와 비디오 시청자가 된다. 미국의 부모들은 2세 아동의 50%, 2세 이후에는 90%가 TV를 시청한다고 보고한다. 평균 시청 시간은 6개월에 하루 55분에서 2세경 하루 1시간 30분으로 증가한다(Anand et al., 2014; Cespedes et al., 2014). 비록 부모들이 아기들은 TV와 비디오로부터 학습한다고 가정하고 있음에도 불구하고, 연구는 아기들이 충분한 이점을 얻지 못한다는 것을 보여준다.

처음에 영아들은 실제 사람을 직접 볼 때 사람에게 웃고 손과 발을 흔들고(6개월경부터) TV 속의 성인의 행위를 모방하는 것과 마찬가지로 비디오 속 사람에게 반응한다(Barr, Muentener, & Garcia, 2007). 그러나 매력적인 장난감이 등장하는 영상을 볼 때 9개월 영아들은 스크린을 만지거나 움켜잡는 행동을 하는데, 이는 그들이 이미지와 실제 사물을 혼동한다는 것을 시사한다. 생애 두 번째 해 중반부터 이미지를 손으로 잡으려는 경향성은 감소하는 대신 그것을 가리키는 행동은 증가한다(Pierroutsakos & Troseth, 2003). 그럼에도 불구하고 걸음마기 아동들은 그들이 비디오에서 보는 것을 실제 상황에 적용하는 것에는 곤란을 보인다.

일련의 연구들에서, 몇몇 2세 아동들은 창문을 통해 한 성인이 물체를 인접한 방 안에 숨기는 것을 보았다. 반면 다른 2세 아동들은 동일한 사건을 비디오 스크린을 통해 보았다. 직접 관찰 조건의 아동들은 장난감을 쉽게 찾아냈으나 비디오 조건의 아동들은 장난감을 찾아내는 데 곤란을 겪었다(Troseth, 2003; Troseth & DeLoache, 1998). 이러한 **비디오 결손 효과**(video deficit effect), 즉 실제 시범보다 비디오를 보고 난 후 나타나는 더 저조한 수행은 2세 아동들의 지연 모방, 단어 학습, 수단-목표

문제 해결에서도 관찰되어 왔다(Bellagamba et al., 2012; Hayne, Herbert, & Simcock, 2003; Krcmar, Grela, & Linn, 2007).

한 가지 설명은 2세 아동들이 전형적으로 비디오 캐릭터를 사회적으로 참조된 정보를 제공하는 것으로 보지 않는다는 것이다. 비디오에 등장한 한 성인이 그녀가 어디에 장난감을 숨겼는지를 알려준 뒤에, 극소수의 2세 아동들만이 그것을 찾았다(Schmidt, Crawley-Davis, & Anderson, 2007). 대조적으로, 그 성인이 동일한 단어를 아동 앞에 직접 서서 말했을 때에는 2세 아동들은 즉각적으로 그 물체를 찾아냈다.

걸음마기 아동들은 자신의 일상 경험과 비교해서 비디오의 정보를 평가절하하는 것처럼 보인다. 양육자들과는 달리, 비디오의 사람들은 직접 눈을 맞추거나 직접적으로 의사소통할 수 없고 한 대상에 대한 공유된 주의를 확립할 수 없기 때문이다. 한 연구에서, 연구자들은 (폐쇄회로 비디오 시스템을 통해서) 몇몇 2세 아동들에게 인터렉티브 비디오 경험을 하도록 했다. 비디오에 등장한 한 성인이 아이의 이름을 부르고, 아동의 형제와 반려 동물에 대해서 이야기를 나누고, 아동이 반응할 때까지 기다리고, 함께 인터렉티브 게임을 하는 등 5분 동안 아동과 상호작용했다(Troseth, Saylor, & Archer, 2006). 동일한 성인을 비디오로 보기만 했던 2세 아동과 비교해서 인터렉티브 조건의 아동들은 비디오 속 사람으로부터 얻은 언어적 단서를 이용해 장난감을 찾아내는 데 훨

이 2세 아동은 비디오 이미지로 인해 혼란을 겪고 있는 것처럼 보인다. 아마도 이 아동은 그 의미를 이해하는 데 어려움이 있을 것이다. 실제 생활에서 만나는 성인과는 달리 스크린 캐릭터들은 아동과 직접적으로 대화할 수 없기 때문이다.

씬 더 성공적인 수행을 했다.

2.5세 무렵, 비디오 결손 효과는 감소한다. 미국소아과학회(2001)는 이 연령대 이전에 미디어 노출을 최소화하라고 권고한다. 이러한 조건을 지지해, TV 시청의 양은 걸음마기 아동의 언어발달과 부적 상관이 있다(Zimmerman, Christakis, & Meltzoff, 2007). 또한 과도한 TV 시청을 하는 1~3세 아동들은 초기 학령기 동안 주의, 기억 및 읽기 문제를 경험하는 경향이 있다(Christakis et al., 2004; Zimmerman & Christakis, 2005).

최선의 방법은 걸음마기 아동들이 TV와 비디오를 볼 때 그것을 교육 도구로 사용하고 사회적 단서가 풍부한 상황에서 제공하는 것이다(Lauricella, Gola, & Calvert, 2011). 여기에는 친숙한 캐릭터의 사용과 그 캐릭터를 카메라로 직접 볼 수 있도록 클로즈업 하는 것, 시청하면서 질문을 하는 것, 반응을 위해 잠시 기다리는 것 등도 포함된다.

운동 활동을 통해 구성한다고 생각했던 피아제와는 달리, 오늘날 대부분의 연구자들은 영아들이 경험을 이해할 수 있는 어떤 고유한 인지적 장치를 가지고 있다고 믿는다. 그러나 이러한 초기 이해의 범위에 대한 격렬한 논쟁이 있다. 우리

표 5.2   영아기와 걸음마기에 보이는 몇 가지 인지적 능력

연령	인지적 능력
출생~1개월	흥미로운 광경과 소리들에 접근하기 위해서 젖꼭지를 빠는 것과 같은 제한적 운동기술들을 사용하는 이차 순환반응들
1~4개월	기대 위배의 결과들을 통해 제시된 대상 영속성, 대상의 고체성과 중력을 포함한 많은 대상들의 특징에 대한 인식. 짧은 지연(1일) 후에 성인의 표정을 지연 모방
4~8개월	기대 위배의 결과들을 통해 제시된 향상된 물리적 지식과 기본적인 수 지식. 짧은 지연(1~3일) 후에 성인의 새로운 행동에 대한 지연 모방
8~12개월	다양한 상황에서 숨겨진 대상을 찾을 수 있는 능력 – 천으로 덮여 있는 경우, 손에 쥐고 있다가 천 밑으로 넣는 경우, 한 장소에서 다른 장소로 옮긴 경우(정확한 A–B 찾기). 예전 문제를 가지고 유추를 함으로써 감각운동적 문제들을 해결할 수 있는 능력
12~18개월	오랜 지연(최소 몇 개월) 후 그리고 상황적 변화(보육원에서 집, 텔레비전에서 일상생활)를 넘어서 성인의 어떤 대상에 대한 새로운 행동을 지연 모방
18~24개월	성인이 산출하려고 하는 행동에 대한 모방, 그리고 이것은 다시 다른 이들의 의도를 추론해낼 수 있는 능력을 암시. 가장놀이에서의 일상적인 행동을 모방

가 보았듯이 어린 영아들의 인지에 대한 증거의 대부분은 기대 위배 기법에 기초를 두고 있다. 기법에 대한 신뢰가 적은 연구자들은 영아들의 생후 초기 인지 능력은 제한되어 있다고 주장한다(Bremner, Slater, & Johnson, 2015; Cohen, 2010; Kagan, 2013c). 예를 들어 몇몇 연구자들은 신생아들이 특정 정보에 보다 예민하게 반응하도록 하는 편파나 복잡한 지각적 정보를 분석할 수 있도록 하는 강력한 기술처럼 학습을 위한 일반적 절차만을 갖고 일생을 시작한다고 믿는다(Bahrick, 2010; MacWhinney, 2015; Rakison, 2010). 이 능력들은 공동으로 영아들이 폭넓게 다양한 도식들을 구성할 수 있도록 해준다.

기대 위배 연구들의 결과에 확신을 가진 다른 연구자들은 영아들이 상당히 많은 이해를 갖고 생을 시작한다고 믿는다. 이 **핵심 지식 관점**(core knowledge perspective)에 의하면 영아들은 일련의 선천적인 지식 체계 혹은 사고의 핵심 영역들을 갖고 태어난다. 이와 같이 이미 회로화되어 있는 각각의 지식들은 관련된 새로운 정보에 대한 재빠른 이해를 허용하고, 따라서 이른 시기에 빨리 발달하도록 지지해준다(Carey, 2009; Leslie, 2004; Spelke & Kinzler, 2007, 2013). 핵심 지식 이론가들은 영아들이 주변의 복잡한 자극의 중요한 특징들을 이해하도록 진화 과정 중에 유전적으로 '설계'되어 있지 않다면, 그들 주변의 복잡한 자극들을 이해할 수 없다고 주장한다.

연구자들은 대상 영속성, (한 대상이 다른 대상을 통과할 수 없다는) 대상의 고체성, (지지대가 없으면 대상은 아래로 떨어진다는) 중력을 포함한 영아의 물리적 지식에 대한 많은 연구들을 수행해 왔다. 기대 위배 연구들의 결과는 생후 첫

몇 달 동안 영아들이 이 모든 기본적인 대상의 속성들에 대한 인식을 어느 정도 갖고 있으며 이 지식이 재빠르게 이루어진다는 것을 밝혀주었다(Baillargeon et al., 2009, 2011). 핵심 지식 이론가들은 또한 언어 지식의 유전적 기반이 초기 아동기의 신속한 언어 획득을 가능하게 한다고 주장한다. 우리는 이 장 후반부에서 이 가능성에 대해 고찰해볼 것이다. 게다가 핵심 지식 이론가들은 영아들의 사람에 대한 지향이 신속한 심리학적 지식, 특히 우리가 제6장에서 다루게 될 의도, 정서, 욕망, 믿음과 같은 정신 상태에 대한 이해의 발달을 일으킨다고 주장한다.

연구자들은 심지어 영아들의 수리적 지식을 검증하기도 했다. 이러한 연구들 중 가장 잘 알려진 것은 5개월 된 영아들이 한 개의 동물 장난감을 감추기 위해서 스크린을 올리는 것을 본 후 똑같이 생긴 두 번째 인형을 스크린 뒤에 숨기는 것을 보는 실험이다. 다음 스크린을 내리면 한 개 혹은 두 개의 장난감이 드러난다. 만약 영아들이 두 개의 대상을 계속해서 추적했고, (한 대상을 다른 대상에 더하기를 요구하는) 표상을 했다면, 그들은 기대하지 못했던 한 개의 장난감만을 보여주는 것을 더 오래 응시할 것이다. 그들은 실제로 그렇게 했다(그림 5.3 참조; Wynn, 1992). 이러한 결과들과 그것과 유사한 연구들의 연구들은 영아들이 수량을 3까지는 구별하고, 간단한 산수 — 덧셈과 (두 개의 대상을 가렸다가 한 개의 대상을 제거한) 뺄셈 모두 — 를 수행하는 데 수 지식을 사용한다는 것을 제안한다(Kobayashi, Hiraki, & Hasegawa, 2005; Walden et al., 2007; Wynn, Bloom, & Chiang, 2002).

부가적인 연구 증거들은 6개월 영아들이 여러 항목들 간의 차이가 매우 크다면, 그러한 세트들을 서로 구별할 수 있

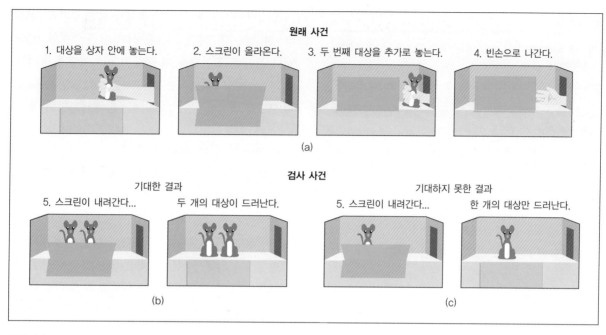

그림 5.3   영아들의 기본적인 수 개념들을 알아내기 위한 실험   (a) 우선 영아들은 동물 장난감 앞에 스크린이 올라가는 것을 본다. 그때 똑같이 생긴 장난감이 스크린 뒤에 추가로 놓인다. 다음으로, 연구자들은 두 개의 결과를 제시했다. (b) *기대한 결과*에서는 스크린이 내려가면서 두 개의 장난감 동물들이 드러났다. (c) *기대하지 못한 결과*에서는 스크린이 내려가면서 한 개의 동물 장난감만이 드러났다. 기대하지 못한 결과를 본 5개월 된 영아들은 기대한 결과를 본 영아들보다 오래 바라보았다. 연구자들은 영아들이 '1'과 '2'라는 수량을 구별해낼 수 있고, 그 지식을 이용해서 간단한 덧셈, 1+1=2를 계산할 수 있다고 결론 내렸다. 이 과정의 변형은 5개월 된 영아들이 또한 간단한 뺄셈을 할 수 있다는 것을 제안했다. 즉 2−1=1을 계산할 수 있다(K. Wynn, 1992, "Addition and Subtraction by Human Infants," *Nature, 358,* p. 749. 허락하에 재인용).

다는 것을 보여준다. 예컨대 영아들은 8개의 점과 16개의 점 간의 차이는 변별할 수 있지만 8개의 점과 12개의 점 간의 차이를 변별하지 못한다(Lipton & Spelke, 2003; Xu, Spelke, & Goddard, 2005). 결과적으로, 몇몇 연구자들은 영아들이 그림 5.3에서 제시된 바와 같이 작은 수 변별에 더해 대략 큰 수 가치를 표상할 수 있다고 믿는다.

다른 기대 위배 결과들처럼 영아들의 수 능력에 관한 논쟁 또한 뜨겁다. 방금 기술했던 것과 유사한 실험들에서 영아들의 응시 선호는 일관성이 없었다. 기대 위배 방법을 비판하는 연구자들은 수리적 민감성보다는 대상 배열의 다른 측면들이 이러한 연구 결과를 설명할 수 있지 않은지 의문을 제기한다(Clearfield & Westfahl, 2006; Langer, Gillette, & Arriaga, 2003). 더욱이 핵심 지식이 출생 당시부터 존재한다는 주장에 대해서는 논란의 여지가 있다. 아직까지 작은 수와 큰 수를 처리하는 신생아의 능력에 대한 연구들의 결과는 서로 비일관적이다(Coubart et al., 2014; Izard et al., 2009). 또한 비판가들은 영아들의 수 지식이 놀랍기는 하지만 적은 수의 물건들 간의 '−보다 적은' 그리고 '−보다 많은'의 관계에 대해 14~16개월 이전 아동들이 어려워하며, 학령전기까지 덧셈

과 뺄셈을 정확하게 하지 못한다는 연구 결과에 비추어보았을 때, 영아들의 수 개념에 대한 주장들은 너무 과장된 것이라 주장한다.

비록 핵심 지식 관점이 선천적 능력을 강조하지만, 동시에 아동들의 초기 지식을 확장시키기 위해서는 경험이 필수적이라는 것을 인정한다. 그러나 현재까지 어떤 경험들이 사고의 각 핵심 영역에서 가장 중요한지, 그러한 경험들이 어떻게 아동들의 사고를 촉진시키는지에 관해서는 거의 다루어지지 않았다. 이러한 한계들에도 불구하고 핵심 지식 연구는 인간의 인지의 시작점을 명확하게 하는 것과 그 뒤 일어나는 변화들을 조심스럽게 추적하는 분야의 연구를 보다 활발하게 만들었다.

피아제의 유산   영아의 인지에 관한 최근 연구들은 다음의 두 문제에 관한 광범위한 합의를 가져왔다. 첫째, 영아기 중의 많은 인지적 변화들은 갑작스럽고 단계적이기보다는 점진적이고 지속적이다(Bjorklund, 2012). 둘째, 서로 다른 종류의 과제들에 의해 제시되는 문제들과 그러한 과제들에 대한 영아들의 다양한 경험 때문에 한꺼번에 변화하기보다는 영아

묻고 대답하기

연관지어보기 표 5.2에 있는 것 중 어떤 능력들이 피아제가 믿은 것보다 더 일찍 심적 표상이 출현한다는 것을 나타내는가?

적용해보기 미미의 아버지가 빨간색 컵 아래에 젖니가 날 때 먹는 비스킷을 여러 차례 숨긴 후, 12개월 된 미미는 그것을 손쉽게 찾았을 수 있었다. 그러자 미미의 아버지는 비스킷을 근처에 있는 노란색 컵 아래에 숨겼다. 왜 미미는 빨간색 컵 아래에서 비스킷을 찾는 행동을 억제하지 못했을까?

생각해보기 영아나 걸음마기 아동에게 하루에 1~1.5시간 정도로 TV를 시청하도록 하는 것에 대해 여러분은 어떤 조언을 부모에게 하겠는가? 그 이유를 함께 설명해보라.

인지의 다양한 측면들은 불균형적으로 변화한다. 이러한 생각들은 인지발달에 대한 또 다른 주요 접근ー정보처리ー의 토대가 된다.

이 대안적인 관점에 관해 얘기하기에 앞서 파아제의 막대한 공헌들을 알아보는 것으로 우리의 논의를 종결 짓고자 한다. 피아제의 업적은 그의 이론에 대해 반박하는 연구들을 포함해서 영아의 인지에 관한 다수의 연구를 발생시켰다. 비록 발달에 대한 그의 설명이 완전하게 받아들여지는 것은 아니지만 현재의 이론가들도 거의 이론을 어떻게 수정하고 완전하게 바꿀 수 있는지에 대해 합의점을 찾지 못하고 있다. 피아제의 관찰은 또한 엄청난 실용적 가치를 갖고 있다. 교사들과 양육자들은 어떻게 하면 영아들과 걸음마 유아들을 위해 발달적으로 적합한 환경을 조성할 수 있는지에 관한 지침을 얻기 위해서 감각운동기에 계속해서 주목한다.

정보처리이론

5.4 인지발달의 정보처리 관점과 정보처리 체계의 일반적인 구조를 기술하라.

5.5 주의, 기억, 범주화에서의 어떤 변화들이 생애 첫 두 해 동안 일어나는가?

5.6 초기 인지발달에 대한 정보처리 접근의 강점과 제한점을 기술하라.

정보처리이론가들은 아동이 적극적인 탐색가라는 주장에서 피아제와 동일하다. 그러나 그들은 인지발달에 관한 하나의 통일된 이론을 제공하기보다 주의, 기억, 범주화 기술부터 복잡한 문제 해결에 이르기까지 사고의 여러 가지 단면들에 중점을 둔다.

인간의 인지 체계를 설명하기 위해서 정보처리적 접근이 컴퓨터 흐름 도표에 자주 의존한다고 했던 제1장의 내용을 회상해보자. 정보처리이론가들은 아동들이 어떻게 사고하는지를 설명하기 위해 동화와 조절과 같은 일반적 개념들에 만족하지 않는다. 대신, 그들은 서로 다른 연령의 개인들이 과제나 문제에 직면했을 때 구체적으로 어떻게 처리하는지를 알고 싶어 한다(Birney & Sternberg, 2011). 인간 사고의 컴퓨터 모델은 명시적이고 정확하다는 점에서 분명히 매력적이다.

정보처리에 대한 일반적 모형

대부분의 정보처리이론가들은 우리가 정보를 처리하기 위해서 정신 체계의 세 부분에 정보를 저장하고 있다고 가정한다ー감각등록기, 작업 혹은 단기기억, 그리고 장기기억(그림 5.4 참조). 정보가 각 부분을 거칠 때 우리는 그것을 작동시키고 변형시키기 위해서 **정신적 책략들**(mental strategies)을 사용해 정보를 보유하고 효율적으로 사용해 유연하게 사고하고 변하는 상황들에 정보를 적용할 수 있는 가능성을 높인다. 이것을 보다 명확하게 이해하기 위해서 정신적 체계의 각 단면들을 살펴보자.

우선, 정보가 **감각등록기**(sensory register)에 들어오는데 이곳에는 시각 장면과 소리들이 직접 표상되고 아주 일시적으로 저장된다. 주변을 바라보고 눈을 감아보라. 여러분이 본 이미지는 몇 초 동안은 잔존하지만 그것을 보존하기 위해서 정신적 책략들을 사용하지 않으면 이는 곧 흐려지거나 사라진다. 가령 다른 정보보다 어떤 특정 정보에 보다 주의 깊게 관심을 쏟음으로써 여러분은 정보처리 체계의 다음 단계로 넘어갈 수 있는 기회를 높일 수 있다.

마음의 두 번째 부분인 **단기기억 저장고**(short-term memory store)에서 우리는 주의집중된 정보를 단순히 저장하는데 왜냐하면 우리가 우리의 목표에 도달하기 위해 그것을 '작업 중' 상태로 활성화할 수 있기 때문이다. 흔히 단기기억이라고 하는 단기 저장고를 바라보는 한 가지 방법은 기본 용량에 관한 것인데, 몇 초 동안 한 번에 몇 개의 정보를 담을 수 있는가를 말한다. 그러나 대부분의 연구자들은 단기 저장고의 용량에 대한 보다 의미 있는 지표를 제공하는 **작업기억**(working memory)이라고 불리는 단기 저장고에 대한 현대적 관점을 지지하고 있다. 즉 이 저장고를 감시하거나 조작하기 위한 노력을 기울이는 동시에 잠시 마음속에 간직할 수 있는 항목의 수다. 작업기억은 우리가 일상생활에서 많은 활동을 하기 위해 사용하는 '정신적 작업 공간'이라고 생각할 수 있다. 연구자들은 아동기부터 개인에게 항목 목록(숫자 또는 짧은 문장 등)을 제시하고, 그 항목에 대한 작업을 요청(예 : 숫자를

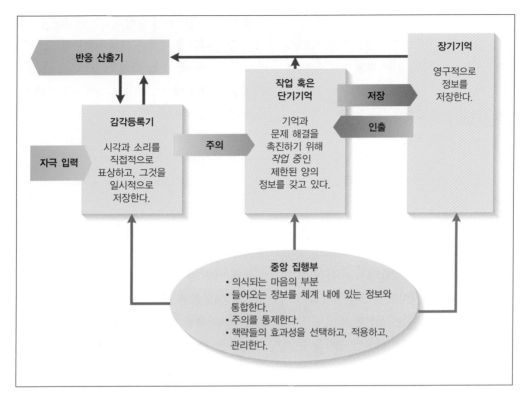

그림 5.4 인간의 정보처리 체계 모델 정보는 정신적 체계의 세 부분, 즉 감각등록기, 단기기억, 장기기억을 차례로 이동한다. 각 부분에서 정신적 책략들은 정보를 조작하는 데 사용됨으로써 사고의 효율성과 유연성, 그리고 정보를 유지할 수 있는 가능성을 높인다. 중앙 집행부는 정신 체계의 의식적이고 반사적인 부분이다. 그것은 체계 내에 이미 존재하는 입력된 정보를 통합하고, 어떤 정보에 주의를 기울일지를 결정하고, 책략의 사용을 감독한다.

거꾸로 반복하거나 각 문장의 마지막 단어를 올바른 순서로 기억)하고, 얼마나 잘 수행하는지 확인함으로써 용량 변화를 평가한다.

감각등록기는 광범위한 정보를 처리할 수 있다. 단기 및 작업기억은 아동기부터 성인기 초반까지 지속적으로 증가하지만, 단기기억을 측정하는 숫자폭 과제는 약 2~7개 항목, 그리고 작업기억은 약 2~5개 항목으로 그 용량은 제한되어 있다(Cowan & Alloway, 2009). 그럼에도 불구하고, 개인차는 모든 연령대에서 명백하다. 관련 항목에 주의를 집중시키고 신속하게 반복하는 등 다양한 기본적인 인지 절차를 실시함으로써 정보가 유지되고 지속적인 사고에 접근할 수 있는 가능성을 높인다.

작업기억의 복잡한 활동 양상을 다루기 위해서 작업기억의 특수한 부분인 **중앙 집행부**(central executive)는 정보의 흐름을 관리한다. 예컨대 중앙 집행부는 입력되는 정보를 체계 내에 이미 존재하는 정보와 통합하고 기억 저장, 이해, 추론 및 문제 해결을 촉진하는 책략을 선택하고 적용하고 감독한다(Pressley & Hilden, 2006). 중앙 집행부는 우리의 정신적 체계에서 의식적이고 반성적인 부분이다.

중앙 집행부가 정보를 처리하기 위해 더 효율적으로 작업기억과 협업할수록, 더 잘 학습된 인지적 활동은 더 자동적으로 된다. 여러분이 자동적으로 자동차 운전을 할 때 여러분의 사고의 풍부성을 생각해보라. **자동적 처리 과정**(automatic processes)들은 잘 학습되어 있기 때문에 작업기억에서 어떤 공간도 요구하지 않으며 그러므로 우리가 그 과정을 수행하는 동안 다른 정보에 초점을 맞출 수 있도록 한다. 더욱이 우리가 작업기억에서 더 효율적으로 정보를 처리할수록 그 정보는 가장 큰 저장 구역인 세 번째 기억 공간, 즉 용량이 무제한인 우리의 영구적인 지식기반인 **장기기억**(long-term memory)으로 옮겨질 가능성이 커진다. 실제로, 우리는 너무나 많은 것을 장기기억 속에 저장하기 때문에 종종 인출에 어려움을 겪는다. 인출을 돕기 위해서 우리는 작업기억에서와 마찬가지로 책략을 사용한다. 장기기억 속의 정보는 도서관의 정리 체계와 매우 유사한 방식으로, 즉 처음에 자료들을 저장할 때 사용된 방식과 똑같은 연합 조직을 따라서 자료들을 손쉽게 인출할 수 있도록 해주는 기본 계획에 따라 범주화되어 있다.

정보처리이론가들은 인지 체계의 여러 측면은 아동기와 청소년기 동안 향상된다고 믿는다 — (1) 기본 저장 능력, 특히 작업기억, (2) 정보가 처리되는 속도, (3) 중앙 집행부의 기능. 이러한 변화는 모두 연령에 따라 복잡하게 사고할 수 있도록 만든다(Halford & Andrews, 2010).

작업기억에서의 증대는 부분적으로 대뇌 발달 때문이지만, 처리 속도가 빨라지는 것 또한 증대에 기여한다. 빠르고 유창한 사고는 작업기억 자원이 부가적인 정보의 저장과 조작을 지원하도록 한다. 더욱이 연구자들은 점점 더 **실행 기능**(executive function)의 발달을 연구하는 데 흥미를 보이고 있다. 실행 기능은 인지적으로 도전적인 상황에서 우리의 목표를 성취할 수 있도록 돕는 다양한 인지적 조작과 책략들이다. 이는 충동과 무관련 정보를 억제하는 것과 한 과제의 요구에 사고와 행동을 유연하게 맞추는 것에 의해서 주의를 통제하는 것, 작업기억에서 정보들을 협응시키는 것, 계획하기 등을 포함한다(Chevalier, 2015; Müller & Kerns, 2015). 연구자들의 관심이 집중되는 이유는 아동기 동안 실행 기능의 측정치들이 청소년기와 성인기 동안의 과제 지속성, 자기통제, 학업적 성취 그리고 대인관계적 수용과 같은 중요한 인지적·사회적 결과를 예측하기 때문이다(Carlson, Zelazo, & Faja, 2013).

우리가 곧 보게 되겠지만, 실행 기능의 다양한 측면에서의 증대는 생애 첫 두 해 동안 발달한다. 극적인 장족의 진보는 아동기와 청소년기 동안에 뒤따라 일어난다.

주의

제4장에서 1~2개월의 어린 영아들이 한 개의 매우 대비되는 특징에 주의를 집중하는 것으로부터 대상과 형태를 보다 철저하게 탐색하는 것으로 옮겨 간다는 것을 회상해보자(Frank, Amso, & Johnson, 2014). 환경의 보다 많은 측면들에 주의를 기울이는 것 외에도 영아들은 정보를 보다 빠른 속도로 받아들이게 된다. 습관화 연구는 미숙아들과 신생아들이 습관화 후 새로운 시각적 자극에 회복을 하는 데 걸리는 시간(약 3분 혹은 4분 정도)이 더 필요하다는 점을 밝혔다. 그러나 4개월 혹은 5개월이 되면 영아들은 복잡한 시각적 자극을 받아들이고, 그것이 이전의 것과 다르다는 것을 알아차리는 데 걸리는 시간이 최대 5~10초로 줄어든다(Colombo, Kapa, & Curtindale, 2011).

매우 어린 영아들이 습관화되는 데 걸리는 시간이 매우 긴 이유 중 하나는 흥미로운 자극으로부터 그들의 주의를 이끌어내는 데 어려움이 있기 때문이다(Colombo, 2002). 캐롤린이 빨갛고 하얀 체크무늬의 멜빵바지를 입은 인형을 들어 올렸을 때 2개월 된 케이틀린은 시선을 떼지 못하고 결국 울음을 터뜨릴 때까지 열심히 응시했다. 주의를 한 가지 자극에서 다른 것으로 이동시킬 수 있는 능력은 자극에 주의를 집중시키는 일만큼이나 중요하다. 4개월이 되면 영아들의 주의는 보다 유연해진다(Posner & Rothbart, 2007).

생후 첫 1년 동안 영아들은 새롭고 눈길을 끄는 사건들에 주의를 기울인다. 걸음마기가 시작되면 아동들은 의도적인 행동에 매우 능숙해진다(피아제의 제4하위단계 참조). 결과적으로 새로움에 대한 흥미는 감소하고(그러나 사라지지는 않는다), 지속된 주의는 향상되는데 특히 아동들은 장난감을 가지고 놀 때 더욱 그러하다. 블록을 쌓거나 상자에 그것들을 넣는 것과 같이 심지어 간단한 목표 지향적 행동을 하는 걸음마기 유아도 목표에 도달할 때까지 주의를 유지해야만 한다(Ruff & Capozzoli, 2003). 계획과 활동이 더 복잡해질수

걸음마기 자녀의 목표 지향적 놀이를 격려함으로써, 이 어머니는 지속된 주의의 발달을 촉진한다.

록 주의의 지속 기간도 늘어난다.

기억

점점 기억해야 할 항목이 길어짐에 따라 시각적 자극의 순서를 기억해야 하는, 영아들의 단기기억을 측정하기 위해 고안된 방법들은 6개월에 1항목에서부터 12개월에 4항목에 이르기까지 파지 용량이 증가함을 밝혀냈다(Oakes, Ross-Sheehy, & Luck, 2007). 조작적 조건형성과 습관화는 초기 기억 연구의 시작을 가능하게 했다. 두 가지 방법은 모두 시각적 사건에 대한 기억이 영아기와 걸음마기에 걸쳐서 극적으로 증가한다는 것을 보여준다.

조작적 조건형성을 이용해 연구자들은 2~6개월 된 영아들의 발에 묶인 긴 끈을 모빌에 연결시켜 발을 움직이도록 가르침으로써 영아의 기억을 연구한다. 2~3개월 된 영아들은 훈련 후 일주일이 지나도 여전히 모빌을 움직일 수 있는 방법을 기억했다(Rovee-Collier, 1999; Rovee-Collier & Bhatt, 1993). 첫해 중반 무렵 영아들은 자극을 통제하기 위해 스위치나 버튼을 조작할 수 있다. 6개월 영아와 18개월 영아가 장난감 기

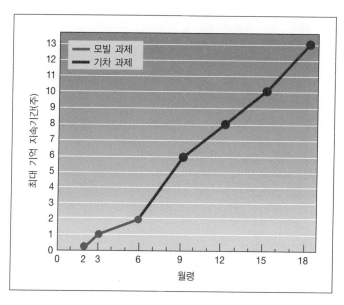

그림 5.5 2~18개월 사이 2개의 조작적 조건형성 과제에서 나타난 파지 시간의 증가량 2~6개월 사이의 영아들에게는 모빌을 움직이게 하는 발차기 행동을, 6~18개월의 영아들에게는 장난감 기차가 선로를 따라 움직이게 하기 위해서 지렛대를 누르는 반응을 훈련시켰다. 6개월 된 영아들이 두 반응 모두를 동일한 시간 내에 학습했으며, 이는 두 과제가 직접 비교가능함을 시사하는 것이다. 따라서 연구자들은 2~18개월까지 두 과제에서 나타난 파지 시간을 하나의 연속된 선분으로 그래프에 표시했다. 그래프의 선분은 기억이 극적으로 증가함을 보여준다(C. Rovee-Collier & R. Barr, 2001, "Infant Learning and Memory," in G. Bremner & A. Fogel[eds], *Blackwell Handbook of Infant Development*, Oxford, UK : Blackwell, p. 150. © 2001, 2004 by Blackwell Publishing Ltd.).

차를 철로선 상에서 움직이게 하기 위해 지렛대를 눌러야 함을 알아낸 후, 그것에 대한 기억의 지속기간은 연령에 따라 계속해서 증가했다. 훈련하고 13주가 지난 후에도 18개월 된 영아들은 여전히 지렛대를 누르는 법을 기억했다(그림 5.5 참조; Hartshorn et al., 1998).

2~6개월 된 영아들이 조작적 반응을 잊어버린다고 해도 그들의 기억을 회복시킬 조그만 자극(한 성인이 모빌을 흔든다)만 있다면 영아들은 충분히 회상한다(Hildreth & Rovee-Collier, 2002). 그리고 6개월 된 영아들에게 몇 분간 반응을 자기 스스로 재활성화할 수 있는 기회를 주면 그들의 기억이 돌아올 뿐만 아니라 그 기간은 약 17주까지 극적으로 늘어난다(Rovee-Collier & Cuevas, 2009). 영아에게 예전에 학습한 행동을 해보도록 허용하는 일은 보다 많은 원래 학습 상황의 단면들에 아동을 재노출시키기 때문에 기억을 강화시킬 것으로 보인다.

습관화 연구들은 영아들이 물리적 활동 없이 대상과 사건을 관찰하는 것만으로도 폭넓게 다양한 종류의 정보를 학습하고 보유한다는 것을 보여준다. 때때로 그들은 조작적 조건형성 연구에서 밝혀진 것보다 더 오랜 시간 그렇게 한다. 예컨대 3~5개월 영아들의 물체의 비일상적인 움직임(실 끝에 매달려서 흔들거리는 너트와 같은)에 대한 기억은 최소 3개월 동안 유지되었다(Bahrick, Hernandez-Reif, & Pickens, 1997). 대조적으로, 친숙하지 않은 사람들의 얼굴과 다른 정적인 무늬들에 대한 기억은 일시적이었다. 3개월에는 단지 24시간 동안밖에 지속되지 않았다.

10개월경부터, 영아들은 새로운 행위와 그러한 행위에 관련된 대상의 특징들 모두를 기억한다(Baumgartner & Oakes, 2011). 이러한 증진된 대상 특성에 대한 민감성은, 영아들이 대상의 관찰가능한 속성들에 대해 배우도록 도울 수 있는, 영아의 대상을 조작할 수 있는 능력 발달에 의해 촉진될 수 있다.

현재까지 우리는 **재인**(recognition)—한 자극이 이전에 경험한 것과 동일하거나 유사한 것을 알아차리는 것—에 대해서만 논의를 했다. 이것은 기억의 가장 단순한 형태이다. 영아들이 해야 할 일은 단지 그 새로운 자극이 이전의 것과 동일하거나 유사한지를 (발차기, 지렛대 누르기, 혹은 보기를 통해서) 표현하면 된다. **회상**(recall)은 현재에 있지 않은 무언가를 기억해내야 하는 일을 필요로 하기 때문에 좀 더 어렵다. 그러나 1세가 다 되어 갈 무렵 숨겨진 대상들을 찾아내고

다른 사람들의 행동을 관찰하고 나서 한참 후에 모방하는 능력에서 나타나는 것처럼 영아들도 회상을 할 수 있다.

회상 또한 연령 증가와 함께 가파르게 발달한다. 예를 들어 1세 영아들은 최대 3개월 동안 성인 모델 행동의 짧은 순서는 기억할 수 있으며 1.5세 영아들은 12개월 동안 기억할 수 있다. 회상 능력은 생애 두 번째 해 동안 더 발달한다(Bauer, Larkina, & Deocampo, 2011; Rovee-Collier & Cuevas, 2009). 걸음마기 아동들이 행위들 간의 관계를 처리해 정확한 순서로 모방할 때, 그들은 더 잘 기억할 수 있다.

장기적 기억 회상은 여러 대뇌피질 영역, 특히 전전두 피질과의 연결에 달려 있다. 이러한 신경 회로의 형성은 영아기와 걸음마기 동안 이루어지며, 아동 초기에 가속화될 것이다(Jabès & Nelson, 2014). 전체적으로 여러 증거들은 영아들의 기억 처리 과정이 나이 든 아동 및 성인의 그것과 매우 유사하다는 것을 시사한다—아기들은 서로 구분되는 단기기억과 장기기억을 가지고 있으며 재인과 회상 능력을 모두 보여준다. 그리고 그들은 연령 증가에 따라 신속하게 정보를 획득하고, 시간이 지나도 그것을 파지하고, 보다 효율적으로 처리한다(Howe, 2015). 그러나 당황스러운 점은 나이 든 아동과 성인들이 더 이상 그들의 가장 어렸을 때의 경험을 회상하지 못한다는 것이다! '생물학적 영향과 환경적 영향' 글상자에서는 영아기 기억상실증에 대해 논의하고 있다.

범주화

아주 어린 영아들도 유사한 대상과 사건들을 하나의 표상으로 묶는 **범주화**를 할 수 있다. 범주화는 영아들이 경험에 대해 이해할 수 있도록 돕고, 그들이 학습하고 기억할 수 있도록 일상생활에서 접하게 되는 엄청난 양의 새로운 정보의 양을 줄여준다(Rakison, 2010).

모빌을 사용한 조작적 조건형성을 창의적으로 변형시킨 몇몇 연구방법들은 영아의 범주화 능력을 연구하는 데 사용되었다. 3개월 된 영아들에 대한 연구 중 하나를 그림 5.6에 설명하고 제시했다. 유사한 연구들은 첫 몇 달 동안 영아들이 자극을 모양, 크기, 색, 그리고 다른 물리적인 특징들을 근거로 범주화한다는 것을 보여주었다(Wasserman & Rovee-Collier, 2001). 그리고 6개월부터 영아들은 2개의 연관성 있는 특징들(예 : 알파벳의 모양과 색)에 기반을 두고 범주화를 했다(Bhatt et al., 2004). 몇 가지 특징을 동시에 고려해 범주화하는 능력은 영아들이 수많은 복잡한 일상적 범주들을 획득할 수 있는 능력을 마련해준다.

습관화 방법은 영아들의 범주화 능력을 연구하기 위해서도 사용되어 왔다. 연구자들은 영아들에게 한 범주에 속하는 일련의 사진들을 보여준 다음 그 범주에 속하지 않은 사진에 대해서 응시 기간이 회복되는지 여부를 살펴보았다. 결과들은 7~12개월 된 영아들이 대상들을 음식, 가구, 새, 동물, 운송수단, 부엌용품, 식물, 공간적 위치('위', '아래', '위', '안')를 포함한 의미 있는 범주들로 구조화한다는 것을 밝혀냈다(Bornstein, Arterberry, & Mash, 2010; Casasola & Park, 2013; Sloutsky, 2015). 물리적 세계를 조직화하는 일 외에 이 연령의 영아들은 자신의 정서적·사회적 세계들을 범주화한다. 그들은 성별과 연령별로 사람들과 그들의 목소리를 분류하고, 정서적 표현들을 구별하기 시작하고, 인간의 자연적인

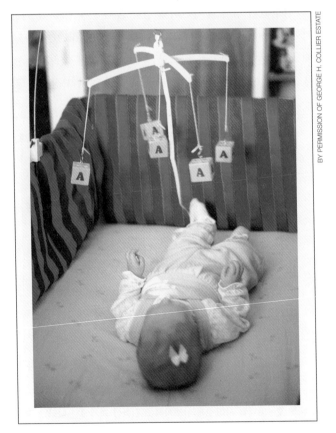

그림 5.6 조작적 조건화를 활용한 영아기 범주화 능력의 연구 3개월 된 영아에게 글자 A가 적힌 작은 블록으로 만들어진 모빌을 발로 차 움직이게 하는 법을 가르쳤다. 시간이 지난 후에도, 아기는 같은 형태의 이름이 붙여진(A라고 적힌) 모빌들을 보게 되면 강한 수준으로 발차기를 재개한다. 글자의 형태가 바뀌었을 때(A에서 2로) 아기는 더 이상 강렬하게 발차기를 하지 않았다. 모빌을 움직이게 만들면서, 아기는 세부 특징들을 집단화했다. 그들은 자신의 발차기 행동을 A라는 범주와 연합했고, 이후 검사 시기에서 이를 2라는 범주와 변별했다(Bhatt, Rovee-Collier, & Weiner, 1994; Hayne, Rovee-Collier, & Perris, 1987).

움직임을 다른 움직임으로부터 구분할 수 있게 된다(Spelke, Phillips, & Woodward, 1995; 제4장 참조).

영아들의 초기 범주는 전체적 생김새나 대상의 두드러진 부분들(동물의 다리와 운송수단의 바퀴)에 기반한다. 그러나 한 살 무렵, 많은 범주들은 점점 개념적이 된다. 공통적 기능이나 행동들에 기반해서 본다(Cohen, 2003; Mandler, 2004; Quinn, 2008). 더 나이 든 영아들은 두 범주들 간의 지각적 차이가 매우 적을 때조차도(새 vs. 비행기) 범주적 구분을 할 수 있다.

그들이 다양한 방식으로 범주화되어야 할 항목들을 비교하는 경험을 거듭하고 그들의 언어적 명칭 저장이 확장됨에 따라 걸음마기 아동들은 유연하게 범주화하기 시작한다—14개월 영아들에게 어떤 것은 부드러운 고무로, 어떤 것은 딱딱한 플라스틱으로 만들어진 4개의 공과 4개의 상자를 주었을 때, 그들의 물체 만지기 순서를 분석한 결과, 만일 성인이 범주화의 새로운 기준으로 영아의 주의를 돌린다면, 영아들은 처음에는 형태로 범주화한 후 재료로 범주화하는 것으로 유연하게 범주화의 기준을 바꿀 수 있었다(Ellis & Oakes, 2006).

만지기와 분류하기에 더해, 걸음마기 아동들의 범주화 기술은 그들의 놀이행동에서도 분명하게 나타난다. 한 성인이 장난감 개에게 컵으로 물을 마시게 하는 모습을 보고 난 후, 거의 대부분의 14개월 영아들은 토끼와 오토바이 중 토끼에게만 마실 것을 제공했다(Mandler & McDonough, 1998). 그들은 특정 행동이 어떤 부류(동물)에는 적합하지만 다른 부류(운송수단)에는 그렇지 않다는 것을 명백히 이해한다.

생애 두 번째 해의 말까지, 걸음마기 아동들의 생물-무생물 구분에 대한 이해는 확장된다. 비선형적인 움직임들은 전형적으로 생물의 특징이며(사람 혹은 강아지가 펄쩍 뛰는 것), 선형적인 움직임은 무생물의 특징(자동차나 테이블이 표면 위에서 미끄러지는 것)이다. 18개월에, 걸음마기 아동들은 비록 무생물 유사한 부분(침대)을 가지고 있다고 하더라도 생물 유사한 부분(다리)을 가지고 있는 장난감의 비선형적 움직임을 매우 빈번하게 모방했다. 22개월에 영아들은 충분한 범주화 이해를 보이는데, 생물 범주에 있는 장난감들만(침대가 아니라 고양이 장난감)이 비선형적 움직임을 보일 때 그것을 모방했다(Rakison, 2005). 그들은 생물이 자기유발적 움직임을 보이고 다양한 움직임 경로를 가지는 반면 무생물들은 매우 제한된 방식으로만 움직일 수 있다는 것을 인식

하는 것으로 보인다.

연구자들은 어떻게 걸음마기 아동들이 지각적 특성에 근거하다가 개념을 기반으로 범주화하는지에 대해서는 불일치하는 의견을 보인다(Madole, Oakes, & Rakison, 2011; Mandler, 2004; Träuble & Pauen, 2011). 그러나 대부분은 대상에 대한 탐색의 경험과 점점 많아지는 세상에 대한 지식들이 대상들을 그것의 기능과 행동에 의해 분류할 수 있는 능력에 기여한다는 것을 인정하고 있다. 이에 더해 성인이 어떤 대상들에는 일관된 단어를 적용해 명명하는 것—"저 차를 봐!", "너는 차를 보니?"—은 영아들의 주의를 대상들 간의 공통성에 돌리도록 하고 3~4개월 정도로 어린 영아들의 범주화를 촉진한다(Ferry, Hespos, & Waxman, 2010). 걸음마기 아동들의 어휘 성장은 다시 새로운 범주적 구분을 강조함으로써 범주화를 촉진한다(Cohen & Brunt, 2009).

2세경부터, 걸음마기 아동들은 점점 새로운 상황에서 행동을 안내하기 위해 개념적 유사성을 사용할 수 있는데, 이는 그들의 유추적 문제 해결의 융통성을 크게 향상시킨다. 한 연구에서 24개월 영아들은 한 성인이 나무, 벨크로, 플라스틱 조각을 이용해 원숭이와 닮은 장난감 동물을 만든 다음 그것을 '쏜비'라고 명명하는 것을 관찰했다. 하루가 지난 다음, 걸음마기 아동들은 다른 세트의 나무, 벨크로, 플라스틱 재료들을 조합해 토끼를 만드는 것을 보았다(Hayne & Gross, 2015). '다른 것들'로부터 '쏜비'를 만들라는 지시를 받은 영아들은 쉽게 범주를 형성하고 새로운 동물을 구성하기 위해 첫 번째 동물로 성인의 행위를 적용했다. 통제집단은 언어적 단서를 제공받지 않았으며 저조한 수행을 했다. 언어들 사이의 변산은 범주 개념의 발달에서의 문화차이를 이끈다. 대상의 이름들이 종종 문장에서 생략된 언어를 학습하는 한국의 걸음마기 유아들은 영어를 사용하는 영아들보다 대상 분류 능력이 늦게 발달한다(Gopnik & Choi, 1990). 동시에, 한국어에는 물체들 간의 접촉면이 매우 빡빡하다(반지를 손가락에 끼다, 펜 뚜껑을 펜에 끼다)는 의미의 '끼다'라는 단어가 있는데, 한국의 걸음마기 아동들은 그에 해당하는 영어의 'tight fit'이라는 공간적 범주를 형성하는 데 능숙하다(Choi et al., 1999).

정보처리 연구 결과에 대한 평가

정보처리적 관점은 영아기에서 성인기까지 이르는 인간 사고의 연속성을 강조한다. 환경에 주의를 기울이고 일상적 사

생물학적 영향과 환경적 영향

영아기 기억상실증

만약 영아들과 걸음마기 유아들이 자신의 일상적인 생활의 모든 단면들을 기억한다면, 우리들은ㅡ우리들 중 대부분이 3세 이전에 자신에게 일어났던 사건들에 대해 회상하지 못하는ㅡ**영아기 기억상실증**(infantile amnesia)을 어떻게 설명할 수 있을까? 우리들이 잊어버리는 원인은 단순히 시간의 경과 때문은 아닌데, 그 이유는 우리들이 많은 개인적으로 의미 있는 한때의 사건들을 최근과 먼 과거로부터 회상할 수 있기 때문이다. 예를 들면 형제 혹은 자매가 태어난 날, 생일 파티, 혹은 새로운 집으로 이사한 것과 같은 **자서전적 기억**(autobiographical memory)으로 알려진 추억들이 있다.

영아기 기억상실증에 관한 여러 설명이 있다. 한 이론에서는 대뇌 발달, 특히 (측두엽 바로 아래에 위치한) *해마*가 새로운 기억의 형성에서 중요한 역할을 한다고 본다. 그 전반적인 구조는 태아기 동안 발달되지만, 해마는 출생 이후에도 새로운 뉴런들을 지속적으로 더해나간다. 이러한 뉴런들을 기존의 신경 회로로 모두 통합하는 것은 이미 저장된 초기 기억을 방해하는 것으로 여겨진다(Josselyn & Frankland, 2012). 이러한 관점과 일관되게, 해마 뉴런의 생성에서의 감소ㅡ원숭이와 쥐,

사람에게서 공통적으로 나타남ㅡ는 안정적이고 장기적인 기억을 형성하는 능력과 함께 나타난다.

또 다른 추측은 나이 든 아동과 성인들은 종종 정보를 저장하기 위해 언어적 의미를 사용하는 반면, 영아와 걸음마기 아동들의 기억 처리 과정은 매우 비언어적이며, 이러한 양립불가능성은 초기 경험의 장기적 파지를 방해할 수 있다는 것이다. 이러한 이 생각을 검증해보기 위해서 연구자들은 아동들이 기억할 만한 신기한 장난감과 함께 두 명의 성인을 2~4세 된 아동들의 집에 보냈다. 신기한 장난감은 그림 5.7에 나와 있는 것처럼 줄어들게 만드는 마법의 기계였다. 성인 중 한 명이 아동에게 한 물건을 기계의 윗부분에 있는 입구에 넣고 반짝거리는 불빛과 음악이 활성화되는 L자형의 손잡이를 돌린 후에 그 아동이 기계의 앞부분에 있는 문 안쪽에서 더 작지만 똑같은 물건을 꺼낼 수 있는 방법을 보여주었다(두 번째 성인이 문으로 이어지는 슈트로 더 작은 물건을 조심스럽게 떨어뜨렸다.) 아동은 그 기계가 다른 몇 개의 물건들을 '조그마하게 축소시키는' 활동에 참여하도록 권유를 받는다.

하루가 지난 다음에, 연구자들은 아동이 그 사건을 얼마나 잘 회상하는지 검사했다. 그

들의 사진을 통해서 '줄이는' 사건을 수행하고, '줄어든' 물건들을 알아차리는 일에 기반된 비언어적인 기억 수행은 가파르게 증가했다. 그러나 어휘력을 갖고 있음에도 불구하고 3세보다 어린 아동들은 '줄이는' 경험의 특징들을 설명하는 데 어려움을 겪었다. 3~4세(아동들이 기억상실증의 울타리를 서둘러서 넘는 시기) 사이에 언어적 회상은 급속하게 증가했다(Simcock & Hayne, 2003, p. 813). 6년 후에 언어적 회상을 측정한 추적연구에서, 3세 이하로 어렸던 두 아동을 포함해 19%의 아동만이 '줄이는' 사건을 기억했다(Jack, Simcock, & Hayne, 2012). 기억을 회상한 아동들은 부모와 그 경험에 대한 대화에 더 많이 참여한 경향이 있었는데 이는 그들이 기억에 언어적으로 접근하는 것을 도울 수 있었다. 이러한 결과들은 우리가 영아들과 걸음마기 아동들의 놀라운 기억기술을 영아기 기억상실증과 일관되게 설명하도록 한다. 생후 첫 몇 년 동안 아동들은 시각적 이미지와 운동 활동과 같은 비언어적인 기억기술들에 주로 의존한다. 언어가 발달할수록 언어 이전기의 경험을 기억하는 데 언어를 이용하는 능력은 성인으로부터의 상당한 도움을 필요로 한다. 아동들이 자서전적 사건들을 언어의 형태로 부호화함에 따라 언어에 기초한 자극

건들을 기억하고 대상들을 분류하는 데 있어, 비록 케이틀린, 그레이스, 티미는 숙달된 정신적 처리 과정과는 거리가 멀다고 할지라도 그들은 우리와 매우 놀라울 정도로 유사한 방식으로 생각한다. 영아의 기억과 범주화에 관한 발견들은 초기 인지발달에 관한 피아제의 관점에 도전하는 다른 연구들과 합류한다. 만약 3개월 된 영아들이 최대 3개월까지 사건들을 기억하고 자극을 범주로 나눌 수 있다면 그들은 자신의 경험들을 정신적으로 표상할 수 있는 어느 정도의 능력을 갖고 있을 것이다.

정보처리 연구들은 우리가 어린 영아들을 정교한 인지적 존재로 간주하게 하는 데 큰 기여를 했다. 그러나 그것의 핵심적 강점(인지를 지각, 주의, 기억과 같은 구성요소들로 분

석하는 것)은 그것의 가장 큰 약점이기도 하다. 정보처리이론은 그 구성요소들을 하나의 넓고 포괄적인 이론으로 묶는 데 어려움을 겪어 왔다.

이러한 약점을 뛰어넘기 위한 한 가지 접근방법은 피아제 이론을 정보처리이론과 통합하는 것으로, 이러한 노력을 우리는 제9장에서 탐색할 것이다. 더 최근의 추세는 초기 인지에 역동적 체계 관점을 적용하는 것이다(제4장 참조). 연구자들은 어떻게 아동의 이전 성취와 현재 목표들로 이루어진 복잡한 체계로부터 인지적 성취가 일어나는지 알아보기 위해서 각각의 인지적 성취들을 분석한다(Spencer, Perone, & Buss, 2011; Thelen & Smith, 2006). 이러한 아이디어는 일단 충분히 검토가 된다면 영아와 아동들의 마음이 어떻게 발달하는

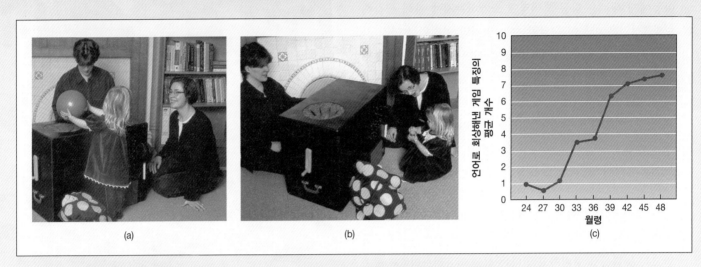

그림 5.7 신기한 사건에 대한 어린 아동들의 언어적·비언어적 기억을 검사하기 위해 사용된 줄어들게 만드는 마법의 기계 기계가 어떻게 작동하는지 보여준 후에, 아동은 물방울무늬 가방에 들어 있는 물건들을 선택했고, 기계의 윗부분에 그것들을 떨어뜨리고(a), '줄어든' 물건을 만드는 L자형의 손잡이를 돌렸다(b). 다음 날 검사를 했을 때, 그 사건에 대한 2~4세 된 아동들의 기억은 우수했다. 그러나 36개월 미만 아동들의 경우에는, 개방형 면접을 하는 동안 게임에 대해서 회상한 특징들의 개수에 근거해서 봤을 때, 언어적 회상은 서툴렀다. 회상은 36~48개월 사이에 향상되었는데, 이 기간에는 영아기 기억상실증이 감소한다(G. Simcock & H. Hayne, 2003, "Age-Related Changes in Verbal and Nonverbal Memory During Early Childhood," *Developmental Psychology, 39*, pp. 807, 809. Copyright © 2003 by the American Psychological Association. 사진 : Ross Coombes/Courtesy of Harlene Hayne).

들을 이용해서 그것들을 회상할 수 있기 때문에 이 기억들에 대한 이후 접근성이 증가된다(Peterson, Warren, & short, 2011).

또 다른 결과들은 명확한 자기상의 출현이 영아기 기억상실증을 극복하는 것에 기여한다고 제안한다. 예컨대 아동과 성인들 중 가장 최초로 기억되는 연령의 평균은 2~2.5세 사이다

(Howe, 2014; Tustin & Hayne, 2010). 이 연령은 걸음마기 아동들이 더 견고한 자기인식을 보이며, 자신을 사진에서 찾아내고 스스로를 이름으로 말하는 시기이다. 매우 유사하게, 신경생물학적 변화와 사회적 경험은 영아기 기억상실증의 감소에 기여한다. 대뇌의 발달과 성인과의 상호작용은 자기인식과 언어발달을 촉진

할 것이며, 이는 아동들이 의미 있는 과거의 경험들에 대해 성인들과 이야기할 수 있도록 해준다(Howe, 2015)). 그 결과 학령전기 아동들은 오래 지속되는 자신들의 삶에 관한 자서전적 이야기를 구성하기 시작하고 자신의 가족과 사회에 대한 역사에 진입하기 시작한다.

지에 관한 보다 효과적인 관점으로 가까워지도록 할 것이다.

 초기 인지발달의 사회적 맥락

5.7 비고츠키의 근접발달영역 개념은 어떻게 초기 인지발달에 대한 우리의 이해를 확장할 수 있는가?

그레이스가 모양 블록을 모양 상자 안에 떨어뜨렸던, 이 장 시작 부분의 짧은 에피소드로 되돌아가보자. 지네트의 도움을 받아서 그레이스가 장난감에 대해서 학습한다는 점에 주시하라. 성인의 지원을 받으면서 그레이스는 점차적으로 모양 블록들을 모양 상자의 구멍에 맞추고 그 안의 구멍에 집어넣는 것을 더 잘하게 될 것이다. 그러면서 그녀는 혼자서 그 활동

(과 더불어 그와 유사한 것들)을 수행할 수 있게 될 것이다.

비고츠키의 사회문화이론은 연구자들로 하여금 아동들이 그들의 인지 세계를 조직화하는 방식에 영향을 미치는 풍부한 사회적 맥락 속에서 산다는 것을 깨닫도록 도왔다(Bodrova & Leong, 2007; Rogoff, 2003). 비고츠키는 복잡한 정신적 활동들이 그 원천을 사회적 상호작용에 두고 있다고 믿었다. 같은 사회 안에 있는 보다 성숙한 사람과의 공동 활동을 통해서 아동들은 활동에 능통해지고 자신의 문화 내에서 의미 있는 방식으로 사고하게 된다.

한 가지 특별한 비고츠키식 개념은 이것이 어떻게 일어나는지 설명한다. **근접발달영역**(zone of proximal development)은 아동이 아직 혼자서 해결할 수는 없지만 보다 숙달된 파트

너들의 도움으로 해결할 수 있는 부류의 과제들을 의미한다. 이 개념을 이해하기 위해서, (지네트와 같은) 예민한 성인이 아동에게 새로운 활동을 어떻게 소개하는지에 관해 생각해보라. 성인은 아동이 숙달할 수는 있지만 어려워서 아직 자기 혼자서는 할 수 없는 과제를 선택하거나 아동이 선택한 활동을 강조해 이용할 수 있다. 그 뒤, 성인의 지도 및 지원과 함께 아동은 상호작용에 참여하고 정신적 책략을 우연히 알게 된다. 아동의 능력이 커질수록 성인이 한 발 물러섬으로써 아동이 과제에 대한 보다 많은 책임을 갖도록 한다.

비고츠키의 아이디어들은 대개 언어와 사회적 의사소통에 보다 능숙한, 연령이 높은 아동들에게 적용되어 왔다. 그러나 최근 들어서 그의 이론은 영아기와 걸음마기까지 확대되었다. 영아들이 양육자들로 하여금 그들과 상호작용하도록 만드는 능력들을 구비하고 있다는 점을 떠올려보라(Csibra & Gergely, 2011). 곧이어 성인들은 그들의 문화적 상황에 맞는 학습을 촉진하는 방식으로 환경과 그들의 의사소통을 순응시킨다.

성인이 한 아기가 뚜껑을 열면 인형이 튀어나오는 상자 장난감을 이해하도록 돕는 상황을 생각해보자. 초반의 몇 달 동안 성인들은 장난감을 작동시켜서 토끼가 튀어나오면 "어머나, 어떤 일이 일어났어?"와 같은 말을 함으로써 영아의 관심을 끌 수 있는지에 초점을 두었다. 인지적 및 운동적 기술이 발달하는 첫해 말부터, 성인들은 손잡이를 돌리고 토끼를 상자 안으로 다시 넣도록 영아의 손을 이끌었다. 두 번째 해에 성인들은 손잡이 근처에서 손으로 돌리는 동작을 하는 것과 같은 몸짓, 손짓과 "그걸 돌려!"와 같이 언어적 격려를 사용하면서 일정한 거리를 두고 영아를 도왔다. 이와 같은 연구는 미세하게 조절된 성인의 지원이 걸음마기와 초기 아동기의 향상된 놀이, 언어, 문제 해결과 관련이 있음을 제안한다(Bornstein et al., 1992; Charman et al., 2001; Tamis-LeMonda & Bornstein, 1989).

생후 첫해에도, 사회적 환경 내의 문화적 다양성이 아동의 정신적 책략에도 영향을 미친다. 뚜껑을 열면 인형이 튀어나오는 장난감 사례에서 성인과 아동은 한 번에 한 활동에 그들의 주의를 집중했다. 사회경제적 지위가 중산층인 서양의 가정에서 흔히 사용되는 이 책략은 아동들이 이후에 일상적 상황에서 기술을 사용하는 맥락과 동떨어져 기술을 익혀야 하는 교실 수업에도 적합하다. 이와는 달리 과테말라의 성인들과 영아들은 종종 한꺼번에 여러 가지 사건들에 참여한

과제를 아동의 근접발달영역 내로 가져오고, 아이의 필요에 맞추도록 자신의 의사소통을 순응시킴으로써, 아버지는 아동에게 정신적 책략들을 전달하고, 그의 인지발달을 촉진한다.

다. 예를 들어 12개월 된 한 영아는 지나가는 트럭을 보고 장난감 호루라기를 불면서도 능숙하게 대상들을 유리병 안에 넣는다(Chavajay & Rogoff, 1999; Correa-Chávez, Roberts, & Perez, 2011).

서로 경쟁적인 사건들을 동시에 처리하는 능력은 대개 아동들이 다른 사람들의 활동을 예리하게 관찰해 학습하는 문화적 환경에서 활발하게 일어날 것이다. 독일의 중위 SES 가정의 18개월 영아와 카메룬의 느소 농업 지역의 영아들을 비교했을 때, 느소 걸음마기 아동들은 독일 영아들보다 장난감에 대한 성인이 시범 보인 행위를 훨씬 많이 모방했다(Borchert et al., 2013). 느소 양육자들은 서구와 같이 아동에 초점을 맞춘 가르치기 상황을 거의 만들지 않는다. 그보다 그들은 아동들이 격려하지 않아도 성인 행동을 모방할 것이라고 기대한다. 느소 아동들은 그렇게 동기화되었는데 왜냐하면 그들은 자신의 문화의 주요 활동에 포함되기를 바라기 때문이다.

앞에서 우리는 영아들과 걸음마 유아들이 물리적 세계에 영향을 미침으로써 어떻게 새로운 도식을 창출해내는지(피아제)와 아동들이 자신의 경험을 보다 효율적이고 의미 있게 표상함에 따라 특정한 기술들이 더욱 발달하는지(정보처리

묻고 대답하기

연관지어보기 부모가 영아기와 걸음마기 동안의 범주화 발달을 촉진하기 위해 사용할 수 있는 기법들을 제시하고 각각의 기법이 왜 효과적일지를 설명해보라.

적용해보기 티미가 18개월이었을 때 티미의 엄마는 뒤에 앉아서 티미가 커다란 공을 상자 안에 던져 넣는 것을 도와주었다. 그의 기술이 향상됨에 따라 엄마는 뒤로 물러나서 티미에게 혼자서 시도해보도록 했다. 비고츠키의 아이디어를 이용해, 티미의 엄마는 어떻게 그의 인지발달을 지원하고 있는지를 설명해보라.

생각해보기 여러분의 가장 최근 자서전적 기억에 대해 설명해보라. 그 사건이 일어났을 때 여러분은 몇 살이었는가? 여러분의 응답들은 영아기 기억상실증에 관한 연구와 일치하는가?

이론)를 살펴보았다. 비고츠키는 인지발달의 많은 측면이 사회적으로 조절된다는 것을 강조함으로써 우리의 이해에 세 번째 차원을 추가한다. '문화적 영향' 글상자에서 이 견해에 대한 추가적인 증거를 제시하고 있으며, 다음 절에서 우리는 이에 관해 더 알아볼 것이다.

초기 정신적 발달에서의 개인차

5.8　심적 검사 접근을 기술하고 영아기 검사가 이후의 수행을 어느 정도까지 예측할 수 있는지 기술하라.

5.9　가정, 아동 보육 및 위험군 영아와 걸음마 아동에 대한 조기개입을 포함해 환경적 영향이 초기 정신적 발달에 미치는 영향을 논의하라.

그레이스의 박탈된 초기 환경 때문에, 케빈과 모니카는 심리학자로 하여금 영아와 걸음마기 유아의 정신적 발달을 평가할 수 있는 수많은 검사들 중 하나를 그레이스에게 실시하도록 했다. 티미의 발달 상태가 걱정이 되어 바네사 또한 그가 검사를 받도록 약속을 잡았다. 22개월에 티미의 어휘력은 몇 개의 단어들뿐이었으며, 케이틀린과 그레이스에 비교해서 상대적으로 덜 성숙한 방식으로 놀았고, 가만히 있지 못하고 행동과잉인 듯 보였다.

앞서 논의한 인지이론들은 발달의 과정 — 아동의 사고가 어떻게 변화하는지 — 을 설명하고자 한다. 지능검사들은 이와는 반대로 인지적 결과물에 초점을 둔다. 지능검사의 목표는 발달을 반영하는 행동들을 측정하고 이후의 지능, 학업 성취, 성인의 직업적 성공과 같은 미래 수행을 예측하는 점수에 도달하는 것이다. 예측에 대한 관심은 알프레드 비네가 학업 성취를 예측하기 위해 최초로 성공적인 지능검사를 설계했던 1세기 전에 일어났다(제1장 참조). 이것은 매우 어린 연령의 지능을 측정할 수 있는 검사를 포함해 수많은 새로운 검사 설계에 대한 영감을 주었다.

영아와 걸음마기 지능검사

어린 영아들은 질문에 대해 답하거나 지시문을 따를 수 없기 때문에 지능을 정확하게 측정하는 것이 매우 어렵다. 우리가 할 수 있는 일은 단지 그들에게 자극을 제시하고 반응하도록 달래고 그들의 행동을 관찰하는 일뿐이다. 그 결과 대부분의 영아 검사들은 지각과 운동 반응을 강조한다. 그렇지만 최근 들어 초기 언어, 인지, 사회적 행동들, 특히 보다 연령이 높은 영아들과 걸음마 유아들의 능력을 포함하는 새로운 검사들이 현재 개발 중이다.

일반적으로 사용되는 검사 중 하나인 베일리 영아 발달 척도(Bayley Scales of Infant and Toddler Development)는 1개월에서 3.5세 된 영아들에게 적합하다. 가장 최근판인 베일리-III은 3개의 하위 검사를 가지고 있다 — (1) 친숙한 그리고 생소한 물건에 대한 주의, 떨어진 대상을 찾는 것, 그리고 가장 놀이와 같은 항목들이 포함된 인지 척도, (2) 언어에 대한 이해와 표현을 알아내는 언어 척도(예 : 물건과 사람에 대한 재인, 간단한 지시 따라 하기, 대상들과 사진들 명명하기), (3) 잡기, 앉기, 블록 쌓기, 계단 오르기와 같은 전체적인 그리고 미세한 운동기술이 포함된 운동 척도(Bayley, 2005).

더불어 베일리-III은 부모의 보고에 의존하는 2개의 척도를 가지고 있다 — (4) 달래기 쉬운 정도, 사회적 반응성 정도, 놀이 모방과 같은 행동에 관해 양육자에게 물어보는 사회-정서 척도, (5) 의사소통, 자기조절, 규칙 따르기, 다른 사람

훈련받은 검사자가 엄마의 무릎에 앉아 있는 1세 영아에게 베일리 영아발달척도에 기반 한 검사를 실시하고 있다. 초기 판과 비교할 때 베일리 3판의 인지 및 언어 척도들은 학령전기의 지능검사 수행을 더 잘 예측한다.

문화적 영향

가장놀이의 사회적 기원

나의 두 아들이 어렸을 때 나와 내 남편 켄이 함께하곤 했던 활동 중 하나는 좋아하는 간식으로 파인애플 케이크를 굽는 것이었다. 어느 일요일 오후, 케이크를 만들던 중에 21개월 된 피터는 부엌 싱크대 앞에 있는 의자 위에 서서 부지런히 한 컵에 있는 물을 다른 컵으로 붓고 있었다.

"얘가 방해하고 있어요, 아빠!"라고 네 살 된 데이비드는 싱크대에서 피터를 떼어 놓으려고 하면서 불평했다.

"피터도 우리를 도와줄 수 있게 해준다면 피터가 우리한테 자리를 내줄지도 몰라."라고 켄이 제안했다. 데이비드가 반죽을 휘젓는 동안 켄은 피터를 위해서 작은 볼에 반죽을 약간 붓고 그의 의자를 싱크대 옆으로 옮겨 놓고 그에게 숟가락을 주었다.

"이렇게 하는거야, 피터."라고 데이비드는 우월감을 갖고 가르쳤다. 피터는 데이비드가 휘젓는 것을 관찰하고 나서 동작을 흉내 내려 노력했다. 반죽을 부을 때가 되자 켄은 피터가 작은 볼을 잡고 기울일 수 있도록 도왔다.

"구울 시간이야."라고 켄은 말했다.

"구워, 구워."라고 피터는 켄이 팬을 오븐 안으로 넣는 것을 보면서 반복해서 말했다.

몇 시간 후, 우리들은 피터의 가장 이른 가장놀이의 예를 관찰할 수 있었다. 그는 모래상자에 있는 양동이를 가져와 그것을 한 움큼의 모래로 채운 후 부엌으로 가져가 오븐 앞바닥에 내려놓았다. "구워, 구워." 피터는 켄을 불렀다. 아버지와 아들은 함께 가짜 케이크를 오븐 안에 넣었다.

피아제와 그의 지지자들은 걸음마기 유아이 표상적 도식을 할 수 있게 되면 스스로 가장놀이를 하게 된다고 결론 내렸다. 비고츠키의 이론은 이러한 관점에서 이의를 제기해 왔다. 그는 사회가 아동들에게 문화적으로 의미 있는 활동들을 놀이로 표현할 기회를 제공한다고 믿었다. 다른 복잡한 정신 활동들처럼 가장놀이는 우선 전문가들의 지도 아래에서 학습된다(Meyers & Berk, 2014). 방금 전에 설명한 사례에서, 켄이 피터를 빵 굽기 과제로 불러들여 이를 놀이 형태로 전환할 수 있도록 도왔을 때 일상적 사건들을 표상할 수 있는 그의 능력을 더욱 발달시켰다.

서구의 중산층 SES 가정에서, 가장은 문화적으로 사회화되고 성인에 의해 비계화되는데,

성인은 그것을 발달적으로 가치 있는 활동이라고 생각한다(Gaskins, 2014). 가장놀이 동안 특히 어머니는 걸음마기 아동들에게 그들이 가장하고 있음을 보여주는 단서들을 제공한다. 즉 그들은 동일한 실제 사건 동안보다 아동을 더 많이 보고 더 많이 웃으며, 과장된 몸짓을 하고 '우리'라는 말을 더 많이 사용한다(Lillard, 2007). 이러한 단서들은 걸음마기 아동들이 가장놀이에 참여하도록 격려하고 아마도 실제 행위와 가장 행위를 구분하는 그들의 능력을 촉진하는 것으로 보이며 2~3세에 걸쳐 강화된다(Ma & Lillard, 2006).

또한 걸음마기 아동들의 가장놀이는 성인들이 참여했을 때 더 정교해진다(Keren et al., 2005). 그들은 피터가 모래를 양동이에 넣고('반죽 만들기'), 그것을 부엌으로 나르고, 켄의 도움을 받아서 그것을 오븐 안에 넣었던 것처럼('케이크 굽기') 도식들을 복잡한 순서로 결합할 가능성이 더 높다. 부모들이 걸음마기 유아들과 함께 가장놀이를 많이 할수록, 그 자녀들은 더 많은 시간을 가장놀이에 전념하면서 보낸다(Cote & Bornstein, 2009).

확대가족과 형제의 돌봄이 흔한 인도네시아와 멕시코 같은 문화에서는 가장놀이가 엄마보다는 연령이 더 높은 형제자매와 더 빈번하고 복잡하게 일어난다. 이르면 3~4세에, 아동들은 자신들의 어린 남동생들과 여동생들에게 풍부하고도 도전적인 자극을 제공하고 이러한 가르침에 대한 책임을 심각하게 받아들이며 연령이 높아짐에 따라 가르침의 질이 향상된다(Zukow-Goldring, 2002). 멕시코 남부에 있는 지나칸테코의 인디언 아이들에 관한 연구에서 8세가 될 무렵 형제자매들은 2세 아동들에게 씻기와 요리 같은 일상적인 과제들에 어떻게 참여할 수 있는지를 보여주는 선생님 역할에 꽤 능숙했다(Maynard, 2002). 그들은 과제를 하는 동안 자주 걸음마기 유아들을 언어적 · 물리적으로 지도했으며 피드백을 제공했다.

FARZANA WAHIDY/AP IMAGES

형제자매들의 보살핌이 보편적인 문화에서는, 엄마들보다는 형제자매와의 가장놀이가 더 빈번하고 복잡하다. 이 아프간 아동들은 가장 어린 아동을 신부로 치장하면서 '결혼식' 놀이를 하고 있다.

서구의 중산층 가정 내에서는 연령이 더 높은 형제자매들이 고민하며 동생을 가르치는 일이 상대적으로 적지만, 그들은 여전히 놀이행동의 영향력 있는 모델로서 중요한 역할을 한다. 서부 유럽 가문의 뉴질랜드 가정들에 관한 한 연구에서는 부모와 더 연령이 높은 형제자매들이 아동과 놀아줄 때, 걸음마기 유아들은 형제자매의 행동들을 더 자주 모방했으며 이는 특히 형제자매들이 가장이 가능한 놀이나 (전화에 응답하거나 낙엽을 쓰는 일과 같은) 일상적인 일을 했을 때에 더욱 그러했다(Barr & Hayne, 2003).

제7장에서 살펴보게 되겠지만, 가장놀이는 아동들이 자신의 인지적 기술들을 확대하고 자신의 문화 내의 중요한 활동들에 관해서 학습하는 주요 수단이다(Nielsen, 2012). 비고츠키의 이론과 그것을 지지하는 결과들은 초기 인지발달을 촉진하기 위해서는 자극적인 물리적 환경을 제공하는 것만으로 충분하지 않다는 것을 말해준다. 부가적으로, 걸음마기 유아들은 그들 주변의 사회에 참여하도록 그 문화의 보다 능숙한 많은 사람들로부터 참여하도록 초청을 받아야 하고 격려받아야 한다. 부모들과 선생님들은 걸음마기 유아들과 자주 놀아주고 그들의 가장놀이 주제를 지도하고 정교화함으로써 그들의 초기 가장놀이를 향상시킬 수 있다.

들과 어울리기와 같은 일상적 생활에서의 요구에 대한 적응에 관해 물어보는 적응적 행동 척도.

지능검사 점수의 계산 영아, 아동, 성인을 위한 지능검사들은 거의 유사한 방식으로 채점된다. 이는 **지능지수**(intelligence quotient, IQ)를 산출함으로써 가능한데, 이것은 원점수(실제로 맞춘 항목들의 수)가 동일한 연령의 아이들의 평균 수행으로부터 벗어난 정도의 범위를 나타낸다. 검사를 설계할 때, 설계자들은 **표준화**(standardization) ─ 검사를 보다 큰 대표적인 표본에 실시하고 그 결과들을 점수를 해석하는 기준으로 사용한다 ─ 에 착수한다. 베일리-III의 표준화 표본은 1,700명의 영아들, 걸음마기 유아들, 어린 학령전기 아동들을 포함했는데, 이들은 미국인들의 다양한 사회경제적 지위와 인종을 대표한다.

표준화 표본 내에서, 각 연령에 해당되는 수행들은 대부분의 점수들이 평균 주위에 모여 있고, 극으로 갈수록 그 수가 차츰 줄어드는 **정상분포**(normal distribution)를 보인다(그림 5.8 참조). 이러한 종 모양의 분포는 큰 표본에서 개인차를 측정할 때 발생한다. 검사들이 표준화된 경우 평균 지능지수는 100으로 설정되어 있다. 따라서 한 개인의 지능지수는 그 사람의 검사 결과가 표준화된 표본의 평균으로부터 얼마나 벗어났는지에 따라 100점보다 높거나 낮다.

지능지수는 개인이 정신적 발달에 있어 동일한 연령의 다른 사람들과 비교했을 때 앞서는지, 뒤처졌는지, 아니면 딱 맞는지(평균인지)를 알아낼 수 있는 방법을 제공한다. 예를 들어 만약 티미가 50%의 또래들보다 잘했다면, 그의 점수는 100점이 될 것이다. 단지 16%보다 잘한 아동은 85점이라는

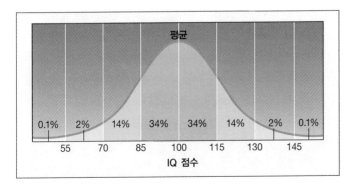

그림 5.8 지능검사 점수들의 정상분포 특정한 지능지수를 가진 사람이 집단 내에서 동일한 연령의 개인들 중 몇 퍼센트보다 뛰어났는지를 측정하기 위해서는, IQ 점수의 왼쪽에 있는 숫자들을 합산하라. 예를 들어 IQ 115를 가진 8세 아동은 8세로 이루어진 집단의 84%보다 점수를 더 잘 받았다.

지능지수를 가질 것이다. 98%보다 뛰어난 아동은 130이라는 지능지수를 가질 것이다. 96%의 개인들은 70~130 사이에 있다. 오직 소수의 아동만이 그보다 더 높거나 낮은 점수를 얻는다.

영아기 검사로부터 이후 수행 예측 신중한 설계에도 불구하고 대부분의 영아 검사들은 이후의 지능을 잘 예측하지 못한다. 영아와 걸음마기 유아들은 검사 도중에 산만해지고 피곤해하거나 지루해할 가능성이 있기 때문에 그들의 점수는 자주 그들이 가진 실제 능력을 나타내지 못한다. 그리고 영아 지각 및 운동 항목은 언어적, 개념적, 문제 해결 능력을 점점 더 강조하는 나이 든 아이들에게 주어진 과제와는 다르다. 이와는 대조적으로, 아동기 검사와 더 유사한 베일리-III 인지 및 언어 척도는 학령전기 지능검사 수행의 좋은 예측변수다(Albers & Grieve, 2007). 영아기 검사들의 점수는 더 높은 연령에서 측정하는 지능과 동일한 차원을 포함하지 않는다는 우려 때문에, IQ보다는 **발달지수**(developmental quotients) 혹은 **DQs**라고 보수적으로 명명되었다.

영아 검사들은 매우 낮은 점수를 받는 영아들에 대한 장기적인 예측에 있어서는 어느 정도 정확한 편이다. 오늘날 그것들은 **사전 검진**(screening, 추가적인 관찰과 개입을 필요로 하는 발달상 문제가 있을 법한 영아들을 분간해내는 것을 돕는다)을 하는 데 많이 사용된다.

영아 검사들은 대부분 아동들의 이후 IQ를 예측하지 않기 때문에 몇몇 연구자들은 초기 지능 발달을 평가하기 위해서 습관화와 같은 정보처리적 척도들로 관심을 전환했다. 그들의 발견은 새로운 시각적 자극에 대한 습관화와 회복의 속도가 아동 초기에서 성인 초기까지의 IQ를 가장 잘 예측하는 영아 예측 요인이라는 것을 보여주었다(Fagan, Holland, & Wheeler, 2007; Kavšek, 2004). 습관화와 회복은 사고의 신속성과 유연성뿐만 아니라 기억도 평가하는데, 이는 전 연령의 지능적 측면에 기저하고 있기 때문에, 지능에 관한 매우 효과적인 초기 징후인 듯하다(Colombo, 2004). 이러한 일관된 결과들은 베일리-III의 개발자들로 하여금 습관화/회복, 대상 영속성, 범주화와 같은 인지적 기술들을 불러일으키는 항목들을 포함하도록 했다.

초기 환경과 정신적 발달

제2장에서, 우리는 지능이 유전과 환경적 영향의 복잡한 융

영아와 걸음마 유아들을 위한 양질의 가정이 가진 특징 : HOME 영아－걸음마기 유아의 하위 척도

HOME 하위 척도	예시 항목
물리적 환경의 조직	아동의 놀이 환경은 안전하고 위험이 없는 것으로 보인다.
적합한 놀잇감의 제공	관찰자가 방문한 동안 부모는 아동에게 장난감이나 흥미로운 활동을 제공한다.
부모의 정서적 · 언어적 민감성	관찰자가 방문한 동안 부모가 아동을 최소 한 번은 귀엽다 어루만져 주거나 뽀뽀한다. 관찰자가 방문한 동안 부모가 두 번 혹은 그 이상 아동에게 자발적으로 이야기(꾸중은 제외)를 한다.
아동에 대한 부모의 수용관	관찰자가 방문한 동안 부모는 아동의 행동을 방해하거나 아동의 움직임을 제한하지 않는다.
아동에 대한 부모의 관여	관찰자가 방문한 동안 부모는 아동을 자신이 볼 수 있는 곳에 있게 하고, 아동을 자주 쳐다보는 경향이 있다.
일상적인 자극 내에서 다양성에 대한 기회	부모의 보고에 의하면, 아동은 엄마 그리고/혹은 아빠와 하루에 최소 한 끼 이상은 같이 먹는다. 아동이 집 밖으로 나갈 기회가 자주 있다(예 : 부모를 따라 식료품 가게로 외출한다).

출처 : Bradley, 1994; Bradley et al., 2001. A brief, exclusively observational HOME instrument taps the first three subscales only (Rijlaarsdam et al., 2012).

합체임을 지적했다. 많은 연구들은 영아와 걸음마 유아들의 정신적 검사 점수와 환경적 요인의 관계에 대해 조사해 왔다. 이에 대한 증거들을 고찰하면서, 우리는 유전의 역할 또한 강조되는 연구 결과들과도 마주하게 될 것이다.

가정 환경　**환경 측정을 위한 가정 관찰**(Home Observation for Measurement of the Environment, HOME)은 부모와의 관찰과 면접을 통해서 아동의 가정에서의 삶의 질에 관한 정보를 수집하는 체크리스트이다(Caldwell & Bradley, 1994). '배운 것 적용하기'에는 첫 3년 동안 가장 광범위하게 사용되는 가정 환경 측정치인 HOME 영아－걸음마기 아동 하위 척도에 의해 측정되는 요인들이 나와 있다(Rijlaarsdam et al., 2012).

　각각의 요인들은 걸음마기 유아들의 지능검사 수행과 정적 상관이 있다. 사회경제적 지위나 인종에 관계없이, 아동을 자극하는 물리적 장면과 부모의 격려, 개입, 애정은 반복적으로 걸음마기와 초기 아동기의 보다 높은 언어 점수와 IQ 점수들을 예측했다(Bornstein, 2015; Fuligni, Han, & Brooks-Gunn, 2004; Linver, Martin, & Brooks-Gunn, 2004; Tong et al., 2007). 부모들이 영아와 걸음마 유아들에게 말을 하는 정도는 특히 중요하다. 그것은 초기 언어발달에 강력한 기여를 하며 곧이어 이는 초등학교에서의 지능과 학업 성취도를 예측한다(Hart & Risley, 1995; Hoff, 2013).

　그럼에도 불구하고 우리들은 이러한 상관관계를 신중하게

해석해야 한다. 모든 연구들에서 아동들은 환경뿐 아니라 유전적 특성 또한 공유하고 있는 그들의 생물학적 부모에 의해서 양육되었다. 이러한 가설은 유전－환경 상관(제2장 참조)으로 불리고 있으며, 다양한 연구 결과들이 이를 뒷받침하고 있다(Saudino & Plomin, 1997). 그러나 유전은 가정 환경과

© ROBERTO WESTBROOK/BLEND IMAGES/CORBIS

한 아버지가 아기와 활동적, 정서적으로 놀아주고 있다. 부모의 온정, 주의, 언어적 의사소통은 걸음마기와 아동 초기 동안 더 나은 언어 능력과 IQ 점수를 예측한다.

지능검사 점수 간의 관련성을 모두 설명하지는 못한다. 가족의 거주 상태는 부모의 IQ와 양육의 효과를 넘어 계속해서 아동의 IQ를 예측한다(Chase-Lansdale et al., 1997; Klebanov et al., 1998).

현재까지 이루어진 연구들이 티미의 발달에 대한 바네사의 걱정을 어떻게 이해할 수 있도록 할까? 티미를 검사했던 심리학자 벤은 그가 평균보다 약간 낮은 점수를 받았음을 발견했다. 벤은 바네사의 아동 양육 방식에 관해 그녀와 대화를 나누었으며 그녀가 티미와 함께 노는 것을 지켜보았다. 편모인 바네사는 장시간 일을 한 후 하루 일과가 끝나고 나면 티미와 함께할 에너지가 거의 없었다. 또한 벤은 티미가 얼마나 잘하는지에 관한 걱정 때문에 바네사가 티미에게 압력을 주고 그의 활발한 활동을 둔화시키고 지시를 퍼붓는 경향이 있음을 알아차렸다. "공놀이는 그 정도면 됐어. 이 블록들을 쌓아 봐."

벤은 부모들이 바네사와 같은 방식으로 아동의 활동에 간섭할 때, 영아와 걸음마 유아들이 산만하고 놀이가 미성숙하고 지능검사에서 낮은 점수를 얻을 가능성이 있다고 설명했다(Clincy & Mills-Koonce, 2013; Rubin, Coplan, & Bowker, 2009). 그는 바네사에게 어떻게 하면 티미와 민감하게 상호작용할 수 있는지를 지도했다. 동시에 그는 그녀에게 티미의 현재 수행이 반드시 그의 미래 발달을 예측하는 것은 아니라고 말했다. 걸음마 유아들의 현재 능력을 형성시키는 따뜻하고 민감한 양육은 초기 지능검사 점수보다도 이후 그들의 특성에 대한 보다 타당한 예언자이다.

영아와 걸음마기 아동의 보육 오늘날, 2세 미만의 자녀를 가진 미국 어머니의 60%가 취업 상태이다(U.S. Census Bureau, 2015d). 영아와 걸음마기 유아들을 위한 보육은 보편적인 일이 되었고, 보육의 질은 지능 발달에 중요한 영향을 미친다.

여러 연구들은 보육의 질이 낮은 경우, 영아와 어린 아동들은 그들 가정의 사회경제적 지위에 상관없이 학령전기, 초등학교 시기 및 중학교 시기 동안 인지, 언어, 학업 성취, 사회적 기술에 대한 척도에서 낮은 점수를 얻었다는 것을 일관성 있게 보여주었다(Belsky et al., 2007b; Burchinal et al., 2015; Dearing, McCartney, & Taylor, 2009; NICHD Early Child Care Research Network, 2000b, 2001, 2003b, 2006; Vandell et al., 2010). 이와는 반대로 양질의 보육은 스트레스가 많은 가난한 가정생활의 부정적 영향을 감소시킬 수 있으

며, 이는 경제적으로 부유한 가정에서 자라는 수준의 혜택을 보장한다(Burchinal, Kainz, & Cai, 2011; McCartney et al., 2007). 그림 5.9에 나타나 있는 바와 같이, SES와 인종적 배경이 다양한 대규모 미국 아동 표집을 대상으로 출생부터 학령전기까지 추적한 아동 초기 종단연구 결과, 영아기부터 학령전기까지 지속적인 양질의 아동 보육의 중요성이 확증되었다(Li et al., 2013).

국가적 차원에서 보육을 관리하고 그 질을 보장하기 위해 재정적 지원을 하는 대부분의 유럽 국가(오스트레일리아, 뉴질랜드)와는 반대로, 미국과 캐나다의 보육에 대한 보고서에는 걱정스러운 점들이 많다. 기준들은 미국과 캐나다의 각 주에 의해서 결정되며 서로 매우 다르다. 여러 나라들의 보육 수준에 관한 연구에서 단지 20~25%의 보육원들과 (양육자가 그녀의 가정에서 아동들을 돌보는) 가족 보육 현장들만이 영아와 걸음마 유아들의 건강한 심리적 발달을 촉진할 만큼 긍정적이고 아동을 자극할 만한 경험들을 제공했다. 대부분의 현장들은 충분히 높은 수준의 보육을 제공하지 못했다. 친척에 의해 보육이 제공될 때 대부분의 환경은 영아와 걸음마기 아동들에게 표준적인 보육을 제공했다(NICHD Early Childhood Research Network, 2000a, 2004). 더욱이, 미국에서 아동 보육의 비용은 높다 — 평균적으로 영아 한 명에 대한

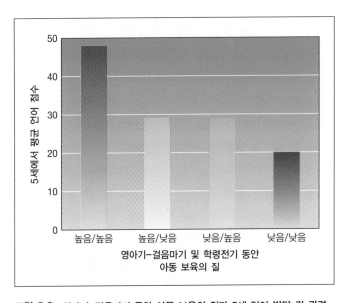

그림 5.9 영아기-걸음마기 동안 아동 보육의 질과 5세 언어 발달 간 관련성 1,300명의 아동을 대상으로 5세 동안 이루어진 전국 표집 연구에서 영아기 및 걸음마기, 그리고 학령전기 모두에서 높은 질의 보육을 경험한 아동들은 더 높은 언어 점수를 받는 경향이 있었으며 두 기간 중 한 번만 양질의 보육을 경험했던 아동들은 중간 정도, 두 기간 모두에서 낮은 질의 보육을 받은 아동들은 가장 낮은 점수를 받았다. 인지, 문해력 및 수학 점수에서도 이러한 패턴이 나타났다(Li et al., 2013).

발달적으로 적절한 영아와 걸음마기 유아 보육의 지표

프로그램의 특징	양질의 보육 장면의 특징
물리적 장면	내부 환경은 청결하고 수리가 잘되어 있고 밝으며 환기가 잘된다. 담장을 친 외부 놀이 공간이 있다. 아동들이 있을 때 장소가 붐비지 않는다.
장난감과 비품	놀이 재료들은 영아들과 걸음마기 유아들에게 적합하고, 손쉽게 닿을 수 있는 낮은 선반에 놓여 있다. 유아용 침대, 유아용 식사의자, 아동용 식탁과 의자들이 있다. 외부 놀잇감으로 탈 수 있는 작은 장난감들, 그네, 미끄럼틀, 모래상자가 있다.
양육자-아동 비율	보육센터에서 양육자-아동의 비율이 영아들의 경우에는 1 : 3, 걸음마기 유아들의 경우에는 1 : 6을 넘지 않는다. 집단 크기(한 방에 있는 아동들의 수는 6명의 영아들과 2명의 양육자, 12명의 걸음마 유아들과 2명의 양육자보다 크지 않다. 가정보육시설에서 양육자는 6명 이하의 아동들만 책임진다. 이 집단 내에서 영아들과 걸음마기 유아는 2명 이하이다. 영아와 걸음마기 유아들이 특정 양육자들과 관계를 형성할 수 있도록 직원들은 변동이 없다.
일상 활동	일상의 계획에는 활동적인 놀이, 조용한 놀이, 낮잠, 간식, 식사를 위한 시간이 포함되어 있다. 이것은 엄격하다기보다는 융통성이 있으며, 아동 개개인의 필요를 충족시킨다. 분위기는 따뜻하고 지지적이며 아동들은 방치되지 않는다.
성인과 아동 간의 상호작용	양육자들은 영아들과 걸음마기 유아들의 고통에 신속하게 응답한다. 그들을 안고 얘기하고 노래 불러 주고 읽어 준다. 그리고 아동 개개인의 관심사와 자극에 대한 내성을 존중하는 방식으로 그들과 상호작용한다.
양육자의 자질	양육자들은 아동 발달, 응급치료, 안전에 대한 어느 정도의 훈련을 받았다.
부모와의 관계	부모들은 언제든지 환영이다. 양육자들은 아동들의 행동과 발달에 관해 부모들과 자주 이야기를 나눈다.
허가와 인가	센터든 가정이든 보육 장면은 미국의 주 혹은 캐나다 주의 허가를 받았다. 미국에서 초기아동기프로그램국가학회(www.naeyc.org/accreditation)나 가정보육국가연합회(www.nafcc.org)로부터 인가를 받았다는 것은 높은 양질의 프로그램이라는 증거이다. 캐나다는 캐나다아동보육연맹의 지도하에 임의의 인가 체계를 세우려고 하는 중이다.

출처 : Copple & Bredekamp, 2009.

전일제 보육은 부모 가정의 수입 중 7~19%, 편모 가정의 수입 중 40% 이상의 비용이 든다(Child Care Aware, 2015). 가정 아동 보육의 비용은 그보다 약간 낮다.

불행히도, 미국의 많은 저소득층 가정의 아동들은 특히 부적절한 보육을 받을 위험이 더욱 높다(NICHD Early Child Care Research Network, 2005 ; Torquati et al., 2011). 그러나 미국의 가장 나쁜 보육 환경은 중산층 가정에서도 제공되는 경향이 있다. 이런 부모들은 특히 자녀들을 보육의 질이 낮아질 수 있는 사립 센터에 맡기곤 한다. 경제적으로 빈곤한 아동들은 보다 빈번하게 공립 기관에 출석하는데, 이곳은 학습 자료를 잘 갖추고 있고 수용 아동의 수가 적으며, 보다 바람직한 교사-아동 비율인 경우가 많다(Johnson, Ryan, & Brooks-Gunn, 2012). 그럼에도 여전히 저소득 가정의 아동들에 대한 아동 보육의 질은 기준 이하이다.

'배운 것 적용하기'는 영아와 걸음마기 아동을 위한 양질의 보육 조건을 다루고 있다. 이는 **발달적으로 적절한 실제**(developmentally appropriate practice)에 대한 기준들에 기반한 것이다. 이러한 기준은 미국 유아교육협회에 의해 제시된 것으로, 최근 연구 결과와 연구자들의 공통된 의견 모두를 기반으로 해 어린 아동의 발달적·개인적 요구에 대한 프로그램 특성을 명세화하고 있다. 케이틀린, 그레이스, 티미는 다행스럽게도 이러한 기준을 충족시키는 가정 아동 보육 기관에 다니고 있다.

미국의 아동 보육은 개인주의적 가치, 약한 정부 규제 및 빈약한 재정적 지원 등 거시 체계에 의해 영향을 받는다. 이에 더해 많은 부모들은 자녀들의 아동 보육 경험을 실제보다 더 좋다고 생각한다(Torquati et al., 2011). 좋은 보육을 식별할 수 없거나 좋은 보육을 받을 재정적 수단이 없으면 부모들은 그것을 요구하지 않는다. 최근 미 연방정부와 몇몇 주정부에서는 특히 저소득 가정의 아동 보육 비용을 낮추기 위해 부가적인 재원을 할당했다(Matthews, 2014). 이러한 필요성을 완전히 충족시키지는 못했지만, 자원에서의 이러한 증가는 아동 보육의 질과 접근 가능성에 긍정적인 영향을 미쳐 왔다.

살펴보기

> 영아와 걸음마기 유아를 자녀로 둔 취업 부모들에게 그들이 아동 보육 환경에서 원하는 것이 무엇인지, 아동 보육 기관을 찾을 때 당면하는 문제가 무엇인지를 질문해보자. 그 부모들이 양질의 보육 구성 요소에 대해 얼마나 잘 알고 있는가?

위기 영아와 걸음마기 유아들을 위한 초기 개입

빈곤 아동들의 지능검사 점수는 서서히 감소되며 이들의 학령기 성취는 낮을 가능성이 높다(Schoon et al., 2012). 이러한 문제들은 거의 대부분이 아동들의 학업 능력을 약화시키고 일생을 빈곤하게 살아갈 가능성을 증가시키는 스트레스가 많은 가정 환경에 의한 것이다. 다양한 개입 프로그램들은 이러한 빈곤의 비극적인 순환을 끝내기 위해 개발되어 왔다. 비록 대부분은 학령전기에(우리는 제7장에서 이것에 관해 논의할 것이다) 시작되지만, 일부는 영아기에 시작되어서 초기 아동기까지 계속된다.

센터에 기반을 두고 있는 개입들에서, 아동들은 교육, 영양, 건강 서비스를 받을 수 있는 조직화된 보육 센터나 학령전기 프로그램에 참여하고, 부모들에게도 또한 보육과 그 외의 사회적 서비스가 지원된다. 가정에 기반을 둔 개입들은 숙련된 성인이 가정을 방문해 자녀의 발달을 자극할 수 있는 방법을 부모에게 가르치면서 함께 작업하는 것을 포함한다. 프로그램의 처치를 받는 대부분의 참가 아동들이 처치를 받지 않은 통제 아동들보다 2세 때 시행한 지능검사에서 더 높은 점수를 받았다. 개입이 더 일찍 시작되고 더 오래 지속될수록 참가자들의 인지적·학업적 수행은 아동기와 청소년기 내내 더 높았다(Ramey, Ramey, & Lanzi, 2006; Sweet & Appelbaum, 2004).

캐롤라이나 아베세다리안 프로젝트(Carolina Abecedarian Project)는 이러한 효과들을 예증한다. 1970년대에 3주에서 3개월 사이에 해당되는 약 100명의 빈곤 가정 영아들이 무작위로 처치집단과 통제집단에 배정되었다. 처치집단의 아동

들은 학령전기 동안 1년 내내 종일반 아동 보육 프로그램에 등록했다. 거기서 그들은 운동, 인지, 언어, 사회기술들을 촉진하는 데 초점을 둔 자극을 받았고, 3세 이후에는 읽기 기술과 수학적 개념들을 촉진하는 자극을 받았다. 모든 연령대에서 이들은 특히 풍부하고 민감한 성인-아동의 언어적 의사소통에 중점을 두었다. 모든 아동들은 또한 영양과 건강 서비스를 받았다. 처치와 통제집단 간의 주요 차이는 보육의 경험이었다.

12개월에 두 집단의 IQ는 달라졌고 처치집단은 마지막으로 검사를 받았을 때(21세)까지도 IQ의 우위를 유지했다. 게다가 학교 교육을 받는 동안 처치를 받은 청년들은 읽기와 수학에서 훨씬 더 높은 성취를 보였다. 이러한 진전은 아동이 이후에 수료한 학교 교육 연수가 더 많다는 것, 더 높은 대학 진학률, 그리고 숙련된 기술을 요구하는 직업에의 더 높은 취업률로 증명되었다(Campbell et al., 2001, 2002, 2012).

조기개입 프로그램이 일찍 시작되면 시작될수록 더 효과적이라는 사실을 인식하면서 미 의회는 발달상의 문제에 처할 위기에 있는 영아들과 걸음마기 유아들을 대상으로 하는 개입을 위한 기금을 제공하게 되었다. 1995년에 시작된 초기 헤드스타트(Early Head Start)는 1,000개 지역에서 11만 가구의 저소득층 가정에 서비스를 제공하고 있다(Walker, 2014). 이러한 개입에 대해 참여 아동이 3세가 되었을 때 수행된 최근의 평가에 따르면, 헤드스타트 프로그램으로 인해 양육은 더욱 따뜻하고 격려를 받을 수 있게 되었으며, 가혹한 체벌

초기 헤드스타트 프로그램은 걸음마기 아동을 위한 풍부하고 교육적인 경험과 함께 부모들을 위한 교육과 가정 지원을 제공한다. 가장 바람직한 결과는 센터와 가정 방문 서비스가 병행될 때 나온다.

묻고 대답하기

은 감소하고 아동의 인지와 언어발달이 진전되었으며 공격성은 감소되었다(Love, Chazan-Cohen, & Raikes, 2007; Love et al., 2005; Raikes et al., 2010). 가장 강력한 효과는 센터와 가정 기반 서비스들을 혼합해서 제공한 곳에서 나타났다.

그러나 5세경 초기 헤드스타트의 효과는 감소하거나 사라지기 시작해, 아동이 5학년 때 실시된 후속연구 결과, 어떤 지속되는 효과도 없는 것으로 나타났다(U.S. Department of Health and Human Services, 2006; Vogel et al., 2010). 한 가지 추측은 학령전기 동안 연장된 보다 의도적인 교육 경험이 초기 헤드스타트의 지속적인 영향을 증가시킨다는 것이다(Barnett, 2011). 비록 초기 헤드스타트 프로그램이 수정될 필요가 있기는 하지만 그것은 빈곤한 환경에서 자라나는 미국의 영아와 걸음마기 아동에게 공적으로 지원된 개입으로 희망찬 시작을 제공한다.

언어발달

5.10 언어발달의 이론들을 기술하고 각 이론이 선천적인 능력과 환경적 영향 중 무엇을 강조하는지 지적하라.

5.11 첫 두 해 동안의 주요 언어발달 이정표, 개인차, 그리고 성인이 초기 언어발달을 지원할 수 있는 방법들을 기술하라.

영아기 지각과 인지적 능력이 향상됨에 따라, 영아들은 인간만의 놀라운 성취를 위한 길(언어)을 닦는다. 제4장에서 우리는 생후 6개월 무렵 영아들이 모국어의 기본적 소리들을 구별하고 말의 흐름을 단어와 구 단위로 나누는 인상적 진전을 이룬다는 것을 보았다. 그들은 또한 몇몇 단어의 의미를 이해하기 시작하고 12개월 즈음 첫 단어를 말한다. 때로는 1.5~2세 사이 걸음마기 유아들은 두 단어를 결합한다(MacWhinney, 2015). 6세 무렵 아동들은 약 14,000개의 어휘를 가지며 정교한 문장들을 말하고 숙련된 이야기꾼이 된다.

이러한 멋진 성취를 이해하기 위해서, 스스로의 융통성 있

는 언어 사용에 수반되는 수많은 능력에 대해서 생각해보라. 여러분이 말할 때, 여러분은 전달하고자 하는 기본적 개념과 일치하는 단어를 선택해야만 한다. 또한 여러분은 듣는 사람이 이해하도록 그 단어들을 정확하게 발음해야 한다. 그다음 여러분은 복잡한 일련의 문법적 규칙에 근거해서 단어들을 결합해 구와 문장들로 만들어야 한다. 마지막으로 여러분은 일상 대화의 규칙을 따라야 한다. 예를 들어 여러분의 동료가 방금 전에 한 말과 관련된 의견을 표현해야 하며 적합한 목소리 톤을 사용해야 한다. 영아와 걸음마 유아들은 어떻게 이러한 기술을 획득하는 놀라운 진전을 보이는가?

언어발달이론

1950년대에 연구자들은 매우 어린 아동들이 언어의 중요한 속성을 알아낼 수 있으리라 생각하지 않았다. 아동들의 규준적이고 급속한 언어 이정표의 습득은 성숙에 의해 좌우되는 과정임을 시사하며 이는 언어발달에 대한 생득론적 관점에 영향을 미쳤다. 최근, 새로운 증거는 상호작용자 관점을 지지하는 것으로, 이 관점에서는 아동들의 선천적인 능력과 의사소통적 경험의 협응적 역할을 강조한다.

생득론적 관점   언어학자인 노암 촘스키(Noam Chomsky, 1957)의 생득론적 이론에 따르면, 어린 아동들의 놀라운 언어 능력이 인간 두뇌 구조에 각인되어 있다고 생각하는 생득론을 제안했다. 촘스키는 문장 구조의 규칙들이 인지적으로 성숙한 어린 아동에게조차도 직접적으로 가르치거나 어린 아동이 스스로 발견하기에는 너무나 복잡하다고 판단했다. 대신 그는 모든 아이들이 모든 언어들에 있어 보편적인 일련의 규칙들을 보유하는 선험적 체계인 **언어 획득 장치**(language acquisition device, LAD)를 가지고 태어난다고 주장했다. 이러한 장치는 아이들이 어떤 언어를 듣는지와 관계없이 그들이 충분한 단어를 획득하자마자 규칙에 근거한 방식으로 이해하고 말할 수 있도록 허용한다.

아이들은 과연 언어를 획득하도록 생물학적으로 준비되어 있는가? 제4장에서 신생아들이 말소리에 유난히 민감하고 인간의 목소리를 듣는 것을 선호한다는 것을 회상해보자. 게다가 전 세계의 아동들은 주요한 언어 이정표에 유사한 순서로 도달한다(Parish-Morris, Golinkoff, & Hirsh-Pasek, 2013). 또한 언어를 인간이 아닌 영장류에게—특수하게 고안된 인위적인 상징 체계나 수화를 사용해서—가르치려는 노력이

제한적인 성공에만 도달함을 고려한다면, 문법적으로 복잡한 언어 체계에 정통하는 능력은 인간 특유의 것인 듯하다. 심지어는 광범위한 훈련 후에도 (진화적으로 인간에 가장 가까운) 침팬지들은 단지 기본적 어휘와 짧은 단어들의 결합에만 정통했으며 인간의 학령전기 아동보다도 훨씬 덜 일관성 있는 산출을 보였다(Tomasello, Call, & Hare, 2003).

나아가 아동기에 언어 획득의 민감기가 존재한다는 증거는 생물학적인 바탕을 둔 언어 프로그램이 존재한다는 촘스키의 생각과 일치한다. 연구자들은 그들의 첫 언어―청각장애 성인들에 의해 사용되는 손말 체계인 미국 수어(American Sign Language, ASL)―를 서로 다른 연령에 획득한 청각장애 성인들의 언어 능력을 조사해 왔다. 수어를 뒤늦게 학습한 사람들은 주로 그들의 부모들이 구어와 독순술을 통해 이들을 교육시키려고 했지만 심각한 청각장애 때문에 구어를 획득하지 못한 사람들이다. 민감기의 증거와 일치하게, 청소년기나 성인기에 ASL을 배운 사람들은 절대로 아동기에 배웠던 사람들만큼 능통해지지는 못했다(Mayberry, 2010; Newport, 1991; Singleton & Newport, 2004).

그러나 비록 인간이 언어를 획득하기 위한 독특한 능력을 가지고 있다는 생각이 폭넓게 받아들여져 왔음에도 불구하고, 촘스키 이론에 대한 여러 반론이 제기되어 왔다. 우선 연구자들은 모든 언어의 기초를 이룬다고 촘스키가 믿는 단일한 문법 체계를 밝히는 데 큰 어려움을 겪어 왔다. 촘스키 이론의 비판자들은 전 세계 5,000~8,000가지 언어들의 문법적 형태에서 큰 차이를 설명할 수 있는 단일한 규칙이 존재한다는 주장에 대해서 회의적이다. 두 번째로, 아동은 생득론이 제안하는 것만큼 빠르게 언어를 획득하지 못한다. 많은 문장 구조들의 숙달 경과는 즉각적인 것이라기보다는 점진적이며, 촘스키가 가정했던 것보다 훨씬 더 많은 학습과 발견을 거친다는 것을 제안했다(Evans & Levinson, 2009; MacWhinney, 2015). 제9장에서 보겠지만, 수동태와 같은 몇몇 문법적 형태를 완벽하게 숙달하는 것은 아동 중기까지는 성취되기 어렵다. 이러한 사실은 촘스키가 가정한 것보다 더 많은 실험과 학습이 필요하다는 것을 시사한다.

마지막으로 언어 처리를 위해서 두뇌가 처음부터 특수화되어 있다고 한 촘스키의 견해와 일치하게, 제4장에서 우리는 대부분의 사람들에게 있어 언어는 대뇌피질의 좌반구에 크게 자리 잡고 있다는 것을 살펴보았다. 그러나 우리는 또한 아동들이 언어를 획득함에 따라 피질 내의 언어 영역들이 점차 발달한다는 것을 논의했다. 그리고 비록 언어 처리 기능이 좌반구에 편향되어 있지만, 만약 생애 초기 몇 년 내에 손상을 당하면 다른 영역들이 그것을 담당하게 된다(제4장 참조). 좌반구 내의 언어 편재화는 효과적인 언어 사용을 위해 필연적인 일이 아니다.

상호작용론자의 관점　최근 내적 능력들과 환경적 영향 간의 상호작용을 강조하는 언어발달에 관한 새로운 생각들이 나타나게 되었다. 상호작용론의 한 종류는 정보처리 관점을 언어발달에 적용한다. 두 번째 종류는 사회적 상호작용을 강조한다.

몇몇 정보처리이론가들은 아동이 일반적인 강력한 인지적 능력들을 활용해 자신의 복잡한 언어 환경을 이해한다고 가정한다(MacWhinney, 2015; Munakata, 2006; Saffran, 2009). 이러한 이론가들은 언어를 담당하고 있는 두뇌의 영역들이 음악적·시각적 패턴들을 분석하는 능력과 같은 유사한 지각적·인지적 능력들에도 관여하고 있다고 제안한다(Saygin, Leech, & Dick, 2010).

또 다른 이론가들은 이러한 정보처리 관점을 촘스키의 생득론 관점과 융합한다. 그들은 영아들이 언어와 다른 정보들에 대한 놀라운 분석가라는 점에 동의한다. 그러나 그들은 이러한 분석적 능력이 더 높은 수준의 언어적 측면의 숙달을 설명하기에는 충분하지 못하다고 주장한다(Aslin & Newport, 2012). 그들은 또한 문법적 능력이 언어의 다른 요소들보다 특정 대뇌 구조에 의존할 수 있다고 주장한다. 2~2.5세 아동과 성인이 몇몇 문장은 문법적으로 정확하고, 다른 문장은 문법적으로 틀린 짧은 문장을 여러 개 들을 때, 두 집단 모두 각 문장 유형에 대해서 좌반구 전두엽과 측두엽의 유사한 ERP 뇌파 패턴을 보인다(Oberecker & Friederici, 2006). 이는 2세 아동들이 성인과 유사하는 신경 체계를 이용해 처리한다는 것을 시사한다. 이에 더해, 좌반구 손상을 지닌 나이든 아동과 성인에 대한 연구에서 문법은 다른 언어적 기능보다 더 많은 손상을 보인다(Curtiss & Schaeffer, 2005).

아직까지 다른 상호작용론적 이론가들은 아동의 사회적 기술과 언어 경험이 언어발달에 중심적으로 관여하고 있다고 강조한다. 이러한 사회적 상호작용론적 관점에서, 언어를 이해하는 데 필요한 능력을 타고난 활동적인 아동은 의사소통을 하기 위해 노력한다. 그렇게 함으로써 아동은 스스로에게 적합한 언어 경험들을 제공하도록 양육자에게 단서를 제

영아는 처음부터 의사소통적인 존재이다. 어떻게 이들은 몇 년 후 모국어를 유창하게 구사할 수 있게 될까? 이러한 질문에 대해 여러 이론이 서로 첨예하게 대립하고 있다.

책략, 사회적 경험은 언어의 각 측면에 따라 다르게 작용할 것이다. 표 5.3은 우리가 다음 몇 부문에서 다룰 초기 언어 이정표들에 대한 개요를 제공한다.

언어 이전의 준비

영아들이 첫 단어를 말하기 전 그들은 자신의 모국어를 이해하고 말하기 위한 인상적 진전을 보인다. 그들은 의미 있는 언어의 단위들을 알아차리기 위해서 열심히 듣고 말소리와 비슷한 소리를 낸다. 성인으로서 우리는 영아의 소리에 대답하지 않을 수 없다.

목울리기와 옹알이   2개월 즈음에, 영아들은 모음과 유사한 소리들을 내기 시작하는데, 이는 그것의 기분 좋게 들리는 '우' 소리의 속성 때문에 **목울리기**(cooing)라고 불린다. 서서히 자음들이 더해지고, 4개월 즈음에 '바바바바바바' 혹은 '나나나나나'와 같이 영아들이 길게 자음-모음 결합들을 반복하는 **옹알이**(babbing)가 나타난다.

어느 지역의 아이들이나 거의 동일한 연령에 옹알이를 시작하고 유사한 종류의 초기 소리들을 산출한다. 그러나 옹알이가 더 발전하기 위해서는 영아들이 인간의 언어를 들을 수 있어야 한다(Bass-Ringdahl, 2010). 그리고 청각장애아는 수화에 노출되지 않으면 옹알이를 완전히 멈출 것이다(Oller, 2000).

영아들이 말소리를 들으면서 옹알이는 확장되어 보다 폭넓은 종류의 소리들을 포함하게 된다. 7개월 즈음에는 성숙한 구어에 해당되는 많은 소리들이 포함되기 시작한다. 10

공하며 이는 다시 아동이 언어의 내용과 구조를 사회적 의미와 연관시킬 수 있도록 지원한다(Bohannon & Bonvillian, 2013; Chapman, 2006).

사회적 상호작용론자들 가운데, 아동들이 대뇌에 특화된 언어적 구조를 갖추고 있는지 여부에 대한 논쟁은 계속되고 있다(Hsu, Chater, & Vitányi, 2013; Lidz, 2007; Tomasello, 2006). 언어발달 과정을 기술해 나감에 따라, 우리는 언어발달의 핵심적인 전제(아이들의 사회적 능력과 언어 경험이 그들의 언어발달에 상당한 영향을 준다는 것)에 대한 많은 증거들을 만나게 될 것이다. 실제로, 타고난 자질, 인지적 처리

표 5.3   첫 2년간의 언어발달 이정표

대략적 연령	이정표
2개월	영아들은 듣기 좋은 모음 소리들을 내면서 목울리기를 한다.
4개월 즈음	영아들은 자음들을 자신들의 목울림 소리들에 더하고 음절들을 반복하면서 옹알이를 한다.
6개월 즈음	7개월에는 옹알이에 구어의 많은 소리들이 포함되기 시작한다. 영아들은 몇몇 단어들을 이해한다.
8~12개월	영아들은 그들이 바라보는 것을 종종 언어적으로 명명하는 양육자와 공동 주의를 하는 데 보다 정확해진다. 영아들은 양육자들과 역할을 바꿔 가면서 교대로 하기 놀이에 적극적으로 참여한다. 영아들은 다른 이들의 행동에 영향을 미치기 위해서 보여주기와 가리키기 같은 전 언어 몸짓들을 사용한다.
12개월	옹알이는 아이가 속한 사회의 언어적 소리와 억양 패턴들을 포함한다. 단어 이해의 속도와 정확도가 빠르게 증가한다. 걸음마기 유아들은 자신들의 첫 번째로 인정되는 단어를 말한다.
18~24개월	어휘가 50개에서 200~250개의 단어들로 확장된다. 걸음마기 유아들은 두 단어를 결합시킨다.

개월이 되면 그것은 영아들의 언어 사회의 소리와 억양 양식들을 반영하는데 그중 몇몇은 그들의 첫 단어들로 바뀐다(Goldstein & Schwade, 2008). 8~10개월경부터, 옹알이는 그 아동의 모국어의 소리와 강세를 반영하며, 몇몇은 첫 단어로 변화한다(Boysson-Bardies & Vihman, 1991).

태어났을 때부터 수화에 노출된 청각장애 영아들은 소리를 들을 수 있는 영아들이 언어를 통해서 옹알이를 하는 것만큼 손으로 옹알이를 한다(Petitto & Marentette, 1991). 나아가 청각장애인이면서 수화를 하는 부모를 둔 정상 영아들은 정상적인 수화의 율동적인 패턴을 통해 옹알이와 같은 손짓을 연출한다(Petitto et al., 2001, 2004). 이러한 구어와 수화 옹알이에서 모두 명백한 언어적 리듬에 대한 민감성은 의미 있는 언어 단위들에 대한 발견과 산출 모두를 지지한다.

의사소통자 되기 출생 당시, 영아들은 의사소통의 몇 가지 측면에 대한 준비가 되어 있다. 예를 들어 그들은 시선 맞추기를 통해서 상호작용을 먼저 시작하고 시선을 돌림으로써 그것을 종결시킨다. 3~4개월경 영아들은 성인들이 바라보는 곳과 동일한 방향을 바라보기 시작하는데, 이러한 기술은 영아들이 다른 이들의 주의가 그들의 의도에 대한 정보를 제공한다는 것을 깨닫게 되는 10~11개월이 되면 보다 정확해진다(Brooks & Meltzoff, 2005; Senju, Csibra, & Johnson, 2008). 이러한 **공동 주의**(joint attention)는 아동이 양육자와 같은 타인과 동일한 물체나 사건에 주의를 기울이는 것으로, 공동 주의 상태에서 양육자는 물체를 명명한다. 공동 주의는 초기 언어발달에 크게 영향을 미친다. 공동 주의를 빈번하게 경험한 영아와 걸음마기 아동들은 지속적 주의폭이 더 길고, 더 많은 언어를 이해하며, 의미 있는 제스처와 단어를 더 일찍 산출하고, 더 빠른 어휘발달을 보인다(Brooks & Meltzoff, 2008; Carpenter, Nagell, & Tomasello, 1998; Flom & Pick, 2003; Silvén, 2001).

3개월이 되면 부모와 영아 간의 상호작용은 손바닥 부딪치기와 까꿍놀이처럼 주고받기를 포함하기 시작한다. 어머니들은 모방 능력에 제한이 있는 3개월 된 영아들에게도 산출하기가 더 쉬운 손바닥 부딪치기를 유도한다(Gratier & Devouche, 2011). 4~6개월 사이에, 모방은 사회적 게임으로 확장된다. 처음에는 부모가 놀이를 시작하고 영아는 흥에 겨운 관찰자이다. 점차 영아가 게임에 참여하게 되면서 1세 말경 그는 활발하게 참여하고 양육자와 역할을 교환한다. 이러한 모방적 교환을 통해 영아들은 언어와 의사소통기술의 획득에 필수적인 속성인 서로 주고받기 양상을 실행한다.

1세 무렵 영아들이 의도적 행동이 능해짐에 따라, 그들은 다른 사람들의 행동에 영향을 미치기 위해서 언어 이전 몸짓을 사용한다(Tomasello, Carpenter, & Liszkowski, 2007). 예를 들어 케이틀린이 장난감을 보여주기 위해서 들어 올리고, 쿠키를 먹고 싶을 때에는 찬장을 손가락으로 가리킨다. 캐롤린은 그녀의 몸짓에 응답하고 그것을 또한 명명해준다("그건 네 곰 인형이지!", "아, 너 쿠키 먹고 싶구나!"). 이러한 방식으로 걸음마 유아들은 언어를 사용하는 것이 원하는 결과로 이어진다는 것을 학습한다.

양육자와 영아들이 물체를 가지고 공동 놀이를 하는 데 더 많은 시간을 보낼수록, 더 일찍 그리고 더 많이 아기들은 언어 이전 몸짓을 보인다(Salomo & Liszkowski, 2013). 곧 걸음마기 아동들은 장난감을 손가락으로 가리키면서 "주세요"라고 하는 것처럼 단어를 몸짓과 통합하고, 그들의 언어적 메시지를 확장하기 위해 몸짓을 사용한다(Capirci et al., 2005). 몸짓은 점차 사라지고 단어들이 이를 대신하게 된다. 그럼에도 불구하고 걸음마 유아들이 단어와 몸짓의 결합을 더욱 일찍 보일수록, 이후 24개월보다 더 이른 시기에 두 단어 발화를 하며, 3.5세 때 복잡한 문장을 말한다(Huttenlocher et al., 2010; Rowe & Goldin-Meadow, 2009).

이 영아는 아빠의 관심을 끌기 위해서 언어 이전 몸짓을 사용한다. 아빠의 언어적 반응("나도 다람쥐 봤어!")은 영아의 구어로의 변화를 촉진한다.

첫 단어

6개월 이후, 영아들은 단어의 의미를 이해하기 시작한다. 5개월 무렵부터 그들은 자신의 이름에 반응하고 유사한 강세 패턴을 가진 다른 단어들보다 이름을 듣는 것을 선호한다(Mandel, Jusczyk, & Pisoni, 1995). 그리고 6개월 된 영아들에게 부모님의 얼굴이 나타난 화면을 나란히 제시하면서 '엄마' 혹은 '아빠'란 단어를 들려준 경우, 그들은 호명된 부모의 얼굴 화면을 더 오래 응시한다(Tincoff & Jusczyk, 1999).

1세 즈음, 첫 번째로 말한 단어들은 피아제가 설명한 감각 운동적 기반과 아이들이 자신들의 첫 2년 동안 형성하는 범주들에 근거해 형성된다. 수백 명의 미국과 중국 영아들을 대상으로 그들의 첫 10개 단어를 살펴본 한 연구에서 첫 단어는 대개 중요한 사람들('엄마', '아빠'), 동물들('멍멍이', '고양이'), 움직이는 물건들('차', '공'), 음식('우유,' '사과'), 친숙한 행동들('빠빠이', '더'), 혹은 친숙한 행동의 결과들('축축해', '뜨거워')과 관련되어 있다. 그리고 중국 아기들은 중요한 사람에 대한 명칭을 더 많이 말했는데 우리는 다음에서 이러한 차이를 간단히 살펴볼 것이다(Tardif et al., 2008). 그들의 첫 50단어 안에 '식탁', '꽃병'과 같이 단순히 가만히 있는 것들이 있는 경우는 거의 없다.

걸음마기 유아들이 첫 단어를 배우기 시작할 때, 그들은 종종 그것들을 너무 편협하게 사용하는데, 이러한 오류를 **과소확장**(underextension)이라고 부른다. 예를 들어 16개월에 케이틀린은 '곰'을 그녀가 거의 하루 종일 끌고 다니는 낡고 해진 곰만을 가리키는 데 사용했다. 이보다 더 보편적인 오류는 **과잉확장**(overextension) ─ 해당되는 것들보다 훨씬 더 폭넓은 종류의 물건과 사건들에 단어를 적용하는 것 ─ 이다. 예를 들어 그레이스는 '자동차'를 버스, 기차, 트럭, 소방차에도 사용했다. 걸음마 유아들의 과잉확장은 범주에 대한 민감성을 반영한다(MacWhinney, 2005). 그들은 새로운 단어를 유사한 경험들의 집단에 적용시킨다. '자동차'를 바퀴 달린 물건에, '열어'를 문을 여는 것, 과일껍질을 벗기는 것, 신발끈을 푸는 일에도 적용한다. 이것은 아동들이 종종 적합한 단어를 회상하는 데 어려움을 겪거나 아직 획득하지 못했기 때문에 일부러 과잉확장한다는 것을 시사한다(Bloom, 2000). 아동의 어휘가 증가함에 따라 이러한 과잉확장은 사라진다.

과잉확장은 언어발달의 또 다른 중요한 측면을 보여주는데, 언어 산출(아동이 사용하는 단어와 단어의 조합)과 언어 이해(그들이 이해하는 언어) 간의 구분이 바로 그것이다. 모든 연령에서, 이해는 산출에 선행해 발달한다. 트럭, 기차, 오토바이를 '차'라고 말하는 2세 아동도 그 명칭을 들을 때에는 정확하게 물체를 보거나 가리킨다(Naigles & Gelman, 1995). 물론 두 능력은 서로 관련되어 있다. 걸음마기 아동의 구어 이해의 속도와 정확성은 두 번째 해에 걸쳐 극적으로 증가한다. 그리고 이해에서 신속하고 정확한 걸음마기 아동은 이후 시기 동안 더 신속한 단어 이해 속도와 더 많은 산출을 보인다(Fernald & Marchman, 2012). 신속한 이해는 작업기억에서 용량을 절감하며 그것을 이용해 의사소통할 때 이득을 얻을 수 있다.

두 단어 발화기

어린 걸음마 유아들은 일주일에 1~3개의 속도로 총 어휘 수를 늘려 간다. 18~24개월 사이의 단어 학습 속도는 너무나 인상적이기 때문에(하루에 단어 1개 혹은 2개), 많은 연구자들은 걸음마 유아들이 **어휘폭발**을 겪는다고 결론 내렸다 ─ 느린 학습기와 빠른 학습기 사이의 전환. 그러나 최근의 증거들은 대부분의 아이들의 단어 학습 속도가 학령전기까지 안정적이고 끊임없이 증가한다는 것을 보여준다(Ganger & Brent, 2004).

걸음마기 유아들은 어떻게 그렇게 빨리 어휘를 증가시킬까? 생애 두 번째 해, 그들은 시선 쫓기, 가리키기, 그리고 물체 쥐기 등 자신의 경험을 범주화하고 단어를 기억하고 다른 사람의 의도를 이해할 수 있는 능력을 향상시키는데, 이는 다른 이들이 무엇에 대해서 이야기를 하고 있는지를 이해할 수 있도록 돕는다(Golinkoff & Hirsh-Pasek, 2006; Liszkowski, Carpenter, & Tomasello, 2007). 제7장에서 우리는 어린아이들의 구체적인 단어 학습 책략에 관해 고찰할 것이다.

걸음마기 아동들이 200~250단어를 산출하기 시작하면, 그들은 두 단어를 결합시키기 시작한다 ─ "엄마 신발", "차가", "과자 더" 등. 이 두 단어 발화들은 전보문과 유사하게 짧고 상대적으로 중요성이 낮은 단어들을 생략하기 때문에 **전보식 언어**(telegraphic speech)라고 불린다. 전 세계 아동들은 인상적일 정도로 다양한 의미를 표현하기 위해서 이들을 사용한다.

두 단어 말은 'X＋더'와 'X＋먹어'와 같이 X자리에 서로 다른 단어들을 넣는 간단한 공식을 주로 포함하고 있다. 걸음마기 유아들은 '내 의자' 대신에 '의자 내'라고 말하는 것과 같은 분명한 문법적 오류는 거의 범하지 않는다. 그러나 단어 순서에 대한 그들의 규칙은 "샌드위치 더 먹을래?"나 "네가 이 딸기를 먹을 수 있나 보자."라고 부모가 말하는 것처럼 대개 성인들의 단어 짝짓기에 대한 모방이다(Bannard, Lieven, & Tomasello, 2009; MacWhinney, 2015). 우리가 제7장에서 살펴볼 것처럼, 단어 순서와 기본적인 문법 규칙들은 학령전기에 걸쳐 서서히 습득된다.

개인차와 문화차

평균적으로는 아동들이 그들의 첫 단어를 돌 전후에 산출하지만, 그 범위는 8~18개월에 이르기까지 폭넓게 나타난다―유전적인 영향과 환경적인 영향의 복잡한 혼합에 기인하는 변이. 예를 들어 앞서 우리는 티미의 말하기가 부분적으로는 바네사와의 부자연스럽고 지시적인 의사소통 때문에 지연됐다는 것을 보았다. 그러나 티미는 또한 남자아이이며 많은 연구들은 여자아이들이 남자아이들보다 초기 어휘력 성장이 조금 빠르다는 것을 보여주었다(Van Hulle, Goldsmith, & Lemery, 2004). 이에 대한 가장 일반적인 설명은 여자아이들이 보다 빠른 신체적 성숙으로 인해 좌반구 발달이 더욱 빨리 촉진된다는 것이다.

아동의 기질 또한 개인차를 낳는다. 예컨대 수줍음이 많은 걸음마기 유아들은 자신이 많은 것들을 이해할 수 있을 때까지 기다려 말을 시작한다. 그들이 드디어 말을 하기 시작할 때는 비록 또래보다는 조금 뒤처져 있기는 하지만 그들의 어휘력은 급속히 증가한다(Spere et al., 2004).

양육자-아동 간 대화, 특히 성인이 사용하는 어휘의 풍부성 또한 중요한 역할을 한다(Huttenlocher et al., 2010). 대상에 대해 보통 사용되는 단어들은 걸음마기 아동의 말에서 일찍 출현하며, 양육자가 특정 명사를 더욱 빈번히 사용할수록, 어린 아동들은 더 일찍 그것을 말한다(Goodman, Dale, & Li, 2008). 어머니들은 걸음마기 남자아이들보다는 걸음마기 여자아이들에게 더 많이 말하고 부모들은 수줍음을 타는 아이보다 사교적인 아이들과 상대적으로 더 많은 이야기를 나눈다(Leaper, Anderson, & Sanders, 1998; Patterson & Fisher, 2002).

낮은 사회경제적 지위에 속한 가정의 아이들은 높은 지위 가정의 아이들에 비해 집에서 언어적 자극을 덜 받기 때문에 그들의 어휘 수준은 대개 더 낮다. 18~24개월경부터 사회경제적 지위가 낮은 가정 아동들은 단어 이해가 더 느리고 30% 정도 더 적은 단어들을 습득한다(Fernald, Marchman, &

Weisleder, 2013). 제한된 부모-자녀 대화와 책읽기는 중요한 요인이다. 평균적으로 중산층 가정의 아이들은 1~5세 사이에 부모가 책읽기를 해주는 시간이 1,000시간이고, 저소득층 가정 아이들은 단지 25시간일 뿐이다(Neuman, 2003).

당연하게도, 초기 어휘 성장속도는 유치원 입학 시점에서 사회경제적 지위가 낮은 가정 아동의 작은 어휘 크기의 예측 요인이며, 작은 어휘 크기는 아동들의 문해기술과 학업적 성공을 다시 예측한다(Rowe, Raudenbush, & Goldin-Meadow, 2012). 또래보다 언어 학습에서 지연을 보이는, 사회경제적 지위가 높은 가정의 걸음마기 아동들은 아동 초기 동안 이를 따라잡을 수 있는 더 많은 기회를 가진다. 어린 아동들은 독특한 초기 언어 학습 방법들을 가지고 있다. 케이틀린과 그레이스는 대부분의 걸음마기 유아들처럼 **참조적 양식**(referential style)을 사용한다. 그들의 어휘는 대상을 가리키는 단어들로 주로 이루어져 있다. 더 적은 수의 걸음마 유아들은 **표현적 양식**(expressive style)을 사용한다. 참조적 아이들과 비교해서 그들은 보다 많은 대명사들과 특별한 공식들을 산출해낸다―"해냈다(done)", "감사합니다(Thank you)," "나는 그것을 원해(I want it)." 이러한 양식들은 언어 기능들에 대한 초기 이해를 반영한다. 그레이스를 예로 들자면, 그레이스는 단어들이 대상을 명명하기 위해서 있는 것이라고 생각했다. 반대로, 표현적 양식의 아동들은 단어들이 사람들의 감정과 필요에 대해 이야기하기 위해서 있는 것이라고 믿는다(Bates et al., 1994). 참조적 양식의 걸음마기 유아들의 어휘는 모든 언어가 사회적 표현보다는 대상에 대한 명칭을 훨씬 더 많이 포함하고 있기 때문에 더 빨리 증가한다.

무엇이 걸음마 유아들의 언어 양식을 설명하는가? 급속히 발달하는 참조적 양식의 아동들은 종종 대상 탐색에 대해 유난히 적극적인 관심을 갖고 있다. 그들은 또한 자신의 부모들이 대상에 대해 명명하는 것을 열심히 모방해 그 부모들은 이를 모방으로 답해준다―아동들이 새로운 이름을 기억할 수 있도록 도움으로써 재빠른 어휘력 성장을 돕는 책략(Masur & Rodemaker, 1999). 표현적 양식의 아동들은 상당한 수준의 사회적 경향을 보이고 그들의 부모들은 사회적인 관계를 돕는("잘 지냈어?", "문제 없어.") 언어적 관습을 더 자주 사용한다(Goldfield, 1987).

두 언어 양식은 문화와도 관련이 있다. 대상에 관한 단어들(명사)은 영어를 사용하는 영아들에게서는 특히 보편적인 반면, 활동에 관한 단어들(동사들)은 중국과 한국의 걸음

초기 언어 발달의 지원

전략	결과
말소리들과 단어들로 목울림과 옹알이에 반응하기	나중에 첫 단어들이 될 수 있는 소리들을 갖고 실험을 할 수 있도록 촉진한다. 인간 대화의 차례 지키기 형태를 경험할 기회를 제공한다.
공동주의를 하고 아동이 보는 것에 대해서 언급하기	언어의 보다 빠른 개시와 빠른 어휘발달을 예언한다.
손바닥 치기 놀이와 까꿍놀이 같은 사회적 놀이를 하기	인간 대화의 차례 지키기 형태를 경험할 기회를 제공한다.
공동적인 가장놀이에 걸음마기 유아들을 참여시키기	회화식 문답의 모든 측면을 촉진한다.
자주 대화에 영아들을 개입시키기	초기 더 빠른 언어발달과 학령기 동안 학업 성취를 예측한다.
그림책에 관한 대화에 걸음마기 유아들을 참여시키면서, 그들에게 자주 책 읽어 주기	어휘, 문법, 의사소통기술들, 성문 기호들과 이야기 구조에 대한 정보를 포함해서 언어의 다양한 측면에 대한 노출을 제공한다.

마기 아동들에게서 훨씬 더 많이 나타난다. 각 문화에서 엄마들의 말은 이러한 차이들을 반영한다(Chan, Brandone, & Tardif, 2009; Chan et al., 2011; Choi & Gopnik, 1995; Fernald & Morikawa, 1993). 미국의 어머니들은 아기와 상호작용할 때 더 빈번하게 대상을 명명한다. 아마도 집단 구성원의 중요성에 대한 문화적 강조 때문에, 아시아 어머니들은 행위와 사회적 관습을 강조한다. 또한 만다린 중국어에서, 문장은 종종 동사로 시작하는데 이는 만다린 중국어 아동들에게 행위 단어를 더 특출하게 만들 수 있다.

어느 시점에 부모들은 자신들의 아이가 전혀 말을 하지 않거나 매우 조금만 얘기를 한다는 것에 관해서 걱정을 해야 할까? 표 5.3의 기준들과 비교했을 때 만약 걸음마기 유아의 언어가 매우 지연되었다면 부모들은 아이의 의사나 말 혹은 언어치료사와 상담을 해야 한다. 늦은 옹알이는 초기 개입을 통해서 예방될 수 있는 지연된 언어발달의 신호일 수도 있다(Rowe, Raudenbush, & Goldin-Meadow, 2012). 간단한 지시를 따르지 않거나 2세 이후에도 자신의 생각을 말로 표현하는 데 어려움을 겪는 일부 걸음마기 유아들은 즉각적인 치료를 요구하는 청각장애나 언어장애를 겪고 있는 것일 수도 있다.

초기 언어발달의 지원

상호작용론자들의 관점과 일관되게, 풍부한 사회적 환경은 언어 획득을 위한 어린아이들의 자연스러운 준비의 발판이

된다. 양육자들이 의식적으로 초기 언어발달을 지원할 수 있는 방법에 대한 개요를 보기 위해서는 '배운 것 적용하기'를 참조하라. 양육자들은 또한 무의식적으로도 특수한 형태의 말을 통해서 그런 일을 한다.

많은 문화권의 성인들은 고음, 과장된 표현, 분명한 발음, 문장 구성들 사이의 뚜렷한 휴지기, 다양한 맥락에서 반복적으로 사용되는 새로운 단어들을 가진 짧은 문장으로 이루어진 의사소통의 형태인 **영아 지향적 말**(infant-directed speech, IDS)로 어린아이들에게 말을 한다("공을 봐", "공이 튕겼어!")(Fernald et al., 1989; O'Neill et al., 2005). 청각장애 부모들이 청각장애 영아들에게 수화를 할 때도 유사한 형태의 의사소통을 한다(Masataka, 1996). 출생 당시부터, 영아들은 다른 성인들끼리의 대화 방식보다 IDS를 선호하며 5개월 무렵부터 그들은 IDS에 더 정서적으로 반응한다(Aslin, Jusczyk, & Pisoni, 1998).

IDS는 우리가 이미 살펴보았던 몇 가지 의사소통 전략들을 발판으로 삼는다―공동 주의, 차례 주고받기, 언어 이전 몸짓에 대한 양육자들의 민감성. 다음은 18개월 된 케이틀린에게 IDS를 사용하는 캐롤린의 예이다.

케이틀린 : "차 가."
캐롤린 : "응, 이제 차로 갈 시간이야. 네 잠바 어디에 있니?"
케이틀린 : [주위를 둘러보고, 옷장 안으로 들어간다]
　　　　　"담바!" [자기 잠바를 가리킨다]

캐롤린 : "거기 잠바가 있네! [케이틀린이 잠바를 입는 일
         을 돕는다] 들어가네! 지퍼를 잠그자. [자기 잠바
         를 잠근다] 자, 그레이스와 티미한테 안녕이라고
         인사하자."

케이틀린 : "안녕, 그-에이스."

캐롤린 : "티미는? 티미한테 안녕이라고 해야지?"

케이틀린 : "안녕, 티-티."

캐롤린 : "네 곰 어디에 있니?"

케이틀린 : [주위를 둘러본다]

캐롤린 : [가리킨다] "보여? 곰 가지고 와. 소파 옆에 있
         어." [캐틀린이 곰을 가지고 온다]

부모들은 자신들의 발화의 길이와 내용을 아동들의 필요
에 맞추기 위해 끊임없이 조정한다 — 걸음마기 유아들의 단
어 학습을 촉진하고, 영아들이 참여할 수 있도록 해주는 조
정(Ma et al., 2011; Rowe, 2008). 우리가 앞에서도 보았듯이,
부모와 걸음마기 유아의 대화는, 특히 그림책을 읽고 그것에
대한 대화를 나누는 것은 언어발달과 학령기의 학업 성취를
강력하게 예언한다.

연구들은 또한 반응적인 성인과의 생생한 상호작용이 미
디어보다 초기 언어발달에 분명히 더 적합하다는 것을 보여
준다. 아기를 위해 친숙한 가재도구들을 명명하는 상업적 비
디오에 한 달 동안 규칙적으로 노출된 후, 12~18개월 영아들
은 통제집단과 비교해서 자신의 어휘에 어떤 새로운 단어도
추가하지 않았다. 그보다, 통제집단에 속한 걸음마기 아동들
은 일상 활동 중에 어머니에게 그 단어들을 배웠는데 더 효과
적으로 학습했다(DeLoache et al., 2010). 이러한 연구 결과와
일관되게, 성인이 2세 영아와 스카이프 메신저로 상호작용하
는 비디오 상호작용은 새로운 동사를 획득하는 데 효과적인
맥락이었다(Roseberry, Hirsh-Pasek, & Golinkoff, 2014).

그러나 프로그램이 아동들에게 특별히 맞춰져 있지 않는
한, 걸음마기 아동 시청자들은 TV나 비디오로부터 언어를
학습하지 못한다. 예컨대 2.5세 아동은 2명의 성인이 상호작
용을 한다는 명백한 증거를 보여주지 않고서는 그들 간의 스
크린에서의 대화를 통해 새로운 물체의 이름을 학습하는 데
실패한다(O'Doherty et al., 2011). 179쪽으로 돌아가서 비디
오 결손 효과를 살펴보라.

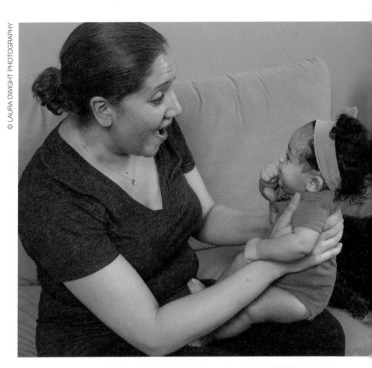

이 엄마는 자신의 영아에게 고음의 과장된 억양으로 짧고 분명하게 발음되는 문장
으로 말을 한다. 많은 문화에서 보편적인 이러한 아동 지향적인 말은 초기 언어 학
습을 용이하게 만든다.

언어발달을 촉진하는 사회적 경험들이 일반적으로 인지
발달을 강화하는 요인들을 생각나게 하는가? IDS와 부모-
아동 대화는 아이들의 언어기술들을 확장하는 근접발달영
역을 형성한다. 대조적으로, 말을 하고자 하는 아동의 노력
에 대해 조바심을 내거나 거부하는 일은 아동이 이를 시도
하기를 꺼리게 만들고 미성숙한 언어기술의 결과를 가져온
다(Baumwell, Tamis-LeMonda, & Bornstein, 1997; Cabrera,
Shannon, & Tamis-LeMonda, 2007). 다음 장에서는 아이들의
필요와 수용 능력에 대한 민감성이 그들의 정서 발달과 사회
성 발달 또한 지원한다는 것을 살펴볼 것이다.

묻고 대답하기

연관지어보기 인지와 언어는 서로 관련되어 있다. 인지가 언어발달을 어떻게 촉
진하는지에 관한 예시들을 열거하라. 그다음으로, 언어가 어떻게 인지발달을 촉
진하는지에 관한 예시들을 열거해보라.

적용해보기 프랜은 그녀의 17개월 아들 제레미의 말하려는 시도를 빈번하게 수
정하고 제레미의 몸짓에 반응하는 것에 주저한다. 어떻게 프랜은 제레미의 느린
언어발달에 영향을 미칠 수 있는가?

생각해보기 영아나 걸음마기 유아에게 얘기할 수 있는 기회를 찾으라. 여러분의
말하는 방식은 성인에게 전형적으로 얘기할 때와는 어떻게 달랐는가? 여러분 말
의 어떠한 특징들이 초기 언어발달을 촉진할 수 있으며, 왜 그러한가?

요약

피아제의 인지발달이론

5.1 피아제에 따르면, 도식은 발달의 과정에 걸쳐 어떻게 변화하는가?

- 환경에서 행동하는 것에 따라서, 아동들은 심리적인 구조 혹은 **도식**에서 네 가지 단계를 거치는데, 외부적 현실에 더 잘 적응하기 위해서이다.

- 도식은 두 가지 방식으로 변화한다 – **동화**와 **조절**이라는 두 가지 상호보완적인 활동으로 만들어지는 적응을 통해서, 그리고 내적인 도식들이 하나의 강력하게 상호 연결된 인지적 체계로 재배열되는 **조직화**를 통해서이다.

5.2 감각운동기 동안의 주요 인지적 성취들을 기술하라.

- **감각운동기**에서 **순환반응**은 첫 번째 도식을 적응시키는 도구이며 신생아의 반사는 점차적으로 더 나이 든 영아의 융통성 있는 행위 패턴으로 변화한다. 8~12개월 영아는 **의도적 혹은 목표 지향적 행동**을 발달시키고 **대상 영속성**을 이해하기 시작한다.

- 18~24개월 사이에, **심적 표상**은 감각운동적 문제에 대한 우연한 해결, 보이지 않는 위치 이동을 통한 대상 영속성 문제의 숙달, **지연 모방**, 그리고 **가장놀이**에서 명백히 나타난다.

5.3 후속연구는 영아기 인지발달과 피아제의 감각운동기 개념의 정확성에 대해서 무엇을 말하는가?

- 피아제 이후의 후속연구는 영아들이 피아제가 믿었던 것보다 더 일찍 특정 이해를 보인다는 것을 제시한다. **기대 위배 기법**과 물체 쫓기 연구에서 밝혀진 것처럼 대상 영속성에 대한 몇몇 인식은 첫 몇 개월 동안 처음 나타날 수 있다. 이에 더해, 어린 영아들은 지연 모방을 보이며, 10~12개월경, 그들은 심적 표상 능력이 요구되는 유추에 의해 문제를 해결할 수 있다.

- 12개월을 전후해 아기들은 **변형된 참조**를 획득하는데 이는 실제로는 존재하지 않는 대상들에 대해 사용될 수 있는 단어의 현실화를 의미한다. 2세경 걸음마기 아동들은 현실처럼 보이는 그림을 상징적으로 취급한다. 2.5세경 **비디오 결손 효과**는 감소한다 – 아동들은 비디오의 상징적 의미를 이해한다.

- 연구자들은 비록 영아들이 가진 초기의 이해가 얼마나 많은가에 대해서는 의견이 불일치함에도 불구하고 신생아들이 피아제가 가정한 것보다 그들의 세상을 이해하기 위한 보다 선천적으로 완성된 능력을 가지고 있다고 믿는다. 이 **핵심 지식 관점**에 따르면 영아들은 물리적, 심리적, 언어적 및 수리적 지식을 포함해 사고의 핵심적 영역을 가지고 태어나며, 이는 초기의 빠른 인지발달을 촉진한다.

- 영아기 동안의 많은 인지적 변화가 단계적이기보다는 연속적이라는 점과 인지의 측면들은 통합된 경향보다는 불균질적으로 발달한다는 점에 대해서는 광범위한 동의가 있다.

정보처리이론

5.4 인지발달의 정보처리 관점과 정보처리 체계의 일반적인 구조를 기술하라.

- 대부분의 정보처리 연구자들은 우리가 처리를 위한 세 가지 부분에 정보를 저장한다고 가정한다 – **감각등록기**, **단기기억 저장고**, 그리고 **장기기억**. 중앙 집행부는 우리의 '정신적 작업 공간'인 **작업기억**과 함께 정보를 효과적으로 처리한다. **자동적 처리**는 우리로 하여금 한 정보가 처리되는 동안 다른 정보에 초점을 맞추도록 돕는다.

- 아동기에서의 **실행 기능**에서의 발달 – 충동 통제, 유연한 사고, 작업기억에서 정보 협응, 계획하기 – 은 청소년기와 성인기에서의 중요한 인지적 · 사회적 결과들을 예측한다.

5.5 주의, 기억, 범주화에서의 어떤 변화들이 생애 첫 두 해 동안 일어나는가?

- 연령 증가에 따라, 영아들은 환경의 더 많은 측면에 주의를 기울이고 더 신속하게 정보들을 취한다. 두 번째 해에 신근성에 대한 주의는 감소하고 지속된 주의는 향상된다.

- 어린 영아들은 **재인** 기억 능력을 가지고 있다. 첫해 중반부터 그들은 또한 **회상**도 가능하다. 재인과 회상 모두 연령에 따라 꾸준히 발달한다.

- 영아들은 자극을 범주로 모은다. 두 번째 해에 걸음마기 아동들은 융통성 있게 범주화하기 시작하며, 물체 분류의 기초를 바꾸기도 하고 생물–무생물 구분에 대한 이해를 확장시킨다. 점진적으로 그들은 범주화의 지각적 기초에서 개념적 기초로 이동한다.

5.6 초기 인지발달에 대한 정보처리 접근의 강점과 제한점을 기술하라.

- 정보처리 연구 결과는 영아가 경험을 심적으로 표상할 수 없는 순수한 감각운동적 존재라고 본 피아제의 관점에 도전한다. 그러나 정보처리는 아직까지 아동 사고의 광범위하고 포괄적인 이론을 제시하지 못한다.

초기 인지발달의 사회적 맥락

5.7 비고츠키의 근접발달영역 개념은 어떻게 초기 인지발달에 대한 우리의 이해를 확장할 수 있는가?

- 비고츠키는 영아들이 보다 숙련된 파트너들의 지원과 안내를 통해 그들의 현재 능력에 바로 가까이 있는 **근접발달영역** 내에서 과제들을 숙달하게 된다고 믿었다. 첫해처럼 매우 일찍부터, 사회적 기대에서의 문화적 변산은 정신적 책략들에 영향을 미친다.

초기 정신적 발달에서의 개인차

5.8 심적 검사 접근을 기술하고 영아기 검사가 이후의 수행을 어느 정도까지 예측할 수 있는지 기술하라.

- 심적 검사 접근은 미래의 수행을 예측하기 위한 노력에서 발달적 진전에서의 변산들을 측정한다. 점수들은 **지능지수(IQ)**를 계산함으로써 얻어지고, 개인의 검사 점수는 동일 연령 개인들의 **표준화**된 표집과 비교되며 점수들은 **정규분포**를 이룬다.

■ 주로 지각적 및 운동 반응으로 구성된 영아 검사는 이후의 지능을 거의 예측하지 못한다. 그 결과 영아 검사에서의 점수는 지능지수보다는 **발달지수(DQ)**로 불린다. 시각적 자극에 대한 습관화와 회복의 속도는 미래의 수행에 대한 더 좋은 예측변인이다.

5.9 가정, 아동 보육 및 위험군 영아와 걸음마기 아동에 대한 조기개입을 포함해 환경적 영향이 초기 정신적 발달에 미치는 영향을 논의하라.

■ **HOME**을 이용한 연구는 조직화되고 자극을 주는 가정 환경과 부모의 정서, 개입, 그리고 격려는 반복적으로 높은 심적 검사 점수를 예측한다는 것을 보여준다. 부모가 영아와 걸음마기 아동에게 말하는 정도는 특히 중요하다.

■ 영아와 걸음마기 아동 보육의 질은 이후의 인지, 언어, 학업, 사회적 기술에 영향을 미친다. **발달적으로 적절한 실제**에 대한 기준은 특히 어린 아동들의 발달적 요구를 충족하는 프로그램 특징을 구체적으로 제시하고 있다.

■ 영아기에서의 집중적인 개입 시작과 아동 초기 동안의 확장은 많은 빈곤 아동들에서 지능의 점진적 저하와 저조한 학업 수행으로부터 보호요인으로 작용할 수 있다.

언어발달

5.10 언어발달의 이론들을 기술하고 각 이론이 선천적인 능력과 환경적 영향 중 무엇을 강조하는지 지적하라.

■ 촘스키의 선천적 이론은 아동들을 **언어 획득 장치**를 자연스럽게 가지고 태어난 존재로 간

주한다. 이러한 관점과 일관되게, 복잡한 언어 체계에 대한 숙달은 인간에게 독특하며, 아동기는 언어 습득에 민감한 시기이다.

■ 최근의 이론들은 언어발달이 내적 능력과 환경적 영향 간의 상호작용 결과라는 것을 제시한다. 몇몇 상호주의자들은 언어발달에 정보처리 관점을 도입한다. 다른 연구자들은 아동의 사회적 기술과 언어 경험의 중요성을 강조한다.

5.11 첫 두 해 동안의 주요 언어발달 이정표, 개인차, 그리고 성인이 초기 언어발달을 지원할 수 있는 방법들을 기술하라.

■ 영아들은 2개월에 **목울리기**를, 6개월에 **옹알이**를 시작한다. 10개월경 그들이 **공동 주의**를 확립하는 기술이 발달하며, 곧 그들은 전언어적 몸짓을 사용한다. 성인들은 영아의 목울리기와 옹알이에 반응하고 순서 지키기 놀이를 하고, 공동주의를 확립하고 아기가 보는 대상을 명명하고 그들의 전언어적 몸짓을 명명함으로써 언어발달을 격려할 수 있다.

■ 12개월 무렵 걸음마기 아동들은 그들의 첫

번째 단어를 말하기 시작한다. 어린 아동들은 종종 **과잉확장**과 **과소확장**의 오류를 범한다. 일단 어휘가 200~250단어에 도달하면 두 단어 발화, 즉 **전보식 언어**가 나타난다. 모든 연령에서, 언어 이해는 산출에 선행한다.

■ 여아들은 남아보다 더 빠른 언어발달을 보이며, 걸음마기 아동들은 말하려고 시도하기 전에 기다릴 수 있다. 대부분의 걸음마기 아동들은 언어 학습의 **참조적 양식**을 사용한다. 그들의 초기 단어들은 대부분 대상의 이름으로 구성되어 있다. 몇몇 아동들은 **표현적 양식**을 사용한다. 여기서는 사회적 문장과 대명사가 흔하며, 어휘는 보다 천천히 발달한다.

■ 많은 문화의 성인들은 어린 아동에게 **영아 지향적 말**로 대화한다. 이는 영아들의 학습 요구에 잘 맞는 단순화된 의사소통의 형태이다. 부모-걸음마기 아동 간 대화는 학령기 동안 초기 언어발달과 읽기 성공의 좋은 예측변인이다. 성인과 실제로 상호작용을 하는 것은 미디어로 상호작용하는 것보다 언어적 발달에 더 적합하다.

주요 용어 및 개념

가장놀이	동화	영아 지향적 말	조절
감각등록기	목울리기	옹알이	조직화
감각운동기	발달적으로 적절한 실제	의도적 혹은 목표 지향적 행동	중앙 집행부
공동 주의	발달지수	자동적 처리 과정	지능지수
과소확장	변형된 참조	자서전적 기억	지연 모방
과잉확장	비디오 결손 효과	작업기억	참조적 양식
근접발달영역	순환반응	장기기억	표준화
기대 위배 기법	실행 기능	재인	표현적 양식
단기기억 저장고	심적 표상	적응	핵심 지식 관점
대상 영속성	언어 획득 장치	전보식 언어	환경 측정을 위한 가정 관찰
도식	영아기 기억상실증	정상분포	회상

CHAPTER 6

영아기와 걸음마기의 정서 및 사회성 발달

이 어머니는 아기와 깊은 애정적 유대를 형성하고 있다. 그녀의 따뜻함과 민감성은 아기에게 안정감을 안겨준다. 이 안정감은 초기 발달의 모든 측면을 위해 중요한 기본 토대이다.

케이틀린은 이제 8개월이 되었고, 어머니와 아버지는 케이틀린이 공포를 이전보다 더 많이 느낀다는 것을 알아차렸다. 어느 날 저녁, 캐롤린과 데이비드가 케이틀린을 보모와 남겨두고 떠나려고 문을 향해 걸어가자 케이틀린은 울부짖기 시작했다. 몇 주 전에는 이러지 않고 아무렇지도 않게 받아들였었다. 케이틀린과 티미의 보모인 지네트도 두 아기가 낯선 사람에 대해 더 조심스러워졌다는 것을 관찰할 수 있었다. 지네트가 다른 방으로 가려고 하자, 두 아기는 장난감을 놓아 버리고 기어서 그녀를 따라왔다. 또한 우편배달부가 문을 두드리자 지네트의 다리에 매달려 안아 달라고 손을 뻗었다.

같은 시기쯤에, 두 아기는 보다 더 고집스러워진 것처럼 보였다. 손에서 장난감을 빼앗으면 5개월 된 아이는 별 반응을 보이지 않지만, 8개월이 된 티미는 어머니인 바네사가 손에서 나이프를 빼앗았을 때 저항했다. 티미는 화가 나서 소리를 질렀고 어머니가 나이프 대신 장난감을 주었지만 달랠 수 없었다.

모니카와 케빈은 그레이스의 생후 첫 1년 동안의 발달에 대해 아는 것이 거의 없었다 — 그녀가 가난하고 집도 없었지만 어머니의 깊은 사랑을 받아 왔다는 것을 제외하고는. 낯선 가정으로의 입양을 위해 어머니와 떨어

지게 된 것이 그레이스를 큰 충격에 빠뜨렸다. 처음에는 모니카나 케빈이 그레이스를 안으려 할 때에도 매우 슬퍼하며 그들을 외면했다. 그레이스는 몇 주 동안은 아예 웃지도 않았다.

하지만 그레이스의 새 부모가 그녀 가까이에 있으면서 부드럽게 말하고, 음식에 대한 그레이스의 갈망을 충족시켜 줌에 따라, 그레이스는 부모의 애정에 답하기 시작했다. 그레이스가 도착하고 2주 후에, 그녀의 의기소침함은 쾌활하고 순한 기질로 바뀌었다. 그레이스는 갑자기 싱글거리며 웃었고, 모니카와 케빈을 보면 손을 뻗었고, 그녀의 오빠인 엘리의 우스꽝스런 표정을 보고 웃었다. 두 번째 생일이 되었을 때, 그레이스는 자신을 가리키면서, "그웨이스!"라고 소리쳤고 소중히 여기는 물건을 자기 것이라고 주장했다. "그웨이스의 닭이야!" 그녀는 식사시간에 닭다리 뼈를 빨면서—그녀가 캄보디아에서 올 때부터 있었던 습관이다—큰 소리로 말했다.

종합해보면, 케이틀린, 티미, 그리고 그레이스의 반응은 생후 첫 2년 동안의 성격 발달과 관련된 측면인, 다른 사람들에 대한 가까운 유대와 자기감을 반영한다. 이제 영아기와 걸음마기 동안의 성격 발달에 대한 개괄을 에릭슨의 심리사회적 이론으로 시작해 정서 발달 과정을 그려 보겠다. 그렇게 함으로써, 첫돌이 될 때까지 케이틀린과 티미의 정서에서 왜 공포와 분노가 더욱더 분명해졌는지를 알게 될 것이다. 그런 다음 기질의 개인차로 관심을 돌릴 것이다. 개인차에 미치는 생물학적·환경적 영향과 이후 발달에 있어서 그것이 가져오는 결과를 살펴볼 것이다.

다음으로, 우리는 아이들의 첫 번째 애정적 유대관계인 양육자에 대한 애착을 살펴볼 것이다. 이 중요한 유대로부터 생겨난 안정의 느낌이 어떻게 아이들의 독립심을 지지하고 사회적 관계에까지 확장되는지를 보게 될 것이다.

마지막으로, 우리는 초기 자기발달에 초점을 둘 것이다. 걸음마기의 끝 무렵, 그레이스는 거울과 사진 속의 자신을 알아보았고, 자신은 여자아이라고 말했으며, 자기통제를 보여주기 시작했다. 그녀는 어느 날 전선을 잡아당기고 싶은 것을 참으면서 "만지면 안돼!"라고 자신에게 지시했다. 인지적 발달이 사회적 경험과 결합해 생후 두 번째 해 동안 이러한 변화를 만들어낸다. ●

영아와 걸음마기 유아의 성격에 대한 에릭슨의 이론

6.1   에릭슨의 기본 신뢰 대 불신의 단계와 자율성 대 수치심과 회의의 단계 동안 어떤 성격이 변화할까?

제1장의 주요 이론에 대한 논의에서 인간 발달 연구에 있어서 심리분석이론이 더 이상 주류가 아님을 밝혔다. 하지만 그것의 지속적인 공헌 중 하나는 각 발달 단계 동안의 성격 핵심을 잡아내는 능력이다. 가장 영향력 있는 정신분석적 접근이 제1장에서도 소개되었던 에릭 에릭슨의 심리사회적 이론이다. 생애 첫 두 단계에 대해 상세히 살펴보자.

기본 신뢰 대 불신

에릭슨은 수유를 하는 동안 부모-영아 관계가 중요하다고 강조하는 프로이트의 주장을 받아들였지만, 프로이트의 관점을 확장하고 보강했다. 영아기 동안의 건강한 결과는 음식이나 제공되는 구강 자극의 양에 달려 있는 것이 아니라 보살핌의 질에 달려 있다고 믿었다. 즉 적절하고 민감하게 아기의 불편함을 경감시켜 주는 것, 아기를 부드럽게 안아주는 것, 아기가 충분히 우유를 먹을 때까지 인내심 있게 기다려주는 것, 영아가 가슴이나 우유병에 관심을 덜 보이게 되었을 때 이유하는 것에 달려 있다고 믿었다.

에릭슨은 어떤 부모도 아기의 욕구에 완벽하게 맞춰줄 수 없다는 것을 깨달았다. 많은 요인들 — 개인적 행복감의 느낌, 현재 삶의 조건들(예 : 가족 내에 또 다른 어린 아동이 있는지), 그리고 문화적으로 존중되는 자녀 양육 방식 — 이 부모의 반응성에 영향을 미친다. 하지만 부모의 보살핌이 공감적이고 애정을 담고 있을 때, 생후 첫해의 심리적 갈등 — **기본 신뢰 대 불신**(basic trust versus mistrsut) — 은 긍정적인 쪽으로 해결된다. 신뢰를 가진 영아는 세상이 선하고 만족스러울 것으로 기대하게 되고, 따라서 모험을 하고 세상을 탐색하는 것에 자신감을 느낀다. 불신으로 가득 찬 아기는 다른 사람들의 친절과 연민에 기댈 수 없고, 따라서 자기 주변의 사람들과 사물들로부터 철회함으로써 자신을 보호한다.

자율성 대 수치심과 회의

걸음마기로 이행할 때, 프로이트는 심리적 건강에 있어서 배변 훈련을 결정적인 것으로 보았다. 비록 에릭슨도 배변 훈련에 대한 부모의 태도가 중요하다는 것에는 동의했지만, 영

과학박물관을 방문해서 이 2세 아동은 즉시 비행 시뮬레이션 기계를 탐색했다. 어머니가 이 아동이 '스스로' 하도록 하면서 아이의 바람을 지원하면서, 아동은 건강한 자율성을 발전시켜 나간다.

향을 주는 많은 경험들 중 하나일 뿐이라고 생각했다. 처음으로 걷게 되고 말하게 된 걸음마기 유아가 자주 하는 후렴구 —"아냐! 내가 할 거야!" — 는 아기들이 자아의 발아기로 진입했음을 알려준다. 이 시기의 유아들은 배변뿐만 아니라 다른 상황들에서도 자기 스스로 결정하려고 한다. 부모가 어린 아이들에게 적절한 안내와 합리적인 대안들을 제공해줄 때 걸음마기의 갈등인 **자율성 대 수치심과 회의**(autonomy versus shame and doubt)는 순조롭게 해결된다. 자신감 있는 안정애착의 2세 아이는 변기를 사용하는 것뿐만 아니라 먹을 때 숟가락을 사용하고, 장난감을 치우도록 격려받는다. 그의 부모는 아이가 이와 같은 새로운 기술에서 실패할 때 비난하거나 공격하지 않는다. 그리고 그들은 예컨대 식료품점으로 떠나기 전에 아동의 놀이를 끝낼 수 있도록 5분을 더 줌으로써, 관용과 이해로 아동의 독립성 주장을 충족시킨다. 이와는 대조적으로, 부모가 과잉 또는 과소 통제할 때 그 결과는 압박감과 부끄러움을 느끼게 되는 아동과 충동을 조절하고 스스로 행동할 수 있는 자신의 능력을 의심하게 되는 아동이다.

요약하면, 기본 신뢰와 자율성은 따뜻하고 민감한 양육과 생후 2년에 시작되는 충동 통제에 대한 합리적인 기대로부터 싹트는 것이다. 만약 아이가 생후 초기 몇 년 동안 양육자에 대한 충분한 신뢰가 없고, 건강한 인격적 개체라는 느낌을 가지지 못했다면 이미 적응 문제의 씨가 뿌려진 것이다. 친밀한 유대를 맺는 것에 어려움을 갖거나, 오직 한 명의 사랑

하는 사람에게만 전적으로 의존하거나, 혹은 새로운 도전에 부딪힐 수 있는 자신의 능력에 대해 끊임없이 의심하는 성인은 아마도 영아나 걸음마기 동안 신뢰와 자율성의 과제를 완전히 숙달하지 못한 것일 수 있다.

정서 발달

6.2 첫 두 해 동안 일어나는 기본 정서의 발달을 기술하라.

6.3 영아기 동안 일어나는 다른 사람의 정서 이해, 자기의식적 정서 표현, 정서적 자기조절에서의 변화를 요약하라.

몇 명의 영아와 걸음마기 유아를 관찰하면서, 각각의 아이들이 표현하는 정서, 아기의 정서 상태를 해석하기 위해서 여러분이 의존하는 단서들, 양육자들이 어떻게 반응하는지를 기록하자. 아기들이 자신의 정서를 어떻게 전달하고 다른 사람들의 정서를 어떻게 해석하는가를 알아내기 위해 많은 연구자들은 이와 같은 관찰을 실시했다. 연구자들은 에릭슨이 매우 중요하게 생각했던 기능들(사회적 관계, 환경의 탐색, 자기발견)을 조직화하는 데 정서가 중요한 역할을 함을 발견했다(Saarni et al., 2006).

제1장과 제4장에서 살펴보았던 **역동적 체계 관점**으로 돌아가서 생각해보자. 여러분이 이 장에 있는 초기 정서 발달을 읽을 때, 어떻게 정서가 어린 아동의 행위의 역동적 체계의 통합적 부분이 되는지에 주목하라. 정서는 발달에 에너지를 제공한다. 동시에 아동이 자신의 행동을 새로운 목표에 맞추는 것을 재조직화함에 따라 발달하고, 보다 다양해지며 복잡해지는 체계의 한 측면이다(Campos, Frankel, & Camras, 2004; Camras, 2011).

영아들은 자신의 느낌을 묘사할 수 없기 때문에, 자신이 경험하고 있는 정서를 정확하게 결정하는 것은 하나의 도전이다. 비록 아기들이 내는 소리와 신체 움직임도 약간의 정보를 제공해주지만, 가장 신뢰할 만한 단서를 제공하는 것은 얼굴표정이다. 비교문화적 증거는 세계 곳곳에 있는 사람들이 다양한 얼굴표정의 사진들을 보고, 특정 얼굴표정을 특정 정서와 연결시키는 방식이 똑같다는 것을 보여주었다(Ekman & Friesen, 1972; Ekman & Matsumoto, 2011). 정서적 표현이 내장된 사회적 신호라는 이와 같은 결과들은 유아들이 다양한 연령에서 어떤 정서를 표현하는지를 확인하기 위해 유아의 얼굴 패턴을 분석하도록 연구자들을 자극했다.

그러나 특정 정서를 표현하기 위해서 영아, 아동, 성인들은 실제로는 그들의 발달하는 능력, 목표, 맥락에 따라 달라질 수 있는 다양한 반응(얼굴표정뿐 아니라 발성과 몸 움직임 등)을 이용한다. 그러므로 아기의 정서를 가능한 정확하게 추론하기 위해서, 연구자들은 반드시 다양한 상호작용하는 정서 표현 단서들, 즉 목소리, 표정, 제스처 등에 주의를 기울여야 하며 어떻게 그것들이 상이한 정서를 유발한다고 믿어지는 상황들에 걸쳐 변화하는지를 살펴보아야 한다(Camras & Shuster, 2013).

기본 정서

기본 정서(basic emotion)—행복, 흥미, 놀람, 공포, 분노, 슬픔, 그리고 혐오—는 인간과 다른 영장류에게서 보편적이며, 생존을 촉진하는 오랜 진화적 역사를 가지고 있고, 얼굴표정으로부터 직접적으로 추론될 수 있다. 영아들은 기본 정서를 표현하는 능력을 가지고 세상에 태어나는가?

비록 어떤 정서의 신호는 존재하지만, 아기들의 초기 정서적 삶은 2개—유쾌한 자극에 끌리고 불쾌한 자극으로부터의 철회—의 포괄적인 각성상태로 구성되어 있다(Camras et al., 2003). 단지 정서는 점차적으로 보다 분명해지고, 잘 조직화된 신호가 되어 가는 것이다. 역동적 체계 관점은 우리로 하여금 어떻게 이것이 일어나는지를 이해하도록 도울 수 있다—아동의 중추신경계가 발달하고 그 아동의 목표와 경험이 변화함에 따라 아동들은 별개의 기술들을 보다 효과적이고 정서적으로 표현적인 체계로 협응시킨다(Camras & Shutter, 2010).

한 관점에 따르면, 민감하고 경험적인 양육자 의사소통을 하는 부모는 아기의 혼란스러운 정서적 행동에 대해 선택적으로 반영함으로써, 영아가 성인의 정서와 점점 더 비슷하게 개별적인 정서 표현을 구성하도록 도움을 준다(Gergely & Watson, 1999). 연령 증가에 따라 얼굴, 음성, 자세는 잘 조직화된 신호를 형성하고, 이것은 환경 사건에 따라 의미 있게 변한다. 예를 들어 케이틀린은 부모와의 즐거운 상호작용에 대해 전형적으로 즐거운 얼굴, 유쾌한 옹알거림, 그리고 긴장이 풀린 자세로 반응하는데, 이는 마치 "이것은 재밌어요!"라고 말하는 것 같다. 반대로, 반응적이지 못한 부모는 유아로부터 종종 슬픈 얼굴, 따지는 목소리, 축 처진 몸('나는 실망했어요'라는 메시지를 보내면서)을 유발하거나 화가 난 얼굴, 울음, 그리고 '나 좀 안아 줘!' 제스처(마치 "이 불쾌한 상황을 바꿔!"라고 말하는 것처럼)를 유발한다(Weinberg &

Tronick, 1994). 점차적으로, 정서 표현은 잘 조직화되고 구체화되므로, 유아의 내적 상태에 대해 많은 것을 말해줄 수 있게 된다.

4개의 정서(행복, 분노, 슬픔, 공포)는 연구자들의 관심을 가장 많이 받았다. 이 정서들이 어떻게 변화하는지 알아보자.

행복 처음에는 행복한 미소로, 나중에는 열광적인 웃음으로 표현되는 행복은 발달의 많은 측면에 영향을 미친다. 영아들이 새로운 기술을 습득했을 때, 운동 숙달과 인지적 숙달에 대해서 기쁨을 나타내며 미소 짓고 웃는다. 그 미소가 양육자의 애정과 격려를 촉진하기 때문에 아기들은 더욱더 많이 미소 짓는다(Bigelow & Power, 2014). 행복은 부모와 아기를 따뜻하고 지지적인 관계로 묶어 주어 영아의 능력 발달을 촉진한다.

생후 몇 주 동안, 갓 태어난 아기는 배가 부르거나, REM 수면을 하는 동안, 피부를 어루만지거나 기분 좋게 흔들어 주는 손길과 어머니의 부드럽고 높은 톤의 목소리에 반응해 미소 짓는다. 생후 한 달이 되면, 영아는 밝은 대상이 자신의 시야에서 갑자기 튀어 오르는 것과 같이 역동적이거나 눈을 사로잡는 흥미로운 장면을 보고 미소 짓는다. 생후 6~10주 사이에, 사람의 얼굴은 **사회적 미소**(social smile)라고 불리는 광범위한 웃음을 자아낸다(Lavelli & Fogel, 2005). 미소에서의 이러한 변화는 영아의 지각 능력의 발달, 특히 사람의 얼굴을 포함한 시각적 패턴에 대한 민감성이 증가하는 것과 나란히 진행된다(제4장 참조). 사회적 미소는 아기가 양육자와의 즐거운 면대면 상호작용을 유발하고 유지하기 위해 미소를 사용하는 법을 학습함에 따라 더 잘 조직화되고 안정화된다.

3, 4개월경에 처음 나타나는 웃음은 정보 처리가 미소보다 더 빠름을 반영한다. 미소와 마찬가지로, 첫 번째 웃음은 부모가 장난치며 "잡았다!"라고 말하는 것, 아기의 배에 뽀뽀를 하는 것과 같은 매우 활동적인 자극에 대한 반응으로 처음 나타난다. 아기가 자신이 사는 세상에 대해 더 많이 이해하게 되면, 조용한 까꿍 놀이와 같은 미묘한 놀람의 요소를 가진 사건들에도 웃게 된다. 곧 영아는 유머에 대한 부모의 얼굴표정과 목소리 단서를 알아차리게 된다(Mireault et al., 2015). 5~7개월에, 이러한 단서들이 존재하면 영아들은 점점 더 바보스러운 사건들, 예컨대 광대가 코에 공을 붙이고 있는 것 등이 재미있다는 것을 발견한다.

6개월 이후, 영아는 친숙한 사람과 상호작용을 할 때 더 많이 미소 짓고 더 많이 웃는데 이러한 선호는 부모-아동의 유대를 강화한다. 10~12개월이 되면 성인들처럼 맥락에 따라 몇 가지 다른 미소를 보인다. 부모의 인사에는 '뺨이 위로 올라간' 미소로 반응하고, 우호적이지만 낯선 사람에게는 무언의 미소를 보이고, 자극적인 놀이를 하는 중에 '입을 벌리고 웃는' 미소를 보인다(Messinger & Fogel, 2007). 12개월 무렵, 미소는 보다 정교한 사회적 신호가 된다.

분노와 슬픔 갓 태어난 아기들은 배고픔, 고통을 주는 의학적 치료들, 체온의 변화, 자극이 너무 많은 것, 자극이 너무 없는 것 등과 같은 다양한 불쾌한 경험들에 일반화된 고통으로 반응한다. 생후 4~6개월부터 2세 사이에, 분노의 빈도와 강도가 증가한다(Braungart-Rieker, Hill-Soderlund, & Karrass, 2010). 월령이 더 높은 아기들은 더 다양한 상황에서 분노를 보인다. 예를 들면 물건을 가져가 버리거나, 팔을 움직이지 못하게 하거나, 보살피는 사람이 잠시 사라지거나, 혹은 낮잠을 자라고 침대에 눕힐 때 등이다(Camras et al., 1992; Stenberg & Campos, 1990; Sullivan & Lewis, 2003).

왜 나이가 들면서 분노 반응이 증가하는가? 이것은 인지발달, 운동발달과 관계가 있다. 영아들은 의도적인 행동을 할 수 있게 되면서(제5장 참조) 자기 자신의 활동을 통제하고 싶어 한다(Mascolo & Fischer, 2007). 월령이 높은 영아들은 또한 누가 자신을 아프게 하고 누가 장난감을 빼앗아 갔는지를 더 잘 알아차린다. 아기들의 분노는, 따뜻한 행동을 하리라고 기대하는 양육자가 불편감을 유발할 때 특히 커진다. 그리고 아기들이 기고 걷기 시작한 이후 증가되는 양육자의 제한은 아기의 분노 반응을 더 잘 일으킨다(Roben et al., 2012). 분노의 증가는 적응적이다. 독립적인 움직임이 생겼으므로 화가 난 영아는 자신을 보호하고 장애물을 극복할 수 있다. 마지막으로, 영아의 분노는 양육자로 하여금 영아의 고통을 달래 주고, 분리의 경우에는 양육자들이 조만간 또다시 자신을 떠나지 못하도록 단념시킨다.

슬픔도 고통, 대상의 제거, 짧은 분리에 대한 반응으로 발생하는 것이긴 하지만 분노만큼 자주 발생하지는 않는다(Alessandri, Sulliva, & Lewis, 1990). 그러나 양육자-영아의 의사소통이 심각할 정도로 두절되면 영아는 보통 슬픔을 보이는데, 이러한 슬픔은 발달의 모든 측면에 손상을 입히는 조건이다('생물학적 영향과 환경적 영향' 글상자 참조).

생물학적 영향과 환경적 영향

부모의 우울과 아동 발달

여성의 약 8~10%가량은 임상적 우울—약한 정도에서 심각한 정도까지의 슬픔을 느끼는 것, 그리고 몇 달이나 몇 년 동안 계속되는 철회—을 경험한다. 이와 같은 정서적 상태가 언제 시작되었는지는 정확하게 말할 수 없으며 우울은 그저 그 사람의 일상생활의 한 부분이 된다. 또 다른 어떤 경우에는 아이를 출산한 후에 우울증이 나타나거나 더욱 심해지지만, 어머니가 자신의 신체 호르몬 변화에 적응하고 아기를 돌보는 데 자신감을 얻게 되면 더 이상 우울해하지 않는다. 이를 산후 우울증이라 한다.

비록 거의 알려지지도 않았고 연구되지도 않았지만, 아버지의 약 3~5%도 자녀의 출생 후에 우울을 경험한다고 보고한다(Thombs, Roseman, & Arthurs, 2010). 어머니의 우울 혹은 아버지의 우울은 효율적인 부모 역할을 방해하고 자녀 발달을 심각하게 저해할 수 있다. 비록 유전적 기질이 우울 질병의 위험을 높이긴 하지만, 사회적 요인과 문화적 요인들도 관여한다.

어머니의 우울증

줄리아의 임신 동안, 남편인 카일이 아기에 대한 관심을 거의 보이지 않아서 그녀는 아기를 가진 것이 잘못된 일이 아닌지 걱정했다. 그러고 나서 루시가 태어난 직후, 줄리아의 기분은 우울해졌다. 그녀는 불안하고 눈물을 잘 흘리게 되었으며 루시의 요구에 어쩔 줄 몰라 했고, 더 이상 자신의 스케줄을 조절할 수 없다는 것에 화가 났다. 줄리아가 남편에게 자신이 피곤한데 아기 돌보는 것을 도와주지 않는 것에 대해 이야기하자, 남편은 그녀가 그가 하는 모든 행동에 과잉반응을 한다고 투덜댔다. 아기가 없는 줄리아의 친구들이 단 한 번 아기를 보려고 방문을 했지만, 그 이후로는 전화도 하지 않았다.

줄리아의 우울한 기분은 매우 빨리 아기에게 영향을 미쳤다. 출산 후 일주일 내에, 우울한 어머니의 아기들은 잠을 잘 자지 못하고, 주변 환경에 주의를 덜 기울이고, 스트레스 호르몬인 코르티솔 수준이 높아진다(Fernandes et al., 2015; Goodman et al., 2011; Natsuaki et al., 2014). 우울증이 심할수록, 그리고 어머니의 생활에서 스트레스 요인(결혼 불화, 사회적 지원이 부족하거나 없는 것, 가난)의 수가 많을수록 부모-자녀 관계는 더 큰 고통을 겪는다(Field, 2011; Vaever et al., 2015). 6개월 무렵, 루시는 우울한 어머니의 자녀들에게서 흔히 나타나는 증후들을 보였다. 즉 운동 및 인지발달에서의 지연, 저조한 정서 조절, 변덕스러운 기분, 애착에서의 문제 등이었다. 이는 적절한 개입이 없다면 대개 지속된다(Ibanez et al., 2015; Lefkovics, Baji, & Rigó, 2014; Vedova, 2014).

우울한 어머니는 관계없는 관찰자가 보는 것보다 자신의 아기를 더 부정적으로 본다(Lee & Hans, 2015). 아동이 나이를 먹어 감에 따라 어머니의 따뜻함과 관여의 결여는 종종 비일관적인 훈육이 함께 나타나서 어떤 때는 엄격하지 않다가 다른 때는 우격다짐이 된다(Thomas et al., 2015). 이 장의 뒷부분에서 보겠지만, 이러한 부적응적인 양육 방식을 경험하는 아동들은 종종 심각한 적응 문제를 갖게 된다. 어떤 아동은 우울한 기분이 되고 또 다른 어떤 아동들은 충동적이고 공격적이 된다. 한 연구에서, 임신 기간 동안 우울한 어머니에게서 태어난 아동들은, 초기의 반사회적 품행에 영향을 미칠 수 있는 어머니의 다른 스트레스 요인들을 통제한 후에도, 그렇지 않은 어머니의 아동들보다 4배 더 많이 16세 때 폭력적인 반사회적 행동을 보이는 경향이 있었다(Hay et al., 2010).

아버지의 우울증

영국의 부모와 아기들을 대상으로 한 대규모 대표적 표집 연구에서, 연구자들은 출산 직후와 그 후 1년 동안 어머니와 아버지 모두의 우울 증상을 측정했다(Ramchandani et al., 2008). 우울한 어머니의 자녀들에 대한 결과와 마찬가지로, 가족의 사회경제적 지위와 어머니의 우울을 포함한 많은 다른 요인들을 통제한 후에도, 아버지의 우울은 아동들의 행동 문제(특히 소년들의 과잉 활동, 반항, 공격)와 강하게 관련되어 있었다.

아버지의 우울증은 아동의 연령이 증가함에 따라 빈번한 부부 및 아버지-아동 갈등과 관련된다(Gutierrez-Galve et al., 2015; Kane & Garber, 2004). 시간이 지나면서 아동들은 아버지를 부정적으로 생각하고 비관적인 세계관을 발달시키며 그런 세계관을 가진 자녀는 자신감이 부족하고 자신의 부모와 다른 사람들을 위협적으로 지각한다. 끊임없이 위험에 처해 있다고 느끼는 자녀들은 스트레스를 주는 상황에서 지나치게 각성되고, 인지적 도전과 사회적

이 아버지는 아들과 유리된 것처럼 보인다. 아버지의 우울로 인한 부모-자녀 관계에서의 분열은 때로 심각한 아동 행동 문제를 가져온다.

도전들에 직면했을 때 쉽사리 통제를 잃는 경향이 있다(Sturge-Apple et al., 2008). 우울한 어머니나 아버지의 자녀들이 정서적 문제와 행동 문제의 경향을 가지고 태어나지만, 자녀들의 적응에 핵심적인 요인이 되는 것은 양육의 질이다.

개입법

부모의 우울증에 대해 초기 처치를 하는 것이 부모-자녀 관계를 방해하는 장애를 예방하는 데 결정적이다. 줄리아의 주치의는 그녀를 상담자에게 의뢰했고, 상담자는 줄리아와 카일의 결혼 문제에 도움을 주고 부부가 루시와 보다 민감하게 상호작용할 수 있도록 격려했다. 우울한 어머니들이 정서적으로 긍정적이고 반응적인 양육을 하도록 가르치는 치료법은 어린 자녀들의 애착 문제와 발달 문제를 감소시켜 준다(Goodman et al., 2015). 우울한 부모가 치료에 빨리 반응을 보이지 않으면, 다른 부모 혹은 다른 양육자와 따뜻한 관계를 맺게 하는 것이 자녀들의 발달에 안전장치가 될 수 있다.

공포 분노와 마찬가지로 공포도 생후 6개월에서 1년 동안에 발생한다(Braungart-Rieker, Hill-Soderlund, & Karrass, 2010; Brooker et al., 2013). 나이가 든 영아들은 새로운 장난감을 가지고 놀기 전에 주저하고, 갓 기기 시작한 영아들은 깊이에 대한 공포를 보인다(제4장 참조). 하지만 가장 빈번하게 나타나는 공포의 표현은 친숙하지 않은 성인들에 대한 것으로 이것은 **낮가림**(stranger anxiety)이라고 불리는 반응이다. 비록 그러한 반응이 항상 발생하지는 않더라도 많은 영아와 걸음마 유아들은 낯선 사람에 대해 매우 조심한다. 이것은 몇 가지 요인에 달려 있다 — 영아의 기질(어떤 아기들은 일반적으로 더 공포를 많이 느낀다), 낯선 사람들과의 과거 경험, 현재 상태. 새로운 상황에서 친숙하지 않은 성인이 영아를 안으면 아기는 낮가림을 보일 것이다. 하지만 아기가 주변을 탐색하는 동안 낯선 성인은 조용히 의자에 앉아 있고 부모가 가까이에 있다면, 영아는 긍정적인 호기심 행동을 더 자주 보일 것이다(Horner, 1980). 낯선 사람의 상호작용 방식(따뜻함을 표현함, 흥미를 끄는 장난감을 줌, 익숙한 놀이를 함, 갑작스럽지 않게 천천히 다가옴)도 아기의 공포를 경감시킨다.

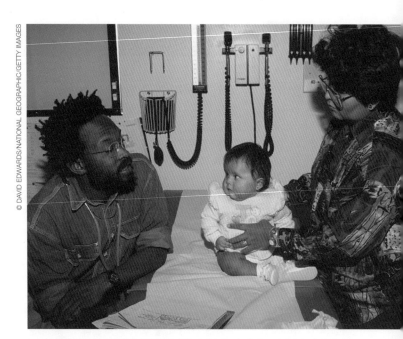

낯가림은 6개월 이후 많은 영아들에게서 나타난다. 이 아기는 어머니의 팔 안에서 안전하지만, 조심스러운 호기심을 가지고 의사를 관찰한다.

살펴보기

8~18개월 영아가 부모와 함께 있을 때 장난감을 주면서 부드럽게 접근해보라. 그 아기가 낯을 가리는가? 아기의 행동을 더 잘 이해하기 위해서 부모에게 아이의 기질과 과거 낯선 사람과의 경험이 어땠는지 질문하라.

문화 간 연구들이 보여주듯이, 영아-양육 관습도 낮가림을 조절할 수 있다. 서아프리카의 콩고에서 수렵과 채집을 하는 에페 부족의 경우, 어머니의 사망률이 높기 때문에 영아는 태어날 때부터 집단 양육 체계의 보호를 받아 여러 명의 성인들 손에서 옮겨 다니며 키워진다. 결과적으로 에페의 영아들은 낮가림을 덜 보인다(Tronick, Morelli & Ivey, 1992). 반대로, 테러리스트의 공격에 취약한 고립된 지역사회에 사는 이스라엘의 키부츠(협동적 농업 부락)에서는 낯선 사람에 대한 경계가 일반적이다. 영아들이 다른 사람을 볼 때 자신이 정서적으로 어떻게 반응을 해야 하는지 단서를 찾는 시기인 생후 1년이 끝날 무렵이 되면, 키부츠 아기들은 도시에서 양육되는 다른 아이들보다 낮가림을 더 많이 보인다(Saarni et al., 2006).

생후 6개월이 지나면서 생겨나는 공포는 이제 갓 움직여 다닐 수 있게 된 아기들의 탐색 의욕을 방해한다. 일단 조심성이 발달하면, 아기들은 탐색을 위한 **안전 기지**(secure base) 혹은 정거장으로 친숙한 양육자를 활용해, 주변 환경으로 모험을 떠났다가 정서적 지지를 받기 위해 다시 양육자에게 되돌아온다. 이러한 적응 체계의 한 부분으로서, 낯선 사람과 부딪쳤을 때 갈등을 일으키는 두 가지 경향성, 즉 접근(흥미와 호의로 나타남)과 회피(공포로 나타남)가 나타난다. 영아의 행동은 이 둘 사이의 균형이다.

인지적 발달로 인해 유아는 위협적인 사람이나 상황과 위협적이지 않은 사람이나 상황을 더 잘 구별할 수 있게 되고, 생후 두 번째 해 동안 낮가림과 다른 공포들이 감소한다. 또한 정서적 자기조절에 대해 논의하면서 보게 되겠지만, 유아가 대처 전략을 많이 습득하게 될 때 공포는 사라진다.

다른 사람의 정서를 이해하고 반응하기

영아의 정서 표현은 다른 사람들의 정서적 단서를 해석하는 능력과 밀접하게 관련되어 있다. 우리는 이미 생후 몇 개월 이내에, 아기들은 얼굴을 마주하는 의사소통에서 양육자의 느낌의 톤과 맞춘다는 것을 보았다. 약 3개월경, 영아들은 면대면 상호작용의 구조와 시점에 매우 민감하게 반응하게 된다(제5장 참조). 이제 영아들은 응시하거나 미소 짓거나 목소리를 낼 때, 자신들의 사회적 파트너가 같은 방식으로 반응할 것이라고 기대한다(Bigelow & Power, 2014; Markova & Legerstee, 2006). 이러한 상호작용을 통해서 아기들은 좀 더 확장된 범위의 정서 표현들을 점점 더 잘 알아차리게 된다(Montague & Walker-Andrews, 2001). 제4장에서 살펴본 바와 같이 몇몇 연구자들에 따르면, 이러한 초기의 모방적 의사소통으로부터 아기들은 타인을 '나와 같다'라고 보기 시작하는데 이러한 인식은 다른 사람의 사고와 느낌을 이해하기 위해 초석이 되는 것으로 여겨진다(Meltzoff, 2013).

약 4~5개월경, 영아들은 목소리에서의 긍정적 정서와 부정적 정서를 구별하며, 곧이어 얼굴표정에서도 그러한 구별이 가능해지고 점진적으로 광범위한 정서들을 변별할 수 있다(제4장 참조). 조직화된 정서적 표현에 반응한다는 것은 이 신호들이 아기들에게 의미 있는 것이 되었다는 것을 나타낸다. 다른 사람의 의도를 알아차리고 공유된 주의집중을 형성할 수 있는 기술이 향상됨에 따라, 영아들은 정서 표현이 의미를 가질 뿐만 아니라 특정 대상이나 사건에 대한 의미 있는 반응이라는 것을 깨닫는다(Thompson, 2015).

일단 이러한 이해가 적절하면 영아는 **사회적 참조**(social referencing)를 시작하는데, 불확실한 상황에서 믿을 만한 사람들로부터 정서적 정보를 적극적으로 찾는다(Mumme et al., 2007). 많은 연구들은 양육자의 정서 표현(행복, 분노, 혹은 공포)이 한 살짜리 영아가 낯선 사람을 경계하게 될지, 친숙하지 않은 장난감을 가지고 놀 것인지 혹은 시각 절벽의 깊은 쪽으로 건너가야 할지에 영향을 미친다는 것을 보여준다(de Rosnay et al., 2006; Stenberg, 2003; Striano & Rochat, 2000). 성인의 목소리는 그것만으로도 혹은 얼굴표정과 함께 영아의 사회적 참조에 효과적이다(Kim, Walden, & Knieps, 2010; Vaish & Striano, 2004). 성인의 목소리에 의존함으로써 아기는 성인 쪽을 향하지 않고도 새로운 사건을 평가하는 데 초점을 둘 수 있다.

걸음마기 아동들이 다른 사람의 정서적 반응이 자신의 그것과 다르다는 것을 인식하기 시작함에 따라, 사회적 참조는 영아들이 사건에 대한 자신의 평가와 타인의 평가를 비교할 수 있도록 해준다. 한 연구에서 성인이 14개월과 18개월 된 아기에게 브로콜리와 크래커를 보여주면서 하나에 대해서는 아주 좋아하고, 나머지 하나에 대해서는 역겨워하는 모습을 보였다. 다른 유아들에게 음식을 나누어 주라고 했을 때, 18개월의 유아들은 자신이 무엇을 좋아하는지에 관계없이 성인이 좋아하는 것으로 보였던 음식을 그들에게 주었다

(Repacholi & Gopnik, 1997).

요약하면, 사회적 참조는 어린아이들이 다른 사람들의 정서적 메시지에 단순하게 반응하는 것 이상으로 나아가도록 도와준다. 이러한 경험은 생애 두 번째 해 동안 인지 및 언어 발달과 함께 걸음마기 아동들로 하여금 이 신호들을 이용해 자신의 행동을 결정하고, 다른 사람들의 내적 상태와 선호를 간파해내도록 한다(Gendler, Witherington, & Edwards, 2008).

자기의식적 정서의 출현

기본 정서 외에도 사람들은 두 번째의 고차원적인 정서를 가질 수 있는데, 여기에는 죄책감, 수치심, 당혹감, 시기심, 자부심 등이 포함된다. 이러한 정서들 각각은 우리가 가지고 있는 자기감의 손상이나 자기감의 증대를 포함하고 있기 때문에 **자기의식적 정서**(self-conscious emotions)라고 불린다. 우리가 어떤 사람에게 상처를 주었고 그러한 잘못을 바로잡기 원할 때는 죄책감을 느낀다. 우리가 부끄럽거나 당혹스러울 때, 자신의 행동에 대해 부정적으로 느끼게 되면 그것에서 물러남으로써 다른 사람들이 더 이상 자신의 잘못을 알아차리지 못하게 되기를 원한다. 반대로, 자부심은 자신의 성취에 대한 기쁨을 반영하는 것이고, 우리가 성취한 것을 다른 사람들에게 말하려는 경향성을 갖는다(Lewis, 2014).

자기의식적 정서는 생후 두 번째 해의 중반에 나타나는데, 18~24개월의 아이는 자신이 구별되는 독특한 개인임을 확실하게 알아차리게 된다. 유아들은 눈을 내리깔고, 머리를 떨어뜨리고, 얼굴을 손으로 가리는 것으로 수치심과 당혹감을 표시한다. 22개월 된 케이틀린은 그레이스에게서 자기가 빼앗았던 장난감을 돌려준 다음 화가 난 놀이친구를 가볍게 쓰다듬었다. 자부심과 질투 역시 2세경에 나타난다(Barrett, 2005; Garner, 2003; Lewis, 2014).

자기의식적 정서의 발달에는 자기인식 이외에도 추가적인 요소가 필요한데, 자부심, 수치심 혹은 죄책감을 느낄 때의 성인들의 가르침이다. "네가 공을 얼마나 멀리 던질 수 있는지 봐!!" 혹은 "그 장난감을 뺏은 것을 부끄러워해야 해!"라고 말함으로써 부모들은 일찍부터 이러한 가르침을 시작한다. 자기의식적 정서는 아이들의 성취와 관련되며 도덕적인 행동에 중요한 역할을 한다. 성인들이 이러한 느낌을 고무시키는 상황은 문화에 따라 다르다. 대부분의 서구 문화에서 아이들은 개인적 성취에 대해 자부심을 느끼도록 가르침

© LAURA DWIGHT PHOTOGRAPHY

이 2세 아동의 누나는 블록을 잘 쌓은 동생의 성공을 칭찬하고 있다. 자부심과 같은 자기의식적 정서를 경험하기 위해서는 자기의식뿐만 아니라 가르침도 필요하다.

을 받아 왔다. 즉 공을 가장 멀리 던지는 것, 게임에서 이기는 것, 좋은 성적을 받는 것 등이다. 하지만 중국이나 일본과 같은 집합주의 문화에서는 오로지 개인적인 성공에만 주의를 기울이면 주변에서 당혹감과 겸손함을 환기시킨다. 그리고 부모, 선생님, 혹은 고용주 등 다른 사람을 배려하지 못해 문화적 기준을 어기는 것도 강렬한 수치심을 유발한다(Lewis, 2014).

정서적 자기조절의 시작

다양한 정서를 표현하는 것 이외에, 영아와 유아는 자신의 정서적 경험을 관리하기 시작한다. **정서적 자기조절**(emotional self-regulation)이란 우리의 정서 상태를 편안한 강도 수준으로 조정하기 위해 사용하는 전략을 의미하는 것으로, 이렇게 함으로써 우리의 목표를 달성할 수 있게 된다(Eisenberg, 2006; Thompson & Goodvin, 2007). 불안을 일으키는 사건이 곧 끝날 것이라며 스스로에게 상기시키거나, 친구의 행동에 화를 억누르거나, 무서운 공포 영화를 보지 않기로 결정할 때, 여러분은 정서적 자기조절을 하고 있는 것이다.

정서적 자기조절은 자발적이고 노력이 요구되는 정서 관리를 필요로 한다. 이는 전두엽과 대뇌 부위 안의 신경 연결

망의 발달을 포함해 **역동적 체계**가 발달함에 따라 생후 첫 몇 년 동안 급속도로 발달하는데, 양육자들은 아동들이 강한 정서를 조절하도록 돕고 스스로 조절할 수 있도록 하는 책략도 가르친다(Rothbart, Posner, & Kieras, 2006; Thompson, 2015). 영아기 정서 조절의 개인차는 분명하게 존재하는데, 나중에 보게 되겠지만 이것은 초기 아동기까지 아이들의 적응에 결정적인 역할을 하므로, **노력을 필요로 하는 통제**는 기질의 핵심 차원으로 여겨진다.

인생의 초기 몇 달 동안, 영아가 자신의 정서 상태를 조절할 수 있는 능력은 제한적이다. 비록 그들이 불쾌한 상황으로부터 얼굴을 돌릴 수 있고 느낌이 너무 강렬해지면 입을 삐죽거리거나 손가락을 빨 수도 있지만, 그들은 쉽게 정서에 압도당한다. 그들은 양육자의 달래는 행위 — 괴로워하는 아기를 어깨로 들어 올리거나, 흔들어 주고, 부드럽게 말해주는 것 — 에 영향을 받는다.

대뇌피질에 있는 전두엽이 급속하게 발달함에 따라 자극에 대한 인내가 향상된다. 2~4개월 사이에 양육자는 대상과 얼굴을 마주하는 놀이와 대상에 대해 주의를 주는 것을 가르침으로써 이러한 능력의 토대를 세운다. 이와 같은 상호작용에서 부모들은 자신의 행동 속도를 조정하면서 아기들의 즐거움을 각성시키고 따라서 영아들은 압도당하거나 괴로워하지 않게 된다(Kopp & Neufeld, 2003). 그 결과, 자극에 대한 아기의 인내가 향상된다.

3개월 무렵, 주의를 전환시키는 능력은 아기의 정서 조절 능력을 돕는다. 불쾌한 것으로부터 얼굴을 돌릴 준비가 된 아기일수록 덜 괴로워하는 경향이 있다(Ekas, Lickenbrock, & Braungart-Rieker, 2013). 생후 첫해의 마지막이 되면 영아들은 기고 걸을 수 있기 때문에 다양한 상황에 접근하거나 물러섬으로써 느낌을 조절할 수 있다.

영아들의 정서적 단어를 '읽고' 공감적으로 반응해주는 부모를 둔 영아는 덜 까다롭고, 더 쉽게 달래지고, 탐색에 더 흥미를 가지는 경향이 있다(Braungart-Rieker, Hill-Soderlund, & Karrass, 2010; Crockenberg & Leerkes, 2004). 대조적으로 영아가 극도로 흥분할 때까지 개입을 미루는 부모는 아기의 고통이 빠른 시간 내에 강렬해지도록 강화를 하고 있는 것이다. 양육자가 아기의 스트레스 경험을 통제하지 않을 때, 스트레스를 완화하는 뇌 구조는 적절하게 발달하지 못할 것이고, 그 결과 정서를 통제하는 능력이 부족한, 불안하고 민감한 아기를 만들 것이다(Blair & Raver, 2012; Frankel et al.,

2015).

양육자는 또한 감정을 표현하는 사회적으로 승인된 방법을 가르친다. 생후 첫 몇 달부터 부모는 아기들이 보이는 분노나 슬픔의 표현보다 흥미, 행복, 놀람의 표현을 더 모방함으로써 부정적인 정서를 억제하도록 촉진한다. 남자 영아가 여자 영아보다 이 훈련을 더 많이 받는데, 이것은 부분적으로는 남아들이 부정적인 정서를 통제하는 데 더 어려움을 보였기 때문이다(Else-Quest et al., 2006; Malatesta et al., 1986). 그 결과, 10대의 성차를 촉진시켜, 정서적으로 표현적인 여성과 정서적으로 통제되어 있는 남성이 된다.

사회적 조화에 높은 가치를 두는 문화는 사회적으로 적절한 정서적 행동을 특별히 강조하는 동시에 개별적 느낌을 표현하는 것을 격려하지 않는다. 서구 부모와 비교했을 때 일본과 중국, 그리고 많은 비서구 농경 문화의 부모들은 아기들의 강한 정서를 표현하지 못하게 억누른다. 카메룬 농촌 지역의 느소 어머니들은 독일 어머니들보다 영아의 사회적 미소를 모방하는 데 시간을 덜 들이며, 느소 어머니들은 달래주기와 젖먹기 동안 영아의 불쾌감을 예상하고 멈추는 데 특히 신속하다. 중국, 일본, 그리고 느소의 아기들은 서구의 동일 연령대 영아들보다 덜 미소 짓고 덜 웃으며, 덜 우는 경향이 있다(Friedlmeier, Corapci, & Cole, 2011; Gartstein et al., 2010; Kärtner, Holodynski, & Wörmann, 2013).

두 번째 해 끝 무렵에 '행복한', '놀란', '무서운', '역겨운', '몹시 화난'과 같이 느낌에 대한 단어들이 급격히 발달하지만 걸음마기 아동들은 아직까지 자신의 정서를 조절하기 위해 그런 단어를 사용하는 데 능숙하지는 못하다. 분노발작(temper tantrums)은 성인이 그들의 요구를 거부했을 때, 특히 피곤하거나 배고플 때 걸음마기 아동들이 자신의 강한 분노를 통제할 수 없기 때문에 일어나는 경향이 있다(Mascolo & Fischer, 2007). 정서적으로 공감적이지만 (분노발작을 보일 때에는 아무것도 주지 않음으로써) 제한을 설정하고, 가용한 대안을 제공함으로써 아동의 주의를 돌리고, 나중에 성인의 거절을 잘 다룰 수 있는 더 나은 방법을 제시하는 부모를 가진 걸음마기 아동들은 학령전기 동안 보다 효과적인 분노 조절 책략과 사회적 기술을 보여준다(LeCuyer & Houck, 2006).

인내심 많고 민감한 부모들은 또한 걸음마기 아동들이 그들 자신의 내적 상태를 기술하도록 격려한다. 그 후 2세 아동들이 불쾌감을 느낄 때 그들은 양육자들이 자신을 돕도록 안내할 수 있다(Cole, Armstrong, & Pemberton, 2010). 예를 들

묻고 대답하기

연관지어보기 왜 우울한 부모의 아동은 정서를 조절하는 데 곤란을 겪는가? 그들의 취약한 정서조절기술이 인지 및 사회적 도전에 대한 반응에 어떤 의미를 갖는가?

적용해보기 14개월의 리지는 블록으로 탑을 쌓고 웃으면서 그것을 무너뜨렸다. 2세가 되었을 때 아기는 엄마를 불러 자기가 만든 블록 탑을 손으로 가리켰다. 무엇이 정서적 행동에서 이 아이의 이러한 변화를 설명하는가?

생각해보기 평상시 여러분이 부정적인 정서를 조절하는지를 보여주는 최근의 예를 몇 가지 기술해보라. 어떻게 여러분의 초기 경험, 성별, 그리고 문화적 배경이 여러분의 정서적 자기조절에 영향을 미쳐 왔는가?

어 괴물에 대한 이야기를 듣고 있는 동안, 그레이스는 "엄마, 무서워"라며 훌쩍훌쩍 울었다. 모니카는 책을 내려놓고 그레이스를 안심시키며 안아주었다.

기질과 발달

6.4 기질이란 무엇이며, 어떻게 측정되는가?

6.5 조화의 적합성 모델을 포함해, 기질의 안정성에서 유전과 환경의 역할을 논의하라.

초기 영아기부터 케이틀린의 붙임성은 뚜렷하게 드러났다. 그녀는 성인들과 상호작용하는 동안 미소 짓고 소리 내어 웃었으며, 생후 두 번째 해에는 다른 아이들에게 서슴없이 접근했다. 한편 모니카는 그레이스의 조용하고 느긋한 성향을 이상하게 여겼다. 19개월 때 그레이스는 식당에서 가족들이 모임을 갖는 2시간 동안 아기 의자에 만족스러운 표정으로 얌전히 앉아 있었다. 반대로 티미는 너무 활동적이어서 어른들을 정신없게 만든다. 티미가 가지고 놀던 장난감을 버리고 또 다른 장난감에 다가가고 의자나 테이블 위로 올라가기 때문에 바네사는 티미를 따라다녀야만 했다.

우리가 어떤 사람을 유쾌하고 '기분이 좋고 명랑한' 것으로 묘사하고, 어떤 사람은 활동적이고 에너지가 넘치는 것으로 묘사하며, 또 다른 사람을 조용하다거나 신중한 혹은 분노를 폭발한다고 묘사할 때, 우리는 그들의 **기질**(temperament)을 말하고 있는 것이다. 기질은 초기에 나타나는 것으로, 반응성과 자기통제의 안정적인 개인차이다. 반응성은 정서적 각성, 주의, 운동 활동성의 속도와 강도를 의미한다. **자기통제**는 그러한 반응성을 조절하는 전략을 말한다(Rothbart, 2011; Rothbart & Bates, 2006). 기질을 구성하는 심리적 특질은 성인 성격의 초석을 형성한다고 여겨진다.

1956년에 알렉산더 토머스(Alexander Thomas)와 스텔라 체

스(Stella Chess)가 뉴욕 종단연구를 시작했는데, 이 연구는 기질 발달에 대한 최초의 조사로, 141명의 아동을 초기 영아기부터 성인기까지 추적했다. 결과는, 기질은 아동이 심리적 어려움을 경험할 기회를 증가시킬 수도 있고, 혹은 반대로 고도의 스트레스를 주는 가정생활의 부정적인 효과로부터 아동을 보호할 수도 있음을 보여주었다. 동시에 토머스와 체스(1977)는 양육 방식이 아동의 기질을 상당한 정도로 조절할 수 있다는 것도 발견했다.

이 결과들은 점점 증가하고 있던 기질에 대한 많은 연구들을 자극했는데 이것은 기질의 안정성, 생물학적 근원, 아동 양육 경험과의 상호작용 등을 포함하고 있다. 기질의 구조 혹은 구성과 그것을 어떻게 측정하는지를 살펴봄으로써 이 주제들을 탐색해보자.

기질의 구조

토머스와 체스의 9개 차원은 기질에 대해 첫 번째로 영향력이 있는 모델 역할을 했다. 부모와의 인터뷰를 통해 얻은 유아와 아동의 행동에 대한 상세한 기술을 이들 차원에서 평정하고, 특징들끼리 함께 묶음으로써 세 가지 아동 유형이 만들어졌다.

- **순한 아이**(easy child, 표본의 40%)는 영아기 때 규칙적인 일과를 빨리 형성하고, 대개 쾌활하며, 새로운 경험에 쉽게 적응한다.
- **까다로운 아이**(difficult child, 표본의 10%)는 매일의 일상생활에서 불규칙적이고, 새로운 경험에 더디게 적응하고, 부정적이고 강렬하게 반응하는 경향이 있다.
- **더디게 반응하는 아이**(slow-to-warm-up child, 표본의 15%)는 비활동적이고, 환경 자극에 대해 온순하고 자제하는 반응을 보이고, 기분이 부정적이고, 새로운 경험에 더디게 적응한다.

35%의 아이는 앞의 어떤 범주에도 들어맞지 않는다는 점을 명심하라. 대신에 그들은 기질적 특징들이 혼합된 독특한 형태를 보여주었다.

'까다로운' 유형은 가장 큰 관심을 유발했는데, 이 유형의 아동들이 적응 문제의 고위험군—아동기 초기와 중기에 나타나는 불안을 동반한 철회와 공격적 행동—으로 간주되기 때문이다(Bates, Wachs, & Emde, 1994; Ramos et al., 2005).

까다로운 아이와 비교해 더디게 반응하는 아이는 초기 몇 년 동안은 문제를 덜 보인다. 하지만 그 아이들은 학령전기 후반기와 학령기 동안, 교실과 또래집단 내에서 활발하고 재빨리 반응해야 한다는 압박을 느끼면 과도한 공포와 더디고 제한된 행동을 나타낸다(Chess & Thomas, 1984; Schmitz et al., 1999).

오늘날, 가장 영향력 있는 기질의 모델은 메리 로스바트(Mary Rothbart)에 의해 고안된 것으로, 표 6.1에 제시되어 있다. 이 이론은 토머스와 체스, 그리고 다른 연구자들에게서 중복되는 차원을 조합한 것이다. 예를 들어 '주의 산만성'과 '주의폭과 지속(주의력 간격 및 지속성)'은 '주의폭/지속'이라 불리는 똑같은 차원의 양극단으로 여겨진다. 로스바트 모델의 독특한 특성은 '공포로 인한 불쾌감'과 '좌절로 인한 불쾌감' 모두를 포함한다는 점인데 이는 공포에 의해 유발된 반응성과 좌절에 의한 반응성을 구분하는 것이다. 그리고 이 모델은 신체 움직임의 규칙성과 반응의 강도와 같은 광범위한 차원들을 빼 버렸다(Rothbart, 2011; Rothbart, Ahadi, & Evans, 2000). 잠이 규칙적인 아이라고 해서 먹는 시간이나 배변까지 반드시 규칙적일 필요는 없다. 그리고 재빨리 아주 즐겁게 미소 짓거나 소리 내어 웃는 아이라고 해서 공포, 과민성, 혹은 운동 활동에서까지 빠르고 강렬할 필요는 없다.

로스바트의 차원은 기질의 정의에 포함된 세 가지 기저 구성요소들로 대표된다 — (1) 정서(emotion, '공포로 인한 불쾌

표 6.1   로스바트의 기질 모델

차원	설명
반응성	
활동 수준	전체 운동 활동 수준
주의폭/지속력	관심과 흥미의 지속기간
강한 고통	새로운 상황에 적응해야 하는 때를 포함해, 강렬하거나 새로운 자극에 반응하는 데 있어 걱정과 괴로움
고통 민감성	욕구가 좌절되었을 때 야단을 떨고, 울고, 고통을 느끼는 정도
정적 감정	행복감과 유쾌함의 표현 빈도
자기조절	
의도적 통제	보다 적응적인 반응을 계획하고 실행하기 위해 우세한 반응을 자발적으로 억압하는 능력. 영아기에서 소위 지향/조절(orienting/regulation)은 자기위로, 불유쾌한 사건으로부터 주의 전환, 지연된 흥미 등과 관련된 행위를 의미한다.

감', '좌절로 인한 불쾌감'), (2) 주의(attention, '주의폭/지속성'), (3) 행위(action, '활동 수준'). 각 개인은 각 차원에 대한 자신의 반응성이 다를 뿐 아니라, 기질의 자기조절적 차원, 즉 **의도적 통제**(effortful control) — 보다 적응적인 반응을 계획하고 실행하기 위해 지배적인 반응을 자발적으로 억제하는 능력 — 에서도 차이가 난다(Rothbart, 2003; Rothbart & Bates, 2006). 의도적 통제에서의 변산은 한 아동이 얼마나 효과적으로 주의 초점과 전환을 하고, 충동을 억제하고, 부적 정서를 관리할 수 있음을 보여준다.

아동 초기 동안 의도적 통제의 능력은 중국과 미국처럼 다른 문화에서 바람직한 발달과 적응을 예측하는데, 몇몇 연구들은 청소년기와 성인기까지의 장기적 효과를 보여준다(Chen & Schmidt, 2015). 긍정적 결과들은 지속성, 과제 숙달도, 학업 성취, 협동, 도덕적 성숙(잘못된 행동에 대해 후회하고 사과하려는 의도) 및 협동, 공유, 도움행동과 같은 사회적 행동을 포함한다(Eisenberg, 2010; Kochanska & Aksan, 2006; Posner & Rothbart, 2007; Valiente, Lemery-Chalfant, & Swanson, 2010). 의도적 통제는 또한 아동의 스트레스에 대한 저항과도 관련이 있다(David & Murphy, 2007). 의도적 통제 능력이 뛰어난 아동들은 불쾌한 사건이나 그들 자신의 불안으로부터 자신의 사회적 환경의 보다 긍정적인 특성들로 더 쉽게 주의를 분산할 수 있다.

제5장의 184쪽으로 돌아가서 실행 기능을 살펴보고 그것이 의도적 통제와 유사하다는 점에 주목하라. 둘 다 유사한 긍정적 발달적 결과와 상관이 있는 이 수렴적 개념들은 동일한 심적 활동이 인지적 및 정서적/사회적 영역 모두에서의 효과적인 조절을 이끈다는 것을 보여준다.

기질의 측정

영아기 기질은 종종 부모 면접이나 질문지로 평가된다. 소아과 의사, 교사, 그리고 아동과 친한 다른 사람들이 행동 평정을 하거나 연구자의 실험실 관찰이 사용되기도 했다. 부모 보고는 편리할 뿐 아니라 부모가 아동에 대해 가지고 있는 지식의 깊이를 제공한다(Chen & Schmidt, 2015). 비록 부모로부터 얻은 정보들이 편향되어 있다는 비판이 있어 왔지만, 부모 보고는 연구자들이 관찰한 아동의 행동과 중간 정도의 상관이 있었다(Majdandžić & van den Boom, 2007; Mangelsdorf, Schoppe, & Buur, 2000). 그리고 부모의 지각은 부모가 자신의 아동을 바라보고 반응하는 방법을 이해하는

데 유용하다.

연구자들이 가정이나 실험실에서 관찰하는 방법은 비록 부모 보고의 주관성을 피할 수는 있지만, 또 다른 부정확성을 가져온다. 가정에서 관찰자들은 '좌절에 대한 영아의 반응'과 같은 매우 드물지만 중요한 사건들을 얻기 어렵다. 그리고 가정에서는 특정 경험을 차분하게 피하는 아동들이 친숙하지 않은 실험실에서는 두려움을 느끼고 지나치게 당황해 실험을 끝마치지 못할 수도 있다(Rothbart, 2011). 하지만 연구자들은 실험실에서 아동들의 경험을 더 잘 통제할 수 있다. 그리고 기질의 생물학적 기초에 대한 통찰을 얻기 위해 행동 관찰과 생리적 측정치를 편리하게 조합할 수도 있다.

대부분의 생리적 연구는 기질의 정적 감정과 공포/괴로움 차원의 양극단에 있는 아동들에게 초점을 맞추고 있다. 즉 **억제된 혹은 수줍어하는 아동**(inhibited, or shy, children)은 새로운 자극에 대해 부정적으로 반응하고 철회하는 아동이고, **억제되지 않은 혹은 사교적인 아동**(uninhibited, or sociable, children)은 새로운 자극에 대해 정적 정서를 보이고 접근하는 아동이다. 뒤에 나올 '생물학적 영향과 환경적 영향' 글상자에 기술된 바와 같이, 생물학적 기초를 가진 반응성(심장박동률, 호르몬 수준, 뇌 활동 측정)이 억제된 기질의 아동과 억제되지 않은 기질의 아동을 구분한다. 그럼에도 불구하고 부모의 양육 방식은 억제된 유형이 시간이 지나도 계속 유지되는지 아닌지에 매우 중요한 영향을 미친다.

기질의 안정성

많은 연구들은 주의폭, 민감성, 사교성, 수줍음 혹은 노력 통제에서 낮은 혹은 높은 점수를 받은 어린아이들이 몇 달 동안 혹은 몇 년 후, 심지어 가끔은 성인기가 되어 다시 평가했을 때에도 비슷한 반응을 보이는 경향이 있음을 보여준다(Casalin et al., 2012; Caspi et al., 2003; Kochanska & Knaack, 2003; Majdandžić & van den Boom, 2007; van den Akker et al., 2010). 하지만 기질의 전반적 안정성은 낮거나 중간 정도이다(Putnam, Sanson, & Rothbart, 2000).

왜 기질이 안정적이지 않을까? 주된 이유는 기질 그 자체가 연령과 함께 발달하기 때문이다. 예를 들어 설명하기 위해 민감성과 활동 수준을 보자. 제3장에서 대부분 아기들의 초기 몇 달은 소란스럽고 울기만 하는 시기라고 한 것을 떠올려보라. 영아들이 주의와 정서를 더 잘 조절하게 됨에 따라, 원래는 과민해 보였던 많은 아기들이 점차 조용하고 만족스

생물학적 영향과 환경적 영향

수줍음과 사회성의 발달

4개월이 된 래리와 미치가 제롬 케이건의 연구실을 방문하자, 그는 친숙하지 않은 다양한 경험들에 대해 아기들이 반응하는 것을 관찰했다. 여러 가지 색깔의 장난감으로 장식된 모빌을 움직이는 것과 같은 새로운 장면과 소리에 노출시켰을 때, 래리는 근육을 긴장시키고 흥분해 팔과 다리를 움직였고 울기 시작했다. 반대로 미치는 편안하고 침착했으며 미소 짓거나 소리 내며 좋아했다.

걸음마기가 되어 래리와 미치가 다시 연구실을 방문했고, 불확실성을 유도하기 위해 설계된 절차를 경험했다. 몸에 전극을 붙이고 심박동을 재기 위해 팔에 혈압계가 채워졌다. 장난감로봇, 동물, 인형들이 눈앞에서 움직였다. 친숙하지 않은 사람들이 뜻밖의 행동을 하고 신기한 옷을 입고 있었다. 래리는 훌쩍훌쩍 울며 재빨리 물러났다. 반면에 미치는 흥미롭게 쳐다보고, 웃고, 장난감과 낯선 사람에게 다가갔다.

4.5세에 세 번째 방문을 했을 때, 래리는 낯선 성인들과 인터뷰를 하는 동안 거의 말을 걸거나 미소 짓지 않았다. 반대로 미치는 새로운 활동을 할 때마다 질문을 했고, 자신의 즐거움을 전달했다. 두 명의 낯선 또래와 함께 놀이방에 두었을 때, 래리는 뒤로 물러서서 지켜보는 반면, 미치는 재빨리 친구를 만들었다.

수백 명의 백인 아동들을 대상으로 한 종단연구에서, 케이건은 4개월 된 아기의 약 20%는 래리처럼 새로운 것을 보면 쉽게 당황하고, 약 40%는 미치처럼 새로운 경험에 대해서 편안하고 심지어는 즐거워했다. 이 표본의 약 20~30%는 나이가 들어서도 자신의 기질을 그대로 유지했다(Kagan, 2003, 2013d; Kagan et al., 2007). 하지만 대부분 아동들의 기질은 시간이 지남에 따라 덜 극단적으로 된다. 생물학적 구성과 아동 양육 경험이 결합해 기질의 안정성과 변화에 영향을 준다.

수줍음과 사교성의 생리학적 상관변인들

케이건은 회피 반응을 통제하는 뇌 내부 구조인 편도체의 각성에서의 개인차가 이와 같은 상반되는 기질의 원인이라고 생각했다. 수줍어하고 억제된 아동들의 경우에, 새로운 자극은 편도체 그리고 대뇌피질과 교감신경계(위협에 직면해서 신체가 활동하도록 준비시킴)로 가는 연결 부위를 쉽게 흥분시킨다. 사교적이고 억제되지 않은 아동의 경우, 똑같은 수준의 자극은 최소한의 신경 흥분만을 일으킨다. 친숙하지 않은 얼굴 사진을 보는 동안, 생후 2년에 억제된 유아로 분류된 성인들보다 편도체의 fMRI 활동성이 더 컸다(Schwartz et al., 2012). 편도체에 의해 조정된다고 알려진 추가적인 생리학적 반응들로 인해 2개의 정서 양식이 구분되었다.

- *심장 박동.* 인생의 처음 몇 주부터 계속해서 수줍은 아동의 심장 박동은 사교적인 아동보다 더 높고, 친숙하지 않은 사건들에 대해 심장 박동이 훨씬 더 빨라진다 (Schmidt et al., 2007; Snidman et al., 1995).
- *코르티솔.* 스트레스 호르몬인 코르티솔의 타액 농도는 사교적인 아동보다 수줍은 아동에게서 더 높은 경향이 있다(Schmidt et al., 1999; Zimmermann & Stansbury, 2004).
- *동공 팽창, 혈압, 피부 표면 온도.* 사교적인 아동과 비교해보면, 새로운 것에 직면했을 때 수줍은 아동은 동공 팽창이 더 크고, 혈압이 더 오르며, 손가락이 더 차가워진다 (Kagan et al., 2007).

더욱이 수줍은 영아와 학령전기 아동은 부적정서 반응과 관련이 있는 우측 전두엽의 EEG 활동성이 더 크고, 이는 부정적인 정서적 반응성과 관련이 있다. 사교적인 아동은 반대 양상을 보인다(Fox et al., 2008). 편도체의 신경활동이 전두엽으로 전달되고, 이것이 아마도 이러한 차이를 만드는 것 같다.

자녀 양육 방식

케이건에 따르면, 극단적으로 수줍거나 사교적인 아동은 그들의 특정 기질 유형으로 편향시키는 생리기능을 타고 태어났다(Kagan, 2013d). 하지만 유전성 추정치 연구들을 보면, 유전자는 수줍음과 사교성에 단지 중간 정도로만 기여한다. 경험 또한 강력한 영향을 미친다.

자녀 양육 방식은 정서적으로 반응적인 아기가 두려운 아동이 될 확률에 영향을 미친다. 따뜻하고 지지적인 양육은 새로운 것에 대한 수줍은 영아와 학령전기 아동의 강력한 생리학적

불확실한 상황에 대한 강한 생리적 반응은 이 아동이 아버지에게 매달리게 만든다. 인내를 가지고 분명하게 격려를 해준다면, 아버지는 아이의 반응을 수정할 수 있고, 익숙하지 않은 사건으로부터 철회하려는 충동을 극복하도록 아이를 도울 수 있을 것이다.

반응을 감소시키는 반면, 차갑고 참견하는 양육은 불안을 높인다(Coplan & Arbeau, 2008; Davis & Buss, 2012). 그리고 만약 부모가 새로운 것을 싫어하는 영아를 사소한 스트레스로부터도 보호한다면, 이것은 아동들의 철회 충동 극복을 더 어렵게 만든다. 자신의 아기가 새로운 경험에 다가가도록 적절히 요구하는 부모는 아동이 공포를 극복할 수 있도록 돕는다(Rubin & Burgess, 2002).

억제가 지속되면, 과도한 조심성, 낮은 자존감, 외로움을 가져온다. 사춘기 시절, 지속적인 수줍음은 심각한 불안, 특히 사회공포증(사회적 상황에서 창피당하는 것에 대한 강한 공포)의 위험을 높인다(Kagan, 2013d; Karevold et al., 2012). 억제된 아동이 효과적인 사회적 기술을 습득하기 위해서, 양육은 반드시 아동의 기질에 맞춰져야 한다. 이 주제는 우리가 이 장과 다음 장에서 보다 구체적으로 살펴볼 것이다.

럽게 된다. 활동 수준의 경우, 행동의 의미가 변한다. 처음에 활동적으로 꿈틀거리는 유아는 매우 각성되고 불편한 경향이 있고, 반대로 비활동적인 아기는 대체로 민감하고 주의 깊다. 그러나 유아들이 자기 스스로 움직이기 시작하면서 이것은 역전된다! 활동적으로 기어다니는 아기는 대체로 민감하고 탐색에 관심을 갖는 반면, 비활동적인 아기는 두려움을 느끼고 물러날 것이다.

이러한 불일치는 초기 기질의 장기 예측이 대부분의 반응 유형이 좀 더 확립되는 시기인 3세 이후에 가장 정확하게 이루어진다는 것을 이해하는 데 도움을 준다(Roberts & DelVecchio, 2000). 이러한 생각과 같은 맥락에서, 2.5~3세 사이의 아동들은 보상을 기다리기, 소곤대기 위해 목소리를 낮추기, 경쟁하는 다른 자극을 무시하면서 하나의 자극에 선택적으로 주의를 주기와 같은 노력 통제를 필요로 하는 광범위한 과제들에서 더 일관적인 수행을 보인다(Kochanska, Murray, & Harlan, 2000; Li-Grining, 2007). 연구자들은 이 시기쯤에 전두엽에 있는 충동 억제와 관련된 영역이 급속하게 발달한다고 믿는다(Rothbart, 2011).

그럼에도 불구하고 아동 초기에 어떤 아동이 자신의 반응성을 어느 정도까지 쉽게 조절할 수 있을 것인가는 그들이 관여하는 반응적 정서의 유형과 강도에 달려 있다. 잘 화내고 변덕스러운 걸음마기 아동과 비교해서, 겁을 잘 먹는 아동은 일반적으로 학령전기부터 의도적 통제에서 더 큰 진전을 보인다(Bridgett et al., 2009; Kochanska & Knaack, 2003). 아동 양육 또한 반응성을 수정하는 데 중요하다. 공포를 잘 느끼는 기질이나 변덕스러운 기질 둘 중 하나를 지닌 어린 아동들이 인내심 있고, 지지적인 양육을 경험했을 때 자신의 정서를 훨씬 더 잘 조절하게 되었다(Kim & Kochanska, 2012; Warren & Simmens, 2005). 그러나 만일 비민감하고 비반응적인 양육에 노출된다면, 이러한 정서적으로 부정적인 기질 특성을 지닌 아동들은 의도적 통제에서 낮은 점수를 받고 적응 문제의 위험이 높아지는 경향이 있다.

요약하면 한 아동의 기질이 어느 정도까지 안정적으로 남아 있을지에 대해서는 기질이 기반하고 있는 생물학적 체계의 발달, 아동의 의도적 통제 능력, 노력의 성공 등을 포함해서 여러 요인이 영향을 미친다. 전체적으로 증거를 고려하면, 기질의 안정성은 낮은 정도부터 중간 정도까지의 안정성을 지니는 것으로 보는 것이 타당하다. 또한 아동 양육은 생물학적으로 기반한 기질 특성을 상당히 변화시킬 수 있으며,

부정적 정서성과 같은 특정 특질을 지닌 아동들은 특히 양육의 영향에 민감하다. 이러한 생각을 염두에 두고, 기질과 성격에 미치는 유전과 환경의 영향을 살펴보자.

유전과 환경의 영향

기질이라는 단어는 성격의 개인차에 대한 유전적 기초를 내포한다. 연구 결과들은 광범위한 기질적 특질과 성격 특질에서 일란성 쌍생아가 이란성 쌍생아보다 더 유사하다는 것을 발견했다(Caspi & Shiner, 2006; Krueger & Johnson, 2008; Roisman & Fraley, 2006). 제2장에서 우리는 유전성 추정치가 기질과 성격에서 유전의 역할이 중간 정도임을 시사한다고 했다. 평균적으로 개인차의 반이 유전적 기질의 차이로 귀인되어 왔다.

기질에 미치는 유전의 영향이 명백함에도 불구하고, 환경 또한 강력하다. 제4장에서 살펴본 바와 같이 영아기 동안 심각한 영양실조에 노출된 아동들이 섭식에서의 증진이 일어난 후에도 또래보다 더 주의산만하고 분노를 잘 느낀다는 사실을 상기해보라. 시설에서 양육된 영아들은 스트레스 사건에 의해 더 쉽게 압도된다. 그들의 저조한 정서 조절은 부주의와 빈번한 분노 표현을 포함해 약한 충동 통제를 초래한다(138쪽 참조).

더욱이, 유전과 환경은 때로 결합해 기질에 영향을 미치는 데 그로 인해 한 아동의 세상에 대한 접근은 경험에 의해 강화되기도, 약화되기도 한다. 이를 알아보기 위해 인종과 성별에 따른 차이를 살펴보자.

인종과 성별에 따른 차이 북미 백인 영아들과 비교할 때, 일본과 중국 아기들은 덜 활동적이고, 덜 민감하며, 덜 울고, 화가 났을 때 더 쉽게 달래지며, 진정시키기가 더 쉽다(Kagan, 2013d; Lewis, Ramsay, & Kawakami, 1993). 동아시아 아기들은 주의집중력이 더 높고 주의분산이 더 낮으며, 2세경 그들은 성인에게 더 동조적이고 협조적이며, 의도적 통제 능력이 더 뛰어나다. 예컨대 아동들은 매력적인 장난감을 가지고 놀기 위해 더 오래 기다릴 수 있다(Chen et al., 2003; Gartstein et al., 2006). 동시에 중국과 일본 아기들은 낯선 놀이방에서 더 겁을 먹고, 어머니와 더 가까이 있으며, 낯선이와 상호작용할 때 더 많은 불안을 표현한다(Chen, Wang, & DeSouza, 2006).

이러한 변산은 유전적 뿌리를 지닐 수 있지만, 문화적 민

음과 실제에 의해 지지될 수도 있고 유전–환경 상관을 산출한다(제2장 75~77쪽). 일본 어머니들은 보통 아기들이 독립적 존재로서 세상에 태어나서 친밀한 신체적 접촉을 통해 어머니에게 의존하는 것을 배워야만 한다고 말한다. 유럽계 미국인 어머니들은 전형적으로 정반대로 믿는다. 의존적인 것에서부터 자율적이 되도록 아기들을 이유시켜야 한다. 이러한 믿음과 일관되게, 아시아 어머니들은 제스처에 크게 의존하고(우리가 앞서 보았듯이), 아기들의 강한 정서를 억제하고, 온화하게 달래며 상호작용하는 반면, 백인 어머니들은 보다 활동적이고, 자극적이고, 언어적 접근을 사용한다(Kagan, 2010). 또한 정서적 자기조절에 대한 앞서의 논의를 떠올려보면, 중국과 일본 성인들은 아기가 강한 정서를 표현하는 것을 막으며 이는 이후 영아들이 조용해지는 것에 영향을 미친다.

유사하게, 기질에서의 성차가 영아기부터 분명하다는 점은 유전적 기반이 존재함을 제시한다. 출생 후 24시간 내에 (부모가 아이와 많은 경험을 가지기 전에), 부모들은 소년과 소녀가 다르다는 것을 눈치챈다. 부모들은 아들은 더 크고, 달래기가 더 쉽고, 더 민첩하고, 더 강하다고 평정하고, 딸은 더 부드럽고, 더 약하고, 더 섬세하고, 더 다루기 까다롭다고 평정한다(Else-Quest, 2012; Olino et al., 2013). 동시에 부모들은 때로 어린 아들을 신체적으로 활동적이 되도록 고무시키고, 딸은 주변의 도움과 신체적 친밀감을 찾도록 격려한다(Bryan & Dix, 2009; Hines, 2015). 아마도 이런 이유에서, 몇몇 기질 특성에서의 성차는 청소년기까지 벌어진다.

양육 경험에 대한 차별화된 민감성 앞에서 우리는 부적절한 양육에 노출되었을 때 다른 아동들보다 더 부정적으로 기능하는 정서적으로 반응적인 영아들을 살펴보았는데 그들도 대부분은 좋은 양육으로부터 도움을 받을 수 있다. 연구자들은 환경적 영향에 대한 아동의 민감성(혹은 반응성)에서의 기질적 차이에 점차 관심을 증대시켜 왔다(Pluess & Belsky, 2011). 분자유전분석을 이용해, 그들은 어떻게 이러한 유전자–환경 상호작용이 작동하는지를 밝히고 있다.

이와 일관되게, 억제적 신경전달물질인 세로토닌의 기능을 방해한다고 알려진 5-HTTLPR 유전자의 짧은 변이체를 가진 어린 아동들은 자기조절 곤란의 위험이 크고 양육의 질의 효과에 더 큰 민감성을 보인다. 학대적 양육에 노출된 아동들은 쉽게 외현화된 문제를 발달시킨다. 그러나 양육이 따

이 어머니는 딸의 분노와 짜증에 어떻게 반응할까? 참을성과 지지적 태도로, 정서적으로 반응적인 걸음마기 아동은 특히 바람직하게 발달한다. 그러나 적의적, 적대적 양육에 노출되었을 때 그러한 아동들은 다른 아동들보다 더 쉽게 상태가 나빠지며 급격하게 공격적이고 반항적으로 된다.

뜻하고 지지적일 때, 이러한 유전적 특징을 가진 아동들도 쉽게 적응한다(Kochanska et al., 2011; van IJzendoorn, Belsky, & Bakermans-Kranenburg, 2012). 5-HTTLPR의 유전적 특징을 지니고 있는 아동들 사이에서 긍정적이든 부정적이든 상관없이 양육은 외현적 문제행동에 최소한의 영향력을 가진다.

빈곤에 시달리는 가정의 1세 아동을 2년간 추적한 연구는 흥미로운 결과를 보여준다(그림 6.1 참조)(Davies & Cicchetti, 2014). 부적절한 양육에 노출된 5-HTTLPR 유전자 이상의 위험이 높은 걸음마기 아동들은 점점 더 어머니의 적의적이고 거부적인 행동에 불쾌감, 분노와 통제되지 않는 소리지름 등 정서적으로 반응하게 되었다. 다시 그들의 부정적인 정서성은 3세경 공격성과 반항행동의 가파른 상승을 예측했다. 대조적으로 친절하고 격려를 많이 해주는 어머니의 고위험 걸음마기 아동은 유전적 저위험군 아동보다 효과적으로 정서를 조절했으며 분노와 공격성을 덜 표출했다! 유전적 저위험군 아동들은 양육 질에서의 변산에 거의 반응하지 않았다.

이러한 결과가 밝히는 바와 같이, 5-HTTLPR 유전자의 짧

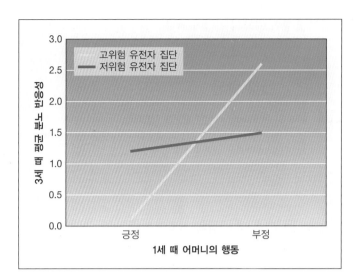

그림 6.1 5-HTTLPR 유전자의 짧은 변이체 유무 아동에 대한 긍정적 및 부정적 어머니의 행동에 대한 반응에서 3세 때 분노 반응성 5-HTTLPR 유전자의 짧은 변이체를 가진 고위험 집단의 아동들은 양육의 질에 매우 민감하다. 그들은 어머니의 애정과 격려에 노출되었을 때 분노를 거의 보이지 않지만 어머니의 둔감성과 적의에 노출되었을 때에는 높은 수준의 분노를 보였다. 반면 저위험 집단의 아동들은 어머니의 행동의 반응의 질에 거의 좌우되지 않았다(P. T. Davies and D. Cicchetti, 2014, "How and Why Does the 5-HTTLPR Gene Moderate Associations Between Maternal Unresponsiveness and Children's Disruptive Problems?" *Child Development*, 85, p. 494. adapted by permission of John Wiley & Sons.).

은 변이체를 가진 아동들은 대부분 조기 가소성을 보여준다(제1장 참조). 그들의 정서 조절은 특히 좋은 양육과 부정적 양육 모두의 효과에 민감하다. 이러한 '민감한' 아동들은 다른 아동보다 양육이 지지적일 때 더 잘 발달하므로, 그들은 양육 스트레스를 경감하고 아동 양육에 대한 반응성을 촉진하는 개입으로부터 가장 큰 도움을 받는 경향이 있다.

형제자매의 독특한 경험들 여러 명의 자녀를 둔 가족에서는 기질에 대한 추가적인 영향이 작용한다. 부모들이 말하는 것에 귀 기울여보라. 그러면 부모들이 종종 자신들의 아이들에게서 성격 차이를 찾는 것을 볼 수 있을 것이다—"(여자)아이가 훨씬 더 활동적이네.", "(남자)아이가 더 사교적이네.", "(여자)아이가 고집이 세네." 결과적으로 부모들은 다른 관찰자들이 생각하는 것보다 자신의 자녀들을 더 다른 것으로 생각한다.

1~3세까지의 쌍생아들에 대한 대규모 연구에서, 부모들은 연구자들이 평정한 것보다 일란성 쌍생아의 기질이 서로 덜 닮았다고 평정했다. 그리고 연구자들은 이란성 쌍생아가 중간 정도로 유사하다고 평정한 데 반해, 부모들은 그들의

기질 유형이 다소 반대라고 보았다(Saudino, 2003). 부모가 각 아이들의 독특한 자질을 강조하는 경향성이 아동 양육 방식에 영향을 준다. 각 아동은 다시 부모의 믿음과 그 아동의 발달하는 기질과 일관되는 방식으로 양육자로부터 반응을 유발한다.

가족 내에서의 경험이 다른 것 이외에, 교사들, 또래들, 그리고 지역사회 내에서 아동들은 다른 형제들과는 구별되는 경험을 하고 이것은 발달에 영향을 미친다. 우리가 제9장에서 보게 되겠지만, 아동 중기와 청소년기에 아동들은 종종 서로를 다르게 만드는 방법을 찾는다. 이 모든 이유 때문에 연령 증가에 따라 일란성 쌍생아와 이란성 쌍생아 모두 점점 덜 유사해지는 경향이 있다(Loehlin & Martin, 2001). 요약하면, 기질과 성격은 유전적 요인과 환경적 요인 사이의 복잡한 상호의존성에 의해서만 이해될 수 있다.

기질과 아동 양육 : 조화의 적합성 모델

토머스와 체스(1977)는 어떻게 기질과 환경이 함께 유리한 결과를 만들어낼 수 있는지 설명하기 위해 **조화의 적합성 모델**(goodness-of-fit model)을 제안했다. 조화의 적합성은 보다 더 적응적인 기능을 하도록 촉진하기도 하지만 각 아동의 기질을 인정하는 아동 양육 환경을 만들어내는 것도 포함한다. 만일 아이의 성향이 다른 사람과 관계를 맺거나 배우는 것을 방해하는 것이라면, 성인은 아동의 부적응적인 행동을 부드럽지만 일관되게 약화시켜야 한다.

까다로운 아이(새로운 경험으로부터 철회하고 부정적으로 강렬하게 반응하는)는 자신의 성향과 맞지 않는 양육 방식을 종종 경험하는데, 이것은 나중에 그들을 높은 적응 위험에 빠뜨린다. 두 번째 해에, 종종 까다로운 아이의 부모는 화가 나서 처벌적인 훈육을 하고 이것은 노력 통제의 발달을 해친다. 아이가 반항과 불순종으로 반응하기 때문에 부모는 점점 더 스트레스를 받게 된다. 결과적으로 부모들은 자신들의 위압적 전략을 계속 사용하지만 때때로는 불복종으로 받아 줌으로써 그것을 보상하게 되는 비일관적인 훈육을 하게 된다(Lee et al., 2012; Paulussen-Hoogeboom et al., 2007; Pesonen et al., 2008). 이러한 습관은 아동의 민감하고 갈등적인 유형을 유지하거나 심지어 증가시킨다.

반대로, 우리가 보아 왔듯이 부모들이 긍정적이고 민감할 때, 이것은 특히 영아와 걸음마기 아동들이 정서적으로 반응적이라면 더더욱 2~3세경 그들이 정서를 조절하고 까다로

움은 감소시킬 수 있도록 도움을 준다(Raikes et al., 2007). 걸음마기와 아동기에, 부모의 반응성, 지지, 명료한 기대와 한계 설정은 의도적 통제를 촉진하며 동시에 까다로움이 지속되고 정서적 및 사회적 곤란을 유도할 가능성을 경감시킨다(Cipriano & Stifter, 2010; Raikes et al., 2007).

　문화적 가치 또한 양육과 아동 기질의 조화에 영향을 미친다. 자기주장을 억압하는 집단주의적 가치는 과거에 중국인들이 수줍은 아이를 긍정적으로 평가하도록 만들었다. 그러나 성공을 위해서는 자기주장과 사교성을 요구하는 시장경제의 급속한 확산은 아동의 수줍음에 대한 중국 부모와 교사의 태도에서의 변화에 영향을 미친 것 같다(Chen, Wang, & DeSouza, 2006; Yu, 2002). 1990년에 수줍음은 교사가 평정한 유능감, 또래 수용, 리더십, 학업적 성취와 정적으로 상관이 있었으나, 1998년에는 상관이 약해졌으며 2002년에는 역전되어 서구 연구의 결과를 그대로 보여주었다(Chen et al., 2005). 그러나 수줍음에 대한 긍정적인 가치는 계속해서 수줍은 아동들이 높은 사회적 지위를 차지하고 잘 적응하는 중국의 농촌지역에서는 유지되고 있다(Chen, Wang, & Cao, 2011). 문화적 맥락은 수줍은 아동이 잘 지낼지 아니면 저조하게 지낼지 여부에서의 차이를 만든다.

　양육 조건과 아동 기질 사이의 효과적인 조화는 일치하지 않는 기질-환경 관계가 부적응을 만들어내기 전인 이른 시기에 가장 잘 이루어진다. 조화의 적합성 모델은, 영아들은 어른들이 수용해야만 하는 독특한 성향을 가지고 있음을 상기시킨다. 부모들은 자기 아이들의 장점을 모두 자신의 공으로 삼을 수도 없고 아이들의 모든 단점에 대해 자신을 비난할 수도 없다. 하지만 부모들은 아이의 문제를 과장되게 보이게 하는 환경을 아이의 장점으로 내세울 수 있는 환경으로 바꿀 수는 있다. 우리가 다음에 보게 되겠지만, 적합성은 영아-양육자 애착의 핵심이기도 하다. 이 첫 번째 친밀한 관계는 부모와 아기 사이의 상호작용으로부터 생겨나며 두 사람의 정

묻고 대답하기

연관지어보기 기질에서의 인종차와 성차에 대한 결과들이 제2장에서 논의된 유전-환경 상관을 입증하는가? 이에 대해 설명해보라.

적용해보기 맨디와 제프는 두 살 난 억제된 샘과 세 살짜리 까다로운 마리아의 부모이다. 맨디와 제프에게 의도적 통제의 중요성을 설명하고, 그들이 자녀 각자의 의도적 통제를 강화할 수 있는 방법들을 제시해보라.

생각해보기 여러분이 어린아이였을 때 여러분의 기질을 어떻게 기술할 수 있는가? 여러분의 기질이 안정적으로 그대로라고 생각하는가 아니면 변했다고 생각하는가? 어떤 요인들이 관여되었을 것 같은가?

서적 유형이 애착의 원인이 된다.

애착 발달

6.6　생애 첫 두 해 동안 애착의 발달을 기술하라.

6.7　연구자들은 어떻게 애착 안정성을 측정하는가? 또한 어떤 요인들이 애착 안정성에 영향을 미치며, 이후의 발달에 대한 시사점은 무엇인가?

6.8　다중 애착을 위한 영아의 능력을 기술하라.

애착(attachment)은 삶에서 특별한 사람과 맺는 강한 애정적 유대로, 이것은 그 사람과 상호작용을 할 때 즐거움을 느끼고 스트레스 상황에서 그 사람 가까이에 있음으로써 위안을 얻도록 해준다. 생후 첫해의 후반 6개월 동안 영아는 자신의 요구에 반응해주는 친숙한 사람에게 애착을 형성하게 되는데, 특별히 주의를 기울일 인물로 자신의 부모를 선택한다. 어머니가 방에 들어오면 상냥하게 함박웃음을 짓는다. 어머니가 아기를 안아 올리면 아이는 어머니의 얼굴을 쓰다듬고 머리카락을 더듬고 어머니를 껴안는다. 아이가 불안이나 두려움을 느끼면, 어머니의 무릎으로 기어가 바짝 들러붙는다.

　프로이트는 영아가 어머니에게 갖는 정서적 유대가 이후의 관계에 대한 기초라고 주장했다. 현대 연구들은 비록 영아-부모의 유대의 질이 절대적으로 중요하지만, 그럼에도 불구하고 이후 발달은 초기 애착 경험뿐 아니라 부모-아동 관계의 계속되는 질에 의해서도 영향을 받는다는 것을 지적했다.

　애착은 격렬한 이론적 논쟁의 핵심이다. 이 장 도입부에 나온 에릭슨 이론에 대한 설명으로 돌아가서 **정신분석적 관점**에서는 수유를 양육자와 아기가 정서적 유대를 쌓는 일차적 맥락으로 여긴다는 것을 기억하라. **행동주의** 역시 수유의 중요성을 강조하지만, 그것은 다른 이유에서이다. 유명한 행동주의자의 설명에 따르면, 어머니가 아기의 배고픔을 만족시켜 주기 때문에 영아는 어머니의 부드러운 손길, 따뜻한 미소, 위안을 주는 부드러운 말들을 좋아한다. 이러한 것들은 긴장 해소와 연합되어 왔던 사건들이기 때문이다.

　비록 수유가 친밀한 관계를 형성하는 데 중요한 맥락이지만, 애착이 배고픔 만족에 의존하고 있지는 않다. 1950년대에 행해졌던 한 유명한 실험에서, 헝겊과 철사 '대리모'에 의해 양육된 레서스 원숭이는 비록 우유를 먹기 위해 우유병이 달려 있는 철사 '어머니'에게 기어 올라가기는 하지만, 대부분의 시간을 부드러운 헝겊 어머니에게 달라붙어 있었다

아기 원숭이는 우유병을 가지고 있는 거친 철사 어머니 대신에 부드러운 헝겊 어머니에게 매달리는 것을 더 선호했다. 이 결과는 부모-영아 간 애착은 단순히 배고픔 만족에 기초하는 것이 아님을 보여준다.

(Harlow & Zimmerman, 1959). 이와 유사하게, 인간 영아들도 아버지, 형제들, 할아버지, 할머니와 같은 수유를 하지 않는 가족 구성원들에게 애착을 형성한다. 또한 서구 문화에서 혼자서 잠을 자고 낮 동안에도 부모와 자주 떨어져 있는 유아들은 종종 담요나 곰 인형 같은, 껴안을 수 있는 대상에 대해 강한 정서적 유대를 형성하는데 이들은 유아에게 먹을 것을 준 적이 없다.

볼비의 동물행동학적 이론

오늘날 영아가 양육자에게 갖는 정서적 유대는 생존을 촉진시키기 위해 발달된 반응이라는 **애착의 동물행동학적 이론**(ethological theory of attachment)은 가장 넓게 받아들여지고 있는 관점이다. 영아-양육자 유대에 이 개념을 처음으로 적용한 볼비(John Bowlby, 1969)는 양육자에 대한 애착의 질은 그 아동의 안정감과 신뢰성 있는 관계를 형성하는 능력에 기본적인 의미를 지닌다는 정신분석학적 아이디어를 채택했다.

동시에 볼비는 콘래드 로렌츠의 아기 거위의 각인 연구로부터 영감을 얻었다(제1장 참조). 볼비는 다른 동물 종들의

새끼와 마찬가지로 인간 영아도 위험으로부터 자신을 보호하고 환경을 탐색하고 정복하는 데 도움을 받기 위해 부모를 가까이에 두는 타고난 행동 양식을 부여받았다고 믿었다. 부모와의 접촉은 또한 아기가 먹을 수 있음을 보장해주지만, 볼비는 수유가 애착의 근본이 아님을 지적했다. 종의 생존이 최고의 가치인 진화적 맥락에서, 애착 유대는 수유보다는 안전과 유능감의 보장 때문인 것으로 가장 잘 이해될 수 있을 것이다.

볼비에 따르면, 영아와 부모의 관계는 생래적인 신호 체계로서 시작하는데 이 신호는 어른을 아기 곁으로 부른다. 시간이 지나면서, 따뜻하고 민감한 보살핌의 역사뿐만 아니라 새로운 인지적·정서적 능력 발달에 힘입어 진정한 애정적 유대가 발달한다. 애착은 4개의 시기로 발달한다.

1. 애착 전 단계(출생 후 6주까지). 타고난 신호인 잡기, 미소 짓기, 울기 그리고 성인의 눈을 응시하기 등은 갓 태어난 아기가 그들에게 위안을 줄 수 있는 사람들과 친밀한 접촉을 하도록 돕는다. 비록 이 연령의 아기들도 자기 어머니의 냄새와 목소리를 인식할 수 있지만(제3장, 제4장 참조), 낯선 사람과 남겨지는 것에 대해 개의치 않기 때문에 이들은 아직 어머니에게 애착되어 있는 것은 아니다.

2. '애착 형성' 단계(출생 후 6주에서 6~8개월까지). 이 시기 동안, 영아는 친숙한 양육자와 낯선 사람에 대해 다르게 반응한다. 예를 들어 4개월인 티미는 어머니와 상호작용할 때 더 거리낌없이 미소 짓고, 소리 내어 웃고, 옹알거렸고 어머니가 안아줄 때 더 빨리 울음을 멈추었다. 아기들이 자신의 행위가 주변 사람들의 행동에 영향을 준다는 것을 배우게 되면서, 아기들은 신뢰감(신호를 보냈을 때 양육자가 반응을 할 것이라는 기대)을 발달시키기 시작하지만 아직까지는 양육자와의 분리에 저항하지는 않는다.

3. '명백한' 애착 단계(출생 후 6~8개월에서 18개월~2년까지). 이제 친숙한 양육자와의 애착이 뚜렷해진다. 이 시기의 아기들은 **분리불안**(separation anxiety)을 나타내는데 자신들이 의지해야 하는 성인이 떠날 때 동요를 보이게 되는 것이다. 낯가림과 마찬가지로, 분리불안은 영아의 기질과 현재 상황에 달려 있다. 하지만 많은 문화권에서 6~15개월 사이에 분리불안이 증가한다. 부모가

떠나는 것에 항의할 뿐만 아니라, 좀 더 나이 든 영유아들은 부모를 계속 붙잡아 두려고 필사적으로 노력한다. 아기들은 다른 사람이 아닌 부모에게 접근하고, 따라다니고, 기어오른다. 그리고 아기들은 탐색을 할 때 친숙한 양육자를 안전 기지로서 활용한다.

4. 상호 호혜적 관계의 형성(출생 후 18개월~2년 이후). 두 번째 해의 말까지, 표상과 언어가 급속하게 성장하고 이 때문에 유아들은 부모의 오고 가는 것에 영향을 미치는 요인들을 이해하게 되고 부모가 돌아올 것인지를 예측할 수 있게 된다. 그 결과 분리 저항은 감소한다. 이제 아동들은 요구하거나 어머니의 목표를 바꾸도록 설득하는 방법을 통해 양육자와 협상을 시작한다. 예를 들어 2세가 된 케이틀린은 자신의 보모에게 맡겨 두고 떠나기 전에 이야기책을 읽어 달라고 캐롤린과 데이비드에게 요구한다. 부모가 어디를 가려는 것인지("션 아저씨와 저녁을 먹기 위해서") 또 언제 돌아올 것인지("네가 잠들고 바로")를 더 잘 이해하는 것과 더불어 부모와 특별한 시간을 보내는 것은 케이틀린이 부모가 없는 시간을 더 잘 견디는 데 도움을 준다.

유치원 교사의 놀이에 대한 격려와 어머니가 곧 돌아올 것이라는 설명으로, 이 2세 아동은 울지 않고 어머니와 분리된다. 아동의 언어와 표상 기술들은 어머니가 돌아올 것이라는 것을 예측하도록 해 분리 불안은 감소된다.

볼비(1980)에 따르면, 이 네 시기 동안의 경험을 통해서 아동들은 부모의 부재 시에도 안전 기지로 활용할 수 있는 양육자와 지속적으로 유지되는 애정적 유대를 형성한다. 이러한 심상은 **내적 작동 모델**(internal working model) 혹은 스트레스 상황 동안 애착 대상의 가용성이 그들이 지지를 제공해줄 가능성에 대한 기대의 역할을 한다. 내적 작동 모델은 미래의 모든 가까운 관계에 대한 지표 역할을 함으로써 성격의 핵심 부분이 된다(Bretherton & Munholland, 2008).

이러한 아이디어와 일관되게, 2세 정도로 어릴 때부터 걸음마기 아동들은 부모의 안정감과 지원에 대해서 애착 관련된 기대를 형성하는 것처럼 보인다. 한 연구에서 안정 애착된 12개월과 16개월 영아들은 비반응적인 양육자에 대한 비디오(그들의 기대와는 비일관적인)를 반응적인 양육자들에 대한 비디오보다 더 오래 응시했다. 대조적으로, 불안정 애착된 또래 영아는 반응적인 양육자를 더 오래 응시하지도, 둘을 구별하지도 않았다(Johnson, Dweck, & Chen, 2007; Johnson et al., 2010). 연구자들은 걸음마기 아동들의 시각적 반응은 내적 작동 모델과는 반대되는 양육자 행동에 대한 '놀라움'을 반영하는 것이라고 결론내렸다. 아동들의 인지적·

정서적·사회적 능력이 증가하게 되고, 부모와 상호작용하고, 다른 성인 및 형제들 그리고 친구들과 가까운 유대관계를 형성하게 되면서 아동은 계속해서 내적 작동 모델을 수정하고 확장시킨다.

애착 안정성의 측정

실질적으로 가족에게서 자란 모든 아기들은 생후 2년이 될 때까지 친숙한 양육자에게 애착하게 되지만, 이 관계의 질적인 측면은 변화한다. 어떤 아동은 양육자가 애정과 지원을 제공할 것이라고 확신하는 안정을 보인다. 또 다른 아동은 불안이나 불확신을 나타낸다.

1~2세 사이에 있는 아기들의 애착의 질을 평가하는 가장 널리 사용되는 실험실 절차는 **낯선 상황**(strange situation) 절차인데, 이것을 설계하면서 메리 에인즈워스(Mary Ainsworth)와 그녀의 동료들은 안정적으로 애착된 영·유아들은 친숙하지 않은 놀이방에서 탐색을 할 때 부모를 안전 기지로 활용하고, 또 부모가 방을 떠났을 때 친숙하지 않은 성인은 부모보다 덜 위안이 될 것이라고 예측했다. 낯선 상황 절차

과제는 아기를 8개의 간단한 에피소드 상황에 데려오는 것으로, 이 안에서 부모와의 짧은 분리와 재결합이 일어난다(표 6.2 참조).

이들 에피소드에 대한 영아의 반응을 관찰하면서 연구자들은 안정 애착 유형과 3개의 불안정 유형을 밝혀내었다. 소수의 아기들은 어느 유형에도 분류되지 않았다(Ainsworth et al., 1978; Main & Solomon, 1990; Thompson, 2013). 이 장 도입부에 기술된 그레이스의 경우, 양육된 가정에 적응된 후 어떤 유형에 해당된다고 생각하는가?

- **안정 애착**(secure attachment). 이 영아들은 부모를 안전 기지로 활용한다. 분리되었을 때 울 수도 있고 울지 않을 수도 있는데, 만약 운다면 그것은 부모가 없는데 낯선 사람보다 어머니를 더 좋아하기 때문인 것이다. 부모가 돌아왔을 때 아기들은 극적으로 접촉을 추구하고 즉각 울음을 멈춘다. 북미 영아들의 60%가 이 유형을 나타낸다. (사회경제적 지위가 낮은 가정에서 더 낮은 비율의 아기들이 안정 패턴을 보이고 더 높은 비율의 아기들이 불안정 패턴으로 분류된다.)
- **불안정-회피 애착**(insecure-avoidant attachment). 이 영아들은 어머니가 있을 때도 어머니에게 반응적이지 않은 것처럼 보인다. 보통 어머니가 떠났을 때 괴로워하지 않고 부모에게 하는 것과 같은 방식으로 낯선 사람에게 반응한다. 재회했을 때 부모를 피하거나 부모를 그다지 반가워하지 않았고, 안으면 안기려 하지 않는다. 북미의 사회경제적 지위가 중간 정도인 가정에 속한 영아들의 15%가 이 유형을 나타낸다.
- **불안정-저항 애착**(insecure-resistant attachment). 이 영아들은 분리 전에 부모와 붙어 있으려 하고 종종 탐색을 하지 못한다. 보통 어머니가 떠났을 때 괴로워하고, 어머니가 돌아왔을 때 분노나 저항하는 행동을 보이는데 가끔은 때리거나 밀기도 한다. 여기에 속하는 많은 영아들은 안아주어도 울음을 멈추지 않고 쉽게 달래지지 않는다. 북미 영아의 10%가 이 유형을 나타낸다.
- **비조직화된/혼란 애착**(disorganized/disoriented attachment). 이 유형은 가장 큰 불안정성을 보인다. 재회했을 때 이 영아들은 혼란되고 모순된 행동들을 보인다. 이들은 부모가 안고 있는 동안 시선을 돌리거나 무감정 혹은 우울한 정서로 어머니를 대한다. 대부분이 멍한 얼굴표

표 6.2 낯선 상황 절차

장면	사건	관찰된 애착 행동
1	연구자가 부모와 아기에게 놀이방을 소개하고 나서 나간다.	
2	아기가 장난감을 가지고 노는 동안 부모는 앉아 있다.	안전 기지로서의 부모
3	낯선 사람이 들어오고, 자리에 앉고, 부모에게 말을 한다.	친숙하지 않은 어른에 대한 반응
4	부모가 방을 나간다. 낯선 사람이 아기에게 반응하고 만약 아기가 불편해하면 위로한다.	분리불안
5	부모가 돌아오고, 아기를 반기고, 필요하다면 위로한다. 낯선 사람이 방을 나간다.	재결합에 대한 반응
6	부모가 방을 나간다.	분리불안
7	낯선 사람이 들어와서 위로한다.	낯선 사람에 의해 달래지는 능력
8	부모가 돌아오고, 아기를 반기고, 필요하다면 위로하고, 아기가 장난감에 다시 흥미를 갖도록 도와준다.	재결합에 대한 반응

주 : 장면 1은 약 30초 정도 지속된다. 나머지 장면들은 각각 약 3분씩 지속된다. 분리 장면의 경우 아기가 너무 운다면 중간에 끝낸다. 재결합 장면의 경우 만약 아기가 진정하고 놀이로 돌아가는 데 더 많은 시간이 필요하다면 장면을 연장한다.

출처 : Ainsworth et al., 1978.

정으로 자신의 정서를 전달한다. 소수의 아이들은 진정된 후에도 소리내어 울부짖거나 이상하고 움츠린 자세를 보인다. 북미의 사회경제적 지위가 중간 정도인 가정의 영아 중 약 15%가 이 유형을 나타낸다.

애착을 측정하는 다른 대안적인 방법은 **애착 Q-Sort**(Attachment Q-Sort)인데 이것은 1~5세 사이의 아동에게 적합한 것으로 가정 내 관찰에 의존한다(Waters et al., 1995). 부모나 잘 훈련된 관찰자가 90개의 행동('어머니가 방에 들어왔을 때 아동은 크게 미소 지으며 어머니를 반긴다', '어머니가 매우 멀리 움직이면 아동은 따라간다')에 대해 아동을 '매우 잘 기술한다'에서부터 '전혀 기술하지 못한다'에 이르는 범주들로 분류한다. 그런 다음에 안정성 점수를 계산한다.

이 방법은 부모가 아닌 관찰자가 Q-Sort 분류를 하기 전 몇 시간 동안 아동을 관찰해야 하므로 시간 소모적이다. 그리고 이 방법은 불안정의 유형을 알려주지 못한다. 하지만 이것은 일상생활에서의 부모-영아 관계를 더 잘 반영한다. 전문 관찰자가 실시한 Q-Sort는 낯선 상황에서의 아기의 안전 기지

행동과 잘 들어맞는다. 하지만 부모의 Q-Sort는 낯선 상황과 관련이 적은 것으로 나타났다(van IJzendoorn et al., 2004). 특히 불안정 아동의 부모는 자기 아이의 애착행동을 정확하게 보고하는 데 어려움을 겪는다.

애착의 안정성

1~2세 사이 애착 유형의 안정성에 대한 연구들은 다양한 결과를 내놓았다(Thompson, 2006, 2013). 어떤 아이들이 그대로이고 어떤 아이들이 변하는지를 자세히 들여다보면 일관적인 양상을 볼 수 있다. 좋은 삶의 조건을 경험하는 사회경제적 지위가 중간 계층인 아기들은 대체로 안정 애착이고 또 안정적으로 유지된다. 또한 불안정에서 안정으로 이동하는 영아들은 전형적으로 긍정적인 가족과 친구 유대를 가지고 있는 잘 적응하는 어머니의 아이들이었다. 아마도 많은 사람들이 심리적으로 충분히 준비되기 전에 부모가 되었지만 사회적 지지를 통해 그 역할에 익숙해졌을 것이다.

반대로, 매일 많은 스트레스를 겪는 낮은 사회경제적 지위의 가족 내에서 일반적으로 애착은 안정에서 불안정으로 혹은 한 종류의 불안정 유형에서 다른 종류의 불안정 유형으로 옮겨 간다(Fish, 2004; Levendosky et al., 2011). 영아기부터 청소년기 후기와 성인 초기까지의 종단연구 결과 안정에서 불안정 애착으로의 이동은 편부모, 아동 학대, 어머니의 우울, 나쁜 가족 기능 및 양육의 질과 관련이 있었다(Booth-LaForce et al., 2014; Weinfield, Sroufe, & Egeland, 2000; Weinfield, Whaley, & Egeland, 2004).

이러한 결과는 안정 애착된 아기는 불안정 애착의 아기들보다 자신의 애착 지위를 더 잘 유지할 수 있음을 보여준다. 혼란 애착은 예외적인데, 매우 안정적이어서 청소년기와 성인 초기까지 그대로 유지된다(Groh et al., 2014; Hesse & Main, 2000; Weinfield, Whaley, & Egeland, 2004). 더욱이 혼란 애착의 경험을 가진 성인은 혼란 애착을 보이는 아동을 가질 위험이 높다(Raby et al., 2015). 곧 보게 되겠지만 많은 혼란 애착 아기들은 극도로 부정적인 양육을 경험하고, 이것은 정서적 자기조절을 매우 심각하게 와해시켜 부모에 대한 혼동되고 양가적인 감정을 수년 동안 유지하게 된다.

문화적 변산

비교문화적 증거들은 어떤 문화에서는 애착 유형이 다르게 해석되어야 함을 보여준다. 예를 들어 그림 6.2에서 보듯이,

독일의 영아들은 미국의 영아들보다 회피적인 애착을 훨씬 많이 보여준다. 하지만 독일의 부모들은 독립성에 가치를 두고 자신의 아이들이 부모에게 매달리지 않는 것을 고무시킨다(Grossmann et al., 1985). 반대로 아프리카 말리의 도곤 부족들 영아들은 아무도 어머니에게 회피적 애착을 보이지 않는 것으로 나타났다(True, Pisani, & Oumar, 2001). 첫 번째 손주를 갖게 된 할머니가 일차적 양육자가 되는 경우에도, 도곤 부족의 어머니들은 아기들을 가까이에서 지키고 배고파거나 괴로워할 때 즉각적으로 젖을 먹임으로써 여전히 어머니로서 역할을 한다.

일본 영아들 또한 회피 애착을 거의 보이지 않는다(그림 6.2 참조). 저항 애착의 수가 이상하게 높지만 이러한 반응이 진정한 불안정을 나타내는 것은 아닐 것이다. 일본 어머니들은 자신의 아기를 다른 사람에게 맡기는 일이 거의 없으므로 낯선 상황은 아마도 어머니와의 분리를 자주 경험하는 아기들보다 일본 아기들에게 더 큰 스트레스를 불러일으켰을 것이다(Takahashi, 1990). 또한 일본 부모들은 저항 애착의 일부분인 영아의 관심 추구를 영아 의존성의 정상적인 징후로 바라본다(Rothbaum, Morelli, & Rusk, 2011). 이러한 문화적 차

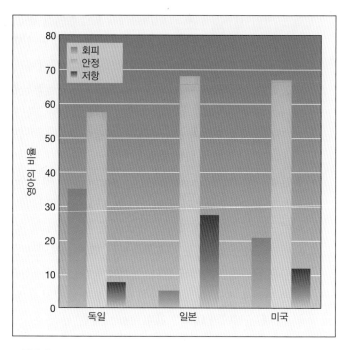

그림 6.2 낯선 상황에서 영아 반응의 문화 간 비교 독일 아기들의 높은 비율이 회피적으로 애착된 것으로 보이는 반면, 일본 영아들의 상당수가 저항 애착인 것으로 보인다. 이러한 반응들이 진짜 불안정성을 반영하는 것은 아닐 수 있다는 것을 명심하라. 그보다 이러한 결과는 아마도 가치와 아동 양육 관습의 문화적 차이에 기인하는 것으로 보인다(van IJzendoorn & Kroonenberg, 1988; van IJzendoorn & Sagi-Schwartz, 2008).

이에도 불구하고, 여전히 안정 유형은 연구가 이루어진 모든 사회에서 가장 보편적인 애착 유형이다(van IJzendoorn & Sagi-Schwartz, 2008).

애착 안정에 영향을 주는 요인

어떤 요인들이 애착 안정에 영향을 주는가? 연구자들은 4개의 중요한 영향을 자세히 고찰했다 — (1) 일관적인 양육자에 대한 초기의 가용성, (2) 양육의 질, (3) 아기의 특징, (4) 가족 맥락.

일관적인 양육자에 대한 초기의 가용성 아기가 양육자와 애정적 유대를 형성할 기회를 가지지 못할 때 어떤 일이 일어날까? 이를 알아보기 위해 연구자들은 좋은 양육자 아동 비율과 충분한 아동용 책과 장난감이 구비된 시설에서의 아동 발달을 추적했다. 그러나 이 시설에서 직원의 교체는 매우 빨라서 평균적으로 아동이 4.5세까지 50명의 양육자를 경험했다. 이러한 아동 중 상당수가 4세 이후 가정에 입양되는 '늦은 입양아'가 되었다. 대부분의 아동은 4~6세에 양부모와 깊은 유대를 형성함으로써 첫 번째 애착이 4~6세 정도로 늦게 발달할 수 있음을 보여주었다(Hodges & Tizard, 1989; Tizard & Rees, 1975). 하지만 이들 어린아이들은 어른들의 관심을 지나치게 원하는 것, 친숙하지 않은 성인들이나 또래들에게 '지나친 친밀함'을 보이는 등의 정서적 문제와 사회적 문제를 더 나타내는 것 같았다.

생후 첫 1년 혹은 그 이상을 결핍된 동유럽 고아원에서 보낸 아동들도 양부모와 유대를 형성할 수 있었지만 불안정 애착의 비율이 극히 높았다(Lionetti, Pastore, & Barone, 2015; Smyke et al., 2010; van den Dries et al., 2009). 그리고 그들은 정서적 및 사회성 문제의 위험이 높았다. 반면 그들 중 많은 아동들이 비변별적으로 타인에게 친밀했고 슬픔, 불안, 위축되어 있었다(Bakermans-Kranenburg et al., 2011; O'Connor et al., 2003). 이러한 증후는 아동 중기와 청소년기까지 대개 유지되었으며 인지적 손상, 부주의와 과잉 활동성, 우울, 사회적 저항이나 공격적 행동 등 광범위한 정신건강 문제와 상관이 있었다(Kreppner et al., 2010; Rutter et al., 2007, 2010).

더욱이, 7개월 정도로 어린, 시설에 수용된 영아들은 정서를 표현하는 얼굴표정에 대한 반응에서 경감된 ERP 뇌파를 보이며, 그와 같은 표정들을 변별하는 데 곤란을 경험하는데 이러한 결과는 정서 '읽기'에 관여하는 신경 구조의 붕괴를 시사하는 것이다(Parker et al., 2005). 이러한 결과와 일관되게, 더 오랜 기간 시설에 머물렀던 입양아에서 편도체의 크기는 비정상적으로 크다(Tottenham et al., 2011). 편도체가 클수록 입양아들은 정서 이해를 측정하는 과제에서의 수행이 더 저조했으며 그들의 정서적 자기조절 역시 저조했다. 전반적으로 이러한 결과는 충분히 정상적인 정서적 발달은 생애 초기 양육자와 밀접한 애착을 형성하는 것이 달려 있음을 보여준다.

양육의 질 수십 개의 연구들은 다양한 문화와 사회경제적 지위 집단에서 **민감한 양육**(sensitive caregiving) — 영아에게 즉각적이고 일관적으로 그리고 적절하게 반응하고, 부드럽고 조심스럽게 아기들을 안는 것 — 이 애착 안정과 중간 정도로 관련이 있다고 보고했다(Belsky & Fearon, 2008; van IJzendoorn et al., 2004). 안정적으로 애착된 영아의 어머니는 또한 자녀의 심적 상태와 동기를 자주 언급한다 — "너는 그 그네를 정말 좋아하는구나.", "할머니를 기억하니?" 이러한 어머니의 마음상태 언급, 즉 아기를 내적 사고와 느낌을 가지고 있는 사람으로서 취급하는 경향성은 민감한 양육을 촉진하는 것으로 보인다(Meins, 2013; Meins et al., 2012). 반대로, 불안정하게 애착된 영아들의 어머니들은 신체적 접촉을 덜 하고, 아기들을 서투르게 혹은 '사무적으로' 취급하고 가끔 화를 내고 거부하는 경향이 있었다(Ainsworth et al., 1978; McElwain & Booth-LaForce, 2006; Pederson & Moran, 1996).

또한 북미 아기들을 대상으로 한 몇몇 연구에서, 안정 애착 아기와 불안정 애착 아기의 경험을 구분하는 것은 **상호작용적 동시성**(interactional synchrony)이라고 불리는 독특한 의사소통 유형이었다. 이것은 민감하게 조율된 '정서적 춤'으로 가장 잘 기술되는데, 양육자는 영아의 신호에 알맞은 때에, 주기적이며 적절한 방식으로 반응한다. 게다가 파트너 두 사람의 정서적 상태, 특히 정적 정서가 조화를 이룬다(Bigelow et al., 2010; Isabella & Belsky, 1991). 우리는 앞에서 상호작용 동시성이 일어나는 민감한 대면 놀이가 영아의 정서 조절을 돕는다는 것을 살펴보았다.

그러나 영아에 대한 민감성을 판단하는 방식은 문화에 따라 다르다. 독립성에 큰 가치를 두는 서구 사회에서, 민감한 양육은 영아의 신호에 수반적으로 반응하고 아기의 심적 상태를 '읽어주고', 탐색을 지원함으로써 영아가 주도한다. 비서구 부족 사회와 아시아 문화에서, 양육은 아기와 물리적

(왼쪽) 아버지와 아기가 상호작용 동시성에 관여해 면대면 놀이에서 긍정적인 정서의 표현을 조율하고 있다. 서구에서 부모의 민감성은 애착 안정성을 예언한다.
(오른쪽) 비서구 농경 사회와 아시아 문화에서 부모의 민감성은 물리적 근접성, 조용함, 적절한 신체적 욕구의 충족이 애착 안정성과 관련이 있는 것으로 간주된다.

으로 근접해서 정서적 표현은 적게 하며 사회적 적절성을 가르치는 것을 유지하는 것이 민감하다고 간주되는데 왜냐하면 이러한 문화에서 아동이 타인에 연결되어 있다는 느낌과 사회적 조화를 촉진하는 것이 중요하기 때문이다(Morelli, 2015; Otto & Keller, 2014). 예를 들어 케냐의 구시족은 어머니가 자기 아기들의 욕구에 대해 매우 민감하기는 하지만 자신의 아기들을 귀여워하거나 꼭 껴안거나 아기들과 재미있게 상호작용하는 일은 거의 없다. 그럼에도 불구하고 대부분의 구시족 영아들은 안정 애착을 보인다(LeVine et al., 1994). 이것은 안정성이 주의 깊은 보살핌에 의존하는 것이지 순간순간의 일시적인 상호작용에 의존할 필요는 없음을 시사한다. 복종과 사회적으로 적절한 행동에 높은 가치를 두는 푸에르토리코 어머니들은 자주 물리적으로 아기들의 행동을 지시하고 제한한다(Carlson & Harwood, 2003). 푸에르토리코 문화에서는 이러한 양육 유형이 애착 안정으로 연결된다. 하지만 많은 서구 문화에서는 그러한 물리적 통제는 불안정을 예언한다(Whipple, Bernier, & Mageau, 2011).

안정 애착된 아기들과 비교해, 회피적 아기들은 지나치게 자극을 제공하고 간섭하는 양육을 받는 경향이 있다. 예를 들어 그런 아기의 어머니들은 아기들이 얼굴을 돌리고 있거나 잠들어 있을 동안에도 아기들에게 계속해서 이야기한다. 이 아기들은 어머니를 회피함으로써 저항할 수 없는 상호작용으로부터 도피하려고 한다. 저항적 영아는 흔히 비일관적

인 양육을 경험한다. 그들의 어머니는 아기의 신호에 반응적이지 않다. 하지만 아기가 탐색을 시작하면 이들 어머니들은 아기의 주의를 자신에게로 되돌리기 위해 방해를 한다. 그 결과 아기는 어머니의 관심 부족에 화가 날 뿐만 아니라 과도하게 의존적이 된다(Cassidy & Berlin, 1994).

매우 부적절한 양육은 애착 붕괴의 강력한 예언자이다. 아동 학대와 방치(제8장에서 다룰 주제이다)는 애착 불안정 세가지 유형 모두와 관련이 있다. 학대당하고 있는 영아들 중에서는 혼란 애착이 특히 많다(Cyr et al., 2010). 늘 우울한 어머니와 사랑하는 사람의 상실과 같은 외상적 사건으로 고통을 겪고 있는 부모도 이러한 형태의 변덕스러운 행동을 촉진하는 경향이 있다(Campbell et al., 2004; Madigan et al., 2006). 그리고 몇몇 혼란 애착 영아의 어머니들은 겁에 질린 것처럼 보이거나 아기를 집적거리거나 멀리 떨어져서 아기를 뻣뻣하게 붙잡고 있거나 당황한 아이에게 안심하라고 겁을 주고, 모순적이고, 불쾌한 행동들을 자주 보이는 것으로 드러났다(Hesse & Main, 2006; Solomon & George, 2011).

영아의 특징 애착은 두 파트너 사이에 형성되는 관계의 결과이므로, 애착이 얼마나 쉽게 형성되는가에는 영아의 특징이 영향을 줄 것이다. 제3장에서 조숙, 복잡한 출생, 신생아질병이 양육을 더 부담스럽게 만든다는 것을 보았다. 스트레스를 받고 가난으로 고통 받는 가족 내에서, 이러한 어려

움들은 애착 불안정으로 연결된다(Candelaria, Teti, & Black, 2011). 하지만 부모가 특별한 욕구를 가진 아기를 돌보기 위한 시간과 인내를 가지고 자신의 아기를 긍정적으로 바라볼 때, 위험 상태에 있는 신생아들도 애착 안정을 가지게 된다 (Brisch et al., 2005).

기질이 정서적으로 반응적인 까다로운 아기들은 나중에 불안정 애착으로 발전할 가능성이 더 크다(van IJzendoorn et al., 2004; Vaughn, Bost, & van IJzendoorn, 2008). 그리고 NBAS 점수(제3장 참조)에서 분명히 나타나는 비조직화된 신생아 행동은 혼란 애착의 위험을 증가시킨다(Spangler, Fremmer-Bomik, & Grossmann, 1996).

그러나 다시 한 번 말하지만 여기에는 양육이 관여된다. 5-HTTLPR 유전자의 짧은 변이체를 가진 아기들은 유전적 위험이 낮은 아동들과 비교할 때 혼란 애착을 형성할 위험이 크지만, 양육이 민감하지 않을 때만 그러하다(Spangler et al., 2009). 다른 연구에서 외상을 경험한 어머니들은 혼란 애착과 상관이 있었지만 그러한 어머니의 자녀가, 충동적이고 과잉활동성과 관련이 있는 것으로 알려진 11번 염색체에서 이상이 있는 소위 DRD4 유전자 다형성 영아일 경우 이러한 상관이 관찰되었다(van IJzendoorn & Bakermans-Kranenburg, 2006). 자기조절이 어려운 이러한 아기들은 어머니의 적응 문제의 부정적 효과에 보다 취약했다.

아동의 기질이 애착 특성을 결정짓는다면, 우리는 기질과 마찬가지로 애착도 적어도 어느 정도는 유전성이 있는 것으로 기대할 것이다. 그러나 애착의 유전 가능성은 거의 없다 (Roisman & Fraley, 2008). 그보다는 특정 유전적 특징을 지닌 아기들은 그들이 둔감한 양육에 노출될수록 애착 불안정성의 위험이 높아진다. 실제로 형제들은 기질에 있어서 종종 다름에도 불구하고 형제의 2/3가 그들의 부모와 같은 애착 유형을 형성한다(Cole, 2006). 이것은 대부분의 부모들은 그들의 양육을 각 아동의 개인적 욕구에 맞추려 노력한다는 것을 시사한다.

돌보기에 까다로운 영아들과 상호작용을 하도록 부모를 가르치는 개입방법이 민감한 양육과 애착 안정 모두를 향상시키는 데 매우 성공적이다(van IJzendoorn & Bakermans-Kranenburg, 2015). 어머니의 민감성과 효과적인 훈육 모두에 초점을 맞춘 한 프로그램은 DRD4 유전자 다형성 영아를 키우는 과정에서 격한 짜증과 파괴적 행동을 경감시키는 데 특히 효과적이었다(Bakermans-Kranenburg & van IJzendoorn,

2008a, 2008b). 이러한 결과는 5-HTTLPR 유전자의 짧은 변이체와 마찬가지로 DRD4 유전자 다형성도 아동들이 부정적 및 긍정적인 양육 모두의 효과에 더 취약하도록 만들 수 있음을 보여준다.

가족 환경 티미가 태어난 바로 직후에, 그의 부모가 이혼을 했고 아버지는 멀리 떨어진 도시로 이사를 갔다. 불안하고 마음이 심란한 바네사는 2개월 된 티미를 지네트의 보육원에 맡기고 생활비 마련을 위해 주당 50~60시간을 일하기 시작했다. 바네사가 늦게까지 사무실에 남아 있을 때는 보모가 티미를 데려와 저녁을 먹이고 재웠다. 일주일에 한두 번은 바네사가 보육원으로 티미를 데리러 갔다. 티미의 첫 번째 생일이 가까워졌을 때, 바네사는 부모에게 손을 뻗고 기어가고 달려가는 다른 아이들과는 달리 티미가 어머니를 무시하고 있다는 것을 알아챘다.

티미의 행동은 반복되어 나타나는 연구 결과들을 반영한다. 즉 실업, 결혼의 실패, 경제적 어려움은 부모의 민감성을 방해함으로써 애착을 손상시킬 수 있다. 또한 이와 같은 스트레스원은 아기들을 분노한 성인과의 관계 혹은 형편이 좋지 않은 보육시설에 노출시킴으로써 아기가 경험하는 안전의 느낌에도 직접적으로 영향을 줄 수 있다(Thompson, 2013). (보육이 초기 정서발달에 어떻게 영향을 주는지 알고 싶다면 '사회적 이슈 : 건강' 글상자를 참조하라.) 사회적 지지, 특히 육아 원조는 육아 스트레스를 감소시켜 주고 애착 안정을 촉진한다(Moss et al., 2005). 심리학자인 벤이 바네사에게 한 조언처럼, 지네트의 민감성이 도움이 된다. 티미가 두 살이 되었을 때 어머니와의 관계는 더 활기를 띤 것처럼 보였다.

부모의 내적 작동 모델 부모들은 그들 자신의 애착 경험의 역사를 가족 맥락으로 가져오고, 그것을 통해 자신의 아기와 형성할 유대관계에 적용할 내적 작동 모델을 구성한다. 모니카는 자신의 어머니를 긴장되고 집착하는 사람으로 회상하고 있는데, 그녀는 어머니와의 친밀한 관계를 만들지 말았어야 한다는 후회를 했다. 부모-자식 관계에 대한 그녀의 생각이 그레이스의 애착 안정에 영향을 줄 것 같은가?

부모의 내적 작동 모델을 평정하기 위해, 연구자들은 부모들이 자신의 아동기 애착 경험의 기억을 평가하도록 했다 (Main & Goldwyn, 1998). 몇몇 서구 국가에서 이루어진 연

사회적 이슈 : 건강

영아기의 보육시설 양육이 애착 안정과 이후 적응을 위협하는가?

직장에 다니는 부모와 매일 분리되고 일찍부터 종일제 보육시설에 맡겨지는 경험을 한 영아들이 애착 불안정성과 발달적 문제의 위험이 높을까? 몇몇 연구자들은 그렇다고 생각하고, 다른 연구자들은 동의하지 않는다(Belsky, 2005; O'Brien et al., 2014).

가장 좋은 최근의 증거는 미국 아동보건·인간발달연구소(NICHD)의 조기 보육 연구로부터 제시되는데, 이 연구는 최근까지 1,300명의 영아와 그 가족을 포함해 아동 보육의 효과를 장기적으로 살펴본 지금까지 이루어진 가장 큰 규모의 종단연구이다. 이 연구는 비부모 양육은 그 자체로 애착의 질에 영향을 미치지 않는다는 것을 확증했다(NICHD Early Child Care Research Network, 2001). 그보다는 아동 보육과 정서적 웰빙 간의 관련성은 가정에서의 경험과 아동 보육 경험 모두에 달려 있다.

가족 환경
우리는 가족 조건들이 애착 안정성과 이후의 적응에 영향을 미친다는 것을 보았다. NICHD 연구는 어머니의 민감성과 HOME 점수(제5장 참조)의 조합에 근거해 산출한 양육의 질이 아동 보육 노출 경험보다 아동의 적응에 더 큰 효과를 미친다는 것을 발견했다(NICHD Early Childhood Research Network, 1998; Watamura et al., 2011).

취업한 부모에게 일과 양육의 균형을 잡는 것은 스트레스를 줄 수 있다. 아기 아버지로부터 거의 도움을 받지 못하기 때문에 지치고 몹시 곤란을 겪는 어떤 어머니들은 아기에게 덜 민감하게 반응하고, 따라서 영아의 안정을 위태롭게 한다. 아버지의 양육 참여가 증가함에 따라, 맞벌이 가정의 더 많은 미국 아버지들 또한 역할 부담을 보고한다(Galinsky, Aumann, & Bond, 2009).

보육의 질과 정도
그럼에도 불구하고, 오랜 시간 동안 질 나쁜 보육을 받는 것은 불안정 애착의 높은 비율에 기여할 것이다. NICHD 연구에서, 아기가 가정과 보육시설 모두에서 위험 요인에 노출될 때, 즉 가정에서의 둔감한 양육과 함께 보육시설에서의 민감하지 못한 양육, 보육시설에서 오랜 시간을 보내거나 하나 이상의 보육시설에 맡겨진 경우 불안정 비율이 증가했다. 전반적으로, 아이가 높은 질의 보육시설에 그리고 몇 시간만 보육시설에 머물 때 어머니-아이 간 상호작용이 보다 순조로웠다(NICHD Early Child Care Research Network, 1997, 1999).

게다가 NICHD 표본이 3세가 되었을 때, 높은 수준의 보육 내력은 더 나은 사회적 기술을 예언했다(NICHD Early Child Care Research Network, 2002b). 동시에, 4.5~

5세에 주당 평균 30시간 이상 보육시설에 맡겨졌던 아이들이 더 많은 행동 문제를 보였는데 특히 반항, 불복종, 공격이었다. 이러한 결과는 가정 양육과 달리 보육시설에 있었던 아동의 경우 초등학교까지 지속되었다(Belsky et al., 2007b; NICHD Early Child Care Research Network, 2003a, 2006).

이것은 보육이 반드시 행동 문제를 일으킨다는 것을 의미하지는 않는다. 그보다는 미국 전체에 만연한 표준 이하의 보육에 심하게 노출되고, 특히 이것이 가정의 위험 요인과 결합되는 것이 이러한 어려움들을 촉진시킬 수 있다는 것이다. 학령전기 동안 NICHD 참여자에 대한 심층적인 분석은 가정과 보육 환경 모두가 좋지 않은 아동들은 문제행동에서 가장 취약할 위험이 높았던 반면, 양질의 가정과 아동 보육을 모두 받았던 아동들은 문제행동을 거의 보이지 않았다. 그 사이에 있는 아동들은 양질의 아동 보육을 받았지만 저조한 가정 환경에 노출되었던 이들이었다(Watamura et al., 2011). 이러한 아동들은 양질의 아동 보육으로부터 보호적 영향을 받고 이득을 얻을 수 있었다.

다른 산업화된 국가로부터의 증거 역시 전일제 아동 보육이 아동 보육에 반드시 해를 입히는 것은 아니라는 것을 보여준다. 예컨대 오스트레일리아에서는 정부가 지원하는 높은 수준의 종일제 보육시설에 맡겨진 영아들이 친척들,

구에서, 아동기 경험을 이야기할 때 객관성과 균형을 보이는 부모는 그 경험이 긍정적인 것인지 부정적인 것인지에 관계없이 안정 애착된 영아들을 가지는 경향이 있었다. 반대로 초기 관계의 중요성을 잊어버렸거나 혹은 분노하고 혼란된 방식으로 그것을 기술하는 부모는 대개 불안정 애착 아기를 가졌다(Behrens, Hesse, & Main, 2007; McFarland-Piazza et al., 2012; Shafer et al., 2015).

하지만 우리는 부모의 아동기 경험이 그들 자신의 자녀와의 애착 특징으로 직접적으로 이동한다고 가정해서는 안 된다. 내적 작동 모델은 전 생애 동안의 관계 경험들, 성격, 현재 삶의 만족 등을 포함하는 많은 요인의 영향을 받아 재구성

된 기억이다. 종단연구 결과들은 부정적인 삶의 사건이 한 개인의 걸음마기 애착 안정과 성인기의 안정 내적 작동 모델 간의 관계를 약화시킬 수 있음을 보여주었다. 불안정 애착의 아기가 불안정 내적 작동 모델을 가진 성인이 되었을 때, 성인기 자기보고에 의하면, 종종 그들의 삶은 가족 위기로 가득 차 있었다고 말한다(Waters et al., 2000; Weinfield, Sroufe, & Egeland, 2000).

요약하면, 우리의 초기 양육 경험이 우리가 민감한 부모 혹은 둔감한 부모가 되도록 운명 짓지 않는다는 것이다(Bretherton & Munholland, 2008). 우리가 받아 온 실제 양육 역사보다는 오히려 우리가 자신의 아동기를 바라보는 방식—

친구들, 혹은 보모들에 의해 비정규적으로 양육되는 영아들보다 더 높은 비율의 안정 애착을 보였다. 그리고 보육시설에서 보내는 시간은 학령전기 오스트레일리아 아동들의 행동 문제와 관련을 보이지 않았다(Love et al., 2003; Zachrisson et al., 2013).

여전히 몇몇 아동들은 오랜 시간을 보육시설에서 보내는 것에 특히 스트레스를 받을 수 있다. 많은 영아들, 걸음마기 유아들, 그리고 학령전기 아동은 낮 동안 스트레스 호르몬인 코르티솔 타액 농도의 약한 증가를 보였다. 이러한 패턴은 집에서 보내는 날에는 일어나지 않았다. 한 연구에서, 양육자들에 의해 매우 공포를 느낀다고 평정된 아동들은 코르티솔 수준에서 특히 가파른 증가를 보였다(Watamura et al., 2003). 억제된 아동은 보육시설의 사회적 맥락(많은 수의 또래 아이들과 함께 계속 지내야 하는 것)을 특히 스트레스로 생각한다. 그러나 전문적인 보육교사와의 안정 애착은 보호적이다(Badanes, Dmitrieva, & Watamura, 2012). 이는 아동 보육 기관에서의 일과에 걸쳐 코르티솔의 수준을 낮추는 것과 상관이 있다.

결론

종합해보면 연구들은, 어떤 영아들이 적절하지 못한 보육시설, 장시간 동안의 보육시설 위탁, 종일제 고용과 부모 역할로부터 어머니가 경험하는 압력들 때문에 애착 불안정성의 위험에 놓일 수 있다고 주장한다. 그러나 이러한 결과들을 보육시설에 대한 서비스를 감소시키는 것을 정당화하기 위해 사용하는 것은 부적절하다. 가정 수입이 줄어들거나 혹은 일하기를 원하는 어머니가 가정에 머물도록 강요될 때, 아동의 정서적 안정성은 증진되지 않는다.

대신에 높은 수준의 보육시설의 가용성을 높이고, 유급 휴가를 제공해 부모들이 자신의 자녀들이 보육시설에서 보내는 시간을 줄일 수 있게 하고 (제3장 참조), 초기 정서발달에서 민감한 양육과 보육시설의 질이 중요한 역할을 한다는 것을 부모에게 교육하는 것이 의미가 있다. NICHD 연구에서, 아기가 1세가 될 때까지 파트타임 고용은 더 큰 어머니 민감성 및 양질의 가정 환경과 상관이 있으며 이는 아동 초기 동안 보다 바람직한 발달을 가져왔다(Brooks-Gunn, Han, & Waldfogel, 2010).

마지막으로, 전문적인 보육교사와 아기 간의 관계가 중요하다. 보육자-아동 비율이 만족스럽고, 집단 크기가 작고, 보육자가 아동 발달과 아동 보육에 대해 교육을 받았을 때, 보

보육자-아동 비율이 만족스럽고, 집단 크기가 작고, 보육자가 아동 발달과 아동 보육에 대해 교육을 받는 등 양질의 아동 보육은 애착 안정성을 포함해 발달의 모든 측면을 촉진하는 체계의 일부가 될 수 있다.

육자의 상호작용이 보다 긍정적이며 인지·정서·사회적으로 아동의 발달이 더 순조롭다(Biringen et al., 2012; NiCHD Early Child Care Research Network, 2000b, 2002a, 2006). 이러한 특징을 가진 보육시설은 부모와 아동의 스트레스를 높이기보다는 경감시키고, 따라서 건강한 애착과 발달을 촉진시키는 생태학적 체계의 일부가 될 수 있다.

부정적 사건과 타협하고, 새로운 정보를 우리의 작동 모델에 통합시키고, 자신의 부모를 이해하고 용서하는 방식으로 되돌아보는 능력—이 우리가 자녀를 어떻게 기르는지에 더 큰 영향을 미친다.

다중 애착

우리는 이미 아기들이 여러 명의 친숙한 사람들에게 애착을 발달시킨다는 것을 살펴보았다—단지 어머니에게만이 아니라 아버지, 형제들, 조부모, 그리고 전문 양육인들에게도. 볼비(1969)는 특히 아기들이 고통을 겪을 때는 단 한 명의 특별한 사람을 향해 애착행동을 하는 소인을 가지고 있다고 믿었지만, 그 역시 다중 애착의 존재를 인식했다.

아버지 불안하거나 기분이 나쁠 때, 대부분의 아기들은 어머니에 의해 안정감을 느끼기를 선호한다. 그러나 이러한 선호는 대개 2~3세 사이에 감소한다. 그리고 아기들이 스트레스를 받지 않을 때, 그들은 유사하게 반응하는 양쪽 부모 모두에게 접근하고, 발성하고 미소 짓는다(Bornstein, 2015; Parke, 2002).

어머니의 경우보다는 덜 강하지만, 아버지의 민감한 양육과 유아와의 동시적 상호작용도 애착 안정을 예언한다(Brown, Mangelsdorf, & Neff, 2012; Lucassen et al., 2011). 그

럼에도 불구하고 많은 문화(오스트레일리아, 캐나다, 독일, 인도, 이스라엘, 이탈리아, 일본, 미국)에서 어머니와 아버지는 다른 방식으로 아기와 상호작용하는 경향이 있다. 어머니들은 신체를 돌보고 감정을 표현하는 것에 보다 많은 시간을 쏟는 반면 아버지는 재미있는 상호작용에 더 많은 시간을 보낸다(Freeman & Newland, 2010; Pleck, 2012).

또한 어머니와 아버지는 다르게 놀아준다. 어머니는 자주 장난감을 주고, 아기에게 이야기하고, 조용하게 손바닥 치기 놀이와 까꿍 놀이 같은 전통적인 놀이들을 한다. 반대로, 아버지는 놀이가 진행됨에 따라 점점 더 흥분된 감정 상태에 이르는 매우 자극적인 신체 놀이를 하는 경향이 있는데, 특히 아들과는 더욱더 그러하다(Feldman, 2003). 아버지의 양육도 민감하다면, 아마도 그러한 놀이는 아기들이 자신을 둘러싸고 있는 새로운 물리적 환경과 또래와 노는 것을 포함해서 역동적이고 예측 불가능한, 세계로 자신 있게 모험해 나갈 준비를 하도록 도울 것이다(Cabrera et al., 2007; Hazen et al., 2010). 독일의 한 연구에서, 아버지의 학령전기 아동과의 민감하고 도전적인 놀이는 유치원 입학부터 아동 초기까지 바람직한 정서 및 사회적 적응을 예측했다(Grossmann et al., 2008).

자극적이고, 깜짝 놀라게 하는 놀이 유형을 통해서, 아버지들은 아이에게 또래와의 놀이와 같이 친숙하지 않은 상황에 어떻게 접근해야 하는지를 가르친다. 놀이는 아버지가 안정 애착을 형성하는 중요한 맥락이다(Newland, Coyl, & Freeman, 2008). 이는 긴 근무 시간이 대부분의 아버지가 영아 양육을 공유하는 것을 방해하는 문화에서 특히 영향력이 크다(Shwalb et al., 2004). 그러나 많은 서구 국가에서 부모 역할의 엄격한 구분은 여성의 사회 참여 증가와 성 평등에 대한 문화적 가치에 대한 반응으로 과거 여러 세기 동안 변화되고 있다.

살펴보기

가정에서 영아와 상호작용하는 부모를 관찰하고 어머니와 아버지의 행동에서 유사점과 차이점 모두를 기술하라. 여러분의 관찰은 연구 결과와 일치하는가?

자녀를 둔 미국 기혼자 수천 명에 대한 국가적 조사는 아버지의 가정에서의 역할이 시간에 따라 본질적으로 변화해 왔음을 밝혔다. 그림 6.3에서 볼 수 있는 것처럼 아버지의 개

입은 어머니의 개입보다 적기는 하지만, 그럼에도 불구하고 오늘날 아버지들은 1965년의 아버지들보다 아동을 돌보는 데 거의 3배 이상의 시간을 보내고 있으며 이는 어머니 취업의 극적인 증가 때문이다(Pew Research Center, 2015e). 자녀에 대한 아버지의 가용성은 한 가지 예외를 제외하고는 사회경제적 지위와 인종집단 전반에 걸쳐 매우 유사하다. 히스패닉계 아버지가 더 많은 시간을 육아에 할애했는데, 아마도 이것은 그 문화가 가족 참여에 더 높은 가치를 두기 때문일 것이다(Cabrera, Aldoney, & Tamis-LeMonda, 2014; Hofferth, 2003).

따뜻한 부부간의 유대감과 지지적인 협조는 부모의 민감성 및 개입, 그리고 아동의 애착 안정성 모두를 촉진하지만 그것은 특히 아버지에게 중요하다(Brown et al., 2010; Laurent, Kim, & Capaldi, 2008). 뒤 페이지에 있는 '문화적 영향' 글상자를 살펴보면, 비교문화적 연구들은 이러한 결론을 입증하며, 아동의 발달에서 아버지 개입의 강력한 효과를 강조한다.

형제   가족 크기가 작음에도 불구하고, 북미와 유럽 아동들의 80%는 적어도 한 명의 형제와 함께 성장한다(U.S. Census Bureau, 2015d). 남동생이나 여동생의 출현은 대부분의 학령전기 아동들에게는 힘든 경험인데, 이들은 이제 부모의 관심과 애정을 나누어야만 한다는 것을 깨닫고, 잠시 동안은 종종 지나친 요구를 하고, 들러붙어 떨어지지 않고, 고의적으

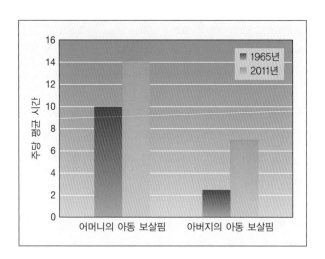

그림 6.3 1965년과 2011년 미국의 어머니와 아버지가 자녀 양육에 각각 소요한 시간의 평균 신생아부터 18세 사이의 자녀를 둔 수천 명의 기혼자를 대상으로 한 국가 조사에서 1965년에서 2011년까지 어머니의 자녀 양육 시간은 점진적으로 증가했다. 어머니의 시간보다는 현저히 적기는 하지만 아버지가 자녀 양육에 들이는 시간은 거의 3배 이상 증가했다(Pew Research Center, 2015e.)

로 말을 안 듣게 된다. 또한 애착 안정은 특히 2세(위협이나 버림받는다는 것을 느끼기에 충분한 나이)가 넘은 아동들에게서 일반적으로 감소한다(Teti et al., 1996; Volling, 2012).

아기가 출생한 후에 형제들 사이에 형성되기 시작하는 풍부한 정서적 관계의 유일한 특징은 분개(적의)지만, 나이 든 아동들은 또한 애정과 관심(아기에게 입 맞추고 아기를 어루만지고, 아기가 울면 "어머니, 이리 와 보세요!"라고 외친다)도 보인다. 첫해가 끝나 갈 무렵이 되면, 아기들은 나이 많은 형제들과 더 많은 시간을 보내고 잠깐 동안 부모가 자리를 비운 사이, 학령전기 형제가 옆에 있으면 위안을 받는다. 아동기에 걸쳐, 아동들은 부모가 없을 때 스트레스가 심한 상황에서 형제로부터 안정을 찾는다(Seibert & Kerns, 2009).

그럼에도 불구하고 동생이 처음 태어나고 얼마 되지 않아 형제관계에서 개인차가 나타난다. 여기에는 기질이 중요한 역할을 한다. 예를 들어 한 형제가 정서적으로 강렬하거나 매우 활동적인 경우에 갈등은 커진다(Brody, Stoneman, & McCoy, 1994; Dunn, 1994). 그리고 어머니가 두 아이에게 똑같이 따뜻하게 대하는 것은 긍정적인 형제 상호작용과 관련이 있고, 학령전기 형제가 고통을 겪고 있는 어린 동생을 지지해주는 것과도 관련이 있다(Volling, 2001; Volling & Belsky, 1992). 어린 자녀들과 자주 놀아주고 아기인 동생이 원하고 필요로 하는 것을 학령전기 형제에게 설명하는 어머니는 형제 협력을 촉진한다. 반대로, 어머니의 엄격함과 관여 부족은 적대적인 형제관계와 연결된다(Howe, Aquan-Assee, & Bukowski, 2001).

마지막으로, 부부의 좋은 결혼관계는 질투와 갈등에 더 잘 적응적으로 대처할 수 있는 손위 학령전기 형제의 능력과 상관이 있다(Volling, McElwain, & Miller, 2002). 아마도 부모 사이의 좋은 의사소통은 효과적인 문제 해결의 모델로 기능할 수 있을 것이다. 이는 전반적으로 즐거운 가정 환경을 촉진하고, 아동들이 질투를 느낄 이유를 더 적게 만들 것이다.

앞에서 우리가 살펴본 것을 아기와 학령전기 아동의 긍정적 형제관계를 향상시키는 방법에 적용해보자. 형제는 풍요로운 사회적 맥락을 제공하고 거기서 어린 아동은 애정적 보살핌, 갈등 해결, 적대적이고 시기하는 감정의 통제와 같은 광범위한 기술을 배우고 연습한다.

애착과 이후 발달

정신분석적 이론과 동물행동학적 이론에 따르면, 건강한 애착관계의 결과인 애정과 안정의 내적 느낌은 심리적 발달의 모든 측면을 지원한다. 이러한 관점과 일관되게, 광범위한 종단연구는 아기 때 안정 애착된 학령전기 아동들은 선생님이 평정한 자존감, 사회적 기술, 공감에서 불안정 애착된 아동들보다 더 높은 점수를 받는다는 것을 발견했다. 안정 영아였던 아동을 11세의 여름 캠프에서 또다시 연구했을 때, 캠프 상담자가 평정한 것에 의하면 그들은 사회적 역량을 더 가지고 있었다(Elicker, Englund, & Sroufe, 1992; Sroufe, 2002; Sroufe et al., 2005).

어떤 연구자들은 이러한 결과가 걸음마기의 안정 애착이 이후 더 나은 발달의 원인이 됨을 나타내는 것으로 본다. 그러나 반대되는 증거들도 있다. 다른 종단연구에서는 안정 유아가 종종 불안정 애착 유아보다 더 좋은 발달을 했지만 항상 그런 것은 아니었다. 예외는 혼란/해체 애착으로 이 유형은 학령전기와 학령기 동안 한결같이 높은 적개심, 공격성과 관련이 있었다(Fearon et al., 2010; McCartney et al., 2004; Schneider, Atkinson, & Tardif, 2001; Stams, Juffer, & van IJzendoorn, 2002).

무엇이 이와 같은 결과의 불일치를 설명할 수 있을까? 많은 증거들은 애착 안정이 이후 발달에서도 계속될지를 결정하는 것이 양육의 연속성임을 보여준다(Lamb et al., 1985; Thompson, 2013). 영아기 때뿐만 아니라 이후의 발달 단계에서도 민감하게 반응하는 부모를 둔 아동들은 잘 발달한다. 반면 긴 발달기간에 걸쳐 둔감하게 행동하는 부모를 둔 아동

동생의 출현은 대부분의 학령전기 아동에게 어려운 경험이다. 두 아동을 향한 어머니의 따뜻함은 손위 형제가 부모의 사랑이 지속되고 있음을 확인하게 하고 정서적인 보살핌의 모델이 되며, 긍정적인 형제 상호작용과 관련된다.

문화적 영향

발달에 미치는 아버지 따뜻함의 강력한 역할

전 세계 많은 사회와 인종들에서 이루어진 연구에서, 연구자들은 아버지의 사랑 그리고 애정 어린 돌봄의 표현을 부호화했는데, 이것은 꼭 붙어 있기, 안아주기, 위로하기, 놀아주기, 언어적으로 사랑을 표현하기, 아동의 행동을 칭찬해주기와 같은 행동들에서 분명히 나타난다. 아버지의 애정 어린 관여는 이후 인지적·정서적·사회적 능력을 강하게, 혹은 가끔은 어머니의 따뜻함보다 더 강하게 예언했다(Rohner & Veneziano, 2001; Veneziano, 2003). 그리고 서구 문화에서, 아버지의 따뜻함은 아동기 정서와 행동 문제 그리고 사춘기 물질남용과 비행을 포함하는 다양한 어려움들에 맞서 아동을 보호했다(Bornstein, 2015; Lamb & Lewis, 2013; Michiels et al., 2010).

어떤 요인들이 아버지의 따뜻함을 촉진하는가? 횡문화적 연구들은 영아 가까이에서 아버지가 보내는 시간의 양과 아버지의 보살핌과 애정 표현 사이에 일관적인 관계가 있음을 보였다(Rohner & Veneziano, 2001). 알려진 다른 어떤 사회들보다도 아버지가 자기 아기들과 육체적으로 가까이에서 많은 시간을 보내는 중앙아프리카 아카의 수렵 채집민들을 생각해보자. 관찰 결과, 아카의 아버지들은 하루의 반이상을 아기들과 팔 닿는 거리 안에서 보냈다. 그들은 다른 수렵채집사회의 아버지들처럼 가능한 한 자주, 적어도 하루에 다섯 번씩 아기들을 안아 올리고, 꼭 껴안고, 놀아주었다. 왜 아카 아버지들은 그렇게 참여하는가? 아카 남편과 아내 사이의 유대는 유별나게 협동적이고 친밀하다. 하루 동안, 부부는 사냥, 음식 준비, 사회적 활동과 여가 활동을 공유한다(Hewlett, 1992). 아카 부모들이 더 많은 시간을 함께 보낼수록, 아버지가 아기들을 사랑하는 상호작용은 더 커진다.

마찬가지로 서양 문화에서도, 만족스러운 결혼생활을 하는 아버지들은 아기들과 더 많은 시간을 보내고 더 효과적으로 상호작용한다. 반대로 결혼 불만족은 민감하지 못한 아버지 보살핌과 관련이 있다(Brown et al., 2010; Sevigny

서구와 비서구 국가 모두에서 아버지의 따뜻함은 장기간의 바람직한 발달을 예언한다. 그리고 서구 사회에서 이것은 아동기와 사춘기 동안에 있을 수 있는 광범위한 적응 문제들을 예방한다.

& Loutzenhiser, 2010). 아버지와 어머니 사이의 따뜻한 상호작용과 부모와 아기와의 상호작용은 서로 밀접하게 관련되어 있는 것이 분명하다. 사실상 모든 문화와 인종집단에서 보고된 아버지의 애정이 효과가 있다는 증거는 남성이 어린 자녀의 양육에 더 참여하도록 장려한다.

들은 애착 불안정성의 지속적인 패턴을 형성하고 발달적 곤란의 더 큰 위험에 처하는 경향이 있다.

양육과 아동의 적응 간 관련성은 이러한 해석을 지지한다. 심각한 부모의 심리적 문제와 높은 부적절한 양육이 관련되는 혼란 애착은 아동기 동안 내현화된 문제 및 외현화된 문제 모두와 상관이 있다(Moss et al., 2006; Steele & Steele, 2014). 그리고 연구자들이 1세부터 3세까지 대규모 아동 표집의 발달을 살펴보았을 때 민감한 양육에 의해 안정 애착을 형성한 아동들은 인지, 정서, 사회적 발달 결과에서 더 높은 점수를 받았다. 둔감한 양육에 의해 불안정 애착을 형성했던 아동들은 가장 낮은 점수를 받았고 안정 애착과 어머니의 민감성을 경험했던 아동들은 그 중간이었다(Belsky & Fearon, 2002).

비록 영아기 동안의 안정 애착이 지속된 좋은 양육을 보장하지는 않지만, 그것은 부모-자녀 관계를 긍정적인 경로로 나아갈 수 있게끔 시작하도록 만든다. 초기의 따뜻하고 긍정적인 부모-자녀 유대감은 시간에 걸쳐 유지되며, 아동 발달의 여러 측면을 촉진한다—보다 자신 있고 복잡한 자기개념, 더 진전된 정서적 이해, 더 뛰어난 의도적 통제, 더 효과적인 사회적 기술, 더 강한 도덕적 책임감, 학교에서 성취하고자 하는 더 높은 동기 수준(Drake, Belsky, & Fearon, 2014; Groh et al., 2014; Viddal et al., 2015). 그러나 초기 애착 안정성의 효과는 그 아기의 미래 관계의 질에 달려 있다. 마지막으로 우리가 다음 장에서 보게 되겠지만, 애착은 아동의 심리적 발달에 미치는 복잡한 영향력 중 하나일 뿐이다.

배운 것 적용하기

영아와 학령전기 형제들 간의 애정 유대를 촉진하기

제안	설명
손위 아이와 시간을 더 보내기	애정과 주의를 빼앗겼다는 손위 아이의 느낌을 최소화하기 위해, 손위 아이와 따로 시간을 보낸다. 이런 점에서 아버지들이 특히 도움을 줄 수 있는데, 학령전기 아이들과 특별한 외출을 계획하고 아기 보살피는 일을 대신해줌으로써 어머니는 손위 아이와 있을 수 있다.
형제의 못된 행동을 인내를 가지고 다루기	손위 형제의 못된 행동과 주목을 받고자 하는 욕구에 인내를 가지고 반응하면서, 이런 반응은 일시적임을 인식한다. 학령전기 손위 자녀에게 자신이 아기보다 더 어른스럽다는 자부심을 느낄 기회를 주라. 예를 들어 손위 아이가 아기에게 우유를 주고, 목욕을 시키고, 옷을 갈아 입히고, 장난감을 주는 것을 돕도록 장려하고 이런 노력에 고마움을 표시하라.
아기가 원하는 것과 아기의 욕구에 대해 이야기하기	손위 형제가 아기의 관점에서 이해하도록 도움으로써, 부모는 친절하고 이해심 있는 행동을 장려할 수 있다. 예를 들어 "아기는 너무 어려서 우유를 줄 때까지 기다릴 수 없어." 혹은 "아기는 손을 뻗어 장난감을 잡으려고 해도 할 수 없어."라고 말하라.
배우자에게 긍정적인 감정을 표현하고 효과적인 공동양육(coparenting)하기	부모들이 서로의 양육 행동을 지지할 때, 그들의 좋은 의사소통은 형제가 질투와 갈등에 잘 대처하도록 돕는다.

묻고 대답하기

연관지어보기 앞에서 설명한 정서적 자기조절에 대한 연구를 생각해보자. 안정 애착된 영아들의 양육 경험이 어떻게 정서적 자기조절의 발달을 촉진하는가?

적용해보기 바네사가 보육시설에서 티미를 안아 올렸을 때 티미가 보인 애착 유형은 무엇인가? 어떤 요인들이 그의 반응에 기여한 것인가?

생각해보기 여러분의 내적 작동 모델을 어떻게 특징지을 것인가? 여러분 부모님과 여러분의 관계 외에, 어떤 요인들이 그것에 영향을 미쳤을 것 같은가?

자기발달

6.9 영아기와 걸음마기 동안 자기인식의 발달을 기술하고 이것을 지지하는 정서적 및 사회적 능력을 함께 기술하라.

영아기는 풍요롭고 물리적, 사회적 이해의 발달을 형성하는 시기이다. 제5장에서 영아가 대상 영속성 이해를 발달시킨다는 것을 배웠다. 그리고 이 장에서 생후 첫해 동안 영아가 다른 사람의 정서를 인식하고, 그것에 적절하게 반응하며, 친숙하지 않은 사람과 친숙한 사람을 구별한다는 것을 보았다. 영아에게 있어서 사물과 사람 모두가 독립적이고 안정적인 존재로 획득된다는 것은 자신 또한 분리되고 영속적인 실체로서 이해하기 시작할 것임을 시사한다.

자기인식

케이틀린이 태어난 후, 캐롤린은 종종 케이틀린을 욕실 거울 앞으로 데려갔다. 첫 두 달 동안 케이틀린은 미소 짓고 거울 속 자신의 모습에 우호적인 행동으로 답했다. 언제쯤 케이틀린은 거울 속의 웃고 있는 예쁜 아기가 자기 자신이라는 것을 깨달을까?

자기인식의 시작 출생 시에, 영아는 자신이 다른 외부와 물리적으로 분리되어 있다는 것을 느낀다. 예를 들어 신생아들은 자기 자극(자신의 손이 목에 닿는 것)보다는 외부 자극(어른의 손가락이 목에 닿는 것)에 대해 더 강한 근원 반사를 보인다(Rochat & Hespos, 1997). 신생아들의 감각 간 지각(제4장 참조)의 놀랄 만한 능력이 자기인식의 시작을 돕는다(Rochat, 2013). 자신의 접촉을 느낄 때, 자신의 팔다리의 움직임을 느끼고 바라볼 때, 그리고 자기 자신의 울음소리를 느끼고 들을 때, 아기들은 감각 간 조화를 경험하고 자기 자신의 신체를 주변 사람이나 사물들과 구분한다.

첫 몇 달에 걸쳐, 비록 자기인식은 여전히 제한적이어서 지각과 행위에서만 표현되지만, 영아들은 자신의 시각 이미지를 다른 자극들로부터 분리한다. 자신의 다리를 차는 2개의 비디오 이미지를 나란히 보여주었을 때, 하나는 자기 자신의 관점(카메라가 아기의 뒤쪽에서 찍은 것)이고, 다른 하나는 관찰자 관점(카메라가 아기의 앞에서 찍은 것)이었는데, 3개월 된 아기는 친숙하지 않은 관찰자 관점을 더 오랫동안 쳐다보았다(Rochat, 1998). 4개월까지 영아들은 자기 자신의 비디오 이미지보다는 다른 사람의 비디오 이미지를 더 많이 보고 더 많이 미소 짓는데 이것은 아기들이 다른 사람(자기에 반대되는)을 사회적 파트너로 취급한다는 것을 의미한다(Rochat & Striano, 2002).

이러한 그들 자신의 움직임과 다른 사람으로부터의 움직임에 대한 변별은 자기가 주변 세계와 구분된다는 암묵적인 인식을 반영한다. 암묵적인 자기인식은 어린 영아들의 사회적 기대에서도 명백하다. 예를 들어 영아들은 반응적 성인과의 면대면 상호작용이 방해받을 때 저항하거나 위축된다. 이러한 자기경험의 초기 신호들은 외현적인 자기인식, 즉 자기가 다른 대상들과는 구분되는 존재하는 이해의 발달에서 중요한 기초 토대로서 기능한다.

외현적인 자기재인 두 번째 해 동안, 걸음마기 유아들은 자기의 신체적 모습을 의식적으로 자각하게 된다. 여러 연구에서 9~28개월의 아기들을 거울 앞에 두었다. 그리고 아기의 얼굴을 씻기는 실험 전 단계에서, 어머니들은 유아의 코에 붉은색 물감을 발라 두었다. 더 어린 영아들은 마치 붉은색 물감이 자신과는 아무 관계가 없다는 듯이 거울을 만졌다. 하지만 18~20개월 된 영아들은 이상하게 보이는 자신의 코를 문질렀는데 이것은 자신의 독특한 모습에 대한 자각이 있음을 보여준다(Bard et al., 2006; Lewis & Brooks-Gunn, 1979).

약 2세경에, **자기재인**(self-recognition) — 자신을 물리적으로 독특한 존재로 구별하는 것 — 은 잘 발달해 간다. 아이들은 사진에 있는 자신을 가리키고 자신을 이름이나 대명사('나' 혹은 '나의')로 말한다(Lewis & Ramsay, 2004). 곧 아동들은 그들 스스로를 사진에서 잘 찾아낸다. 2.5세경, 생방송으로 자신의 비디오를 보여주었을 때, 대부분의 아동은 화면에 보이는 자신의 머리 꼭대기에 붙어 있는 스티커로 손을 뻗쳤으며 3세경 대부분의 아동이 그들 자신의 그림자를 인식한다(Cameron & Gallup, 1988; Suddendorf, Simcock, & Nielsen, 2007).

그럼에도 불구하고 영아들은 **척도 오류**(scale error)를 범하는데 이는 자신의 신체 사이즈로는 불가능한 대상을 사용하기 위해 시도하는 것이다. 예를 들면 그들은 인형 옷을 입으려고 시도하고, 인형의 의자에 앉으려고 하며, 통과하기에는 너무 좁은 문으로 걸어가려고 한다(Brownell, Zerwas, & Ramani, 2007; DeLoache et al., 2013). 걸음마기 아동들은 그

들 자신의 신체 측면에 대한 정확한 이해가 결여되었을 수 있다. 대안적으로는, 영아들이 제한된 공간으로 무리하게 끼어드는 결과를 탐색하기 위한 것일 수도 있다(Franchak & Adolph, 2012). 척도 오류는 2~3.5세 사이에 줄어든다.

어떤 경험이 자기인식에서의 발달에 기여할까? 첫 번째 해 동안 영아들이 환경에 영향을 미칠 때, 그들은 자기, 다른 사람, 그리고 사물을 구분하도록 돕는 결과들을 알아차린다(Nadel, Prepin, & Okanda, 2005; Rochat, 2013). 예를 들어 모빌을 치고 그것이 유아 자신의 행동과는 다른 형태로 흔들리는 것을 보는 것은 아기에게 자신과 물리적 세상 사이의 관계에 대한 정보를 준다. 양육자에게 미소 짓고 흥얼거리면 양육자가 되받아서 미소 짓고 소리를 내는 것은 자기와 사회적 세계 간의 관계를 분명히 하는 것을 돕는다. 이들 경험들 간의 대조는 유아가 자기 이미지를 외부 현실세계와는 분리되지만 사실상 연결되어 있는 것으로 형성할 수 있도록 돕는다. 이에 더해, 양육자와 공동 주의를 자주 확립하는 18개월 영아들은 기대되는 것보다 그 이상 월령에서 외현적인 자기재인을 발달시킨다(Nichols, Fox, & Mundy, 2005). 공동 주의는 걸음마기 아동들이 그들 자신과, 물체 및 사건에 대한 다른 사람의 반응을 비교할 수 있는 많은 기회를 제공하는데 이는 그들 자신의 물리적 독특성에 대한 인식을 향상시킬 수 있다.

이 20개월 영아는 우스꽝스러운 표정을 짓고 거울에 비춰 본다. 이는 그녀가 그녀 자신을 독립된 존재로 인식하고 그녀의 독특한 신체적 특징을 인식하고 있음을 보여준다.

초기의 자기발달에는 문화적 차이가 있다. 한 연구에서 사회경제적 지위가 중간 정도인 도시 독일 아동과 인도 동부 도시 걸음마기 아동들은 카메룬 농업지역의 느소족과 같은 비서구 농경사회나 인도 동부 농촌지역의 걸음마기 아동들보다 더 이른 연령에서 자기재인을 했다(그림 6.4 참조)(Kärtner et al., 2012). 독일 도시지역의 아동과 인도 동부 도시지역의 어머니들은 개인적인 재능과 흥미와 그들 자신의 선호를 표현하는 것을 격려하는 것과 같이 자율적인 자녀 양육의 목표를 강조했으며 이는 이른 연령에서의 거울 자기인식을 강력하게 예측했다. 대조적으로 느소와 인도 동부 농촌지역의 어머니는 관계적 측면에 가치를 두었고 다른 사람과 나누는 것을 강조했다. 관련된 연구에서 거울 자기인식 과제에서 약간의 지연을 보였던 느소 걸음마기 아동들은 아동의 자율성을 강조하는 사회경제적 지위가 중간 정도인 그리스 도시지역의 걸음마기 아동들보다 성인의 요구에 복종하는 능력을 더 일찍 보여주었다(Keller et al., 2004).

자기재인과 초기 정서적·사회적 발달 자기인식은 재빨리 아이의 정서적 그리고 사회적 삶에서 핵심 부분이 되어 간다. 자기인식적 정서가 자기감의 강화에 의존한다는 것을 떠올려보라. 또한 자기재인은 다른 사람의 관점을 인정하려는 초기 노력을 지원한다. 그것은 **공감**(empathy) — 다른 사람의 정서적 상태를 이해하고 그 사람과 함께 느끼거나 유사한 방식으로 정서적으로 반응해주는 능력 — 의 시작과 관련이 있다. 예를 들어 걸음마기 유아는 다른 사람들에게 자신을 위로해준다고 생각되는 것들을 주기 시작한다 — 안아주기, 안심시키는 말들, 혹은 좋아하는 인형이나 담요(Hoffman, 2000; Moreno, Klute, & Robinson, 2008).

마지막으로, 걸음마기 아동들의 좀 더 견고한 자기감에 동반되는 조망 수용 능력은 그들이 대상과 게임에 걸쳐 협동할 수 있도록 한다(Caplan et al., 1991). 또한 걸음마기 영아들은 다른 사람들을 어떻게 당황하게 만들 수 있는지 분명하게 알고 있다. 18개월 된 아이가 어머니가 자신의 누나에 대해 다른 사람에게 말하는 것을 들었다 — "애니는 거미를 정말로 무서워해"(Dunn, 1989, p. 107). 영아는 순진한 얼굴을 하고는 침실로 달려가서, 장난감 거미 인형을 가지고 와서는 애니의 얼굴 앞에 그것을 내밀었다!

자기범주화

두 번째 해의 끝 무렵, 언어가 자기발달의 강력한 도구가 된다. 언어는 아이들이 자기를 보다 분명하게 묘사하도록 허용하므로, 그것은 자기인식을 크게 향상시킨다. 18~30개월 사이에, 아이들은 **범주적 자기**(categorical self)를 발달시키는데, 연령('아기', '소년', 혹은 '남자'), 성별('소년', '소녀'), 신체적 특징('큰', '힘이 센'), 그리고 선한 것 대 악한 것("나는 착한 소녀야.", "토미는 나빠!")의 기준에서 자신과 다른 사람들을 범주화한다(Stipek, Gralinski, & Kopp, 1990).

걸음마 유아는 이러한 사회적 범주에 대해 자기가 제한적으로 이해하고 있는 것을 활용해 자신의 행동을 조직화한다. 예를 들어 자신의 성별을 명명할 수 있는 아동들의 능력은 성 정형화된 반응의 뚜렷한 증가와 관련된다. 18개월에 이미 영아들은 자신의 성별에 전형적인 장난감(여자아이는 인형과 찻잔 세트, 남자아이는 트럭과 자동차)을 선택하고 그것을 가지고 보다 몰두하는 방식으로 논다(Zosuls et al., 2009). 다음으로 영아들이 이것을 표현할 때 부모들이 긍정적으로 반응해줌으로써 이러한 선호를 촉진한다(Hines, 2015). 제8장에서 보게 되겠지만, 성 정형화된 행동은 아동 초기에 극적으로 증가한다.

자기통제

자기인식은 또한 아동들이 충동을 억제하고 부정적인 정서

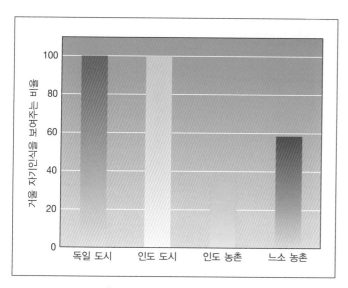

그림 6.4 네 문화에서 19개월 영아의 거울 자기재인 어머니가 자율적인 자녀 양육 목표를 강조하는 독일 도시지역의 사회경제적 지위가 중간 정도인 가정과 인도 동부 도시지역의 사회경제적 지위가 중간 정도인 가정의 영아들은 어머니가 관계적 자녀 양육 목표를 강조하는 카메룬 농촌지역의 느소 및 인도 동부 농촌지역의 아동들보다 더 이른 월령에서 거울 자기인식을 보여주었다(Kärtner et al., 2012).

를 조절하며, 사회적으로 받아들여지는 방식으로 행동하도록 돕는 의도적 통제에도 영향을 미친다. 자기통제적인 방식으로 행동하기 위해서, 아동들은 반드시 스스로를 그들 자신의 행위를 이끌 수 있는, 분리되고 자율적인 존재로 생각해야 한다. 그리고 그들은 양육자의 지시("케이틀린, 그 전구는 만지지 마!")를 재인해내기 위해 표상 및 기억 능력을 가지고 있어야 하며 그것을 자신의 행동에 적용해야 한다.

12~18개월 무렵 이런 능력이 출현함에 따라, 걸음마기 아동들은 처음으로 **순종**(compliance)할 수 있게 된다. 그들은 양육자의 바람과 기대에 대한 명확한 인식을 보이며 단순한 지시에 순종할 수 있다. 그리고 모든 부모들이 알고 있듯이, 영아들은 정반대로 해 버리기로 결정할 수도 있다! 유아가 자신의 자율성을 주장하는 한 가지 방법은 성인의 지시에 저항하는 것이다. 그러나 대개의 경우, 반항하는 것은 간절하고 자발적인 마음으로 순종하는 것보다 훨씬 덜 보편적인데 이것은 아동이 성인의 지시를 자신의 것으로 받아들이기 시작한다는 것을 시사한다(Dix et al., 2007; Kochanska, Murray, & Harlan, 2000). 순종은 재빨리 걸음마기 아동의 첫 번째 양심과 유사한 자기말을 이끈다. 예컨대 쿠키로 손을 뻗거나

아버지가 순종과 자기통제의 시작을 촉진한다. 아기는 열심히, 적극적으로 닦는 일에 참여하는데, 이것은 아기가 어른들의 지시를 자신의 일로 받아들이기 시작했다는 것을 의미한다.

배운 것 적용하기

걸음마기 유아의 순종과 자기통제 발달을 돕기

제안	이유
유아에게 민감성과 격려로 반응하기	부모가 민감하고 지지적인 유아들이 더 유순하고 자기관리도 더 잘한다.
유아가 즐거운 활동을 멈추어야만 할 때 미리 알리기	유아들은 원하는 행위에 참여하기 전에 기다리는 것보다 이미 참여하고 있는 즐거운 활동을 멈추는 것이 더 어렵다는 것을 발견한다.
많이 알려주고 상기시키기	규칙을 기억하고 따르는 유아의 능력은 제한되어 있다. 유아들은 끊임없는 어른의 감독을 필요로 한다.
자기통제를 하는 행동에 대해 언어적 · 신체적으로 인정하기	적절한 행동을 보상하기 위해 칭찬하고 안아주면, 이런 행동의 발생을 더 증가시킬 것이다.
오랫동안 주의를 지속할 때 격려하기(제5장 참조)	주의 발달이 자기통제와 관련이 있다. 매력적인 자극으로부터 주의를 돌려 덜 매력적인 대안에 초점을 둘 수 있는 아이가 자기추동을 더 잘 통제한다.
언어발달을 지원하기(제5장 참조)	초기 언어발달은 자기통제와 관련이 있다. 생후 두 번째 해에, 아동은 성인의 기대를 기억해내고 만족을 지연시키기 위해 언어를 사용한다.
유아의 발달 능력에 맞추어 규칙을 점차적으로 늘리기	인지와 언어가 진보하면서, 유아들은 안전, 사람과 소유물에 대한 중시, 가족 일과, 예의범절, 단순한 가사일과 관련된 규칙들을 더 많이 따를 수 있다.

소파에서 뛰어내리기 전에 "아니야, 안 돼"라고 말함으로써 자신을 교정하는 것이다.

연구자들은 종종 자기통제의 초기 출현을 연구하기 위해서, **만족 지연**(delay of gratification) — 마음에 있는 행동을 하기 위한 적절한 시간과 장소를 기다림 — 을 요구하는 과제 상황으로 아동들을 데려온다. 1.5~4세 사이에, 아동들이 사탕을 먹거나, 선물 상자를 열거나, 혹은 장난감을 가지고 놀기 전에 기다릴 수 있는 능력은 점점 더 증가한다(Cole, LeDonne, & Tan, 2013; Vaughn, Kopp, & Krakow, 1984). 주의, 언어, 부정적 정서 억제의 발달에서 앞서 가는 아동은 만족도 더 잘 지연시키는 경향이 있는데, 이는 왜 여아들이 전형적으로 남아들보다 자기통제적인지를 설명하는 것을 도와준다(Else-Quest, 2012).

일반적으로 의도적 통제와 마찬가지로 어린 아동들의 만족 지연 능력은 양육의 질에 의해 영향을 받는다. 부모의 온정과 격려를 경험한 걸음마기 아동과 학령전기 아동들은 더 협조적이고 유혹에 더 잘 저항하는 경향이 있다. 그러한 양육은 인내의 모델이 될 뿐만 아니라, 충동적이지 않은 행동을 촉진하는 것 같다(Kochanska, Aksan, & Carlson, 2005; Kochanska & Kim, 2014). 223쪽으로 돌아가서, 어떻게 이러한 발견들이 기질과 아동 양육 간의 조화의 적합성이 중요하다는 것을 보여주는 또 다른 예를 제공하는지 주목해보자.

자기통제가 향상될수록, 부모는 점차 유아들이 따라주기를 기대하는 규칙들을 확장한다 — 안전과 소유물과 사람에 대한 존중에서 가족의 일상, 예절들, 간단한 일에 대한 책임으로(Gralinski & Kopp, 1993). 그러나 자기 행동에 대한 유아들의 통제는 끊임없는 부모의 감독과 상기에 달려 있다. 케이틀린과 부모가 볼일을 보러 가기 위해 케이틀린이 노는 것을 멈추게 하려면 보통은 몇몇 알려주는 말("기억해, 우리는 곧 가야 돼.")과 부드러운 강요가 필요하다. '배운 것 적용하기'에는 영아들이 순종과 자기통제를 발달시키도록 돕는 방법들이 요약되어 있다. 인생의 두 번째 해가 끝나 갈 무렵, 캐롤린, 모니카, 그리고 바네사는 자신의 아이들이 사회적 삶의 규칙들에 대해 배울 준비가 되었다는 것에 매우 기뻐했다. 제8장에서 살펴보겠지만, 부모의 따뜻함과 적당한 발달 요구와 함께, 인지와 언어의 향상은 학령전기 아동들이 이 영역에서 엄청난 진보를 이룰 수 있도록 이끈다.

묻고 대답하기

연관지어보기 어떤 유형의 양육이 정서적 자기조절, 안정 애착, 자기통제를 촉진하는가? 그것은 각각 왜 효과적인가?

적용해보기 1~2세 아기들의 양육자인 렌은 유아들이 자기를 인식하는지가 궁금하다. 생후 두 번째 해에 렌이 관찰할 수 있는 자기인식의 신호를 열거하라.

생각해보기 걸음마기 아동의 순종, 적극적인 반항, 만족 지연을 위한 처음의 능력에 대한 연구 관점에서 여러분은 걸음마기 아동의 행동을 특징짓기 위해 많이 사용되는 '끔찍한 두 살'이라는 표현이 이 시기를 기술하는 데 적합하다고 생각하는가? 왜 그렇게 생각하는지 설명하라.

요약

영아와 걸음마기 유아의 성격에 대한 에릭슨의 이론

6.1 에릭슨의 기본 신뢰 대 불신의 단계와 자율성 대 수치심과 회의의 단계 동안 어떤 성격이 변화할까?

■ 따뜻하고, 반응적인 양육은 영아들이 **기본 신뢰 대 불신**의 에릭슨의 심리적 갈등을 긍정적인 쪽으로 해결할 수 있도록 한다.

■ 걸음마기 동안, **자율성 대 수치심과 회의**는 부모가 적절한 안내와 믿을 만한 선택을 제공할 때 잘 해결된다. 적응 문제는 만일 첫 몇 해 동안 아동들이 적절한 신뢰와 자율성을 확립하지 못했을 때 나타날 수 있다.

정서 발달

6.2 첫 두 해 동안 일어나는 기본 정서의 발달을 기술하라.

■ 첫해 전반부 동안, **기본 정서**는 점진적으로 명확해지고 잘 조직화된 신호로 나타나게 된다. **사회적 미소**는 6~10주 사이에 나타나며, 웃음은 3~4개월경 나타난다. 행복은 부모-자녀 유대감을 강화하며 운동, 인지, 사회적 능력을 반영하기도 하고 지지하기도 한다.

■ **낯가림** 형성에서 분노, 공포는 영아의 인지적 및 운동 기술이 발달함에 따라 두 번째 해 전반부에 증가한다. 새롭게 움직이게 된 아기들은 친숙한 양육자를 탐색하기 위한 **안전 기지**로 이용한다.

6.3 영아기 동안 일어나는 다른 사람의 정서 이해, 자기의식적 정서 표현, 정서적 자기조절

에서의 변화를 요약하라.

- 다른 사람의 정서적 표현을 이해하는 능력은 첫해에 걸쳐 발달한다. 8~10개월경 영아들은 **사회적 참조**에 관여한다. 두 번째 중반부터 걸음마기 아동들은 다른 사람의 정서적 반응들이 그들 자신의 것과는 다를 수 있음을 깨달으며, 그들은 사회적 참조를 다른 사람의 의도와 선호에 대한 정보를 모으기 위해 사용한다.

- 걸음마기 동안, 자기인식과 성인의 지시는 **자기의식적 정서**에 대한 토대를 제공한다 – 죄책감, 수치심, 당황함, 질투, 자부심. **정서적 자기조절**은 전두엽 기능이 보다 효과적으로 발달하고 양육자가 영아의 증가하는 참을성을 격려하며 주의를 전환하는 영아의 능력이 발달함에 따라 출현한다. 양육자가 정서적으로 공감적이지만 한계를 명확히 설정할 때 걸음마기 아동들은 보다 효과적인 분노조절 책략들을 학령전기에 발달시킨다.

기질과 발달

6.4 기질이란 무엇이며, 어떻게 측정되는가?

- 아동들은 기질에서 매우 다르다. **기질**이란 반응성과 자기조절에서의 초기에 출현하는 안정적인 개인차이다. 최초의 뉴욕 종단연구는 세 가지 패턴을 밝혀냈다 – **쉬운 아이, 까다로운 아이, 더디게 반응하는 아이**. 오늘날 가장 영향력 있는 기질의 모델은 정서, 주의 그리고 **의도적 통제**의 발달에 따라, 자신의 반응성을 조절하는 능력인 행동을 대표하는 차원들을 포함한다.

- 기질은 부모 보고, 다른 친숙한 사람에 의한 행동 평정, 실험실 관찰을 통해서 측정된다. 대부분의 신경생물학적 연구는 **억제된 혹은 수줍은 아동**을 억제되지 않은 혹은 **사교적인 아동**들과 구별하는 데 초점이 맞춰져 있다.

6.5 조화의 적합성 모델을 포함해, 기질의 안정성에서 유전과 환경의 역할을 논의하라.

- 기질은 낮은 정도부터 중간 정도의 안정성을 가진다. 기질은 연령에 따라 발달하며 경험에 의해 수정될 수 있다. 초기 기질로부터 장기간의 예측은 3세 이후 가장 잘 얻어지는데, 이 시기 아동들은 의도적 통제에서 본질적인 발달을 경험한다.

- 기질에서 민족 및 성별 차이는 유전적 토대를 가지지만 문화적 믿음과 실제에 의해 촉진된다.

- 기질은 양육 경험에 대한 차별화된 취약성에 영향을 미친다. 5-HTTLPR 유전자의 짧은 변이체를 가진 어린 아동들은 자기조절 곤란의 위험이 높은데 부적절한 양육에 노출되었을 때 다른 아동보다 저조하게 기능하며 좋은 양육으로부터 더 큰 이점을 가진다. 부모들은 형제들 사이의 기질적 차이를 강조하는 경향이 있다.

- **조화의 적합성 모델**에 따르면, 아동의 기질을 인식하고 보다 적응적인 기능을 격려하는 양육 조건들은 바람직한 적응을 촉진한다.

애착 발달

6.6 생애 첫 두 해 동안 애착의 발달을 기술하라.

- **애착**에 대해 가장 폭넓게 받아들여진 관점인 **동물행동학적 이론**은 영아의 양육자에 대한 정서적인 결속이 생존을 촉진하기 위한 진화된 반응으로 인식한다. 어린 영아에서 선천적인 신호들은 영아들이 다른 사람과 밀접한 접촉을 하도록 돕는다. 곧 그들은 다른 낯선이보다 친밀한 양육자와 자유롭게 의사소통하고 보다 신속하게 조용해진다.

- 6~8개월경 분리불안과 양육자를 안전 기지로 사용하는 능력은 진정한 애착 유대의 존재를 보여준다. 표상과 언어가 발달함에 따라, 분리에 대한 저항은 감소한다. 초기의 양육 경험으로부터, 아동들은 미래의 친숙한 관계를 안내하는 **내적 작동 모델**을 구성한다.

6.7 연구자들은 어떻게 애착 안정성을 측정하는가? 또한 어떤 요인들이 애착 안정성에 영향을 미치며, 이후의 발달에 대한 시사점은 무엇인가?

- 1~2세 사이 애착의 질을 측정하기 위한 실험실 절차인 **낯선 상황**을 이용해, 연구자들은 네 가지 애착 패턴을 발견했다 – **안정 애착, 불안정-회피 애착, 불안정-저항 애착, 혼란 애착**. 1~5세 사이 아동에 대한 가정 관찰에 기반한 **애착 Q-sort**는 낮은 정도부터 높은 정도까지의 애착 점수를 산출한다.

- 바람직한 조건을 가진 사회경제적 지위가 중간 정도인 가정의 안정적으로 애착된 아기들은 불안정 애착 아기들보다 자신의 애착 패턴을 종종 잘 유지한다. 혼란 애착 패턴은 다른 패턴보다 더 안정적이다. 문화적 조건들은 애착 패턴을 해석하는 데 고려되어야 한다.

- 애착 안정성은 일관적인 양육자, 양육의 질, 아기 기질과 양육 실제 간의 조화, 가정 환경의 초기 가용성에 의해 영향을 받을 수 있다. **민감한 양육**은 안정 애착과 중간적으로 상관을 보인다.

- 서구 문화에서 **상호작용적 동시성**은 안정적으로 애착된 아기들의 경험을 특징짓는다. 비서구 농경사회와 아시아 문화에서 민감한 양육은 아기를 가까이에 두고 정서적 표현을 약화시키는 것이다.

- 양육의 연속성은 애착 안정성이 이후의 발달과 연결되는지 여부를 탐지하는 데 핵심적인 요인이다. 만일 양육이 증진된다면, 아동들은 불안정 애착에서 회복될 수 있다.

6.8 다중 애착을 위한 영아의 능력을 기술하라.

- 영아들은, 어머니와 비교해서 보다 흥미롭고 신체적인 놀이에 관여하는 아버지와 강력한 정서적 결속을 발달시킨다.

- 생애 첫째 해 일찍부터 아기들은 형제와 풍부한 정서적 관계를 형성하기 시작하며 이는 경쟁심과 공감적 고려의 결합이다. 형제관계의 질에서의 개인차는 기질, 양육, 부부관계의 질에 의해 영향을 받는다.

자기발달

6.9 영아기와 걸음마기 동안 자기인식의 발달을 기술하고 이것을 지지하는 정서적 및 사회적 능력을 함께 기술하라.

- 출생 당시, 영아들은 그들이 주변과 물리적으로 구분된다는 것을 감각하는데 이러한 암

묵적 자기인식은 생애 첫 몇 달 동안 확장된다. 두 번째 해 중반에 외현적 자기인식이 출현한다. 2세경 **자기재인**은 걸음마기 아동이 그들 자신을 사진에서 알아보고 이름으로 규정함에 따라 명백해진다. 그러나 자신의 신체 사이즈로는 불가능한 대상을 이용하려는 시도인 **척도 오류**는 이 연령대에 매우 흔하다.
- 자기인식은 걸음마기 아동들이 다른 사람의 관점을 이해하려는 최초의 시도를 이끌며 이는 **공감**의 초기 표시를 포함한다. 언어가 발달함에 따라 아동들은 **범주적 자기**를 발달시켜서 자신과 타인을 사회적 범주에 기초해 분류한다.

SW PRODUCTIONS/PHOTODISC GREEN/GETTY IMAGES

- 자기인식은 또한 자기통제에 영향을 미친다. **순종**은 12~18개월 사이에 출현하고 **만족 지연**은 1.5~4세 사이에 나타난다. 부모의 온정과 부드러운 격려를 경험한 아동들은 자기통제에서 뛰어난 경향이 있다.

주요 용어 및 개념

공감	민감한 양육	안전 기지	자기재인
기본 신뢰 대 불신	범주적 자기	안정 애착	자율성 대 수치심과 회의
기본 정서	분리불안	애착	정서적 자기조절
기질	불안정–저항 애착	애착 Q-sort	조화의 적합성 모델
까다로운 아이	불안정–회피 애착	애착의 동물행동학적 이론	척도 오류
낯선 상황	사회적 미소	억제된 혹은 수줍은 아동	혼란 애착
낯가림	사회적 참조	억제되지 않은 혹은 사교적인 아동	
내적 작동 모델	상호작용적 동시성	의도적 통제	
더디게 반응하는 아이	순종	자기의식적 정서	
만족 지연	순한 아이		

이정표

영·유아기 발달

출생~6개월

신체 발달
- 키와 몸무게가 급속도로 성장한다.
- 반사가 감소한다.
- 기본적인 맛과 냄새를 구별하고, 단맛을 내는 음식을 선호한다.
- 반응들은 고전적으로 혹은 조작적으로 조건형성될 수 있다.
- 변화하지 않는 자극에 습관화된다. 새로운 자극에 대해서는 회복된다(탈습관화된다).
- 낮/밤에 따라 수면 스케줄이 정착된다.
- 고개를 가누고, 구르고, 물건에 손을 뻗친다.
- 조직화된 패턴으로써 청각적 및 시각적 자극들을 지각한다.
- 움직임, 다음으로 양안 단서, 최종적으로 회화적 깊이 단서에 대한 민감성을 보인다.
- 사람의 얼굴 패턴을 인식하고 선호한다. 어머니 얼굴의 특징들을 인식한다.
- 다양한 감각 간 지각(시각, 청각 및 촉각) 관계를 이해한다.

인지발달
- 성인의 얼굴표정을 즉각적으로 모방하거나 지연 모방을 한다.
- 흥미로운 결과를 가져오는 우연 행동을 반복한다.
- (대상 영속성과 같은) 물리적 속성과 기본적인 수 지식을 약간 인식한다.
- 시각적 탐색 행동과 시각적 사건에 대한 재인 기억은 증진된다.

- 주의는 더 효율적이고 유연해진다.
- 물체의 비슷한 특질을 중심으로 지각적 범주를 형성한다.

언어발달
- 목울리기를 하고, 옹알이를 한다.
- 물체와 사건의 이름을 말해주는 양육자와 함께 주의하기를 시작한다.
- 이 단계 말부터, 몇몇 단어 의미를 이해한다.

정서·사회성 발달
- 사회적 미소와 웃음이 출현한다.
- 얼굴을 마주 보며 하는 상호작용에서 성인의 감정 어조를 맞춘다.

- 목소리와 얼굴표정에서 긍정적 정서와 부정적 정서를 구별한다.
- 정서표현이 자연스러워지고 환경에서 일어나는 사건과 의미가 연결된다.
- 주의 전환하기와 자기 위로를 통해 정서를 조절한다.
- 낯선 이보다는 양육자에게 더 많은 미소, 웃음, 그리고 옹알이를 보인다.
- 자신이 주변과 물리적으로 구별된다는 인식이 증가된다.

7~12개월

신체 발달
- 성인과 유사한 수면-각성 스케줄에 도달한다.
- 혼자 앉고, 기고, 걷는다.

- 닿기와 잡기는 유연성과 정확성에서 향상된다. 정교한 집게처럼 잡기를 보인다.
- 행복, 놀라움, 슬픔, 공포, 분노를 포함한 더 넓은 범위의 얼굴표정을 구별한다.

인지발달
- 의도적이거나 목표지향적인 행동을 하기 시작한다.
- 한 장소에 숨겨진 물체를 찾을 수 있다.
- 사람, 장소, 물체에 대한 회상 기억이 증진된다.
- 문제 해결에서 도구 사용이 출현한다. 이전의 문제에 대한 유추를 이용하여 간단한 문제를 해결한다.
- 범주 간의 지각적 대조가 미미한 경우에도 미묘한 특징 집합에 기초하여 대상을 분류한다.

언어발달
- 모국어와 아동이 속한 언어 공동사회의 말소

리를 포함하도록 옹알이가 확장된다.
- 양육자와의 공동주의가 보다 정확해진다.
- 쎄쎄쎄와 까꿍놀이와 같이 게임에서 순서 바꾸기를 한다.
- 다른 사람의 행동에 영향을 주고 정보를 전달하기 위해 언어 이전 몸짓(표시, 가리키기)을 사용한다.
- 이 기간이 끝나갈 무렵, 단어들의 변형된 참조를 이해하고 첫 단어를 말한다.

정서 · 사회성 발달
- 미소와 웃음은 빈도와 표현성이 증가한다.
- 분노와 공포가 증가한다.
- 낯가림과 분리불안이 나타난다.
- 양육자를 안전 기지로 사용한다.
- 친숙한 양육자에게 '분명한' 애착을 보인다.
- 다른 사람의 정서 표현의 의미를 찾아내어 사회적 참조를 한다.
- 자극으로 접근하거나 물러서면서 정서를 조절한다.

13~18개월

신체 발달
- 키와 몸무게가 빠르게 성장하지만, 생후 1년만큼 많이 성장하지는 않는다.
- 걸음걸이는 보다 더 잘 협응된다.
- 작은 물체를 더 협응적으로 처리한다.

인지발달
- 새로운 방식으로 물체를 가지고 놀면서 물체의 속성을 탐색한다.
- 숨겨진 물체를 찾기 위해 몇 개의 장소를 뒤진다.
- 더 긴 지연 시간 동안 그리고 보육기관에서 가정까지 맥락 변화에 걸쳐 성인의 행동을 지연 모방한다.
- 지속된 주의가 증가한다.
- 회상 기억은 더 발달한다.

- 물체들을 범주로 분류한다.
- 그림이 실제 대상을 상징할 수 있음을 인식한다.

언어발달
- 어휘가 증가한다.
- 이 시기 말부터 50단어를 산출한다.

정서 · 사회성 발달
- 다른 사람의 정서적 반응이 사람에 따라 다를 수 있음을 인식한다.

- 간단한 명령에 따른다.

19~24개월

신체 발달
- 점프하고 올라간다.
- 작은 물체를 잘 협응하며 조절한다.

인지발달
- 간단한 문제를 표상을 이용해 갑자기 해결한다.
- 보이지 않을 때 다른 곳에 숨긴 물체를 찾는다.
- 간단한 행동을 사용해 상상 놀이를 한다.

- 완전히 인식하지는 못했을지라도, 성인이 만들려는 행동을 지연 모방한다.
- 대상들을 보편적인 기능이나 행동에 기반해서 개념적으로 범주화한다.
- 언어를 기존의 심적 표상을 수정하기 위한 유연한 상징 도구로 사용하기 시작한다.

언어발달
- 200단어를 산출한다.
- 두 단어를 조합한다.

정서 · 사회성 발달
- 자기의식적 정서(수치감, 당황, 죄의식, 자존감)가 출현한다.
- 정서적 자기조절을 도와주기 위해 언어를 사용하기 시작한다.
- 감정을 표현하는 어휘를 습득한다.
- 양육자의 부재를 더욱 잘 참기 시작한다.
- 자신을 지칭하기 위해 이름이나 인칭대명사를 사용한다.
- 공감의 신호를 보인다.

- 자신과 다른 사람들을 연령, 신체 특징, 좋고 나쁨을 근거로 범주화한다.
- 성 유형에 맞는 장난감 선호를 보인다.
- 자기조절이 나타난다.

CHAPTER 7

아동 초기의 신체 및 인지 발달

서너 살 아이들과 함께 시내 연못으로 나들이를 떠나는 날, 한 교사가 금붕어의 특징을 알려주며 아이들의 관찰과 질문에 답한다. 언어와 지식의 세계는 어른 및 또래들과의 풍부한 대화로 뒷받침되는 어린 시절에 빠르게 확장된다.

© ELLEN B. SENISI

10년이 넘는 시간 동안 4층에 있는 연구실 창문을 통해 대학 부설 어린이집과 유치원을 볼 수 있었다. 날씨가 쾌청한 봄과 가을에는 유치원의 문이 활짝 열리고 작은 놀이터에 모래 상자, 이젤 그리고 수많은 나무 블록들이 펼쳐진다. 건물 옆에는 정글짐과 그네, 장난감집, 아이들이 가꾸는 꽃밭이 있는 풀밭이 있다. 그 옆으로 아이들이 자전거나 장난감 수레를 타고 빙빙 도는 원 모양의 길이 나 있다. 놀이터는 매일매일 여러 활동으로 붐빈다.

2~6세의 기간은 보통 '놀이의 시기'라고 불리는데, 이는 이 시기에 보다 구체적이며 유연하고 상징적인 활동이 발달하면서 놀이가 활발해지기 때문이다. 이 장에서는 먼저 신체와 뇌의 발달, 운동 협응의 증진과 같은 신체적 발달을 주제로 논의를 시작할 것이다. 특히 신체적 변화를 발생시키는 유전적 · 환경적 요인들을 살펴보고 신체 발달과 다른 발달적 영역들의 연관성에 대해 살펴볼 것이다.

그다음으로 피아제의 전조작기를 시작으로 하여 아동 초기 인지발달을 탐색할 것이다. 비고츠키의 사회문화적 이론과 정보처리이론 등을 포함한 최근의 연구 결과들이 취학 전 아동의 인지적 능력에 대한 이해를 넓혀줄 것이다. 그다음에는 아동기 지적 발달의 개인차에 기여하는 요인들을 살펴볼 것이다(예 : 가정 환경, 유치원 보육의 질, 텔레비전과 컴퓨터 등의 전자기기 사용). 마지막으로 아동 초기 언어 능력의 폭발적 발달에 대해 살펴볼 것이다. ●

신체 발달

신체 및 두뇌의 성장

7.1   유아기의 신체 성장 및 뇌 발달에 관해 설명하라.

아동 초기 신체 크기의 성장은 생후 2년 동안에 비해 그 속도가 감소한다. 보통 이 시기 동안 키는 1년에 5~7.5cm 정도, 몸무게는 2~2.5kg 정도 증가하며 남아가 여아에 비해 몸집이 커지기 시작한다. '젖살(baby fat)'이 빠지기 시작하면서 몸이 호리호리해지지만 상대적으로 근육량이 많은 남아에 비해 여아의 경우 젖살이 조금 더 오래 남아 있기도 하다. 그림 7.1에 나타나 있듯이 하체에 비해 상체가 크고 안짱다리에 통통한 걸음마기 때와는 달리 5세경에는 신체 비율이 성인과 비슷해, 몸이 곧고 배는 납작하며 다리는 길다. 결과적으로 이 시기의 자세와 균형 능력이 향상됨에 따라 운동 협응 능력이 발달하게 된다.

신체 크기에서의 개인차는 영아기나 걸음마기에 비해 아

월슨(3세)
월슨(3.5세)
월슨(4.5세)
월슨(5세)
마리엘(2.5세)
마리엘(4세)
마리엘(4.5세)
마리엘(5세)

그림 7.1 아동 초기 신체적 성장 학령전기에는 영아기와 걸음마기보다는 느리게 성장한다. 5세경 이들의 몸은 보다 가늘어졌고, 배는 날씬해지며 다리는 길어졌다. 남자아이들은 여자아이들에 비해 계속해서 키가 더 크고 몸무게가 많이 나가며 근육이 더 많아진다. 그러나 일반적으로 두 성별의 아이들 모두 신체 비율과 신체적 능력에서는 유사하다.

동 초기에 더욱 두드러지게 나타난다. 놀이터의 자전거 길을 빨리 달리는 5세의 대릴은 122cm에 25kg이며 반에서 키가 가장 크다(북미 5세 남아의 평균은 키 109cm, 몸무게 19kg이다). 아시아계 인디언인 프리티는 인종적 유전 요인으로 인해 유별나게 몸집이 작다. 저소득층 가정의 유럽계 미국인인 할은 이후에 우리가 논의할 요인들로 인해 평균보다 신체 크기가 작다.

골격의 성장

영아기 이후 골격 성장은 아동기 내내 계속된다. 2~6세 사이에 대략 45개의 새로운 골단, 즉 연골이 단단해지는 성장 센터들이 여러 군데에 생긴다. 이러한 성장 센터를 엑스선으로 촬영해 아동의 골 성숙도를 측정하거나 신체 성장을 진단하는 데 유용하게 사용한다.

취학 전 시기가 끝날 즈음, 아동의 유치가 빠지기 시작한다. 유치가 빠지는 연령은 유전적 요인의 영향을 강하게 받는다. 예를 들어 여아가 남아에 비해 신체적 성장이 빠르기 때문에 유치 역시 더 빨리 빠진다. 오랜 영양 결핍은 영구치의 출현을 늦출 수 있으며, 반대로 비만은 영구치 출현을 가속화시킬 수 있다(Costacurta et al., 2012; Heinrich-Weltzien et al., 2013).

유치의 관리도 중요한데, 이는 상한 유치가 영구치의 건강에 영향을 줄 수 있기 때문이다. 지속적으로 양치를 하고, 설탕이 많이 든 음식을 피하고, 불소가 함유된 물을 마시고, 불소막 치료(치아의 표면을 보호하기 위한 코팅)를 받음으로써 충치를 예방할 수 있다. 또한 담배 연기에 노출될 경우, 치아에 침입한 박테리아에 대응하는 면역체계가 억제되어 충치가 생길 수 있다. 흡연자와 함께 거주하는 아동은 그렇지 않은 아동에 비해 충치가 생길 확률이 높다(Hanioka et al., 2011).

미국 내 취학 전 아동 중 약 23%가 충치를 가지고 있으며, 아동 중기에는 50%, 18세경에는 60%의 아동이 충치를 지니는 것으로 나타났다. 부실한 식생활과 불충분한 건강관리가 충치 발병을 초래할 수 있는데, 이 때문에 사회경제적 지위가 낮은 가정의 아동이 충치 위험에 더 많이 노출되어 있다. 미국 내 저소득층 아동 중 약 1/3이 치료받지 못한 충치를 지니고 있는 것으로 나타났다(Centers for Disease Control and Prevention, 2015e).

두뇌 발달

2~6세 동안 뇌의 무게는 성인 두뇌 무게의 70~90%가량으로 증가한다. 이와 더불어 신체 협응, 지각, 주의, 기억, 언어, 논리적 사고, 상상 등 다양한 능력이 발달한다.

4~5세경 신피질의 여러 부분들은 시냅스를 과잉으로 형성한다. 전전두엽과 같은 일부 영역에서는 시냅스의 수가 성인의 2배에 다다르기도 한다. 시냅스의 성장과 신경 섬유의 수초화는 많은 에너지를 필요로 한다. fMRI 검사 결과에 따르면 신피질 내 에너지 대사가 가장 활발하게 나타나는 시기가 이 시기이다(Nelson, Thomas, & de Haan, 2006). 시냅스 가지치기란 활성화가 거의 되지 않는 뉴런의 결합 섬유가 소멸하고 시냅스의 수가 점차 감소하는 것을 의미한다. 8~10세경이 되면 대뇌피질의 대다수 영역에서 에너지 소비가 성인과 비슷한 수준으로 감소한다(Lebel & Beaulieu, 2011). 또한 인지 능력은 추후 상호 연결될 각각의 신경 체계로 국부화되어 조직화된 신경 기능의 네트워크를 형성하고 이는 아동의 인지 능력 향상에 기여한다(Bathelt et al., 2013; Markant & Thomas, 2013).

신경 활동에 대한 EEG와 NIRS, fMRI 측정치에 따르면, 아동 초기에서 중기 동안 전전두엽의 급속한 발달은 취학 전 시기 동안 급속히 발달하는 능력으로 알려진 억제, 작업기억, 사고의 유연성, 계획하기 등과 같은 다양한 실행 기능 능력에 영향을 미친다(Müller & Kerns, 2015). 또한 대부분의 아동의 경우 좌반구 활동은 3~6세 사이에 가장 활발하고 이후 점차 감소하는 반면 우반구 활동은 아동 초기와 중기에 걸쳐 점차 증가한다(Thatcher, Walker, & Giudice, 1987).

이러한 발견은 인지발달의 여러 측면과 일치한다. 전형적으로 좌반구에서 일어나는 언어적 기술은 아동 초기에 놀라운 속도로 증가하며, 이는 아동의 실행 기능 발달에 기여한다. 반면 보통 우반구에 위치하는 위치 설명하기, 그림 그리기, 기하학적 도형 인식하기 등의 공간적 기술은 아동기를 거쳐 청소년기에 이르기까지 점진적으로 발달한다.

좌반구와 우반구의 발달속도 차이는 인지적 기능에서 특정 영역이 구분되는 두뇌의 편재화 과정이 진행되고 있음을 의미한다. 이제 오른손잡이-왼손잡이의 구분을 통해 아동 초기 편재화 과정에 대해 보다 자세히 알아보자.

오른손잡이-왼손잡이 오른손잡이-왼손잡이에 대한 연구와

유전적인 영향과 부모의 수용은 이 다섯 살짜리 아이의 왼손잡이에 영향을 미쳤을 수 있다. 왼손잡이들은 특정한 인지적 이점을 보여주는데, 아마도 그들의 뇌가 오른손잡이들보다 덜 강하게 편중되어 있기 때문일 것이다.

제4장에서 우리가 다룬 연구 결과들은 뇌 발달 편재화에 대한 선천적 관점과 후천적 관점 모두를 지지한다. 생후 6개월경 영아는 대개 왼손보다 오른손을 사용할 때 보다 부드럽고 효과적인 움직임을 보인다. 이러한 초기 경향은 대부분의 아동들에게 오른손 편향을 발생시키며 이는 대개 12개월 전에 결정된다(Nelson, Campbell, & Michel, 2013; Rönnqvist & Domellöf, 2006). 아동이 어떤 손을 사용하는지는 이후 점진적으로 손을 사용한 다른 능력에도 영향을 미친다.

오른손잡이−왼손잡이는 한 개인이 숙련된 운동기술을 수행할 때 대뇌의 한 측면이 다른 측면보다 뛰어난 능력을 가지고 있음을 나타내며, 더 우세한 측면을 **우세 대뇌 반구**(dominant cerebral hemisphere)라 부른다. 다른 중요한 능력들도 보통 우세한 반구에서 담당한다. 서구 국가 인구의 90%가 오른손잡이인데, 오른손잡이들은 좌반구에 언어 능력이 위치한다. 반면 인구의 10%에 해당되는 왼손잡이의 경우 우반구에 혹은 우반구와 좌반구 모두에 언어 능력이 위치한다(Szaflarski et al., 2002). 이는 왼손잡이의 뇌가 오른손잡이보다 편재화가 약하게 이루어졌음을 시사한다.

왼손잡이의 유전가능성은 약한 수준으로, 왼손잡이인 부모의 자녀가 왼손잡이일 확률은 그리 높지 않다(Somers et al., 2015; Suzuki & Ando, 2014). 따라서 오른손 사용으로 편향된 유전적 요인은 경험을 통해 변화 가능해 아동이 왼손을 선호하게끔 만들 수 있음을 의미한다.

선호하는 손은 연습과도 관련이 있다. 특히 도구를 사용해 음식 먹기, 글씨 쓰기, 운동 활동 참여하기 등과 같이 복잡한 능력이 필요한 활동이 가장 큰 영향을 미친다. 또한 문화적 차이도 존재한다. 예를 들어 부족사회의 경우 왼손잡이의 비율이 상대적으로 높다. 하지만 뉴기니에서 실시한 한 연구에 따르면 아동기에 학교생활을 한 경험이 있는 경우 오른손잡이가 될 확률이 매우 높은 것으로 나타나 경험의 중요성을 강조했다(Geuze et al., 2012).

인지적 혹은 정신적 장애를 지닌 사람 중 왼손잡이가 많기는 하지만 비정형적인 뇌의 편재화가 이런 장애와 직접적인 관련이 있는 것은 아니다. 오히려 생애 초기 좌반구의 손상이 아동을 왼손잡이로 만들면서 동시에 다양한 장애를 일으킨 것으로 보인다. 임부의 스트레스, 출산 지연, 조산, Rh 불일치, 골반위 출산 등 대뇌 손상을 일으킬 수 있는 분만 중 이상이 왼손잡이와 관련이 있다는 결과들이 이러한 가설을 지지하고 있다(Domellöf, Johansson, & Rönnqvist, 2011; Kurganskaya, 2011).

대부분의 왼손잡이들은 어떠한 발달적 문제도 보이지 않는다. 오히려 왼손잡이 혹은 양손잡이가 사고의 속도나 유연성이 뛰어나고 오른손잡이 또래에 비해 언어 능력과 수리 능력이 뛰어나다는 연구 결과도 있다(Beratis et al., 2013; Noroozian et al., 2012). 아마도 이는 인지적 기능이 양쪽 반구에 보다 균등하게 분포되어 있기 때문일 것이다.

두뇌 발달의 다른 영역 대뇌피질 외에 두뇌의 다른 영역도 아동 초기 동안 크게 발달한다(그림 7.2 참조). 이러한 변화는 뇌의 여러 부분을 연결하고 중추신경계의 협응적 기능을 향상시키는 것을 포함한다.

뇌의 후부와 하부에는 신체 운동의 균형과 통제를 돕는 **소뇌**(cerebellum)가 있다. 소뇌와 피질을 연결하는 신경은 출생 시기부터 취학 전 시기까지 성장하고 수초화되어 운동 협응의 급속한 발달에 기여한다. 초등학교 입학 직전 시기에 아동은 한 발 뛰기, 자연스러운 동작으로 공 주고받기, 글씨 쓰기 등을 할 수 있다. 소뇌와 피질 간의 연결은 사고 능력 또한 돕는다(Diamond, 2000). 소뇌에 손상을 입은 아동들은 신체 기능뿐 아니라 기억, 계획, 언어 등의 인지적 기능에도 결함을 보인다(Hoang et al., 2014; Noterdaeme et al., 2002).

각성과 의식을 유지하는 뇌간 안의 구조인 **망상체**(reticular formation)는 영아기부터 20대까지 시냅스를 형성하고 수초화 과정을 거친다(Sampaio & Truwit, 2001). 망상체의 뉴런은 뇌의 여러 다른 부분으로 섬유를 보낸다. 이 중 다수는 전전

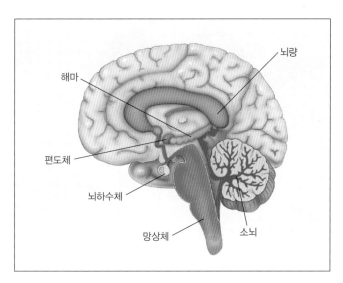

그림 7.2 소뇌, 망상체, 편도체, 해마, 뇌량의 위치를 보여주는 인간 뇌의 단면 이 구조물들은 어린 시절에 상당히 발전한다. 또한 신체의 성장을 조절하는 호르몬을 분비하는 뇌하수체도 보여주고 있다.

두엽으로 보내져 주의 지속 및 통제 능력 향상에 기여한다.

뇌의 기저에 있는 **편도체**(amygdala)는 새로운 정보 및 정서적 정보를 처리하는 데 중요한 역할을 한다. 편도체는 얼굴표정으로 나타나는 정서적 표현, 특히 두려움에 민감하게 반응한다(Adolphs, 2010). 또한 편도체는 정서적으로 강렬한 사건에 대한 기억을 촉진시켜 미래를 위해 생존에 필수적인 정보, 즉 위험이나 안전을 나타내는 자극을 저장하는 역할을 한다. 아동기와 청소년기에 걸쳐 정서 조절을 관장하는 전전두엽과 편도체가 연결되고 둘 사이 연결이 수초화된다

이 아이는 뇌량의 일부분이 없는 희귀한 질환을 앓고 있다. 그는 여러 단계를 거치며 몸의 양쪽에서 조정된 움직임이 필요한 작업에 어려움이 있다. 여기서, 치료사는 그가 신발 끈 매는 법을 배우도록 돕는다.

(Tottenham, Hare, & Casey, 2009).

편도체 옆에 위치하며 기억과 공간 이미지에 중요한 역할을 하는 **해마**(hippopcampus)는 6~12개월 동안 매우 빠른 속도로 시냅스 형성과 수초화 과정을 경험하는데, 이 시기는 회상 기억과 독립적 움직임이 나타나는 시기이기도 하다. 취학 전 시기와 학령기 동안 해마와 주위의 대뇌피질 영역은 계속해서 빠르게 발달해 서로 간 연결 혹은 전전두엽과의 연결을 촉진하고 우반구 활동 편재화를 보인다(Hopf et al., 2013; Nelson, Thommas, & de Haan, 2006). 이러한 변화는 아동 초기 및 중기 동안 기억과 공간 이해의 급속한 발달에 기여한다.

뇌량(corpus callosum)은 대뇌 양 반구를 연결해주는 큰 섬유 조직이다. 뇌량 내 시냅스의 생산과 수초화는 3~6세에 절정을 이루고 청소년기에 이르기까지 그 속도가 점차 감소한다(Thompson et al., 2000). 뇌량은 신체 양쪽 움직임의 부드러운 협응을 가능하게 하고, 지각, 주의집중, 기억, 언어, 문제 해결 능력 등과 같은 다양한 사고 측면이 통합되도록 한다. 과제가 복잡할수록 양 반구 간의 소통은 더욱 중요해진다.

 신체적 성장과 건강에 영향을 주는 요인

7.2 아동 초기의 신체적 성장과 건강에 대한 유전, 영양, 전염병의 영향을 설명하라.

7.3 의도하지 않은 부상의 위험을 증가시키는 요인은 무엇이며, 어린 시절의 부상은 어떻게 예방할 수 있는가?

아동 초기의 신체적 성장과 건강에 영향을 주는 요인들을 알아보기 위해서 우리는 다른 발달 영역에서 다루었던 요인과 유사한 요인들을 살펴볼 것이다. 유전은 여전히 중요하다. 하지만 정서적 안녕감, 양질의 영양, 질병, 물리적 안전과 같은 환경적 요인도 아주 중요한 역할을 한다.

유전과 호르몬

신체적 성장에 대한 유전의 영향력은 아동기에 걸쳐 명확하게 나타난다. 아동의 몸집이나 성장속도는 부모와 관련이 있다(Bogin, 2001). 유전자는 신체 내 호르몬 분비를 통제함으로써 성장에 영향을 준다. 그림 7.2를 보면 뇌 하부에 **뇌하수체**(pituitary gland)가 위치한 것을 볼 수 있는데, 뇌하수체는 성장을 유도하는 두 종류의 호르몬을 분비함으로써 성장에

중요한 역할을 한다.

첫 번째 호르몬은 **성장 호르몬**(growth hormone, GH)으로, 모든 신체 조직의 발달에 필수적인 호르몬이다. 의료적 개입이 있지 않는 한 성장 호르몬의 분비가 부족한 아동들의 최대 신장은 120~132cm에 불과하다. 조기에 성장 호르몬 투입 치료를 받는다면 일반 아이들과 비슷한 속도로 자랄 수 있으며 치료받지 않은 경우보다 더 크게 성장한다(Bright, Mendoza, & Rosenfeld, 2009).

두 번째 뇌하수체 호르몬은 **갑상선 자극 호르몬**(thyroid-stimulating hormone, TSH)이며, 이는 목 안에 위치한 갑상선이 티록신을 분비하게끔 자극하는 역할을 한다. 티록신은 뇌 발달과 성장 호르몬이 그 역할을 다해 성장을 돕도록 하는 데 반드시 필요한 호르몬이다. 티록신 부족을 타고난 영아에게는 티록신을 즉시 주입해야 하는데, 그렇지 않을 경우 인지적 장애를 초래할 수 있다. 티록신이 거의 분비되지 않는 아동들의 경우 두뇌 발달이 가장 왕성한 시기가 지난 후에는 평균 이하의 성장속도를 보이기는 하지만 중추신경계는 더 이상 영향을 받지 않는다(Donaldson & Jones, 2013). 또한 처치가 신속하게 이루어진다면 티록신 부족 아동들도 결국 정상 수준의 성장속도를 보이고 평균적인 신체 크기를 지닐 수 있다(Høybe et al., 2015).

영양

아동기로 접어들면서 많은 아동들이 편식을 하기 시작한다. 내가 아는 어떤 아버지는 자신의 아들이 걸음마기였을 때 중국 음식을 가리지 않고 맛있게 먹은 것이 기억난다며 "이제 세 살이 되니 그 아이가 먹겠다고 하는 건 아이스크림뿐이에요!"라고 한탄하는 모습을 보았다.

취학 전 시기에 아동의 식욕은 줄어드는데, 이는 성장속도가 느려졌기 때문이다. 새로운 음식에 대한 아동들의 경계 또한 적응적인 것이다. 왜냐하면 친숙한 음식만을 고집한다면 아동을 보호하는 성인이 근처에 없을 때에도 위험한 물질을 삼킬 위험이 줄어들 것이기 때문이다. 아동 중기에 이르면서 편식은 점차 줄어든다(Birch & Fisher, 1995; Cardona Cano et al., 2015).

성인보다 적게 먹기는 하지만 아동 역시 성인과 마찬가지로 필수 영양소를 골고루 섭취할 수 있는 양질의 식단이 필요하다. 지방과 기름, 소금, 설탕의 소비는 성인기의 고혈압 및 심장질환과 밀접한 관련이 있기 때문에 적은 양만 섭취하도

이 세 살짜리 멕시코 아이는 그의 어머니가 저녁식사를 위해 삶아 튀겨 놓은 콩을 준비하는 것을 돕는다. 아이들은 어자신이 존경하는 사람들(어른과 또래 모두)의 음식 선호도를 모방하는 경향이 있다.

록 해야 한다. 또한 충치와 비만을 예방하기 위해 설탕 함유량이 높은 음식의 소비는 최소화해야 한다.

아동은 성인이든 친구든 자신이 좋아하는 사람들의 취향을 모방하는 경향이 있다. 예를 들어 미국 아동 대부분은 고추를 먹지 않는 반면, 매운 음식을 좋아하는 가족들과 함께 지내는 멕시코 아동은 대부분 매운 고추를 잘 먹는다(Birch, Zimmerman, & Hind, 1980). 새로운 음식을 억지로 먹이려고 강요하는 대신 단순히 반복적으로 제공하는 것으로도 음식에 대한 아동의 거부감을 줄일 수 있다(Lam, 2015). 예를 들어 브로콜리나 두부를 제공한 경우 아이들은 이러한 종류의 건강한 음식을 결국 좋아하게 된다. 반면에, 일상적으로 달콤한 과일이나 음료수를 먹던 아동들은 우유 기피증을 보일 수 있다(Black et al., 2002).

건강한 식습관은 건강한 음식 환경에 달려 있지만, "채소를 다 먹으면, 과자를 먹게 해줄게"와 같은 뇌물 작전은 아동이 건강한 음식은 좋아하지 않고, 간식은 더욱 좋아하게 만들 수 있다(Birch, Fisher, & Davison, 2003). 일반적으로 음식을 먹도록 강요하는 것은 음식에 대한 아동의 거부감을 야기하며 음식에 대한 강한 통제는 과식을 불러일으킨다. 5,000여 명의 4세 네덜란드 아동들을 대상으로 한 연구에 따르면

살펴보기

적어도 1명의 미취학 아동과 함께 식사할 수 있도록 준비하고, 부모의 식사 시간 관행을 자세히 관찰해보라. 그들은 건강한 식습관을 조장할 것 같은가? 설명하라.

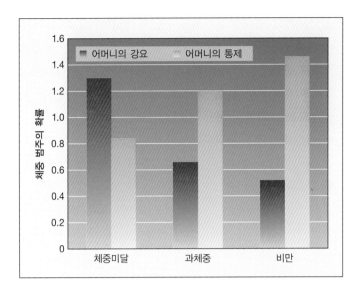

그림 7.3 미취학 아동들의 체중 미달, 과체중 및 비만에 대한 모성 급식 관행 간의 관계 거의 5,000명의 4세 아이들을 대상으로 한 네덜란드 연구에서, 그들의 아이에게 음식을 먹으라고 압력을 가한 엄마들은 저체중 아이를 가질 가능성이 더 컸다. 자녀의 식사를 제한한 산모들은 과체중이나 비만한 아이를 가질 확률을 높였다. 이러한 관계는 부모의 사회경제적 지위, 민족성, 키와 몸무게, 아이들의 먹는 즐거움 등 모성 급식 관행과 취학 전 학생들의 체중 증가에 영향을 미칠 수 있는 많은 요소를 통제한 후에도 유지되었다(Jansen et al., 2012).

어머니가 아동에게 먹을 것을 강요할수록 아동이 체중 미달일 확률이 높았다. 또한 어머니가 아동의 식욕을 통제할수록 아동이 과체중이나 비만일 확률이 높았다(그림 7.3 참조)(Jansen et al., 2012).

마지막으로, 이 책의 앞부분에서 지적했듯이, 미국과 개발도상국의 많은 아동들은 건강한 성장에 필요한 양질의 음식을 충분히 제공받지 못하고 있다. 5세 아동인 할은 빈민지역에서부터 버스를 타고 유치원에 온다. 할의 어머니가 받는 사회복지 지원금은 할을 위한 음식은 고사하고 월세를 내기에도 부족하다. 그의 식단은 단백질과 필수 비타민, 무기질 - 철분(빈혈의 방지), 칼슘(뼈와 치아의 발달), 아연(면역체계 기능과 신경정보 교환, 세포 복제), 비타민 A(눈, 피부, 내장기관의 건강), 비타민 C(철분 흡수와 상처 치료) - 면에서 많이 부족하다. 이는 취학 전 연령의 아동에게서 가장 흔하게 나타나는 결핍이다(Yousafzai, Yakoob, & Bhutta, 2013).

할은 또래보다 마르고, 창백하며, 주의집중력이 약하고, 산만했다. 초등학교에 진학할 때쯤 미국 내의 사회경제적 지위가 낮은 가정의 아동들은 유복한 가정의 또래 아동들에 비해 1.3~2.5cm 정도 키가 작다(Cecil et al., 2005). 또한 아동기와 청소년기에 걸쳐 영양이 부족한 식단은 관련 가족 요인

들을 통제한 후에도 주의집중 및 기억 문제, 낮은 지능과 학업 성취, 행동 문제(특히 과잉행동 및 공격성)와 관련이 있다(Liu et al., 2004; Lukowski et al., 2010).

전염병

어느 날, 나는 할이 몇 주 동안 놀이터에 나오지 않았다는 것을 알게 되었다. 그래서 레슬리 선생님에게 무슨 일이 있는지 물었다. 레슬리 선생님은, "할이 홍역으로 입원했는데, 회복이 어려운 것 같아요. 원래 말랐던 아이가 체중이 더 줄었다네요"라고 설명해주었다. 영양 섭취가 좋은 아동에게는 흔한 아동기 질환이 신체적 성장에 큰 영향을 주지 않는다. 하지만 영양소 섭취가 충분하지 않은 아동에게 신체적 질환은 영양소 결핍과 부정적 방향으로 상호작용을 하여 심각한 결과를 초래할 수 있다.

전염병과 영양 결핍 홍역에 대한 할의 신체적 반응은 대부분의 국민이 가난하고 많은 아동들이 체계적인 예방 접종을 받지 못하는 개발도상국에서 흔히 나타나는 현상이다. 선진국에서는 홍역이나 수두와 같은 질병이 3세 이전에 나타나지 않지만, 개발도상국에서는 이런 질병들이 보다 이른 시기에 나타난다. 부실한 식단은 신체의 면역체계를 둔화시켜 아동이 질병에 더욱 취약해지도록 만든다. 전 세계 5세 미만 아동 사망 590만 건 중 98%가 개발도상국에서 발생하며 이중 절반은 전염병에 의한 것이다(World Health Organization, 2015d).

질병은 또한 신체적 성장과 인지발달을 저해하는 영양 결핍의 주요 요인이기도 하다. 질병, 특히 내장 감염은 식욕을 감소시키고 음식 흡수 능력을 제한한다. 개발도상국의 오염된 물과 음식은 설사병을 일으켜 아동의 성장을 저해할 뿐만 아니라 이로 인해 해마다 약 100만 명의 아동들이 사망에 이르게 된다(Checkley et al., 2003; Lorntz et al., 2006).

설사에 의한 성장지체와 사망은 대부분의 경우 비용이 거의 들지 않는 포도당과 소금, 그리고 물로 이루어진 수액을 공급해 체내의 수분 부족을 재빨리 해결하는 **구강 수분 공급 요법**(oral rehydration therapy, ORT)으로 치료할 수 있다. 1990년 이래로 공공건강 복지사들은 개발도상국 전체 가정의 절반 정도에게 이와 같은 치료를 실시하는 방법을 교육했다. 또한 ORT 실시와 더불어 비용이 적게 드는 보조제의 형태로 면역체계 기능에 핵심적 무기질인 아연을 섭취할 수 있게끔

하여 심한 만성 설사병의 발생률을 감소시켰다(Galvao et al., 2013).

면역성 산업화된 국가에서는 지난 반세기 동안 영·유아를 위한 예방 접종 프로그램이 널리 실시되면서 아동 질병률이 매우 감소했다. 할은 예방 접종을 완전히 받지 못했기 때문에 홍역에 걸린 것이다.

지난 20년 동안 미국에서는 아동기 정기 예방 접종이 약 3억 2,200만 건의 질병과 70만 건의 사망을 예방했다(Whitney et al., 2014). 하지만 취학 전 아동의 약 17%가 필수적인 예방 접종을 받지 못하고 있다. 특히 가난한 아동의 경우 22% 정도가 필수 예방 접종조차 받지 못하며 이 중 대다수는 초등학교 입학조건으로 예방 접종이 필요한 5~6세가 되기 전에는 예방 접종을 전혀 받지 못한다(Centers for Disease Control and Prevention, 2015j). 반면에 오스트레일리아나 노르웨이, 덴마크의 취학 전 아동 중 이처럼 예방 접종을 제대로 받지 못하는 아동은 10%도 되지 않으며 캐나다와 네덜란드, 스웨덴, 영국의 경우에는 5%도 되지 않는다(World Health Organization, 2015b).

그렇다면 왜 미국은 다른 국가들보다 뒤처져 있을까? 2010년 미국의 건강보험개혁법(U.S. Affordable Care Act of 2010)이 미국 내 아동을 위한 의료보험 보장 범위를 확대시키긴 했지만 소득 수준이 낮은 가정의 아동은 여전히 이런 의료보험의 혜택을 받지 못하고 있기 때문에 적시에 예방 접종을 받지 못한다. 1994년 초, 예방 접종 비용을 부담할 수 없는 가정의 모든 아동이 무료로 접종을 받을 수 있도록 하여 예방 접종률을 증가시켰다.

하지만 예방 접종을 위한 돈을 지불할 능력이 없는 것은 예방 접종을 제때 받지 못하는 문제의 원인 중 하나일 뿐이다. 부모의 교육 수준이 낮거나 일상생활에 스트레스가 많은 경우 예방 접종 예약 날짜를 놓치기도 하고, 주치의가 없는 경우에는 붐비는 공공보건 진료소에서 긴 대기 시간을 견디며 예방 접종을 받기를 원치 않기도 한다(Falagas & Zarkadoulia, 2008). 일부 부모는 몇십 년 동안 예방 접종 백신에 사용된 수은 방부제가 자폐로 진단받는 아동 수의 증가와 관련이 있다는 부정확한 미디어의 영향을 받기도 한다. 하지만 많은 연구들이 백신은 자폐와 관련이 없을 뿐만 아니라 아동의 인지 기능에 영향을 미치지 않는다는 결과를 보여주었다(Hensley & Briars, 2010; Richler et al., 2006; Thompson et al., 2007). 그럼에도 불구하고 만일에 대비해 수은이 들어 있지 않은 아동 백신 또한 이용 가능하다. 몇몇 부모는 아동은 스스로 면역성을 키워야 한다는 믿음과 같이 종교적 혹은 철학적 이유로 예방 접종을 반대하기도 한다.

부모들이 자녀의 예방 접종을 거부한 지역의 영아들에게서 백일해와 풍진이 나타났으며 이는 영아의 생명을 위협하는 결과를 초래했다. 적시 예방 접종의 중요성과 안전에 관한 부모의 지식을 증진시키기 위한 공공교육 프로그램이 절실히 필요하다. 네덜란드는 자녀를 출산한 모든 부모에게 아동의 예방 접종 시기와 장소가 기록된 스케줄표를 나눠줌으로써 높은 아동 예방 접종률을 기록할 수 있었다(Lernout et al., 2013). 만약 부모가 제때에 아동을 데려오지 않는 경우 공공보건 간호사가 가정에 방문해 부모가 접종 스케줄을 따를 수 있도록 고지하고 있다.

아동기 상해

의도하지 않은 상해는 산업화된 국가 내 아동 사망의 가장 주요한 원인으로 꼽힌다. 아동 안전 증진을 위한 정책 덕분에 지난 35년간 미국 내 아동 상해 사망은 감소하고 있는 추세지만 미국은 여전히 다른 서구 사회에 비해 예방가능한 사고가 많이 발생하고 있다. 미국 내 아동 사망 중 35%, 청소년 사망 중 50%가 상해에 인한 것으로, 이로 인해 연간 8,000명 이상의 아동 및 청소년이 사망한다(Child Trends, 2014c). 뿐만 아니라 사고 후 생존한 아동과 청소년 중 수백 명이 통증, 뇌손상, 영구적 신체장애 등으로 고통 받는다.

아동 사망을 야기하는 가장 흔한 상해는 자동차 사고를 포함한 교통사고, 질식, 익사, 약물 중독이다(Safe Kids Worldwide, 2015). 자동차 충돌이 가장 빈번한 상해 원인으로, 5세 이하 아동 사망의 두 번째 원인 요소이며(첫 번째 원인은 영아의 경우 질식, 걸음마기 및 취학 전 아동의 경우 익사) 학령기 아동과 청소년 사망의 첫 번째 원인이다.

아동기 상해의 관련 요인 아동기 상해를 '사고'라고 보는 견해는 상해가 우연에 의해 발생하거나 막을 수 없는 사건이었음을 의미한다. 그러나 실제로 이러한 상해는 개인, 가정, 지역, 사회의 영향이 복합된 복잡한 생태 체계 안에서 발생하며, 상해를 막기 위한 조치 역시 가능하다.

남아는 대개 여아에 비해 활동 수준이 높고 충동적이거나 위험을 감수하는 태도를 강하게 보이기 때문에 남아가 여

아동 부상률은 이러한 아이들의 임시 놀이터에서 볼 수 있듯이 빈곤이 심하고, 양질의 보육이 부족하며, 부모의 경계가 약한 지역에서 가장 높다.

아에 비해 2배가량 빈번한 상해를 경험한다(Child Trends, 2014c). 부주의, 과잉행동, 과민성, 반항심, 공격성 등 특정 기질 및 성격 특성을 갖고 있는 아동은 상해의 위험에 더 많이 노출되어 있다(Ordonana, Caspi, & Moffitt, 2008; Schwebel & Gaines, 2007). 제6장에 살펴보았듯이, 이러한 아동을 양육하는 것은 매우 힘든데, 자동차의 아동용 카시트에 앉는 것에 대해 강하게 저항하거나, 차도를 건널 때에도 성인의 손을 잡으려 하지 않고, 반복되는 규율과 지시에도 불구하고 반항적인 태도를 보이기 때문이다.

가난, 한부모 양육, 부모의 낮은 교육 수준 또한 아동기 상해와 강한 관련성이 있다(Dudani, Macpherson, & Tamim, 2010; Schwebel & Brezausek, 2007). 일상에서 스트레스를 많이 경험하는 부모들은 아동의 안전을 살필 만한 시간과 에너지가 거의 없다. 또한 시끄럽고 붐비는 오래된 집과 동네는 이러한 위험을 한층 더 높인다.

사회적 환경 또한 아동 상해에 영향을 미친다. 상해로 인한 아동 사망 비율은 선진국보다 개발도상국에서 훨씬 높게 나타난다(Kahn et al., 2015). 급속한 인구 증가와 도심 내 인구 과밀, 높은 교통량 등이 부실한 안전 조치와 함께 상해를 야기하는 가장 큰 요인들로 꼽힌다. 자동차 카시트, 자전거 헬멧 등과 같은 안전 도구는 구하기 힘들 뿐만 아니라 비용이 비싸서 대부분의 가정에서는 구입이 어렵다.

미국 내 아동 상해율이 아주 높은데, 이는 극도의 가난, 부모 부재 시 아동을 돌봐줄 양질의 아동 보호 시설 부족, 부모

가 될 준비가 되지 않은 10대의 높은 출산율 때문이다(Child Trends, 2014a; Höllwarth, 2013). 그러나 유복한 가정에서 자라는 미국 아동들의 경우도 다른 서구 유럽의 아동들에 비해 상해율이 더 높다. 이러한 사실은 가난과 10대 임신을 줄이고 아동 보호 시설의 수준을 높이는 것 외에도 추가적인 조치가 이루어져야 함을 의미한다.

아동기 상해 예방 아동기 상해의 원인은 다양하기 때문에 상해를 예방하기 위해서도 다양한 방법이 필요하다. 법적으로 자동차 안전벨트 매기, 아동이 열지 못하는 약품 뚜껑 사용하기, 불이 붙지 않는 섬유 사용하기, 수영장 주변에 울타리 치기 등의 규제를 통해 많은 상해를 예방할 수 있다. 지역 공동체는 물리적 환경을 수정하는 조치를 취할 수 있다. 상해가 자주 발생하는 장소 중 하나인 놀이터의 바닥에 충격흡수 물질을 깔 수 있다. 높은 빌딩의 아파트 창문에 보호대를 설치하는 것 또한 위험을 방지한다. 또한 방송 캠페인을 통해 부모와 아동에게 안전 문제에 대한 정보를 제공할 수 있다.

그러나 많은 부모와 아동들이 안전 문제에 대해 잘 알고 있으면서도 자신의 안전을 위협하는 행동을 한다. 미국 내 부모들 중 약 27% 정도는 어린 아동들을 카시트에 앉히지 않고, 영아용 의자 중 75%, 아동용 의자 중 40%가 부적절하게 사용되고 있다(Macy et al., 2015; Safe Kids Worldwide, 2011). 특히 미국 부모들은 개인의 자유와 권리를 중요하게 여기는 가치관으로 인해서 흔한 안전 관습도 무시하는 태도를 보인다.

또한 많은 부모들이 자녀가 안전 규칙에 대해 잘 알고 있을 것이라 과대평가하고 아동이 위험에 처할 가능성이 있을 때도 자녀를 주의 깊게 관찰하지 않는다. 또한 안전에 대한 설명이 아동의 기억과 이해, 규칙 준수 등을 향상시킬 수 있음에도 불구하고 취학 전 아동에게 안전 규칙을 가르칠 때 규칙의 기본을 설명하지 않는 모습을 자주 보인다(Morrongiello, Ondejko, & Littlejohn, 2004; Morrongiello et al., 2014). 충분한 규칙 학습이 이루어진 후에도 아동이 규칙을 잘 준수하는지 지켜봐야 한다(Morrongiello, Midgett, & Shields, 2001).

위험 요인을 강조하고 부모가 안전 규칙을 준수하는 모습을 보여주고 이를 강화하는 개입 방법은 가정 내 위험과 아동 상해를 감소시키는 데 효과적이다(Kendrick et al., 2008). 아동기 상해를 방지하기 위해서 가정 내 환경에도 세심한 주의

묻고 대답하기

연관지어보기 우세 손, 영양실조, 또는 의도하지 않은 상해에 관한 연구를 통해 유년기의 신체적 성장과 건강이 유전과 환경 사이의 복잡한 상호작용에서 어떻게 발생하는지를 보여라.

적용해보기 어느 날, 레슬리는 새로운 간식을 준비했다—리코타 치즈를 넣은 셀러리. 그녀가 처음 그것을 주었을 때, 그것을 만진 아이들은 거의 없었다. 레슬리는 어떻게 그녀의 학생들이 간식을 받아들이도록 격려할 수 있을까? 그녀는 어떤 전술을 피해야 하는가?

생각해보기 부모나 다른 가족 구성원에게 여러분이 유치원생으로서 까다로운 아이였는지, 많은 전염병을 앓았는지, 또는 심각하게 다쳤는지를 물어보라. 어떤 요인들이 원인일 수 있었겠는가?

를 기울여야 한다. 가령 가정 내 환경을 덜 복잡하게 만들고, 부모의 스트레스가 완화되도록 사회적 지지를 제공하고, 부모가 효과적인 규율 방식을 사용하도록 도와주어야 한다.

운동 발달

7.4 아동 초기에 대근육 및 소근육 운동 발달의 주요 이정표를 인용해 보라.

유치원이나 어린이집 또는 동네 놀이터에서 놀고 있는 2~6세 아동들을 관찰해보면 걸음마기에 습득한 단순 운동에 근거해 새로운 운동기술이 폭발적으로 발달하는 것을 관찰할 수 있을 것이다.

취학 전 시기 동안 아동은 이전에 습득한 운동기술들을 보다 복잡하고 **역동적인** 체계로 계속 통합해 나간다. 몸집이 커지고 튼튼해지며 중추신경계가 발달하고 환경 내 새로운 도전들을 경험하면서, 아동은 새롭게 습득한 기술들을 변경해 나간다.

대근육 운동 발달

아동의 몸이 점점 가늘어지고 머리 쪽 무게가 상대적으로 줄어들면서, 무게 중심은 점점 아래로 향하게 된다. 결과적으로 균형 감각이 향상되면서 대근육을 사용하는 새로운 운동기술을 익힐 수 있게 된다. 두 돌이 되면 보다 부드럽고 리듬감 있게 걸을 수 있게 된다. 처음에는 달리기로 시작해 점점 높이뛰기, 한 발 뛰기, 전속력으로 달리기, 줄넘기 등을 할 수 있다.

발로 서서 버티는 힘이 더욱 강해지면서, 아동들은 팔과 몸통으로 새로운 기술을 시도할 수 있는 여유가 생긴다. 가령 공을 던지고 받거나 세발자전거를 타고 철봉에 매달리기

도 한다. 그다음 상체와 하체의 운동기술은 더욱 정교한 행동으로 조합된다. 5~6세 아동들은 손으로 핸들을 움직이는 동시에 발로는 페달을 밟으며 세발자전거를 운전하고, 공놀이를 하거나 한 발 뛰기, 높이뛰기 등을 할 때 전신을 유연하게 사용할 수 있다. 초등학교 입학 무렵에는 이런 모든 기술들을 더 빠르고 더욱 강하게 수행한다. 표 7.1은 아동 초기 대근육 운동에 대해 보다 자세히 설명하고 있다.

소근육 운동 발달

소근육 운동기술 또한 취학 전 시기에 폭발적으로 발달한다. 손과 손가락 조절 능력이 발달함에 따라 퍼즐 조각을 맞추고 작은 나무 블록으로 만들기를 하고, 자르고 붙이며, 구슬을 꿸 수 있게 된다. 부모들은 다음 두 가지 측면을 통해 이러한 발달을 분명하게 느낀다—(1) 아이들이 스스로 자기 자신을 돌볼 수 있게 되며, (2) 집과 어린이집, 유치원 벽은 낙서와 그림으로 가득 찬다.

자조기술 표 7.1은 어린 아동들이 옷을 입고 식사를 하는 영역에서 점차 독립적으로 변해가는 모습을 보여주고 있다. 이때 부모들은 좀 더 참을성을 가지고 기다려줄 필요가 있다.

© ELLEN B. SENISI

균형이 개선되면서 미취학 아동은 상체와 하체의 기술을 더 세련된 행동들로 결합할 수 있다.

표 7.1   초기 아동기 대근육과 소근육 운동기술의 변화

연령	대근육 운동기술	소근육 운동기술
2~3세	보다 리듬감 있게 걷는다. 거칠고 빠른 걸음이 달리기, 두 발로 뛰기로 바뀐다. 상체를 움직이지 않고 물건을 잡는다. 약간의 운전과 발로 눌러 움직이는 장난감 자동차를 타고 다닌다.	간단한 옷을 입고 벗을 수 있다. 큰 지퍼를 내리거나 올릴 수 있다. 숟가락을 잘 사용한다.
3~4세	다리를 번갈아 사용해 계단을 오르고 내려올 때는 한쪽 발만 앞세운다. 상체를 펴면서 두 발로 또는 한 발로 점프한다. 여전히 가슴을 이용해 공을 잡지만, 상체를 약간 활용해 공을 던지고 받을 수 있다. 세발자전거의 페달을 밟으며 운전한다.	큰 단추를 채우고 푼다. 혼자 음식을 먹는다. 가위를 사용한다. 직선과 원을 따라 그린다. 사람 얼굴 그림을 처음으로 그린다(올챙이처럼).
4~5세	다리를 번갈아 사용해 계단을 오르고 내린다. 더욱 부드럽게 뛴다. 한 발로 뛰고 점프한다. 몸을 회전하고 무게 중심을 옮기면서 공을 던진다. 손으로 공을 잡는다. 세발자전거를 부드럽게 운전하면서 빨리 움직인다.	포크를 잘 사용한다. 줄에 맞춰 가위질을 한다. 삼각형, 십자가 그리고 몇몇 글자를 따라 그린다.
5~6세	달리는 속도가 빨라진다. 더욱 부드럽게 뛰어넘고, 진정한 뛰어가기가 나타난다. 완숙한 던지기와 잡기 양식이 나타난다. 보조바퀴가 달린 두발자전거를 탄다.	부드러운 음식을 자르기 위해 칼을 사용한다. 신발 끈을 혼자 묶는다. 팔과 다리가 달린 사람을 그린다. 몇몇 숫자와 글자를 따라 쓴다.

출처 : Cratty, 1986; Haywood & Getchell, 2014.

피곤하거나 마음이 급할 때 아동은 다시 손가락으로 밥을 먹으려 할 수 있다. 3세 아동은 혼자 옷을 입을 수 있게 되더라도 때로는 티셔츠를 뒤집어 입거나 바지를 거꾸로 입고 양쪽 신발을 바꿔 신을 수 있다. 아동 초기 가장 복잡하고 어려운 자조기술은 신발 끈을 묶는 것으로, 이는 보통 6세쯤 완성된다. 이를 성공하기 위해서는 오랜 시간 동안 주의를 집중할 수 있어야 하고, 복잡한 손동작의 순서를 잘 기억할 뿐만 아니라 이를 수행할 수 있어야 한다. 신발 끈 매기와 그림 그리기, 글씨 쓰기는 운동발달과 인지발달의 밀접한 관련성을 보여주는 좋은 예다.

그리기 크레용과 종이를 주었을 때, 걸음마기 아동들도 다른 사람의 모습을 끼적인다. 이후 점차적으로 아동의 낙서는 그 의미를 갖게 된다. 다양한 인지적 요소들이 아동의 소근육 발달과 결합해 아동의 예술적 표상 능력이 발달한다(Golomb, 2004). 이러한 요인들에는 그림의 상징적 역할에 대한 이해와 계획 능력 및 공간적 이해의 향상 등이 포함된다.

그림 그리기는 다음과 같은 전형적인 순서를 따라 발달한다.

1. **끼적이기**. 처음에는 종이 위에 끼적인 낙서보다 몸짓을 통해 표상을 나타내려고 한다. 예를 들어 18개월 된 영아는 크레용을 콩콩 거리면서 종이 위에 점을 찍고 "토끼가 뜀뛰기를 하고 있어"라고 설명했다(Winner, 1986).

2. **일차적 표상의 형태**. 3세경에 끼적인 낙서는 그림이 되기 시작한다. 종종 크레용을 사용해 몸짓을 표현하기도 하지만, 인식가능한 모양을 그리고 이름을 붙인다(Winner, 1986). 3세 아동이 혼자 그린 그림을 보고 다른 사람이 무엇을 그렸는지 알아차리는 것은 드문 일이다. 하지만 성인이 아동과 함께 그림을 그리면서 그림이 무엇을 나타내는지 이야기해줄 때, 아동의 그림 또한 점점 식별이 가능해지고 구체적인 형태를 갖추게 된다(Braswell & Callanan, 2003).

그림 그리기에서 중요한 발달적 변화는 대상의 경계를 표상하기 위해 윤곽선을 사용하면서 나타나며, 이에 3~4세 아동은 사람 얼굴을 그릴 수 있게 된다. 하지만 어린 아동의 소근육 운동기술과 인지적 능력은 부족해 사람의 모습을 아주 단순한 형태로 묘사한다. 그림 7.4

의 왼쪽 그림에서 볼 수 있듯이 대개 이 시기 아동의 사람 그림은 동그라미에 선들을 그은 '올챙이' 모습을 하고 있다. 4세에는 눈, 코, 입, 머리카락, 손가락, 발과 같은 구체적인 특징들을 추가하게 된다.

3. 실제와 보다 유사한 그림을 그리기. 5~6세 아동들은 그림 7.4의 오른쪽 그림에서 보이는 것과 같이 머리와 몸통이 분리되는 등 더욱 전형적인 사람과 동물 모습을 포함한 보다 복잡한 그림들을 그릴 수 있게 된다. 초등학교 입학 연령에 가까워지면서 깊이를 표상하는 능력이 발달함에 따라 지각적 왜곡이 나타난다. 이와 같은 현실에 대한 자유로운 반영으로 인해 아동의 그림은 상상력이 넘치고 창의적이다.

살펴보기

> 3~5세 아이들의 예술작품이 풍부한 유치원, 보육원, 아동 박물관을 방문해보라. 인간과 동물의 형상을 그리고 아동 그림의 복잡성에 대한 발전적 진보를 주목해보라.

그림 그리기 발달에서 문화적 다양성 예술적 전통이 풍부하고 예술적 능력을 높이 평가하는 문화권의 아동은 문화적 양식을 반영하는 정교한 그림 작품을 창조한다. 성인 역시 아동에게 기초적인 기술을 알려주거나 그림 그리는 방법을 시범 보이고 그림에 대해 이야기하면서 예술적 활동을 장려한다. 또래집단 내에서도 서로의 그림에 대해 이야기하거나 다른 아동의 그림을 따라 그리는 활동을 한다(Boyatzis, 2000; Braswell, 2006). 이런 활동들은 모두 그리기에 대한 아동의 발달을 증진시킨다. 또한 '문화적 영향' 글상자에서도 볼 수 있듯이 이런 활동들은 왜 어린 시절부터 아시아 문화권의 아동의 그리기 기술이 서구 문화권에 비해 발달했는지에 대한 설명을 제공한다.

예술에 관심이 거의 없는 문화에서는 나이 든 아동이나 청소년들도 아주 단순한 형태만을 그린다. 토착 미술작품이 전혀 없는 파푸아뉴기니의 한 지역인 지미 산골 마을의 아동들은 거의 학교에 다니지 않기 때문에 그림 그리기 기술을 발달시킬 기회가 없다. 서구 연구자들이 10~15세의 이곳 아동들에게 사람 모습을 그려 보라고 하자, 대부분의 아동들은 형체가 불분명한 낙서를 하거나 서구의 취학 전 아동이 그리는 올챙이 모양 그림과 유사하게 단순한 '막대기' 모양을 그렸다(Martlew & Connolly, 1996). 이러한 형태는 그림 그리기 초기에 나타나는 보편적 형태로 보인다. 일단 아동이 윤곽선으로 사람의 모습을 드러내야 한다는 것을 깨달으면 그들은 형태 그리기를 위한 해결 방법을 찾아간다.

그림 7.4 아동의 그림 예 아이들이 사람의 첫 그림을 그릴 때 사용하는 보편적인 올챙이 모양이 왼쪽에 나타나 있다. 올챙이는 곧 기본 형태에서 싹이 터 세부 항목의 닻이 된다. 유치원을 졸업할 무렵, 아이들은 오른쪽에 있는 그림과 같이 더 복잡하고 차별화된 그림을 만들어낸다. (왼쪽 그림 : H. Gardner, 1980, *Artful Scribbles: The Significance of Children's Drawing*, New York: Basic Books, p. 64. Copyright ⓒ 1980 by Howard Gardner. Reprinted by permission of Basic Books, a member of the Perseus Books Group, conveyed through Copyright Clearance Center. 오른쪽 그림 : ⓒ Children's Museum of the Arts New York, Permanent Collection.)

문화적 영향

왜 아시아 문화권 아동의 그리기 실력이 더 좋을까?

중국, 일본, 한국, 필리핀, 대만, 베트남 등의 아시아 문화권 아동의 그림 그리기 실력은 서구 문화권의 또래 아동에 비해 훨씬 뛰어나다. 무엇으로 이러한 초기 예술 능력을 설명할 수 있을까?

이에 대한 해답을 얻기 위해 연구자들은 중국과 미국의 아동을 비교해 문화가 아동의 그림 그리기에 미치는 영향을 살펴보았다. 문화가 제공하는 예술적 모델과 교육적 전략, 시각적 예술에 대한 가치 부여, 아동의 예술적 발달에 대한 기대는 아동이 창출해내는 예술 작품에 큰 영향을 미친다.

4,000년에 이르는 중국의 예술적 전통에 따르면 성인은 아동에게 그림 그리는 법을 보여주고 아동이 사람, 나비, 물고기, 새 등을 묘사하는 데 필요한 구체적인 단계들을 숙달하도록 도왔다. 색을 칠하는 법을 배울 때 중국 아동은 처음에 교사의 모델을 그대로 따라하는 등 정해진 붓놀림을 따라간다. 서예를 배울 때는 한문 각 글자의 독특하고 구체적인 특징들에 집중해야 하는데, 이는 그림 그리기 능력을 향상시키는 데 필요한 방법이기도 하다. 중국의 부모와 교사는 아동이 기초적인 예술적 지식과 기술을 획득한 후에야 창의성을 발휘할 수 있다고 믿는다(Golomb, 2004). 이에 따라 중국은 3세부터 중학생까지의 아동 및 청소년을 대상으로 교육규준과 학습자료가 포함된 국가예술교육 과정을 고안했다.

미국 역시 풍부한 예술적 전통을 지니고 있지만 스타일과 관습이 아시아 문화권에 비해 훨씬 다양하다. 모든 아동은 자신의 문화권 내 '시각적 언어'를 획득하기 위한 방안으로 주위의 예술을 모방하려고 노력한다. 하지만 미국 아동은 모든 사람이 다른 언어를 구사하는 곳에서 자란 아동이 그렇듯이 모방에 어려움을 겪는다(Cohn, 2014). 뿐만 아니라 미국의 예술 교육은 독립성, 즉 자신만의 스타일을 찾는 것을 강조한다. 미국의 교사들은 대개 다른 사람의 작품을 모방하는 것은 창의성을 훼손한다고 생각하기 때문에 모방 활동은 꺼린다(Copple & Bredekamp, 2009). 미국의 교사는 올바른

중국 상하이에 있는 이 유치원생들의 복잡한 그림은 어린아이들이 그림을 잘 그리는 것을 배우게 되는 어른들의 기대와 예술적 지식과 기술에 대한 세심한 가르침, 그리고 중국 문화의 풍부한 예술적 전통으로부터 이익을 얻는다.

그리기 방법을 장려하기보다는 상상력과 자기표현을 강조한다.

아동 초기에 시작되는 중국의 그리기 교육 방법이 아동의 창의성 발달을 저해할까? 연구자들은 중국 이민자 가정의 중국계 미국인 아동 집단과 유럽계 미국 아동 집단을 5세부터 9세까지 추적했다. 두 집단 모두 부모와 같이 거주하고 사회경제적 지위가 중간 정도였다. 2년 간격으로 그림의 성숙도와 독창성(새로운 요소의 포함 여부) 측면에서 아동의 사람 그림을 평가했다(Huntsinger et al., 2011). 모든 평가에서 중국계 미국인 아동의 그림이 유럽계 미국 아동보다 뛰어났을 뿐만 아니라 창의적이었다.

인터뷰에 따르면 유럽계 미국인 부모들은 자녀에게 다양한 종류의 미술 도구들을 제공하는 경향이 더 컸던 반면 중국계 미국인 부모들은 자녀의 예술적 능력 발달에 대한 평가를 더 중요하게 생각해 자녀를 미술 수업에 등록하는 경우가 더 많았다. 중국계 미국인 아동은 또한 유치원이나 어린이집에서 그림 그리기와 같

이 소근육 기술을 집중적으로 연습하는 활동을 하며 많은 시간을 보냈다. 또한 아동이 그림 그리기 연습을 많이 할수록, 특히 부모가 가정에서 그림 그리기를 가르치고 시범을 보이는 경우 아동이 더 성숙한 그림 실력을 보였다.

이와 동시에 중국계 미국인 아동의 예술적 창의성은 예술적 성숙도를 촉진하는 체계적인 접근법을 바탕으로 크게 발달했다. 기본적 형태를 잘 그릴 수 있게 되면 아동은 자신의 그림에 자발적으로 독창적인 요소들을 추가했다.

정리하면, 중국 아동이 그림 그리는 방법을 배우기는 하지만 아동의 예술작품들은 독창적이라고 할 수 있다. 서구 아동이 무엇을 그릴지에 대해 풍부한 아이디어를 생각해낼 수는 있지만 그림 그리기에 필요한 기술들을 획득하지 않는 한 아이디어를 구현해낼 수 없다. 비교문화연구에 따르면 아동은 성인에게서 말하는 방법을 배우는 것처럼 성인의 안내를 통해 그림 그리는 방법을 배울 수 있다.

초기 활자 쓰기 취학 전 시기 아동이 처음 글씨를 쓰려 할 때는 그저 끼적이기만 할 뿐이어서 그림 그리기와 글씨 쓰기에 차이가 없다. 4세경 아동의 글씨 쓰기는 종이 위에 서로 다른 형태를 한 줄로 나열하는 등 활자로서의 독특한 특징을 나타내기 시작한다. 그러나 여전히 글쓰기에 그림을 활용하기도 한다. 가령 '태양'을 그리기 위해 둥그런 모양을 그린다(Ehri & Roberts, 2006). 4~6세에 자음, 모음의 이름을 익히고 글자와 소리를 연결하면서 점차 글자 쓰기가 언어를 표현한다는 것을 이해해 나간다.

취학 전 아동의 첫 활자 쓰기는 자기 이름과 관련된 한 글자 쓰기로 시작한다. "D를 어떻게 만들지?"라고 나의 첫 아들 데이비드가 3세 반경에 물었다. 내가 대문자 'D'를 써 주었을 때, 아이는 이를 따라 쓰려고 노력했다. 순서가 틀리고 불완전한 그리기를 하면서도 아이는 "데이비드의 D"라고 말하며 만족스러워했다. 5세가 되었을 때, 데이비드는 다른 사람이 읽을 수 있을 정도로 자신의 이름을 분명하게 쓸 수 있었지만, 대부분의 아이들과 마찬가지로 그는 여전히 문자의 순서가 틀리는 실수를 초등학교 2학년까지 계속했다. 읽기를 시작하기 전 아동은 글자의 거울이미지, 가령 b와 d, p와 q를 구분해야 한다는 것을 깨닫지 못한다(Bornstein & Arterberry, 1999).

운동 능력의 개인차

아동들이 운동 능력의 기준에 도달하는 연령에는 상당한 개인차가 존재한다. 키가 크고 근육이 발달한 아동이 키가 작은 아동에 비해 움직임이 빠르고 몇몇 기술들을 더 빨리 획득한다. 또한 다른 영역에서와 마찬가지로 부모와 교사들은 운동기술 능력을 타고난 아동에게 더 큰 지지를 보낼 것이다.

운동기술에서의 성차는 아동 초기에 명백하게 나타난다. 남아는 힘이 강조되는 기술에서 여아보다 더 우월하다. 5세경 남아는 여아보다 조금 더 멀리, 그리고 빨리 뛸 수 있으며, 152cm 정도 더 멀리 공을 던질 수 있다. 여아는 소근육 운동기술이 좋으며, 균형 감각과 발 움직임의 조합을 필요로 하는 줄넘기나 한 발 뛰기와 같은 대근육 운동에서 남아보다 뛰어나다(Fischman, Moore, & Steele, 1992; Haywood & Getchell, 2014). 남아는 여아에 비해 근육량이 많고 팔뚝이 조금 더 길기 때문에 여아보다 여러 가지 던지기 기술을 잘

한다. 또한 여아는 전반적으로 신체적 성숙이 남아보다 빠른데, 이는 여아는 남아보다 균형 감각이 뛰어나고 조금 더 정확한 동작을 보이는 데 대한 부분적인 이유가 될 수 있다.

생애 초기부터 남아와 여아는 서로 다른 신체적 활동을 하도록 유도된다. 예를 들어 아버지는 딸보다는 아들과 함께 공 던지고 받기 놀이를 할 것이다. 아동기 동안 신체적 능력에서의 남녀 차이는 미미하지만 운동기술의 성차는 연령에 따라 점점 증가한다(Greendorfer, Lewko, & Rosengren, 1996). 이는 유전적인 성차는 미미하지만 남아가 활동적이어야 하고 운동을 잘해야 한다는 사회적 압력을 여아보다 많이 받으며 이런 압력이 성차를 강화한다는 것을 의미한다.

아동은 아동 초기에 일상 놀이를 통해 운동기술을 익힌다. 직접 가르치는 것이 효과적인 던지기 기술을 제외하고는, 체조나 텀블링 등을 가르치는 정식 수업에 노출된 아동들의 운동기술이 더 빨리 발달하지는 않는다. 뛰고, 기어오르고, 점프하고, 던지기를 할 수 있는 안전한 놀이 공간과 도구가 있고 이를 잘 활용하도록 도와준다면, 아동은 이 모든 도전들에 열정적으로 반응한다. 이와 유사하게 소근육 운동 기술도 주스 따르기, 옷 입기와 같은 일상 활동이나 퍼즐 맞추기, 블록 만들기, 그리기, 색칠하기, 조각하기, 자르기, 붙이기 등의 놀이를 통해 발달한다. '문화적 영향' 글상자에서도 볼 수 있듯이 성인이 그림 그리기를 도와주고 격려할 때 아동의 예술적 능력이 발달한다.

마지막으로, 성인에 의해 조성된 사회적 분위기 또한 취학 전 아동의 운동 능력을 증진하거나 저해한다. 부모나 교사가 아동의 수행을 비판하고 특정한 운동 능력만을 강요하거나 경쟁적인 태도를 부추길 때, 아동의 자신감뿐 아니라 운동 능력 발달 또한 저해된다(Berk, 2006). 성인이 어린 아동의 운동 활동에 관여할 때는 이기는 것 혹은 정확한 기술을 완벽히 가르치는 것보다는 즐거움에 중점을 두어야 할 것이다.

묻고 대답하기

연관지어보기 미취학 아동들의 대근육 운동 발달에 가장 도움이 되는 경험들은 초기의 예상되는 두뇌 성장과 어떻게 일치하는가?(제4장 139쪽 참조)

적용해보기 마벨과 채드는 그들의 세 살 된 딸의 운동발달을 지지하기 위해 그들이 할 수 있는 모든 것을 하기를 원한다. 그들에게 어떤 충고를 해주겠는가?

생각해보기 여러분은 미국 아이들이 중국 아이들이 받는 직접적인 가르침과 유사하게 어린 시절부터 그림 그리는 기술을 체계적으로 배워야 한다고 생각하는가?

인지발달

어느 비 오는 날 아침, 연구소 부설 유치원을 관찰하고 있는데 유치원 교사인 레슬리가 내가 있는 교실 뒤쪽으로 왔다. "아이들의 마음은 논리와 환상, 잘못된 추론의 혼합물 같아요"라고 레슬리가 말했다. "저는 매일 아이들의 말이나 행동의 성숙함과 독창성에 놀라요. 그러다 또 어떤 때는 아이들의 생각이 제한되고 경직된 것 같이 느껴지기도 해요."

레슬리의 말은 아동 초기 인지의 특징인 모순적 측면을 보여준다. 세 살인 새미는 강한 천둥소리에 몹시 놀랐다. 그는 "마법사가 천둥을 치게 했어요!"라고 외쳤다. 레슬리가 천둥이 사람에 의해 만들어지는 것이 아니라 번개에 의해 발생하는 것이라고 계속 설명해줘도 새미는 "그럼 요정이 했어요"라고 말하며 계속 고집을 피웠다.

그런데 어떤 점에서는 새미의 사고도 놀랄 만큼 발달되어 있다. 간식시간에 새미는 "하나, 둘, 셋, 넷!" 하며 정확하게 수를 세고는 자기 테이블에 있는 친구들이 건포도를 한 팩씩 가질 수 있도록 네 팩의 건포도를 준비했다. 하지만 한 조에 4명 이상의 친구들이 있을 경우, 새미의 수 세기는 실패했다. 또한 프리티가 테이블 위에 건포도를 쏟아 놓자 새미는 "왜 너는 많이 있고 나는 이렇게 조금밖에 없는 거지?"하고 물었다. 새미는 빨간 상자에 들어 있는 자신의 건포도의 양이 넓게 퍼져 있는 프리티의 건포도와 같다는 것을 이해하지 못한 것이다.

새미의 추론을 이해하기 위해 우리는 먼저 피아제와 비고츠키의 이론을 살펴보고 각각의 강점과 제한점을 나타내는 증거를 살펴볼 것이다. 그 후 정보처리 관점에 의해 시작된 어린 아동의 인지에 대한 추가적인 연구들을 살펴보고, 아동 초기 언어의 극적인 발달에 대해 살펴볼 것이다.

피아제의 이론 : 전조작기

7.5 전조작기에서 정신적 표상의 진보와 사고의 한계를 설명하라.
7.6 후속연구는 피아제의 전조작기의 정확성에 대해 무엇을 함의하는가?
7.7 피아제의 이론에서 도출할 수 있는 교육 원리는 무엇인가?

아동이 감각운동기에서 2~7세의 기간을 포함하는 **전조작기**(preoperational stage)로 이동할 때 아동에게 가장 명백하게 나타나는 변화는 표상적 혹은 상징적 활동의 현저한 증가이다. 영아기와 걸음마기의 정신적 표상도 인상적이지만 아동 초기 정신적 표상 능력은 엄청난 발전을 보인다.

정신적 표상

피아제는 언어가 정신적 표상의 가장 탄력적인 수단이라 생각했다. 행동과 사고를 분리함으로써 언어는 이전보다 더욱 융통성 있는 사고를 가능하게 한다. 우리가 언어로 생각할 때 우리는 순간적 경험의 한계를 극복한다. 우리는 배고픈 애벌레가 바나나를 먹거나 밤에 괴물이 숲속을 날아다니는 것에 대해 생각할 때처럼 과거, 현재, 미래를 동시에 다룰 수 있고 독특한 방식으로 개념들을 조합할 수도 있다.

하지만 피아제는 언어를 아동기 인지 변화의 일차적 요소로 여기지 않았다. 그는 감각운동 활동이 경험의 내적 이미지를 만들어낸다고 믿고 언어는 이후 그 이미지에 이름을 붙이는 역할을 할 뿐이라고 생각했다(Piaget, 1936/1952). 걸음마기 아동이 사용하는 첫 단어가 강한 감각운동적 기초를 갖는다는 제5장의 내용은 피아제의 이러한 관점을 지지한다. 게다가 걸음마기 아동은 그것을 명명하는 단어를 사용하기 훨씬 이전에 이미 상당한 범위의 범주를 획득한다. 그러나 우리가 앞으로 다루겠지만 피아제는 아동의 인지발달에 기여하는 언어의 힘을 과소평가했다.

가장놀이

가장놀이는 아동 초기 표상 발달의 훌륭한 예 중 하나이다. 피아제는 가장을 통해 어린 아동이 새로 획득한 표상적 도식을 연습하고 강화한다고 생각했다. 피아제의 주장을 확인하기 위해 몇몇 연구자들은 취학 전 시기 동안 가장놀이의 발달을 추적했다.

가장의 발달 하루는 새미의 20개월 된 동생인 드웨인이 교실에 놀러 왔다. 드웨인은 주위를 어슬렁거리다 장난감 전화기를 집어 들곤 "안녕, 엄마"라고 말한 뒤 전화기를 내려놓았다. 그다음에 드웨인은 컵을 발견하고는 물을 마시는 척하고 다시 아장아장 걸어갔다. 한편 새미는 우주왕복선 발사를 위해 블록놀이 구역에서 밴스와 프리티 옆에 앉았다.

"저걸로 우리 관제탑을 하면 되겠다!" 새미가 책장 옆 구석을 가리키며 말했다. 그는 작은 나무 블록을 들고 무전기로 말하는 척하며 "카운트다운!"이라고 외쳤다. "5, 6, 2, 4, 1, 발사!" 프리티는 인형이 버튼을 누르도록 했고 로켓은 발사되었다!

가장놀이는 취학 전 시기 동안 더 정교해진다. 아이들은 덜 현실적인 장난감을 가지고 가장하고 점점 더 통학버스 운전사나 승객과 같은 가장 역할을 조정한다.

드웨인의 가장놀이와 새미의 가장놀이를 비교해보면 취학 전 아동의 상징 능력 발달을 반영하는 세 가지 중요한 변화를 확인할 수 있다.

- 놀이는 그것과 연관된 실생활 환경과 분리된다. 초기 가장 에서 걸음마기 아동은 실제적 대상만을 사용한다. 예를 들어 장난감 전화를 들어 이야기하고, 컵으로 마시는 척한다. 걸음마기 아동의 첫 번째 가장 행동은 성인의 행동을 모방하는 것이지만 아직 가변적이지는 않다. 예를 들어 2세 이하의 아동은 컵으로 마시는 척은 할 것이지만 컵을 모자인 척하지는 않을 것이다(Rakoczy, Tomasello, & Striano, 2005). 이미 명백한 사용 목적을 갖는 대상(컵)을 다른 대상의 상징(모자)으로 사용하는 데 어려움을 겪는 것이다.

  2세 이후 아동은 블록으로 전화하는 척을 하는 것처럼 실제와 유사성이 약한 장난감으로도 가장을 한다. 새미의 상상의 관제탑이 의미하는 것처럼 아동들은 실제 세상의 어떤 지원 없이도 대상과 사건을 유연하게 상상할 수 있다(Striano, Tomasello, & Rochat, 2001). 3세경이 되면 한 대상이 활동에 따라 다른 정체성을 가질 수 있다는 점도 이해한다. 예를 들어 한 활동에서는 노란색 막대를 들고 칫솔이라고 하고 다른 게임에서는 동일한 막대를 들고 당근이라고 할 수 있다(Wyman, Rakoczy, & Tomasello, 2009).

- 놀이의 자기중심성이 약해진다. 처음에 가장놀이는 자기를 향하게 된다. 예를 들어 드웨인은 자기 혼자 먹는 척을

했다. 곧 아동은 인형을 먹이는 등 다른 대상을 향한 가장 행동을 시작한다. 3세 초 아동은 인형이 스스로 먹는 척하거나 로켓을 발사시키기 위해 인형이 버튼을 누르는 흉내를 내는 것처럼 참여자로부터 분리된 행동을 보인다(McCune, 1993). 가장 행동의 행위자와 수혜자가 자기 자신과 독립적일 수 있음을 깨달음으로써 아동의 가장놀이는 점점 자기중심성에서 벗어난다.

- 놀이는 보다 복잡한 도식의 조합을 포함한다. 드웨인은 컵으로 마시는 척을 할 수 있었지만 따르고 마시는 행동을 조합하는 건 아직 할 수 없었다. 이후 아동은 **사회극 놀이**(sociodramatic play)에서 자신의 도식에 또래의 도식을 결합시키는데, 사회극 놀이란 타인과 함께 하는 가장 놀이를 의미하며, 2세 말경 나타나기 시작해 아동 초기 동안 매우 빠른 속도로 점차 복잡해진다(Kavanaugh, 2006). 이미 새미와 친구들은 정교한 줄거리에서 몇 가지 역할을 창조하고 조정할 수 있다. 아동 초기 말에 아동은 역할 간 관계와 이야기 구성에 대해 자세히 이해하게 된다.

살펴보기

가족 모임, 유치원이나 어린이집 또는 다른 지역사회 환경에서 몇몇 미취학 아동들의 가장 놀이를 관찰해보라. 중요한 발달적 변화를 보여주는 가장 행동들을 묘사해보라.

사회극 놀이에서 아동은 가장놀이가 표상적 활동이라는 점을 이해하며, 이러한 이해는 아동 초기 동안 꾸준히 향상된다(Rakoczy, Tomasello, & Striano, 2004; Sobel, 2006). 취학 전 아동들이 가장놀이에서 역할을 할당하고 계획을 세우기 위해 주고받는 대화를 주의 깊게 들어 보자. "너는 우주비행사인 척해, 나는 관제탑을 조작하는 척할 거야!" 가장 활동에 대한 의사소통에서 아동은 자신뿐만 아니라 타인의 상상 속 표상에 대해 생각한다. 이는 아동이 인간의 정신적 활동에 대해 추론하기 시작한다는 증거이다.

가장의 이점   최근 연구자들은 가장 활동을 표상적 도식의 단순 연습으로만 보는 피아제의 관점이 너무 제한된 것이라 여긴다. 그들에 따르면 놀이는 아동의 인지적 기술과 사회적 기술을 반영할 뿐 아니라 촉진한다.

연구자들에 따르면 사회극 놀이를 많이 하는 아동의 경

우 1년 후 관찰자로부터 사회적 유능성이 높다고 평가받았다(Lindsey & Colwell, 2013). 또한 가장놀이는 실행 기능, 기억, 논리적 추론, 언어, 이야기 이해와 말하기를 포함한 읽고 쓰기 능력, 상상, 창의성, 자신의 생각을 숙고하는 능력, 정서 조절, 조망 수용 등 다양한 인지적 능력을 예측했다(Berk & Meyers, 2013; Buchsbaum et al., 2012; Carlson & White, 2013; Mottweiler & Taylor, 2014; Nicolopoulou & Ilgaz, 2013; Roskos & Christie, 2013).

하지만 이를 비판하는 연구자들은 방금 언급한 연구들이 대부분 상관관계 연구이며 많은 연구들이 연구 결과에 영향을 미칠 수 있는 요인들을 통제하지 않았다고 지적한다(Lillard et al., 2013). 이에 대한 답변으로 놀이 연구가들은 몇십 년 동안의 연구들이 일관적으로 가장놀이가 아동발달에 긍정적 기여를 한다는 결과를 보여주었으며, 최근에 시행된 보다 철저한 연구들도 이러한 결과를 지지한다고 주장한다(Berk, 2015; Carlson, White, & Davis-Unger, 2015). 나아가 가장놀이 연구는 아동을 훈련시켜서 실험적으로 접근하기 매우 어렵다. 가장놀이는 현실을 변경한다는 특징 외에도 성인을 즐겁게 하기 위한 것이 아닌 스스로 재미를 느껴서 한다는 내적 동기, 긍정적 정서, 아동 통제 등의 여러 특징을 지니기 때문이다(Bergen, 2013).

마지막으로 많은 가장놀이가 성인이 주위에 없을 때, 성인이 관찰할 수 없을 때 발생한다. 예를 들어 취학 전 아동과 학령 초기 아동의 25~45% 정도가 인간과 비슷한 특징을 지닌 환상 속 친구인 가상 친구와 많은 시간을 보낸다. 하지만 부모 중 1/4 정도는 자녀에게 가상 친구가 있다는 사실조차 알지 못한다(Taylor et al., 2004). 가상 친구가 있는 아동은 가장놀이를 할 때 보다 복잡하고 창의적인 활동을 보이고, 타인에 대해 설명할 때 욕구, 생각, 정서와 같은 내적 상태를 더 많이 사용하며, 또래관계에서 보다 사교적이다(Bouldin, 2006; Davis, Meins, & Fernyhough, 2014; Gleason, 2013).

상징-현실세계의 관계

무언가를 가장하고 그리기 위해서, 또는 사진, 모형, 지도와 같은 표상의 다른 형태를 이해하기 위해서는 각각의 상징이 일상생활의 특정한 대상에 상응한다는 점을 알아야 한다. 제5장에서 생후 1년 6개월경에 아동은 실제와 비슷한 그림을 보고 그 상징적 기능을 이해할 수 있으며 약 2세 반경에는 TV나 비디오의 상징적 기능을 이해할 수 있다고 언급했다.

그렇다면 아동은 현실세계의 삼차원적 모형과 같이 보다 어려운 상징은 언제 이해하게 되는 것일까?

한 연구에서 2.5~3세 아동들에게 한 성인이 축소된 방 모형 안에 작은 장난감(작은 스누피)을 숨기는 것을 보여준 후 방 모형에서 그 장난감을 찾아보라고 했다. 그다음에는 아동에게 축소 모형이 표상하는 실제 방에 숨겨진 큰 장난감(큰 스누피)을 찾아보라고 했다. 3세가 될 때까지 대부분의 아동들은 실제 방에서 큰 스누피를 찾기 위해 모형 방을 참고하지 못했다(DeLoache, 1987). 2.5세 아동들은 모형 방이 모형 장난감이면서 동시에 다른 방의 상징도 된다는 것을 깨닫지 못했다. 그들은 상징적 대상을 그 자체로 하나의 대상으로 봄과 동시에 다른 대상의 상징으로도 보는 **이중표상**(dual representation)을 갖는 데 어려움을 겪었다. 연구자들이 모형 방을 창문 뒤에 놓고 만지지 못하게 함으로써 모형 방이 실제 대상으로서 갖는 특성을 줄여주었을 때 보다 많은 2.5세 아동들이 탐색 과제에서 성공한 것은 이러한 설명을 지지한다(DeLoache, 2002). 또한 가장놀이를 생각해보면 1.5~2세 사이 아동은 명백한 목적이 있는 대상(컵)을 다른 대상(모자)으로 활용하지 못한다.

아동들은 상징적 대상의 이중표상을 어떻게 이해하게 될까? 성인이 모형과 현실세계 공간 사이의 유사성을 지적했을 때, 만 2.5세의 아동들은 스누피 탐색 과제를 더 잘 수행했다(Peralta de Mendoza & Salsa, 2003). 또한 한 유형의 상징-현실세계 관계에 대한 통찰은 다른 관계에 대한 아동의 이해 역시 촉진했다. 예를 들어 아동은 실제처럼 보이는 그림이나 사진을 상징으로 간주할 수 있다. 왜냐하면 그런 그림이나 사진의 일차적 목적은 그 자체로 흥미로운 대상으로 기능하는 것보다는 무언가를 나타내기 위한 것이기 때문이다(Simcock & DeLoache, 2006). 또한 큰 스누피의 위치를 찾는 데 방 모형을 사용할 수 있는 3세 아동은 모형과 실제에 대한 이해를 활용해 지도를 읽을 수도 있다(Marzolf & DeLoache, 1994).

요약하면, 그림책, 사진, 그림 그리기, 가장놀이, 지도와 같은 다양한 상징을 경험하는 것은 취학 전 아동이 한 대상이 다른 대상을 의미할 수 있다는 사실을 인식하도록 돕는다. 연령이 증가하면서 아동은 실제 대상과 물리적 유사성이 약한 상징을 포함해 다양한 상징을 이해할 수 있게 된다. 즉 넓은 지식의 왕국으로 향하는 문이 열리는 것이다.

전조작적 사고의 한계

피아제는 표상의 획득 외에도 전조작기 아동이 무엇을 이해할 수 없는가의 관점에서 취학 전 아동의 사고를 묘사했다. 전조작기라는 용어가 제안하듯 피아제는 이 시기의 아동을 구체적 조작기에 도달한, 연령이 높고 보다 유능한 아동들과 비교해 설명했다. 피아제에 따르면 어린 아동들은 논리적 규칙을 따르는 행동의 정신적 표상을 의미하는 조작(operation)을 하지 못한다. 취학 전 아동의 사고는 경직되어 있어 한 번에 상황의 한 측면밖에 보지 못해, 그 순간에 대상이 보이는 방식에 강한 영향을 받는다.

자기중심성 피아제에 의하면 전조작적 사고의 가장 근본적 결함은 자신과 타인의 상징적 관점을 구분하지 못하는 **자기중심성**(egocentrism)이다. 피아제는 아동이 처음으로 세상을 정신적으로 표상할 때 자신의 관점에 초점을 두며, 타인도 자신과 같은 방식으로 인지하고 사고하고 감정을 느낀다고 추정하는 경향이 있다고 믿었다.

자기중심성에 대한 피아제의 가장 설득력 있는 설명은 그림 7.5에 묘사된 3개의 산 실험이다. 피아제는 자기중심성이 전조작기 아동의 **물활론적 사고**[animistic thinking, 무생물이 사고, 소망, 감정, 의도 같은 살아 있는 (생물체의) 특성을 가진다는 믿음]와도 관련이 있다고 주장했다(Piaget,

그림 7.5 피아제의 3개의 산 실험 각각의 산은 색깔과 정상의 상태에 의해 구별된다. 하나에는 빨간 십자가가, 다른 것에는 작은 집이, 세 번째 산에는 눈 덮인 정상이 있다. 전조작기 아동들은 자기중심적으로 응답한다. 그들은 인형의 조망에 맞춰 눈 덮인 산의 사진을 고르지 못한다. 즉 그들은 단순히 자신의 위치에서 보이는 사진을 선택했다.

1926/1930). 누군가 천둥을 치게 한다고 말했던 새미의 일화를 떠올려보자. 피아제에 따르면 어린 아동은 자기중심성으로 인해 물리적 사건에도 인간의 의도를 부여하기 때문에 취학 전 시기에 마법에 대한 믿음이 흔하게 나타난다.

피아제는 취학 전 아동의 자기중심적 경향이 물리적 · 사회적 세상에 대한 잘못된 추론을 조절하거나 숙고하고 수정하는 것을 제한한다고 주장했다. 이러한 단점을 완전히 이해하기 위해서 피아제가 아동들을 대상으로 한 다른 과제들을 살펴보자.

보존의 실패 피아제의 유명한 보존 과제는 전조작적 사고의 다양한 결함을 나타낸다. **보존**(conservation)은 대상의 외형이 변해도 특정 물리적 특징은 동일하게 유지된다는 개념을 의미한다. 간식 시간에 프리티와 새미는 각각 똑같은 건포도 상자를 가졌지만 프리티가 자신의 건포도를 탁자 위에 펼쳐 놓았을 때 새미는 프리티가 더 많은 건포도를 가졌다고 생각했다.

액체를 사용한 다른 보존 과제에서 아동에게 동일한 양의 물이 들어 있는 2개의 길쭉한 잔을 보여주고 두 잔에 같은 양의 물이 담겨 있는지 질문했다. 아동이 두 잔에 같은 양의 물이 있다고 대답하면 그중 한 잔에 담긴 물을 넓고 얕은 용기에 옮겨 물의 양은 변하지 않지만 외양은 변하게끔 한다. 그런 뒤 아동에게 두 잔에 담긴 물의 양이 동일한지 변했는지 질문하면 전조작기 아동은 물의 양이 변했다고 생각한다. 그들은 "물이 내려갔으니까 이제 적어졌어요"(즉 높이가 낮아졌다)라거나 "퍼져 있기 때문에 이제 더 많아졌어요"라고 설명한다. 그림 7.6에는 아동과 시도해볼 수 있는 다른 보존 과제가 나와 있다.

보존의 실패는 전조작기 아동의 사고와 관련된 몇 가지 측면을 보여준다. 첫째, 아동의 이해는 한 가지에 집중되어 있으며 이는 **중심화**(centration)로 명명된다. 아동은 상황의 한 측면에 초점을 맞추고 다른 중요한 특징들은 무시한다. 액체 보존에서 아동은 물의 높이에 집중하고, 높이의 변화가 넓이의 변화로 상쇄된다는 걸 깨닫지 못한다. 둘째, 아동은 대상의 지각된 외형에 쉽게 주위를 뺏긴다. 셋째, 물의 초기 상태와 마지막 상태를 관련 없는 사건으로 여기고 두 상태 간 역동적 변환(물을 따르는 행위)은 무시한다.

전조작기 사고의 가장 중요한 비논리적 특징은 **비가역성**(irreversibility)으로, 이는 문제 해결 과정에서 일련의 정신적

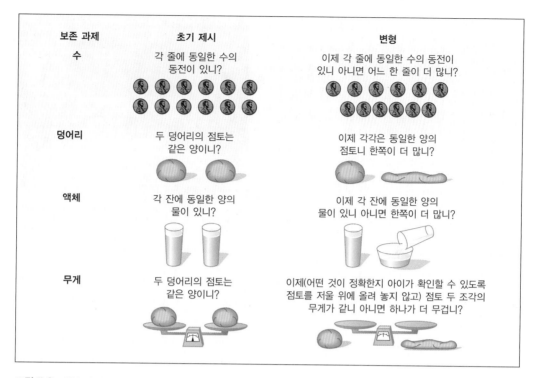

그림 7.6 일부 피아제 학파의 보존 과제 전조작기의 아동들은 아직 보존을 이해할 수 없다. 이 과제들은 구체적 조작기를 거치며 점차 습득된다. 서구의 아동들은 수, 덩어리, 액체 보존을 6~7세 사이에, 무게 보존을 8~10세 사이에 전형적으로 획득한다.

단계들을 거치거나 사고의 방향을 바꾸어 초기 상태로 돌아가지 못함을 의미한다. 가역성은 모든 논리적 조작의 일부이다. 가령 프리티가 자신의 건포도를 흩뜨린 후에 새미는 "나는 프리티가 나보다 건포도를 많이 가지고 있지 않다는 걸 알아요. 만약 우리가 작은 상자에 건포도를 다시 담는다면 프리티의 건포도와 나의 건포도는 똑같아 보였을 거예요"와 같이 반대로 생각할 수 없다.

위계적 분류 능력의 결여 취학 전 아동은 유사점과 차이점에 기초해 범주와 하위 범주로 대상을 조직하는 **위계적 분류**(hierarchical classification)에 어려움을 겪는다. 그림 7.7에 묘사된 피아제의 유명한 유목 포함 과제는 이러한 한계를 보여준다. 전조작기 아동은 빨간색 같은 드러나는 특징에 집중한다. 그들은 전체 범주(꽃)에서 부분 범주(빨강과 파랑)로 전환하거나 원래대로 돌아가는 등의 가역적 사고를 하지 못한다.

전조작적 사고에 대한 후속연구

지난 30년 동안 연구자들은 취학 전 아동이 인지적으로 부족하다는 피아제의 관점에 도전장을 내밀었다. 피아제 학파의 많은 과제들이 어린 아동에게 친숙하지 않은 요소나 아동이

한 번에 다루기에 너무 많은 양의 정보를 포함하고 있기 때문에 취학 전 아동의 반응이 아동의 실제 능력을 반영하지 못한다는 것이다. 피아제는 또한 취학 전 시기에 자연적으로 나타나는 효과적인 추론 사례들을 간과했다.

자기중심적, 물활론적, 마술적 사고 어린 아동은 정말로 방의

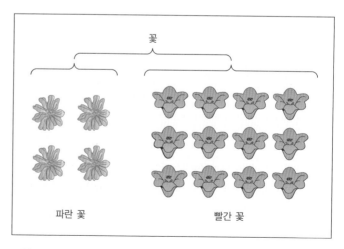

그림 7.7 피아제의 유목 포함 과제 아동들은 4개의 파란 꽃과 12개의 빨간 꽃, 총 16개의 꽃을 제시받았다. "빨간 꽃이 더 많니? 꽃이 더 많니?"하고 질문받으면 전조작기 아동들은 빨강과 파랑 꽃 모두 '꽃'의 범주에 포함된다고 인식하는 데 실패해 '빨간 꽃이 많다'고 응답한다.

다른 곳에 서 있는 사람이 자신이 보는 것과 동일한 것을 보고 있다고 생각할까? 연구자들이 친숙한 대상을 포함해 과제를 간소화하자 만 3세 아동은 타인이 색이 있는 필터를 통해 대상을 보고 있을 때 그 대상이 그 사람에게 어떻게 보일지 인식하는 등 타인의 관점에 대한 명확한 이해를 보였다(Moll & Meltzoff, 2011).

어린 아동들은 대화에서도 비자기중심적 반응을 드러냈다. 예를 들어 4세 아동은 동일한 연령의 또래나 성인에게 말할 때보다 2세 아동에게 말할 때 더 짧고 단순한 표현을 사용한다(Gelman & Shatz, 1978). 그리고 대상을 묘사할 때 아동은 '크다'나 '작다'와 같은 단어를 융통성 없이 자기중심적인 방법으로 사용하지 않는다. 오히려 아동은 맥락을 고려해 대상에 대한 자신의 설명을 조정할 수 있다. 3세경의 아동은 2인치 신발을 보고 그 자체로는 작다고 묘사했지만(그 신발이 대부분의 신발보다 훨씬 작기 때문에) 5인치 크기의 인형에게 신기기에는 크다고 표현했다(Ebeling & Gelman, 1994).

우리는 제5장에서 걸음마기 아동이 이미 타인의 의도를 추론하기 시작한다는 점을 살펴보았다. 또한 피아제(1945/1951) 역시 이후 저서에서 취학 전 아동의 자기중심성을 능력의 결여보다 경향성으로 묘사했다. 이 책에서 우리는 조망 수용에 대해 다시 다룰 것이며, 아동기와 청소년기를 거치면서 조망 수용 능력이 점차 발달한다는 점을 살펴볼 것이다.

또한 피아제는 취학 전 아동의 물활론적 믿음을 과대평가했다. 살아 있는 것과 살아 있지 않은 것 간의 범주적 구분 발달에서 살펴보았듯이, 영아기부터 생물과 무생물을 구분하기 시작한다. 2.5세 아동은 사람 혹은 때때로 동물에 대해서 "그는 ~을 좋아하는 것 같다" 또는 "그녀는 ~을 원한다" 같은 심리적 설명을 하지만 물건에 대해서는 그렇게 하지 않는다(Hickling & Wellman, 2001). 뿐만 아니라 취학 전 아동은 '먹는다', '자란다' 같은 생물학적 특성을 로봇에게는 부여하지 않는데, 이는 아동이 살아 있는 대상처럼 스스로 움직이는 물체일지라도 생명이 없을 수 있다는 점을 이해한다는 것을 보여준다. 하지만 성인과 달리 아동은 로봇이 보거나 생각하거나 기억하는 등 인지적이며 심리학적인 특성을 지닌다고 말하기도 한다(Jipson & Gelman, 2007; Subrahmanyam, Gelman, & Lafosse, 2002). 이러한 아동의 반응은 특정 대상에 대한 불완전한 지식에 기인한 것으로 연령이 증가하면서 감소한다.

취학 전 아동들은 생물과 무생물체를 구별하고, 예를 들면 실물 같은 특징을 지닌 로봇은 먹거나 자랄 수 없다는 것을 깨닫는다. 그러나 지식이 불완전하므로 로봇은 보고 생각하고 기억하는 것과 같은 지각적, 심리적 능력을 갖추고 있다고 주장하는 경우가 많다.

이와 유사하게, 이 장의 서론에 나오는 마법사가 천둥을 치게 한다는 새미의 이야기 같이 취학 전 아동은 자신이 설명할 수 없는 현상을 마법으로 설명하려고 한다. 하지만 마법에 대한 아동의 생각은 융통성이 있고 적절하다. 예를 들어 3~4세 아동은 소원 빌기(상자 안에 들어 있을 물건)와 같은 마법의 과정이 사건에 선행할 때, 사건이 소원과 일치할 때(자신이 원한 물건이 상자 안에 있을 때), 다른 원인이 명확하지 않을 때 마법이 사건을 일으켰다고 생각한다(Woolley, Browne, & Boerger, 2006). 이러한 인과관계의 특징들은 취학 전 아동이 일상적인 상황에 적용하는 특징들과 동일하다.

4~8세에 아동이 물리적 사건과 원리에 친숙해짐으로써 마법에 대한 믿음은 줄어든다. 아동은 누가 진짜 산타클로스나 이의 요정인지 이해하고, 마술사의 신기한 행동이 속임수라는 것을 깨닫고, 판타지 이야기에 나오는 인물이나 사건이 실재하지 않음을 안다(Woolley & Cornelius, 2013; Woolley & Cox, 2007). 하지만 여전히 아동은 자신이 상상하는 것이 실현될 가능성이 있다고 생각하기 때문에 무서운 이야기나 TV 쇼, 악몽에 대해 불안해한다.

논리적 사고 많은 연구에 따르면 취학 전 아동도 단순화되고 자신의 일상생활과 관련된 과제를 받았을 때는 피아제가 아동의 전조작기에 관찰했던 비논리적인 특징들을 나타내지 않았다. 가령 수 보존 과제에서 6~7개 대신 3개의 항목만을 포함하자 3세 아동도 성공적으로 과제를 수행했다(Gelman,

1972). 또한 취학 전 아동에게 설탕과 같은 물질을 물에 녹이면 어떻게 되는지에 대해 보다 세심한 주의를 기울여서 적절한 단어를 골라 질문하면 대부분의 3~5세 아동들은 물질이 보존된다는 점을 안다. 즉 물질이 물속에서 안 보일지라도 여전히 존재하고 있으며, 맛이 나고, 액체를 더 무겁게 만든다는 사실을 안다(Au, Sidle, & Rollins, 1993; Rosen & Rozin, 1993).

살펴보기

> 세 살 또는 네 살짜리에게 그림 7.6의 숫자 및 질량 과제에서 보존 개념에 대한 이해를 시도해보라. 다음으로, 동전의 수를 줄임으로써 수의 보존을 단순화하고, 진흙 반죽을 굽는 시늉을 하여 컵케이크로 변형시킴으로써 질량 보존을 아이의 경험과 연관지어보라. 아이가 좀 더 능숙하게 행동했는가?

취학 전 아동의 변형에 대한 추론 능력은 다른 문제들에서도 분명히 드러난다. 아동은 물리적 변화에 대해 상당한 수준의 유추적 추론을 할 수 있다. 그림을 보여주며 "점토와 잘린 점토의 관계는 사과와 다음 중에서 무엇과 같지?"라고 묻는 대응 과제에서 3세 아동도 정답과 물리적 특성이 비슷한 몇 개의 보기들(베어 먹은 사과, 잘린 빵 덩어리)이 아닌 알맞은 답(잘린 사과)을 골랐다(Goswami, 1996). 이러한 결과는 친숙한 맥락에서는 취학 전 아동도 외형에서 벗어나 인과관계에 대해 논리적으로 생각할 수 있음을 나타낸다.

마지막으로 상세한 생물학적 혹은 역학적 지식이 없어도 취학 전 아동은 기계와 같은 무생물에서는 불가능한 동물의 내면(움직이려는 의지)이 인과관계에 기여함을 이해한다(Gelman, 2003). 비논리적 추론은 아동에게 친숙하지 않은 주제거나 너무 많은 정보가 주어졌거나 아동이 조정하기 힘든 모순된 사실을 포함할 때만 발생하는 것으로 보인다.

범주화 취학 전 아동이 피아제의 유목 포함 과제에서 어려움을 보이긴 하지만, 아주 어린 시기부터 아동은 일상적 지식들을 범주화해 조직한다. 아동 초기에 접어들 무렵 아동은 지각되는 특성이 다를지라도 기능, 행동, 자연적 유형(생물/무생물)의 측면에서 동일하다면 같은 범주로 분류한다.

2~5세 아동은 범주 구성원들이 공유하는 관찰 불가능한 특성들도 쉽게 이끌어낸다(Gopnik & Nazzi, 2003). 예를 들어 새는 온혈동물이고 공룡의 일종인 스테고사우루스는 냉

혈동물이라는 사실을 들었다면, 취학 전 아동은 새와 매우 유사하지만 공룡의 한 종류인 프테로닥틸도 냉혈동물이라고 추론한다.

하지만 한 범주 내 대상들이 특정한 지각적 특성(예 : 긴 귀)을 가진다면 취학 전 아동은 지각적 특성에 따라 범주를 분류한다. 즉 상황에 따라 여러 유형의 정보를 유연하게 사용해 대상을 분류한다(Rakison & Lawson, 2013). 또한 과거 경험도 아동이 어떤 정보를 사용할지에 영향을 미칠 수 있다. 북부 위스콘신의 메노미니 보호구역(Menominee Reservation)에서 자란 5세의 아메리칸 원주민 아동은 대개 자연계에서의 관계에 따라 동물의 범주를 나눈다. 예를 들어 숲에 서식한다는 이유로 늑대와 독수리를 같은 범주로 분류한다(Ross et al., 2003). 반면 유럽계 미국 아동은 대부분 동물의 일반적인 특징에 따라 범주를 나눈다.

2~3세 동안 혹은 조금 더 이른 시기에 아동의 범주는 곧 분화되어 '의자', '탁자', '침대' 같이 보편성의 중간 수준에 해당하는 기본 수준 범주를 다수 형성한다. 3세경에는 기본 수준 범주와 '가구'와 같은 상위 범주 사이를 쉽게 이동할 수 있다. 그리고 기본 수준 범주를 쪼개어 '흔들의자'나 '책상 의

이 4세 아동은 어떤 범주('공룡')가 직립 자세와 비늘 같은 지각적 특징만이 아니라 근본적인 특성('냉혈')에 기초할 수 있음을 이해한다.

자' 같은 하위 범주를 생성한다.

취학 전 아동의 급격한 어휘 수 증가와 일반적 지식의 확장은 범주화 기술을 매우 촉진한다. 성인과의 대화 역시 아동의 범주화 기술을 촉진하는데, 이는 성인은 아동과 함께 있을 때 종종 대상의 범주 이름을 알려주고 설명하기 때문이다. 성인이 벌새, 칠면조, 백조를 보고 모두 '새'라고 할 때, 물리적 유사성 외에도 이런 대상들을 모두 묶어주는 특징이 있다는 것을 아동에게 알려주게 되는 것이다(Gelman & Kalish, 2006). 아동은 세상에 대한 질문도 많이 하는데, 대부분의 질문은 "저건 뭐예요? 저건 뭘 하는 거예요?"와 같이 정보 추구적 특징을 지닌다(Chouinard, 2007). 대개 부모는 개념적 이해를 돕는 유익한 답변을 제공한다. 그림책 읽기는 특히 범주 학습을 위한 풍부한 맥락을 제공한다. 책에 대해 이야기를 나누면서 부모는 범주의 구조에 대한 아동의 추론을 돕는 정보를 제공하게 된다(예 : "펭귄은 남극에 살고, 수영하고, 물고기를 잡고, 몸을 따뜻하게 해주는 두꺼운 지방층과 깃털을 가지고 있어.").

요컨대 취학 전 아동의 범주 체계는 연령이 높은 아동이나 성인보다 복잡하지는 않지만 명백하게 드러나지 않는 특징을 기반으로 위계적으로 분류할 수 있는 능력을 가지고 있다. 또한 취학 전 아동은 범주의 기준을 형성하는 상호관계적 특성을 파악하고 새로운 구성원들을 분류하기 위해서 논

리적이고 인과적인 추론을 할 수 있다.

전조작기의 평가

표 7.2에 아동 초기의 인지적 성취를 개괄해 놓았다. 앞에 나온 피아제의 전조작기 아동에 대한 기술과 비교해보라. 전반적으로 어린 아동의 인지적 능력에 대한 피아제의 주장이 어떤 면에서는 옳으며 어떤 면에서는 틀렸다는 것을 알 수 있다. 친숙한 경험에 기초한 단순화된 과제가 제시되었을 때 취학 전 아동은 논리적 사고의 시작을 보이는데, 이는 서서히 논리적 조작을 획득해 가고 있음을 나타낸다.

피아제 과제에 대한 취학 전 아동의 수행을 훈련을 통해 향상시킬 수 있다는 연구 결과 또한 조작적 사고가 한 시기에는 부재하고 또 다른 시기에는 존재하는 것은 아니라는 주장을 뒷받침한다(Ping & Goldin-Meadow, 2008). 연령이 증가하면서 문제를 해결하는 데 있어 보다 효과적인 정신적 접근(지각적인 것과 반대인)의 사용이 증가한다. 예를 들어 두 세트의 항목을 비교하는 데 수 세기를 사용하지 못하는 아동은 수 보존을 하지 못한다(Rouselle, Palmers, & Noël, 2004). 수 세기를 할 수 있게 되면 아동은 적은 항목만을 포함하는 수 보존 과제에 이 기술을 적용한다. 수 세기 기술이 향상되면서 아동은 더 많은 항목을 포함하고 있는 문제에도 수 세기 전략을 적용한다. 6세가 되면 아동은 수가 더해지거나 빼지

표 7.2   초기 아동기의 몇몇 인지적 성취

이론	본성과 양육의 상대적 영향력
2~4세 	언어의 발달, 가장놀이, 그림, 이중표상의 이해로 드러나는 표상적 활동의 극적인 증가를 나타냄 단순화되고, 친숙한 상황과 일상의 면대면 상호작용에서는 타인의 관점을 조망함 생물과 무생물 대상을 구별. 마법이 일상의 경험을 바꿀 수 있음을 부인 보존을 이해하고, 변형을 인지하고, 사고를 역전시키고, 친숙한 맥락에서 많은 인과관계를 이해함 일반적 기능과 행동에 기초해 대상을 범주화하고 범주 구성원이 공유한 본질적 특성에 대해 생각함 친숙한 대상을 위계적으로 조직한 범주로 분류함 외형과 실제를 구별
4~7세	가장하는 것(그리고 다른 사고 과정)이 표상적 활동임을 점차 인식하게 됨 요정, 괴물, 합리적으로 설명되지 않는 사건들에 대한 마술적 믿음을 버림 피아제 식의 수, 질량, 액체 보존 과제를 통과함

© ELLEN B. SENISI

RYAN McVAY/PHOTODISC/GETTY IMAGES

지 않는다면 변형 후에도 수가 동일하게 유지됨을 이해한다 (Halford & Andrews, 2011). 결론적으로 아동은 자신의 답을 증명하기 위해 더 이상 수를 셀 필요가 없는 것이다.

논리적 조작의 점진적 발달은 6~7세경에 논리적 추론이 갑자기 나타난다고 가정한 피아제의 단계 개념에 또 다른 도 전장을 내민다. 전조작기는 정말 존재하는 것일까? 일부 연 구자들은 더 이상 그렇게 생각하지 않는다. 정보처리 관점에 따라, 아동이 각 유형의 과제를 개별적으로 이해하며, 아동 의 사고 과정은 기본적으로 모든 연령에 걸쳐 동일하지만 그 정도의 차이만 있을 뿐이라는 제5장의 내용을 상기해보자.

다른 아동 전문가들은 단계 개념이 타당하지만 수정되어 야 한다고 생각한다. 예를 들어 일부 신피아제 학파 이론가들 은 피아제의 단계적 접근과 과제 특정적 변화에 중점을 둔 정 보처리적 입장을 결합했다(Case, 1998; Halford & Andrews, 2011). 그들은 단계에 대한 피아제의 엄격한 정의가 보다 유 연한 개념으로 바뀌어야 한다고 주장한다. 그들에 따르면 단 계란 두뇌 발달 및 구체적 경험에 따라 달라질 수 있는, 오랜 기간에 걸친 일련의 유능성 발달이다. 그들은 과제의 복잡성 과 과제에 대한 아동의 경험을 주의 깊게 통제하면, 아동이 단계와 일치하는 방식으로 유사하게 접근한다는 점을 지적 한다(Andrews & Halford, 2002; Case & Okamoto, 1996). 예 를 들어 그림 그리기를 할 때 취학 전 아동들은 공간적 배열 을 무시한 채 각각의 대상을 묘사한다. 이야기를 이해할 때 도 아동은 단일한 주제는 이해하지만 중심 줄거리에 하나 이 상의 세부 줄거리를 더하는 데는 어려움을 겪는다.

이러한 융통성 있는 단계 개념은 아동 초기 사고의 독특한 특징을 인정함과 동시에 레슬리가 주장한 것 같이 왜 '취학 전 아동들의 마음이 논리와 상상, 잘못된 추론의 혼합'인지 에 대한 보다 적절한 설명을 제공한다.

피아제와 교육

피아제의 이론에서 비롯된 세 가지 교육적 원리들은 교사 훈 련과 교실에의 적용, 특히 아동 초기의 교육에 중요한 영향 을 미치고 있다.

- 발견학습. 피아제의 이론을 적용한 교실에서는 아동이 환경과의 자발적인 상호작용을 통해 스스로 발견하도록 격려한다. 교사는 단순히 기존 지식을 제공하는 대신 아 동의 탐색을 촉진하도록 고안된 다양한 자료(예술작품, 퍼즐, 보드게임, 의상, 블록, 책, 측정도구, 자연과학 과 제, 악기 등)를 충분히 제공한다.
- 아동의 학습 준비성에 대한 교사의 민감성. 피아제의 이론 을 적용하는 학교에서 교사는 세상을 바라보는 아동의 잘못된 방식에 이의를 제기함으로써 아동의 현재 사고 를 발달시키는 활동을 제시한다. 하지만 교사는 아동이 흥미를 보이거나 준비되기 전에 새로운 기술을 강요해 발달에 속도를 내려고 애쓰지 않는다.
- 개인차의 수용. 피아제 이론은 모든 아동이 동일한 발달 순서를 따르지만 속도는 다르다고 가정한다. 따라서 교 사는 전체 학급을 대상으로 하는 것이 아닌, 아동 개인 이나 작은 집단을 위한 활동을 계획해야 한다. 또한 교 사는 표준적 규준이 아닌 각 아동의 과거 발달을 기반으 로 하여 아동의 교육적 발전을 평가한다.

피아제의 단계 이론과 마찬가지로 피아제 이론의 교육적 적용 또한 비판을 받는다. 특히 어린 아동은 주로 환경에 대 한 활동을 통해 배운다는 주장이 가장 큰 비판을 받는다 (Brainerd, 2003). 다음으로 우리는 어린 아동이 언어를 기반 으로 한 방법으로도 지식을 습득한다는 점에 대해 살펴볼 것 이다.

묻고 대답하기

연관지어보기 다음 전조작기 사고의 특징 중 두 가지를 선택해보라—자기중심 성, 지각적 외관에 초점을 맞춤, 변형에 대한 난이도 추론, 위계적 분류의 결여, 외양적 측면에 초점을 두는 것. 피아제가 추측한 것보다 미취학 아동이 더 유능 한 사상가라는 것을 나타내는 증거를 제시해보라.

적용해보기 세 살짜리 윌은 자신의 세발자전거가 살아 있지 않고 스스로 느끼거 나 움직일 수 없다는 것을 이해한다. 그럼에도 해변에서 해가 지평선 아래로 지 는 것을 지켜보던 윌은 "태양은 피곤하다. 잘 거야!" 윌의 추론에서 이러한 명백 한 모순을 설명하는 것은 무엇인가?

생각해보기 어린 시절 상상 속 친구가 있었는가? 만약 그렇다면, 여러분의 상상 속 친구는 어땠고, 왜 그것을 만들었는가?

비고츠키의 사회문화적 이론

7.8 비고츠키의 사회적 기원과 아이들의 혼잣말 중요성에 대한 관점을 설 명하라.

7.9 비고츠키의 이론을 교육에 적용하고 그의 주요 사상을 평가하라.

인지발달의 자원으로서 언어의 역할을 경시했던 피아제의 관점에 대해 인지발달에서 사회적 맥락을 강조하는 비고츠 키의 사회문화적 이론이 이의를 제기했다. 아동 초기 동안 급격한 언어발달은 아동이 문화적으로 중요한 과제를 숙달하도록 독려하며 보다 많은 지식을 가진 사람과의 사회적 대화에 아동이 보다 적극적으로 참여할 수 있도록 이끈다. 곧 아동은 타인과 대화하는 것과 유사한 방식으로 자신과 소통하기 시작하며, 이는 아동의 사고와 행동 통제 능력을 강화한다. 어떻게 이런 일이 발생하는지 살펴보자.

혼잣말

취학 전 아동이 놀이를 하거나 세상을 탐색하는 모습을 관찰해보면 아동이 큰 소리로 혼잣말을 하는 것을 종종 볼 수 있을 것이다. 예를 들어 새미는 퍼즐을 맞출 때 "빨간 조각이 어디 있지? 이제 파란 거. 아니야, 이건 안 맞는다. 여기에 해 보자"라고 말한다.

피아제(1923/1926)는 이런 발화를 자기중심적 언어라고 칭했는데, 이는 어린 아동은 타인의 관점을 조망하는 데 어려움을 겪는다는 그의 믿음을 반영한다. 피아제에 따르면 아동의 말은 종종 청자가 이해할 수 있는지 여부와는 상관없이, 어떤 형태로든 머릿속에 떠오른 사고를 나타내는 '자기를 위한 말'이라고 주장했다. 자기중심성이 약해지면서 이런 적응성이 약한 발화 형태 역시 감소하게 된다.

비고츠키(1934/1987)는 이와 같은 피아제의 결론에 동의하지 않았다. 비고츠키는 언어가 아동이 자신의 정신적 활동과 행동에 대해 생각하고 어떤 행동을 할지 결정하는 데 도움을 줌으로써 통제된 주의, 정교한 기억과 회상, 범주화, 계획, 문제 해결, 자기성찰 등을 포함하는 고등 인지 과정에 대한 기초로 작용한다고 주장했다. 비고츠키의 관점에 따르면, 아동은 자기안내를 위해 혼잣말을 한다. 아동의 연령이 증가하고 과제가 쉽다고 생각하게 되면, 자기 지향 언어는 조용한 내적 언어(일상생활에서 생각하고 행동하는 동안 자신과 나누는 내면의 언어적 대화)로 내면화된다.

거의 모든 연구들이 비고츠키의 관점을 지지하고 있기 때문에, 아동의 자기 지향 언어는 이제 자기중심적 언어가 아닌 **사적 언어**(private speech)로 불린다. 연구자들은 과제의 난이도가 너무 쉽거나 너무 어렵지 않고 적절한 수준일 때, 실수를 한 다음에, 어떻게 과제를 진행해 나가야 할지 고민할 때 아동이 사적 언어를 더 많이 사용함을 확인했다. 또한 비고츠키가 예상한 바와 같이 연령이 증가하면서 사적 언어는 속삭임이나 입술 움직임이 없는 상태로 변화하면서 점점 줄어든다. 게다가 어려운 과제를 하는 동안 자유롭게 사적 언

네 살짜리 아이가 그림을 그리면서 혼잣말을 한다. 연구는 아이들이 그들의 생각과 행동을 안내하기 위해 혼잣말을 사용한다는 비고츠키의 이론을 뒷받침한다.

어를 사용하는 아동은 이를 덜 사용하는 같은 연령의 아동보다 주의력이 높고 더 성공적인 수행을 보인다(Benigno et al., 2011; Lidstone, Meins, & Fernyhough, 2010; Winsler, 2009).

초기 인지발달의 사회적 기원

사적 언어는 어디에서 기인한 것일까? 제5장에서 비고츠키가 아동 학습이 근접발달영역(아동이 혼자 하기엔 너무 어렵지만 성인이나 보다 능숙한 또래의 도움을 받으면 가능한 과제의 범위) 내에서 일어난다고 했던 주장을 상기해보자. 어려운 퍼즐을 맞추는 새미와 새미를 도와주는 엄마의 공동 활동을 살펴보자.

새미 : 이거 맞출 수가 없어요. (조각 하나를 잘못된 위치에 끼워 넣으려고 애쓰며)

엄마 : 어떤 조각이 이 자리에 맞을까? (퍼즐 바닥을 가리키며)

새미 : 신발. (광대의 신발과 비슷한 조각을 찾지만 틀린 조각으로 시도하면서)

엄마 : 글쎄… 어떤 조각이 이 모양처럼 보이지? (퍼즐의 바닥을 다시 가리키며)

새미 : 갈색이요. (끼워 보니 맞다. 그러곤 다른 조각도 시도해보고 엄마를 다시 쳐다본다)

엄마 : 약간만 돌려 볼까? (손짓으로 동작을 취한다)

새미 : 여기다! (엄마가 보는 동안 몇 조각을 더 맞춘다)

새미의 엄마는 새미가 다룰 수 있는 난이도 수준에서, 즉 근접발달영역 내에서 퍼즐의 수준을 유지하고 있다. 이를 통해 새미의 엄마는 **비계 역할**(scaffolding, 아동의 현재 수행 수준에 맞도록 교습시간 동안 제공되는 지원의 정도를 조정하는 것)을 해주는 것이다. 아동이 어떻게 해야 할지 모를 때, 성인은 아동이 다룰 수 있는 단위로 과제를 쪼개주고, 전략을 제시하고, 그런 방법들을 사용해야 하는 이유를 알려주며 직접적인 지시를 사용한다. 효과적으로 비계 역할을 하는 사람은 이후 아동의 유능감이 증가하면 아동에게 주는 도움의 정도를 점차 줄여 나가면서 아동에게 책임감을 되돌려준다. 아동은 성인과의 대화 내용을 수용해 이를 사적 언어의 일부로 만들고, 혼자 과제를 해결할 때 이를 활용한다.

취학 전 아동은 혼자 있을 때와 타인과 있을 때 모두 사적 언어를 자유롭게 사용하긴 하지만, 타인이 있는 상황에서 사적 언어를 더 많이 사용한다(McGonigle-Chalmers, Slater, & Smith, 2014). 이는 일부 사적 언어는 아동이 추가적인 지원을 위한 새로운 비계 역할이 필요하다는 간접적인 호소의 방법으로 사용되면서 사회적 목적을 유지하고 있음을 의미한다. 몇몇 연구들에서는 부모가 효과적인 비계 역할을 해주었던 아동이 사적 언어를 보다 많이 사용했고, 어려운 과제를 스스로 시도할 때 성공할 확률이 높았으며, 전반적으로 우수한 인지발달을 보여주었다(Berk & Spuhl, 1995; Conner & Cross, 2003; Mulvaney et al., 2006).

하지만 효과적인 비계 역할은 문화권에 따라 다르게 나타날 수 있다. 동남아시아에서 미국으로 이민 간 몽족 가족의 연구에서는 부모의 인지적 지지가 아동의 추론기술 발달과 관련이 있었다. 하지만 아동 스스로 과제 해결법을 찾도록 독립성을 강조하는 유럽계 미국인 부모와는 달리 상호의존과 자녀의 복종을 중요하게 생각하는 몽족 부모는 종종 자녀에게 무엇을 해야 하는지 지시했다(예 : "이 조각을 여기에 두고 이 조각은 저 위에 두자")(Stright, Herr, & Neitzel, 2009). 유럽계 미국인 아동의 경우 이러한 직접적인 비계는 유치원 시기 자기통제 부족 및 행동 문제와 관련이 있었다(Neitzel & Stright, 2003). 하지만 몽족 아동의 경우 직접적 비계는 규칙을 준수하고 정리정돈하고 과제를 완수하는 능력을 예측했다.

비고츠키와 아동 초기 교육

피아제나 비고츠키의 이론을 적용한 교실은 모두 적극적인 참여와 개인차 수용을 강조한다. 하지만 비고츠키 이론을 적용한 교실은 독립적 발견을 넘어 **지원받은 발견**의 촉진을 강조한다. 교사들은 각 아동의 근접발달영역에 맞추어 개입하면서 아동의 학습을 이끈다. 지원받은 발견은 또한 서로 다른 능력을 지닌 아동들이 집단 내에서 함께 활동하고 서로를 가르치거나 돕는 등의 또래 **협동**을 통해 촉진된다.

비고츠키(1993/1978)는 가장놀이를 아동 초기의 인지발달을 촉진하기 위한 이상적인 사회적 맥락으로 보았다. 아동은 가장놀이 상황을 창조하면서 즉각적인 충동이 아닌 내적인 관념과 사회적 규칙을 따르는 것을 배운다. 예를 들어 잠을 자는 척하는 아동은 잠자리 행동의 규칙을 따른다. 자신을 아버지로, 인형을 아이로 가장해 가장놀이를 할 때 아동은 부모의 행동 규칙을 따른다(Meyers & Berk, 2014). 비고츠키에 의하면 가장놀이는 아동이 아주 다양한 분야의 도전 활동들을 충분히 시도해보고 새로운 능력을 획득하게 하는 독특하면서도 영향력 있는 근접발달영역으로서 기능한다.

가장놀이가 인지적 · 사회적 발달에 미치는 영향에 대

비고츠키에게서 영감을 받은 이 강의실에서, 미취학 아동들은 정교한 블록 구조를 공동으로 만들 때 또래의 협업을 통해 이익을 얻는다.

한 연구들을 다시 한 번 살펴보기 위해 261쪽으로 되돌아가 보자. 가장놀이 중에도 아동의 사적 언어는 풍부하게 나타난다. 이는 사적 언어가 아동이 사고의 통제하에서 행동을 취할 수 있도록 돕는다는 주장을 지지한다(Krafft & Berk, 1998). 사회극 놀이에 보다 많은 시간을 쏟는 아동은 충동 억제, 정서 조절, 교실 규칙 준수에 대한 개인적 책임감 수용 등에서 더 뛰어난 모습을 보인다(Elias & Berk, 2002; Kelly & Hammond, 2011; Lemche et al., 2003). 이러한 결과들은 아동의 자기통제 향상에 가장놀이가 큰 역할을 한다는 것을 지지한다.

비고츠키 이론의 평가

비고츠키의 이론은 사회적 경험이 인지발달에 기본적 역할을 한다고 봄으로써 교육의 역할을 강조하고 아동의 인지적 기술이 문화적 맥락에 따라 서로 다르다는 점을 설명했다. 그럼에도 불구하고 비고츠키의 이론이 논쟁거리가 되지 않았던 것은 아니다. 일부 문화에서는 언어적 의사소통이 유일하거나 가장 중요한 아동 교육 수단으로 기능하지 않는다. 서구의 경우 어린 자녀가 어려운 과제를 수행할 수 있도록 부모가 비계 역할을 할 때 사용하는 언어적 의사소통 방식이 아동이 성인으로서의 삶을 준비하기 위해 많은 시간을 보낼 학교에서의 교수 방식과 유사하다. 학교 교육과 문해력을 덜 강조하는 문화의 부모들은 아동이 민감한 관찰이나 공동체 활동의 참여를 통해 새로운 기술을 획득하는 데 더 큰 책임감을 갖기를 바란다(Rogoff, Correa-Chavez, & Silva, 2011). 다음 '문화적 영향' 글상자를 보면 이러한 차이점에 대한 연구를 살펴볼 수 있다.

타인의 개입을 통한 아동 학습의 다양한 방식을 설명하기 위해 바바라 로고프(Barbara Rogoff, 2003)는 비계 역할보다 광범위한 개념인 **유도된 참여**(guided participation)라는 개념을 제안했다. 유도된 참여란 보다 능숙한 참여자와 덜 능숙한 참여자 사이의 공유된 노력을 말하며 의사소통의 명확한 특징을 명시하지 않는다. 결과적으로 이는 상황과 문화에 따른 차이를 인정한다.

마지막으로 비고츠키의 이론은 제4, 5장에서 논의된 기본적인 운동, 지각, 주의, 기억, 문제 해결 기술들이 어떻게 아동에게 사회적으로 전달되어 고등 인지 과정에 기여하는지 충분히 설명하지 못한다. 예를 들어 그의 이론은 어떻게 이런 기초적 능력이 보다 진보된 인지 원천인 아동의 사회

묻고 대답하기

연관지어보기 어떻게 피아제와 비고츠키의 이론이 서로 보완하는지 설명해보라. 즉 한 사람이 경시하거나 간과한 발달의 어떤 측면을 다른 사람이 강조하는가?

적용해보기 타니샤는 그녀의 다섯 살짜리 아들 토비가 놀 때 스스로에게 큰 소리로 말하는 것을 보았다. 그녀는 그런 행동을 못하게 해야 하는지 궁금하다. 비고츠키의 이론과 관련된 연구를 활용해 왜 토비가 자기에게 말하는지 설명해 보라. 여러분은 타니샤에게 어떻게 조언할 것인가?

생각해보기 언제 여러분은 사적 언어를 사용하는가? 그것이 아동에게 그러는 것처럼 여러분에게도 자기 유도 기능을 하는가? 설명해보라.

적 경험을 통해 변화하는지 설명하지 않는다(Daniels, 2011; Miller, 2009). 피아제는 기본적 인지 과정의 발달에 대해 비고츠키보다 훨씬 많은 주의를 기울였다. 오늘날의 포괄적인 인지발달이론 덕분에 20세기 인지발달 분야의 두 거장인 피아제와 비고츠키가 만나 각자의 훌륭한 성취를 함께 엮게 되었다는 것은 흥미로운 일이다.

정보처리

7.10 아동 초기 동안 실행 기능과 기억력은 어떻게 변화하는가?
7.11 아동의 마음이론을 설명하라.
7.12 아동 초기에 아동의 읽고 쓰는 능력과 수학 지식을 요약해보라.

제5장에서 다루었던 정보처리 모형으로 돌아가서 정보처리가 아동이 자신의 정신적 체계로 흘러 들어오는 자극을 변형시키기 위해 사용하는 인지적 조작 및 정신적 전략에 초점을 두고 있음을 상기해보자. 앞서 언급했듯이 아동 초기는 정신적 표상에 상당한 진전이 나타나는 시기이다. 또한 인지적으로 복잡한 상황에서의 수행을 도와주는 역할을 하는 **실행 기능**(executive function)의 다양한 요소(충동 억제, 방해자극 억제, 과제의 요구사항에 따른 유연한 주의 전환, 작업기억으로의 정보 조직화, 계획하기)도 눈에 띄게 발달한다(Carlson, Zelazo, & Faja, 2013). 취학 전 아동은 또한 자신의 정신적 생활을 보다 잘 인식하게 되고 학업 성취에 필요한 학문적 지식을 획득하기 시작한다.

실행 기능

부모들이나 교사들은 이미 알고 있겠지만 학령기 아동과 비교해 취학 전 아동은 과제 집중 시간이 더 짧고 쉽게 주의가 산만해진다. 억제 및 유연한 주의 전환에 관한 연구들이 보여주었듯이 주의 통제는 아동 초기 동안 매우 향상된다. 앞으로 살펴보겠지만 작업기억의 확장이 이런 발달을 돕는다.

문화적 영향

성인의 일을 관찰하고 참여하는 마을과 부족 문화의 아동

서구 사회에서는 아동이 유능한 일꾼이 되는 데 필요한 기술을 갖추도록 하는 역할을 학교가 맡는다. 아동 초기, 사회경제적 지위가 중간 정도인 계층의 부모-자녀 간 상호작용은 아동을 학업적으로 성공할 수 있도록 준비시키는 데 초점을 둔 아동 중심 활동을 강조한다. 특히 언어 능력과 문해력, 기타 학교 관련 지식을 향상시키는 성인과 아동의 대화 및 놀이를 강조한다. 마을문화나 부족문화에서는 학교 교육이 거의 이루어지지 않으며, 아동은 성인의 일을 돕거나 참여하면서 하루의 대부분을 보내고 아동 초기부터 성숙한 책임감을 당연하게 생각하기 시작한다(Gaskins, 2014). 결과적으로 부모들은 아이들을 가르치기 위해 대화하거나 놀아줄 필요가 없다고 생각한다.

네 가지 문화권―미국의 중류 교외지역 두 곳, 콩고의 에페 수렵채집부족, 과테말라의 마야 농경 마을―에 사는 2~3세 아동의 일상생활을 비교한 연구는 문화의 차이를 보여주었다(Morelli, Rogoff, & Angelillo, 2003). 미국 사회에서 어린 아동은 성인의 일에 거의 접근하지 못했으며 성인과 대화를 나누거나 놀이를 하면서 많은 시간을 보냈다. 반면 에페와 마야의 아동은 에페 야영지나 마야 가정집에서 혹은 그 근처에서 성인의 일을 하거나 관찰하면서 시간을 보냈다.

멕시코 유카탄의 외딴 마야 마을에서 어린 아동은 성인의 일을 중심으로 구성된 일상생활의 정당한 관찰자이자 참여자이며, 그들의 유능감은 서양의 취학 전 아동과 다르다고 민족학자들은 설명한다(Gaskins, 1999; Gaskins, Haight, & Lancy, 2007). 유카탄의 성인 마야인들은 생계형 농부이다. 남자들은 곡물 밭을 일구고 8세 이상 아들들은 아버지의 농사일을

돕는다. 여자들은 식사를 준비하고 빨래를 하고 가축과 텃밭을 돌보는데, 딸들이나 밭에서 일하기엔 너무 어린 아들이 어머니의 일을 돕는다. 아동은 2세부터 이런 활동에 참여한다. 이런 일들에 참여하지 않을 때는 자신에게 필요한 일을 스스로 한다.

어린 아동은 얼마나 자고 먹을 것인가, 무엇을 입을 것인가, 심지어 언제 학교에 갈 것인가 등 자신과 관련된 일들을 스스로 결정한다. 결과적으로 유카탄의 취학 전 마야 아동의 자조기술은 매우 발달했지만 가장놀이는 제한적이다. 가장놀이를 할 때도 주로 성인의 일을 흉내 낸다. 그렇지 않으면 그들은 하루에 몇 시간이고 타인을 지켜본다.

유카탄의 마야인 부모들은 취학 전 아동과 대화하거나 놀아주는 일이 거의 없고 학습의 비계 역할을 해주지 않는다. 오히려 아동이 성인의 일을 모방할 때, 부모는 아동이 보다 많은 책임을 맡을 준비가 됐다고 생각한다. 이때 부모는 아동이 성인의 도움을 거의 받지 않으면서 할 수 있고 성인의 일을 방해하지 않을 만한 가사를 선택해 아동에게 할당한다. 아동이 그 일을 할 수 없는 경우 성인이 대신하고, 아동은 지켜보다가 자신이 할 수 있다고 생각하면 다

남아프리카의 한 마을에서 어린아이가 어머니가 곡식을 갈고 있는 것을 열심히 지켜본다. 마을과 부족문화의 아이들은 어릴 때부터 그들 공동체의 일을 관찰하고 참여한다.

시 그 일을 맡는다.

유카탄 마야 문화에서는 아동이 자주적이고 성인에게 도움이 되어야 한다고 여기기 때문에 마야 아동은 주의를 끌 만한 행동을 하거나 흥미로운 일을 하자고 타인에게 제안하지 않는다. 어린 시기부터 아동은 긴 종교의식을 견디거나 세 시간 동안 차를 타고 가면서 오랜 시간 동안 가만히 앉아 있는 법을 배운다. 또한 성인이 아동에게 하고 있는 일을 중단하고 집안일을 하라고 지시하면 마야 아동은 서양 아동들이 주로 회피하거나 싫어하는 유형의 일들에 대해서도 성실히 따른다. 5세경, 유카탄의 마야 아동은 자신에게 할당된 일 외에 다른 일에도 자발적인 책임을 진다.

실행 기능의 요소들은 아동 초기와 밀접하게 상호연관되어 있으며, 아동 초기부터 학문적인 사회적 기술에 강한 영향을 미친다(Shaul & Schwartz, 2014).

억제 연령이 증가하면서 취학 전 아동은 점차 충동을 억제하

고 원하는 목표에 집중하는 능력을 가지게 된다. 성인이 두 번 두드릴 때 아동은 한 번 두드리고 성인이 한 번 두드릴 때 아동은 두 번 두드려야 하는 과제나, 해 그림에 '밤'이라고 말하고, 달과 별 그림에 '낮'이라고 말해야 하는 과제를 생각해보자. 그림 7.8에 제시되었듯이 3~4세 아동은 이런 과제에

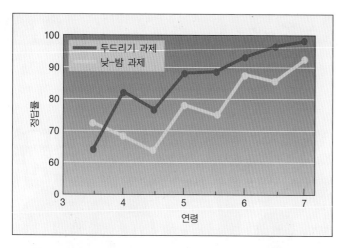

그림 7.8 충동을 통제하고 경쟁하는 목표에 초점을 맞추도록 하는 과제에 대한 3~7세 아동의 수행 결과 두드리기 과제에서 아동들은 성인이 두 번 두드릴 때 한 번 두드려야 하고 성인이 한 번 두드릴 때 두 번 두드려야 한다. 밤-낮 과제에서는 해 그림에 '밤'이라고 말해야 하고 달과 별 그림에 '낮'이라고 해야 한다(A. Diamond, 2004, "Normal Development of Prefrontal Cortex from Birth to Young Adulthood: Cognitive Functions, Anatomy, and Biochemistry," as appeared in D. T. Stuss & R. T. Knight [Eds.], *Principles of Frontal Lobe Function*, New York: Oxford University Press, p. 474. Reprinted by permission of Adele Diamond.).

서 많은 실수를 범하지만 6~7세가 되면 이를 쉽게 수행할 수 있다(Diamond, 2004; Montgomery & Koeltzow, 2010). 아동은 두드러진 자극을 향해 끌리는 주의를 억제할 수 있으며, 3~5세에 나타나는 이런 기술은 유치원 시기부터 고등학교 시기에 이르기까지의 읽기나 수학 능력뿐만 아니라 사회적 성숙도도 예측한다(Blair & Razza, 2007; Duncan et al., 2007; Rhoades, Greenberg, & Domitrovich, 2009).

유연한 전환 중요도에 따라 주의의 초점을 유연하게 전환하는 아동의 능력은 주로 범주화 및 분류 행동을 통해 연구한다. 제5장에서 살펴보았듯이, 걸음마기 아동도 적은 양의 물체들을 분류할 때 성인이 새로운 분류 방법을 알려주어 아동의 주의를 환기하면 자신의 분류 기준을 전환하는 능력을 보이기 시작한다.

취학 전 아동과 학령기 아동의 경우 유연한 전환을 연구할 때 규칙 사용 과제를 실시한다(Zelazo et al., 2013). 규칙 사용 과제에서는 대립되는 신호가 주어졌을 때 그림 카드를 분류하는 데 사용하는 규칙을 전환하라고 지시한다. 예를 들어 처음에는 배와 꽃 카드를 분류할 때 색깔 규칙을 사용해 분류하라고 지시해 파란 배와 파란 꽃은 파란 배라고 쓰여 있는 상자에 담고 빨간 배와 빨간 꽃은 빨간 꽃이라고 쓰여 있는

상자에 담도록 한다. 그다음에는 모양 규칙을 적용해 색깔과 상관없이 모든 배 카드는 파란 배라고 쓰여 있는 상자에, 모든 꽃 카드는 빨간 꽃이라고 쓰여 있는 상자에 담도록 지시한다. 이때 3세 아동은 계속해서 색깔 규칙을 적용해 카드를 분류한다. 4세가 지나야 아동은 규칙을 전환할 수 있게 된다(Zelazo, 2006). 또한 규칙을 더 복잡하게 만든 경우, 예를 들어 검정 테두리가 쳐진 그림 카드만 모양 규칙으로 변경해 분류하도록 하는 경우, 대부분의 6세 아동들도 과제를 어려워한다(Henning, Spinath, & Aschersleben, 2011).

이러한 연구 결과들이 확인시켜 주듯이, 유연한 전환은 취학 전 연령 동안 급격하게 향상되고 학령 중기 동안 계속해서 발달한다. 억제 역시 취학 전 아동의 유연한 전환에 영향을 미친다(Kirkham, Cruess, & Diamond, 2003; Zelazo et al., 2013). 규칙을 전환하기 위해서 아동은 이전에 무시했던 측면에 초점을 맞추면서 이전에 관련이 있었던 측면에는 주의를 기울이지 않아야 한다.

작업기억 작업기억의 획득은 아동이 한 번에 더 많은 정보를 머릿속에 붙잡아두고 조작할 수 있도록 하며, 주의 통제에 영향을 미친다. 작업기억 용량이 크면 한 번에 여러 가지 규칙을 염두에 두고, 현재 중요치 않은 사항은 무시하며, 주의의 초점을 새로운 규칙으로 전환해 성공적으로 과제를 수행하는 데 드는 노력이 줄어든다.

연령이 증가하면서 문제 해결에 있어 작업기억 내에 정보를 수용하고 조합하는 능력이 점점 더 중요해진다. 한 연구에 따르면 억제와 작업기억 점수 모두 2.5~6세 사이 아동이 여러 단계로 이루어진 계획하기 문제를 해결하는 능력을 예측했다(Senn, Espy, & Kaufmann, 2004). 취학 전 아동 중에서 연령이 좀 더 높은 아동은 계획하기와 관련된 어려운 문제를 해결하기 위해 더 큰 용량의 작업기억을 사용할 수 있었다.

계획하기 방금 기술한 연구 결과에서 제시하고 있듯이, 아동 초기는 계획하기 능력의 획득이 두드러지는 시기이다. 계획하기란 먼저 행동의 순서를 생각하고 목표 달성을 위해 적절히 행동하는 것을 의미한다. 성공적인 계획하기를 위해서는 기본적인 실행 과정과 다른 인지적 조작이 결합되어야 하기 때문에, 계획하기는 복잡한 실행 기능 활동으로 간주된다(Müller & Kerns, 2015). 과제가 너무 어렵지만 않다면 연령이 높은 취학 전 아동은 계획에 따라 행동할 수 있다.

현실세계에서의 계획하기와 유사하게 설계된 계획하기 과제를 생각해보자. 3~5세 아동에게 몰리라는 이름의 인형과 카메라, 도로를 따라 3개의 동물 우리가 있는 동물원 모형을 보여준다. 첫 번째 우리와 세 번째 우리 옆에는 보관함이 있으며, 가운데 우리에는 보관함이 없고 그 안에는 캥거루가 있다(그림 7.9 참조). 아동에게 몰리는 길을 한 번만 지나갈 수 있고 캥거루와 사진을 찍고 싶어 한다고 이야기한 후, "어떤 보관함에 카메라를 두어야 몰리가 카메라를 들고 가서 캥거루 사진을 찍을 수 있을까?"라고 질문한다(McColgan & McCormack, 2008). 아동은 5세가 되어서야 효율적으로 계획을 세우고 첫 번째 우리의 보관함을 선택할 수 있다.

이 과제뿐만 아니라 다른 계획하기 과제들에서도 연령이 낮은 취학 전 아동은 과제 해결에 어려움을 겪는다(McCormack & Atance, 2011). 아동 초기가 끝날 즈음에 아동은 해야 할 행동의 순서를 생각하기 위해 행동을 연기하고, 각 행동의 결과를 평가하고, 과제의 요구사항에 맞추어 자신의 계획을 조정할 수 있게 된다.

양육과 실행 기능 발달   많은 연구자들이 밝혔듯이 부모의 민감성과 비계 역할은 취학 전 아동의 실행 기능 기술을 촉진한다(Carlson, Zelazo, & Faja, 2013). 한 연구에서 2, 3세 자녀를 둔 부모가 자녀와 함께 복잡한 퍼즐을 맞추는 동안 행하는 비계 역할은 아동이 4세 때 다양한 실행 기능 과제에서의 높은

수행을 예측했다(Hammond et al., 2012). 2세 아동의 경우 부모의 효과적인 비계 역할은 언어 획득에 도움을 주고 이는 나아가 실행 기능 발달을 촉진했다. 이는 아마 부모가 아동의 언어발달을 촉진함으로써 아동이 혼잣말을 통해 언어적으로 자신의 행동을 조절하는 능력을 키워주었기 때문일 것이다.

계획하기의 경우, 게임 안내, 조립 패턴, 요리 레시피 등 계획하기와 관련된 문화적 도구를 통해, 특히 자신보다 전문적인 상대와 함께 활동하면서 학습이 이루어진다. 4~7세의 아동과 아동의 어머니가 조립 놀이를 하는 모습을 관찰하면 어머니가 자녀에게 계획의 유용성을 지적하고 어떻게 구체적인 단계를 적용해야 하는지 설명하는 모습을 볼 수 있다. "이 그림을 한 번 보고 어떤 게 어디로 가야 하는지 봐 볼래? 어떤 조각이 가장 먼저 필요할까?" 어머니와 활동한 후 아동은 혼자서 조립 활동을 할 때도 계획을 참고하는 모습을 더 자주 보였다(Gauvain, de la Ossa, & Hurtado-Ortiz, 2001). 그릇을 식기세척기에 넣는 것에서 시작해 휴가 계획을 세우는 것에 이르기까지 일상생활의 활동에서도 부모가 계획하기를 격려하면 아동이 보다 효율적으로 계획을 세우는 데 도움을 줄 수 있다.

가난은 실행 기능에 부정적인 영향을 미치는데, 이는 부분적으로 부적응적인 부모의 양육기술과 만성적인 스트레스에서 기인한다. 사회경제적 및 민족적으로 다양한 표본을 대상으로 연구를 시행했을 때, 가난에 시달리는 어머니는 7~24개

그림 7.9   동물원 모형은 아이들의 계획을 평가하기 위해 사용되었다   몰리가 캥거루 사진을 찍고 싶었지만, 그 길을 단 한 번만 따라갈 수 있다는 말을 들은 후, 미취학 아동은 몰리가 캥거루를 구해서 사진을 찍을 수 있도록 카메라를 어떤 사물함에 두어야 하는지 물었다. 다섯 살이 되어서야 아이들은 계획을 세웠고, 종종 첫 번째 사물함을 선택했다(McColgan & McCormack, 2008).

할아버지는 세 살짜리 손자에게 어려운 작업 과제를 관리 가능한 단위로 쪼개고, 다양한 실행 기능 기술들을 지속해서 장려하고 전략을 제시하며 비계 작업에 몰두한다.

월의 자녀와 상호작용할 때 보다 엄하고 강제적인 모습을 보였다. 또한 이런 양육 행동은 아동의 코르티솔 증가 및 3세 때의 저조한 실행 기능 점수와 관련이 있었다(Blair et al., 2011). 저자가 언급했듯이, 가난과 부정적 양육은 사색적이며 유연한 양식의 행동과 인지가 아닌 반작용적이며 융통성 없는 행동과 인지를 촉진해 아동의 초기 스트레스 조절 능력을 약화시킨다.

기억

영아나 걸음마기 아동과 달리, 취학 전 아동은 자신이 기억하는 것을 묘사하는 언어적 기술이 있으며 기억 과제의 지시를 따를 수 있다. 결과적으로 아동 초기에 기억 연구가 용이해진다. 생후 첫 2년 동안 기억의 변화는 주로 내재적이어서 의식적인 인식 없이 발생한다. 이에 연구자들은 발달 과정 동안 큰 변화를 겪는 외현적 혹은 의식적 기억에 초점을 맞추게 되었다.

재인과 회상 어린 아동에게 10개의 그림이나 장난감을 보여준 후, 그것들을 다른 물건들과 섞은 뒤 처음 제시되었던 10개가 무엇인지를 지적해보도록 하라. 취학 전 아동의 재인기억(자극이 전에 보았던 것과 같거나 유사한지 판단하는 능력)이 현저히 좋음을 확인할 수 있을 것이다. 사실 4~5세 아동은 이 과제를 거의 완벽하게 수행할 수 있다.

이제 물건들을 보이지 않게 치우고 아동에게 보았던 것을 명명해보라고 요청해보라. 보다 어려운 이 과제는 부재한 자극의 정신적 심상을 생성하는 회상을 필요로 한다. 어린 아동

의 회상은 재인보다 훨씬 취약하다. 2세경의 아동은 1~2개 항목만 회상할 수 있고, 4세경에는 3~4개 항목만을 회상할 수 있다(Perlmutter, 1984).

아동 초기의 회상 능력 향상은 언어발달과 강한 관련성이 있는데, 언어발달은 과거 경험의 지속적인 표상을 향상시키기 때문이다(Melby-Lervag & Hulme, 2010). 하지만 우수한 언어 능력을 지닌 취학 전 아동일지라도 회상 능력은 저조할 수 있는데, 이는 아동이 과거 경험을 기억해낼 가능성을 증가시키는 계획적 정신 활동인 **기억 책략**(memory strategy)을 사용하는 데 능숙하지 못하기 때문이다. 취학 전 아동은 아직은 무언가를 기억하기 위해 항목을 몇 번이고 시연 혹은 반복하지 않는다. 또한 아동은 동물은 동물끼리, 운송수단은 운송수단끼리 묶는 등 같은 항목들을 함께 조직 및 분류하지 않기 때문에 유사한 특성들을 생각함으로써 항목을 떠올리는 것을 하지 못하며 이에 대한 훈련을 실시한 후에도 회상 능력은 향상되지 않는다(Bauer, 2013).

왜 어린 아동은 기억 책략을 잘 사용하지 않는 것일까? 한 가지 이유는 책략이 그들의 제한된 작업기억에 부담이 되기 때문이다. 이런 한계로 인해 취학 전 아동은 정보를 유지하는 동시에 책략을 적용하는 데 어려움을 겪는다.

일상 경험에 대한 기억 일련의 정보에 대한 회상과 연구자들이 **일화기억**(episodic memory)이라 일컫는 일상 경험에 대한 기억의 차이에 대해 생각해보자. 일상생활에서의 경험을 기억할 때는 특정 시간과 공간, 사람과 관련된 맥락 안에서의 정보를 회상한다. 정보 목록을 기억할 때는 독립적인 조각들, 즉 처음 학습이 이루어졌던 맥락과 동떨어져 일반 지식 기반의 일부가 되어 버린 정보를 회상한다. 연구자들은 이런 유형의 기억을 **의미론적 기억**(semantic memory)이라고 칭한다.

3~6세 사이, 자극 간 관계에 대한 아동의 기억력은 급속히 향상한다. 예를 들어 일련의 사진을 보고 아동은 곰이 터널에서 나왔다거나 얼룩말이 나무에 묶여 있었다는 등 자신이 본 동물뿐만 아니라 동물이 있었던 환경도 기억한다(Lloyd, Doydum, & Newcombe, 2009). 자극을 연결하는 능력은 아동 초기의 풍부한 일화기억 발달에 기여한다.

친숙한 사건에 대한 기억 취학 전 아동도 성인처럼 익숙하고 반복적인 사건들, 예를 들어 유치원에 갔을 때 하는 일이나 저녁 식사를 할 때 하는 일 등은 **스크립트**(script)의 측면에서

기억할 수 있다. 스크립트란 특정한 상황에서 어떤 일이 일어나고 그 일이 언제 일어나는가에 대한 일반적 묘사를 의미한다. 어린 아동의 스크립트는 주요 활동의 구성으로 시작된다. 예를 들어 아동에게 식당에 갔을 때 어떤 일이 생기는지 물어보았을 때, 3세 아동은 "식당 안에 들어가서, 음식을 받고, 먹고, 돈을 내요"라고 말할 것이다. 아동의 첫 번째 스크립트는 적은 수의 활동만을 포함하지만, 일의 순서는 거의 정확했다(Bauer, 2006, 2013). 연령이 증가하면서 스크립트는 점차 정교해진다. 예를 들어 5세 아동은 "들어가서 식탁에 앉을 수 있고, 그런 다음 종업원에게 원하는 것을 말해요. 음식을 먹고, 후식을 원하면 후식을 조금 먹을 수 있어요. 그런 뒤 돈을 내고 집으로 와요"라고 설명한다(Hudson, Fivush, & Kuebli, 1992).

스크립트는 아동(그리고 성인)이 일상 경험을 조직하고 해석하는 기본적 수단이다. 일단 스크립트가 형성되면 미래에 어떤 일이 일어날지 예상하는 데 스크립트를 사용할 수 있다. 아동은 가장놀이를 할 때, 혹은 이야기를 들을 때 스크립트를 사용한다. 또한 스크립트는 아동이 목표 달성을 위한 행동의 순서를 그리도록 도와줌으로써 계획하기를 위한 아동의 초기 시도를 지원한다(Hudson & Mayhew, 2009).

단일 사건에 대한 기억 제5장에서 우리는 일화기억의 두 번째 형태인 **자서전적 기억**, 즉 개인적으로 의미 있는 단일 사건에 대한 표상에 대해 다루었다. 취학 전 아동의 인지기술과 대화기술이 발달하면서, 특별한 사건에 대한 아동의 묘사는 보다 정교하게 조직되고, 더 구체적인 형태를 나타내며, 개인적인 관점을 포함하고, 자신의 삶의 더 큰 맥락과 관련성을 보인다. 연령이 낮은 취학 전 아동은 단순히 "캠핑을 갔어요"라고 이야기하지만 보다 연령이 높은 취학 전 아동은 언제, 어디서 사건이 일어났고 누가 있었는지 등 구체적인 정보를 포함해 이야기할 수 있다. 또한 연령이 증가하면서 아동은 사건과 관련된 개인적 의미를 담은 주관적 정보를 포함해 사건을 기술하게 된다(Bauer, 2013; Pathman et al., 2013). 예를 들어 연령이 높은 취학 전 아동은 "밤에 텐트 안에서 자는 게 정말 좋았어요"라고 말한다.

성인들은 아동의 자서전적 이야기를 끌어내는 데 두 가지 방식을 사용한다. **정교한 방식**을 사용하는 부모는 아동의 이야기를 따라가며 다양한 질문을 하고 아동의 진술에 정보를 추가하며 사건에 대한 자신의 회상과 평가를 더해주어 아동

이 이야기를 엮어나가도록 돕는다. 예를 들어 동물원에 다녀온 후에 부모는 "우리가 처음 했던 건 뭐였지? 왜 앵무새가 새장에 있지 않았지? 아빠는 그 사자가 무서웠던 것 같아. 넌 어땠어?"라고 말할 것이다. 반대로 **반복적 방식**을 사용하는 부모는 정보를 거의 제공하지 않고 동일한 단답형 질문을 되풀이한다. "동물원 기억나? 우리 동물원에서 뭐했지?" 정교한 방식의 부모는 어린 아동의 자서전적 기억에 비계 역할을 하여 아동이 아동 중·후기나 청소년기에 보다 조직화되고 구체화된 개인적 이야기를 생산할 수 있도록 이끈다(Reese, 2002).

아동은 성인과 과거에 대해 이야기하면서 자신의 자서전적 기억을 향상시킬 뿐만 아니라 친밀한 관계와 자기이해를 강화하는 공유된 역사를 만들어 나간다. 안정 애착 부모와 아동은 보다 정교한 방식으로 사건을 회상하고 추억한다(Bost et al., 2006). 정교한 방식으로 이야기를 하는 부모를 둔 5, 6세 아동은 자기 자신에 대해 설명할 때 보다 명확하고 일관적인 방식으로 이야기할 수 있다(Bird & Reese, 2006).

여아는 남아에 비해 보다 조직화되고 정교하게 이야기한다. 또한 아시아 아동과 비교해 서구 아동은 자신의 생각, 감정, 선호에 대한 이야기를 더 많이 한다. 이 차이는 부모-자녀 대화의 차이와 일치한다. 부모들은 딸과의 대화에서 더 구체적으로 회상하고 사건의 정서적 의미에 대한 이야기를 더 많이 한다(Fivush & Zaman, 2014). 한편 상호의존성에 대한 문화적 강조로 인해 많은 아시아권 부모들은 자녀가 자기 자신에 대해 이야기하는 것을 권장하지 않는다(Fivush &

이 걸음마기 아이와 엄마가 과거의 경험에 관해 이야기할 때, 아이의 엄마는 정교한 스타일로 다양한 질문을 하고 그녀 자신의 기억에 그 정보들을 주입하면서 반응한다. 그런 대화를 통해 엄마는 아이의 자서전적 기억을 풍부하게 한다.

Wang, 2005).

이런 초기 경험과 일관되게 여성은 남성에 비해 생애 첫 번째 기억의 연령이 더 낮았고 보다 생생한 초기 기억을 지닌다. 또한 서구 성인의 자서전적 기억은 자신의 역할에 초점을 맞춘, 보다 어린 연령의 자세한 사건들을 포함하지만 아시아권 성인의 자서전적 기억은 타인의 역할을 강조하는 경향이 있다(Wang, 2008).

어린 아동의 마음이론

세상에 대한 표상과 기억, 문제 해결력이 향상되면서 아동은 자신의 사고 과정에 대해 생각하기 시작한다. 아동은 마음이론, 혹은 정신적 활동에 대한 일관된 생각의 집합을 구성하기 시작한다. 이러한 이해는 **상위인지**(metacognition)라고도 불린다. 상위라는 접두사는 '넘어선 혹은 보다 높은'을 의미하고, 상위인지는 '생각에 대한 생각'을 의미한다. 성인으로서 우리는 내적 정신세계에 대한 복잡한 이해를 갖고 있으며 이를 사용해 자신과 타인의 행동을 해석하고 다양한 과제에서의 수행을 향상시킨다. 아동은 얼마나 일찍 자신의 정신적 세계에 대해 인식할까? 그리고 그들의 지식은 얼마나 완전하고 정확할까?

정신적 생활에 대한 인식 첫돌 무렵, 아기는 사람을 다른 사람과 정신세계를 공유할 수 있고, 타인의 마음상태에 영향을 미칠 수 있는 의도적 존재로 보기 시작한다. 이는 의사소통의 새로운 형태(공동 주의, 사회적 참조, 언어 이전 몸짓, 구두 언어)로의 문을 여는 획기적인 사건이다. 이러한 초기 단계는 후의 정신적 이해에 대한 기초가 된다.

2세가 되어 가면서 아동은 타인의 정서와 소망에 대해 보다 명확한 이해를 나타내며, 사람들은 선호나 욕구, 필요, 소망 등의 측면에서 서로 혹은 자신과 다른 관점을 지닐 수 있다는 것을 이해한다. 2세경에 어휘력이 확장되면서 아동은 '원하다', '생각한다', '기억한다', '~인 체하다'와 같은 첫 동사를 구사한다(Wellman, 2011).

3세경에 아동은 자신의 머릿속에서 사고 과정이 일어나며, 사람은 보거나, 말하거나, 만지지 않고도 무언가에 대해 생각할 수 있음을 깨닫는다(Flavell, Green, & Flavell, 1995). 하지만 2~3세 아동의 언어적 반응을 보면 아동은 사람이 항상 자신의 소망과 일치하는 방식으로 행동한다고 생각하고 있음을 알 수 있다. 4세가 되어서야 아동은 믿음 같이 덜 명

확하고 보다 많은 해석을 요하는 마음상태도 행동에 영향을 미친다는 것을 이해한다.

틀린 믿음, 즉 실제를 정확히 반영하지 않는 믿음이 인간의 행동에 영향을 미친다는 점을 아동이 이해하는지 확인하는 게임은 정신적 이해에 대한 아동의 발달을 연구하는 데 지대한 공헌을 했다. 예를 들어 아동에게 유사한 모양의 상자 2개 (익숙한 반창고 상자와 평범한 상표 없는 상자)를 보여주면서(그림 7.10 참조), "반창고가 들어 있을 것 같은 상자를 골라 봐"라고 말한다. 아동은 거의 항상 상표가 있는 상자를 고른다. 그런 다음 상자들을 열어 아이의 믿음과는 반대로 상표가 있는 상자는 비어 있고, 상표가 없는 상자에 반창고가 들어 있음을 보여준다. 그다음으로 아동에게 손 인형을 소개하면서, "얘 이름은 팸이야. 팸이 다쳤어, 보이지? 너는 팸이 어디서 반창고를 찾을 거라 생각하니? 왜 거기를 찾아볼 거라고 생각하니? 상자를 보기 전에 너는 상표 없는 상자에 반창고가 있을 거라 생각했니? 왜 그렇게 생각했니?"라고 물어본다(Bartsch & Wellman, 1995). 3세 아동 중에서는 일부만이 팸과 자신의 틀린 믿음을 설명할 수 있지만, 4세 아동은 대부분 이를 설명할 수 있다.

일부 연구자들은 틀린 믿음 과제의 과정이 언어적 답변을 요구하기 때문에 타인에 대한 틀린 믿음을 추론하는 어린 아동의 능력을 과소평가했다고 주장했다. 예를 들어 도와주기와 같은 적극적 행동을 다룬 연구에서 생후 18개월 영아에게 한 성인이 이전에는 블록이 들어 있었지만 지금은 숟가락이 들어 있는 상자에 손을 뻗는 모습을 보여주자, 대부분의 영아들이 상자에 대한 틀린 믿음을 지닌 성인을 어떻게 도와줄 수 있을지 결정할 수 있었다. 대부분은 그 성인에게 숟가락이 아닌 블록을 주었다(Buttelmann et al., 2014). 이러한 연구는 걸음마기 아동도 인간의 행동이 틀린 믿음에 영향을 받을 수 있음을 암시적으로는 이해하고 있음을 의미하지만, 이러한 결론을 확신하기 위해서는 이를 지지하는 더 많은 연구 결과들이 필요하다(Astington & Hughes, 2013). 아직까지는 걸음마기 아동이 비언어적 과제에서 보인 성공적 수행과 3세 아동이 언어적 과제에서 보인 지속적인 실패 사이의 두드러지는 차이는 발견하지 못했다.

다양한 문화적ㆍ사회경제적 환경에서 틀린 믿음에 대한 아동의 **외현적** 이해는 3.5세 이후에 강화되어 4~6세 사이에 안정화된다(Wellman, 2012). 이 시기 동안 틀린 믿음 이해는 자신과 타인을 이해하는 데 강력한 도구가 되고, 사회

그림 7.10 틀린 믿음 과제의 예 (a) 성인은 반창고 상자와 상표 없는 상자의 안을 보여준다. 반창고는 상표 없는 상자에 들어 있다. (b) 성인은 이름이 팸이라 불리는 인형을 아동에게 소개하고, 팸이 어디서 반창고를 찾을지 예상해보고, 팸의 행동을 설명하도록 아동에게 요청한다. 과제는 반창고가 상표 없는 상자에 있었던 것을 아동이 봤음에도 불구하고, 팸이 틀린 믿음을 유지할 것임을 이해하는지 나타낸다.

적 기술의 훌륭한 예측 요인이 된다(Hughes, Ensor, & Marks, 2010). 틀린 믿음 이해는 또한 아동의 초기 읽기 능력과도 관련이 있는데 이는 아마도 틀린 믿음에 대한 이해가 이야기 줄거리에 대한 이해를 돕기 때문일 것이다(Astington & Pelletier, 2005). 이야기를 따라가기 위해서는 줄거리를 등장인물의 동기 및 믿음과 연결시킬 수 있어야 한다.

취학 전 아동의 마음이론에 영향을 주는 요인들 어떻게 아동이 그렇게 어린 나이에 마음이론을 발달시키는 것일까? 언어, 실행 기능, 가장놀이, 사회적 경험 모두 마음이론의 발달에 영향을 미친다.

많은 연구들에 따르면 언어 능력은 취학 전 아동의 틀린 믿음 이해를 강하게 예측했다(Milligan, Astington, & Dack, 2007). 대화 중에 마음상태 용어를 자발적으로 사용하는 아동, 혹은 이를 사용하도록 훈련받은 아동은 특히 틀린 믿음 과제를 잘 수행했다(Hale & Tager-Flusberg, 2003; San Juan & Astington, 2012). 페루 고지대 케추아족의 언어에는 마음상태 용어가 거의 없기 때문에 산업화된 국가의 아동이 틀린 믿음 과제를 성공적으로 수행할 수 있는 연령보다 한참 늦은 연령이 되어도 케추아족 아동은 틀린 믿음 과제에 어려움을 겪는다(Vinden, 1996).

억제, 유연한 주의 전환, 계획하기 등 실행 기능의 여러 요인들은 아동이 자신의 경험과 마음상태에 대해 깊이 생각하는 능력을 향상시키기 때문에 취학 전 아동의 틀린 믿음 이해 발달을 예측한다(Benson et al., 2013; Drayton, Turley-Ames,

& Guajardo, 2011; Müller et al., 2012). 틀린 믿음 과제를 성공적으로 수행하기 위해서는 관련 없는 반응, 즉 타인의 지식과 믿음이 자신의 것과 같다고 가정하는 경향을 억제해야 하기 때문에, 억제 능력은 틀린 믿음 이해와 강하게 관련된다(Carlson, Moses, & Claxton, 2004).

사회적 경험 또한 마음이론 발달에 영향을 미친다. 종단 연구에 의하면, 어머니와 안정애착을 형성한 영아가 느끼는 어머니의 마음의식(mind-mindedness), 즉 어머니가 자녀의 마음상태에 대해 자주 언급하는 것은 추후 틀린 믿음 과제 및 다른 마음이론 과제에서의 성공적 수행과 연관성을 보였다(Laranjo et al., 2010; Meins et al., 2003; Ruffman et al., 2006). 안정애착 아동은 또한 마음상태 용어를 많이 포함한 이야기를 하는 등 보다 정교한 부모-자녀 간 대화를 경험한다(Ontai & Thompson, 2008). 이러한 대화를 통해 아동은 자신과 타인의 정신적 생활에 대해 생각하도록 이끄는 개념이나 언어에 노출되게 된다.

또한 형제가 있는 취학 전 아동, 특히 손위 형제가 있거나 영아가 아닌 형제가 2명 이상인 아동은 다양한 생각과 믿음, 정서 등에 관한 가족 간의 대화에 보다 많이 노출되기 때문에 틀린 믿음을 보다 잘 인식하는 경향이 있다(Hughes et al., 2010; McAlister & Peterson, 2006, 2007). 이와 유사하게, 가장놀이 동안 마음상태 용어를 사용하는 것처럼 친구들과 마음상태에 대한 대화를 자주 하는 취학 전 아동은 틀린 믿음을 더 잘 이해한다(de Rosnay & Hughes, 2006). 이러한 언어적 교환을 통해 아동은 내적 상태에 대해 이야기하고 피드백을 받고 자신과 타인의 정신적 활동을 잘 인식하게 되는 기회를 얻는다.

핵심 지식 이론가들은(제5장 참조) 사회적 경험으로부터 이익을 얻기 위해서는 아동이 마음이론을 발달시키기 위한 생물학적 준비가 갖추어져 있어야 한다고 생각한다. 따라서 틀린 믿음에 대한 이해가 느리거나 결여된 자폐 아동은 사람들의 마음 상태를 탐지하게 해주는 뇌 기제에 결함이 있다. 마음 추론의 생물학적 기저에 대해 더 살펴보려면 뒤에 나올 '생물학적 영향과 환경적 영향' 글상자를 참조하라.

정신적 생활 이해에 대한 어린 아동의 한계 취학 전 시기에 아동의 정신적 활동에 대한 이해가 놀랍도록 발달하지만 아직 완전하진 않다. 예를 들어 3, 4세 아동은 사람들이 기다리고, 사진을 보고, 이야기를 듣고, 책을 읽는 동안, 즉 생각

생물학적 영향과 환경적 영향

자폐와 마음이론

마이클은 유치원 교실의 물 먹는 탁자 앞에 서서 선생님이 다가와 그의 행동을 저지할 때까지 플라스틱 컵에 물을 채우고 쏟는 행동을 반복하고 있었다. 마이클은 선생님의 얼굴을 보지 않은 채로 한 컵에서 다른 컵으로 물을 옮겨 담는 새로운 행동을 반복하기 시작했다. 마이클은 다른 친구들이 놀이방에 들어와서 이야기를 나누는 것을 거의 알아차리지 못했다. 마이클은 말을 거의 하지 않았고, 말을 할 때도 생각을 주고받기 위해서가 아니라 자신이 원하는 것을 얻기 위해서 말을 했다.

마이클은 *자폐*인데, 자폐란 '자기에 몰두된' 이라는 의미이다. 자폐는 자폐스펙트럼장애라 불리는 연속체 내에서 그 정도가 매우 다양하게 나타난다. 마이클의 경우 심각한 수준에 해당한다. 이 장애를 가진 다른 아동들처럼 마이클은 3세경에 두 가지 중요한 기능 영역에서 결함을 보였다. 첫째, 마이클은 사회적 상호작용에 참여하는 능력이 제한적이어서 응시, 표정, 몸짓, 모방, 주고받기와 같은 비언어적 행동을 하는 데 어려움을 겪고, 언어발달도 늦으며 정형화되어 있다. 둘째, 마이클의 관심사는 좁고 과도하게 흥분한다. 예를 들어 하루는 장난감 관람차를 돌리며 한 시간도 넘게 앉아 있었다. 또한 마이클은 자폐의 또 다른 전형적인 특징을 보였는데, 다른 아동에 비해 가장놀이를 훨씬 적게 한다(American Psychiatric Association, 2013; Tager-Flusberg, 2014).

연구자들은 일반적으로 자폐가 유전적 혹은 태아기 환경적 요인으로 인해 발생하는 비정상적 뇌기능에 기인한다는 데 동의한다. 생후 첫 해부터 자폐 아동은 평균보다 큰 크기의 두뇌를 지니며 특히 전전두엽의 뇌영역 부피가 가장 과도하게 나타난다(Courchesne et al.,, 2011). 두뇌의 지나친 성장은 일반적인 인지, 언어, 의사소통기술 발달을 동반하는 시냅스 가지치기가 부족해 나타나는 것으로 알려져 있다. 뿐만 아니라 자폐 아동의 경우 말소리에 대한 좌뇌의 반응이 불충분하게 나타난다(Eyler, Pierce, & Courchesne, 2012). 좌뇌의 언어 편재화 실패가 자폐 아동의 언어적 결함의 기저가 될 수 있다.

정서 처리를 담당하는 편도체 역시 아동기 때 비정상적으로 크게 성장하고 청소년기와 성인기에는 그 크기의 감소가 평균보다 심하게 나타난다. 이러한 일탈적인 성장 패턴은 자폐 아동의 정서 처리에서의 결함에 영향을 미치는 것으로 알려져 있다(Allely, Gillberg, & Wilson, 2014). 게다가 fMRI 연구들은 자폐가 얼굴표정을 해석하는 데 중요한 역할을 하는 측두엽과 편도체 간 약한 연결성과 관련이 있다는 것을 밝혔다(Monk et al., 2010).

자폐 아동이 마음이론에 결함이 있다는 것을 증명하는 증거들이 점점 증가하고 있다. 매우 어린 나이인 생후 2년 동안에도 자폐 아동은 타인의 행동 관찰, 공동 주의, 사회적 참조 같은 정신적 생활의 이해에 영향을 미치는 정서적·사회적 능력에 결함을 보인다(Chawarska, Macari, & Shic, 2013; Warreyn, Roeyers, & De Groote, 2005). 4세의 평균적 인지 수준에 도달하고 한참 후에도 자폐 아동은 틀린 믿음 과제에 큰 어려움을 보인다. 대부분의 아동은 자신이나 타인에게 마음상태가 있다고 생각하지 못한다(Steele, Joseph, & Tager-Flusberg, 2003). 자폐 아동은 '믿다', '생각하다', '알다', '느끼다', '~인체하다' 같은 단어들을 거의 사용하지 않는다.

이런 결과들은 자폐가 선천적이며 중요한 두뇌 기능의 결함에 기인하고, 이로 인해 아동은 타인의 마음상태를 읽지 못해 결과적으로 사교성도 지닐 수 없다는 것을 의미하는 것일까? 일부 연구자들은 그렇게 생각한다(Baron-Cohen, 2011; Baron-Cohen & Belmonte, 2005). 하지만 다른 연구자들은 자폐는 없지만 지적 장애를 지닌 사람들도 정신적 이해를 평가하는 과제를 잘 수행하지 못한다는 점을 지적한다(Yirmiya et al., 1998). 이는 인지적 결함이 전반적으로 관련되어 있을 수도 있다는 점을 시사한다.

여러 연구에서 비롯된 한 가지 가설은 자폐 아동의 실행 기능에 장애가 있다는 것이다(Kimhi et al., 2014; Pugliese et al., 2016). 실행 기능의 손상은 상황의 관련 측면으로 주의 전환하기, 불필요한 반응 억제하기, 전략 적용하기, 계획 세우기 등 유동적이고 목표지향적인 사고에 속하는 능력의 결핍을 남긴다(Robinson et al., 2009).

또 다른 가설은 자폐 아동이 일관적인 전체보다 자극의 부분을 처리하는 것을 선호하는 특이한 정보처리 양식을 보인다는 것이다. 사고의 융통성 및 자극의 전체적 처리에서의 결여는 사회적 세계에 대한 이해를 방해할 수 있는데, 사회적 상호작용은 다양한 출처를 지닌 정보의 빠른 통합과 대안적 가능성의 평가를 필요로 하기 때문이다.

두 가설 중 어떤 것이 맞는지는 분명하지 않다. 아마 몇몇 생물학적 결함들이 마이클 같은 아동의 비극적인 사회적 고립의 원인이 될 것이다.

자폐증을 앓고 있는 이 아이는 선생님과 급우들을 거의 알지 못한다. 연구자들은 자폐증의 부족한 감정적·사회적 능력이 다른 사람의 정신상태를 감지하는 능력의 기본적인 손상, 실행 기능의 결핍, 또는 일관된 전체보다는 부분에 초점을 맞춘 정보처리 방식에서 비롯된다는 사실에 동의하지 않는다.

을 하고 있다는 명확한 신호가 없을 때에도 사람들은 계속 생각한다는 것을 알지 못한다(Eisbach, 2004; Flavell, Green, & Flavell, 1995, 2000). 뿐만 아니라 6세 미만의 아동은 생각의 과정에 거의 주의를 기울이지 않는다. 아는 것과 잊는 것처럼 마음상태의 미묘한 차이에 대해 아동에게 질문하면 아동은 혼란스러워한다(Lyon & Flavell, 1994). 또한 아동은 어떤 것을 알기 위해선 모든 사건들을 직접 관찰해야만 한다고 생각하고, **정신적 추론**이 지식의 자원이 될 수 있음을 이해하지 못한다(Miller, Hardin, & Montgomery, 2003).

이러한 결과들은 취학 전 아동이 마음을 정보의 수동적 저장고로 간주함을 시사한다. 아동 중기로 접어든 아동은 점차적으로 마음을 능동적이고 건설적인 주체로 인식하게 된다. 이는 제9장에서 다룰 것이다.

아동 초기 문해력

하루는 레슬리 선생님의 반 학생들이 식료품점을 여는 가장놀이를 했다. 아이들은 집에서 빈 음식 상자들을 가져와 교실 선반에 놓고, 품목의 가격을 적고, 계산대에서 계산서를 적었다. 입구 간판엔 오늘의 특별가가 공지되었다 — "사과, 바나나 5센트".

이러한 놀이가 나타나면서 취학 전 아동은 전통적인 방식으로 읽고 쓰기를 배우기 훨씬 이전부터 문자 언어에 대해 상당 수준 이해하게 된다. 산업화된 나라의 아동이 문자화된 상징으로 가득 찬 세상에 산다는 걸 고려할 때 이것은 놀랄 만한 일이 아니다. 아동은 매일 이야기책, 달력, 목록, 간판 등이 포함된 활동들을 관찰하고 이에 참여한다. 아동은 일상적 경험을 통해 읽고 쓰는 것에 관한 지식을 구축하고자 능동적으로 노력하는데, 이를 **출현적 문해력**(emergent literacy)이라고 부른다.

어린 아동은 자신이 기억하고 있는 이야기나 익숙한 간판('피자')을 '읽을' 때 문어의 단위를 탐색한다. 하지만 그들은 아직 활자 요소의 상징적 기능을 이해하지 못한다(Bialystok & Martin, 2003). 많은 취학 전 아동은 단일한 철자가 전체 단어를 나타내거나 서명의 각 철자가 개별적인 이름을 나타낸다고 생각한다. 아동의 인지적 능력이 향상되고, 다양한 맥락에서 글을 쓰고, 성인의 도움을 받아 문자로 의사소통하면서, 아동은 이런 생각들을 수정하게 된다. 이에 점차적으로 문자 언어의 더 많은 특징들을 깨닫고 기능에 따라 글을 다르게 쓸 수 있음을 이해하게 된다. 예를 들어 '이야기'를 쓸 때는 글씨를 가로로 쓰지만, '쇼핑 목록'을 작성할 때는 세로로 쓴다.

5~7세 아동이 창조해내는 철자법을 통해 알 수 있듯이, 결국 아동은 철자가 단어의 일부이며 체계적인 방식으로 소리와 연결됨을 이해한다. 처음에 아동은 'ADE LAFWTS KRMD NTU A LAVATR(eighty elephants crammed into a[n] elevator)'처럼 각 알파벳 이름의 소리에 의존한다. 시간이 흐르면서 아동은 소리 – 철자의 대응을 깨닫고 일부 철자는 하나 이상의 소리를 가지며 문맥이 단어 사용에 영향을 미칠 수 있다는 것을 배운다(McGee & Richgels, 2012).

문해력은 세상에 관한 지식과 구어를 기초로 발달한다(Dickinson, Golinkoff, & Hirsh-Pasek, 2010). 단어 간 소리 차이, 압운, 부정확한 발음에 대한 민감성을 통해 나타나듯이, 구어의 소리 구조를 생각하고 조작하는 능력인 **음운론적 인식**(phonological awareness)은 출현적 문해력 지식과 후에 아동의 읽기 및 맞춤법 능력을 강하게 예측한다(Dickinson et al., 2003; Paris & Paris, 2006). 음운론적 인식이 소리 – 철자 지식과 결합되면 아동은 발화 요소를 분리시켜 이를 문자적 상징과 연결시킬 수 있다. 단어와 문법에 관한 지식 역시 큰 역할을 한다. 또한 아동에게 들었던 이야기를 다시 해보도록 하여 측정하는 이야기 능력 역시 음운론적 인식을 포함해 문해력 발달에 필수적인 다양한 언어 능력을 촉진한다(Hipfner-Boucher et al., 2014). 조리 있게 이야기하기 위해서는 등장인물, 이야기 구조, 문제, 해결 등 거대한 언어 구조에 주의를

© ELLEN B. SENISI

미취학 아동들은 필기 기호를 포함한 일상적인 활동에 참여함으로써 읽고 쓸 줄 아는 지식을 습득한다. 이 젊은 요리사들은 그들이 채울 필요가 있는 주문을 '작성'한다.

기울여야 한다. 이는 소리 구조 인식에 필요한 작은 단위의 분석을 지원하는 것으로 보인다.

어린 아동이 문해와 관련된 일상적 경험을 많이 할수록 언어와 문해력 발달이 증진된다(Dickinson & McCabe, 2001; Speece et al., 2004). 철자-소리 대응을 지적하고 언어-소리 게임을 하는 것은 언어의 소리 구조 및 언어가 활자로 나타나는 방식에 대한 아동의 인식을 높인다(Ehri & Roberts, 2006). 성인이 취학 전 아동과 이야기 내용을 토의하는 상호적 책 읽기는 언어와 문해 발달의 다양한 측면을 촉진한다. 그리고 철자를 점검하고 줄거리를 준비하는 등 이야기에 초점을 맞춘 성인의 지원도 광범위한 이점을 지닌다(Hood, Conlon, & Andrews, 2008; Senechal & LeFevre, 2002; Storch & Whitehurst, 2001). 이는 모두 아동 중기 동안의 읽기 능력 향상과 관련이 있다.

낮은 사회경제적 지위 가정의 취학 전 아동은 가정과 유치원에서 언어 및 문해를 학습할 기회가 적으며 이는 유치원 입학 시 독서 준비성에서의 차이(그림 7.11 참조)와 학령기 동안 읽기 성취의 극심한 격차의 주요한 이유가 된다(Cabell et al., 2013; Hoff, 2013). 하지만 양질의 개입 활동으로 초기 문해 발달에서 나타나는 사회경제적 격차를 상당 수준 줄일 수 있다. 낮은 사회경제적 지위의 부모에게 아동용 책을 제공하고 출현적 문해력을 자극하는 방법을 일러주자 가정에서의 문해 활동이 매우 증가했다(Huebner & Payne, 2010). 또한 교사들에게 문해력 수준이 다양한 집단에게 효과적인 교습

법을 알려주면 낮은 사회경제적 지위의 아동도 교실 활동을 통해 출현적 문해력 요소들을 획득할 수 있다(Hilbert & Eis, 2014; Lonigan et al., 2013).

어린 아동의 수리적 추론

문해력과 마찬가지로 수리적 추론은 일상적으로 획득한 지식을 토대로 발달한다. 생후 14~16개월 사이 걸음마기 아동은 **서열성**(ordinality), 즉 수량 간의 순서적 관계를 획득하기 시작한다(예 : 3은 2보다 크고 2는 1보다 크다). 취학 전 시기 초반에 아동은 양과 크기에 언어적 명칭(많은, 적은, 큰, 작은 같은)을 붙인다. 3세경에 아동은 수를 셀 때 사용하는 단어가 정확히 무엇을 의미하는지 아직 잘 모르지만, 일렬로 놓인 물체 5개 정도를 셀 수 있다. 예를 들어 '하나'를 달라고 했을 때 아동은 하나를 주지만, '둘', '셋', '넷', '다섯'을 달라고 하면 아동은 대개 부정확하고 더 많은 양을 준다. 그렇지만 2.5~3.5세 아동은 수 단어가 특정한 수량을 의미한다는 것을 이해한다(Sarnecka & Gelman, 2004). 아동은 수의 이름이 변할 때(예를 들어 5에서 6으로) 개수 또한 변할 것임을 안다.

3.5~4세경, 대부분의 아동은 10까지 숫자들의 의미를 알고 정확히 셀 수 있으며 숫자열의 마지막 숫자가 전체 항목의 크기를 나타낸다는 **기수성**(cardinality)의 원리를 습득한다(Sarnecka & Wright, 2013). 기수성의 숙달은 아동의 수 세기 효율성을 증가시킨다.

4세경에, 아동은 간단한 산수 문제를 푸는 계산을 할 수 있다. 처음에 아동의 전략은 제시된 수의 순서에 얽매인다. 덧셈 2+4에서, 아동은 2부터 셈을 한다(Bryant & Nunes, 2002). 하지만 곧 다른 전략을 시도하고 결국엔 가장 효율적이고 정확한 방법을 획득한다. 예를 들어 큰 수부터 세

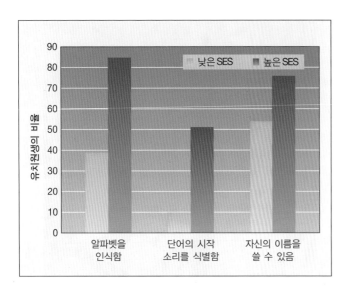

그림 7.11 유치원 입학 시 사회경제적 지위에 따라 읽기 능력이 일부 준비되어 있다 문해력 발달에서 사회경제적 지위의 격차는 크다(Lee & Burkam, 2002).

미취학 아동은 각각의 점프 길이를 측정하면서 숫자 라인을 따라 장난감 개구리를 '깡충 뛰게 한다'. 숫자 개념에 대한 비공식 탐구를 통해 나중에 수학 기술을 배우는 데 필요한 기본 이해를 구성한다.

묻고 대답하기

연관지어보기 비고츠키 이론과 일치하는 학령전기 아동들의 기억, 마음이론, 문해와 수리 발달에 대한 증거를 열거해보라.

적용해보기 4세 그레고르의 엄마인 레나는 왜 유치원 선생님이 문해와 수학 기술의 공식적 교육 대신에 학습 센터에서의 많은 놀이 시간을 제공하는지 궁금하다. 왜 성인 지원 놀이가 학령전기 아동들을 학습적으로 발달시키는 최선의 방법인지 레나에게 설명해보라.

생각해보기 여러분이 자라면서 경험했던 문해와 수리 발달에 중요한 비공식적 경험을 기술해보라.

기 시작한다. 이 시기 즈음에 아동은 뺄셈이 덧셈을 상쇄한다는 것을 깨닫는다. 예를 들어 4+3=7이란 것을 아는 아동은 실제로 세지 않고도 7-3=4라는 것을 추론할 수 있다 (Rasmussen, Ho, & Bisanz, 2003). 기본적인 산술 규칙을 습득하면 계산이 빨라지고, 충분한 연습을 통해 아동은 암산으로 계산 문제의 답을 도출할 수 있다.

성인이 아동에게 세기, 양 비교하기, 수 개념에 대해 이야기 나누기 등의 상황을 자주 제공하면, 아동은 이런 개념에 대해 더 빨리 이해하게 된다(Ginsburg, Lee, & Boyd, 2008). 유치원 입학 시기의 수리 능력은 몇 년 후 초등학교와 중학교에서의 수학 성취를 예측한다(Duncan et al., 2007; Romano et al., 2010).

출현적 문해력과 마찬가지로 사회경제적 지위가 낮은 가정의 아동은 경제적으로 부유한 또래 아동에 비해 얕은 수학적 지식을 지닌 채로 유치원에 입학한다. 이러한 격차는 가정 내 교육 환경의 차이에서 기인한다(DeFlorio & Beliakoff, 2015). '블록 쌓기'라 불리는 아동 초기 수학 커리큘럼에서는 교사들이 아동의 수학적 개념과 기술을 촉진하는 세 가지 유형의 매체(컴퓨터, 학습교구, 인쇄물)를 활용한 자료를 통해 수학을 블록 쌓기부터 예술 활동, 이야기 활동에 이르는 아동의 일상적 활동과 엮게끔 한다(Clements et al., 2011). 다른 프로그램에 참여한 또래 아동들에 비해 블록 쌓기 프로그램에 참여한 낮은 사회경제적 지위의 아동은 학년 말에 수 세기, 열거하기, 산수 문제 풀기 등의 수학적 개념과 기술을 상당 수준 획득했다.

지적 발달의 개인차

7.13 유아 지능검사와 가정, 유치원 및 유치원 프로그램, 보육 및 교육 미디어가 정신 발달에 미치는 영향을 설명하라.

다섯 살인 할은 새라 선생님과 검사실에 앉아 지능검사를 하

고 있었다. 새라의 질문 중 몇몇은 언어적이었다. 예를 들어 새라는 할에게 삽을 그린 그림을 보여 주면서 "이게 뭔지 말해줄래?"라고 말했는데, 이는 아동의 어휘력을 측정하는 항목이었다. 새라는 문장과 수 목록을 말한 뒤 할이 따라 하도록 하여 기억력을 검사했다. 또한 할이 숫자를 셀 수 있고 간단한 덧셈 뺄셈 문제를 풀 수 있는지 확인해 할의 양적 지식과 문제 해결력을 검사했다. 할의 공간적 추론을 평가하기 위해 새라는 비언어적 과제들을 사용했다. 할은 특정한 블록의 모양을 똑같이 만들고, 일련의 형태에서 패턴을 찾고, 접히고 잘린 종잇조각이 접히지 않았을 때는 어떤 모양이었을지 추론했다(Roid, 2003; Wechsler, 2002).

새라는 할이 경제적으로 어려운 가정의 아이임을 알고 있었다. 사회경제적 지위가 낮고 특정 소수민족의 취학 전 아동은 질문을 퍼붓는 낯선 어른과 마주하면 때로 불안 반응을 보인다. 그런 아동은 검사 상황을 성취를 측정하는 상황으로 정의하지 못한다(Ford, Kozey, & Negreiros, 2012). 또한 성인의 주의와 승인을 기대하고 실제 능력보다 낮은 수행을 보일 수도 있다. 새라는 검사 전에 할과 노는 시간을 가졌고 검사가 진행되는 동안 그를 격려했다(Bracken & Nagle, 2006). 이런 조건에서는 사회경제적 지위가 낮은 가정의 취학 전 아동의 수행이 향상된다.

새라가 할에게 한 질문들은 모든 아동에게 학습의 기회가 동등하게 주어지지 않은 지식과 기술을 포함한다. 우리는 제 9장에서 지적 능력 검사에서 뜨거운 논쟁의 대상이 되는 문화적 편향의 문제를 다룰 것이다. 지금은 지능검사가 모든 인간의 능력을 표집하지 못하고 검사 수행이 문화적·상황적 요인의 영향을 받는다는 점만을 유념하자. 그럼에도 불구하고 검사 점수는 의미 있는 것으로 여겨진다. 6~7세경의 검사 점수는 산업화된 사회에서 직무상의 성공과 관련된 IQ 및 학업적 성취의 좋은 예측 요인이다. 이제 가정, 유치원, 어린이집 등 취학 전 아동이 자신의 일상을 보내는 환경이 어떻게 지능검사 수행에 영향을 미치는지 살펴보자.

가정 환경과 지적 발달

제5장에서 다룬 HOME의 특별판은 3~6세 아동의 지적 발달을 돕는 가정생활 측면을 평가한다. HOME의 아동 초기 하위항목을 사용한 연구들에 따르면 지적으로 잘 발달한 취학 전 아동의 가정은 교육적인 장난감이나 책이 풍부한 경향이 있다. 또한 이런 아동의 부모들은 따뜻하고 애정적이며,

언어와 학업적 지식을 자극하고, 흥미로운 것들이 많은 장소로 외출한다. 부모들은 또한 자녀가 간단한 가사 일을 하거나 다른 사람에게 예의 바르게 행동하는 등 사회적으로 성숙한 행동을 하도록 합리적인 요구를 한다. 그리고 이들 부모들은 물리적인 힘이나 처벌 대신 이성적으로 갈등을 해결한다(Bradley & Caldwell, 1982; Espy, Molfese, & DiLalla, 2001; Roberts, Burchinal, & Durham, 1999).

일상에서의 어려움에도 불구하고 사회경제적 지위가 낮은 부모가 높은 HOME 점수를 획득한 경우 그 자녀는 지능검사와 언어 및 출현적 문해력 평가에서 훨씬 더 좋은 수행을 보인다(Berger, Paxson, & Waldfogel, 2009; Mistry et al., 2008). 사회경제적 지위가 낮은 가정의 3~4세 아프리카계 미국 아동을 대상으로 한 연구에서는 HOME의 인지적 자극과 정서적 지지 하위항목이 4년 후 아동의 읽기 능력을 예측했다(Zaslow et al., 2006). 이런 결과들은 아동의 전반적인 지적 발달을 위해서는 가정 환경이 중요하다는 점을 강조한다.

유치원, 어린이집, 그리고 보육기관

2~6세 아동은 영아나 걸음마기 아동보다 가정이나 부모로부터 떨어져 있는 시간이 길다. 어머니의 취업률이 크게 증가했기 때문에, 지난 몇십 년 동안 유치원이나 아동보육기관에 다니는 어린 아동의 수가 꾸준히 증가해 미국에서는 65% 이상에 이른다(U.S. Census Bureau, 2015d).

유치원은 2~5세 아동의 발달을 촉진하는 데 목적을 둔 계획된 교육적 경험으로 이루어진 프로그램이다. 반면 보육기관은 가정 내 보육부터 기관 기반의 프로그램에 이르기까지 아동을 돌보고 감독하는 다양한 기관을 포함한다. 유치원과 보육기관의 구분은 다소 모호하다. 부모들은 종종 아동 보육을 위해 유치원을 선택한다. 또한 직장인 부모들의 요구에 맞추어 미국 내 대부분의 공립학교 부설 기관들과 유치원들이 반일제에서 종일제까지 운영한다(Child Trends, 2015b).

연령이 증가함에 따라 아동은 가정 기반 프로그램에서 기관 기반 프로그램으로 옮겨 가는 경향이 있다. 미국에서는 소득 수준이 높은 가정의 아동과 소득 수준이 매우 낮은 가정의 아동이 특히 유치원이나 보육기관에 다니는 경향이 있다(Child Trends, 2015b). 소득 수준이 낮은 부모들은 국공립 유치원이나 국가 보조를 받는 아동보육기관에 자녀를 맡길 조건이 되지 않기 때문에 친척에게 자녀를 맡기는 경우가 많다. 미국 내 몇몇 주들은 4세 아동 모두에게 공립학교 내에 위치한 국가보조 프로그램을 제공한다. 이런 프로그램의 목적은 사회경제적 지위에 관계없이 가능한 한 많은 아동들이 유치원에서 성공적으로 생활할 수 있도록 준비시키는 것이다.

유치원과 어린이집의 형태 어린이집과 유치원 프로그램은 아동 중심적 성격에서 교사 지시적 성격에 이르기까지 연속적 차원 안에 분포한다. **아동 중심 프로그램**(child-centered program)에서는 교사가 아동이 선택할 수 있는 광범위하고 다양한 활동들을 제공하고, 많은 학습이 놀이를 통해 이루어진다. 이와 반대로 **학습적 프로그램**(academic program)에서 교사는 반복과 훈련을 활용한 형식적 교육을 통해 철자, 수, 색, 형태와 다른 학습적 기술들을 가르치면서 아동의 학습을 조직한다.

형식적 학습 훈련이 어린 아동의 동기와 정서적 안녕감을 훼손한다는 연구 결과에도 불구하고 아동 초기 담당 교사들은 형식적 학습 훈련에 대한 강한 압박을 느낀다. 대부분의 시간 동안 대그룹 활동을 하는 아동은 따뜻하고 반응적인 교사와 함께 학습에 능동적으로 참여할 때와 달리 교사 지시적 학습 수업과 문제지 풀기 활동을 할 때 자신의 능력에 대한 낮은 자신감을 보이고 난이도가 낮은 과제를 선호하며 연말에 운동적, 학업적, 언어적, 사회적 기술 측면에서 더 약한 발달을 보인다(Stipek, 2011; Stipek et al., 1995). 후속연구들은 취약한 학업 습관과 성취에 대한 영향력이 초등학교까지 지속된다는 점을 밝혔다(Burts et al., 1992; Hart et al., 1998, 2003). 또한 이러한 결과는 사회경제적 지위가 낮은 아동에게서 더 두드러졌다.

유치원 입학 전 프로그램에 대해 정부의 재정적 지원은 미국 내에서도 논란이 많지만 서구 유럽에서는 이런 프로그램이 널리 시행되고 있으며 일상 활동에서 아동 중심적으로 이루어진다. 기관에 재학 중인 모든 사회경제적 지위의 아동은 인지 및 사회 발달이 더 뛰어났으며 이는 초등학교 및 중학교에서도 유지되었다(Rindermann & Ceci, 2008; Waldfogel & Zhai, 2008). 주에서 제시한 엄격한 기준, 특히 양질의 교사-아동 상호작용과 학습 활동 자극의 기준에 부합하는 미국 내 몇몇 보편적인 유치원 입학 전 프로그램을 대상으로 한 연구에 따르면 이런 기관에 다닌 아동이 그렇지 않은 아동에 비해 유치원과 초등학교 1학년 시기 때 언어, 문해력, 수리 능력이 최대 1년까지 앞서는 것으로 나타났다(Gormley & Phillips, 2009; Weiland & Yoshikawa, 2013). 특히 사회경제적 지위가 낮은 가정의 아동이 가장 많은 혜택을 받았다.

종일제 유치원의 뚜렷한 증가와 관련해, 기관에서 보내는 시간이 길면 초등학교 동안 학업적 성취가 좋았다. 하지만 사회적 발달에 관한 결과는 복합적이다(Brownell et al., 2015; Cooper et al., 2010). 몇몇 연구들은 종일제 아동이 반일제 아동에 비해 더 많은 행동 문제를 보인다는 결과를 보여주었다.

위험에 처한 취학 전 아동에 대한 조기개입 1960년대에 미국에서는 '가난과의 전쟁'의 일환으로 사회경제적 지위가 낮은 가정의 취학 전 아동을 대상으로 하여 초등학교 입학 전에 학습 문제를 미리 해결하기 위한 여러 가지 개입 프로그램을 실시했다. 이런 연방정부 프로그램 중 가장 대규모로 실시한 것은 1965년에 시작된 **헤드 스타트 프로젝트**(Project Head Start)이다. 일반적인 헤드 스타트 센터는 아동에게 1~2년의 유치원 교육과 더불어 영양과 건강 서비스를 함께 제공한다. 부모의 참여는 헤드 스타트 철학의 핵심이다. 부모들은 정책 회의에 참여하고 프로그램 계획에 기여하며, 아동과 함께 직접 교실 활동에 참여하고, 양육과 아동 발달에 대한 특별 프로그램에 참석하며, 부모의 정서적·사회적·직업적 필요에 맞춘 서비스를 받는다. 현재 2만 개 이상의 헤드 스타트 센터가 약 90만 4,000명의 아동에게 서비스를 제공하고 있다(Office of Head Start, 2014).

지난 20년 이상의 연구들은 취학 전 아동에 대한 개입의 장기적 이익을 확증했다. 가장 대규모 연구는 대학과 연구재단에서 실시한 프로그램 7개의 자료를 통합한 연구이다. 프로그램에 참여한 빈곤층 아동이 초등학교 첫 2~3년 동안 통제집단보다 IQ 점수와 성취검사 점수가 더 높다는 결과가 나왔다(Lazar & Darlington, 1982). 이후에 차이가 감소했음에도 불구하고 개입을 받은 아동과 청소년들은 실생활 학교 적응 측정에서 상위를 유지했다. 그들은 특수교육이나 유급을 덜 받는 경향이 있었으며 고등학교를 졸업률도 더 높았다.

한 프로그램(High/Scope Perry Preschool Project)에 대한 보고서는 프로그램의 효과가 성인기까지 지속된다는 것을 보여주었다. 2년간 인지 강화 유치원에 다닌 것은 취업률 증가와 청소년 임신 및 비행의 감소와 관련이 있었다. 27세 때를 추적한 결과 유치원에 다녔던 사람들은 유치원에 다니지 않았던 사람들보다 고등학교와 대학교를 졸업하고, 수입이 더 많고, 결혼을 하고, 자신의 집을 가진 비율이 더 높았으며 범

죄에 덜 연루되었다. 가장 최근의 추수연구에서는 40세경에도 개입을 받은 집단은 교육, 수입, 가족생활, 법 준수 행동을 포함하는 생활 전반과 관련된 성공 관련 항목에서 개입의 효과를 드러냈다(Schweinhart, 2010; Schweinhart et al., 2005).

이런 훌륭한 개입 프로그램들의 학교 적응 효과가 헤드 스타트와 기타 지역 기반 유치원 개입 프로그램에도 일반화될 수 있을까? 효과가 그만큼 강력하진 않지만 비슷하게 나타난다. 헤드 스타트 프로젝트에 참여하는 취학 전 아동은 다른 프로그램에 참여하는 아동보다 경제적으로 더 빈곤하고, 보다 심각한 학습 및 행동 문제를 보이는 아동들이다. 헤드 스타트는 취학 전 아동이 다니는 대부분의 유치원에서 실시하는 프로그램보다 양질의 프로그램을 제공하긴 하지만 훌륭한 사례로 꼽히는 대학 기반 프로그램만큼은 아니다(Barnett, 2011; Resnick, 2010). 하지만 양질의 지역 기반 프로그램은 높은 고등학교 졸업률과 대학 입학률, 낮은 청소년 마약 사용률과 비행률 등 성공적 인생과 관련된 다양한 결과와 연관이 있다(Yoshikawa et al., 2013).

헤드 스타트와 다른 개입 프로그램들에 의해 나타난 아동 IQ와 성취검사의 효과가 곧 사라진다는 결과가 일관적으로 보고되고 있다. 헤드 스타트 효과 연구(Head Start Impact Study)에서는 전국을 대표하는 3, 4세 헤드 스타트 아동 5,000명 표본을 1년짜리 헤드 스타트 프로그램 혹은 다른 유치원 프로그램에 해당하는 통제집단에 무작위로 배정했다(Puma et al., 2012; U.S. Department of Health and Human Services, 2010). 연말에 헤드 스타트에 참여한 3세 아동은 통제집단보다 어휘력, 출현적 문해력, 수리 능력에서 더 뛰어났으며, 4세 아동은 어휘력, 출현적 문해력, 색깔 인식에서 더 뛰어났다. 하지만 언어 능력에서의 효과를 제외하고는 1학년 말 측정한 학업적 점수에서는 차이가 없었다. 또한 3학년 말에는 헤드 스타트 졸업생들과 통제집단 아동 간 학업 성취 면에서 어떤 차이도 보이지 않았다.

이런 실망스러운 결과를 어떻게 설명할 수 있을까? 헤드 스타트 아동은 대개 가난한 지역의 하위 공립학교에 입학하게 되는데, 이는 유치원 교육의 효과들을 반감시킨다(Ramey, Ramey, & Lanzi, 2006). 또한 영아기에 집중적인 개입 프로그램이 이루어졌을 때 IQ 측면에서의 효과가 성인기까지 지속되지 않는다는 제5장의 내용도 상기해보자.

취학 전 개입 프로그램의 효과를 증대시키기 위해 일부

이 선생님은 헤드 스타트 REDI를 유치원 교실에 통합한다. 추가 교육을 제공함으로써 헤드 스타트 REDI는 일반적인 헤드 스타트 강의실보다 언어, 읽고 쓸 줄 아는 능력 및 사회적 기술에서 더 큰 이득을 얻는다.

보충 프로그램들이 시행되고 있다. 이 중 가장 널리 시행되고 있는 프로그램은 기존의 헤드 스타트 교실에 좀 더 강화된 커리큘럼을 통합한 헤드 스타트 REDI(Research-Based Developmentally Informend)이다. 학기 시작 전 헤드 스타트 교사들(이 중 60%는 교사 자격증이 없다)은 언어, 문해력, 사회적 기술을 향상시키기 위한 기술들을 학습하는 워크숍에 참여한다. 학기 중에는 REDI를 효과적으로 수행하고 있는지 확인하기 위해 수석 교사에게 일대일 멘토링을 받는다.

일반적인 헤드 스타트 교실과 관련해 헤드 스타트 REDI는 연말에 언어, 문해력, 사회발달 측면에서 높은 점수를 내며 이런 효과는 유치원 졸업 때까지도 지속된다(Bierman et al., 2008, 2014). REDI는 교육의 질 측면에서도 효과를 나타낸다. REDI에 대한 훈련을 받은 교사는 보다 인지적으로 복잡한 방법으로 아동과 대화하며 아동의 문제행동을 예방하는 관리 전략들을 사용한다(Domitrovich et al., 2009).

헤드 스타트는 특수교육 제공, 범죄행동 치료, 미취업 성인 지원에 드는 비용과 비교했을 때 비용 효율이 높다. 하지만 제한된 예산으로 인해 취약 계층의 3, 4세 아동 중 46%만이 유치원에 다닐 수 있으며 헤드 스타트는 이 중 절반 정도만을 수용할 수 있다(Child Trends, 2014b).

아동 보육 우리는 양질의 조기개입이 경제적으로 불리한 아동의 발달을 촉진할 수 있다는 점에 대해 살펴보았다. 하지만 제5장에서 확인했듯이 미국에는 질이 낮은 보육기관이 많다. 표준 이하의 보육을 받은 취학 전 아동, 특히 원아의 수가 많은 기관에서 오랜 시간을 보내는 아동의 경우 낮은 인지적·사회적 기술 점수를 지니며 많은 행동 문제를 보인다(Burchinal et al., 2015; NICHD Early Child Care Research Network, 2003b, 2006). 좋지 않은 보육에 오랜 시간 노출된 후에는 특히 외현화 문제가 학령기 동안 지속되는 경향이 있다(Belsky et al., 2007b, Vandell et al., 2010).

반면 양질의 보육은 특히 사회경제적 지위가 낮은 아동의 인지적·언어적·사회적 발달을 촉진하며, 그 효과는 초등학교 시기까지 지속되고, 학업 성취의 경우 청소년기까지 지속된다(Burchinal et al., 2015; Dearing, McCartney, & Taylor, 2009; Vandell et al., 2010). 기관 기반 보육은 다른 유형의 보육에 비해 인지적 발달과 강한 연관성을 보인다(Abner et al., 2013). 양질의 아동보육기관은 가정 보육에 비해 보다 체계적인 교육 프로그램을 제공한다.

'배운 것 적용하기'에 전미유아교육협회(U.S. National Association for the Education of Young Children)가 제안한 발달적으로 적합한 훈련 표준을 따르는 양질의 아동 초기 프로그램의 특성이 정리되어 있다. 이 기준들은 미국이 어린 아동을 위한 보육 및 교육 서비스를 향상시키기 위해 고안한 훌륭한 목표들을 제시하고 있다.

교육 매체

아동은 가정과 유치원뿐만 아니라 텔레비전과 컴퓨터를 포함한 스크린 매체와 같은 다른 학습 환경에서도 많은 시간을 보낸다. 산업화된 국가의 경우 거의 모든 가정에 최소 한 대의 텔레비전이 있고 두 대 이상인 가정도 많다. 또한 미국 아동의 90% 이상이 한 대 이상의 컴퓨터가 있는 가정에서 살고 있으며, 이 중 80%는 빠른 속도의 인터넷 접속도 가능하다(Rideout, Foehr, & Roberts, 2010; U.S. Census Bureau, 2015d).

교육적 텔레비전 새미가 가장 좋아하는 TV프로그램인 〈세서미 스트리트〉는 기본적 문해와 수 개념을 강조하기 위해 생생한 시각효과와 음향효과를 사용하고, 일반적 지식과 정서적·사회적 이해, 사회적 기술을 가르치기 위해 손 인형과 캐릭터들을 활용한다. 현재 140개국에서 방영되고 있는 〈세서미 스트리트〉는 전 세계에서 가장 시청자가 많은 아동 프로그램이다(Sesame Workshop, 2015).

〈세서미 스트리트〉를 포함해 아동용 교육 프로그램을 시청하는 시간은 초기 문해력과 수리 능력, 초등학교에서의 학

배운 것 적용하기

발달적으로 적합한 초기 아동기 프로그램의 특징

프로그램 특성	질적 특징
물리적 환경	내부 환경은 깨끗하고, 손질되어 있으며, 통풍이 잘된다. 교실 공간은 가장놀이, 블록, 과학, 수학, 게임, 퍼즐, 책, 미술, 음악을 포함하는 장비가 충분히 갖춰진 활동 영역으로 나뉘어 있다. 울타리가 설치된 외부 놀이 공간은 그네, 등산, 놀이 시설, 세발자전거, 모래 상자를 갖추고 있다.
집단 크기	유치원과 탁아소의 집단 크기는 교사 2명당 18~20명의 아동을 넘지 않는다.
보육자-아동 비율	탁아소 교사가 돌보는 아동의 수가 8~10명을 넘지 않는다. 탁아 가정의 양육자는 6명을 넘는 아동을 돌보지 않는다.
일상 활동	대부분의 시간 동안 아동은 개인적으로나 작은 집단에서 활동한다. 아동들은 많은 활동을 직접 선택하고, 자신의 생활과 관련된 경험을 통해 배운다. 교사들은 아동의 참여를 조장하고, 개인차를 수용하며, 아동의 발달 능력에 대한 기대를 조정한다.
성인과 아동의 상호작용	교사들은 그룹과 개인 사이를 이동하고, 질문을 하고, 제안해주면서 보다 복잡한 생각을 더해준다. 교사들은 모델링이나 기대된 행동의 격려, 보다 수용가능한 활동으로의 재조정 같은 긍정적인 지도기술을 사용한다.
교사의 자격	교사들은 초기 아동기 발달, 초기 아동기 교육, 관련 영역에 대한 대학 수준의 전문화된 준비를 한다.
부모와의 관계	부모들은 관찰하고 참여하도록 독려된다. 교사들은 아동의 행동과 발달에 대해 부모와 자주 이야기한다.
면허와 인가	유치원 및 보육 프로그램은 주정부가 공식적으로 허가한다. 아동 교육을 위한 국가기관(www.naeyc.org/academy)의 자발적 승인 또는 가정 아동 보육을 위한 국가기관(www.nafcc.org)은 특히 질적으로 우수한 프로그램의 증거이다.

출처 : Copple & Bredekamp, 2009.

업적 발달 향상과 관련이 있다(Ennemoser & Schneider, 2007; Mares & Pan, 2013). 한 연구에 따르면 취학 전 아동의 〈세서미 스트리트〉 및 기타 유사한 교육 프로그램 시청이 학교에서 높은 점수를 받는 것, 더 많은 책을 읽는 것, 고등학교에서의 성취에 보다 큰 가치를 두는 것과 관련이 있었다(Anderson et al., 2001).

최근에 〈세서미 스트리트〉는 명확한 줄거리가 있는 보다 여유로운 에피소드를 위해 기존의 빠른 속도의 진행을 줄이고 있다. 〈내 친구 아서〉와 〈신기한 스쿨버스〉 같이 천천히 진행되는 활동과 이해하기 쉬운 이야기의 아동용 프로그램은 빠르고 단절된 정보를 담은 프로그램에 비해 실행 기능의 향상, 프로그램 내용에 대한 회상의 증가, 어휘력과 읽기 능력의 향상, 정교한 가장놀이와 관련이 있는 것으로 나타났다(Lillard & Peterson, 2011; Linebarger & Piotrowski, 2010). 서사적으로 구조화된 교육적 TV는 주의집중력을 촉진하며 프로그램 내용을 실제 상황에 적용하는 데 필요한 작업기억의 공간을 확보함으로써 처리과정의 부담을 경감시킨다.

컴퓨터의 보급에도 불구하고 텔레비전은 여전히 주요한 아동용 매체이다. 미국 내 평균적인 2~6세 아동은 하루에 1시간 30분에서 2시간 40분씩 TV를 본다. 아동 중기의 시청 시간은 하루에 평균 3시간 30분으로 증가하고, 청소년기에 서서히 감소한다(Common Sense Media, 2013; Rideout et al, 2010).

사회경제적 지위가 낮은 가정 내 아동은 TV 시청 시간이 더 긴데, 이는 아마도 이웃에서 이용가능하거나 부모가 제공할 수 있는 대안적 오락 형태가 적기 때문일 것이다. 긍정적인 측면에서 보자면, 사회경제적 지위가 낮은 가정의 취학 전 아동도 경제적으로 더 부유한 또래들만큼 교육적 프로그램을 본다(Common Sense Media, 2013). 하지만 교육 수준이 낮은 부모는 하루 종일 TV를 틀어놓거나 식사를 하는 동안 TV를 보는 등 모든 유형의 TV 프로그램 시청을 증가시키는 생활을 하는 경향이 있다(Rideout, Foehr, & Roberts, 2010).

대략 미국 내 취학 전 아동의 35%, 학령기 아동의 45%가 자신의 방에 TV를 보유하고 있다. 이런 아동은 또래에 비해 시청하지 않을 때에도 TV에 노출되는 경우가 많으며 어떤 프로그램을 봐야 하는지에 대한 부모의 제약 없이 하루에 40~90분 정도 더 많이 TV 프로그램을 시청한다(Common Sense Media, 2013; Rideout & Hamel, 2006).

장시간의 TV 시청이 다른 가치 있는 활동으로부터 아동을 분리시킬까? 계속해서 TV를 틀어놓으면 영아와 아동이 놀이 중에 주의를 자주 빼앗기며 장난감에 집중하고 노는 시간이 줄어든다(Courage & Howe, 2010). 황금시간대의 TV와 만화를 보다 많이 시청하는 취학 전 아동과 학령기 아동은 책을 읽거나 다른 사람과 만나는 데 시간을 덜 쓰며, 학업 성취가 떨어진다(Ennemoser & Schneider, 2007; Huston et al., 1999; Wright et al., 2001). 교육 프로그램은 이로울 수 있는 반면, 예능 TV 프로그램을 과도하게 시청하는 경우 아동의 학업 성취와 사회적 경험이 손상될 수 있다.

컴퓨터를 활용한 학습 2~4세 아동의 대부분은 한 번 이상 컴퓨터를 사용한 경험이 있으며, 1/3 이상이 일주일에 한 번부터 매일 사용에 이르기까지 횟수는 다양하지만 정기적으로 컴퓨터를 사용한다. 고소득층 가정의 아동의 경우 거의 모든 가정에 컴퓨터가 있지만 저소득층 아동의 경우 오직 절반 정도만이 가정에서 컴퓨터 사용이 가능하다(Common Sense Media, 2013; Fletcher et al., 2014).

컴퓨터는 교육적으로 풍부한 장점이 있으므로 많은 교실들은 컴퓨터 학습 센터를 갖추고 있다. 온라인 이야기책을 비롯해 문해력과 수학 관련 컴퓨터 프로그램은 아동의 일반적 지식 범위를 넓히고 다양한 언어, 문해력, 산수 능력을 촉

유치원의 컴퓨터 학습 센터에서 아동들은 수학 개념과 문제 해결을 목표로 하는 게임을 함께 한다. 이 활동은 아동에게 수학과 협력 기술 모두를 제공해줄 수 있다.

묻고 대답하기

> **연관지어보기** 취학 전 중재 프로그램의 결과와 유아기부터 시작된 중재 결과를 비교하라(제5장 197~198쪽 참조). 어느 것이 지속적인 인지적 이익으로 이어질 가능성이 있는가? 설명해보라.
>
> **적용해보기** 상원의원은 헤드 스타트를 통한 IQ 증진이 지속되지 않는다고 들었다. 그래서 그는 추가적 자금 지원 반대에 투표할 생각이다. 왜 헤드 스타트를 지원해야 하는지 설명하는 편지를 써보라.
>
> **생각해보기** 어렸을 때 여러분은 어떤 종류의 TV 시청과 컴퓨터 사용을 했으며 얼마나 많이 했는가? 여러분 가정의 매체 환경이 여러분의 발달에 영향을 미쳤다고 생각하는가?

진한다(Karemaker, Pitchford, & O'Malley, 2010; Li, Atkins, & Stanton, 2006). 그림을 그리거나 글을 쓰기 위해 컴퓨터를 사용하는 유치원생들은 더 정교한 그림과 글을 생산해내고 오타를 더 적게 낸다.

아동이 구조를 디자인하고 설계할 수 있도록 만들어진 단순한 컴퓨터 언어는 아동이 프로그래밍 기술에 발을 들여놓게 한다. 프로그램을 작동시키기 위해서는 사고를 계획하고 심사숙고해야 하기 때문에, 성인들이 이러한 아동의 노력을 돕는다면 컴퓨터 프로그래밍 활동은 문제 해결력과 상위 인지를 촉진한다. 나아가 프로그램을 짜는 동안 아동은 서로 도우며 계속해서 도전에 맞서는 경험을 하게 된다(Resnick & Silverman, 2005; Tran & Subrahmanyam, 2013).

텔레비전과 마찬가지로 아이들은 게임과 같은 놀이 활동을 위해 컴퓨터나 다른 스크린 매체에 많은 시간을 쏟는다. 컴퓨터 게임 시간은 아동 초기에서 중기에 이르면서 3배 이상 증가하며 평균적으로 게임에 1시간 15분 정도를 소비한다. 매일 게임을 하는 아동의 수는 남아가 여아보다 2~3배 정도 많다(Common Sense Media, 2013; Rideout, Foehr, & Roberts, 2010). 텔레비전과 게임 미디어는 모두 성 고정관념이나 폭력이 난무한 매체이다. 다음 장에서는 이러한 매체가 아동의 정서적·사회적 발달에 미치는 영향에 대해 살펴보도록 할 것이다.

언어발달

7.14 어린 시절 어휘, 문법, 회화 기술의 발달 과정을 추적해보라.
7.15 어린 시절 언어 학습을 지원하는 주요 요소들을 학습해보라.

언어는 이 장에서 논의된 모든 인지적 변화들과 실질적으로 밀접하게 관련된다. 2~6세 아동은 언어에서 상당한 진보를 보인다. 발달 과정에서 보이는 실수뿐 아니라 두드러진 성취

도 언어 숙달을 위한 아동의 능동적이며 규칙 지향적인 태도를 보여준다.

어휘

새미는 2세 때 250개의 어휘를 구사했다. 6세경에는 약 1만 단어를 획득할 것이다(Byrnes & Wasik, 2009). 이를 달성하기 위해서 새미는 매일 약 5개의 새로운 단어를 배울 것이다. 어떻게 아동은 이렇게 빠른 속도로 어휘량을 증가시킬까? 연구들에 따르면 아동은 짧은 순간에도 새 단어와 자신이 이미 지니고 있는 기본 개념을 연결할 수 있는데, 이런 과정은 **빠른 대응**(fast-mapping)으로 불린다. 취학 전 아동은 동일한 상황에서 접한 2개 이상의 단어들도 빠르게 대응시킬 수 있다(Wilkinson, Ross, & Diamond, 2003). 하지만 빠른 대응은 아동이 즉각적으로 성인과 같은 수준으로 단어의 의미를 획득하게 됨을 의미하지는 않는다.

단어의 유형 서구와 비서구의 많은 국가에서는 특히 물체에 대해 유난히 빠르게 명칭을 부여하는데, 이는 이런 단어들이 지각하기 쉬운 개념을 의미하기 때문이다(McDonough et al., 2011; Paris-Morris et al., 2010). 곧 아동은 대상과 행동 사이 관계에 대한 보다 복잡한 이해를 요구하는 동사들(가다, 뛰다, 깨트리다)을 획득한다(Scott & Fisher, 2012). 중국어, 일본어, 한국어를 구사하는 아동은 동사를 특히 빨리 획득해 생후 2년 초쯤 동사를 획득하기 시작하며 영어권의 또래들보다 동사를 자연스럽게 사용한다. 이들 언어의 경우 성인이 구사하는 문장에서 명사가 자주 생략되고 동사가 강조된다(Chan et al., 2011; Ma et al., 2009).

아동은 동사를 획득하면서 빨간, 둥근, 슬픈 등과 같은 수식어도 획득한다. 의미적으로 관련 있는 단어들 중에서 먼저 일반적 차이를 지닌 단어들을 학습하고(큰-작은) 이후 보다 구체적인 차이를 나타내는 단어들(긴-짧은, 높은-낮은, 넓은-좁은)을 학습하게 된다(Stevenson & Pollitt, 1987).

단어 학습 전략 취학 전 아동은 새로운 단어를 이미 알고 있던 단어와 대조시켜 그 의미를 이해한다. 그렇다면 아동은 각 단어가 어떤 의미를 지니는지 어떻게 파악하는 것일까? 한 가지 추론은 어휘 성장 초기에 아동이 **상호 배타성 편향**(mutual exclusivity bias)을 채택한다는 것이다. 상호 배타성 편향이란 단어들이 완전히 구분된 범주를 나타낸다고 가

정하는 것이다(Markman, 1992). 이러한 주장과 일관되게, 2세 아동에게 서로 연관되지 않는 새로운 두 단어를 제시했을 때(예 : 클립, 뿔), 이들은 각각의 단어가 대상의 부분이 아니라 완전한 하나의 대상을 각각 지칭하는 것으로 간주했다(Waxman & Senghas, 1992).

아동이 처음으로 획득하는 수백 개의 명사들은 대부분 형태로 잘 구분되는 대상들을 지칭한다. 아동이 인지하는 형태적 특징에 기반을 두는 명사 학습 과정은 아동이 서로 다른 대상의 독특한 형태에 주의를 기울이도록 한다(Smith et al., 2002; Yoshida & Smith, 2003). 이런 형태 편향은 취학 전 아동이 추가적인 대상의 이름을 익히는 것을 돕고 아동의 어휘력 증가를 촉진한다.

대상 전체의 이름에 익숙해진 다음에는 대상에 대한 새로운 이름을 들었을 때 2, 3세 아동은 상호 배타성 가정을 잠시 무시한다. 예를 들어 어떤 대상(병)의 한 부분(주둥이)이 독특한 형태를 지닌다면 아동은 이 부분에 새로운 명칭을 적용할 수 있다(Hansen & Markman, 2009). 하지만 상호 배타성과 대상의 형태는 대상이 하나 이상의 이름을 가질 때의 취학 전 아동이 보이는 유연한 반응을 설명하지 못한다. 이런 경우 아동은 종종 언어의 다른 요소에 의지한다.

한 주장에 따르면 아동은 단어들이 문장 구조 내에서 어떻게 쓰이는지에 따라 단어의 의미를 이해한다(Gleitman et al., 2005; Naigles & Swenson, 2007). 아동에게 노란 차를 보여주면서 "이것은 시트론색 자동차다"라고 말하는 경우를 생각해보자. 2, 3세 아동은 익숙한 대상(자동차)의 형용사로 쓰인 새 단어가 대상의 속성을 나타내기 위해 쓰였다고 생각할 것이다(Imai & Haryu, 2004). 그 후 동일한 단어가 다양한 문장 구조에서 사용되는 것을 들으면서("이 레몬은 밝은 시트론색이다"), 아동은 단어의 의미를 보다 정확하게 파악하고 다른 범주에도 적용하게 된다.

어린 아동은 타인의 의도, 바람, 관점 등을 추론하는 능력을 활용함과 동시에 어른들이 제공하는 풍부한 사회적 정보도 이용할 수 있다. 한 연구에서 성인이 물체에 어떤 행동을 수행한 뒤에 아동을 그 놀이에 참여시키려고 하듯이 아동과 물체를 번갈아 바라보며 새로운 명칭을 사용했다. 2세 아동은 그 명칭이 물체가 아닌 행동을 나타낸다고 생각했다(Tomasello & Akhtar, 1995). 3세경에는 2개의 새로운 물체 중 한 물체의 명칭을 파악하기 위해서 화자가 방금 표현한 바람("나는 이 리프를 가지고 놀고 싶어")을 활용할 수 있었다

(Saylor & Troseth, 2006).

성인은 또한 2개 이상의 단어들 중 어떤 단어를 사용해야 하는지 아동에게 직접적으로 알려주기도 한다. 예를 들어 "이걸 바다생물이라 불러도 되긴 하지만 돌고래라고 부르는 게 더 나아"라고 말한다. 부모가 이렇게 명시된 정보를 제공하는 경우 아동의 어휘력이 보다 빨리 증가한다(Callanan & Sabbagh, 2004).

아직 배우지 않은 단어를 사용해 문장을 완성하기 위해 3세의 어린 아동은 이미 알고 있는 단어를 사용해 새 단어를 만들어낸다. 예를 들어 정원사를 표현하기 위해 '나무 심는 사람'이라는 복합어를 만들어내고, 크레용을 사용하는 아동을 표현하기 위해 끝에 −er을 덧붙여 'crayoner'라고 말하기도 한다. "구름이 베개 같다", "나뭇잎들이 춤을 춘다"처럼 구체적인 감각적 비유에 기초한 은유를 통해 언어의 의미를 확장시킨다. 어휘력과 기본 지식이 확장되면 아동은 또한 비감각적인 비유도 하는데, 예를 들어 "친구는 자석 같다"나 "시간이 날아간다(Time flies by)" 등의 표현을 한다(Keil, 1986; Özçanliskan, 2005). 은유는 아동이 놀라울 정도로 생생하고 기억하기 쉬운 방식으로 의사소통을 할 수 있게 한다.

어휘발달에 대한 설명 아동의 어휘 획득이 너무 효율적이고 정확해 일부 이론가들은 아동이 상호 배타성 같은 특정한 원리를 사용해 단어의 의미를 획득하도록 선천적으로 편향되었다고 생각한다(Lidz, Gleitman, & Gleitman, 2004). 하지만 비판가들은 내재되고 고정된 몇몇의 원리가 아동이 어휘를 숙달하는 다양하고 가변적인 방식을 설명하는 데 충분하지 않다고 지적한다(MacWhinney, 2015; Parish-Morris, Golinkoff, & Hirsh-Pasek, 2013). 또한 상이한 언어를 습득하는 아동은 동일한 의미를 학습하는 데도 상이한 방법으로 접근하기 때문에 여러 단어 학습 전략들이 선천적일 수는 없다고 주장한다.

대안적 관점은 단어 학습 역시 아동이 비언어적 정보에 적용하는 것과 같은 인지적 전략에 의해 구조화된다는 것이다. 이러한 설명에 따르면 지각적·사회적·언어적 신호의 연합을 활용하는데, 연령이 증가함에 따라 지각적 신호에서 언어적 신호 쪽으로 그 중요성이 이동한다(Golinkoff & Hirsh-Pasek, 2006, 2008). 영아는 지각적 특징에 온전히 의존한다. 걸음마기 아동과 초기 취학 전 시기 아동은 대상의 형태나 물리적 움직임 같은 지각적 특징에 민감하긴 하지만 화자의 응

어린 아동들은 어휘에 추가할 수 있는 유용한 정보에 의존한다. 이 아이는 아버지가 조각품을 만드는 것을 관찰하면서 석고, 동상, 기초, 형태, 조각, 틀, 스튜디오 등 낯선 단어의 의미를 파악하기 위해 다양한 지각적, 사회적, 언어적 단서들에 주의를 기울인다.

시 방향이나 몸짓, 의도나 바람의 표현 등 사회적 신호에 더욱 집중하게 된다(Hollich, Hirsh-Pasek, & Golinkoff, 2000; Pruden et al., 2006). 이후 언어발달이 지속됨에 따라 문장 구조와 억양과 같은 언어적 신호들이 큰 역할을 한다.

취학 전 아동은 여러 종류의 정보를 활용할 수 있을 때 새로운 단어의 의미를 가장 성공적으로 터득한다(Parish-Morris, Golinkoff, & Hirsh-Pasek, 2013). 연구자들은 아동이 서로 다른 종류의 단어에 사용하는 다양한 신호들과 이러한 전략의 연합이 발달에 따라 어떻게 변화하는지를 연구하기 시작했다.

문법

2~3세의 영어권 아동은 주어−동사−목적어의 단어 순서를 따르는 단순한 문장을 사용한다. 다른 언어를 학습하는 아동은 그들이 보고 자라는 성인이 말하는 문장의 단어 순서를 채택한다.

기본적 규칙 걸음마기 아동은 자신이 보고 있는 장면과 듣고 있는 문장이 일치할 때 더 오랫동안 쳐다보는데, 이는 아직 문법적으로 말을 하진 못하는 어린 아동도 기본적인 문

법적 구조를 이해하고 있음을 의미한다(Seidl, Hollich, & Jusczyk, 2003). 하지만 아동이 처음 사용하는 문법적 규칙은 단편적이어서 일부 동사에만 적용된다. 아동은 성인의 발화에서 친숙한 동사들을 주의 깊게 들음으로써 성인의 발화를 모델로 삼아 그러한 동사들을 포함하는 자신의 발화를 확장한다(Gathercole, Sebastián, & Soto, 1999). 예를 들어 새미는 open이라는 동사에 with라는 전치사를 덧붙였지만("You open with scissors"), stick이란 단어에는 붙이지 않았다("He hit me stick").

취학 전 아동의 기본 영어 문법에 맞는 새로운 문장 구성 능력을 검사하기 위해서, 연구자들은 아동이 처음 듣는 단어를 사용해 의미는 같지만 구조가 다른 문장(예 : 수동태 "Ernie is getting gorped by the dog")을 들려주고, 아동에게 그 단어를 사용해 주어-동사-목적어 형태의 문장을 만들어보라고 했다. 그 후 아동에게 개가 무엇을 했는지 물었을 때 "He's gorping Ernie"라고 대답한 아동의 비율은 연령에 따라 꾸준히 증가했다. 하지만 3.5~4세가 될 때까지 대다수의 아동은 새롭게 습득된 동사에 주어-동사-목적어 구조를 적용하지 못했다(Chan et al., 2010; Tomasello, 2006).

세 단어 문장을 만들기 시작하면 아동은 단어에 변화를 주거나 더함으로써 융통성 있고 효과적으로 의미를 표현할 수 있다. 예를 들어 현재진행을 표현하기 위해 -ing를 붙이고(playing), 복수형인 -s를 첨가하고(cats), 전치사를 사용하고(in, on), be 동사에서 다양한 동사 시제들을 사용한다(is, are, were, has been, will). 영어권의 아동은 가장 단순한 의미와 구조를 포함하는 문법적 표식을 시작으로 하여 일반적 문장에서 사용하는 문법적 표식들을 숙달해 간다(Brown, 1973).

아동이 이러한 표식들을 습득하면 때로는 이 규칙들을 과도하게 적용해 예외가 되는 단어들에도 규칙을 적용하는 **과잉 일반화**(overregularization)라는 오류 형태를 나타낸다. 예를 들어 2~3세 아동은 "My toy car breaked"나 "We each got two foots"라는 표현을 하기도 한다(Maratsos, 2000; Marcus, 1995).

복잡한 구조 취학 전 아동은 오류를 범하기는 하지만 점차 보다 복잡한 문법적 구조를 숙달해 간다. 예를 들어 2~3세 아동이 질문을 처음 할 때, "Where's X?", "Can I X?" 같은 여러 가지 상투적 문구들을 사용한다(Dabrowska, 2000; Tomasello, 2003). 이러한 질문들은 이후 2년 동안 변화하며

지속된다. 한 아동의 질문을 분석해본 결과 아동은 어떤 질문에는 주어와 동사를 바꿔 말했지만("What she will do?", "Why he can go?") 다른 질문에서는 그렇지 않았다. 올바른 표현은 아이가 어머니의 말에서 주로 많이 들었던 것들이었다(Rowland & Pine, 2000). 또한 아동은 때때로 주어동사 일치("Where does the dogs play?")나 주어 형태("Where can me sit?")에서 오류를 보인다(Rowland, 2007).

이와 유사하게, 아동은 일부 수동태 문장에서 어려움을 겪는다. "The car was pushed by the truck"이라고 말했을 때, 어린 취학 전 아동은 종종 장난감 차로 트럭을 미는 모습을 보인다. 4세 반경의 아동은 문장이 친숙한 단어로 구성되어 있든지 새로운 단어로 구성되어 있든지 상관없이 그런 표현들을 이해한다(Dittmar et al., 2014). 하지만 수동태를 완전히 익히는 시기는 아동 중기가 끝날 때쯤이다.

그럼에도 불구하고 취학 전 아동의 문법 습득은 대단하다. 4~5세경에 아동은 내포문("I think he will come"), 부가 의문문("Dad's going to be home soon, isn't he?"), 간접 목적어("He showed his friend the present")를 사용한다(Zukowski, 2013). 초등학교 입학 무렵에 아동은 대부분의 문법적 구조를 완벽히 사용한다.

문법 발달에 대한 설명 문법 발달이 장기적인 과정이라는 증거는 촘스키의 생득론(제5장 참조)에 대한 의문을 불러일으킨다. 일부 전문가들은 아동이 어떤 종류든 환경 내에서 일관성과 패턴을 찾으려고 하는 경향을 지니기 때문에 문법이란 일반적 인지발달의 산물이라 여긴다. 이와 같은 주장을 하는 **정보처리이론가들**은 단어들이 문장의 동일한 위치에 나타나고 다른 단어들과 유사하게 조합된다는 것을 아동이 인식한다고 주장한다(Howell & Becker, 2013; MacWinney, 2015; Tomasello, 2011). 시간이 흐르면서 아동은 문법적 범주에 근거해 단어들을 분류하고 문장 안에서 적절히 사용하게 된다.

또 다른 이론가들은 아동이 언어를 처리하는 방법에 초점을 맞추면서도, 아동이 단어의 의미를 분류하는 문법적 범주들이 선천적이며 생애 초기부터 존재한다는 촘스키 이론의 본질에 동의한다(Pinker, 1999; Tien, 2013). 하지만 비판가들은 걸음마기 아동의 두 단어 문장이 문법의 유연한 사용을 반영하지 않으며, 취학 전 아동이 문법을 꾸준히 학습하는 과정에서 많은 오류를 범한다는 사실을 지적한다. 정리하자면

보편적이며 선천적인 언어 획득 장치가 존재하는지, 아니면 아동이 자주 듣는 특정 언어에 맞는 개별적인 전략들을 적용하면서 일반적인 인지적 처리 과정을 따르는지에 대해서 논쟁이 지속되고 있다.

대화

어휘와 문법 획득 외에도, 아동은 효과적이고 적절하게 의사소통에 참여하는 법을 배워야 한다. 이런 언어의 실제적이고 사회적인 측면은 **화용론**(pragmatics)이라고 불리며, 취학 전 아동은 화용론을 숙달하는 데 있어 상당한 진전을 보인다.

2세경의 아동도 능숙하게 대화를 할 수 있다. 면대면 상호 작용에서 아동은 상대방과 번갈아 가면서 말하고 상대의 말에 적절하게 반응한다. 연령이 증가하면서 아동이 상호작용을 유지할 수 있는 차례의 수는 늘어나고, 계속해서 같은 주제를 지속하는 능력과 명확한 대답을 요하는 재질문에 대한 반응도 향상된다(Comeau, Genesee, & Mendelson, 2010; Snow et al., 1996). 3세경 아동은 화자가 자신의 의도를 간접적으로 표현했을 때도 그것을 파악할 수 있다. 예를 들어 아동이 성인에게 시리얼을 달라고 했을 때 "우유가 없어"라고 대답한다면 대부분의 아동은 그 사람이 시리얼을 주지 않을 것이라는 것을 안다(Schulze, & Grassmann, & Tomasello, 2013). 이렇게 놀랍도록 향상된 아동의 능력은 초기 상호작용 경험을 통해 발달해 왔을 것이다.

4세경의 아동은 청자의 연령, 성별, 사회적 지위에 맞춰 자신의 말을 조정한다. 예를 들어 손 인형으로 연기하는 역할

이러한 취학 전 아동들은 남자 인형으로 말할 때 여자 인형으로 말할 때보다 더 적극적인 언어를 사용할 가능성이 있다. 그렇게 함으로써, 그들은 그들 문화에서 사회적 역할에 대한 고정 관념적 특징의 초기 이해를 드러낸다.

에서 아동은 사회적으로 지배적인 사람이나 남자의 역할(교사, 의사, 아버지)을 연기할 땐 명령을 보다 많이 사용하는 반면 덜 지배적인 사람이나 여성의 역할(학생, 환자, 어머니)을 연기할 땐 보다 정중하고 간접적인 요청을 많이 사용한다(Anderson, 1992, 2000).

청자의 반응을 볼 수 없거나 일반적 대화에서 참고할 수 있는 대화의 대상이나 몸짓 등이 없는 상황에서 아동의 대화는 다소 미숙한 모습을 보인다. 예를 들어 한 아동에게 전화로 생일선물로 무엇을 받고 싶은지 물었을 때 3세 아동은 새 장난감을 손에 들고는 "이거요!"라고 말했다. 하지만 3~6세 아동은 퍼즐을 푸는 방법에 대해 직접 얼굴을 보고 이야기할 때보다 전화로 이야기할 때 더 자세하게 설명했다. 이는 아동이 전화상에서는 언어적 설명이 더 많이 필요하다는 점을 이해하고 있음을 나타낸다(Cameron & Lee, 1997). 4~8세 사이에 전화로 이야기를 하거나 지시를 내리는 능력은 모두 매우 향상된다.

아동 초기 언어발달의 지원

걸음마기 때와 마찬가지로, 가정에서 또는 유치원에서 성인과 주고받는 대화는 언어발달과 지속적으로 관련이 있다(Hart & Risley, 1995; Huttenlocher et al., 2010). 뿐만 아니라 민감하고 배려심이 깊은 성인은 아동의 초기 언어기술을 촉진하는 구체적인 기술들을 사용한다. 아동이 단어를 부정확하게 사용하거나 불명확하게 의사소통할 때, 성인은 "네가 어떤 공을 원하는지 알 수가 없어. 큰 빨간 공을 말하는 거야?"처럼 명시적이며 도움이 되는 피드백을 한다. 하지만 아동의 오류를 지나치게 고쳐주지는 않는데, 특히 아동이 문법적으로 실수를 하더라도 크게 교정하지 않는다. 성인의 비판은 아동이 새로운 기술을 창출하는 방식으로 자유롭게 언어를 사용하는 것을 방해한다.

성인들은 대개 두 가지 전략을 사용해, 혹은 종종 두 전략을 연합해 아동의 문법에 대해 간접적인 피드백을 제공한다. 첫 번째 전략은 정확한 형태로 부정확한 발화를 재구성하는 **개작**(recast)이며 두 번째 전략은 아동 발화의 복잡성을 증가시켜 이를 정교화하는 **확장**(expansion)이다(Bohannon & Stanowicz, 1988; Chouinard & Clark, 2003). 예를 들어 아동이 "I gotted new red shoes"라고 말한다면, 부모는 "Yes, you got a pair of new shoes"라고 대답할 것이다. 한 연구에서는 이런 방식의 교정 반응 후에 2~4세 아동이 올바른 방식으로

말을 했으며, 이는 몇 달이 흐른 후에도 지속되는 것을 보여주었다(Saxton, Backley, & Gallaway, 2005). 하지만 이와 같은 피드백의 효과에 대해서 의문을 제기하는 사람들도 있다. 모든 문화권에서 이런 기술들을 사용하는 것은 아니며, 몇몇 연구에서는 이런 기술들이 아동이 문법을 익히는 데 효과적이지 않았다(Strapp & Federico, 2000; Valian, 1999). 확장과 개작은 아마 실수를 줄이기보다는 문법적 대안의 모델을 보여주고 아동이 그 대안들로 실험해보도록 격려하는 역할을 할 것이다.

방금 기술된 결과들이 다시 한 번 비고츠키의 이론을 상기시켰는가? 지적 발달의 다른 측면들에서처럼, 언어에서도 부모와 교사들은 다음 단계로 나아가도록 아동에게 부드러운 자극을 가한다. 아동은 다른 사람들과 연결되길 원하기 때문에 언어를 숙달하려고 애쓴다. 이에 대해 성인은 아동의 말을 주의 깊게 듣고, 아동이 말하는 것을 정교화하고, 정확한 문법 사용을 보여주고, 아동이 더 이야기하도록 격려함으로써 유능한 화자가 되려는 아동의 소망에 응답한다. 다음 장에서 우리는 성숙한 행동에 대한 온정과 격려가 아동 초기의 정서적·사회적 발달에서도 중심이 된다는 것을 살펴볼 것이다.

묻고 대답하기

연관지어보기 언어발달에 대한 상호주의적 관점이 아동의 단어 학습 전략에 어떻게 기능하는지 설명해보라. 제5장 198~199쪽에 기술되어 있다.

적용해보기 새미의 엄마는 그에게 가족들이 마이애미로 휴가를 갈 거라고 설명했다. 다음 날 아침, 세미는 "나는 가방을 다 쌌어요. 우리 언제 '유어'애미로 가죠?"라고 물었다. 무엇이 새미의 오류를 설명하는가?

요약

신체 발달

신체 및 두뇌의 성장

7.1 유아기의 신체 성장 및 뇌 발달에 관해 설명하라.

- 아동이 더 키가 크고 날씬해짐에 따라 초기 아동기에는 체구의 증가가 점점 줄어들게 된다. 새로운 골단이 골격에 나타나고 초등학교에 입학하기 전에 아이들은 유치가 빠지기 시작한다.
- 뇌의 신경 섬유가 계속해서 시냅스와 수초화를 형성하며, 이어서 시냅스의 가지치기, 대뇌피질 영역에서 인지 능력의 편재화 증가가 일어난다. 실행 기능의 다양한 측면에 기여하는 전두엽 피질 영역은 급속히 발전한다. 좌반구는 특히 활동적이며, 미취학 아동들의 언어 능력 확대와 실행 기능 향상을 지원한다.
- 개인의 **우세 대뇌 반구**를 반영하는 우세손은 어린 시절에 강화된다. 우세손에 관한 연구는 두뇌 편재화에 대한 본성과 양육의 공동 기여를 지지한다.
- **소뇌**와 대뇌피질을 연결하는 섬유는 수초화가 생기면서 운동 조정과 사고를 강화한다. 경각심과 의식을 담당하는 **망상체**, 기억과 공간적 이해에 중요한 역할을 하는 **해마**, 진기함과 정서적 정보를 처리하는 데 중심적인 역할을 하는 **편도체**, 그리고 두 대뇌반구를 연결하는 **뇌량**도 시냅스와 수초화를 형성한다.

신체적 성장과 건강에 영향을 주는 요인

7.2 아동 초기의 신체적 성장과 건강에 대한 유전, 영양, 전염병의 영향을 설명하라.

- 유전은 뇌하수체에 의해 거의 모든 신체 조직의 발달에 필요한 **성장 호르몬**(GH)과 뇌 발달과 신체 크기에 영향을 미치는 **갑상선 자극 호르몬**(TSH) 두 가지 호르몬의 생성과 분비를 조절한다.
- 성장속도가 느려지면서 미취학 아동들의 식욕이 떨어지고, 새로운 음식을 경계하는 경우가 많다. 새로운 음식에의 반복되고 압박이 없는 노출은 건강에 좋고 다양한 음식을 섭취하는 것을 돕는다.

- 특히 단백질, 비타민, 미네랄 결핍은 신체적인 성장, 주의력 및 기억력 장애, 그리고 학업 및 행동 문제와 관련이 있다. 질병은 영양 실조에 영향을 미치는데, 특히 장내 감염으로 지속적인 설사가 일어날 때 더욱 그러하다.
- 많은 저소득층 아동들이 의료 서비스를 받지 못하기 때문에 미국에서는 다른 선진국들보다 면역률이 낮다. 부모의 스트레스와 백신 안전에 대한 오해 또한 영향을 미친다.

7.3 의도하지 않은 부상의 위험을 증가시키는 요인은 무엇이며, 어린 시절의 부상은 어떻게 예방할 수 있는가?

- 의도하지 않은 부상은 선진국의 아동 사망률의 주요 원인이다. 희생자들은 남아일 가능성이 더 크다. 기질적으로 무관심하고, 과민하고, 짜증나고, 반항적이고, 공격적이고, 가난에 찌든 가정과 이웃에서 성장한 상황에 해당한다.
- 효과적인 부상 예방에는 아동 안전을 증진하는 법을 통과시키는 것, 안전한 가정, 여행, 놀이 환경 조성, 공교육 개선, 부모와 자녀의 행동 변화, 그리고 부모의 스트레스를 완화하기 위한 사회적 지원을 포함한다.

운동 발달

7.4 아동 초기에 대근육 및 소근육 운동 발달의

주요 이정표를 인용해보라.

- 아이의 무게 중심이 아래쪽으로 이동함에 따라 균형이 발달되어 새로운 대근육 운동 성취의 길을 열어준다. 미취학 아동들은 달리고, 뛰고, 점프하고, 깡충 뛰고, 질주하고, 결국 건너뛰고, 던지고, 잡을 수 있게 되면서 일반적으로 더 잘 조율된다.
- 손과 손가락의 제어력이 향상되면 미세한 운동 능력이 극적으로 향상된다. 취학 전 아동들은 점차 스스로 옷을 입고 음식을 먹게 된다.
- 3세가 되면 아이들의 낙서가 그림이 된다. 나이가 들수록, 그림은 복잡성과 현실성이 증가하며, 아이들의 인지적, 미세한 운동 능력의 향상과 그들 문화의 예술적 전통에 의해 영향을 받는다. 인지적 진보와 문서에 대한 노출은 알파벳 문자를 정확하게 인쇄하는 진보에 영향을 미친다.
- 신체 구성과 신체 놀이의 기회는 운동발달에 영향을 미친다. 힘과 권력을 가진 남아들과 균형과 미세한 움직임의 여아들이 선호하는 성 차이는 부분적으로 유전적인 것이지만, 환경적 압력은 이를 과장한다. 아이들은 비공식적인 놀이 경험을 통해 어린 시절의 운동기술을 익힌다.

인지발달

피아제의 이론 : 전조작기

7.5 전조작기에서 정신적 표상의 진보와 사고의 한계를 설명하라.

- 정신적 표상의 빠른 진보는 피아제의 **전조작기**의 시작을 나타낸다. 발달의 많은 측면을 지원하는 가장 행동은 점점 복잡해져 또래들과의 **사회극 놀이**로 진화한다. **이중표상**은 아이들이 모델, 그리기, 간단한 지도들이 실제 세계의 상황과 일치한다는 것을 깨달으면서 3년 동안 빠르게 개선된다.
- 전조작기 아동의 인지적 한계에는 **자기중심성**, **중심화**, 상황의 한 측면과 지각적 외관에 초점을 맞추는 것, 그리고 **비가역성**이 포함된다. 결과적으로, 그들은 **보존**과 **위계적 분류** 과제에 실패한다.

7.6 후속연구는 피아제의 전조작기의 정확성에 대해 무엇을 함의하는가?

- 어린아이들이 그들의 일상생활과 관련된 단순화된 임무를 부여받았을 때, 그들의 수행은 피아제가 생각했던 것보다 더 성숙해 보인다. 미취학 아동들은 다른 사람들의 견해, 무생물체와 생물을 구별하며, 마술에 대한 올바른 개념들을 가지고 있다, 물리적 변형에 대해 유추할 수 있고 인과관계를 이해하며 지식을 위계적 범주로 체계화할 수 있다.
- 조작적 사고가 미취학 시기에 걸쳐 점진적으로 발전한다는 증거는 피아제의 단계 이론에 도전한다. 일부 이론가들은 단계에 대해 더욱 유연한 관점을 제안한다.

7.7 피아제의 이론에서 도출할 수 있는 교육 원리는 무엇인가?

- 피아제 교실은 발견 학습, 아동의 학습 준비성에 대한 민감성, 그리고 개인의 차이점에 대한 수용을 촉진한다.

비고츠키의 사회문화적 이론

7.8 비고츠키의 사회적 기원과 아이들의 혼잣말 중요성에 대한 관점을 설명하라.

- 피아제와는 달리 비고츠키는 언어를 모든 고등 인지 과정의 토대라고 여겼다. 비고츠키에 따르면, **혼잣말** 또는 자기주장을 위해 사용되는 언어는 어른들과 더 숙련된 사람들이 아동들이 적절한 도전 과제에 숙달하는 데 도움을 주기 때문에 사회적 의사소통에서 벗어나게 된다고 한다. 혼잣말은 결국 침묵, 내적 언어로 내면화된다.
- **비계 역할**－아동의 현재 요구에 맞게 교육 지원을 조정하고 전략을 제안하는 것은 아동의 사고력을 향상한다.

7.9 비고츠키의 이론을 교육에 적용하고 그의 주요 사상을 평가하라.

- 비고츠키 교실은 교사들의 언어 지도와 또래들의 협력이라는 도움이 된 발견을 강조한다. 가장놀이는 어린 시절 근접발달영역에 필수이다.
- 비계보다 더 넓은 개념인 **유도된 참여**는 더 많은 전문가와 덜 전문적인 참여자들 사이의 공동의 노력에서 상황적·문화적 차이를 인식한다.

정보처리

7.10 아동 초기 동안 실행 기능과 기억력은 어떻게 변화하는가?

- 미취학 시기에 실행 기능은 현저하게 발달

한다. 아동은 억제를 배우고 자신의 주의를 유연하게 이동할 수 있는 능력, 작업기억 능력－실행 기능 요인들은 밀접하게 상호 접목되어 학습과 사회적 기술이 발달하는 데 주요한 영향을 미친다. 나이 든 미취학 아동들은 또한 계획 세우기, 복잡한 실행 기능 활동도 경험한다.

- 부모의 비계 역할은 미취학 아동들의 기능적 능력을 지원한다. 가난은 부분적으로 부적응적인 육아와 만성적인 스트레스를 통해 부정적인 영향을 미친다.

- 어린 아동의 재인기억은 놀라울 정도로 정확하지만, 나이 많은 아동에 비해 기억 **책략**을 효과적으로 사용하지 못하기 때문에 목록 같은 정보를 잘 떠올리지 못한다.
- 일상적 경험에 대한 기억인 **일화기억**은 어린 시절에 크게 향상된다. 성인과 마찬가지로 미취학 아동들은 반복적인 사건을 하나의 **스크립트**로 기억하는데, 이 스크립트는 나이가 들면서 점점 더 정교해진다.
- 인지와 의사소통기술이 향상됨에 따라 아이들의 자서전적 기억은 더욱 체계화되고 세밀해지는데, 특히 성인이 과거에 관해 이야기하며 정교한 스타일을 사용할 때는 더욱 그러하다.

7.11 아동의 마음이론을 설명하라.

- 미취학 아동들은 그들의 **상위인지** 능력의 증거인 마음이론을 구성하기 시작한다. 4~6세 사이에 명백히 나타나는 틀린 믿음의 이해는 더욱 안전해져, 자신과 타인의 생각과 감정을 반영하는 아동의 능력을 향상시킨다. 언어, 실행 기능, 사회적 경험이 이에 영향을 준다.
- 미취학 아동은 마음을 적극적이고 건설적인 대리인으로 보기보다는 수동적인 정보의 컨테이너로 여긴다.

7.12 아동 초기에 아동의 읽고 쓰는 능력과 수학 지식을 요약해보라.

- 미취학 아동의 **출현적 문해력**은 인지 능력이 향상되고 다양한 상황에서 글을 접할 때, 성

인이 글로 의사소통하는 것에 도움을 줄 때 문자의 의미에 대한 사고를 수정한다는 것을 보여준다. **음운론적 인식**은 문해력 지식의 발달과 철자 및 읽기 성취도를 강력하게 예측해준다. 성인과 아동의 대화형 이야기책 읽기를 포함한 비공식적인 문해 경험은 문해력 발달에 도움을 준다.

■ 유아는 **서열성**에 대해 초기에 파악한다. 미취학 아동은 3.5~4세가 되면 기수성의 원리를 이해하고 계산을 하여 산술 문제를 해결하고 결국 가장 효율적이고 정확한 접근 방식에 도달한다. 성인은 수를 세고, 수량을 비교하고, 숫자 개념에 관해 이야기할 수 있는 기회를 많이 제공해 아동의 수학적 지식을 장려한다.

지적 발달의 개인차

7.13 유아 지능검사와 가정, 유치원 및 유치원 프로그램, 보육 및 교육 미디어가 정신 발달에 미치는 영향을 설명하라.

■ 어린 아동들을 위한 지능검사는 다양한 언어적·비언어적 기술을 표본으로 한다. 6~7세까지, 점수는 나중의 IQ와 학업 성취도에 좋은 예측변수가 된다. 성숙한 행동에 합리적인 요구를 하는 부모들과 함께 따뜻하고 자극적인 가정에서 자라는 아이들은 지적으로 잘 발달한다.

■ 유치원 및 유치원 프로그램에는 놀이를 통해 많은 학습이 이루어지는 **아동 중심 프로그램**과 교사가 종종 반복과 훈련을 사용해 아동 학습을 체계화하는 **학습적 프로그램**이 포함

된다. 공식적인 학업 훈련을 강조하면 어린 아이들의 동기를 약화시키고 나중에 성취하는 데 부정적인 영향을 미친다.

■ **헤드 스타트 프로젝트**는 저소득층 아동을 위한 가장 광범위한 연방정부 지원 유치원 프로그램이다. 양질의 취학 전 개입은 즉각적인 IQ와 성과 향상 및 학교 조정의 장기적인 개선을 가져온다.

■ 헤드 스타트 REDI를 통해 헤드 스타트 교실을 풍부하게 갖추면 언어, 읽고 쓸 줄 아는 능력, 사회적 능력이 연말에 높아진다. 좋은 보육은 인지력, 언어, 사회적 기술을 향상시키며, 특히 저소득층의 아동에게 더욱 그러하다.

© LAURA DWIGHT PHOTOGRAPHY

■ 아이들은 교육용 텔레비전과 컴퓨터 소프트웨어로부터 다양한 인지 능력을 얻는다. 느린 동작과 쉽게 따라 할 수 있는 줄거리를 갖춘 TV 프로그램들은 실행 기능, 어휘, 읽기 능력, 그리고 정교한 가장놀이를 길러준다. 아이들에게 프로그래밍 기술을 소개하는 컴퓨터 프로그램은 문제 해결과 인지도를 촉

진한다. 하지만 황금시간대 TV와 만화에 대한 과도한 노출은 더 낮은 학업 능력과 관련이 있다.

언어발달

7.14 어린 시절 어휘, 문법, 회화 기술의 발달 과정을 추적해보라.

■ **빠른 대응**으로 지원되는 미취학 아동의 어휘는 급격히 증가한다. 처음에는 어휘력을 넓히기 위해 지각적인 물체 모양 신호에 크게 의존한다. 나이가 들어 감에 따라 점점 사회적·언어적 신호를 받는다.

■ 2~3세 사이에 아이들은 그들 언어의 기본 단어 순서를 채택한다. 미취학 아동들이 점차 문법 규칙을 숙달함에 따라, 그들은 때때로 **과잉 일반화**라고 불리는 오류의 형태로 그것들을 과도하게 확장한다. 초기 아동기가 끝날 무렵, 아이들은 복잡한 문법 형태를 습득해 간다.

■ **화용론**은 언어의 실용적이고 사회적인 측면이다. 두 살짜리 아이는 이미 얼굴을 맞대고 대화하는 데 능숙하다. 네 살이 되면 아이들은 자신의 말을 듣는 사람의 나이, 성별 및 사회적 지위에 적응시킨다.

7.15 어린 시절 언어 학습을 지원하는 주요 요소들을 학습해보라.

■ 어른과의 대화는 언어발달을 촉진한다. 어른들은 아동 언어의 명확성에 대한 피드백과 **개작**과 **확장**을 통해 문법에 대한 간접적인 피드백을 제공한다.

주요 용어 및 개념

갑상선 자극 호르몬	비계 역할	우세 대뇌 반구	출현적 문해력
개작	빠른 대응	위계적 분류	편도체
과잉 일반화	사적 언어	유도된 참여	학습적 프로그램
기수성	사회극 놀이	음론론적 인식	해마
기억 책략	상위인지	의미론적 기억	헤드 스타트 프로젝트
뇌량	서열성	이중표상	화용론
뇌하수체	성장 호르몬	일화기억	확장
망상체	소뇌	자기중심성	
보존	스크립트	전조작기	
비가역성	아동 중심 프로그램	중심화	

CHAPTER 8

아동 초기의 정서 및 사회성 발달

취학 전 시기에 아이들은 다른 사람의 생각과 감정을 이해하는 데 큰 진전을 이루며, 그들은 첫 번째 우정(애착과 공동의 관심사로 특징지어지는 특별한 관계)을 형성하면서 이러한 기술을 바탕으로 한다.

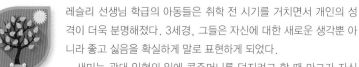

레슬리 선생님 학급의 아동들은 취학 전 시기를 거치면서 개인의 성격이 더욱 분명해졌다. 3세경, 그들은 자신에 대한 새로운 생각뿐 아니라 좋고 싫음을 확실하게 말로 표현하게 되었다.

새미는 광대 인형의 입에 콩주머니를 던지려고 할 때 마크가 자신의 콩주머니에 손을 대려고 하자 "방해하지 마"라고 말했다. 새미는 명중하기에 여러 번 실패했음에도 불구하고 계속 시도해보며 자신만만한 태도로 "봐, 나 이 게임 잘해"라고 말했다.

아동의 대화에서도 도덕성의 초기 개념이 드러난다. 아동은 종종 자신의 욕구를 정당화하기 위해 강력한 태도로 옳고 그름에 대한 서술을 결합하기도 한다. 마크는 새미의 손에서 콩주머니를 낚아채며 "같이 써야 되는 거야"라고 말했다.

새미는 마크를 밀며 "내가 여기 먼저 왔어! 그거 줘"라고 말했다. 레슬리 선생님이 다른 콩주머니를 주고 둘이 함께 놀 수 있는 방법을 알려주며 중재를 할 때까지 두 아동은 계속 다투었다.

새미와 마크의 상호작용에서 볼 수 있는 것처럼, 취학 전 아동은 빠른 속도로 복잡한 사회적 존재가 되어 간다. 어린 아동은 때로 억지를 부리고, 낚아채고, 밀치기도 하지만, 훨씬 빈번하게 협동적 교류를 나타낸다. 2~6세에 최초로 우정이 형성되는데, 이때 아동은 대화를 나누고, 상호 보완적 역할을 실시하며, 타인의 욕구와 흥미를 고려할 때 우정과 장난감에 대한 자기 자신의 욕구도 채워질 수 있음을 깨닫는다.

남성과 여성의 구별에 대한 관심이 증가하는 것을 보며 우리는 사회적 세계에 대한 아동의 이해가 발달하고 있음을 분명히 알 수 있다. 프리티와 캐런이 가사놀이 영역에서 아픈 아기 인형을 간호하는 동안 새미, 밴스, 마크는 블록 영역을 복잡한 교차로로 만들고 있었다. 경찰관 새미가 "초록 불입니다. 건너세요"라고 외치자, 밴스와 마크는 나무로 된 큰 자동차와 트럭을 밀었다. 아동은 자신과 성별이 같은 또래를 선호하고 놀이를 할 때 자신이 속한 문화의 전형적인 성 고정관념을 반영한다.

이 장에서는 아동 초기 정서적 · 사회적 발달의 여러 측면을 살펴볼 것이다. 먼저 우리는 취학 전 아동의 성격 변화에 대해 개관한 에릭 에릭슨(Erik Erikson)의 이론을 살펴볼 것이다. 그런 다음 아동의 자기 자신에 대한 개념, 사회적 · 도덕적 세계에 대한 통찰, 성 유형화, 정서적 · 사회적 행동을 조절하는 능력의 향상 등에 대해서도 고찰할 것이다. 마지막으로, '효과적인 양육은 무엇인가?'라는 질문을 다룰 것이다. 또한 훌륭한 양육의 조건과 우리 사회에서 심각하고 만연한 문제인 아동 학대, 방임과 같은 붕괴된 양육의 조건에 대해서도 고찰할 것이다. ●

에릭슨의 이론 : 주도성 대 죄의식

8.1 에릭슨의 주도성 대 죄의식 단계에서 어떤 성격 변화가 일어나는가?

에릭슨(1950)은 아동 초기를 '왕성한 전개의 시기'라고 기술했다. 아동이 자율성을 획득한 후에는 제멋대로 하는 행동이 걸음마기 때보다 줄어든다. 아동은 취학 전 시기 심리적 갈등인 **주도성 대 죄의식**(initiative versus guilt)을 다루는 데 자신의 에너지를 사용한다. 주도성이라는 단어가 암시하는 것처럼, 어린 아동에게는 목적성이라는 새로운 감각이 생긴다. 그들은 새로운 과제에 도전하고, 또래와의 활동에 참여하며, 성인을 돕기 위해 그들이 할 수 있는 것이 무엇인지를 발견하기 위해 애쓴다. 그들은 또한 양심의 발달에도 한 걸음 들어선다.

에릭슨은 놀이를 어린 아동이 자신과 사회적 세계에 대해 배우는 수단이라고 보았다. 놀이는 취학 전 아동이 비판과 실패에 대해 걱정하지 않으면서 새로운 기술을 시험해볼 수

세 살 된 과테말라 아이가 옥수수를 까는 시늉을 한다. 가족이 함께 하는 장면과 눈에 잘 띄는 직업들을 연기함으로써, 전 세계의 어린아이들은 그들이 할 수 있는 것과 그들의 문화에서 될 수 있는 것에 대한 통찰력을 얻고 주도적인 감각을 발달시킨다.

있도록 해준다. 놀이는 또한 공동의 목표를 성취하기 위해 협동해야 하는 아동만의 작은 사회 조직을 만들어내기도 한다. 세계 곳곳에서, 아동은 가정 상황과 직업을 연출하면서 놀이한다. 예를 들어 서구 사회의 아동은 경찰관, 의사, 간호사 등을 흉내 내고, 호피 인디언 사회에서는 토끼 사냥꾼과 도공, 서부 아프리카의 바카 아동은 오두막 짓는 사람, 창잡이 등의 직업들을 행동으로 나타낸다(Gaskins, 2013).

에릭슨의 이론이 프로이트의 심리성적 단계 이론을 근거로 하여 정립된 것이라는 점을 상기해보자(제1장 참조). 프로이트의 오이디푸스 · 엘렉트라 콤플렉스에서처럼 아동은 처벌을 피하고 부모의 애정을 유지하기 위해 자신과 동성인 부모를 **동일시**함으로써 **초자아** 혹은 양심을 형성하게 된다. 그 결과 아동은 사회의 도덕적 기준과 성역할 기준을 채택한다. 에릭슨에 따르면 아동 초기에 나타나는 부정적인 결과는 아동이 과도한 죄책감을 느끼게 만드는 지나치게 엄격한 초자아이다. 이러한 특징은 성인에게 과도하게 위협받고, 비판받고, 처벌받기 때문에 나타난다. 이렇게 되면 새로운 과제를 숙련하기 위한 취학 전 아동의 풍부한 놀이와 대담한 노력이 좌절된다.

비록 프로이트의 개념은 더 이상 양심 발달에 대한 만족스러운 설명으로 받아들여지지 않지만, 주도성에 대한 에릭슨의 개념은 어린 아동의 정서적 · 사회적 삶에서의 다양한 변화를 설명해주고 있다. 실제로 아동 초기는 아동이 자신감 있는 자기상, 보다 효율적인 정서 통제, 새로운 사회적 기술, 도덕성의 기초, 남아 혹은 여아로서의 자신에 대한 명확한 개념 등을 발달시키는 시기이다.

자기이해

8.2 아동 초기의 자아개념과 자부심의 발달에 관해 설명하라.

아동은 아동 초기에 언어를 통해 주관적 나 자신, 즉 존재에 대한 스스로의 주관적 경험에 대해 이야기할 수 있게 된다. 제7장에서 우리는 취학 전 아동은 자신의 정신적 생활에 대해 이야기할 수 있는 어휘를 획득하며, 정신 상태에 대한 이해를 다듬는다고 언급했다. 자기인식이 강화되면서 취학 전 아동은 자신을 특별하고 독특한 존재로 만드는 특성들에 더 초점을 맞추게 된다. 아동은 자기 자신을 정의한다고 생각하는 일련의 속성, 능력, 태도, 가치로 이루어진 **자기개념**(self-

문화적 영향

개인적 이야기에 대한 문화적 다양성 : 초기 자기개념에 대한 함의

다양한 문화적 배경의 취학 전 아동은 부모와 함께 개인적 이야기를 한다. 이야기를 할 때 부모의 사건 선택과 해석에는 두드러진 문화적 차이가 존재하는데, 이는 아동이 자신을 바라보는 관점에 큰 영향을 미친다.

한 연구에서 연구자들은 시카고의 중산층 아일랜드계 미국인 여섯 가족과 대만의 중산층 중국인 여섯 가족의 이야기 나누기를 2년 동안 수백 시간에 걸쳐 연구했다. 아동이 2.5~4세일 때 성인과의 대화를 녹화한 엄청난 양의 비디오를 분석해 개인적 이야기를 파악하고 이야기 내용, 이야기 결말의 질, 아동에 대한 평가 등을 평정했다(Miller, Fung, & Mintz, 1996; Miller et al., 1997, 2012b).

두 문화의 부모들은 즐거웠던 휴가와 가족 소풍에 대해 비슷한 방식과 빈도로 토론했다. 하지만 중국인 부모가 아일랜드계 미국인 부모에 비해 아동의 잘못, 예를 들면 예의 없는 언어 사용, 벽에 낙서하는 것, 혹은 너무 난폭한 방식으로 놀이하는 것에 대해 더 길게 얘기했다. 이러한 이야기는 주로 아동이 잘못된 이야기를 할 때 촉발되었으며, 따뜻하고 배려 깊은 방식으로 전달되었다. 이때 부모는 타인에게 했던 잘못된 행동의 영향을 강조하면서("네가 엄마를 창피하게 만들었어"), 종종 적절한 행동에 대한 직접적인 가르침으로 이야기를 끝냈다("상스러운 단어로 말하는 건 나쁜 짓이야"). 이와는 반대로 아일랜드계 미국인 가족의 이야기에서는 아동이 잘못한 것에 대해 언급한 경우는 거의 없었고, 부모는 자녀의 잘못에 대해 심각하게 생각하지 않았으며 이를 자녀의 용기와 자기주장에 귀인했다.

아동에 대한 초기 이야기는 문화적으로 서로 다른 방법으로 취학 전 아동의 자기개념을 촉발한다(Miller, 2014). 엄격한 훈육과 사회적 의무라는 유교적 전통에 영향을 받은 중국인 부모는 이야기에 이러한 가치들을 통합시켜 가족 체면 유지의 중요성을 강조하고, 이야기의 결론에서 그런 기대를 명시적으로 전달한다. 아일랜드계 미국인 부모도 자녀를 훈육하지만 이야기를 나누는 동안에는 아동의 잘못을 거의 강조하지 않는다. 오히려 아동의 단점을 긍정적인 관점에서 바라보고자 하는데, 이는 아동의 자존감을 촉진시키려는 목적에 의한 것으로 보인다.

대부분의 미국 부모들은 건강한 발달을 위해 긍정적인 자존감이 필수적이라고 믿는 반면, 중국인은 일반적으로 그런 것은 중요하지 않거나 아동이 부모의 말을 잘 듣고 잘못을 고칠 수 있게 만들 기회를 저버리는 부정적인 것으로 본다(Miller et al., 2002). 이러한 관점과 유사하게, 중국인 부모는 아동의 개별성을 촉진하는 데 거의 관심을 두지 않는다.

중국 엄마는 아이에게 적절한 행동에 대해 부드럽게 알려준다. 중국 부모들은 종종 미취학 아동들에게 아이의 악행에 대한 부정적인 영향을 지적하는 이야기를 들려준다. 중국 아이의 자기개념은 결국 사회적 의무를 강조한다.

그 대신 아동이 책임감 있는 행동을 하게끔 이끄는 방향으로 이야기를 나눈다. 따라서 중국 아동의 자기상은 타인에 대한 의무를 강조하는 반면, 미국 아동의 자기상은 더 자율적이다.

concept)을 발달시키기 시작한다.

자기개념의 기초

3~5세 아동에게 자신에 대해 설명해보라고 하면, 다음과 같은 대답을 듣게 될 것이다. "난 토미예요. 네 살이고 혼자 머리를 감을 수 있어요. 새 레고 장난감도 있어요. 나는 아주 큰 탑을 만들 수 있어요." 취학 전 아동의 자기개념은 대개 자신의 이름, 신체적 외모, 소유물, 일상적인 행동과 같은 관찰 가능한 특징들을 포함한다(Harter, 2012).

3.5세의 아동은 "나는 친구랑 놀 때 행복해요", "나는 무서운 TV 프로그램을 싫어해요"와 같이 전형적인 정서와 태도의 관점에서도 자신을 묘사하는데, 이는 독특한 심리적 특징에 대한 초기 이해를 암시한다(Eder & Mangelsdorf, 1997). 5세경에는 아동이 묘사하는 이러한 특징과 어머니가 보고하는 아동의 성격 특성이 상당히 일치하는데, 이는 연령이 높은 취학 전 아동은 자신의 수줍음, 상냥함, 긍정적 정서나 부정적 정서 등에 대한 개념을 지닌다는 것을 의미한다(Brown et al., 2008). 하지만 대부분의 취학 전 아동은 아직도 "나는 쓸모 있는 사람이야" 혹은 "부끄러워"라고는 말하지 않는다. 성격 특질에 대한 이런 직접적인 언급이 가능해지려면 인지

적으로 더욱 성숙해져야 한다.

따뜻하고 민감한 부모-자녀 관계는 더욱 긍정적이고 일관성 있는 초기 자기개념을 발달시킨다. 안정 애착된 취학 전 아동은 개인적인 경험에 대해 부모와 이야기할 때 보다 정교한 대화에 참여한다는 제7장의 내용을 상기해보자. 이러한 대화는 아동이 자신에 대해 더 잘 이해할 수 있게 도와준다. 아동의 생각과 느낌, 주관적 경험과 같은 내적 상태에 초점을 맞춘 정교한 회상은 특히 아동의 자기개념 발달에서 중요한 역할을 한다. 예를 들어 화가 났을 때 아동이 감정을 잘 조절했던 사건에 대해 부모가 아동과 함께 회상할 때, 4세와 5세 아동은 자신의 정서적 성향을 보다 긍정적으로 묘사했다("저는 겁먹지 않았어요!")(Goodvin & Romdall, 2013). 내적 상태에 대한 대화는 과거 사건에 대한 개인적 의미를 강조함으로써 자기인식을 촉진한다.

2세경의 어린 연령 때도 부모는 규칙과 행동 규준, 평가정보를 전달하기 위해 과거 사건에 대해 이야기할 수 있다 — "우리가 같이 으깬 감자를 만들 때 네가 우유를 넣어줬지. 그건 엄청 중요한 일이야!"(Nelson, 2003). '문화적 영향' 글상자에서 나타났듯이, 이런 유형의 자기평가 서술을 통해 양육자는 어린 아동의 자기개념에 문화적 가치를 불어넣을 수 있다.

개인적으로 의미 있는 사건에 대해 이야기하면서, 또한 인지적 능력이 발달하면서 취학 전 아동은 점차 시간이 지나도 자기 자신은 지속된다는 점을 깨닫는다. 이러한 변화는 미래와 소망에 대해 기대하는 능력의 향상을 통해 알 수 있다. 미래의 사건(폭포 옆을 걸어가는 것)을 위해 세 가지 보기(우비, 돈, 담요) 중 필요한 물건 한 가지를 택하라고 했을 때 아동의 수행은 미래 상황에 대한 타당화("물에 젖을 거야")와 함께 3~4세 사이 급속도로 향상되었다(Atance & Meltzoff, 2005). 또한 5세경에는 자신이 현재 좋아하는 것과 미래에 좋아하는 것이 다를 수 있다는 점을 보다 잘 이해하게 된다. 대부분의 아동은 자신이 성장하면서 그림책보다 신문을 선호하고, 포도 주스보다 커피를 선호하게 될 것임을 이해한다(Bélanger et al., 2014). 초등학교 입학 무렵에는 현재의 마음 상태를 차치하고 미래의 관점을 취할 수 있다.

자존감의 출현

자존감(self-esteem)은 아동 초기 자기개념 출현의 다른 측면으로서, 자신의 가치에 대한 판단 및 이러한 판단과 연합된 감정을 의미한다. 이러한 평가들은 우리의 정서적 경험, 미래의 행동, 장기적인 심리적 적응 등에 영향을 미치기 때문에, 자기발달에 있어 가장 중요한 측면 중 하나이다.

4세경의 아동은 학교에서 공부하기, 친구 사귀기, 부모와 잘 지내기, 타인에게 친절하게 대하기와 같은 몇 가지 자기판단을 할 수 있다(Marsh, Ellis, & Craven, 2002). 하지만 이러한 평가를 자신의 전반적인 자존감과 연합할 수 있을 정도의 인지적 성숙은 갖추지 못한다. 또한 이 시기 아동은 자신의 소망과 실제 능력을 구분할 수 없기 때문에, 새미가 실수를 많이 하면서도 콩주머니를 잘 던진다고 주장했던 것처럼 자신의 능력을 극단적으로 높게 평가하고 과제의 난이도를 과소평가하기도 한다(Harter, 2012).

높은 자존감은 아동이 수많은 새로운 능력을 익혀야 하는 시기 동안 아동의 주도성에 기여한다. 아동이 3세경에 부모가 성공적 수행을 위해 필요한 정보들을 제공하면서 끈기 있게 아동을 격려한 경우 아동은 과제 수행에 열정적이고 강한 동기를 보였다. 반면 부모가 아동의 가치와 수행에 대해 비난한 경우 아동은 도전 상황에 직면했을 때 쉽게 포기하고 실패한 후에는 수치스러워하고 낙심한다(Kelley, Brownell, & Campbell, 2000). 성인이 아동의 능력에 맞추어 기대를 조정

© LAURA DWIGHT PHOTOGRAPHY

이 미취학 아동은 자신 있게 운동장 정글짐의 기둥을 미끄러져 내려올 준비를 하고 있다. 그녀의 높은 자존감은 새로운 기술을 익히는 데 있어 그녀의 진취성에 크게 이바지한다.

하고, 어려운 과제를 시도하는 아동을 지지해주고(제7장 참조), 아동의 노력과 발전에 주의를 기울여줌으로써 이와 같은 아동의 자기패배적인 반응을 막을 수 있다.

정서발달

8.3 아동 초기 동안 감정의 이해와 표현의 변화를 파악해 그러한 변화에 영향을 미치는 요소를 인용하라.

표상, 언어, 자기개념의 획득은 아동 초기의 정서발달을 돕는다. 아동은 2~6세에 연구자들이 공통적으로 **정서적 유능성**이라 언급하는 정서적 능력을 다음과 같이 발달시킨다(Denham et al., 2011). 첫째, 정서적 이해가 가능해져서 감정에 대해 더 잘 이야기할 수 있고 타인의 정서적 신호에 더 적절하게 반응할 수 있다. 둘째, 정서적 자기조절, 특히 강렬한 부정적 정서에 대처하는 것에 유능해진다. 마지막으로, 자의식적 정서와 공감을 더 자주 느끼게 되고, 이는 도덕성의 발달에도 기여한다.

양육은 취학 전 아동의 정서적 유능성에 강력한 영향을 미치며, 다시 정서적 유능성은 성공적인 또래관계와 전반적인 정신건강에 있어 결정적 역할을 한다.

정서 이해

취학 전 연령 초기의 아동은 정서의 원인과 결과, 행동적 신호를 참고하며(Thompson, Winer, & Goodvin, 2011), 아동의 이해는 점차 보다 정확하고 복잡해진다.

4~5세경의 아동은 여러 가지 기본 정서의 원인에 대해 정확하게 판단할 수 있다("그는 그녀가 매우 높이 올라갔기 때문에 기뻐한다", "그는 엄마가 보고 싶어서 슬퍼한다"). 취학 전 아동의 설명은 내적 상태보다는 주로 외적 요인을 강조하는 경향이 있으나, 연령이 증가하면서 이러한 균형에 변화가 생긴다(Rieffe, Terwogt, & Cowan, 2005). 제7장에서 언급했듯이 4세 이후가 되면 아동은 욕구와 신념이 행동의 동기가 된다는 것을 이해한다. 이런 이해가 안정화되면 이는 어떻게 내적 요인이 정서를 유발할 수 있는가에 대한 이해로 확장된다.

취학 전 아동은 타인의 행동에 근거해 그 사람이 어떤 기분일지 추측할 수 있다. 예를 들어 깡충깡충 뛰면서 손뼉을 치는 아동을 보고 그 아이가 행복할 것이라 생각하고, 눈물을 흘리는 아동을 보면서 그 아이는 슬퍼하고 있다고 이야기

한다(Widen & Russell, 2011). 또한 아동은 생각과 감정은 서로 통한다는 사실을 깨닫기 시작하며 부정적 사고에 초점을 두면 기분이 더 나빠지지만("팔이 부러졌으니 이제 간지러운 깁스를 해야겠네. 그럼 놀기 힘들겠다"), 긍정적인 사고에 초점을 두면 기분이 나아질 수 있다는 것을 안다("멋진 깁스를 했으니까 친구들이 이 위에 이름을 써줄 수 있겠다!")(Bamford & Lagattuta, 2012). 뿐만 아니라 취학 전 아동은 타인의 슬픔을 덜어 주기 위해 안아주는 것처럼 타인의 부정적인 감정을 완화하기 위한 효과적인 방법을 생각해낸다(Fabes et al., 1988). 전반적으로 취학 전 아동은 타인의 감정을 해석하고, 예측하고, 변화시키는 엄청난 능력을 가지고 있다.

이와 동시에 취학 전 아동은 타인이 어떤 기분일지에 대한 단서들이 서로 모순되는 상황을 해석할 때 어려움을 보인다. 4, 5세 아동에게 고장 난 자전거와 함께 행복한 얼굴을 한 아동의 사진을 보여주면 "그는 자전거 타는 것을 좋아하기 때문에 행복하다"와 같이 정서표현에만 의존하는 경향이 있다. 연령이 높은 아동은 "그의 아버지가 고장 난 자전거를 고치는 걸 도와주시겠다고 약속했기 때문에 그는 행복하다"와 같이 두 단서를 더 잘 조화시킬 수 있다(Genpp, 1983; Hoffner & Badzinski, 1989). 이런 능력은 실행 기능의 향상을 필요로 하는데, 두 가지 상반되는 단서를 해석하기 위해 자신의 지식 기반을 활용하면서 동시에 이 단서들을 작업기억에 보관해야 하기 때문이다.

부모가 정서에 이름을 붙이고 각 정서를 설명하고 취학 전

부모가 감정을 명명하고 설명하는 따뜻하고 정교한 대화는 미취학 아동의 정서적 이해를 증진한다.

연령의 자녀와 따뜻하게 대화를 나눌수록 아동은 더 많은 수의 '정서 단어'를 사용하고 더 높은 정서 이해 발달을 보인다(Fivush & Haden, 2005; Laible & Song, 2006). 부정적 경험이나 의견 충돌에 대한 토론이 특히 유익한데, 이러한 과정은 자신의 감정에 대한 확인과 같은 보다 정교한 대화를 촉진하기 때문이다(Laible, 2011). 한 연구에서는 2세 반 된 자녀와 갈등이 있을 때 감정을 설명해주고, 협상하고, 조율하는 어머니들의 자녀는 3세 때 정서 이해에서 더 앞서고, 의견 차이를 해결하기 위해서 비슷한 전략을 사용했다(Laible & Thompson, 2002). 이런 형식의 대화는 아동이 성숙한 의사소통기술을 모델링하면서 감정의 원인과 결과를 생각하도록 만들 수 있다.

정서에 대한 지식은 아동이 타인과 잘 어울리게끔 돕는다. 3~5세 정도의 어린 나이에도 정서 지식은 친절하고 사려 깊은 행동, 또래와의 갈등 상황에서의 건설적 반응, 조망 수용 능력과 관련이 있다(Garner & Estep, 2001; Hughes & Ensor, 2010; O'Brien et al., 2011). 또한 아동이 성인과의 상호작용을 통해 정서에 대해 학습하면서 또래 및 형제자매와 보다 많은 정서 대화를 하게 된다. 놀이 중에 친구와 상호작용할 때 감정을 많이 언급하는 경우 또래로부터의 선호도가 높다(Fabes et al,. 2011). 아동 역시 타인의 정서를 인식하고, 자신의 정서에 대해 설명하는 것이 관계의 질을 향상시킨다는 점을 인지하는 것으로 보인다.

정서적 자기조절

정서의 원인과 결과에 대한 이해 향상과 더불어 언어 또한 취학 전 아동의 **정서적 자기조절**의 향상에 기여한다(Thompson, 2015). 3~4세경의 아동은 특정 상황에 맞추어 부정적 정서를 완화하기 위해서 다양한 전략을 언어화한다(Davis et al., 2010; Dennis & Kelemen, 2009). 예를 들어 무서운 장면이나 소리를 차단하기 위해 눈을 감거나 귀를 막음으로써 감각적 자극을 제한하거나, "엄마가 곧 돌아올 거라고 했어"와 같이 스스로에게 말을 하거나, 친구들과의 게임에서 배제된 후 "어쨌든 쟤네랑 놀고 싶지 않았어"라고 스스로 결심하는 것과 같이 자신의 목표를 변경하거나, 또래와의 갈등 상황에서 "그만 싸우고 같이 쓰자"라고 말하는 것처럼 상황을 바꿀 수 있다. 연령이 증가할수록 이런 올바른 전략들을 점점 더 효율적으로 사용할 수 있다.

이런 전략들을 사용하면서 정서적 폭발이 감소한다. 실행기능의 획득, 특히 억제와 유연한 주의 전환, 작업기억 내 정보의 조작은 아동 초기의 정서 조절에 큰 영향을 미친다. 화가 났을 때 스스로 다른 곳으로 주의를 전환하고 감정을 어떻게 다루어야 할지 아는 3세 아동은 학령기에 문제행동을 적게 보이는 협동적인 아동이 되는 경향이 있다(Gilliom et al., 2002).

취학 전 아동은 성인이 감정을 다루는 것을 관찰함으로써 자신의 정서를 조절하는 전략을 획득한다. 자신의 정서적 경험과 조화를 이루는 부모는 취학 전 연령 자녀의 스트레스 관리 능력을 강화시키는 정서 조절 전략들을 자녀에게 제안하고 설명하는 지지적인 모습을 보이는 경향이 있다(Meyer et al., 2014; Morris et al., 2011). 반대로 부모가 긍정적인 정서를 거의 표현하지 않거나 아동의 감정을 중요하지 않은 것으로 치부해 버리거나 부모 자신의 분노를 통제하는 데 어려움을 보일 경우, 아동은 정서 관리와 심리적 적응에 어려움을 겪는다(Hill et al., 2006; Thompson & Meyer, 2007).

힘든 상황이 닥쳤을 때 어떤 일이 일어날지, 불안감을 어떻게 다루어야 할지 이야기하는 성인과 아동의 대화 역시 아동의 정서적 자기조절을 촉진한다(Thompson & Goodman, 2010). 하지만 취학 전 아동은 생생하게 상상을 하며, 허상과 실제를 구분이 아직 불완전하기 때문에 아동 초기에는 두려움이 흔하게 나타난다. '배운 것 적용하기'에는 아동이 두려움을 효과적으로 다루도록 돕는 방법이 나와 있다.

자의식적 정서

어느 날 아침, 레슬리 선생님 교실에서 한 무리의 아동들이 빵 굽기 활동 근처에 몰려 있었다. 레슬리 선생님은 아동들에게 빵 굽는 팬을 가져올 동안 얌전히 기다리라고 말했다. 하지만 새미가 반죽을 만지려고 팔을 뻗었고, 큰 그릇이 탁자에서 굴러 떨어졌다. 레슬리 선생님이 돌아왔을 때 새미는 선생님을 쳐다보며 손으로 눈을 가리고 "내가 나쁜 짓을 했어요"라고 말했다. 새미는 부끄러움과 죄책감을 느낀 것이다.

아동의 자기개념이 발달하면서, 아동은 칭찬이나 비난, 혹은 이런 피드백을 받을 가능성에 대해 민감해진다. 아동은 이전보다 더 자주 **자의식적 정서**를 경험하는데, 자의식적 정서란 자신에 대한 느낌을 손상시키거나 고양시키는 감정을 의미한다(제6장 참조). 3세경에 자의식적 정서는 자기평가와 분명하게 관련된다(Lagattuta & Thompson, 2007; Lewis, 1995). 하지만 취학 전 아동은 우수함과 수행에 대한 기준을

아동이 아동 초기의 일반적인 두려움을 다루도록 돕기

두려움	제안
괴물, 귀신, 어둠	아동이 현실과 환상을 더 잘 구분할 수 있을 때까지 TV나 책에서 무서운 이야기에 노출되는 것을 줄여라. 아동의 방을 샅샅이 '뒤져서' 괴물을 찾아봄으로써, 아무것도 없다는 것을 깨닫게 하라. 야간등을 켜 두고, 아동이 잠들 때까지 침대 옆에 앉아 아동이 좋아하는 인형으로 감싸고 지켜주어라.
유치원 혹은 어린이집	만약 아동이 유치원에 가는 것을 싫어하지만 일단 거기 가서는 편안해한다면, 아마 그 두려움은 분리에 의한 것일 수 있다. 이러한 상황에서는 조용히 독립심을 격려하는 동시에 온정과 돌봄을 제공하라. 만약 아동이 유치원에서도 두려워한다면, 두려워하는 것이 교사, 아이들 혹은 무리, 시끄러운 환경인지를 확인하라. 아동과 함께 감으로써 특별한 관심을 표현하고 점차 여러분이 함께 있는 시간을 줄여라.
동물	두려움을 각성시키는 개, 고양이 혹은 다른 동물들에게 아동을 일부러 접근시키지는 말라. 아동의 보폭에 맞춰서 움직이게 하라. 동물을 안고, 귀여워해주는 방법에 대해 시범을 보여줌으로써, 동물을 조심히 다룰 때 친해질 수 있다는 것을 아동에게 보여주라. 만약 아동이 그 동물보다 더 크다면, 이것을 강조하라. "네가 훨씬 크지? 아마 저 야옹이가 너를 무서워할 거야."
강렬한 두려움	만약 아동의 두려움이 강렬하고, 오랫동안 지속되고, 일상적인 활동을 방해하고, 어떤 방법을 제안하든 줄어들지 않는다면, 그것은 공포증의 수준에 근접한 것이다. 때로는 공포증은 가족 문제와 관련이 있으며, 그것을 감소시키기 위해서는 상담이 요구된다. 동시에, 공포증은 아동의 정서적 자기조절 능력이 향상되면서 치료 없이 줄어들기도 한다.

아직 발달시키고 있는 중이기 때문에, 뿌듯하거나 부끄럽거나 죄책감을 느껴야 하는 때를 알기 위해서 부모나 선생님 등 자신에게 중요한 타인에게 의존하며 종종 성인의 기대를 반드시 지켜야 하는 규칙으로 받아들인다("아빠가 차례차례 하라고 말했어")(Thompson, Meyer, & McGinley, 2006).

부모가 아동의 가치 혹은 아동 행동의 가치에 대해 반복적으로 이야기할 때("그건 나쁜 행동이야! 착한 아이인 줄 알았는데!"), 아동은 자의식적 정서를 강하게 경험해 실패한 후에는 부끄러움을 더 많이 느끼고 성공한 후에는 자부심을 더 강하게 느낀다. 반대로 부모가 수행을 향상시키는 방법에 초점을 맞추는 경우("이런 방법으로 했구나. 이번엔 다른 방법으로 해보자"), 보다 적절한 수준의 죄책감과 자부심을 끌어내고, 아동이 어려운 과제를 할 때 더욱 지속적으로 노력하게 한다(Kelley, Brownell, & Campbell, 2000; Lewis, 1998).

서구 아동에게 강렬한 수치심은 개인의 부적절한 감정("나는 멍청해", "나는 끔찍한 사람이야")과 관련되며, 수치심을 유발한 상황에 관련된 사람들에 대한 강력한 분노와 공격성뿐만 아니라 철회와 우울감 같은 부적응과도 관련이 있다(Muris & Meesters, 2014). 이와는 대조적으로 적절한 상황에서 경험했거나 수치심을 동반하지 않은 죄책감은 바람직한 적응과 관련된다. 즉 죄의식은 아동이 해로운 충동을 거부할 수 있게 돕고 자신이 저지른 잘못을 해결하고 더 주의 깊게 행동할 수 있게끔 동기를 부여한다(Mascolo & Fischer, 2007; Tangney, Stuewig, & Mashek, 2007). 하지만 돌이킬 수 없을 정도로 강한 정서적 괴로움을 포함한 지나친 죄책감은 3세 경의 어린 연령 때도 우울 증상과 관련이 있다(Luby et al., 2009).

마지막으로, 아동의 적응에 대한 수치심의 영향은 문화에 따라 다를 수 있다. 299쪽 '문화적 영향' 글상자에서 설명한 것처럼, 자신을 사회집단과 관련시켜 정의하는 아시아 사람들은 수치심이 상호 독립적인 자신과 타인 판단의 중요성을 적절하게 상기시키는 역할을 한다고 본다(Friedlmeier, Corapci, & Cole, 2011).

공감과 연민

공감은 아동 초기에 보다 보편화되는 정서적 능력 중 하나이다. 공감은 자신을 위한 보상의 기대 없이 타인에게 도움을 주고자 하는 **친사회적 행동**(prosocial behavior) 혹은 **이타**

주의적 행동(altruistic behavior)의 중요한 동기로 작용한다 (Eisenberg, Spinrad, & Knafo-Noam, 2015). 걸음마기와 비교해, 취학 전 아동은 공감적 감정을 전달하기 위해 언어적 표현에 더 많이 의존하게 되는데 이는 공감 수준이 더욱 반성적으로 변화했음을 의미한다. 4세 아동은 산타에게 받고 싶은 선물 목록에 없었던 선물을 받았을 때 그 선물이 다른 아이에게 가야 하는 선물이라고 생각하고 부모에게 "이걸 돌려줘야 돼요. 산타가 실수를 했어요. 그 애는 선물을 못 받아서 울고 있을 거예요!"라고 말했다.

그러나 일부 아동의 경우, 타인에게 공감해 화가 난 성인이나 또래의 감정을 함께 느끼고 유사한 방식으로 정서적으로 반응하는 것이 반드시 친절한 행동이나 도움 행동을 발생시키지는 않으며, 오히려 개인적인 고통을 증가시키기도 한다. 이러한 부정적 감정을 완화하기 위해서 아동은 어려움에 처한 사람보다는 자신의 불안에 초점을 맞춘다. 결과적으로 공감은 타인의 곤경에 대한 염려나 슬픔의 감정인 **연민**(sympathy)을 수반하지는 않는다.

공감이 연민과 친사회적 행동을 불러일으킬지 아니면 자기초점적인 개인적 고통을 불러일으키는지 결정하는 데 기질이 중요한 역할을 한다. 사교적이고, 자신감이 넘치고, 정서를 잘 조절하는 아동은 고통을 겪고 있는 타인을 더 잘 돕고, 공유하며, 위로하는 경향이 있다. 반면, 정서 조절 능력이 낮은 아동은 동정적인 염려와 친사회적 행동을 덜 보인

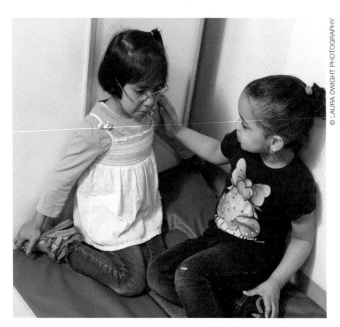

아동의 언어 능력과 타인의 관점을 이해하는 능력이 향상됨에 따라 공감도 증가해 사회적 또는 이타적인 행동이 증가한다.

다(Eisenberg, Spinrad, & Knafo-Noam, 2015; Valiente et al., 2004). 이런 아동은 어려움에 처한 상대와 직면했을 때 얼굴 찡그리기, 입술 물어뜯기, 손가락 빨기, 위안 추구 행동, 심장박동의 상승, 부정적인 정서를 수용하는 우측 대뇌 반구 내 EEG 뇌파의 급격한 증가 등 행동적이며 생리적인 고통 반응을 나타내는데, 이는 모두 아동이 감정에 압도되어 있음을 나타내는 신호이다(Liew et al., 2010; Pickens, Field, & Nawrocki, 2001).

아동의 공감적 염려는 안정적인 부모-자녀 애착관계 상황에서 강화된다(Murphy & Laible, 2013). 부모가 따뜻하고 반응적이며 아동의 공감 및 연민 감정에 반응할 때 아동은 타인의 괴로움에 걱정을 나타내며, 이러한 반응은 청소년기 및 성인 초기까지 지속된다(Michalik et al., 2007; Newton et al., 2014; Taylor et al., 2013). 공감과 연민의 모델이 되는 것과 더불어 부모는 아동에게 친절함의 중요성을 직접 가르치거나 아동의 부적절한 정서를 중재할 수도 있다. 이러한 전략들은 높은 수준의 연민 반응을 예측한다(Eisenberg, 2003).

반대로 분노에 차 있고 처벌적인 양육은 어린 연령 때 공감과 연민을 방해한다(Knafo & Plomin, 2006). 극단적 수준으로 부정적 양육을 경험한 신체적으로 학대받은 취학 전 아동은 또래의 불행에 대해 염려하는 신호를 거의 보이지 않았으며, 오히려 이에 대해 철회행동을 보이거나 분노 또는 물리적 공격으로 반응했다(Anthonysamy & Zimmer-Gembeck, 2007). 아동의 행동은 타인의 고통에 대해 둔감한 그들 부모의 반응을 닮는 것이다.

또래관계

8.4 초기의 또래관계에 대한 부모 및 문화적 영향과 더불어 어린 시절의 또래관계와 우정에 관해 설명하라.

아동의 자기인식이 보다 정확해지고 타인의 사고와 감정을 이해하고 소통하는 데 능숙해지면서 또래와의 상호작용기술 또한 향상된다. 또래는 어린 아동이 다른 방식으로는 얻을 수 없는 학습 경험을 제공한다. 또래들은 같은 수준과 속도로 상호작용하기 때문에, 아동은 계속해서 대화를 이어 가고, 협동하며, 놀이목표 설정에 참여해야 한다. 아동은 또래와 함께 애착과 공통의 관심으로 특징지어지는 특별한 관계, 즉 우정을 형성한다. 또래관계가 어떻게 취학 전 시기에 걸쳐 변화되는지 살펴보자.

또래 사회성의 향상

2~5세 아동의 또래 사회성을 최초로 연구한 사람 중 하나인 밀드레드 파튼(Mildred Parten, 1932)은 연령이 증가할수록 공동의 상호작용 놀이가 급격히 증가한다고 보고했다. 그녀는 사회적 발달이 3단계 절차를 거쳐 진행된다고 결론지었다. 이는 누구에게 곁을 내주지 않는 방관자적인 행동과 단독 놀이를 의미하는 **비사교적 활동**(nonsocial activity)부터 시작된다. 이는 **평행놀이**(parallel play)로 전환되는데, 이는 아동이 다른 아동 가까이에서 유사한 재료를 가지고 놀이를 하지만, 다른 아동의 행동에 영향을 주려고 하지는 않는 것이다. 가장 높은 수준은 두 가지 유형의 실질적인 사회적 상호작용이다. 그중 하나는 **연합놀이**(associative play)로서, 아동은 개별적인 활동을 하고 있지만 다른 아동의 행동에 대해 의견을 말하거나 장난감을 교환하기도 한다. 마지막으로 보다 수준 높은 형태의 상호작용인 **협동놀이**(cooperative play)에서는 가장놀이 주제로 연기를 하는 것과 같이 공동의 목표를 가지고 놀이한다.

또래 사회성에 대한 후속 연구 종단연구의 결과는 파튼이 제안했던 이런 놀이 유형이 순서대로 출현한다는 것을 증명했지만, 발달 순서에 맞추어 후에 출현하는 놀이가 앞선 놀이 유형을 대체하는 것은 아니라는 것 또한 밝혔다(Rubin, Bukowski, & Parker, 2006). 오히려 아동 초기에는 모든 유형의 놀이가 공존한다.

자유놀이 시간 동안 취학 전 아동은 종종 방관자적 놀이에서 평행놀이로, 그다음 협동놀이로 전환하고 반대 방향으로

전환하기도 한다(Robinson et al., 2003). 취학 전 아동은 평행놀이를 경유지, 즉 복잡한 사회적 상호작용에서 벗어나 잠시 쉬는 곳, 혹은 새로운 활동으로 변경하는 교차로 같은 목적으로 사용하는 것으로 보인다. 비사교적 활동은 연령이 높아짐에 따라 감소하는 양상을 보이지만, 여전히 3~4세 시기 가장 빈번한 놀이 형태이며 자유놀이 시간의 1/3을 차지한다. 또한 혼자놀이와 평행놀이는 3~6세까지 상당히 안정적인 상태를 유지하며 협동적인 상호작용과 유사한 정도로 아동 놀이의 상당 부분을 차지한다(Rubin, Fein, & Vandenberg, 1983).

이제 우리는 아동 초기의 단독놀이와 평행놀이에서 놀이의 양이 아니라 유형이 변화한다는 것을 알았다. 대만과 미국의 취학 전 아동의 놀이에 관한 연구에서 연구자들은 표 8.1에 제시된 범주를 사용해 비사교적 활동과 평행놀이, 협동놀이에서의 인지적 성숙을 평정했다. 각 놀이 유형에서 연령이 높은 아동은 연령이 낮은 아동에 비해 인지적으로 성숙된 행동을 더 많이 보였다(Pan, 1994; Rubin, Watson, & Jambor, 1978).

흔히 부모들은 혼자 노는 시간이 많은 취학 전 아동이 발달 규준에 맞게 제대로 발달하고 있는 것인지 궁금해한다. 하지만 목적 없이 헤매거나 또래 주위를 배회하고, 반복적인 운동 행동을 보이는 기능적 놀이 같은 특정한 종류의 활동 이외에는 걱정하지 않아도 괜찮다. 놀지 않고 또래를 지켜보기만 하는 조용한 아동은 사회적인 두려움이 많은, 기질적으로 억제되어 있는 아동이다(Coplan & Ooi, 2014). 또한 블록을 맞부딪치고 인형을 위아래로 점프시키는 것과 같은 단독적

네 살은 평행놀이를 한다(왼쪽). 협동놀이(오른쪽)는 평행놀이보다 늦게 발달하지만, 미취학 아동은 협동의 복잡한 요구에서 벗어나기 위한 휴식으로 평행놀이를 이용해 두 종류의 사교성 사이에서 계속 왔다 갔다 한다.

표 8.1 인지적 놀이 범주의 발달적 순서

놀이 범주	기술	예
기능놀이	물체를 가지고 혹은 물체 없이 하는 단순하고 반복적인 운동적 움직임이며, 생후 2년 사이에 특히 흔함	방을 뛰어다니기, 차를 앞뒤로 굴리기, 무엇인가를 만들려는 의도 없이 점토를 주무르기
구성놀이	무언가를 구성하고 창조하며, 3~6세 사이에 특히 흔함	장난감 블록으로 집 만들기, 그림 그리기, 함께 퍼즐 맞추기
가장놀이	일상과 가상의 역할을 연출하며, 2~6세에 특히 흔함	집·학교·경찰관 놀이, 이야기책이나 TV의 등장인물을 연기하기

출처 : Rubin, Fein, & Vandenberg, 1983.

이며 반복적인 행동에 몰두하고 있는 취학 전 아동은 미성숙하거나 분노와 공격성을 조절하기 어려워하는 충동적인 아동일 수 있다(Coplan et al., 2001). 조용한 아동과 충동적인 아동은 또래로부터 배제되는 경우가 많다(Coplan & Arbeau, 2008).

하지만 또래 상호작용에서 낮게 평가받는 아동이 반드시 사회적으로 염려되거나 충동적인 것은 아니다. 단순히 혼자 노는 것을 좋아할 수도 있으며, 단독 활동 역시 긍정적이고 건설적일 수도 있다. 미술 재료, 퍼즐, 쌓기 장난감 등을 가지고 혼자 노는 것을 선호하는 아동은 보통 또래와 놀이할 때도 사회적으로 유능한 행동을 보여주는 적응적인 아동이다(Coplan & Armer, 2007). 그러나 이렇게 연령에 맞는 단독놀이에 몰두하는 취학 전 아동(대부분 남아)의 일부는 여전히 또래에게 거부당한다(Coplan et al., 2001, 2004). 아마도 조용한 놀이는 '남성적인' 성역할과 일치하지 않기 때문에 이런 남아는 부모와 또래로부터 부정적인 반응을 받을 위험이 높으며, 결과적으로 이는 아동의 적응에도 문제가 될 수 있다.

제7장에서 언급했듯이, 협동놀이의 수준 높은 형태인 사회극 놀이는 취학 전 시기 동안 특히 흔하게 나타난다. 공동의 가장놀이에서 취학 전 아동은 타인이 꾸며낸 감정에 반응하고 행동한다. 아동은 또한 의사놀이를 할 때 두려움을 불러일으키는 상황을 탐색하고 이에 대한 통제권을 쥐며, 마법의 숲을 돌아다니며 괴물을 찾는 척을 한다. 결과적으로 사회극 놀이는 아동이 타인의 감정을 이해하고 자신의 감정을 조절하게끔 돕는다(Meyers & Berk, 2014). 뿐만 아니라 취학 전 아동은 사회극 놀이를 할 때 역할과 규칙을 상의하는 데 많은 시간을 보낸다. 복잡한 줄거리를 생성하고 관리하기 위해서는 타협을 통해 갈등을 해결해야 한다.

연구자들이 취학 전 아동의 자유놀이 시간을 관찰했을 때, 여아는 남아에 비해 사회극 놀이에 더 많이 참여했으며, 남아는 여아에 비해 친근하며 활발한 거친 신체놀이(rough-and-tumble)에 더 많이 참여했다. 각 유형의 놀이는 긍정적 정서의 표현과 관련이 있었으며, 1년 후 아동의 정서 이해 및 자기조절을 예측했다(Lindsey & Colwell, 2013). 사회극 놀이와 거친 신체놀이는 모두 아동의 자기조절과 또래의 언어적·비언어적 정서 신호에 대한 반응을 필요로 한다. 거친 신체놀이는 제11장에서 다시 다룰 것이다.

문화적 다양성 또래 사회성은 각 문화권 내 개인의 자율성과 집단의 조화에 대한 상대적 중요도에 따라 다른 형태로 나타난다(Chen, 2012). 예를 들어 인도의 아동은 일반적으로 대집단 놀이를 한다. 그들 행동의 대부분은 모방적이고 조화를 이루며 밀접한 신체 접촉을 포함하는데, 이런 형태의 놀이는 높은 수준의 협동을 요구한다. 바토 바토라 불리는 게임에서 아동은 맛있는 채소를 자르고 나누어 가지는 척하고 서로의 팔꿈치와 손을 만지면서 함께 장을 보러 가는 스크립트를 연

필리핀의 아그타 마을 아동들이 줄다리기를 하고 있다. 개인의 자율성보다 집단 화합을 중시하는 사회에서는 대규모의, 고도의 협동놀이가 자주 발생한다.

출한다(Roopnarine et al., 1994).

중국의 어린 아동의 예를 들어 보면, 조용한 또래를 거부하는 경향이 있는 북미의 아동들과 다르게 중국의 아동은 대개 과묵하고 조용한 행동을 하는 또래와도 잘 논다(Chen et al., 2006; French et al., 2011). 제6장에서 최근까지도 자기주장을 억누르는 문화적 가치로 인해 중국에서는 수줍음 많은 행동이 긍정적 평가를 받는다는 것에 대해 살펴보았다. 이런 호의적인 태도는 중국 어린 아동의 놀이행동에서도 분명히 나타난다는 것을 알 수 있다.

놀이의 중요성에 대한 문화적 신념 또한 초기 또래관계에 영향을 미친다. 놀이를 단지 오락으로 보는 성인은 놀이의 인지적 · 사회적 효과를 가치 있게 여기는 성인에 비해 소도구를 적게 제공하거나 가장놀이를 덜 장려한다(Gaskins, 2014). 제7장에서 보았던 마야 부족 문화 아동의 일상에 대한 설명을 상기해보자. 마야 아동이 가장놀이를 할 때 아동의 놀이 주제는 일상의 역할과 경험을 반영하는 제한된 수의 스크립트를 포함하는 설명적 성격을 지닌다. 산업화된 도시 문화의 아동은 이에 비해 창조적인 놀이에 더 많이 참여해, 실제 경험과 무관한 가장놀이 시나리오를 창조한다(Gaskins, 2013). 아마도 정교한 재료와 폭넓은 창의적 주제를 지니는 서구의 사회극 놀이는 성인과 아동의 세계가 구분된 사회에서의 사회적 발달에 중요한 것으로 보인다. 반면에 어린 연령부터 아동이 성인의 활동에 참여하는 부족 문화에서는 이런 놀이가 덜 중요하게 여겨질 수 있다.

최초의 우정

취학 전 시기에 정서적 · 사회적 발달을 위한 중요한 맥락이 되는 최초의 우정을 형성한다. 성인에게 우정은 동료애, 공유, 생각과 감정에 대한 이해, 상대방이 필요할 때 서로에 대한 보살핌 및 위로 등을 포함하는 상호적인 관계이다. 게다가 성숙한 우정은 시간이 지나도 변하지 않으며 갈등이 있어도 지속된다.

취학 전 아동은 우정의 특별함에 대해 조금은 이해하고 있다. 그들은 친구를 '나를 좋아하고', 가장 많은 시간 동안 함께 놀며 장난감을 공유하는 사람이라고 말한다. 하지만 아직은 상호 신뢰에 바탕을 둔 장기적이며 지속적인 우정을 지니지는 않는다(Damon, 1988a, Hartup, 2006). 새미는 마크와 사이좋게 지낸 날은 "마크, 넌 나의 제일 친한 친구야"라고 말하지만, 말다툼을 한 날에는 "마크, 너는 내 친구가 아니야!"라고 말하기도 한다. 그럼에도 불구하고 취학 전 아동의 우정은 아동이 동일한 사회적 집단 내에 있기만 하다면 아동 초기 동안 지속될 수 있다. 한 연구에서는 약 1/3의 아동이 1년 후에도 가장 친한 친구(가장 놀고 싶은 친구)가 동일했다(Dunn, 2004a, Eivers et al., 2012).

서로를 친구라고 칭하는 취학 전 아동들 간 상호작용은 특히 긍정적이며 다른 또래관계에 비해 큰 지지와 친밀감이 나타난다(Furman & Rose, 2015; Hartup, 2006). 아동은 인사, 칭찬, 승낙과 같은 강화를 친구에게 훨씬 많이 보이며, 마찬가지로 친구로부터 더 많은 강화를 받는다. 또한 친구는 보다 협력적이며 정서적으로 표현을 더 많이 해, 친구가 아닌 사람들에 비해 이야기하기, 웃기, 서로 쳐다보기 등을 더 많이 한다.

취학 전 시기에도 상호적인 우정을 지닌 아동은 적응을 더 잘하고 사회적으로 더 유능하다(Shin et al., 2014). 뿐만 아니라 유치원 입학 시 같은 반에 친구가 있는 아동 혹은 새로운 친구를 만드는 데 적극적인 아동은 더욱 순조롭게 학교에 적응한다(Ladd, Birch, & Buhs, 1999; Proulx & Poulin, 2013). 아마 친구와 함께 있는 것이 새로운 교실에 대한 안정감을 향상시키면서 새로운 관계를 발달시킬 안전기반으로 작용하는 것으로 보인다.

또래관계와 학교 준비도

아동이 새로운 친구를 쉽게 사귀고 같은 반 친구들에게 잘 수용되는 것은 교실 활동 시 협동적인 참여와 과제 학습 시 자발적 수행을 예측한다(Ladd, Buhs, & Seid, 2000). 사회적으로 유능한 취학 전 아동은 보다 의욕적이고 끈질기며, 사회적 기술이 부족한 또래들보다 유치원과 초등학교 저학년 때 학업 수행이 좋다(Walker & Henderson, 2012; Ziv, 2013). 아동 초기 사회적 성숙도는 학업 수행에 영향을 미치기 때문에 유치원 준비도는 학업 능력뿐만 아니라 사회적 능력을 통해 측정해야 한다.

어린 아동의 긍정적인 또래 상호작용은 대개 자유놀이 같은 비구조화된 상황에서 발생하므로, 아동 주도적인 활동을 지지하기 위해서는 어린 아동에게 공간과 시간, 도구를 제공하고 비계 역할을 할 성인이 함께 있는 것이 좋다(Booren, Downer, & Vitiello, 2012). 따뜻하고 반응적인 교사-아동 간 상호작용 역시 중요한데, 특히 사회적 문제의 위험에 크게 노출되어 있는 수줍음이 많은 아동이나 충동적이고 정서적으로 부정적이며 공격적인 아동에게 중요하다(Brendgen et al., 2011; Vitaro et al., 2012). 6개 주의 공립유치원에 재원 중인 4세 아동 몇천 명을 대상으로 한 연구에서는 교사의 민감성과 정서적 지지가 어린이집 시기와 유치원 입학 이후 아동의 사회적 유능성을 강하게 예측했다(Curby et al., 2009; Mashburn et al., 2008). 훌륭한 교사 준비성과 더불어 작은 집단 크기, 적당한 교사 대 아동 비율, 발달적으로 적합한 활동 등 프로그램의 질을 나타내는 다른 요소들도 긍정적인 교사관계와 또래관계를 형성하는 교실 분위기를 만드는 데 일조한다.

초기 또래관계에 대한 부모의 영향

아동은 또래와의 상호작용을 위한 기술을 가정에서 처음으로 획득한다. 부모는 아동의 또래관계에 영향을 미치려는 시도를 통해 **직접적으로**, 양육행동과 놀이행동을 통해 **간접적으로** 아동의 또래 사회성에 영향을 미친다.

직접적인 부모의 영향 비형식적인 또래 놀이 활동의 기회를 자주 제공하는 부모를 둔 취학 전 아동은 보다 넓은 또래 네트워크를 가지며, 사회적 능력이 더 뛰어나다(Ladd, LeSieur, & Profilet, 1993). 부모는 놀이 기회를 제공하면서 자녀에게 또래와 접촉을 시작하는 방법을 보여준다. 또한 갈등을 다루고, 짓궂은 행동을 저지하고, 놀이 그룹에 참여하는 방법에 대한 부모의 능숙한 지도는 취학 전 아동의 사회적 유능감 및 또래 수용과 관련이 있다(Mize & Pettit, 1997; Parke et al., 2004).

간접적인 부모의 영향 부모의 다양한 양육행동이 또래 사회성 촉진을 직접적인 목표로 하는 것은 아니지만 결과적으로 이에 영향을 미친다. 가령 부모와의 안정 애착은 취학 전 시기 및 학령기 동안 반응적이고 조화로운 또래 상호작용, 넓은 또래 네트워크, 따뜻하고 지지적인 우정과 관련된다(Laible, 2007; Lucas-Thompson & Clarke-Stewart, 2007; Wood, Emmerson, & Cowan, 2004). 애착 안정감에 기여하는 민감성과 정서적으로 표현적인 의사소통이 사회성에 영향을 미치는 것이다.

따뜻하고 협력적인 부모-자녀 놀이는 특히 또래와 상호작용하는 기술을 촉진하는 데 효과적이다. 놀이 과정에서 부모

부모가 같은 성(sex)의 자녀와 함께 놀아주는 것은 사회적 역량에 기여한다. 아버지가 또래친구인 것처럼 같이 놀아주면 아동은 또래와의 상호작용을 촉진하는 사회적 기술을 습득한다.

는 아동이 또래와 놀이할 때와 비슷하게 '공평한 경쟁의 장'을 형성한다. 또한 엄마의 놀이는 딸의 사회적 유능감과 더 밀접하게 관련되며 아빠의 놀이는 아들의 사회적 유능감과 더 밀접하게 관련되는데, 이는 아마도 부모가 자신과 같은 성별의 자녀와 놀이를 더 많이 하기 때문일 것이다(Lindsey & Mize, 2000; Pettit et al., 1998).

지금까지 살펴보았듯이, 취학 전 아동 중에는 이미 또래관계에서 심각한 어려움을 보이는 아동도 있다. 레슬리 선생님 학급의 라비가 그중 한 명이다. 라비가 나타나는 어디서건 "라비가 우리 블록탑을 무너뜨렸어요", "라비가 아무 이유도 없이 날 때렸어요"라는 말이 들려온다. 다음 절에서 도덕 발달과 공격성을 다루면서 양육이 어떻게 라비의 또래 문제에 기여하게 되었는지에 대해 알 수 있을 것이다.

묻고 대답하기

연관지어보기 정서적 자기조절은 공감과 공감의 발달에 어떤 영향을 미치는가? 왜 이런 정서적 능력이 긍정적인 또래관계에 필수적인가?

적용해보기 세 살짜리 벤은 시골에 살고 있는데 근처에 다른 유치원생들은 없다. 그의 부모님은 벤을 일주일에 한 번 또래집단에 참여시키는 것이 가치가 있는지 궁금해한다. 벤의 부모님에게 어떤 조언을 해주고 싶고, 왜 그런 조언을 해주고 싶은가?

생각해보기 여러분의 부모님이 직간접적으로 여러분의 가장 초기의 또래관계에 영향을 미쳤을 수 있는 행동을 했는가?

도덕성과 공격성의 기초

8.5 정신분석적 접근, 사회적 학습, 그리고 도덕적 발달에 대한 인지적 접근의 중심적 특징은 무엇인가?

8.6 가족 및 미디어의 영향과 공격적인 행동을 줄이기 위한 효과적인 접근법을 포함해 어린 시절의 공격성 발달에 대해 설명하라.

아동의 행동은 이제 막 싹트기 시작한 도덕적 의식에 대한 많은 사례를 제공한다. 걸음마기 아동도 곤경에 처한 타인을 보고 공감적 염려를 보이고 그를 도와주려고 한다. 또한 또래들과 자원을 균등하게 나누려고 하는 등 타인이 공정하게 행동할 것이라 기대한다(Geraci & Surian, 2011). 2세에 접어들면서 아동은 자신이나 타인의 행동을 평가하기 위해 언어를 사용해, "나는 나쁜 아이야. 벽에다 낙서를 했어", (다른 아이한테 맞은 후) "코니는 좋은 아이가 아니야" 같은 말을 한다. 또한 이 무렵 아동은 장난감을 공유하고 타인을 돕고 게임을 할 때 협동하는데, 이는 사려 깊고 책임감 있으며 친사회적인 태도를 보여주는 초기 지표들이다.

전 세계의 성인들이 이와 같이 옳고 그름을 구별하는 능력의 발달에 주목한다. 어떤 문화에서는 이를 나타내는 특별한 단어가 있다. 허드슨 베이의 웃쿠 인디언은 아동이 ihuma(이성)를 발달시킨다고 말한다. 피지 사람들은 vakayalo(감각)가 나타난다고 믿는다. 부모는 이에 대한 반응으로 아동에게 스스로의 행동에 대해 책임지도록 한다(Dunn, 2005). 아동 초기가 끝날 무렵 아동은 여러 가지 도덕적 규칙을 표현할 수 있게 되어 "물어보지 않고 가져가면 안 돼!" "사실대로 말해!" 같은 말을 한다. 나아가 공평함의 문제에 대해서도 논쟁하는데, 예를 들면 "네가 지난 시간에 거기 앉았으니까, 이번엔 내 차례야." "그건 공평하지 않아. 네가 더 많이 가졌어!" 라고 말할 수 있다.

도덕 발달의 모든 이론은 양심이 아동 초기에 형성되기 시작한다는 것을 인정한다. 또한 처음에는 아동의 도덕성이 성인에 의해 외적으로 **통제된다**는 것에 동의한다. 점차 도덕성은 내적 기준에 의해 통제된다. 진정으로 도덕적인 사람은 단순히 타인의 기대에 맞추기 위해 옳은 일을 하지 않는다. 그 대신 남을 배려하는 염려와 바른 품행의 원리를 발달시키며 이를 다양한 상황에 적용한다.

주요 발달이론들은 도덕성의 다른 측면을 강조한다. 정신분석이론은 양심 발달의 **정서적 측면**, 특히 바른 품행의 동기로 작용하는 동일시와 죄의식을 강조한다. 사회학습이론은 도덕적 행동이 강화와 모델링을 통해 어떻게 학습되는지를 강조한다. 그리고 인지발달적 관점은 사고, 즉 정의와 공평함에 대해 추론하는 아동의 능력을 강조한다.

정신분석적 관점

어린 아동이 동성의 부모를 동일시함으로써 초자아 혹은 양심을 형성하고, 동성 부모의 도덕적 기준을 채택한다는 프로이트의 주장을 상기해보자. 아동은 잘못된 행동을 하고 싶은 마음이 들 때 일어나는 고통스러운 감정, 즉 죄책감을 피하기 위해 초자아에 복종한다. 프로이트는 도덕적 발달이 주로 5~6세경에 완성된다고 믿었다.

오늘날 대부분의 연구자들은 양심의 발달에 대해 프로이트의 관점과 의견을 달리한다. 그의 이론에서(제1장 참조) 처벌과 부모가 주는 사랑의 상실에 대한 두려움은 양심 형성과 도덕적 행동을 동기화한다. 그러나 부모가 자녀에게 위협하고 명령하고 물리적 힘을 자주 사용하는 경우 아동은 종종 기준을 위반하고 죄책감을 거의 느끼지 못한다(Kochanska et al., 2005, 2008). 그리고 만약 잘못된 행동을 한 후에 부모가 사랑을 철회하면(예: 아동에게 말을 하지 않거나 아동에게 싫다고 말하는 것), 아동은 종종 높은 수준의 자기비난을 보이며, "나는 쓸모없어" 혹은 "아무도 나를 사랑하지 않아"라고 생각한다. 결국 지나친 죄책감으로부터 자신을 보호하기 위해 아동은 그 정서를 부인하게 되고, 그 결과 낮은 양심을 발달시킨다(Kochanska, 1991; Zahn-Waxler et al., 1990).

귀납적 훈육 앞에서와는 대조적으로, **귀납**(induction)이라고 불리는 훈육 유형으로 인해 양심 형성이 촉진되는데, 귀납이란 성인이 타인에 대한 아동의 잘못된 행동의 결과를 지적함으로써 아동이 타인의 감정을 이해할 수 있게 하는 것이다. 예를 들면 부모는 "네가 친구의 인형을 돌려주지 않아서 친구가 울고 있잖니"라고 말해줄 수 있다(Hoffman, 2000). 보통 온정적인 부모가 아동에게 반드시 듣고 따라야 할 것을 확실하게 강조하면서 아동의 이해 수준에 맞게 설명해줄 경우, 귀납은 2세의 어린 시기에도 효과적이다. 귀납을 사용한 부모의 취학 전 아동은 잘못된 행동을 더 이상 하지 않으려 하며, 잘못된 행동 후에 스스로 잘못을 고백하고 피해를 보상하고 친사회적 행동을 보일 가능성이 높다(Choe, Olson & Sameroff, 2013; Volling, Mahoney, & Rauer, 2009).

귀납의 성공 유무는 아동이 도덕적 기준에 능동적으로 순

교사는 귀납적인 훈육을 사용해 자신의 위반이 다른 사람에게 미치는 영향을 아이에게 설명하면서 급우들의 감정을 알려준다. 유도는 공감, 동정적 걱정, 도덕적 기준에 집중하는 것을 장려한다.

응하도록 동기를 부여하는 정도에 달려 있다. 귀납은 아동이 미래 상황에서 사용할 수 있는 행동 방법에 대한 정보를 제공한다. 이러한 방법은 아동의 행동이 타인에게 미치는 영향을 강조함으로써 공감과 동정을 촉진할 수 있다. 또한 행동을 변경해야 할 이유를 아동에게 알려주어 그런 도덕적 규칙들이 이치에 맞기 때문에 수용해야 한다고 권장할 수 있다.

반대로 처벌의 위협이나 애정의 철회를 너무 심하게 이용하는 훈육은 아동을 매우 불안하고 두렵게 만들어 해야 할 것에 대해 분명하고 충분히 생각할 수 없게 만든다. 이러한 훈육의 결과는 아동이 도덕적 규칙을 내재화하는 데 어려움을 주며, 앞서 언급했듯이 공감과 친사회적 반응을 저해한다(Eisenberg, Spinrad, & Knafo-Noam, 2015).

아동의 특성 바른 훈육이 중요하지만 아동의 특성 또한 양육 기술의 성패에 영향을 미칠 수 있다. 쌍생아 연구 결과는 유전이 공감에 어느 정도 영향을 준다는 것을 보여준다(Knafo et al., 2009). 보다 공감적인 아동에게는 힘을 행사할 필요성이 적으며 그런 아동은 귀납에 대해서도 더 반응적이다.

기질 또한 그 영향력이 있다. 요구, 제안, 설명과 같은 관대하고 참을성 있는 전략들은 불안하고 두려움이 있는 취학 전 아동에게 죄책감 반응을 일으킬 수 있다(Kochanska et al., 2002). 그러나 두려움이 없고 충동적인 아동에게 관대한 훈육은 영향력이 거의 없다. 힘의 행사 또한 거의 효과가 없다. 힘의 행사는 아동의 의도적 통제 혹은 정서적 반응성을 조절하는 능력을 약화시키는데, 이런 능력은 바른 품행과 공감, 연민, 친사회적 행동과 관련된다(Kochanska & Aksan 2006).

충동적인 아동의 부모는 자녀와 따뜻하고 조화로운 관계를 확실히 형성하고 잘못된 행동에 대한 단호한 교정을 귀납과 결합시킴으로써 양심 발달을 촉진할 수 있다(Kochanska & Kim, 2014). 아동의 불안이 매우 낮아 부모의 비난이 아동에게 불편함을 초래하지 못하는 경우, 친밀한 부모-자녀 간 결속은 애정적이고 지지적인 관계를 지속시키는 수단으로 기능함으로써 아동이 부모에게 귀 기울이도록 동기를 부여한다.

죄책감의 역할 비록 양심 발달에 대한 프로이트의 주장을 지지하는 증거는 거의 없지만, 죄책감이 도덕적 행동에 대한 주요 동기라는 프로이트의 주장은 옳았다. 아동이 누군가에게 피해를 주었고 부모를 실망시켰다고 아동에게 설명함으로써, "다치게 해서 미안해"와 같이 개인적 책임과 후회의 표현인 죄책감에 기반을 둔 공감을 유도하는 것은 특히 효과적이다(Eisenberg, Eggum, & Edwards, 2010). 공감에 기반을 둔 죄책감 반응은 해가 되는 행동의 중단, 잘못된 행동에서 비롯된 손해의 보상, 이후 나타내는 친사회적 행동 등과 관련이 있다.

그러나 프로이트의 믿음과는 반대로, 죄책감이 우리가 도덕적으로 행동하도록 강요하는 유일한 힘은 아니며, 아동 초기의 후반에 도덕 발달이 완성되는 것도 아니다. 도덕 발달은 점진적인 과정이며 성인기까지 지속된다.

사회학습이론

사회학습이론에 따르면, 도덕성 자체의 독특한 발달 과정은 없다. 오히려 도덕적 행동은 다른 반응들과 마찬가지로 모델링을 통해 획득된다.

모델링의 중요성 유용하거나 관대한 모델이 어린 아동의 친사회적 반응을 증가시킨다는 사실을 많은 연구들에서 찾아볼 수 있다. 그럼에도 불구하고 모델의 어떤 특성들은 모방에 대한 아동의 의지에 영향을 미친다.

- 온정과 반응성. 취학 전 아동은 냉담하고 서먹한 성인보다는 따뜻하고 반응적인 성인의 친사회적인 행동을 더 모방하는 경향이 있다(Yarrow, Scott, & Waxler, 1973). 온정은 아동이 모델에게 더 많은 주의를 기울이고 그를 받아들이게 하며 온정성 자체가 친사회적 반응의 모델 행동이 되기도 한다.

- 유능성과 힘. 아동은 유능하고 강력한 모델, 특히 연령이 높은 또래와 성인을 우러러보아 모방하는 경향이 있다 (Bandura, 1977).
- 주장과 행동 간의 일관성. 모델이 말하는 것과 행동이 다를 때, 예를 들면 "남을 돕는 건 중요해"라고 말하지만 돕는 행동을 거의 하지 않을 때 아동은 일반적으로 성인이 보여준 행동 중에서 가장 느슨한 기준의 행동을 선택한다(Mischel & Liebert, 1966).

모델은 생애 초기에 가장 영향력이 있다. 한 연구에서는 걸음마기 아동이 보이는 어머니의 행동을 모방하고자 하는 욕구가 3세 때 아동의 도덕적 행동(게임에서 반칙하지 않기)과 규범을 어긴 후 느끼는 죄책감을 예측하는 것으로 나타났다(Forman, Aksan, & Kochanska, 2004). 아동 초기의 말경, 온정적인 성인과 지속적으로 함께한 아동은 모델이 곁에 있는지 여부와 상관없이 친사회적 행동을 하는 경향이 있다(Mussen & Eisenberg-Berg, 1977). 아동은 반복적 관찰과 타인으로부터 받는 격려를 통해 친사회적 규칙을 내재화한 것이다.

이와 더불어 주의나 칭찬 등의 강화는 아동이 타인을 돕게끔 유도하는 데 효과가 없다. 대부분의 2세 아동은 부모가 아동의 행동을 장려하는지, 조용히 있는지, 같은 방에 있는지 등과 상관없이 낯선 성인이 잡기 힘든 물건을 잡도록 도와주려고 할 것이다(Warneken & Tomasello, 2013). 또한 돕기행동에 대해 물질적인 보상을 하는 것은 아동의 친사회적 반응을 약화시킨다(Warneken & Tomasello, 2009). 물질적 보상을 받은 아동은 남을 돕는 것에 대한 보상으로 무언가를 기대하게 되고 그 결과 타인에 대한 친절함에서 비롯된 자발적인 행동을 거의 하지 않게 된다.

처벌의 영향 많은 부모들은 자녀의 잘못된 행동에 대해 소리치고, 매를 들고, 때리는 것이 비효율적인 훈육 전략이라는 것을 안다. 날카로운 질책 혹은 아동을 제한하거나 원하는 대로 움직이도록 하기 위한 물리적 힘의 사용은 즉각적인 복종이 필수적일 때(예 : 3세 아동이 막 차도로 뛰어갈 때)는 정당하다. 사실, 부모는 이러한 상황에서 대부분 강압적인 방법을 사용한다. 하지만 부모들은 타인에게 친절하게 행동하기와 같은 장기적 목표를 위해서는 온정과 추론에 의지하는 경향이 있다(Kuczynski, 1984; Lansford et al., 2012). 또한 그

들은 거짓말과 절도 같은 매우 심각한 위반에 대해 반응할 때는 추론과 힘을 함께 사용한다(Grusec, 2006).

잦은 처벌은 행동의 지속적인 변화가 아닌 순간적인 복종을 촉진한다. 예를 들면 라비의 부모는 종종 그를 때리고, 비난하고, 소리를 지르고, 비판했다. 하지만 부모가 처벌을 중단하고 나가면 라비는 체벌을 받는 다른 아동들과 마찬가지로 잘못된 행동을 다시 보인다(Holden, Williamson, & Holland, 2014). 심각한 위협, 분노에 찬 물리적 통제, 그리고 신체적 처벌을 많이 겪을수록 아동은 심각하고 지속적인 문제를 발달시킬 확률이 높다. 문제의 예로는 도덕적 규범의 내재화 부족, 아동·청소년기의 우울, 공격성, 반사회적 행동, 낮은 학업 성취, 성인기의 알코올 남용, 범죄, 신체적 건강 문제, 가정 폭력 등이 있다(Afifi et al., 2013; Bender et al., 2007; Kochanska, Aksan, & Nichols, 2003).

반복적인 가혹한 처벌은 광범위하며 바람직하지 못한 역효과가 있다.

- 부모들은 아동의 공격성에 대한 반응으로 종종 매를 든다. 하지만 그러한 처벌은 그 자체로 공격의 모델 행동이 된다!
- 가혹하게 다루어진 아동은 개인적인 위협을 받는다는 만성적 느낌을 발달시켜, 타인의 요구에 대해 공감적인 태도를 갖기보다는 자기 자신의 고통에 집중하게 된다.
- 자주 처벌받는 아동은 처벌하는 부모를 피하게 되고, 그 결과 부모는 아동에게 바람직한 행동을 가르칠 기회를 거의 갖지 못한다.
- 가혹한 처벌은 아동의 잘못된 행동을 일시적으로 멈추게 함으로써 성인에게 즉각적인 위안을 준다. 이러한 이유로 인해 처벌을 일삼는 성인은 시간이 갈수록 점점 더 자주 처벌을 하고 이는 심각한 학대로 빠져들 수 있는 행동 과정이 될 수 있다.
- 아프기는 하지만 부상을 야기하지는 않는 체벌을 사용하는 부모의 자녀(아동, 청소년, 성인)는 그러한 규율을 더 잘 받아들인다(Deater-Deckard et al., 2003; Vitrup & Holden, 2010). 이러한 경우에 신체적 처벌의 사용은 다음 세대로 전이될 수 있다.

체벌이 모든 사회경제적 지위층에서 나타나기는 하지만, 그 빈도와 가혹성은 교육 수준이 낮고 경제적으로 어려운 부

모일 경우 더 증가한다(Giles-Sims, Straus, & Sugarman, 1995; Lansofrd et al., 2009). 또한 이와 유사하게 갈등이 만연한 결혼생활을 하는 부모와 정신건강 측면에서 문제가 있는 부모(정서적으로 민감하고 우울하고 공격적인 부모)는 처벌을 하고 자녀를 훈육하는 데 어려움을 느끼며, 이로 인한 아동의 불복종은 보다 심각한 부모의 처벌을 야기하는 경향이 있다(Berlin et al., 2009; Taylor et al., 2010). 종단연구에 따르면 이런 관련성에 영향을 미칠 수 있는 아동 특성, 양육 특성, 가족 특성을 통제한 후에도 신체적 처벌은 추후 아동 및 청소년의 공격성과 관련이 있었다(Lansford et al., 2011; Lee et al., 2013; MacKenzie et al., 2013).

신체적 처벌은 특정 기질의 아동에게 더 큰 영향을 미친다. 15개월부터 3세까지를 측정한 종단연구에 따르면 초기 체벌은 다양한 기질을 지닌 취학 전 아동의 외현화 행동을 예측했으나, 부정적 결과는 까다로운 기질을 지닌 아동에게서 더 크게 나타났다(Mulvaney & Mebert, 2007). 쌍생아 연구에서도 유사한 결과가 나타나, 신체적 처벌은 행동 문제에 관해 높은 유전적 위험이 있는 아동에게 가장 해로운 것으로 나타났다(Boutwell et al., 2011). 제2장으로 돌아가 좋은 양육을 통해 공격성과 반사회적 행동의 위험을 지닌 아동이 그런 행동을 발달시키지 못하도록 보호할 수 있음을 떠올려보자.

이러한 발견들에 근거해 살펴보면, 미국 부모들의 만연한 신체적 처벌의 사용은 염려할 만하다. 대표성이 높은 미국 가구의 표본조사에서는 신체적 처벌이 영아기부터 5세까지 증가했다가 그 후 감소하기는 하지만, 모든 연령에서 높게 나타난다는 것이 드러났다(그림 8.1 참조)(Gershoff et al., 2012; Straus & Stewart, 1999; Zolotor et al., 2011). 또한 신체적으로 처벌하는 부모의 1/3이 아동을 때리기 위해서 빗자루나 벨트 같은 단단한 물체를 사용한다고 보고했다.

미국의 상당수 부모들은 온정적인 부모에 의한 신체적 처벌은 해롭지 않으며 어쩌면 이로울 수 있다고 믿는다. 그러나 '문화적 영향' 글상자의 예시에서도 나타나듯이, 이러한 주장은 단지 특정한 사회적 맥락 내 제한적 사용 조건에 한해서만 유효하다.

가혹한 처벌의 대안   비난과 때리기에 대한 대안들은 처벌의 역효과를 줄일 수 있다. **타임아웃**(time out) 기법은 아동이 적절하게 행동할 준비가 될 때까지 당면한 상황으로부터 아동을 떼어 놓는 것(예를 들면 방으로 보내기)을 의미한다. 아동

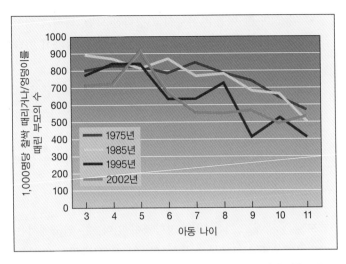

그림 8.1 조사 연도별 초기 및 중기 아동기에 발생하는 체벌 비율   미국 부모들을 대상으로 한 5개의 대규모 조사는 거의 30년 동안 체벌에 거의 변화가 없음을 보여준다. 추정치는 1,000명당 1명 이상의 아이를 때리거나 때린 경우를 보고한 부모의 수에 근거한다. 비록 다른 증거들은 50~80%가 체벌을 경험한다는 것을 나타내지만, 영아와 걸음마기 아동 비율을 보여주는 것은 아니다(A. J. Zolotor, A. D. Theodore, D. K. Runyan, J. J. Chang, & A. L. Laskey, 2011, "Corporal Punishment and Physical Abuse: Population-Based Trends for Three- to 11-Year-Old Children in the United States," Child Abuse Review, 20, p. 61. Reprinted by permission of John Wiley & Sons, Ltd.).

이 통제 불능 상태가 되었을 때 몇 분간의 타임아웃은 아동의 행동을 변화시키기에 충분하며 동시에 화가 난 부모를 진정시킬 수 있는 시간이 된다(Morawska & Sanders, 2011). 또 다른 대안은 아동이 좋아하는 TV 프로그램 시청과 같은 특권을 철회하는 것이다. 타임아웃과 마찬가지로 특권의 철회는 부모가 쉽게 폭력으로까지 번질 수 있는 가혹한 기법을 피하게 한다.

부모가 약한 처벌을 사용하고자 결심했을 때는 다음의 세 가지 방식으로 그 효과성을 증가시킬 수 있다.

- 일관성. 아동의 부적절한 행동에 대해 어떤 경우에는 허용하고 어떤 경우에는 꾸짖는 것은 아동을 혼란스럽게 만들 수 있으며, 아동의 바람직하지 못한 행동은 계속된다(Acker & O'Leary, 1996).
- 따뜻한 부모-자녀 관계. 아동과 친밀한 관계를 맺으면서 배려심이 높은 부모의 자녀들은 보통 처벌을 동반하는 부모의 애정의 중단이 매우 불쾌한 것이라는 걸 안다. 아동은 가능한 빨리 부모의 따뜻함과 인정을 다시 얻기를 원한다.
- 설명. 가벼운 처벌에 대한 이유를 설명해주는 것은 아동

문화적 영향

신체적 처벌의 결과에 대한 민족적 차이

아프리카계 미국인 지역에서 양육의 난제에 직면한 부모를 돕기 위해 멘토로 지원한 6명의 성인들이 양육 주제를 논의하기 위해 사회 서비스 기관에 모였다. 훈육에 대한 이들의 태도는 백인 사회복지사들과 눈에 띄게 달랐다. 자원봉사자들은 성공적 양육은 적절한 신체적 책략을 필요로 한다고 주장했다. 동시에 그들은 아동에게 소리를 지르거나 욕하는 것은 통제불능의 부모들이 보이는 '학대적' 행동이라고 하면서 이런 행동은 엄격히 금지되어야 한다고 주장했다. 그 집단에서 가장 나이가 많고 존경받는 구성원인 루스는 좋은 양육이란 온정, 가르침, 친절하게 이야기하기, 신체적 훈육을 포함하는 복잡한 결합이라고 말했다. 그녀는 자신이 젊은 부모였을 때 이웃의 노인이 그녀에게 아이를 다루는 방법에 대해 충고했던 것을 이야기했다.

아프리카계 미국인 가정에서 신체적 규율은 종종 문화적으로 승인되고, 일반적으로 온화하며, 부모의 따뜻함이 존재하는 맥락에서 전달된다. 결과적으로, 아이들은 그것을 공격행위가 아니라 성숙을 장려하기 위한 노력으로 간주한다.

그녀는 나에게 소리 지르지 말라고 말했어요… 아이가 나쁜 행동을 할 때에도 기분 좋고 다정하게 말하라고…. 덧붙여 말하기를 적절한 매질을 한다면 문제가 없을 것이라고…. 그날부터 나는 그런 방식으로 아이를 키워 왔지요(Mosby et al., 1999, pp. 511–512).

일부 연구에서는 체벌이 백인, 흑인, 히스패닉, 아시아 아동의 외현화 문제를 비슷한 수준으로 예측함을 보여주었다(Gershoff et al., 2012; MacKenzie et al., 2013). 하지만 다른 연구들은 인종적 차이를 보여주었다. 한 종단연구에서, 연구자들은 아동이 유치원에 다닐 때부터 초등학교 4학년이 될 때까지 수백 가구를 추적해 어머니로부터 훈육 전략에 관한 정보를 받고 교사로부터 아동의 문제행동에 대한 정보를 수집했다. 인종과 관계없이 합리적 설명이 가장 흔한 훈육 방법이었으며 때리기는 가장 드문 훈육 방법이었다. 하지만 때리기에 대한 예측 요인과 결과는 인종에 따라 다르게 나타났다.

백인 가정에서 유치원 시기 외현화 행동은 아동의 초등학교 1학년부터 3학년 시기 동안 부모의 신체적 처벌을 예측했으며, 이는 4학년 때 보다 심각한 외현화 행동을 야기했다. 반대로 아프리카계 미국인 가정에서는 유치원 시기 외현화 행동은 추후 신체적 처벌과 관련이 없었으며, 신체적 처벌이 외현화 행동을 증가시키지도 않았다(Lansford et al., 2012). 연구자들은 백인 부모들은 다루기 힘든 아동의 행동에 직면했을 때 신체적 처벌을 더 자주 사용하며 이는 그런 행동을 증가시킨다고 결론지었다. 반대로 아프리카계 미국인 부모는 아동이 곤경에 처하는 것을 막기 위해 신체적 처벌을 사용하기 때문에 결과적으로 부정적 결과가 줄어드는 것이다.

이런 해석과 유사하게, 아프리카계 미국인 부모와 유럽계 미국인 부모는 각각 다르게 신체적 처벌을 사용하는 것으로 보고했다. 흑인 가정에서 그런 훈육은 대개 문화적으로 용인되며, 가볍게 나타나고, 온정적인 맥락에서 전달되며, 언어적 가르침을 수반하고, 아동이 책임감 있는 성인이 되길 바라는 목적에서 행해진다. 반면에 백인 부모는 전형적으로 신체적 처벌을 옳지 않은 것으로 여기며, 그렇기 때문에 처벌을 사용할 때 마음이 매우 동요되고, 아동에게 거부적인 태도를 보이게 된다(Dodge, McLoyd, & Lansford, 2006; LeCuyer et al., 2011). 그 결과, 백인 아동은 때리기를 공격 행동이라 간주하는 반면, 흑인 아동은 그것을 관심을 염두에 둔 일종의 훈련으로 여긴다.

앞의 견해를 지지하는 예로, 민족적으로 다양한 수천 명의 아동들을 취학 전 시기부터 학령 초기까지 추적한 결과, 부모가 냉담하고 거부적인 경우에는 때리기가 아동의 문제행동과 관련이 있었지만, 부모가 따뜻하고 지지적일 경우에는 그런 관련성이 없었다(McLoyd & Smith, 2002). 또 다른 연구에서는 때리기가 몇몇 아프리카계 미국인 아동의 우울 증상을 예측했는데, 이런 아동의 어머니는 신체적 처벌을 용인하지 않았으며 결과적으로 매우 화가 나고 절망적인 상황에서만 아동을 때리는 것으로 나타났다(McLoyd et al., 2007).

이러한 결과들이 신체적 처벌을 지지한다는 것은 아니다. 타임아웃, 특권 철회, 앞으로 설명할 긍정적인 양육 전략과 같은 다른 형태의 훈육이 더 효과적이다. 청소년기에는 신체적 처벌의 민족적 차이가 감소해, 신체적 처벌은 대개 10대의 우울 및 비행과 관련이 있다(Wang & Kenny, 2014). 그러나 신체적 훈육의 의미와 영향이 훈육의 강도, 온정과 지지, 문화적 용인에 따라 다양하다는 것은 주목할 만하다.

배운 것 적용하기

긍정적 훈육의 활용

전략	설명
아동의 잘못을 가르칠 기회로 활용하라.	아동이 해롭거나 위험한 행동을 했을 때 교정하고 친사회적으로 행동할 수 있게 동기화시키는 귀납을 사용한다.
잘못된 행동의 기회를 줄여라.	오랫동안 차를 타고 갈 때 아동의 부산함을 덜어주려면 뒷좌석에서 할 만한 활동을 준비해 간다. 슈퍼마켓에서는 아동과 대화하고 쇼핑을 함께하도록 허락한다. 그 결과, 아동은 대안이 많지 않을 때조차 건설적으로 몰입하는 방법을 배우게 된다.
규칙의 이유를 제공하라.	규칙이 임의적인 것이 아니라 모든 면에서 공정하다는 것을 아동이 이해할 때 이것은 합리적이고 이성적이기 때문에 아동은 그 규칙을 따르고자 한다.
아동이 가족의 일상과 의무에 참여할 수 있도록 준비하라.	아이들은 식사 준비, 식탁 정리 또는 나뭇잎 정리하기와 같은 일을 성인과 함께함으로써 가족과 지역사회 생활에 책임감 있게 참여하고 많은 실용적인 기술을 습득한다.
아동이 고집을 부릴 때는 타협과 문제해결을 시도하라.	아동이 복종하지 않을 때는 아동의 감정을 이해한다는 것을 표현하고("나도 청소하는 게 재밌지 않다는 걸 알아"), 타협안을 제시해 ("네가 저것들을 가져다두면, 내가 이것들을 치울게") 아동이 미래에 있을 문제를 피할 수 있는 방법을 생각해볼 수 있게 한다. 친절하고 정중하지만 확고하게 반응하는 것은 아동이 기꺼이 협조할 가능성을 높여준다.
성숙한 행동을 격려하라.	"네가 최선을 다했구나!", "도와줘서 고마워!"와 같이 노력과 협조에 대해 배우고 인식하는 아동의 능력에 대한 신뢰를 표현한다. 성인의 격려는 성과에 대한 자부심과 만족감을 촉진해 아동이 더 향상되도록 격려한다.

출처 : Berk, 2001; Grusec, 2006.

이 자신의 잘못을 이후 행동에 대한 기대와 관련짓도록 돕는다(Larzelere et al., 1996). 이러한 접근은 처벌만을 사용했을 때보다 잘못된 행동을 더 많이 감소시킨다.

긍정적 훈육 가장 효과적인 훈육의 형태는 아동과 서로 존중하는 관계를 맺고 어떻게 행동할지를 아동이 미리 알 수 있도록 하고 성숙한 행동을 칭찬함으로써 아동의 바른 품행을 격려하는 것이다. 부모와 취학 전 아동의 공동 활동에서 민감성, 협동, 긍정적인 정서의 공유가 분명할 때 아동은 잘못을 한 후에 공감을 표현하고, 공정하게 게임하며, 책임감 있고 친절하게 행동하는 등 확고한 양심의 발달을 보여준다(Kochanska et al., 2008; Thompson, 2014). 부모-자녀 간의 친밀함은 아동이 관계에 대한 책임감을 느껴 부모의 요구에 주의를 기울이도록 이끈다.

긍정적으로 훈육하는 방법은 '배운 것 적용하기'를 참고하라. 이러한 전략을 사용하도록 훈련받은 부모들은 양육의 어려움을 다루는 자신의 능력에 대해 자신감을 느끼고 체벌에 대해 덜 수용적이다(Durrant et al., 2014). 부모가 협동, 문제해결, 타인에 대한 배려와 같은 장기적인 사회적 기술과 삶의 기술에 관심을 둘 때 처벌의 필요성이 감소한다.

인지발달적 관점

도덕성에 대한 정신분석적 접근과 행동주의적 접근은 아동이 성인으로부터 바른 품행에 대한 기존의 기준을 획득하는 방법에 관심을 둔다. 이와 대조적으로, 인지발달적 관점은 아동을 사회적 규칙에 대한 **능동적인 사색가**로 본다. 취학 전 시기와 같이 이른 시기에도 아동은 정의와 공정함에 대해 자신이 구성한 개념의 기초에 근거해 옳고 그름을 판단해 도덕적 판단을 한다(Gibbs, 2010; Helwig & Turiel, 2011).

어린 아동은 도덕성에 대한 몇 가지 잘 발달된 개념을 갖고 있다. 연구자들이 인간의 의도를 강조하면 3세 아동은 나쁜 의도를 가진 사람, 즉 타인을 고의적으로 놀라게 하거나, 당황스럽게 하거나, 다치게 하는 사람은 의도가 좋은 사람보다 처벌받아 마땅하다고 말한다(Helwig, Zelazo, & Wilson,

이 미취학 아동은 자신의 장난감을 선택하는 것이 도덕적 의무나 사회적 관습과는 구별되는 개인적인 선택의 문제라는 것을 이해한다.

2001; Vaish, Missana, & Tomasello, 2011). 4세경, 아동은 어떤 사람이 진실하지 않은 의도를 표현하는 경우, 예를 들어 "가서 나뭇잎 치우는 거 도와줄게"라고 말하지만 그럴 의도가 없는 경우, 그것이 거짓이라는 것을 안다(Maas, 2008). 또한 4세 아동은 거짓말을 알아챌 수 없을 때조차도 진실을 말하는 것을 선호하며 거짓말은 좋지 않다고 생각한다(Bussey, 1992).

게다가 취학 전 아동은 인간의 권리와 안녕을 보호하는 **도덕적 의무**(moral imperative)를 다음 두 가지 유형의 규칙 및 기대와 구별할 수 있다. 한 가지는 **사회적 관습**(social convention)으로 식탁 예절이나 공손하고 의례적인 인사(예 : 고맙습니다)와 같이 합의만으로 결정되는 관습이며, 다른 하나는 **개인적 선택의 문제**(matters of personal choice)로서 이는 친구, 머리스타일, 취미활동 같이 권리를 위반하지 않으며 개인의 선택에 달려 있는 것이다(Killen, Margie, & Sinno, 2006; Nucci & Gingo, 2011; Smetana, 2006). 3, 4세 아동과의 인터뷰에서 아동은 사회적 관습의 위반(손가락으로 아이스크림 먹기)보다 도덕적 위반(사과 훔치기)이 더 나쁘다고 여겼다. 또한 "난 이 셔츠를 입을 거야"와 같은 말을 통해 전달되는 개인의 선택과 관련된 아동의 관심은 개인적 권리에 대한 도덕적 개념의 출발점으로 작용하며, 이는 아동 중기와 청소년기에 급격히 확장된다.

어린 아동의 도덕적 추론은 다른 중요한 정보는 무시한 채 두드러진 특징과 결과에만 집중하는 엄격한 경향이 있다. 예를 들어 실수로 잘못된 행동을 하는 것과 의도적으로 잘못을 저지르는 데 어려움을 겪는다(Killen et al., 2011). 또한 연령이 높은 아동에 비해 어린 아동은 물건을 훔치고 거짓말을 해야만 하는 도덕적으로 정당한 이유가 있었을 때조차 그러한 행동은 무조건 잘못된 것이라고 말하는 경향이 높다(Lourenço, 2003). 또한 사람을 때리면 안 되는 이유에 대한 어린 아동의 설명은 매우 단순하고 물리적 피해에만 초점을 맞추어 "맞으면 아프고 울어요"처럼 말한다(Nucci, 2008).

한편 도덕적 의무와 사회적 관습을 구별하는 취학 전 아동의 능력은 아주 인상적이다. 연구자들은 도덕적 위반의 그릇됨에 대한 아동의 신념이 타인의 안녕에 대한 아동의 초기 염려에 기반을 둔다고 여긴다. 언어와 인지 능력이 발달함에 따라, 특히 마음이론과 정서이해가 발달함에 따라, 연령이 높은 취학 전 아동은 타인의 관점과 감정을 생각해 도덕적 추론을 내리기 시작한다. 몇몇 연구에서는 틀린 믿음의 이해가 피해자의 감정과 행복에 초점을 맞춘 4, 5세 아동의 도덕적 정당화와 관련이 있었다(Dunn, Cutting, & Demetriou, 2000; Lane et al., 2010). 하지만 마음이론의 발달이 취학 전 아동의 설명에 영향을 미치기는 하지만 그것만으로 도덕적 이해 발달을 설명하기는 충분하지 않다.

뿐만 아니라, 도덕적으로 관련된 사회적 경험도 중요해, 이는 마음이론 및 도덕적 이해의 발달과 이들 능력의 통합에 영향을 준다(Killen & Smetana, 2015). 권리, 소유, 재산에 대해서 형제자매 및 또래와 언쟁을 벌이면서 취학 전 아동은 자신의 정서와 관점을 표현하고, 협상하고, 타협하며, 정의 및 공정함에 대한 최초의 개념을 형성하게 된다. 아동은 또한 따뜻하고 민감한 부모의 의사소통과 더불어 성인이 아동의 규칙 위반에 대응하는 방법을 관찰함으로써 학습한다(Turiel & Killen, 2010). 도덕적 사고가 발달된 아동의 부모는 싸움, 정직, 소유권에 대한 의사소통을 아동이 이해할 수 있도록 조절하고, 도덕적 시사점을 지닌 이야기를 들려주며, 부당한 상황을 꼬집고, 친사회적 행동을 격려하며, 아동이 적대적이거나 비판적이지 않으면서 깊이 생각해볼 수 있도록 부드럽게 자극한다(Dunn, 2014; Janssens & Deković, 1997).

거의 또는 전혀 흥분하지 않은 상태에서 타인을 언어적·신체적으로 공격하는 취학 전 아동은 이미 도덕적 추론이 지연되어 있는 것이다(Helwig & Turiel, 2004). 그러한 아동은 특별한 도움이 없다면 도덕성 발달에 대한 장기적 혼란과 자기조절의 부족을 보이고 결과적으로 반사회적 삶을 살게 될 수 있다.

도덕성의 다른 측면 : 공격성 발달

영아기 후기에 들어서면서 모든 아동은 때때로 공격성을 나타내며, 형제와 또래와의 상호작용이 증가하는 만큼 공격적 행동의 폭발도 증가한다(Naerde et al., 2014). 2세경에 두 가지 상이한 목적의 공격적 행동이 나타나기 시작한다. 먼저, 가장 빈번한 것은 도구적 공격성(instrumental aggression) 혹은 **능동적 공격성**(proactive aggression)으로, 아동이 물건, 특권, 공간, 혹은 성인이나 또래의 관심 등 사회적 보상을 얻기 위한 목적으로 자신의 필요나 욕구를 충족시키려 하거나 자신의 목표를 달성하기 위해 비정서적으로 타인을 공격하는 것을 의미한다. 다른 한 가지 유형은 적대적 공격성(hostile aggression) 혹은 **반응적 공격성**(reactive aggression)으로, 분노나 목표 달성의 방해에 대한 방어적 대응으로, 타인을 해치려는 의도를 지닌다(Eisner & Malti, 2015; Vitaro & Brendgen, 2012).

적대적 공격성에는 세 가지 유형이 있으며, 대부분의 공격성 연구들이 다루는 주제이다.

- **신체적 공격**(physical aggression)은 타인을 밀치거나 치고 발로 차고 때리는 행동, 타인의 소유물을 망가뜨리는 행동과 같이 물리적 손상을 통해 타인에게 해를 입히는 것이다.
- **언어적 공격**(verbal aggression)은 신체적인 공격에 대한 위협, 별명 부르기, 적대적 목적으로 놀리기 등을 통해 타인에게 해를 입히는 것이다.
- **관계적 공격**(relational aggression)은 사회적 배제, 악의적인 소문 퍼뜨리기, 우정을 조작하는 등의 방법으로 타인에게 해를 입히는 것이다.

언어적 공격은 늘 직접적이지만, 물리적 공격과 관계적 공격은 직접적일 수도 있고 간접적일 수도 있다. 예를 들어 소유물을 훼손하는 것은 간접적으로 물리적인 피해를 줄 수 있는 반면에 때리는 것은 직접적으로 사람을 다치게 한다. 이와 유사하게, 누군가의 뒤에서 "쟤랑 놀지마. 쟤는 바보야"라고 말함으로써 소문을 퍼뜨리거나, 친구와 말하는 걸 거부하거나 우정을 조종하는 것은 매우 간접적인 반면에, "내가 말하는 대로 해. 안 그러면 너랑 친구 안 할 거야"라고 말하는 것은

관계적 공격을 직접적으로 전달하는 것이다.

신체적 공격은 1~3세 사이 급격하게 증가하다가 언어적 공격이 그 자리를 대체하면서 점차 감소한다(Alink et al., 2006; Vitaro & Brendgen, 2012). 또한 취학 전 아동의 만족 지연 능력이 향상되어 타인의 소유물을 빼앗지 않게 되면서 도구적 공격은 감소한다. 그러나 언어적·관계적 공격의 형태로 나타나는 적대적 공격은 아동 초기와 중기에 걸쳐 증가한다(Côté, et al., 2007; Tremblay, 2000). 연령이 높은 아동은 악의적인 의도를 더 잘 인식하게 되면서 결과적으로 종종 더 적대적인 방식으로 대응하게 된다.

17개월 무렵 남아는 여아에 비해 신체적으로 공격적인데, 이러한 성차는 많은 문화권에서 아동기에 걸쳐 나타난다(Baillargeon et al., 2007; Card et al., 2008). 성차는 부분적으로 생물학적 특성, 특히 남성 호르몬인 안드로겐과 남아가 여아보다 높은 기질적 특성(활동성, 자극과민성, 충동성)에 기인한다. 성역할 동조 역시 중요하다. 예를 들어 부모는 여아의 신체적 싸움에 훨씬 더 부정적으로 반응한다(Arnold, McWilliams, & Harvey-Arnold, 1998).

여아가 남아보다 언어적·관계적 공격성을 더 많이 보인다고 알려져 있지만, 이에 대한 성차는 미미하다(Crick, Ostrov, & Werner, 2006; Crick et al., 2006). 취학 전 연령에

이러한 미취학 아동들은 게임을 두고 논쟁할 때 밀고 당기는 적극적인 공격성을 보인다. 아이들이 타협과 공유를 배우고, 만족을 지연시키는 능력이 향상되면서 선제적인 공격력이 감소한다.

접어들면서 여아의 공격적 행동은 관계적 유형에 집중되는 반면, 남아는 다양한 방법으로 피해를 가한다. 신체적 및 언어적으로 공격적인 아동은 관계적으로도 공격적인 모습을 보이는 경향이 있다(Card et al., 2008). 그러므로 전체적인 공격성 비율이 여아에 비해 남아가 훨씬 높다.

이와 동시에 여아는 여아들에게 특히 중요한 친밀한 관계의 단절을 통해 비열하게 여겨질 수도 있는 간접적인 관계적 전략을 더 자주 사용한다. 물리적 공격은 일반적으로 짧은 데 비해, 간접적이고 관계적인 공격행동은 몇 시간, 몇 주혹은 몇 달 동안 지속될 수 있다(Nelson, Robinson, & Hart, 2005; Underwood, 2003). 6세인 한 여아의 경우, '예쁜 애들의 모임'을 만들어서 구성원들을 설득해 몇몇 급우들에게 "더럽고 냄새나"라고 말함으로써 거의 1년 내내 그들을 따돌리기도 했다.

취학 전 아동 간에 때때로 공격적 교류가 일어나는 것은 일반적이다. 하지만 정서적으로 부정적이고 충동적이며 반항적이고, 인지 능력, 특히 자기조절에 필수적인 능력인 언어 및 실행 기능 능력이 낮은 아동은 종종 지속적이며 높은 수준의 물리적·관계적 공격성을 초기에 나타낼 위험이 크다. 지속적인 공격성은 나아가 아동 중기와 청소년기 동안 외로움, 불안, 우울, 또래관계 문제, 반사회적 행동 등 내재화 및 외현화 문제와 사회적 기술 부족을 예측한다(Côté et al., 2007; Eisner & Malti, 2015; Ostrov et al., 2013).

공격적 행동의 훈련장으로서의 가정 어느 날 라비의 어머니 나딘은 레슬리 선생님에게 "전 그 애를 통제할 수가 없어요. 그 애는 구제불능이에요."라고 불평했다. 레슬리는 라비의 어머니에게 라비가 집에서 일어나는 일 때문에 어려워하지는 않는지를 물어보다가, 라비의 부모가 자주 싸우며 가혹하고 비일관적인 훈육을 한다는 것을 알아차렸다. 부모의 비난적 언행, 힘의 행사, 신체적 처벌, 비일관성 등은 많은 문화권에서 아동 초기부터 청소년기 동안 아동의 공격성과 관련되며, 이런 양육태도는 신체적·관계적 공격성을 예측한다(Côté et al., 2007; Eisner & Malti, 2015; Ostrov et al., 2013).

라비의 가정과 같은 환경에서 분노와 처벌은 빠른 속도로 갈등 지배적인 가족 분위기를 이끌며 '통제 불능'의 아동을 만든다. 이런 패턴은 강압적인 훈육에서 시작되는데, 이런 훈육은 경제적 어려움이나 불행한 결혼생활 같이 일상에 스트레스가 많거나 부모에게 정신건강 문제가 있을 때, 아동이

기질적으로 까다로운 경우 더 자주 일어난다(Eisner & Malti, 2015). 일반적으로 부모는 자녀를 위협하고 비난하고 처벌하며, 아동은 부모가 '굴복'할 때까지 화를 내며 거부하면서 이런 행동들이 반복되고 악화된다.

이러한 악순환이 발생하면서 다른 가족 구성원들도 불안과 짜증을 경험하고, 적대적인 상호작용에 참여하게 된다. 일반적 가정의 형제자매와는 달리, 비난과 처벌을 많이 하는 부모의 아동들은 형제자매끼리 서로에게 더 공격적인 모습을 보인다. 이러한 파괴적인 형제 갈등은 이후 또래관계로까지 번져 나가서 학령 초기 아동의 약한 충동 통제와 반사회적 행동 문제를 일으킨다(Miller et al., 2012a).

남아는 보다 활동적이고 충동적이라 통제가 어렵기 때문에 여아에 비해 더 가혹하고 비일관적인 훈육을 받기 쉽다. 활동성과 충동성이 매우 큰 아동이 정서적으로 부정적이고 서툰 양육을 받는 경우 정서적 자기조절, 공감적 반응, 잘못된 행동 후 느끼는 죄책감이 심각하게 손상될 수 있다(Eisenberg, Eggum, & Edwards, 2010). 결과적으로 이런 아동들은 실망감이나 절망감을 느꼈을 때, 혹은 슬픔이나 두려움에 빠져 있는 피해자를 만났을 때 화를 내게 된다.

이러한 가족 과정의 산물인 아동은 세상에 대한 왜곡된 관점을 가지게 되어, 적대적인 의도가 존재하지 않을 때에도 적대적 의도를 부여하고 이에 따라 이유 없는 공격을 많이 한다(Lochman & Dodge, 1998; Orbio de Castro et al., 2002). 또한 보상을 얻거나 타인을 통제하는 데 공격성이 효과적이라는 결론을 내린 아동은 자신의 목표를 달성하기 위해서 태연히 공격적 방법을 사용하고 타인에게 고통을 초래한다는 것에 무관심하다. 이런 공격적 방식은 후에 보다 심각한 품행 문제와 공격적 행동, 비행과 관련이 있다(Marsee & Frick, 2010).

매우 공격적인 아동은 또래에게 거부당하고, 학교에서 실패하며, (청소년기 즈음) 일탈적 또래집단을 찾게 된다. 이러한 요소들은 모두 공격성의 장기적 지속성에 영향을 미친다.

폭력적인 대중매체와 공격성 미국에서는 텔레비전 프로그램의 60%가 폭력적인 장면을 포함하고 있으며, 종종 반복적인 공격행동이 처벌받지 않고 계속되는 내용의 프로그램이 방송된다. TV 내의 피해자들이 심각한 피해를 경험하는 것은 거의 보여주지 않으며, 폭력을 비난하거나 다른 방식의 문제 해결을 제안하는 프로그램도 거의 없다(Calvert, 2015; Center for Communication and Social Policy, 1998). 언어적 공격행동과 관계적 공격행동은 특히 리얼리티 TV 프로그램에서 빈번하게 나타난다(Coyne, Robinson, & Nelson, 2010). 또한 아동 프로그램에서 폭력적인 내용이 평균보다 10% 이상을 차지하며, 그중 만화가 가장 폭력적이다.

살펴보기

30분 분량의 만화와 황금시간대 영화를 TV로 보고, 처벌받지 않는 것을 포함한 폭력행위의 수를 집계해보라. 각 프로그램 유형에서 얼마나 자주 폭력이 일어났는가? 젊은 시청자들은 폭력의 결과에 대해 무엇을 배우는가?

그간 수많은 연구들의 결과가 TV 폭력이 적대적인 사고와 정서, 그리고 언어적이고 신체적인 공격행동의 가능성을 증가시킨다고 결론 내렸다(Bushman & Huesmann, 2012; Comstock, 2008). 또한 점점 더 많은 연구들이 폭력적인 비디오 시청과 컴퓨터 게임도 유사한 결과를 나타냄을 보여주었다(Anderson et al., 2010; Hofferth, 2010). 모든 어린 연령대의 사람들이 공격적 매체에 취약하지만, 취학 전 아동과 어린 학령기 아동은 많은 TV 속 허구 이야기가 실제라고 믿고 그들이 본 것을 무비판적으로 받아들이기 때문에, 특히 더 TV 속 폭력을 모방하기가 쉽다.

폭력적인 프로그램은 부모와 또래관계에 있어 단기간의 어려움을 야기하며 장기간 지속되는 부정적 결과를 초래한다. 몇몇 종단연구에서 아동기와 청소년기에 TV를 시청한

폭력적인 TV 장면을 보는 것은 적대적인 생각과 감정 그리고 공격적인 행동의 가능성을 증가시킨다. 폭력적인 비디오와 컴퓨터 게임은 비슷한 효과가 있다.

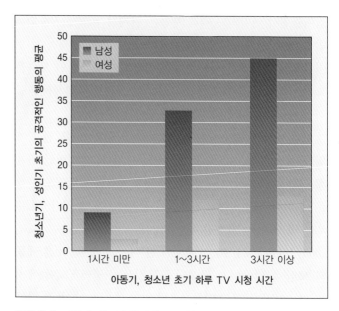

그림 8.2 아동기, 청소년 초기의 TV 시청과 청소년기, 성인 초기의 공격적 행동과의 관계 700명 이상의 부모, 청년과의 면접은 아동기, 청소년 초기에 TV를 많이 볼수록 16~22세의 추후 인터뷰에서 보고된 것과 같이 보다 많은 공격적 행동을 저지른다는 사실을 밝혔다(Johnson et al., 2002).

시간은 TV 시청과 관련된 다른 요인(아동과 부모의 사전 공격성, IQ, 부모의 교육 수준, 가정 내 수입, 이웃의 범죄)을 통제한 후에도 성인기의 공격적 행동을 예측했다(그림 8.2 참조)(Graber et al., 2006; Huesmann, 2003; Johnson et al., 2002). 공격적인 아동과 청소년은 폭력적인 TV에 대한 상당한 욕구를 가지고 있다. 또한 남아가 여아보다 폭력적인 프로그램을 더 많이 시청하는데, 이는 부분적으로 정복이나 모험 같은 남성중심적 주제에 기인한다. 그러나 폭력적인 TV는 공격적이지 않은 아동의 적대적 사고와 행동도 자극시킨다. 단지 이러한 영향이 조금 덜 강력할 뿐이다.

미국 내 부모들을 대상으로 한 설문조사에서는 취학 전 아동의 20~30%, 학령기 아동의 절반 정도가 TV나 컴퓨터, 태블릿 PC 사용에 아무런 제한을 받지 않는다고 답했다(Rideout & Hamel, 2006; Roberts, Foehr, & Rideout, 2005; Varnhagen, 2007). 또한 부모가 종종 과도하고 부적절한 스크린 미디어 사용의 모델이 되기도 한다. 패스트푸드 레스토랑에서 아동과 함께 있는 성인을 관찰한 결과, 1/3 정도가 전체 식사 시간 내내 아동을 돌봐주고 함께 하기보다는 휴대전화에 빠져 있는 모습을 보였다(Radesky et al., 2014).

부모가 취학 전 아동의 '미디어 다이어트'를 증진시킬 수 있도록 한 연구집단은 1년짜리 중재 프로그램을 개발했다. 이 프로그램에서 연구자들은 부모가 폭력적 프로그램을 연

배운 것 적용하기

TV와 컴퓨터 사용 조절하기

전략	설명
TV 시청과 컴퓨터 사용을 제한하라.	아동이 볼 수 있는 TV와 컴퓨터 활동을 제한하는 분명한 규칙을 설명하고, 그 규칙을 고수하라. 아동의 베이비시터에게도 TV와 컴퓨터의 사용을 금지시키라. 아동 침실에 TV나 컴퓨터를 두지 말라. 이것은 잠재적으로 사용을 증가시키고 아동의 행동을 통제하기 어렵게 만든다.
아동을 보상하거나 처벌하기 위해서 TV와 컴퓨터를 활용하는 것을 피하라.	TV나 컴퓨터 접근이 보상이나 처벌로 활용될 때, 아동은 점점 더 그것에 매료된다.
아동과 함께 TV를 보고, 그들이 보고 있는 것을 이해할 수 있도록 도와라.	스크린에 등장하는 행동에 대해 성인이 반감을 표현하고, 현실성에 의문을 제기하며, 그것을 토론해볼 수 있게 아동을 격려할 때, 성인은 아동에게 그것을 무조건 받아들이는 것보다 TV 내용을 평가하도록 가르칠 수 있다.
TV 내용을 매일의 학습 경험과 연관지어라.	건설적인 방식으로 TV 프로그램에 의지하는 것은 아동이 주변에 능동적으로 참여할 수 있게 격려함으로써 학습을 향상시킬 수 있다. 예를 들면 동물에 관한 프로그램은 동물원으로의 소풍이나 동물에 대한 책을 찾기 위해 도서관을 방문하거나, 가정의 애완동물을 관찰하고 돌보는 새로운 방식을 자극할 수 있다.
바른 TV, 컴퓨터 사용 습관의 모범을 보여라.	과도한 TV 시청, 컴퓨터 사용과 폭력적인 대중매체 내용에 노출되는 것을 스스로 피하라. 부모의 시청 패턴은 아동의 시청 패턴에 영향을 미친다.

령에 적합하며 교육적이고 친사회적인 프로그램으로 대체하도록 안내한다. 통제집단과 비교해 중재 프로그램을 받은 가정의 아동은 외현화 행동을 더 적게 보이고 더 높은 사회적 유능성을 지녔다(Christakis et al., 2013). '배운 것 적용하기'에는 아동의 스크린 미디어 사용을 조절하기 위해 부모가 할 수 있는 방법들이 제시되어 있다.

아동과 부모가 공격성을 통제하는 것을 돕기 공격적인 아동을 위한 치료는 아동이 반사회적 행동을 익히고 이에 대한 변화가능성이 줄어들기 전에 빨리 시작하는 것이 좋다. 이때 가족 구성원 간 적대감의 순환을 깨고 다른 사람과 관계 맺는 효율적인 방법을 촉진하는 것이 중요하다.

레슬리는 라비의 부모에게 품행 문제가 있는 아동의 양육을 향상시키는 데 목적을 둔 훈련 프로그램에 등록할 것을 권유했다. Incredible Years라 불리는 한 접근법에서는 부모가 18주간 진행되는 그룹 세션에 참가하는데, 이 프로그램은 2명의 전문가가 이끌며, 아동의 학업적·정서적·사회적 기술을 향상시키고 아동의 파괴적 행동을 다루는 긍정적 양육 기술을 알려준다(Webster-Stratton & Reid, 2010). 특히 친사회적 행동을 위한 지침과 격려를 포함한 긍정적 양육에 초점을

둔다.

공격적 아동이 있는 가정을 무작위로 Incredible Years 혹은 통제집단에 배정한 후 평가한 결과, 프로그램은 양육의 질을 향상시키고 아동의 행동 문제를 감소시키는 데 매우 효과적이었다. 또한 프로그램의 효과는 지속되었는데, 한 장기적 추수연구에 따르면 부모가 Incredible Years에 참여한 경우 심각한 품행 문제가 있었던 어린 아동 중 75%가 10대 때 적응을 잘하는 것으로 나타났다(Webster-Stratton, Rinaldi, & Reid, 2011).

유치원에서 레슬리는 라비에게 또래와 어울리는 데 효과적인 방법을 가르치고, 이런 기술들을 라비가 해보도록 하고 라비가 기술을 사용하면 칭찬해주었다. 기회가 생기면 그녀는 라비에게 같은 반 친구의 정서에 대해 이야기해보도록 하고, 라비가 자신의 정서에 대해서도 표현하도록 격려했다. 라비가 타인의 조망을 수용하고 공감하며 동정적인 염려를 점점 더 잘 느끼게 되면서 또래를 향해 요동치던 그의 분노도 줄어들었다(Izard et al., 2008). 라비는 또한 사회적 문제 해결 훈련에도 참가했다. 1년 동안 라비는 일주일에 한 번 소집단 친구들 및 레슬리 선생님과 함께 손가락 인형을 활용해 흔히 일어나는 갈등을 연출해보고, 다툼을 해결하기 위한 대안을

묻고 대답하기

> **연관지어보기** 부모들은 두려움이 없고 충동적인 아이들에게 양심의 발달을 촉진하기 위해 무엇을 해야 하는가? 적합성의 개념을 어떻게 설명하는가?(제6장 223쪽 참조)
>
> **적용해보기** 앨리스와 웨인은 두 자녀가 도덕적으로 성숙하고 사람을 배려하기를 바란다. 그들이 해야 하고 하지 말아야 할 양육 훈련을 몇 가지 열거해보라.
>
> **생각해보기** 잘못된 행동을 한 학령전기 아동을 위한 바람직한 유형의 처벌은 무엇이며, 받아들일 수 없는 유형의 처벌은 무엇인가? 그 이유는 무엇인가?

논의해보며, 성공적인 전략을 연습해보았다. 이와 같은 훈련을 받은 아동은 정서적 유능성과 사회적 유능성이 증가했고 이는 후에도 계속되었다(Bierman & Powers, 2009; Moore et al., 2015).

마지막으로 경제적 어려움과 혼란스러운 이웃 환경에서 기인한 스트레스 요인들을 완화하고 가족에게 사회적 지지를 제공함으로써 아동기 공격성을 예방할 수 있다(Bugental, Corpuz, & Schwartz, 2012). 부모가 자신의 스트레스 요인들을 잘 다룰 수 있을 때 아동의 공격성을 완화하기 위한 중재도 더 효과적으로 기능할 수 있다.

성 유형화

8.7 미취학 아동들의 성 고정관념 믿음과 행동에 대한 생물학적·환경적 영향에 대해 논의하라.

8.8 성 정체성 출현을 설명하는 주요 이론들을 기술하고 평가하라.

성 유형화(gender typing)는 문화적 고정관념에 순응하는 방식으로 물건, 활동, 역할, 특성과 한 성별 혹은 다른 성별과의 관련성을 의미한다(Blakemore, Berenbaum, & Liben, 2009). 레슬리 선생님 학급의 남아들은 블록, 목공 놀이, 활동적인 놀이를 위한 공간에 자주 모여 있는 반면에 여아들은 가사, 미술, 독서 영역에서 많은 시간을 보낸다. 이미 아동은 성별과 관련된 많은 신념과 선호를 획득해 왔으며 성별이 같은 또래와 노는 경향이 생긴 것이다.

도덕성을 설명하는 이론들이 아동의 성 유형화 설명에도 사용된다. 모델링과 강화를 강조하는 **사회학습이론**과 아동을 사회적 세계에 대한 능동적인 사색가로 보는 **인지발달이론**이 그 예다. 앞으로 살펴보겠지만 두 가지 이론 모두 성 유형화를 설명하기에 충분하지 않다. 최근에는 두 이론의 요소들이 결합된 세 번째 관점인 성 도식 이론이 주목을 받고 있다. 다음 절에서는 성 유형화의 초기 발달에 대해 고찰해볼 것이다.

성 고정관념적 믿음과 행동

아동은 자신의 성을 일관되게 명명할 수 있기 전에도 남성은 거칠고 강하며 여성은 부드럽고 유순하다고 여기는 일반적인 성별 연관성을 획득하기 시작한다. 한 연구에서는 18개월 영아도 전나무와 망치 같은 품목을 남성과 관련지었는데, 이는 아동이 아직 유사한 여성적 관련성들을 학습하지 않은 상태임에도 불구하고 나타났다(Eichstedt et al., 2002). 제6장에서 2세경의 아동이 '소년', '소녀', '숙녀', '신사'와 같은 단어들을 적절하게 사용했던 것을 되새겨보자. 성 범주가 확립되자마자 어린 아동의 성 유형적 학습은 가속화된다.

취학 전 아동은 장난감, 의류, 도구, 가사용품, 게임, 직업, 색상(분홍과 파랑), 행동(신체적 공격성과 관계적 공격성)을 각 성별과 연관시킨다(Banse et al., 2010; Giles & Heyman, 2005; Poulin-Dubois et al., 2002). 또한 아동의 행동은 놀이 선호에서뿐 아니라 성격 특성에서도 성별에 대한 아동의 신념을 보여준다. 우리가 이제껏 보아 왔던 것처럼 남아는 더 활동적이고, 충동적이며, 자기주장이 강하고, 신체적으로 공격적인 경향이 있다. 여아는 더 겁이 많고, 의존적이며, 정서적으로 민감하고, 순응적이며, 의도적 통제 능력이 더 높고, 간접적인 관계적 공격을 가하는 데 더 능숙하다(Else-Quest, 2012).

아동 초기 동안 아동의 성 고정관념적인 신념은 더 견고해져서 유연한 지침이 아닌 전반적이고 일반적인 규칙으로 작

유아기 초기에 성 정형화는 잘 진행된다. 여아들은 여아들과 노는 경향이 있고, 양육과 협력을 강조하는 장난감과 활동에 끌린다.

용한다(Halim et al., 2013; Trautner et al., 2005). 아동에게 성 고정관념을 위반할 수 있는지 질문하면 3, 4세 아동의 절반 이상이 옷이나 머리 모양, 특정 장난감(바비인형, 지아이조)을 가지고 노는 것에 대해 "아니요"라고 답한다(Blakemore, 2003). 뿐만 아니라 대부분의 3~6세 아동은 성 고정관념을 위반하는 아동(매니큐어를 바르는 남아, 트럭을 가지고 노는 여아)과 친구가 되고 싶지 않다거나 성 고정관념 위반을 허락하는 학교에 다니고 싶지 않다고 답했다(Ruble et al., 2007).

취학 전 아동의 엄격한 성역할 고정관념은 우리가 일상에서 일반적으로 관찰하는 행동들을 더 잘 이해하도록 돕는다. 레슬리가 자신의 학급 아동들에게 킬트를 입고 있는 스코틀랜드의 백파이프 연주자의 사진을 보여주자, 아동들은 "남자는 치마를 안 입어요!"라고 주장했다. 자유놀이 동안에 아동들은 종종 여아는 경찰관이 될 수 없고, 남아는 아기를 돌볼 수 없다고 이야기했다. 이러한 일방적인 판단은 환경에서의 성역할 고정관념과 어린 아동의 인지적 한계의 공동 산물이다. 대부분의 취학 전 아동은 활동, 장난감, 직업, 머리 모양, 옷과 같이 남성 또는 여성과 연관된 특징들이 그 사람의 성별을 결정하지는 않는다는 사실을 아직 깨닫지 못한다.

성 유형화의 유전적 영향

앞에서 기술된 성격 특성과 행동에서의 성차는 세계 곳곳의 많은 문화권에서 나타난다(Munroe & Romney, 2006; Whiting & Edwards, 1988). 남성의 활동 수준과 신체적 공격성, 여성의 정서적 민감성, 같은 성별의 놀이친구를 선호하는 것과 같은 특성들은 포유류에게서 많이 나타나는 현상이다(de Waal, 2001). 진화적 관점에 따르면 남성 조상의 성인기 삶은 주로 배우자를 위한 경쟁을 지향하며, 여성 조상은 자녀 양육을 지향한다. 그러므로 남성은 지배를 위해, 여성은 친밀감, 반응성, 협조성을 위해 유전적으로 준비되어 있다(Konner 2010; Maccoby, 2002). 진화이론가들은 비록 가정과 문화적 힘이 생물학적으로 기인한 성차의 강도에 영향을 미칠 수는 있을지라도, 이렇듯 인간 역사에서 적응적 기능을 제공한 성 유형화의 측면을 경험을 통해 근절할 수는 없다고 주장한다.

동물 실험에서는 태아기에 투여된 안드로겐이 수컷과 암컷 포유류 모두에게서 활동적인 놀이와 공격성을 증가시키고, 돌봄행동을 억제시킨다는 것이 밝혀졌다(Arnold, 2009).

인간을 대상으로 한 실험도 유사한 양상을 보여주었다. 태아기 때 높은 수준의 안드로겐에 노출된 여아는 호르몬 수준의 변화 때문에 혹은 유전적 결함 때문에 보다 '남성적인' 행동을 보여 인형보다 트럭이나 블록을, 조용한 놀이보다 활동적인 놀이를 선호하고 남아와 노는 것을 더 좋아한다. 이런 성향은 부모가 성 유형화된 놀이에 참여할 것을 권장하더라도 나타난다(Berenbaum & Beltz, 2011; Hines, 2011a). 또한 출생 전에 낮은 수준의 안드로겐에 노출된 아동은 고환에 의한 안드로겐 생성이 감소되었기 때문에 혹은 신체 세포가 안드로겐에 둔감하기 때문에 장난감 선택이나 놀이행동 선택, 놀이친구로 여아에 대한 선호 등 '여성적' 활동에 참여하는 경향을 보인다(Jürgensen et al., 2007; Lamminmaki et al., 2012).

몇몇 연구자들은 유전적으로 기인한 성차는 아동의 놀이 스타일에 영향을 미쳐 아동이 자신과 관심사나 행동이 유사한 동성의 놀이친구를 찾게 만든다고 주장한다(Maccoby, 1998; Mehta & Strough, 2009). 취학 전 시기 여아들은 협동적인 역할을 포함한 침착한 활동에 대한 선호를 공유하기 때문에, 다른 여아와 짝을 이루어 놀고 싶어 한다. 남아는 달리고, 오르고, 싸우는 놀이를 같이 하고, 대결하고, 쌓았다가 무너뜨리는 등의 욕구를 공유할 다른 남아와 함께 하는 대집단 놀이를 선호한다.

연구자들은 취학 전 아동이 비슷한 수준의 성 유형화 활동을 하는 또래를 찾는다고 주장한다. 하지만 아동은 또한 활동의 종류와 관계없이 동성의 친구와 시간을 보내는 것을 더 좋아하는데, 이는 아마도 아동이 기본적으로 자신과 비슷한 놀이친구와 노는 것이 더 재미있을 것이라고 생각하기 때문일 것이다(Martin et al., 2013). 4세에 아동은 이성의 친구보다 동성의 친구와 3배가량 더 많은 시간을 보낸다. 이러한 비율은 6세경에는 11 : 1까지 증가한다(Martin & Fabes, 2001).

성 유형화의 환경적 영향

수많은 증거들이 집, 학교, 지역사회에서의 환경적 힘이 유전적 영향을 토대로 하여 아동 초기의 활발한 성 유형화를 촉진하는 데 영향을 미친다는 것을 보여준다.

부모 출산의 순간부터 부모는 딸과 아들에게 기대하는 바가 다르다. 많은 부모들은 자녀가 '성별에 적합한' 장난감을 가지고 놀기를 원한다(Blakemore & Hill, 2008). 또한 성취, 경쟁, 감정의 통제는 아들에게 중요한 것이며 따뜻함, 예의 바른 행동, 활동에 대한 세심한 관리는 딸에게 중요한 것으로 기술하는 경향이 있다(Brody, 1999; Turner & Gervai, 1995).

실제 부모의 양육행동도 이런 신념을 반영한다. 부모는 아들에게는 활동과 경쟁을 강조하는 장난감(차, 연장, 축구공)을 주며, 딸에게는 양육, 협동, 신체적 매력을 강조하는 장난감(인형, 차 세트, 보석)을 준다(Leaper, 1994; Leaper & Friedman, 2007). 취학 전 아동을 둔 아버지들은 아들과는 신체적인 활동(술래잡기, 공놀이)을 많이 하고 딸과는 읽고 쓰는 활동(책 읽기, 이야기하기)을 많이 한다고 보고했다(Leavell et al., 2011). 뿐만 아니라 부모는 아들이 차와 트럭을 가지고 놀거나, 주의를 끌거나, 뛰고 기어오르거나, 다른 아동의 장난감을 가지려고 할 때 더 긍정적으로 반응하는 경향이 있다. 딸과 상호작용할 때 부모는 종종 놀이 활동을 지시하고, 도움을 주며, 가사에 참여하도록 격려하고, 지지적인 발언(허락, 칭찬, 동의)을 더 많이 하며, 정서를 더 잘 읽어준다(Clearfield & Nelson, 2006; Fagot & Hagan, 1991; Leaper, 2000).

게다가 부모는 언어를 통해 아동에게 성 범주와 성역할 고정관념에 대한 간접적인 신호를 제공한다. 걸음마기 아동 및 취학 전 아동과 그림책을 읽는 연구에서 어머니들은 예외는 무시한 채 성별이 같으면 모두 유사하다고 간주하는 포괄적인 발언("남자는 선원이 될 수 있어", "대부분의 여자아이는 트럭을 안 좋아해")을 자주 사용했다(Gelman, Taylor, & Nguyen, 2004). 아동은 이런 어머니의 발화에서 표현을 습득

이 아버지는 아들에게 목공 기술을 가르친다. 두 성별 중 남아들은 성 고정관념이 더욱 강화된다. 특히 아버지는 아들에게 성역할에 순응할 것을 주장하면서 '남성적인' 행동을 조장한다.

해 연령이 높은 취학 전 아동은 종종 성 고정관념화된 일반적 발언을 했고, 어머니는 그에 동의했다(아동 : "남자만 선원이 될 수 있어요" 어머니 : "맞아").

전반적으로 남아는 여아보다 더욱 강력하게 성 유형화된다. 특히 아버지는 아들이 성역할을 따라야 한다고 주장한다. 아버지들은 딸보다 아들에게 성취에 대한 압력을 더 가하며, 여아가 말괄량이처럼 행동할 때보다 남아가 '겁쟁이같이' 행동할 때 더 염려하는 것처럼 남아가 '다른 성'의 행동을 하는 것에 대해 덜 관대하다(Blakemore & Hill, 2008; Wood, Desmarais, & Gugula, 2002).

정형화되지 않은 가치를 지니고 이에 맞추어 행동하는 부모의 자녀는 성 유형화 수준이 더 낮다(Tenenbaum & Leaper, 2002). 동성애자 부모를 둔 아동은 이성애자 부모를 둔 또래보다 덜 성 유형화되어 있는데, 이는 아마 부모가 보다 성적으로 동등한 기대와 행동을 지니기 때문일 것이다(Fulcher, Sutfin, & Patterson, 2008; Goldberg, Kashy, & Smith, 2012).

교사 교사는 종종 학생의 성역할 학습을 확장하는 행동을 보인다. 레슬리 선생님은 몇 차례 "남학생 한 줄, 여학생 한 줄로 설래?" "남학생들, 너희가 여학생들처럼 조용히 앉아 있었으면 좋겠구나"라고 말했을 때 자신이 성의 구분을 강조했음을 인식했다. 이런 행동은 취학 전 아동의 성 고정관념화된 신념을 증가시키며 이성의 또래와 어울리는 것을 좋아하지 않고 꺼리도록 만든다(Hilliard & Liben, 2010).

부모와 마찬가지로 유치원 교사는 여아에게 성인이 구조화한 활동에 참여하도록 한다. 남아는 성인이 거의 관여하지 않는 놀이 영역에 끌리는 반면에, 여아는 종종 교사 주위로 모여들어 그 지시에 따른다(Campbell, Shirley, & Candy, 2004). 그 결과 남아와 여아는 서로 다른 사회적 행동에 참여한다. 순응과 도움 요청은 성인에 의해 구조화된 환경에서 자주 나타나며, 자기주장, 리더십, 자료의 독창적인 활용은 비구조화된 수행에서 나타난다.

유치원이나 어린이집에 다니는 어린 시기에도 교사는 여아보다 남아에게 더 세심한 주의(긍정적 관심과 부정적 관심 모두)를 기울이는데, 이런 차이는 중국, 영국, 미국 등 다양한 국가에서 명확하게 나타난다. 교사는 학업적 지식에 대해 남아를 더 칭찬할 뿐만 아니라 남아에게 더 많은 제재를 가하고 훈육한다(Chen & Rao, 2011; Davies, 2008; Swinson & Harrop, 2009). 교사는 남아가 여아에 비해 더 자주 잘못된

이 유치원 교실에서는 남아들이 독립적으로 노는 동안 여아들이 선생님 주위에 모여 수업을 받는다. 그 결과, 아이들은 성 정형화된 행동(여아들은 순응과 관심을 끌기 위한 행동, 남아들은 자기주장과 리더십)이 실천된다.

행동을 할 것이라 예상하는 경향이 있는데, 이는 남아의 실제 행동뿐 아니라 성 고정관념에 기반을 둔 신념에 근거하는 것으로 보인다.

또래 아동이 동성의 또래와 자주 놀수록 아동의 행동은 장난감 선택, 활동 수준, 공격성, 성인의 참여 등의 측면에서 더욱 성 유형화된 행동을 보인다(Martin et al., 2013). 3세경 동성의 또래는 서로를 칭찬하고 모방하고 함께 행동함으로써 서로의 성 유형화된 놀이행동을 강화한다. 반대로 취학 전 아동이 '다른 성'의 활동, 예를 들면 남아가 인형을 가지고 놀거나 여아가 차와 트럭을 가지고 놀 때 다른 아동들에게 비난을 받았다. 특히 남아는 다른 남아가 성별에 맞지 않는 놀이를 하는 것을 용납하지 않는다(Thorne, 1993). 종종 성별 구분을 위배하는 남아는 '남성적인' 활동에 참여할 때조차 다른 남아들에게 무시당하기 쉽다.

아동은 또한 성별로 구분된 또래집단에서 상이한 양식의 사회적 영향을 발달시킨다. 대집단 놀이에서 자기가 원하는 방식대로 하기 위해 남아는 종종 명령, 위협, 신체적 힘을 사용한다. 둘이 같이 노는 것을 좋아하는 여아들은 정중한 요청, 설득, 수용을 사용함으로써 상대의 요구를 고려하게 된다. 여아는 이러한 전략이 다른 여아에게는 성공적이지만, 자신의 정중한 제의를 무시하는 남아에게는 그렇지 않다는 것을 곧 알게 된다(Leaper, 1994; Leaper, Tenenbaum, & Shaffer, 1999). 이와 같이 남아의 반응적이지 못한 경향은 여

아들이 남아들과의 상호작용을 중단할 또 다른 이유를 제공한다.

시간이 가면서 아동은 성 차별적 놀이가 '올바르다는 것'을 믿게 되고 이성 또래보다 동성 또래와 자신이 더 비슷하다고 인식하는데, 이는 성 차별과 성 고정적 활동을 강화한다(Martin et al., 2011). 또한 남아와 여아가 분리되면서 동성의 구성원을 더 긍정적으로 평가하는 **내집단 편애**(in-group favoritism)는 남아와 여아로 분리된 사회적 세계를 유지시키는 또 다른 요인으로 기능해 인식, 신념, 흥미, 행동에 있어 '두 가지 별개의 하위 문화'를 발생시킨다(Maccoby, 2002).

성별 분리가 만연하기는 하지만 이런 집단 내에서 성 유형화된 의사소통에 대한 문화적 다양성이 존재한다. 사회경제적 지위가 낮은 가정의 아프리카계 미국인 여아와 히스패닉 여아는 다른 여아와 어울릴 때와 남아와 어울릴 때 모두 유럽계 미국인 여아에 비해 자기주장이 강하고 독립적인 경향이 있다(Goodwin, 1998). 이와 유사하게, 중국 아동과 미국 아동의 놀이를 비교한 결과 중국 여아는 동성 및 이성 또래와 어울릴 때 보다 직접적인 명령과 비판을 사용하는 것으로 나타났다(Kyratzis & Guo, 2001). 상호의존이 강조되는 문화권에서는 전통적 상호작용을 통해 동성의 또래관계를 유지하는 데 힘을 들일 필요가 없다고 느낄 수 있다.

보다 넓은 사회적 환경 마지막으로, 아동의 일상 환경은 직업, 레저 활동, 미디어 속 묘사, 남성과 여성의 성취 등에서 성 유형화 행동의 여러 예를 보여준다. 만화나 비디오 게임에서 특히 만연한 미디어 고정관념은 남성이나 여성에게 맞는 역할과 행동에 대한 아동의 왜곡된 믿음에 영향을 미친다(Calvert, 2015; Leaper, 2013). 다음 절에서 보겠지만 아동은 곧 자신을 둘러싸고 있는 사회뿐만 아니라 자기 자신을 볼 때도 '성 차별적 렌즈'를 통해 보게 되며, 이는 아동의 흥미와 학습의 기회를 심각하게 제한할 수 있다.

성 정체성

성인인 우리는 각자 자신이 상대적으로 여성적인지 남성적인지에 대한 이미지인 **성 정체성**(gender identity)을 지닌다. 아동 중기 무렵, 아동에게 스스로의 성격 특질을 평정하도록 질문해 아동의 성 정체감을 측정할 수 있다. '남성적' 정체성을 가진 아동이나 성인은 전통적으로 남성적인 항목(야심적인, 경쟁적인, 자부심 강한)에 높은 점수를 매기며, 전통

적으로 여성적인 항목(애정적인, 명랑한, 말씨가 부드러운)에 낮은 점수를 매긴다. '여성' 정체성을 가진 사람들은 이와 반대로 답한다. 일부 사람, 특히 여성 중 일부는 **양성성**(androgyny)이라 불리는 성 정체성을 갖는데, 이 경우 남성적 특성과 여성적 특성 모두에 높은 점수를 매긴다.

성 정체성은 심리적 적응의 좋은 예측 요인이다. '남성적인' 아동 및 성인은 '여성적인' 사람에 비해 높은 자존감을 지닌다(DiDonato & Berenbaum, 2011; Harter, 2012). 또한 양성적인 사람은 상황에 따라 남성적인 독립심이나 여성적인 민감성을 보일 수 있어 더 적응적이다(Huyck, 1996; Taylor & Hall, 1982). 양성적인 정체성의 존재는 아동이 전통적으로 각 성별과 관련된 긍정적 측면을 통합해 획득할 수 있다는 것을 증명하며, 이는 아동의 잠재력을 실현시키는 데 가장 큰 도움을 줄 수 있는 성향이라고 할 수 있다.

성 정체성의 출현 아동은 어떻게 성 정체성을 발달시키는가? 사회학습이론에 따르면 행동은 자기인식 이전에 먼저 나타난다. 취학 전 아동은 모델링과 강화를 통해 성 유형화된 반응을 먼저 획득하고, 그 후에 이런 행동을 자신에 대한 성 관련 개념으로 만든다. 이와는 대조적으로 인지발달이론에서는 행동 이전에 자기인식이 나타난다고 주장한다. 취학 전 시기 동안 아동은 **성 항상성**(gender constancy), 즉 옷, 머리 모양, 놀이 활동이 변하더라도 성별은 변함없이 유지된다는 인식을 포함해 자신의 성별이 생물학적으로 영속성을 지닌다는 점에 대한 이해를 획득한다. 아동은 성별과 관련된 자신의 행동을 결정하기 위해 이런 이해를 활용한다.

성인이 인형에게 '다른 성별'의 옷을 입히는 것을 본 6세 이하의 어린 아동은 대개 인형의 성도 변했다고 주장한다(Chauhan, Shastri, & Mohite, 2005; Fagot, 1985). 성 항상성의 숙달은 피아제의 보존 과제의 성공적 수행과 강한 관련성을 보인다(DiLisi & Gallagher, 1991). 실제로 성 항상성 과제는 아동이 외양의 피상적인 변화와 상관없이 그 사람의 성별은 보존된다는 점을 이해해야 한다는 점에서 보존 과제의 한 유형으로 간주할 수 있다.

성 항상성이 아동의 성 유형화된 행동의 원인이라고 하는 인지발달이론은 옳은 것일까? 이런 주장에 대한 근거는 미약하다. 일부 연구에서는 성 항상성의 획득이 실제로 보다 유연한 성역할 태도에 영향을 미친다고 보여주었는데, 이는 아마 비전형적인 성별 행동을 한다고 자신의 성별이 변하지 않는다는 점을 아동이 이해하기 때문일 것이다(Ruble et al., 2007). 하지만 전체적으로 성 항상성이 성 유형화에 미치는 영향은 크지 않다. 다음 절에 언급할 연구 결과들이 보여주듯이, 성역할 채택은 자신의 성별과 자신의 행동이 얼마나 밀접해야 하는지에 대한 아동의 믿음에 더 큰 영향을 받는다.

성 도식 이론 **성 도식 이론**(gender schema theory)은 사회학습과 인지발달적 특징을 결합한 정보처리적 접근이다. 이는 환경적 압력과 아동의 인지가 성역할 발달을 형성하기 위해 어떻게 함께 작용하는지 설명한다(Martin & Halverson, 1987; Martin, Ruble, & Szkrybalo, 2002). 어린 시기의 아동은 타인으로부터 성 유형화된 선호와 행동을 선택한다. 이와 동시에 아동은 자신의 경험을 성 도식, 혹은 남성적/여성적 범주로 구성하며, 자신의 세계를 해석하기 위해 성 도식을 사용한다. 취학 전 아동이 자신의 성을 명명할 수 있게 되면서 아동은 자신의 성별과 일치하는 성 도식을 선택하고("남자아이들만 의사가 될 수 있어", "요리사는 여자아이들의 일이야"), 그러한 범주를 스스로에게 적용시킨다. 그 후 아동의 자기인식이 성 유형화되고, 아동은 이를 정보를 처리하고 자신의 행동을 결정하기 위한 부가적 도식으로 사용한다.

우리는 아동이 성 유형화된 관점을 받아들이는 정도에 개인차가 존재한다고 여겨 왔다. 그림 8.3은 성 도식을 자신의 경험에 자주 적용시키는 아동과 그렇지 않은 아동의 인지적 경로가 다르다는 것을 보여준다(Liben & Bigler, 2002). 한 인형을 마주한 빌리를 생각해보자. 만약 빌리가 성 도식화된 아동이라면 그의 성 관련 필터는 즉각적으로 성을 중요한 요인으로 연관시킬 것이다. 그는 이전에 학습한 것을 되살리며 스스로에게 "남자가 인형을 갖고 놀아도 되나?"라고 질문할 것이다. 만약 그가 "그렇다"고 대답하고 장난감에 흥미를 느낀다면 다가가서 그것을 탐색하고 학습할 것이다. 만약 그가 "아니다"라고 대답하면 '성 부적절' 장난감을 피하는 반응을 보일 것이다. 그러나 만약 빌리가 성별과 관련된 관점을 통해 세상을 보지 않는 성 도식화되지 않은 아동이라면 그는 자신에게 간단히 "내가 이 장난감을 좋아하나?"라고 질문하고 흥미에 기초해 반응할 것이다.

성 도식적 사고는 매우 강력해 아동은 '성 비일치' 방식으로 행동하고 있는 타인을 본 경우 그에 대한 자신의 기억을 '성 일치'된 것으로 왜곡한다. 예를 들어 남성 간호사의 사진을 보여주었을 때 그를 의사로 기억할 것이다(Martin &

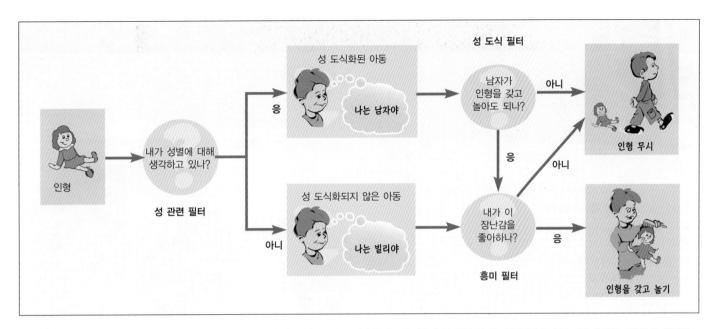

그림 8.3 성 도식화된 아동과 성 도식화되지 않은 아동의 인지 경로 성 도식화된 아동의 경우에 성 관련 필터는 즉각적으로 성을 매우 중요한 요인으로 연관시킬 것이다. 빌리는 인형을 보고 "나는 남자야. 내가 인형을 갖고 놀아도 되나?"라고 생각한다. 그는 경험을 되살리며, "응" 혹은 "아니"라고 대답한다. 만약 그가 "응"이라고 대답하고 인형에 관심이 끌리면 그는 인형을 가지고 논다. 만약 그가 "아니"라고 대답하면 그는 '성 부적절한' 장난감을 피할 것이다. 성 도식화되지 않은 아동은 세계를 성 관련된 관점에서 거의 보지 않는다. 빌리는 단순히 "내가 이 장난감을 좋아하나?"라고 묻고 흥미에 기초해 반응한다(Rebecca Bigler).

Ruble, 2004). 그리고 성 도식화된 취학 전 아동은 대개 "내가 좋아하는 건 나와 성별이 같은 다른 아이들도 좋아할 거야"라고 단정하기 때문에 자신의 선호를 성 편견을 확대시키는 데 사용한다(Liben & Bigler, 2002). 예를 들면 굴을 싫어하는 한 여아는 비록 자신의 고정관념을 촉진하는 정보가 주어지지 않음에도 불구하고 "남자아이들만 굴을 좋아해!"라고 단정 지을 수 있다. 적어도 부분적으로는 이런 이유 때문에 어린 아동의 성 도식은 문화적으로 기준이 되는 생각과 그렇지 않은 생각을 모두 포함한다(Tenenbaum et al., 2010). 학령기가 되어서야 아동의 성 도식은 성인과 유사해진다.

성 정체성은 자신의 성별에 대한 핵심적 의식을 바탕으로 한 자기인식을 포함한다. 하지만 일부 아동은 자신이 출생 시 성별에 불편함을 느끼고 다른 성별로 살고 싶어 하며, 이런 욕구를 매우 어린 시기인 취학 전 연령부터 표현한다. 생물학적 영향과 환경적 영향 상자에 트랜스젠더 아동을 대상으로 한 연구가 제시되어 있다.

어린 아동의 성역할 고정관념 줄이기

우리는 어떻게 어린 아동이 행동과 학습 기회를 제한하는 강력한 성 도식의 발달을 피할 수 있게 도울 수 있을까? 간단한 방법은 없다. 생물학은 아동의 성 유형화에 분명히 영향을 미치는데, 일반적으로 남아는 활동적이고 경쟁적인 놀이를

좋아하게 되고, 여아는 조용하고 친밀한 상호작용을 좋아하게 된다. 이와 동시에 출생 시부터 남아와 여아를 다르게 대하는 태도는 생물학적인 성향을 증폭시키고 인간 본성과 관련 없는 성 유형화의 많은 측면을 촉진한다(Hines, 2015).

어린 아동은 인지적 한계로 인해 문화적 훈련이 성별을 결정한다고 여기기 때문에, 부모와 교사들은 아동이 성역할 고정관념에 대한 메시지에 노출되는 시기를 지연시켜야 한다. 자신의 행동에서 전통적인 성역할을 제한하는 것부터 시작해 아동에게 비전통적인 대안을 제시할 수 있다. 가령 부부가 번갈아 저녁을 준비하고, 아이를 씻기고, 차를 운전하며, 아들과 딸에게 트럭과 인형, 분홍색과 파란색 옷을 모두 사줄 수 있다. 교사들은 모든 아동이 성별 혼합 놀이 활동과 비구조화된 활동에 참여하도록 해야 하는데, 이런 환경에서 아동 행동의 성 유형화가 약해지기 때문이다(Goble et al., 2012). 마지막으로 성인은 성 고정관념을 내포하는 언어를 삼가고 그런 대중매체 프로그램으로부터 아동을 보호할 수 있다.

일단 아동이 사회에 만연한 성 고정관념을 인식했다면 부모와 교사는 예외를 알려줄 수 있다. 예를 들면 비전통적인 직업을 추구하는 남성과 여성에 대한 자료를 준비해 아동에게 보여줄 수 있고, 성별이 아니라 흥미와 기술이 한 사람의 직업을 결정해야 한다고 설명할 수 있다. 다양한 연구들은

생물학적 영향과 환경적 영향

트랜스젠더 아동

소녀로 삶을 시작한 제이콥은 이름을 바꾸고 어린 시절에 소년으로 살았다. 부모가 자신의 확인된 성을 표현하고자 하는 욕구를 지지하는 트랜스젠더 아이들이 더 만족스럽고 더 잘 적응하고 있다.

제이콥은 태어났을 때 미아라는 이름을 가진 여자아이였으나, 2세 때 그저 남자 흉내를 낼 뿐이라는 부모의 생각과는 달리 "나는 남자야!"라고 강력히 주장하기 시작했다. 유치원에서 제이콥은 사람들이 자신을 여자아이라고 생각하는 것에 대해 화를 내기 시작했다. 선생님이 이름을 써보라고 하자 M-I-A라고 썼으나 이내 거칠게 이를 지워버렸다. 제이콥의 부모는 점차 제이콥의 표현된 정체성이 얼마나 강한지 깨닫기 시작했다. 그들은 치료사의 도움을 받아 제이콥이 원하는 것을 따르기 시작했다. 남자 옷을 사주고, 머리를 짧게 깎게 했으며, 슈퍼히어로 피규어나 장난감 자동차를 사주었다. 4세 때 제이콥의 부모는 제이콥에게 몇 가지 선택지를 주었는데, 그중 하나는 남자로 사는 것이었다. 그러자 그는 이름을 제이콥으로 바꾸고 남자아이로서 새로운 삶을 시작할 수 있는 다른 학교에 가고 싶다고 주장했다(Lemay, 2015). 제이콥은 "나는 매일매일 남자아이이고 싶어요"라고 이야기했다. 가정과 학교에서의 문제행동은 매우 빠르게 진정되었다.

서구 국가에서 트랜스젠더 아동, 청소년, 성인의 수는 최근 들어 약간이기는 하지만 증가하고 있다. 이는 아마도 제이콥의 경우 같은 이야기들이 미디어에 더 많이 등장하고, 처치를 받는 것이 사회적으로 보다 용인되고 있기 때문일 것이다. 자신의 타고난 성에 만족하지 않고 자신을 다른 성으로 강하게 인식하는 사람들은 성별 불쾌감(gender dysphoria)라 불리는 극심한 고통을 경험한다. 네덜란드와 북미 아동의 거대 표본에 근거한 추정치에 따르면 생물학적 남아 중 1.5%, 여아 중 2%가량이 성별 불쾌감으로 고통 받고 있다(Ristori & Steensma, 2016; Van Beijsterveldt, Hudziak, & Boomsma, 2006). 일부 연구자들은 이런 성차가 여아의 성별 불일치에 대한 문화적 수용과 관련이 있어 성별 불쾌감을 경험하는 여아가 이를 보다 쉽게 표현한다고 추측했다.

성인기에 성별을 변경하는 사람들은 대개 자신의 성별 불쾌감이 아동 초기에 시작되었다고 이야기한다. 성별 불쾌감에 영향을 미치는 요인이 무엇인지는 아직 정확히 파악되지 않았지만, 출생 전 호르몬 환경이 영향을 미치는 것으로 보인다. 예를 들어, 다른 여성에 비해 출생 전 높은 수준의 안드로겐에 노출되었던 유전적 여성이 트랜스젠더인 경우가 더 많다(Dessens, Slijper, & Drop, 2005). 하지만 출생 전에 많은 여성들이 높은 수준의 안드로겐에 노출되고 많은 남성들이 낮은 안드로겐에 노출되지만 이들 모두가 생물학적 성에 불편함을 표하지는 않는다.

일부 연구들은 아동기의 성별 불쾌감이 청소년기와 성인기에 걸쳐 감소한다고 주장하지만, 이런 연구의 표본은 성별 불쾌감을 느끼는 아동과 단순히 자신의 성별에 불편함을 나타내는 아동을 구분하지 않았다. 자신의 생물학적 성과 핵심 성 정체성 간 부조화로 인해 고통 받는 아동, 자신이 다른 성별이라고 주장하는 아동, 다른 성별의 행동을 많이 보이는 아동은 대개 지속적인 성별 불쾌감을 경험한다(Ristori & Steensma, 2016; Steensma et al., 2011). 이렇게 지속적인 불쾌감을 느끼는 아동은 제이콥의 경우처럼 거의 혹은 완전히 자신이 원하는 성역할을 취하게 된다.

트랜스젠더 아동은 다른 성을 흉내 내거나, 혼란을 느끼거나, 지연된 성 이해를 지닌 것이 아니다. 이런 아동에게 또래 선호와 성 유형화된 물체 선택, 성 정체성에 대해 질문을 하면, 표현하는 성과 같은 성별이면서 트랜스젠더가 아닌 또래와 동일한 답변을 한다(Olson, Key, & Eeaton, 2015).

청소년 초기에 신체 변화를 겪고 처음으로 성적 이끌림을 경험하면서 성별 불쾌감은 강해진다(Leibowitz & de Vries, 2016). 일부 청소년들은 사춘기 성호르몬 억제, 16세 이후 반대 성의 호르몬 치료, 18세 이후 수술 등 심리적·의학적 성별 전환 치료를 원하며 실제로 이를 받을 수 있다. 또 다른 아동들은 외과 처치에 대한 망설임과 더불어 스스로에게 질문하는 시간을 갖고, 신체적으로 성별을 바꾸는 것에 대한 자신의 감정을 생각하는 시간을 갖는다(Steensma & Cohen-Kettenis, 2015). 이 중 다수가 자신의 성별 불쾌감이 너무나도 강력하다고 느껴 결국엔 20대나 30대에 치료를 받기로 결정한다.

성별 불쾌감을 지닌 아동의 치료에 대해서는 논쟁이 있다. 한 방법은 다른 성에 대한 아동의 정체성과 행동을 줄이고 생물학적 성에 점차 편안함을 느끼도록 하는 목적을 지닌다. 하지만 이런 치료의 결과는 좋지 않다(Adelson, 2012; Byne et al., 2012). 성별 불쾌감을 느끼는 아동은 자신이 원하는 성별을 억압하고 부정하고자 하는 노력에 대해 고통을 호소한다.

점차 많은 의료 종사자들이 아동이 원하는 성 정체성 경향을 따르게끔 하고 부모를 도와 아동이 타인으로부터 부정적 반응을 받지 않도록 하는 데 초점을 맞춘 치료가 이루어져야 한다는 점에 동의하고 있다. 이런 노력은 많은 트랜스젠더 성인들이 보인 비극적 상황에서 비롯되었다. 현대의 많은 트랜스젠더 성인들이 아동기 때부터 가족으로부터의 거부와 사회적 배제를 경험하며, 실업과 가난, 노숙, 우울, 자살을 경험한다(Byne et al., 2012; Di Ceglie, 2014; Haas, Rodgers, & Herman, 2014). 최근 연구 결과들에 따르면 트랜스젠더 아동의 표현된 정체성을 포용함으로써 아동의 자기만족과 적응을 향상시킬 수 있다. 앞으로 다음 세대 트랜스젠더 성인의 장기적 결과를 측정하는 후속연구가 필요하다.

묻고 대답하기

연관지어보기 성별에 따른 고정화된 믿음 외에, 미취학 아동의 사회적 이해의 다른 측면들 중 경직되고 일방적인 경향이 있는가?

적용해보기 언어와 의사소통(부모와 자녀 사이, 선생님과 아이들 사이, 그리고 또래들 사이)이 아이들의 성 정형화에 강력하게 영향을 미친다는 것을 나타내는 조사 결과를 나열해보라. 이러한 영향에 대응하기 위해 여러분은 어떤 권고를 할 것인가?

생각해보기 여러분의 성 정체성을 '남성적인', '여성적인' 혹은 양성적인지 기술해보라. 어떤 생물학적 요인과 사회적 요인이 여러분의 성 정체성에 영향을 미쳤겠는가?

아동이 성 편견적인 관점을 약화시키는데 이와 같은 논의가 매우 효과적이라는 걸 보여준다. 아동 중기에 이르면 남아와 여아가 할 수 있는 것에 대해 유연한 사고를 가지고 있는 아동은 성 차별의 예를 더 쉽게 알아차릴 수 있다(Brown & Bigler, 2004). 또한 바로 다음에 우리가 살펴볼 양육에 대한 합리적 접근 역시 다른 많은 영역에서 건강하고 적응적인 기능을 촉진한다.

아동 양육과 정서적·사회적 발달

8.9 양육 방식이 발달에 미치는 영향을 설명하고, 권위 있는 양육 방식이 효과적인 이유를 설명하라.

8.10 아동학대의 복잡한 기원, 그 발달의 결과 및 예방 전략에 대해 논의하라.

앞 장과 이 장에서 우리는 부모가 애정과 협동을 기반으로 한 부모-자녀 관계를 형성하고, 성숙한 행동에 대한 모델링을 제공하고, 추론과 귀납적 훈육을 사용하고, 아동의 새로운 기술의 숙달을 지도하고 격려함으로써 어떻게 아동의 유능감을 촉진할 수 있는지를 보아 왔다. 이제 이런 훈련들을 효과적인 양육의 전반적인 관점에 적용해보자.

아동 양육의 유형

아동 양육의 유형(child-rearing style)은 다양한 상황에서 나타나면서 지속적인 양육 분위기를 만들어내는 양육행동의 조합이다. 일련의 주요 연구에서 다이애나 바움린드(Diana Baumrind)는 취학 전 아동과 상호작용하는 부모들을 관찰함으로써 양육 정보를 수집했다(Baumrind, 1971). 그녀의 발견과 더불어 이를 확대시킨 다른 연구들은 효과적인 유형과 덜 효과적인 유형을 일관되게 구분하는 세 가지 특징을 밝혀냈다 — (1) 수용과 관여, (2) 통제, (3) 자율성 부여(Gray & Steinberg, 1999; Hart, Newell, & Olsen, 2003). 표 8.2는 양육

유형이 이런 각각의 특징에서 어떻게 다르게 나타나는지 보여준다.

권위 있는 양육 가장 성공적인 접근법인 **권위 있는 양육 유형**(authoritative parenting style)은 높은 수용과 관여, 적응적인 통제기술, 그리고 적절한 자율성 부여와 관련이 있다. 권위 있는 부모는 따뜻하고, 세심하며, 아동의 요구에 민감하다. 그들은 자녀를 친밀한 관계로 이끄는 즐거우면서 정서적으로 풍부한 부모-자녀 관계를 형성한다. 동시에 권위 있는 부모는 단호하고 합리적인 통제를 행사한다. 그들은 성숙한 행동을 강조하고 이러한 기대에 대한 이유를 설명하며 아동의 자기조절을 촉진하기 위해 훈육을 '교육의 기회'로 활용한다. 마지막으로 권위 있는 부모는 자녀가 준비되어 있는 부분에서는 스스로 결정을 할 수 있도록 하면서 자녀에게 점차 적절한 자율성을 부여한다(Baumrind, 2013; Kuczynski & Lollis, 2002; Russell, Mize & Bissaker, 2004).

아동기와 청소년기 전반에 걸쳐 권위 있는 양육은 긍정적 기분, 자기통제, 과제 지속, 협동성, 높은 자존감, 사회적·도덕적 성숙, 학교에서의 높은 성취와 같은 다양한 측면의 유능감과 관련된다(Amato & Fowler, 2002; Aunola, Stattin & Nurmi, 2000; Gonzalez & Wolters, 2006; Jaffe, Gullone, & Hughes, 2010; Mackey, Arnold, & Pratt, 2001; Milevsky et al., 2007).

권위주의적 양육 **권위주의적 양육 유형**(authoritarian parenting style)은 수용과 관여가 낮고, 강압적인 통제가 높으며, 자율성 부여가 낮다. 권위주의적인 부모는 냉담하고 자녀에게 높은 거부를 보인다. 그들은 자녀를 통제하기 위해 소리를 지르고 명령하며 비난하고 위협한다. "내가 말했으니까 해!"가 그들의 태도이다. 그들은 자녀를 위해 결정을 내리고, 자녀가 무조건적으로 자신의 말을 받아들일 것이라 기대한다. 만약 아동이 저항하면 권위주의적인 부모는 힘과 처벌을 가한다.

권위주의적인 부모의 자녀는 불안하고, 불행하며, 자존감과 자기신뢰감이 낮다. 좌절했을 때 적대적으로 반응하는 경향이 있으며, 자신의 부모처럼 자신의 의견을 관철시키기 위해 힘을 사용한다. 특히 남아는 높은 수준의 분노와 반항을 보인다. 여아도 행동화가 나타나지만 더 의존적이고, 탐색에 대한 흥미가 부족하며, 도전적인 과제에 압도되기 쉽다(Hart,

표 8.2 양육 유형의 특징

양육 유형	수용과 관여	통제	자율성 부여
권위 있는	따뜻하고 반응적이며 세심하고 자녀의 요구에 민감하다.	성숙을 위한 합리적인 요구를 하고 일관되게 요구하고 설명한다.	자녀의 준비도에 따라 결정할 수 있게 한다. 자녀가 생각, 감정, 욕구를 표현할 수 있게 장려한다. 부모와 자녀의 의견이 다를 때 가능하면 공동의 의사결정을 한다.
권위주의적	냉담하고 거부적이며 아동을 자주 면박한다.	힘과 처벌을 사용해 강압적으로 요구한다. 종종 심리적 통제, 애정의 철회, 아동의 인격을 침해한다.	자녀를 위해 결정을 내린다. 자녀의 입장에 거의 귀를 기울이지 않는다.
허용적	따뜻하지만 과도하게 관대하거나 세심하지 못하다.	요구가 적거나 거의 없다.	자녀가 준비되기도 전에 결정을 내리게 한다.
무관여적	정서적으로 분리, 철회되어 있다.	요구가 적거나 거의 없다.	자녀의 의사결정과 견해에 대해 무관심하다.

Newell, & Olsen, 2003; Kakihara et al., 2010; Thompson, Hollis, & Richards, 2003). 권위주의적 양육에 노출된 아동 및 청소년은 대개 학교에서 수행이 좋지 않다. 하지만 통제에 대한 부모의 관심으로 인해 다음에 살펴볼 두 가지 유형의 양육에 해당하는 비요구적인 부모를 둔 또래들에 비해 학업 성취가 높고 반사회적 행동을 덜 보인다(Steinberg, Blatt-Eisengart, & Cauffman, 2006).

권위주의적인 부모는 부당한 직접적인 통제와 함께 **심리적 통제**(psychological control)라고 불리는 보다 교묘한 통제도 행사하는데, 자녀의 언어적 표현과 개별성, 부모에 대한 애착을 침해하고 조종해 자녀의 심리적 요구를 이용하는 것을 의미한다. 실제로 이런 부모들은 아동의 생각, 의사결정, 친구 선택 등을 자주 침해하며 이를 좌절시킨다. 또한 자신이 불만족스러우면 사랑을 철회하고, 아동의 순응을 조건으로 애정을 준다. 심리적 통제에 영향을 받기 쉬운 아동은 불안, 철회 행동, 반항, 공격성, 특히 조종과 배제를 통해 관계를 훼손하는, 부모의 심리적 통제와 같은 관계적 공격성 등 적응 문제를 보인다(Barber, Stolz, & Olsen, 2005; Barber & Xia, 2013; Kuppens et al., 2013).

허용적인 양육　**허용적인 양육 유형**(permissive child-rearing style)은 따뜻하고 수용적이지만 무관여적이다. 허용적인 부모는 과도하게 관대하거나 자녀에게 주의를 잘 기울이지 않으며, 따라서 자녀를 거의 통제하지 않는다. 자녀에게 점차 자율성을 부여해 나가는 대신, 아직 그럴 능력이 없는 연령임에도 불구하고 자녀가 스스로 결정을 내리게 한다. 그들은 자녀가 원할 때면 언제라도 식사하게 하고, 자도록 하며, 원하는 만큼 TV를 볼 수 있게 한다. 아동들은 바른 예절을 배우지도 않고, 어떤 종류의 집안일도 하지 않는다. 비록 몇몇의 허용적인 부모들은 진심으로 이런 접근이 가치 있다고 믿고 있지만, 대다수의 허용적인 부모들은 자녀의 행동에 영향력을 행사해야 할 자신의 능력에 대한 자신감이 부족하다(Oyserman et al., 2005).

허용적인 부모의 자녀는 충동적이고 불복종적이며 반항적이다. 또한 성인에게 지나치게 요구적이고 의존적이며 과제 지속성이 약하고 학교 성취가 낮으며 반사회적 행동을 많이 보인다. 허용적인 양육과 의존적이며 목표를 달성하지 못하고 반항적인 행동 간 관계는 특히 남아에게 강하게 나타난다(Barber & Olsen, 1997; Steinberg, Blatt-Eisengart, & Cauffman, 2006).

무관여적인 양육　**무관여적인 양육 유형**(uninvolved child-rearing style)은 통제가 거의 없고 자율성 부여에 무관심하면서 낮은 수용과 관여를 포함한다. 이런 부모들은 종종 정서적으로 분리되어 있고 우울하며 자녀를 위한 시간과 에너지의 여유가 거의 없이 생활 스트레스에 압도된다. 극단적인 경우 무관여적인 양육은 방임이라 부르는 아동학대의 한 유형으로 간주될 수도 있다. 특히 이런 양육이 일찍 시작된 경우에는 실제로 발달의 모든 측면에 지장을 준다(제6장 참조). 부모의 무관여가 덜 극단적일 때조차 아동과 청소년은 낮은 정서적 자기조절, 학교 성취의 어려움, 우울, 반사회적 행동과 같은 많은 문제를 보인다(Aunola, Stattin, & Nurmi, 2000; Schroeder et al., 2010).

무엇이 권위 있는 양육을 효과적이게 하는가?

대부분의 상관연구 결과들과 마찬가지로 양육과 아동 발달 간의 관계는 다양한 해석이 가능하다. 보다 적응적인 자녀들이 특히 부모에게 협조적인 기질을 지니기 때문에 부모가 권위 있는 양육 방식을 지닐 수 있다. 그러나 기질적으로 겁이 없고 충동적인 아동과 정서적으로 부정적인 아동이 강압적이며 비일관적인 훈육을 불러일으킬 가능성이 높음에도 불구하고, 따뜻하고 단호한 통제는 아동의 비적응적 태도를 교정하는 데 효과적이다(Cipriano & Stifter, 2010; Larzelere, Cox, & Mandara, 2013). 자녀가 억제되어 있고 겁이 많은 경우 부모는 자녀를 과보호하고자 하는 성향을 억제해야 한다. 억제되고 내성적인 아동의 경우 자기주장을 하고 자율성을 표현할 수 있도록 더욱더 격려해주는 것이 효과적이다(Nelson et al., 2006; Rubin & Burgess, 2002).

종단연구에서는 권위 있는 양육이 다양한 기질을 지닌 아동의 청소년기 적응과 성숙을 촉진한다는 것을 보여준다. 권위 있는 부모가 자녀에게 보이는 따뜻함과 보호는 여러 문화권에서 긍정적인 아동 기능과 관련이 있으며, 보편적으로 유용한 것으로 보인다(Khaleque & Rohner, 2002). 또한 변형된 형태의 권위 있는 양육, 즉 부모가 자녀의 행동에 대해 더욱 강한 통제를 하지만 지시적일 뿐 강압적이지는 않은 경우에도 보다 민주적인 방식과 유사하게 긍정적인 장기적 결과를 보인다(Baumrind, Larzelere, & Owens, 2010). 일부 아동의 경우 기질적 성향 때문에 권위 있는 양육의 일부 특성이 강하게 필요할 수 있다.

정리하자면 권위 있는 양육은 다음의 방식들을 통해 부모의 영향을 위한 긍정적인 정서적 맥락을 형성한다.

- 아동에 대해 안정적인 규준을 가진 따뜻하고 관여적인 부모는 자녀에게 자신감, 자기통제적인 태도를 제공할 뿐만 아니라 세심한 관심의 모델이 되어 준다.
- 아동은 공평하고 합리적이며 임의적이지 않은 통제에 잘 순응하고 이를 내재화한다.
- 아동의 능력에 맞게 요구와 자율성을 부여함으로써 권위 있는 부모는 자녀가 자신은 유능하며 스스로 일을 성취할 수 있다는 것을 느끼도록 한다. 이를 통해 부모는 아동의 긍정적인 자존감과 인지적·사회적 성숙을 촉진한다.

- 부모의 수용, 관여, 합리적 통제를 포함하는 권위 있는 유형의 지지적 측면들은 가정 내 스트레스와 가난의 부정적 영향으로부터 아동을 보호하는 탄력성의 강한 원천이다(Luthar, Crossman, & Small, 2015).

살펴보기

> 수용과 참여, 통제, 자율권 부여에 관해 질문하면서 자녀 양육 방식에 대해 몇몇 부모에게 물어보라. 특히 부모의 논리를 토대로 아동의 행동에 대해 통제의 양과 유형이 다양한지 살펴보라.

문화적 다양성

비록 권위 있는 양육이 대체로 이롭다 할지라도 소수인종의 부모는 종종 문화적 가치들을 반영하는 별개의 양육 신념과 관습을 지닌다. 몇 가지 예를 들어 보자.

서구의 부모들과 비교해 중국인 부모들은 자신의 양육을 보다 통제적이라고 기술한다. 중국인 부모들은 자기조절과 높은 성취를 촉진하고자 자녀를 교육하고 시간을 계획할 때 보다 지시적이다. 중국의 부모들은 잦은 칭찬은 자기만족과 낮은 동기부여를 야기한다는 생각 때문에 칭찬을 자제하므로 서구의 부모들에 비해 덜 따뜻한 것처럼 보일 수 있다(Cheah & Li, 2010; Ng, Pomerantz, & Deng, 2014). 중국 부모 역시 미국 부모만큼 자녀에게 애정과 관심을 표현하고, 귀납적 훈육과 기타 합리적 훈육을 사용한다고 보고했지만, 중국 부모는 미국 부모에 비해 잘못된 행동에 대해 아동이 수치심을 갖게 하고, 사랑을 철회하고, 체벌을 사용하는 경향이 크다(Cheah et al., 2009; Shwalb et al., 2004). 이런 훈육 방법들이 과해져서 심리적이고 강압적인 통제가 높은 권위주의적인 양육 유형을 보일 경우 중국 아동 역시 서구 아동과 같은 부정적 결과들, 즉 낮은 학업 성취, 불안, 우울, 자기조절 손상, 공격적 행동 등을 보인다(Chan, 2010; Lee et al., 2012; Pong, Johnston, & Chen, 2010; Sorkhabi & Mandara, 2013).

히스패닉과 아시아 태평양 섬, 아프리카나 동인도 출신의 캐리비안 가정의 경우 부모의 권위에 대한 존중을 강조하는 것은 부모의 높은 온정과 관련이 있는데, 이런 조합은 인지적·사회적 유능성과 가족 간의 충성심을 촉진하는 데 적합하다(Roopnarine & Evans, 2007; Tamis-LeMonda & McFadden, 2010). 히스패닉 아버지들은 전형적으로 자녀와 많은 시간을 함께 보내며 따뜻하고 민감하다(Cabrera &

아프리카 지역의 카리브해 가정에서는 부모의 권위에 대한 존중이 가족의 충성심과 능력을 증진시키는 부모의 따뜻함과 결합되어 있었다.

Bradley, 2012).

비록 폭넓은 다양성이 존재하지만 사회경제적 지위가 낮은 가정의 아프리카계 미국인 부모들은 즉각적 복종을 기대하며, 엄격한 양육이 위험한 상황에서의 자기통제와 신중한 태도를 촉진해준다고 믿는다. 통제적인 전략을 사용하는 아프리카계 미국인 부모들의 자녀는 인지적·사회적으로 더 유능한 경향이 있으며 부모의 통제를 사랑과 관심의 표현이라고 생각한다. 또한 아프리카계 미국 청소년의 경우, 통제적인 양육은 학교에서의 파괴적 행동과 비행을 예방한다(Mason et al., 2004; Roche, Ensminger, & Cherlin, 2007). 또한 약한 수준의 체벌은 아프리카계 미국 아동의 행동 문제와는 관련이 없다는 사실도 상기해보자(313쪽 '문화적 영향' 글상자 참조). 대부분의 아프리카계 미국인 부모들은 엄격한 '이치에 맞지 않는 것은 안 됨' 훈육을 사용하는데, 이들은 신체적 처벌을 거의 사용하지 않으면서 이를 온정 및 합리적 훈육과 함께 사용한다.

이런 문화적 다양성은 양육 유형을 넓은 맥락에서 봐야 한다는 사실을 상기시켜 준다. 우리가 살펴본 것처럼 많은 요인들이 바람직한 양육에 기여한다. 아동과 부모의 개인적 특성, 사회경제적 지위, 확대가정 및 지역사회의 지지에 대한 접근가능성, 문화적 가치와 관습, 공공정책 등이 여기에 포함된다.

이제 우리는 아동학대라는 주제로 넘어가서 다시 한 번 효과적인 양육은 훌륭한 부모가 되려는 어머니와 아버지의 소망에 의해서만 유지되는 것은 아니라는 점에 대해 논의할 것이다. 누구나 효과적인 양육자가 되길 원한다. 그러나 불행하게도 양육에 대한 필수적인 지지들이 무너졌을 때 아동은 (부모도 마찬가지로) 끔찍한 고통을 받을 것이다.

아동학대

아동학대는 인류사만큼 오래되었지만 최근에 와서야 그 문제가 폭넓게 인식되고 연구되고 있다. 아마도 아동학대가 선진 강국에서 특히 만연하기 때문에 공공의 관심이 증가해 왔다고 할 수 있다. 가장 최근의 보고에서 따르면 68만 명의 미국 아동(1,000명당 9명)이 아동학대 피해자인 것으로 밝혀졌다(U.S. Department of Health and Human Services, 2015c). 대부분의 아동학대 사례가 신고·접수되지 못하고 있는 실정을 고려하면 실제 합계는 훨씬 더 많을 것이다.

아동학대의 유형은 다음과 같다.

- **신체적 학대** : 차기, 물기, 흔들기, 주먹으로 치기, 찌르기와 같이 신체적 상해를 유발하는 공격
- **성적 학대** : 애무, 성교, 노출증, 매춘 혹은 포르노 제작을 통한 상업적 착취, 또는 다른 유형의 성적 착취
- **방임** : 음식, 의복, 의학적 관심, 교육, 관리감독과 같은 아동의 기본적 욕구를 채워주지 않는 것
- **정서적 학대** : 사회적 고립, 반복적인 불합리한 명령, 비웃음, 모욕, 협박, 위협 등 심각한 정서적 피해를 야기할 수 있는 행동

전체 신고 사례 중 80% 정도가 방임에 해당하며, 신체적 학대가 18%, 정서적 학대와 성적 학대가 각각 9%에 해당한다(U.S. Department of Health and Human Services, 2015c). 하지만 이런 수치는 근사치에 불과하며 많은 아동이 두 유형 이상의 학대를 받는다.

학대 사건의 80% 이상은 부모가 저지른다. 약 5%는 다른 친척들이 저지르며, 나머지는 부모의 결혼하지 않은 파

트너, 보육기관 교사, 다른 성인들이 포함된다. 영아와 걸음마기 아동, 취학 전 아동은 방임, 신체적 학대, 정서적 학대의 위험에 가장 많이 노출되어 있다. 성적 학대는 학령기 아동과 초기 청소년기 아동을 대상으로 가장 많이 발생한다. 하지만 모든 연령에서 각 유형의 학대가 발생한다(Trocmé & Wolfe, 2002; U.S. Department of Health and Human Services, 2015c). 그러나 대부분의 성적 학대는 아동 중기가 되어서야 밝혀지기 때문에 제10장에서 이런 유형의 학대에 대해 특별히 주의를 기울여 다룰 것이다.

아동학대의 기원 초기 연구 결과들은 아동학대가 성인기 심리적 혼란에서 기인한다고 주장했다(Kempe et al., 1962). 그러나 비록 아동학대가 혼란스러운 부모들에게서 더 흔하게 나타날지라도 하나의 '학대적 성격 유형'이 존재하는 것은 아니라는 사실이 밝혀졌다. 아동기에 학대를 당한 부모들이 반드시 학대 가해자가 되는 것은 아니다(Jaffee et al., 2013). 또한 '보통의' 부모들조차 때때로 자녀에게 해를 가한다.

연구자들은 아동학대에 대한 이해를 돕기 위해 **생태학적 체계이론**에 관심을 갖기 시작했다(제1, 2장 참조). 연구자들은 가정, 지역사회, 문화의 수준에서 상호작용하는 많은 변인들이 아동학대에 영향을 미친다는 것을 발견했다. 존재하는 위험이 많을수록 학대나 방임의 가능성은 커진다(표 8.3 참조).

가족 가정에서 양육을 더 어렵게 하는 특성을 지닌 아동은 학대의 표적이 될 위험이 더 높다. 미숙아나 매우 병약한 영아, 기질적으로 까다로운 아동, 주의력이 낮고 과도하게 활동적인 아동, 혹은 다른 발달적 문제를 가지고 있는 아동이

이에 해당한다(Jaudes & Mackey-Bilaver, 2008; Sidebotham et al., 2003). 이런 아동의 학대 피해 여부는 부모의 특성에 달려 있다.

학대적인 부모는 훈육에 대한 자녀의 대항을 다루는 데 있어 다른 부모들보다 능숙하지 못하며, 자녀에 대한 자신의 편향적 사고로 인해 고통 받는다. 가령 그들은 자녀가 울거나 잘못된 행동을 했을 때 이를 자녀의 고집 세고 나쁜 기질 탓이라고 생각하며, 자녀의 규칙 위반을 실제보다 더 심각한 것으로 평가하고, 스스로 양육에 무능하다고 느낀다. 이런 관점은 부모가 쉽게 물리적 힘을 사용하도록 만든다(Bugental & Happaney, 2004; Crouch et al., 2008).

대부분의 부모들은 자녀의 잘못된 행동이나 발달적 문제에 대해 학대로 반응하지 않을 만큼 충분한 자기통제력을 갖고 있다. 하지만 이런 조건들과 다른 요인들이 결합해 극단적 반응을 야기한다. 학대적인 부모는 스트레스 상황에 대해 정서적으로 높게 각성되어 반응한다. 또한 낮은 수입, 낮은 교육 수준(고등학교 졸업 미만), 실업, 알코올과 약물의 사용, 결혼 갈등, 비좁은 거주 환경, 잦은 이사, 극단적인 가사 업무의 혼란 등은 학대 및 방임 가정에서 흔히 볼 수 있다(Dakil et al., 2012; Wulczyn, 2009). 이런 조건들은 부모가 너무 압도되어 기본적인 양육 책임을 다하지 못하게 하거나, 자녀를 비난하고 다그침으로써 자신의 좌절을 분출하게 만든다.

지역사회 대부분의 학대적이고 방임적인 부모들은 공식적인 사회적 지지와 일상적인 사회적 지지로부터 소외되어 있다. 이런 부모들 중 다수는 자신의 개인사로 인해 타인을 신뢰하지 않고 피하는 것을 배웠거나, 긍정적인 관계를 형성하

표 8.3 아동학대와 관련된 요인

요인	기술
부모 특성	심리적 혼란, 알코올·약물 사용, 아동기 때의 학대 역사, 가혹한 신체적 훈육에 대한 신념, 채워지지 않은 정서적 요구를 자녀를 통해 충족시키려는 바람, 자녀의 행동에 대한 비합리적 기대, 어린 연령(대개 30세 이하), 낮은 교육 수준
아동 특성	미숙아 혹은 매우 병약한 아기, 까다로운 기질, 부주의함과 과잉활동, 다른 발달적 문제
가족 특성	낮은 수입, 가난, 무주택, 결혼의 불안정, 사회적 고립, 남편이나 남자친구에 의한 어머니의 신체적 학대, 잦은 이사, 자녀들 간의 공간이 없는 대가족, 비좁은 거주 환경, 비조직화된 가사, 지속적인 고용의 결여, 높은 생활 스트레스의 다른 징후
지역사회	폭력이 잦고 사회적으로 고립된 지역, 공원·아동보육센터·학령전기 프로그램·레크리에이션 센터·가족 지지로 작용하는 교회 등의 부족
문화	문제를 해결하기 위한 방법으로서 신체적 힘과 폭력의 인정

출처 : Centers for Disease Control and Prevention, 2015c; Wekerle & Wolfe, 2003; Whipple, 2006.

© JEFF GREENBERG/PHOTOEDIT

높은 부모의 스트레스, 낮은 소득과 교육 수준, 그리고 극단적인 가정의 혼란은 종종 아동학대와 관련이 있다. 학대하는 부모들은 사회적 지원을 거의 제공하지 않는 황폐한 지역에서 살 가능성이 더 크다.

고 유지하는 데 능숙하지 못하다. 또한 학대적인 부모는 공원, 오락 공간, 종교 기관과 같은 가족과 지역사회 간 연계가 거의 없는 불안정하고 열악한 환경에 사는 경우가 많다(Guterman et al., 2009; Tomyr, Ouimet, & Ugnat, 2012). 그들은 타인과의 연결망이 부족하고, 스트레스가 많은 시기에 도움을 받을 곳도 없다.

보다 큰 문화적 배경   문화적 가치, 법, 관습은 부모가 매우 힘에 겨울 때 발생할 수 있는 아동학대의 가능성에 많은 영향을 미친다. 폭력을 문제 해결의 적합한 방법으로 보는 사회는 아동학대를 용인하는 것과 다름없다.

비록 미국은 법적으로 아동을 학대로부터 보호하고 있지만 아직도 아동에게 신체적으로 힘을 행사하는 것에 대한 지지가 만연하다. 유럽의 23개국은 신체적 훈육과 학대를 완화하는 수단으로 체벌을 불법화했다(duRivage et al., 2015; Zolotor & Puzia, 2010). 뿐만 아니라 미국을 제외한 모든 산업화된 국가들은 학교에서의 체벌을 금지했다. 미국 연방 대법원은 학교 직원이 신체적 처벌을 사용할 권리를 두 차례나 옹호했다. 다행히도 미국의 31개 주와 컬럼비아 특별구는 체벌을 금지하는 법을 통과시켰다.

아동학대의 결과   학대 아동의 가정환경은 아동의 정서적 자기조절, 공감과 연민, 자기개념, 사회적 기술, 학업 동기 등의 발달을 손상시킨다. 시간이 지나면서 이런 아동은 실행

기능의 손상과 같은 인지적 결함, 학교에서의 실패, 정서적 · 사회적 신호 처리의 어려움, 또래 문제, 심각한 우울증, 공격적 행동, 물질남용, 폭력적 범죄 등 심각한 적응 문제를 보인다(Cicchetti & Toth, 2015; Nikulina & Widom, 2013; Stronach et al., 2011).

이런 부정적 결과는 어떻게 발생할까? 앞서 논의했던 부모-자녀 상호작용의 적대적 순환을 떠올려보자. 학대 아동에게 있어 이런 적대적 순환은 특히 심각하다. 또한 아동학대와 밀접한 관련이 있는 가정 특성으로는 배우자 학대가 있다(Graham-Berman & Howell, 2011). 명백하게도 학대 아동의 가정환경에서는 성인의 행동이 극심한 스트레스를 불러일으킬 뿐만 아니라 문제 해결을 위한 공격성 사용을 야기하는 것을 흔히 볼 수 있다.

게다가 방임적 부모로 인한 유기되었다는 느낌, 학대적 부모가 보이는 조롱하고 위협하는 행동은 낮은 자존감, 높은 불안, 자기비하, 극단적인 심리적 고통으로부터 벗어나기 위한 투쟁 등을 야기하며, 이는 외상후 스트레스장애나 청소년기 자살 시도를 야기할 만큼 심각하다(Nikulina, Widom, & Czaja, 2011; Wolfe, 2005). 학대받는 아동의 불복종, 동기 부족, 인지적 미성숙 등은 학업 성취를 방해하며 이는 성공적 삶을 위한 기회를 더욱 감소시키는 원인이 된다.

마지막으로 만성적 학대는 비정상적 EEG 뇌파활동, fMRI에서 감지된 뇌 크기 감소 및 대뇌피질, 뇌량, 소뇌, 해마의 기능 손상, 스트레스 호르몬인 코르티솔의 비정상적 생성(처음엔 과도하게 높다가 몇 달간의 학대 후에는 과도하게 낮아짐)과 같은 중추신경계의 손상과 관련된다. 시간이 흐르면서 지속적인 학대로 인한 심각한 트라우마는 스트레스에 대한 아동의 정상적인 생리적 반응을 둔화시키는 것으로 보인다(Cicchetti & Toth, 2015; Jaffee & Christian, 2014). 이런 결과들은 인지적 · 정서적 문제들이 지속될 가능성을 증가시킨다.

아동학대 예방   아동학대는 가족, 지역사회, 사회 전체에 깊이 관여되어 있기 때문에 이를 예방하기 위한 노력 또한 각각의 수준에서 이루어져야 한다. 학대 위험이 큰 부모에게 효과적인 양육 전략을 가르치는 것부터 경제적 사정과 지역사회 서비스를 향상하는 데 목적을 둔 폭넓은 사회적 프로그램 개발에 이르기까지 많은 접근 방법들이 제안되었다.

우리는 가정에 사회적 지지를 제공하는 것이 부모의 스트레스를 덜어주는 데 효과적이라는 점에 대해 살펴보았

다. 이런 방법은 아동 학대를 급격히 감소시킨다. Parents Anonymous는 전 세계의 연계 프로그램들과 함께 하는 미국 내 조직으로, 주로 사회적 지원을 통해 아동을 학대하는 부모들에게 건설적인 양육 훈련을 가르침으로써 도움을 주는 것을 목표로 한다. 협회 지부는 사회적 고립을 완화하고 아동 양육기술을 가르치기 위해 자조(self-help)집단 모임을 제공하고 매일 전화를 걸고 규칙적으로 가정을 방문한다.

아동과 부모 모두의 유능성을 증진시키는 데 목적을 둔 초기 중재를 통해 아동학대를 예방할 수 있다. Healthy Families America는 하와이에서 시작되어 미국과 캐나다의 430개 도

매년 로스앤젤레스카운티 전역의 초등학교 4~6학년 학생들은 아동학대 예방의 달을 기념하기 위해 포스터 경연대회에 참가한다. 이 최근의 승자는 부모들에게 신체적·정서적 학대를 하지 말 것을 촉구한다(Jonathan Chin, 0th Grade, Yaya Fine Art Studio, Temple City, CA. Courtesy ICAN Associates, Los Angeles County Inter-Agency Council on Child Abuse and Neglect, ican4kids.org).

시로 확장된 프로그램으로, 임신 기간 혹은 출생 시 학대 위험에 처한 가정을 파악한다. 각 가정은 3년간 가정방문을 받는데, 이때 훈련된 직원이 부모에게 위기에 대처하는 방법을 알려주고 효과적인 아동 양육을 격려하고 지역사회 서비스를 받을 수 있도록 도와준다(Healthy Families America, 2011). 양질의 프로그램을 제공했다고 확인된 지역을 평가한 결과, 중재를 받지 않은 통제집단과 비교해 무작위로 Healthy Families의 가정방문에 배정된 부모들은 자녀를 발달적으로 지지적인 활동에 참여시켰으며 보다 효과적인 훈육 전략을 사용했다. 즉 가혹하고 강압적인 전략을 덜 사용했으며, 양육 스트레스도 더 낮았는데, 이는 아동학대의 위험을 낮출 수 있는 요인들이다(Green et al., 2014; LeCroy & Krysik, 2011). 아동학대 및 방임을 예방하는 다른 프로그램으로는 제3장에서 다룬 간호사-가족 파트너십이 있다(Olds et al., 2009).

강도 높은 처치가 있을 때조차도 일부 성인들은 학대행위를 지속한다. 미국 내에서는 매년 1,600명의 아동(대부분이 영아 혹은 취학 전 아동)이 학대로 사망하는 것으로 추정되고 있다(U.S. Department of Health and Human Services, 2015c). 부모가 자신의 행동을 바꾸지 않을 때는 자녀로부터 부모를 분리시키고 법적으로 부모의 권리를 차단하는 과감한 방법만이 타당한 조치이다.

아동학대는 즐거움, 새로운 자각, 발견으로 가득 찬 아동기에 대한 논의를 끝내는 슬픈 주제이다. 그러나 우리는 낙관적인 희망을 가질 필요가 있다. 지난 몇십 년간 아동학대를 이해하고 예방하는 데 있어서 큰 진전을 이루어 왔다.

묻고 대답하기

연관지어보기 어떤 유형의 양육이 귀납적 훈련과 가장 잘 관련되는가? 왜 그러한가?

적용해보기 챈드라는 도심부 주택에서 더러운 곳에 방치되어 살고 있는 어린이 10명에 관한 뉴스를 들었다. 그녀는 "왜 부모들이 자녀를 학대하지?"라며 궁금해했다. 여러분은 챈드라에게 뭐라고 답할 것인가?

생각해보기 여러분은 여러분 부모의 양육 유형을 어떻게 분류할 것인가? 양육에 대한 그런 접근에 어떤 요인들이 영향을 미쳤을 것인가?

요약

에릭슨의 이론 : 주도성 대 죄의식

8.1 에릭슨의 주도성 대 죄의식 단계에서 어떤 성격 변화가 일어나는가?

- 미취학 아동들은 **주도성 대 죄의식**이라는 에릭슨의 심리적인 갈등과 씨름하면서 새로운 목적의식을 발달시킨다. 건전한 진취성은 놀이를 통해 사회세계를 탐구하고, 또래들과 협력해 공동의 목표를 달성하고, 동성 부모와의 동일성을 통해 양심을 형성하는 데 달려 있다.

자기이해

8.2 아동 초기의 자아개념과 자부심의 발달에 관해 설명하라.

- 미취학 아동들은 그들 자신에 대해 좀 더 열심히 생각할 때, 그들은 주로 관찰할 수 있는 특성과 전형적인 감정과 태도로 구성된 **자기개념**을 형성한다. 따뜻하고 민감한 부모–자녀 관계는 더욱 긍정적이고 일관성 있는 초기 자기개념을 촉진한다.
- 미취학 아동의 높은 **자존감**은 여러 가지 자기 판단으로 이루어져 있고 환경에 대한 숙달 지향적인 접근에 기여한다.

정서발달

8.3 아동 초기 동안 감정의 이해와 표현의 변화를 파악해 그러한 변화에 영향을 미치는 요소를 인용하라.

- 기본적인 감정의 원인, 결과, 행동 징후 등에 대한 미취학 아동들의 인상적인 이해는 인지 및 언어발달, 안전한 애착, 감정에 관한 대화로 지지된다.
- 3~4세가 되면 아이들은 정서적 자기조절을

위한 다양한 전략을 알고 있다. 절제력, 부모의 모델화, 대처 전략에 대한 부모의 의사소통은 스트레스와 부정적인 감정을 다루는 미취학 아동의 능력에 영향을 미친다.
- 자기개념이 발전함에 따라, 미취학 아동들은 종종 자의식적 정서를 경험하게 된다. 그들이 언제 이런 감정을 느끼는지 아는 것은 부모와 다른 어른들의 피드백에 달려 있다.
- 공감도 어린 시절에 더 흔해진다. **공감**이 **연민**을 끌어내고 **친사회적**이거나 **이타적**인 결과를 가져오는 정도는 기질과 양육에 달려 있다.

또래관계

8.4 초기의 또래관계에 대한 부모 및 문화적 영향과 더불어 어린 시절의 또래관계와 우정에 관해 설명하라.

- 어린 시절에는 아이들이 **비사교적 활동**에서 **평행놀이**, 그다음 **연합놀이**, **협동놀이**로 이동함에 따라 또래 상호작용이 증가한다. 그런데도, 혼자 놀거나 평행하게 노는 것 모두 여전히 흔하다.
- 사회극 놀이는 아동과 성인의 세계가 구별되는 사회에서 특히 중요한 것 같다. 집단주의 문화에서 놀이는 일반적으로 큰 집단에서 발생하며 매우 협력적이다.
- 미취학 시기에 또래들 간의 교류가 유난히 긍정적이지만 그들의 우정은 상호 신뢰에 기초한 영원함이 존재하지는 않는다. 어린 시절의 사회적 역량은 후기의 학업 성취에 영향을 준다.
- 부모들은 자녀 양육방식을 통해 직접적이고 간접적으로 자녀의 또래관계에 영향을 미치면서 또래 사회성에 영향을 미친다.

도덕성과 공격성의 기초

8.5 정신분석적 접근, 사회적 학습, 그리고 도덕적 발달에 대한 인지적 접근의 중심적 특징은 무엇인가?

- 정신분석학적 관점은 양심 형성의 감정적 측면, 특히 도덕적 행동의 동기부여자로서 식별과 죄책감을 강조한다. 그러나 도덕은 형벌과 부모의 사랑, 상실의 두려움에서 비롯된다는 프로이트의 견해와는 달리, 양심은 **귀납**으로 촉진되는데, 성인은 아이의 잘못된 행동이 다른 사람에게 미치는 영향을 설명한다.

- 사회학습이론은 따뜻하고, 강력하며, 일관된 성인에 의한 모델링을 통해 도덕적 행동을 배우는 방법에 초점을 맞춘다. 아이들에게 물질적인 보상을 주는 것은 친사회적 행동을 약화시킨다.
- **타임아웃**이나 특권의 철회와 같은 가혹한 처벌에 대한 대안들은 부모들이 처벌의 바람직하지 않은 부작용을 피할 수 있도록 도울 수 있다. 부모는 일관성이 있고, 따뜻한 부모–자녀 관계를 유지하고, 설명함으로써 가벼운 처벌의 효과를 높일 수 있다.
- 인지발달적 관점은 아이들을 사회적 규칙에 대한 적극적인 사상가로 본다. 네 살에 아이들은 도덕 판단을 할 때 의도를 고려하고 진실과 거짓을 구별한다. 미취학 아동들은 또한 **도덕적 의무**와 **사회적 관습** 그리고 **개인적 선택의 문제**를 구별한다. 그러나 그들은 결과와 신체적 해악을 중심으로 도덕에 대해 경직된 생각을 하는 경향이 있다.

8.6 가족 및 미디어의 영향과 공격적인 행동을 줄이기 위한 효과적인 접근법을 포함해 어린 시절의 공격성 발달에 대해 설명하라.

- 어린 시절에는 **능동적 공격성**이 감소하는 반면 **반응적 공격성**은 증가한다. 능동적·반응적인 공격성은 세 가지, 즉 **신체적 공격**(주로 남아에게 더 빈번함), **언어적 공격** 그리고 **관계적 공격** 형태로 나타난다.
- 언론의 폭력이 그러하듯이, 비효율적인 규율과 갈등에 휩싸인 가족 분위기는 아이들의 공격성을 조장한다. 공격적인 행동을 줄이기 위한 효과적인 접근법에는 효과적인 양육 관행에서 부모들을 훈련하고, 아이들에게 갈등 해결기술을 가르치며, 부모들이 그들 자신의 삶에서 스트레스에 대처하도록 돕고, 폭력적인 매체로부터 아이들을 보호하는 것이 포함된다.

성 유형화

8.7 미취학 아동들의 성 고정관념 믿음과 행동에 대한 생물학적·환경적 영향에 대해 논의하라.

- 어린 시절에는 **성 유형화**가 잘 진행된다. 미취학 아동들은 성적으로 정형화된 광범위한 믿음을 얻으며, 종종 그것들을 엄격하게 적용한다.

- 태아 호르몬은 남자아이들의 활동 수준과 거친 놀이에 영향을 주고 아이들이 동성 친구를 선호하는 데 영향을 준다. 그러나 부모, 교사, 또래들, 그리고 더 넓은 사회 환경 또한 많은 성 유형화된 반응을 장려한다.

8.8 성 정체성 출현을 설명하는 주요 이론들을 기술하고 평가하라.

- 비록 대부분 사람이 전통적인 **성 정체성**을 가지고 있지만, 어떤 사람들은 남성적인 특징과 여성적인 특징을 모두 결합해 **양성적**이다. 남성성과 양성성의 정체성은 더 나은 심리적 적응과 연관되어 있다.
- 사회학습이론에 따르면, 취학 전 아동들은 먼저 모델링과 강화를 통해 성 유형화된 반응을 얻은 다음, 이러한 행동들을 자기 자신에 대한 성 관련 사고로 정리한다. 인지발달이론은 아이들이 성 유형화된 행동을 개발하기 전에 **성 항상성**을 숙달해야 한다고 제안하지만, 이러한 가정에 대한 증거는 약하다.
- **성 도식 이론**은 사회적 학습의 특징과 인지발달적 관점을 결합한다. 아이들은 성 유형화된 선호와 행동을 습득함에 따라 자신과 세계에 적용되는 남성적이고 여성적인 범주, 즉 성 도식을 형성한다.
- 몇몇 아이들은 태어날 때 배정된 성별에 대해 큰 불편함을 표현하며, 유아기부터 다른 성으로 살고 싶다는 욕구를 표현한다.

아동 양육과 정서적·사회적 발달

8.9 양육 방식이 발달에 미치는 영향을 설명하고, 권위 있는 양육 방식이 효과적인 이유를 설명하라.

- **아동 양육의 유형**은 (1) 수용과 관여의 정도, (2) 통제, (3) 자율성 부여 이 세 가지 특징을 구별한다. **권위주의적이고 허용적이며 무관여적인** 양육 유형에 비해 **권위 있는 양육 유형**은 인지적, 감정적, 사회적 역량을 증진한다. 강압적인 통제보다는 따뜻함, 그리고 점진적인 자율성 부여는 이 양육 유형의 효과를 설명한다. 권위주의적인 육아와 관련된 **심리적 통제**는 적응 문제에 영향을 준다.
- 일부 민족은 부모의 따뜻함과 높은 수준의 통제력을 효과적으로 결합하지만, 가혹하고 과도한 통제는 학문적·사회적 역량을 손상시킨다.

8.10 아동학대의 복잡한 기원, 그 발달의 결과 및 예방 전략에 대해 논의하라.

- 학대하는 부모는 비효율적인 규율을 사용하고, 아이들에 대해 부정적인 편견을 가지고 있으며, 양육에 있어서 무력감을 느낀다. 감당할 수 없는 부모의 스트레스와 사회적 고립은 학대와 방치의 가능성을 매우 증가시킨다. 체벌에 대한 사회적 승인은 아동학대를 조장한다.
- 학대받는 아이들은 정서적 자기조절, 공감과 동정, 자기개념, 사회적 기술, 그리고 학업 동기가 손상된다. 반복적인 학대의 트라우마는 중추신경계 손상 및 심각하고 지속적인 조정 문제와 관련이 있다. 성공적인 예방은 가족, 공동체, 그리고 사회적 차원의 노력이 필요하다.

주요 용어 및 개념

개인적 선택의 문제	반응적 공격성	심리적 통제	주도성 대 죄의식
관계적 공격	비사교적 활동	아동 양육의 유형	친사회적 혹은 이타주의적 행동
권위 있는 양육 유형	사회적 관습	양성성	타임아웃
권위주의적 양육 유형	성 도식 이론	언어적 공격	평행놀이
귀납	성 유형화	연민	허용적인 양육 유형
능동적 공격성	성 정체성	연합놀이	협동놀이
도덕적 의무	성 항상성	자기개념	
무관여적인 양육 유형	신체적 공격	자존감	

아동 초기 발달

2세

신체 발달

- 신장과 체중이 걸음마기보다 천천히 증가한다.
- 균형 감각이 향상된다. 전보다 리듬감 있게 걷고, 빠른 걸음이 달리기로 바뀐다.
- 두 발 또는 한 발로 점프하고, 던지고, 상체를 움직이지 않고 받는다.
- 간단한 옷은 입고 벗는다.
- 숟가락을 잘 사용한다.
- 첫 번째 그림은 제스처를 사용한 낙서이다.

인지발달

- 가장놀이를 할 때, 실제 물체에 덜 의존하고 덜 자기중심적이며 놀이가 더 복잡해진다. 사회극 놀이가 증가한다.

- 실제와 닮은 그림 및 사진의 상징적 기능을 이해한다.
- 친숙하고 단순한 상황과 면대면 상호작용에서 다른 사람의 관점을 이해할 수 있다.
- 재인기억이 발달한다.
- 내적인 정신적 사건과 외적인 물리적 사건의 차이를 인식한다.
- 양과 크기를 언어적으로 표현할 수 있고, 수 세기가 시작된다.

언어발달

- 어휘량이 빠르게 증가한다.
- 단서의 연합, 즉 지각적 단서로 시작해 점차 사회적 단서와 언어적 단서 등을 사용해 단어의 의미를 추측할 수 있다.
- 모국어의 기초 어순을 따라 문장을 구성해 말하고, 점차 문법적 표지가 추가된다.
- 효과적인 대화기술을 보인다.

정서·사회성 발달

- 기본 정서의 원인과 결과, 행동적 신호를 이해한다.

- 자기개념과 자존감이 발달하기 시작한다.
- 도덕적 의식 발달의 초기 신호(자신과 타인의 행동에 대한 언어적 평가와 해를 가하는 행동에 대한 괴로움)가 나타나기 시작한다.
- 능동적 공격성(도구적 공격성)을 보인다.
- 성 유형화된 신념과 행동이 증가한다.

3~4세

신체 발달

- 달리기, 두 발 또는 한 발로 점프하기, 던지기와 잡기의 협응이 더 원활하게 이루어진다.

- 세발자전거를 페달을 밟고 방향을 조정하며 탈 수 있다.
- 뛰어넘기와 한 발 뛰기가 나타난다.
- 큰 단추를 혼자 채우고 풀 수 있다.
- 가위를 사용한다.
- 포크를 잘 사용한다.
- 올챙이 모양 같은 첫 번째 사람 그림을 그린다.

인지발달

- 실제 공간의 모형과 그림의 상징적 기능을 이해한다.
- 보존 개념을 획득하고, 변환을 이해하고, 가역적으로 사고하고, 단순하고 친숙한 상황에서는 인과성에 대한 이해를 보인다.
- 친숙한 물체들을 위계적으로 조직화된 범주로 분류한다.
- 어려운 과제를 할 때 혼잣말을 통해 행동을 이끌어 나간다.
- 억제, 유연한 주의 전환, 작업기억 등 실행기능을 획득한다.
- 일상적 상황을 떠올리기 위해 스크립트를 사용한다.
- 바람과 믿음이 행동을 결정한다는 사실을 이해한다.
- 10까지 숫자의 의미를 이해하고 바르게 셀 수 있으며, 기수성을 이해한다.

언어발달

- 문자 언어의 중요한 특징들을 일부 인식한다.

- 알고 있는 단어를 사용해 새로운 단어를 만들고, 은유를 통해 언어의 의미를 확장한다.
- 복잡한 문법 구조를 깨우치고 때때로 문법 규칙을 과잉 일반화한다.
- 화자와 청자의 연령, 성, 사회적 지위에 따라 말을 조정한다.

정서 · 사회성 발달
- 관찰가능한 특성과 일반적인 정서와 태도에 의거해 자신을 서술한다.
- 학교에서 공부하기, 친구 사귀기, 부모님과 잘 지내기, 다른 사람에게 친절하게 대하기 등 몇 가지 자존감을 획득한다.
- 정서적 자기조절이 발달한다.
- 자의식적 정서를 더 자주 경험한다.
- 공감을 표현하기 위해 언어를 더 많이 사용한다.
- 도구적 공격성이 감소하고, 반응적 공격성 (언어적, 관계적 공격)이 증가한다.
- 평행놀이와 더불어 또래와 연합놀이, 협동놀이에 참여한다.

- 재미있는 놀이와 장난감 공유를 통해 처음으로 또래관계를 형성한다.
- 진실과 거짓을 구별한다.
- 사회적 관습에서 비롯된 도덕적 의무와 개인적 선택의 문제를 구별한다.
- 동성의 놀이친구에 대한 선호가 강해진다.

5~6세

신체 발달
- 유치가 빠지기 시작한다.
- 달리기 속도가 빨라지고 전속력으로 달리는 것이 보다 자연스러워지며 줄넘기를 할 수 있다.
- 던지고 잡는 방식이 더 유연하고 성숙해진다.
- 부드러운 음식을 자를 때 칼을 사용한다.
- 신발 끈을 맨다.
- 복잡한 그림을 그린다.

- 몇몇 숫자와 간단한 단어를 따라 쓰고 자신의 이름을 쓴다.

인지발달
- 마법에 대한 믿음이 감소한다.
- 외양과 실제를 구별하는 능력이 더 발달한다.
- 계획하기를 포함해 실행 기능이 더 발달한다.

- 재인, 회상, 스크립트 기억과 자서전적 기억이 향상된다.
- 틀린 믿음에 대한 이해가 강화된다.

언어발달
- 글자와 소리가 체계적으로 연결되어 있음을 이해한다.
- 스스로 만든 철자를 사용한다.
- 6세경에 약 1만 단어의 어휘를 획득한다.
- 대부분의 문법적 구조를 자신 있게 사용한다.

정서 · 사회성 발달
- 다른 사람의 정서적 반응을 해석하고 예측하고 이에 영향을 미치는 정서 이해 능력이 발달한다.

- 도덕적 규칙과 행동을 많이 획득한다.
- 성 유형화된 신념과 행동, 동성 또래에 대한 선호가 계속해서 강화된다.
- 성 항상성을 이해한다.

아동 중기의 신체 및 인지 발달

1학년 수학 활동에서 학생들은 측정하고 데이터를 기록하기 위해 함께 작업한다. 자신의 생각을 성찰하고 기억하고 추론하는 능력이 향상되면서 중기 아동기는 학문적 학습과 문제 해결이 극적으로 진보하는 시기이다.

10세 조이는 입속에 빵을 털어 넣고, 어깨에 가방을 메고, "엄마, 나 가요!"라고 외치면서 문을 박차고 나가 자전거를 타고 학교로 달려갔다. 곧이어 조이의 8세 여동생 리지는 빠르게 페달을 밟으면서 조이를 따라잡았다. 나의 대학 동료이자 조이와 리지의 어머니인 레나는 현관에서 아이들이 사라지는 것을 지켜보았다.

그날 점심시간에 레나는 자녀들의 활동과 관계가 점점 더 확장되는 것을 이야기하면서 "아이들이 뻗어 나가고 있어"라고 말했다. 숙제, 집안일, 축구팀, 음악 수업, 스카우트, 학교와 이웃의 친구, 조이의 신문배달 아르바이트, 이 모두가 아이들 일상의 일부이다. 레나는 "기본적인 건 다 되어 있어. 이제 더 이상 조이나 리지를 계속해서 감독할 필요가 없지. 하지만 부모라는 건 아직 어려운 것 같아. 이제는 아이들이 독립적이고, 유능하고, 생산적인 사람이 되도록 돕는 게 중요한 개선의 시기가 된 것 같아"라고 말했다.

조이와 리지는 6~11세 사이 시기를 일컫는 아동 중기에 접어들었다. 전 세계적으로 이 연령대의 아동에게는 새로운 책임이 부여된다. 산업화된 사회에서는 이 시기가 공식적 학교교육이 시작되는 시기이기 때문에 아동 중기를 학령기라고 부른다. 시골이나 부족문화에서는 들판이나 밀림이 학교이다. 하지만 보편적으로 사회의 성숙한 구성원들은 이 시기 아동에게 성인이 되어 수행할 과제와 유사한 실생활의 과제들을 지도한다.

이 장에서는 아동 중기의 신체와 인지발달에 초점을 두고 있다. 6세가 되면 뇌가 성인 크기의 90%에 달하고, 신체는 느리지만 계속해서 성장한다. 이를 통해 학령기 아동은 자연적으로 어려운 과제를 수행할 수 있는 정신적 힘과 더불어 신체적 성숙에 도달하기 전에 복잡한 사회에서 살아가는 데 필요한 지식과 기술을 습득할 추가적 시간을 획득한다.

이 장은 신체 발달의 일반적 경향, 운동기술의 습득 및 특별한 건강상 문제를 살펴보는 것으로 시작해, 인지적 변화를 살펴보기 위해 피아제 이론과 정보처리 접근을 다시 살펴볼 것이다. 그다음으로 교육과 관련된 주요 결정에 영향을 미치는 IQ 점수에 대한 유전과 환경의 영향을 살펴볼 것이며, 계속해서 언어발달에 대해 살펴볼 것이다. 마지막으로 아동들의 학습과 발달에 있어 학교의 중요성에 대해 논할 것이다. ●

신체 발달

신체 성장

9.1 아동 중기 신체 성장의 주요 경향을 설명하라.

학령기 동안의 신체 성장은 천천히, 일정한 속도로 진행된다. 미국 아동의 경우 6세의 평균 몸무게는 20kg, 키는 107cm 정도이다. 그 후 몇 해 동안 해마다 키는 5~7.5cm씩 자라고, 몸무게는 2kg씩 증가한다(그림 9.1 참조). 6~8세 사이에는 여아들이 남아들보다 키가 약간 작고 몸무게도 가볍지만 9세가 되면 이런 경향이 역전된다. 남아들보다 여아들에서 2년 정도 일찍 성장 급등이 시작되면서 여아들이 남아들을 따라잡는다.

하반신이 가장 빨리 자라기 때문에 남아와 여아 모두 아동 초기에 비해 다리가 더 길어 보인다. 상의보다 바지를 더 자주 새로 사게 되며, 신발 역시 종종 큰 사이즈를 필요로 하게

된다. 아동 초기처럼 여아는 남아보다 체지방이 약간 더 많고 남아는 근육이 약간 더 많다. 8세 이후가 되면 여아는 더 빠른 속도로 체지방을 축적하게 되고, 청소년기가 되면 체지방이 더 많아진다(Hauspie & Roelants, 2012).

아동 중기에는 뼈가 더 길어지고 넓어진다. 하지만 인대는 아직 뼈에 확실하게 붙지 않은 상태이다. 이는 근력의 강화와 함께 아동에게 특출한 유연성을 부여하는데, 이로 인해 아동은 재주넘기나 물구나무서기를 잘할 수 있다. 신체가 강해지면서 아동은 신체운동을 더 하고 싶어 한다. 뼈가 늘어나면서 근육도 늘어나야 하기 때문에 밤에 다리가 뻣뻣해지고 아픈 성장통이 흔히 나타난다(Uziel et al., 2012).

6~12세에는 20개의 유치가 모두 빠지고 영구치로 대체되며, 이런 변화는 남아보다 여아들에서 조금 일찍 나타난다. 일시적으로 영구치가 너무 크게 보일 수 있지만 점차 얼굴뼈가 자라면서 아동의 얼굴이 길어지고 입이 커지면서 새로 나온 이가 자리를 잡는다.

마이(6세)   마이(8세)   마이(10세)

헨리(6세)   헨리(8세)   헨리(10세)

그림 9.1 아동 중기의 신체 성장 마이와 헨리는 그들이 어린 시절에 보여준 느리고 규칙적인 성장 패턴을 계속 보여주고 있다. 아홉 살 무렵, 사춘기의 성장이 다가옴에 따라 여아들은 남아들보다 빠른 속도로 성장하기 시작한다.

흔한 건강 문제

9.2 비만에 특별한 주의를 기울이면서 아동 중기의 심각한 영양 문제의 원인과 결과를 기술하라.

9.3 아동 중기의 어린 시절에 흔히 볼 수 있는 시각과 청각 문제는 무엇인가?

9.4 학령기에 질병에 영향을 미치는 요인은 무엇이며, 이러한 건강 문제는 어떻게 줄일 수 있는가?

9.5 아동 중기의 의도하지 않은 부상 발생의 변화를 설명하고 효과적인 개입을 인용하라.

조이, 리지와 같이 경제적으로 부유한 집안의 아동들은 아동 중기에 가장 건강하고, 에너지가 넘치고 잘 논다. 폐가 커져서 숨을 쉴 때마다 공기 교환이 더 많이 이루어지기 때문에 격렬한 운동을 해도 별로 지치지 않는다. 신체 면역체계가 급속하게 발달하고 영양 상태가 좋기 때문에 질병에도 잘 걸리지 않는다.

당연히 가난은 학령기 동안의 건강 문제를 아주 강력하게 예측하는 요인으로 기능한다. 미국의 많은 가난한 가정들이 건강보험에 들지 못하기 때문에(제7장), 많은 아동들이 정기적으로 의사를 만나지 못한다. 또한 상당수의 아동들은 안락한 집이나 규칙적인 식사처럼 꼭 필요한 것들도 누리지 못한다.

영양

학교에서의 성공적인 학습과 신체 활동의 증가에 필요한 에너지를 공급받기 위해 아동은 균형 잡히고 풍부한 식사를 필요로 한다. 우정과 새로운 활동에 대한 아동의 관심이 증가하면서 식탁에 앉아 있는 시간이 줄어들고 9~14세에는 가족들과 같이 식사하는 아동의 수도 급격하게 감소한다. 가족과의 저녁식사는 전반적으로 감소하고 있다. 하지만 부모와 저녁식사를 함께 해야 과일과 채소, 곡물, 우유를 많이 먹게 되고, 패스트푸드와 탄산음료를 덜 먹게 된다(Burgess-Champoux et al., 2009; Hammons & Fiese, 2011).

학령기 아동은 건강한 음식을 먹은 후에는 기분이 좋아지고 집중력도 향상된다고 보고했고 정크 푸드를 먹은 후에는 나태하고 늘어진다고 답했다. 14,000여 명의 미국 아동을 대상으로 한 종단연구에 따르면 아동 초기에 당과 지방 함유량이 높은 완제품을 많이 먹은 경우 8세 때 IQ가 약간 낮았는데, 이는 식생활과 IQ 간 관계에 영향을 미칠 수 있는 다른 많은 요인을 통제한 후에 나타난 결과이다(Northstone et al., 2012). 영양실조는 정도가 약하더라도 인지 기능에 영향을 미칠 수 있다. 사회경제적 지위가 중간 혹은 높은 가정 내 학령기 아동의 식생활에서 엽산과 철분의 부족은 낮은 집중력과 정신적 과제의 낮은 수행과 연관이 있었다(Arija et al., 2006; Low et al., 2013).

앞의 장들에서 살펴본 것처럼 개발도상국과 미국 내에서 가난에 시달리는 많은 아동들이 심각하고 만성적인 영양실조에 시달린다. 불행하게도 영아기 혹은 아동 초기부터 학령기까지 지속되는 영양실조는 대개 영구적인 신체적·정신적 손상을 야기한다(Grantham-McGregor, Walker, & Chang, 2000; Liu et al., 2003). 어린 연령부터 청소년기까지 정부에서 보조식품을 지원하는 프로그램은 이런 부정적 영향을 예방할 수 있다.

비만

리지 반의 아주 뚱뚱한 아이인 모나는 쉬는 시간에 다른 아이들이 노는 것을 옆에서 지켜보기만 한다. 같이 놀 때에는 느리고 서툴러서 "움직여, 뚱뚱보!"라는 소리를 자주 듣는다. 학교가 끝나면 다른 아이들은 같이 모여서 이야기하고, 웃고, 떠들면서 집으로 돌아가지만 모나는 항상 혼자이다. 집에 가면 모나는 고열량 식품을 먹으면서 마음을 달랜다.

모나는 **비만**(obesity)인데 BMI(body mass index), 즉 체지방과 관련된 신장 대비 체중의 비율이 건강 체중의 20%를 초과하는 경우이다. 아동의 연령과 성별을 고려해 BMI가 백분율 85% 이상인 경우 **과체중**, 95% 이상인 경우 비만이라고 칭한다. 지난 수십 년 동안 많은 서양 국가에서 과체중과 비만이 늘어났는데, 특히 캐나다, 독일, 그리스, 아일랜드, 이스라엘, 뉴질랜드, 영국, 미국에서의 증가가 컸다. 1970년대 이래로 미국의 소아비만은 3배가량 증가했다. 오늘날 미국 아동 및 청소년의 32%가 과체중이며 이 중 절반 이상인 17%가 극단적인 형태, 즉 비만이다(Ogden et al., 2014; World Health Organization, 2015g).

비만율은 개발도상국에서도 빠르게 증가하고 있는데 도시화로 인해 많은 사람들이 앉아서 생활하는 시간이 늘고 고기와 에너지 밀도가 높은 정제된 음식을 많이 먹기 때문이다(World Health Organization, 2015g). 예를 들어 중국에서는 한 세대 전에는 비만이 거의 존재하지 않았지만 오늘날 중국 아동의 20%가 과체중, 8%가 비만이며, 여아보다 남아가 2~3배 정도 많다(Sun et al., 2014). 생활방식의 변화뿐만 아니라 기근으로 인해 몇백만 명이 죽음에 이르던 시절부터 반세기 가량 이어져 온, 체지방이 많은 것을 번영과 건강의 상징으로 생각하는 중국 문화에 널리 퍼져 있는 신념도 비만율 증가에 영향을 미치는 것으로 보인다. 아들을 더 귀하게 여기는 것 역시 부모가 남아에게 에너지 밀도가 높은 음식을 제공하는 데 관대해지게 만드는 요인이다.

과체중은 연령과 함께 증가한다. 미국에서는 취학 전 아동의 경우 23%, 학령기 아동과 청소년의 경우 35%가 과체중이며, 성인기에는 대략 69%로 증가한다(Ogden et al., 2014). 과체중인 취학 전 아동은 정상 체중의 또래보다 12세에 과체중일 확률이 5배 정도 높으며, 지속적으로 과체중이었던 청소년이 성인기에 정상 체중에 이르게 되는 경우는 거의 없다(Nadar et al., 2006; Patton et al., 2011).

비만의 원인 과도하게 체중이 증가할 가능성은 아동마다 다르다. 이란성 쌍생아에 비해 일란성 쌍생아가 BMI가 비슷한 경우가 많고, 입양 아동은 자신의 생물학적 부모를 닮는 경우가 많다(Min, Chiu, & Wang, 2013). 유전이 아동의 과체중 위험에 영향을 미치는 건 확실하지만 산업화된 국가에서, 특히 미국의 경우 아프리카계 미국인, 히스패닉, 아메리칸 원주민 같은 소수인종 사회에서 아동과 성인 모두 과체중 및 비만과 낮은 사회경제적 지위 간 관련성이 일관성 있게 나타나는데, 이는 환경의 중요성을 보여준다(Ogden et al., 2014). 관련 요인들로 건강한 식사에 대한 지식의 부족, 싸지만 지방이 많은 음식을 구매하는 경향, 과식을 부추길 수 있는 가족 스트레스가 포함된다. 또한 어렸을 때 영양을 잘 공급받지 못한 아동들이 나중에 비만이 될 위험성이 높다는 사실도 떠올려보자(제4장 참조).

부모가 자녀에게 식사를 제공하는 방식 또한 중요하다. 과체중 아동은 달고 기름진 음식을 더 많이 먹는 경향이 있는데, 이는 아마도 대개 과체중인 부모가 이런 음식들이 많이 포함된 식사를 제공하기 때문일 것이다(Kit, Ogden, & Flegal, 2014). 외식을 자주 하는 것 또한 과체중과 관련이 있는데, 외식은 부모와 아동의 고칼로리 패스트푸드 섭취를 증가시키기 때문이다. 외식은 어머니의 업무 시간과 학령기 아동의 BMI 증가의 관련성에 큰 역할을 하는 것으로 보인다(Morrissey, Dunifon, & Kalil, 2011). 힘든 업무 스케줄은 부모가 건강한 음식을 준비할 수 있는 시간을 감소시킨다.

어떤 부모들은 자녀들이 불편하면 항상 배가 고픈 것으로 해석하고 걱정을 하면서 지나치게 많이 먹는다. 이는 특히 어린 시절 식량 부족의 경험이 있는 이민자 부모나 조부모에게서 많이 나타나는 모습이다. 반면 어떤 부모들은 지나치게 엄격해 자녀가 언제, 무엇을, 얼마나 먹을지 제한하고 체중 증가에 대해 걱정한다(Couch et al., 2014; Jansen et al., 2012). 두 유형의 부모 모두 자녀가 스스로 자신의 음식 섭취를 조절하는 능력을 약화시킨다.

이러한 경험들로 인해 비만 아동들은 쉽게 부적응적인 식습관을 가지게 된다. 그들은 정상체중의 아동에 비해 음식과 관련된 외부 자극, 즉 맛, 시각적 이미지, 냄새, 시간, 음식과 관련된 단어에 더 반응적이고 내적으로 배고프다는 신호에는 덜 반응적이다(Temple et al., 2007). 뿐만 아니라 스트레스가 많은 가족생활은 통제되지 않는 음식 섭취를 증가시켜 아동의 자기조절 능력 감소에 영향을 미친다('사회적 이슈 : 건강' 글상자 참조).

체중 증가와 관련이 있는 또 다른 요인으로는 불충분한 수면이 있다(Hakim, Kheirandish-Gozal, & Gozal, 2015). 수면 시간이 줄어들면 아동은 신체적 활동을 하기에 너무 피곤하다고 느껴 음식 섭취에 더 많은 시간을 쏟게 된다. 이는 배고픔과 신진대사를 조절하는 두뇌 활동도 방해한다.

아동기 비만의 증가는 부분적으로 미국 아동들이 TV를 많이 보는 것과 관련이 있다. 4~11세 아동들의 TV 시청을 추적한 연구에 의하면, TV를 많이 볼수록 체지방이 더 많이 늘어났다. 11세경에는 하루에 3시간 이상 TV를 보는 아동들은 1시간 45분 이하로 TV를 보는 아동들에 비해 40% 더 많은 체지방이 축적되었다(Proctor et al., 2003). TV와 인터넷 광고는 아동이 건강하지 않은 간식을 많이 먹도록 부추긴다. 광고를 많이 볼수록 고열량 간식을 많이 섭취한다. 자신의 방에 TV가 있는 아동은 특히 TV 시청을 더 많이 하게 되며 과체중의 위험에 더 많이 노출되어 있다(Borghese et al., 2015; Soos et al., 2014). 또한 과도한 TV 시청은 아동이 신체적 활동에 쓸 시간을 빼앗게 된다.

비만의 결과 비만 아동은 일생 동안 건강 문제를 겪을 위험이 높다. 학령 초기에 나타나기 시작하는 증상인 고혈압, 높은 콜레스테롤 수치, 호흡 이상, 인슐린 저항, 염증성 반응은 심장 질환과 순환장애, 2형 당뇨병, 담낭 질환, 수면 및 소화장애, 많은 유형의 암, 조기사망을 예측하는 강력한 요인이다. 뿐만 아니라 비만은 아동기 당뇨의 급격한 증가를 야기해 왔

사회적 이슈 : 건강

가족 스트레스 요인과 아동기 비만

만은 성인들과 아동들의 경우 만성적인 스트레스에 대한 반응으로 음식, 특히 당분과 지방이 많은 음식의 섭취가 증가하고 체중도 증가하게 된다. 스트레스가 많은 일상이 어떻게 과식을 촉진할까?

첫 번째로 코르티솔을 포함한 스트레스 호르몬이 증가해 신체에 에너지 소비를 증가시키라는 신호를 보내게 되고 그 결과 뇌에서 칼로리 섭취를 강화하게 된다(Zellner et al., 2006). 두 번째 경로는 만성적인 스트레스가 인슐린 저항을 촉발하는 것인데, 이는 종종 강한 식욕을 유발하는 당뇨병 전증 현상이다(Dallman et al., 2003).

뿐만 아니라 지속적인 스트레스를 감당하느라 힘과 노력을 쏟게 되면 자기조절 능력에 무리가 가서 과식을 제한하기 힘들어진다. 억제 및 그와 관련된 능력인 만족 지연(보상을 위해 기다리는 능력)의 부족은 아동기 비만과 관련이 있다(Liang et al, 2014). 또한 몇몇 연구에서 학령기 아동의 가정생활에서 스트레스 요인이 클수록 아동의 부정적 정서 및 행동 조절이 약한 것으로 나타났다(Evans, 2003; Evans et al., 2005). 자기조절의 부족은 아동기 만성적 스트레스와 비만 간 관계를 중개하는 주요 요인일 수 있다. 이를 알아보기 위해 연구자들은 경제적으로 어려운 가정의 수백 명의 아동을 추적해 9세 때 가정 내 스트레스 요인과 아동의 자기조절 능력을 측정하고 4년 후인 13세 때 BMI 수치의 변화를 측정했다(Evans et al., 2012). 아동이 경험한 스트레스 요인(가난, 한부모 가정, 복잡한 주거환경, 소음, 어수선한 가정생활, 도서와 놀이도구의 부족, 가정으로부터 아동의 분리, 폭력에 대한 노출)의 수는 만족 지연으로 측정한 자기조절 부족을 강하게 예측했다. 낮은 자기조절 능력은 또한 가정 스트레스 요인과 BMI 증가 간 관계를 크게 설명했다.

비만 예방 프로그램을 통해 먹는 동안 '멈추고 생각하기'에 대한 자기조절 훈련을 받은 아동은 섭식행동과 체중 조절 측면에서 긍정적인

엄마와 함께 쉼터 주택에 사는 이 아홉 살짜리 아이는 비만의 위험이 크다. 빈곤, 미혼모, 소음, 혼잡, 어수선함 등 가정생활 스트레스 요인은 아이들의 자기조절을 해침으로써 과식에 영향을 미친다.

효과를 보았다(Johnson, 2000). 하지만 이런 훈련은 아동의 가정 내 스트레스 요인이 지나치지 않고 감당할 수 있을 정도일 때만 충분한 효과를 볼 수 있다.

는데, 아동기의 당뇨는 뇌졸중, 신장 이상, 실명이나 다리 절단의 위험을 증가시키는 순환 문제를 야기하는 심각한 합병증을 유발하기도 한다(Biro & Wien, 2010; Yanovski, 2015).

불행하게도, 신체적 매력은 사회적 수용도를 예측하는 중요한 요인이다. 서구 사회에서는 아동과 성인 모두 비만 아동은 게으르고, 느리고, 못생겼고, 멍청하고, 자신감이 없고, 잘 속는다는 고정관념을 갖고 있다(Penny & Haddock, 2007; Tiggemann & Anesbury, 2000). 학교에서는 비만 아동과 청소년들이 종종 사회적으로 고립된다. 비만 아동과 청소년들은 또래로부터의 놀림, 거부, 지속적인 낮은 자존감 등 정서적 · 사회적 문제와 학교 내에서의 문제를 보고하고 있다(van Grieken et al., 2013; Zeller & Modi, 2006). 또한 건강한 체중 내에 있는 또래 아동들에 비해 대개 낮은 수행을 보인다

(Datar & Sturm, 2006).

아동기부터 청소년기에 이르는 지속적인 비만은 심각한 불안과 우울, 비행과 공격성, 자살 생각과 행동을 포함해 심각한 심리학적 장애를 예측한다(Lopresti & Drummond, 2013; Puhl & Latner, 2007).

비만의 치료 모나의 경우 학교 간호사가 모나와 비만인 어머니 모두에게 체중감량 프로그램에 참여할 것을 권했다. 그러나 오랫동안 결혼생활이 불행했던 모나의 어머니는 많이 먹는 것에 대해 나름대로의 이유를 대면서 프로그램에 참여하지 않았다. 한 연구에서 과체중 부모들 가운데 70% 정도가 자신 혹은 비만인 자녀가 정상 체중이라고 판단했다(Jones et al., 2011). 이런 결과와 유사하게 대부분의 비만 아동들은 어

떠한 치료도 받지 않는다.

가장 효과적인 중재법은 가정에 기초하며 체중 관련 행동을 변화하는 데 초점을 두는 것이다(Seburg et al., 2015). 한 프로그램에서는 부모와 자녀 모두가 식습관을 바꾸고, 매일 운동하고, 진전이 있을 때 특별 활동이나 같이 보내는 시간으로 교환할 수 있는 점수를 주거나 칭찬함으로써 서로를 강화했다. 그 결과 부모의 체중이 줄어들수록 아동의 체중도 줄어들었다. 5년 후, 10년 후를 추적한 결과, 아동은 성인보다 체중감량을 더 잘 유지했는데 이는 초기 중재의 중요성을 보여준다(Epstein, Roemmich, & Raynor, 2001; Wrotniak et al., 2004). 음식 섭취와 신체적 활동을 관리 감독하는 것은 중요하다. 작은 무선 센서를 휴대전화와 동기화해 개인적인 목표를 설정하고 게임 같은 특성을 사용해 진도를 따라가도록 하는 방법이 효과적이다(Calvert, 2015; Seburg et al., 2015). 하지만 이런 중재는 부모와 아동의 체중 문제가 심각하지 않을 때 가장 효과적이다.

아동들은 매일 칼로리의 1/3을 학교에서 소비한다. 따라서 학교는 건강에 좋은 음식을 제공하고 규칙적인 신체활동을 하게 함으로써 비만을 줄이는 데 기여할 수 있다(Lakshman, Elks, & Ong, 2012). 폭넓은 예방 전략 없이는 비만이 증가하

어머니와 아들은 살을 빼고 몸매를 가꾸기 위해 서로의 노력을 강화한다. 소아 비만에 대한 가장 효과적인 개입은 건강 및 건강한 식사를 강조하면서 가족 전체의 행동을 바꾸는 데 초점을 맞추고 있다.

게 되므로 미국 내 많은 주와 도시들이 비만 감소 제정법을 통과시켰다. 그중 한 방법은 모든 아동을 대상으로 체중 관련 학교 검사를 실시하는 것으로, 식사 외에 판매되는 음식과 음료에 대한 학교 영양 기준을 향상시키고, 쉬는 시간과 체육 시간을 늘리고, 학교 교육과정 중 하나로 비만에 대해 알리는 프로그램과 체중 감량 프로그램을 추가하는 것이다. 이러한 학교 기반 프로그램은 눈에 띄는 효과를 보이는 것으로 나타났다(Waters et al., 2011). 학교 내 비만 예방은 다른 지역사회 기반 프로그램에 비해 6~12세 아동의 BMI를 감소시키는 데 보다 효과적이다. 아마도 이는 장기적이며 포괄적인 중재를 실시하기에 학교가 더 좋은 장소이기 때문일 것이다.

살펴보기

주 및 시 정부에 문의해 아동 비만 예방법에 대해 알아보자. 그 정책을 개선할 수 있는가?

시력과 청력

아동 중기에 가장 흔한 시력 문제는 근시이다. 학령기 말이면 거의 25%의 아동들이 근시가 되는데 성인 초기가 되면 60%로 증가한다(Rahi, Cumberland, & Peckham, 2011).

쌍생아와 다른 가족 구성원의 비교에 따르면 근시에는 어느 정도 유전적 영향이 작용한다(Guggenheim et al., 2015). 또한 전 세계적으로 근시는 백인보다는 아시아인에게서 훨씬 더 흔하게 나타난다(Morgan, Ohno-Matsui, & Saw, 2012). 초기의 생물학적 문제도 근시를 야기할 수 있다. 저체중으로 태어난 학령기 아동은 특히 근시인 경우가 많은데, 이는 시각 구조의 미성숙, 눈의 느린 성장, 빈번한 눈병의 결과인 것으로 보인다(Molloy et al., 2013).

부모들은 아이들이 어두운 데서 책을 읽거나, TV나 컴퓨터 화면을 너무 가까이에서 보지 못하도록 하면서 "눈 나빠져"라는 말을 자주 한다. 이런 걱정은 근거가 있는 것이다. 여러 문화권에서 아동이 읽기, 쓰기, 컴퓨터 사용 등 가까이에서 하는 활동을 하는 데 많은 시간을 보낼수록 근시가 될 확률이 높았다. 야외 활동을 많이 하는 학령기 아동의 경우 근시 발생률이 줄어든다(Russo et al., 2014). 근시는 사회경제적 지위가 높을수록 증가하는 몇 안 되는 질병 가운데 하나이다. 다행히 근시는 교정렌즈를 사용해 쉽게 고칠 수 있다.

아동 중기 동안, 유스타키오관(내이에서 인후까지 이어지

는 통로)이 더 길어지고 좁아지며, 더 경사져서 침이나 박테리아가 쉽게 입에서 귀로 흘러가지 못하게 막는다. 그 결과, 아동기가 되면 영아기와 아동 초기에 흔하게 나타나는 중이염이 줄어든다. 그러나 학령기 아동의 3~4% 정도와 저소득층 아동의 20%가 반복되는 감염으로 인해 지속적인 청력 감퇴를 경험한다(Aarhus et al., 2015; Ryding et al., 2002). 시력과 청력 검사를 정기적으로 실시하면 심각한 학습장애로 발전하기 전에 문제를 바로잡을 수 있다.

질병

아동들은 초등학교 입학 후 처음 한두 해 동안에 그 이후와 비교했을 때 질병에 더 많이 걸리는데, 이는 아픈 아동들에게 노출되고 면역체계가 아직 잘 발달하지 않았기 때문이다. 미국 아동들의 약 20~25%는 (신체장애를 포함해) 만성적 질병이나 문제를 가지고 있다(Compas et al., 2012). 현재까지 가장 흔한 질병은 기관지(목구멍과 폐를 연결하는 관)가 아주 예민한 천식인데, 아동기 만성 질병의 1/3에 해당하며 학교 결석과 아동기 입원의 가장 흔한 이유이다(Basinger, 2013). 추운 날씨, 감염, 운동, 알레르기 및 정서적 스트레스와 같이 다양한 자극에 대한 반응으로 기관지에 가래가 가득 차서 기침과 재채기, 심각한 호흡 문제를 일으킨다.

미국 내에서는 지난 몇십 년 동안 천식 유행이 꾸준히 증가해 왔으며, 대략 8%의 아동이 천식을 앓는다. 천식에는 유전이 영향을 미치지만 연구자들은 천식 발병에 환경적 요인이 필수적이라고 본다. 남아, 아프리카계 미국인, 저체중으로 태어난 아동, 부모가 담배를 피우는 아동, 가난한 아동이 특히 큰 위험에 처해 있다(Centers for Disease Control and Prevention, 2015a). 아프리카계 미국 아동과 가난에 시달리는 아동 중에서 천식 발병률과 심각성이 높은데, 이는 알레르기 반응을 유발하는 도심지역의 오염, 스트레스가 많은 가정환경, 양질의 의료 서비스 부족에 의한 것일 수 있다. 아동기 비만 또한 천식과 관련이 있다(Hampton, 2014). 이는 체지방과 연관이 있는 혈액 내에서 순환하는 염증유발물질의 수준이 높으며 체중에 의해 흉부 벽이 압박되기 때문인 것으로 보인다.

미국 아동의 2% 정도는 겸상 적혈구성 빈혈, 낭포성섬유증, 당뇨병, 관절염, 암, AIDS와 같이 보다 심각한 만성질환을 가지고 있다. 고통스러운 의학적 치료, 신체적 불편함, 외모의 변화는 아픈 아동들의 일상생활에 지장을 초래해 학교

에서 집중하기 어렵게 만들고 또래들로부터 분리되게 만든다. 병이 위중해질수록 아동과 가족의 스트레스는 더 심해진다(Marin et al., 2009; Rodriguez, Dunn, & Compas, 2012). 이런 이유로 만성적으로 아픈 아동은 학업적, 정서적, 사회적으로 문제를 겪을 위험에 처한다.

만성 질병을 앓는 아동의 경우 신체적으로 건강한 아동과 마찬가지로 양질의 가족 기능과 아동의 삶의 질 간에 강한 연관성이 있다(Compas et al., 2012). 가족관계를 긍정적으로 만들어주는 중재는 부모와 아동이 질병에 잘 대처하게 만들고 아동의 적응을 향상시킨다. 중재 방법에는 건강교육, 상담, 부모 및 또래 지지 집단, 특수한 질병과 관련되는 여름 캠프가 포함된다. 캠프의 경우 아동에게 자조기술을 가르치고 부모가 아동을 간호하는 일로부터 잠시 벗어나 자유롭게 시간을 보낼 수 있게 한다.

사고에 의한 상해

학령기 아동들의 건강을 위협하는 것들에 대한 논의를 마치기 전에 제7장에서 상세히 다루었던 사고에 의한 상해 문제로 되돌아가 보자. 그림 9.2에서 보듯이, 상해로 인한 사망은 아동 중기부터 청소년기로 가면서 계속 증가하는데 그 비율이 여아보다는 남아에서 훨씬 더 높다.

아동이 차에 타 있거나 길을 가는 도중에 발생한 자동차 사고가 꾸준히 상해의 최고 원인이고 그다음이 자전거 사고이다(Bailar-Health & Valley-Gray, 2010). 보행자 사고는 주로 갑자기 튀어나오는 자동차 때문에, 자전거 사고는 주로 교통신호와 법규를 잘 지키지 않기 때문에 발생한다. 많은 자극이 일시에 밀려오면 어린 학령기 아동들은 행동하기 전에 생각하지 못한다. 그래서 자주 주의를 시키고, 감독하고, 교통량이 많은 곳에 혼자 뛰어들지 못하게 해야 한다.

학교 기반이나 지역사회 기반으로 이루어지는 효과적인 중재 프로그램은 안전기술에 대한 광범위한 모델링과 연습을 실시하고, 안전기술 획득에 대한 칭찬 및 적절한 보상과 더불어 아동의 수행에 대한 피드백을 제공하며, 가끔 효과를 지속시키기 위한 기회를 제공한다. 여러 위험을 한 번에 알려주는 것보다 구체적인 상해 위험(예: 교통안전)에 초점을 맞추는 것이 지속적인 결과를 위해 효과적이다(Nauta et al., 2014). 부모는 종종 자녀의 안전지식과 신체 능력을 과대평가하므로, 이런 프로그램의 일환으로 연령에 따른 아동들의 안전 능력에 대해 부모 역시 교육을 받아야 한다.

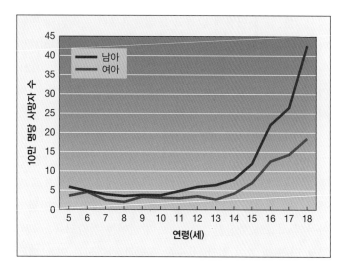

그림 9.2 미국의 아동 중기부터 청소년기에 이르는 부상 사망률 부상 사망자는 나이가 들수록 증가하며, 남아와 여아 사이의 격차는 확대된다. 자동차(승객 및 보행자) 사고가 주범이며, 자전거 부상자가 그다음이다(Centers for Disease Control and Prevention, 2015p).

한 가지 아주 결정적으로 중요한 안전대비책은 자전거, 인라인 스케이트, 스케이트보드, 스쿠터를 탈 때 법적으로 반드시 안전모를 쓰도록 하는 것이다. 이와 같은 간단한 예방책으로 학령기 아동의 영구적 장애와 사망의 가장 큰 원인인 머리 부상의 위험을 9%까지 낮출 수 있다. 안전모 사용과 더불어 다른 지역사회 기반 예방 전략들도 효과적이다.

지나치게 활동적이며 충동적이고 위험을 무릅쓰는 것을 좋아하는 아동(대부분 남아)은 아동 중기의 상해에 취약하다. 부모는 이런 아동의 위험한 행동을 강하게 제재하지 않는 경향이 있는데, 특히 결혼 갈등을 겪거나 다른 유형의 스트레스를 경험하는 경우 더욱 그렇다(Schwebel et al., 2011, 2012). 상해 통제 프로그램이 해결해야 할 가장 큰 문제는 이런 아동이 위험에 노출될 상황을 감소시키는 것이다.

운동 발달과 놀이

9.6   아동 중기 동안 운동 발달과 놀이의 주요한 변화를 고려하라.

주말 오후에 공원에 가서 취학 전 아동과 학령기 아동이 노는 것을 살펴보라. 아동 중기에는 신체가 자라고 근육에 힘이 생기므로 운동협응이 향상되는 것을 볼 수 있다. 또한 인지적·사회적으로 더 성숙해지기 때문에 연령이 높은 아동은 새로운 운동기술을 더 복잡한 방식으로 구사하게 된다. 이 시기에는 놀이에서 중요한 변화가 일어난다.

대근육 발달

학령기 동안 달리기, 점프하기, 한 발 뛰기, 공 다루기 기술이 더욱 발달한다. 3~6학년 아동은 운동장을 가로질러 전속력으로 달리고, 재빨리 줄넘기를 뛰어넘고, 복잡한 사방치기 패턴을 따라 놀이하고, 축구공을 차거나 드리블을 하고, 친구가 던진 공을 야구방망이로 치고, 좁은 턱을 균형을 잡고 걸을 수 있게 된다. 이런 여러 가지 기술은 아래 네 가지 운동 능력의 발달로 가능해진다.

- 유연성. 취학 전 아동과 비교할 때 학령기 아동은 신체적으로 더 유연하고 탄력성이 있는데, 이런 차이는 아동들이 야구방망이를 휘두를 때, 공을 찰 때, 장애물을 넘을 때, 텀블링을 할 때 두드러지게 나타난다.
- 균형성. 균형 감각의 향상은 달리기, 뛰기, 줄넘기, 던지기와 같은 많은 운동기술에 도움이 되고, 많은 팀 경기에서 필요로 하는 갑자기 방향을 바꾸는 능력도 도와준다.
- 민첩성. 빠르고 정확한 움직임은 댄스와 치어리딩의 현란한 발 움직임, 술래잡기나 축구를 할 때 상대편을 피하기 위한 전진 동작, 후진 동작, 옆으로 가는 동작에서 잘 나타난다.
- 힘. 연령이 높은 아동은 공을 더 세게 던지거나 찰 수 있고, 이전보다 더 멀리 달리거나 뛰어오를 수 있다(Haywood & Getchell, 2014).

신체 성장과 더불어 보다 효율적인 정보처리가 운동 수행 향상에 중요한 역할을 한다. 아동 중기 동안 관련 정보에만 반응하는 능력도 증가한다. 또한 반응시간도 꾸준히 향상되어 날아오는 공이나 돌아가는 줄넘기 줄 같은 시각적 자극에 예상되는 반응을 할 수 있다. 10세 아동은 5세 아동보다 2배 빠른 속도로 반응한다(Debrabant et al., 2012; Kail, 2003). 5~7세 아동은 날아오는 공을 방망이로 잘 때리지 못하기 때문에 이 연령에는 야구공보다는 티볼이 더 적합하다. 마찬가지로 핸드볼, 포스퀘어볼, 공차기를 테니스, 농구, 축구보다 먼저 지도해야 한다.

아동의 대근육 활동은 인지발달로 인해 도움을 받을 뿐만 아니라 반대로 인지발달에 기여하기도 한다. 신체적 건강은 아동 중기의 실행 기능, 기억력, 학업 성취를 예측한다(Chaddock et al., 2011). 운동으로 유도한 두뇌의 변화가 영향을 미치는 것으로 보인다. 뇌영상 연구에 따르면 신체적

향상된 신체적 유연성, 균형성, 민첩성 및 힘은 더 효율적인 정보처리와 함께 학령기 아동의 대근육 기술 향상을 촉진한다.

건강이 약한 아동보다 좋은 아동이 주의 통제와 기억을 관장하는 구조의 크기가 더 크고, 구조 내 신경 섬유의 수초화가 더 활발하다(Chaddock et al., 2010a, 2010b; Chaddock-Hyeman et al., 2014). 뿐만 아니라 신체적으로 건강한 아동과 1년 동안 하루에 1시간씩 학교 운동 프로그램에 참여한 아동은 실행 기능 과제를 수행하는 동안 앞서 말한 뇌 구조를 더 효율적으로 활성화하는 것으로 나타났다(Chaddock et al., 2012; Chaddock-Heyman et al., 2013). 활기찬 운동이 아동기 최적의 두뇌 기능과 인지 기능에 도움이 된다는 사실을 뒷받침하는 연구 결과들이 점점 더 많아지고 있다. 운동과 인지 능력의 관계는 전 생애를 걸쳐 지속된다.

소근육 발달

소근육 역시 학령기 동안 발달한다. 비가 오는 오후면 조이와 리지는 요요를 가지고 놀고, 모형 비행기를 만든다. 다른 많은 아동들처럼 조이와 리지 역시 상당히 정교한 근육의 통제가 필요한 악기를 연주하기도 한다.

소근육 기술의 발달은 특히 글씨 쓰기와 그림 그리기에서 두드러지게 나타난다. 6세가 되면 대부분의 아동들은 알파벳, 자기 이름의 첫 자와 마지막 자, 1부터 10까지 수를 상당히 정확하게 쓴다. 그러나 손목과 손가락이 아닌 팔을 사용해 획을 긋기 때문에 글자를 아주 크게 쓴다. 대문자를 쓸 때

의 수평과 수직운동이 소문자를 쓸 때의 작은 곡선 움직임보다 더 조절하기 쉽기 때문에 아동은 대문자 쓰기를 먼저 배운다. 글자의 크기와 간격이 일정하게끔 더 정확하게 쓰게 되면서 아동이 쓴 글자를 알아보는 것이 점점 더 쉬워진다.

아동 중기에 아동의 그림은 놀라운 발전을 보인다. 취학전 시기 끝 무렵에 아동은 많은 이차원의 모양을 정확하게 따라 그릴 수 있고, 이런 도형을 사용해 그림을 그린다. 멀리 있는 물체를 가까이 있는 물체보다 작게 보이게 하는 것과 같은 깊이단서가 나타나기 시작한다(Braine et al., 1993). 9~10세경이면 삼차원을 표현하기 위해 물체를 중첩되게 그리거나, 대각선으로 놓거나, 두 선이 수렴되게 한다. 게다가 그림 9.3에서처럼 학령기 아동은 물체를 상당히 상세하게 그

그림 9.3 학령기 아동의 그리기 구성, 세부사항 및 깊이단서 증가 그림 7.4의 5세 아동이 그린 그림과 비교해보자. 맨 위에 있는 8세 아동이 그린 그림에서 모든 부분이 어떻게 서로에 대해 그리고 더 세부적으로 묘사되는지 알아보자. 깊이단서의 통합은 11세 아동에 의해 학령기 동안 극적으로 증가한다. 여기서 깊이는 겹치는 물체, 대각선 배치, 수렴선으로 표시되며, 먼 물체를 가까운 물체보다 작게 만들어 표시한다.

릴 뿐 아니라 여러 물체를 하나의 전체로 조직화한다(Case & Okamoto, 1996).

성차

운동기술의 성차는 아동 중기까지 지속되고 어떤 경우에는 차이가 더욱 명확해진다. 여아는 쓰기와 그리기 같은 소근육 운동 영역과 균형성과 민첩성이 중요한 한 발 뛰기나 줄넘기 같은 분야에서는 남아보다 앞선다(Haywood & Getchell, 20014). 하지만 남아는 다른 모든 대근육 운동기술에서 여아보다 앞서며 특히 던지기와 차기에서 성차가 크게 나타난다.

근육량에 대한 학령기 남아의 유전적 우세함은 남아가 대근육 운동을 더 잘하는 것에 대한 충분한 설명이 되지 못한다. 유전적 영향보다는 사회적 환경이 중요한 역할을 하는 것으로 보인다. 부모는 남아의 운동 능력에 대해 높은 기대를 하며 아동은 이런 메시지를 쉽게 흡수한다. 1학년에서 12학년까지 여아는 남아보다 운동의 가치와 자신의 운동 능력을 긍정적으로 평가하지 못하는데 이런 차이는 부분적으로는 부모의 신념으로 설명할 수 있다(Anderson, Hughes, & Fuemmeler, 2009; Fredricks & Eccles, 2002). 여아가 여성은 하키나 축구 같은 스포츠를 잘하지 못한다고 강하게 믿을수록 자기 자신의 운동 능력을 낮게 평가하고 실제 운동 수행도 좋지 않다(Belcher et al., 2003; Chalabaev, Sarrazin, & Fontayne, 2009).

학령기 남아와 여아 간 신체적 능력의 차이가 크지 않다는 것을 부모에게 알려주고 여아의 운동 능력 발달을 저해하는 부당한 편견을 인식하도록 도와줌으로써 여아의 자신감과 운동 참여를 증가시킬 수 있다. 여아의 운동 수행에 대해 관심을 두는 것과 더불어 여아의 운동기술 훈련에 대해 강조하는 것 역시 도움이 될 수 있다. 한 세대 전과 비교해볼 때 현재에는 더 많은 여아들이 개인 스포츠와 단체 스포츠에 참여하고 있다. 여아의 운동 참여는 아직 남아에 비해서는 뒤처지지만 이는 긍정적인 신호이다(Kanters et al., 2013; Sabo & Veliz, 2011). 아동 중기는 아동이 자신이 무엇을 잘하는지를 발견하고 이를 발전시키는 시기이기 때문에 여아의 스포츠 참여를 장려하는 것이 중요하다.

규칙이 있는 게임

학령기 아동의 신체 활동은 놀이 질의 중요한 발달을 보여준다. 즉 규칙이 있는 게임이 많아진다. 전 세계의 아동들은 축

한 무리의 소년들이 픽업 농구 경기를 위해 학교 운동장에 모인다. 경제적으로 부유한 또래와 달리, 저소득층 아이들은 종종 아동이 조직한 게임을 하는데, 이것은 사회학습의 풍부한 맥락으로 작용한다.

구, 야구, 농구 같이 인기 있는 스포츠의 변형된 게임을 포함해 여러 가지 구조화된 약식 게임을 한다. 아동들은 술래잡기나 사방치기처럼 잘 알려진 게임뿐 아니라 다른 여러 가지 게임을 만들어낸다.

조망 수용 능력, 특히 게임에 참여한 여러 사람의 역할을 이해하는 능력을 갖추게 되면서 규칙이 있는 게임을 하게 된다. 이런 게임에 참여하는 경험은 역으로 정서적 · 사회적 발달에 크게 기여한다. 아동들이 발명한 게임들은 대개 단순한 신체기술과 운에 의해 크게 좌우되기 때문에 개인들의 능력을 겨루지 못한다. 대신 이런 게임들은 아동이 여러 가지 유형의 협동, 경쟁, 이기기, 개인적으로 크게 상처 받지 않고 지는 것을 경험하게 한다. 또한 게임을 조직화하려고 노력하면서 아동은 왜 규칙이 필요하고 어떤 규칙이 효과적인지를 발견한다.

과거 세대와 비교해 오늘날의 학령기 아동은 형식에 얽매이지 않은 자유로운 야외 놀이에 참여할 시간이 더 적다. 이는 아동이 TV나 다른 스크린 미디어에 시간을 많이 쏟을 뿐만 아니라 부모들이 아동의 안전에 대해 걱정을 하기 때문이다. 또한 경제적으로 부유한 가정의 아동이 자발적 놀이에 투자하던 시간을 야구팀이나 축구나 하키 리그처럼 성인이 구조화해준 스포츠에 투자하게 된 것 또한 하나의 이유가 될 수 있다.

부족사회와 개발도상국뿐만 아니라 산업화된 국가의 사회경제적 지위가 낮은 지역에서는 여전히 아동의 비형식적 스포츠 및 게임을 흔하게 볼 수 있다. 아프리카 앙골라의 난

배운 것 적용하기

아동 중기에 발달적으로 적합한 조직화된 스포츠 제공하기

제안	설명
아동들의 흥미에 기초하기	적합한 활동들 가운데서 아동들이 자신에게 가장 잘 맞는 것을 선택하게 하고 아동들이 원하지 않는 것을 강요하지 않는다.
연령에 적합한 기술 가르치기	9세 이하의 아동들에게 차기, 던지기와 방망이로 공 맞추기 같은 기본 기술을 강조하고, 게임을 단순화해 모든 참여자에게 적당한 시간을 주도록 해야 한다.
즐거움을 강조하기	아동이 전문 운동선수가 되든 아니든 자신의 속도로 발전하고 재미있게 놀 수 있도록 허용해야 한다.
연습의 빈도와 길이를 제한하기	아동들의 주의폭, 또래나 가족들과 지낼 시간, 숙제할 시간을 고려해 연습시간을 짠다. 어린 학령기 아동들에게는 일주일에 두 번, 한 번에 30분 이하, 그리고 나이가 많은 학령기 아동들에게는 60분 연습이 적당하다.
개인과 팀의 발전에 관심 기울이기	이기는 것보다는 노력, 기술을 발전시키는 것, 팀워크를 강조한다. 실수와 지는 것에 대해 비판하면 아동들은 불안해하고 운동을 피하므로 삼가야 한다.
불건전한 경쟁을 부추기지 않기	개인을 드러내는 올스타 게임이나 시상식은 피한다. 대신 모든 참여자의 공로를 인정한다.
아동들이 규칙과 전략을 만드는 데 기여하도록 하기	공정한 놀이와 팀워크를 보장하기 위해 아동들이 결정에 참여하도록 한다. 바람직한 반응을 강화하기 위해 복종하지 않으면 벌을 주기보다는 복종하면 강화를 준다.

민 캠프와 시카고의 공영 주택 단지에 대한 민족지학적 연구에 따르면, 6~12세 아동의 대다수가 적어도 일주일에 한 번, 절반 이상의 아동은 거의 매일 아동이 구조화된 게임에 참여한다. 각 환경에서의 놀이는 문화적 가치를 반영한다(Guest, 2013). 앙골라 사회에서 게임은 사회적 역할의 모방을 강조한다. 예를 들어 존경받는 축구 선수의 움직임을 따라한다. 반면 시카고에서의 게임은 경쟁적이고 개별적이다. 예를 들어 공놀이를 할 때 아동은 종종 자신이 공을 특히 잘 치거나 던졌을 때 다른 친구들이 그것을 봤는지 확인하려 한다.

성인이 구조화한 아동 스포츠

미국 아동의 거의 절반(남아의 경우 60%, 여아의 경우 47%)이 5~18세 사이 중 언젠가는 학교 밖에서 구조화된 스포츠 활동에 참여한다(SFIA, 2015). 하지만 사회경제적 지위가 낮은 지역의 아동은 이런 활동에 많이 참여하지 못하며, 특히 여아와 소수인종들에게는 이런 기회가 매우 제한되어 있다. 캘리포니아 오클랜드의 두 지역사회를 비교한 결과, 부유한 지역의 10대 여아들 중 67%가 스포츠팀에 소속되어 있었다(Team Up for Youth, 2014). 고작 몇 마일 떨어진 곳에 위치한 소수인종이 많이 사는 가난한 지역의 경우 11% 정도만이 구조화된 스포츠에 참여하고 있었다.

대부분 아동의 경우 지역의 운동팀에 소속되는 것은 높은 자존감 및 사회적 기술과 관련이 있다(Daniels & Leaper, 2006). 자신이 운동을 잘한다고 생각하는 아동은 청소년기에도 지속적으로 운동팀에 참여하는 경우가 많고, 이는 성인 초기의 스포츠 참여나 기타 신체적 활동 참여를 매우 잘 예측한다(Kjønniksen, Anderssen, & Wold, 2009).

그러나 어떤 경우에는 청소년 스포츠가 지나치게 경쟁을 강조하며, 아동이 자연스럽게 규칙과 전략을 시험해볼 기회를 주지 않고 성인의 통제로 이를 대체한다는 주장이 합당하기도 하다. 코치와 부모들이 아동을 격려하기보다는 비판하는 경우 일부 아동들은 불안을 강하게 느끼며, 운동을 잘하게 되기보다는 정서적으로 어려움을 느끼고 운동을 일찍 포기해버린다(Wall & Côté, 2007). '배운 것 적용하기'에서는 어떻게 하면 아동들에게 운동 리그가 긍정적 학습 경험이 되는지 제시하고 있다.

살펴보기

> 축구, 야구, 하키와 같은 청소년 운동 리그 경기를 관람하라. 감독과 부모들은 아이들의 노력과 기술 향상을 장려하는가, 아니면 지나치게 승리에만 치중하고 있는가? 어른과 아동 행동의 예를 들라.

진화 역사의 그늘

공원에서 아동들을 관찰하면서 그들이 어떻게 웃고 깔깔대면서 레슬링하고, 구르고, 때리고, 서로 쫓아가고, 서로의 역할을 바꾸는지 잘 살펴보라. 이처럼 친근한 분위기에서 서로 쫓으며 싸우는 놀이를 **거친 신체놀이**(rough-and-tumble play)라고 부른다. 이 놀이는 취학 전 시기에 나타나기 시작해 아동 중기에 정점에 이른다(Pellegrini, 2006). 많은 문화에서 아동들은 특히 좋아하는 또래들과 거친 신체놀이를 한다.

아동들의 거친 신체놀이는 많은 어린 포유류의 사회적 행동과 유사하다. 이 놀이는 부모가 아기들과 같이하는 신체놀이, 특히 아버지와 아들의 놀이에서 시작된다(제6장 참조). 거친 신체놀이는 남아에게 더 흔하게 나타나는데, 이는 남아가 태내에서 안드로겐에 노출되기 때문에 활동적 놀이에 대한 성향을 타고나기 때문인 것 같다(제8장 참조).

우리의 진화 역사에서 거친 신체놀이는 싸움기술 발달에 중요한 역할을 해 온 것으로 보인다. 또한 거친 신체놀이는 아동들이 **권력위계**(dominance hierarchy), 즉 갈등이 생겼을 때 누가 승자인지를 예측하는 집단 구성원들 사이의 안정된 순위를 형성하도록 돕는다. 아동들 사이의 싸움, 위협, 신체적 공격을 관찰해보면 승자와 패자의 순위가 일관성 있게 나타나며 아동 중기에 더 안정되는데 이는 남아들 사이에서 특히 강하게 나타난다. 학령기 아동이 권력위계를 형성하면 적대감이 거의 사라진다. 아동들은 싸움 놀이를 또래의 주도권에 도전하기 전에 안전하게 또래의 힘을 평가하는 방법으로 사용하는 것으로 보인다(Fry, 2014; Roseth et al., 2007). 거친 신체놀이는 전투적인 상호작용을 어떻게 절제해 다루어야 하는지 알려준다.

아동들이 사춘기에 도달하면 힘의 차이가 분명하게 나타나고 거친 신체놀이는 감소한다. 그렇게 되면서 거친 신체놀이의 의미가 변화한다. 청소년들의 거친 신체놀이는 공격성과 관련이 있다(Pellegrini, 2003). 아동들과 달리 거친 신체놀이를 하는 10대 청소년들은 상대방을 해치기 위해 속임수를 쓴다. 남아들은 자신들이 복수하는 것이라고 자주 설명하지만 사실은 또래들 사이의 주도권을 재조직하는 것이다. 이처럼 아동기에는 공격성을 억제하던 놀이행동이 청소년기에는 적대성의 장이 된다.

체육 교육

신체활동은 건강, 자존감, 인지기술과 사회기술 등 아동 발

진화적으로 우리의 과거에 그것의 우호적인 질로 공격성과 구별될 수 있는 거친 신체놀이는 싸움기술을 개발하고 지배적인 위계질서를 확립하는 데 중요했을 것이다.

달의 여러 측면을 돕는다. 하지만 학업적 교육에 더 많은 시간을 할애하기 위해 미국 내 학군의 80% 정도는 더 이상 초등학교에서의 일일 자유시간을 강제하지 않는다(Centers for Disease Control and Prevention, 2014b). 대부분의 미국 주들이 일정량의 체육 교육을 필수로 지정해놓기는 했지만, 6개 주만이 모든 학년에 대해, 그리고 1개 주만이 초등학교의 경우 최소 하루 30분, 중·고등학교의 경우 최소 하루 45분 체육 교육을 실시하도록 지정하고 있다. 이렇다 보니 학령기 아동의 많은 수가 신체적으로 비활동적이다. 6~17세 아동 및 청소년 중 30% 이하만이 적어도 하루에 60분간 적당한 강도의 활동을 하며 이 중 3일은 거친 숨쉬기와 땀을 유발하는 활발한 활동을 하는데, 이것이 미국 정부에서 추천하는 좋은 건강 상태를 위한 활동량이다(Centers for Disease Control and Prevention, 2014f). 청소년기에 접어들면서 신체적 활동은 감소하는데, 이는 남아보다 여아에게 크게 나타난다.

많은 전문가들은 학교에서 체육시간을 더 많이 늘려야 할 뿐 아니라 경쟁적 스포츠를 줄여야 한다고 주장한다. 경쟁적 스포츠는 체력이 약한 아동들에게는 별로 도움이 되지 않는다. 그보다 아동들이 즐길 수 있는 비형식적인 게임과 개

묻고 대답하기

연관지어보기 다음에 제시한 아동기 건강 문제 가운데 하나를 선택하라—근시, 비만, 천식, 또는 사고에 의한 상해. 이 문제에 유전적 및 환경적 요인이 어떻게 기여하는지 설명하라.

적용해보기 아홉 살인 앨리슨은 자신이 운동을 잘 못하고 체육시간을 싫어한다고 생각한다. 앨리슨이 체육을 좋아하고 많이 하도록 하기 위해 교사가 어떤 전략을 사용할 수 있는지 제시하라.

생각해보기 어릴 때 조직화된 스포츠에 참여했는가? 코치와 부모가 어떤 학습 분위기를 만들었는가?

별적 운동을 강조하는 것이 좋다. 건강이 좋은 아동은 나중에 성인이 되어도 여러 가지 면에서 유리하다(Kjønniksen, Torsheim, & Wold, 2008). 예를 들어 신체적으로 건강하고, 감기나 독감부터 암, 당뇨, 심장병에 이르기까지 많은 질병에 잘 저항하며, 심리적으로 건강하고, 더 오래 산다.

인지발달

6세의 리지는 초등학교에 등록하던 날 "드디어!"라고 외쳤다. 리지는 "이제 나는 조이처럼 정말 학교에 다니게 되었어!"라고 말하면서 동네 학교의 유치원과 1학년 통합 교실을 자신감 넘치게 걸어 다녔다. 이제 리지는 더 통제된 교육을 받을 준비가 된 것이다. 하루아침에 리지와 리지의 반 친구들은 읽기 모임에서 만나 일기를 쓰고 더하기와 빼기를 하고 과학 프로젝트에 필요한 나뭇잎들을 모으게 되었다. 리지와 조이는 학년이 올라가면서 점점 더 복잡한 과제를 만나게 되고, 읽기와 쓰기, 수학을 더 잘하게 될 뿐 아니라 세상에 대한 지식도 증가했다.

아동 중기의 인지적 성취를 이해하기 위해 피아제 이론과 정보처리 접근에 기초한 연구들을 살펴볼 것이다. 그러고 나서 개인차를 이해하는 데 도움이 되는 확장된 지능의 정의를 살펴보겠다. 이후 학령기 동안 더욱 발달하는 언어에 대해 살펴볼 것이며, 마지막으로 아동의 발달에서 학교의 역할에 대해 살펴볼 것이다.

피아제 이론 : 구체적 조작기

9.7 구체적 조작기의 주요 특징은 무엇인가?
9.8 구체적 조작기 사고에 관한 후속연구를 논의하라.

4세 때 리지가 나의 아동발달 강의에 초대되었는데, 피아제

의 보존 과제를 아주 어려워했다(제7장 참조). 예를 들어 길고 좁은 용기의 물을 짧고 넓은 용기로 붓자 리지는 물의 양이 변했다고 주장했다. 그러나 8세가 되어 다시 왔을 때에는 보존 과제를 아주 쉬워했다. "물론 두 개는 같아요!"라고 소리쳤다. "물의 높이는 낮아졌지만 더 넓어졌어요. 다시 부어봐요. 그러면 같은 양일걸요!"라고 자신을 인터뷰하는 대학생에게 말했다.

구체적 조작기 사고

리지는 7~11세 동안 계속되는 피아제의 **구체적 조작기** (concrete operational stage)에 진입했다. 아동 초기와 비교해 더 논리적이고, 융통성 있고, 구조화된 사고를 지닌다.

보존 보존 과제에서 성공하는 것은 조작의 분명한 증거인데, 조작이란 논리적 규칙에 따르는 정신적 활동이다. 리지는 이제 문제의 한 가지 측면만이 아니라 여러 측면에 관심을 기울이고 그들을 관련짓는 탈중심화를 보인다. 리지는 또한 가역성도 보이는데 **가역성**(reversibility)이란 일련의 단계를 따라 사고한 다음 정신적으로 방향을 바꿔서 시작점으로 돌아가는 것이다. 제7장에서 가역성은 모든 논리적 조작의 일부라고 한 사실을 기억해보자. 가역성은 아동 중기에 완벽하게 성취된다.

분류 7~10세 사이에 아동은 피아제의 유목 포함 과제를 통과한다(제7장 참조). 이는 아동들이 범주들의 위계를 더 잘 알게 될 뿐 아니라 일반 범주와 2개의 특수 범주 사이의 관련성, 즉 동시에 세 관계에 초점을 맞출 수 있음을 나타낸다. 아동은 각각의 구체적 범주를 덜 명확한 일반적인 범주와 관련지으면서, 두 가지의 구체적 범주(파란 꽃과 노란 꽃)를 인지적으로 비교하는 습관적 전략을 더 잘 억제할 수 있게 된다(Borst et al., 2013). 학령기 아동의 분류 능력 향상은 소중한 물건을 수집하고자 하는 열망에서 찾아볼 수 있다. 10세 때 조이는 커다란 상자에 들어 있는 야구카드를 몇 시간 동안 분류하고 또 분류했다. 처음엔 카드를 리그와 팀에 따라 분류하고 다음에는 포지션과 평균 타율에 따라 분류했다. 조이는 그 밖의 다양한 범주와 하위 범주로 선수들을 분류하고 그다음에 손쉽게 다시 정리할 수 있었다.

서열화 길이나 무게와 같은 양적 차원에 따라 항목들을 정리

향상된 분류 능력은 아동 중기에 아동들의 사물 수집에 관한 관심의 기초가 된다. 이 열 살짜리 아이는 그의 광대한 암석 수집과 광물 수집을 분류하고 조직한다.

하는 능력을 **서열화**(seriation)라고 부른다. 이를 검증하기 위해 피아제는 아동들에게 길이가 다른 막대들을 짧은 것부터 차례대로 놓아 보게 했다. 연령이 높은 취학 전 아동은 막대를 일렬로 놓을 수 있었지만 두서가 없어서 실수를 많이 했다. 반면 6~7세 아동은 효율적으로 서열화했는데, 가장 짧은 막대부터 순서대로 막대를 놓았다.

구체적 조작기 아동은 정신적으로 서열화할 수 있는데 이를 **이행추론**(transitive inference)이라고 부른다. 잘 알려진 이행추론 문제에서 피아제는 아동에게 색깔이 다른 막대들을 쌍으로 보여주었다. A막대가 B막대보다 더 길고, B막대가 C막대보다 더 길다는 사실을 관찰한 아동들은 A막대가 C막대보다 더 길다고 추론할 수 있어야 한다. 피아제의 유목 포함 과제처럼, 이행추론을 하려면 아동은 세 관계, 즉 A−B, B−C, A−C 관계를 동시에 통합해야 한다. 연구자가 아동에게 전제, 즉 A−B 관계와 B−C 관계를 분명하게 기억하도록 도움을 주자, 7~8세 아동은 이행추론을 할 수 있었다(Wright, 2006). 또한 만화 캐릭터 간 경기에서의 우승자에 대한 문제와 같이 과제가 아동의 일상 경험과 관련이 있는

경우, 6세 아동의 수행이 향상되었다(Wright, Robertson, & Hadfield, 2011).

공간추리 피아제는 학령기 아동이 취학 전 아동보다 공간을 더 정확하게 이해한다는 사실을 발견했다. 아동들의 **인지 지도**(cognitive map), 즉 교실이나 학교, 동네와 같이 아동에게 친숙한 공간에 대한 정신적 표상에 대해 살펴보자. 학교나 동네 같은 큰 공간의 지도를 그리거나 읽기 위해서는 상당한 조망 수용 기술이 요구된다. 모든 공간을 한 번에 볼 수 없기 때문에 아동들은 분리된 부분들을 서로 연결해서 전체를 추론해야 한다.

취학 전 아동과 어린 학령기 아동은 방에 대한 지도를 그릴 때 랜드마크들은 그리지만 항상 정확한 배치로 그리는 것은 아니다. 방에 대한 지도 위에 스티커를 붙여서 책상과 사람의 위치를 표시하라고 할 때 더 잘한다. 하지만 지도가 방의 위치와 다르게 회전했을 때는 어려움을 겪는다(Liben & Downs, 1993). 회전된 지도에서 랜드마크를 파악해야 할 때 7세 아동의 경우 방을 걸어 다니는 것이 도움이 되었다(Lehnung et al., 2003). 적극적으로 방을 탐색함으로써 다른 관점에서 랜드마크를 볼 수 있고 이는 보다 유연한 정신적 표상을 촉진했다.

큰 야외 환경의 경우 많은 아동이 9세가 되어서야 랜드마크를 표시하기 위해 지도 위에 정확하게 스티커를 붙일 수 있다. 지도를 돌리거나 지도 위의 길을 따라가는 등 그 공간 내에서 자신의 현재 위치에 맞게 지도를 조정하는 전략을 자발적으로 사용하는 아동은 더 좋은 수행을 보인다(Liben et al., 2013). 이 시기 즈음 큰 공간에 대해 아동이 그린 지도는 조직화된 이동 경로를 따라 랜드마크를 표시하는 더 조직화된 모습을 보여준다. 이와 동시에 아동은 한 곳에서 다른 곳으로 움직이는 방법을 설명할 때 명확하고 잘 구성된 방식으로 이야기할 수 있다.

아동 중기 끝 무렵에, 대부분의 아동은 큰 공간에 대한 전반적 시각을 정확하게 형성할 수 있다. 또한 지도를 그리거나 읽는 일도 잘하는데, 지도가 나타내는 공간과 지도의 방향이 일치하지 않을 때도 지도를 읽고 그리는 일을 할 수 있다(Liben, 2009). 10~12세 아동은 **축척**에 대한 개념을 가지기 시작하는데, 축척이란 실제 공간과 지도 위 공간의 표상 간 비례관계를 의미한다(Liben, 2006). 또한 지도의 상징을 해석할 때 지도를 만든 사람이 부여한 의미가 실제 물리적 유사성

보다 중요하다는 사실을 이해한다. 예를 들어 **빨간** 점이 아닌 초록 점이 소방차가 위치한 곳을 나타내고 있다고 하면 이를 이해할 수 있다(Myers & Liben, 2008).

살펴보기

> 6~8세, 9~12세 아동에게 학교, 친구 집, 쇼핑 지역 등 중요한 랜드마크를 보여주는 동네 지도를 그려달라고 부탁해보라. 아이들의 지도는 어떤 면에서 다른가?

문화적 틀 또한 아동들의 지도 만들기에 영향을 미친다. 많은 비서구 문화에서 사람들은 길을 찾을 때 지도를 사용하지 않고 이웃이나 거리의 상인, 가게 주인이 주는 정보에 의존한다. 또한 연령이 비슷한 서구 아동에 비해 비서구권 아동들은 차도 덜 타고 더 많이 걷기 때문에 주변 지역에 대해 더 잘 안다. 연구자들이 인도와 미국의 소도시에 사는 12세 아동들에게 살고 있는 동네의 지도를 그리게 했을 때, 인도 아동들은 자신의 집 주변의 작은 지역에 대해 다양하고 많은 랜드마크를 표시했고 사람이나 탈 것과 같은 사회생활의 측면도 더 많이 나타냈다. 반면 미국 아동들은 더 형식적이고 확대된 공간을 그렸고 주요 도로와 방향(북-남, 동-서)은 그렸으나 랜드마크는 별로 그리지 않았다(그림 9.4 참조)(Parameswaran,

2003). 미국 아동들의 지도가 인지적 성숙도 점수에서는 더 높았으나, 이런 차이는 과제에 대한 문화적 해석을 반영한다. '사람들이 길 찾는 것을 도울 수 있는' 지도를 그리라고 하자 인도 아동들도 미국 아동들만큼 넓은 지역을 포함하는 잘 조직화된 지도를 그렸다.

구체적 조작기 사고의 한계점

단계의 이름이 나타내는 것처럼 구체적 조작의 사고는 한 가지 중요한 제한점을 지닌다. 아동은 직접적으로 지각할 수 있는 구체적 정보를 다룰 때에만 조직화되고 논리적인 방식으로 생각한다. 아동의 정신적 조작은 실제 세계에서는 드러나지 않는 추상적 사고에는 거의 작용하지 않는다. 이행추론 문제에 대한 아동들의 해결 방법을 생각해보자. 길이가 다른 막대 쌍을 보여주면 리지는 이행추론을 쉽게 할 수 있다. 하지만 동일한 유형의 과제일지라도 "수잔은 샐리보다 크고 샐리는 메리보다 크다. 누가 제일 클까?"와 같은 가설적인 문제는 어려워한다. 대개 11세나 12세가 되어야 이 문제를 풀 수 있다.

처음에는 논리적 사고가 당면한 상황에 얽매여 있다는 사실이 구체적 조작 사고의 특수한 측면을 설명하는 데 도움이 된다. 아동은 구체적 조작 과제를 차근차근 이해해 나간

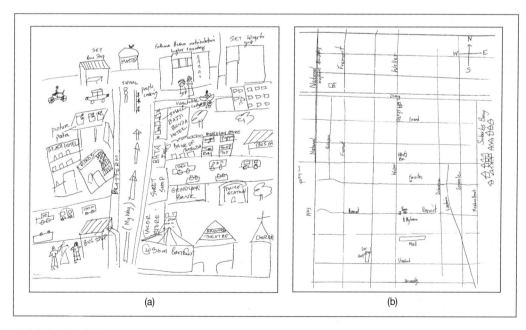

(a)   (b)

그림 9.4 인도와 미국의 나이 많은 학령기 아동이 그린 지도 (a) 인도 아동은 집 근처 작은 지역에 많은 랜드마크와 사회적 생활의 여러 측면을 그려 넣었다. (b) 미국 아동은 더 확장된 공간을 그리고 주요 도로와 방향을 강조하지만 랜드마크와 사람을 별로 그리지 않았다(G. Parameswaran, 2003, "Experimenter Instructions as a Mediator in the Effects of Culture on Mapping One's Neighborhood," *Journal of Environmental Psychology*, 23, pp. 415-416. Copyright © 2003, reprinted with permission from Elsevier, Ltd., conveyed through Copyright Clearance Center, Inc.).

다. 예를 들어 아동은 대개 수 보존을 가장 먼저 이해하고 이후 길이, 액체, 질량, 무게를 차례대로 이해한다. 이와 같이 논리적 개념들이 점진적으로 습득된다는 점이 구체적 조작기 사고의 제한점을 나타내는 또 다른 예이다(Fischer & Bidell, 1991). 학령기 아동은 일반적인 논리적 원리를 발견해 이를 모든 문제에 동시에 적용하는 것이 아니라 각 문제의 논리를 독립적으로 적용하는 것으로 보인다.

구체적 조작기 사고에 대한 추수 연구

피아제에 의하면, 풍요롭고 다양한 외부세계에서 이루어지는 경험과 더불어 뇌 발달로 인해 전 세계 아동들이 비슷한 연령대에 구체적 조작기에 이르게 된다. 그러나 최근 증거들에 의하면 특수한 문화 및 학교의 관습이 피아제 과제의 숙달과 깊은 관련이 있다(Rogoff, 2003). 또한 정보처리 연구는 아동 중기 논리적 개념들의 점진적 획득에 대해 설명한다.

문화와 학교교육의 영향   부족사회에서는 보존의 이해 시기가 더 늦다. 예를 들어 아이들을 학교에 보내지 않는 나이지리아의 작은 농촌에 살고 있는 하우사 종족의 경우 수, 길이, 액체량과 같이 아주 기본적인 보존 과제도 11세나 그 이후가 되어야 이해한다(Fahrmeier, 1978). 이는 관련 있는 일상 활동의 참여가 아동이 보존 과제와 피아제의 다른 과제들을 이해하게끔 돕는다는 사실을 보여준다. 예를 들어 조이와 리지는 공정함에 대해 생각할 때 자신의 문화권에서 강조하는 가치인 동등한 분배의 관점에서 생각한다. 조이와 리지는 자주 친구들에게 핼러윈 사탕이나 레모네이드와 같은 물건들을 똑같이 나누어준다. 이처럼 동일한 양이 여러 가지 방식으로 배열되는 것을 자주 보기 때문에 보존을 일찍 이해한다.

학교에 가는 경험 자체도 피아제 과제의 숙달을 돕는 것으로 보인다. 동일한 연령의 아동들을 검사했을 때, 학교에 오래 다닌 아동들이 이행추론 문제를 더 잘 풀었다(Artman & Cahan, 1993). 물체를 서열화하고, 순서관계에 대해 배우고, 복잡한 문제의 일부를 기억하는 기회가 모두 조작적 사고의 발달을 돕는다. 하지만 비형식적이며 학교에서 이루어지지 않는 경험 또한 조작적 사고의 향상에 도움이 될 수 있다. 학교에 가는 대신 정교하게 디자인된 옷감을 짜는 것을 배우는 남부 멕시코의 지나칸테코 원주민 소녀들은 7~8세경에 베틀에 걸린 실이 어떻게 천이 되는지를 생각하기 위해 정신적 변형을 수행하는데, 이는 구체적 조작기에 나타나는 사고이

남부 멕시코에 사는 이 지나칸테코 인디언 소녀는 수 세기 동안 내려온 베 짜기를 배운다. 미국 아동들이 피아제 과제에서 더 잘하지만 지나칸테코 아동들은 베틀에 달린 실이 어떻게 천이 되는지를 생각하는 데 요구되는 복잡한 정신적 조작을 훨씬 더 잘한다.

다(Maynard & Greenfield, 2003). 동일한 연령의 미국 아동들은 지나칸테코 소녀들보다 피아제 과제를 더 잘 이해하지만 이러한 베 짜기 문제는 잘 이해하지 못한다.

이런 발견에 기초해 어떤 연구자들은 피아제 과제에서 요구하는 형태의 논리는 훈련과 환경, 문화적 조건의 영향을 많이 받는다고 결론 내려 왔다. 이런 견해를 보면 앞에서 논의한 비고츠키의 사회문화적 이론이 생각나지 않는가?

구체적 조작기 사고에 대한 정보처리 관점   아동 중기에 논리적 개념을 점진적으로 숙달하게 된다는 사실은 피아제 이론에 대해 친숙한 문제를 제기한다. 아동 중기에 논리적 사고가 갑작스러운 단계적 전환을 통해 발달한다고 기술하는 것이 가장 정확한 것일까?

일부 신피아제 이론가들은 조작적 사고의 발달은 새로운 단계로의 갑작스러운 전환이 아니라 정보처리속도의 발달로 이해하는 것이 가장 적절하다고 주장한다. 예를 들어 로비 케이스(Robbie Case, 1996, 1998)는 피아제 이론의 각 단계에서의 변화와 단계 간 이동은 아동이 자신의 제한된 작업기억을 점차 효율적으로 사용할 수 있게 되기 때문이라고 주장했다. 그에 따르면 뇌 발달과 연습을 통해 인지적 책략을 적용할 때 걸리는 시간이 짧아지고 이때 필요한 주의의 양이 적어지며 자동적인 과정으로 변화한다. 이로 인해 작업기억의 공

간이 남게 되어 아동은 기존 구조들을 통합해 새로운 구조를 형성하는 것에 집중할 수 있게 된다. 예를 들어 물을 다른 모양의 용기로 옮겨 부으면 물의 높이가 달라진다는 사실에 익숙해지면 아동은 이때 물의 넓이도 변화한다는 사실을 알게 된다. 아동이 이런 관찰을 통합하게 되면 액체량 보존을 이해하게 된다. 그리고 이런 논리적 생각을 많이 연습하게 되면서 아동은 이를 무게와 같이 더 어려운 상황에도 적용할 수 있게 된다.

피아제 단계의 인지구조가 충분히 자동적으로 변하면 작업기억이 충분히 남게 되어 인지구조들을 보다 발전되고 폭넓은 적용가능한 표상으로 통합하게 된다. 그 결과, 아동의 사고는 구체적 조작에서 형식적 조작의 사고인 복잡하고 체계적인 추론으로 이동하고, 이는 아동이 폭넓은 세상에 대해 좀 더 효율적으로 생각할 수 있게 한다.

다른 정보처리이론가들과 더불어 케이스의 이론은 왜 아동의 이해가 한 번에 숙달되는 것이 아니라 각기 다른 시기의 구체적 상황에서 나타나는지에 대해 설명해준다(Andrews & Halford, 2011; Barrouillet & Gaillard, 2011a). 첫째, 다양한 보존 과제와 같이 논리적 이해는 동일하지만 형태가 다른 경우 사고 처리의 난이도가 다르다. 즉 더 나중에 획득하는 유형의 경우 작업기억 공간을 더 많이 필요로 한다. 둘째, 여러 과제 유형에 대한 아동의 경험은 매우 다양하며 아동의 수행에 영향을 미친다. 피아제의 이론과 비교해 신피아제 학파의 접근법은 불균형을 더 잘 설명한다.

구체적 조작기에 대한 평가 학령기 아동은 취학 전 아동에 비해 보다 조직화되고 합리적인 방법으로 문제에 접근한다는 피아제의 주장은 옳다. 하지만 이러한 차이가 논리적 기술이 계속해서 발전하기 때문인지 혹은 피아제 단계 개념이 가정하듯이 아동들의 사고가 비연속적으로 재구성되기 때문인지에 대해서는 논의가 계속되어 왔다. 많은 연구자들은 두 유형의 변화가 모두 일어난다고 생각한다(Andrews & Halford, 2011; Barrouillet & Gaillard, 2011b; Case, 1998; Mascolo & Fischer, 2015).

학령기 동안 아동은 더 많은 과제에 논리적 구조를 적용한다. 그 과정에서 아동은 논리적 사고의 기초가 되는 원리를 종합적으로 이해하게 되어 아동의 사고는 질적으로 변화한다. 피아제 스스로도 보존과 그 밖의 다른 과제에 대한 이해가 점진적으로 획득되는 것을 보면서 이런 가능성을 짐작하

묻고 대답하기

연관지어보기 조망 수용 발달이 학령기 아동들이 지도를 그리고 사용하는 능력의 발달을 어떻게 돕는지 설명하라.

적용해보기 9세 아드리엔은 많은 시간을 아버지가 목공소에서 가구 만드는 것을 돕는다. 이런 경험이 아드리엔이 피아제의 서열화 과제를 더 잘하게 만드는가?

생각해보기 구체적 조작기에 대한 피아제의 기술 가운데 어떤 부분에 동의하는가? 어떤 부분에 대해 의심하는가? 연구 증거를 인용해 설명하라.

고 있었던 것 같다. 따라서 아동 중기의 인지발달을 이해하기 위해서는 피아제의 접근와 정보처리 접근을 모두 고려하는 것이 가장 유용할 것이다.

정보처리

9.9 아동의 진보에 영향을 미치는 요인과 함께 아동 중기의 실행 기능과 기억력의 향상에 관해 설명해보라.
9.10 자기조절에 관여하는 학령기 아동의 정신과 역량을 기술하라.
9.11 초등학교 학생들에게 독서와 수학을 가르치는 것에 대한 현재의 관점을 논의하라.

피아제가 전반적인 인지적 변화에 관심을 두었던 것과는 대조적으로 정보처리 관점에서는 각기 다른 사고의 측면에 관심을 둔다. 케이스의 이론에 대한 부분에서 언급했듯이, 작업기억 용량은 아동 중기 동안 계속해서 증가한다. 또한 학령기 아동은 주의 조절과 계획하기와 같은 실행 기능의 다른 측면의 발달도 보인다. 뿐만 아니라 전략적 기억과 자기조절도 눈에 띄게 향상된다. 각각의 발달은 학습에 큰 영향을 미친다.

실행 기능

학령기는 전전두엽이 지속적으로 발달하는 시기로, 뇌에서 좀 더 거리가 먼 부분과의 연결이 증가한다. 신경 섬유의 수초화는 점진적으로 증가하는데, 특히 두 반구를 연결하는 뇌량과 전전두엽에서의 증가가 두드러진다(Giedd et al., 2009; Smit et al., 2012). 전전두엽과 다른 뇌 영역의 상호연결성이 강화되면서 전전두엽은 보다 효과적인 '실행자'가 되어 신경 네트워크의 통합적 기능을 총괄한다.

결과적으로 실행 기능은 크게 발달한다(Xu et al., 2013). 아동은 작업기억, 억제, 유연한 주의 전환의 통합을 필요로 하는 어려운 과제들은 잘 다룰 수 있게 되고 이는 나아가 계획하기, 전략적 사고, 행동에 대한 자기점검과 자기교정을 돕는다.

유전적 연구 증거에 따르면 실행 기능에 미치는 유전적 영

향이 상당히 크다(Polderman et al., 2009; Young et al., 2009). 또한 분자유전학 분석에서는 주의력결핍 과잉행동장애(attention-deficit hyperactivity disorder, ADHD) 등의 학습 및 행동장애를 일으킬 수 있는 실행 기능 요소(억제, 유연한 사고)의 극심한 결여와 관련 있는 특정 유전자를 파악했다('생물학적 영향과 환경적 영향' 글상자 참조).

하지만 정상 발달을 보이는 아동과 이상 발달을 보이는 아동 모두 유전은 환경적 맥락과 결합해 실행 기능에 영향을 미친다. 제3장에서 우리는 출생 전 기형발생물질이 충동 조절, 주의, 계획하기 같은 실행 과정을 손상시킬 수 있음을 다루었다. 또한 제7장에서 언급했듯이 가난은 만성적 스트레스 및 열악한 양육을 통해 실행 기능을 약화시킨다. 이제 우리는 아동 중기의 실행 기능 요소 발달에 대해 살펴볼 것이다. 이번에도 역시 지지적인 가정환경과 학교 경험이 이상적 발달을 위해 필수적이라는 점을 알 수 있을 것이다.

억제와 유연한 주의 전환   아동 중기 동안 의도적으로 과제에서 관련 있는 측면에는 주의를 기울이고 관련 없는 반응은 억제하는 능력이 발달한다. 연구자들이 이러한 주의의 선택성 발달을 연구하는 한 가지 방법은 과제와 관련 없는 자극을 제공하고 아동이 중심 요인에 얼마나 주의를 잘 기울이는지 살펴보는 것이다. 과제 수행은 6~10세 사이에 급격하게 향상하며, 이런 능력의 획득은 청소년기까지 지속된다(Gomez-Perez & Ostrosky-Solis, 2006; Tabibi & Pfeffer, 2007; Vakil et al., 2009).

연령이 높은 아동은 과제의 요구사항에 맞추어 주의를 유

학령기 아동들은 실행 기능이 현저하게 향상된다. 그들은 작업기억, 억제, 그리고 유연한 주의 전환의 통합을 요구하는―어떻게 범람원이 형성되는가에 관한 이 과학 프로젝트와 같이―점점 더 복잡한 작업을 수행할 수 있다.

연하게 전환하는 것 역시 잘한다. 상반되는 단서를 포함하는 그림 카드를 분류하는 과제에서 요구하는 규칙이 자주 바뀔 때(제7장 참조), 학령기 아동의 경우 연령이 증가할수록 과제 동안 의식해야 하는 규칙의 복잡성이 증가하고 아동이 규칙을 전환하는 속도와 정확성도 증가한다. 유연한 주의 전환은 억제 능력(현재 필요하지 않은 규칙을 무시하는 것)과 작업기억의 확장(여러 규칙을 머릿속에 담고 있는 것)으로 인해 가능하다는 점을 상기해보자.

정리하자면, 아동 중기 동안 주의를 선택하고 유연하게 전환하는 능력의 조절력과 효율성이 향상한다(Carlson, Zelazo, & Fajs, 2013). 아동은 매우 정신을 빼앗는 복잡한 자극을 만났을 때도 빠르게 주의를 조정할 수 있는데, 이러한 기술은 어려운 과제를 만났을 때 보다 조직화되고 전략적인 접근을 사용하도록 이끈다.

작업기억   케이스의 이론에서 강조했듯이 작업기억은 사고 효율성 향상의 산물이다. 다양한 인지 과제에서 정보를 처리하는 데 걸리는 시간은 여러 문화권에서 6~12세 사이에 급격하게 감소하는데 이는 대뇌피질의 여러 영역 간 연결성의 증가와 수초화에 의한 것으로 보인다(Kail & Ferrer, 2007; Kail et al., 2013). 빠르게 사고하는 경우 한 번에 많은 정보를 저장하고 처리할 수 있다. 작업기억 용량에는 개인차가 존재하며, 이런 차이는 지능검사 점수와 다양한 분야에서의 학업 성취를 예측하므로 특히 중요하게 다루어진다(DeMarie & Lopez, 2014).

읽기와 수학에서 지속적인 학습적 어려움을 겪는 아동은 대개 작업기억이 결핍된 경우가 많다(Alloway et al., 2009). 제한된 작업기억을 지닌 초등학생들을 관찰한 결과 기억력을 많이 필요로 하는 학교 과제를 잘 수행하지 못하는 것으로 나타났다(Gathercole, Lamont, & Alloway, 2006). 이런 아동은 복잡한 지시사항을 따르지 못하고, 여러 단계로 구성된 과제를 따라가지 못하며, 종종 과제 완수 전에 포기한다. 과제를 수행하는 데 필요한 충분한 양의 정보를 저장하지 못하기 때문에 어려움을 겪는 것이다.

경제적으로 부유한 가정의 또래에 비해서 가난에 시달리는 가정의 아동은 작업기억 과제에서 낮은 점수를 받는 경우가 많다. 한 연구에서 아동기에 가난을 겪은 햇수는 성인 초기 낮은 작업기억을 예측했다(Evans & Schamberg, 2009). 스트레스에 대한 아동기 신경생물학적 수치(혈압 증가, 코르티

생물학적 영향과 환경적 영향

주의력결핍 과잉행동장애 아동

다른 5학년 학생들이 책상에서 조용히 공부하고 있을 때 캘빈은 자리에서 꿈틀거리고, 연필을 떨어뜨리고, 창문 밖을 내다보고, 신발 끈을 만지작거렸다. 캘빈은 교실 저편을 향해 소리를 지르며 "조이, 안녕! 학교 끝나고 공놀이 할래?"라고 말했지만 다른 아이들은 캘빈과 놀고 싶지 않아 했다. 캘빈은 부자연스럽게 움직이고 게임의 규칙을 따르지 않기 때문이다. 캘빈은 타석에서도 순서를 지키지 못하고 외야에 나가면 공이 날아와도 다른 곳을 바라보았다. 캘빈의 학교 책상은 온통 뒤죽박죽이다. 캘빈은 종종 연필과 책, 기타 학교 준비물들을 잃어버리고 숙제가 무엇인지, 언제까지 제출해야 하는지를 잘 기억하지 못한다.

ADHD 증상

캘빈은 **주의력결핍 과잉행동장애**(attention-deficit hyperactivity disorder, ADHD)를 가진 미국 내 5% 학령기 아동 가운데 하나이다. 이들은 주의를 집중하지 못하고, 충동적이고, 지나치게 행동을 많이 하여 학업과 사회적 관계에서 문제를 일으킨다(American Psychiatric Association, 2013; Goldstein, 2011). ADHD로 진단받는 아동의 수는 남아들이 여아들보다 2~3배 정도 더 많지만, 많은 ADHD 여아들은 증상이 경미하기 때문에 또는 성에 따른 편견 때문에 간과된다. 까다롭고 파괴적인 남아들이 치료에 의뢰되는 경우가 많다(Faraone, Biederman, & Mick, 2006).

ADHD 아동들은 몇 분 이상 정신적으로 집중해야 하는 과제는 할 수 없다. 게다가 충동적으로 행동하고, 사회적 규칙을 무시하고, 좌절하면 적개심을 가지고 심하게 공격한다. 모두는 아니지만 많은 ADHD 아동이 과잉행동이기 때문에 과도한 신체 움직임으로 인해 부모와 교사들을 지치게 하고 다른 아동들을 성가시게 한다. 아동이 ADHD로 진단되기 위해서는 이런 증상이 12세 이전에 지속적으로 나타나야 한다.

ADHD 아동들은 주의집중을 못하기 때문에 다른 아동들보다 IQ가 낮지만 그 차이는 대부분 평균보다 점수가 많이 낮은 일부 하위집단에 의한 것이다(Biederman et al., 2012). 연구자들은 실행 기능의 부족이 ADHD 증상의 기저에 있다는 데 동의한다. ADHD 아동은 주의를 빼앗는 행동이나 관련 없는 정보를 억제하는 능력이 부족하고 작업기억 능력이 낮다(Antshel, Hier, & Barkley, 2015). 결과적으로 ADHD 아동은 학업적 상황이나 사회적 상황에서 주의를 지속하고, 계획하고, 기억하고, 추론하고, 문제를 해결하는 데 어려움을 겪으며 종종 좌절감과 강렬한 정서를 다루지 못한다.

이 아이는 학교에서 자주 말썽을 부린다. ADHD를 앓고 있는 아이들은 과제를 하는 데 큰 어려움을 겪으며 종종 사회 규칙을 무시하고 충동적으로 행동한다.

ADHD의 원인

ADHD는 유전가능성이 아주 높다. 일란성 쌍생아는 이란성 쌍생아에 비해 둘 모두 ADHD를 보일 가능성이 더 크다(Freitag et al., 2010). ADHD 아동들은 전두엽과 주의, 행동억제, 기타 운동조정과 관련된 다른 대뇌 부위에서 전기적 활동과 혈류 활동이 감소하는 것을 포함해 비정상적인 대뇌 기능을 보인다(Mackie et al., 2007). 또한 ADHD 아동의 뇌는 성장이 느리고, 정상 아동에 비해 그 부피도 약 3% 정도 작으며, 대뇌 피질도 더 얇다(Narr et al., 2009; Shaw et al., 2007). 억제와 자기조절과 관련된 신경전달물질인 세로토닌, 효과적인 인지 처리를 위해 필요한 신경전달물질인 도파민의 기능을 방해하는 몇몇 유전자들이 이 장애와 관련이 있다(Akutagava-Martins et al., 2013).

동시에 ADHD는 환경적 요인과도 관련이 있다. 담배, 알코올, 불법 약물, 환경오염물질과 같이 태내에서 경험한 기형발생물질은 주의력결핍 및 과잉행동과 관련이 있다. 뿐만 아니라 ADHD 아동의 경우 부모가 심리적 장애가 있거나 가정 스트레스가 높은 가정 출신인 경우가 많다(Law et al., 2014). 이런 상황은 아동이 이미 가지고 있는 문제를 더 악화시킨다.

ADHD 치료

캘빈의 의사는 마침내 ADHD에 가장 흔하게 사용되는 각성제를 처방했다. 각성제는 전전두엽의 활동을 증가시켜 충동성과 과잉행동을 감소시키고 주의력을 향상시킨다(Connor, 2015).

약물치료만으로는 일상생활에서 아동의 주의력결핍과 충동성을 해결하기에 충분하지 않다. 지금까지 가장 효과적인 치료법은 약물치료와 더불어 실행 기능 훈련을 제공하고 적절한 학업적·사회적 행동을 모델링하고 강화하는 중재를 시행하는 것이다(Smith & Shapiro, 2015; Tamm, Nakonezny, & Hughes, 2014).

가족 중재도 중요하다. 주의를 기울이지 못하고 과잉으로 행동하는 아동들은 부모가 인내심을 잃고 일관적이지 못하고 처벌적으로 반응하게 만들 가능성이 크며 이런 양육방식은 반항적이고 공격적인 행동을 강화한다. 사실 전체 사례의 50~75%에서는 이 두 가지 행동 문제가 동시에 발생한다(Goldstein, 2011).

ADHD는 일생 동안 지속되는 장애이다. ADHD 성인은 환경을 구성하고 부정적 정서를 조절하고 적절한 직업을 선택하고 자신의 상황이 성격적 결함이 아닌 생물학적 문제라는 것을 이해하기 위해 계속적인 도움이 필요하다.

솔 등 스트레스 호르몬 증가)는 가난과 작업기억 간 관계를 잘 설명한다. 제4장에서 보았듯이 만성적인 스트레스는 두뇌 구조와 기능, 특히 전전두엽을 비롯해 작업기억 용량을 관장하는 해마와 전전두엽 간 연결성을 손상시킬 수 있다.

약 15%의 아동은 작업기억 점수가 매우 낮으며, 이들은 대부분 학교에서 어려움을 겪는다(Holmes, Gathercole, & Dunning, 2010). 부모와 교사가 기억 부하량을 줄이는 방향으로 과제를 수정하면서 비계 역할을 해줌으로써 아동이 학습을 이어나갈 수 있다. 효과적인 접근 방법으로는 익숙한 단어를 사용해 짧은 문장으로 대화하기, 과제 지시사항 따라하기, 복잡한 과제를 작은 부분으로 쪼개기, 기억에 도움을 주는 외부 요인 사용하기(글쓰기를 하는 동안 유용한 철자 리스트, 수학을 하는 동안 숫자 나열 사용하기) 등이 있다.

실행 기능 훈련 점점 더 많은 수의 연구들이 아동의 실행 기능은 훈련을 통해 향상될 수 있다는 점을 보여주고 있는데 이는 학업적 성취와 더불어 사회적 유능성에도 도움이 된다 (Müller & Kerns, 2015). 직접적 훈련과 간접적 훈련 모두 효과적이다.

주의 조절과 작업기억을 향상시키기 위해서 연구자들은 종종 상호적인 컴퓨터 게임을 통해 직접적 훈련을 실시한다. 한 연구에서 학습 문제가 있는 10세 아동들이 작업기억을 훈련하는 게임을 일주일에 네 번씩 8주간 실시한 결과 작업기억 용량과 IQ, 철자와 수학 성취가 작업기억 게임을 덜한 아동이나 전혀 하지 않은 아동보다 많이 향상된 것으로 나타났다(Alloway, Bibile, & Lau, 2013). 작업기억과 IQ, 철자에서의 향상은 훈련이 종료되고 8개월이 지난 후에도 명확히 나타났다.

실행 기능은 또한 실행 기능 향상에 도움이 된다고 알려진 활동(예 : 운동)에 참여함으로써 간접적으로 향상될 수 있다. 최근 각광받고 있는 또 다른 간접적 방법으로는 마음챙김 훈련(mindfulness training)이 있다. 이는 성인을 대상으로 하는 명상이나 요가 기반 운동과 유사한 훈련법으로, 아동이 현재 생각과 감정, 감각에 대한 판단 없이 주의를 집중하도록 격려하는 활동이다. 예를 들어 아동에게 숨을 내쉬고 들이마시는 것에 집중하라고 하거나 등 뒤에 있는 사물이 어떻게 느껴지는지 인식하면서 조작해보라고 할 수 있다(Zelazo & Lyons, 2012). 만약 아동의 주의력이 흐트러지면 다시 현재 시점으로 되돌아오게끔 이야기한다. 마음챙김 훈련은 학령기 아동

의 실행 기능 향상과 학교 성적, 친사회적 행동, 긍정적 또래관계를 이끈다(Schonert-Reichl & Lawlor, 2010; Schonert-Reichl et al., 2015). 마음챙김에서 요구하는 주의 지속과 숙고는 아동이 성급한 판단과 산만한 생각 및 정서, 충동적 행동을 피하도록 도와준다.

계획하기 여러 단계로 구성된 과제에 대한 계획을 세우는 능력은 학령기 동안 향상된다. 여러 단계로 이루어진 과제를 부여받았을 때 연령이 높은 아동은 무엇을 먼저 하고 무엇을 나중에 할지에 대해 보다 질서 있는 방식으로 결정을 내린다. 아동 중기가 끝날 무렵 아동은 **사선 계획**(advance planning)을 할 수 있는데, 이는 자신이 목표를 달성할 수 있는지 알아보기 위해 전체 단계의 순서를 평가하는 것을 말한다(Tecwyn, Thorpe, & Chappell, 2014). 9세와 10세 아동은 미리 앞을 내다보고 자신의 계획에서 초반 단계가 나중 단계의 성공에 어떻게 영향을 미칠지 예측해 전체 계획을 적절히 조정할 수 있다.

제7장에서 보았듯이 아동은 보다 전문적인 계획이 가능한 사람과 상호작용하면서 계획하기에 대해 배운다. 연령이 증가하면서 아동은 계획 전략을 제안하거나 과제 자료를 준비하는 등 이런 공동의 시도에 더 큰 책임을 지게 된다. 학교 과제의 요구사항이나 계획하는 방법에 대한 부모와 교사의 설명이 학령기 아동의 계획하기 향상에 도움을 줄 수 있다.

하지만 성인이 통제하는 활동은 아동이 스스로 계획하는 기회를 앗아갈 수 있다. 한 연구에서는 초등학교 1, 2학

이 4학년들은 학교 공부에서 명상하기 위해 휴식을 취하는데, 이것은 집중적인 관심과 성찰해야 하는 연습이다. 명상과 같은 마음챙김 훈련은 실행 기능, 학교 성적, 친사회적 행동, 그리고 긍정적인 또래관계에서 이득을 가져온다.

년 아동으로 이루어진 소집단이 학급에서 함께 할 놀이를 고안하는 모습을 녹화했다(Baker-Sennett, Matusov, & Rogoff, 2008). 일부 집단에서는 놀이 고안을 아동이 이끌었으며, 다른 집단에서는 성인이 이끌었다. 아동이 이끈 집단은 계획과 브레인스토밍 주제는 광범위했으며 놀이의 세부사항까지 만들었다. 하지만 성인이 미리 놀이를 계획한 경우, 아동은 대부분의 시간 동안 대사를 연습하는 등 무계획적인 활동에 참여했다. 성인이 계획하기에 대한 책임감을 아동에게 주어 아동을 안내하고 격려함으로써 계획하기에 대한 비계 역할을 하지 못한 것이다.

기억 책략

주의가 발달하면서 정보를 저장하고 유지할 때 의도적으로 사용하는 정신적 활동인 **기억 책략**(memory strategies)도 발달한다. 미국 각 주의 주도 이름과 같이 학습해야 할 항목들의 목록이 있을 때, 리지는 자기 자신에게 정보를 반복해서 말하는 **시연**(rehearsal)을 사용한다. 얼마 지나지 않아 두 번째 책략인 **조직화**(organization)가 보편화되는데, 조직화는 관련된 항목들을 서로 묶어서 기억하는 것(예 : 미국 내 같은 구역에 있는 모든 주도들을 묶기)으로 회상을 크게 증가시킨다(Schneider, 2002).

기억 책략이 완성되는 데는 시간과 노력이 필요하다. 8세인 리지는 단편적으로 시연한다. 외워야 할 목록에 '고양이'가 있으면 리지는 "고양이, 고양이, 고양이"하고 외운다. 그러나 10세 조이는 "책상, 사람, 마당, 고양이, 고양이"와 같이 새로운 단어인 고양이와 이전에 제시된 다른 단어들을 같이 외운다. 이렇듯 적극적이며 누적적인 방법은 인접한 단어들이 서로에 대한 맥락을 형성해주면서 회상을 이끌고 결과적으로 기억을 돕는다(Lehman & Hasselhorn, 2012). 또한 리지는 일상생활에서의 관련성에 근거해 항목을 조직하는 반면(모자-머리, 당근-토끼), 조이는 항목들을 공통의 특성에 근거해 분류학상으로 조직해(옷, 음식, 동물) 결과적으로 전체 범주의 수가 줄어든다. 이는 엄청난 기억력 향상을 이끄는 효과적인 방법이다(Bjorklund et al., 1994). 뿐만 아니라 조이는 종종 여러 가지 책략을 통합하는데, 예를 들어 항목들을 조직화하고, 범주에 이름을 붙이고, 마지막으로 시연한다(Schwenck, Bjorklund, & Schneider, 2007). 아동이 동시에 적용하는 책략의 수가 많을수록 더 잘 기억할 수 있다.

아동 중기 말쯤 아동은 **정교화**(elaboration)를 사용하기 시작하는데, 이는 같은 범주에 속하지 않는 둘 이상의 정보들 사이에 관계나 공유된 의미를 만드는 것이다. 예를 들어 '물고기'와 '파이프'를 외워야 한다면, "물고기가 파이프를 물고 담배를 피우고 있다"와 같은 문장이나 심상을 만들 수 있다(Schneider & Pressley, 1997). 정교화는 아주 효과적인 책략으로 상당한 노력과 작업기억 공간을 요구하므로 청소년기에 이르러 점차 보편화된다.

조직화와 정교화가 항목들을 의미 단위(meaningful chunk)로 결합하기 때문에 아동은 훨씬 더 많은 정보를 저장할 수 있고, 그 결과 작업기억 용량이 확장된다. 게다가 아동이 새로운 정보를 이미 알고 있는 정보와 결부시키면 나중에 이와 관련된 다른 항목을 생각함으로써 원래 기억해내고자 하는 항목을 더 잘 인출할 수 있게 된다. 앞으로 살펴보겠지만, 이 역시 학령기의 기억 발달에 기여한다.

지식과 기억

아동 중기 동안 일반적 지식기반 혹은 의미기억이 성장하고 점점 더 정교하고 위계적으로 구조화된 네트워크로 조직화된다. 이렇게 지식이 급격하게 발달함으로써 아동은 책략을 사용하고 기억할 수 있게 된다(Schneider, 2002). 어떤 주제에 대해 더 많이 알면 새로운 정보가 더 의미 있어지기 때문에 정보를 더 쉽게 저장하고 인출하게 된다.

이런 주장을 검증하기 위해 연구자들은 초등학교 4학년 생들을 축구 전문가와 비전문가로 구분하고 두 집단에게 축구와 관련된 항목들과 관련되지 않은 항목들을 학습하게 했다. 축구 전문가들은 축구와 관련된 항목들을 비전문가보다 더 많이 기억했으나 축구와 관련되지 않은 항목에서는 그렇지 않았다. 또한 회상하는 동안 전문가들이 기억한 항목들이 더 조직화되어 있었는데, 그들은 항목들을 범주로 묶었다(Schneider & Bjorklund, 1992). 이처럼 인출 시에 나타나는 뛰어난 조직화는 지식이 아주 많은 아동들은 자기가 잘 알고 있는 영역의 정보를 크게 힘들이지 않고 조직화함을 보여준다. 그로 인해 전문가들은 더 많은 작업기억 자원을 추리와 문제 해결에 필요한 정보를 회상하는 데 사용할 수 있다.

그러나 지식이 책략을 사용한 아동의 정보처리를 결정하는 유일한 요인은 아니다. 어떤 영역의 전문가인 아동들은 대체로 동기부여가 잘 되어 있다. 이로 인해 그들은 지식을 더 빨리 획득할 뿐 아니라 더 많은 지식을 획득하기 위해 자신이 알고 있는 것들을 더 적극적으로 사용한다. 이와 반대로 학업적으로 성공적이지 못한 아동들은 이전에 저장된 정보들이 어떻게 새로운 자료를 명확하게 해주는지 잘 알지 못한다(Schneider & Bjorklund, 1998). 따라서 방대한 지식과 기억 책략의 사용은 서로에게 도움이 된다.

문화, 학교 교육과 기억 책략

많은 연구 결과들에 의하면 공식적 학교 교육을 거의 받지 않는 부족 문화권의 사람들은 기억 책략을 사용하지도 않고 그로 인한 도움을 받지도 않는다. 왜냐하면 그들은 그런 전략을 사용해야 할 실질적 필요성을 느끼지 못하기 때문이다(Rogoff, 2003). 학교에서 흔히 사용하는 독립된 정보를 회상하게끔 하는 과제는 기억 책략 과제를 사용하도록 강한 동기를 부여한다.

책, 필기용 태블릿, 전기, 라디오, TV와 그 밖에 가정에서 사용하는 경제적으로 값비싼 물건들로 나타나는 사회의 현대화는 산업화된 국가의 아동에게 흔히 주어지는 인지 과제에서의 아동 수행과 관련이 있다. 벨리즈, 케냐, 네팔, 아메리칸 사모아에 있는 마을의 현대화 정도를 측정한 연구에서 벨리즈와 아메리칸 사모아는 케냐, 네팔보다 더 현대화된 것으로 나타났다(Gauvain & Munroe, 2009). 현대화는 학교 교육 정도뿐만 아니라 기억 과제와 일련의 기타 측정 도구에서 5~9세 아동의 인지 점수를 예측한다.

종합하면, 기억 책략의 발달은 단지 더 발달한 정보처리 체계의 산물만은 아니다. 기억 책략의 발달은 과제의 난이도, 학교 교육, 문화적 배경 등의 영향을 받는다.

학령기 아동의 마음이론

아동 중기 동안 아동의 마음이론 또는 정신 활동에 대한 일련의 생각들이 점점 더 정교해지고 발전한다. 제7장에서 사고에 대한 지식이 상위인지라고 한 점을 상기해보자. 학령기가 되면 아동이 자신의 정신적 생활에 대해 생각하는 능력이 발전하는 것도 아동의 사고가 발달하는 이유 중 하나이다.

취학 전 아동은 마음을 수동적인 정보의 보관소로 보는 반면, 연령이 높은 아동은 마음을 정보를 선택하고 변형하는 능동적이며 구성적인 실체로 본다(Astington & Hughes, 2013). 따라서 연령이 높은 아동은 심리적 요인들이 수행에 미치는 영향과 인지적 과정을 더 잘 이해한다. 예를 들어 연령이 증가하면서 초등학생은 효과적인 기억 책략이 무엇인지 점차 더 잘 알게 되고 왜 그런 책략들이 효과적인지 이해

한다(Alexander et al., 2003). 아동은 또한 점차 정신적 활동 사이의 관계, 예를 들어 이해하기 위해서 기억해야 하고, 이해가 기억을 강화한다는 사실을 이해한다(Schwanenflugel, Henderson, & Fabricius, 1998).

뿐만 아니라 학령기에는 지식의 근원에 대한 이해도 확장된다. 학령기 아동은 사람들이 사건을 직접적으로 관찰하고 다른 사람들과 이야기하는 것뿐만 아니라 정신적 추론을 통해서 지식을 확장한다는 사실을 깨닫는다(Miller, Hardin, & Montgomery, 2003). 이런 추론에 대한 이해가 생김으로써 틀린 믿음에 대한 지식도 확장된다. 여러 연구에서 연구자들은 아동에게 두 번째 등장인물의 신념에 대한 첫 번째 등장인물의 신념을 다루는 복잡한 이야기를 들려주었다. 그리고 나서 첫 번째 등장인물은 두 번째 등장인물이 어떻게 할 것이라고 생각할지에 대해 답하게 했다(그림 9.5 참조). 6~7세가 되면 아동은 사람들이 다른 사람의 신념에 대한 신념을 형성하며 이런 이차순위 믿음이 틀릴 수 있음을 이해한다.

아동이 이차순위 틀린 믿음을 이해하게 되면 왜 다른 사람이 특정 신념을 가지게 되었는지에 대해 설명할 수 있다(Miller, 2009; Naito & Seki, 2009). 이차순위 틀린 믿음은 한 상황에 대해 적어도 두 가지 관점에서 바라볼 수 있어야 가능하다. 즉 2명 이상의 사람이 어떤 생각을 하는지 동시에 추론하기 위해서는 순환적 사고(recursive thought)라 불리는 관점 수용이 가능해야 한다. 우리는 "리사는 제이슨이 베개 아래

리마 변두리에 있는 판자촌의 아이들은 페루 정부가 제공한 노트북을 사용한다. 의사소통과 읽고 쓸 수 있는 현대적 자원에 대한 접근인 사회적 현대화는 인지 성능 향상과 광범위하게 연관되어 있다.

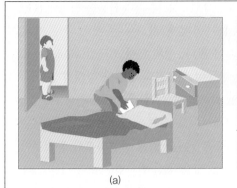
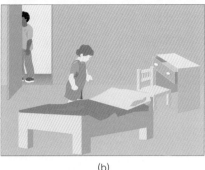
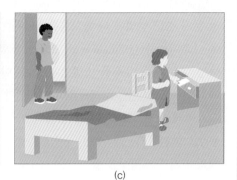

(a)

제이슨은 친구로부터 편지를 받았다. 리사는 편지를 읽고 싶었지만 제이슨은 리사가 편지를 읽는 것을 원하지 않았다. 제이슨은 편지를 베개 아래 놓아두었다.

(b)

제이슨은 어머니를 도와주러 갔다.

(c)

제이슨이 나간 다음, 리사는 편지를 꺼내서 읽었다. 제이슨이 돌아와서 리사를 보았지만 리사는 제이슨을 보지 못했다. 그리고 나서 리사는 편지를 제이슨의 책상에 놓아두었다.

그림 9.5 이차순위 틀린 믿음 과제 그림을 보면서 이야기를 들려준 다음 연구자들은 틀린 믿음에 대한 이차적 질문을 한다. "리사는 제이슨이 어디에서 편지를 찾는다고 생각할까요? 왜 그렇죠?" 7세경이 되면 아동들이 정답을 말한다. 즉 리사는 제이슨이 자기가 편지를 책상에 넣는 것을 보지 못했기 때문에 베개 아래에서 찾을 것이라고 답한다.

편지가 있다고 믿고 있음을 믿는다. 하지만 이것이 제이슨이 진짜 믿는 것은 아니다. 제이슨은 편지가 책상에 있다는 것을 안다"와 같은 문장을 만들 때 순환적 사고를 해야 한다.

순환적 사고에 대한 이해는 아동이 동일한 현상에 대해 사람마다 그 해석이 다를 수 있음을 이해하도록 돕는다. 예를 들어 7~8세경 아동은 어떤 사건에 대한 자신의 믿음이나 편견과 상관없이 동일한 사건이라도 두 사람이 해석을 다르게 할 수 있다는 점을 깨닫는다(Lalonde & Chandler, 2002). 다양한 관점에 대한 학령기 아동의 이해는 초반에는 너무나도 강력해 과도하게 적용되기도 한다(Lagattuta, Sayfan, & Blattman, 2010). 과거에 다른 경험을 한 사람들일지라도 어떤 경우에는 동일한 의견을 가질 수도 있다는 점을 간과하는 것이다.

다른 인지 능력의 발달과 더불어 학교 교육은 정신적 활동에 대한 보다 반성적이고 과정 지향적인 관점에 영향을 미친다. 학교에서 교사는 아동에게 정신적 과정을 기억하고 친구들과 관점을 공유하고 자신과 타인의 추론을 평가하도록 가르침으로써 마음의 작용에 주의를 기울이도록 유도한다.

인지적 자기조절

상위인지가 발달하지만 학령기 아동은 종종 사고에 대해 아는 것을 행동으로 잘 옮기지 못한다. 목표를 향한 인지 과정을 계속 감시하고, 결과를 점검하고, 성공하지 못했을 때 방향을 재조정하는 **인지적 자기조절**(cognitive self-regulation)이

아직 서툰 것이다. 예를 들어 리지는 기억할 때 항목들을 그룹으로 묶어야 하고, 복잡한 이야기를 이해하기 위해서 여러 번 읽어야 한다는 것을 알지만 항상 그렇게 하지는 못한다.

인지적 자기조절을 연구하기 위해서 연구자들은 기억 책략에 대한 아동의 이해가 아동의 실제 기억에 미치는 영향에 대해 연구한다. 초등학교 2학년 때 아동이 기억 책략에 대해 많이 알수록 기억을 더 잘했고 이런 관계는 아동 중기 동안 강화되었다(DeMarie et al., 2004). 아동이 책략을 지속적으로 적용하면 책략에 대한 지식이 더 강화되기 때문에 자기조절을 향상시키는 책략 사용과 상위인지 간 쌍방 연합이 생긴다(Schlagmüller & Schneider, 2002).

인지적 자기조절은 점진적으로 발달하는데, 이는 과제의 결과를 감시하고 통제하는 일은 노력과 과정에 대한 지속적인 평가를 필요로 하는 매우 어려운 일이기 때문이다(Zimmerman & Labuhn, 2012). 학교에서 잘 생활하는 학생은 학습 과정 중 언제 장애물을 만날지 알고 이를 해결하기 위해 학습 환경 조직하기, 헷갈리는 학습내용 복습하기, 보다 전문적인 성인이나 또래에게 도움받기 등의 조치를 취할 수 있다(Schunk & Zimmerman, 2013). 이렇게 적극적이고 목표 지향적인 접근은 학교에서 성취가 낮은 학생들의 수동적인 성향과 아주 대조된다.

부모와 교사들은 아동의 자기조절을 도울 수 있다. 한 연구에서 연구자들은 3학년 이전 여름에 부모가 아동에게 문제 해결을 가르치는 것을 관찰했다. 끈기 있게 문제의 중요한

측면을 지적하고 전략을 제안했던 부모의 자녀들은 학급에서 문제 접근 방법에 대해 토론을 더 자주 하고 자신의 수행을 더 잘 감독했다(Stright et al., 2002). 책략의 효과성을 설명하는 것은 특히 유용한 방법인데, 이는 아동에게 추후 행동에 대한 합당한 이유를 제공하기 때문이다.

효과적인 자기조절기술을 습득한 아동들은 **학업적 자기효능감**을 발전시키는데, 이는 자신의 능력에 대한 믿음으로 미래의 자기조절 향상을 돕는다(Zimmerman & Moylan, 2009). 불행하게도, 어떤 아동들은 부모와 교사들로부터 자존감과 자기조절기술을 심각하게 손상시키는 메시지를 받는다. 우리는 제10장에서 이러한 학습된 무기력을 가진 아동들에 대해 다루면서 이들을 어떻게 도와줄 수 있을지 살펴볼 것이다.

학교 학습에 대한 정보처리의 적용

정보처리의 발달에 대한 핵심적 발견들은 아동의 읽기와 수학 학습에 적용되어 왔다. 연구자들은 우수한 수행의 인지적 특성들을 파악하고 그런 특성들의 발달을 추적하고 학습을 잘하는 학생들과 잘하지 못하는 학생들의 인지기술의 차이를 밝히면서 아동들의 학습을 증진시키는 교수방법을 설계하고자 한다.

읽기 읽기는 한꺼번에 여러 가지 기술을 사용하기 때문에 정보처리 시스템의 모든 측면을 동원한다. 조이와 리지는 개별 글자와 글자 조합을 지각하고, 그것들을 말소리로 전환하고, 많이 사용되는 단어들의 시각적 모양을 인식하고, 글의 의미를 해석하면서 작업기억에 글의 의미 단위를 저장하고, 글 속 여러 부분의 의미를 결합해 이해할 수 있는 전체로 만들어야 한다. 읽기는 아주 어렵기 때문에 이 모든 기술이 자동적으로 수행되어야 한다. 이 중 일부가 잘 발달하지 않는다면 제한된 작업기억 용량 내에서 이 모든 것들이 이루어져야 하기 때문에 읽기 능력이 감소한다.

출현적 문해력에서 전통적인 읽기로 전환되면서 음운인식(phonological awareness, 제7장 참조)은 계속해서 그 전환 과정을 촉진한다. 다른 정보처리기술 역시 전환 과정에 영향을 미친다. 처리속도가 빨라지면서 아동은 시각적 상징을 소리로 빠르게 전환할 수 있게 된다(Moll et al., 2014). 시각적 탐색과 변별도 중요한 역할을 하며 읽기 경험이 증가함에 따라 발달한다(Rayner, Pollatsek, & Starr, 2003). 이 모든 기술을 능률적으로 실행하게 되면 작업기억의 여유가 생겨서 글의 의미를 이해하는 데 필요한 고등 수준의 활동을 할 수 있다.

최근까지 읽기를 어떻게 가르치는 것이 좋은지에 대한 논쟁이 계속되어 왔다. **전체 언어 접근법**(whole-language approach)에서는 아동이 처음부터 완전한 형태의 글(이야기, 시, 편지, 포스터, 목록)을 봐야 한다고 주장한다. 이 관점에 따르면 읽기가 전체적이고 의미가 있으면 아동은 자신에게 필요한 구체적 기술을 자연스럽게 발견하도록 동기부여 된다. 다른 전문가들은 **발음 중심 접근법**(phonics approach)을 지지하는데, 이 접근법에서는 아동은 제일 처음 문자 상징을 소리로 변환하는 기본적 규칙인 **발음**(phonics)을 배워야 하며, 아동이 이 기술을 완전하게 습득한 다음에 복잡한 읽기 자료를 주어야 한다고 주장한다.

많은 연구들은 이 두 접근을 같이 사용하는 것이 아동의 학습에 가장 효과적이라는 사실을 밝혔다. 유치원생과 초등학교 1~2학년에게는 발음을 포함한 교습이 읽기 점수 향상에 가장 효과적이었는데, 특히 읽기를 잘 못하는 아동들에게 효과적이었다(Block, 2012; Brady, 2011). 글자와 소리 사이의 관계를 학습함으로써 아동은 처음 보는 단어들도 해독하고 이해할 수 있게 된다. 하지만 기초 기술 연습을 너무 강조하면 아동은 읽기의 궁극적 목적인 글의 내용 이해하기를 놓치게 된다. 의미를 모른 채 크게 소리 내어 읽기만 하는 아동은 효과적인 상위인지 읽기 전략을 거의 알지 못한다. 예를 들어 즐기기 위해 읽을 때보다 시험을 보기 위해 읽을 때 더 주의 깊게 읽어야 하고, 글 속의 생각을 자신의 경험이나 일반적 지식과 연관지어보면서 이해력을 기를 수 있다는 것을 알지 못한다. 읽기 전략의 이해와 사용을 향상시키기 위한 목적을 지닌 교습은 3학년부터 읽기 수행을 증가시킬 수 있다(Lonigan, 2015; McKeown & Beck, 2009).

수학 초등학교에서의 수학 교육은 수 개념과 수 세기에 대한 아동의 비형식적 지식에 기초해 이루어지고 또 이를 발전시킨다. 문자화된 숫자 체계와 형식적인 계산 절차가 아동이 수를 표상하고 계산하는 능력을 발전시킨다. 아동은 학령기 초기에 잦은 연습, 더 빠르고 더 정확한 기술을 찾도록 해주는 다양한 계산 절차에 대한 실험, 수 개념에 대한 추리, 효과적 책략을 알려주는 교수법 등을 통해 기초적인 수학적 지식들을 배운다. 결국 아동은 합을 자동적으로 인출하고 이런 지식을 더 복잡한 문제에 사용하게 된다.

수학을 어떻게 지도해야 하는가에 대한 논의는 읽기와 유사해 '숫자 감각'에 반하는 방법으로 반복적으로 계산을 가르치는 것이 옳은지, 이해시키는 것이 옳은지에 대한 논의가 이루어졌다. 이번에도 역시 이 두 접근을 같이 사용하는 것이 가장 효과적이다(Fuson, 2009). 기초 산수를 배울 때, 이를 잘하지 못하는 학생은 번거롭거나 오류 발생이 쉬운 방법을 사용하거나 너무 일찍부터 자신의 기억에서 답을 인출하려고 한다. 이런 학생의 경우 어떤 책략이 가장 효과적인지 알아보기 위해, 자신이 관찰한 것을 논리적이면서 효율적인 방법으로 재구성하기 위해[예 : 숫자 2가 들어간 곱셈 문제(2×8)는 같은 숫자를 두 번 더하는 것(8+8)과 동일하다] 책략을 실험한 경험이 충분치 않은 것이다. 수학적 개념에 대한 아동의 이해를 측정하기 위한 과제에서 이런 학생들의 수행은 좋지 못하다(Clements & Sarama, 2012). 이는 학생들에게 책략을 사용하도록 격려하는 것과 왜 특정 책략이 특히 효과적인지 학생들에게 이해시키는 것이 기초적 수학을 숙달하는 데 중요함을 보여준다.

더하기할 때 받아 올리기, 빼기할 때 빌려 오기, 소수점과 분수와 같이 좀 더 복잡한 기술에 대한 학습도 비슷하다. 단순 암기만 하도록 지도하면 아동은 이해하지 못하고 외우기만 한 틀린 '산수규칙'을 사용하기 때문에 실수를 반복한다(Carpenter et al., 1999).

한 연구에서는 교사가 아동이 계산을 연습하고 수학적 지식을 암기하기 전에 글로 된 문제에서 적극적으로 의미를 구성해보도록 강조할수록 초등학교 2학년부터 3학년까지 아동의 수학 성취가 크게 나타난다는 결과를 보여주었다(Staub & Stern, 2002). 이런 방식으로 학습한 아동은 연산 간 관계에 대한 지식(예 : 나눗셈의 반대는 곱셈)을 통해 효율적이고 유연한 방식을 생각해낼 수 있다. 또한 교사가 정답을 추정해보도록 격려해 왔기 때문에 아동은 계산을 잘못했을 때도 스스로 이를 정정할 수 있다. 아동은 또한 문제 맥락에 적절한 수학적 연산을 선택할 수 있다. 글로 된 문제("제시는 3.45달러를 주고 바나나를, 2.62달러를 주고 빵을, 3.55달러를 주고 땅콩버터를 샀다. 10달러 지폐로 이 모든 것을 살 수 있을까?")를 풀 때도 정확한 계산 대신 추정을 통해 빠르게 정답을 도출할 수 있다(De Corte & Verschaffel, 2006).

아시아 국가의 학생들은 수학적 지식을 획득하기 위해 다양한 지원을 받고 수학적 계산과 추리를 잘하는 경우가 많다. 미터법은 아시아 아동들이 자릿수를 이해하도록 돕는다. 아시아 언어에서 수 단어의 구조적 일관성(12를 십이, 13을 십

이 4학년은 분수의 개념을 명확히 하기 위해 다른 크기의 종이를 사용한다. 가장 효과적인 수학 수업은 빈번한 연습과 개념적 이해를 강조하는 가르침을 결합한다.

삼)은 이런 사실을 더 잘 보여준다(Miura & Okamoto, 2003). 또한 아시아 수 단어들은 더 짧고 더 빨리 발음할 수 있기 때문에, 한 번에 많은 숫자를 작업기억에 저장할 수 있는데, 이는 사고의 속도를 증가시킨다. 뿐만 아니라 중국 부모들은 취학 전 아동에게 수 세기와 계산을 많이 연습하게끔 시키는데, 이런 경험은 학교 입학 전에도 중국 아동이 미국 아동보다 더 뛰어난 수학적 지식을 가지는 데 영향을 미친다(Siegler & Mu, 2008; Zhou et al., 2006). 마지막으로, 이 장의 후반부에서 보게 되겠지만 미국과 비교해 아시아에서는 학교에서 수학 개념에 대한 학습을 더 많이 하고 반복학습을 덜한다.

묻고 대답하기

연관지어보기 왜 아동 중기의 독서와 수학의 숙달에 실행 기능이 필수적인지 설명하라.

적용해보기 리지는 과제에서 학습하지 못한 부분이 있다면 그 부분에 주의를 더 기울여야 한다는 사실을 안다. 그러나 피아노를 칠 때에는 어려운 부분을 연습하지 않고 처음부터 끝까지 전부 친다. 왜 리지는 인지적 자기 조정을 하지 못할까?

생각해보기 초등학교 수학시간에 계산연습과 개념의 이해가 얼마나 강조되었는가? 이 둘 사이의 균형이 수학에 대한 여러분의 관심과 수행에 영향을 주었다고 생각하는가?

정신 발달의 개인차

9.12 지능을 정의하고 측정하는 주요 접근법을 설명하라.
9.13 유전과 환경이 모두 지능에 기여한다는 것을 나타내는 증거를 기술하라.

6세경이 되면 IQ가 이전보다 더 안정되고, 학업 성적과 .50에서 .60 정도의 중간 수준 상관을 보인다. IQ가 높은 아동은 성인기에 교육 수준이 높고 보다 권위 있는 직업을 가지는 경우가 많다(Deary et al., 2007). 이처럼 IQ가 학교에서의 수행과 학업적 성과를 잘 예측하기 때문에 교육에 관해 결정할 때 참고자료로 많이 사용된다. 지능검사가 학교 교육을 잘 받아들이는 아동의 능력을 정확하게 평가하는가? 논쟁이 많이 되고 있는 이 문제부터 살펴보겠다.

지능의 정의와 측정

거의 모든 지능검사는 일반지능 혹은 추론 능력을 나타내는 전체 점수(IQ)와 더불어 특정 정신 능력을 측정하는 개별적인 점수들을 제공한다. 지능은 여러 능력으로 구성되지만 현재 사용되고 있는 검사들은 이 능력을 모두 다루지 않는다(Carroll, 2005; Sternberg, 2008). 검사 제작자는 지능검사가 측정하는 여러 가지 능력을 파악하기 위해 요인분석이라는 복잡한 통계적 기법을 시용한다. 이 기법에서는 검사의 어떤 문항들이 같이 묶이는지를 확인하는데, 이는 피검사자가 어떤 무리의 한 문항에서 잘했다면 그 무리에 속하는 다른 문항에서도 잘해야 한다는 것을 의미한다. 이와 같이 서로 구분되는 무리를 요인이라고 부르는데, 각 요인은 하나의 능력을 나타낸다. 아동들을 위한 지능검사에 많이 포함되는 문항들의 예가 그림 9.6에 제시되어 있다.

집단으로 실시하는 지능검사가 가능하며 이는 많은 학생들에게 동시에 실시할 수 있다는 이점이 있지만, 지능은 대개 개인검사로 측정하며 이는 특히 지능이 높은 아동을 판별하고 학습장애가 있는 아동을 진단하는 데 적합하다. 개인검사 동안 잘 훈련받은 검사자는 아동의 답변뿐만 아니라 아동의 행동을 관찰하고 이런 반응들이 과제에 대한 주의와 흥미를 나타내는지, 성인에 대한 경계심을 나타내는지 등을 기록한다. 이런 관찰은 검사점수가 아동의 능력을 얼마나 정확하게 평가하는지에 대한 통찰을 제공한다. 두 가지 개인 지능검사(스탠포드-비네, 웩슬러)가 특히 자주 사용된다.

알프레드 비네가 처음으로 성공한 지능검사의 현대판인

스탠포드-비네 지능검사 5판은 2세 아동부터 성인까지를 대상으로 한다. 이 검사에서는 일반지능과 더불어 일반지식, 양적 추론, 시공간처리, 작업기억, (정보를 분석하는 속도와 같은) 기초정보처리의 5개 지능요인을 측정한다. 각 요인은 언어적 검사와 비언어적 검사를 포함해 전체 10개의 하위검사가 있다(Roid, 2003; Roid & Pomplun, 2012). 구어가 필요 없는 비언어적 하위검사는 영어 능력이 부족하거나, 듣는 데 문제가 있거나, 의사소통에 장애가 있는 사람들을 평가할 때

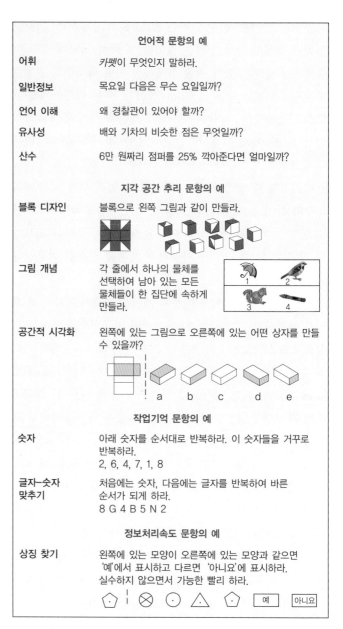

그림 9.6   아동들에게 많이 사용되는 검사 문항   언어적 문항은 문화적 영향을 많이 받고, 사실 중심의 정보를 강조한다. 지각적 추리, 공간적 추리, 작업기억, 정보처리속도 문항은 정보처리를 강조하고 좀 더 생물학적 기반을 가진 기술을 평가한다고 생각된다.

특히 유용하다. 지식과 양적 추리 요인은 어휘나 산수 문제와 같이 문화적 영향을 많이 받는 사실 중심의 정보를 강조한다. 반면 시공간처리, 작업기억, 기초정보처리는 문화적으로 덜 편향되었다(그림 9.6의 공간적 시각화 참조).

아동용 웩슬러 검사 5판(WISC-V)은 6~16세의 아동을 대상으로 많이 사용된다. 이 검사에서는 일반지능과 일련의 지능 요인들을 측정하는데, 아동 지적 능력의 포괄적 평가를 위해서는 지능요인들 중 다섯 가지, 즉 언어 이해, 시공간 추론, 유동성 추론(규칙을 추론에 적용하고 대상 간 개념적 관계를 찾아내는 능력), 작업기억, 처리속도를 측정해야 한다(Weiss et al., 2015). WISC-V는 문화 의존적인 정보를 최소화하도록 고안되어, 오직 언어추리에서만 문화적 영향이 강조된다. WISC-V는 가능한 한 '문화적으로 편향되지 않은' 검사를 제공하도록 고안되었다.

지능의 정의에 대한 새로운 시도

앞에서 보았듯이 현재의 지능검사들은 정보처리의 중요한 측면들을 다루고 있다. 이런 경향에 따라 어떤 연구자들은 정신적 검사 접근과 정보처리적 접근을 통합해 지능을 정의하고 있다. 그들은 검사에서의 수행이 좋은 아동과 나쁜 아동을 구별해주는 처리기술을 파악하면 수행을 증가시키기 위해 어떤 능력이 필요한지를 더 잘 이해할 수 있다고 본다.

다양한 인지 과제에서 반응 속도로 측정한 정보처리속도가 IQ와 어느 정도 관련되어 있는 것으로 나타났다(Coyle, 2013; Li et al., 2004). 신경계가 더 효율적으로 기능하는 사람은 정보를 더 빨리 받아들이고 조작하게 되어 지적 기술이 더 우수하다. 또한 실행 기능도 일반지능을 강하게 예측한다(Brydges et al., 2012; Schweizer, Moosebrugger, & Goldhammer, 2006). 우리는 앞서 실행 기능의 요소들이 많은 인지 과제에서의 성공적인 수행에 필수적이라는 것을 살펴보았다.

하지만 지능의 개인차는 아동의 내부적 요인에 의한 것만은 아니다. 이 책 전반에 걸쳐 우리는 문화와 환경적 요인이 어떻게 아동의 사고에 영향을 미치는지 살펴보았다. 로버트 스턴버그(Robert Sternberg)는 지능을 내적 영향과 외적 영향 모두의 산물로 보는 종합적 이론을 창출했다.

스턴버그의 성공적 지능의 삼원 이론 그림 9.7에서처럼 스턴버그(2005, 2008, 2013)는 **성공적인 지능의 삼원 이론**(triarchic theory of successful intelligence)을 통해 서로 상호작용하는 3개의 지능을 밝혔다—(1) **분석적 지능** 또는 정보처리기술, (2) 새로운 문제를 해결하는 능력인 **창의적 지능**, (3) 일상생활상의 문제에 지적 기술을 적용하는 **실용적 지능**. 지적 행동이란 인생에서 성공하기 위해 개인적 목표와 자신이 속한 문화공동체의 요구에 따라 이 세 지능들 사이의 균형을 맞추는 것이다.

분석적 지능 분석적 지능은 모든 지적 활동의 기초가 되는 정보처리기술들, 즉 실행 기능, 전략적 사고, 지식 획득, 인지적 자기조절로 구성된다. 그러나 지능검사에서 정보처리기술은 가능한 여러 방식 가운데 단지 일부 방식으로만 사용되기 때문에 지능적 행동에 대해 아주 제한된 견해를 낳는다.

창의적 지능 어떤 상황에서든 성공은 친숙한 정보를 처리하는 것뿐 아니라 새로운 문제에 대해 유용한 해결책을 산출하는 데 달려 있다. 창의적인 사람들은 새로운 상황을 만나면 창의적이지 않은 사람들보다 더 기술적으로 생각한다. 새로운 과제가 주어지면 정보처리기술을 아주 효과적으로 적

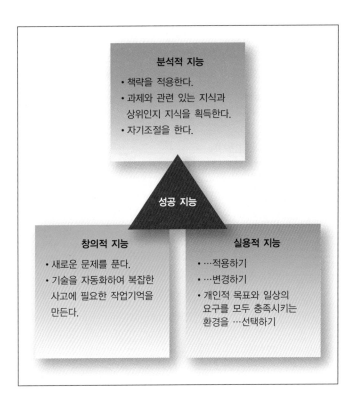

그림 9.7 스턴버그의 성공적 지능의 삼원 이론 개인적 목표와 공동체의 요구로 정의되는 성공적 인생을 살기 위해 머리 좋은 사람들은 세 가지 서로 관련된 지능, 즉 분석적 지능, 창의적 지능, 실용적 지능 사이의 균형을 맞춘다.

용하고, 곧 이 기술들은 아주 빠르게 자동화되어 작업기억의 여유가 생겨나므로 상황의 좀 더 복잡한 측면을 위해 작업기억을 사용할 수 있다. 결과적으로 그들은 빠르게 높은 수준의 수행으로 나아갈 수 있다. 우리는 모두 어느 정도 창의성을 가지고 있지만 그 가운데 단지 소수의 사람들만이 새로운 해결책을 잘 산출한다.

실용적 지능   마지막으로 지능은 환경에 적응하고, 환경을 만들고, 환경을 선택하기 위한 목적으로 이루어지는 실용적이고 목표 지향적인 활동이다. 지적인 사람은 능숙하게 자신의 욕구와 일상 세계의 요구에 맞도록 자신의 사고를 바꾼다. 상황에 맞출 수 없을 경우에는 자신의 필요에 맞도록 상황을 만들거나 변화시킨다. 상황을 만들 수 없으면 자신의 능력과 목표에 더 잘 맞는 새로운 상황을 선택한다. 실용적 지능은 지적 행동이 결코 문화로부터 자유로울 수 없다는 점을 생각하게 한다. 어떤 아동은 지능검사에서 성공하는 데 필요한 행동을 잘하고 검사조건과 상황에 쉽게 적응하나 다른 배경을 지닌 아동은 검사 상황을 잘못 해석하거나 거부할 수도 있다. 그러나 이런 아동도 이야기하기, 복잡한 예술적 활동에 참여하기, 또는 다른 사람과 효과적으로 상호작용하기와 같은 일상적 활동에서는 아주 뛰어난 경우가 많다.

삼원 이론은 지적 행동의 복잡성과 그런 복잡성을 측정하지 못하는 현재 지능검사의 한계점을 잘 보여준다. 예를 들어 학교와 비교적 관련이 없는 실용적 지능은 인생의 성공에

아주 중요하고, 왜 문화에 따라 지적으로 보는 행동들이 크게 달라지는지를 설명하는 데 도움이 된다(Sternberg, 2011). 케냐의 마을에서는 질병을 치료하기 위해 필요한 약초 사용법을 잘 아는 아동이 인지적으로 유능하다고 여겨진다. 알래스카의 유피크 에스키모의 경우 사냥, 채집, 항해, 낚시를 잘하는 아동을 지적이라고 여긴다(Hein, Reich, & Grigorenko, 2015). 또한 미국 내 캄보디아, 필리핀, 베트남, 멕시코 이민자 부모는 지적인 초등학교 1학년의 특징에 대해 말할 때 동기, 자기관리, 사회적 기술 등 비인지적 능력을 강조했다(Okagaki & Sternberg, 1993). 스턴버그에 따르면 학교에서의 성취를 예측하고자 고안된 지능검사는 아동이 문화적 사회에서의 비형식적 학습 경험을 통해 얻게 된 많은 지적 강점을 다루지 못한다.

가드너의 다중지능이론   정보처리기술이 어떻게 지적 행동의 기초가 되는지에 대한 또 다른 견해는 하워드 가드너(Howard Gardner, 1983, 1993, 2011)의 **다중지능이론**(theory of multiple intelligence)이다. 이 이론에서는 지능을 특정 문화에서 가치 있다고 보는 다양한 활동에 참여하게끔 하는 개별적인 일군의 처리조작 측면에서 정의한다. 일반지능의 개념을 버리고 가드너는 적어도 8개의 독립적 지능을 제안했다(표 9.1 참조).

가드너는 각 지능은 고유한 신경학적 기초를 지니며 발달 과정도 서로 다르고 전문적 수행이나 '마지막 단계'의 수행도 다르다고 보았다. 동시에 그는 개발되지 않은 잠재력이 성숙

표 9.1 가드너의 다중지능

지능	처리 조작	최종 수행 가능성
언어	단어의 소리, 리듬, 의미와 언어의 기능에 대한 민감성	시인, 저널리스트
논리수학	논리적 또는 수학적 패턴에 대한 민감성과 그들을 파악하는 능력, 길게 연결된 논리적 추론을 할 수 있는 능력	수학자
음악	음의 높낮이, 리듬(또는 멜로디), 음악적 표현 형태를 산출하고 감상하는 능력	연주가, 작곡가
공간	시공간 세계를 정확하게 지각하고, 이런 지각에 변형을 가하고, 관련된 자극이 없을 때에 시각적 경험을 재창조하는 능력	조각가, 항해사
신체운동	표현적 목적뿐 아니라 목적을 위해 신체를 기술적으로 사용하는 능력, 물체를 기술적으로 다루는 능력	무용가, 체조선수
자연	모든 종류의 동물, 광물과 식물을 알아보고 분류하는 능력	생물학자
개인 간	다른 사람의 기분, 기질, 동기와 의도를 적절하게 파악하고 또 반응하는 능력	치료사, 영업사원
개인 내	자신의 복잡한 내적 감정을 변별하고 자신의 행동의 방향을 정하는 데 사용하는 능력, 자신의 강점과 약점·바람·지능에 대해 아는 것	자신을 정확하고 상세하게 아는 사람

출처 : Gardner, 1983, 1993, 2011.

가드너에 따르면, 사람들은 적어도 8개의 뚜렷한 지능을 가지고 있다고 한다. 바다거북 서식지 개선을 목표로 한 프로젝트를 통해, 이 아이들은 그들의 자연주의적인 지성을 확장하고 풍부하게 한다.

한 사회적 역할로 전환되기 위해서는 긴 교육 과정이 필요하다는 사실을 강조한다(Gardner, 2011). 문화적 가치와 학습기회는 아동의 지적 강점이 실현되는 정도와 그것이 표현되는 방식에 영향을 미친다.

가드너의 지능들은 아직 연구에 의해 확실하게 증명되지 못했다. 능력들의 독립성에 대한 신경학적 증거는 아직 미약하다. 일부 아주 탁월한 영재들의 능력은 특정 영역에 한정되기보다는 그 폭이 넓다(Piirto, 2007). 지능검사를 사용한 연구는 가드너의 지능 가운데 일부 지능(언어, 논리수학, 그리고 공간)은 몇 가지 공통적 특성을 가지고 있다고 제안했다. 그럼에도 불구하고 가드너는 IQ 점수로 알 수 없는 여러 지능에 관심을 가질 것을 강조했다.

예를 들어 개인 간 지능과 개인 내 지능은 **정서지능**이라고 잘 알려진, 정서를 정확하게 인식하고 이에 대해 추론하고 조절하는 일군의 능력을 포함한다. 학령기 아동과 청소년을 대상으로 했을 때 정서지능 측정치는 자존감, 공감, 친사회적 행동, 협동, 리더십, 학업적 수행과 정적인 관련이 있었으며, 내재화 및 외현화 문제와는 부적인 관계가 있었다(Brackett, Rivers, & Salovey, 2011; Ferrando et al., 2011). 이런 결과들은 수업 시간에 정서적 능력에 대해 지도하는 것이 아동의 적응을 향상시킨다는 교사들의 인식을 향상시켰다.

지능의 개인차와 집단차에 대한 설명

학업성적, 교육 수준, 직업의 관점에서 사람들을 비교하면 특정 집단이 다른 집단에 비해 더 우수하다는 사실이 금방 드러난다. 이러한 차이를 설명하기 위해 연구자들은 여러 인종집단과 사회계층을 비교한다. 미국 흑인 아동들은 백인 아동들에 비해 IQ 점수가 평균 10~12점 정도 낮다. 이런 차이는 최근 몇십 년간 줄어들고 있긴 하지만 아직 상당한 수준의 차이가 존재한다(Nisbett, 2009; Nisbett et al., 2012). 히스패닉 아동은 흑인 아동과 백인 아동의 중간쯤이며, 아시아계 미국 아동의 점수는 백인 또래들보다 3점 정도 더 높다(Ceci, Rosenblum, & Kumpf, 1998).

중류계층과 저소득 계층 사이의 IQ 차이는 9점 정도인데, 이는 인종 간 IQ 차이를 일부 설명할 수 있다(Brooks-Gunn et al., 2003). 물론 각 인종과 사회경제적 지위 안에서도 IQ에는 차이가 있으며, 소수집단에서 IQ가 높은 아동과 백인 다수집단에서 IQ가 높은 아동에 차이가 있는 것은 아니다. 하지만 집단 간 IQ 차이는 무시할 수 없을 정도로 상당히 크고 또 그 결과도 심각하다.

1970년대 초반에 심리학자 아서 젠슨(Arthur Jensen 1969)이 다른 사람들이 주장하던 것과 마찬가지로 유전이 개인과 인종, 사회경제적 지위 간 지능 차이를 유발한다고 주장한 이후 IQ에 대한 유전-환경의 논쟁이 더 심각해졌다(Herrnstein & Murray, 1994; Jensen, 2001; Rushton & Jensen, 2006, 2010). 이런 논쟁으로 인해 여러 연구와 반응들이 쏟아져 나왔는데, 이 중에는 연구의 결과가 사회적 편견을 강화할지도 모른다는 고민이 투영된 윤리적 문제도 포함된다. 이와 관련된 중요 증거를 살펴보자.

유전 대 환경 제2장에서 우리는 유전가능성의 개념을 소개했다. 지능에 미치는 유전의 영향에 대한 가장 강력한 증거는 쌍생아 연구이다. 동일한 유전자를 공유하는 일란성 쌍생아들은 유전적으로 형제와 유사한 정도로 비슷한 이란성 쌍생아들에 비해 지능점수가 비슷하다. 쌍생아 연구와 혈연연구를 통해 연구자들은 아동 지능 차이의 절반 정도가 유전적 차이에 의한 것이라고 추정하고 있다.

하지만 유전가능성은 유전의 영향을 과대평가하고 환경의 영향을 과소평가한다는 사실을 기억해보자. 이런 측정치는 유전자가 지능에 영향을 미친다는 믿을 만한 증거를 제공하지만 유전의 역할이 어느 정도인지에 대해서는 계속해서 합의가 이루어지지 않고 있다. 제2장에서 살펴보았듯이 아동 지능의 유전가능성은 부모의 교육 수준 및 소득에 따라 증가하는데, 이런 조건은 아동이 자신의 유전적 잠재력을 깨달을 수 있게 해준다. 또한 유전가능성에 대한 추정치는 아동이 성장하면서 유전자와 경험이 지능에 영향을 미치는 복잡한 과정을 보여주지는 못한다.

입양 연구는 더 다양한 정보를 제공한다. 어린 아동이 세심하고 자극이 풍부한 가정으로 입양되었을 때 아동의 IQ는 입양되지 않고 경제적으로 어려운 가정에서 자란 아동의 IQ보다 훨씬 높았다(Hunt, 2011). 하지만 입양된 아동이 받는 혜택의 정도는 다양하다. 한 연구에서 IQ 95 이하 또는 120 이상인 두 극단적 집단의 어머니들이 출산한 아동들이 수입이나 교육 수준이 평균 이상인 부모들에게 입양되었다. 학령기 때, 생물학적 어머니의 IQ가 낮았던 아동들의 IQ는 평균 이상이었지만 생물학적 어머니의 지능이 높고 비슷한 환경의 가정에 입양된 아동들만큼 높지는 않았다(Loehlin, Horn, & Willerman, 1997). 입양 연구는 유전과 환경이 모두 IQ에 영향을 미친다는 사실을 확인해주었다.

입양 연구는 또한 흑인과 백인 간 IQ 점수의 차이를 설명했다. 두 연구에서 생후 1년 안에 경제적으로 부유한 백인 가정에 입양된 아프리카계 미국 아동은 지능검사 점수가 높아서 평균적으로 아동 중기 때 110~117의 IQ 점수를 받았다(Moore, 1986; Scarr & Weinberg, 1983). '시험과 학교 문화 안에서 자라난' 흑인 아동의 높은 IQ 점수는 가난이 소수인종 아동의 지능을 매우 감소시킨다는 많은 연구 결과들과 일치한다(Nisbett et al., 2012).

한 세대에서 다음 세대로 가면서 IQ가 크게 증가했다는 것은 새로운 경험과 기회가 주어진다면 억압된 집단의 구성들도 현재 검사 수행보다 더 잘할 수 있다는 결론을 뒷받침한다. 플린 효과에 대해 살펴보기 위해 '문화적 영향' 글상자를 살펴보자.

문화적 영향 인종 간 IQ 차이에 대해 많이 제기되는 문제는 검사 편향 가능성이다. 검사에서 다루는 지식이나 기술들이 모든 집단의 아동들에게 친숙한 것이 아니거나 검사 상황이 일부 집단의 수행은 약화시키지만 다른 집단에게는 그렇지 않을 때 점수 결과는 편향되고 공정하지 못한 측정치가 된다.

일부 전문가들은 IQ는 다수집단과 소수집단 아동들의 학업 성취를 비슷하게 잘 예측하기 때문에 IQ 검사는 두 집단 모두에 공정한 검사라고 주장한다(Edwards & Oakland, 2006; Jensen, 2002). 반면 또 다른 전문가들은 특정 의사소통방식과 지식에 노출되지 않은 것과 아동의 인종집단에 대한 부정적 고정관념이 지능검사에서 아동의 수행을 떨어뜨릴 수 있

다고 본다(McKown, 2013; Sternberg, 2005).

언어와 의사소통방식 소수인종 가정에서는 자녀들에게 학교와 검사 상황에서 기대하는 바와 부합하지 않는 독특한 언어기술을 가르치는 경우가 많다. 아프리카계 미국인이 사용하는 영어는 미국에 거주하는 대부분의 아프리카계 미국인이 사용하는 복잡하고 규칙지배적인 방언이다(Craig & Washington, 2006). 그럼에도 불구하고 이런 언어 형태는 표준적인 미국 영어와 다른 형태로 받아들여지는 것이 아니라 표준 영어를 잘 구사하지 못한다고 잘못 받아들여진다.

학교에 입학한 아프리카계 미국인 아동은 사용 정도는 다르지만 대다수가 아프리카계 미국 영어를 사용한다. 이 중 많은 아동들이 사회경제적 지위가 낮은 가정에서 자랐는데, 이 아동들은 곧 자신의 가정에서 사용하는 언어가 학교에서 평가절하된다는 사실을 깨닫는다. 교사들은 종종 아동의 아프리카계 미국 영어 사용을 '교정'하거나 제거하고 표준 영어를 사용하게끔 가르친다(Washington & Thomas-Tate, 2009). 가정에서 이루어지는 대화가 읽기 공부를 위해 필요한 언어적 지식과 많이 다르기 때문에 학교에서 아프리카계 미국 영어를 사용하는 아동은 대개 읽기 속도가 느리고 학업성취가 낮다(Charity, Scarborough, & Griffin, 2004).

많은 아프리카계 미국 아동이 초등학교 3학년 즈음 아프리카계 미국 영어와 표준 영어 사이를 자유롭게 전환하는 방법을 배우게 된다. 하지만 이후 학년에서도 계속해서 아프리카계 미국 방언을 주로 사용하는 아동들은 읽기와 전체 학

대다수의 아프리카계 미국 아동들이 아프리카계 미국인 영어를 구사하며 학교에 입학한다. 그들의 가정 대화는 학교 학습의 기반이 되는 표준 영어와는 다르다.

문화적 영향

플린 효과 : IQ의 세대 간 큰 증가

제임스 플린(James Flynn, 1999, 2007)은 군대 내 지능검사가 있거나 대표성이 있는 큰 표본을 대상으로 자주 지능검사를 하는 여러 국가들로부터 IQ 점수를 수집해 **플린 효과**(Flynn effect)라 알려진 일관적이면서 흥미로운 결과를 보고했다. 플린 효과란 IQ가 한 세대에서 다음 세대로 갈수록 점차 증가한다는 이론이다. 플린 효과에 대한 증거는 현재 30개 국가에서 밝혀졌다(Nisbett et al., 2012). 이렇듯 지능검사에서 나타나는 인상적인 *장기추세*는 산업화된 국가와 개발도상국, 남성과 여성, 인종과 사회경제적 지위가 다양한 개인에게서 나타난다(Ang, Rodgers, Wänström, 2010; Rodgers & Wänström, 2007). 세대 간 증가는 공간추론 검사에서 가장 크게 나타났는데, 이 과제는 '문화적으로 평등하며', 그러므로 가장 큰 유전적인 기반을 가지고 있다고 여겨지는 검사이다.

증가량은 사회의 현대화 정도에 따라 다르다. 20세기 초에 현대화된 유럽과 북미 국가의 경우 IQ의 증가가 10년에 3점 정도인 것으로 나타났다(Flynn, 2007). 잉글랜드와 미국에서는 IQ 증가가 계속해서 이런 속도로 나타나고 있지만 몇몇 국가, 특히 노르웨이나 스웨덴처럼 유리한 경제적·사회적 조건을 갖춘 국가에서는 증가속도가 느려지고 있다(Schneider, 2006; Sundet, Barlaug, & Torjussen, 2004).

아르헨티나 같이 현대화가 20세기 중반쯤으로 늦게 이루어진 국가에서는 IQ 증가가 더 커서 10년에 약 5~6점 정도 증가해 왔다(Flynn & Rossi-Casé, 2011). 또한 카리브해 연안 국가와 케냐, 수단처럼 20세기 후반에 현대화가 시작된 국가는 보다 큰 증가를 보이는데, 특히 공간추론에서의 증가가 크다(Daley et al., 2003; Khaleefa, Sulman, & Lynn, 2009). 오늘날 가능한 사회의 현대화 정도는 100년 전에 비해 훨씬 크다.

현대화의 여러 측면으로 세대를 걸쳐 지속적으로 향상되는 추론 능력을 설명할 수 있다. 예를 들어 교육과 건강, 기술(TV, 컴퓨터, 인터넷)의 향상, 인지적으로 어려움이 더 큰 직업과 레저 생활(독서, 체스, 비디오 게임), 전반적으로 자극이 더 많은 세상, 검사에 대한 더 큰 동기 등이 포함된다.

개발도상국에서 계속해서 IQ가 증가하면서 21세기가 끝날 무렵엔 산업화된 국가와 비슷한 IQ 수준을 갖게 될 것으로 예측된다(Nisbett, et al., 2012). 시간이 지남에 따라 환경에서 기인한 IQ가 크게 증가한다는 사실은 흑인과 백

세대에 따른 IQ의 극적인 증가는 부분적으로 각 연속된 세대들이 인지적으로 자극적인 여가 활동에 더 많이 참여함으로써 일어난다.

인, 다른 인종 간 IQ 차이가 유전적이라는 가정에 의문을 제기한다.

업 성취에서 더욱 뒤처지게 된다(Washington & Thomas-Tate, 2009). 이 중 대다수의 아동은 가난한 가정에서 자라나기 때문에 학교 밖에서 표준 영어에 노출될 기회가 매우 적다. 이런 아동의 경우 가정에서 사용하는 언어를 학교에서 사용하는 것을 인정해주면서 표준 영어를 배울 수 있도록 이끌어주는 특별한 학교 프로그램이 필요하다.

연구에 따르면 학교 교육을 많이 받지 못한 많은 소수인종 부모들은 아동과 같이 과제를 해결할 때 **협동적 의사소통** 방식을 좋아한다. 그들은 각자가 문제의 동일한 측면에 관심을 두고 통합적이고 유동적인 방식으로 함께 일한다. 이런 형태의 부모-아동 관계는 미국 원주민, 캐나다의 이누이트, 히스패닉, 과테말라의 마야 문화권에서 발견된다(Chavajay & Rogoff, 2002; Crago, Annahatak, & Ningiuruvik, 1993; Paradise & Rogoff, 2009). 교육 수준이 높은 부모일수록 학교에서처럼 위계적 방식으로 의사소통을 한다. 이런 부모들은 아동에게 과제의 어떤 부분을 수행해야 하는지 지시하고, 아동들은 독립적으로 일한다(Greenfield, Suzuki, & Rothstein-Fish, 2006). 학교와 가정에서의 언어 방식이 이렇게 차이나기 때문에 저소득 계층의 아동들은 IQ와 학교성적이 떨어진다.

지식 많은 연구자들은 IQ 점수는 주류 사회에서 성장해 획득한 특수한 지식의 영향을 많이 받는다고 주장한다. 지식은 효과적으로 추론하는 능력에 영향을 미친다. 한 연구에서 연구자들은 흑인과 백인 집단의 대학생들이 지능검사 항

목에서 발췌한 단어들을 얼마나 알고 있는지 검사했다. 언어 이해, 유사성, 유추 항목은 단어의 영향을 많이 받는데, 백인 학생들이 그런 단어들을 더 많이 알았으며, 백인 학생의 점수가 흑인 학생의 점수보다 높았다. 두 집단의 학생들이 모두 알고 있는 단어들을 포함한 동일한 형식의 항목들로 측정하자 두 집단 간 차이가 없었다(Fagan & Holland, 2007). 즉 추론 능력이 아닌 기존의 지식이 수행에서의 인종 간 차이를 완전히 설명하는 것이다.

심지어 공간추론과 같은 비언어적 검사 항목조차 학습 경험의 영향을 받는다. 예를 들어 아동과 청소년, 성인 모두 평소에 빠른 반응속도와 시각적 이미지의 정신적 회전이 필요한 비디오 게임을 하는 경우 공간추론 항목의 성공률이 높았다(Uttal et al., 2013). 소득수준이 낮은 소수집단의 아동은 게임을 할 기회나 이런 지적 능력을 향상시키는 대상을 접할 기회가 적을 수 있다.

게다가 아동이 학교에서 보내는 시간의 양도 IQ를 잘 예측한다. 연령이 같지만 학년이 다른 아동들을 비교해보면 학교에 오래 다닐수록 언어지능이 더 높으며, 이런 차이는 아동의 학교 수행이 우수할수록 크게 나타난다(Bedard & Dhuey, 2006). 종합하면, 이런 결과들은 아동이 학교에서 중요하게 보는 지식과 사고방식을 경험하는 것이 지능검사 수행에 큰 영향을 미친다는 사실을 시사한다.

고정관념 여러분 집단의 구성원들이 무능력하다는 태도가 만연해 있을 때 성공하려고 노력하는 것을 상상해보라. 부정적 고정관념에 의해 판단받는 것에 대한 두려움을 의미하는 **고정관념 위협**(stereotype threat)은 불안을 유발해 수행을 방해한다. 많은 연구 증거들이 고정관념 위협이 아동과 성인의 검사 수행을 약화시킨다고 보여주고 있다(McKown & Strambler, 2009). 예를 들어 6~10세 사이의 아프리카계 미국 아동, 히스패닉계 미국 아동, 유럽계 미국 아동들에게 언어 과제를 부여했다. 일부 아동들에게는 이 과제가 '시험이 아니다'라고 말해주었고 또 다른 아동들에게는 '학생들이 학교 시험에서 얼마나 잘하는지에 대한 시험'이라고 말해주었다. 후자의 경우 소수인종 아동에게 고정관념 위협을 유발하고자 고안된 문장이었다. '흑인들은 똑똑하지 못하다'와 같은 인종적 고정관념을 알고 있는 아프리카계 아동들과 히스패닉계 아동들은 '시험이 아닌' 조건보다 '시험'인 조건에서 훨씬 더 못했지만 유럽계 아동들은 두 조건에서 큰 차이가 없었

다(McKown & Weinstein, 2003).

초등학교 3학년 무렵부터 아동들은 인종적 고정관념을 점점 더 의식하게 되고 인종적 고정관념의 대상인 아동들은 특히 이에 예민하다. 청소년 초기에 많은 저소득층 아동들이 학교에서 잘하는 것이 자신에게 중요하지 않다고 말하기 시작한다(Killen, Rutland, & Ruck, 2011). 이는 아마 고정관념 위협으로 인한 자기방어적 후퇴 때문일 것이다. 이렇게 동기가 손상되면서 심각하고 장기적인 문제가 발생할 수 있다. 연구에 의하면 노력과 만족 지연과 같은 자기훈련이 IQ보다 학교 성적을 더 잘 예측한다(Duckworth, Quinn, & Tsukayama, 2012).

검사에서 문화적 편향 줄이기 모든 전문가들이 동의하는 것은 아니지만 많은 전문가들은 IQ 점수가 소수인종 아동들의 지능을 과소평가할 수 있음을 인정하고 있다. 소수집단 아동들을 학습부진아로 잘못 명명하고 일반 학급보다 훨씬 자극이 덜한 보충 학급에 배정하는 것에 큰 우려를 표명하고 있다. 이러한 위험을 피하기 위해서는 검사 점수뿐 아니라 아동들의 적응행동, 즉 일상 주변 환경의 요구에 적응하는 능력도 동시에 고려해야 한다. IQ 검사에서 잘하지 못하지만 놀이터에서는 복잡한 놀이를 잘하고 고장 난 TV를 어떻게 고치는지 아는 아동을 지적으로 부족하다고 보기는 어렵다.

게다가 유연한 검사 과정이 소수집단 아동의 수행을 증가시킬 수 있다. 비고츠키의 근접발달영역과 일치하는 **역동적 평가**(dynamic assessment) 접근에서는 아동이 사회적 지지를 받았을 때 무엇을 이룰 수 있는지 알아보기 위해 검사 상황에서 성인이 의도적으로 아동을 가르친다(Robinson-Zañartu & Carlson, 2013).

연구에 따르면 가르침에 대한 아동의 수용력, 배운 것을 새로운 상황으로 전이하는 능력이 검사 상황에서 수행 증가에 영향을 준다(Haywood & Lidz, 2007). 사회경제적 지위와 인종이 다양한 초등학교 1학년 학생들이 참여한 한 연구에서는 점점 난이도가 증가하는 아동에게 익숙하지 않은 일련의 수학 문제를 풀어보게 했다[예 : ___ +1 = 4(쉬움), 3 + 6 = 5 + ___ (어려움)]. 아동이 문제를 풀지 못하면 아동이 성공하거나 계속해서 풀지 못해 세션이 종료될 때까지 성인이 명확하게 풀이를 가르쳐주었다. 아동의 언어, 수학, 추론 능력에 대한 IQ와 유사한 점수 이외에 역동적 평가에서 아동의 수행이 학년 말에 아동이 매우 어렵다고 여기는 시험 유형

인 수학 이야기 시험에서의 점수를 예측했다(Seethaler et al., 2012). 역동적 평가는 아동이 다양한 유형과 난이도의 수학 문제에 적용할 수 있는 기술과 이해력을 길러주는 것으로 보인다.

시험에 대한 문화적 편견 역시 고정관념 위협의 부정적 영향에 대응함으로써 감소시킬 수 있다. 한 가지 방법으로, 연구자들은 아프리카계 미국인 학생이 자신의 가장 중요한 가치(예 : 가장 친밀한 우정, 자신을 규정하는 능력)에 대한 짧은 글을 쓰게 함으로써 아동이 자신의 가치를 확인할 수 있도록 장려했다. 이런 자기확증 중재법은 학교에서의 성취가 보통 수준인 학생들을 대상으로 할 때와 비슷한 수준으로 중학교에서의 수행이 낮은 아동의 학년 말 성적을 향상시키는 데 효과적이었다(그림 9.8 참조).

이렇게 문제가 많기 때문에 학교에서 지능검사를 사용하지 않아야 하는가? 대부분의 전문가들은 그렇지 않다고 본다. 검사가 없으면 주관적 인상에 의해 중요한 교육적 결정을 하게 되는데, 이렇게 되면 소수집단 아동들을 차별적으로 대할 가능성이 더 커진다. 지능검사는 검사에 미치는 문화적

이 교사는 학생 개개인의 필요에 따라 동적인 평가, 즉 각 자녀가 사회적 지원을 통해 무엇을 배울 수 있는지를 밝히는 접근법을 사용한다.

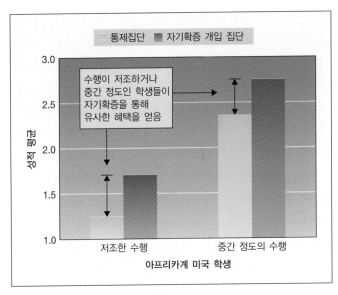

그림 9.8 자기확증 개입이 아프리카계 미국 중학생의 학기 말 성적 평균에 미치는 영향 가을에, 수백 명의 학생이 무작위로 자기확증 개입에 할당되었는데, 그 안에서 그들은 자신의 가장 중요한 가치의 개인적 의미에 대한 간략한 에세이를 쓰거나, 그들의 가장 중요하지 않은 가치가 왜 다른 누군가에게 의미가 있을 수 있는지에 대한 에세이를 썼다. 자기확증 조건을 경험하는 아프리카계 미국 학생들은 통제집단보다 훨씬 더 높은 학기 말 과정 점수를 받았다. 형편없는 성적과 적당히 성적이 좋은 학생들도 비슷한 혜택을 받았다. 백인 학생들의 성적은 영향을 받지 않았으며, 이는 고정관념 위협의 부정적인 영향을 아프리카계 미국인들에게서 줄임으로써 처치가 성공했음을 보여준다(Cohen, Garcia, & Master, 2006).

영향을 잘 이해하는 심리학자와 교육자들이 주의 깊게 해석할 경우에 유용하게 사용될 수 있다. 지능검사의 문제점에도 불구하고 IQ 점수는 여전히 대부분 서양 아동들의 학교 학습 잠재력을 상당히 정확하게 평가한다.

묻고 대답하기

연관지어보기 역동적 평가가 비고츠키의 근접발달영역 및 비계와 어떻게 일치하는지 설명해보라.

적용해보기 히스패닉계 4학년인 조세피나는 숙제를 잘한다. 하지만 선생님이 "네가 얼마나 많이 배웠는지 시험을 볼게"라고 말하면, 조세피나는 보통 잘하지 못한다. 고정관념적 위협이 이러한 모순을 어떻게 설명할 수 있는가?

생각해보기 지능검사가 문화적으로 편향되어 있다고 생각하는가? 어떤 관찰과 증거가 여러분의 결론에 영향을 주었는가?

언어발달

9.14 학령기 아동의 어휘, 문법, 화용론의 변화를 설명하고, 발전을 위한 이중언어의 장점을 설명하라.

어휘, 문법, 화용론은 이전처럼 눈에 띄지는 않지만 아동 중

기 동안에도 계속 발달한다. 게다가 학령기 아동의 언어에 대한 태도도 근본적으로 변해 언어 인식이 발달한다.

어휘와 문법

초등학교 시기에는 어휘가 4배 증가해 4만 단어 정도를 이해한다. 아동들은 평균적으로 하루 20개의 단어를 새로 배우는데, 이는 아동 초기의 속도를 능가한다. 제7장에서 논의한 단어 학습 책략 이외에도 학령기 아동들은 복잡한 단어의 구조를 분석해 어휘 수를 늘려 나간다. 예를 들어 '행복한'과 '결정하다'라는 단어에서 '행복'과 '결정'이라는 명사의 의미를 재빠르게 알아챈다(Larsen & Nippold, 2007). 또한 문맥에서 많은 단어들의 의미를 파악한다(Nagy & Scott, 2000).

어린 연령일 때와 마찬가지로, 아동은 자신보다 말을 더 잘하는 사람과의 대화를 통해 도움을 받는다. 하지만 문어에는 구어보다 훨씬 더 다양하고 복잡한 어휘들이 포함되므로 읽기가 어휘 발달에 크게 영향을 미친다. 읽기를 많이 하는 아동은 1년에 400만 개 이상의 단어를 접하고, 보통의 아동은 60만 개, 읽기를 많이 하지 않는 아동은 5만 개의 단어를 접한다(Anderson, Wilson, & Fielding, 1988). 초등학교 2~3학년경 읽기 이해와 읽기 습관은 고등학교 시기까지 어휘 수를 예측한다(Cain & Oakhill, 2011).

지식이 보다 잘 조직화되면서 연령이 높은 학령기 아동은 단어에 대해 더 정확하게 생각하고 이를 더 정확하게 사용한다. 예를 들어 '넘어지다'라는 동사와 더불어 '비틀거리다', '쓰러지다', '떨어지다' 같은 단어들도 사용할 수 있다(Berman, 2007). 단어 정의 역시 이런 변화를 잘 보여준다. 5세와 6세 아동들은 기능이나 외양을 언급하는 구체적 설명을 많이 사용하는데, 예를 들면 칼에 대해 말할 때 '당근을 자를 때'라고 설명한다. 학령기 말에는 동의어와 범주적 관계에 대해 설명하기 시작한다. 예를 들면 칼은 '다른 물건을 자를 때 쓰는 것이고 톱은 칼과 같아서 무기로도 사용될 수 있다'라고 정의한다(Uccelli & Pan, 2013). 이러한 발전은 연령이 높은 아동이 단어의 의미를 전적으로 언어적 측면에서 다룰 수 있음을 나타낸다. 또한 그들은 단순히 새로운 단어의 정의를 통해 그 단어를 학습할 수 있다.

학령기가 되면 아동들이 언어에 좀 더 반성적이고 분석적으로 접근하므로 단어의 복합적 의미를 이해하게 되며, 'cool'과 'neat' 같은 많은 단어들이 물리적 의미뿐 아니라 심리적 의미도 가지고 있음을 알게 된다["What a cool shirt!(멋진 셔츠야!)" 또는 "That movie was really neat!(그 영화는 정말 멋져!)"]. 이런 이중적 의미를 이해하게 되면서 8~10세 아동들은 'sharp as a tack(단정하고 멋진; 예리한)' 또는 'spilling the beans(무심코 비밀을 누설한)'와 같은 미묘한 은유를 이해하게 된다(Nippold, Taylor, & Baker, 1996; Wellman & Hickling, 1994). 이러한 발달로 인해 아동의 유머도 역시 변화한다. 한 단어를 가지고 다른 의미를 이용해 이야기하는 수수께끼와 말장난이 많이 나타난다("Hey, did you take a bath?" "Why, is one missing?").

살펴보기

> 8~10세 학생들의 유머의 예를 기록하거나, 2학년에서 4학년까지를 목표로 한 유머에 대해 이야기책을 검토해보라. 단어의 여러 가지 의미를 파악해야 하는가?

복잡한 문법 구성도 점점 완전하게 숙달하게 된다. 예를 들어 영어를 쓰는 아동들은 수동태를 더 자주 사용하고, 이를 축약된 형태("It broke")에서 완전한 진술("The glass was broken by Mary")로 확대해 간다(Tomasello, 2006). 아동 중기에 나타나는 또 다른 문법적 성취는 부정사 구에 대한 이해가 발달해, "John is eager to please"와 "John is easy to please"의 차이를 이해할 수 있게 된다(Berman, 2007; Chomsky, 1969). 어휘의 증가와 마찬가지로 이러한 미묘한 문법적 차이에 대한 이해는 언어를 분석하고 이에 대해 생각하는 능력이 발달함으로 인해 가능해진다.

화용론

보다 발달한 마음이론, 구체적으로 순환적 사고 능력은 아동이 점차 미묘하고 간접적인 표현을 이해하게끔 한다. 8세경 아동은 풍자와 모순을 이해하기 시작한다(Glenright & Pexman, 2010). 조이는 엄마인 레나가 자신이 좋아하지 않는 음식을 저녁 식사로 준비하자 비꼬는 투로 "우와, 내가 가장 좋아하는 음식이네!"라고 말했다. 이런 표현은 화자가 적어도 두 가지 관점을 동시에 생각할 수 있어야 가능하다. 조이의 경우 자신의 반대에도 불구하고 특정 음식을 준비하는 엄마의 바람을 이중적 의미를 지닌 비판적 말을 통해 표현했다.

뿐만 아니라 기억력, 화자의 관점을 이해하는 능력, 과거 사건에 대해 성인과 대화하는 능력이 발달하면서 아동의 이야기는 보다 조직화되고 자세해지고 풍부해진다. 전형적인

4~5세 아동들은 이야기를 할 때 어떤 일이 일어났는지를 말한다("우리는 호수에 가서 낚시를 놓고 기다렸다. 폴은 커다란 메기를 잡았다"). 이와는 대조적으로 6~7세 아동들은 이야기에 소개하는 정보(시간, 장소, 참가자)를 많이 넣고, 접속사('다음에', '그러고 나서', '그래서', '마지막으로')를 많이 사용해 이야기를 응집성 있게 만든다. 점차적으로 이야기가 길어지고 고전적 형태가 되면서 사건들이 높은 수준으로 올라갈 뿐 아니라 해결된다("폴이 낚싯줄을 정리하고 아빠가 메기를 씻어서 요리를 했다. 그러고 나서 우리는 메기 요리를 모두 먹어 치웠다!"). 평가적 언급도 매우 증가해 8~9세가 되면 매우 흔하게 나타난다("메기 요리가 아주 맛있어서 폴은 기분이 좋았다!")(Melzi & Schick, 2013; Ukrainetz et al., 2005).

아동은 의미 있는 성인이 이야기하는 방식을 따라 하기 때문에 아동의 이야기는 문화에 따라 차이가 크다. 예를 들어 유럽계 미국인 아동은 경험을 처음부터 끝까지 이야기하는 주제 중심 방식을 사용하지만 아프리카계 미국 아동은 여러 가지 비슷한 경험을 섞어서 이야기하는 주제 연합 방식을 사용한다. 예를 들어 한 9세 아동은 이를 뺀 이야기를 한 다음, 여동생이 이를 뽑는 것을 구경한 이야기를 하고, 그다음에 어떻게 스스로 이를 뽑았는지 이야기하고 "나는 이뽑기 전문가예요… 나를 부르세요. 달려갈게요"라고 마무리한다(McCabe, 1997, p. 164). 자신의 가정과 동네의 성인들처럼 아프리카계 미국 아동은 사건을 일련의 순서에 맞춰 관련짓는 것보다는 청자가 자신의 이야기에 얼마나 흥미를 보이는지에 초점을 맞춘다. 이에 종종 꾸며낸 요소들을 덧붙이고 등장인물의 동기나 의도에 대한 부연설명을 많이 한다(Gorman et al., 2011). 그렇기 때문에 아프리카계 미국인 아동의 이야기는 대개 백인 아동의 이야기보다 더 길고 더 복잡하다.

구어로 이야기를 분명하게 만드는 능력은 독해를 도와줄 뿐 아니라 아동이 더 길고 분명한 이야기를 쓸 수 있도록 준비시켜 준다. 규칙적으로 식사를 같이하는 가정의 아동은 언어 능력과 문해 능력이 더 발달하는데 이는 식사시간에 개인적 이야기를 할 수 있기 때문인 것으로 보인다(Snow & Beals, 2006).

이중언어

조이와 리지는 모국어인 영어만 말한다. 그러나 세계적으로 많은 아동들이 아동기에 두 가지 언어를 동시에 배우는 이중언어자로 성장하고 때로는 2개 이상의 언어를 배우는 경우도 있다. 미국 아동들의 약 22%인 1,120만 명의 아동들은 집에서 영어 이외의 다른 언어를 사용한다(U.S. Census Bureau, 2015d).

이중언어 발달 아동들이 이중언어를 사용하게 되는 방법은 두 가지이다. 첫 번째는 아동 초기에 두 언어를 동시에 획득하는 것이고 두 번째 방법은 한 가지 언어를 획득한 다음 다른 언어를 배우는 것이다. 이중언어를 사용하는 부모들이 영아기나 아동 초기부터 자녀에게 2개의 언어를 가르치면 아동은 일찍부터 언어 체계를 구분하고 전형적인 시간 순서에 따라 초기 언어의 주요 단계들을 획득한다(Hoff et al., 2012). 이민자 가정의 취학 전 아동과 학령기 아동의 경우 자신의 문화권에 해당하는 언어를 이미 말하게 된 다음에 두 번째 언어를 획득하게 되는데, 이 경우 두 번째 언어를 원어민 또래들처럼 말하게 되기까지는 짧게는 1년에서 길게는 5년 혹은 그 이상의 시간이 필요하다(MacWhinney, 2015; Páez & Hunter, 2015). 아동의 동기, 첫 번째 언어에 대한 지식(두 번째 언어의 획득을 도울 수 있음), 가정과 학교에서 두 언어에 대한 의사소통과 문해력의 질 등이 영향을 미친다.

모국어 발달과 마찬가지로 제2언어의 발달에도 민감한 시기가 있다. 제2언어를 아주 유창하게 하려면 아동기에 학습이 시작되어야 한다(Hakuta, Bialystok, & Wiley, 2003). 그러나 제2언어의 학습이 떨어지기 시작하는 절단점이 되는 연령은 아직 정확하게 밝혀지지 않았다. 아동기에서 성인기까지

규칙적으로 함께 식사하는 가정에서는 아이들의 언어와 문해력 발달이 증진한다. 식사시간은 복잡하고 확장된 개인적인 이야기들을 연관시킬 많은 기회를 제공한다.

지속적으로 연령에 따른 감소가 이루어지는 것으로 보인다.

두 언어에 모두 유창한 아동은 언어를 관장하는 좌뇌 영역의 시냅스 연결이 더 촘촘하다. 또한 단일 언어 사용자에 비해 이중언어 사용자는 언어적 과제를 할 때 이 영역과 전전두엽에서 더 활발한 활동을 보인다. 이는 두 가지 언어를 조절하기 위해서는 실행 처리에 많은 노력이 필요하기 때문일 것이다(Costa & Sebastián-Gallés, 2014). 이중언어자의 경우 두 언어 모두 항상 활성화되어 있기 때문에 특정 사회적 상황에서 어떤 언어를 사용해야 할지 결정해야 하고 다른 언어에 대한 주의는 억제해야 한다.

실행 처리의 증가는 여러 가지 인지적 이점을 지니는데, 이중언어자는 보다 효율적인 실행 기능 기술을 획득하고 이를 다른 과제에도 적용할 수 있다(Bialystok, 2011). 이중언어를 구사하는 아동과 성인은 다른 사람들에 비해 억제, 지속적 주의와 선택적 주의, 유연한 주의 전환, 분석적 추론, 개념 형성, 틀린 믿음 이해 과제에서 더 뛰어나다(Bialystok, Craik, & Luk, 2012; Carlson & Metzoff, 2008). 이중언어자는 또한 문법적 오류 발견, 의미, 대화 관례(예의 바르고 적절하며 정보를 제공하는 방식으로 이야기하기)와 같은 특정 언어 인식에서 뛰어나다. 또한 아동은 한 언어에 대한 음운적 인식 기술을 다른 언어에도 적용할 수 있는데, 특히 영어와 스페인어처럼 두 언어가 음운론적 특징과 문자-소리 대응을 공유하는 경우 이를 더 잘할 수 있다(Bialystok, 2013; Siegal, Iozzi, & Surian, 2009). 앞서 언급했듯이 이런 능력은 읽기를 발전시킨다.

이중언어 교육   이중언어의 이점은 학교에서의 이중언어 교육 필요성에 정당성을 부여한다. 캐나다에서는 초등학생들의 약 7%가 **언어몰입 프로그램**에 등록되어 있는데, 이 프로그램에서는 영어를 사용하는 아동들이 수년 동안 완전히 프랑스어로만 교육을 받는다. 이런 방법은 아동이 두 언어를 모두 유창하게 구사하게 만들 수 있으며, 초등학교 6학년경에는 읽기, 쓰기, 수학에서 정규 영어 프로그램에 참여하는 또래들만큼 성취가 가능하다(Genesee & Jared, 2008; Lyster & Genesee, 2012).

미국에서는 이중언어를 학습하는 아동들을 어떻게 교육시키는 것이 가장 적절한지에 대해 격렬한 논쟁이 벌어지고 있다. 어떤 사람들은 아동이 모국어로 말하는 시간이 많을수록 영어를 배우기 어려워진다고 믿는다. 반면 또 다른 사람들

은 소수인종 아동들에게 영어와 더불어 모국어를 교육시켜야 한다고 이야기하는데, 모국어 교육은 아동에게 자신들의 문화유산이 존중받는다는 사실을 일깨워줄 뿐 아니라 아동이 두 언어를 모두 부적절하게 말하게 되는 사태를 방지할 수 있다고 믿는다. 제2언어를 학습하는 과정에서 모국어를 점차 잃게 되는 소수인종 아동의 경우 두 언어 모두 제한적으로 획득하게 된다(McCabe et al., 2013). 이로 인해 아동은 학업에 심각한 어려움을 겪을 수 있으며, 미국에 사는 소수인종의 약 70%에 해당하는 저소득 계층의 히스패닉 아동들이 학교에서 실패하고 퇴학당한다.

현재는 대중들의 의견과 교육적 관행 모두 영어만 사용하는 교육을 지지한다. 미국의 많은 주에서 영어를 공식 언어로 인정하는 법령을 통과시켜서 학교에서 소수인종 아동들에게 영어 이외의 언어를 가르치지 않아도 된다. 이중언어 교육을 시행하고 있는 곳에서는 주로 아동이 가능한 한 빨리 영어만 사용하는 교육을 받을 수 있도록 하는 것을 목표로 한다(Wright, 2013). 하지만 소수인종 아동들은 두 언어가 모두 교육과정에 통합되어 있는 학급에서 학습에 더 참여하며 제2언어를 더 쉽게 획득하고, 이는 결국 학업 성취 향상을 이룬다(Guglielmi, 2008). 반면 교사가 아동이 잘 이해할 수 없는 언어만을 사용하는 경우 소수인종 아동은 좌절하고 지루해하고 점점 더 학업에 어려움을 겪는다(Paradis, Genesee, & Crago, 2011). 이러한 성취 하향세는 소수인종 아동을 지원할 자원이 부족한 가난한 학교에서 크게 나타난다.

왼쪽의 스페인어 원어민인 아이는 영어-스페인어 이중언어 교실에서 영어를 숙달하면서 모국어를 유지하고 있다. 그리고 영어를 모국어로 하는 그녀의 급우에게는 스페인어를 배울 기회가 있다!

묻고 대답하기

연관지어보기 이중언어 교육이 어떻게 소수인종 아동들의 인지발달과 학업 성취를 돕는가?

적용해보기 10세 샤나는 축구연습을 마치고 집으로 돌아와서 "I am wiped out"이라고 말했다. 샤나의 5세 여동생 매건이 당황한 표정으로 "What did'ya wipe out, Shana?"하고 물었다. 샤나와 매건이 이 표현을 어떻게 다르게 이해했는지 설명해보라.

생각해보기 이중언어에 대한 연구를 고려하면 여러분의 이중언어 학습을 어떻게 변화시켜야 하는가? 왜 그렇게 생각하는지 설명해보라.

미국에서 영어만 사용할 것을 주장하는 사람들은 캐나다의 언어몰입 프로그램의 성공을 예로 드는데 이 프로그램에서는 수업이 제2언어로 이루어진다. 그러나 캐나다 부모들은 자발적으로 자녀들을 몰입 프로그램에 등록시키며, 이 프로그램에 참여하는 아동들은 자신의 지역에서 지배적인 언어를 모국어로 사용하는 아동들이다. 뿐만 아니라 아동의 모국어 교육이 지연되거나 배제되지도 않는다. 미국 내의 영어 구사자가 아닌 소수인종 아동의 경우 자신의 모국어가 사회에서 존중받지 못하므로 다른 방법이 필요하다. 즉 아동이 영어를 배우면서 모국어를 배울 수 있도록 해야 한다.

학교에서의 학습

9.15 교육철학이 아이들의 동기부여와 학업 성취도에 미치는 영향을 설명하라.
9.16 학업 성취도에서 교사-학생 상호작용 및 그룹화 작업의 역할에 대해 논의하라.
9.17 어떤 조건에서 정규 교실에 학습장애가 있는 아이들을 배치하는 것이 성공적인가?
9.18 영재들의 특성과 그들의 교육적 필요를 충족시키기 위한 현재의 노력에 관해 설명하라.
9.19 미국 아이들은 다른 선진국의 아이들과 비교했을 때 얼마나 교육을 잘 받았는가?

이 장에서 인용한 증거는 아동의 인지발달에 학교가 아주 중요함을 보여준다. 어떻게 학교가 그렇게 강력하게 영향을 미칠까? 학교를 교육철학, 학생-교사 관계, 보다 큰 문화적 맥락 등이 다양한 복잡한 사회 체계로 보는 연구들은 주요한 통찰을 제공한다. 이 주제에 대해 읽어 가면서 우수한 초등학교 교육의 특징이 요약되어 있는 '배운 것 적용하기'를 참고해보자.

교육철학

교사들의 교육철학은 아동의 학습에 주요한 역할을 한다. 두

가지 철학적 접근이 가장 많은 관심을 받아 왔다. 두 접근은 아동들에게 무엇을 가르쳐야 하는지, 아동들이 어떻게 학습하는지, 아동들의 발전을 어떻게 평가하는지의 측면에서 차이가 있다.

전통적 학급과 구성주의 학급 **전통적 학급**(traditional classroom)에서는 교사가 지식, 규칙, 의사결정에 대한 유일한 권위자이다. 학생들은 상대적으로 수동적인 입장으로, 듣고, 질문을 받으면 대답하고, 교사가 낸 숙제를 한다. 학생들의 발전은 그 학년에 정해진 동일한 기준을 얼마나 잘 따라가느냐로 평가한다.

대조적으로, **구성주의 학급**(constructivist classroom)에서는 학생들이 스스로의 지식을 구성하도록 격려한다. 구성주의 접근법은 다양하지만 상당 부분이 피아제 이론에 기초하고 있어서 아동이란 다른 사람의 생각을 흡수하는 존재가 아닌 자신의 생각을 숙고하고 통합하는 능동적인 존재라고 본다. 구성주의 학급에는 풍부한 교구들이 갖추어진 학습센터, 스스로 선택한 문제를 푸는 개별적 아동이나 소집단, 아동들의 요구에 맞추어 아동들을 이끌고 지원하는 교사들이 있다. 학생들의 발전은 그들 자신들의 이전 수준과 비교해 평가된다.

미국에서는 이 두 견해가 모두 번갈아가며 강조되어 왔다. 1960년대와 1970년대 초기에는 구성주의 학급이 유행이었다. 그 이후에는 아동과 청소년의 학업에 대한 우려가 제기되면서 전통적 수업으로 돌아갔다. 이런 양식은 2001년 아동낙오방지법(NCLB)와 이후 2015년에 교체된 Every Child Succeeds Act로 인해 명확해졌다. 이런 정책들은 교사와 학교 관리자들에게 성취검사 점수 향상에 대한 압박을 가함으로써 많은 학교에서 교육과정의 초점을 시험 준비에 맞추게 만들었다(Kew et al., 2012).

전통적인 학급에서 공부하는 연령이 높은 초등학생들의 성취검사 점수가 약간 더 높을 수 있지만, 구성주의 학급에도 여러 가지 많은 장점이 있다. 비판적 사고가 더 발달하고, 사회적·도덕적으로 더 성숙하고, 학교에 대해 더 긍정적 태도를 보인다(DeVries, 2001; Rathunde & Csikszentmihalyi, 2005; Walberg, 1986). 또한 제7장에서 지적했듯이, 어린이집과 유치원에서 교사 주도적 수업을 하게 되면 아동들의 학습 동기와 성취가 약화되며 이는 특히 사회경제적 지위가 낮은 가정의 아동에게서 크게 나타난다.

초등학교 교육의 특징

학급 특성	특징
물리적 상황	공간은 교구가 풍부하게 준비된 활동센터, 즉 읽기, 쓰기, 산수나 언어 게임하기, 과학적 탐구, 구성하기 프로젝트, 컴퓨터, 그 밖의 다른 학습활동을 위한 센터로 분리된다. 공간은 개인, 소집단 활동, 전체 학급활동을 위해 융통성 있게 활용된다.
교육과정	교육과정은 아동들이 학업기준을 달성하고 학습의 의미를 파악하도록 돕는다. 주제가 통합적으로 제시되어 아동들은 한 영역의 지식을 다른 영역에 적용한다. 교육과정은 아동의 문화적 배경을 포함해 아동들의 흥미, 생각, 일상생활에 맞춘 활동을 통해 실현된다.
매일의 활동	교사들은 소집단 활동과 독립적 작업의 기회를 포함하는 도전적인 활동을 제공한다. 집단은 활동과 아동들의 학습요구에 맞추어 크기와 구성이 달라진다. 교사들은 협동학습을 격려하고 아동들이 협동학습을 하도록 돕는다.
교사-아동 상호작용	교사는 개개 아동의 발전을 돕고 문제를 제기하고, 생각을 자극하는 질문을 하고, 아이디어에 대해 토론하고, 과제를 복잡하게 만드는 것과 같이 지적으로 자극적인 책략을 사용한다. 그들은 또한 개개 아동의 학습요구에 따라 다양한 방식으로 아동들에게 제시하고, 설명하고, 가르치고, 돕는다.
발전의 평가	교사들은 관찰과 작업들의 샘플로 아동들의 발전을 규칙적으로 평가하고 또 아동들 개개인에게 맞도록 수업을 고안하는 데 사용한다. 교사들은 아동이 자신의 작업에 대해 더 생각해 어떻게 더 발전시킬지를 결정하게 도울 뿐 아니라 아동이 얼마나 잘 학습했는지에 대해 부모로부터 정보를 얻고 평가에 부모의 견해를 포함시킨다.
부모와의 관계	교사들은 부모와의 파트너십을 만들고 정기적으로 모임을 갖고 부모들이 언제나 학급을 방문해 관찰하고 자원봉사를 하도록 격려한다.

출처 : Copple & Bredekamp, 2009.

새로운 철학적 방향 비고츠키의 사회문화적 이론에 기초한 새로운 교육적 접근에서는 아동들의 학습을 촉진하기 위해 학급의 풍부한 사회적 맥락을 활용한다. 이러한 **사회적 구성주의 학급**(social-constructivist classrooms)에서 아동은 교사, 또래와 함께 다양한 도전적 활동에 참여하고 이해를 구성한다. 아동은 다 함께 활동하면서 지식과 책략을 습득하게 되어 유능성이 높아지고, 학급공동체에 기여하는 구성원이 되며, 인지적·사회적 능력이 발달한다(Bodrova & Leong, 2007; Lourenço, 2012). 복잡한 정신적 활동의 사회적 기원에 대한 비고츠키의 강조는 다음과 같은 교육적 주제에 영향을 미쳤다.

- 학습 파트너로서 교사와 아동. 교사-아동 간, 아동-아동 간 협동이 풍부하게 이루어지는 학급은 아동에게 문화적으로 가치 있는 사고방식을 전달한다.
- 의미 있는 활동 안에서 다양한 유형의 상징적 의사소통 경험. 아동이 읽기와 쓰기, 수학을 숙달하게 되면서 문화

의 의사소통 시스템에 대해 깨닫게 되고, 자신의 생각에 대해 생각하고, 그것을 자발적으로 통제할 수 있게 된다. 이 장의 앞에서 제시된 연구에서 이 주제를 지지하는 예를 들 수 있겠는가?

- 각 아동의 근접발달영역에 맞춘 수업. 아동의 현재 이해 상태에 반응하고 다음 단계로 나아가도록 격려하고 도우면 아동은 최상의 발전을 이룰 수 있다.

비고츠키에 따르면 교사 외에도 능력이 뛰어난 또래가 덜 성숙한 아동의 근접발달영역에 맞추어 도움을 줄 수 있다면 아동의 학습을 촉진할 수 있다. 이런 생각과 마찬가지로 점점 더 많은 연구 결과들이 특정 상황에서만 또래 협동이 발달을 촉진한다고 주장한다. 이때 중요한 요소는 **협동학습**(cooperative learning)으로, 협동학습에서는 학급 내 소집단이 서로의 아이디어에 대해 생각하고, 적절한 방식으로 의문을 제기하며, 오해를 바로잡기 위해 충분한 설명을 제공하고, 근거와 증거를 바탕으로 의견 차이를 해결함으로써 공통

4학년 학생들은 과제를 완성하기 위해 함께 일한다. 협동학습은 아이들의 복잡한 추리 기술은 물론 학습과 학업 성취에 대한 즐거움을 증진한다.

의 목표를 위해 활동한다. 교사가 설명과 모델링을 제공하고 다 함께 효과적으로 활동하는 방법을 역할놀이를 통해 알려줄 때, 다양한 또래와 함께 하는 협동학습은 보다 복잡한 추론을 가능하게 하고 학습에 대해 더 큰 즐거움을 느끼게 하며 폭넓은 주제에 대한 성취를 향상시킬 수 있다(Jadallah et al., 2011; Webb et al., 2008).

교사-학생 상호작용과 집단 구성 방법

초등학교 학생들은 세심하고, 잘 도와주며, 재미있는 선생님을 좋은 교사라고 보는데 이런 특징은 아동의 동기, 성취, 긍정적 또래관계 발전과 관련이 있다(Hughes & Kwok, 2006, 2007; Hughes, Zhang, & Hill, 2006; O'Connor & McCartney, 2007). 하지만 너무나 많은 미국 교사들, 특히 저소득층 가정의 아동이 많은 학교에서 근무하는 교사들은 어떤 생각에 대해 고심하고 새로운 상황에 지식을 적용하는 것과 같은 고등 사고과정보다는 단순하고 반복적인 연습을 강조한다(Valli, Croninger, & Busse, 2012). 이렇듯 낮은 수준의 기술에 초점을 맞추는 것은 학력 검사가 다가옴에 따라 학령기 동안 점점 더 확연하게 나타난다.

물론 교사가 모든 아동과 동일한 방식으로 상호작용하지는 않는다. 행동이 바르고 공부를 잘하는 학생은 대개 격려와 칭찬을 많이 받고 교사를 잘 따르지 않는 학생은 교사와 갈등이 많고 교사로부터 야단도 많이 맞는다(Henricsson & Rydell, 2004). 따뜻하고 갈등이 적은 교사-학생 관계는 특히 사회경제적 지위가 낮은 소수집단 아동들이나 학습장애의

위험이 있는 아동들의 학업적 자존감과 성취, 사회적 행동에 큰 영향을 미친다(Hughes, 2011; Hughes et al., 2012; Spilt et al., 2012). 그러나 전반적으로 성적이 좋고 학습 문제와 행동 문제를 적게 보이는 사회경제적 지위가 높은 학생들은 교사와 더 민감하고 지지적인 관계를 형성한다(Jerome, Hamre, & Pianta, 2008).

불행하게도 학생에 대한 교사의 태도가 일단 형성되면 교사는 학생의 행동에 비해 더 극단적인 태도를 보이게 된다. 특히 문제가 되는 것은 **교육적 자기충족예언**(educational self-fulfilling prophecies)이다. 즉 아동은 교사의 부정적 또는 긍정적 태도를 받아들여서 그것에 맞추어 행동하게 된다. 이러한 효과는 교사가 경쟁을 강조하고, 아동들을 공개적으로 비교하고, 우수한 일부 학생들을 계속해서 편애할 때 더 강하게 나타난다(Weinstein, 2002).

교사의 기대는 성취가 높은 학생들보다 낮은 학생들에게 더 크게 영향을 미친다(McKown, Gregory, & Weinstein, 2010). 교사가 비판적일 때 성취가 높은 학생들은 자신의 과거 성공 경험에 의지할 수 있다. 성취가 낮은 학생의 자기충족예언에 대한 민감도는 교사가 학생들을 믿을 때 이롭게 작용할 수 있다. 하지만 교사의 편향된 판단은 대개 부정적 방향으로 치우치게 된다. 한 연구에 따르면 흑인과 히스패닉 아동은 성취가 낮을 것이라는 편향을 가진 교사에게 가르침을 받은 아프리카계와 히스패닉계 미국 초등학생들은 그렇지 않은 교사들에게 가르침을 받은 또래들이 비해 학년 말 성취가 훨씬 더 낮았다(McKown & Weinstein, 2008). 고정관념 위협에 대한 논의를 상기해보자. 부정적 고정관념을 확인시키는 위치에 있는 아동은 특히 강한 불안과 낮은 동기를 보이게 되며, 이는 부정적 자기충족예언을 강화한다.

많은 학교에서 학생들을 능력이 비슷한 동질적 집단이나 학급에 배치해 교육한다. 동질적 집단은 자기충족예언의 강한 원천이 될 수 있다. 낮은 성취 집단은 초등학교 1학년 같이 이른 시기부터 사회경제적 지위가 낮고, 소수집단이며, 남아인 경우가 많고, 기초 사실과 기술을 단순 반복하며, 토론에 적게 참여하고, 발달속도가 느리다. 또한 점차 자존감과 동기가 떨어지고 학업 성취에서 점점 더 뒤처지게 된다(Lleras & Rangel, 2009; Worthy, Hungerford-Kresser, & Hampton, 2009).

불행히도 미국 학교에서 만연한 사회경제적 지위 및 인종적 분리는 사회경제적 지위가 낮고 소수집단에 속하는 많은

학생들이 학교 전체의 동질적 집단에 속하게 한다. '사회적 이슈 : 교육' 글상자를 참고해보면 어떻게 마그넷 스쿨이 다양한 학습 환경을 촉진하고 이를 통해 사회경제적 지위와 인종에 따른 집단 간 성취 차이를 줄여나가는지 알아볼 수 있다.

특수아 교육

유능한 교사는 학생들의 다양한 특징에 맞추어 교수방법을 융통성 있게 조정한다는 사실에 대해 살펴보았다. 이렇게 조정하는 것은 능력이 아주 뛰어난 아동들과 아주 낮은 아동들을 대할 때 특히 힘들다. 학교가 학습에 대해 특수한 요구를 가진 학생들을 어떻게 도울 수 있을까?

학습장애를 가진 아동들 미국 입법부에서는 학습에 특별한 지원이 필요한 아동들의 경우 학교에서 그들의 교육적 요구를 충족시킬 수 있는 '가장 제한적이지 않은'(정상에 가장 가까운) 환경에 배치해야 한다고 규정하고 있다. **통합학급**(inclusive classrooms)에서는 학습장애가 있는 아동들이 모든 수업 시간 혹은 일부 시간에 정규학급에서 일반 학생들과 같이 수업을 듣는다. 이런 방법은 학습장애 아동이 사회에 참여할 수 있도록 준비시키고 장애가 있는 사람에 대한 편견을 없애기 위해 고안되었다. 학부모들의 압력으로 인해 많은 학생들이 완전 통합(full inclusion) 교육을 받으며 하루 종일 정규학급에서 공부한다.

경도지적장애(mild intellectual disability)를 가지고 있는 학생들은 간혹 통합학급에서 생활한다. 일반적으로 이런 아동의 IQ는 55~70 사이이며, 적응행동 문제를 보이거나 일상생활에 필요한 기술이 부족하다(American Psychiatric Association, 2013). 그러나 학령기 아동들의 5~10%에 해당하는, 통합교육에 지정된 가장 많은 수의 학생들은 **학습장애**(learning disabilities)를 가지고 있어 하나 혹은 그 이상의 학습 문제를 경험하며 주로 읽기 문제가 크다. 그래서 이들의 학업성적은 그들의 IQ를 기반으로 기대할 수 있는 수준보다 훨씬 떨어진다. 이런 결함은 다른 방법으로 나타나기도 하는데, 예를 들어 처리 속도, 주의, 작업기억의 결함이 나타나 지능과 학업 성취 점수를 모두 저하시킨다(Cornoldi et al., 2014). 학습장애가 있는 학생들의 문제는 명확한 신체적 혹은 정서적 원인이나 환경적 문제로 인한 것이 아닌 뇌 기능 장애로 인한 것으로 보인다(Waber, 2010). 하지만 많은 경우 원인이 불명확하다.

일부 학생들은 통합교육을 통해 학업적으로 도움을 받기도 하지만, 많은 학생들의 경우 그렇지 않다. 학업 성취는 장애의 심각성과 지원 서비스의 이용가능성에 달려 있다(Downing, 2010). 게다가 장애를 가진 아동들은 정규학급의 또래들로부터 거절당하는 것이 다반사이다. 지적장애를 가진 학생들은 학급 또래들의 사회적 기술에 압도당하고, 대화나 게임에서 적절하게 상호작용하지 못한다. 그리고 학습장애를 가진 일부 학생들은 정보처리의 결함으로 인해 사회적 인식과 반응성에서도 문제를 지니게 된다(Nowicki, Brown, & Stepien, 2014).

이는 특수아동들이 정규학급에서 지낼 수 없다는 의미일까? 반드시 그런 것은 아니다. 특수아동일지라도 하루의 일부는 특수학급에서 지도를 받고 나머지는 정규학급에서 생활한다면 잘 지낼 수 있다(McLeskey & Waldron, 2011). 특수학급에서 특수교육 교사는 학생들과 개별적으로 혹은 소집단 단위로 상호작용한다. 그 후 아동의 발전 정도에 따라 과목이나 학습 시간을 달리해 일반 아동들과 함께 지내도록 한다.

통합학급에서는 또래관계를 촉진하기 위해 특별한 조치가 필요하다. 교사가 일반 학생이 학습장애가 있는 학생의 학습을 도와주도록 유도하는 또래교수 경험은 서로 사이 좋게 상호작용하게 하고, 또래들의 수용도를 높이고, 학업 성취를 향상시킨다(Mastropieri et al., 2013). 또한 교사가 특수아동이 학급에 오기 전에 대해 다른 아동들을 미리 준비시키면, 통합교육은 정규학급 또래들 사이의 정서적 민감성과 친사회적 행동을 증진시킬 수 있을 것이다.

영재아동 아동 중 일부는 이례적인 지적 능력을 보이는 **영재**(gifted children)이다. IQ 130 이상이 지능검사 결과를 바탕으로 한 영재성의 표준적 정의이다(Pfeiffer & Yemish, 2014). IQ가 높은 아동들은 어려운 학업 문제를 해결하는 탁월한 능력을 가지고 있다. 그러나 지능검사가 인간의 모든 지적 기술을 다루지 못한다고 알려지면서 영재아의 정의가 확대되었다.

창의성과 재능 창의성(creativity)은 독창적이면서 적절한 결과물을 생산하는 능력이다. 즉 다른 사람이 어떤 방식으로든 유용할 것이라 생각하지 못한 것을 산출해내는 것이다(Kaufman & Sternberg, 2007). 창의적 잠재력이 큰 아동을 영재라고 할 수 있다. 창의성 검사에서는 **발산적 사고**(divergent

사회적 이슈 : 교육

마그넷 스쿨 : 양질의 교육에 대한 평등한 접근

학교 가는 날 아침마다 엠마는 부유한 교외 동네를 떠나 20마일 정도 스쿨버스를 타고 가난한 히스패닉 지역의 도심 마그넷 스쿨로 간다. 5학년 학급에서 엠마는 그 지역에 사는 친구 마리셀라와 함께 과학 프로젝트를 한다. 첫 시간에는 온도계와 얼음물, 초시계를 사용해 여러 물질 중 어떤 것이 가장 좋은 절연체인지 알아보고, 데이터를 기록하고 그래프를 그렸다. 사회경제적 지위와 인종이 다양한 아동들이 혁신 수학과 과학 교육에 특화된 학교에서 함께 수업을 듣는다.

1954년 미국 대법원의 브라운 대 교육위원회(Brown v. Board of Education) 판례에도 불구하고, 연방법원이 통합 제도를 폐지하고 이를 주와 도시의 자율에 맡기면서 1990년대 동안 학교 통합은 쇠퇴했다. 2000년 이래로 미국 교육의 인종적 분리는 많이 나아지지 않았다(Stroub & Richards, 2013). 소수인종 학생이 인종적으로 혼합된 학교에 다닐 때는 주로 다른 소수인종 학생들과 어울린다.

도심 내 소득 수준이 낮은 동네의 미국 학교는 재정적으로 어렵기 때문에 교육적 기회도 좋지 않다. 왜냐하면 공립교육은 대부분 지방세를 통해 지원을 받기 때문이다. 결과적으로 도심 내 분리된 동네, 허름한 학교 건물, 미숙한 교사, 오래되고 질이 좋지 않은 교육 자료, 양질의 교육을 장려하지 못하는 학교 내 문화 등이 만연하게 된다(Condron, 2013). 이로 인해서 학생의 성취에 대한 부정적인 영향이 매우 심각하다.

마그넷 스쿨은 이에 대한 해결책을 제공한다. 마그넷 스쿨에서는 일반 교육과정과 더불어 연극, 수학과 과학, 기술 등의 특수한 분야들을 강조한다. 학교가 있는 동네에 살지 않는 가정들도 그 이름처럼 마그넷 스쿨의 풍부한 교육적 수업에 이끌린다. 마그넷 스쿨은 종종 소득 수준이 낮고 소수인종이 많은 지역에 위치해 그 지역의 학생들을 수용한다. 마그넷 스쿨에 지원하고 추첨을 통해 입학한 다른 학생들은 많은 수가 부유한 교외 지역에서 버스를 타고 등하교한다. 또 다른 경우 그 지역에 거주하는 학생들을 포함해 모든 학생들이 지원을 통해 입학한다. 두 경우 모두 마그넷 스쿨은 자발적으로 인종 차별을 하지 않는다.

마그넷 스쿨이 소수인종 학생의 성취를 향상시킬까? 코네티컷에서 마그넷 스쿨 학생들과 추첨에서 떨어져 다른 학교에 가게 된 학생들을 비교한 결과, 마그넷 스쿨 학생들이 2년 동안 읽기와 수학에서 더 큰 향상을 보였다(Bifulco,

한 마그넷 스쿨(다른 지역 학생들을 유치하기 위해 일부 교과목에 대해 특수반을 운영하는 대도시 학교) 교사가 올해의 텍사스 초등학교 교사 최종 후보라는 소식을 축하하는 파티에서 1학년 학생들의 포옹을 받고 있다. 마그넷 스쿨은 전형적으로 풍부한 교육제도와 혁신적인 교수법 때문에 다양한 인종과 사회경제적 지위에 있는 학생들을 유치한다.

Cobb, & Bell, 2009). 이런 결과는 사회경제적 지위가 낮은 소수인종 학생에게서 가장 크게 나타났다.

고등학생 즈음에는 인종적으로 다양한 학교에서의 우수한 또래 환경으로 인해 많은 학생들이 더 높은 수준의 교육을 받고자 한다(Franklin, 2012). 종합하면, 마그넷 스쿨은 미국 내 학교에서 나타나는 사회경제적 지위와 인종에 따른 고립의 부정적 영향을 극복할 수 있는 희망적인 방법이다.

---

thinking), 즉 어떤 과제나 문제에 대해 평범하지 않은 다양한 가능성을 산출하는 사고를 평가한다. 발산적 사고는 **수렴적 사고**(convergent thinking)와 대비되는데, 수렴적 사고란 하나의 정답을 찾는 것으로 지능검사에서 강조된다(Guilford, 1985).

지능이 높은 아동들과 마찬가지로 아주 창의적인 아동들은 다른 과제들에 비해 특정 과제를 더 잘하기 때문에 발산적 사고를 평가하는 검사는 아주 다양하다(Runco, 1992;

Torrance, 1988). 언어검사에서는 아동들에게 신문과 같은 흔한 물건의 용도를 모두 말하게 한다. 그림검사에서는 동그라미를 주고 가능한 물건들을 모두 그려 보게 할 수 있다(그림 9.9 참조). '실생활 문제' 검사에서는 일상적 문제에 대한 해결책을 모두 말하게 한다. 아동들이 산출한 아이디어의 수와 그 아이디어의 독창성으로 반응을 평가한다.

그러나 비판가들은 이런 검사들이 창의성에 기여하는 복잡한 인지 능력 가운데 단지 하나만 평가하기 때문에 실제

이 1학년 통합학급에서는, 교사가 특별한 필요가 요구되는 학생들의 적극적인 참여를 장려한다. 특수교육 교사의 지원을 받고 정규학급이 비교를 최소화하고 긍정적인 또래관계를 증진한다면 그들도 잘할 수 있다.

생활에서 나타나는 창의성을 잘 평가하지 못한다고 본다(Plucker & Makel, 2010). 창의성은 새롭고 중요한 문제 정의하기, 발산적 아이디어 평가하기, 가장 가능성 있는 해결책 선택하기, 문제를 이해하고 해결하기 위해 관련된 지식 이용하기 등이 포함된다(Lubart, Georgsdottir, & Besançon, 2009).

이런 능력을 고려하면 왜 사람들이 보통 한 영역 또는 관련된 몇 가지 영역에서만 창의성을 보이는지를 알게 될 것이다. 지능이 높아서 영재로 진단된 아동들도 학과목에 따라 능력이 고르지 못하다. 부분적으로 이런 이유 때문에 영재성에 대한 정의는 **재능**(talent), 즉 특정 영역에서 뛰어난 수행을 포함하도록 확대되어 왔다. 사례연구에 의하면 창의적인 글쓰기, 수학, 과학, 음악, 미술, 체육, 리더십 등으로 나타나는 특출함은 아동기에 처음 나타나는 특수한 흥미와 기술에서 시작된다(Moran & Gardner, 2006). 재능이 아주 뛰어난 아동들은 관심 영역을 숙달하도록 생물학적으로 준비가 되어 있으며, 그 영역을 숙달하는 데 강한 열정을 보인다.

그러나 재능도 길러져야 한다. 재능이 뛰어난 아동들과 성인들을 연구해보면 대개 부모들이 따뜻하고 세심하며 가정에서 자극을 많이 주고, 자녀의 능력을 발전시키는 데 헌신적이며, 열심히 일하는 모습의 모델을 보여준다. 이런 부모들은 지나치게 몰아붙이거나 과도하게 야망을 갖기보다는 합리적인 수준의 요구를 한다(Winner, 2003). 또한 아동이 어렸을 때에는 아주 따뜻한 교사를, 재능이 발달하면 더 엄격하게 훈련시키는 교사를 찾는다.

대부분의 영재들은 잘 적응하지만, 많은 수의 영재들이 사

회적으로 고립되기도 한다. 이는 부분적으로 그들이 동기가 강하고 독립적이어서 또래들과 섞이지 못하기 때문이고, 또 부분적으로는 그들 스스로 고립을 즐기기 때문인데, 이런 아동들의 경우 자신들의 재능을 발전시키기 위해 혼자 있는 시간이 필요하다(Pfeiffer & Yermish, 2014). 그러나 영재 아동들도 원만한 또래관계를 원하고, 일부, 특히 남아들보다 여아들이 더 자신의 재능을 숨기고 친구들과 어울리려고 한다(Reis, 2004).

마지막으로, 재능이 있는 아동들은 상당수가 그들 영역에서 전문가가 되는 반면, 아주 창의적으로 성장하는 경우는 드물다. 기존의 영역을 빠르게 숙달하려면 그 영역을 혁신하는 것과는 다른 능력이 요구된다(Moran & Gardner, 2006). 그러나 세상은 전문적인 사람과 창의적인 사람 모두를 필요로 한다.

영재아 교육하기 영재들을 위한 프로그램의 효과성에 대한 논쟁은 보통 정규학급에서 강화 프로그램을 실시할 것인가, 따로 집단을 만들어서 특별지도를 할 것인가(가장 흔히 사용되는 방법), 똑똑한 학생을 월반시킬 것인가와 같이 영재성과는 관련 없는 요인들에 대한 것이다. 전반적으로 볼 때 영

그림 9.9 발산적 사고의 그림검사에서 높은 점수를 얻은 8세 아동의 반응 이 아동에게 동그라미로 만들 수 있는 것을 가능한 많이 그려 보게 했다. 왼쪽에서부터 오른쪽으로 가면서 이 아이가 그림에 붙인 제목은 다음과 같다. '드라큘라', '외눈박이 괴물', '호박', '훌라후프', '포스터', '휠체어', '지구', '신호등', '혹성', '영화카메라', '슬픈 얼굴', '그림', '비치볼', '글자 o', '차', '안경'. 발산적 사고 검사는 창의성을 구성하는 복잡한 인지 능력 가운데 단지 하나만 평가한다(Laura E. Berk).

재아들은 특별활동이 문제 해결, 비판적 사고, 창의성을 증진시킨다면 어떤 방법을 사용하더라도 잘 해나간다(Guignard & Lubart, 2006).

다중지능에 대한 가드너 이론은 다양한 영역에서 모든 학생들을 발전시킬 수 있는 여러 가지 모델 프로그램을 제안했다. 특정 지능 혹은 일군의 지능을 필요로 하는 의미 있는 활동들을 통해 학생들의 강점과 약점을 평가할 수 있으며, 이를 기초로 새로운 지식이나 독창적인 사고를 지도할 수 있다(Gardner, 2000; Hoerr, 2004). 예를 들어 언어지능은 이야기하기나 글쓰기를 통해 발전시킬 수 있고, 공간지능은 그리기, 조각하기, 또는 물체를 분해하고 다시 조립하기를 통해, 운동지능은 춤이나 팬터마임을 통해 발전시킬 수 있다.

이러한 프로그램들이 얼마나 효과적으로 아동의 재능과 창의성을 발전시키는지에 대한 증거는 아직 충분하지 않다. 하지만 한 가지 측면, 즉 이전에는 학교에서 예외적이라고 생각되었거나 심지어 학교에서 실패할 가능성이 있다고 보았던 학생들의 강점을 강조한다는 점에서는 이미 성공적이다(Ford, 2012). 따라서 이런 프로그램은 영재를 위한 프로그램에서 잘 드러나지 않는 재능 있는 저소득층 소수인종 집단의 아동들을 파악하는 데 특히 유용할 것이다.

미국 아동들이 얼마나 교육을 잘 받고 있는가?

학교교육에 대한 논의는 교사가 어떻게 아동의 교육을 돕는지에 주로 초점을 맞추었다. 그러나 학교 안과 밖의 많은 요인들이 아동의 학습에 영향을 미친다. 사회의 가치, 학교자원, 수업의 질, 부모의 격려가 모두 중요한 역할을 한다. 학교교육을 비교문화적으로 살펴보면 이러한 복합적 영향들이 특히 잘 드러난다.

읽기, 수학, 과학 성취에 대한 국제연구에 의하면, 홍콩과 한국, 일본의 아동들이 항상 상위권을 차지한다. 서구 국가 가운데에서는 캐나다, 핀란드, 네덜란드, 스위스가 상위권에 속한다. 하지만 미국 학생들의 성취는 국제적 평균 혹은 그 이하이다(그림 9.10 참조)(Programme for International Student Assessment, 2012).

왜 미국 아동들의 학업 성취가 다른 나라보다 떨어질까? 국제적 비교에 의하면 미국의 수업은 다른 나라 수업들에 비해 쉬우며, 사실학습에 초점을 더 많이 맞추고 수준 높은 추론이나 비판적 사고에는 초점을 덜 맞춘다. 여러 전문가들은 학교와 교사에게 학생의 성취에 대한 책임을 지우면서 학생들이 목표한 성취에 도달하도록 하는 미국의 교육정책이 이런 추세에 영향을 미친다고 본다(Darling-Hammond, 2010; Kew et al., 2012).

뿐만 아니라 미국과 같이 사회경제적 불평등이 큰 나라는 성취 순위가 낮았는데, 이는 부분적으로 사회경제적 지위가 낮은 아동들은 다소 불리한 가정 및 이웃에서 자라기 때문이다(Condron, 2013). 미국은 또한 순위가 높은 다른 나라들에 비해 사회경제적 지위가 낮은 가정의 학생이나 소수인종 학생에게 제공되는 교육이 질이 동등하지 않다. 예를 들어 미국 교사들은 연수, 급여, 교수 조건 등에서 차이가 많이 난다.

	국가	평균 수학 점수
성취도가 높은 나라	중국(상하이)	613
	싱가포르	573
	중국(홍콩)	561
	타이완	560
	한국	554
	중국(마카오)	538
	일본	536
	스위스	531
	네덜란드	523
	에스토니아	521
	핀란드	519
	캐나다	518
	폴란드	518
	벨기에	515
	독일	514
성취도가 중간인 나라	오스트리아	506
	호주	504
	아일랜드	501
	슬로베니아	501
	덴마크	500
	뉴질랜드	500
	체코 공화국	499
	프랑스	495
세계 평균 = 494	영국	494
	아이슬란드	493
	룩셈부르크	490
	노르웨이	489
	포르투갈	487
	이탈리아	485
	스페인	484
	러시아 연방	482
	미국	**481**
	스웨덴	478
	헝가리	477
성취도가 낮은 나라	이스라엘	466
	그리스	453
	터키	448
	루마니아	445

그림 9.10 각 나라의 15세 아동들의 평균 수학 성적 국제학생평가 프로그램에서는 여러 나라 아동들의 성취도를 평가한다. 일본, 한국과 캐나다가 수학에서는 상위권에 속했고 미국은 세계 평균보다 떨어졌다. 읽기와 과학은 평균 수준이었다(Adapted from Programme for International Student Assessment, 2012).

핀란드는 적절한 예가 될 수 있다. 국가적으로 정한 교육 과정과 교수 방법, 평가 방법은 21세기에 성공하기 위해 필수적인 주도성과 문제 해결력, 창의성을 기르고자 하는 목적을 지닌다. 핀란드의 교사들은 고도로 훈련되어 있다. 대학원 수준의 교육 과정을 수년에 걸쳐 받아야 하는데, 이를 위해 국비가 지원된다(Ripley, 2013). 또한 핀란드 교육은 모든 학생에게 동등한 기회를 주는 것에 바탕을 두고 있다. 지난 20여 년간 소득수준이 낮은 이민자 가정의 학생들이 증가했음에도 불구하고 성취에서의 사회경제적 차이는 거의 나타나지 않는다.

일본, 한국, 대만과 같은 아시아 국가의 학습 환경에 대한 상세한 연구에서는 아동의 학습을 강화하는 사회적 영향력을 강조한다. 이 중에는 노력에 대한 문화적 가치도 포함된다. 미국의 부모와 교사들은 학업적 성공을 위해서는 타고난 능력이 가장 중요하다고 믿는 반면, 일본이나 한국, 대만의

핀란드인 교사가 2학년 학생들에게 교재를 나눠준다. 핀란드 교사들은 고도의 훈련을 받았으며, 모든 학생의 진취성, 문제 해결 및 창의성을 기르도록 설계된 그들의 교육 체계는 성취에서 사회경제적 계층의 차이를 거의 없앴다.

부모와 교사들은 열심히 노력한다면 누구나 학업적으로 성공할 수 있다고 생각한다. 아시아 아동들은 상호의존적인 가치에 영향을 받아서 대개 성취를 위한 노력을 도덕적 의무, 즉 가정과 지역사회를 위한 책임의 일부라고 여긴다(Hau & Ho, 2010).

핀란드의 경우와 마찬가지로 일본, 한국, 대만의 모든 학생들은 국가에서 지정하는 양질의 지도를 동일하게 받으며, 교사들은 훈련이 잘 되어 있고 사회에서 존중받으며 미국 교사들보다 급여가 높다(Kang & Hong, 2008; U.S. Department of Education, 2015).

핀란드와 아시아의 예시들은 미국의 가정과 학교, 사회가 교육 수준을 높이기 위해 노력해야 한다는 것을 강조한다. 연구를 통해 밝혀진 추천 방법은 다음과 같다.

- 부모들이 경제적으로 안정되고, 아동에게 자극을 주는 가정환경을 조성하고, 아동의 학업적 발전 과정을 관리 및 감독하고, 교사와 자주 소통할 수 있도록 지원하기
- 양질의 유치원 교육에 투자해 모든 아동이 학습을 위한 준비가 된 상태로 초등학교에 입학할 수 있도록 하기
- 교사 교육 강화하기
- 어렵고 실생활 적용과 관련된 학습 제공하기
- 사회경제적 지위나 인종에 따른 교육의 질에서의 불평등을 줄이기 위해 학교 개선하기

묻고 대답하기

연관지어보기 제8장에 나온 아동 양육 유형에 대한 연구들을 고찰하라. 영재아들은 전형적으로 어떤 양육법을 경험하는지 설명하라.

적용해보기 샌디는 아이를 1학년과 2학년이 혼합된 학급에 넣고 싶어 한다. 샌디에게 어떤 조언을 해줄 수 있으며, 그 이유는 무엇인가?

생각해보기 여러분의 초등학교에서는 집단을 만들 때 동질집단, 이질집단, 또는 두 방식의 혼합 가운데 어떤 방법을 사용하는가? 이런 방법이 학생들의 동기와 성취도에 어떤 영향을 미칠지 생각해보라.

요약

신체 발달

신체 성장

9.1 아동 중기 신체 성장의 주요 경향을 설명하라.

- 아동 중기에는 육체적 성장이 느리고 규칙적인 속도로 계속된다. 뼈는 길어지고 넓어지며, 영구치가 유치를 대신한다. 아홉 살이 되면 여아들이 체격 면에서 남아를 앞지른다.

흔한 건강 문제

9.2 비만에 특별한 주의를 기울이면서 아동 중기의 심각한 영양 문제의 원인과 결과를 기술하라.

- 빈곤에 시달리는 많은 아동이 심각한 장기간의 영양실조로 고통 받고 있는데, 이것은 신체적·정신적 발달에 영구적으로 손상을 줄 수 있다.
- 과체중과 **비만**은 선진국과 개발도상국 모두에서 급격히 증가했고, 미국에서 크게 증가했다. 유전은 비만에 영향을 미치지만, 부모의 식습관, 부적응적 식습관, 수면 감소, 운동 부족, 건강하지 못한 식습관이 강력한 영향을 미친다. 비만은 심각한 신체 건강과 적응 문제를 야기한다.
- 소아 비만을 치료하는 가장 효과적인 방법은 부모와 아이들의 식사 패턴과 생활방식을 바꾸기 위한 가족 기반의 개입이다. 학교는 더 건강한 식사를 제공하고 규칙적인 신체 활동을 보장함으로써 도움을 줄 수 있다.

9.3 아동 중기의 어린 시절에 흔히 볼 수 있는 시각과 청각 문제는 무엇인가?

- 가장 흔한 시력 문제인 근시는 유전, 초기 생물학적 트라우마, 그리고 가깝게 본 시간의 영향을 받는다. 사회경제적 계층에 따라 증가하는 몇 안 되는 건강 상태 중 하나이다.

- 학창 시절에는 귀 감염이 감소하지만, 사회경제적 지위가 낮은 많은 아동들이 반복적으로 치료되지 않은 중이염으로 인해 청력 감퇴를 경험한다.

9.4 학령기에 질병에 영향을 미치는 요인은 무엇이며, 이러한 건강 문제는 어떻게 줄일 수 있는가?

- 아동은 아픈 친구들에게 노출되고 미성숙한 면역체계 때문에 초등학교 첫 2년 동안 더 많은 질병을 경험한다.
- 학교 결석이나 소아 입원의 가장 흔한 원인은 천식이다. 그것은 비만 아동뿐만 아니라 아프리카계 미국인과 가난에 찌든 아이들 사이에서 더 자주 발생한다.
- 심각한 만성질환을 앓고 있는 아이들은 학업적, 정서적, 사회적 어려움의 위험에 처해 있지만, 긍정적인 가족관계는 적응력을 향상시킨다.

9.5 아동 중기의 의도하지 않은 부상 발생의 변화를 설명하고 효과적인 개입을 인용하라.

- 의도하지 않은 부상은 특히 남아의 경우 어린 시절 중반부터 사춘기까지 증가한다. 자동차와 자전거 사고가 증가의 대부분을 차지한다.
- 효과적인 학교 기반의 부상 예방 프로그램은 안전기술을 습득하기 위해 모델링, 예행연습 및 보상을 사용한다.

운동 발달과 놀이

9.6 아동 중기 동안 운동 발달과 놀이의 주요한 변화를 고려하라.

- 유연성, 균형성, 민첩성 및 힘의 증가는 더욱 효율적인 정보처리와 함께 학령기 아동들의 대근육 운동 향상에 영향을 준다.
- 소근육 운동 발달도 개선된다. 손글씨는 읽기 쉬워지고, 아이들의 그림은 구성, 세부, 깊이 표현 등이 증가한다.
- 비록 여아들이 소근육 운동기술에서 남아들을 능가하지만, 남아들은 균형과 민첩성이 요구되는 것을 제외하고는 모든 대근육 운동기술에서 여아들을 능가한다. 아동의 운동 성취에 대한 부모의 기대가 큰 역할을 한다.
- 규칙이 있는 게임은 학창 시절에 보편화되어 정서적·사회적 발전에 영향을 준다. 또한 아동들, 특히 남아들은 집단 구성원들 사이에서 **권력위계**를 확립하는 데 도움이 되는

친근한 싸움인 **거친 신체놀이**를 한다.
- 대부분의 미국 학기기 아동들은 휴식과 체육 시간의 단축으로 인해 건강한 삶에 충분한 활동이 보장되지 않고 있다.

인지발달

피아제 이론 : 구체적 조작기

9.7 구체적 조작기의 주요 특징은 무엇인가?

- **구체적 조작기**에 아동의 사고는 더욱 논리적이고 유연하며 조직화된다. 보존의 숙달성은 사고의 탈중심화와 **가역성**을 보여준다.
- 또한 학령기 아동들은 **이행추론**을 포함한 **서열화**와 규제에 더 능하다. 그들의 공간적 추론은 친숙한 대규모 공간을 나타내는 인지지도를 만드는 능력에 있어서 분명한 향상이 나타난다.
- 구체적 조작기 아동은 일반적인 논리적 원칙을 제시하지 못한다는 점에서 한계를 보인다. 그들은 점차 구체적 조작 과제에 숙달한다.

9.8 구체적 조작기 사고에 관한 후속연구를 논의하라.

- 특히 학교교육과 관련된 특정한 문화적 관습은 아동이 피아제식 과업에 숙달되도록 돕는다.

- 일부 연구자들은 조작의 점진적 발전은 정보처리 능력의 확대에 기인한다. 케이스의 신피아제 이론은 두뇌 계발과 실습으로 인지적 계획이 더 자동화되고, 오래된 계획들을 결합하고, 개선하고 광범위하게 적용가능한 표현들로 통합되어 새로운 것의 생성을 위한 작업기억의 공간을 확보하게 된다고 제안한다.

정보처리

9.9 아동의 진보에 영향을 미치는 요인과 함께 아동 중기의 실행 기능과 기억력의 향상에 관해 설명해보라.

ZACK WITTMAN FOR THE BOSTON GLOBE VIA GETTY IMAGES

© LAUREN GREENFIELD/INSTITUTEA

■ 전전두엽 피질이 계속 발달함에 따라, 아이들은 작업기억의 통합, 억제, 그리고 유연한 주의 전환 등을 필요로 하는 점점 더 복잡한 과제들을 처리할 수 있게 되면서, 실행 기능에서 큰 발전을 하게 된다. 다단계 과제들에 대한 계획도 개선된다.

■ 가정과 학교 경험을 포함한 유전성과 환경적 요인들이 결합되어 아이들의 실행 기능에 영향을 미친다. 실행 기능의 결핍은 **주의력결핍 과잉행동장애(ADHD)**의 증상에 기초한다.

■ 기억 책략도 향상된다. **시연**이 먼저 나타나고, 이어서 **조직화**와 **정교화**가 나타난다. 나이가 듦에 따라 아이들은 기억 책략을 결합한다.

■ 아동의 일반적 지식기반, 즉 의미기억의 발달은 그들이 알고 있는 것을 사용하려는 동기처럼 전략적인 기억처리를 쉽게 한다. 사회적 현대화는 기억과제를 포함해 인지적 성과와 광범위하게 연관되어 있다.

9.10 자기조절에 관여하는 학령기 아동의 정신과 역량을 기술하라.

■ 학창 시절의 아이들은 마음을 효과적인 기억 전략, 정신적 추론, 그리고 **순환적 사고**를 필요로 하는 이차순위 틀린 믿음을 포함한 인지적 과정에 대한 더 나은 이해를 보이면서 능동적이고 건설적인 요소를 보인다. **인지적 자기조절**은 점차 발전해 전략 사용이 성인의 안내에 따라 개선된다.

9.11 초등학교 학생들에게 독서와 수학을 가르치는 것에 대한 현재의 관점을 논의하라.

■ 숙련된 독서는 정보처리 시스템의 모든 측면에 적용된다. **전체 언어 접근법**과 **발음 중심 접근법**의 조합은 초반 읽기를 가르침에 있어 가장 효과적이다. 기본적인 기술에서의 연습과 개념적 이해를 결합하는 가르침 또한 수학에서 가장 좋다.

정신 발달의 개인차

9.12 지능을 정의하고 측정하는 주요 접근법을 설명하라.

■ 아동 중기에 IQ는 보다 안정되며 학업 성취와 중간 정도의 상관관계가 있다. 대부분의 지능검사는 전체적인 점수와 별도의 지적 요인에 대한 점수를 산출한다. 처리속도 및 실행 기능은 IQ를 예측한다.

■ 스턴버그의 **성공적인 지능의 삼원 이론**은 분석적 지능(정보처리기술), 창의적 지능(새로운 문제를 해결하는 능력) 및 실용적 지능(일상 상황에서 지적 기술의 적용)의 세 가지 광범위하고 상호작용하는 지능을 의미한다.

■ 가드너의 **다중지능이론**은 적어도 8개의 정신적 능력을 식별한다. 정서지능을 정의, 측정 및 육성하려는 노력을 자극했다.

9.13 유전과 환경이 모두 지능에 기여한다는 것을 나타내는 증거를 기술하라.

■ 유전성 추정 및 입양 연구에 따르면 지능은 유전과 환경의 산물이라는 것이 밝혀졌다. 입양 연구에 따르면 환경 요인이 흑백 IQ 격차의 근간이 된다고 한다. 많은 국가에서 IQ의 꾸준한 세대 변화인 **플린 효과**는 사회의 현대화 정도와 밀접한 관련이 있다.

■ IQ 점수는 문화적으로 영향을 받는 언어 의사소통방식, 지식 및 학교에서 보낸 시간에 영향을 받는다. **고정관념 위협**은 테스트 성능을 방해하는 불안을 유발한다. **역동적 평가**는 많은 소수의 아동이 정신 테스트에서 더 유능하게 수행하도록 도와준다.

언어발달

9.14 학령기 아동의 어휘, 문법, 화용론의 변화를 설명하고, 발전을 위한 이중언어의 장점을 설명하라.

■ 언어 인식은 언어 진행에 기여한다. 학령기 아동은 단어의 의미를 보다 정확하고 유연하게 이해하고 더 복잡한 문법 구성과 대화 전략을 사용한다. 이야기는 조직, 세부사항 및 표현력이 향상한다.

■ 제2언어의 통달은 완전한 숙달이 이루어지기 위해 어린 시절에 시작되어야 한다. 이중언어주의는 실행 기능, 다양한 기타 인지기술 및 언어 인식 측면에 긍정적인 영향을 미친다.

학교에서의 학습

9.15 교육철학이 아이들의 동기부여와 학업 성취도에 미치는 영향을 설명하라.

■ **전통적 학급**에서 나이가 많은 학생들은 **구성주의 학급**에서 학생들의 비판적 사고, 사회적·도덕적 성숙 및 학교에 대한 긍정적인 태도를 얻는 성취도 검사에서 약간의 우위를 점한다.

■ **사회적 구성주의 학급**의 학생들은 의미 있는 활동에서 협력적으로 일하고 각 아동의 근접발달영역에 맞게 가르치는 데 도움이 된다. 아이들은 또래들과의 **협동학습**에 대한 교사의 지원을 통해 복잡한 추론과 성취를 얻는다.

9.16 학업 성취도에서 교사-학생 상호작용 및 그룹화 작업의 역할에 대해 논의하라.

■ 보살피고 도움을 주고 자극하는 교수법은 아동의 동기부여, 성취 및 또래관계를 촉진한다. **교육적 자기충족예언**은 성취도가 높은 사람보다 낮은 수준에 더 큰 영향을 미치며 특히 경쟁과 공공 평가를 강조하는 강의실에서 발생할 가능성이 크다. 균질한 그룹화는 자존감과 성취도가 낮은 그룹 학생들에게 자기충족예언을 유도할 수 있다.

9.17 어떤 조건에서 정규 교실에 학습장애가 있는 아이들을 배치하는 것이 성공적인가?

- 경도지적장애 및 **학습장애**가 있는 학생을 위한 **통합학급**의 성공은 개별 학습 요구의 충족과 긍정적인 또래관계 촉진에 달려 있다.

9.18 영재들의 특성과 그들의 교육적 필요를 충족시키기 위한 현재의 노력에 관해 설명하라.

- **영재**는 높은 IQ, 창의성 및 재능이 포함된다. **창의성** 요소 중 하나에만 중점을 두는 **수렴적 사고**보다는 **발산적 사고**를 활용하는 것이 창의성 검사이다. 유능한 아동에게는 일반적으로 뛰어난 능력을 키우는 부모와 교사가 있다.

9.19 미국 아이들은 다른 선진국의 아이들과 비교했을 때 얼마나 교육을 잘 받았는가?

- 국제 연구에서 미국 학생들은 일반적으로 국제 평균의 이하로 수행했다. 최고 수준의 국가 교육과 비교할 때 미국 교육은 높은 수준의 추론과 비판적 사고에 중점을 두지 않으며 사회경제적 계층 간에 평등하지 않다.

주요 용어 및 개념

가역성	발음 중심 접근법	영재	주의력결핍 과잉행동장애
거친 신체놀이	비만	이행추론	창의성
고정관념 위협	사회적 구성주의 학급	인지적 자기조절	통합학급
교육적 자기충족예언	서열화	인지 지도	플린 효과
구성주의 학급	성공적인 지능의 삼원 이론	재능	학습장애
구체적 조작기	수렴적 사고	전체 언어 접근법	협동학습
권력위계	순환적 사고	전통적 학급	
다중지능이론	시연	정교화	
발산적 사고	역동적 평가	조직화	

CHAPTER **10**

아동 중기의
정서 및
사회성 발달

전쟁으로 고향 시리아에서 도망쳐 나온 학령기 친구들이 요르단의 황량한 피난민 숙소에서 함께 앉아 있다. 아동 중기에는 상호 신뢰적인 친절과 도움이 우정을 정의하는 특징이 된다. 전쟁으로 인한 혼란과 상실을 경험한 아동들에게 친구는 탄력성의 원천으로 작용할 수 있다.

© JOEL ARTISTA

학교가 끝난 어느 날 오후, 조이는 급하게 친한 친구 테리의 어깨를 두드렸다. "테리, 내 말 좀 들어 봐." 조이는 숨도 못 쉬고 애원한다. "porcupine이라는 단어가 나오기 전까지는 모든 것이 잘 나갔어." 조이는 그날 학교에서 있었던 철자경기에 대해 계속 이야기했다. "재수없게 P-o-r-k라고 한 거 있지. 믿을 수가 없어. 그래도 내가 그 건방진 벨린다 브라운보다는 더 나아. 그 철자들을 외운다고 정말 고생했는데, 벨린다에게는 쉬운 단어만 나왔어. 저도 착한 아이에게 졌어야 했는데."

조이의 대화는 그의 새로운 정서적, 사회적 능력을 나타낸다. 철자경기에 참가해서 의미 있는 성취를 향해 열심히 노력하는 근면함을 보여주는데 이것은 아동 중기에 나타나는 주요한 변화이다. 또한 조이의 사회적 이해도 확장되어 강점, 약점과 성격 특성을 평가할 수 있다. 게다가 이

제 조이에게 우정은 이전과는 그 의미가 달라져서 가장 친한 친구인 테리가 알아주고 정서적으로 지원해주기를 바란다.

아동 중기에 나타나는 성격 변화에 대한 개관을 위해 에릭슨 이론을 살펴보겠다. 그리고 아동들이 자신, 타인 및 또래관계를 어떻게 보는지 살펴볼 것이다. 이 모두는 아동이 더 효과적으로 생각하고 학교에서 또래 친구들과 더 많은 시간을 보내게 되면서 더 복잡해진다.

부모-자녀 관계의 변화에도 불구하고 가정은 아동 중기에도 여전히 중요하다. 오늘날 가정에서의 생활방식은 예전보다 훨씬 더 다양하다. 부모의 이혼을 경험한 조이와 리지를 통해 우리는 아동의 행복을 위해서는 가정의 구조보다 가정의 기능이 훨씬 더 중요하다는 사실을 보게 될 것이다. 마지막으로, 아동 중기에 흔하게 나타나는 정서적 문제도 살펴볼 것이다. ●

에릭슨 이론 : 근면성 대 열등감

10.1 에릭슨의 근면성 대 열등감 단계 동안 성격은 어떻게 변화하는가?

에릭슨(1950)에 의하면 이전에 긍정적인 경험을 했던 아동들은 에너지를 현실적인 성취로 돌릴 준비가 된 상태에서 아동 중기로 진입한다. 에릭슨은 성인의 기대와 아동의 숙달을 향한 동기가 아동 중기의 심리적 갈등인 **근면성 대 열등감**(industry versus inferiority) 사이의 갈등의 기반이 된다고 보는데, 이 갈등은 아동들이 유용한 기술을 획득하고 과제에 대한 유능감이 발달하면서 긍정적으로 해결된다. 모든 문화에서 아동들이 신체적으로 또 인지적으로 성장하면 성인들은 새로운 요구를 하게 되고 아동들은 이런 도전으로부터 많은 것을 얻게 된다.

대부분의 나라에서 아동기 중기부터 학교를 통한 정식 교육을 시작하는데, 학교에서 아이들은 자신과 타인의 독특한 능력을 발견하고, 노동 분화의 가치를 배우고, 도덕적 헌신과 책임감을 발달시킨다. 이 단계에서는 아동이 **열등감**에 빠질 수 있는 위험이 있는데, 열등감은 자신의 능력에 대한 낮은 자신감을 반영하는 아동의 비관주의적인 생각을 반영한다. 이러한 부적절감은 가족의 삶이 아동이 학교 생활을 하는 데 아직 준비가 되어 있지 않거나 선생님과 친구들이 부정적인 반응으로 아이들의 자신감을 무너뜨릴 때 발달할 수 있다.

아동 중기의 근면성은 현실적인 성취에 대한 새로운 기대에 관한 반응을 포함한다. 인도의 이 비공식적이면서 격려하는 분위기의 학급에서 아동들은 그들 스스로를 책임감 있고, 유능하며, 협력하는 사람으로 보게 된다.

에릭슨의 근면성은 아동 중기에 일어나는 여러 가지 발달, 즉 긍정적이지만 현실적인 자기개념, 성취에 대한 자랑스러움, 도덕적 책임감, 또래들과 협동적으로 활동하는 것을 하나로 결합한다. 학년이 높아지면서 이러한 자기와 사회적 관계의 측면은 어떻게 변화해 갈까?

자기이해

10.2 학령기 아동의 자기개념과 자존감을 기술하고, 그들의 성취 관련 귀인에 영향을 미치는 요인을 논의하라.

아동 중기에 아동들은 자신을 심리적 특성에 의해 기술하고, 자신의 특성을 또래들의 특성과 비교하고, 그들의 강점과 약점의 원인을 추측할 수 있다. 자기이해에서 나타나는 이러한 변화는 아동의 자존감에 큰 영향을 미친다.

자기개념

학령기 동안에 아동들은 객관적 나 자신 또는 자기개념을 세분화해 그들의 행동과 내적 상태에 대한 관찰을 일반적 특성으로 조직화하는데 이런 변화는 8~11세 사이에 일어난다. 아래에 제시된 11세 아동의 자신에 대한 기술을 살펴보자.

> 나는 적어도 내가 함께 시간을 보내는 여자아이들에게는 인기가 있지만, 다른 사람들보다 자신이 더 멋있다고 생각하는 아주 인기있는 여자아이들에게는 그렇지 않다. 내 친구들과 함께 있으면, 나는 내가 좋아하는 것이 무엇인지 안다. 그래서 나는 사람들에게 친절하고, 다른 사람을 잘 도와주고, 비밀을 지킬 수 있다. 때때로 기분이 좋지 않으면 못된 말을 하는데 그러면 스스로에 대해 부끄러워진다. 학교에서 나는 언어, 예술, 사회와 같은 몇몇 과목에서 꽤 똑똑하다는 느낌을 받는다. 언젠가 나는 나의 훌륭한 영어 실력을 바탕으로 한 직업을 가질 것이다. 그러나 나는 수학, 과학에서는 바보같다는 느낌을 받고, 특히 다른 아이들이 그 과목들을 얼마나 잘하는지를 보면 그런 기분이 더 든다. 지금은 나는 내가 똑똑하면서 동시에 멍청할 수 있다는 것을 이해한다(Harter, 2012, p. 59).

이 아동은 특정 행동 대신에 능력을 강조한다("나는 언어, 예술, 사회와 같은 몇몇 과목에서는 똑똑하다", "훌륭한 영어실력을 갖고 있다"). 자신의 성격도 장점과 단점을 이야기하면서 분명하게 기술한다("다른 사람을 잘 돕고", "비밀을 지킬 수 있지만", 때로는 "못됐다"). 나이가 많은 학령기 아동들은 어린 아동들처럼 자신을 극단적으로 또는 '그렇거나-아니거 나'의 형식으로 기술하지는 않는다(Harter, 2012a).

이러한 평가적인 자기기술은 학령기 아동들이 종종하는 사회적 비교의 결과이다. **사회적 비교**(social comparison)는 자 신의 용모, 능력과 행동을 다른 또래들과 비교하는 것을 의 미한다. 예를 들어 조이는 자신이 철자법에서는 다른 또래들 보다 낫지만 사회는 잘 못한다는 사실을 파악한다. 4~6세 아동들은 자신의 능력을 다른 또래 한 명과 비교할 수 있지 만 나이가 많은 아동들은 여러 명의 또래들과 비교할 수 있다 (Harter, 2012).

아동기 중기의 자기개념을 수정하는 데 어떤 요인들이 관 여할까? 인지발달이 자기구조의 변화에 영향을 미친다. 학령 기 아동들은 물리적 세계에 대해 추론할 때 상황의 여러 측면 을 더 잘 통합한다. 비슷하게, 사회적 영역에서는 전형적 경 험과 행동을 조합해 안정적인 심리적 성향을 만들고, 장점과 단점을 혼합하고, 자신의 특성과 다른 많은 또래들의 특성을 비교한다.

자기개념의 내용은 인지 능력과 다른 사람들로부터 오 는 피드백으로 인해 변한다. 사회학자인 조지 허버트 미드 (George Herbert Mead, 1934)는 잘 조직화된 심리적 자기는 아동의 '주체적 나 자신'이 아동에 대한 다른 사람들의 태도 와 닮은 '객관적 나 자신'의 관점을 취할 때 나타난다고 제안 했다. 미드의 생각은 **조망 수용 능력**, 특히 다른 사람들이 무 엇을 생각하는지를 추론하고 이들의 생각을 자신의 생각과 구분하는 능력의 발달이 성격 특성에 기초한 자기개념의 발 달에 결정적이라고 제안했다. 제9장에서 우리는 아동 중기에 는 순환적 사고(recursive thought)를 할 수 있는 능력이 생긴 다고 보았는데, 이 능력은 학령기 아동이 다른 사람의 메시 지를 더 정확하게 읽고, 그들의 기대를 내면화할 수 있도록 해준다. 이렇게 하면서 그들은 실제 자기(real self)를 평가하기 위해 이상적 자기(ideal self)를 형성한다. 나중에 보겠지만 이 둘 사이의 큰 차이는 자존감의 토대를 약화시킬 수 있다.

부모의 지지는 자기발달에 지극히 중요하다. 부모와 과 거 경험에 대해 상세하게 이야기를 하는 학령기 아동은 자기 에 대한 풍부하고 긍정적인 내러티브를 만들고, 따라서 보 다 복잡하고, 우호적이며, 일관성 있는 자기개념을 가진다 (Baddeley & Singer, 2015). 또한 아동들은 학교와 지역사회 의 일원으로 들어서면서 자신들에 대한 정보를 얻기 위해 가

족 외의 더 많은 사람의 의견을 고려한다. 그리고 이들은 종 종 사회적 집단을 참조해서 자기기술(self-descriptions)을 한 다["나는 보이 스카우트고, 신문 배달원이고, 프레리시(市)의 축구 선수다"라고 조이는 말했다]. 아동이 청소년이 되면서 자기개념에 여전히 부모와 다른 어른들이 중요한 영향력을 끼치기는 하지만, 친한 친구들로부터의 피드백의 영향력이 점차 커진다(Oosterwegel & Oppenheimer, 1993).

그러나 자기개념의 내용은 문화에 따라 다르다. 앞에서 우 리는 동양의 부모들은 조화로운 상호의존성을 강조하지만 서양의 부모들은 독립성과 자기주장을 강조한다는 사실을 보았다. 개인적으로 중요한 경험을 회상해보라고 하면(가장 최근에 보낸 생일, 부모님이 그들을 꾸짖었던 때), 미국의 학 령기 아동들은 좀 더 개인적인 선호, 흥미, 기술, 의견을 포 함한 설명을 길게 하는 반면, 중국의 아동들은 사회적 상호 작용과 다른 사람에 대한 언급을 더 많이 했다. 유사하게 자 기기술에서도 문화차가 나타나는데, 미국 아동들은 개인적 인 특징으로 자기를 기술하는 반면("나는 똑똑해, 나는 하키 를 좋아해"), 중국 아동들은 집단 멤버십과 관계를 포함해 자 기를 기술한다("나는 2학년이다", "내 친구는 나에게 빠져 있 어")(Wang, 2006; Wang, Shao, & Li, 2010).

자존감

대부분의 학령전기 아동들은 자존감이 아주 높다는 사실을 기억하라. 그러나 아동들이 학교에 들어가고, 다른 또래들과 비교해 얼마나 잘했는지에 대해 더 많은 피드백을 받게 되면 서 자기개념은 분화되고, 좀 더 현실적이 된다.

학령기 아동의 자존감을 연구하기 위해 연구자들은 아동 들에게 "나는 숙제를 잘한다" 또는 "친구들은 함께 놀고 싶 은 사람으로 나를 많이 선택한다" 같은 진술이 자신에게 어 느 정도 맞는지를 평가하게 했다. 서구 문화권의 아동들은 6 ~7세가 되면 학문적 능력, 사회적 능력, 신체/운동적 능력, 외모와 같이 적어도 네 가지 폭넓은 측면의 자기평가를 형 성하게 된다. 이 영역 안에는 더 세분화된 범주들이 있고, 이 러한 자기평가 범주는 연령이 증가하면서 점점 더 구분된다 (Marsh, 1990; Marsh & Ayotte, 2003; Van den Bergh & De Rycke, 2003). 게다가 자신을 여러 가지 안정된 특성으로 이 해하는 능력은, 학령기 아동들이 여러 개의 분리된 자기평가 를 하나의 일반화된 심리적 이미지로 결합하게 한다(Harter, 2012). 그 결과, 자존감은 그림 10.1에 제시된 것과 같은 위

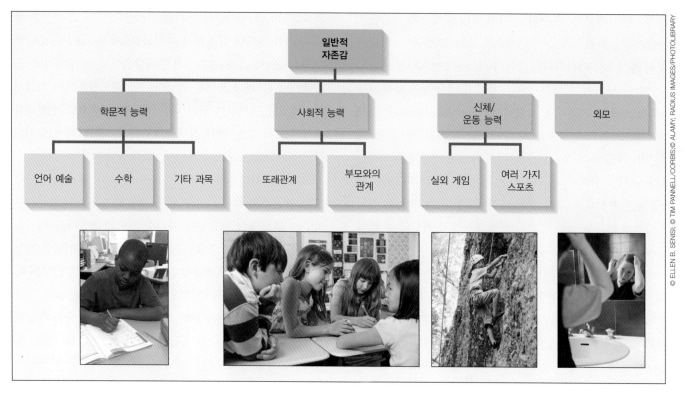

그림 10.1 초등학교 중기 자존감의 위계적 구조   여러 가지 상황에서의 경험으로 인해 아동들은 적어도 네 가지, 즉 학문적 능력, 사회적 능력, 신체/운동 능력과 외모에 대한 자존감을 형성한다. 이러한 자존감은 더 세부적인 자기평가로 분화됨과 동시에 결합해 일반적 자존감을 형성한다.

계적 구조를 갖게 된다.

아동들은 어떤 자기평가를 다른 자기평가보다 더 중요하게 본다. 학령기와 청소년기에 외모에 대한 지각은 다른 어떤 요인보다도 전체 자기가치감과 더 강한 상관을 보인다(O'Dea, 2012; Shapka & Keating, 2005). 대중매체와 사회, 그리고 부모와 친구들이 외모를 강조하기 때문에 어린 청소년들이 자신에 대해 갖는 전체적 만족감에 중요하게 영향을 미친다.

초등학생 기간에 자존감은 일반적으로 높게 유지되지만, 좀 더 현실적이 되어서 다양한 영역에서 스스로에 대해서 내리는 평가에서 약간의 차이가 있게 된다(Marsh, Craven, & Debus, 1998; Wigfield et al., 1997). 이러한 변화는 아동들이 유능감에 근거한 피드백을 받고, 자신과 관련된 타인에게 수행을 평가받고, 사회적 비교를 할 수 있는 인지적 능력이 향상되면서 나타난다.

자존감에 미치는 영향

아동 중기부터 자존감의 개인차는 점점 더 안정된다(Trzesniewski, Donnellan, & Robins, 2003). 그리고 자존감, 여러 활동의 중요성, 그런 활동에서의 성공 사이에 정적 관계

가 나타난다. 학문적 자존감은 아동들이 공부를 얼마나 중요하고, 쓸모 있고, 재미있다고 평가하는지, 얼마나 열심히 하려고 하는지와 그들의 성취를 예측한다(Denissen, Zarrett, & Eccles, 2007; Valentine, DuBois, & Cooper, 2004; Whitesell et al., 2009). 사회적 자존감이 높은 아동들은 학급의 다른 또래들이 항상 더 좋아한다(Jacobs et al., 2002). 그리고 제9장에서 보았듯이, 운동 능력에 대한 자존감은 스포츠에 얼마나 투자하며 또 얼마나 잘하는지와 정적 상관을 보인다.

모든 분야에서 자존감이 낮으면 불안하고 우울증을 보이고 또 반사회적 행동을 많이 보인다(DuBois et al., 1999; Robins et al., 2001). 아동들이 자존감을 높게 또는 낮게 가지는 데 영향을 미치는 사회적 요인은 무엇일까?

문화, 성별, 민족 문화적 힘은 자존감에 크게 영향을 미친다. 학교에서 특히 강조하는 사회적 비교가 왜 중국과 일본 아동들이 학업성적이 좋음에도 불구하고 북미 아동들보다 자존감이 더 낮고 이러한 차이가 연령이 증가하면서 더 커지는지를 잘 설명한다(Harter, 2012; Twenge & Crocker, 2002). 동시에 아시아 문화는 사회적 조화를 중요하게 보기 때문에 아시아 아동은 자신들을 긍정적으로 평가하는 데 인색

회기의 소그룹 프로그램 집단과 어떠한 개입도 하지 않은 통제집단 중 한 집단에 무작위로 배정했는데, 소그룹 프로그램에 참여한 아동들이 통제집단의 아동들보다 자존감이 더 높았다(Okeke-Adeyanju et al., 2014). 마지막으로 사회계층이나 인종이 같은 아동들이 많은 학교에 다니거나 그런 이웃에 사는 아동들과 청소년들은 강한 소속감을 느끼고 자존감의 문제도 적다(Gray-Little & Carels, 1997).

아동 양육방식 권위 있는 양육방식을 쓰는 부모들의 자녀는 자신에 대해 특히 긍정적으로 느낀다(제8장 참조)(Kerns, Brumariu, & Seibert, 2011; Yeung et al., 2016). 따뜻하고 긍정적인 양육은 아동들에게 자신들이 유능하고 중요한 아이로 인정받고 있다는 느낌을 갖게 한다. 그리고 설명을 곁들인 적절하지만 확고한 부모들의 기대는 아동들이 자신들의 행동을 적합한 기준에 비추어 평가하도록 돕는다.

통제적 부모들은 아동을 너무 자주 도와주거나 자신들이 결정을 하여 아동들에게 불완전하다는 느낌을 전달하는데, 이는 부모들의 반복적인 무시와 모욕과 마찬가지로 아동들의 자존감을 떨어뜨린다(Kernis, 2002; Wuyts et al., 2015). 그러나 지나치게 아동들을 받아주어도 자존감이 비현실적으로 높아져서 발달을 해친다. 이러한 아동들은 과장된 자기이미지에 대한 도전을 맹렬하게 비난하고 비열함과 공격성을 포함한 적응상의 문제를 갖게 된다(Hughes, Cavell, & Grossman, 1997; Thomaes et al., 2008).

북미의 문화적 가치는 개인을 강조하기 때문에 부모들이 아동들을 지나치게 받아주어서 아동들의 자존감을 너무 부풀릴 수 있다. 미국 젊은 사람들의 자존감은 지난 수십 년 동안 빠르게 증가했는데, 이는 이 기간에 출간된 많은 대중적 양육지침서에서 아동들의 자존감을 키워 주라고 충고했기 때문인 것 같다(Gentile, Twenge, & Campbell, 2010). 그러나 이전 세대와 비교할 때 미국 젊은이들의 학업 성취는 더 떨어지고 반사회적 행동과 다른 적응상의 문제들은 더 늘었다(Berk, 2005). 연구에 의하면 실제 성취에 근거하지 않은 칭찬("너 정말 대단해")은 아동들에게 도움이 되지 않는다(Wentzel & Brophy, 2014). 그보다 아동들의 긍정적이고 안전한 자기이미지를 키워 주는 데 더 좋은 방법은 가치 있는 목표를 추구하도록 격려하는 것이다. 시간이 지나면서 양방향적 관계가 나타난다. 즉 성취가 자존감을 키워 주고 자존감이 다시 성취를 높여준다(Marsh et al., 2005).

아프리카 유산을 존중하는 공휴일인 크완자(Kwanzaa)에 아동들이 커뮤니티 센터에서 아프리카인들의 드럼 연주 기술을 배우고 있다. 강한 민족적 자부심은 유럽계 미국인 친구들에 비해 아프리카계 미국인 아동들이 더 높은 자존감을 갖도록 하는 데 기여할 수 있다.

하고 다른 사람들을 칭찬하는 데 아주 관대하다(Falbo et al., 1997).

성별 고정관념적인 기대 역시 자존감에 영향을 끼친다. 한 연구에 따르면 5~8세 소녀들은 한 해 한 해 사람들의 외모에 대해 더 많이 이야기하고, 신체적 외모에 초점을 맞춰서 TV 프로그램을 시청하고, 친구들이 마른 것을 중요하게 여긴다고 생각하며, 그들의 신체적 자기에 더 불만족하고 전반적인 자존감이 더 낮아지는 것으로 나타났다(Dohnt & Tiggemann, 2006). 또 다른 조사에 따르면 3학년 여학생들은 동년배 남학생에 비해 과체중을 부정적인 신체 이미지와 더 강하게 연결시켰다(Shriver et al., 2013). 아동 중기의 끝 무렵이 되면 여학생들은 자신의 신체적 외모와 운동 능력에 대해 남학생들보다 자신감이 더 낮아진다. 학업적 자존감의 경우에도 남학생들이 어느 정도 유리하다. 여학생들은 언어, 예술의 자존감이 더 높은 반면, 남학생들은 수학과 과학에서의 자존감이 더 높다. 이러한 경향성은 학업 수준이 비슷한 아이들을 비교할 때도 나타난다(Jacobs et al., 2002; Kurtz-Costes et al., 2008). 여학생들은 사회적 수용과 가까운 친구관계 영역에서의 자존감은 남학생들보다 높다.

백인들과 비교해볼 때, 미국 흑인 아동들은 자존감이 약간 높은 편인데 이는 따뜻한 확대가족과 강한 인종적 긍지 때문인 듯하다(Gray-Little & Hafdahl, 2000). 한 연구에서 7~10세 아프리카계 어린이를 흑인 가족의 삶과 문화를 찬양하는 10

성인들이 동기와 자존감 사이의 이러한 상호 지지적 관계를 증진시키고 손상시키지 않기 위해서 무엇을 할 수 있을까? 성인들이 성취 상황에서 아동에게 하는 말의 내용을 분석한 연구에서 부분적인 해답을 찾을 수 있다.

성취에 관해 귀인하기   귀인은 행동의 원인에 대해 흔하게 일어나는 일상적 설명으로 "내가(또는 그 사람이) 왜 그랬지?"라는 질문에 대한 대답이다. 이 장 서두에 나온 철자경기에 대한 이야기에서 조이는 자신의 실망스러운 수행을 운("벨린다에게는 쉬운 단어들만 나왔어")에 귀인했고 자신의 성공을 능력(그는 자신이 벨린다보다 철자법을 더 많이 안다는 사실을 알았다)에 귀인했다. 조이는 또한 노력이 문제가 된다는 사실도 알았다. "나는 그 단어들을 외우느라 정말 고생했어."

향상된 추론기술과 빈번한 평가적 피드백은 10~12세 아동들로 하여금 이런 모든 변인을 분리해 수행을 설명하도록 한다. 학문적 자존감과 동기가 높은 아동들은 **숙달지향 귀인**(mastery-oriented attribution)을 하는데, 이는 자신들의 성공을 능력으로 돌리는 것으로, 노력을 많이 하여 증진될 수 있고 새로운 도전을 만났을 때 도움이 되는 특성이다. 그리고 실패는 노력의 부족이나 과제의 어려움과 같이 변화될 수 있거나 통제할 수 있는 요인들로 돌린다(Dweck & Molden, 2013). 그래서 이런 아동들은 성공하든 실패하든 열심히 또 꾸준하게 공부를 한다.

대조적으로 **학습된 무기력**(learned helplessness)을 발전시킨 아동들은 성공은 아니지만 실패를 능력으로 귀인한다. 성공하면 운과 같은 외적 요인 때문이라고 생각한다. 숙달지향 또래와 달리 이들은, 능력은 고정되어 있고 열심히 노력한다고 해서 변하지 않는다고 믿는다(Dweck & Molden, 2013). 어린 아동들은 과제가 어려우면 불안해 통제력을 상실하므로 에릭슨의 용어로 전반적 열등감을 갖게 되고 정말 노력하지 않고 포기한다.

아동들의 귀인은 그들의 목표에 영향을 끼친다. 숙달지향 아동들은 노력을 통해 그들의 능력을 향상시키는 방법에 관한 정보를 찾는다. 그러므로 그들의 수행은 시간이 갈수록 향상한다(Dweck & Molden, 2013). 반면, 학습된 무기력 아동들은 긍정적 평가를 얻고 부정적 평가를 피하는 데 집중한다. 서서히 그들의 능력은 그들이 얼마나 잘하는지를 예측하지 못하게 된다. 4~6학년 아동들을 대상으로 한 한 연구에 따르면 자기비판적(self-critical) 귀인을 할수록 그들의 유

능감을 더 낮게 평가하고, 도전을 더 회피하며, 효과적인 학습 전력에 대해 더 잘 알지 못했고, 학습 수행 수준이 더 낮았다(Pomerantz & Saxon, 2001). 학습된 무기력 아동들은 노력을 성공과 연결시키지 못하기 때문에 성취를 높이는 데 필요한 상위인지와 자기조절기술을 발달시키지 못한다(제9장 참조). 효과적인 학습책략의 부재, 낮은 지구력, 통제력 상실이 악순환된다.

성취에 관한 귀인에 영향을 미치는 요인   숙달지향 아동과 학습된 무기력 아동의 귀인을 다르게 만드는 요인들은 무엇일까? 성인의 의사소통이 핵심적 역할을 한다(Pomerantz & Dong, 2006). 학습된 무기력 아동의 부모는 자녀가 할 수 없고, 성공하려면 다른 아동들보다 더 열심히 공부해야 한다는 사실을 알고도 아주 높은 목표를 세우는 경향이 있다. 아동이 실패할 때, 부모는 "할 수 없지? 그렇지? 그만두어도 괜찮아"라고 말할지 모른다(Hokoda & Fincham, 1995). 아동이 성공하면 부모는 아동의 특성을 평가하는 피드백을 한다("너 정말 똑똑하구나"). 특성에 대한 평가는 능력에 대한 고정적 견해를 강화해 아동이 어려움을 당했을 때 자신의 능력을 의심하고 도전하지 못하게 만든다(Mueller & Dweck, 1998).

아동이 성공했을 때, 어른은 아이의 특질을 강조하는 **개인특성 칭찬**(person praise)을 할 수도 있고("너는 참 똑똑하구나!"), 행동과 노력을 강조하는 **과정 칭찬**(process praise)을 할 수도 있다("네가 그것을 알아냈구나!"). 자존감이 낮은 아동들은 실패 후에 개인특성 칭찬을 받게 되면 더 수치심을 느끼고, 과정 칭찬을 받거나 칭찬을 받지 않을 때 수치심을 덜 느낀다(Brummelman et al., 2014). 학습된 무기력 지향과 같은 맥락에 있는 개인특성 칭찬은 아동들에게 능력은 고정되었다고 가르치게 되는데, 이것은 아이들이 자신의 능력에 의문을 품고 도전으로부터 후퇴하도록 한다(Pomerantz & Kempner, 2013). 반면에 숙달지향과 같은 맥락에 있는 과정 칭찬은 노력을 통해 능력을 발전시킬 수 있다는 것을 함축한다(Pomerantz, Grolnick, & Price, 2013).

어떤 아동들은 특히 성인의 피드백의 영향을 많이 받아 수행이 떨어진다. 여아들이 잘 못하면 교사나 부모들은 능력에 문제가 있다는 메시지를 많이 전하고, 부정적 고정관념(예 : 여아들은 수학을 못한다)은 여아들의 흥미와 수행을 떨어뜨린다(Gunderson et al., 2012; Tomasetto, Alparone, & Cadinu, 2011). 성취가 높음에도 불구하고, 여아들은 남아들보다 자

신의 능력을 더 많이 탓한다. 제9장에서처럼, 저소득 계층의 소수인종 아동들은 교사로부터 부정적 피드백을 많이 받는데, 공부를 잘 하지 못하는 동질집단에 배치되었을 때 특히 더해 결과적으로 자존감과 성취가 떨어진다.

살펴보기

> 부모님이나 다른 어른들의 지도 아래 숙제에 도전하는 학령기 아동을 관찰하라. 성인의 어떤 커뮤니케이션 특징이 숙달지향 귀인을 촉진하는가? 학습된 무기력의 경우는 어떠한가? 설명해보라.

마지막으로 문화적 가치가 성공과 실패에 대한 아동의 관점에 영향을 끼친다. 아시아인 부모와 교사는 미국의 부모와 교사에 비해 노력을 성공의 핵심이라고 본다. 결국 아시아 아동은 부모에 대한 강한 의무감을 느끼고, 그들의 메시지를 내면화한다(Mok, Kennedy, & Moore, 211; Qu & Pomerantz, 2015). 또한 아시아인은 실패는 행동의 수정이 필요하다는 것을 의미하기 때문에 성공보다 실패에 더 주의를 기울인다. 반면에 미국인은 성공이 자존감을 높여주기 때문에 성공에 더 집중한다. 한 연구에서 4~5학년 자녀가 퍼즐을 풀 때 미국인 엄마와 중국인 엄마가 각각 어떻게 반응하는지를 관찰했는데, 미국인 엄마는 성공 후에 칭찬을 더 자주 하는 반면, 중국인 엄마는 아동의 잘못된 수행을 지적하는 경향이 더 컸다. 그리고 중국인 엄마는 아동이 충분한 노력을 기울일 수

성인이 행동과 노력을 강조하는 과정 칭찬을 할 때, 아동은 꾸준함이 유능함을 만든다는 것을 배운다. 예를 들어 선생님이 "문제를 해결할 좋은 방법을 찾았구나!"라고 칭찬을 하면 학생의 숙달지향 접근이 촉진될 것이다.

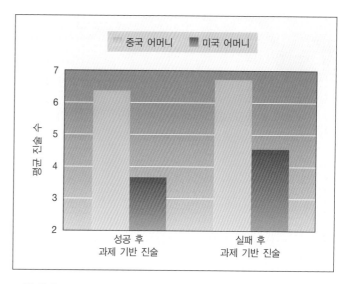

그림 10.2 퍼즐 과제에서 4학년 자녀가 성공 혹은 실패했을 때의 중국 어머니와 미국 어머니의 과제 기반 진술 관찰 결과, 자녀의 성공 실패 여부와 상관없이 중국인 어머니는 미국인 어머니보다 지속적으로 열심히 노력하도록 하는 과제 기반 진술을 더 많이 하는 경향이 있었다(Ng, Pomerantz, & Lam, 2007).

있도록 과제 지향적인 말을 더 많이 했다("여기에 더 집중해야지", "12개 중에 6개만 맞혔구나")(그림 10.2 참조)(Ng, Pomerantz, & Lam, 2007). 엄마가 방을 나간 후 아이만 남아서 과제를 하도록 했을 때, 중국인 아동들이 더 나은 수행을 보였다.

숙달지향 접근 발달시키기 귀인 재훈련이라 불리는 중재에서는 학습된 무기력 아동들에게 노력을 더 하면 실패를 극복할 수 있다고 믿게 만들어준다. 처음에는 아동들이 실패할 어려운 과제를 준 다음 귀인을 변화시키도록 반복적으로 피드백을 제공한다. "열심히 하면 할 수 있어." 아동들이 성공하고 나면 아동들에게 피드백—"이것을 정말 잘하는구나" 또는 "정말로 이번에는 노력을 많이 했구나"—을 더 주어서 자신들의 성공이 우연이 아니라 능력과 노력의 결과라고 믿게 만든다. 또 다른 접근법은 노력을 적게 하는 아동들이 성적에 관심을 덜 기울이고, 타인과 비교하는 대신 스스로 과제를 숙달하는 데 더 집중하도록 격려하는 것이다(Wentzel & Brophy, 2014). 효과적인 전략과 자기조절을 알려주는 것 역시 이 분야에서의 발전을 보완하고 노력에 따른 성과를 보장하기 위해 필수적이다(Berkeley, Mastropieri, & Scruggs, 2011).

귀인 재훈련은 아동이 자신에 대한 생각을 바꾸기 어렵게

학습에 대한 숙달지향 접근을 발달시키는 방법

전략	기술
과제의 제공	아동들에게 의미 있고, 다양한 흥미를 만족시키고, 현재 능력에 적절한 과제를 제공하면 도전적이지만 압도당하지 않는다.
부모와 교사의 격려	따뜻함, 아동들의 능력에 대한 믿음, 성취의 가치, 성공에 있어서 노력의 중요성을 전한다.
	아동의 개인적 자질에 대해 칭찬하는 것을 자제하고, 대신 그들의 유능한 행동, 지속적 노력, 성공적 전략에 집중해 칭찬한다.
	실패를 극복하기 위해 노력을 많이 하는 것을 보여준다.
	(교사) 부모와 자주 이야기를 나누고, 아동들의 노력을 발전시키도록 도울 수 있는 방법을 제시한다.
	(부모) 학교과제를 점검하고 발판화된 도움을 제공해, 효과적인 책략과 자기조절에 대한 지식을 증가시킨다.
수행평가	평가는 개인적으로 한다. 벽의 포스터, 별, '똑똑한' 학생에게 특권 부여, '최우수' 상을 통해 성공이나 실패를 알리는 것은 피한다.
	개인적 진보와 자기발전을 강조한다.
	아동들의 수행에 대해 정확하고 건설적인 피드백을 제공한다.
학교 환경	교사들이 숙달을 위해 개별적 지원을 제공할 수 있는 소집단을 구성하고, 아동들이 서로를 도울 수 있는 협동학습과 또래교수를 제공한다.
	다른 사람들이 아동 개인의 수준을 알 수 있도록 능력에 따라 집단을 구성하는 것을 피한다.
	개인차와 문화차에 맞추어 학습방식을 변경한다.
	모든 학생이 학습할 수 있다는 메시지를 전하는 분위기를 만든다.

출처 : Wentzel & Brophy, 2014; Wigfield et al., 2006.

되기 전에 일찍 시작하는 것이 가장 좋다. 더 좋은 방법은 '배운 것 적용하기'에 요약된 전략을 사용해 학습된 무기력을 예방하는 것이다.

묻고 대답하기

연관지어보기 제9장에서 기술된 어떤 인지적 변화가 자아 개념이 능력, 성격특성, 사회적 비교를 강조하게 만드는가?

적용해보기 부모들이 아동들에게 "똑똑해" 혹은 "훌륭해"라고 말함으로써 아동들의 자존감을 증가시켜야 하는가? 아동들이 자신이 하는 모든 일에 대해 좋지 않게 느낀다면 해로운가? 설명해보라.

생각해보기 초등학교 때 학업 성공과 실패에 대해 어떻게 귀인했는지 생각해보라. 지금은 어떤가? 다른 사람으로부터 오는 어떤 메시지가 여러분의 귀인에 영향을 미치는가?

정서발달

10.3 아동 중기에서의 자의식적 정서, 정서 이해, 정서적 자기조절의 변화를 설명하라.

아동 중기에 자기인식과 사회적 민감성이 발달함으로써 아동들의 정서적 능력도 발달한다. 자의식적 정서, 정서 이해

및 정서적 자기조절의 경험에 변화가 일어난다.

자의식적 정서

아동 중기에는 긍지와 죄책감과 같은 자의식적 정서가 개인적 책임감에 의해 통제된다. 성인의 존재와 무관하게 새로운 성취가 긍지를 불러일으키고 위반이 죄책감을 불러일으킨다 (Harter, 2012). 또한 아동들도 이제는 이전과 같은 사고 때문에 죄책감을 느끼지는 않지만 책임감을 회피했거나, 속이거나 거짓말을 한 것과 같은 의도적 잘못에 대해 죄책감을 느낀다(Ferguson, Stegge, & Damhuis, 1991).

긍지(pride)는 아동들이 더 큰 도전을 받아들이도록 만들고 죄책감은 아동들이 반성하고 자기발전을 추구하게 만든다. 그러나 성인들의 거칠고, 무정한 비난("누구라도 그 정도는 하겠다! 왜 너는 못하니?")은 아동들이 수치감을 심하게 느끼게 만들어서 (제8장에서 지적한 것처럼) 아주 나쁘다.

정서 이해

학령기 아동들은 학령전기 아동들과 달리 자신의 정신활동

을 이해하기 때문에 정서를 설명할 때 외적 사건보다는 행복하거나 슬픈 생각과 같은 내적 상태를 언급할 가능성이 커진다(Flavell, Flavell, & Green, 2001). 또한 6~12세 아동들은 한번에 하나 이상의 정서를 가질 수 있고 그 정서들이 정적일 수도 부적일 수도 있으며 그 강도도 다양할 수 있음을 이해하게 된다(Pons et al., 2003; Zadjel et al., 2013). 예를 들어 할머니에게 생일선물을 받은 조이는 "선물을 받아서 행복했지만 내가 원했던 것이 아니어서 약간 슬펐다"라고 회상했다.

혼합정서를 이해함으로써 아동들은 사람들이 표현하는 정서와 실제 느끼는 정서가 다르다는 사실을 이해한다(Misailidi, 2006). 예를 들어 6~7세가 되면 아동들은 긍지를 행복과 놀람과 구분하는 능력이 급격하게 증가한다(Tracy, Robins, & Lagattuta, 2005). 또한 8세와 9세 아동들은 긍지가 무엇인가를 이루었기 때문에 느끼는 행복과 중요한 사람이 그것을 인정해주었기 때문에 느끼는 행복의 결합이라는 사실을 이해한다(Harter, 1999). 게다가 이 연령의 아동들은 얼굴단서와 상황단서가 일치하지 않아도 이를 잘 감안해 다른 사람의 정서를 이해하지만 나이가 어린 아동들은 정서적 표현에만 의존한다(제8장 참조).

자기이해와 마찬가지로 정서 이해는 인지발달과 사회적 경험, 특히 성인들이 아동들의 감정에 민감하고 정서에 대해 기꺼이 이야기를 나누려는 마음 때문에 발달한다. 이 모든 요인들이 같이 작용해 공감능력을 발전시킨다. 아동들이 청소년기로 가면서 조망 수용 능력이 발달하는데 이로 인해 사

3학년 학생들이 아프리카에 보낼 식사 패키지 준비를 돕고 있다. 정서 이해와 조망 수용 능력이 생기면서 아동들은 사람들의 전반적인 생활환경에 대한 공감 반응이 가능하게 된다.

람들의 현재 고통뿐 아니라 일반적인 삶의 조건에 대해 공감적으로 반응하게 된다(Hoffman, 2000). 조이와 리지가 오랫동안 병석에 누워 있는 사람과 배고픈 사람이 어떻게 느낄지를 상상해보고, 자신이 그 감정을 느끼게 되면 용돈의 일부를 기부하게 되고 학교, 지역사회센터와 스카우트를 통해 기금모금 프로젝트에도 참여하게 될 것이다.

정서적 자기조절

제8장에서 우리는 부모를 모방하고 정서조절 전략을 가르치는 것에 더해 정서를 이해하는 것이 어린 아동들이 정서를 관리하는 능력에 기여한다는 것을 보았다. 이러한 요인은 아동 중기 동안 지속적으로 중요한 역할을 하여 정서적 자기조절이 빠르게 발달한다(Zalewski et al., 2012).

10세가 되면, 대부분의 아동들은 정서를 관리하기 위해 두 가지 일반적 책략을 상황에 맞추어 적절하게 구사한다. **문제 중심대처**(problem-centered coping)에서 아동들은 상황이 변화될 수 있는지 평가하고, 문제를 확인하고, 무엇을 할지를 결정한다. 이 책략이 효과가 없으면 **정서중심대처**(emotion-centered coping)를 하게 되는데, 이 대처는 내적이고 개인적이며 결과를 바꿀 수 없을 때 고통을 통제하는 책략이다(Kliewer, Fearnow, & Miller, 1996; Lazarus & Lazarus, 1994). 예를 들어 시험이 다가와서 불안하거나 친구가 화가 났을 때 나이가 많은 학령기 아동들은 문제 해결과 사회적 지원을 찾는 것이 가장 좋은 방법이라고 생각한다. 그러나 자기들도 어떻게 할 수 없을 때는, 예를 들어 성적이 나쁘게 나왔으면 기분전환을 하거나 상황을 재해석한다. "더 나쁠 수도 있었어. 시험은 또 보면 되지." 학령전기 아동들과 비교해서 학령기 아동들은 정서를 관리하기 위해 내적 책략을 더 많이 사용하는데 이는 생각과 감정에 대해 반추하는 능력이 발달하기 때문이다(Brenner & Salovey, 1997).

게다가 부모, 교사 및 또래들과 상호작용함으로써 학령기 아동들은 부정적 정서를 사회적으로 무리 없게 표현하는 방식에 대해 점점 더 많이 알게 된다. 그들은 울기, 골내기, 또는 공격성보다는 언어적 책략을 점점 더 많이 사용한다("밀지 말고 순서를 기다려")(Shipman et al., 2003). 어린 학령기 아동들은 정서를 이렇게 더 성숙한 방식으로 표현하면 벌도 안 받고 성인들의 인정도 받을 수 있다고 설명하지만, 3학년 학생들은 다른 사람의 감정에 대한 배려를 강조한다. 교사들과 특히 또래들은 이런 사실을 알고 있는 아동들을 도움이 되

고, 협동적이며, 사회적으로 반응적이라고 평가한다(Garner, 1996; McDowell & Parke, 2000).

정서적 자기조절이 잘 발달하면, 학령기 아동들은 **정서적 자기효능감**, 즉 정서적 경험을 자신이 통제할 수 있다는 느낌을 가지게 된다(Thompson & Goodman, 2010). 이로 인해 긍정적 자기상과 낙관적 입장을 견지하게 되고 아동들이 정서적 도전에 더 당당하게 맞서게 된다. 어렸을 적 힘들 때 부모가 민감하게 반응하고 기꺼이 도와주었던 아동들은 학령기에도 정서조절을 잘 한다. 즉 일반적으로 긍정적인 기분을 느끼고, 공감을 잘하며 친사회적이다. 반면에 정서조절을 잘하지 못하는 아동들은 어렸을 적 힘들 때 부모가 적대적이며 민감하지 못한 방식으로 반응을 한 경우가 많다(Morris et al., 2007; Vinik, Almas, & Grusec, 2011). 이러한 아동들은 부정적 정서에 압도되고, 공감과 사회적 행동에서 문제를 보인다.

도덕 발달

10.4 아동 중기 동안의 도덕적 이해의 변화를 다양성과 불평등에 대한 이해에서의 변화를 포함해 설명하라.

제8장에서 학령전기 아동들이 모델링과 강화를 통해 도덕적 행동을 많이 배운다는 사실을 상기하라. 학령기 중기가 되면 아동들은 좋은 행동에 대한 규칙을 내면화한다. "어려움을 당한 사람을 돕는 것은 좋은 일이다" 또는 "남의 물건을 취하는 것은 나쁜 일이다". 이러한 변화로 인해 아동들은 훨씬 더 독립적이고 믿을 수 있게 된다.

제8장에서 아동들이 다른 사람으로부터 도덕성을 단순히 모방하는 것이 아님을 보았다. 인지발달적 접근이 강조하듯이, 그들은 능동적으로 무엇이 옳고 그른지에 대해 생각한다. 사회적 세계의 확장, 추론할 때 더 많은 정보를 고려하는 능력, 조망 수용으로 인해 아동기 중기에 도덕적 이해가 크게 발달한다.

도덕적 이해와 사회관습적 이해

학령기 동안 아동들은 도덕적 규칙을 융통성 있게 평가하게 된다. 그들은 다양한 변인으로 설명하게 된다. 즉 하나의 행동과 그것의 직접적인 영향뿐만 아니라 행위자의 의도와 그의 행동 맥락까지 고려하게 된다(Killen & Smetana, 2015). 한 예로 7~11세 아동들은 자기 자신을 방어하기 위해서나 심각한 상해로부터 다른 사람을 지키기 위해서 혹은 다른 아이가 스스로를 다치게 하는 것을 막기 위해서와 같이 몇몇 상황에서는 다른 사람을 때리는 것이 옳다고 생각했다(Jambon & Smetana, 2014). 나이가 많을수록 행위자가 행한 범죄(때리는 행동)보다는 그의 행동의 목적(다치는 것을 막기 위해서)에 더 주의를 기울인다.

7세 또는 8세가 되면 진실을 말하는 것이 항상 옳고 거짓말을 하는 것이 항상 나쁘다고 생각하지 않으며 친사회적 의도와 반사회적 의도, 그리고 행동의 맥락을 고려하게 된다. 그들은 반 친구의 그림을 싫다고 말하는 것처럼 있는 그대로 말하는 것, 특히 부정적인 사회적 결과를 유발할 수 있는 공개적 맥락에서 그렇게 그대로 말하는 정직함을 부정적으로 평가한다(Ma et al., 2011).

중국과 캐나다의 학령기 아동들은 모두 반사회적 행동에 대한 거짓말을 '아주 나쁘게' 생각하지만 집합주의의 영향을 받은 중국 아동들은 북미의 또래들보다 운동장에서 휴지를 줍고는 "내가 안 했어"라고 하는 것처럼 의도가 좋은 거짓말은 긍정적으로 평가한다(Cameron et al., 2012; Lee et al., 2001). 이와 유사하게, 중국 아동들은 개인이 비용을 지불하면서 집단을 돕기 위해 거짓말하는 것에 대해 더 호의적으로 생각한다(일부러 아프다고 거짓말을 함으로써 노래를 못하는 친구가 노래경연대회에서 이길 수 있도록 해주는 것). 반대로 캐나다 아동들은 집단의 비용을 지불하면서 개인을 돕기 위해 거짓말하는 것을 더 선호한다(철자법을 잘 모르는 친구가 철자법 대회에 나가고 싶어 할 때, 다른 사람들에게 이 친구가 철자법을 잘 안다고 이야기해주는 것)(Fu et al., 2007; Lau et al., 2012).

이러한 판단은 학령기 아동들이 거짓말의 다양한 이유를 이해하게 되었기 때문에 나타난다(Mills, 2013). 그들은 사람들이 편향되어 있고, 설득을 하려고 노력하고, 다른 사람이 어떻게 반응할지를 걱정하고, 다른 사람의 안녕을 보호해주기 위해서 부정확한 정보를 전달하기도 한다는 것을 깨닫는다. 이러한 조망 수용이 순환적(recursive)임에 주목해라. 아동들은 거짓말을 하는 자와 거짓말을 듣는 자 이 둘 이상의 사람들의 생각을 동시에 고려해야 한다.

순환적 사고에 근거해 이차순위 틀린 믿음을 이해하는 것은 아동 중기에 도덕적 판단을 배우는 것과 관련된다(제9장 참조). 한 연구에서 연구자는 아동들에게 도덕 기반의 이차순위 틀린 믿음 과제를 주었다. 구체적으로 아동들에게 한 아이가 선생님을 도와서 교실 청소를 하고 있는데, 실수로 친구의 소중한 컵케이크가 담긴 봉투를 버렸다(Fu et al., 2014). 청소하던 아이가 봉투 안에 있는 물건이 무엇이라고 생각했는지(쓰레기)와 컵케이크 주인인 아이가 컵케이크가 어디에 있었다고 생각하는지(교실 안 봉투)를 정확하게 추론하는 학령기 아동들은 청소하던 아이에 대한 비난을 적게 한다. 그들의 순환적으로 생각하는 능력을 사용해 아동들은 청소하던 아이가 봉투 안에 있던 물건을 쓰레기라고 착각했다는 것을 이해한다.

정의 개념이 발달하면서 아동들은 도덕적 당위성과 사회적 관습을 구분하고 또 연결하게 된다. 예를 들어 학령기 아동들은 목적이 분명한 사회적 관습(다치지 않기 위해 학교 복도에서 달리지 않기)과 분명한 명분이 없는 사회적 관습(운동장의 금지된 선을 넘어가기)을 구분한다(Buchanan-Barrow & Barrett, 1998). 그들은 고의적인 사회적 관습의 위반을 도덕적 위반과 유사하게 본다.

개인의 권리에 대한 이해

아동들은 주로 개인적 영역에서 성인들의 권위에 도전한다 (Nucci, 2005). 아동들의 도덕적 지시와 사회적 관습에 대한 이해가 발달하면서 머리스타일, 친구, 여가활동과 같은 선택은 개인에게 달려 있다는 믿음도 자란다.

개인적 선택의 개념은 역으로 아동들의 도덕적 이해를 발달시킨다. 6세경이면 아동들은 그런 권리를 부정하는 법이 있지만 말과 종교의 자유를 개인적 권리로 본다(Helwig, 2006). 아동들은 개인을 차별하는 법, 예를 들어 특정한 사람들에게 의료 서비스나 교육을 받지 못하게 하는 법은 잘못되었기 때문에 어겨도 좋다고 본다(Helwig & Jasiobedzka, 2001). 자신들의 반응을 설명할 때 아동들은 개인적 권리에 대해 언급하고 청소년기에 들어가면 정의로운 사회에서 개인적 권리의 중요성을 언급한다.

동시에 나이가 많은 학령기 아동들은 개인적 선택에 제한을 둔다. 인종이나 성이 다른 동급생들과 친구를 해야 하는지와 같이 도덕적 문제와 개인적 문제가 갈등을 일으키는 상황에서는 4학년 아동들은 보통 친절함과 공평함 쪽으로 기운다(Killen et al., 2002). 실제로 높은 수준의 우정은 아동들의 도덕적 민감성을 촉진한다(McDonald et al., 2014). 친구 간의 협동, 민감한 반응, 공감적 이해는 규칙을 위반했지만 용서받을 수 있는 환경과 상황을 강조하기도 하고, 다른 사람의 권리와 복지에 대한 관심을 촉진하기도 한다.

뉴욕시의 학령기 아동들이 기후변화 예방을 위한 전 세계적인 행동을 촉진하는 인류의 기후 행진(People's Climate March)에 참여하고 있다. 6세경이 되면 아동들은 개인적 선택에 대해 좀 더 정교하게 이해하게 되는데, 이것은 발언의 자유와 같은 도덕적 이해를 촉진한다.

문화와 도덕적 이해

다양한 문화의 아동과 청소년은 모두 도덕, 사회 관습, 개인적 관심을 추론하는 데 비슷한 기준을 사용한다(Nucci, 2005, 2008). 예를 들어 중국은 어른의 권위에 대한 존중을 중요한 가치로 삼는 문화이기는 하지만, 중국의 젊은이들 역시 자유 시간을 어떻게 쓸지와 같은 아동의 개인적 일을 어른이 방해해서는 안 된다고 생각한다(Hasebe, Nucci, & Nucci, 2004). 콜롬비아의 한 어린이는 서클 시간에 선생님이 학생의 좌석을 지정할 권리가 있냐는 물음에 개인적 통제에 대해서 열렬하게 변론했다(Ardila-Rey & Killen, 2002, p. 249).

또한 학령기 아동들은 사탕을 나누자던지 주운 돈을 원래 주인에게 돌려주자와 같은 공정하고 배려적인 지시에 대해서는 설사 권위가 없는 아동이 말했다고 할지라도 그런 지시는 옳다고 생각한다. 어른을 존경하는 것을 중요하게 여기는 한국 문화에서도 7~11세 아동들은 선생님이 물건을 훔치거나 가진 것을 나누지 말라는 비도덕적인 행동을 요구하면 선생님에 대해 부정적으로 평가한다(Kim, 1998). 결론을 내리면, 문화권과 상관없이 아동들은 개인의 권리와 복지가 위협을 받고 있을 때 규칙과 권위보다 더 고차원적인 원칙이 우선시되어야 한다는 것을 이해하는 것으로 보인다.

다양성과 불평등에 대한 이해

학령기 초기 아동들은 백인들은 힘과 특권이 있고 흑인들은 열등하고 가난하다고 생각한다. 아동들은 이런 관점을 항상 부모들이나 친구들로부터 직접 획득하지는 않는다(Aboud &

Doyle, 1996; Pahlke, Bigler, & Suizzo, 2012). 오히려 대중매체와 그 밖의 다른 곳에서 전달되는 암묵적 메시지에 내포되어 있는 사회적 가치를 파악하는 것 같다. 학교와 지역사회에서 경험하는 인종 분리, 민족 분리와 같이 세계가 몇 개의 집단으로 분리한다는 사회적 맥락도 강력한 출처가 된다.

내집단과 외집단 편향 : 편견의 발달 서양 여러 국가에 대한 연구에서 백인 아동들은 5~6세경이 되면 일반적으로 자신의 인종집단을 호의적으로 평가하고 타 인종집단을 덜 호의적으로 또는 부정적으로 평가한다는 사실이 밝혀졌다(Aboud, 2003; Nesdale et al., 2004). 내집단 선호(in-group favoritism)가 가장 먼저 나온다. 즉 아동들은 자신과 비슷한 타인을 일반화하면서 자신이 속한 집단을 선호한다(Buttelmann & Böhm, 2014; Dunham, Baron, & Carey, 2011; Nesdale et al., 2004).

한 성인에 의해 제공된 사소한 그룹 표식이 내집단 선호를 유도할 수 있는 용이성은 현저하다. 한 연구에서 5세의 유럽계 미국인 아동에게 티셔츠 색상에 따라서 그룹이 결정된다고 말해주었다. 그룹의 지위에 대해서 어떠한 정보도 주지 않고, 그룹 구성원들과 만난 적이 없음에도 불구하고 아동들은 강렬한 내집단 선호를 보였다(Dunham, Baron, & Karey, 2011). 자기 팀 색의 티셔츠를 입은 낯선 아이와 자기 팀 색이 아닌 다른 티셔츠를 입은 낯선 아이의 사진을 보여주었을 때, 자기와 같은 팀인 아이를 더 좋아했으며, 그에게 더 많은 자원을 주었고, 팀원의 행동에 대해 더 긍정적으로 편향된 방향으로 회상했다.

외집단 편견(out-group prejudice)은 내집단과 외집단에 대한 더 강한 도전적 사회비교를 요구한다. 그러나 백인 아동들이 소수민족인 외집단에 대한 부정적 태도를 형성하는 데는, 특히 환경이 그것을 지지할 때는, 시간이 많이 걸리지 않는다. 백인 마을에 살고, 백인들이 주로 다니는 학교에 다니는 백인 캐나다 4~7세 아동들은 긍정적 형용사를 백인과 연결시키고, 부정적 형용사를 흑인과 연결시키는 것으로 나타나, 외집단 편견은 5세에는 생기는 것으로 보인다(Corenblum, 2003). 불행히도 대다수의 소수인종 아동들은 반대의 패턴, 즉 백인이 긍정적 특성을 가지고 자신이 속한 소수민족이 부정적 특성을 가진 것으로 가정하는 외집단 선호를 보인다(Averhart & Bigler, 1997; Newheiser et al., 2014).

그러나 연령이 증가하면서 아동들은 내적 특성에 더 관심을 둔다는 점을 상기해보라. 사회적 세계를 다양한 방식으로 분류하는 능력은 학령기 아동들이 사람들이 '같으면서' 동시에 '다르다'는 사실을 이해하게 한다. 사람들이 다르게 보여도 비슷하게 생각하고, 느끼고, 행동할 수 있다. 따라서 소수인종에 대한 부정적 태도는 7, 8세 이후가 되면 감소한다(Aboud & Amato, 2001). 또한 이 시기에 다수와 소수인종 아동들이 자신의 집단을 더 좋아하고, 다른 집단에 대한 백인 아동들의 편견은 약해진다(Nesdale et al., 2005; Ruble et al., 2004).

아동들은 차별이 불공정하다고 생각하지만 어른들과 마찬가지로 아동들도 종종 무의식적으로 편견을 가진다(Dunham, Baron, & Banaji, 2006). 미국의 아동들과 성인들에게 컴퓨터로 만든, 인종을 명확하게 구분할 수 없는 사람의 사진을 보여주고 사진 속 인물의 인종을 분류하도록 했다. 백인 참여자는 행복한 표정의 사람을 백인으로 더 분류하고, 화난 표정의 사람을 아프리카계 미국인이나 아시아인으로 더 분류하는 경향이 있었다. 이러한 암묵적 편향은 모든 연령대에서 나타났으며, 3세 또는 4세에서부터 나타났다. 반대로 아프리카계 참여자는 분류하는 데 이러한 편향을 보이지 않았다(Dunham, Chen, & Banaji, 2013). 이들이 내집단 선호를 보이지 않는 것(행복한 표정의 얼굴을 흑인으로 분류하지 않는 것)은 아프리카계 미국인에게 일찍이 나타나는 우세한 인종에 대한 태도의 암묵적 민감성에 의한 것이라고 추측된다.

이러한 발견은 아동기 중기에 백인 아동들이 보이는 외현적 인종 편견의 감소가 진정한 편견의 감소인지 아니면 편견을 부적절한 것으로 여기는 인식이 증가한 것인지 아니면 둘 다인지에 대한 질문을 제기하게 한다. 10세 정도가 되면 백인 아동들은 많은 성인들이 그러한 것처럼 편향되어 보이지 않기 위해서 인종에 대해서 이야기하는 것을 피한다(Apfelbaum et al., 2008). 그러므로 적어도 어느 정도는 사회적으로 수용되는 방향으로 자신을 표현하고 싶은 나이 많은 학령기 아동의 소망이 외현적인 외집단 편견을 줄이는 데 기여하는 것으로 보이며, 따라서 암묵적 인종 편견은 여전히 지속된다.

그럼에도 불구하고, 인종 편향과 민족 편향을 가지는 정도는 아동에 따라 편차가 크다. 다음은 이에 영향을 끼치는 개인적 요인과 상황적 요인에 대한 설명이다.

● **성격 특성에 대한 고정적 관점.** 사람들의 성격 특성은 변

팔레스타인과 이스라엘 어린이들과 청소년들이 함께 벽화를 그리다가 가무를 즐기기 위해 잠시 멈추었다. 인종과 민족이 다른 아동들이 동등한 지위에서 집단 간 접촉하고, 공동 목표를 가지고 작업하고, 개인적으로 친분을 쌓는 것은 편견을 줄이는 데 효과적인 방법이다.

하지 않고 고정적이라고 보는 아동들은 다른 사람들을 '좋은' 또는 '나쁜'으로 많이 판단한다. 사람들의 동기와 상황을 무시하기 때문에 그들은 제한된 정보에 기초해 쉽게 편견을 형성한다. 예를 들어 '다른 친구들이 자신을 좋아하게 만들기 위해 거짓말을 하는 전학 온 아이'는 단순히 나쁜 사람이라고 생각한다(Levy & Dweck, 1999).

- **과도하게 높은 자존감.** 자존감이 아주 높은 아동들(과 성인들)은 인종적, 민족적 편견을 가지는 경향이 더 크다(Baumeister et al., 2003; Bigler et al., 2013). 이런 아동들은 극히 호의적인 자기평가를 정당화하기 위해 열등한 개인이나 집단을 무시하는 것 같다. 자기 민족이 자신을 특별히 좋게 느끼도록 해주고, 그래서 아마 사회적으로 우세한 것처럼 느끼게 해준다고 말한 아동일수록 내집단 편향과 외집단 편견을 더 표현한다(Pfeifer et al., 2007).
- **사람들이 집단으로 분류되는 사회적 세상.** 성인들이 아동들에게 집단 사이의 차이를 더 많이 강조하고, 아동들이 인종 간 접촉 경험을 적게 할수록 백인 아동들은 내집단 선호와 외집단 편견을 더 많이 가질 가능성이 크다(Aboud & Brown, 2013).

편견 감소시키기 연구에 따르면 편견을 감소시키는 효과적

인 방법은 서로 다른 인종과 민족 배경을 가진 아동들이 동등한 위치에서 공통의 목표를 위해 함께 공부하고, 개인적으로 친해지는 집단 간 접촉을 하는 것이며, 부모와 교사가 아동들이 이러한 접촉을 할 것이라고 기대하는 것이다(Tropp & Page-Gould, 2015). 다양한 배경의 친구들과 함께 협동적 학습 그룹활동을 한 아동들은 행동과 호감도 측면에서 더 낮은 수준의 편견을 보인다. 한 예로 이들은 다른 인종과 친구관계를 더 만들고(Pettigrew & Tropp, 2006), 친밀한 다른 인종의 친구들과 생각과 느낌을 나누고, 결과적으로 미묘하며 비의도적인 편견 역시 감소된다(Turner, Hewstone, & Voci, 2007). 그러나 이러한 긍정적 효과는 이 학습집단에 속하지 않은 다른 외집단 구성원에게까지 일반화되지는 않는 것으로 보인다.

이웃, 학교, 지역사회에서 장기간 접촉하고 협력하는 것이 아마도 편견을 감소시키는 가장 좋은 방법일 것이다(Rutland, Killen, & Abrams, 2010). 광범위한 민족적 다양성에 아동을 노출시키고, 아동들에게 차이와 그것의 가치를 이해시키고, 편견의 위험성을 강조하고, 정의와 공정함의 도덕적 가치를 강조하고, 조망 수용과 공감을 하도록 격려하는 것은 아동들이 부정적으로 편향되는 것을 막고, 이미 갖고 있는 편향을 약화시키는 데 모두 도움이 된다(Beelmann & Heinemann, 2014). 불행히도 제9장에서 보았듯이 아동들을 다양성의 환경에 노출시키는 것이 부정적 인종 및 민족 편향에 대한 대항에 필수적임에도 불구하고, 미국의 대다수 학교가 분리해 아이들에게 이러한 다양성을 경험하지 못하도록 한다. 마그넷 학교(magnet school)가 인종 분리를 감소시키기 위해 했던 노력에 대한 내용을 다시 한 번 살펴보라.

마지막으로 아동들과 타인의 특성에 영향을 끼칠 수 있는 다양한 요인에 대해 함께 토의하면서 타인의 특성이 변화가능하다고 생각하도록 유도하는 것 역시 도움이 된다. 점점 더 많은 아동들이 성격은 변할 수 있는 것이라고 믿고 불리한 위치에 있는 외집단 구성원들에 대해 자신들과 비슷한 수준의 호감과 인식을 보이고 있다. 더욱이 인간의 특성은 변할 수 있다고 믿는 아동일수록 도움이 필요한 사람을 위한 봉사를 하는 데 시간을 더 많이 투자한다(Karafantis & Levy, 2004). 결국 봉사는 아동들의 소외 계층에 대한 인식을 강화하고, 불이익을 야기하는 사회적 상황에 대한 이해를 돕는 등 다른 사람의 시각을 변화시킬 수 있도록 촉진할 수 있다.

묻고 대답하기

연관지어보기 나이 많은 아동들이 더 많은 정보를 고려하는 능력이 어떻게 정서적, 도덕적 이해를 증진시키는지를 보여주는 예를 들라.

적용해보기 10세인 말라는 같은 반 버나데트가 게을러서 절대 좋은 성적을 받지 못할 것이라고 이야기했다. 제인은 버나데트가 노력은 하는데 부모가 이혼해서 공부에 집중할 수가 없다고 생각했다. 왜 말라가 제인보다 더 편견을 가지게 되었는가?

생각해보기 여러분은 통합된 초등학교에 다녔는가? 왜 학교 통합이 인종과 민족 편견을 줄이는 데 중요한가?

또래관계

10.5 아동 중기에 또래 사회성과 친구관계는 어떻게 변하는가?
10.6 또래 수용의 주요 범주와 거부아동을 돕기 위한 방법을 기술하라.

아동 중기가 되면 또래들이 아동의 발달에 점점 더 중요해진다. 이미 보았듯이 또래들 사이의 접촉은 조망 수용 및 자신과 타인에 대한 이해에 기여한다. 이러한 발달은 역으로 또래들의 상호작용을 촉진한다. 학령전기 아동들과 비교할 때 학령기 아동들은 설득과 협상을 사용해 갈등을 점점 더 효과적으로 해결하게 된다(Mayeiux & Cillessen, 2003). 나누기, 돕기 및 다른 친사회적 행동도 또한 증가한다. 이러한 변화와 더불어 공격성이 감소하긴 하지만, 신체적 공격성이 가장 많이 떨어진다(Côté et al., 2007). 앞으로 보겠지만 아동들이 또래집단을 형성하면서 다른 유형의 적대적 공격성은 계속된다.

또래집단

학령기 중기 말이 되면 아동들은 집단에 속하려는 욕구를 강하게 보인다. 그들은 **또래집단**(peer group)을 형성하는데 이 집단에서 행동에 대한 나름대로의 가치와 기준을 만들고 지도자와 추종자 사이의 사회적 구조가 생긴다. 또래집단은 근접성, 성, 인종 및 인기도의 유사성에 따라 조직화된다(Rubin et al., 2013).

이러한 비공식적 집단들이 '또래문화'를 만드는데 이 문화는 자기들의 독특한 어휘, 옷 입는 방식 및 '나가 노는' 장소들로 구성된다. 아동들이 이런 배타적 연결을 만들어 가면서 특정 집단에서 나온 옷 입는 방식이나 행동하는 방식이 더 폭넓게 영향을 미치게 된다. 학교에서는 이탈된 아동들은 자주 거부당한다. 교사에게 잘 보이려고 애쓰거나, 이상한 종류의 셔츠나 옷을 입거나, 또는 학급에서 고자질하면 심한 비판의

대상이 된다. 이러한 관습은 또래들을 하나로 묶어서 집단정체감을 형성한다. 이 집단 안에서 아동들은 협동, 리더십, 지도자를 따르는 것 및 집단목표에 충성하는 것과 같은 여러 가지 사회적 기술을 학습한다.

대부분의 학령기 아동들은 집단에서 또래를 따돌리는 것이 나쁘다고 생각한다(Killen, Crystal, & Watanabe, 2002). 그럼에도 불구하고 아동들은 관계적으로 공격적인 방법을 사용해 그렇게 하는 경우가 많다. 또래집단은—기술적으로 공격적인 지도자의 사주를 받아서—더 이상 '존경받지' 못하는 또래를 쫓아낸다. 이런 추방의 상처는 아주 커서 많은 아동들은 다른 집단과 새로운 관계를 만들지 못한다. 그 아동들이 이전에 자기 집단에 속하지 않는 다른 사람들에게 했던 행동 때문에 다른 집단에도 속하지 못한다. 이렇게 쫓겨난 아동은 집단에 속하기 위해 또래지위가 낮은 아이들을 찾게 되는데(Bagwell et al., 2001), 사회적 기술이 떨어지는 아동들과 같이 지냄으로써 사회적으로 유능한 기술을 학습할 기회가 줄어들게 된다.

집단 구성원이 되고자 하는 학령기 아동들의 욕구는 스카우트, 4-H, 종교집단의 청년 모임과 같이 공식적 집단에 속함으로써 해결될 수 있다. 성인들이 관여함으로써 아동들이 만든 비공식적 집단의 부정적 행동을 관리할 수 있다. 같이 과제를 수행하고 지역사회를 돕는 일에 참여하면서 아동들은 사회적으로 또 도덕적으로 성숙하게 된다(Vandell & Shumow, 1999).

또래집단은 아동기 중기에 처음으로 형성된다. 이 소년들은 축구를 하기 위해 함께 모이면서 아마도 리더와 팔로워의 또래집단 구조를 형성했을 것이다. 이들의 편안한 몸짓과 비슷한 옷차림은 이들이 강한 집단 소속감을 가지고 있다는 것을 보여준다.

친구관계

또래집단은 아동들에게 더 큰 사회조직에 대한 통찰을 가지게 하는 반면 일대일 친구관계는 신뢰감과 민감성 발달에 기여한다. 학령기 동안 친구관계는 더 복잡해지고 더 심리적이 된다. 다음에 나오는 8세 아동의 생각을 살펴보자.

왜 샐리가 가장 친한 친구지? 내가 슬플 때 나를 도와주고, 무엇이든 나누기 때문에요… 왜 샐리가 그렇게 특별하지? 샐리하고 더 오랫동안 친구였고, 옆에 앉고, 더 잘 알아요… 왜 샐리를 다른 사람들보다 더 좋아하지? 그 애는 나를 위해 모든 것을 하고, 항상 내 말에 동의하고, 내가 울어도 가지 않고, 숙제도 도와줘요… 어떻게 다른 사람이 너를 좋아하게 만들지? …친구에게 잘하면 친구도 잘해요 (Damon, 1988, pp. 80–81).

이런 반응이 보여주는 것처럼 친구관계는 상호 동의한 관계가 되어서 아동들은 서로의 성격 특성을 좋아하고, 서로의 필요와 욕구에 반응한다. 일단 친구관계가 형성되면 믿음이 친구관계를 정의하는 중요한 특성이 된다. 학령기 아동들은 좋은 친구관계에서 친절하게 행동하는 것이 중요하고 친절한 행동은 서로가 서로에게 의지할 수 있음을 나타낸다고 말했다(Hartup & Abecassis, 2004). 따라서 나이가 많은 아동들은 다른 사람이 필요할 때 돕지 않는 것, 약속을 어기는 것, 다른 사람에 대해 뒷이야기를 하는 것과 같이 신뢰를 깨는 것을 심각한 친구관계의 파기로 본다.

이러한 특징 때문에 학령기 아동들의 친구관계는 선택적이다. 학령전기 아동들은 친구가 많다고 답하지만 8세나 9세가 되면 아동들은 단지 소수의 친구만 말한다. 남아들보다 가까운 것을 더 요구하는 여아들의 친구관계는 더 배타적이다. 게다가 아동들은 자신과 연령, 성, 인종, 민족과 사회계층이 비슷한 친구들을 선택하는 경향이 있다. 친구들은 또한 성격(사회성, 부주의함/과잉행동, 공격성, 우울), 또래 인기도, 학업성적 및 친사회적 행동에서 서로 비슷하다(Rubin et al., 2013). 아동들은 친구관계에 더 의존할 수 있도록 하기 위해 자신과 비슷한 친구를 선택하는 것 같다. 그러나 아동의 환경에서 제공하는 친구관계에 대한 기회 또한 선택에 영향을 미친다. 부모가 다른 인종 친구를 가지고 있는 아동이 다른 인종 친구를 더 많이 사귄다(Pahlke, Bigler, & Suizzo, 2012). 다인종 협동적 학습그룹이 있는 통합학교와 학급에

학령기 아동들은 성격과 학업 성취가 자신과 비슷한 친구를 선택하는 경향이 있다. 그리고 우정은 꽤 안정적으로 지속된다. 이 소년들은 적어도 학교에 다닐 동안 친구로 남아 있을 가능성이 크다.

서는 인종이 서로 다른 아동들 사이의 친구관계가 많이 생긴다.

살펴보기

8~11세 아동들에게 가장 친한 친구에게서 무엇을 찾고 있는지 말해달라고 해보라. 신뢰가 핵심적으로 중요한가? 학령기 아동들이 자기 자신을 기술할 때처럼 성격 특성을 언급했는가?

아동 중기 동안 친구관계는 상당히 안정되어 보통 몇 년 동안 지속된다. 이를 통해 아동들은 정서적 헌신의 중요성을 배운다. 약 50~70%의 친구가 학년 동안 지속되며, 몇몇은 몇 년간 지속되기도 한다. 타협, 생각과 느낌 나누기, 친사회적 행동과 같은 우정(friendship)을 통해 얻는 것들이 이러한 안정성에 기여한다(Berndt, 2004; Furman & Rose, 2015). 그러나 환경 역시 주요하다. 학교, 종교단체, 부모끼리 친구인지와 같은 상황적 요인이 우정의 지속에 영향을 끼친다(Troutman & Fletcher, 2010).

우정을 통해 아동들은 정서적 헌신을 배운다. 그들은 가까운 친구들이 정말 서로 좋아하면 의견이 달라도 친구관계가 지속됨을 이해한다. 이렇게 아동들은 친구관계를 통해 비판을 견뎌내고 분쟁을 해결하는 방법을 배우게 된다. 그러나 아동 발달에 미치는 친구관계의 영향은 친구의 성질에 따라 달라진다. 친절하고 연민의 마음을 가진 아동들은 서로의 친사회적 경향을 강화한다.

그러나 공격적 아동이 친구를 사귀면 그 관계는 종종 적대적인 상호작용으로 가득 차며, 친구관계가 깨질 위험 역시 있다. 특히 한 구성원만 공격적일 때 이러한 위험은 더 커진다. 이러한 가까운 관계에서 아동들의 공격적 경향성은 더 나빠진다(Ellis & Zarbatany, 2007; Salmivalli, 2010). 공격적 여아들은 친구관계에서 사적 감정을 많이 교환하지만 질투, 갈등과 배신도 또한 많이 등장한다. 공격적 남아들의 친구관계에서는 분노, 강압적인 말, 신체적 공격이 자주 나타나고 규칙을 어기는 행동을 하자는 유혹도 많다(Rubin et al., 2013; Werner & Crick, 2004). 이후에 보겠지만, 공격적 아동은 종종 더 넓은 친구세계에서 부정적 평판을 받게 된다.

또래 수용

또래 수용(peer acceptance)은 좋아하는 정도, 즉 한 아동이 또래집단으로부터 학급동료로, 중요한 사회적 파트너로 받아들여지는 정도를 말한다. 또래관계와 달리 좋아하는 정도는 상호관계가 아니라 일방적 관점이며 개인에 대한 집단의 의견을 포함한다. 그럼에도 불구하고 친구관계에 도움을 주는 사회적 기술은 또한 또래 수용을 증진시킨다. 더 잘 받아들여지는 아동일수록 친구가 더 많고 그들과 더 긍정적 관계를 가지는 경향이 있다(Mayeux, Houser, & Dyches, 2011).

연구자들은 사회적 선호를 측정하는 자기보고를 사용해 또래 수용을 평가하는데, 예를 들어 아동들에게 '아주 좋아하는' 또는 '아주 싫어하는' 친구를 말하게 한다(Cillessen, 2009). 이런 자기보고에 의해 또래 수용의 다섯 가지 범주가 만들어진다.

- **인기아동**(popular children) : 긍정적 표를 많이 받는 아동
- **거부아동**(rejected children) : 적극적으로 싫어하는 아동
- **논쟁적 아동**(controversial children) : 긍정적 표와 부정적 표를 많이 받는 아동
- **무시된 아동**(neglected children) : 긍정적으로도 부정적으로도 별로 선택되지 않는 아동
- **평균적 아동**(average children) : 긍정적 표와 부정적 표를 평균적인 수준으로 받은 아동으로 전형적인 초등학교 한 학급에서 약 1/3이 여기에 속한다.

지각된 인기를 측정하는 또 다른 방법은 학급에서 누가 가장 많이 칭찬(admire)을 받는지를 아동들에게 평가하도록 하는 것이다. 아동들이 인기 있다고 생각하는 친구와 또래 선호(peer perferences)에 근거해 인기 있다고 생각하는 친구 사이에는 약간의 관련성만 있다(Mayeux, Houser, & Dyches, 2011).

또래 수용은 심리적 적응에 대한 강력한 예측요인이다. 특히 거부아동들은 불행하고, 소외되고, 자존감이 낮으면서 성취가 떨어진다. 교사와 부모들 모두 여러 가지 정서적 및 사회적 문제를 가지고 있다고 평가한다. 아동 중기의 또래거부는 낮은 학업 성취, 무단결석, 자퇴, 약물남용, 반사회적 행동, 청소년기 비행, 성인 초기의 범죄와 강한 상관을 보인다(Ladd, 2005; Rubin et al., 2013).

그러나 초기 영향—부모 양육방식과 결합된 아동 특성—이 또래 수용과 적응 사이의 연결을 상당 부분 설명한다. 또래관계에서 문제가 있는 학령기 아동들은 낮은 소득, 둔감한 양육, 강압적 훈육으로 인해 가정에서 스트레스를 경험할 가능성이 높다(Blair et al., 2014; Trentacosta & Shaw, 2009). 그럼에도 불구하고 앞으로 보겠지만 거부아동들은 또래들로부터 발달에 부정적 영향을 미칠 반응을 유발한다.

또래 수용의 결정요인 왜 또래들이 어떤 아동은 좋아하는데 어떤 아동은 싫어할까? 많은 연구들이 사회적 행동이 중요한 역할을 한다고 밝히고 있다.

인기아동 많은 인기 있는 아동들은 친절하고 생각이 깊다. 이런 **친사회적 인기아동**(popular-prosocial children)은 보통 학문적 능력과 사회적 능력을 겸비하고 있어서 학교에서도 잘하고 또래들과도 민감하고, 다정하고, 협동적인 방식으로 의사소통한다(Cillessen & Bellmore, 2004; Mayeux, Houser, & Dyches, 2011).

그러나 다른 유형의 인기아동들은 사회적으로 능숙하지만 호전적인 태도로 동경을 받는다. 이러한 작은 하위 유형인 **반사회적 인기아동**(popular-antisocial children) 집단에는 '난폭한' 남아들—몸이 날렵하지만 문제를 일으키고 성인의 권위에 도전하는 가난한 학생들—과 다른 아동을 무시하거나, 내쫓거나, 소문을 퍼뜨려서 자신의 지위를 올리는 관계적 공격성을 보이는 남아와 여아들이 포함된다(Rose, Swenson, & Waller, 2004; Vaillancourt & Hymel, 2006). 공격성에도 불구하고 그들은 발달된 운동 능력과 정도를 벗어났지만 세련된 사회적 기술 때문에 또래들이 '멋지다'고 생각한다. 또래들의

존경이 그들의 적응 문제가 오래 지속되는 것을 막아주는 보호막의 역할을 하지만 그들의 반사회적 행동은 중재가 필요하다(Rodkin et al., 2006). 연령이 증가하면서 또래들은 이러한 사회적 지위가 높은 공격적 친구들을 점점 싫어하게 되고 마지막에는 거부한다.

거부아동 거부아동들은 다양한 범위의 부정적인 사회적 행동을 보인다. 가장 큰 하위 유형인 **공격적 거부아동**(rejected aggressive children)은 갈등, 신체적이고 관계적 공격, 과잉행동, 부주의 및 충동적 행동을 아주 많이 보인다. 그들은 또래들의 행동을 적대적으로 해석해 그들이 겪는 사회적 문제를 다른 사람 탓으로 돌린다(Dodge, Coie, & Lynam, 2006; Rubin et al., 2013). 그들은 공격적 인기아동들보다 더 극단적으로 호전적이고 조망 수용과 정서 조절 또한 부족하다.

대조적으로, **위축된 거부아동**(rejected withdrawn children)은 수동적이고 사회적으로 서툴다. 이런 소심한 아동들은 사회적 불안에 쉽게 압도당하고 다른 친구들이 자신에게 어떻게 할지에 대해 부정적 기대를 하고, 조롱당하거나 공격당할 것을 걱정한다(Rubin et al., 2013; Troop-Gordon & Asher, 2005).

이미 유치원 시기부터 아동들은 거부아동들을 제외시킨다. 곧 거부아동들은 학급활동에 덜 참여하고 그들의 외로움은 더해 가고, 학업 성취도 떨어지고, 학교를 피하게 된다(Buhs, Ladd, & Herald-Brown, 2010; Gooren et al., 2011). 거부아동들은 일반적으로 거의 친구가 없고 어떤 아동들은 전혀 없는데 이는 심각한 적응 문제를 예측한다(Ladd et al., 2011; Pedersen et al., 2007).

두 가지 유형의 거부아동들은 또래들에게서 괴롭힘을 당할 가능성이 크다. 그러나 뒤에 나올 '생물학적 영향과 환경적 영향' 글상자에 나타난 것처럼, 위축된 거부아동들이 특히 목표물이 되기 쉽다.

살펴보기

> 가까운 초등학교에 가서 따돌림을 예방하기 위해 어떠한 실천이 이루어지고 있는지 조사해보라. 서면화된 따돌림 반대 정책을 문의하고, 한 부 복사해오라.

논쟁적 아동과 무시된 아동 논쟁적 아동들은 사회적으로 긍정적 행동과 부정적인 행동을 모두 보이므로 또래들의 평가가 일관성이 없다. 그들은 적대적이고 파괴적인 동시에 긍정적이고 친사회적 행동도 한다. 비록 일부 또래들은 이들을 싫어하지만 사회적으로 축출되지 않게 하는 특성을 가지고 있다. 그들은 친구들이 많고, 또래관계에서 행복감을 느낀다(de Bruyn & Cillessen, 2006). 그러나 반사회적 인기아동들과 같이 그들은 때로는 다른 아이들을 따돌리고, 자신의 지배력을 지켜 가기 위해 계산된 관계적 공격성을 구사하기도 한다(Putallaz et al., 2007).

가장 놀라운 발견은 한때는 치료가 필요하다고 생각되었던 무시된 아동들이 적응을 잘한다는 것이다. 상호작용이 적고 학급또래들이 수줍음을 잘 탄다고 평가하지만 평균 아동들 정도로 사회적 기술을 가지고 있다. 그들은 특별하게 외롭거나 불행하다고 보고하지 않고, 그들이 원할 때에는 언제든지 혼자 놀지 않을 수 있다(Ladd & Burgess, 1999; Ladd et al., 2011). 무시된 아동들은 외향적이고, 사람을 좋아하는 성격이 행복해지는 유일한 길이 아니라는 사실을 일깨워준다.

거부아동 도와주기 거부아동들의 또래관계와 심리적 적응을 증진하기 위한 다양한 중재가 있다. 대부분의 중재에서는 또래들에게 상호작용을 어떻게 시작하고, 게임에서 어떻게 협동하고, 다른 아이에게 친절하게 정서적으로 반응하고 수용하는 것과 같은 긍정적 사회적 기술을 가르치고, 모델링하고, 또 강화한다. 이런 프로그램 가운데 여러 프로그램에 참여하면 실제 사회적 능력과 또래 수용이 지속적으로 증진된다(Asher & Rose, 1997; DeRosier, 2007). 다른 처치와 더불어 사회적 기술에 대한 훈련을 동시에 받으면 효과가 더 증가한다. 거부아동들은 학업에 대한 자존감이 낮아서 교사나 또래들에 대한 부정적 반응이 커진 불쌍한 아동들이다. 학업에 대해 집중적으로 개인지도를 하면 학교성취와 사회적 수용도 모두가 증가한다(O'Neil et al., 1997).

또 다른 접근법은 조망 수용과 사회적 문제 해결을 강조하는 것이다. 많은 공격적 거부아동들은 자신들의 사회적 기술이 부적절하다는 사실을 모르기 때문에 사회적 실패에 대한 책임을 지지 않는다(Mrug, Hoza, & Gerdes, 2001). 대조적으로, 위축된 거부아동들은 또래 문제에 대해 학습된 무기력을 발전시킬 가능성이 높고 반복적으로 퇴짜를 받으면 결코 아무도 자신을 좋아하지 않을 것이라는 결론에 이른다(Wichmann, Coplan, & Daniels, 2004). 두 유형의 아동들 모두 또래 문제를 내적이고 변화 가능한 요인들로 귀인하도록

생물학적 영향과 환경적 영향

집단 따돌림의 피해자와 가해자

공격적인 아동들의 학교생활을 하루 종일 따라가 보면 그들이 어떤 아동들에게 적대감을 가지고 있음을 보게 된다. 특히 파괴적인 상호작용은 **또래집단 따돌림**(peer victimization)인데 언어적·신체적으로 공격을 당하고 다른 형태의 학대를 계속적으로 받는 피해 아동들이 정해져 있다. 또래들 사이에서 이런 공격-반격이 순환적으로 일어나게 하는 것은 무엇일까? 연구에 의하면 약 20% 정도의 아동들은 집단 따돌림의 가해자이고, 약 25%의 아동들은 항상 피해자이다. 대부분의 집단 따돌림 가해자들은 신체적·언어적으로 공격적인 행동을 구사하는 남아들이지만 여아들도 때로는 약한 학급 또래들에게 언어적·관계적인 적대감을 퍼붓는다(Cook et al., 2010).

청소년이 되면 많은 수의 따돌림 가해자들은 전자수단을 이용해 공격한다. 약 20~40%의 젊은이들이 문자 메시지, 이메일, 소셜미디어 사이트, 혹은 다른 전자 도구를 통한 '사이버 따돌림'을 경험했다(Kowalski & Limber, 2013). 면대면 따돌림과 비교해서 사이버 따돌림에서의 성차는 덜 확연하다. 온라인 공격의 간접성이 아마도 소녀들이 그것을 더 선호하도록 이끄는 것 같다(Menesini & Spiel, 2012). 소녀들은 말로 사이버 따돌림을 하는 데 반해 소년들은 전형적으로 당혹스러운 사진이나 동영상을 퍼트린다.

'전통적인' 따돌림의 가해자와 피해자는 종종 사이버 따돌림에 관여한다. 그러나 사이버 따돌림이 항상 전통적 따돌림의 연장은 아니다 (Smith et al., 2008). 피해자들은 사이버 따돌림을 당했다는 사실을 부모나 학교의 어른들에게 보고할 가능성이 더 적다. 많은 경우, 사이버 따돌림의 정체는 피해자나 제3자에게 알려지지 않는다.

일부 아이들은 지도력이나 운동 능력이 있어서 다른 아이들이 좋아하지만 대부분은 잔인하기 때문에 다른 아이들이 싫어하거나 결국 싫어하게 된다. 이러한 높은 지위의 가해자들은 종종 이미 또래로부터 거절당해 학우들이 방어해줄 가능성이 없는 아동을 대상으로 삼는다(Veenstra et al., 2010). 또래들은 집단 따돌림 피해자들을 별로 도와주지 않고 약 20~30%에 해당하는 방관자들은 같이 동참해 집단 따돌림의 가해자들을 돕는다(Salmivalli & Voeten, 2004).

따돌림은 교사가 불공정하고, 냉담하다고 여겨지고, 많은 학생들이 따돌림 행동을 '괜찮다'고 판단하는 학교에서 더 자주 발생한다

(Guerra, Williams, & Sadek, 2011). 정말로 따돌림 가해자들과 따돌림을 돕는 또래들은 전형적으로 과하게 높은 자존감, 자신의 행동에 대한 자부심, 피해자들의 아픔에 대한 무관심과 같은 사회정보 과정에서의 결함을 보인다(Hymel et al., 2010).

만성적인 피해자는 적극적 행동이 요구될 때에도 수동적이다. 생물학적 특성(억제된 기질과 유약한 신체적 외양)이 집단 따돌림을 당하는 데 기여한다. 피해자는 또한 저항애착, 과도하게 통제적인 양육방법 및 어머니의 과보호를 받은 경우가 많다. 부모의 이러한 행동은 아동의 불안, 낮은 자존감 및 의존성을 키워 이런 아동들이 겁에 질린 행동을 하게 하므로 상처 받기 쉬워 보이게 만든다 (Snyder et al., 2003).

집단 따돌림은 고독, 낮은 또래 수용, 낮은 학업 성적, 분열성 행동, 학교 회피와 같은 결과를 초래한다(Kochel, Ladd, & Rudolph, 2012; Paul & Cillessen, 2003). 지속적인 아동 학대와 마찬가지로 집단 따돌림은 손상된 코르티솔 생성과 연결되는데, 이것은 스트레스에 대한 생리학적 반응을 방해한다 (Vaillancourt, Hymel, & McDougall, 2013).

전통적인 따돌림과 사이버 따돌림이 누적되면서 피해자들은 일상적 기능에서의 상당한 문제를 보고한다. 전통적인 따돌림과 사이버 따돌림 모두 불안, 우울, 자살 생각의 증가와 관련된다(Menesini, Calussi, & Nocentini, 2012; van den Eijinden et al., 2014). 반복되는 사이버 공격은 직접적으로 피해자의 명성에 광범위한 손상을 야기한다. 예를 들어 휴대전화나 소셜 네트워킹 사이트에 악의적 동영상을 유포하는 것은 이러한 효과를 증폭시킨다.

공격성과 집단 따돌림은 양극단이 아니다. 피해자의 1/3~1/2는 공격적이고, 싸움을 걸거나 관계적 공격성으로 보복한다. 때로는 힘이 있는 집단 따돌림의 가해자에게 반격을 가하는데 그러면 집단 따돌림의 가해자들은 다시 그들을 괴롭힌다. 이런 악순환으로 그들은 계속 피해자가 된다. 거부아동들 가운데 이러한 따돌림 피해자들은 가장 심하게 멸시를 받기 때

집단 따돌림 가해자들과 그들을 도와주는 친구들은 전형적으로 과도하게 높은 자존감, 자신들의 행동에 대한 자부심, 그리고 희생자들에게 가해지는 피해에 대한 무관심을 보인다. 그리고 신체적으로 약하고, 수동적이고, 억제되어 있는 장기적 희생자들은 종종 쉬운 표적이 된다.

문에 적응하지 못할 가능성이 아주 높아진다. 그들은 부모로부터 아동학대를 포함한 극단적인 양육을 받은 경우가 많다. 이렇게 아주 부정적인 가정과 또래 경험이 같이 발생함으로써 그들은 심각한 부적응의 위험에 처하게 된다 (Kowalski, Limber, & Agatsston, 2008).

피해 아동들이 자신에 대한 부정적 생각을 바꾸고, 그들을 공격하는 아동들이 강화를 받지 못하도록 반응하는 방법을 가르치는 중재가 도움이 된다. 집단 따돌림 피해자들을 돕는 또 다른 방법은 만족스러운 친구관계를 만들고 유지하도록 돕는 것이다(Fox & Boulton, 2006). 아동들이 도움을 청할 수 있는 친한 친구가 있으면 집단 따돌림을 하려는 시도는 금방 끝이 난다.

집단 따돌림 피해자들의 행동을 변화시키는 것이 도움이 되지만, 집단 따돌림을 감소시키는 가장 좋은 방법은 젊은이의 환경(학교, 스포츠 프로그램, 레크리에이션 센터 및 이웃)에서 친사회적 태도와 행동을 증진시키는 것이다. 효과적인 접근법에는 전통적인 집단 따돌림과 사이버 따돌림을 모두 반대하는 학교와 지역사회 공동체 헌장을 만들고, 방관하는 아동들이 개입하게 만들고, 아동의 휴대전화, 컴퓨터, 인터넷 사용에 대한 부모의 감독을 강화하고, 복도, 식당, 운동장과 같이 교내 집단 따돌림이 자주 일어나는 장소에서의 성인의 감독을 강화하는 것이다(Kärnä et al., 2011; Kiriakidis & Kavoura, 2010).

미국의 보건사회부는 따돌림 반대 웹사이트 www.stopbullying.gov를 관리하고 있다. 이 사이트에서는 집단 따돌림의 위해성을 알리고, 예방을 위한 정보를 제공한다.

도와주는 것이 필요하다.

거부아동의 사회적 기술 증가와 함께 교사는 아동들이 그들의 부정적 관점을 바꾸도록 격려해주어야 한다. 수용되는 아동들은 그들의 긍정적인 행동은 간과하고 부정적인 행동만 선택적으로 기억한다(Mikami, Lerner, & Lun, 2010). 결국 반대의 증거가 있더라도 거부아동의 부정적 평판은 지속된다. 교사의 칭찬과 호감의 표현은 친구들의 판단을 변화시킬 수 있다(De Laet et al., 2014).

마지막으로, 거부아동들이 사회적으로 무능한 것은 아동의 기질과 부모 양육방식 사이의 부조화 때문에 생기는 경우가 많기 때문에 아동에만 초점을 맞춘 중재로는 충분하지 않을 수 있다. 부모-아동 상호작용이 변하지 않으면 아동들은 곧 원래의 행동방식으로 돌아갈 수 있다.

성 유형화

10.7 아동 중기 동안 성 고정관념적 믿음과 성 정체성에서 어떤 변화가 일어나는가?

아동들의 성역할에 대한 이해는 아동 중기에 확장되고 그들의 성역할 정체감(자신을 남성적 또는 여성적으로 보는 입장)도 변한다. 여아와 남아에게서 발달이 다르게 일어나고 문화에 따라서도 상당한 차이가 있다. 성 고정관념이 어떻게 아동들의 태도, 행동, 또래관계, 자기인식에 영향을 미치는지 살펴볼 것이다.

성 고정관념 믿음

학령전기에 획득된 아동들의 성 고정관념 믿음은 학령기가 되면서 확장된다. 여러 나라에서 이루어진 연구들에 의하면 성격 특성의 유형화가 점차 증가해 11세경이 되면 성인들과 유사해진다(Best, 2001; Heyman & Legare, 2004). 예를 들어 아동들이 '거칠고', '공격적이고', '합리적이고', '지배적'인 것은 남성적 특성이고 '부드럽고', '동정심이 많고', '의존적'인 것은 여성적 특성이라고 본다.

아동들은 성인들이 어떻게 하는지뿐 아니라 행동에서의 성차를 관찰함으로써 이러한 구분을 하게 된다. 예를 들어 성인들은 남아들에게 독립성을 더 강하게 요구한다. 아동의 과제를 도울 때 부모들(특히 아버지)은 남아들에게는 더 숙달 지향적 방식으로 행동해 목표를 더 높이 잡고, 개념을 설명하고, 과제의 중요한 점을 지적한다. 특히 과학과 같이

성 유형화된 과제를 수행할 때 그렇다(Tenenbaum & Leaper, 2003; Tenenbaum et al., 2005).

게다가 초등학교 교사들은 '여성적' 행동을 보이는 여학생을 성실하고 말 잘 듣는 학생이라고 생각하고, '남성적' 행동을 하는 남학생을 게으르고 문제를 일으키는 학생이라고 생각하는 고정관념을 가진다(Heyder & Kessels, 2015). 이러한 인식은 남학생들이 여학생에 비해 공부에 참여하지 않고 낮은 성적을 받도록 하는 데 기여한다. 동시에 교사들은 같은 수준의 수학적 성취를 보인 남학생과 여학생을 보고, 여학생이 더 열심히 공부한 것으로 보는 경향이 있다(Robinson-Cimpian et al., 2014). 성취 관련 귀인과 관련해 논의한 바대로 이렇게 여학생의 능력을 낮춰보는 것은 그들의 수행에 부정적 영향을 끼친다.

또한 성인의 고정관념과 마찬가지로 학령기 아동들도 어떤 학문 영역과 기술 영역이 '남성적' 또는 '여성적'인지를 재빠르게 파악한다. 국어, 미술과 음악은 여아들의 과목으로, 수학, 체육과 기계적 기술은 남아들의 과목으로 생각한다(Cvencek, Meltzoff, & Greenwald, 2011; Eccles, Jacobs, & Harold, 1990). 이러한 태도는 특정 과목에 대한 아동들의 선호와 자신감에 영향을 미친다.

고무적인 사실은 아동들의 성취에 대한 성 고정관념적인 믿음이 변화하고 있다는 것이다. 캐나다, 프랑스, 미국에서 수행된 몇 가지 조사에 의하면 초·중등학생 대부분이 수학은 '남성적'인 과목이라는 생각에 동의하지 않았다(Kurtz-Costes et al., 2014; Martinot, Bagès, & Désert, 2012; Plante, Théoret, & Favreau, 2009; Rowley et al., 2007). 그러나 상당히 많은 젊은 학생들이 여전히 언어와 예술을 '여성적' 과목이라고 생각했다. 그리고 그들은 여전히 여학생들은 수학보다 언어, 예술을 더 잘할 것으로 인식했다.

학령기 아동들은 많은 고정관념을 의식하고 있지만 그들은 또한 남자와 여자가 무엇을 할 수 있는지에 대해 더 개방적 입장을 견지한다. 인종적 고정관념과 마찬가지로 더 융통성 있게 분류하는 능력이 이러한 변화의 원인이 된다. 학령기 아동들은 한 개인의 성별이 그 사람의 성격, 활동, 행동을 예측하지 못한다는 것을 안다(Halim & Ruble, 2010; Trautner et al., 2005). 유사하게, 학령기의 후반이 되면 대부분의 아동들은 성 유형화는 생물학적 영향보다는 사회적 영향을 받는다고 생각한다(Taylor, Rhodes, & Gelman, 2009).

그러나 다른 성으로 넘어갈 수 있음을 인정한다고 해서 그

렇게 하는 것을 항상 승인하지는 않는다. 한 종단연구에 따르면 7~13세 아동들은 여아들이 남아들과 동일한 수준의 기회를 갖는 것에 대해 점점 개방적으로 변했다(Crouter et al., 2007). 그러나 이러한 변화는 여아에 비해 남아에게는 덜 두드러졌으며, 부모가 전통적인 성 태도를 가지고 있는 경우에도 그러했다. 게다가 많은 학령기 아동들이 남아가 인형을 가지고 놀고 여아의 옷을 입는 것, 여아가 시끄럽고 거칠게 노는 것과 같은 특정 위반에 대해서는 아주 엄격한 입장을 취한다(Blakemore, 2003). 이들은 특히 남성이 '성별의 선을 넘어선' 행동을 할 때 더 참지 못했다.

성 정체감과 행동

동년배에 비해 더 성 유형화된 아동들은 종종 아동 중기까지도 여전히 그러하다(Golombok et al., 2008). 그럼에도 불구하고 전반적으로 변화가 일어나며, 남아와 여아의 성 정체성은 서로 다른 경로를 따른다.

3학년에서 6학년까지 남아들은 '남성적' 성격 특성과 동일시를 강화하고 여아들은 '여성적' 성격 특성과 동일시를 강화한다. 여아들은 '여성적' 측면에 기대면서도 남아들보다 중성적이다. 즉 자신들이 일부 '다른 성'의 특성을 가지고 있는 것으로 묘사하기 시작한다(Serbin, Powlishta, & Gulko, 1993). 남아들은 보통 '남성적'인 추구에 집착하지만 여아들은 다양한 범위의 선택가능성을 시험한다. 음식 만들기, 바느질하기, 아이 돌보기 외에 그들은 조직화된 스포츠팀에 참가하고 과학 프로젝트에도 참가한다. 여아들은 남아들보다 더 자주 장래의 직업으로 소방관과 천문학자와 같이 다른 성에 정형화된 직업을 고려한다(Liben & Bigler, 2002).

이러한 변화는 인지적 능력과 사회적 능력이 같이 작용함으로써 가능해진다. 학령기 남아와 여아들은 사회가 '남성적' 특성을 더 대접한다는 사실을 안다. 예를 들어 그들은 '여성적' 직업보다 '남성적' 직업을 더 높이 평가한다(Liben, Bigler, & Krogh, 2001; Weisgram, Bigler, & Liben, 2010). 성인과 또래들의 메시지도 또한 영향을 미친다. 제8장에서 우리는 부모들(특히 아버지)은 딸보다 아들이 다른 성의 직업을 택하는 것에 대해 더 거부적이라는 사실을 보았다. 유사하게, 사내 같은 여아들은 여자 또래들의 인정을 받으면서 남아들의 활동을 할 수 있지만 여아들과 돌아다니는 남아는 놀림감이 되고 거부당하기 쉽다.

학령기 아동들이 자신을 일반적 특성으로 기술하게 되면

서 그들의 성 정체감은 다음과 같은 자기평가를 포함하도록 확장되며 또한 그들의 적응에 크게 영향을 미친다.

- 성 전형성 — 아동이 자신이 같은 성의 다른 사람들과 비슷하다고 느끼는 정도. 아동들이 자신을 성 전형적이라고 보기 위해서 아주 성 유형화될 필요는 없지만 그들의 심리적 행복은 성이 같은 또래들과 잘 어울리고 있다고 느끼는 정도에 따라 달라진다.
- 성 만족감 — 아동이 자기 성에 만족하게 느끼는 정도로 역시 행복을 증진시켜 준다.
- 성역할에 동조해야 한다고 느끼는 압박감 — 아동이 부모나 또래가 성과 관련된 자신의 특성을 인정하지 않는다고 느끼는 정도. 그런 압박감은 아동이 자신의 흥미와 재능과 관련된 선택을 하지 못하게 하므로, 성 유형화 압력을 느끼는 아동들은 아주 심하게 고통을 받는다.

3학년에서 7학년까지의 한 종단연구에서 성 전형적 아동과 성 만족감이 높은 아동들의 자존감이 증가했다. 대조적으로 성 전형적이지 않고 성에 만족감이 낮은 아동들은 자존감이 떨어졌다. 게다가 성역할에 동조해야 한다는 압박감을 많이 느낀다고 보고한 성 전형적이지 않은 아동들은 위축, 슬

이 8세 소녀는 교내 젊은 우주비행사 동아리(Young Astronaut Club)에서 만든 로켓을 발사하고 있다. 학령기 소년들은 종종 '남성적인' 취미를 고수하는 반면, 소녀들은 시험 삼아 더 다양한 선택들을 해본다.

묻고 대답하기

연관지어보기 아동 중기 자기개념, 소수인종과 소수민족에 대한 태도, 성 고정관념적 믿음의 발달에서의 유사성을 기술해보라.

적용해보기 부모–아동 관계와 교사–아동 관계에서의 어떠한 변화가 거부아동을 도와줄 가능성이 큰가?

생각해보기 학령기 아동일 때, 공격적 인기아동으로 분류할 수 있는 학급친구가 있었는가? 그들은 어땠는가? 왜 또래들이 그 아이를 부러워했는가?

품, 실망 및 불안과 같은 심각한 어려움을 경험했다(Corby, Hodges, & Perry, 2007; Yunger, Carver, & Perry, 2004). 명백하게, 성 전형적이지 않은 특성을 가지고 있다는 이유로 거절을 경험한 학령기 아동은 심각한 고통을 겪는다.

성역할에 동조해야 한다는 압박감을 느끼는 것은 성 전형적이지 않은 아동들의 부적응을 예측하기 때문에 점점 더 많은 수의 전문가들이 부모와 또래가 아동의 성 전형적이지 않은 흥미와 행동을 수용하도록 돕는 중재를 지지하고 있다(Bigler, 2007; Conway, 2007; Hill et al., 2010). 제8장에서 소개된 자신의 타고난 성에 대해서 불만을 가지고 다른 성에 강하게 동일시를 했던 성별 불쾌감(gender-dysphoric)을 느끼는 아동에 대해 그를 도울 수 있는 최고의 치료 방법에 대한 증거와 함께 다시 살펴보자.

가족의 영향

10.8 부모–아동의 커뮤니케이션과 형제관계는 아동 중기에 어떻게 변하는가?

10.9 아동이 이혼한 가족 또는 혼합가족에 적응하는 데 영향을 끼치는 요인은 무엇인가?

10.10 어머니의 취업과 맞벌이 가정은 학령기 아동에게 어떤 영향을 끼치는가?

아동이 학교, 또래 및 지역사회로 진입해 들어가면서 부모–아동 관계는 변한다. 그러나 아동들의 행복은 여전히 가족 상호작용의 질에 달려 있다. 이 절에서는 미국 가정에서 요즘에 일어나고 있는 변화(높은 이혼율, 재혼, 어머니 취업)가 아동 발달에 긍정적 영향뿐 아니라 부정적 영향을 미치는지 살펴볼 것이다. 그리고 동성애자 가정, 결혼한 적 없는 독신 부모 가정, 손자녀를 양육하는 조부모 가정과 같은 여러 가족 구조에 대해 살펴보겠다.

부모–자녀 관계

아동 중기에는 아동이 부모와 보내는 시간이 많이 줄어든다.

아동이 점점 더 독립적이 됨에 따라 부모들은 '얼마나 많은 일을 맡겨야 하는지, 용돈은 얼마나 주어야 하는지, 친구들이 좋은지, 학교에서 일어나는 문제에 대해 어떻게 해야 하는지'와 같은 새로운 문제들을 다루어야 한다. 레나는 "집에 있지 않을 때 또는 심지어 집에 있지만 아이들이 무엇을 하는지 볼 수 없을 때 어떻게 감독을 해야 하는지의 문제를 해결해야 한다"고 말했다.

이런 새로운 걱정에도 불구하고 일찍부터 권위 있는 양육 방식을 써 온 부모들에게는 양육이 더 쉬워진다. 학령기 아동들은 논리적으로 사고할 수 있고 부모들의 전문적 지식을 더 존중하기 때문에 설명이 더 효과적이다. 부모가 아동들과 터놓고 이야기하고 의사결정을 같이하면 아동은 말을 들어야 하는 상황에서는 부모의 이야기에 귀를 기울인다(Russell, Mize, & Bissaker, 2004).

아동이 매일의 활동과 책임을 관리할 수 있게 되면 유능한 부모는 자녀에게 맡기기 시작한다. 이는 전적으로 자녀들이 마음대로 하게 둔다는 의미는 아니다. 대신, 그들은 **공동통제**(coregulation)를 하는데 이는 부모들이 전반적으로 감독하고 순간순간의 의사결정은 아동들에게 맡기는 과도기적 형태의 감독이다. 공동통제는 주고받기와 상호 존중에 기초한 아동과 부모 사이의 협동적 관계에서 나온다. 부모는 거리를 두고 지도하고 감독해야 하고 자녀와 같이 있을 때에는 기대하는 바를 잘 전달해야 한다. 그리고 아동은 부모에게 자신이 어디에 있는지, 무엇을 하는지, 문제가 무엇인지를 알려서 필요할 때 부모가 도울 수 있게 해야 한다(Collins, Madsen, & Susman-Stillman, 2002). 공동통제는 아동이 중요한 의사결정을 많이 해야 하는 청소년기를 준비하는 동안 아동을 지원하고 보호한다.

더 어린 나이에는 어머니는 아버지보다 학령기 아동과 더 많은 시간을 보낸다. 그래서 어머니가 아동의 일상적 활동에 대해 더 많이 알지만 아버지도 때로는 깊이 관여한다(Pew Research Center, 2015e). 그러나 부모들은 자신과 성이 같은 자녀에게 시간을 더 많이 쓴다(Lam, McHale, & Crouter, 2012). 부모들은 자신과 같은 성의 자녀가 집 밖에 있을 때의 행동을 경계하며 관리 감독한다.

학령기 아동들은 더 독립적이고 싶어 하지만 그들은 부모들의 지속적 도움이 얼마나 필요한지를 잘 안다. 긍정적인 부모–자녀 관계는 아동의 정서적 자기조절을 향상시키고, 스트레스 사건의 부정적 영향을 감소시키는 것과 연관된다

(Brumariu, Kerns, & Seibert, 2012; Hazel et al., 2014). 학령기 아동은 사랑, 조언, 자존감의 강화 및 일상문제에 대한 도움을 받기 위해 어머니와 아버지를 찾는다.

형제

부모, 친구와 더불어 형제들도 학령기 아동들이 지지를 받을 수 있는 중요한 사람들이다. 그러나 아동기 중기에는 형제들 사이의 경쟁이 증가한다. 아동이 폭넓은 활동에 참여하면서 부모는 형제들을 많이 비교한다. 부모로부터 사랑, 인정과 물질적 지원을 덜 받는 아동은 분개하고, 더 안 좋은 적응을 보인다(Dunn, 2004b; McHale, Updegraff, & Whiteman, 2012).

형제가 성이 같고 나이가 비슷하면 부모들이 더 자주 비교해 싸움과 적대감이 증가하고 잘 적응하지 못한다. 이러한 결과는 부모들에게 경제적 문제와 결혼생활의 갈등이 있을 때, 독신부모일 때 특히 심하다(Jenkins, Rasbash, & O'Connor, 2003). 지친 부모들은 더 공정하지 못하게 된다. 아버지가 편애할 때 아동들은 특히 강하게 반응한다. 아마도 아버지가 어머니보다 아이들과 보내는 시간이 적기 때문에 그러한 편애가 더 눈에 띄어서 아이들을 더 화나게 하는 것 같다(Kolak & Volling, 2011).

이런 경쟁을 줄이기 위해서 형제들은 서로 달라지려고 애를 쓴다(McHale, Updegraff, & Whiteman, 2012). 예를 들어 내가 알고 있는 두 형제는 일부러 서로 다른 운동을 하고 서로 다른 악기를 연습했다. 형이 어떤 것을 잘하면 아우는 그것을 하지 않으려 했다. 부모들은 아동들을 비교하지 않으려고 노력해 이런 결과가 나타나지 않게 해야 하지만 아동의 능력에 대해 약간의 피드백을 주는 것은 불가피하다. 형제들이 자신의 독특성을 인정받으려고 애를 쓰면서 그들은 서로의 발달에서 중요한 측면을 만들어 간다.

갈등도 생기지만 학령기 형제들은 계속적으로 서로에게 의지하며 사랑과 도움을 얻는다. 그러나 형제가 이러한 혜택을 받기 위해서는 따뜻하고 사려 깊은 형제관계를 부모가 격려하는 것이 중요하다. 형제관계가 긍정적일수록 가족, 학업, 또래 도전에 도움을 주는 것과 같이 불일치를 건설적으로 해결하며, 부모의 이혼과 같은 스트레스에 직면했을 때 다시 회복하는 것에 기여한다.

형제가 서로 잘 지내면 형의 학업적 유능과 사회적 유능이 동생에게 영향을 주어서, 동생이 성취를 더 잘하고 좋은 또

이 누나는 여섯 살인 남동생의 숙제를 도와주고 있다. 비록 형제자매 사이의 경쟁이 아동 중기에 증가하는 경향이 있지만, 형제자매는 또한 서로 정서적으로 지지해주고, 어려운 과제에서 도움을 제공한다.

래관계를 맺는 것을 촉진한다. 그리고 형과 동생 모두 공감과 친사회적 행동에서 혜택을 받는다(Brody & Murry, 2001; Lam, Solmeyer, & McHale, 2012; Padilla-Walker, Harper, & Jensen, 2010). 그러나 아동기 중기의 파괴적인 형제 갈등은 다른 가족관계 요인을 통제하고도 또래와의 갈등, 불안, 우울, 약물 사용과 비행과 같은 부정적인 결과와 관련된다(Kim et al., 2007; Ostrov, Crick, & Stauffacher, 2006).

외동

형제관계에 여러 가지 좋은 점이 있지만 발달이 잘 이루어지는 데 필수적인 요소는 아니다. 대중의 생각과는 달리, 외둥이는 철이 없지 않고 오히려 어떤 점에서는 더 유리하다. 미국에서 외동으로 자라는 아동과 다자녀 가정에서 자라는 아동들의 자기평정한 성격에서의 차이는 나타나지 않는다(Mottus, Indus, & Allik, 2008). 아이가 하나인 가정에서 자라는 미국의 아동들은 자존감과 성취동기가 높고, 학교에서도 잘하고, 교육도 더 많이 받는다. 이유 가운데 하나는 외둥이들이 부모들과 더 가까워서 숙달과 성취에 대한 압력을 더 많이 받기 때문이다. 그러나 또래들은 외둥이들을 덜 좋아하는데 아마도 형제들과 상호작용하면서 갈등해결의 기술을 배울 기회가 없기 때문인 것 같다(Kitzmann, Cohen, & Lockwood, 2002).

2015년에 폐지될 때까지 중국은 도시 지역에서 한 가정 한 자녀 정책을 시행했는데, 이러한 중국 외둥이들도 유리한 발달을 보인다. 형제가 있는 또래들과 비교했을 때 중국의 외둥이들은 인지발달과 학업 성취에서 더 우수하다. 자녀가 하

나 이상인 가정에서는 정부의 불인정이 가족들 사이의 긴장을 높이기 때문인지 외둥이들이 정서적으로도 더 안정되어 있다(Falbo, 2012; Yang et al., 1995). 중국 어머니들은 대개 아동이 사촌과 정기적으로 만나게 한다. 그래서 중국의 외둥이들이 사회적 기술과 또래들의 인정에서 형제가 있는 또래와 크게 차이가 없는지 모른다(Hart, Newell, & Olsen, 2003).

이혼

아동들의 부모와 또래와의 상호작용은 가족생활의 다른 측면의 영향을 받는다. 조이가 여덟 살, 리지가 다섯 살일 때 그들의 아빠인 드레이크가 집을 나갔다. 몇 달 전 조이는 리지를 밀고, 때리고, 비웃고, 욕했다. 리지가 복수를 하려고 해도 조이의 덩치를 당할 수 없었다. 싸움은 항상 리지가 울면서 어머니에게 오는 것으로 끝났다. 조이와 리지의 싸움은 레나와 그 남편이 결혼을 불행하게 느끼는 것과 동시에 일어났다.

1960~1985년 사이에 서구 사회의 이혼율은 극적으로 증가하다가 그 이후에 안정되었다. 지난 20여 년간 미국에서 이혼율이 감소한 것은 초혼 연령이 증가하고 혼인율이 떨어졌기 때문이다. 그러나 이러한 감소는 교육 수준이 높고, 재정이 안정된 가정에게만 해당된다. 그림 10.3에서 볼 수 있듯이 교육 수준이 낮은 사람들은 결혼 불안정성이 상당히 높다(Lundberg & Pollak, 2015). 교육과 경제적 불이익이 가족 해체를 증가시키기 때문에 이혼율은 유럽계 미국인보다 아프리카계 미국인, 라틴계 미국인, 원주민 사이에서 더 높다(Raley, Sweeny, & Wondra, 2015).

선진국 가운데 미국은 이혼율이 높은 나라 중 하나다. 결혼한 커플의 42~45%가 이혼으로 끝난다. 1/4 이상의 미국 어린이가 이혼한 한부모 가정에서 산다. 비록 대부분은 엄마와 함께 살지만 아빠와 함께 사는 비율도 14%까지 증가했다(U.S. Census Bureau, 2015d).

이혼 가정의 자녀들은 한부모 가정에서 아동기의 1/3에 해당하는 평균 5년 정도를 보낸다. 많은 사람들은 이혼한 후 새로운 가족관계를 형성한다. 미국의 약 10%의 아동이 자신의 한쪽 친부모(대체로 엄마)와 한쪽 양부모(대체로 새아빠)와 함께 한다(Kreider & Ellis, 2011). 이러한 아동의 대부분은 세 번째 중요한 변화,

즉 부모 재혼이 파경으로 끝나는 것을 경험한다.

이런 숫자는 이혼이 부모와 아동들의 삶에서 한 번 일어나는 사건이 아님을 보여준다. 대신, 다양한 새로운 삶으로의 전환 때문에 사는 집, 수입, 가족의 역할과 책임의 변화가 같이 일어난다. 비록 이혼이 아동에게 스트레스를 주고, 적응 문제를 야기할 위험을 증가시키지만, 대부분은 잘 적응한다(Greene et al., 2012; Lamb, 2012). 아동들이 얼마나 잘 적응하느냐는 양육권을 가지고 있는 부모의 심리적 건강, 아동의 특징, 가족과 주변 공동체로부터 오는 사회적 지원과 같은 여러 요인에 달려 있다.

즉각적 결과 "드레이크와 내가 별거하기로 결정했을 때가 최악이었어요"라고 레나가 회상을 했다. "우리는 소유물과 아이들의 양육권을 놓고 계속 싸웠고 아이들은 고통을 당했죠. 리지는 울면서 '내가 아빠를 가게 만들어서 미안하다'고 했어요. 조이는 집에 있는 물건들을 차고 던지고 학교에서 공부도 하지 않았고요. 이 모든 일 가운데에서 나는 아이들의 문제를 살필 겨를이 없었어요. 우리는 집을 팔아야 했는데, 혼자서는 감당할 수가 없었고 월급을 더 많이 받을 수 있는 직장을 구해야 했어요."

부모들이 소유물과 아이들을 가지고 싸울 때 가족갈등이 커진다. 일단 한쪽 부모가 집을 나가면 또 다른 일들이 부모

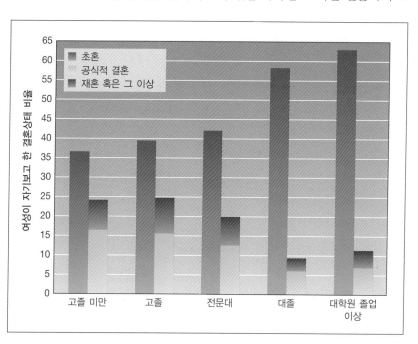

그림 10.3 교육 수준에 따른 미국 어머니들의 이혼율 10,000명 이상의 15~44세 미국 어머니를 대상으로 한 조사에 따르면 높은 교육 수준은 결혼 안정성과 관련되며, 낮은 교육 수준은 이혼, 재혼, 재이혼과 관련되었다(Lundberg & Pollak, 2015).

와 아동들 사이의 지지적 상호작용을 위협한다. 어머니만 있는 가정은 수입이 급격하게 감소한다. 미국과 캐나다에서 어린 자녀를 가진 대부분의 홀어머니는 가난하게 살고, 이혼이나 별거한 아버지로부터 양육비를 전혀 못 받거나 충분히 받지 못한다(U.S. Census Bureau, 2011). 보통 비용이 더 적게 드는 집으로 이사를 가기 때문에 이웃이나 친구와의 지지적 연결도 약해진다.

결혼에서 이혼으로의 변화는 어머니의 스트레스, 우울 및 불안을 증가시켜서 가족 상황이 두서가 없어진다. 안녕감의 저하는 어린 자녀들을 둔 어머니에게서 가장 강하게 나타난다(Williams & Dunne-Bryant, 2006). "시도 때도 없이 먹고 자고, 집을 치우지도 못하고, 주말에도 조이와 리지를 데리고 외출하지도 못했어요"라고 레나가 말했다. 아이들이 덜 안전한 집안 생활에 대해 고통스러워하고 화를 내기 때문에 아이들에 대한 훈육이 심해지고 일관성 없게 되었다. 양육권이 없는 아버지와의 접촉도 보통 시간이 가면서 줄어든다(Troilo & Coleman, 2012). 가끔 아이들을 만나는 아버지는 허용적이고, 하자는 대로 하는 경향이 있어서 어머니가 아이들을 다루는 것을 더 어렵게 만든다.

이런 변화에 비추어볼 때 이혼하지 않은 가정의 아동들의 10%가 문제를 가지는 데 비해 이혼한 가정 아동들의 약 20~25%가 문제를 가지는 것은 놀라운 일이 아니다(Golombok & Tasker, 2015; Lansford, 2009). 이혼에 대한 반응은 아동들의 나이, 기질과 성에 따라 달라진다.

아동의 연령 다섯 살 난 리지가 자기 때문에 아버지가 떠났다고 무서워하는 것은 이상한 일이 아니다. 학령전기와 학령기 어린 아동들은 결혼의 파경을 자신의 잘못으로 돌리고 부모들이 모두 자기를 버릴까 봐 두려워한다. 인지적으로 성숙해 자신들이 부모의 이혼에 책임이 없음을 이해하는 나이가 많은 아동들조차도 특히 가족갈등이 높고 아이에 대한 감독이 잘 이루어지지 않을 때 강하게 반응하고, 말을 듣지 않고, 부적절한 또래활동으로 빠져든다(Kleinsorge & Covitz, 2012; Lansford et al., 2006). 그러나 모든 나이가 많은 아동들이 이렇게 하지는 않는다. 일부, 특히 맏이는 더 성숙한 행동을 보이며, 우울하고 초조해하는 어머니를 정서적으로 지원할 뿐 아니라 여러 가지 가족과 집안일을 흔쾌히 떠맡는 성숙한 행동을 보인다. 그러나 이러한 요구가 지나치게 되면 아동들은 결국은 분개하게 되고, 가족들로부터 멀어지고, 분노에 찬

외현화 행동을 보인다(Hetherington & Kelly, 2002).

아동의 기질과 성 기질적으로 까다로운 아동들이 스트레스가 심한 생활사건과 부적절한 양육을 경험하면 문제가 더 커진다. 대조적으로 순한 아동들은 부모들의 분노의 대상이 되는 경우가 적고 역경을 더 잘 이겨낸다.

이런 결과는 이혼에 대한 반응에서 나타나는 성차를 이해할 수 있게 해준다. 여아들은 때로는 리지처럼 울거나, 자기를 비난하거나, 위축되는 내재화 행동을 보인다. 남아와 여아 모두 더 흔하게는 요구적이며, 지나치게 주의를 끄는 행동과 같은 반응을 보인다. 그러나 어머니가 양육권을 가진 가정에서는 남아들이 심각한 적응상의 문제를 가질 가능성이 더 크다(Amato, 2010). 제8장에서 남아들이 더 활동적이고, 말을 더 안 듣기 때문에 부모들과 갈등이 더 많고 훈육이 일관성 없어질 가능성이 더 커진다고 밝혔던 것을 기억하라. 강압적인 어머니-아동 상호작용과 아들의 충동적이고 반항적인 행동은 이혼한 가정에서 흔히 볼 수 있다.

장기적 결과 레나는 결국은 월급을 더 많이 주는 직장을 발견했고 일상의 집안일도 잘할 수 있게 되었다. 분노와 거부의 감정도 많이 줄어들었다. 여러 번 상담을 받은 후 레나와 드레이크는 그들이 싸우는 것이 조이와 리지에게 얼마나 나쁜 영향을 미치는지도 깨달았다. 드레이크는 정기적으로 방문해 엄격하고 일관성 있는 태도로 조이가 말을 듣지 않는 문제에 대해 이야기했다. 곧 조이의 학교 수행이 증가했고, 행동상의 문제도 줄어들었으며, 조이와 리지 모두 더 조용해지고 행복해졌다.

대부분의 아동들은 이혼하고 2년이 되면 잘 적응한다. 그러나 전반적으로 볼 때 이혼한 부모의 어린 자녀들과 청소년 자녀들은 계속적으로 학업 성취, 자존감 및 사회적 능력이 약간 떨어지고, 정서적 문제와 행동 문제도 더 많이 가진다(Lansford, 2009; Weaver & Schofield, 2015). 까다로운 기질을 가진 아동들은 학교를 그만두고, 우울에 빠지고, 반사회적 행동을 보일 가능성이 크다. 그리고 이혼은 청소년의 성과 친밀한 관계 발달에 문제를 일으킨다. 부모의 이혼을 경험한 아동들, 특히 한 번 이상 경험한 아동들은 성적 활동을 일찍 시작하고 청소년기에 임신할 확률이 아주 높다. 그리고 학교에서 잘 적응하지 못하고, 부모-자녀 관계가 나쁘고, 성인이 되면 이혼과 같은 다른 지속적인 문제를 가진다(Amato,

2010).

이혼 이후에 잘 적응하는 데 중요한 요인은 효과적인 양육이다. 가족의 갈등으로부터 아동을 보호하고, 권위적인 양육방식을 쓰는 것이 좋다(Lamb, 2012). 부모 훈련 프로그램이 양육권을 가진 부모가 아동의 발달을 지지하는 데 도움이 될 수 있다. 학령기 아동의 어머니를 위한 11회기의 부모 훈련 중재는 부모-아동의 관계와 아동의 대처기술을 개선하고, 이러한 효과는 6년간 지속되었다(Velez et al., 2011).

양육권을 가진 부모가 어머니일 때에는 아버지와의 만남이 중요하다. 하지만 약 1/3의 아동만이 일주일에 적어도 한 번 아버지와 만난다. 아버지와 자주 만나고 아버지-아동 관계가 좋을수록 아동들이 반항을 덜 하고 덜 공격적이다(Amato & Dorius, 2010). 여아들은 아버지와 관계가 좋으면 성적 활동을 일찍 하지 않고 불행한 사랑에 빠지지 않는다. 남아들에게는 전반적인 행복에 영향을 미치는 것 같다. 사실 여러 연구들이 아버지가 양육권을 가지고 있을 때 아들들이 더 잘 적응한다고 밝히고 있다(Clarke-Stewart & Hayward, 1996; McLanahan, 1999). 아버지의 더 안정된 경제력과 권위적 이미지가 아들을 효과적으로 양육하는 데 도움이 되는 것 같다. 아버지가 양육권을 가지고 있을 때에는 양육권을 가지지 않은 어머니가 아들의 삶에 더 깊이 관여하므로 결국 양쪽 부모와 깊은 관계를 가지는 이점이 있다.

이혼이 아동에게 고통이지만 부모가 이혼하지 않았지만 갈등이 많은 가정에 사는 것은 어느 한쪽 부모와 같이 갈등이 적은 가정에서 사는 것보다 더 나쁘다(Lamb, 2012; Strohschein, 2005). 이혼한 부모들이 자신들의 불화를 덮

양쪽 부모와의 정기적인 만남과 서로의 양육 역할을 지지하는 효과적인 협동적 양육은 이혼가정 아동의 적응을 크게 향상시킨다.

어 두고 아이의 양육을 위해 서로 도울 때 아이들이 유능하고, 안정되고, 행복하게 자랄 가능성이 훨씬 더 크다(Lamb, 2012). 아이에게 관심이 있는 다른 가족 구성원들, 교사, 형제, 친구들이 이혼이 장기적으로 나쁜 영향을 미칠 가능성을 많이 줄인다(Hetherington, 2003).

이혼중재, 공동양육권 및 양육비 지원

이혼이 아동과 가족에게 아주 고통스럽다는 인식 때문에 지역사회에서 이런 어려운 시간 동안 가족을 도와주기 위한 서비스가 많이 생겨났다. 그런 서비스 가운데 하나가 이혼중재이다. **이혼중재**(divorce mediation)란 재산의 분배와 자녀 양육권에 대한 법적 싸움을 포함해 가족들의 갈등을 줄여주기 위한 목적으로 훈련을 받은 전문가와 이혼하는 성인 사이에 일어나는 지속적인 만남이다. 연구에 의하면 중재는 법정 밖에서의 문제 해결, 협동, 양쪽 부모가 아동 양육에 모두 참여하는 것 및 부모와 아동의 행복감을 높여준다(Douglas, 2006; Emery, Sbarra, & Grover, 2005).

점점 더 많은 부모들이 선택하는 아동 양육방법은 **공동양육권**(joint custody)으로 양쪽 부모가 모두 자녀의 삶에 개입하는 방법인데, 어머니와 아버지가 아동의 양육에 대한 중요한 결정에 동등한 권리를 가진다. 대부분의 경우에 아동들은 한 부모와 살고 다른 부모는 정해진 스케줄에 따라 아동들을 만난다. 그러나 다른 경우에는 부모들이 물리적 양육권을 공유해 아동들은 집과 때로는 학교와 또래집단 사이를 옮겨 다닌다. 이런 방식은 어떤 아동들에게는 아주 힘들다. 다행스럽게도 공동양육권을 가진 부모들은 별로 갈등을 보고하지 않는데 이는 이런 방식의 성공이 부모들의 협동에 달려 있기 때문이다(Bauserman, 2012). 그리고 아동들은 어떤 방식으로 살든 어머니 혼자 양육권을 가진 아동들보다 적응을 더 잘한다(Bauserman, 2002).

마지막으로, 많은 한부모 가정은 같이 살지 않는 부모로부터 오는 양육비에 의존해 경제적 어려움을 해결한다. 미국과 캐나다의 모든 주에서는 양육비를 잘 지불하지 않는 부모들의 임금을 차압하는 절차를 운영하고 있다. 한부모 가정의 경제적 어려움이 양육비로 해결되지 않지만 고통을 많이 줄여준다. 자녀들을 더 자유롭게 또 더 자주 만나는 이혼한 아버지들이 양육비를 더 잘 낸다(Amato & Sobolewski, 2004). 또 아버지와의 접촉과 아동에 대한 지원이 협동적 양육(coparenting)을 예측해준다. '배운 것 적용하기'에 아동들

아동들이 부모의 이혼에 잘 적응하도록 돕기

제안	설명
아동들을 갈등으로부터 보호한다.	아동들이 부모의 격렬한 갈등을 보는 것은 아주 해롭다. 한쪽 부모가 계속적으로 적대감을 표현할 때 다른 부모가 비슷하게 반응하지 않는 것이 아동들에게 더 좋다.
아동들에게 가능한 지속성, 친숙성, 예측가능성을 제공한다.	이혼이 진행되는 동안 아동들의 삶이 안정되면, 예를 들어 학교, 침실, 돌보는 사람, 노는 친구와 일과에 변화가 없으면 더 적응을 잘한다.
이혼을 설명하고, 아동들에게 기대하는 바를 말해준다.	아동들이 부모들의 이별에 준비되어 있지 않으면 버림받는 데 대한 두려움이 생길 가능성이 커진다. 아동들에게 아버지와 어머니가 더 이상 같이 살지 않는다는 사실, 어떤 부모가 이사를 나가는지, 그 부모를 언제 볼 수 있는지를 말해주어야 한다. 가능하면 어머니와 아버지가 같이 이혼을 설명해야 한다. 부모들은 아동들이 이해할 수 있도록 이혼하는 이유를 말해주고 또 아동들에게는 책임이 없음도 말해주어야 한다.
이혼의 영구성을 강조한다.	부모들이 다시 같이 살게 되는 헛된 꿈 때문에 아동들이 현재의 삶을 받아들이기 어렵게 된다. 아동들에게 이혼은 최종적이고 변할 수 없음을 말해주어야 한다.
아동의 감정에 공감을 표현한다.	아동들은 자신들의 슬픔, 공포, 분노의 감정을 지지받고, 이해받기를 원한다. 아동들이 잘 적응하려면 그들의 고통스러운 감정을 인정해주어야 하고, 거부하거나 회피해서는 안 된다.
권위 있는 양육방식을 사용한다.	권위 있는 양육방식, 즉 애착과 수용을 제공하고, 성숙한 행동에 대해서 합리적인 행동을 요구하고, 일관적이고 이성적인 훈육을 하는 것은 이혼 후 아동들의 부적응 위험을 크게 감소시킨다.
양쪽 부모와 지속적으로 관계를 유지하도록 한다.	부모들이 배우자에 대한 자신의 사라지지 않는 적대감과 아동들에게 다른 부모와 지속적 관계가 필요하다는 사실을 잘 분리해 생각할 때 아동이 잘 적응한다.

이 부모들의 이혼에 잘 적응하도록 돕는 방법들이 요약되어 있다.

혼합가족

"엄마가 웬델 아저씨와 결혼하고 아빠가 캐롤 아줌마와 결혼하면, 여자 형제가 두 명이고 남자 형제가 한 명이지. 할아버지와 할머니는 몇 명이지? 여러 명이지!" 리지가 외쳤다.

한부모 가정에서 사는 것은 일시적이다. 이혼한 부모의 60%가 몇 년 내에 재혼한다. 어떤 사람들은 **동거**를 하거나 결혼을 하지 않은 채 파트너와 성관계와 주거공간을 공유한다. 부모, 의붓 부모 및 아동들은 복잡한 새로운 관계들로 이루어지는 새로운 가족구조를 형성하는데 이를 **혼합 또는 재구성 가족**(blended or reconstituted family)이라 부른다. 어떤 아동들에게는 이러한 확대된 가족연결망이 긍정적이어서 성인들의 관심을 더 많이 받게 된다. 그러나 대부분은 안정된 첫 번째 결혼가족에서보다 문제가 더 많다(Pryor, 2014). 의붓부모의 새로운 규칙에 따르고 그들의 기대에 부응하는 것은

고통스러울 수 있다. 게다가 아동들은 의붓 친척을 침입자로 생각하는 경우가 많다. 그러나 얼마나 잘 적응하느냐는 가족 기능의 특성에 달려 있다. 이는 어느 부모가 새로운 관계를 만드는지, 아동들의 나이 및 성에 따라 달라진다. 앞으로 보겠지만, 나이가 많은 아동들과 여아들이 가장 많은 어려움을 겪는다.

친모-의붓아버지 가족 일반적으로 어머니가 양육권을 가지므로 가장 흔한 형태의 혼합가족은 친모-의붓아버지 가족이다. 남아들은 따뜻하고, 권위적이지 않고, 강압적인 어머니-아들 상호작용의 순환에서 빠져나올 수 있게 해주는 의붓아버지를 환영하고 빠르게 적응한다. 경제적으로 더 안정되고, 가정의 일을 나눌 수 있는 성인이 한 명 더 생기고, 외로움이 사라지면 아들과 어머니의 갈등도 줄어든다(Visher, Visher, & Pasley, 2003). 동거 대신 결혼을 선택한 의붓아버지는 양육에 더 관여하는데, 아마 아이가 있는 여성과의 결혼을 선택한 남성은 아이를 기르는 데 관심이 있고, 양육의 기술을 갖

고 있기 때문이다(Hofferth & Anderson, 2003). 대조적으로, 여아들은 잘 적응하지 못한다. 의붓아버지가 여아들과 어머니 사이의 친한 관계를 깨기 때문에 여아들은 화를 내고, 반항적으로 행동한다(Pryor, 2014).

그러나 연령에 따라 영향이 달라진다. 성에 관계없이 나이가 많은 학령기 아동들과 청소년들은 의붓 부모가 없는 가정의 아동들보다 책임감이 없고, 외현화 행동을 더 많이 보인다(Heterington & Stanley-Hagan, 2000). 어떤 부모는 의붓 자녀보다 친자녀에게 더 따뜻하고, 더 관심을 많이 보인다. 나이가 많은 아동들은 이를 잘 파악하기 때문에 공정하지 않은 대우에 대해 불만을 가진다. 특히 청소년들이 한부모 가정에서 부모의 감독을 별로 받지 않고 지냈을 경우, 의붓 부모를 자신들의 자유에 대한 위협이라고 생각하는 경우가 많다. 그러나 어머니와 다정하고 협력적인 관계를 맺고 있는 10대 대부분은 의붓아버지와 좋은 관계를 만들어가는데, 이것은 청소년에게 더 나은 행복을 가져다준다(King, 2009; Yuan & Hamilton, 2006).

친부-의붓어머니 가족 양육권을 갖지 않은 아버지가 재혼하게 되면 이전 가족과 관계가 끊어지기 쉽기 때문에 생물학적 자녀들과의 접촉이 감소한다(Dunn, 2002; Juby et al., 2007). 양육권을 가지고 있는 아버지의 재혼에 아동들은 부정적 반응을 보인다. 한 가지 이유는 아버지와 사는 아동들이 시작부터 문제가 더 많기 때문이다. 아마도 생물학적 어머니가 더 이상 말을 안 듣는 아동을(보통 남아) 관리하지 못하므로 아버지와 의붓어머니가 행동상의 문제가 있는 아동을 다루게 된다. 어떤 경우에는 아버지가 아이들과 아주 가깝기 때문에 양육권을 가지게 되는데 재혼은 이들 사이의 관계를 해친다(Buchanan, Maccoby, & Dornbusch, 1996).

특히 여아들은 의붓어머니와 잘 지내지 못하는데 이는 아버지와의 관계가 위협을 받거나 두 어머니 사이에서 누구에게 더 잘해야 하는지에 대해 갈등을 느끼기 때문이다. 그러나 친부-의붓어머니 가족에서 사는 기간이 길어질수록 의붓어머니와의 관계가 더 좋아진다(King, 2007). 세월이 지나고 잘 참으면 결국 대부분의 여아들은 의붓어머니의 지원에서 많은 도움을 얻게 된다.

혼합가족에 대한 지원 부모교육과 부부상담이 부모들과 아동들이 복잡한 혼합가족에 잘 적응하게 한다. 효과적인 접근

에서는 의붓 부모가 양육을 시작하기 전에 먼저 아동들과 좋은 관계를 형성하고 천천히 부모로서의 새로운 역할을 하도록 조언한다(Pasley & Garneau, 2012). 상담자가 부모들을 도와서 아동들이 충성심 갈등을 덜 느끼고 자녀 양육에 일관성이 유지되도록 협동적 '양육연대'를 구성하도록 조언한다. 이들은 혼합 가족이 하나로 단결되기까지 몇 년이 걸린다는 것을 알려주어서 아이가 재빠르게 적응하기를 바라는 부모의 조급하고 비현실적인 기대를 수정해주어서 가족들이 인내해 성공적으로 이행할 수 있도록 해준다.

불행하게도 재혼의 이혼율이 첫 번째 결혼의 이혼율보다 높다. 반사회적 경향성을 가지고 있고 자녀양육기술이 부족한 부모들은 특히 여러 번 이혼하고 재혼한다. 아동들이 부모들의 결혼 변화를 여러 번 경험할수록 어려움은 더 커진다(Dunn, 2002). 이런 가족들은 보통 지속적이고, 강도 높은 치료가 필요하다.

어머니의 취업과 맞벌이 가족

오늘날 독신 어머니와 결혼한 어머니들이 노동시장에서 거의 비슷한 비율로 일하고 있고 학령기 아동들을 가진 어머니들의 3/4이 일하고 있다(U.S. Census Bureau, 2015d). 이전 장에서 우리는 어머니의 고용이 초기 발달에 미치는 영향이 보육기관의 질과 부모-아동 사이의 지속적 관계에 달려 있음을 보았는데 이는 발달의 후기에도 마찬가지이다.

어머니의 고용과 아동 발달 어머니가 자신의 일을 즐기고 열심히 자녀를 양육하면 아동들은 잘 발달해 자존감도 높고, 성 정형화된 신념을 적게 가진다. 특히 일하는 어머니들의 딸들은 여성에게 더 선택의 자유가 있고, 여성의 역할이 더 만족스러운 것으로 보고, 더 성취지향적이고 일 중심적이다(Hoffman, 2000). 또한 아동 초기에 어머니의 안정적 고용은 초등학교에서의 높은 성취와 적은 문제행동과 관련되며, 이러한 경향성은 소득이 낮은 어머니들의 아동들에게서 더 크게 나타난다(Lombardi & Coley, 2013; Lucas-Thompson, Goldberg, & Prause, 2010). 재정적 이점이 이러한 이득에 기여하는 것으로 보인다. 경제적으로 안정되어 있다고 느끼는 일하는 어머니가 따뜻하고 관여적인 양육을 하는 경향이 있다.

맞벌이 가정에서는 어머니의 고용이 종종 아버지로 하여금 자녀 양육에 대한 책임감을 더 크게 갖도록 한다. 아버지

의 관여는 아동과 청소년의 높은 성취, 더 성숙된 사회적 행동, 성역할에 대한 유연한 관점과 관련되며 성인이 되어서도 더 좋은 정신건강을 갖도록 한다(Bornstein, 2015; Lamb & Lewis, 2013).

그러나 고용이 어머니의 스케줄에 너무 부담이 되거나 다른 이유로 스트레스가 되면 아동들은 비효과적인 양육을 받기 쉽다(Strazdins et al., 2013). 근무 시간이 길고, 작업 스케줄이 일정치 않거나(주간 야간 교대근무), 직장 분위기가 부정적이면 양육의 질은 떨어지고, 부모와 아동이 같이 하는 활동은 적어지고, 아동기와 청소년기에 걸쳐서 아동의 인지발달이 늦고, 행동적 문제가 증가한다(Li et al., 2014; Strazdins et al., 2006).

대조적으로, 어머니가 시간제로 근무하고 작업 스케줄도 융통성이 있으면 아동들이 잘 적응한다(Buehler & O'Brian, 2011; Youn, Leon, & Lee, 2012). 이런 방식은 일-가정의 갈등을 방지해 부모가 아동의 요구를 잘 충족시키도록 돕는다.

일하는 부모와 가정에 대한 지원 맞벌이 가정에서는 남편들이 책임을 나누어 지는지가 아주 중요하다. 아버지가 돕지 않으면 어머니는 집과 직장에서 이중의 부담을 지게 되어 피곤하고, 힘이 들고, 아동들을 위해 시간이나 에너지를 낼 수 없다. 운좋게도 지난 몇십 년 전과 비교해 오늘날에는 아동의 양육에 관여하는 아버지의 수가 증가했다. 그러나 동시에 역할을 수행하는 데 과중한 부담이 있다고 토로하는 아버지의 수 역시 증가했다(Galinsky, Aumann, & Bond, 2009).

일하는 부모들은 자녀들을 양육하기 위해 직장과 지역사회의 도움이 필요하다. 부모들이 시간제로 일하고, 스케줄이 융통성 있고, 일을 나눌 수 있고, 유급 휴가를 낼 수 있으면 아동들이 아플 때 일과 자녀 양육의 짐을 잘 감당할 수 있다(Butts, Casper, & Yang, 2013). 여자들을 고용할 때 동일한 임금을 주는 것도 또한 중요하다. 이런 정책이 경제적 지위와 사기를 높여 주기 때문에 일을 마치고 집에 왔을 때 엄마들이 기분이 좋고 편하게 행동하게 된다.

학령기 아동 돌보기 아동 중기에도 부모의 마음의 평화와 아동의 행복을 위해서 우수한 보호기관이 필요하다. 미국에 사는 약 5~14세 아동 중 약 450만 명이 방과 후 몇 시간 정도 자기 스스로를 돌봐야 하는 **자기관리 아동**(self-care children)들이다(Laughlin, 2013). 연령과 사회계층이 높아지면서 자기

관리가 증가하는데 이는 고소득 계층이 사는 이웃은 더 안전하기 때문이다. 그러나 저소득 계층에서 자기관리 이외의 다른 대안이 없을 때에는 아동들이 혼자서 많은 시간을 보내게 된다(Casper & Smith, 2002).

자기관리의 의미는 아동들의 성숙도와 시간을 보내는 방식에 달려 있다. 어린 학령기 아동들 중에서 혼자서 시간을 많이 보내는 아동들은 적응상의 어려움이 더 많다(Vandell & Posner, 1999). 아동들이 자신을 돌볼 정도로 충분히 나이가 들면, 권위적 양육을 받은 아동들은 부모의 전화로도 관리가 되고, 방과 후에 규칙적인 일이 있는 아동들은 책임감이 있고 적응을 잘하는 것 같다(Coley, Morris, & Hernandez, 2004; Vandell et al., 2006). 대조적으로, 마음대로 방치된 아동들은 또래압력에 쉽게 굴복해 반사회적 행동에 가담하기 쉽다.

아동 중기 동안 교직원이 잘 훈련되었고, 성인-아동 비율이 적절하고, 활동이 자극적인 방과 후 프로그램에 참여하면 정서적 · 사회적으로 잘 적응한다(Durlak, Wissberg, & Pachan, 2010; Kantaoka & Vandell, 2013). '방과 후' 강화 프로그램(스카우팅, 음악 또는 예술 레슨)은 저소득 계층의 아동들에게 특히 더 유익해서 학교 성적도 좋아지고 행동상의 문제도 줄어든다(Lauer et al., 2006; Vandell et al., 2006).

여전히 낮은 소득계층의 지역에는 양질의 방과 후 활동 공급이 부족하다(Greenberg, 2013). 이러한 지역에서 잘 계획된 프로그램이 특별히 필요한데, 이러한 프로그램이 안전한 환경, 성인과의 따뜻한 관계, 그리고 즐겁고 목표지향적인 활동을 제공할 것이다.

풍부한 활동을 포함하는 질 높은 방과 후 프로그램은 특히 사회경제적 지위가 낮은 계층의 아동들에게 학업적 · 사회적 이득을 가져다준다.

묻고 대답하기

연관지어보기 브론펜브레너의 생태학적 체계이론의 각 수준, 즉 미시체계, 중간체계, 외체계, 거시체계가 아동 발달에 미치는 어머니 고용의 효과에 어떻게 기여하겠는가?

적용해보기 스티브와 메리사는 고통스러운 이혼 중이다. 아홉 살 난 아들 데니스는 적대적으로 되어 말을 듣지 않는다. 스티브와 메리사는 어떻게 데니스가 잘 적응하도록 도울 수 있는가?

생각해보기 초등학교 때 방과 후 어떤 종류의 아동 양육방식을 경험했는가? 그것이 여러분의 발달에 어떻게 영향을 미쳤다고 생각하는가?

발달에서 많이 나타나는 문제

10.11 아동 중기에 나타나는 일반적인 두려움과 불안을 이야기하라.

10.12 아동 성 학대와 관련된 요인과 그것이 아동 발달에 미치는 결과와 그것의 예방과 치료 효과를 논의하라.

10.13 아동 중기의 탄력성을 높이는 요인을 이야기하라.

우리는 미래에 아동을 위험하게 만드는 여러 가지 고통스러운 경험에 대해 살펴보았다. 다음에는 주요한 두 가지 문제 영역, 즉 학령기 아동들의 공포와 불안, 그리고 아동 성 학대를 살펴보겠다. 마지막으로 아동들이 이런 스트레스를 효과적으로 극복하게 돕는 요인들을 정리한다.

공포와 불안

어두움, 천둥, 번개와 초자연적 존재에 대한 두려움은 아동 중기까지 계속되지만, 아동들은 다른 문제들에 대해서도 불안을 느낀다. 세상의 실제를 이해하기 시작하면서 아동들은 (강도당하고, 찔리거나, 총에 맞는 것과 같은) 개인적 위해와 (전쟁이나 재해 같은) 큰 재난을 두려워한다. 또 흔하게 나타나는 걱정거리 가운데 하나는 학업실패, 부모의 건강, 몸이 다치는 것 및 또래들의 거부이다(Muris & Field, 2011; Weems & Costa, 2005).

공포가 강하지 않으면 대부분의 아동들은 아동 중기에는 발전된 정서적 조정 책략을 사용해 건설적으로 공포를 다룬다. 그 결과, 연령이 증가하면서 공포가 감소하며 이런 경향은 아동기와 청소년기에 남아들보다 공포를 더 많이 보고하는 여아들에서 더 강하게 나타난다(Gullone, 2000; Muris & Field, 2011). 학령기 아동들의 약 5% 정도는 **공포증**(phobia)이라고 부르는 강렬하고 통제할 수 없는 공포를 경험한다. 억제된 기질을 가지고 있는 아동들은 특히 위험해 다른 아동들보다 공포증을 보일 가능성이 5~6배 정도 더 크다(Ollendick, King, & Muris, 2002).

예를 들어 학교공포증을 가지고 있는 아동들은 학교에 다니는 것에 대해 아주 심하게 걱정을 하고 (어지럼증, 구역질, 위장통증, 구토 같은) 신체적 증상도 자주 보고한다(Wimmer, 2013). 학교공포증을 가진 아동들의 약 1/3은 5~7세이며 이들이 정말 무서워하는 것은 어머니와의 분리이다. 이런 아동들에게는 가족치료가 도움이 되는데 이들의 문제는 부모의 과잉보호 때문인 경우가 많다.

학교공포증을 보이는 대부분의 사례는 아동 중기에서 청소년기로 넘어가는 11~13세 사이에 나타난다. 이런 아동들은 학교에서 무서운 선생님, 따돌림, 또는 공부에 대한 부모의 지나친 압박과 같이 특별하게 무서워하는 것이 있다. 이들을 위해서는 학교 환경을 바꾸거나 부모의 양육방식을 바꾸는 것이 요구되고 학교에서 겪는 어려움을 다루는 방법을 훈련시켜 주고 동시에 학교로 되돌아가야 한다는 사실을 강력하게 말해주는 것도 도움이 될 수 있다(Kearney, Spear, & Minhalas, 2014).

아동기에 나타나는 심각한 불안은 생활환경이 열악하기 때문에 생길 수 있다. 도심의 빈민가와 전쟁이 일어난 지역에 사는 많은 아동들은 언제나 위험, 혼란과 박탈에 시달린다. 뒤의 '문화적 영향' 글상자에서 보듯이 이들은 장기적으로 정서적 고통과 행동 문제를 가질 위험이 있다. 마지막으로 제8장에서 아동 학대에 대해 논의했듯이 빈번한 폭력과 그 외 파괴적인 행동이 종종 성인과 아동의 관계의 일부가 된다. 아동 중기 동안 아동 성 학대는 증가한다.

아동 성 학대

최근까지, 아동에 대한 성 학대는 드물었고 아동들이 성 학대를 당했다고 해도 성인들이 별로 관심을 기울이지 않았다. 1970년대에 전문가들의 노력과 미디어의 관심으로 아동 성 학대가 심각하며 아주 만연해 있는 문제로 인식되기 시작했다. 가장 최근의 한 보고에서 미국에서 약 61,000건의 사례가 있음이 확인되었다(U.S. Department of Health and Human Services, 2015c).

학대자와 피해자의 특성 성 학대는 남아와 여아 모두에게 일어나지만 여아에게 더 많이 일어난다. 대부분의 사고는 아동 중기에 보고되지만, 어떤 피해자는 아주 일찍부터 수년 동안 지속적으로 성 학대를 경험한다(Collin-Vézina, Daigneault, & Hébert, 2013).

문화적 영향

민족적 · 정치적 폭력이 아동에게 미치는 영향

전 세계적으로 많은 아동들이 전쟁, 테러리즘, 민종적 · 정치적 긴장으로 인해 발생하는 여러 가지 형태의 폭력과 더불어 살고 있다. 어떤 아동들은 강제로 또는 어른들의 마음에 들기 위해 싸움에 가담하고, 어떤 아동들은 납치되어 공격당하고 고문을 당한다. 방관자인 아동들도 공격을 받아서 살해당하거나 신체가 절단된다. 많은 아동들은 두려움에 떨면서 다른 가족, 친구와 이웃이 도망치거나 다치거나 죽는 것을 목격한다. 약 2,500만 명의 아동이 갈등이 들끓는 가난한 나라에서 산다. 지난 10년 동안 전쟁으로 인해 600만 명 정도의 아동이 신체적으로 불구가 되었고, 2,000만 명이 집을 잃었으며, 100만 명 이상이 부모들과 헤어졌다(Masten et al., 2015; UNICEF, 2011).

전쟁과 사회적 위기가 일시적이면 대부분의 아동들은 안정을 되찾고 장기적으로 정서적 어려움을 보이지 않을 수 있다. 그러나 위험이 계속되면 아동들이 적응하는 과정에서 심리적 기능이 심각하게 손상된다.

아동들은 생명의 위협에 노출될수록 극단적 두려움과 불안, 무서운 기억의 침투, 우울, 짜증, 분노, 공격성, 미래에 대한 비관적 전망을 포함하는 외상후 스트레스 증상을 더 많이 보인다(Dimitry, 2012; Eisenberg & Silver, 2011). 이러한 결과는 모든 문화에서 보편적으로 나타나서 보스니아, 앙골라, 르완다 및 수단에서부터 웨스트 뱅크, 아프가니스탄 및 이라크에 이르기까지 모든 전장에서 살아가는 아동들에서 나타났다.

부모들의 사랑과 위로가 문제가 지속되는 것을 막는 최상의 보호책이다. 부모들이 안전을 제공하고 정서적으로 담담한 모습을 보여주면 대부분의 아동들은 전쟁의 극단적인 폭력도 잘 이겨낸다(Gewirtz, Forgatch, & Wieling, 2008). 부모와 떨어진 아동들은 부적응의 위험에 노출되어 있는데, 이들은 지역사회로부터 도움을 얻어야 한다. 에리트레아에 사는 학령전기와 학령기 고아들 가운데 적어도 성인한 명과 강한 정서적 유대를 형성할 수 있는 환경에 있었던 고아들은 그렇지 못했던 고아들보다 5년 후에 정서적 스트레스를 덜 보였다(Wolff & Fesseha, 1999). 교육과 레크리에이션 프로그램도 강력한 보호수단이며 교사와 또래 지지와 더불어 아동들의 삶에 일관성을 부여한다.

2001년 9월 11일에 일어났던 세계무역센터에 대한 테러리스트들의 공격으로 일부 미국 아동들은 극단적인 전쟁 시의 폭력을 직접적으로 경험했다. 그러나 대부분의 아동들은 미디어나 양육자 혹은 친구로부터 공격에 관해 간접적으로 배웠다. 직접적인 노출과 간접적인 노출 모두 아동과 청소년에게 고통을 촉발하지만, 사건의 영향을 받은 가족이 있거나 TV를 통해 반복적으로 공격 장면을 보는 것과 같이 노출이 길어지는 것은 더 심각한 증상을 유발했다(Agronick et al., 2007; Rosen & Cohen, 2010). 몇 달 후, 고통스러운 반응은 감소했으나 이미 적응상의 어려움이 있던 아동들의 반응은 더 느리게 감소했다.

전쟁으로 상처 입은 많은 개발도상국의 아동들과는 달리, 비행기가 건물로 돌진해 건물이 화염에 싸였다가 무너지는 것을 창문을 통해 모두 본 뉴욕의 공립학교 31의 학생들은 즉각

피난민 캠프 자원봉사자가 임시로 지어진 학교에서 시리아 학생들을 가르치고 있다. 극심한 스트레스 환경에 노출된 아동들에게 교육 및 오락 프로그램을 제공하면 이들의 적응 문제가 지속되는 것을 예방하는 데 도움이 된다.

적으로 중재를 받았다. 스트레스 관리, 신뢰와 인내의 회복을 돕는 것을 목표로 '외상 교육과정'에서 학생들은 글쓰기, 그리기, 토론을 통해 자신의 감정을 표현했고 신뢰와 인내를 회복하기 위한 경험에 참여했다. 전쟁으로 피폐해진 지역에서 이와 비슷한 학교 기반의 중재를 평가했는데, 이 중재는 아동과 청소년들의 외상후 스트레스 증상을 낮추는 데 매우 효과적인 것으로 밝혀졌다(Peltonen & Punamäki, 2010; Qouta et al., 2012).

전쟁 동안 가족과 지역사회의 자원이 고갈되면 국제적 조직이 개입해 아동들을 도와주어야 한다. 아동과 전쟁 재단(www.childrenandwar.org)은 아동들의 적응적 대처를 촉진하는 방법을 훈련시키는 프로그램과 매뉴얼을 제공한다. 폭력이 다음 세대로 전달되는 것을 막는 최선의 방법은 아동들의 신체적, 심리적 및 교육적 행복을 유지하도록 노력하는 것이다.

대부분의 사례에서 학대하는 사람은 남성, 즉 부모나 부모가 잘 아는 사람으로 아버지, 새아버지, 같이 살고 있는 남자친구, 삼촌이나 오빠이다(Olafson, 2011). 만약 학대자가 친척이 아니라면 그 사람은 대체로 교사, 보모, 성직자, 혹은 가족의 친구처럼 아동이 알아서 신뢰했던 사람이다(Sullivan et al., 2011). 인터넷과 휴대전화는 가해자가 성 학대를 저지르도록 하는 수단이 되어 가고 있다. 예를 들어서 아동과 청소년에게 포르노그래피를 보여주고 온라인상 성적인 접근을

하는 것은 아동들이 오프라인에서 성적인 행동을 하도록 길들이는 방법 중 하나이다(Kloess, Beech, & Harkins, 2014).

학대자들은 속임수, 뇌물, 언어적 협박, 신체적 겁박을 포함한 여러 가지 다양한 방법으로 아동들이 자신의 말을 듣게 한다. 특히 부모나 가까운 친척이 어떻게 성적으로 아동을 학대할 수 있을지 의아할 수 있다. 많은 가해자들은 자기 책임이 아니라 질 나쁜 아동들이 기꺼이 원해서 그렇게 되었다고 주장한다. 그러나 아동들이 성관계를 갖는 것에 대해 의도적일 수도 없고 또 숙고된 결정을 할 수도 없다. 나이가 많은 아동들이나 청소년들도 그런 문제에 대해 '예', '아니요'라고 자유롭게 결정하지 못한다. 책임은 오히려 가해자에게 있고 이런 가해자들은 아동들을 성적으로 이용하는 성향이 있다. 그들은 충동을 잘 통제하지 못하고 술과 약물을 포함한 심리적 장애를 가지고 있다. 그들은 자신을 잘 방어하지 못하거나 잘 속는 아동을 선택하는데 이들은 신체적으로 약하고, 정서적으로 문제가 있고, 사회적으로 고립되어 있거나 장애를 가지고 있다(Collin-Vézina, Daigneault, & Hébert, 2013).

아동 성 학대로 보고된 사례는 가난, 불안정한 결혼, 그로 인해 가족들 사이의 유대가 약해진 것과 관련된다. 부모들이 재혼과 별거를 반복하고 새 부모가 들어오면서 끊임없이 변하는 가정에서 살고 있는 아동들이 특히 위험하다(Murray, Nguyen, & Cohen, 2014). 그러나 경제적으로 유복하고, 안정된 가정의 아동들도 피해를 입고 있지만 이들에 대한 학대는 잘 발견되지 않을 가능성이 크다.

결과 아동 성 학대의 피해자들은 심각한 적응상의 문제(우울, 낮은 자존감, 성인에 대한 불신과 분노와 적대감)를 보이는 경우가 많아서 학대가 일어난 수년 뒤까지 문제가 계속될 수 있다. 어린 아동들은 잠을 못 자고, 식욕을 잃고, 일반화된 불안을 보이는 경우가 많다. 청소년들은 가출하거나, 자살을 시도하거나, 약물남용 및 비행을 보일 수도 있다. 모든 연령에서 힘과 폭력이 동반된 (근친상간과 같이) 가까운 관계에서 지속적으로 일어나는 학대는 그 영향이 좀 더 심각하다. 또한 신체적 학대와 마찬가지로 성적 학대는 중추신경계 손상과 관련된다(Gaskill & Perry, 2012).

성적 학대를 받은 아동들은 성에 대한 지식과 행동이 조숙한 경우가 많다. 그들은 가해자들로부터 성적 행동이 관심을 끌고 상을 받는 데 적합한 방식이라는 사실을 배운다. 학대

받은 아동들은 청소년기가 되면 성적으로 문란해지고, 성인이 되면 성적 범죄와 매춘으로 검거되는 비율이 높다. 게다가 성적 학대를 받은 여성들은 자신을 학대한 사람과 그의 자녀들을 배우자로 많이 선택하고 어머니가 되면 아동 학대와 방치 같이 무책임하고 강압적인 방식으로 아이들을 양육한다(Collin-Vézina, Daigneault, & Hébert, 2013; Trickett, Noll, & Putnam, 2011). 이렇게 성적 학대의 나쁜 영향은 다음 세대로 전달된다.

예방과 치료 아동 학대는 다른 심각한 가정 문제가 있을 때 발생하므로 아동과 부모 모두에 대한 트라우마 초점적 치료가 필요하다(Saunders, 2012). 피해자의 고통을 감소시키는 가장 좋은 방법은 성적 학대가 계속되지 못하게 막는 것이다. 오늘날은 법정에서 가해자들을 더 가혹하게 처벌하고 아동들의 증언을 더 진지하게 받아들이고 있다('사회적 이슈 : 건강' 글상자 참조).

교육 프로그램을 통해 아동들이 부적절한 성적 제안을 분별하고 어디에서 도움을 얻을지를 가르치면 성적 학대의 위험이 감소된다. 그러나 아동들에게 성적 학대에 관해 교육하는 것이 적절한지에 대한 논쟁 때문에 이런 프로그램을 제공하는 학교는 많지 않다. 뉴질랜드가 학교를 통해 전국적으로 성 학대 예방 프로그램을 제공하는 유일한 나라이다. '우리를 안전하게 지키기' 프로그램에서는 아동들과 청소년들에게 가해자가 낯선 사람이 아니라는 사실을 알려준다. 부모의 참여가 가정과 학교가 아동들에게 자기보호기술을 가르칠 수 있도록 보장한다. 뉴질랜드의 모든 부모들과 아동들이 이 프로그램을 지지하고 있으며 이 프로그램이 많은 아동들이 성 학대를 피하고 또 보고하도록 도왔다고 평가되고 있다(Sanders, 2006).

아동 중기에 탄력성 키우기

아동 중기가 되면—그리고 발달의 다른 시기에도—아동들은 심리적 스트레스를 극복해야 하는 어렵고 때로는 위협적인 상황을 만나게 된다. 이 중에서 이 장과 이전 장에서 만성적 질병, 학습장애, 성취압력, 이혼, 아동 성 학대 등 일부를 살펴보았다. 이 모든 상황이 아동들의 적응 자원을 소모시켜 발달을 심각하게 위협한다.

그럼에도 불구하고 아동기에 경험했던 고통스러운 삶과 심리적 문제 사이의 관계는 약하다(Masten, 2014). 앞서 우

사회적 이슈 : 건강

아동의 목격자 증언

아동 학대와 방임, 자녀 양육권 및 유사한 문제들에 대해 증언하기 위해 아동들이 법정에 나오는 경우가 점점 더 늘어나고 있다. 그런 문제에 대해 이야기하는 것은 힘들고 상처가 된다. 대부분의 경우에 아동들은 아주 스트레스가 되는 사건에 대해 이야기해야 하고 배신해선 안 되는 부모나 다른 친척들을 배신하는 이야기를 해야 한다. 어떤 가족들의 싸움에서는 아동들은 진실을 말하면 벌을 받을까 두려워한다. 게다가 아동 증인들은 익숙하지 않은 상황, 즉 판사 방에서 면접을 하거나 판사, 배심원, 방청객들이 가득한 공개 법정에 서거나 냉혹한 반대 심문을 받아야 한다. 이러한 상황으로 인해 아동들의 회상 정확도가 영향을 받는 것은 너무 당연하다.

연령차

아동 학대가 증가하고 가해자 처벌의 어려움에 대한 사회적 반응 때문에 미국에서는 아동 증언에 대한 법적 요건이 완화되어 3세 정도된 아동들이 증인으로 서는 경우가 많아졌다(Klemfuss & Ceci, 2012).

학령전기 아동들과 비교해서 학령기 아동들은 과거 사건을 더 정확하고 상세하게 기억하고 다른 사람의 동기와 의도를 더 정확하게 추론한다. 나이 많은 아동들은 변호사들이 더 많은 정보를 캐내기 위해서 또는 아동의 반응 내용에 영향을 주기 위해 반대 심문에서 하는 유도 질문에 더 저항적이다(Hobbs & Goodman, 2014).

그럼에도 불구하고 질문을 적절하게 한다면 3세 아동도 최근 사건들을 정확하게 기억할 수 있다(Peterson & Rideout, 1998). 그리고 편향된 인터뷰에 직면하면 청소년과 어른들은 종종 사건에 대해서 정확하고, 잘못된 기억을 형성한다(Ceci et al., 2007).

피암시성

법정 증언에서는 면담이 반복적으로 이루어지는데, 이러한 과정은 그 자체로 아동들의 일관되고 정확한 반응에 부정적인 영향을 끼친다(Krähenbühl, Blades, & Eiser, 2009). 성인들이 틀린 사실을 말하면서 아동들을 유도하거나, 아동이 원하는 답을 하면 강화를 주거나, 복잡하고 혼란스러운 질문을 하거나, 대립적인 스타일을 사용하면, 아동들이 보고를 틀리게 할 가능성이 증가한다(Zajac, O'Neil, & Hayne, 2012).

아동들이 법정에 올 때에는 사건이 일어나고 몇 주, 몇 달, 심지어 몇 년이 지난다. 시간이 오래 지나고, 면접 방법이 편파적이고, 가해자에 대한 고정관념이 제공되면("그 사람이 나빠서 감옥에 있어") 아동들은 쉽게 틀린 정보를 말할 수 있다(Quas et al., 2007). 비록 잘못된 제안을 받더라도, 사건이 더 구체적이고, 정서적이고, 개인에 기반되어 있을수록 아동들은 시간이 지나도 그것을 더 정확하게 기억할 가능성이 높다(Goodman et al., 2014).

많은 성적 학대 사건에서 해부학적으로 수정된 인형이나 신체 다이어그램이 아동들의 회상을 촉진하기 위해 사용된다. 비록 이러한 방법이 나이 많은 아동들이 더 상세하게 정보를 제공할 수 있도록 도울 수 있지만, 학령전 아동들의 피암시성을 높여서 일어나지도 않았던 신체적·성적 접촉을 보고할 수도 있다(Poole & Bruck, 2012).

중재

성인들은 아동 증인들에게 미리 법정에서 일어나는 일들과 무엇을 해야 하는지를 알려주어야 한다. 어떤 곳에서는 '법정학교'가 있어서 아동들을 세팅으로 데리고 다니면서 실제 법정 활동을 경험해보는 기회를 제공한다. 연습 인터뷰에서는 아동들이 가능한 정확하고 상세한 정

학령기 아동 증인은 학령전기 아동 증인보다 더 정확하고 상세하게 기술할 수 있고, 정확하게 타인의 동기와 의도를 추론할 수 있다. 이 소년법원 판사는 따뜻하고 지지적인 어조를 사용하고 질문들을 이끄는 것을 피함으로써 정확한 회상을 촉진할 수 있다.

보를 제공하도록, 또 모를 때는 단순히 동의하거나 추측하지 말고 모른다고 인정하도록 학습하는데 이는 도움이 된다(Zajac, O'Neill, & Hayne, 2012).

동시에 법적 전문가들은 아동들이 더 정확하게 보고할 수 있는 인터뷰 절차를 사용해야 한다. 아동들에게 편파적이지 않고 열린 질문—"일어난 일을 말해라" 또는 "남자가 있었다고 했잖아. 그 남자에 대해 말해 봐"—을 사용해 상세한 사항을 보고하도록 촉구하면 피암시성이 감소된다(Goodman et al., 2014; Steele, 2012). 또한 인터뷰 어조가 따뜻하고 지지적이면 아동들의 불안이 줄어들어 아동들이 면접자의 잘못된 암시에 자유롭게 반대한다(Ceci, Bruck, & Battin, 2000).

아동들이 정서적 외상이나 (가족 불화로) 나중에 벌을 받을 가능성이 있으면 아동들을 보호하기 위해 법정절차를 수정할 수도 있다. 예를 들어 아동들이 가해자를 보지 못하도록 폐쇄로 TV로 증언하게 할 수 있다. 아동이 직접 참여하는 것이 바람직하지 않을 때에는 전문가가 아동의 심리적 조건을 보고하고 아동의 이야기 가운데 중요한 부분을 포함시켜 증언할 수 있다.

리는 일부 아동들은 출생 시 문제, 가난, 그리고 문제성 있는 가정의 복합적 영향을 극복한다는 사실을 보았다. 학교에서의 문제, 가족의 변화 및 아동 학대도 마찬가지다. 제1장에서 아동들을 부적응으로부터 보호하는 네 가지 요인을 살펴보았다—(1) 순한 기질과 새로운 상황에 대한 숙달지향 접근을 포함한 아동 개인의 특성, (2) 따뜻한 부모-자녀 관계, (3) 가족 이외의 성인들이 제공하는 지원 체계, (4) 좋은 학교, 사회의 서비스, 청소년 단체와 레크리에이션 센터 같은 지역사회 공동체.

탄력성을 지원하는 이 요인들 중 오직 하나 혹은 몇 개만 가지고도 종종 왜 어떤 아동은 잘 적응하고, 어떤 아동은 잘 적응하지 못하는지를 설명한다. 그러나 대개 개인적 요인과 환경적 요인이 서로 연결되어 있다. 탄력성에 도움을 주는 각 요소들은 서로를 강화한다. 예를 들어 가족을 중요시하는 지역사회와 안전하고 안정된 관계를 형성하고 있으면 부모들이 매일 경험하는 고통과 스트레스가 줄어들어 아이들을 잘 양육하게 된다(Chen, Howard, & Brooks-Gunn, 2011). 대조적으로, 문제 있는 가정과 이웃은 아동들이 미래에 문제를 가질 수 있는 방향으로 행동하게 만든다. 그리고 부모 불화, 가난, 열악한 주거조건, 이웃의 폭력, 학대와 같은 부정적 조건이 누적되면 부적응은 몇 배로 증가한다(Masten & Cicchetti, 2010).

몇 가지 매우 효과적인 학교 기반의 사회 및 정서 학습 프로그램은 아동의 학습 동기, 사회적 유능감, 지지적 관계를 향상시켜서 이들의 탄력성을 촉진한다(Durlak et al., 2011). 이 중 하나는 4Rs(Reading, Writing, Respect, and Resolution) 프로그램으로 초등학생들에게 일주일에 한 번 정서적·사회적 이해와 기술을 제공한다. 분노 조절, 공감에 반응하기, 주도적으로 행동하기, 사회적 갈등 해결하기, 편견과 따돌림에 대항하기와 같은 주제가 포함된다. 프로그램 주제에 맞는 수준 높은 아동 문학작품이 각각의 강의를 보완한다. 논의, 쓰기, 이야기 속 역할극을 통해 아이들의 이해는 더 깊어진다.

뉴욕시의 공립학교에서 4Rs 프로그램을 평가했는데, 그 결과 프로그램을 시행하는 교사들은 학생들의 일상생활에 기반해 개념을 만들고, 노력을 인정하는 피드백을 제공하는 것을 포함한 보다 지지적인 지도 기법을 사용했다. 그리고 통제집단과 비교했을 때, 4Rs에 참여한 아동들이 덜 우울하고, 덜 공격적이었으며, 더 주의집중을 잘하고, 더 사회적으로 유능했다(Aber et al., 2011). 안전하지 않은 동네에서는 4Rs가 학교를 안전하고 상호 존중하면서 학습이 가능할 수 있는 공간으로 바꾸었다.

4Rs와 같은 프로그램은 탄력성은 타고나는 특성이 아니라 아동이 내적·외적 자원을 활용해 역경에 대처하는 것을 가능하도록 해주는 개발되는 능력이라는 것을 보여준다(Luthar, Crossman, & Small, 2015). 논의를 통해 우리는 어떻게 가족, 학교, 지역사회, 사회가 전체로서 학령기 아동의 유능감 발달을 증진 혹은 저해하는지를 보았다.

묻고 대답하기

연관지어보기 탄력성을 증가시키는 요인들이 부모가 이혼한 후에 잘 적응하는 데 기여하는가?

적용해보기 클레어는 자신의 6세 된 딸에게 낯선 사람에게 말을 걸지도 말고, 사탕을 받아서도 안 된다고 말했다. 왜 클레어의 경고가 딸을 성 학대로부터 보호할 가능성이 낮은가?

생각해보기 여러분의 아동기에서 어려웠던 시절에 대해 이야기해보라. 어떤 경험이 스트레스를 증가시켰고, 어떤 자원이 역경을 이겨내도록 도와주었는가?

요약

에릭슨 이론 : 근면성 대 열등감

10.1 에릭슨의 근면성 대 열등감 단계 동안 성격은 어떻게 변화하는가?

■ 에릭슨의 **근면성 대 열등감**의 심리적 갈등을 성공적으로 해결한 아동들은 긍정적이면서도 현실적인 자기개념을 발달시키고, 자신의 성취에 자부심을 가지고, 도덕적 책임감을 가지고, 또래와의 활동에 협력적으로 참여한다.

자기이해

10.2 학령기 아동의 자기개념과 자존감을 기술하고, 그들의 성취 관련 귀인에 영향을 끼치는 요인을 논의하라.

■ 학령기 아동들은 조망 수용 기술을 갖게 되면서 능력, 개인적 특질(부정적, 부정적), **사회적 비교**가 자기개념에 갈수록 더 포함된다. 부모의 지지가 여전히 중요하지만, 아동들은 자기 자신에 대한 더 많은 정보를 얻기 위해 가족 너머 다른 사람들을 더 많이 보게 된다.

■ 자존감은 더 분화되며, 위계적으로 조직화되고, 더 현실적으로 된다. 문화적 압력, 성 고정관념적 기대, 아동 양육 방법이 자존감의 개인차에 영향을 끼친다. 권위 있는 양육방식은 긍정적 자존감과 관련된다.

■ **숙달지향 귀인**을 하는 아동은 능력은 열심히 노력하면 향상될 수 있는 것이며, 실패는 부족한 노력과 같이 통제가능한 요인에 의한 것이라고 믿는다. 반대로 자신의 능력에 대해 부정적 피드백을 받은 아동은 성공을 운과 같은 외적요인으로, 실패를 나쁜 능력과 같은 요인으로 귀인하는 **학습된 무기력**을 발달시킬 가능성이 크다.

■ 행동과 노력을 강조하는 **과정 칭찬**은 숙달지향 귀인을 격려하는 반면, 고정된 능력에 초점을 맞추는 **개인특성 칭찬**은 학습된 무기력과 관련된다. 노력을 중시하는 문화 역시 숙달지향 접근을 촉진한다.

정서발달

10.3 아동 중기에서의 자의식적 정서, 정서 이해, 정서적 자기조절의 변화를 설명하라.

■ 긍지, 죄책감의 자의식적 정서는 명백하게 개인적 책임에 의해 좌우된다. 강렬한 수치심은 내재화된 문제와 외현화된 문제를 모두 만들어내므로 특히 파괴적인 정서이다.

■ 학령기 아동은 혼합 정서를 이해해 다른 사람의 정서를 해석할 때 모순되는 단서를 조화시키는 것이 가능하다. 개인의 즉각적인 고통과 그들의 전반적인 삶의 조건에 대한 민감성이 증가하고, 공감이 증가한다.

■ 10세경이 되면 대부분의 아동들은 정서를 조절하기 위해 **문제중심대처**와 **정서중심대처** 사이를 적응적으로 이동한다. 정서적 자기효능감을 가진 아동들은 낙관적이고, 공감을 잘하며, 친사회적이다.

도덕 발달

10.4 아동 중기 동안의 도덕적 이해의 변화를 다양성과 불평등에 대한 이해에서의 변화를 포함해 설명하라.

■ 아동 중기 쯤이 되면 아동들은 긍정적 행동을 위한 내재화된 규칙을 갖게 된다. 그들은 의도와 맥락을 기반으로 도덕적 규칙에 대한 유연한 이해를 발달시키고, 개인적 선택과 개인의 권리에 대해서 더 잘 이해한다.

■ 학령기 아동은 인종과 민족에 관한 우세한 사회적 태도를 받아들인다. 비록 암묵적 인종 편향은 지속될 수 있지만, 나이가 들면서 그들의 내적 특징에 더 관심을 기울인다. 편향을 받아들이는 대부분의 아동들은 개인적 특질이 고정되어 있다고 믿고, 자존감이 낮으며, 집단 차이를 강조하는 사회에서 산다. 장기간의 집단 간 접촉은 편견을 줄이는 가장 효과적인 방법이다.

또래관계

10.5 아동 중기에 또래 사회성과 친구관계는

어떻게 변하는가?

■ 또래 상호작용은 더 친사회적으로 되며, 신체적 공격은 줄어든다. 아동기 중기가 끝날 무렵에 아동들은 **또래집단**을 조직한다.

■ 우정은 신뢰를 기반으로 한 상호 관계를 발달시킨다. 아동들은 다양한 방식으로 자신과 닮은 친구를 선택한다.

10.6 또래 수용의 주요 범주와 거부아동을 돕기 위한 방법을 기술하라.

■ **또래 수용** 측정에서 **인기아동**은 많은 친구들이 좋아하며, **거부아동**은 많은 친구들이 적극적으로 싫어하고, **논쟁적 아동**은 긍정적 표와 부정적 표를 모두 받으며, **무시된 아동**은 긍정적으로도 부정적으로 별로 선택되지 않고, **평균적 아동**은 긍정적 표와 부정적 표를 평균 수준으로 받는다.

■ **친사회적 인기아동**들은 학업적 유능감과 사회적 유능감이 조화되어 있는 반면, **반사회적 인기아동**들은 공격적이지만 또래들의 존경을 받는다. **공격적 거부아동**들은 갈등과 적대감이 특히 높으며, **위축된 거부아동**들은 수동적이고, 사회적으로 서툴며, 자주 **또래집단 따돌림**의 대상이 된다.

■ 사회적 기술을 가르치고, 학업적 튜터링을 제공하고, 조망 수용과 사회적 문제 해결 방법을 훈련시키는 것은 거부아동들의 사회적 유능감과 또래 유능감을 높이는 데 도움이 될 수 있다. 부모-아동 상호작용의 질을 향상시키기 위한 중재도 종종 필요하다.

성 유형화

10.7 아동 중기 동안 성 고정관념적 믿음과 성 정체성에서 어떤 변화가 일어나는가?

■ 학령기 아동은 자신들의 성 고정관념에 대한 이해를 개인적 특질과 학업 과목 영역으로 넓힌다. 그러나 그들은 또한 남성과 여성이 무엇을 할 수 있는지에 대한 관점 역시 넓힌다.

- 소년들은 남성적 특질과 자신을 동일시하는 것을 강화하는 반면, 소녀들은 더 자주 '다른 성별'의 활동에 실험적으로 참여한다. 성 정체성은 성 전형성에 대한 자기평가 만족감, 성역할에 조화해야 한다는 압박감을 포함하며, 이들 각각은 적응에 영향을 끼친다.

가족의 영향

10.8 부모-아동의 커뮤니케이션과 형제관계는 아동 중기에 어떻게 변하는가?

- 부모와 함께 보내는 시간이 줄어들지만, **공동통제**는 부모들로 하여금 점점 더 혼자 결정을 내리는 자녀에 대한 전반적인 감독을 할 수 있게 한다.
- 형제 간 경쟁은 다양한 범위의 활동에 참여하고, 부모의 비교가 자주 이루어지면서 증가한다. 외동은 형제가 있는 아동과 자기 관련 성격 특질과 다른 점이 없고 자존감, 학교 수행, 교육적 성취가 더 높다.

10.9 아동이 이혼한 가족 또는 혼합가족에 적응하는 데 영향을 끼치는 요인은 무엇인가?

- 이혼은 아동들에게 극심한 스트레스가 된다. 부모의 심리적 건강, 재정적 상태, 아동의 특징(나이, 기질, 성별), 사회적 지지가 적응에서의 개인차에 영향을 끼친다. 까다로운 기질을 가진 아동은 적응에 가장 큰 위험이 있다. 이혼은 이른 성적 활동, 청소년기 양육방식, 장기간의 관계적 어려움과 관련된다.
- 이혼 후 긍정적 적응을 위해 최우선시 되는 요인은 효과적인 양육방법이다. 확대가족 구성원으로부터의 지지와 함께 긍정적인 아버지-아동의 관계는 보호 요인이다. 이혼 조정은 이혼 과정 동안의 부모 갈등을 해결하는 것을 촉진할 수 있다. 공동양육권의 성공은 효과적인 공동양육에 있다.

- **혼합 또는 재구성 가족**에서 소녀들, 나이 든 아동들, 아빠-의붓어머니 가족의 아동들은 더 큰 적응상의 문제를 경험하는 경향이 있다. 의붓부모들은 아동들의 적응을 점진적으로 도울 수 있다.

10.10 어머니의 취업과 맞벌이 가정은 학령기 아동에게 어떤 영향을 끼치는가?

- 일하는 어머니가 양육에 계속 충실하면 아동들은 더 높은 자존감, 더 낮은 성 고정관념적 믿음, 더 향상된 성취, 더 적은 문제행동을 보인다. 맞벌이 가정에서는 책임감을 공유하겠다는 아버지의 의지가 중요한 요인이다. 직장의 지지는 부모들이 아동 양육 역할을 하는 것을 도울 수 있다.
- 권위 있는 아동 양육, 부모의 감독, 정기적인 방과 후 활동은 **자기관리** 아동들의 책임감과 적응을 이끈다. 좋은 '방과 후 활동' 프로그램은 특히 사회경제적 지위가 낮은 아동들의 학교 수행과 정서적·사회적 적응을 돕는 데 도움이 된다.

발달에서 많이 나타나는 문제

10.11 아동 중기에 나타나는 일반적인 두려움과 불안을 이야기하라.

- 학령기 아동들의 두려움은 신체적 손상, 미디어 사건, 학업적 실패, 부모의 건강, 죽음의 가능성, 또래로부터의 거절을 포함한다. 억제된 기질을 가진 아동들은 **공포증**을 발달시킬 위험이 가장 크다. 가혹한 삶의 조건 또한 심각한 불안을 야기할 수 있다.

10.12 아동 성 학대와 관련된 요인과 그것이 아동 발달에 미치는 결과와 그것의 예방과 치료 효과를 논의하라.

- 아동 성 학대는 전형적으로 가족 내 남성 구성원에 의해 일어나며, 소년보다는 소녀에게 더 많이 일어난다. 가해자는 아동의 성을 착취하는 성향을 갖고 있다. 보고된 사건들은 가난과 결혼 불안정성과 강하게 관련되어 있다. 학대된 아동들은 종종 심각한 적응상의 문제를 가진다.
- 학대 아동 치료는 전형적으로 아동과 부모 모두를 대상으로 한 장기간의 치료가 요구된다. 아동들에게 부적절한 성적 접근을 알려주고, 어디에서 도움을 받는지 알게 하는 것은 성적 학대의 위험을 감소시킨다.

10.13 아동 중기의 탄력성을 높이는 요인을 이야기하라.

- 아동기의 스트레스적 삶의 경험과 심리적 어려움 사이의 관계는 약하다. 아동기의 개인적 특징, 따뜻한 가족 내 삶, 권위 있는 양육, 학교, 지역사회, 사회적 자원이 탄력성을 예측해준다.

주요 용어 및 개념

개인특성 칭찬	근면성 대 열등감	문제중심대처	자기관리 아동
거부아동	논쟁적 아동	반사회적 인기아동	정서중심대처
공격적 거부아동	또래 수용	사회적 비교	친사회적 인기아동
공동통제	또래집단	숙달지향 귀인	학습된 무기력
공포증	또래집단 따돌림	위축된 거부아동	혼합 또는 재구성 가족
과정 칭찬	무시된 아동	인기아동	

이정표

아동 중기 발달

6~8세

신체 발달

- 신장과 체중이 청년기 성장 급등까지 느리게 증가한다.
- 유치가 빠지고 영구치가 자란다.
- 글의 가독성이 점차 높아진다.
- 그림은 보다 조직적이고 세밀하게 묘사되며 깊이단서도 나타난다.
- 규칙을 포함하는 보다 거친 신체놀이가 흔해진다.

인지발달

- 피아제의 보존, 유목 포함 그리고 서열 과제의 성공적 해결에서 보이듯 사고는 보다 논리적이 된다.

- 정보처리속도가 급격하게 향상된다.
- 억제, 주의의 유연한 전환, 작업기억, 다단계 과제 계획에서의 눈에 띄는 향상과 더불어 실행 기능을 획득한다.
- 시연(rehearsal)의 기억 책략을 사용하고 조직화한다.
- 사람의 마음을 정보를 변형할 수 있는 활동적이고 구성적인 실체로 간주할 수 있게 된다.
- 기억 책략과 마음 추론 같은 심리적 요인이 수행 향상에 미치는 영향을 자각한다.
- 이차순위 틀린 믿음를 이해하고 회상적 사고를 할 수 있는 능력이 있다.
- 숫자 개념의 비공식적 지식을 사용하고, 복잡한 수학적 기술이 향상된다.

언어발달

- 아동 중기 동안 4만 개에 다다르는 단어를 빠른 속도로 습득한다.
- 단어의 정의를 기능이나 생김새에 근거해 구체적으로 내릴 수 있다.
- 새로 습득한 글을 읽고 쓸 줄 아는 능력이 통상적인 독서로 이행된다.

- 언어 인식이 증가한다.
- 역설과 빈정댐과 같은 미묘하고 간접적인 표현의 의미에 대한 이해와 사용이 증가한다.
- 이야기를 묘사할 때 조직화하고, 상세하게 표현하는 능력이 증가한다.

정서 · 사회성 발달

- 자기개념이 성격 특질, 능력, 사회적 비교를 포함하기 시작한다.
- 자존감이 분화되고 위계적으로 조직화되며

보다 현실적으로 하향 조정된다.

- 긍지와 죄책감 같은 자의식적 정서가 개인적 책임감에 의해 결정된다.
- 한순간에 하나 이상의 정서를 경험할 수 있으며, 그들이 표현하는 정서가 실제 그들의 정서를 반영하지 않을 수도 있다는 것을 이해한다.

- 다른 사람의 감정을 해석하기 위해서 얼굴과 상황적 단서에 주의를 기울인다.
- 공감 능력이 증가한다.
- 책임감과 독립심이 증가한다.
- 친사회적 의도와 반사회적 의도를 고려해 도덕적 규칙에 대한 유연한 이해를 한다.
- 신체적 공격성은 감소된다. 그러나 언어적 · 관계적 공격성은 지속된다.
- 갈등을 더 효과적으로 해결한다.

9~11세

신체 발달

- 청년기 성장 급등은 소년보다 소녀들에게서

약 2년 정도 먼저 나타난다.
- 뛰기, 점프하기, 던지기, 잡기, 차기, 치기와 같은 대근육 운동을 보다 빠르고 협응적으로 실행한다.
- 특히 소년들 사이에서 권력위계가 안정화 된다.

인지발달
- 그리기에서 깊이의 표현이 다양해진다.
- 공간적 추론이 증가한다. 큰 공간의 지도를 쉽게 그리고 읽으며, 축척을 완전히 이해하고, 지도의 상징을 이해한다.

ANTHONY BRADSHAW/PHOTODISC/GETTY IMAGES

- 정보처리속도가 지속적으로 향상된다.
- 실행 기능이 지속적으로 향상된다.
- 시연 전략을 사용하고, 더 효과적으로 조직화한다.
- 한 번에 여러 가지 기억 책략을 활용할 수 있게 되며, 정교하게 사용하기 시작한다.
- 일반적 지식(의미기억)이 더 증가하며, 더 잘 조직화된다.
- 마음이론은 더 정교화되고, 개선된다.
- 인지적 자기조절이 증진된다.

언어발달
- 단어를 더 정확하게 생각하고 사용한다. 단어의 정의를 유사어와 관련 범주를 강조해 내린다.
- 비유나 유머를 이해할 수 있으며 이는 단어의 이중적 의미를 이해하기 시작함을 나타낸다.
- 복잡한 문법적 구조의 활용이 증가한다.

KALI9/GETTY IMAGES

- 묘사가 길어지고, 더 일관성 있게 되며, 평가적인 언급을 더 포함한다.

정서 · 사회성 발달
- 자존감이 증가하지만 더 현실적이며, 미묘하게 된다.
- 성공과 실패를 귀인할 때 능력, 노력 그리고 운과 같은 외적 요인을 구별한다.
- 공감적 반응이 전반적인 삶의 조건으로 확대된다.
- 정서 조절 시 문제중심 전략과 정서중심 전략 사이를 적응적으로 이동한다.
- 부정적인 정서를 표현하기 위한 사회적으로 승인된 방법에 더 정통하게 된다.
- 도덕적 규칙과 사회적 관습을 명확하게 알고, 연결시킨다.
- 개인의 선택의 중요성에 대한 확신이 강해지

고, 개인의 권리에 대한 이해가 증가한다.
- 외집단 편견이 감소한다.
- 우정은 더 선택적으로 되며, 상호 신뢰를 기반으로 한다.
- 또래집단이 출현한다.

DAVID ROTH/THE IMAGE BANK/GETTY IMAGES

- 성격특질과 성취를 포함해 성 고정관념에 대한 지식이 증가하지만, 남성과 여성이 무엇을 할 수 있는지에 대한 유연한 이해를 갖게 된다.
- 성 정체성은 전형성에 대한 자기평가, 만족감, 동화해야 한다는 압박감을 포함한다.
- 형제끼리의 경쟁이 증가하는 경향이 있다.

GOGO IMAGES CORPORATION/ALAMY

용어해설

가역성(reversibility) 문제를 여러 단계에 걸쳐 생각하고, 정신적으로 방향을 거꾸로 전환하여 원래 출발점으로 돌아올 수 있는 능력. *비가역성*과 구별된다.

가장놀이(make-believe play) 아동이 일상적 활동과 상상의 활동을 가장하는 놀이의 한 유형.

각성상태(states of arousal) 다양한 정도의 수면상태와 깨어 있는 상태.

감각 간 지각(intermodal perception) 하나 이상의 감각 체계로부터 정보를 결합하는 지각.

감각운동기(sensorimotor stage) 피아제의 첫 번째 단계로, 영아와 걸음마기 아동들이 자신의 눈, 귀, 손 그리고 다른 감각운동적 장치로 '사고'하는 시기.

감수분열(meiosis) 생식 세포를 만드는 세포분열의 과정으로 각 세포의 염색체 수가 반으로 줄어든다.

갑상선 자극 호르몬(thyroid-stimulating hormone, TSH) 뇌하수체 호르몬으로 갑상선이 티록신을 분비하도록 자극한다. 이는 뇌 발달과 신체 성장에 필수적이다.

강화물(reinforcer) 조작적 조건형성에서 반응이 일어날 확률을 증가시키는 자극.

개인적 선택의 문제(matters of personal choice) 정의를 위반하지 않고, 사회적으로 규제받지 않고 따라서 개인의 선택에 따르는 이해관계.

개작(recasts) 아동의 올바르지 못한 언어를 보다 성숙한 형태로 교정하기 위한 성인의 반응.

거부아동(rejected children) 또래 수용 평가에서 또래들이 아주 싫어하여 부정적 지명을 많이 받은 아동. *인기아동, 논쟁적 아동, 무시된 아동*과 구별된다.

거시체계(macrosystem) 생태학적 체계에서, 환경의 내적 수준에서 경험과 상호작용에 영향을 주는 가치, 법칙, 관습, 문화의 자원.

거친 신체놀이(rough-and-tumble play) 따라잡기와 가벼운 싸움으로 이루어지는 또래 상호작용의 한 형태. 인간의 진화 역사에서 싸우는 기술의 발달에 중요했을 것으로 생각된다.

경험-기대 뇌 성장(experience-expectant brain growth) 어린 뇌의 신속하게 발달하는 조직. 대상을 보고 만지고, 언어와 그 외의 소리를 듣고, 환경을 돌아다니고 탐색하는 기회와 같은 일상적인 경험에 의존한다. *경험-의존 뇌 성장*과 구별된다.

경험-의존 뇌 성장(experience-dependent brain growth) 개인과 문화에 따라 차이가 많이 나는 특수한 학습 경험의 결과로 기존 뇌 구조의 부가적인 성장과 정교화로 이루어진다. *경험 기대 뇌 성장*과 구별된다.

계열 설계(sequential design) 여러 시점에서 몇 개의 비슷한 횡단연구나 종단연구가 수행되는 연구 설계.

고전적 조건형성(classical conditioning) 중성 자극과 반사 반응을 일으키는 자극을 연합하는 학습의 한 형태. 일단 사람의 신경계가 두 자극을 연결시키면, 중성 자극 혼자서 행동을 일으킬 것이다.

고정관념 위협(stereotype threat) 부정적 고정관념에 의해 판단받는 것을 두려워하는 것으로 불안을 야기하여 수행을 방해할 수 있다.

공감(empathy) 다른 사람의 정서적 상태를 이해하고 그 사람과 함께 느끼거나 유사한 방식으로 정서적으로 반응해주는 능력.

공격적 거부아동(rejected-aggressive children) 거부아동들의 하위집단으로 갈등, 신체적이고 관계적 공격, 과잉행동, 부주의, 충동적 행동을 아주 많이 보인다. *위축된 거부아동*과 구별된다.

공동양육권(joint custody) 이혼 후에 양 부모가 아동 양육에 대해 동등한 권리를 갖도록 법정이 보장해주는 자녀 양육방법.

공동 주의(joint attention) 아동과 양육자가 같은 대상이나 사건을 동시에 응시하며 그들이 보고 있는 것에 관하여 의사소통하는 것. 언어발달을 촉진한다.

공포증(phobia) 두려운 상황을 지속적으로 회피하게 만드는 강력하고, 감당할 수 없는 공포.

과소확장(underextention) 초기 어휘와 관련된 오류로 아동들이 한 단어를 실제 그 단어가 지칭하는 것보다 훨씬 좁은 범위의 대상이나 사건에만 적용하는 것. *과잉확장*과 구별된다.

과잉 일반화(overregularization) 문법적 규칙을 예외적인 경우에도 적용하는 것.

과잉확장(overextension) 초기 어휘 획득 시 나타나는 오류로 한 단어를 실제로 그것이 의미하는 것보다 광범위한 대상이나 사건에 적용하는 것.

관계적 공격(relational aggression) 적대적 공격의 한 유형으로 사회적 배제, 악의적인 소문 퍼뜨리기, 우정을 조작하는 등의 방법으로 타인에게 해를 입히는 것.

교세포(glial cells) 수초화의 기능을 하는 세포.

교육적 자기충족예언(educational self-fulling prophecy) 아동들이 그들에 대한 교사들의 긍정적 또는 부정적 태도를 받아들여 그에 따라 행동한다는 생각.

구성주의 학급(constructivist class) 학생들이 자신의 지식을 구성한다는 교육철학에 기초한 학급으로 피아제의 이론에 근거하는 경우가 많다. 잘 준비된 학습센터, 스스로 선택한 문제를 푸는 소집단의 학생들, 아동들의 요구를 잘 안내하고 지원하는 교사들이 특징이다. *전통적 학급*이나 *사회적 구성주의 학급*과 구별된다.

구조화된 관찰(structured observation) 연구자가 관심 있는 행동에 대한 단서를 설정하여 실험실에서 그것을 관찰하는 방법. *자연 관찰*과 구별된다.

구조화된 면접(structured interview) 각 피험자에게 같은 방식으로 같은 종류의 질문을 하는 면접 방법.

구체적 조작기(concrete operational stage) 피아제의 세 번째 단계로 아동 초기와 비교해 더 논리적이고, 융통성 있고, 구조화된 사고를 지니지만 추상적 사고 능력은 아직 나타나지 않는다. 보통 7~11세 사이다.

권력위계(dominance hierarchy) 갈등이 발생할 때 누가 이길지를 예측하는 안정된 집단 구성원들의 순위.

권위주의적 양육 유형(authoritarian parenting style) 아동 양육의 한 양식으로 수용과 관여가 낮고, 강압적인 통제가 높으며, 자율성을 낮게 부여한다. *권위 있는, 허용적인, 무관여적인* 양육 유형과 구별된다.

귀납(induction) 훈육의 한 형태로 아이의 잘못된 행동이 다른 사람들에게 어떤 영향을 미칠 수 있는가에 대하여 아동과 의사소통하는 것.

규준적 접근(normative approach) 많은 사람들의 행동을 측정하여 연령과 관련된 평균치를 계산하여 전형적인 발달을 표상하는 접근.

근면성 대 열등감(industry versus inferiority) 에릭슨 이론에서 아동 중기에 나타나는 심리적 갈등으로 아동이 경험을 통해 유용한 기술을 획득하고 과제에 대한 유능감이 발달하면서 긍정적으로 해결된다.

근접발달영역(zone of proximal development) 비고츠키의 이론에서 아동이 지금은 혼자 다룰 수 없지만 보다 유능한 파트너의 도움으로 해결할 수 있는 범위의 과제들을 의미한다.

기대 위배 기법(violation-of-expectation method) 영아를 한 물리적 사건에 습관화시킨 후 기대한 사건(물리적 법칙에 위반하지 않는 이전 사건의 변형)과 기대하지 못한 사건(물리적 법칙을 위반하는 사건) 중 무엇에 관심을 두는지(오래 응시하는가)를 결정하는 연구 방법이다. 기대하지 못한 사건에 대한 아동의 관심(즉 오래 응시하는 것)은 영아가 현실에 대한 괴리에 놀라워하며 이는 물리적 세계의 한 측면을 이해한다는 것을 제안한다.

기본 신뢰 대 불신(basic trust versus mistrust) 에릭슨의 이론에서 영아기의 심리적 갈등으로, 보살핌이–특히 수유하는 동안–공감적이고 애정을 담고 있는 것이면 긍정적으로 해결된다.

기본 정서(basic emotion) 인간과 영장류들에게서 보편적이고 생존을 촉진하는 오랜 진화적인 역사를 가지고 있으며 얼굴표정으로부터 직접적으로 추론할 수 있는 정서들이다. 행복, 흥미, 놀람, 공포, 분노, 슬픔, 그리고 혐오를 포함한다.

기억 책략(memory strategy) 회상의 가능성을 높이는 자발적 정신 활동.

기질(temperament) 반응성과 자기조절 면에서 인생 초기에 나타나는 안정적 개인차.

기형발생물질(teratogen) 태내기에 태아의 손상을 야기하는 환경 요인.

까다로운 아이(difficult child) 매일의 일상생활에서 불규칙적이고, 새로운 경험에 더디게 적응하고, 부정적이고 강렬하게 반응하는 경향이 있는 아동. *순한 아이*와 *더디게 반응하는 아이*와는 구별된다.

낯가림(stranger anxiety) 친숙하지 않은 성인에 대해 유아가 나타내는 공포. 많은 아기들의 경우 6개월 후에 나타난다.

낯선 상황(strange situation) 애착 유대의 특징을 평정하는 것으로 부모와의 짧은 분리와 재회를 포함하는 실험실 절차.

내적 작동 모델(internal working model) 애착 대상의 가용성과 스트레스 상황에 지원을 제공해줄 가능성에 관련된 초기 양육 경험으로부터 나온 기대 유형. 미래의 모든 친밀한 관계에 대한 모델 혹은 지침이 된다.

논쟁적 아동(controversial children) 또래들로부터 긍정적 표나 부정적 표를 모두 많이 받는 아동으로서 *인기 아동, 무시된 아동, 거부아동*들과 구별된다.

뇌량(corpus callosum) 대뇌의 두 반구를 연결하는 큰 섬유 다발.

뇌 가소성(brain plasticity) 뇌의 다른 부위가 손상된 부위의 기능을 인계할 수 있는 능력. 대뇌피질 반구의 편재화에 따라 감소한다.

뇌하수체(pituitary gland) 신체적 성장을 유도하는 호르몬을 방출하는 뇌에 근접한 내분비선.

뉴런(neuron) 정보를 저장하고 전달하는 신경세포.

다중유전인자 유전(polygenic inheritance) 유전의 한 형태로 여러 유전자가 한 특징에 영향을 미치는 경우.

다중지능이론(theory of multiple intelligence) 가드너 이론으로 개인이 문화적으로 가치 있는 여러 가지 활동에 참여할 수 있게 하는 일군의 독립된 처리조작을 근거로 하여 8개의 독립된 지능을 발견했다.

단계(stage) 발달의 특정 기간을 특징짓는 사고, 감정, 행동에서의 질적인 변화.

대뇌피질(cerebral cortex) 인간 뇌의 가장 큰 구조로서, 고도로 발달된 인류의 지능의 원인이다.

대립유전자(allele) 상동 염색체의 같은 장소에 위치한 유전자.

대비 민감성(contrast sensitivity) 초기의 패턴 선호를 설명하는 일반 원리. 만일 아기가 두 패턴 간에 대비의 차이를 탐지할 수 있다면, 대비가 더 많은 것을 선호할 것이라고 주장한다.

대상 영속성(object permanence) 물체가 비록 시야에 나타나지 않더라도 계속 존재한다는 이해.

더디게 반응하는 아이(slow-to-warm-up child) 비활동적이고, 환경 자극에 온순하고 자제하는 반응을 보이고, 기분이 부정적이고, 새로운 경험에 더디게 적응하는 기질의 아동. *순한 아이, 까다로운 아이*와 구별된다.

도식(scheme) 피아제의 이론에서, 이는 경험의 의미를 부여하는 조직화된 방식이나 구조로 연령에 따라 변화한다.

독립변인(independent variable) 다른 변인에서 변화를 일으킬 것으로 기대되는 변인. 연구자들은 참가자들을 처치 조건에 무선으로 할당함으로써 조작한다. 종속변인과 구별된다.

돌연변이(mutation) DNA 일부의 갑작스러운 변화.

동년배 효과(cohort effect) 연구 결과에 역사적 시점이 주는 영향의 결과. 한 시점에 태어난 사람들은 그 시점의 특정한 역사적·문화적 조건에 의해 영향을 받는다.

동물행동학(ethology) 행동의 적응적 가치 또는 생존 가치와 그것의 진화적 역사에 관심을 갖는 접근.

동정(sympathy) 다른 사람의 고통에 대한 걱정과 슬픔의 감정.

동형접합체(homozygous) 한 쌍의 염색체가 같은 위치에 동일한 대립유전자가 있는 경우. *이형접합체*와 구별된다.

두미 방향(cephalocaudal trend) 머리에서 꼬리 방향으로 진행하는 신체 성장과 운동 통제의 조직화된 양식. *중심말단 방향*과 구별된다.

둔위 자세(breech position) 자궁 속에서 태아의 다리가 아래쪽으로 위치한 것으로 출산 과정에서 다리나 엉덩이가 먼저 나오게 된다.

디옥시리보핵산(deoxyribonucleic acid, DNA) 염색체를 구성하는 이중나선 형태의 긴 물질.

또래 수용(peer acceptance) 다른 또래들이 한 아동을 좋아하는 정도 또는 사회적으로 가치 있는 파트너로 보는 정도.

또래집단(peer group) 고유한 가치와 행동의 표준을 만드는 공동체와 지도자와 추종자들의 사회적 구조.

또래집단 따돌림(peer victimization) 어떤 아동이 반복적으로 언어적, 신체적 공격이나 다른 형태의 모욕의 대상이 되는 아주 파괴적인 또래 상호작용의 형태.

마라스무스(marasmus) 보통 1세까지 나타나며 모든 기본 영양소가 부족한 식사가 원인인 질병. 신체가 쇠약한 상태가 됨.

만족 지연(delay of gratification) 마음에 있는 행동을 하기 위한 적절한 시간과 장소를 기다림.

망상체(reticular formation) 각성과 의식 수준을 유지하는 뇌간의 한 구조.

맥락(context) 개인적 상황과 환경적 상황의 독특한 결합. 현저하게 다른 발달 경로로 나타날 수 있다.

모방(imitation) 다른 사람의 행동을 복사하여 학습함. 모델링 또는 관찰학습이라고도 부름.

목울리기(cooing) 2개월경부터 시작되는 것으로 모음 비슷한 양식으로 영아들이 만들어내는 즐거운 소리.

무관여적인 양육 유형(uninvolved child-rearing style) 아동 양육의 한 방식으로 낮은 수용과 관여를 보이며 거의 통제하지 않고 자율성 부여에 일반적으로 관심이 없다. *권위 있는*, *권위적인*, *무관여적인 양육 유형*과 구별된다.

무선 할당(random assignment) 모자에서 숫자를 꺼내거나 동전 던지기를 하는 것 같은 방법을 사용하여 참가자들을 처치 집단에 공평하게 할당하는 절차. 이 절차를 통해 참가자들의 특성이 실험에서 처치 조건에 공평하게 분배될 확률이 커진다.

무시된 아동(neglected children) 또래 수용 평가에서 긍정적으로나 부정적으로나 별로 선택되지 않는 아동. *인기아동*, *거부아동*, *논쟁적 아동*과는 구별된다.

무조건 반응(unconditioned response, UCR) 고전적 조건형성에서 무조건 자극(UCS)에 의해 생성되는 반사 반응.

무조건 자극(unconditioned stimulus, UCS) 고전적 조건형성에서 반사 반응을 일으키는 자극.

문제중심대처(problem-centered coping) 정서를 다루는 방법으로 아동이 상황이 변화될 수 있다고 평가하고, 문제를 발견하고, 그 문제에 대해 무엇을 할지를 결정한다. *정서중심대처*와 구별된다.

물활론적 사고(animistic thinking) 무생물도 사고, 소망, 의도 등을 갖는 생명체와 같은 특성을 가지고 있다고 믿는 것.

미숙아(small for date infant) 임신기간을 고려했을 때 출생 시의 체중이 기대 이하인 영아. 일부는 정상적으로 출생한 아이지만 특별하게 저체중인 일부는 조산된 아기이다.

미시체계(microsystem) 생태학적 체계 이론에서, 개인을 가장 가깝게 둘러싼 환경에서 개인의 활동과 상호작용 패턴.

민감기(sensitive period) 특정 능력이 출현하는 데 가장 적합한 시간. 사람이 환경적 영향에 가장 반응적인 시간.

민감한 양육(sensitive caregiving) 영아에게 즉각적이고 일관적으로 그리고 적절하게 반응하고, 부드럽고 조심스럽게 아기들을 안는 것.

민족지학(ethnography) 관찰에 참여하여 문화나 특정 사회집단의 독특한 가치와 사회적 과정을 이해하려는 방법. 연구자들은 일상생활의 모든 면에 참여하면서 여러 달 또는 여러 해 동안 문화적 공동체와 함께 산다.

반사(reflex) 특정 형태의 자극에 대한 생득적인 자동적 반응.

반사회적 인기아동(popular-antisocial children) 인기아동들의 하위집단으로 주로 운동을 잘하고, 공격적이고, 가난한 거친 남자아이들이다. *친사회적 인기아동*과 구별된다.

발달인지신경과학(developmental cognitive neuroscience) 심리학, 생물학, 신경과학, 약학 등 다양한 학문적 배경을 가진 연구자들이 모여서 뇌 변화와 발달하는 인지 과정 및 행동 능력 간의 관계를 연구하는 학문 영역.

발달적으로 적절한 실제(developmentally appropriate practice) 유아교육협회에서 최근 연구 결과와 연구자들의 공통된 의견 모두를 기반으로 해 어린 아동의 발달적 · 개인적 요구에 대한 프로그램 특성을 명시한 규정.

발달지수(developmental quotient, DQ) 지각적 능력과 운동적 능력을 중심으로 측정된 영아의 지능 점수.

발산적 사고(divergent thinking) 어떤 과제나 문제에 대해 여러 가지 비범한 가능성을 산출하는 능력으로 창의성과 관련이 있다. *수렴적 사고*와 구별된다.

발음 중심 접근법(phonics approach) 단순화된 읽기 자료와 글자를 소리로 전환하는 기초적 규칙에 대한 훈련을 강조하는 읽기 지도 방법.

배냇솜털(lanugo) 태아의 몸 전체를 덮고 있는 하얗고 부드러운 털로 피부에 태지가 붙어 있도록 돕는다.

배아(embryo) 수정란의 착상부터 임신 8주까지의 태어나기 이전 유기체. 임신 6주 동안 모든 신체 구조와 내장기관의 기초가 자리 잡는다.

범주적 자기(categorical self) 사람들은 연령, 성별, 신체적 특징, 선악에서 다르다는 것과 같은 현저한 방식을 따라 이루어지는 자기에 대한 초기 범주화.

보유자(carrier) 자녀에게 열성 유전자를 물려줄 수 있는 이형집합체를 가진 사람.

보존(conservation) 어떤 물리적 특성은 외적인 모습이 변하더라도 그대로 변화되지 않는다는 이해.

본성–양육 논쟁(nature-nurture controversy) 유전적 요인 또는 환경적 요인이 발달에 더 중요한지에 대한 이론가들 사이의 논쟁.

분리불안(separation anxiety) 친숙한 양육자가 떠날 때 괴로워하는 유아의 반응.

분화이론(differentiation theory) 지각 발달은 환경에서 점점 더 세밀하고 일정한 특징들을 탐지하는 것을 포함한다고 보는 관점.

불안정–회피 애착(insecure-avoidant attachment) 보통 부모와의

분리에 괴로워하지 않고 엄마나 아빠가 되돌아왔을 때 부모를 회피하는 아기들을 특징짓는 불안정 애착의 특성이다. *안정, 불안정-저항, 비조직화된/혼란 애착*과 구별된다.

불완전 우성(incomplete dominance) 유전의 한 형태로 2개의 대립 유전자가 모두 표현되어 둘이 결합된 특성이나 둘 사이의 중간 특성이 나타나는 경우.

비가역성(irreversibility) 어떤 문제에서 일련의 단계들을 거친 후, 다시 역전시켜 처음 상태로 돌이킬 수 없는 것. *가역성*과는 구별된다.

비계 역할(scaffolding) 아동들을 교육할 때, 아동의 현재 수행 수준에 맞도록 교습시간 동안 제공되는 지원의 정도를 조정하는 것.

비규준적인 영향(nonnormative influences) 전 생애 발달에 대한 불규칙적인 영향. 몇몇 사람에게만 일어나고 예정된 시간표를 따르지 않는다.

비만(obesity) 개인의 연령, 성, 체격에 따른 평균 체중보다 20% 이상의 증가.

비연속적 발달(discontinuous development) 이전과는 다른, 새롭게 세상을 이해하고 반응하는 방법이 특정 시점에 출현한다는 관점. 연속적 발달과 구별된다.

비조직화된/혼란 애착(disorganized/disoriented attachment) 부모와 재회했을 때 혼란되고 모순되는 방식으로 반응하는 유아를 특징짓는 불안정 애착의 특성. *안정, 불안정-회피, 그리고 불안정-저항 애착*과는 구별된다.

빠른 대응(fast-mapping) 새로운 단어를 거의 고민하지 않고 해당 개념과 연결시키는 것.

사적 언어(private speech) 아동들이 자기 자신의 행동을 계획하고 이끌기 위해 종종 사용하는 자기를 향한 언어.

사회경제적 지위(socioeconomic status, SES) 상호 관련되지만 완전하게 중복되지 않는 세 변인 (1) 교육기간, (2) 사회적 지위를 가늠할 수 있는 직업의 위상과 직업에서 요구하는 기술, (3) 경제적 지위를 평가하는 수입이 결합된 측정치.

사회극 놀이(sociodramatic play) 다른 사람과 함께하는 가장놀이로 2.5세에 시작되어 이후 1~2년간 급격히 증가하는 놀이의 형태.

사회문화이론(sociocultural theory) 사회에서 지식이 더 많은 구성원과 협력적인 대화를 통해, 아동이 공동체의 문화에 맞게 생각하고 행동하는 방식을 습득한다는 비고츠키 이론.

사회적 구성주의 학급(social constructivist classroom) 비고츠키 이론에 기초한 학급으로 아동은 교사, 또래와 함께 다양한 도전적 활동에 참여하고 이해를 구성한다. 아동은 다 함께 활동하면서 지식과 책략을 습득하게 되어 유능성이 높아지고, 학급공동체에 기여하는 구성원이 되며, 인지적·사회적 능력이 발달한다.

사회적 미소(social smile) 인간 얼굴 자극에 의해 유발되는 미소. 6~10주 사이에 처음 나타난다.

사회적 비교(social comparisons) 자신의 능력, 행동, 용모를 다른 또래들과 비교하는 것.

사회적 참조(social referencing) 애매한 상황에서 어떻게 반응할지를 결정하기 위해 믿을 만한 사람의 정서 반응에 의존하는 것.

사회학습이론(social learning theory) 행동 발달에서 모델링이나 관찰학습의 역할을 강조하는 접근.

산소결핍증(anoxia) 산소공급이 부적절한 상태.

상관계수(correlation coefficient) 두 변인 사이 관계의 강도와 방향을 기술하는 수치로 +1에서 -1까지의 범위를 가진다. 수치의 크기는 관계의 강도를 보여준다. 수치의 부호(+ 또는 -)는 관계의 방향을 나타낸다.

상관 설계(correlational design) 개인의 경험을 변화시키지 않고 자연 상황에서 개인에 대한 정보를 모아서 변인들 간의 관계를 조사하는 연구 설계. 인과관계는 보여줄 수 없다.

상염색체(autosomes) 인간 세포에 있는 22개의 염색체 쌍.

상위인지(metacognition) 사고에 대한 사고. 정신적 활동의 지각.

상호작용 동시성(interactional synchrony) 민감하게 조율된 '정서적 춤'으로, 양육자는 영아의 신호에 알맞은 때에 적절한 방식으로 반응하고, 영아와 양육자 두 사람의 정서적 상태-특히 정적 정서-가 조화를 이룬다.

생식 세포(gametes) 인간의 정자와 난자로 염색체의 수는 일반 체세포의 반이다.

생존가능연령(age of viability) 예정보다 일찍 태어났을 경우 태아가 생존할 수 있는 연령. 대개 22~26주 사이에 해당한다.

생태학적 체계 이론(ecological system theory) 사람이 가정이나 학교와 같은 가장 가까운 환경으로부터 넓은 문화적 가치와 프로그램까지, 다양한 수준의 환경의 영향을 받는 복잡한 관계 체계 내에서 발달하는 것으로 보는 브론펜브레너의 접근.

서열성(ordinality) '3은 2보다 크다' 또는 '2는 1보다 크다'와 같은 수량 간의 순서적 관계를 규정하는 원칙.

서열화(seriation) 길이나 무게와 같은 양적 차원에 따라 항목들을 정리하는 능력.

성공적인 지능의 삼원 이론(triarchic theory of successful intelligence) 스턴버그 이론으로 지적 행동이란 성공하기 위해 개인의 목표와 문화적 공동체의 요구에 따라 분석적 지능, 창의적 지능, 실용적 지능 사이의 균형을 맞추는 것이다.

성 도식 이론(gender schema theory) 사회학습과 인지발달적 특징을 결합한 정보처리적 접근이다. 이는 환경적 압력과 아동의 인지가 성역할 발달을 형성하기 위해 어떻게 함께 작용하는지 설명한다.

성 정체성(gender identity) 성향이 보다 여성적인지 남성적인지에 대한 자신의 이미지.

성 항상성(gender constancy) 성별은 생물학적인 기초를 두고 있어 비록 옷, 머리 스타일, 놀이 활동에서는 변화가 있어도 그대로 변하지 않는다는 이해.

소뇌(cerebellum) 몸의 움직임의 균형과 조절을 돕는 뇌의 한 구조.

수렴적 사고(convergent thinking) 문제에 대한 하나의 정답으로 인도하는 사고로 지능검사에서 강조되는 사고 유형이다. *발산적 사고*와 구별된다.

수초화(myelination) 신경 섬유가 메시지 전달의 효율성을 향상시키는 수초라고 불리는 절연성 지방질 덮개로 덮이는 과정.

숙달지향 귀인(mastery-oriented attributions) 성공은 높은 능력으로, 실패는 노력을 하지 않은 것으로 돌리는 귀인. 자존감을 높여주고 어려운 문제에 쉽게 접근하게 만듦. *학습된 무기력*과 구별된다.

순종(compliance) 요구나 명령에 대한 자발적인 복종.

순한 아이(easy child) 규칙적 일과를 빨리 형성하고, 대체로 쾌활하며, 새로운 경험에 쉽게 적응하는 기질의 아이. *까다로운 아이*와 *더디게 반응하는 아이*와 구별된다.

순환반응(circular reaction) 피아제의 이론에서, 영아가 자기 스스로의 움직임이 우연히 생성한 행동을 반복하기 위한 도식을 만드는 수단.

스크립트(scripts) 특정 상황에서 언제 무엇이 일어났는지에 대한 일반적 기술.

습관화(habituation) 반복적인 자극의 결과로서 반응의 강도가 점차 감소하는 것.

시간체계(chronosystem) 생태학적 체계 이론에서 발달에 영향을 주는 새로운 조건을 만들어내는 환경에서의 시간적 변화. 사람들은 자신의 환경이나 경험을 선택하고 수정하고 만들어낼 수 있기 때문에, 이러한 변화는 외부적으로 일어날 수도, 유기체 내에서 일어날 수도 있다.

시냅스(synapse) 뉴런들 사이의 틈. 이곳으로 화학적 메시지가 보내진다.

시냅스 가지치기(synaptic pruning) 드물게 자극받는 뉴런의 연결 섬유의 상실. 그렇게 함으로써 뉴런이 중립 상태로 되돌아가 미래에 기술을 발달시키는 것을 지원할 수 있다.

시력(visual acuity) 시각적 변별의 섬세성.

시연(rehearsal) 정보를 반복하는 기억 책략.

신경관(neural tube) 외배엽으로부터 발달된 원시적 척수로, 가장 윗부분이 크게 자라서 뇌를 형성한다.

신경전달물질(neurotransmitters) 시냅스를 통해 메시지를 보내는 뉴런이 방출하는 화학물질.

신생아행동평정척도(Neonatal Behavioral Assessment Scale, NBAS) 신생아기 동안의 영아 행동을 측정하기 위해 고안된 검사.

신체적 공격(physical aggression) 적대적 공격의 한 유형으로 다른 사람들을 신체적인 상해를 통해서 해를 주는 것. 밀기, 때리기, 발로 차기, 주먹으로 치기나 다른 사람의 소유물을 파괴하는 것이 포함된다.

실험 설계(experimental design) 연구자가 참가자를 2개 이상의 처치 조건에 무선으로 할당하는 연구 설계. 인과관계에 대한 추론을 허용한다.

심리사회적 이론(psychosocial theory) 각 프로이트 단계에서 사람들은 독특한 성격을 발달시킬 뿐만 아니라, 사회의 구성원이 되도록 적극적으로 도와주는 태도와 기술을 습득하는 것을 강조하는 에릭슨 이론.

심리성적 이론(psychosexual theory) 생의 첫 몇 년 동안 아동의 성적, 공격적 추동을 부모가 어떻게 다루는가가 건강한 성격 발달에 중요하다는 것을 강조하는 프로이트 이론.

심리적 통제(psychological control) 아동의 언어적 표현, 개성, 부모에 대한 애착에 관여하고 조작하려는 부모의 행동.

심적 표상(mental representation) 뇌가 조작할 수 있는 정보들의 내적인 묘사.

아동 중심 프로그램(child-centered program) 아이들이 스스로 활동을 선택하고 놀이를 통해 대부분의 학습이 이루어지도록 교사들이 다양한 활동을 제공하는 어린이집과 유치원 프로그램. *학습적 프로그램*과 구별된다.

아프가 척도(Apgar Scale) 출생 직후 신생아의 건강 상태를 측정하기 위해 사용되는 평가.

안전 기지(secure base) 유아들이 환경을 탐색하고 정서적 지지를 얻기 위해 되돌아오는 한 지점으로 친숙한 양육자를 활용하는 것.

안정 애착(secure attachment) 부모와의 분리에 괴로워하고 부모가 돌아왔을 때 부모에 의해 쉽게 달래지는 특징을 보이는 유아의 애착 특성. *불안정-회피, 불안정-저항, 비조직화된/혼란 애착*과 구별된다.

애착(attachment) 인간이 자신의 삶에서 특별한 사람에게 가지는 강한 애정적 유대로, 그 사람들과 상호작용을 할 때 즐거움과 기쁨을 느끼도록 하고 스트레스를 받을 때 그들이 가까이 있으면 위안을 얻게 해준다.

애착의 동물행동학적 이론(ethological theory of attachment) 볼비에 의해 형성된 이론으로 영아가 양육자에게 갖는 정서적 유대는 생존을 촉진시키기 위해 발달된 반응아리는 관점.

애착 Q-Sort(Attachment Q-Sort) 낯선 상황의 대안 방법으로 1~5세 사이의 아동에게 적당한 것으로 가정에서의 관찰을 통해 애착을 평정하는 것이다. 이것은 매우 높은 안정에서부터 매우 낮은 안정에 이르는 점수를 가지는 90개의 아동 행동에 대한 기술을 포함하고 있다.

양막(amnion) 양수 속의 유기체를 에워싸며, 이는 태내 온도를 일정하게 유지하고 어머니의 움직임에 대한 완충물의 역할을 한다.

양육 방식(child-rearing style) 다양한 상황에서 일어나는 양육 행동의 조합으로 지속적 아동 양육의 환경이 된다.

억제되지 않은 혹은 사교적인 아동(uninhibited, or sociable child) 새로운 자극에 대해 정적 정서를 보이고 접근하는 기질의 아동. *억제된 혹은 수줍어하는 아동*과 구별된다.

억제된 혹은 수줍어하는 아동(inhibited, or shy, children) 새로운 자극에 대해 부정적으로 반응하고 철회하는 아동. *억제되지 않은 혹은 사교적인 아동*과 구별된다.

언어적 공격(verbal aggression) 신체적 공격에 대한 협박, 욕하기, 적대적 약올림을 통하여 다른 사람에게 해를 끼치기 위한 적대적 공격의 한 유형.

언어 학습의 참조적 양식(referential style of language learning) 걸음마기 아동들이 대상들을 지칭하는 많은 단어를 생산해내는 초기 언어 학습의 한 양식. 그들은 사물의 이름을 붙이기 위해 언어를 사용한다. *언어 학습의 표현적 양식*과는 구별된다.

언어 학습의 표현적 양식(expressive style of language learning) 걸음마기 아동들이 자신과 다른 사람의 감정과 요구에 대해 이야기하고 사회인인 공식과 대명사를 강조하는 초기 언어 학습의 한 양식. *언어 학습의 참조적 양식*과는 구별된다.

언어 획득 장치(language acquisition device) 촘스키의 이론에서 어린 아동들이 어떤 언어든지 충분히 노출된다면 규칙에 맞게 듣고 이해하고 말할 수 있도록 하는 생물학적 기반을 둔 선험적 체계.

역동적 평가(dynamic assessment) 비고츠키의 근접발달영역의 개념과 일치하는 접근으로 아동이 사회적 지원을 받을 때 무엇을 이룰 수 있는지 알아보기 위해 검사 상황에서 성인이 의도적으로 아동을 가르친다.

역사적 시점의 영향(history-graded influences) 특정한 역사적 시대가 전 생애 발달에 대해 미치는 그 시대만의 독특한 영향. 왜 같은 시대에 태어난 사람들(동년배)이 비슷한 경향이 있고 다른 시대에 태어난 사람과 구별되는지를 설명해준다.

연령에 따른 영향(age-graded influence) 연령과 강하게 연결되어 전 생애 발달에 주는 영향. 그리하여 언제 발달이 일어나고 얼마나 지속될지 예측할 수 있다.

연속적 발달(continuous development) 시작되었을 때와 같은 유형의 기술이 점진적으로 증가하는 과정으로 발달을 보는 관점. *비연속적 발달*과 구별된다.

연합놀이(associative play) 아동들이 서로 별개로 놀이를 하지만, 장난감을 교환한다든지 서로의 행동에 대해서 언급하는 등의 상호작용이 나타나는 진정한 사회적 참여의 한 형태. *비사교적 활동이나 평행놀이, 협동놀이*와는 구별된다.

염색체(chromosomes) 유전 정보를 전달하는 세포핵 속에 있는 막대같이 생긴 구조.

영아기 기억상실증(infantile amnesia) 나이 든 아동이나 어른들이 3세 이전의 사건을 기억하지 못하는 것.

영아돌연사증후군(sudden infant death syndrome, SIDS) 1세 이하의 영아들에게 주로 밤에 발생하는 예기치 않은 죽음으로, 철저한 연구에도 불구하고 아직 설명되지 않은 채로 남아 있다.

영아 사망률(infant mortality) 출생한 아기 1,000명당 생후 1년 내에 사망하는 수.

영재(gifted) 예외적으로 높은 지적 능력. 높은 IQ, 높은 창의성, 특수한 재능이 포함된다.

옹알이(babbling) 4개월경에 시작되는 현상으로 자음과 모음의 조합을 길게 늘여 소리내는 것의 반복.

외체계(exosystem) 생태학적 체계 이론에서, 사람을 가장 가깝게 둘러싼 환경에서의 경험에 영향을 주는 사회적 환경. 발달하는 사람은 포함되지 않는다.

우성–열성 유전(dominant-recessive inheritance) 이형집합체를 가진 경우 단지 한 유전자의 영향만이 나타나는 유전의 형태.

우세 대뇌 반구(dominant cerebral hemisphere) 보다 능숙한 운동을 책임지는 뇌 반구. 오른손잡이들은 좌뇌가 보다 주도적이다. 왼손잡이는 우뇌가 보다 주도적이거나, 운동, 언어 능력에서 양 반구가 그 기능을 공유할 수도 있다.

운동 발달의 역동적 체계이론(dynamic systems theory of motor development) 운동기술의 획득은 점차 복잡한 활동 체계를 획득하는 것을 포함한다. 운동기술이 하나의 체계로 작용할 때, 분리된 능력들은 합쳐진다. 각각의 능력은 환경을 탐색하고 통제하는 데 보다 효과적인 방식을 산출하기 위해 다른 능력들과 협력한다. 각각의 새로운 기술은 중추신경계의 발달과 신체의 움직임 가능성과 그 기술에 대한 환경적 지원과 아동이 생각하는 목표가 조합되어 만들어진다.

위계적 분류(hierarchical classification) 사물들을 집단의 유사성과 차이점에 근거하여 범주와 하위 범주로 조직화하는 것.

위축된 거부아동(rejected-withdrawn children) 거부아동들의 하위집단으로 수동적이고 사회적으로 위축되어 있다. *공격적 거부아동*과 구별된다.

된다.

유전가능성 추정치(heritability estimates) 특정 모집단에서 지능이나 성격과 같이 복잡한 특성에서 나타나는 개인차가 유전적 요인에 기인한 정도를 나타내는 통계.

유전 상담(genetic counseling) 아이를 임신한 부부에게 유전적 장애를 가진 아기를 출산할 확률을 평가해 주는 의사소통 과정.

유전자(gene) DNA 가운데 신체의 성장과 기능에 관여하는 여러 가지 단백질의 생산에 대한 지시를 포함하고 있는 부분.

유전자형(genotype) 개인의 유전적 구성. *표현형*과 구별된다.

유전적 각인(genetic imprinting) 유전의 한 형태로 유전자가 각인되거나 화학적으로 표시되어 쌍에서 어느 한쪽(어머니 쪽이거나 아버지 쪽)이 활성화되게끔 되는 경우이다.

유전-환경 상관(genetic-environmental correlation) 유전이 사람들이 노출되는 환경에 영향을 미친다는 생각.

융모막(chorion) 태내에 있는 유기체를 감싸고 있는 보호막이다. 융모막은 미세한 손가락 같은 융모를 가지고 있으며 융모에서 태반이 생긴다.

음운론적 인식(phonological awareness) 구어의 소리 구조에 대해 생각하고 조작하는 능력으로 단어 안에 있는 소리의 변화와 틀린 발음에 대한 민감성으로 표시된다. 읽기와 쓰기를 잘 예측한다.

의도적 통제(effortful control) 보다 더 적응적인 반응을 계획하고 실행하기 위해서 우세한 반응을 자발적으로 억제하는 기질의 자기조절적 차원. 의도적 통제의 차이는 아동이 얼마나 효과적으로 초점을 맞추고, 주의를 이동시키고, 충동을 억제하고, 부적 정서를 다루기 위해 문제 해결을 하는가에서 분명하게 나타난다.

의도적 혹은 목표 지향적 행동(intentional or goal-directed behavior) 어떤 문제를 해결하기 위해 의도적으로 고안된 일련의 행동 도식들.

이란성 쌍생아(fraternal or dizygotic twins) 2개의 난자가 수정되어 생기는 쌍생아로 유전적으로 보통 형제 정도로 비슷하다. *일란성 쌍생아*와 구별된다.

이론(theory) 행동을 기술하고, 설명하고, 예측하는 규칙적이고 통합된 진술.

이중표상(dual representation) 상징적 대상을 그 자체로 하나의 대상으로 봄과 동시에 다른 대상의 상징으로도 보는 것.

이행추론(transitive inference) 정신적으로 서열화하거나 양적 차원에 따라 항목들을 순서 짓는 능력.

이형접합체(heterozygous) 한 쌍의 염색체가 같은 위치에 다른 대립 유전자를 가지고 있는 경우. *동형접합체*와 구별된다.

인기아동(popular children) 또래 수용 평가에서 긍정적 표를 많이 받는 아동. *거부된, 논쟁적인 무시된 아동*과 구별된다.

인지지도(cognitive maps) 교실이나 학교, 동네와 같이 아동에게 친숙한 공간에 대한 정신적 표상.

인지발달이론(cognitive-developmental theory) 피아제가 소개한 접근으로, 아동이 세상을 조작하고 탐색하면서 적극적으로 지식을 구성한다는 관점. 인지발달이 단계로 일어난다고 생각한다.

인지적 자기조절(cognitive self-regulation) 목표를 향한 인지 과정

을 계속 감시하고, 결과를 점검하고, 성공하지 못했을 때 방향을 재조정하는 과정.

일란성 쌍생아(identical, or monozygotic twins) 세포분열의 초기 과정에 접합체가 둘로 분리되어 생긴 쌍생아로 유전적으로 구성이 동일하다. *이란성 쌍생아*와 구별된다.

임상적 면접(clinical interview) 참가자의 관점을 알아보기 위해 유연하고 대화적인 스타일을 사용하는 방법.

임상적 방법 또는 사례연구(clinical, or case study, method) 연구자가 면접자료, 관찰, 때로는 검사 점수를 통합하여 사람을 이해하려는 방법.

자기개념(self-concept) 개인이 자기 자신이 누구인가라고 믿게 하는 특성, 능력, 태도 가치들의 총합.

자기관리 아동(self-care children) 부모들이 일하는 동안 스스로를 돌보아야 하는 아동.

자기의식적 정서(self-conscious emotions) 자기감의 손상이나 증대를 포함하는 정서로서 수치심, 당혹감, 죄책감, 시기심, 자부심이 예이다.

자기재인(self-recognition) 자신을 물리적으로 독특한 존재로 구별하는 것.

자존감(self-esteem) 자기 자신의 가치에 대한 평가와 그러한 평가에 대한 느낌을 포함하는 자기 개념의 한 부분.

자기중심성(egocentrism) 자신과 타인의 상징적 관점을 구분하지 못하는 것.

자서전적 기억(autobiographical memory) 개인적 의미가 담겨 있으므로 오랫동안 지속되는 특별한 한 순간의 사건에 대한 표상.

자연 관찰(naturalistic observation) 연구자가 관심 있는 행동을 기록하기 위해서 자연스러운 환경으로 들어가는 방법. *구조화된 관찰*과 구별된다.

자연분만 또는 준비된 분만(natural or prepared childbirth) 출산 과정의 고통과 의학적 개입을 줄이고 출산이 부모에게 보람 있는 경험이 되도록 돕기 위한 접근이다.

자율성 대 수치심과 회의(autonomy versus shame and doubt) 에릭슨의 이론에서 나타나는 걸음마기 유아기의 심리적 갈등으로, 부모가 아동에게 알맞은 안내와 적절한 선택권을 제공하면 긍정적으로 해결된다.

작업기억 또는 단기기억(working, or short-term memory) 우리가 '작업'하는 정보처리 체계의 한 부분으로 제한된 양의 정보를 대상으로 하여 적극적으로 정신적 책략을 활용하여 정보가 유지되게 한다.

장기기억(long-term memory) 정보처리에서 영구적 지식 기반을 담당하는 기억 체계의 한 부분.

저항 애착(resistant attachment) 부모가 떠날 때까지 여전히 부모에게 붙어 있고, 부모가 돌아왔을 때 분노와 저항하는 행동을 보이는 영아들을 특징짓는 불안정 애착의 특성이다. *안정, 불안정–회피, 비조직화된/혼란 애착*과는 구별된다.

적대적 공격성(hostile aggression) 다른 사람에게 피해를 주기 위한 공격. *도구적 공격성*과는 구별된다.

적소 찾기(niche-picking) 일종의 유전–환경 상관으로 개인이 적극적으로 자신의 유전을 보완하는 환경을 선택한다.

전 생애 관점(lifespan perspective) 발달이 전 생애에 걸쳐서 일어나고 다차원적이고 다방향적이며, 고도의 유연성을 가지고, 여러 상호작용하는 힘에 영향을 받는다고 가정하는 절충적 관점.

전보식 언어(telegraphic speech) 걸음마기 아동의 두 단어 발화. 마치 전보와 같이 덜 중요한 단어들은 생략된다.

전조작기(preoperational stage) 피아제의 두 번째 단계로 표상의 신속한 발달이 이루어지는 시기이다. 그러나 사고는 아직 논리적이지 않다. 2~7세가 이에 해당된다.

전체 언어 접근법(whole-language approach) 아동들의 자연스러운 언어 학습과 유사한 읽기교수 방법으로 읽기 자료를 전체적이고 의미 있게 만든다. *반응 중심 접근법*과 구별된다.

전통적 학급(traditional classroom) 교사가 지식, 규칙과 의사결정에 대한 유일한 권위자라고 보는 전통적 교육철학에 기초한 학급. 학생들은 상당히 수동적으로 듣고, 이름을 부르면 대답하고, 교사가 내준 과제를 완수한다. 학생들의 발전은 각 학년에 맞게 정해진 기준을 얼마나 따라가느냐로 평가된다. *구성주의와 사회적 구성주의 학급*과 구별된다.

정교화(elaboration) 같은 범주에 속하지 않는 둘 또는 그 이상의 항목들 사이에 관련성을 만드는 기억 책략.

정보처리(information processing) 인간 마음을 정보가 처리되는 상징 조작체계로 보는 관점. 개인이 문제를 해결하고 과제를 완성하기 위해 사용하는 일련의 정확한 단계를 연결하는 흐름도를 사용하곤 한다. 인지 발달을 연속적인 과정으로 생각한다.

정상분포(normal distribution) 수많은 사람들을 대상으로 개인차를 측정했을 때 발생되는 종 모양의 분포. 대부분의 점수들이 평균 주위에 모여 있고, 극으로 갈수록 그 수가 차츰 줄어든다.

정서적 자기조절(emotional self-regulation) 자신의 목표를 달성하기 위해 정서적 상태를 편안한 강도 수준으로 조절하는 책략.

정서중심대처(emotion-centered coping) 내적이고 개인적이며 결과를 바꿀 수 없을 때 고통을 통제하는 책략. *문제중심대처*와 구별된다.

정신분석적 관점(psychoanalytic perspective) 프로이트가 소개한 성격 발달에 대한 접근. 사람들은 생물학적 추동과 사회적 기대 사이의 갈등에 직면하는 일련의 단계를 통해 발달한다고 가정한다. 이러한 갈등이 해결되는 방식이 심리적 적응을 결정한다.

제왕절개(cesarean delivery) 의사가 모체의 배를 절개하여 아기를 자궁에서 꺼내는 외과적 분만 방식.

조건 반응(conditioned response, CR) 고전적 조건형성에서 조건 자극(CS)에 의해 생성된 새로운 반응으로, 무조건 또는 반사 반응(UCR)과 유사하다.

조건 자극(conditioned stimulus, CS) 고전적 조건형성에서 무조건 자극(UCS)과 짝지음으로써 새로운 반응(CR)이 일어나게 하는 중성 자극.

조작적 조건형성(operant conditioning) 자발적인 행동이 일어난 후에 그 행동이 다시 일어날 확률을 변화시키는 자극이 뒤따르는 학습의 한 형태.

조직화(organization) 피아제의 이론에서 강력하게 상호 연관된 인지적 체계를 형성하기 위해 이루어진 도식들의 내적 재정렬과 통합.

조화의 적합성 모델(goodness-of-fit model) 아동 양육의 방식과 아동 기질의 효과적인 조화를 이루어 순조로운 적응으로 이끄는 것.

종단 설계(longitudinal design) 참가자들을 반복적으로 연구하고 연령이 증가하면서 나타나는 변화를 기록하는 연구 설계. 횡단 설계와 구별된다.

종속변인(dependent variable) 연구자가 실험에서 독립변인에 의해 영향을 받을 것으로 기대하는 변인. 독립변인과 구별된다.

주의력결핍 과잉행동장애(attention-deficit hyperactivity disorder, ADHD) 부주의, 충동성, 과도한 활동이 특징인 아동기 장애. 학업 성취의 실패와 사회적 문제를 일으키는 경우가 많다.

중간체계(mesosystem) 생태학적 체계 이론에서, 사람을 가장 가깝게 둘러싼 환경 사이의 연결.

중심말단 방향(proximodistal trend) 신체의 중심에서 바깥쪽으로 진행하는 신체 성장과 운동 통제의 조직화된 패턴. 두미 방향과 구별된다.

중심화(centration) 상황의 한 측면에만 초점을 두고 다른 중요한 특징들을 무시하는 것.

지능지수(intelligence quotient, IQ) 한 개인의 지능검사에서의 수행을 같은 연령의 다른 사람의 수행과 비교할 수 있게 하는 점수.

지연 모방(deferred imitation) 더 이상 존재하지 않는 사람의 행동을 기억하고 모방하는 능력.

진화발달심리학(evolutionary developmental psychology) 많은 종들이 가지는 인지적, 정서적, 사회적 역량이 연령에 따라 변화할 때 그 역량의 적응적 가치를 이해하고자 하는 연구의 새로운 영역.

착상(implantation) 배란 후 7~10일 후에 배반포가 자궁 내벽에 부착되는 것.

처벌(punishment) 조작적 조건형성에서 반응이 일어나는 것을 감소시키기 위해서 원하는 자극을 제거하거나 불쾌한 자극을 제시함.

출현적 문해력(emergent literacy) 비공식적인 경험을 통해 문자지식을 형성하려는 어린 아동들의 적극적 노력.

친사회적 인기아동(popular-prosocial children) 인기아동의 하위집단으로 학업 능력과 사회적 능력을 모두 가지고 있다. 반사회적 인기아동과 구별된다.

친사회적 혹은 이타주의적 행동(prosocial or altruistic behavior) 자신을 위한 보상의 기대 없이 타인에게 도움을 주고자 하는 것.

친족관계 연구(kinship studies) 복잡한 인간 특성에 대한 유전의 중요성을 결정하기 위해 가족 구성원들의 특성을 비교하는 연구.

콰시오커(kwashiorkor)(단백질 열량 부족증) 보통 1~3세 사이에 나타나며 단백질이 부족한 식사가 원인인 질병.

타임아웃(time out) 심하지 않은 처벌의 한 유형으로 현재 상황에서 아동을 제외시키는 것. 가령 적절히 행동할 준비가 될 때까지 자기 방에 있는 것을 포함한다.

탄력성(resilience) 발달에 대한 위협에 직면했을 때 효과적으로 적응하는 능력.

태내진단법(prenatal diagnostic method) 출생 이전에 발달적 문제를 진단할 수 있는 의학적 절차.

태반(placenta) 모체의 혈관과 배아의 혈관을 구분하는 기관이지만, 영양분이나 노폐물을 교환하는 기관.

태아(fetus) 임신 3개월째부터 말기까지 태내에 있는 유기체. 이 기간에 신체 구조가 완성되며 신체 크기가 급격하게 증가한다.

태아 모니터(fetal monitors) 분만 시 아기의 심장박동을 확인하는 전기 장치.

태아알코올스펙트럼장애(fetal alcohol spectrum disorder, FASD) 산전 알코올 노출로 인한 신체적, 정신적, 행동적 문제를 포함한 장애로, 태아알코올증후군(FAS), 부분적 태아알코올증후군(p-FAS), 알코올 관련 신경발달장애(ARND)가 포함된다.

태아알코올증후군(fetal alcohol syndrome, FAS) 임신기의 전체 또는 대부분의 시기 동안 여성이 많은 양의 알코올을 소비했을 경우에 나타나는 결함들로, 이에는 정신지체, 운동협응과 주의, 기억 및 언어의 손상, 신체 성장의 더딤, 그리고 안면 비정상성 등이 포함된다.

태지(vernix) 태아를 감싸고 있는 희고 치즈 같은 물질로, 피부가 양수에 지속적으로 노출되어서 피부가 트는 것을 막는다.

탯줄(umbilical cord) 태내에 있는 유기체를 태반에 연결하는 긴 줄로 영양분을 전달하고 노폐물을 제거한다.

편재화(lateralization) 대뇌피질의 두 반구 기능의 전문화.

평행놀이(parallel play) 아동이 다른 아동 가까이에서 유사한 장난감을 가지고 놀지만 서로 상호작용은 하지 않는 제한된 형태의 사회적 참여.

표준화(standardization) 검사를 보다 큰 대표적인 표본에 실시하고 그 결과들을 점수를 해석하는 기준으로 사용하는 것.

표현형(phenotype) 유전적 요인과 환경적 요인에 의해 결정되는 개인의 신체적, 행동적 특징. 유전자형과 구별된다.

하위 문화(subculture) 더 큰 문화와는 신념과 관습이 다른 사람들의 집단.

학습된 무기력(learned helplessness) 성공은 운과 같은 외적 요인으로, 실패는 능력의 부족으로 돌리는 귀인. 어려운 문제에 직면하면 통제력을 상실하게 한다. 숙달지향 귀인과 구별된다.

학습장애(learning disabilities) 평균 또는 그 이상의 지능에도 불구하고 아동들이 학교에서 공부를 잘하지 못하게 만드는 특수한 장애. 뇌 기능의 문제 때문에 나타난다.

학습적 프로그램(academic program) 반복과 훈련을 활용한 형식적 교육을 통해 철자, 수, 색, 형태와 다른 학습적 기술들을 가르치면서 아동의 학습을 조직한다. 아동 중심 프로그램과 구별된다.

행동주의(behaviorism) 관찰할 수 있는 사건, 즉 자극과 반응이 연구의 초점이 되어야 하고 행동 발달이 고전적 조건형성과 조작적 조건형성을 통해 일어난다고 보는 관점.

헤드 스타트 프로젝트(Project Head Start) 연방정부 프로그램 중 가장 대규모로 실시된 것으로, 사회경제적 지위가 낮은 가정의 아동들에게 1~2년의 유치원 교육과 더불어 영양과 건강 서비스를 함께 제공한다. 이 프로그램은 아동의 학습과 발달에 부모 참여를 장려한다.

협동놀이(cooperative play) 아동들의 활동이 공동의 목표를 향한 진정한 사회적 참여의 한 형태. 비사교적 활동, 평행놀이, 연합놀이와는 구별된다.

혼합 또는 재구성 가정(blended or reconstituted family) 동거나 재혼의 결과로 부모, 자녀, 양(step) 친척으로 이루어지는 가족 구조.

화용론(pragmatics) 다른 사람과 효과적이고 적절한 의사소통을 하는 방식과 관련된 언어의 실제적이고 사회적인 측면.

확대가족 가구(extended family household) 세 세대 또는 그 이상의 세대가 동거하는 가족.

회복(recovery) 습관화 후에 새로운 자극에 대한 반응성이 증가하는 것.

회상(recall) 기억의 한 유형으로 존재하지 않는 자극을 기억하는 것.

횡단 설계(cross-sectional design) 같은 시점에서 연령이 다른 참가자들의 집단을 대상으로 하는 연구 설계. *종단 설계*와 구별된다.

후성설(epigenesis) 유전과 모든 수준의 환경 사이에서 일어나는 양방향적 상호작용에 의해 일어나는 발달.

NREM 수면[non-rapid-eye-movement(NREM) sleep] 신체가 조용하며, 심장 박동, 호흡 및 뇌파 활동이 느리고 규칙적인 '규칙적' 수면 상태. *REM 수면*과 구별된다.

REM 수면(REM sleep) 뇌의 활동이 각성상태의 뇌활동과 상당히 유사한 불규칙한 수면 단계. *NREM 수면*과는 구별된다.

Rh 인자 불일치(Rh factor incompatibility) 태아의 혈액에는 존재하나 모체의 혈액에는 없는 Rh 단백질이 모체에서 항체를 형성하도록 함으로써 발생하게 되는 상태이다. 이 항체가 태아의 체계로 되돌아오게 되면 기관과 조직에 산소 공급을 감소시켜 적혈구 세포를 파괴한다.

X 관련 유전(X-linked inheritance) 유전의 한 형태로 열성 대립유전자가 X염색체로 전달되는 경우로 남성이 영향을 더 많이 받는다.

참고문헌

A

Aalsma, M., Lapsley, D. K., & Flannery, D. J. (2006). Personal fables, narcissism, and adolescent adjustment. *Psychology in the Schools, 43,* 481–491.

Aarhus, L., Tambs, K., Kvestad, E., & Engdahl, B. (2015). Childhood otitis media: A cohort study with 30-year follow-up of hearing (the Hunt Study). *Ear and Hearing, 36,* 302–308.

AARP. (2015). *Caregiving in the U.S.* Washington, DC: AARP Public Policy Institute. Retrieved from www.aarp.org/content/dam/aarp/ppi/2015/caregiving-in-the-united-states-2015-report-revised.pdf

Abakoumkin, G., Stroebe, W., & Stroebe, M. (2010). Does relationship quality moderate the impact of marital bereavement on depressive symptoms? *Journal of Social and Clinical Psychology, 29,* 510–526.

Abbey, A., & Jacques-Tiura, A. J. (2011). Sexual assault perpetrators' tactics: Associations with their personal characteristics and aspects of the incident. *Journal of Interpersonal Violence, 26,* 2866–2889.

Abele, A. E. (2014). How gender influences objective career success and subjective career satisfaction: The impact of self-concept and of parenthood. In I. Schoon & J. S. Eccles (Eds.), *Gender differences in aspirations and attainment: A life course perspective* (pp. 412–426). New York: Cambridge University Press.

Abele, A. E., & Spurk, D. (2011). The dual impact of gender and the influence of timing of parenthood on men's and women's career development: Longitudinal findings. *International Journal of Behavioral Development, 35,* 225–232.

Aber, L., Brown, J. L., Jones, S. M., Berg, J., & Torrente, C. (2011). School-based strategies to prevent violence, trauma, and psychopathology: The challenges of going to scale. *Development and Psychopathology, 23,* 411–421.

Abner, K. S., Gordon, R. A., Kaestner, R., & Korenman, S. (2013). Does child-care quality mediate associations between type of care and development? *Journal of Marriage and Family, 75,* 1203–1217.

Aboud, F. E. (2008). A social-cognitive developmental theory of prejudice. In S. M. Quintana & C. McKown (Eds.), *Handbook of race, racism, and the developing child* (pp. 55–71). Hoboken, NJ: Wiley.

Aboud, F. E., & Brown, C. S. (2013). Positive and negative intergroup contact among children and its effect on attitudes. In G. Hodson & M. Hewstone (Eds.), *Advances in intergroup contact* (pp. 176–199). New York: Psychology Press.

Aboud, F. E., & Doyle, A. (1996). Parental and peer influences on children's racial attitudes. *International Journal of Intercultural Relations, 20,* 371–383.

Abo-Zena, M. M., & Barry, C. M. (2013). Religion and immigrant-origin youth: A resource and a challenge. *Research in Human Development, 10,* 353–371.

Acevedo, E. O. (2012). Exercise psychology: Understanding the mental health benefits of physical activity and the public health challenges of inactivity. In E. O. Acevedo (Ed.), *Oxford handbook of exercise psychology* (pp. 3–8). New York: Oxford University Press.

Achenbach, T. M., Howell, C. T., & Aoki, M. F. (1993). Nine-year outcome of the Vermont Intervention Program for low birth weight infants, *Pediatrics, 91,* 45–55.

Acker, M. M., & O'Leary, S. G. (1996). Inconsistency of mothers' feedback and toddlers' misbehavior and negative affect. *Journal of Abnormal Child Psychology, 24,* 703–714.

Ackerman, J. P., Riggins, T., & Black, M. M. (2010). A review of the effects of prenatal cocaine exposure among school-aged children. *Pediatrics, 125,* 554–565.

Adams, G. A., & Rau, B. L. (2011). Putting off tomorrow to do what you want today: Planning for retirement. *American Psychologist, 66,* 180–192.

Adams, K. B., Sanders, S., & Auth, E. A. (2004). Loneliness and depression in independent living retirement communities: Risk and resilience factors. *Aging and Mental Health, 8,* 475–485.

Adams, R. G., & Laursen, B. (2001). The organization and dynamics of adolescent conflict with parents and friends. *Journal of Marriage and the Family, 63,* 97–110.

Addati, L., Cassirer, N., & Gilchrist, K. (2014). *Maternity and paternity at work: Law and practice across the world.* Geneva, Switzerland: International Labour Organization.

Adelson, S. L. (2012). Practice parameter on gay, lesbian, or bisexual sexual orientation, gender nonconformity, and gender discordance in children and adolescents. *Journal of the American Academy of Child and Adolescent Psychiatry, 51,* 957–974.

Adelstein, S. J. (2014). Radiation risk. In S. T. Treves (Ed.), *Pediatric nuclear medicine and molecular imaging* (pp. 675–682). New York: Springer Science + Business.

Ades, P. A. (2015). A lifestyle program of exercise and weight loss is effective in preventing and treating type 2 diabetes mellitus: Why are programs not more available? *Preventive Medicine, 80,* 50–52.

Adhikari, B., Kahende, J., Malarcher, A., Pechacek, T., & Tong, V. (2009). Smoking-attributable mortality, years of potential life lost, and productivity losses. *Oncology Times, 31,* 40–43.

Adolph, K. E. (2008). Learning to move. *Current Directions in Psychological Science, 17,* 213–218.

Adolph, K. E., Cole, W. G., Komati, M., Garciaguirre, J. S., Badaly, D., Lingeman, J. M., et al. (2012). How do you learn to walk? Thousands of steps and hundreds of falls per day. *Psychological Science, 23,* 1387–1394.

Adolph, K. E., Karasik, L. B., & Tamis-LeMonda, C. S. (2010). Motor skill. In M. H. Bornstein (Ed.), *Handbook of cultural developmental science* (pp. 61–88). New York: Psychology Press.

Adolph, K. E., & Kretch, K. S. (2012). Infants on the edge: Beyond the visual cliff. In A. Slater & P. Quinn (Eds.), *Developmental psychology: Revisiting the classic studies* (pp. 36–55). London: Sage.

Adolph, K. E., Kretch, K. S., & LoBue, V. (2014). Fear of heights in infants? *Current Directions in Psychological Science, 23,* 60–66.

Adolph, K. E., & Robinson, S. R. (2013). The road to walking: What learning to walk tells us about development. In P. Zelazo (Ed.), *Oxford handbook of developmental psychology* (pp. 403–443). New York: Oxford University Press.

Adolph, K. E., & Robinson, S. R. (2015). Perceptual development. In L. S. Liben & U. Müller (Eds.), *Handbook of child psychology and developmental science: Vol. 2. Cognitive processes* (7th ed., pp. 113–157). Hoboken, NJ: Wiley.

Adolph, K. E., Tamis-LeMonda, C. S., Ishak, S., Karasik, L. B., & Lobo, S. A. (2008). Locomotor experience and use of social information are posture specific. *Developmental Psychology, 44,* 1705–1714.

Adolphs, R. (2010). What does the amygdala contribute to social cognition? *Annals of the New York Academy of Sciences, 119,* 42–61.

Afifi, T. O., Mota, M., MacMillan, H. L., & Sareen, J. (2013). Harsh physical punishment in childhood and adult physical health. *Pediatrics, 132,* e333–e340.

Agarwal, S., Driscoll, J. C., Gabaix, X., & Laibson, D. (2007). *The age of reason: Financial decisions over the lifecycle* (NBER Working Paper No. 13191). Cambridge, MA: National Bureau of Economic Research. Retrieved from www.nber.org/papers/w13191

Agigoroaei, S. (2016). Physical health and social class. In S. K. Whitbourne (Ed.), *Encyclopedia of adulthood and aging* (Vol. 3, pp. 1085–1088). Malden, MA: Wiley Blackwell.

Agree, E. M. (2014). The potential for technology to enhance independence for those aging with a disability. *Disability and Health Journal, 7,* S33–S39.

Agronick, G., Stueve, A., Vargo, S., & O'Donnell, L. (2007). New York City young adults' psychological reactions to 9/11: Findings from the Reach for Health longitudinal study. *American Journal of Community Psychology, 39,* 79–90.

Aguiar, A., & Baillargeon, R. (2002). Developments in young infants' reasoning about occluded objects. *Cognitive Psychology, 45,* 267–336.

Ahmadlou, M., Gharib, M., Hemmti, S., Vameghi, R., & Sajedi, F. (2013). Disrupted small-world brain network in children with Down syndrome. *Clinical Neurophysiology, 124,* 1755–1764.

Ahola, K., & Hakanen, J. (2014). Burnout and health. In M. P. Leiter, A. B. Bakker, & C. Maslach (Eds.), *Burnout at work: A psychological perspective* (pp. 10–31). New York: Psychology Press.

Ahrens, C. J. C., & Ryff, C. D. (2006). Multiple roles and well-being: Sociodemographic and psychological moderators. *Sex Roles, 55,* 801–815.

찾아보기

저자 소개

로라 E. 버크는 일리노이주립대학교 심리학과의 저명한 교수로서 30년 이상 학부와 대학원에서 인간 발달을 강의해 왔다. 그녀는 버클리대학교에서 학사 학위를 받았고 시카고대학에서 아동 발달과 교육심리로 석사와 박사 학위를 받았다. 또한 코넬대학교, UCLA, 스탠퍼드대학교, 사우스오스트레일리아대학의 방문 연구원을 지냈다.

버크는 학교 환경이 아동 발달에 미치는 영향, 사적 언어의 발달과 최근에는 발달에서 가장놀이의 역할에 관한 많은 논문을 내놓았다. 그녀의 경험적 연구들은 일반 대중의 관심을 끌어 왔고, *Psychology Today*와 *Scientific American*에 주도적 기여를 하였다.

또한 *Young Children*의 편집장과 *Early Childhood Research Quarterly*와 *Journal of Cognitive Education and Psychology*의 자문 편집위원을 지냈다. 그녀는 초기 아동 발달에 관한 편집본에 자주 기여하였으며, 최근에는 양육의 중요성, 가장놀이와 자기 조절, 유치원 아동에 관한 부분을 쓰고 있다. 주요 저서로는 『Private Speech: From Social Interaction to Self-Regulation』, 『Scaffolding Children's Learning: Vygotsky and Early Childhood Education』, 그리고 『Landscapes of Development: An Anthology of Readings』 등이 있다. 이 책 외에도 『Child Development』와 『Infants, Children, and Adolescents』와 같은 베스트셀러 교과서도 저술하였다. 부모와 교사를 위한 책으로는 『Awakening Children's Minds: How Parents and Teachers Can Make a Difference』가 있다.

역자 소개

김민희

서울대학교 심리학과 석사
서울대학교 심리학과 박사
한국상담대학원대학교 교수

김연수

서울대학교 심리학과 석사
서울대학교 심리학과 박사
전주대학교 상담심리학과 교수

김지연

서울대학교 심리학과 박사
서울대학교 심리과학연구소 연구원

노수림

미국 일리노이대학교(어바나–샴페인) 교육심리학과 석사
미국 일리노이대학교(어바나–샴페인) 교육심리학과 박사
충남대학교 심리학과 교수

맹세호

가톨릭대학교 심리학과 석사
가톨릭대학교 심리학과 박사
가톨릭대학교 상담심리대학원

이승진

서울대학교 심리학과 석사
미국 노스캐롤라이나대학교(채플힐) 심리학과 박사
건국대학교 상허교양대학 교수

이정윤

서울대학교 심리학과 석사
서울대학교 심리학과 박사
연세대학교 소셜오믹스연구센터 박사후연구원